Wolfgang Kraushaar (Hg.)
**Frankfurter Schule und
Studentenbewegung**

Ein Projekt des
Hamburger Instituts für Sozialforschung

Frankfurter Schule und Studentenbewegung

Band 1: **Chronik**
Band 2: **Dokumente**
Band 3: **Aufsätze und Kommentare Register**

Wolfgang Kraushaar (Hg.)

Frankfurter Schule und Studentenbewegung

Von der Flaschenpost zum Molotowcocktail
1946–1995

Band 1: **Chronik**

Rogner & Bernhard bei Zweitausendeins

1. Auflage, März 1998.
© 1998 by Rogner & Bernhard GmbH & Co. Verlags KG Hamburg.
Gesamtedition: ISBN 3-8077-0348-9
Band 1: ISBN 3-8077-0345-4

Alle Rechte vorbehalten, insbesondere das Recht der mechanischen,
elektronischen oder photographischen Vervielfältigung,
der Einspeicherung und Verarbeitung in elektronischen Systemen,
des Nachdrucks in Zeitschriften oder Zeitungen,
des öffentlichen Vortrags, der Verfilmung oder Dramatisierung,
der Übertragung durch Rundfunk, Fernsehen oder Video,
auch einzelner Text- und Bildteile.
Der gewerbliche Weiterverkauf oder der gewerbliche Verleih
von Büchern, Platten, Videos oder anderen Sachen aus der
Zweitausendeins-Produktion bedürfen in jedem Fall
der schriftlichen Genehmigung durch die Geschäftsleitung
vom Zweitausendeins Versand in Frankfurt.

Lektorat: Evelin Schultheiß, Tetenbüll.
Mitarbeit: Anke Rustmann, Rainer Loose, Pia Vagt,
Annkatrin Kolbe, alle Hamburg, Bernd Schwibs, Frankfurt/Main.

Herstellung und Gestaltung: Eberhard Delius, Berlin.
Einbandgestaltung: Britta Lembke, Hamburg.
Satz: Theuberger, Berlin.
Lithographie: Steidl, Schwab Scantechnik, Göttingen.
Druck: Steidl, Göttingen.
Bindung: Hollmann, Darmstadt.
Dieses Buch wurde gedruckt auf Recyclingpapier,
das zu 95% aus deinkten Postconsumer-Abfällen besteht.

Dieses Buch gibt es nur bei Zweitausendeins
im Versand (Postfach, D-60381 Frankfurt am Main,
Telefon: 01805-23 2001, Fax: 01805-24 2001) oder
in den Zweitausendeins-Läden in Berlin, Düsseldorf, Essen,
Frankfurt, Freiburg, Hamburg, Köln, Mannheim, München,
Nürnberg, Saarbrücken, Stuttgart.

In der Schweiz über buch 2000
Postfach 89, CH-8910 Affoltern a. A.

Inhalt

Band 1: Chronik
Inhaltsverzeichnis Gesamtedition 5
Danksagung 6
Vorbemerkung 7
Inhaltsverzeichnis Band 1 11
Editorial 13
Einleitung: Kritische Theorie
   und Studentenbewegung 17
Chronik 1946–1995 37

Band 2: Dokumente
Inhaltsverzeichnis Gesamtedition 5
Inhaltsverzeichnis Band 2 9
Editorial 25
Dokumente Nr. 1–433 27

Band 3: Aufsätze und Kommentare, Register
Inhaltsverzeichnis Gesamtedition 5
Inhaltsverzeichnis Band 3 9
Editorial 11
Aufsätze und Kommentare 13
   von *Heide Berndt, Frank Böckelmann,*
   Silvia Bovenschen, Detlev Claussen,
   Alex Demirović, Dan Diner, Wolfgang Kraushaar,
   Bernd Leineweber, Rudolf zur Lippe, Oskar Negt,
   Gunzelin Schmid Noerr, Ulrike Prokop,
   Bernd Rabehl, Reimut Reiche,
   Ulrich Sonnemann, Mona Steffen
Drucknachweise
   der Aufsätze und Kommentare 294
Zu den Autoren
   der Aufsätze und Kommentare 296

Quellenverzeichnis der Bild- und
   Textdokumente 299
Register
   Personenregister 305
   Politische Organisationen 327
   Titelverzeichnis 332
Abkürzungsverzeichnis 347

Danksagung

Eine Arbeit wie die vorliegende hätte nicht ohne Unterstützung zahlreicher Einzelpersonen und Einrichtungen realisiert werden können. Zu danken ist vor allem Jan Philipp Reemtsma, der die Voraussetzungen dafür geschaffen hat, daß dieses bereits vor einem Jahrzehnt begonnene Projekt fertiggestellt werden konnte.

Zu danken ist außerdem einer Reihe von Kolleginnen und Kollegen des Hamburger Instituts für Sozialforschung: Gudrun Döllner, Christiane Ensslin, Christoph Fuchs, Joachim Gmehling, Karin König, Peter Martin, Birgit Otte, Reinhart Schwarz, Ingwer Schwensen und Dorothea Walther.

Für Informationen sowie die Bereitstellung von Dokumenten und Materialien gebührt der Dank auch einer Reihe von Archiven, Bibliotheken und Dokumentationsstätten. Insbesondere der Bibliothek und dem Archiv Protest, Widerstand und Utopie des Hamburger Instituts für Sozialforschung.

Hervorzuheben sind außerdem:

Das Theodor W. Adorno-Archiv (Frankfurt) und dessen Leiter Rolf Tiedemann, das Archiv der Frankfurter Rundschau mit seinen Mitarbeitern Joachim Edelbluth und Bernhard Klein, das Max Horkheimer-Archiv (Frankfurt) und dessen Leiter Gunzelin Schmid Noerr, das Herbert Marcuse-Archiv (Frankfurt) und dessen Mitarbeiterin Barbara Brick, das Archiv der Stadt Frankfurt/Main und dessen Mitarbeiter Tobias Picard sowie das Archiv APO und soziale Bewegungen an der Freien Universität (Berlin) und dessen Leiter Siegward Lönnendonker.

Für Auskünfte, Hilfestellung und die Überlassung von Materialien ist zu danken: Ulli Baier (Frankfurt), Frank Böckelmann (München), Dieter Bott (Düsseldorf), Daniel Cohn-Bendit (Frankfurt), Detlev Claussen (Frankfurt), Alex Demirović (Frankfurt), Gretchen Dutschke-Klotz (Newton, Massachusetts), Ulrich Erckenbrecht (Kassel), Martin Grünewald (Frankfurt), Christina von Haugkwitz (Frankfurt), Lorenz Jäger (Frankfurt), Klaas Jarchow (Hamburg), Bernd Leineweber (Heidelberg), Rudolf zur Lippe (Oldenburg), Ronny Loewy (Frankfurt), Matthias Manrique (Berlin), Peter Marcuse (Waterbury, Connecticut), Thomas Mitscherlich (Bremen), Dorothea Rein (Frankfurt), Helmut Reinicke (Flensburg), Udo Riechmann (Frankfurt), Thomas Schmid (Hamburg), Jürgen Wedler (Frankfurt), Inge Werth (Frankfurt), Rolf Wiggershaus (Kronberg), David Wittenberg (Frankfurt), Wolfram Wolfer-Melior (Frankfurt), Karl Dietrich Wolff (Frankfurt) und Michaela Wunderle (Frankfurt).

Wolfgang Kraushaar, Hamburg, Januar 1998.

Vorbemerkung

Den Anstoß, ein Buch über die Kritische Theorie und die Studentenbewegung herauszugeben, stammt von meinem Studienfreund, dem Adorno-Schüler Ulrich Erckenbrecht. Er machte 1982 den Vorschlag, eine Dokumentation unter dem Titel »Die Vertreibung Adornos aus dem Hörsaal V« zusammenzustellen. Seine Absicht war es, Licht in die Vorgänge zu bringen, die 1969 zu dem schweren Zerwürfnis zwischen Adorno, Habermas und von Friedeburg auf der einen und den SDS-Studenten auf der anderen Seite geführt hatten. Diese erste Projektidee kam jedoch nicht über den Austausch von Entwürfen hinaus. Andere Vorhaben hatten Priorität, so daß der Band aufs Abstellgleis geschoben wurde und zwischenzeitlich fast in Vergessenheit geriet.

Die Situation änderte sich, als der Soziologe und spätere Direktor des Frankfurter Instituts für Sozialforschung, Helmut Dubiel, Anfang 1988 auf mich zukam und mir den Vorschlag machte, in der Edition Suhrkamp eine Aufsatzsammlung zum Thema »Studentenbewegung und Kritische Theorie« herauszubringen. Anlaß war »20 Jahre 1968«. Bereits im März 1988 wurde der Vertrag für zwei Bände unterzeichnet. Doch rasch zeigte sich, daß die Zeit zu kurz bemessen war, um die Publikation noch im selben Jahr herausbringen zu können.

Angesichts der Tatsache, daß der Vermarktungsanlaß entfallen war, gab es nun die Möglichkeit, das Projekt zu modifizieren und damit Elemente der Ausgangsidee wiederzubeleben. Vereinbart wurde, eine Chronologie und eine Dokumentation zusätzlich aufzunehmen und die beiden geplanten um zwei weitere Bände zu ergänzen. Daraufhin begab ich mich in die Archive und suchte zielgerichtet nach bislang unpublizierten Dokumenten, insbesondere nach solchen aus den Nachlässen von Theodor W. Adorno und Herbert Marcuse. Dabei waren mir Barbara Brick und Rolf Tiedemann sehr behilflich. Es sollte sich schon bald zeigen, daß der Briefwechsel zwischen Adorno und Marcuse aus den Jahren 1968 und 1969 neue Einsichten über die Konfliktentwicklung und die unterschiedlichen Positionen Kritischer Theoretiker zu den Herausforderungen ihrer radikalisierten Studenten vermitteln konnte.

Im August 1990 wurde dieser Arbeitsschritt abgeschlossen. Chronologie und Dokumentation, die sich zu ganz eigenen Werkteilen entwickelt hatten, konnten nun an den Verlag abgesandt werden. Doch in der Folge tat sich wenig.

1994 kam es zur Aufhebung des Verlagsvertrages. Daraufhin unternahm ich einen neuen Anlauf und schlug dem Hamburger Institut für Sozialforschung vor, das Projekt zu übernehmen und nach neuen Publikationsmöglichkeiten Ausschau zu halten. Dies ist umgehend geschehen. Im Januar 1995 ist ein neuer Vertrag, diesmal mit dem Verlag Rogner & Bernhard, unterzeichnet worden. Damit bot sich mir ein weiteres Mal die Chance, Recherchen durchzuführen und weitere Dokumente in die Textsammlung mitaufzunehmen. Nun wurde es auch möglich, den inzwischen von Gunzelin Schmid Noerr edierten umfangreichen Horkheimer-Briefwechsel mit heranzuziehen. Dadurch konnte vor allem die Beziehung von Horkheimer und Adorno zu den Studenten der Frankfurter Universität in den fünfziger Jahren sehr viel genauer und differenzierter dargestellt werden.

Ein weiterer, kaum zu unterschätzender Vorteil bot sich darin, nun auch Photos auswählen und bei der ergänzenden Recherche als zusätzliche Informationsquelle verwenden zu können. Die Abbildungen haben nicht unwesentlich dazu beigetragen, die Darstellung anschaulicher und vor allem in personeller Hinsicht differenzierter zu gestalten. Auch wenn es übertrieben wäre, im nachhinein Realisierungsschwierigkeiten zu Quellen der Produktivität umzudefinieren, so gibt es doch eine Reihe von Punkten, in denen sich die Verzögerung eines Projekts, die ich vor allem für die Mitautoren, deren Geduld auf eine nicht mehr zu vertretende Probe gestellt wurde, bedaure, positiv und hoffentlich zu einem Gewinn für die Leser ausgewirkt hat.

Wolfgang Kraushaar (Hg.) **Chronik**

»Ende Mai 1970, in einer Mittagspause im Garten des Café Laumer: Ich erzähle Tillman Rexroth, daß es mir in den Studentenunruhen nicht möglich gewesen wäre, eine ›Frankfurter Chronik‹ der Ereignisse zu notieren, daß ich es für meine schlimmste Niederlage halten müsse, nicht ein Ringelblum der antiautoritären Bewegung in Frankfurt geworden zu sein, vor allem deshalb, weil es schon jetzt, kaum ein Jahr nach dem Erliegen dieser revolutionären Anstrengungen, vollkommen unmöglich geworden wäre, jemandem klarzumachen, daß die damaligen Ereignisse von Personen gemacht wurden, nicht etwa von einem schicksalsähnlichen ›Prozeß‹ ... Rexroth erwiderte darauf, für eine ›Frankfurter Chronik‹ sei es auch gegenwärtig nicht zu spät, im Gegenteil, die nichtgeschriebene wäre sicher von der Emphase zur Resignation abgestiegen, während, begänne ich heute mit einer Chronik der jetzigen Ereignisse, in denen sich die Geschlagenen zu sammeln und zu orientieren anfingen, der Weg immerhin aus der Niedergeschlagenheit ins noch Unbekannte führen müsse. Rexroth zu dem schweigsam dabeisitzenden Bernhard Landau: ›Mir scheint, wir müssen was machen, damit der Herhaus eine Chronik schreiben kann!‹«

Ernst Herhaus, Notizen während der Abschaffung des Denkens, Frankfurt/Main 1970, S. 122

*Für
Neville Pessoa
und
Jürgen Wedler*

Inhalt Band 1

Inhaltsverzeichnis Gesamtedition	5
Danksagung	6
Vorbemerkung	7
Inhaltsverzeichnis Band 1	11
Editorial	13
Einleitung: Kritische Theorie und Studentenbewegung	17
Stadtplan von Frankfurt/Main	34

Chronik

1946/47	37
1948	41
1949	47
1950	57
1951	65
1952	77
1953	91
1954	101
1955	107
1956	115
1957	123
1958	131
1959	143
1960	159
1961	173
1962	187
1963	197
1964	207
1965	215
1966	227
1967	241
1968	289
1969	385
1970	481
1971	505
1972	513
1973	529
1974	535
1975	543
1976	551
1977	559
1978	567
1979	571
1980–1989	577
1990–1995	603

Editorial

Frankfurt am Main war neben West-Berlin das Zentrum der Studentenbewegung. Hier hatte nicht nur der Bundesvorstand des *Sozialistischen Deutschen Studentenbunds* (SDS), des unbestrittenen organisatorischen Motors der 68er-Bewegung, seinen Ort, sondern auch die international als Frankfurter Schule bekanntgewordene Gruppe sozialwissenschaftlicher Theoretiker ihren Stammsitz. Doch die freundschaftliche Lehrer-Schüler-Beziehung, die sich zunächst zwischen den 1949 aus dem US-amerikanischen Exil zurückgekehrten Sozialphilosophen Adorno und Horkheimer und ihren Studenten entwickelte, war seit Mitte der sechziger Jahre immer größeren Spannungen ausgesetzt, die 1969 schließlich zum offenen Konflikt führten: Institutsbesetzung, Polizeieinsatz, Vorlesungsstörung und Gerichtsverfahren lauten die Stichworte. Die Frankfurter Ereignisse, die seit drei Jahrzehnten von einem Nebel an Gerüchten überlagert sind, sollen hier erstmals im Detail rekonstruiert werden.

Bislang ist in der historischen Betrachtung zumeist säuberlich zwischen Wissenschaft und Politik, Theorie und Protestbewegung getrennt und in der Darstellung genau zwischen diesen Feldern unterschieden worden. Das gilt nahezu uneingeschränkt für die bisherigen Monographien über die Geschichte der Frankfurter Schule ebenso wie die über die Studentenbewegung. Damit jedoch konnte der Spannungs- und Konfliktzusammenhang zwischen Kritischen Theoretikern und ihren politisierten Schülern, dessen Bedeutung für die Entwicklung der politischen Kultur der Bundesrepublik unbestreitbar ist, nicht in einer objektivierbaren Weise nachvollzogen werden. Beide mit unterschiedlichen Geltungsansprüchen aufgeladenen Sphären sperrten sich gegeneinander ab und verhinderten so eine angemessene Interpretation der damaligen Vorgänge sowie ihrer Folgewirkungen.

Aus diesem Defizit hat sich die Aufgabe der vorliegenden Arbeit herausgeschält. Sie will wissenschaftliche Forschung und universitäre Lehre, sozialwissenschaftliche Theoriebildung und politische Interessenklärung, letztlich Theorie und Politik, im Fall der Kritischen Theorie aufeinander beziehen und auch dort Verknüpfungen herstellen, wo in der Vergangenheit tradierte Grenzziehungen verletzt wurden und faktisch immer schon erschwert waren.

Die zentrale Frage bestand seinerzeit darin, wie angesichts des von Adorno für den modernen Kapitalismus diagnostizierten Verblendungszusammenhanges überhaupt noch politisch gehandelt werden könne. In der Hermetik ihrer Analyse lagen die von Horkheimer und Adorno gegen Kriegsende verfaßte *Dialektik der Aufklärung* und das von Marcuse 20 Jahre später vorgelegte Werk *Der eindimensionale Mensch* kaum auseinander. Der Unterschied bestand lediglich darin, daß Marcuse im Gegensatz zu seinen beiden früheren Institutskollegen die Dimension politischen Handelns, wenn auch nur in ideologischer Form, noch in seinem Blickfeld hatte. Über den negativen Tatbestand, daß kein politisches Handeln mehr denkbar sei, welches an den Aporien des modernisierten Kapitalismus und nicht nur an seiner gesellschaftlichen Symptomatik ansetzen könnte, bestand Mitte der sechziger Jahre im Grunde Einigkeit.

Es war naheliegend, daß einzelne ihrer Schüler, die ihnen theoretisch zwar weitgehend zu folgen bereit waren, sich andererseits jedoch grundsätzlich nicht jede Möglichkeit zum politischen Handeln versperren lassen wollten, dagegen Einwände formulieren würden. Diese Kontroverse blieb, von Ausnahmen abgesehen, zunächst noch im Rahmen universitärer, zumeist seminaristischer Auseinandersetzungen. Erst mit der Verschiebung des innenpolitischen Kräfteverhältnisses infolge der Großen Koalition und der Entstehung einer von Studenten dominierten außerparlamentarischen Bewegung veränderte sich der Bezugsrahmen für diese Debatte maßgeblich. Plötzlich bekamen alte Fragestellungen eine ungeahnte Sprengkraft, Schüler rüttelten am Deutungsmonopol ihrer theoretischen Väter und stellten die tradierten Rollenmuster in Frage. Bis schließlich in einer raschen, von kaum einem der Beteiligten noch überschaubaren Abfolge von Einzelereignissen die zwei Jahrzehnte lang unangetasteten Beziehungen zwischen Professoren und Studenten angegriffen, beschädigt und zum Teil im Kern zerstört wurden.

Im Rückblick lassen sich, was das Spannungsverhältnis von Theorie und politischer Praxis anbetrifft, die folgenden **Phasen** unterscheiden:

1951–58: Aufforderung zur politischen Beteiligung von Studenten, insbesondere durch Horkheimer während dessen Rektoratszeit;

1961: Diagnose eines überwiegend affirmativ eingestellten politischen Bewußtseins in der Studentenschaft in der von Habermas, von Friedeburg, Oehler und Weltz herausgegebenen empirischen Studie *Student und Politik*;

1964: Kritik am Nichthandeln Kritischer Theoretiker, insbesondere durch Rudi Dutschke und andere Mitglieder der *Subversiven Aktion*;

1965: Proklamierung eines Rechts auf Widerstand für unterdrückte Minderheiten durch Marcuse in dessen Essay *Repressive Toleranz*;

1966–68: Erörterung des Theorie-Praxis-Problems im SDS und innerhalb der bundesdeutschen Soziologie;

1967–69: Aufklärung durch Aktion betreiben zu wollen – so lautete der Anspruch des antiautoritären Flügels im SDS;

1967–69: Voluntarismus der Antiautoritären – lautete dagegen der Vorwurf von Habermas, später auch von Adorno;

1967–69: Aktion um der Aktion willen war die Praxis der Lederjackenfraktion im SDS;

1969: Theorie als Praxis – lautete die Antwort Adornos auf die Herausforderung der Antiautoritären;

1969: Unterscheidung zwischen wissenschaftlicher Reflexion und politischem Handeln – so die von Habermas in Erinnerung gerufene Differenzierung;

1970–77: Militarisierung der Praxis – durch die RAF und andere bewaffnete Gruppierungen;

1972: Distanzierung vom Terrorismus – zunächst von Negt auf dem *Angela-Davis-Kongreß*, dann auch von Marcuse;

1972–77: Militanz als integraler Bestandteil einer Basisbewegung – Anspruch von Cohn-Bendit, Fischer und der Hausbesetzerbewegung;

1977: Vorwurf, Kritische Theoretiker seien »Ziehväter des Terrorismus«, seitens Dregger, Filbinger und anderer CDU-Politiker;

1977: Verwahrung gegenüber dem Konstrukt eines genuinen Zusammenhanges zwischen Kritischer Theorie und Terrorismus durch Habermas und Wellmer.

Die Darstellung erfolgt strikt **chronologisch** nach dem Ablauf von Einzelereignissen, in der Regel **nach Tagen**, in Ausnahmefällen, in denen keine genauere Datierung möglich war, nach Monaten.

Obwohl das Geschehen der Jahre 1967 bis 1969 im Zentrum steht, geht der der Darstellung zugrundegelegte **Zeitraum** weit darüber hinaus. Er umfaßt insgesamt 50 Jahre und reicht **von 1946 bis 1995**. Mit der Erweiterung des Zeitrahmens wird beabsichtigt, sowohl die Inkubations- als auch die Folgezeit des Konflikts, der während des *Aktiven Streiks* im Wintersemester 1968/69 zum Ausbruch kam, genauer nachzeichnen zu können.

Die Chronik setzt **1946** ein, weil ein Jahr nach Kriegsende die Wiedereröffnung der Frankfurter Universität erfolgte und an Horkheimer die Einladung erging, aus seinem Exil in den Vereinigten Staaten zurückzukehren und seine Lehrtätigkeit als Sozialphilosoph wieder aufzunehmen. Auch wenn es bis 1948 dauerte, daß der ehemalige Direktor des Instituts für Sozialforschung zu einem ersten Besuch nach Frankfurt kam, und noch ein weiteres Jahr, bevor er vom Kultusministerium seine Ernennungsurkunde für eine ordentliche Professur erhielt, so war damit doch die entscheidende Weichenstellung für die Rückkehr der Kritischen Theorie ins Nachkriegsdeutschland erfolgt.

Die Darstellung mit dem Jahr **1995** ausklingen zu lassen, hat seinen Grund ausschließlich darin, daß dies der Schlußpunkt der aktuellen Recherche war.

Das geographische Bezugsfeld ist durch das Thema von vornherein stark eingeschränkt bzw. determiniert worden. Zentraler Ort ist naheliegenderweise **Frankfurt am Main** und dort wiederum die **Johann Wolfgang Goethe-Universität**. Da andere Orte und Institutionen nur in Ausnahmefällen ins Spiel kommen, werden nur sie explizit genannt. Mit anderen Worten: Immer dann, wenn es um ein Ereignis geht, in dem kein Ort genannt wird, handelt es sich um Frankfurt am Main, und um eines, in dem eine Universität ohne Namensnennung vorkommt, um die Goethe-Universität.

Was die Auswahl der Ereignisse anbetrifft, so wurden nicht nur Zusammenhänge aufgenommen, in denen es unmittelbar um die beiden Bezugsfelder Frankfurter Schule und Studentenbewegung sowie um Überschneidungen zwischen beiden ging, sondern auch solche, die für zusätzliche Kontextinformationen sorgten. Das **Auswahlkriterium**, das der chronologi-

Editorial

schen Darstellung zugrunde liegt, ist nicht, vom Haupttitel ausgehend, in einem wortwörtlichen Sinne zu verstehen und zu formalisieren, sondern ergibt sich aus dem eingangs skizzierten Problemzusammenhang.

Die Chronik stützt sich auf gedruckte und ungedruckte sowie in geringerem Maße auch auf mündliche **Quellen**. Berichte in der jeweiligen Tagespresse stellten für viele Zusammenhänge, sowohl Tagungen, Kongresse und Konferenzen wie auch Demonstrationen, Aktionen und andere Protestformen die Hauptquelle dar. Hinzu kamen Periodika wie Wochenzeitungen, Magazine und Zeitschriften, aus dem wissenschaftlichen Bereich ebenso wie aus dem politischen, aus dem universitären ebenso wie aus dem allgemein kulturellen.

Neben historischen Monographien zur Universitäts- und Institutsgeschichte wurden Biographien, Brief-Editionen sowie Interview- und Gesprächsbände ausgewertet. Daneben waren die Schriften der Theoretiker aus dem Institut für Sozialforschung und seines Umfelds unerläßlich. An Unveröffentlichtem waren Seminarpapiere und Stellungnahmen, Broschüren und Flugblätter, Aushänge und Erklärungen, Vorlesungsmitschriften und Tonbandmitschnitte von Diskussionen bedeutsam. Ergänzt wurden die schriftlichen Zeugnisse durch Interviews mit Beteiligten und Zeitzeugen. Zu nennen sind hier: Dieter Bott, Detlev Claussen, Bernd Leineweber, Rudolf zur Lippe, Peter Martin, Thomas Schmid, Helmut Reinicke, Jürgen Wedler, Karl Dietrich Wolff und Michaela Wunderle. Ihre Auskünfte haben vor allem dazu beigetragen, auch solche Zusammenhänge zu erschließen, von denen keine oder nur spärliche Zeugnisse in schriftlicher Form vorlagen.

Die **Chronik** hat eine doppelte Funktion: sie soll einerseits das Kontextverständnis von Vorgängen ermöglichen und andererseits als Scharnier zwischen Dokumenten und Aufsätzen fungieren. Ihre Aufgabe ist es, Informationen anzubieten und zwischen den beiden Textgattungen zu vermitteln. Die in den **Bildlegenden** angegebenen Daten verweisen auf die jeweilige Bezugsstelle im Text der Chronik; sie stellen nicht immer eine Datierung des abgebildeten Ereignisses dar.

Die **Handhabungshilfen** sind darauf abgestimmt, unterschiedliche Leseprozesse und Verwendungsformen zu unterstützen. Wichtigstes Hilfsmittel sind dabei drei verschiedene, am Ende des letzten Bandes vorzufindende **Register**. Es gibt ein Personen- und ein Organisationsregister. Staatliche Organisationen wurden im Text normal und nichtstaatliche kursiv gesetzt. Auf die Erstellung eines eigenen Ortsregisters ist wegen der geringen Anzahl von Ortsangaben verzichtet worden. Daneben gibt es noch ein Titelregister, in dem sich sowohl die Bezeichnungen von Publikationsorganen und anderen Medieneinrichtungen wie Rundfunk- und Fernsehanstalten, als auch die Namen von Werken, Aufsätzen, Filmen, Musik- und Theaterstücken auffindig machen lassen. Durch die Aufteilung in verschiedene Bände kann sowohl die kontinuierliche als auch die selektive Lektüre synchron erfolgen. Die Dokumente können der Chronik zur Vertiefung dienen, die Chronik den Dokumenten zum Kontextverständnis und die Aufsätze der Reflexion und Analyse der beiden anderen Textformen.

Editorial

Einleitung
Kritische Theorie und Studentenbewegung

> »Ich habe ein theoretisches Denkmodell aufgestellt.
> Wie konnte ich ahnen, daß Leute es
> mit Molotow-Cocktails verwirklichen wollen.«
>
> *Theodor W. Adorno*

Die Kritische Theorie ist nicht zuletzt der Interdisziplinarität ihres Forschungsansatzes wegen berühmt geworden. Der Totalitätsanspruch der Gesellschaftstheorie sollte, sofern er durch auch noch so große Anstrengungen Einzelner nicht mehr zu verwirklichen war, durch die Kooperation verschiedener Disziplinen gerettet werden. Die Forschungsprojekte wurden deshalb in Zusammenarbeit der unterschiedlichsten geistes- und sozialwissenschaftlichen Fächer organisiert. Neben Philosophie und Soziologie waren Ökonomie und Psychologie, Ästhetik und Literaturwissenschaft, Politik- und Rechtswissenschaft beteiligt.

Wer jedoch im alten Institut für Sozialforschung nach einem Historiker hätte suchen wollen, der hätte es vergeblich getan. Geschichte war zweifelsohne eine der zentralen Kategorien in der Institutsarbeit, jedoch in einem sozialphilosophischen, nicht in einem disziplinär spezifizierten Sinne.

Die Gefährdung des Geschichtlichen als manifestestem Ausdruck einer katastrophischen Zuspitzung des Gesellschaftlichen hat allerdings einen Theoretiker aus dem Umkreis des Instituts zu radikalen Reflexionen über die Rolle des materialistischen Historikers veranlaßt. Walter Benjamins *Thesen über den Begriff der Geschichte*, eine Art Vermächtnis *An die Nachgeborenen*, enthalten ein Bild des Historikers, das von der Hoffnung um der Hoffnungslosen willen geprägt ist.

Weniger bekannt ist Benjamins Bild des Historikers aus der *Berliner Chronik*, einer Frühfassung seiner *Berliner Kindheit um Neunzehnhundert*. Dort wird der Historiker als Archäologe gedacht, der Schicht um Schicht behutsam abträgt, um die Spuren der Vergangenheit freizulegen. »Wer sich der eigenen verschütteten Vergangenheit zu nähern trachtet«, so heißt es in dem Fragment gebliebenen Text, »muß sich verhalten wie ein Mann, der gräbt. Das bestimmt den Ton, die Haltung echter Erinnerungen. Sie dürfen sich nicht scheuen, immer wieder auf einen und denselben Sachverhalt zurückzukommen; ihn auszustreuen wie man Erde ausstreut, ihn umzuwühlen wie man Erdreich umwühlt. Denn Sachverhalte sind nur Lagerungen, Schichten, die erst der sorgsamsten Durchforschung das ausliefern, was die wahren Werte, die im Erdinnern stecken, ausmacht: die Bilder, die aus allen früheren Zusammenhängen losgebrochen als Kostbarkeiten in den nüchternen Gemächern unserer späten Einsicht – wie Trümmer oder Torsi in der Galerie des Sammlers – stehen. Und gewiß bedarf es, Grabungen mit Erfolg zu unternehmen, eines Plans. Doch ebenso ist unerläßlich der behutsame, tastende Spatenstich ins dunkle Erdreich und der betrügt sich selber um das Beste, der nur das Inventar der Funde und nicht auch dies dunkle Glück von Ort und Stelle des Findens selbst in seiner Niederschrift bewahrt. Das vergebliche Suchen gehört dazu so gut wie das glückliche und daher muß die Erinnerung nicht erzählend, noch viel weniger berichtend vorgehn sondern im strengsten Sinne episch und rhapsodisch an immer andern Stellen ihren Spatenstich versuchen, in immer tieferen Schichten an den alten forschend.«[1]

Wollte man dieses Bild auf die bisherigen Darstellungen zur Geschichte der Frankfurter Schule übertragen, dann ließe sich, einmal unterstellt, die Monographien seien Ausdruck von Arbeiten, die bis in unterschiedliche Schichten vorgedrungen sind, folgende Anordnung erkennen:

---

1 Walter Benjamin, Berliner Chronik, Frankfurt/Main 1970, S. 52f.

1. Martin Jays 1976 erschienene *Dialektische Phantasie*[2] basiert vor allem auf Gesprächen mit Mitgliedern des alten Instituts und orientiert sich insofern an deren Sichtweise ihrer eigenen Geschichte;

2. Rolf Wiggershaus' 1986 erschienene Monographie *Die Frankfurter Schule*[3] basiert vor allem auf der Sichtung von Dokumenten, nicht zuletzt dem bis dahin zugänglichen Briefwechsel;

Obwohl Wiggershaus im Unterschied zu Jay auch die Nachkriegsgeschichte und damit die der remigrierten Institutsmitglieder behandelt, steht eine differenzierte Darstellung dieser Phase noch aus. Zu leisten ist eine solche Arbeit, die insbesondere das Verhältnis zur Studentenbewegung zu klären hätte, kaum ohne die Berücksichtigung des Briefwechsels der wichtigsten Mitarbeiter des Instituts. Die entsprechenden bereits seit längerem im Gang befindlichen Publikationsprojekte sind inzwischen zum Teil abgeschlossen.

I. Rückkehr aus den USA und Wiederaufbau des Instituts für Sozialforschung

Die Unterscheidung zwischen Esoterikern und Exoterikern ist oft zur Kennzeichnung der verschiedenen im Institut arbeitenden Zusammenhänge und deren unterschiedlichen Akzentsetzungen in der theoretischen Grundorientierung benutzt worden. Zweifelsohne gab es eine Gruppierung um Max Horkheimer – mit Adorno, Löwenthal und Pollock – und eine um Franz L. Neumann – mit Kirchheimer, Marcuse und Grossmann –, die zwar mit ihren richtungweisenden, allerdings erst nach der Auflösung des New Yorker Forschungszusammenhanges entstandenen Werken *Dialektik der Aufklärung* und dem *Behemoth* in ihrer unterschiedlichen Auffassung von Gesellschaftstheorie charakterisiert werden können, die jedoch nicht zur Beantwortung der umstrittenen Frage nach der Remigration bestimmter Institutsmitglieder heranzuziehen sind.

Vermutlich läßt sich diese Frage auch weder forschungsstrategisch noch institutspolitisch ohne weiteres eindeutig beantworten, weil sie viel zu sehr mit ganz individuellen Präferenzen und Dispositionen verknüpft ist. Das Institut hatte ja bereits 1941 seine Arbeit eingestellt. Die Gruppe um Neumann war mit Ausnahme von Grossmann in den Dienst der Research & Analysis-Branch des Office of Strategic Services (OSS), also des US-amerikanischen Geheimdienstes getreten, während Horkheimer und Adorno von New York nach Kalifornien gewechselt waren, um gemeinsam die *Dialektik der Aufklärung* zu schreiben und später die *Studies in Prejudice* mit dem berühmt gewordenen Teil über die *Authoritarian Personality* zu organisieren bzw. anzufertigen. Während für Adorno, seinen eigenen Worten nach, die Entscheidung, nach der Niederwerfung der NS-Herrschaft zurückzukehren, nie in Frage gestanden hat, vollzog sich Horkheimers Überlegung in einem langen, sich über mehrere Jahre hin abspielenden Prozeß, der im Grunde auch nach der Rückkehr nie wirklich abgeschlossen war.

Bereits im Oktober 1946 hatten Vertreter der Stadt und Universität Frankfurt brieflich um eine Rückkehr des Instituts für Sozialforschung an seine alte Wirkungsstätte geworben. Nach einer ersten Reise 1948, die Horkheimer zur Kontaktaufnahme und zur Teilnahme an der Hundertjahrfeier des Paulskirchenparlaments unternahm, kehrt er im Frühsommer 1949 als erster zurück. Kurz nach seiner Ankunft zirkuliert in Frankfurt eine Petition, die zur Wiedereröffnung des 1933 von den Nazis geschlossenen Instituts aufruft. Sie ist u.a. unterzeichnet von Raymond Aron, Eugen Kogon, Paul Lazarsfeld, Talcott Parsons und Paul Tillich. »Die Funktion eines wieder ins Leben gerufenen Frankfurter Instituts«, so heißt es in der Schrift, »wäre eine doppelte: Planung und Durchführung von Forschungsprojekten, und vielleicht noch wichtiger, die Unterweisung einer neuen Generation von deutschen Studenten in den modernen Entwicklungen der Sozialwissenschaft.«[4]

Im Juli 1949 wird der von den Nazis abgeschaffte Lehrstuhl für Sozialphilosophie wieder mit Max Horkheimer, seinem damaligen Inhaber, besetzt; diesmal allerdings als Lehrstuhl für Soziologie und Philosophie deklariert. Bemerkenswert für Horkheimers Schritt zur Remigration ist die Tatsache, daß er erst in dem Moment einwilligt, in Deutschland zu bleiben, als ihm versichert wird, auch weiterhin US-Bürger bleiben zu können. Eine spezielle, von Hochkommissar John J. McCloy unterstützte Gesetzesinitiative, die von Präsident Truman 1952 dann auch tatsächlich zum Gesetz erhoben wird, garantiert dem früheren Institutsdirektor die Beibehaltung seiner US-Staatsbürgerschaft trotz seiner Remigration.

Die ersten Lehrveranstaltungen mit Beginn des Wintersemesters 1949/50 nimmt jedoch Horkheimers Freund und Kollege Theodor W. Adorno wahr, der sich bis dahin auf Zwischenstation in Paris aufgehalten hat. Adorno führt neben einem Seminar über transzendentale Dialektik bei Kant und Hegel eine Vorlesung zur Grundlegung von Kategorien des bürgerlichen Bewußtseins, insbesondere der aristotelischen Politik, durch. In einem Brief über die Aufnahme der Veranstaltungen, zu denen jeweils zwischen hundert und hundertfünfzig Studenten kommen, äußert sich Adorno mehr als befriedigt. Er ist offenbar von der Bereitschaft und Fähigkeit, sich auf anspruchsvolle philosophische Grundlagentexte einzulassen, so überrascht, daß er ins Schwärmen kommt und einen Seminarteilnehmer gar mit dem seiner genialischen Züge wegen oft gerühmten jungen Schelling vergleicht.

In einem im Mai 1950 unter dem Titel *Auferstehung der Kultur in Deutschland?* in den *Frankfurter Heften* erschienenen Aufsatz schildert Adorno noch einmal seinen ersten Eindruck im Seminar, um ihn dann allerdings einer kritischen Analyse zu unterziehen. »Der Intellektuelle, der nach langen Jahren der Emigration Deutschland wiedersieht«, so heißt es dort, »ist zunächst von dem geistigen Klima überrascht. Draußen hat sich die Vorstellung gebildet, als hätte das barbarische Hitler-Regime Barbarei hinterlassen ... Man setzt Stumpfheit, Unbildung, zynisches Mißtrauen gegen jegliches Geistige voraus ... Davon kann aber keine Rede sein. Die Beziehung zu geistigen Dingen, im allerweitesten Sinne verstanden, ist stark. Mir will sie größer erscheinen als in den Jahren vor der nationalsozialistischen Machtergreifung ... Die Studenten der Philosophie und der Sozialwissenschaften, mit denen ich umgehe, zeigen das äußerste Interesse an praktisch unverwertbaren Problemen. Die schwere materielle Bedrängnis, in der die meisten leben, hat darauf keinen Einfluß. Unterscheidungen äußerster Subtilität, etwa in der Auslegung des Sinnes der Kantischen Erkenntnistheorie, finden überschwengliche Mitarbeit ... Man kommt sich zuweilen vor, als wäre man hundertfünfzig Jahre zurückversetzt, in die Zeit der Frühromantik ... Selbst geistige Formen wie das unersättlich sich versenkende Gespräch, die längst vergangen dünkten und in der Welt fast vergangen sind, leben wieder auf.«[5] Adorno, der glaubt, diese Beobachtung über Universität und intellektuelle Eliten hinaus verallgemeinern zu können, sieht in der überraschenden Erfahrung einer schier ungebrochenen geistigen Leidenschaft traditionelle Züge der Verinnerlichung, der Trostsuche im privaten Winkel und der Alibifunktion der Kultur, über das gesellschaftliche Grauen und Elend hinwegzutäuschen. Insbesondere kritisiert er die Suprematie eines Geistbegriffs, der glaubt, wie im deutschen Idealismus die Wirklichkeit überhaupt erst zu stiften. Dagegen erinnert er an den Verlust des politischen Subjektstatus, der offenbar mit der Absolutsetzung des Geistes kompensiert werden müsse.

Etwa zur gleichen Zeit erscheint in den USA in einem Sammelband ein Aufsatz von Max Horkheimer, der den Titel trägt: *The Lessons of Fascism*. Darin versucht der Sozialphilosoph nicht nur Lehren aus dem Faschismus, sondern auch aus dem Scheitern der Entnazifizierung zu ziehen. Eine besondere Schuld sieht er bei den deutschen Universitäten. Aus der ideologischen Prägung, gar Verhetzung der akademischen Eliten versucht er Konsequenzen zu ziehen. »Wenn nicht das Problem der deutschen Universität sorgfältig beachtet wird«, so heißt es dort, »kann sie wieder zum Zentrum eines bösartigen Nationalismus werden ... Die demokratischen Elemente in den Fakultäten brauchen Hilfe und Ermutigung, den vielen Professoren und Studenten die Augen zu öffnen, die noch auf nationalistischen, insgeheim sogar pronazistischen Einstellungen beharren ... Der Hauptbeitrag des Wissenschaftlers zu den Bemühungen, den aggressiven Nationalismus zu bekämpfen, besteht darin, die Einsicht in die Wesensstruktur der gesellschaftlichen Realität zu vertiefen. Hätte das deutsche Volk die Kräfte ausfindig gemacht, die tatsächlich hinter Hitlers Machtergreifung standen, und hätte es durch die Fassade der nationalsozialistischen Wirtschaftspolitik die dahinterstehenden Realitäten gesehen, so hätte es die letztlich zerstörerische Natur des ganzen Programms verstanden. Statt dessen nahm es die Befriedigung eines unmittelbaren Interesses entgegen, Vollbeschäftigung, wie die nationalsozialistische Wiederaufrüstung sie herbeiführte, und am Ende bezahlte es teuer für seine Kurzsichtigkeit. Jetzt, nach der Katastrophe, bildet eine unbefangene Untersuchung der Lehren der jüngsten deutschen Geschichte zusammen mit einer wirk-

---

2 Martin Jay, Dialektische Phantasie. Die Geschichte der Frankfurter Schule und des Instituts für Sozialforschung, 1923–1950, Frankfurt/Main 1976.

3 Rolf Wiggershaus, Die Frankfurter Schule – Geschichte – Theoretische Entwicklung – Politische Bedeutung, München 1986.

4 Zit. nach: Martin Jay, Dialektische Phantasie. Die Geschichte der Frankfurter Schule und des Instituts für Sozialforschung, 1923–1950, Frankfurt/Main 1976, S. 332.

5 Theodor W. Adorno, Auferstehung der Kultur in Deutschland? In: Frankfurter Hefte, 5. Jg., Mai 1950, Heft 5, S. 469f.

Einleitung

samen Unterrichtung der Völker der Welt in diesen Lehren die wichtigste erzieherische Aufgabe des Wissenschaftlers.«[6] Es ist vorstellbar, daß Horkheimer, der ohnehin immer zur Vorsicht und Tarnung neigte, eine solch offene Sprache in einer deutschen Publikation wohl nicht gebraucht hätte.

Als im August 1950 das Institut für Sozialforschung mit Horkheimer als Direktor und Adorno als seinem Stellvertreter wieder mit seiner Forschungsarbeit beginnt, steht ein Untersuchungsprojekt im Vordergrund, das sich den von Horkheimer in *The Lessons of Fascism* skizzierten Aufgabenstellungen verdankt und in der für ihn charakteristischen Weise verschlüsselt ist. Die 1955 veröffentlichte Studie *Gruppenexperiment* ist eine empirische Untersuchung über das politische Bewußtsein der Bundesdeutschen, die in der Nachfolge der großen Studien aus den dreißiger und vierziger Jahren gesehen werden muß. Als das am stärksten beunruhigende Resultat zeigt sie, daß der Antisemitismus immer noch weit verbreitet ist, insbesondere unter den Akademikern. »Das vorgelegte Material ermächtigt wohl zu dem Schluß«, wie es in einem der zentralen Punkte heißt, »daß zwar die nationalsozialistische Ideologie als in sich einheitlich organisierter Zusammenhang nicht mehr existiert, da ihr insbesondere durch den Mißerfolg ihre stärkste integrierende Kraft entzogen wird, daß aber zahlreiche Einzelelemente des faschistischen Denkens, herausgebrochen aus ihrem Zusammenhang und darum oft doppelt irrational, noch gegenwärtig sind und in einer veränderten politischen Situation wieder manipuliert werden könnten.«[7] Dieser Auszug aus einem der Ergebnisse zeigt, in welchem Maße das Mißtrauen der beiden Remigranten seine sozialwissenschaftliche Bestätigung findet, nicht zuletzt im Kreise universitärer Kollegen.

Gegen Ende des Jahres 1951, genau am 14. November, wird schließlich der mit Geldern des Mc-Cloy-Fonds, der Stadt Frankfurt und privater Gönner finanzierte Institutsneubau an der Senckenberganlage feierlich eröffnet. Unter den Gästen befinden sich neben dem hessischen Minister für Erziehung und Volksbildung, Ludwig Metzger, und dem Frankfurter Oberbürgermeister Walter Kolb auch Vertreter US-amerikanischer Behörden. Die Einweihungsreden halten neben Horkheimer und drei jungen Mitarbeitern der Vorsitzende der *Deutschen Gesellschaft für Soziologie*, Leopold von Wiese, und René König, der Leiter des soziologischen Seminars der Universität Köln – beides Kritiker und Rivalen der Institutssoziologen. Horkheimer hatte zwei Tage zuvor in einer internen Einweihungsfeier seine ganze Skepsis gegenüber den gesellschaftlichen Eingriffsmöglichkeiten kritischer Soziologen zum Ausdruck gebracht: »Die Welt ging einen ganz anderen Gang als wir es wünschten, es ist eine schlechte Welt. Und wir sollen nicht denken, die wir hier in diesem Institut arbeiten, daß es jetzt nicht noch einmal so komme. Die Entwicklung geht einen schlimmen Gang ... Ich denke an die Mitarbeiter, die in den Kellern der Gestapo und den Konzentrationslagern umgekommen sind und an die, die dies überlebten ... Wir wollen an die denken, die unter einer künftigen Gestapo werden sterben müssen und trinken auf die, die unseres Geistes sind.«[8]

Nur wenige Tage darauf, am 20. November, wird der alte und neue Institutsdirektor zum Rektor der Johann Wolfgang Goethe-Universität gewählt – mit knapper Mehrheit. Es ist das erste Mal, daß nach der Niederwerfung der NS-Herrschaft ein Jude, und das zweite Mal, daß ein amerikanischer Staatsbürger an der Spitze einer deutschen Universität steht. Mit allen akademischen Insignien, Talar und Amtskette, ausgerüstet, hält Horkheimer unter dem Titel *Zum Begriff der Vernunft* eine an die noch im Exil verfaßte *Eclipse of Reason* angelehnte und von allen politischen Bezügen gereinigte Initiationsrede. »Sie sind«, so hatte der Stellvertreter des Frankfurter Oberbürgermeisters sich zuvor, die Integrationsbemühung keineswegs verbergend, an ihn gewandt, »in beispielhafter Versöhnung in das Vaterland zurückgekehrt und Sie haben Ihr Lehramt an dieser Universität wieder angetreten. So viel Treue verpflichtet um Treue. Deshalb empfinden wir alle ihre Wahl zu dem höchsten akademischen Amt unserer Johann Wolfgang Goethe-Universität als die Krönung unserer eigenen Wiedergutmachungspflicht.«[9]

Der Remigrant Horkheimer hat es in nur kurzer Zeit unter den spezifischen Bedingungen der von den USA dominierend beeinflußten Nachkriegspolitik vermocht, seine alte Stellung vom Ende der Weimarer Republik wieder einzunehmen und darüber hinaus die höchste Stufe der universitären Karriereleiter zu erklimmen:

Er ist wieder Direktor seines Instituts geworden;

er hat für sich und seine Mitarbeiter ein neues Institutsgebäude bekommen;

er hat seinen alten, kaum modifizierten Lehrstuhl zurückerhalten;

er ist Oberhaupt seiner früheren Universität geworden und

er ist schließlich zu einem wissenschaftlichen und kulturpolitischen Funktionsträger am Beginn der Ära Adenauer aufgestiegen.

Seine privaten Aufzeichnungen und seine internen Äußerungen signalisieren allerdings ein solches Maß an Distanz zu dieser offiziellen Rolle, daß ohne Übertreibung von einer Art Doppelexistenz des Remigranten Max Horkheimer gesprochen werden kann.

II. Max Horkheimer und eine frühe Studentenbewegung (1952)

Während sich das Frankfurter Institut im Neuaufbau befindet, steht ein deutscher Filmregisseur immer wieder aufs neue im Zentrum der öffentlichen Auseinandersetzung. Es ist Veit Harlan, der Mann, der den berüchtigten antisemitischen Hetzfilm *Jud Süß* gedreht hatte, der während des Krieges auch in den von der Wehrmacht eroberten Teilen der Sowjetunion gezeigt worden ist, um die propagandistische Einstimmung in die Deportation von Juden herzustellen. Harlan, der 1949 und 1950 von einem Hamburger Schwurgericht unter jeweils fragwürdigen Begleitumständen von der Anklage, mit seinem Film ein Verbrechen gegen die Menschlichkeit begangen zu haben, freigesprochen worden ist, wird 1951 mit der Aufführung seiner beiden neuesten Filme *Unsterbliche Geliebte* und *Hanna Amon* erneut zum bundesweiten Objekt heftiger Polemiken und Proteste.

Wie in vielen anderen Städten bildet sich auch in Frankfurt ein lokales Aktionsbündnis, das zum Boykott der Veit-Harlan-Filme aufruft. Neben prominenten Einzelpersonen wie Eugen Kogon und Walter Dirks von den *Frankfurter Heften*, Karl Gerold, dem Herausgeber der *Frankfurter Rundschau*, Franz Böhm, dem Vorstandsmitglied der *Gesellschaft für christlich-jüdische Zusammenarbeit* und späteren Leiter der Delegation für Wiedergutmachungsverhandlungen mit Israel, beschließen auch die örtlichen Vorstände von SPD und DGB zu Beginn des Jahres 1952, die Erstaufführung von *Unsterbliche Geliebte*, in der Harlans Ehefrau Christina Söderbaum die Hauptrolle spielt, mit allen Mitteln zu verhindern. Und in der Tat, am 6. Januar setzt der Besitzer des zentral gelegenen Kinos »Metro im Schwan« den Film, ohne ihn jemals gezeigt zu haben, vom Spielplan ab.

Nicht zuletzt durch diesen Erfolg öffentlichen Protests ermuntert, verabschiedet das Studentenparlament der Johann Wolfgang Goethe-Universität drei Tage später eine Erklärung zur *Haltung gegenüber den Juden*. Darin fordert es eine »baldige und gerechte Wiedergutmachung«, eine rasche Verabschiedung des geplanten Strafrechtsänderungsgesetzes, durch welches antisemitische Hetze unter Strafverfolgung gestellt werden soll, sowie eine Reform der schulischen Lehrpläne unter dem selben Gesichtspunkt. Der Wille des deutschen Volkes, so heißt es, müsse zum Ausdruck gebracht werden, nach Kräften an der Beseitigung der materiellen Schäden mitzuwirken. »Indessen darf es keineswegs bei dieser materiellen Wiedergutmachung bleiben, weil ausschließlich hierbei die geistige Haltung entscheidend ist.«[10]

Am darauffolgenden Tag richtet Max Horkheimer in seiner Funktion als Rektor ein Dankesschreiben an das Studentenparlament. Darin heißt es: »Als gestern abend die Resolutionen eingebracht und ohne Stimmenthaltung angenommen wurden, die sich auf das im Dritten Reich geschehene Unrecht beziehen und den Willen der Studenten unserer Universität bekunden, durch die Tat etwas zur Versöhnung beizutragen, war ich, wie Sie verstehen werden, viel zu bewegt, als daß ich selbst nochmals hätte sprechen können. Aber es ist mir ein tiefes Bedürfnis, Ihnen noch ganz persönlich für die Erfahrung dieses Abends zu danken ... Wenn Sie jetzt als erste studentische Gruppe in Deutschland ganz und gar aus eigenem Antrieb etwas zur Heilung der Wunde beitragen wollen, die durch den Rassenwahn entstanden ist, dann helfen Sie nicht bloß in einer wichtigen Frage des deutschen Lebens, sondern Sie ehren auch die Angehörigen unserer Universität, Juden und Nichtjuden, die gegen die blutige Dummheit aufgestanden sind. Ihre Resolutionen sind ein Symbol dafür, daß der spezifische Geist der Frankfurter Universität, der identisch ist mit dem Besten der deutschen akademischen Tradition überhaupt, ungebrochen fortdauert. Es ist meine Hoffnung, daß darin

---

6 Max Horkheimer, Lehren aus dem Faschismus, in: ders., Gesammelte Schriften Bd.8: Vorträge und Aufzeichnungen 1949–1973, hrsg. von Gunzelin Schmid Noerr, Frankfurt/Main 1985, S.34f.

7 Gruppenexperiment – Ein Studienbericht, Bearbeitet von Friedrich Pollock, Frankfurt/Main 1955, S. 397.

8 Max Horkheimer-Archiv der Stadt- und Universitätsbibliothek Frankfurt/Main IX 273.17.

9 Zit. nach: Rolf Wiggershaus, a.a.O., S. 497.

10 Zit. nach: Neue Zeitung vom 12. Januar 1952.

zugleich ein Ansporn für die gesamte akademische Entwicklung liegt. Meine Bewegung über den unmittelbaren guten Willen«, so schließt Horkheimer sein Schreiben, »verbindet sich mit der Dankbarkeit für einen Vorgang, dem ich wahrhaft objektive Tragweite zuschreibe.«[11] Der mit solch bewegten Worten gewürdigten Resolution schließen sich in den Tagen und Wochen darauf die meisten Studentenvertretungen bundesdeutscher Hochschulen an.

Allein im Januar 1952 folgen weitere Protestkundgebungen, Versammlungen und Demonstrationen gegen die Aufführung von Veit-Harlan-Filmen – so in München, Freiburg, Münster, Erlangen und Göttingen. Zu heftigen Zusammenstößen, die bundesweit großes Aufsehen erregen, kommt es dabei zwischen Polizei, Passanten und Demonstranten in Freiburg im Breisgau. 200 Studenten, die mit dem Ruf »Veit Harlan – Jud Süß« durch die Stadt ziehen, werden mit pronazistischen und antisemitischen Parolen angepöbelt und nach einer polizeilichen Aufforderung, den Zug aufzulösen, mit dem Gummiknüppel auseinandergetrieben. Dutzende von ihnen werden verletzt, viele festgenommen, drei landen mit Gehirnerschütterungen im Krankenhaus.

Die Bewegung gegen den antisemitischen Filmregisseur ist im Kern eine Studentenbewegung. Obwohl die Aktionsbündnisse, wie am Frankfurter Beispiel deutlich zu erkennen ist, das gesamte linksliberale und zum Teil auch liberal-konservative Spektrum umfassen, so liegt das Zentrum dieser moralisch geprägten, mit stark idealistischen Zügen verknüpften antinazistischen, projüdischen Bewegung an den Universitäten. In den Jahren 1951 bis 1953 finden zahlreiche Anti-Harlan-Demonstrationen statt, bis auf wenige Ausnahmen in Universitätsstädten.

In einem Interview mit Max Horkheimer, das am 1. August 1952 in der *Allgemeinen Wochenzeitung der Juden in Deutschland* erscheint, würdigt er noch einmal die Frankfurter Resolution zur Wiedergutmachung, die besonders aktive Rolle der Studenten im »Fall Veit Harlan« und die Tatsache, daß er in Frankfurt noch keinem Angehörigen einer neonazistischen Organisation begegnet sei. Das Interview endet mit den Worten: »Ich glaube nicht, daß es einem ehemaligen Flüchtling, wie ich einer bin, ansteht, düster drein zu blicken, und seine Augen angesichts des heutigen Deutschlands zu schließen. Das beste, was man tun kann, ist herkommen, sich umsehen und arbeiten, so daß das, was war, nicht wieder geschieht. Ich habe nie gesagt: man muß vergessen. Aber ich bin überzeugt, daß man mithelfen kann, eine Studentengeneration heranzubilden, die so fühlt, wie wir es gewohnt sind.«[12]

Bemerkenswert ist auch das Echo, das Horkheimer in der 1934 von jüdischen Emigranten in New York gegründeten Wochenzeitung *Aufbau* findet. Am 8. August erscheint dort unter dem Titel *Emigrant, Jude, U.S.A.-Bürger und erfolgreicher deutscher Universitäts-Rektor* (letzteres in ganz kleinen Lettern gesetzt) ein Porträt von ihm, dem er allerdings in einem vier Tage später abgesandten Schreiben an den Herausgeber in einer Reihe von Punkten widerspricht. Darin wird darauf hingewiesen, daß im Gegensatz zu anderen westeuropäischen und amerikanischen Universitäten »im Deutschland der letzten 50 Jahre« die Studenten keineswegs fortschrittlicher als der Durchschnitt der Bevölkerung gewesen sei. Deutsche Universitäten wären in einem solchen Maße ein Hort der Reaktion gewesen, daß niemals ein Jude hätte Rektor werden können. Erst mit Max Horkheimer sei diese fatale Tradition durchbrochen worden. Und nicht zuletzt ihm sei es zu verdanken, daß Frankfurt neben Berlin eine besonders liberale Atmosphäre unter den von nationalistischen Einflüssen ansonsten keineswegs freien anderen Universitätsstädten aufweise.

Während des zweiten Amtsjahres von Horkheimer findet ein denkwürdiger Festakt statt, bei dem ein anderes in die deutsche Universitätsgeschichte zurückreichendes, nicht ohne Ambivalenzen besetztes Thema angesprochen wird. Am 22. Februar 1953 – das Datum ist keineswegs zufällig gewählt – wird die feierliche Einweihung des vor allem mit amerikanischen Geldern finanzierten Internationalen Studentenhauses der Goethe-Universität vorgenommen. Es ist der zehnte Jahrestag der Hinrichtung von Mitgliedern der studentischen Widerstandsgruppe *Weiße Rose*, unter ihnen die Geschwister Hans und Sophie Scholl. Zur Einweihung ist neben dem hessischen Ministerpräsidenten Georg-August Zinn und dem US-amerikanischen Hochkommissar James B. Conant auch Bundespräsident Theodor Heuss erschienen, der sich mit Horkheimer besonders freundschaftlich verbunden fühlt. In seiner Ansprache geht Heuss auf die Frage der Zulässigkeit von Mensuren ein. Er sagt: »Wenngleich ich niemanden geringer achte, der zu einer früheren Zeit studentischen Korporationen angehört hat, so bedeutet doch das Verbindungswesen alten Stils in heutiger Zeit eine Gefahr für das Wesen der studentischen Korporationen. Man schreibt nicht mehr 1853

22 Einleitung

oder 1903, sondern 1953 – und jede Zeit verlangt ihre Gesinnung ...« Eindringlich warnt er vor einem »Anmarsch der restaurativen Burschenherrlichkeit«.[13] Wie wenig diese Worte jedoch bedeuten, das läßt sich daran erkennen, daß sich der Bundespräsident bereits kurze Zeit später von dieser leichten Andeutung einer kritischen Position wieder zurückzieht. Am 8. April empfängt er eine Delegation von Korporationsvertretern und versichert ihnen »seine zukünftige Nichteinmischung« in der Mensurenfrage.

Horkheimer geht auf denselben Komplex nach Ablauf seiner zweijährigen Amtszeit als Rektor ein. Am 4. Mai 1954 hält er auf dem 3. Deutschen Studententag in München unter dem Titel *Zum Begriff der Verantwortung* das Hauptreferat. Darin heißt es: »Je ohnmächtiger das Ich des einzelnen sich heute weiß, je mehr ihm die Möglichkeit der Realisierung in der Praxis verbaut ist, desto mehr hat es das Bedürfnis, sich selbst zu bestätigen und zu erhöhen. Aus innerer Unsicherheit und Schwäche verlangt es nach einem Kollektiv, als dessen Teil es sich stark fühlen kann. Dem kommen die Verbindungen entgegen, nicht bloß durch die Aufnahme des Individuums in den eigenen Verband, sondern durch die Tradition vom starken Staat und nationalen Selbstbewußtsein, für die sie einstehen.«[14] So scharf und genau Horkheimer auch in seinen analytischen Ausführungen sein mag, so weich und bildungsbürgerlich betulich fällt sein politisches Urteil aus: »Wir wollen, sofern sie dazu gehören, die Verbindungen gewiß nicht ausschließen, wenn wir auch bezweifeln, daß etwa die Mensur das beste Mittel zu solcher Erziehung sei. Allzu leicht verleitet gerade der Wert, den man ihr beimißt, dazu, die Bereitschaft, Schläge um ihrer selbst oder der männlichen Tugend willen auszuteilen und einzustecken, an die Stelle der Tapferkeit der Wenigen zu setzen, die man nach Goethes aktuellem Wort seit je gekreuzigt und verbrannt hat.«[15]

III. HORKHEIMER, HABERMAS
UND DIE ANTI-ATOMBEWEGUNG (1958)

Das beherrschende innenpolitische Thema der fünfziger Jahre ist neben den vergeblichen Bemühungen um eine Wiedervereinigung Deutschlands die Frage der Remilitarisierung. In mehreren Schüben konstituieren sich umfangreiche Protestbewegungen gegen die Wiederbewaffnung. Das letzte und wohl umfassendste Kapitel markiert die Bewegung *Kampf dem Atomtod*, die die Ausrüstung der Bundeswehr mit Atomwaffen durch die Mobilisierung einer Volksbewegung zu verhindern sucht.

Da eine innerparlamentarische Opposition gegen die von Bundeskanzler Konrad Adenauer – dieser hatte am 4. April 1957 verharmlosend von Atomwaffen als einer »Weiterentwicklung der Artillerie« gesprochen – und Bundesverteidigungsminister Franz Josef Strauß gehegten Pläne wegen der numerischen Schwäche der SPD-Fraktion im Bundestag keinerlei Aussicht auf Erfolg hat, startet der SPD-Parteivorstand eine außerparlamentarische Initiative und ruft am 10. März 1958 mit einer bundesweiten Plakataktion zur Kampagne *Kampf dem Atomtod* auf. In der Folge gründen sich im ganzen Land lokale und regionale Aktionsgemeinschaften, deren Aktivitäten von einem zentralen Arbeitsausschuß, zu dessen Mitgliedern auch Martin Niemöller gehört, koordiniert werden. In den Monaten April und Mai werden fast überall in der Bundesrepublik Kundgebungen durchgeführt, an denen sich Hunderttausende von Protestierenden beteiligen.

Eine wesentliche Strömung innerhalb dieser breit angelegten Kampagne, deren Höhepunkt auf den 20. Mai 1958 fällt, ist die studentische Bewegung. An diesem Tag versammeln sich mehrere tausend Studenten an 14 verschiedenen Hochschulorten und führen Schweigemärsche und Kundgebungen durch. Als Redner treten in den unabhängig von Parteien und Gewerkschaften organisierten Veranstaltungen vor allem Dozenten der Philosophischen Fakultät auf, so zum Beispiel auf dem Frankfurter Römer, zu dem an diesem Tag 400 Studenten gezogen sind, der 28jährige Adorno-Assistent Jürgen Habermas. In seiner unter dem Titel *Unruhe erste Bürgerpflicht* kurze Zeit später in der Studentenzeitung *Diskus* publizierten Ansprache macht er deutlich, daß gegen die »Politik der Stärke« Individuen und nicht Organisationen pro-

---

11 Max Horkheimer, Gesammelte Schriften Bd. 18: Briefwechsel 1949–1973, hrsg. von Gunzelin Schmid Noerr, Frankfurt/Main 1996, S. 228 f. **(Dok. Nr. 26)**

12 Marion Gid, Der jüdische Rektor und seine deutsche Universität. Interview mit Max Horkheimer, dem Rektor der Frankfurter Universität, in: Allgemeine Wochenzeitung der Juden in Deutschland vom 1. August 1952.

13 Zit. nach: Die Neue Zeitung vom 23. Februar 1953.

14 Max Horkheimer, Verantwortung und Studium, in: ders., Gesammelte Schriften Bd. 8: Vorträge und Aufzeichnungen 1949–1973, hrsg. von Gunzelin Schmid Noerr, Frankfurt/Main 1985, S. 448.

15 A.a.O., S. 450.

testieren. Seine Ausführungen enden mit den Worten: »Gewiß, die Universität als Korporation soll ihre politische Neutralität wahren. Aber sie bleibt ein Hort der Gewissensfreiheit nur, solange ihre Bürger politische Gewissensentscheidungen öffentlich und mit den wirksamsten der rechtens zu Gebote stehenden Mittel bekunden. Einmal schon sind deutsche Universitäten zu lange Hort versäumter Gewissensentscheidungen geblieben. Der Demonstrationszug vom 20. Mai richtet sich extra muros gegen die verantwortlichen Träger einer Politik der Stärke; intra muros aber richtet er sich nicht in erster Linie an die, die sich *für* diese Politik schlagen, sondern an die, die sich, trotz besserer Einsicht, nicht *gegen* sie schlagen. Wenn sich angstbereite Einsicht kompetenzfrei mit Unerschrockenheit gegenüber den Einflußreicheren verbindet, heißt man's Zivilcourage. Heute steht sie unter Panikverdacht – muß das sein?«[16]

Einer, der mit diesen doch sehr moderaten Ausführungen, der unverkennbar protestantisch geprägten Redlichkeit und der dialektisch gewendeten Selbstproblematisierung des wissenschaftlich-universitären Neutralitätsgebots, überhaupt nicht einverstanden ist, das ist Max Horkheimer. Zwei Tage nach der Kundgebung auf dem Römer notiert er in einer Mischung aus Zynismus und Überheblichkeit: »Als ob es um die Gefährlichkeit der Atome ginge! Wenn sie die Erde verwüsten, hat niemand mehr Kopfweh.«[17] Er ist der Ansicht, daß ohnehin die Militärs die Macht in der Hand hielten, die kontinentaleuropäischen Demokratien nicht mehr zu retten seien und sich »ein faschistischer Staatenbund« an ihrer Stelle etabliere.

Nicht weniger panisch ist eine Aufzeichnung, die er etwa zur gleichen Zeit notiert und in der er sich explizit mit der Anti-Atomtod-Bewegung auseinandersetzt. Er vergleicht sie mit der nationalistischen Bewegung Nassers und unterstellt mit der Geste einer kaum zu überbietenden Selbstverständlichkeit, daß beide Massenbewegungen »bei den Russen« ihren Ursprung hätten. Dominant ist dabei seine Angst, daß sich aus einer Bewegung, die offenbar glaubt, sich noch ungebrochen auf das »Volk« berufen zu können, eine neue faschistische Speerspitze bilden könnte, die wiederum die marginalisierten einzelnen verfolgt. Wörtlich heißt es: »Sie repetieren mit Protesten und Schweigemärschen im technischen Zeitalter, verärmlicht, verflacht und vulgarisiert, die Französische Revolution. Das ›Volk‹ als oberste Kategorie im kurzschlußhaften, fixen Denken von Studenten, Funktionären, allerhand Interessenten ... Aber die Jungen sind nur in dem Sinn einig, daß sie aktiv sein wollen. Die Mehrzahl ist, wenigstens zunächst noch, westlich ausgerichtet, erstrebt die guten Stellen in der Industrie, ohne einen politischen Katechismus herzusagen, notfalls machen sie einen westlich inspirierten oder gar deutsch-autonomen Faschismus als technische Vorhut mit ... ›Das Volk‹ soll verwirklicht werden. Und wie könnte das anders geschehen als durch Bürokratie und Disziplin ... Jeder soll sich eingliedern ins Volk ... Der Feind ist der Einzelne, der Feind sind wir.«[18]

Wie idiosynkratisch Horkheimers Reaktion auf diese Massenbewegung auch sein mag, unbestreitbar ist, daß in ihrem weiteren Verlauf die angstbesetzte Kategorie »Volk« immer mehr ins Zentrum der politischen Auseinandersetzung gerät. Nachdem die Senate der beiden sozialdemokratisch geführten Hansestädte Hamburg und Bremen Gesetze zur Durchführung von Volksbefragungen beschlossen haben, reicht die Bundesregierung eine Klage beim Bundesverfassungsgericht ein. Die Hauptentscheidung in dieser Sache ergeht bereits am 30. Juli: Das oberste Gericht der Republik erklärt die Gesetzesakte der beiden Hansestädte für nichtig. Volksbefragungen werden durch dieses Urteil zwar nicht prinzipiell ausgeschlossen, jedoch in ihrer Durchführung an eine vorherige Billigung durch die Mehrheit des Bundestages geknüpft. Damit ist die Möglichkeit einer plebiszitären Umgehung der im Parlament vorhandenen Mehrheitsverhältnisse ausgeschlossen. Die SPD zieht sich daraufhin aus der außerparlamentarischen Kampagne zurück. Die Bewegung *Kampf dem Atomtod* versandet in relativ kurzer Zeit.

Währenddessen tritt die vermutlich nicht offen ausgetragene Kontroverse zwischen Horkheimer und Habermas in ein neues Stadium. Horkheimer wendet sich am 27. September 1958 in einem neunseitigen vertraulichen Schreiben an Adorno und warnt ihn vor dem Einfluß seines jungen Assistenten, der vor allem mit dem im *Merkur* erschienenen Aufsatz *Das chronische Leiden der Hochschulreform*, der gekürzten Fassung einer Einleitung zu einem Instituts-Forschungsbericht über *Universität und Gesellschaft*, Aufmerksamkeit erregt hat. Horkheimer kritisiert ausführlich die Marx-Rezeption von Jürgen Habermas und den mit ihr verknüpften Anspruch einer »auf empirische Sicherung bedachten revolutionären Geschichtsphilosophie«. Weil für den Institutsdirektor der »Propagandist« der Anti-Atombewegung die Vergabe von Forschungsaufträgen durch die Industrie stören könnte, warnt er seinen Freund und Kollegen mit den Worten: »Aber wir dürfen durch die wahrlich unbekümmerte Art dieses Assistenten das Institut nicht ruinieren lassen.«[19] Es ist bekannt, daß Habermas in der Folge nach Marburg zu Wolfgang Abendroth gehen muß, um sich mit seiner Untersuchung über den *Strukturwandel der Öffentlichkeit*, einem der einflußreichsten Bücher für die SDS-Generation Mitte der sechziger Jahre, habilitieren zu können. Adorno, der eher stolz auf seinen talentierten Mitarbeiter ist, hat sich in dieser Frage der von Bedenken geprägten Haltung Horkheimers unterworfen.

Zu Weihnachten 1959 wird die bundesdeutsche Öffentlichkeit durch antisemitische Schmieraktionen in Köln aufgeschreckt. Zwei junge Mitglieder der neonazistischen *Deutschen Reichspartei* (DRP) haben am Heiligabend Hakenkreuze und Parolen wie »Deutsche, wir fordern: Juden raus« an die erst wenige Wochen zuvor von Bundeskanzler Adenauer eingeweihte Synagoge und an das Denkmal für die Opfer des Nationalsozialismus gemalt. Die Täter, die kurz darauf festgenommen und später verurteilt werden, lösen eine ganze Welle von Nachfolgeaktionen in der Bundesrepublik, West-Berlin und in dem DDR aus. Allein bis Ende Januar 1960 registrieren die bundesdeutschen Polizeibehörden 685 als antisemitisch eingestufte Vorfälle, 234 Personen, darunter auffallend viele Jugendliche, werden in diesem Zusammenhang festgenommen.

Die nur für oberflächliche Beobachter überraschend auftretenden Vorfälle lösen nicht nur eine heftige innenpolitische Kontroverse aus – die Bundesregierung versucht die Schmieraktionen zunächst als von kommunistischen Drahtziehern betriebene »Diffamierungskampagne« hinzustellen –, sondern auch einen rapiden außenpolitischen Legitimationsverlust des Staates Bundesrepublik. In London, New York und verschiedenen israelischen Städten kommt es zu empörten Demonstrationen gegen die von Bundeskanzler Adenauer zu verantwortende Politik, dem eine systematische Verharmlosung antisemitischer und nationalistischer Strömungen und Organisationen vorgeworfen wird.

Horkheimer schreibt bereits am 6. Januar 1960, daß dies das erste Mal seit 1945 sei, daß »eine völkische Kundgebung so umfangreicher Art« sich ereignet habe.[20] Seine Reaktion ist panisch, fast paranoid. Er glaubt, die antisemitische Welle sei von Nasser und dessen Nazi-Beratern organisiert, hinter denen auch verschiedene deutsche Gruppen stehen könnten. Seine Überlegungen, die vor allem um die als unmittelbar gegeben unterstellte Gefahr einer Liquidation Israels kreisen, bewegen sich fast ausschließlich auf der internationalen Ebene.

Im Frühling desselben Jahres notiert Friedrich Pollock, der wohl langjährigste und engste Freund Horkheimers, nach einem gemeinsamen abendlichen Gespräch: »Wir stehen vor der Alternative, in Deutschland tätig zu sein oder uns nach Amerika zurückzuziehen und dort an der Bemühung um Erkenntnis und deren Formulierung zu arbeiten. Können wir es mit unserem Gewissen vereinbaren, gegen all das Ungeheuerliche, das sich jetzt wieder in Deutschland vorbereitet, nichts zu tun, nicht unsere Stimme zu erheben, solange wir noch gehört werden. Heute haben wir noch relative Handlungsfreiheit. Horkheimer weigert sich, eine Existenz als Privatier zu führen ... Ein jüdischer Privatier mit deutschem Pass im Tessin ist ihm widerlich. Sollen wir schweigen, wenn jemand, der am Tod von 15 000 Kindern schuldig ist, noch in der Regierung sitzt? Wir müßten eine neue Zeitschrift herausbringen, die sagt, was heute gesagt werden muß und es nicht den östlichen Publikationen überläßt. Ist es zu verantworten, daß wir schweigen, während es unsere Aufgabe als Intellektuelle wäre, herauszubrüllen, was schlecht ist?«[21]

All diese bitteren Fragen, die Horkheimer und Pollock nach dem Schock der Jahreswende 1959/60 umtreiben, bleiben offen. Sie werden im Kamingespräch geäußert, ohne daß aus ihnen irgendwelche Konsequenzen gezogen würden. Nach einem Jahrzehnt Remigration, in die Horkheimer ohnehin mit der Wei-

---

16 Jürgen Habermas, Unruhe erste Bürgerpflicht, in: Diskus – Frankfurter Studentenzeitung, 8. Jg., Juni 1958, Nr. 5, S. 2. **(Dok. Nr. 50)**
17 Max Horkheimer, Zur Funktion der Atombewaffnung, in: ders., Gesammelte Schriften Bd. 14: Nachgelassene Schriften 1949–1972, hrsg. von Gunzelin Schmid Noerr, Frankfurt/Main 1988, S. 83. **(Dok. Nr. 52)**
18 Max Horkheimer, Mitte Mai 1958, in: ders., Gesammelte Schriften Bd. 14: Nachgelassene Schriften 1949–1972, Frankfurt/Main 1988, S. 82f. **(Dok. Nr. 49)**
19 Brief Max Horkheimers an Theodor W. Adorno vom 27. September 1958, Max Horkheimer, Gesammelte Schriften Bd. 18: Briefwechsel 1949–1973, hrsg. von Gunzelin Schmid Noerr, Frankfurt/Main 1996, S. 437–452. **(Dok. Nr. 53)**
20 Max Horkheimer, Vom Sinn des Neonazismus, in: ders., Gesammelte Schriften Bd. 14: Nachgelassene Schriften 1949–1972, hrsg. von Gunzelin Schmid Noerr, Frankfurt/Main 1988, S. 100 ff. **(Dok. Nr. 55)**
21 Friedrich Pollock, Überlegungen aus dem Frühling 1960 (Späne – Notizen über Gespräche mit Max Horkheimer), in: Max Horkheimer, Gesammelte Schriften Bd. 14: Nachgelassene Schriften 1949–1972, hrsg. von Gunzelin Schmid Noerr, Frankfurt/Main 1988, S. 544. **(Dok. Nr. 59)**

gerung, seine US-amerikanische Staatsbürgerschaft aufzugeben, eine Art Notbremse eingebaut hat, stellt sich die Frage einer erneuten Emigration in die Vereinigten Staaten in aller Schroffheit. Die Hoffnungen auf Einflußnahme und eine qualitative Veränderung der deutschen Gesellschaft scheinen zerstoben zu sein. Von der Euphorie den Studenten gegenüber, die er vor allem während seiner Rektoratszeit im Januar 1952 geäußert hat, ist offenbar nichts mehr übrig. Die ursprüngliche Hoffnung scheint in Resignation und Pessimismus umgeschlagen zu sein.

IV. DIE HERAUSFORDERUNG DER KRITISCHEN AUTORITÄTEN DURCH DIE ANTIAUTORITÄRE BEWEGUNG (1967/68)

»›Mit dieser Welt gibt es keine Verständigung; wir gehören ihr nur in dem Maße an, wie wir uns gegen sie auflehnen.‹
›Alle sind unfrei unter dem Schein, frei zu sein.‹
… Der deutsche Intellektuelle und Künstler weiß das alles schon längst. Aber dabei bleibt es.
›Man will nichts tun, und man wird getan.‹
Wir glauben, daß Wissen nicht Bewältigung ist. Wenn auch Ihnen das Mißverhältnis von Analyse und Aktion unerträglich ist, schreiben Sie unter Kennwort ›Antithese‹ an 8 München 23, postlagernd. Verantwortlich Th. W. Adorno, 6 Frankfurt am Main, Kettenhofweg 123.«[22]

Diese Zitatenmontage hängt im Mai 1964 unter der Überschrift *Suchanzeige* in München, Stuttgart, Tübingen und West-Berlin in Universitätsgegenden an Wänden und Zäunen. Ihre Urheber, Mitglieder der in der Tradition der *Situationistischen Internationale* stehenden Studentengruppe *Subversive Aktion*, versprechen sich von dem Aushang einen Zulauf Intellektueller, die das Unbehagen – die Gesellschaft zu durchschauen, jedoch keine praktischen Konsequenzen formulieren zu können – mit ihnen teilen und gemeinsam nach Auswegen suchen.

Die Folgen sind:

1. Der als »verantwortlich« angeführte Professor Theodor W. Adorno erstattet Anzeige gegen die Zitatenmonteure wegen unbefugter Namensverwendung. Auf der Suche nach Verdächtigen ist Ernst Bloch behilflich, der die Täter in Briefen nur als »Lumpen«, »Narren« und »Münchener Mistviecher« bezeichnet.[23] Einer seiner Studenten, der behauptet, einige Gruppenmitglieder zu kennen, nennt Namen. Der »Chef« sei ein gewisser Dieter Kunzelmann. Schließlich werden dieser und dessen Kompagnon Frank Böckelmann, nachdem sie vergeblich versucht haben, mit Adorno direkt ins Gespräch zu kommen, wegen Verstoßes gegen das Pressegesetz zu einer Geldstrafe von je 100 DM verurteilt.

2. In West-Berlin melden sich auf die *Suchanzeige* hin zwei ursprünglich aus der DDR stammende Studenten, die ebenfalls mit dem Verhältnis zwischen neomarxistischer Analyse und dem Willen zur Gesellschaftsveränderung höchst unzufrieden sind. Sie heißen Rudi Dutschke und Bernd Rabehl. Schon bald werden sie zu aktiven Mitarbeitern der *Subversiven Aktion*.

Als im Sommersemester des darauffolgenden Jahres Adorno einen Vortrag über den »Begriff der Gesellschaft« im Auditorium Maximum der Freien Universität hält, ist es der in der Öffentlichkeit völlig unbekannte Dutschke, der ihn in eine scharfe Kontroverse über das Mißverhältnis zwischen Theorie und Praxis in der kritischen Soziologie verwickelt.

Im Februar 1965, also einige Monate zuvor, hat die Redaktion der Frankfurter Studentenzeitung *Diskus* Max Horkheimer eine von allen Mißtönen freie *Dankadresse* zu dessen 70. Geburtstag gewidmet. »Wieviel wir von ihm gelernt haben«, so heißt es dort, »wissen wir noch nicht; denn alles, was er lehrt, ist auf die Praxis eines besseren Lebens gerichtet und will erst verwirklicht werden. Bei hundert alltäglichen Gelegenheiten: im Widerstand gegen Unrecht und Gewalt im großen wie im kleinen, in jedem Versuch, zum privaten Glück eines Einzelnen oder zum allgemeinen Wohl beizutragen, erfahren wir, was wir gelernt haben.« Es ist sein ebenso braver wie beflissener Ton, der die kleine Laudatio kennzeichnet und an die Stimmung vom Beginn der fünfziger Jahre erinnert. Am Ende heißt es: »Und eine einfache, unzeitgemäße Formel mag den Dank seiner Studenten ausdrücken: Max Horkheimer ist ein guter Lehrer.«[24] In der darauffolgenden Ausgabe erscheint ein Leserbrief, in dem sich der Geehrte mit rührenden Worten für den Geburtstagsgruß bedankt. Der Austausch dieser beiden Dankadressen wirkt wie ein verspäteter Nachruf auf ein bereits seit längerer Zeit nicht mehr ganz ungetrübtes Verhältnis zwischen den Lehrern der Kritischen Theorie und ihren studentischen Schülern.

Wie spannungsgeladen die Beziehungen noch werden sollen, das stellt sich jedoch erst 1967 im Zuge der außerparlamentarischen Opposition (APO) gegen die Große Koalition in Bonn und den Vietnamkrieg der USA heraus, die dominiert wird von einer neuartigen Studentenbewegung mit dem SDS an der Spitze.

Am 7. Mai 1967 zeigt sich Max Horkheimer bei der Eröffnung der Deutsch-Amerikanischen Freundschaftswoche auf dem Frankfurter Römer demonstrativ mit einem US-General. Am Abend hält er einen Vortrag im Amerika-Haus, in dem er, die Sichtweise des dankbaren Emigranten ungebrochen verlängernd, die studentischen Demonstrationen gegen den Vietnamkrieg explizit kritisiert. »Wenn in Amerika es gilt«, so führt er aus, »einen Krieg zu führen – und nun hören sie wohl zu – einen Krieg zu führen, so ist es nicht so sehr die Verteidigung des Vaterlandes, sondern es ist im Grunde die Verteidigung der Verfassung, die Verteidigung der Menschenrechte ...« Und die Kritiker sollten im übrigen auch daran denken, »...daß wir hier nicht zusammen wären und frei reden könnten, wenn Amerika nicht eingegriffen hätte und Deutschland und Europa vor dem furchtbarsten totalitären Terror schließlich gerettet hätte.«[25]

Der Frankfurter SDS, an dessen Adresse diese Worte vor allem gerichtet sind, versucht Horkheimer unmittelbar nach Bekanntwerden dieser Rede zu einer Diskussion zu bewegen. In einem »Offenen Brief« erhebt die Gruppe den Vorwurf, die Äußerungen des emeritierten Sozialphilosophen seien eine »mit dem Mantel der Privatheit verkleidete Unwissenschaftlichkeit«, gar die »in die Apologie des Faschismus und Imperialismus umgeschlagene Resignation«.[26]

Horkheimer antwortet darauf ebenfalls mit einem »Offenen Brief«. In dem ebenso freundlich wie dezidiert gehaltenen Schreiben weist er darauf hin, daß die »kommunistische Parteiherrschaft« der »Tendenz zum Imperialismus«, seiner inneren ökonomischen Logik ebenso wie seinen äußeren Machtinteressen nach, in nicht geringerem Maße verhaftet sei, »... als nur je die kapitalistische Welt«.[27] Zugleich bekundet er seine Bereitschaft zu einer gemeinsamen Diskussion; sie hat am 12. Juni unter Beteiligung Adornos im Walter-Kolb-Studentenwohnheim stattgefunden.

Wie weit die Differenzen zwischen den kritischen Autoritäten und den antiautoritären Aktivisten wirklich gehen, das wird erst nach dem 2. Juni 1967 sichtbar, dem Tag, an dem der Germanistikstudent Benno Ohnesorg nach einer Demonstration gegen den Schah-Besuch in West-Berlin von der Polizei erschossen wird.

Am 9. Juni findet nach der Beerdigung Benno Ohnesorgs in Hannover unter Beteiligung von 5.000 Studenten und Dozenten aus allen Teilen der Bundesrepublik der Kongreß *Hochschule und Demokratie – Bedingungen und Organisation des Widerstands* statt. Auf ihm wirft Jürgen Habermas, der inzwischen auf dem Umweg über Heidelberg wieder nach Frankfurt zurückgekehrt ist, Rudi Dutschke, der über den Zirkel *Subversive Aktion* zum führenden Sprecher des SDS in West-Berlin geworden ist, vor, für seinen Aufruf, an allen bundesdeutschen Universitäten Aktionszentren zu bilden, eine »voluntaristische Ideologie« zu bemühen, die er glaube »linken Faschismus« nennen zu müssen.

Am 7. Juli wird ein Vortrag Theodor W. Adornos im Audimax der Freien Universität Berlin über Goethes *Iphigenie* von Mitgliedern des SDS und der *Kommune I* gestört. Auf einem der Transparente ist zu lesen »Berlins linke Faschisten grüßen Teddy den Klassizisten«[28]. Obwohl Adornos Weigerung, sich auf eine politische Diskussion einzulassen, zunächst einen Tumult auslöst, kann der Vortrag dann doch noch stattfinden.

Nur wenige Tage später hält Adornos aus Kalifornien eingeflogener ehemaliger Institutskollege Herbert Marcuse im selben Hörsaal eine Vortragsreihe über *Das Ende der Utopie*[29], in der er die historische Möglichkeit umreißt, die entfalteten Produktivkräfte für eine gesellschaftliche Befreiung zu nutzen. In dem Besuch Marcuses, der in der Öffentlichkeit große Aufmerksamkeit erregt, sehen Kommentatoren einen demonstrativen Solidaritätsakt mit den gesellschaftlich weitgehend isolierten studentischen Rebellen. Ein jüdischer Emigrant, US-amerikanischer Staatsbürger und deutscher Philosoph, so heißt es mitunter, sei, obwohl

---

22 (Subversive Aktion), Suchanzeige, in: Frank Böckelmann / Herbert Nagel (Hrsg.), Subversive Aktion – Der Sinn der Organisation ist ihr Scheitern, Frankfurt/Main 1976, S. 145. **(Dok. Nr. 84)**

23 Ernst Bloch, Briefe 1903–1975, Bd. 2, Frankfurt/Main 1985, S. 453.

24 (Diskus-Redaktion), Dankadresse: Professor Max Horkheimer zum 70. Geburtstag, in: Diskus – Frankfurter Studentenzeitung, 15. Jg., Februar/März 1965, Nr. 2, Lokales S. 1. **(Dok. Nr. 90)**

25 Max Horkheimer, (Vortrag im Amerika-Haus Frankfurt anläßlich der Deutsch-Amerikanischen Freundschaftswoche), in: Diskus – Frankfurter Studentenzeitung, 17. Jg., Nr. 4, Juni 1967, S. 10. **(Dok. Nr. 115)**

26 (Ohne Autor), Vietnam – ein Vortrag und zwei Briefe, in: Diskus – Frankfurter Studentenzeitung, 17. Jg., Nr. 4, Juni 1967, S. 10. **(Dok. Nr. 117)**

27 Brief Max Horkheimers an die SDS-Gruppe Frankfurt, in: Diskus – Frankfurter Studentenzeitung, 17. Jg., Nr. 4, Juni 1967, S. 10.

28 Zit. nach: Peter Szondi, Über eine »Freie (d. h. freie) Universität« – Stellungnahmen eines Philologen, Frankfurt/Main 1973, S. 58.

29 Herbert Marcuse, Das Ende der Utopie – Vorträge und Diskussionen in Berlin, Frankfurt/Main 1980.

an einer Universität auf der anderen Seite des Globus lehrend, in die Bresche gesprungen. Marcuse selbst kommentiert die Diskussionen mit den Studenten später dem Schriftsteller Reinhard Lettau gegenüber mit den Worten, dies sei für ihn »eine Art Versöhnung mit Deutschland«[30].

Der Aufbruch von APO und Studentenbewegung erreicht nach dem Attentat auf Rudi Dutschke während der Ostertage 1968 einen Höhepunkt der Mobilisierung, schlägt aber bereits hier in gewaltsame Aktionen um und endet mit der trotz aller Anstrengungen nicht zu verhindernden Verabschiedung der Notstandsgesetze in einer großen innenpolitischen Niederlage. Danach kommt es immer häufiger zu verzweifelten militanten Aktionen, die die SDS-Aktivisten Schritt für Schritt weiter in die Isolation führen.

Eine dieser Aktionen findet am 22. September 1968 statt. Vor der Frankfurter Paulskirche versuchen 2.000 Demonstranten stark gesicherte Polizeiketten zu durchbrechen, um gegen die Verleihung des Friedenspreises des Deutschen Buchhandels an den der Kollaboration mit dem Kolonialismus beschuldigten senegalesischen Staatspräsidenten Léopold Sédar Senghor zu protestieren. Einzelne versuchen dabei in kamikazeartigen Überrumpelungsangriffen in die Paulskirche vorzudringen. Sie werden jedoch allesamt überwältigt und von der Polizei zusammengeknüppelt. Unter ihnen sind auch Hans-Jürgen Krahl, Daniel Cohn-Bendit und Joschka Fischer.

Einen Tag danach, Cohn-Bendit sitzt inzwischen in Butzbach in Untersuchungshaft, findet in dem in einem Frankfurter Vorort gelegenen Haus Gallus eine Podiumsdiskussion zum Thema *Autoritäten und Revolution* statt.[31] An ihr beteiligen sich u.a. Adorno, Friedeburg, Habermas, Krahl und aus dem Publikum Günter Grass. Es ist die letzte ernstzunehmende öffentliche Auseinandersetzung zwischen Kritischen Theoretikern und Sprechern des SDS. Obwohl auch sie bisweilen aus den Fugen zu geraten droht, wird sie von beiden Seiten nicht unterhalb der ihnen jeweils eigenen Begründungsstandards geführt.

In einem Briefwechsel, der sich anschließend zwischen Adorno und Grass entwickelt, wirft der Autor der *Blechtrommel* dem Verfasser der *Minima Moralia* vor, er habe sich auf der Gallus-Veranstaltung von Krahl an die Wand spielen lassen. Und außerdem verstehe er nicht, daß sich Adorno nicht öffentlich für Sozialdemokraten wie Gustav Heinemann und Willy Brandt einsetze.[32]

In einem denkwürdigen Antwortschreiben kommt Adorno seinem Kritiker zunächst in der Bewertung des Veranstaltungsverlaufs weit entgegen, um dann um so schärfer die essentiellen Differenzpunkte zu markieren: Adorno bekennt sich trotz aller Schwierigkeiten zu Hans-Jürgen Krahl und bezeichnet ihn als einen seiner begabtesten Schüler. Ferner klagt Adorno, die Wertschätzung für Heinemann keineswegs verhehlend, daß die Sozialdemokratie »sich seit 1914 treu geblieben« sei. Das Godesberger Programm sei für ihn ein einzigartiges Dokument, weil es zeige, wie »eine Partei allen, aber auch wirklich allen theoretischen Gedanken abschwört, die sie einmal inspiriert hatten«.[33] Dem SDS gegenüber lehne er eine öffentliche Distanzierung ausdrücklich ab. Mit äußerster Bestimmtheit erklärt er: »So genau ich weiß, daß die Studenten eine Scheinrevolte betreiben und das eigene Bewußtsein der Unwirklichkeit ihres Treibens durch ihre Aktionen übertäuben, so genau weiß ich auch, daß sie, und die Intellektuellen überhaupt, auf der Plattform der deutschen Reaktion die Rolle der Juden übernommen haben.«[34] Und am Ende seines vier Seiten langen, enggetippten Schreibens fügt er noch handschriftlich die Frage an: »Ist Ihnen bekannt, daß Helmut Schmidt die Soziologie generell angegriffen hat? Oder irre ich mich da?«[35] Es gibt wohl kein anderes Zeugnis Adornos, in dem er seine Position im Trubel der 67er/68er-Auseinandersetzungen treffsicherer formuliert als in diesem Brief; eine Position, die sich in ihrer letzten Dimension und in ihrem entscheidenden Bezug von der gesellschaftlichen Rolle eines Juden her bestimmt.

V. DIE POLIZEILICHE RÄUMUNG DES INSTITUTS, DER KRAHL-PROZESS UND DER TOD ADORNOS (1969)

Nach den Niederlagen in der Anti-Notstandsbewegung und in der *Enteignet Springer*-Kampagne konzentriert der SDS sein Interesse am Ende des Jahres 1968 wieder auf die Universität. Nicht, um dort die Hochschulreform in Gang zu setzen, sondern um das eigene Terrain gleichsam als Brückenkopf für eine revolutionäre Veränderung der Gesellschaft zu nutzen.

Am 3. Dezember 1968 beginnt in der Abteilung für Erziehungswissenschaften der Frankfurter Universität ein Boykott aller Lehrveranstaltungen. Verhindert werden soll eine Verkürzung des Lehrerstudiums auf sechs Semester. Die vom SDS dominierten Soziologen greifen den Anlaß auf und proklamieren einen »aktiven Streik zur Neuorganisierung des Studiums«, der sich rasch über die gesamte Universität ausbreitet.³⁶ Im drei Tage später besetzten und in *Spartakus-Seminar* umbenannten Soziologischen Seminar wird eine Vielzahl unabhängiger, von Studenten selbst organisierter Arbeitskreise eingerichtet. Nach einer pausenlosen Abfolge von Vollversammlungen, Gruppensitzungen und Strategiedebatten räumt im Morgengrauen des 18. Dezember die Polizei das besetzte Seminar. Dennoch bereiten die Studenten eine weitere Expansion des Streiks vor.

Nach der Jahreswende beschließt ein *Organisationszentrum der Arbeitsgruppen*, eine erneute, diesmal als »modifiziert« ausgegebene Besetzung des Seminars. Dieser Schritt, die Okkupation eines Raumes mit der entsprechenden Büroausstattung, erfolgt am 24. Januar. Die Hausherren entschließen sich dann am 31. Januar das gesamte Seminar zu schließen, weil am Tag zuvor während einer vom SDS organisierten Demonstration ein Stoßtrupp Unbekannter in der Innenstadt systematisch die Scheiben von Banken, Konsulaten und US-Einrichtungen eingeworfen hat. Als daraufhin die SDS-Gruppe in das Institut für Sozialforschung zieht, um von dort die Koordination der Streikaktivitäten fortzuführen, rufen Adorno und Friedeburg die Polizei. Bei der anschließenden, ohne gewaltsame Auseinandersetzung verlaufenden Räumung werden 76 Studenten festgenommen. Bis auf Hans-Jürgen Krahl, der wegen des Vorwurfs des Hausfriedensbruchs und der Rädelsführerschaft in Untersuchungshaft kommt, werden alle anderen im Laufe des Abends freigelassen.

Diese Räumung durch die Polizei wird von den SDS-Studenten als eine Art »Sündenfall« der kritischen Autoritäten betrachtet. Daß gerade diejenigen, die immer so eindringlich vor repressiven Gefahren gewarnt haben, in dem Moment, als es um den Status quo ihrer eigenen Sphäre geht, bereit sind, die Staatsmacht um Hilfe zu rufen, desavouiert sie in den Augen der Antiautoritären. Für sie sind die Kritischen Theoretiker, die sich bisher so beharrlich der politischen Praxis entzogen, zu Komplizen eines faschistischer Tendenzen beschuldigten Polizei- und Staatsapparates geworden.

Während im unmittelbaren Konflikt durch die Semesterferien zunächst eine Ruhepause eintritt – Krahl ist nach einer Reihe von Aktionstagen inzwischen wieder auf freien Fuß gesetzt worden –, tut sich ein Nebenschauplatz auf. Im März dringen mehrere Mitglieder der »Lederjackenfraktion«³⁷, des aktionistischen Flügels des SDS, in eine Wohngemeinschaft ein und demolieren das Zimmer eines Philosophie-Studenten aus dem engsten Umkreis von Krahl. Sie reißen die Bücher aus den Regalen und sprühen die Drohung an die Wand: »Ins KZ mit dem Pack der Intellektuellen!« Der Angegriffene, der selber zu den politischen Aktivisten gehört, aber an der Notwendigkeit einer unabhängigen theoretischen Arbeit festhält, gilt den Desperados als Provokation. Adorno, dem diese Einschüchterungsaktion offenbar zu Ohren gekommen ist, schreibt in seinen *Marginalien zu Theorie und Praxis* über den Vorfall folgendes: »Heute wird abermals die Antithese von Theorie und Praxis zur Denunziation der Theorie mißbraucht. Als man einen Studenten das Zimmer zerschlug, weil er lieber arbeitete als an Aktionen sich zu beteiligen, schmierte man ihm an die Wand: Wer sich mit Theorie beschäftige, ohne praktisch zu handeln, sei ein Verräter am Sozialismus.«³⁸ Es ist Zufall, daß Adorno die wirkliche Parole, die die schlimmsten seiner Befürchtungen nicht nur hätte bestätigen, sondern auf den Punkt hätte bringen müssen, ganz offensichtlich nicht kannte.

Als er im Sommersemester damit beginnt, eine Vorlesung *Einführung in dialektisches Denken* zu halten, wird Adorno selber zum Objekt einer Rancune-Aktion. Offenbar aus später Rache für den Polizeieinsatz im Institut wird er in seiner Vorlesung vom 22. April systematisch irritiert, gestört und schließlich am Weiterreden gehindert. Während Flugblätter

---

30 Zit. nach: Reinhard Lettau, Denken und Schreiben gegen das tägliche Entsetzen, in: Der Stern vom 9. August 1979, 32. Jg., Nr. 33, S. 100f. **(Dok. Nr. 425)**

31 Das Protokoll der Podiumsdiskussion ist unter dem gleichnamigen Titel abgedruckt in: Soziologisches Lektorat (des Luchterhand Verlages), ad lectores 8, Neuwied/West-Berlin 1969, S. 19–60. **(Dok. Nr. 235)**

32 Brief von Günter Grass an Theodor W. Adorno vom 17. Oktober 1968, Theodor W. Adorno-Archiv, Frankfurt/Main. **(Dok. Nr. 237)**

33 Brief von Theodor W. Adorno an Günter Grass vom 4. November 1968, Theodor W. Adorno-Archiv, Frankfurt/Main. **(Dok. Nr. 238)**

34 A.a.O. **(Dok. Nr. 238)**

35 A.a.O. **(Dok. Nr. 238)**

36 Vgl. die umfangreiche, aber verzerrte Darstellung in: Zoller (d.i. Peter Zöllinger, Hg.), Aktiver Streik – Dokumentation zu einem Jahr Hochschulpolitik am Beispiel der Universität Frankfurt/Main, Darmstadt o.J. (1969).

37 Zur »Lederjackenfraktion« gehörte auch der Herausgeber der obengenannten Dokumentation.

38 Theodor W. Adorno, Marginalien zu Theorie und Praxis, in: ders., Stichworte, Frankfurt/Main 1969, S. 173. **(Dok. Nr. 332)**

mit der Überschrift »Adorno als Institution ist tot« im Hörsaal verteilt werden, umringen ihn drei in Lederjacken gekleidete Studentinnen, verstreuen Blumen, führen Pantomimen auf und entblößen schließlich, den Parodierten immer mehr bedrängend, ihren Busen. Adorno bricht nach diesem Zwischenfall, der auch von der überwältigenden Mehrheit der Zuhörer als ebenso peinlich wie perfide wahrgenommen wird, seine Veranstaltung ab und setzt sie für unbestimmte Zeit aus. Hans-Klaus Jungheinrich, der den Eklat miterlebt hat, schreibt zwei Tage später in der *Frankfurter Rundschau*: »Wer den Faschismus am eigenen Leib gespürt hat, wird notwendig allergisch gegen den kleinsten Anflug von Terror. Ohne Gewalt, ohne terroristische Momente sind die dem SDS vorschwebenden Umwälzungsprozesse aber undenkbar. Adorno weiter zur Weggenossenschaft zwingen zu wollen, wäre daher ein schlicht inhumanes Ansinnen.«[39] Nachdem ein Versuch, die Vorlesung wieder aufzunehmen, erneut gestört wird, setzt Adorno sie schließlich am 18. Juni endgültig ab.

Das Semester ist für ihn damit jedoch noch nicht zu Ende. Der Schlußakt erfolgt außerhalb der Universität, vor den Schranken eines Gerichts. Im Prozeß gegen seinen Doktoranden Hans-Jürgen Krahl, der des Hausfriedensbruchs beschuldigt ist, soll Adorno am 18. Juli als Zeuge der Anklage auftreten. Wie dieser Akt verlaufen ist, läßt sich pointiert an einer Schlagzeile der anschließenden Presse-Berichterstattung ablesen, in der es heißt: »Krahl nimmt Doktorvater ins Kreuzverhör«.[40] Eine Woche später wird der Adorno-Doktorand zu drei Monaten Gefängnis verurteilt. Die Strafe wird, wie es heißt, wegen der Zubilligung »ideologischer Gesinnung« zur Bewährung ausgesetzt. Kurz darauf reist Adorno in die Schweiz, um einen seit langer Zeit geplanten Urlaub anzutreten.

Der gesamte Zeitraum seit der spektakulären Institutsräumung durch die Polizei ist begleitet von einer dichten und sich stetig steigernden Korrespondenz zwischen Adorno und Marcuse, die die psychische Dynamik des Angegriffenen und persönlich Bloßgestellten erkennen läßt. Ohne diesen umfangreichen Briefwechsel hier ausführlich zitieren zu wollen, seien nur die wesentlichen Punkte daraus angeführt:

– Am 24. Januar, dem Tag der »modifizierten« Besetzung des Soziologischen Seminars, lädt Adorno seinen früheren Kollegen, Freund und Rivalen[41] Herbert Marcuse offiziell zu einer Veranstaltung des Instituts ein.

– Am 14. Februar erinnert Adorno nochmals an die Einladung, da er noch keine Antwort erhalten hat. Er beschreibt und rechtfertigt dabei zugleich den Entschluß, die Polizei zur Räumung des von streikenden Studenten belagerten Instituts herbeizurufen.

– Am 20. Februar bestätigt Marcuse den Empfang der Einladung und äußert den Wunsch, den »Dialog« zwischen ihnen so privat wie möglich zu führen. Er schlägt vor, dazu die Privatwohnung Siegfried Unselds, Leiter des Suhrkamp Verlages, zu benutzen.

– Am 28. Februar stimmt Adorno dem Wunsch Marcuses zu und äußert Befürchtungen wegen möglicher Ausschreitungen in seiner geplanten Vorlesung.

– Am 18. März meint Marcuse, den Besuch unter den von Adorno geschilderten Umständen, die er als »geradezu scheußlich« empfindet, vielleicht doch besser abzusagen.

– Am 25. März spricht sich Adorno dafür aus, wie geplant zu verfahren. Er beschreibt die weitere Eskalation der Studentenbewegung als eine »Entwicklung der Greuel«.

– Am 5. April überrascht Marcuse Adorno mit einem Schreiben, in dem er aufgrund des Besuchs durch einen Frankfurter Studenten eine erheblich andere Wahrnehmung des Konflikts zu erkennen gibt. Er will nicht nach Frankfurt kommen, ohne nicht auch mit den Studenten sprechen zu können.

– Am 5. Mai, also erst einen Monat später, antwortet Adorno, daß Marcuse sich nur auf eigene Verantwortung mit den Studenten treffen könne. Er rechtfertigt ausführlich seine Position unter expliziter Bezugnahme auf den von Habermas vorgebrachten Vorwurf des Linksfaschismus. Am Ende gibt er der Hoffnung Ausdruck, Marcuse im Urlaub in der Schweiz zu treffen. – Am selben Tag geht ein paralleles Schreiben von Habermas an Marcuse ab, in dem dieser den kalifornischen Kollegen heftig kritisiert und die Aktionen der Studenten als »Teil einer illusionär auf unsere Verhältnisse übertragenen Partisanenstrategie«[42] bezeichnet.

– Am 23. Mai sagt Marcuse in einem sichtlich pikierten, dennoch aber auch herzlichen Ton seine Reise nach Frankfurt endgültig ab.

– Am 4. Juni erläutert Marcuse, der sich inzwischen in London aufhält, seine Entscheidung noch einmal ausführlich. In dem Brief heißt es: »Du schreibst von den ›Interessen des Instituts‹ und das mit der emphatischen Mahnung: ›unseres alten Instituts Herbert‹. Nein, Teddy. Es ist nicht unser altes Institut, in das die

Studenten eingedrungen sind.«⁴³ Marcuse verweist auf die völlig unterschiedliche politische Situation in den dreißiger und in den sechziger Jahren. Und weiter heißt es: »Du schreibst, ... daß wir seinerseits ja auch die Ermordung der Juden ertragen hätten, ohne zur Praxis überzugehen, ›einfach deshalb, weil sie uns versperrt war.‹ Ja und genau heute ist sie uns nicht versperrt. Der Unterschied in der Situation ist der zwischen Faschismus und bürgerlicher Demokratie.«⁴⁴

– Am 19. Juni antwortet Adorno über eine »Phase äußerster Depression« klagend in aller Ausführlichkeit. Er versucht die Wirksamkeit der alten Institutstraditionen auch in den jüngeren Forschungsprojekten zu belegen. Er beschreibt die letzten Vorgänge in Frankfurt. Und er hält fest: »Die Gefahr des Umschlags der Studentenbewegung in Faschismus nehme ich viel schwerer als Du.«⁴⁵

– Am 21. Juli verteidigt Marcuse, der sich inzwischen in seinem französischen Urlaubsort aufhält, die Studentenbewegung und verweist auf seine bedrückenden Erfahrungen mit der Zerschlagung von Demonstrationen in Berkeley. Er beklagt sich bei diesem Anlaß darüber, daß, wie er im *Spiegel* habe lesen müssen, Horkheimer sich »dem Chorus meiner Angreifer« zugesellt habe.⁴⁶

– Am 28. Juli sendet Adorno daraufhin ein Telegramm an Marcuse. Es enthält die Worte: »telefonierte mit max stop spiegelzitat aus zusammenhang gerissen völlig irreführend stop positive stellen geschnitten stop halte vor öffentlicher auseinandersetzung aussprache mit ihm zürich mitte august für notwendig herzlichst teddie«⁴⁷ – Am selben Tag erscheint ein Leserbrief im *Spiegel*, in dem sich Rudi Dutschke, Oskar Negt, Alfred Schmidt und andere mit Herbert Marcuse im Namen der Neuen Linken solidarisieren und die Unterstellung, Marcuse sei CIA-Agent gewesen, scharf zurückweisen.⁴⁸

– Am 31. Juli bittet Marcuse Adorno, seinen handschriftlich verfaßten, auch von seiner Frau mit einer Lupe nicht lesbaren Brief abtippen zu lassen.

– Am 6. August läßt Adorno per Eilboten seinen von einer Sekretärin abgetippten Brief an Marcuse senden. Darin heißt es: »Die Meriten der Studentenbewegung bin ich der letzte zu unterschätzen: sie hat den glatten Übergang zur total verwalteten Welt unterbrochen. Aber es ist ihr ein Quentchen Wahn beigemischt, dem das Totalitäre teleologisch innewohnt, gar nicht erst – obwohl dies auch – als Reperkussion. Und ich bin kein Masochist, bis in die Theorie hinein nicht. Zudem ist die deutsche Situation wirklich anders ... Was das heutige Institut anlangt, so hat es ganz gewiß nicht mehr politische Abstinenz geübt als das in N.Y. der Fall war. Von dem Maß an Hass, das sich auf Friedeburg, Habermas und mich konzentriert, machst Du Dir offenbar keine Vorstellung ... Herbert, nach Zürich oder Pontresina kann ich wirklich nicht kommen. Du mußt ... wirklich mit einem schwer ramponierten Teddie rechnen, Max wird es Dir bestätigen.«⁴⁹

In dem Moment, in dem eine Sekretärin diese Zeilen abtippt, liegt Adorno bereits im Sterben. Am Abend zuvor ist er mit Herzbeschwerden in das Krankenhaus von Visp eingeliefert worden, wo er am Tag darauf 65jährig einem Infarkt erliegt.

Theodor W. Adorno wird eine Woche später, am 13. August, im Grab seiner Familie auf dem Frankfurter Hauptfriedhof beigesetzt. Unter den 2.000 Trauergästen befinden sich neben der Witwe Gretel Adorno

---

39 Hans-Klaus Jungheinrich, »Adorno als Institution ist tot« – Wie der Bewußtseinsveränderer aus dem Hörsaal gejagt wurde, in: Frankfurter Rundschau vom 24. April 1969.

40 Frankfurter Rundschau vom 19. Juli 1969.

41 Auf diesen sicher nicht unwichtigen Aspekt macht Rolf Wiggershaus aufmerksam: ders., Die Frankfurter Schule – Geschichte – Theoretische Entwicklung – Politische Bedeutung, München 1986, S. 249.

42 Brief von Jürgen Habermas an Herbert Marcuse vom 5. Mai 1969, Herbert Marcuse-Archiv der Stadt- und Universitätsbibliothek Frankfurt/Main. **(Dok. Nr. 323)**

43 Brief von Herbert Marcuse an Theodor W. Adorno vom 4. Juni 1969, Herbert Marcuse-Archiv der Stadt- und Universitätsbibliothek Frankfurt/Main. **(Dok. Nr. 336)**

44 A.a.O. **(Dok. Nr. 336)**

45 Brief von Theodor W. Adorno an Herbert Marcuse vom 19. Juni 1969, Herbert Marcuse-Archiv der Stadt- und Universitätsbibliothek Frankfurt/Main. **(Dok. Nr. 338)**

46 In dem erwähnten Artikel, dessen Anlaß eine Veranstaltung im römischen Teatro Eliseo ist, bei der Marcuse als »CIA-Agent« verleumdet wird, heißt es wörtlich: »Die extremen Anwürfe sind symptomatisch für das Anwachsen der Kritik an dem kalifornischen Philosophen. Linke wie rechte Gegner sind sich im Grunde einig, daß man es mit einem ›unreifen‹ (»Prawda«), ›romantisch-reaktionären‹ (Ernst Topitsch) Protest zu tun habe, daß solche ›Herolde der Zukunft ohne Vergangenheit‹ (Helmut Kuhn) ›gewisse irrationalistische Züge‹ in ihrer ›linksutopischen Vorstellungswelt‹ (Jean Améry) haben. Sogar Max Horkheimer, Senior des Frankfurter Instituts für Sozialforschung, zählt zu den Kritikern. Und er führt Marcuses Ruhm bloß zurück auf ›Gedanken, die gröber und simpler als Adornos oder meine Gedanken sind‹.« Aus: Der Spiegel vom 30. Juni 1969, 23. Jg., Nr. 27, S. 109.

47 Telegramm von Theodor W. Adorno an Herbert Marcuse vom 28. Juli 1969, Herbert Marcuse-Archiv der Stadt- und Universitätsbibliothek Frankfurt/Main. **(Dok. Nr. 341)**

48 Siehe: Der Spiegel vom 28. Juli 1969, 23. Jg., Nr. 31, S. 13f. **(Dok. Nr. 343)**

49 Brief von Theodor W. Adorno an Herbert Marcuse vom 6. August 1969, Herbert Marcuse-Archiv der Stadt- und Universitätsbibliothek Frankfurt/Main. **(Dok. Nr. 349)**

Max Horkheimer, Jürgen Habermas, Ernst Bloch, Alexander Mitscherlich und viele Mitglieder des SDS. Hans-Jürgen Krahl, der ein halbes Jahr später auf tragische Weise bei einem Verkehrsunfall umkommt, hat all jenen, die auf die Idee kommen könnten, die Trauerfeier zu stören, Prügel angedroht. Sie verläuft ruhig.

Stadtplan von Frankfurt / Main (1965),
Zentrum und Westen

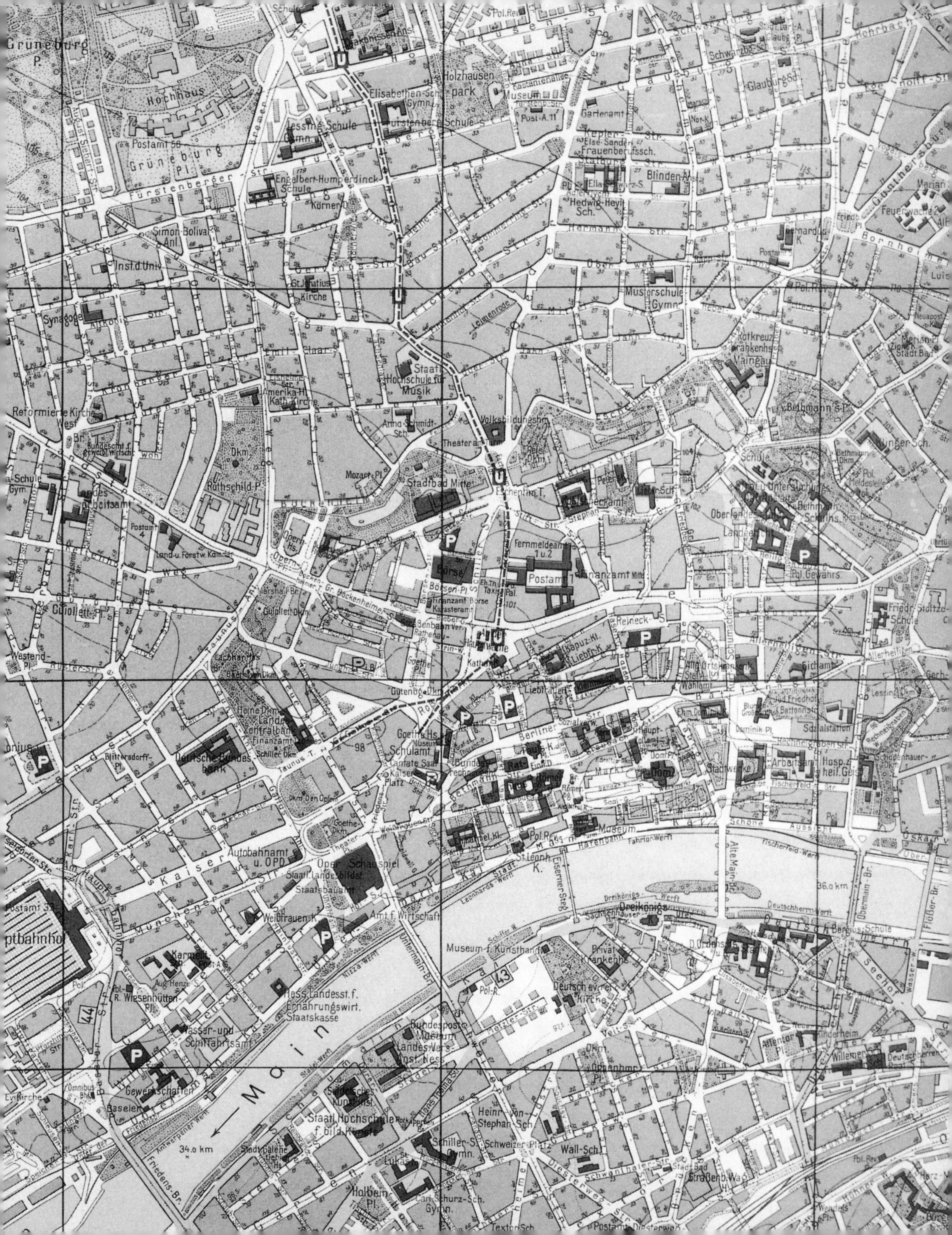

1946/47

16.10.1946: Noch in den USA (v. l. n. r.): Max Horkheimer, Maidon Horkheimer, Felix Weil und Begleiterin, Friedrich Pollock.

1946

1. Februar 1946: Mit einem Festakt wird die **Johann Wolfgang Goethe-Universität** in **Frankfurt** wiedereröffnet. In Anwesenheit des Chefs der Militärregierung Groß-Hessen, Colonel James R. Newman, von Ministerpräsident Karl Geiler, Kultusminister Franz Böhm, Oberbürgermeister Kurt Blaum und zahlreicher Ehrengäste anderer Universitäten hält Rektor Professor Georg Hohmann die Eröffnungsrede. Nach der NS-Zeit müsse sich die Universität, appelliert er, wieder der Wahrheitsfindung und Charakterbildung verpflichten. Vom Zwang, »von Grund auf neu anfangen zu müssen«, verspreche er sich einen inneren Erneuerungsprozeß, »eine wahre Vertiefung und Bereicherung des Geistigen«. Die Studenten ermahnt Hohmann zur Disziplin, nicht aber zum Kadavergehorsam. Sie sollten nicht »aus patriotischen Gründen irgend etwas unternehmen ... irgend eine dumme und gefährliche Demonstration«. Auch sollten sie jegliche Provokation der Militärregierung gegenüber unterlassen. Parteipolitische Vereinigungen von Studenten würden nicht geduldet, lediglich solche, die sich wissenschaftlichen, musikalischen oder sportlichen Aufgaben verschreiben würden.

9. April 1946: Der Rechtswissenschaftler Professor Walter Hallstein wird, nachdem sein Vorgänger Professor Hohmann einen Ruf an die Universität München angenommen hat, neuer Rektor der Johann Wolfgang Goethe-Universität.

12.–15. Juni 1946: Unter der Aufsicht von Offizieren der US-amerikanischen Militärregierung findet in **Marburg** ein erstes **Hochschulgespräch** mit 75 Professoren aus zehn verschiedenen Universitäten statt. Themenschwerpunkte sind Fragen von Wissenschaft und Lehre, der Wissenschaftsreform, der Freiheit der Wissenschaft, der Berufsausbildung und der Studentenschaft. Der Heidelberger Privatdozent der Medizin, Professor Alexander Mitscherlich, votiert als einziger für eine stärkere Entwicklung des politischen Selbstbewußtseins von Studenten. Er widerspricht der Haltung, keine politischen studentischen Gruppierungen zuzulassen und meint, daß es verkehrt sei, jungen Menschen erst dann politische Äußerungen zu gestatten, wenn sie sich ein umfassendes Sachwissen angeeignet hätten. »Aus diesen Überlegungen heraus«, faßt er seine Ansicht zusammen, »sehe ich die Notwendigkeit, die Studenten intensiver als dies in der Vergangenheit der deutschen Universitäten der Fall war, *politisch* zu unterweisen, überhaupt der Studentenschaft ein politisches Leben zu gestatten.«[1] Es müsse den Studenten erlaubt werden, sich in eigenen politischen Arbeitsgemeinschaften zu betätigen. Auch wenn man dort noch Töne zu hören bekommen werde, die nicht mit dem »Fahrplan der Demokratisierung« übereinstimmten, so sei dies der einzige Weg, sich mit den politischen Realitäten auseinanderzusetzen, anstatt sich hinter abstrakten Idealbegriffen zu verschanzen, um sich dann enttäuscht von ihnen abzuwenden.

2.–6. September 1946: In **Hamburg** wird der **Sozialistische Deutsche Studentenbund** (SDS) gegründet. Die 84 Delegierten aus rund 20 Hochschulorten tagen in der Elbschloßbrauerei und im Saal der Ufa-Harvestehude unter den Porträts von Immanuel Kant und Karl Marx. Nach dem Austausch von Erfahrungsberichten über erste Ansätze einer Hochschulpolitik werden zwei konkurrierende Satzungsentwürfe der Gruppen aus Hamburg und Frankfurt diskutiert. Der zweite SPD-Vorsitzende Erich Ollenhauer schlägt in

16.10.: Nach 1933 vom NS-Studentenbund benutzt: das Institutsgebäude

seiner Ansprache vor, daß der neue Studentenbund nicht als Arbeitsgemeinschaft in der SPD, sondern in organisatorischer Unabhängigkeit von der Partei aufgebaut werden solle. Entscheidend sei, daß sich in der Gruppe all diejenigen vereinigten, »... die sich aus ehrlicher Überzeugung zum demokratischen und freiheitlichen Sozialismus bekennen«.[2] Die Unabhängigkeit von der SPD bedeute keine Trennung von ihr. Es solle damit nur denjenigen, die nicht in die Partei eintreten wollten, erleichtert werden, sich an einer solchen Arbeit zu beteiligen. Die Delegierten folgen der Aufforderung und beschließen mit 40:9 Stimmen, daß kein Bekenntnis zur SPD in die Satzung aufgenommen wird. Unumstrittener Höhepunkt des Treffens ist eine Rede, die der SPD-Vorsitzende Kurt Schumacher zum Thema *Student und Politik* hält.[3] Er appelliert darin an die Delegierten, denen er prophezeit, daß die akademische Jugend einer zunehmenden Verarmung ausgesetzt sei, »von der Idee« und »nicht von dem Gedanken an den Profit« zu leben. Der »Genosse Intelligenz« musse Mut zu einer »großen neuen Konzeption« aufbringen und dürfe nicht den Verlockungen eines bürgerlichen Komfort- und Karrieredenkens erliegen. Was er in seiner Gruppe entwickle, habe erst dann einen Wert, wenn er es »in die breiten Massen« hinaustrage. Bei den Wahlen zum Bundesvorstand setzen sich der 30jährige Heinz-Joachim Heydorn (Hamburg) für die britische und der 32jährige Alfred Hooge (Frankfurt) für die amerikanische Zone durch. – Die Gründung, die mit Unterstützung des SPD-Parteivorstands in Hannover erfolgt, geschieht auf Initiative dreier, bereits seit dem Frühsommer existierender Gruppen in Frankfurt, Hamburg und Münster. Am 11. Juni hatten Heydorn und Hans-Werner Kemps im Auftrag der Hamburger *Arbeitsgemeinschaft Sozialistischer Studenten* Schumacher brieflich dazu aufgefordert, eine Arbeitstagung sozialistischer Studentengruppen aus den westlichen Besatzungszonen durchzuführen. In einem Antwortschreiben vom 8. Juli hatte Ollenhauer die Einberufung einer solchen Konferenz dann im Namen des Parteivorstands befürwortet.

19.–21. September 1946: Der Präsident der *Deutschen Gesellschaft für Soziologie* (DGS), Leopold von Wiese, eröffnet in der Aula der Goethe-Universität den **8. Deutschen Soziologentag**. Es ist der erste nach der Niederschlagung des NS-Regimes und dem Ende des Zweiten Weltkrieges. Sein Thema lautet: *Die gegenwärtige Situation soziologisch betrachtet.* Über die zwölf Jahre nationalsozialistischer Herrschaft äußert sich von Wiese mit den Worten: »Und doch kam die Pest über die Menschen von außen, unvorbereitet, als ein heimtückischer Überfall. Das ist ein metaphysisches Geheimnis, an das der Soziologe nicht zu rühren vermag.«[4]

20. September 1946: In einem Schreiben an den Kurator der Johann Wolfgang Goethe-Universität fordert der frühere Rektor Wilhelm Gerloff dazu auf, das Institut und die Gesellschaft für Sozialforschung um eine Rückkehr an ihre frühere Wirkungsstätte zu bitten. – Gerloff hatte 1933 als Rektor die Erklärung unterzeichnet, mit der sich die Universität vom Institut für Sozialforschung lossagte und seine Mitarbeiter zur Emigration zwang. Der Empfänger des Schreibens, der geschäftsführende Vorsitzende des Kuratoriums, Ministerialrat Klingelhöfer, hatte 1938 per Erlaß des Kultusministeriums die Auflösung der Institutsbibliothek angeordnet.

16. Oktober 1946: Der Dekan der Wirtschafts- und Sozialwissenschaftlichen Fakultät, Heinz Sauermann, lädt mit einem Schreiben an den im amerikanischen Exil befindlichen Felix Weil das Institut für Sozialforschung und seine Mitarbeiter offiziell im Namen der Stadt Frankfurt und seiner Universität zur Rückkehr nach Deutschland ein. Darin heißt es: »Angesichts der Bedeutung, die die Gesellschaft und das Institut für Sozialforschung im Rahmen der Wirtschafts- und Sozialwissenschaftlichen Fakultät eingenommen hat, und angesichts der Aufgaben, die der sozialwissenschaftlichen Forschung in Deutschland gestellt sind, würden wir es freudig begrüßen, wenn die Möglichkeit zur Rückkehr ihrer Gesellschaft bestünde.«[5]

---

1 Marburger Hochschul-Gespräche, Frankfurt/Main 1947, S. 40.
2 Zit. nach: Michael Mauke, Zehn Jahre SDS, in: Standpunkt, 4. Jg., Nr. 5, November 1956, S. 14.
3 Kurt Schumacher, Rede vor Studenten 1946, in: Neue Kritik, 1. Jg., Nr. 1, März 1960, S. 15 ff.
4 Verhandlungen des 8. Deutschen Soziologentages vom 19. bis 21. September 1946 in Frankfurt/Main, Tübingen 1948, S. 29.
5 Brief von Heinz Sauermann an Felix Weil vom 16. Oktober 1946, Max Horkheimer-Archiv der Stadt- und Universitätsbibliothek Frankfurt/Main VI 20.167.

1947

16.–18. August 1947: Nach kontroverser Diskussion wird auf der in **Bielefeld** tagenden **II. SDS-Delegiertenkonferenz** mit 30:12 Stimmen bei neun Enthaltungen ein Unvereinbarkeitsbeschluß mit Mitgliedern der SED und KPD verabschiedet. Der Bundesvorsitzende Heinz-Joachim Heydorn hatte die beiden Organisationen, von denen eine größere Zahl an Mitgliedern tatkräftig in einer Reihe von SDS-Gruppen mitgearbeitet hat, als »totalitäre Parteien« bezeichnet. Wenn der SDS in seiner Arbeit weiter unabhängig bleiben wolle, dann müsse er sich nicht nur nach rechts, sondern auch nach links abgrenzen. Ein von Klaus Schütz im Namen der *Arbeitsgemeinschaft der SPD-Studenten in Berlin* eingebrachter Antrag, zum Zwecke einer konsequenteren Durchsetzung des »sozialistischen Kurses« in Zukunft nur noch SPD-Mitglieder oder Parteilose im SDS mitarbeiten zu lassen, wird dagegen abgelehnt. Damit ist der Versuch, den SDS zu einer Arbeitsgemeinschaft in der SPD umzuwandeln, gescheitert. Bei den Wahlen zum Bundesvorstand setzen sich der 28jährige Jurastudent Helmut Schmidt (Hamburg) und der Jurastudent Karl Wittrock (Frankfurt) durch. Zuvor haben Peter von Oertzen (Göttingen), Helmut Walter (Münster) und Peter Hoffmann (München) erklärt, daß sie auf eine Kandidatur verzichten würden. Schmidt, ehemaliger Oberleutnant der Wehrmacht, schockiert eine Reihe von Delegierten damit, daß er in seinem alten Offiziersledermantel auftritt.

1948

18.5.: Hundertjahrfeier der ersten Nationalversammlung. Einzug der Ehrengäste in die Paulskirche.

einbindung Deutschlands in die wissenschaftlich-intellektuelle Weltgemeinschaft.«⁶

25. April 1948: Max Horkheimer, der letzte Institutsdirektor, geht in **New York** an Bord der Queen Mary, um für mehrere Monate nach Europa zu reisen. Von der Rockefeller Foundation hat er einen Ruf für eine Gastprofessur an der Frankfurter Universität erhalten. Er soll einen Beitrag zur »reeducation« der deutschen Studenten leisten. Gleichzeitig will er Möglichkeiten für eine Rückkehr des Instituts erkunden, insbesondere herausfinden, ob es »drüben ein paar Studenten und sonstige Intellektuelle gibt, auf die man nachhaltigen Einfluß in unserem Sinn üben kann«.⁷

25.4.: Max Horkheimer im US-Exil.

18. Februar 1948: In einem Brief an den Sozial- und Erziehungswissenschaftler Professor Robert J. Havighurst beantragt Max Horkheimer bei der Rockefeller Foundation in **New York** finanzielle Unterstützung für seine geplante Deutschland-Reise. Darin schildert er als sein Hauptziel, an mehreren Universitäten Vorlesungen über Sozialphilosophie zu halten: »Damit meine ich, unmittelbar und direkt zur Umerziehung der deutschen Jugend beitragen zu können ... Durch die Vorlesungen könnte ich sie mit den Ideen des Individuums und des autonomen Subjekts vertraut machen, die in den Jahren der Nazi-Indoktrination und des Krieges verschüttet wurden ... Als Realisten können die Studenten begreifen, daß die vor ihnen liegenden neuen politischen Aufgaben nicht weniger dankbar und erheblich sinnvoller sind als die zerschlissenen Träume von einem deutschen Nationalismus. Solche Aufgaben sind: die Mitarbeit Deutschlands am Aufbau eines friedlichen, geeinten Europa und an einer gerechten, wohlhabenden, nicht-militärischen Gesellschaft, die Entwicklung harmonischer Beziehungen zwischen Staat und Individuum, die Wieder-

18.5.: Die zur Feier in der Paulskirche versammelten Ehrengäste.

18. Mai 1948: **Zum 100. Jahrestag der ersten deutschen Nationalversammlung** findet **in der Paulskirche** ein Festakt statt, der an die immer noch uneingelösten demokratischen Ziele der Revolution von 1848 erinnern soll. Die im Krieg zum Teil zerstörte Kirche ist unter großen Anstrengungen im Laufe eines Jahres wiederaufgebaut worden. Als am Nachmittag gegen 15 Uhr die tausend Gäste aus dem In- und Ausland von den Römerhallen über den Paulsplatz in die Paulskirche ziehen, wohnen dem an eine Prozession erinnernden Akt Tausende von Bürgern bei, die den Zug vom Dach des Rathauses und von den Fensterhöhlen zerstörter Häuser aus verfolgen. An der Spitze gehen Oberbürgermeister Walter Kolb (SPD) und der Schriftsteller Fritz von Unruh, ihnen folgen Minister, Bischöfe, Rektoren und Dekane sowie andere Würdenträger. Nachdem die Schlußläufer einer Stafette in der Paulskirche eingetroffen sind, um dem Oberbürgermeister in einem Köcher Gratulationsurkunden der deutschen Länder und freien Städte zu überreichen, beginnt der Festakt. Das Städtische Opernhaus- und Museumsorchester spielt unter der Leitung von Generalmusikdirektor Bruno Vondenhoff das von Harald Genzmer eigens für den Gedenktag komponierte *Frankfurter Konzert 1948*. In seiner Ansprache ruft Oberbürgermeister Kolb die demokratischen Zielsetzung der vor 100 Jahren »in diesem heiligen Ort« Versammelten in Erinnerung, eine konstitutionelle Verfassung mit kodifizierten Bürgerrechten auszuarbeiten und einen einheitlichen deutschen Nationalstaat zu schaffen. Er schildert den Widerstand der deutschen Fürsten, das Scheitern der ersten deutschen Demokratie und die furchtbaren Folgen, von denen die Zerstörung der Paulskirche im Krieg wie ein »göttliches Strafgericht« gewirkt habe. Nachdem Newman hat mitteilen lassen, daß er auf seine ursprünglich vorgesehene Rede verzichten werde, weil er nach reiflicher Überlegung zu der Ansicht gelangt sei, daß die Paulskirchenfeier eine rein deutsche Angelegenheit bleiben müsse, ergreift Fritz von Unruh mit verhaltener, aber eindringlicher Stimme das Wort: »Als mich die Stadt Frankfurt durch ihren Oberbürgermeister 4.000 Meilen weit her über den Atlantik gerufen hat – was erwartete sie zu hören, von mir, dem Ausgebürgerten? Dem Flüchtling, der heute seit sechzehn Jahren zum erstenmal wieder auf deutschem Boden steht? Verlangen Sie, durch mich zu erfahren, daß die Tragödie deutscher Raubgiermoral vergeben und vergessen ist? Wer unter uns könnte sich selber vergeben ... und vergessen, wer? ... Keiner erinnert sich mehr, als er noch handeln konnte ...«[8] Plötzlich bricht seine Stimme ab. Er hat offenbar einen Schwächeanfall erlitten. Vergeblich versucht er seine Ansprache fortzusetzen. Er sinkt zusammen und muß aus dem Saal getragen werden. Der Oberbürgermeister geht erneut ans Pult und versucht die überraschende

---

6 Brief von Max Horkheimer an Robert Havighurst, in: Max Horkheimer, Gesammelte Schriften Bd. 17: Briefwechsel 1941–1948, hrsg. von Gunzelin Schmid Noerr, Frankfurt/Main 1996, S. 955.
7 Aus einem Brief von Max Horkheimer an Herbert Marcuse vom 28. Februar 1948, in: Max Horkheimer, Gesammelte Schriften Bd. 17: Briefwechsel 1941–1948, hrsg. von Gunzelin Schmid Noerr, Frankfurt/Main 1996, S. 931. **(Dok. Nr. 6)**
8 Fritz von Unruh, in: Frankfurter Rundschau vom 20. Mai 1948.

Situation zu meistern, indem er sich an die Festgäste wendet und dem Dichter sein Mitgefühl ausspricht. Anschließend spielt das Orchester die »Leonoren-Ouvertüre«. In der Zwischenzeit ist es von Unruh offenbar gelungen, sich einigermaßen zu erholen. Er geht wieder nach vorn und setzt seine Rede fort. Dabei schildert er die Geschichte eines deutschen Majors, der während des Krieges in einer polnischen Stadt zu einer »Ausrottungsaktion« in einem jüdischen Viertel eingesetzt worden war. Als er auf eine jüdische Frau stößt, die sich versteckt hat, fällt diese auf die Knie und fleht um ihr Leben. Der Major jedoch weigert sich. Später, im März 1947, schreibt er in einer Universitätszeitung, aus der von Unruh die Geschichte erfahren hat: »Ich habe ihr nicht helfen können!« Darauf schließt von Unruh die Frage an: »Dröhnt dieser Satz nicht über uns allen?«[9] – Arno Rudert schreibt zwei Tage darauf in der **Frankfurter Rundschau**, daß es ein solches Bekenntnis, wie es von Fritz von Unruh in seiner Ansprache zum Ausdruck gebracht worden sei, in Deutschland seit 1945 nicht gegeben habe.[10] – Bereits am Vormittag hat in der Aula der **Johann Wolfgang Goethe-Universität** ein akademischer Festakt stattgefunden. In Anwesenheit von General Hays, General Huebner und Colonel Newman, Vertretern deutscher Behörden, Abordnungen in- und ausländischer Universitäten hält Rektor Professor Walter Hallstein einen Vortrag über das Verhältnis von Wissenschaft und Politik. Dabei erinnert er daran, daß bereits die Nationalversammlung 1848 in Artikel 17 ihrer Verfassung festgehalten habe, daß Wissenschaft und ihre Lehre frei seien. Ebenso wie die Politik Objekt der Wissenschaft sein könne, so könne Wissenschaft auch Objekt der Politik sein. Die Gefahr liege dort, wo die politischen Interessen eines Staates mit denen der Wissenschaft, die der reinen Erkenntnis zu dienen hätten, nicht übereinstimmten. Nur der Staat könne sich »Kulturstaat« nennen, der die besonderen Gesetze der Wissenschaft anerkenne. Während Wissenschaft es mit dem Allgemeingültigen zu tun habe, setze Politik Wertung und konkrete Stellungnahme in einer Sache voraus. Die Realisierung des von ihr Gedachten müsse die Wissenschaft der Politik überlassen. Höhepunkt der Festlichkeit ist die Verleihung von Ehrendoktorwürden an Oberbürgermeister Walter Kolb, den Lyriker Rudolf Alexander Schröder, den Komponisten Paul Hindemith und den Kanzler der Universität Chicago, Professor Robert M. Hutchins. – Max Horkheimer, der von Oberbürgermeister Kolb zur Hundertjahr-

feier in der Paulskirche eingeladen war, hat sich dem Festakt entzogen. Seine ablehnende Haltung beschreibt er einige Wochen später mit den Worten: »Ich habe z. B. kaum einen einfachen Mann in Frankfurt gesprochen, der nicht vom Wiederaufbau der Paulskirche, den diesbezüglichen Feiern, der Verleihung von Ehrenurkunden an Kolb und Unruh, mit offener Verachtung gesprochen hätte, was in einer Zeit, wo tatsächlich die Kinder in Kellern zugrunde gehen, zwar nicht sympathisch, aber doch verständlich ist. Ich bin recht froh, daß ich mich aus vielen Gründen geweigert habe, an den sogenannten ›Revolutionsfeiern‹ teilzunehmen.«[11]

19. Mai 1948: Im Rahmen einer Rektorenkonferenz, die im Gästehaus der Stadt Frankfurt in **Schönberg** im Taunus stattfindet, spricht der Kanzler der Universität Chicago, Robert M. Hutchins, über die Möglichkeiten einer internationalen wissenschaftlichen Zusammenarbeit. Es wachse immer stärker die Gefahr, daß sich im Zuge der zunehmenden Spezialisierung die geistige Welt weiter aufsplittere. Konkret schlägt er deshalb die Einrichtung eines internationalen philosophischen Zentrums vor.

26. Mai 1948: Nach Besuchen in **Paris** und **Zürich** schildert Horkheimer, inzwischen in **Frankfurt** eingetroffen, in einem Brief an seine Frau den Empfang durch Repräsentanten der Universität: »Mich haben der Rektor, die beiden Dekane und andere süß, aalglatt und verlegen, ehrenvoll begrüßt. Sie wissen noch nicht genau, sollen sie in mir einen relativ einflußreichen Amerikareisenden oder den Bruder ihrer Opfer sehen, deren Gedanke die Erinnerung ist. Sie müssen sich fürs letztere entscheiden.«[12] – Und knapp einen Monat später schreibt er ihr über die an der Universität herrschende Atmosphäre: »Wie anderswo aber gilt es, daß die Professoren eine Elite im negativen Sinn darstellen. Der Umstand, daß man im allgemeinen die, welche die Schandtaten verübten, nicht bestraft, sondern eher noch belohnt, wird sich im Charakter des ganzen Volkes furchtbar rächen. Man denke, die paar Prozent Deutscher, die unter Gefahr ihres Lebens wirklich gegen die Nazis waren, sind im Grunde heute noch die, welche in jeder Hinsicht benachteiligt sind. Nicht nur haben sie keine Protektion durch die ehemaligen Parteigenossen, sondern eben diese bringen es noch fertig, daß sich gegen diese wenigen alle jene Nachteile richten, von welchen die Deutschen als Besiegte betroffen werden ... Die Lumpen werden mit Glorie entnazifiziert und wieder in ihre früheren Stellungen gesetzt. Gegen den Herrn Rektor Platzhoff findet jetzt die Entnazifizierungsverhandlung statt. Der Vorsitzende des Gerichts hat an mich geschrieben, er habe von meinem Hiersein gehört und bäte mich, doch vorbei zu kommen und ihm in der Sache zu helfen. Ich werde es mir aber noch schwer überlegen, ob ich als einziger echter Belastungszeuge mich mit der Universität verfeinden soll. Von solchen Dingen hat man Ehre, aber keinen Nutzen. Es gibt sicher viele, die genau solche Schweine waren wie Herr Platzhoff und längst wieder die deutsche Jugend erziehen.«[13]

5. Juni 1948: Max Horkheimer beschreibt in einem Brief an seine Frau Maidon die Atmosphäre, die am Tag zuvor bei einer Sitzung der Philosophischen Fakultät der Frankfurter Universität geherrscht habe: »Die Fakultät ... ist überfreundlich und erregt Brechreiz. Die Brüder sitzen noch genau so da und machen ihre heimtückischen kleinen Schelmenstreiche wie vor dem Dritten Reich (und unter ihm) als ob nichts geschehen wäre.«[14]

8. Juni 1948: Max Horkheimer hält in der Aula der Johann Wolfgang Goethe-Universität einen Vortrag über das Thema **Philosophie und Studium**.[15] Der Rektor, Professor Walter Hallstein, heißt den Remigranten offiziell willkommen und fordert ihn zur Mitarbeit auf.[16]

24. September 1948: Der Rechtswissenschaftler Professor Franz Böhm wird neuer Rektor der Johann Wolfgang Goethe-Universität. Dem Professor für Bürgerliches Recht, der 1936 einen Lehrstuhl an der Universität Jena übernommen hatte, war 1940 die venia legendi entzogen worden, weil er wegen parteifeindlicher Äußerungen denunziert worden war. Von den Nazis war er jedoch nicht aus dem öffentlichen Dienst entlassen, sondern als Staatsanwalt im Wartestand geführt worden. Nach Kriegsende war er von der französischen Besatzungsmacht wieder zum Hochschuldienst zugelassen worden. Nach Antritt seiner Professur an der Universität Freiburg wurde er für kurze Zeit hessischer Minister für Kultus und Unterricht. Nachdem er wegen einer Rundfunkrede von der amerikanischen Besatzungsmacht entlassen worden war, hatte sein Amtsvorgänger Walter Hallstein, der zugleich Dekan der Rechtswissenschaftlichen Fakultät war, sich erfolgreich darum bemüht, ihn durch den Minister auf den vakanten Lehrstuhl für bürgerliches Recht berufen zu lassen.

9. Oktober 1948: In der **Frankfurter Rundschau** erscheint unter dem Titel **Das Gesetz der Serie** eine von Bruno Raudszus verfaßte Besprechung der 1947 in Amsterdam erschienenen **Dialektik der Aufklärung**. Das schon von seinem Thema her »ungewöhnliche Buch« von Max Horkheimer und Theodor W. Adorno, das einerseits den Ursprüngen der Aufklärung »bis in eine historische Tiefendimension« nachgehe und andererseits deren Radikalisierung bis zu ihrem »Umschlag in die Entmächtigung des Menschen« diagnostiziere, wird auch seiner antisystematischen und nicht-diskursiven Form wegen als »eigenwillig« gewürdigt. Besonders hervorgehoben werden die als »Regression der Aufklärung« bezeichneten Abschnitte über das moderne Phänomen der »Kulturindustrie« und das jahrtausendealte des Antisemitismus. Raudszus weist darauf hin, daß die beiden Autoren der *Philosophischen Fragmente*, die dem »weltbekannten« Institut für Sozialforschung angehörten, früher in Frankfurt gelehrt haben, 1933 von den Nazis vertrieben worden und schließlich auf Umwegen über verschiedene westeuropäische Stationen nach New York und schließlich nach Kalifornien übergesiedelt sind.

---

9 A.a.O.
10 Arno Rudert, Fritz von Unruhs Bekenntnis, in: Frankfurter Rundschau vom 20. Mai 1948.
11 Brief von Max Horkheimer an Marie Jahoda vom 5. Juli 1948, in: Max Horkheimer, Gesammelte Schriften Bd. 17: Briefwechsel 1941–1948, hrsg. von Gunzelin Schmid Noerr, Frankfurt/Main 1996, S. 1009.
12 Brief von Max Horkheimer an Maidon Horkheimer vom 26. Mai 1948, in: Max Horkheimer, Gesammelte Schriften Bd. 17: Briefwechsel 1941–1948, hrsg. von Gunzelin Schmid Noerr, Frankfurt/Main 1996, S. 976.
13 Brief von Max Horkheimer an Maidon Horkheimer vom 20. Juni 1948, in: Max Horkheimer, Gesammelte Schriften Bd. 17: Briefwechsel 1941–1948, hrsg. von Gunzelin Schmid Noerr, Frankfurt/Main 1996, S. 990f.
14 Brief von Max Horkheimer an Maidon Horkheimer vom 5. Juni 1948, in: Max Horkheimer, Gesammelte Schriften Bd. 17: Briefwechsel 1941–1948, hrsg. von Gunzelin Schmid Noerr, Frankfurt/Main 1996, S. 980.
15 Max Horkheimer, Philosophie und Studium, in: Frankfurter Hefte, 4. Jg., Heft 8, August 1949, S. 656ff.
16 Horkheimer reagiert darauf in einem Brief an seine Frau mit Skepsis und Mißtrauen: »Freilich weiß man nicht, wie ernst das gemeint ist, und ich werde versuchen, mich nicht überlisten zu lassen.« Brief von Max Horkheimer an Maidon Horkheimer vom 13. Juni 1948, in: Max Horkheimer, Gesammelte Schriften Bd. 17: Briefwechsel 1941–1948, hrsg. von Gunzelin Schmid Noerr, Frankfurt/Main 1996, S. 983.

1949

25.7.: Thomas Mann bei seiner Ansprache zum Goethejahr in der Paulskirche.

28. März 1949: Im »Zyklon-B-Prozeß« vor dem Landgericht **Frankfurt** wird das Urteil gefällt. Vor dem Schwurgericht steht als Angeklagter Gerhart Friedrich Peters, der geschäftsführende Direktor der Firma Degesch, der Monopolherstellerin des Blausäurepräparates. Er wird beschuldigt, »... durch die Lieferung des Zyklon B zu allen Tötungen, die in den Jahren 1941 bis 1944 im Konzentrationslager Auschwitz erfolgt sind, durch Rat und Tat wissentlich Hilfe geleistet und sich dadurch der Beihilfe zu heimtückisch, grausam und aus Mordlust oder sonstigen niedrigen Beweggründen begangenen vorsätzlichen Tötungen, also sich der Beihilfe zu Morden schuldig gemacht zu haben«.[17] Nach Informationen des hingerichteten KZ-Kommandanten Rudolf Höß sind in den Gaskammern von Auschwitz zweieinhalb Millionen Menschen mit Zyklon B umgebracht worden. Wegen »Beihilfe zum Totschlag« wird Peters zu fünf Jahren Zuchthaus verurteilt; außerdem werden ihm die bürgerlichen Ehrenrechte auf die Dauer von drei Jahren aberkannt.

23.4.: Glückwünsche der Anhänger: Veit Harlan (Mitte).

23. April 1949: Das Schwurgericht beim Landgericht **Hamburg** unter Vorsitz von Walter Tyrolf spricht den nationalsozialistischen Filmemacher Veit Harlan, Regisseur des antisemitischen Hetzfilms *Jud Süß*, von der Anklage frei, ein Verbrechen gegen die Menschlichkeit begangen zu haben. Die Entscheidung des Gerichts wird von den zweihundert Zuhörern und einem Teil der hundert Pressevertreter mit Ovationen aufgenommen. Um die Reaktion des Angeklagten auf den Freispruch besser verfolgen zu können, steigen sie auf die Bänke und klatschen Beifall. Seit der Prozeßeröffnung am 3. März war es bereits mehrfach sowohl im Gerichtssaal als auch auf der Straße zu antisemitischen Kundgebungen und Tumulten gekommen. Der Gerichtsvorsitzende sieht es als erwiesen an, daß die Idee zu dem Film nicht von dem Angeklagten stamme, dieser habe lediglich das Drehbuch eines mittlerweile verstorbenen Autors mit den ihm zur Verfügung stehenden Mitteln umgesetzt. Die Verfolgung der Juden nach der Fertigstellung des Films stehe in keinerlei ursächlichem Zusammenhang mit dessen Massenwirkung. Das Schicksal der Juden wäre auch ohne den Film das gleiche gewesen. Unmittelbar nach der Urteilsverkündung legt Oberstaatsanwalt Kramer Revision gegen den Freispruch Veit Harlans ein. – In öffentlichen Erklärungen protestieren die Vereinigung der Verfolgten des Naziregimes (VVN), die Leitung der KPD in Hamburg und der hessische Landesvorstand der FDJ gegen den Freispruch. Der juristische Berater des Zentralkomitees der befreiten Juden der britischen Zone, Rechtsanwalt Hendrik van Dam, bezeichnet die Entscheidung des Schwurgerichts als »ein vernichtendes Urteil«. – Der Journalist Walter von Cube kommentiert den Freispruch am 30. April im Rundfunk mit den Worten: »Jeder Tag des Dritten Reiches kostete 1370 Juden das Leben. Wie müssen die, die übriggeblieben sind, den Satz der Urteilsbegründung aufnehmen, die moralische Beleidigung, die der Film allenfalls darstelle, sei verjährt? Wie müssen sie über jene Zweihundert denken, die den Freigesprochenen mit Jubel überschütteten und auf den Schultern aus dem Gerichtssaal trugen? Lange genug sind Recht und Menschlichkeit Vokabeln gewesen, die man im Wörterbuch anderer Nationen nachschlagen mußte. Die Parteien, die Gewerkschaften, die Kirchen sollten, wie es Zehntausende von einzelnen Menschen taten, durch ihren Protest gegen das Urteil beweisen, daß Recht und Menschlichkeit wieder deutsche Worte geworden sind.«[18] – Am 2. Mai führen in **West-Berlin** lebende Juden auf dem Platz in der Rykestraße, auf dem die 1938 von den Nazis niedergebrannte Synagoge stand, eine Protestkundgebung gegen den Freispruch Veit Harlans und seine zum Teil beschämende Aufnahme in der Öffentlichkeit durch.

März – April 1948

29. April 1949: In der Aula der Universität spricht auf Einladung des AStA Rektor Professor Franz Böhm. Vor dem Hintergrund eines Konflikts um die Berufung des sozialistisch eingestellten Staatssekretärs Hermann Brill als Honorarprofessor für Öffentliches Recht[19] stellt er sein hochschulpolitisches Selbstverständnis dar: Nach 1945 habe es Meinungsverschiedenheiten darüber gegeben, wie die deutschen Hochschulen wieder hätten aufgebaut werden sollen. Die entscheidende Frage nach der 12jährigen »Hitler-Herrschaft« sei gewesen, ob in der Tradition Wilhelm von Humboldts die Autonomie der Hochschulen erneuert oder an diesem Freiheitsgedanken etwas grundsätzlich geändert werden sollte. »Es war die Überzeugung all derjenigen, die das miterlebt haben«, faßt er seine Erfahrungen und die seiner Kollegen zusammen, die als NS-Gegner einen schwierigen Balanceakt zwischen Feigheit und Vorsicht hinter sich gebracht hätten, »daß die Freiheit von Forschung und Lehre auf jedes Risiko hin verfassungsmäßig gesichert werden muß, viel stärker, als sie es jemals in der Geschichte war, und daß infolgedessen die Selbstverwaltungsfreiheit der Universität ebenfalls stärker ausgebaut werden muß, als sie selbst in den liberalsten Zeiten und nach der Auffassung von Wilhelm Humboldt ausgebaut werden soll.«[20] Viele derjenigen, die diese Überzeugung vertreten hätten, seien nach dem 20. Juli 1944 hingerichtet worden.

29.4.: Rektor Professor Franz Böhm.

Inzwischen sei diese Position jedoch auch von jenen fallengelassen worden, die unter Hitler gelitten hätten. Viele Politiker wollten der Universität in der Zeit des Neuanfangs weder die Freiheit von Forschung und Lehre noch eine Selbstverwaltung gewähren, weil sie der Überzeugung seien, daß die Hochschulen am Ende der Weimarer Republik, insbesondere durch die opportunistische Haltung vieler Geisteswissenschaftler, den Aufstieg des Nationalsozialismus erleichtert hätten.

Juni 1949: Nach der Rückkehr Max Horkheimers aus dem amerikanischen Exil nach **Frankfurt** zirkuliert eine Petition zur Wiedereröffnung des 1933 von den Nationalsozialisten geschlossenen Instituts für Sozialforschung. Sie ist u. a. unterzeichnet von Raymond Aron, Franz Böhm, Georges Friedmann, Eugen Kogon, Paul Lazarsfeld, Robert S. Lynd, Robert Merton, Talcott Parsons und Paul Tillich. »Die Funktion eines wieder ins Leben gerufenen Frankfurter Instituts«, heißt es in der Schrift, »wäre eine doppelte: Planung und Durchführung von Forschungsprojekten, und vielleicht noch wichtiger, die Unterweisung einer neuen Generation von deutschen Studenten in den modernen Entwicklungen der Sozialwissenschaft.«[21] – Im Oktober erscheint der vollständige Text des Aufrufs in der **American Sociological Review**, dem offiziellen Organ der soziologischen Gesellschaft in den Vereinigten Staaten.

Juli 1949: Unter der Überschrift *Odysseus oder Mythos und Aufklärung* erscheint in der Ostberliner Zeitschrift **Sinn und Form** ohne Zustimmung seiner Autoren der Nachdruck eines Teils der von Horkheimer und Adorno im amerikanischen Exil gemein-

---

17 Zit. nach: Jörg Friedrich, Die kalte Amnestie – NS-Täter in der Bundesrepublik, Frankfurt/Main 1984, S. 206.
18 Chronik deutscher Zeitgeschichte, Band 3, Teil II, Manfred Overesch, Das besetzte Deutschland 1948–1949, Düsseldorf 1986, S. 690.
19 Vgl. zum »Fall Brill«: Notker Hammerstein, Die Johann Wolfgang Goethe-Universität Frankfurt am Main – Von der Stiftungsuniversität zur staatlichen Hochschule, Bd. I 1914–1950, Neuwied/Frankfurt/Main 1989, S. 749–760.
20 Zit. nach: Notker Hammerstein, Die Johann Wolfgang Goethe-Universität Frankfurt am Main – Von der Stiftungsuniversität zur staatlichen Hochschule, Bd. I 1914–1950, Neuwied/Frankfur/Main 1989, S. 759.
21 »Proposal for the Reopening of the Institut of Social Research at the University of Frankfurt on Main«, zit. nach: Martin Jay, Dialektische Phantasie – Die Geschichte der Frankfurter Schule und des Instituts für Sozialforschung, 1923–1950, Frankfurt/Main 1976, S. 332.

sam verfaßten und 1947 in Amsterdam erschienenen *Dialektik der Aufklärung*.[22] Dieselbe Ausgabe des von Johannes R. Becher gemeinsam mit Paul Wiegler herausgegebenen Blattes wird eröffnet mit einem ebenfalls unautorisierten Abdruck des ursprünglich 1939 in der *Zeitschrift für Sozialforschung* publizierten Benjamin-Aufsatzes *Über einige Motive bei Baudelaire*.[23] – Die in West-Berlin erscheinende Zeitschrift **Der Monat** spottet über den Abdruck mit den Worten: »Die interzonalen Rotkäppchen, deren politische Anschauungen von etwas blasserer Tönung sind als ihre Käppchen, haben allen Grund die Veröffentlichung ... eines so gelehrten Essays wie ›Odysseus oder Mythos und Aufklärung‹ von Max Horkheimer und Theodor W. Adorno mit Freude zu begrüßen ... Aber die lieben Rotkäppchen sollten in ihrer Begeisterung nicht vergessen, daß auch unter dem würdigen Gewand von Großmütterchen Corona noch immer der böse Friedrich Wolff lauert.«[24] In einer Rückbetrachtung auf die ersten vier erschienenen Hefte heißt es: »Die Auswahl der Autoren für ›Sinn und Form‹ wird tatsächlich von den höchst aufschlußreichen Prinzipien der kommunistischen ›Salonfähigkeit‹ bestimmt: der Anschein einer liberalen redaktionellen Politik wird durch eine geschickte Mischung von nicht allzu ausgesprochen kommunistischen Beiträgen, deren Autoren der Partei angehören, mit unpolitischen Arbeiten von Autoren, die Opfer des Faschismus geworden sind oder sich noch nicht öffentlich gegen den Kommunismus ausgesprochen haben, aufrechterhalten.«[25] – Adorno entwirft eine Erklärung zu dem ungewünschten Nachdruck, die er am 30. November einem Brief an den in Kalifornien weilenden Horkheimer beifügt. Darin heißt es: »Publizistische Erfahrungen veranlassen uns zu der Erklärung, daß unsere Philosophie, als dialektische Kritik der gesellschaftlichen Gesamttendenz des Zeitalters, im schärfsten Gegensatz zu der Politik und Doktrin steht, welche von der Sowjetunion ausgeht. Wir vermögen in der Praxis der als Volksdemokratien getarnten Militärdiktaturen nichts anderes zu sehen als eine neue Form von Repression und in dem, was man dort positiv als ›Ideologie‹ zu nennen pflegt, das gleiche, was einmal in der Tat mit dem Begriff der Ideologie gemeint war: die Lüge, die einen unwahren gesellschaftlichen Zustand rechtfertigt. Die Furcht davor, es könne die unzweideutige Absage an die vom russischen Regime und seinen Satelliten betriebene Politik der internationalen Reaktion zugute kommen, hat den letzten

13.7.: Max Horkheimer, Professor für Sozialphilosophie.

Schein des Rechtes verloren in einer Situation, in der es den Männern, die den Staat vergötzen und denen ›Kosmopolitismus‹ das ärgste Schimpfwort ist, gelang, der Spießbürgerweisheit zur schmählichen Wahrheit zu verhelfen, Faschismus und Kommunismus seien das gleiche. Jede Interpretation unserer Arbeit im Sinne einer Apologie Rußlands lehnen wir aufs schärfste ab und glauben, daß das Potential einer besseren Gesellschaft dort treuer bewahrt wird, wo die bestehende analysiert werden darf, als dort, wo die Idee einer besseren Gesellschaft verderbt ward, um die schlechte bestehende zu verteidigen. Nachdrucke unserer Arbeiten in der Ostzone erfolgen ohne unsere Autorisierung. M. H. T. W. A.«[26] – Horkheimer folgt, wie er in seiner Antwort vom 6. Dezember 1949 mitteilt, Adornos Vorschlag nicht, die Protesterklärung in einer der nächsten Ausgaben des *Merkur* abdrucken zu lassen.[27] Die Zeitschrift, die den logischen Empirismus ebenso wie die Heideggersche Ontologie hochleben lasse, gibt er zu Bedenken, sei »ein ebenso wenig erfreuliches Forum« wie *Sinn und Form*.

13. Juli 1949: Die hessische Landesregierung in **Wiesbaden** beschließt, Max Horkheimer zum ordentlichen Professor für Sozialphilosophie an der Johann Wolfgang Goethe-Universität in Frankfurt zu ernennen. Damit wird der 1933 von den Nationalsozialisten abgeschaffte Lehrstuhl wieder mit seinem damaligen Inhaber besetzt. In der Ernennungsurkunde heißt es explizit, daß die Berufung nicht mit einer Einbürgerung und auch nicht mit dem Erwerb der deutschen Staatsbürgerschaft verbunden sei. – Horkheimer nimmt den Ruf erst an, nachdem ihm zugesichert worden ist, daß er weiterhin seine US-amerikanische Staatsbürgerschaft behalten könne. Diese Garantieerklärung wird im Juli 1952 durch einen eigens von US-Präsident Truman aus der Taufe gehobenen Gesetzesakt sanktioniert, der den Erhalt der Staatsbürgerschaft auch bei Rückkehr des Betreffenden in dessen jeweiliges Geburtsland ermöglicht.

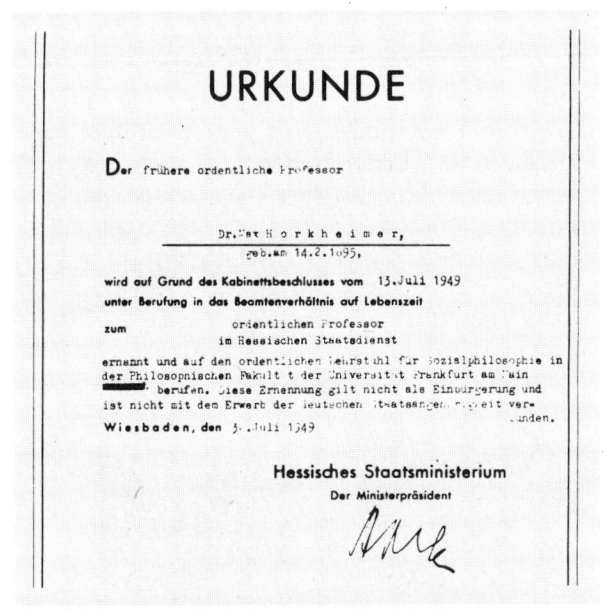

13. 7.: Ernennungsurkunde der hessischen Landesregierung.

25. Juli 1949: Nach 16jähriger Emigration kommt der wohl bekannteste lebende Schriftsteller deutscher Sprache, Thomas Mann, zu einem kurzen Aufenthalt nach Deutschland zurück. Vorzeitig nimmt er in der Paulskirche den **Goethe-Preis der Stadt Frankfurt** entgegen. Die Verleihung muß vor dem eigentlichen Festakt am 28. August, Goethes 200. Geburtstag, stattfinden, weil Thomas Mann möglichst bald wieder in die Vereinigten Staaten zurückkehren will. In seiner

25.7.: Goethejahr: Thomas Mann auch in Weimar.

Dankesrede bewahrt er, der inzwischen die amerikanische Staatsbürgerschaft angenommen hat, eine kritische Distanz gegenüber seinen früheren Landsleuten. An den Feierlichkeiten in der Paulskirche nimmt auf Einladung der Stadt Frankfurt auch eine Delegation der Stadt Weimar teil. – Ohne sich an die Teilung Deutschlands in vier Besatzungszonen und zwei sich im Gegensatz zueinander entwickelnde Staaten zu halten, trägt Thomas Mann seine **Ansprache im Goethe-**

22 Max Horkheimer / Theodor W. Adorno, Odysseus oder Mythos und Aufklärung, in: Sinn und Form, 1. Jg., Heft 4, Juli/August 1949, S. 143–180.
23 Walter Benjamin, Über einige Motive bei Baudelaire, in: Sinn und Form, 1. Jg., Heft 4, Juli/August 1949, S. 5–47; ursprünglich in: Zeitschrift für Sozialforschung, VIII. Jg., 1939, Heft 1/2, S. 50–91.
24 Terence Boylan, Form ohne Sinn? In: Der Monat, 2. Jg., Nr. 14, November 1949, S. 214.
25 A.a.O., S. 213.
26 Max Horkheimer, Gesammelte Schriften Bd. 18: Briefwechsel 1949–1973, hrsg. von Gunzelin Schmid Noerr, Frankfurt/Main 1996, S. 73 (Anm. 4).
27 A.a.O.

Juli 1949

jahr 1949[28] am 1. August demonstrativ auch in der anderen »Goethe-Stadt«, dem auf der anderen Seite des Eisernen Vorhangs gelegenen **Weimar** vor. Umgekehrt nimmt auch hier eine Delegation der Stadt Frankfurt an den Festlichkeiten teil.

30.7.: Das schwer zerstörte alte Institutsgebäude.

30. Juli 1949: In einer Meldung der **Frankfurter Rundschau** wird der Plan Max Horkheimers, das 1933 von den Nazis zur Emigration gezwungene Institut für Sozialforschung wiederzueröffnen, weiter konkretisiert. Zunächst solle es lediglich als Zweigstelle seine Arbeit aufnehmen und diese »in engem Zusammenhang mit den konkreten Bedürfnissen« der Frankfurter Universität entwickeln. Mitglieder dieses kleinen Instituts seien neben Horkheimer, der für Sozialphilosophie zuständig ist, Friedrich Pollock für vergleichende Wirtschaftslehre und Theodor W. Adorno für Philosophie und Musiksoziologie. Von deutscher Seite hätten sich bis jetzt nur wenige Professoren der Frankfurter Universität für eine Wiedergründung des Instituts interessiert.

31. Juli 1949: In **Heidelberg** kommen zum ersten Mal seit 1932 wieder Vertreter jüdischer Gruppen in Deutschland zusammen, um über ihre künftigen Beziehungen zur fast ausschließlich christlichen deutschen Bevölkerung zu beraten. Als Gast erklärt der amerikanische Hochkommissar John J. McCloy: »Für die Welt wird das künftige Verhalten des deutschen Volkes gegenüber der so überaus geringfügigen Zahl in Deutschland verbleibender Juden ein wahrer Prüfstein für die deutsche Geschichte sein.«[29] Die Einstellung der Deutschen zu den Juden müsse als »Feuerprobe der deutschen Demokratie« angesehen werden. In einem nachfolgenden Referat wendet sich Eugen Kogon, der Herausgeber der *Frankfurter Hefte*, mit einem Vorschlag an die neue deutsche Republik. Bundestag und Bundesregierung sollten möglichst bald nach ihrer Bildung feierlich für ganz Deutschland erklären, daß sie den Massenmord am jüdischen Volk verurteilten, eine Wiedergutmachung an den Verfolgten und ihren Hinterbliebenen anstrebten und mit dem jüdischen Volk und dem Staat Israel »in einem unerschütterlich guten Verhältnis« leben wollten.

31. Juli 1949: Das Institut für jüdische Angelegenheiten in **New York** stellt in einem Bericht fest, daß die deutschen *Jüdischen Gemeinden*, die vor 1933 noch 525.000 Gläubige zählten, auf etwa 35.000 zusammengeschrumpft seien. Da in dieser Zahl auch die 20.000 »displaced persons« enthalten seien, die nicht auf Dauer in den Besatzungszonen bleiben dürften, werde die Zahl noch rapide weiter sinken. Die Lage der Juden sei im großen und ganzen hoffnungslos. »Der von den Nationalsozialisten eingeführte gelbe Judenstern ist auf Befehl der Alliierten abgeschafft worden, aber die deutschen Juden fühlen, daß jetzt eine andere Art von Antisemitismus am Werke ist, die weniger offenkundig und raffiniert, aber nicht weniger tödlich ist.«[30] Da sich keine der vier Besatzungsmächte besonders um die in Deutschland lebenden Juden kümmere, müsse man damit rechnen, daß das Judentum hier in nicht allzu ferner Zeit zu existieren aufhören werde.

1.8.: Herbert Marcuse 1935 in New York.

52 Juli 1949

1. August 1949: Unter dem Titel **The Potentials of World Communism** legt der ehemalige Mitarbeiter des Instituts für Sozialforschung und jetzige Leiter der Forschungsgruppe einer Spionageabwehr-Abteilung, Herbert Marcuse, dem State Departement in **Washington** eine 532 Seiten umfassende Analyse der internationalen Entwicklungsmöglichkeiten des kommunistischen Systems vor. Er kommt darin zu dem Ergebnis, daß die kommunistischen Parteien der einzelnen westeuropäischen Länder entweder integriert oder bedeutungslos seien und in einer wirtschaftlichen Krise eher die Etablierung eines neuen faschistischen Systems als ein Wiedererstarken der kommunistischen Bewegung zu erwarten sei.

2. August 1949: Mit einem Schweigemarsch zum Hauptquartier der US-Behörden, dem ehemaligen I.G.-Farben-Hochhaus, demonstrieren mehrere hundert Opfer des Nationalsozialismus gegen das Nichtingangkommen der bereits gesetzlich beschlossenen, aber noch nicht in Kraft getretenen Wiedergutmachungsregelung. – Am 5. August genehmigt US-Hochkommissar John J. McCloy schließlich das am 26. April vom Länderrat der amerikanischen Zone in Stuttgart verabschiedete Gesetz.

18.–23. September 1949: In der Paulskirche findet die erste **Buchmesse** statt. Des großen Zulaufs wegen wird beschlossen, die Messe alljährlich durchzuführen. – Als Veranstalter tritt fortan der *Börsenverein des Deutschen Buchhandels* auf.

19. Oktober 1949: Das **Frankfurt**er Oberlandesgericht hebt das am 28. März im »Zyklon-B-Prozeß« ausgesprochene Urteil gegen den geschäftsführenden Direktor der Degesch, Gerhart Friedrich Peters, auf und geht nun von »Beihilfe zum Mord« anstatt »Beihilfe zum Totschlag« aus. Das Gericht führt als Begründung für die Verschärfung an, daß Peters als Fachmann für Zyklon B die Verwendungsmöglichkeit des Giftes genau gekannt habe und deshalb als Mordgehilfe anzusehen sei. Zur Änderung des Strafspruches wird der Fall an das zuständige Landgericht zurückgegeben. – Dieses nimmt die Korrektur nicht an und bestätigt in seiner neuerlichen Urteilssprechung am 29. April 1950 das alte Strafmaß: Wegen »Beihilfe zum Totschlag« fünf Jahre Zuchthaus. Als Begründung führt das Landgericht Frankfurt an, daß der Zyklon-B-Lieferant »ein Mann mit bedeutsamen Verdiensten für die Allgemeinheit« sei, dessen Handeln in einem anderen Licht erscheine, wenn man bedenke, daß die Tötungen durch das Blausäuregas »wenigstens humaner gestaltet« worden seien.

Nov.: Theodor W. Adorno im Exil in den USA.

November 1949: In Vertretung von Max Horkheimer nimmt Theodor W. Adorno, der seinem Freund und Kollegen aus dem Exil gefolgt ist, kurz nach Beginn des Wintersemesters 1949/50 erste Lehrveranstaltungen auf. Neben einem Seminar über transzendentale Dialektik bei Kant und Hegel führt er eine Vorlesung zur Grundlegung des bürgerlichen Bewußtseins, insbesondere der aristotelischen Politik, und in Verbindung

28 Thomas Mann, Ansprache im Goethejahr 1949, Weimar 1949.
29 Eugen Kogon, Juden und Nichtjuden in Deutschland, in: Frankfurter Hefte, 4. Jg., Heft 9, September 1949, S. 726.
30 Was War Wann – Jahrgang 1949, Hamburg 1950, S. 480, Abschnitt H.

damit eine Übung durch. – In einem ersten Schreiben an Horkheimer äußert sich Adorno mehr als befriedigt, geradezu beglückt, über die positive Aufnahme seiner Veranstaltungen durch die ca. 150 Studenten. Horkheimer antwortet daraufhin ebenso enthusiastisch: »Ich gratuliere Ihnen und uns zu dem Erfolg, den Sie schon beim ersten Auftreten zu verzeichnen hatten. Ich glaube fest, daß es auch weiter gutgehen wird. Wenn wir diese Professur erringen können, bedeutet es die Erfüllung eines Traumes, den wir noch vor einigen Jahren für reine Gaukelei gehalten hätten. Es würde damit die einzigartige Situation geschaffen, daß zwei Menschen, die so quer zur Wirklichkeit sich verhalten wie wir, und eben deshalb zur Machtlosigkeit als vorherbestimmt erscheinen, eine Wirkungsmöglichkeit von kaum berechenbarer Tragweite geboten wäre. Wenn wir nämlich zwei Professuren statt bloß einer innehaben, schlägt wirklich Quantität in Qualität um; wir erhalten tatsächlich eine Machtposition. Nicht daß ich meinte, wie einem die Dummköpfe immer vorhalten, wir könnten die ganze Bewegungstendenz ändern; wenn es einen Neo-Faschismus geben soll, wird es einen geben, und wenn die große Flut kommt, bilden auch wir keinen Damm. Aber die Sichtbarkeit, die in solcher Konstellation unsere Verbindung gewinnt, wird auf die Einzelnen nicht ohne Bedeutung bleiben.«[31] – In einem Kommentar der **Frankfurter Rundschau** würdigt Herbert Borris die Rückkehr Adornos und dessen Aufnahme von Lehrveranstaltungen als »neuen Weg der Sozialphilosophie«. Soweit Soziologie und Sozialphilosophie überhaupt die NS-Zeit überdauert hätten, gingen sie zu sehr von einer vorgefaßten und formalistischen Begriffsapparat aus, mit der dem Entwicklungsprozeß der Gesellschaft nicht mehr beizukommen sei. »Bei dieser Lage der Dinge«, schließt er seine Überlegung ab, »scheint uns das neue Fluidum einer von der konkreten Erfahrung der Gesellschaft ausgehenden, dialektisch geläuterten Sozialphilosophie sehr heilsam zu sein. Denn im Grunde wollen wir ja doch fort von dem abseitigen Spiel eines leeren Formalismus, um uns wieder in den konkreten Rahmen der Welt zu stellen.«[32]

6. November 1949: Auf dem Römerberg protestieren 1.000 Frankfurter Bürger gegen die vor drei Tagen vom Bundestag getroffene Entscheidung, Bonn als Sitz der Bundesorgane beizubehalten. Die Menschen, die sich vor allem beruflich darauf eingestellt hatten, daß die Mainmetropole Bundeshauptstadt werden würde, drohen mit einem Steuerstreik, falls die Entscheidung nicht rückgängig gemacht werde.

6.11.: Frankfurt: Protest gegen Bonn als Bundeshauptstadt.

22. November 1949: Wegen der sich häufenden Berichte über Schändungen jüdischer Friedhöfe weist der hessische Innenminister Heinrich Zinnkann (SPD) in **Wiesbaden** alle Polizeidienststellen seines Landes an, bei Streifengängen auf jüdische Friedhöfe ein besonderes Augenmerk zu richten. Über alle gesetzeswidrigen Vorkommnisse solle seinem Ministerium minutiös Bericht erstattet werden.

30. November 1949: In einem Brief an den in Kalifornien weilenden Horkheimer, in dem die Besorgnis erörtert wird, ob ein von Max Bense geplanter Aufsatz über *Hegel und die kalifornische Emigration*[33] denunziatorisch gemeint sein könnte, erwähnt Adorno eine Initiative linker Studenten. Drei »besonders sympathische Vertreter« einer sozialistischen Studentengruppe, schreibt er, hätten ihn zu einem Vortrag über historischen Materialismus eingeladen. Er habe hinhaltend darauf reagiert, weil er der Ansicht sei, daß sie, Horkheimer und er, »das leider im Augenblick nicht tun« könnten. Adorno bittet um eine Reaktion, damit er abschließend entscheiden könne.

12. Dezember 1949: Theodor W. Adorno wendet sich brieflich an den Redakteur der Zeitschrift *Merkur*, Hans Paeschke, und versucht diesen davon zu überzeugen, auf den Abdruck des Aufsatzes von Max Bense über *Hegel und die kalifornische Emigration* zu verzichten. »Wir stehen«, schreibt Adorno, »in Verhandlungen wegen der Errichtung einer Zweigstelle unseres Instituts in Frankfurt und so wenig die Bensesche Kritik wohl den Ausgang dieser Verhandlungen beeinflussen könnte, so würde sie doch ein gewisses Maß an äußeren Schwierigkeiten schaffen ... Ich glaube aber um so mehr an Ihr Verständnis appellieren zu dürfen, als der Aufsatz uns mit einigen Theoretikern zusammen wirft, zu denen wir im schärfsten Gegensatz stehen: wir arbeiten für den zweiten Band der ›Dialektik‹ an einer kritischen Auseinandersetzung mit Lukács, und mit meinem früheren Freund Ernst Bloch bin ich seit vielen Jahren, aus sachlichen Motiven, völlig entzweit ... Unter diesen Umständen, und nachdem unsere Bücher – was Bense übersah – sich aufs eindeutigste von den Russen distanzieren, ist es wohl verständlich, wenn ich meine Bitte wiederhole.«[34] – Adornos Versuch, das Erscheinen des Bense-Aufsatzes zu verhindern, scheitert jedoch. Der **Merkur** läßt sich nicht beeinflussen und veröffentlicht den Text in seiner Ausgabe vom Januar 1950. Benses Urteil über Horkheimer und Adorno stellt sich als nicht eindeutig ablehnend, sondern als zwiespältig heraus. In der Konzentration auf die Rolle der hegelianischen Dialektik, die als philosophische Denkform zu Benses Überraschung in Kalifornien überlebt hat und durch die Remigration der beiden Theoretiker auch in Deutschland wieder heimisch werden könnte, in der *Dialektik der Aufklärung* und Adornos *Philosophie der neuen Musik*[35] warnt er, nicht ohne die literarische Brillanz beider Werke zu würdigen, vor einer »Selbstaufhebung der marxistischen Intelligenz«. »Der Nachglanz einer mächtigen Ideologie«, schreibt er abschließend, »hat sich hier auf eine hervorragende literarische Manier ausgebreitet. Als solche werden wir jene bewundern, aber nicht ohne das Recht des Rationalisten, sie zu attackieren, wo es nur geht.«[36]

---

31 Brief von Max Horkheimer an Theodor W. Adorno vom 9. November 1949, zit. nach: Rolf Wiggershaus, Die Frankfurter Schule – Geschichte – Theoretische Entwicklung – Politische Bedeutung, München 1986, S. 449f.
32 Herbert Borris, Th. W. Adorno in Frankfurt – Ein neuer Weg der Sozialphilosophie, in: Frankfurter Rundschau vom 12. November 1949.
33 Max Bense, Hegel und die kalifornische Emigration, in: Merkur, IV. Jg., Heft 23, Januar 1950, S. 118–125.
34 Brief von Theodor W. Adorno an den Redakteur der Zeitschrift ›Merkur‹, Hans Paeschke, vom 12. Dezember 1949, zit. nach: Rolf Wiggershaus, Die Frankfurter Schule – Geschichte, Theoretische Entwicklung, Politische Bedeutung, München/Wien 1986, S. 450f.
35 Theodor W. Adorno, Philosophie der neuen Musik, Tübingen 1949.
36 Max Bense, Hegel und die kalifornische Emigration, in: Merkur, IV. Jg., Heft 23, Januar 1950, S. 125.

1950

20.8.: »Erste Internationale Sozialistenkundgebung«:
u.a. Erich Ollenhauer (3. v. li.) und Fritz Sternberg (4. v. li.).

13./14. April 1950: Auf dem jüdischen Friedhof im Stadtzentrum werden 16 Grabsteine umgeworfen und mehrere Grabeinfassungen beschädigt. – Die Frankfurter Kriminalpolizei erklärt dazu, daß die »Täter« in einem Kreis von sechs- bis zehnjährigen Kindern zu suchen seien, die sich nicht bewußt gewesen seien, auf einem Friedhof zu spielen. Ein Reporter der *Neuen Zeitung* zitiert dagegen einen Friedhofswärter, der es für völlig ausgeschlossen hält, daß die Grabschändungen von Kindern begangen worden sein könnten. Der jüdische Friedhof sei von einer drei Meter hohen Mauer umgeben, die selbst für Erwachsene ein nur schwer zu überwindendes Hindernis darstelle.

22. April 1950: Durch einen Einsatz der Polizei werden Demonstranten daran gehindert, gegen eine öffentliche Versammlung der rechtsgerichteten *Deutschen Union* (DU) zu protestieren. Ohne Vorwarnung gehen die Polizisten mit Gummiknüppeln gegen die Mitglieder von SPD, KPD und VVN vor. Die Stadtverordnete Eva Steinschneider erhält dabei einen Faustschlag ins Gesicht, ein Abgeordneter des hessischen Landtags wird vorübergehend festgenommen.

29. April 1950: Unter Vorsitz von Walter Tyrolf spricht das Schwurgericht am **Hamburg**er Landgericht in einem Wiederaufnahmeverfahren den Filmregisseur Veit Harlan von der Anklage, ein Verbrechen gegen die Menschlichkeit begangen zu haben, aus Mangel an Beweisen frei. In der Begründung heißt es, die Ansicht des Angeklagten sei nicht zu widerlegen gewesen, daß er sich bei der Herstellung des Films *Jud Süß* in keiner freien Entscheidungssituation, sondern »im Notstand« befunden habe. Harlan sei weder Nazi noch Antisemit gewesen; er habe, ganz im Gegenteil, vielen Verfolgten geholfen. Es sei für ihn unmöglich gewesen, den Regieauftrag abzulehnen; nur unter großem Druck und aus Furcht um Freiheit und Leben habe er ihn übernommen. Hätte Goebbels sich einen anderen Regisseur ausgesucht, so säße dieser an der Stelle Harlans auf der Anklagebank. Natürlich sei der Film antisemitisch, führt der Gerichtsvorsitzende aus, es müsse jedoch darauf hingewiesen werden, daß »Antisemitismus an sich« noch nicht strafbar sei, solange dadurch die Gesetze der Humanität nicht mißachtet würden. – Bereits Tage vor der Urteilsverkündung hat Egon Giordano als Presseberichterstatter für eine Zeitung der *Vereinigung der Verfolgten des Naziregimes* (VVN) das Verfahren durch das Zusammenspiel zwischen dem Gerichtsvorsitzenden und dem überwiegenden Teil des Publikums selbst als antisemitisch charakterisiert. »Wochenlang hat dieses Gericht«, schreibt er, »ungeheuerliche Beleidigungen gegen alle Antifaschisten und insbesondere gegen die rassisch Verfolgten ausgesprochen und zugelassen. Der Vorsitzende Dr. Walter Tyrolf bezichtigte unseren Kameraden Norbert Wollheim, Vorsitzender des Zentralkomitees der befreiten Juden der britischen Zone, er könne nicht objektiv denken. Er scheue sich nicht vor einer Kollektivbeleidigung, indem er erklärte, die Verfolgten des Naziregimes wünschten kein Recht, sondern Freislersche Sondergerichtshöfe im ›antifaschistischen Sinne‹.«[37] – In den jüdischen Gemeinden und verschiedenen Organisationen der rassisch und politisch Verfolgten in **Frankfurt**, **Hamburg**, **München** und **West-Berlin** kommt es nach der Urteilsverkündung zu Protesten. Diese wenden sich insbesondere gegen die Begründung durch den Landgerichtsrat Tyrolf; dieser habe, so heißt es häufig, eine »juristische Berechtigung des Antisemitismus« formuliert.

Mai 1950: Auf einem Symposium der Universität von **Chikago** hält Herbert Marcuse einen Beitrag über **Anti-Democratic Popular Movements** in Deutschland, in dem er eine Allianz zwischen Kommunisten und konservativen Militaristen hervorhebt.

25. Mai 1950: Aufgrund der sich häufenden Schändungen jüdischer Friedhöfe und ihrer zum Teil skandalösen Bemäntelungsversuche durch die Behörden führt das *Öffentliche Forum* im Saal des Palmengartens eine **Diskussionsveranstaltung zum Thema Antisemitismus** durch. In seinem Einleitungsbeitrag bezeichnet der Rechtswissenschaftler Franz Böhm die angeblich »durch spielende Kinder und weidende Schafe« begangenen Grabschändungen als »Akte eines neu sich regenden Terrorismus«. Theodor W. Adorno nennt den Antisemitismus der kleinbürgerlichen und der gebildeten Kreise »die klimatische Vorbereitung für Auschwitz«. Die psychische Struktur des gemäßigten Antisemitismus, das zeigten seine Forschungsarbeiten, stimme mit der von Sadisten und Rowdies überein. Vielleicht müsse zur Erklärung des heutigen Antisemitismus aber noch ein zusätzlicher Gedanke hinzugezogen werden. Es sei denkbar, so Adorno, daß es sich dabei um die Überkompensation eines für die Deutschen fast als unerträglich wahrgenommenen Schuldgefühls handle. In einer von Böhm entworfenen Reso-

25.5.: Professor Franz Böhm beim Interview.

lution fordern die Versammelten den Zusammenschluß aller Gegner des Antisemitismus. Es sei an der Zeit, daß die Regierungen die »Politik der Beschönigungen« aufgäben und eine Zentralstelle schüfen, die die antisemitischen Übergriffe systematisch und entschieden verfolge. In seinem Schlußresümee bezeichnet Eugen Kogon, Autor der KZ-Studie *Der SS-Staat* und Mitherausgeber der *Frankfurter Hefte*, den Antisemitismus als »Ausdruck jener neurotischen Situation, in die weite Kreise des deutschen Volkes geraten« seien.

Juni 1950: Der Schweizer Publizist Francois Bondy geht im Rahmen einer in der antikommunistischen Zeitschrift **Der Monat** publizierten Buchbesprechung auf die *Dialektik der Aufklärung* ein. »In den heutigen Erscheinungsformen des Kommunismus als totalitärem Regime und in der Lehre des Marxismus selber«, setzt er mit seiner Kritik ein, »steckt das tragische Problem vom Ende der Aufklärung und vom Paradox der Dialektik. Im vergangenen Jahr haben zwei ›Edelmarxisten‹ von hohem geistigen Rang, Max Horkheimer und T. W. Adorno, eine Sammlung von Aufsätzen über ›Aufklärung und Dialektik‹ veröffentlicht, in denen sie einen aufs höchste vergeistigten Marxismus – stets nur als die ›kritische Philosophie‹ umschrieben – als unsichtbares Thermometer zur Krankheitsdiagnose der kapitalistischen Welt verwendeten, ohne sich offenbar zu fragen, ob nicht gerade das Schicksal des Marxismus selber der erste Prüfstein für Marxisten geworden sei und ob nicht am ehesten an seiner Verwirklichung die Fragenkomplexe der Aufklärung und der Dialektik neu und tiefer erkannt werden können und müssen.«[38]

3. Juni 1950: Zum ersten Mal wird der **Friedenspreis des deutschen Buchhandels** verliehen. Als Preisträger ausgezeichnet wird der vor den Nazis nach Norwegen emigrierte jüdische Schriftsteller Max Tau, der sich für die Völkerverständigung im allgemeinen und die Aufnahme der deutschsprachigen Exilliteratur in Skandinavien im besonderen eingesetzt hat. – Die Idee zu dem Preis stammt von dem Schriftsteller Hans Schwarz. Der Preis in Höhe von 10.000 DM stammt von 15 Verlegern aus Gütersloh, Hamburg, Leipzig, München, Stuttgart, Weimar, West-Berlin und Zürich.

6. Juni 1950: Im **Hessischen Rundfunk** führen Theodor W. Adorno, Max Horkheimer und Eugen Kogon ein Streitgespräch über das Thema **Die Menschen und der Terror**. Die Sendung ist von dem Schriftsteller Alfred Andersch konzipiert.

19. Juli 1950: Auf einer Tagung bilden mehrere jüdische Organisationen unter der Bezeichnung **Zentralrat der Juden in Deutschland** eine Gesamtvertretung. An ihrer Spitze steht ein vierköpfiges Direktorium und ein aus fünfzehn Delegierten zusammengesetzter Rat.

28. Juli 1950: Der Wirtschaftswissenschaftler Friedrich Pollock unterrichtet seinen sich im kalifornischen Santa Monica aufhaltenden Freund und Kollegen Max Horkheimer davon, daß er eine Vorsichtsmaßnahme für den Fall getroffen habe, bei Fliegerangriffen zusammen mit ihren Frauen aus Los Angeles fliehen zu müssen. Offenbar unter dem Eindruck des einen Monat zuvor ausgebrochenen Koreakrieges und der Gefahr, daß sich daraus ein weltweiter militärischer Konflikt entwickeln könnte, hat Pollock einen Vorvertrag über den Kauf zweier Wohneinheiten eines im Landesinneren gelegenen Motels unterzeichnet. »Um mir später nicht sagen zu müssen«, schreibt er, »daß ich fahrlässig gehandelt habe, habe ich mich einer Gruppe von jüdisch-deutschen business men und

---

37 Egon Giordano, Das Fanal von Hamburg, in: Die Tat vom 22. April 1950, 1. Jg., Nr. 6, S. 4.
38 Francois Bondy, Der exproprierte Marxismus, in: Der Monat, 2. Jg., Heft 21, Juni 1950, S. 309.

Juni – Juli 1950

4.8.: Der Sozialist Karl Korsch.

professionals angeschlossen, die in einem mountain state ein Motel mit 20 Einheiten kaufen wollen, derart, daß jedes Mitglied der Gruppe Eigentümer einer Motel-Unit wird, mit dem Recht, einzuziehen, wann er will (die Units werden an andere nur von Tag zu Tag vermietet).«[39] Er habe jeweils für beide Paare eine Wohneinheit subskribiert, glaube aber nicht, daß es zu einem weiteren Weltkrieg kommen werde. – Horkheimer bedankt sich in einem Antwortschreiben vom 7. August für die Vorsichtsmaßnahme und gibt der Hoffnung Ausdruck, daß es nicht zum Ernstfall kommen werde.

4. August 1950: In einer Runde alter Anhänger trägt der unabhängige Sozialist Karl Korsch in **Zürich Zehn Thesen über Marxismus heute** vor. Der seit anderthalb Jahrzehnten in den Vereinigten Staaten lebende Korsch stellt darin provokative Gedanken vor, die sich gegen die ideologische Versteinerung und auch Instrumentalisierung des Marxismus zu einer Herrschaftsform wenden. In den beiden ersten Thesen heißt es lakonisch: »1. Es hat keinen Sinn mehr, die Frage zu stellen, wieweit die Lehre von Marx und Engels heute noch theoretisch gültig und praktisch anwendbar ist. 2. Alle Versuche, die marxistische Lehre als Ganzes und in ihrer ursprünglichen Funktion als Theorie der sozialen Revolution der Arbeiterklasse wiederherzustellen, sind heute reaktionäre Utopien.«[40] Zwar gebe es noch wichtige Bestandteile der Marxschen Theorie, die auch heute noch wirksam werden könnten, jedoch müßte, um ihr erneut eine revolutionäre Rolle abgewinnen zu können, erst mit dem Monopolanspruch des Marxismus gebrochen werden. Marx sei heute nur einer von vielen Vorläufern der sozialistischen Bewegung; ebenso wichtig seien die von ihm befeindeten Konkurrenten Bakunin, Blanqui und Proudhon. Als besonders verhängnisvoll habe sich im Marxismus die »Überbetonung des Staates« erwiesen, »die mystische Identifizierung der Entwicklung der kapitalistischen Ökonomie mit der sozialen Revolution der Arbeiterklasse« und die »Zwei-Phasen-Theorie der kommunistischen Bewegung, die die wirkliche Emanzipation der Arbeiterklasse … in eine unbestimmte Zukunft verlegt« habe.

6. August 1950: Das **Institut für Sozialforschung** nimmt 17 Jahre nach seiner Schließung die Arbeit wieder auf. Da das alte Institutsgebäude im Krieg weitgehend zerstört wurde, ist es vorläufig in der Senckenberganlage 34 untergebracht. Für Forschungsarbeiten stehen zunächst Mittel aus einer Stiftung des amerikanischen Hochkommissars zur Verfügung. Direktor des Instituts ist Max Horkheimer, sein Stellvertreter Theodor W. Adorno. – In einem ersten Vortrag über **Aufgaben der Sozialforschung in Deutschland** stellt Horkheimer vor Mitarbeitern und Studierenden die Beseitigung der sozialen Vorurteile als vorrangige Aufgabe des wieder um Anknüpfung an seine Traditionen bemühten Instituts heraus. – **Die Neue Zeitung**, die Tageszeitung der US-amerikanischen Besatzung für die deutsche Bevölkerung, faßt die Zielsetzung so zusammen: »Die Kernaufgabe des Instituts ist, die Studenten in den modernen Methoden der empirischen Sozialwissenschaften zu unterrichten und Forschungen über zwischenmenschliche Beziehungen anzustellen mit dem Ziel eines besseren gegenseitigen Verstehens und einer freien Gestaltung der Existenz. Die Studenten sollen durch die Kenntnis dieser Forschungsmethoden in die Lage versetzt werden, gesell-

20. 8.: Die »Erste Internationale Sozialistenkundgebung« in der Festhalle.

schaftliche und politische Probleme in einem solchen wissenschaftlichen, d. h. objektiven und rationalen Sinn zu betrachten.«[41]

20. August 1950: Auf der **Ersten Internationalen Sozialistenkundgebung** in Deutschland seit 1933 kommen in der Festhalle 8.000 Menschen zusammen. Als Hauptredner lehnt der zweite SPD-Vorsitzende Erich Ollenhauer jede Remilitarisierung ab. Seine Partei sage mit Entschiedenheit »nein« zu einer deutschen Wiederaufrüstung und -bewaffnung. Das neue Europa dürfe keine antibolschewistische Allianz unter privatkapitalistischer Führung mit klerikalem Einschlag werden. Die antimilitaristische Haltung verpflichte zu einem besonderen Niveau im politischen Kampf gegen die östlichen Diktaturen. Außer Ollenhauer treten noch Salomon Grumbach, Vorstandsmitglied der Sozialistischen Partei Frankreichs, der deutsch-amerikanische Sozialist Fritz Sternberg und das Vorstandsmitglied der niederländischen *Partei der Arbeit*, Alfred Mozer, auf. Grumbach vertritt die Ansicht, daß eine Wiederbewaffnung Deutschlands die noch junge Demokratie zerstören müsse. Sternberg kritisiert die Außenpolitik der Vereinigten Staaten. Sie hätten sich in Asien mit Tschiang-Kai-schek und anderen reaktionären Kräften liiert und damit hinlänglich bewiesen, daß sie die sich dort vollziehende antifeudalistische Agrarrevolu-

39 Max Horkheimer, Gesammelte Schriften Bd. 18: Briefwechsel 1949–1973, hrsg. von Gunzelin Schmid Noerr, Frankfurt 1996, S. 167.
40 Karl Korsch: Zehn Thesen über Marxismus heute, in: ders., Politische Texte, hrsg. von Erich Gerlach und Jürgen Seifert, Wiener Neustadt, o.J., S. 385.
41 Die Neue Zeitung vom 7. August 1950.

August 1950

tion nicht verstünden. Diese tiefgreifende Umwälzung sei durch keine Allianz mit Kolonialeliten aufzuhalten. Auch in Europa und in Deutschland sei der Kommunismus nicht durch ein Bündnis mit »Hitlers früheren Mitarbeitern« zu stoppen. Wenn die USA beweisen wollten, daß sie fortschrittlicher als die Sowjetunion seien, dann müßten sie dies auf politisch-sozialem Gebiet versuchen.

6. September 1950: Zwölf Jahre nach ihrer Zerstörung wird in der Freiherr-vom-Stein-Straße die wiederhergestellte **Westend-Synagoge** mit einer feierlichen Zeremonie neu eingeweiht. Als Vertreter des *Zentralrats der Juden in Deutschland* greift Philipp Auerbach in seiner Rede die deutsche Öffentlichkeit an: »Wir haben auf ein Schuldbekenntnis gewartet, doch es ist keines gekommen. Wir können nicht vergessen, was uns angetan wurde, aber wir werden versuchen zu verzeihen. Doch muß man uns dazu die Voraussetzungen geben.«[42] Unter den nachfolgenden Rednern greift Propst Göbels, der im Namen der Evangelischen Kirche spricht, den Vorwurf auf und gesteht, daß er auch vor zwölf Jahren geschwiegen habe, als die Nazis mit dem Pogrom vom 9. November die Vernichtung der europäischen Juden einleiteten. Das Schweigen der Kirche, so fährt er fort, laste auch heute noch »als schwere Schuld« auf dem Volk.

24. Oktober 1950: Die **Frankfurter Allgemeine Zeitung** meldet, daß der amerikanische Hochkommissar John J. McCloy für den Aufbau des Instituts für Sozialforschung einen Betrag von 236.000 Mark gestiftet habe. Die Summe solle zunächst vor allem für den Bau eines neuen Institutsgebäudes an der Ecke Senckenberganlage/Dantestraße verwendet werden.

9. November 1950: Unter dem Titel **Die Wissenschaft von der Gegenwart** skizziert Volker von Hagen in der **Neuen Zeitung** die Forschungsaufgaben des wiedereröffneten Instituts. Ziel sei es, mit den avanciertesten sozialwissenschaftlichen Methoden der Gegenwart »die Herztöne« abzuhorchen: »Wie bildet sich beim einzelnen Menschen eine politische Überzeugung? Welche psychologischen, oft unbewußten Motive tragen dazu bei? Wie steht es mit dem Einfluß von Familie, Nachbarschaft, Beruf, gesellschaftlichen Gruppen, Klima, Lektüre usw.? Warum folgen die Menschen, sogar intelligente, blindlings sogenannten ›Führern‹? Nazis bleiben nicht ewig Nazis – wohin haben sich

6. 9.: Einweihung der wiederaufgebauten Westend-Synagoge (v.r.n.l.): Ob

ihre Anschauungen gewandelt und aus welchen Gründen? Wie ist das materielle und seelische Nachkriegsschicksal ehemaliger Berufsoffiziere, wie das der gehobenen Berufe, wie das der Heimatvertriebenen?«[43] Analysiert werden sollen die Integrationsmöglichkeiten der Heimatvertriebenen, der Widerstand von Einzelnen und Gruppen gegen das Nazi-Regime, um die Anschauung zu problematisieren, das deutsche Volk habe uneingeschränkt hinter Hitler gestanden, sowie die rhetorischen Tricks von Demagogen aller politischer Richtungen. Bereits begonnen worden sei mit einer Übersetzung der kurz zuvor in den USA erschienenen *Studies in Prejudice*, von denen eine Auswahl

...rgermeister Walter Kolb und der Auschwitz-Überlebende Philipp Auerbach.

publiziert werden soll. In dem von Max Horkheimer und Samuel H. Flowerman herausgegebenen fünfbändigen Werk, an dem auch Theodor W. Adorno, Leo Löwenthal und Paul Massing maßgeblich beteiligt sind, werde »der religiöse, politische und rassenbedingte Haß« nicht nur unter psychologischen Gesichtspunkten betrachtet, sondern aus dem Ensemble der gesellschaftlichen Verhältnisse heraus.[44] Auf die Kampagne der kommunistisch inspirierten und organisierten Weltfriedensbewegung »als einer demagogischen Erscheinung unserer Gegenwart« angesprochen, erklären Horkheimer und Adorno gegenüber dem Journalisten: »Unsere Forschungen und Schriften stehen in schärfstem Gegensatz zu der Politik und Doktrin, die von der Sowjetunion ausgehen. Das Potential einer besseren Gesellschaft wird eher dort bewahrt, wo die bestehende ohne Rücksicht analysiert werden darf, als dort, wo die Idee einer besseren Gesellschaft verderbt ward, um die schlechte bestehende zu verteidigen. Im Laufe der russischen Entwicklung sind aus den Ideen des Friedens und des Sozialismus bloße Tricks geworden, um die Bevölkerung der anderen Länder für die nationalistischen Ziele der Sowjets einzuspannen.«[45] Die marxistische Theorie sei aus der lebendigen Erfahrung herausgebrochen und in ein »Trugbild der Wirklichkeit« verkehrt worden. Der Appell für den Frieden sei ein Mißbrauch humanen Verlangens durch eine totalitäre Gewaltherrschaft.

1. Dezember 1950: Am Jahrestag der vier Jahre zuvor durch einen Volksentscheid angenommenen hessischen Landesverfassung findet in der **Wiesbaden**er Staatsoper ein Festakt statt. Zur Eröffnung begrüßt Innenminister Heinrich Zinnkann (SPD) in Anwesenheit von Ministerpräsident Christian Stock (SPD) und anderen Kabinettsmitgliedern auch den amerikanischen Landeskommissar James R. Newman. Die Festrede hält Max Horkheimer. Zunächst weist er auf die bedeutende Rolle hin, die deutsche Philosophen wie Nikolaus von Cues und Johann Althusius bei der Ausbildung jener Ideen gespielt haben, die in den Verfassungen des modernen bürgerlichen Staates zum Tragen gekommen sind. Seine grundlegende Intention ist es jedoch, das Mißtrauen und die Abwehrhaltung, die so rasch gegen Verfassungseinrichtungen mobilisiert werden, zu durchbrechen, indem er auf-

---

[42] Günter Mick, Den Frieden gewinnen – Das Beispiel Frankfurt 1945 bis 1951, Frankfurt/Main 1985, S. 186.

[43] Volker von Hagen, Die Wissenschaft von der Gegenwart – Das »Institut für Sozialforschung« wirkt über die Fachgebiete hinaus, in: Die Neue Zeitung vom 9. November 1950.

[44] Siehe: Max Horkheimer / Samuel H. Flowerman (Ed.): Studies in Prejudice, New York 1949: Theodor W. Adorno / Else Frenkel-Brunswik / Daniel J. Levinson / R. Nevitt Sanford, The Authoritarian Personality, New York 1950; Bruno Bettelheim / Morris Janowitz, Dynamics of Prejudice – A Psychological and Sociological Study of Veterans, New York 1950; Nathan W. Ackerman / Marie Jahoda, Anti-Semitism and Emotional Disorder – A Psychological Interpretation, New York 1950; Paul Massing, Rehearsal for Destruction – A Study of Political Anti-Semitism in Imperial Germany, New York 1949; Leo Löwenthal / Norbert Guterman, Prophets of Deceit – A Study of the Techniques of the American Agitator, New York 1949.

[45] Volker von Hagen, Die Wissenschaft von der Gegenwart – Das »Institut für Sozialforschung« wirkt über die Fachgebiete hinaus, in: Die Neue Zeitung vom 9. November 1950.

8.12.: Der Hamburger Senatssprecher Erich Lüth.

zeigt, wie sehr sich der Nationalsozialismus dieser Vorurteile gegen die Verdinglichungstendenzen von Institutionen propagandistisch bedient hat, um ein Regime zu etablieren, das sich in einem ungekannten Maß der Verfassungsrechte zu entledigen vermochte. Zugleich will er deutlich machen, wie sehr eine Ver- fassungsidee eines lebendigen Inhalts bedarf, um reale Macht werden zu können. »Im Zeitalter der totalitären Staaten, des ›univers concentrationaire‹, des Universums der Konzentrationslager, wie es der Franzose Rousset genannt hat, gilt uns die Welt der Verfassung nicht länger als eine Welt von befrackten Festrednern, von leerem Betrieb und spitzfindig legalistischen Kontroversen, sondern als die Zuflucht, in der uns noch zu atmen erlaubt ist. Was verdinglicht, institutionell scheint, kann zur einzigen Rettung gerade des Menschlichen werden. Ob die Verfassung sich mit echt demokratischem Geist erfüllt und nicht ein bloßer Rahmen bleibt, in dem abermals was stark ist siegt und schließlich die blinde Gewalt sich durchsetzt, hängt auch davon ab, ob eben dies, das Recht als Zuflucht in der vom Terror bedrohten Welt, den Menschen recht zum Bewußtsein kommt.«[46]

8. Dezember 1950: Die *Gesellschaft für christlich-jüdische Zusammenarbeit* in Frankfurt schließt sich in einer öffentlichen Erklärung dem Aufruf des Hamburger Senatsdirektors Erich Lüth an, der Filmverleiher und Theaterbesitzer zum Boykott von Veit Harlans neuem Film *Unsterbliche Geliebte* aufgerufen hat. In dem von dem Rechtswissenschaftler Franz Böhm, dem Rechtsanwalt Max L. Cahn und dem Herausgeber der *Frankfurter Neuen Presse*, Hugo Stenzel, unterzeichneten Papier heißt es, gegen das am 18. November vom Hamburger Landgericht ausgesprochene Verbot zum Boykottaufruf argumentierend: »Wir werden jeder Bestrebung entgegentreten, aus unserer freien Verfassung und unseren Grundrechten ein Instrument zu schmieden, das freie Bürger daran hindert, sich gegen Lieblosigkeit, Gewissensverhärtung, Verführung und Verhängnis jeder Art zur Wehr zu setzen.«[47]

---

46 Max Horkheimer, Politik und Soziales, in: ders., Gesammelte Schriften Bd. 8: Vorträge und Aufzeichnungen 1949–1973, hrsg. von Gunzelin Schmid Noerr, Frankfurt/Main 1985, S. 46.

47 Erklärung gegen neue Harlan-Filme, in: Frankfurter Rundschau vom 9. Dezember 1950.

1951

25.5.: Rektor Max Horkheimer empfängt in der Universität US-Hochkommissar John J. McCloy (Mitte), rechts Oberbürgermeister Walter Kolb.

THEODOR W. ADORNO

MINIMA MORALIA

REFLEXIONEN AUS DEM BESCHÆDIGTEN LEBEN

SUHRKAMP VERLAG

März: Das Titelbild der Erstausgabe.

März 1951: Im Frankfurter Suhrkamp Verlag erscheinen Theodor W. Adornos **Minima Moralia – Reflexionen aus dem beschädigten Leben**. Der Band enthält eine Sammlung von annähernd 150 Texten, die vom Aphorismus bis zum Essay reichen. Sie sind im Exil zwischen 1944 und 1947 entstanden und gehen der Idee des Glücks und des richtigen Lebens unter den Bedingungen der amerikanischen Großstadt nach. In den fünfziger und sechziger Jahren werden die *Minima Moralia* zu einem Kultbuch der kritischen Intelligenz.

3. März 1951: Der Magistrat der Stadt Frankfurt spricht sich einstimmig gegen eine Aufführung des Veit-Harlan-Films **Unsterbliche Geliebte** aus. – Trotz dieses Votums und die an den Landesverband der Filmtheaterbesitzer ergangene Aufforderung des hessischen Innenministers, auf den Film zu verzichten, wird der umstrittene Streifen im Metro im Schwan aufgeführt. – Im Auftrag dieses Kinos und des Herzog-Filmverleihs führt eine *Vereinigung zur Wahrung demokratischer Rechte* Mitte März eine »Volksbefragung« zu dem umstrittenen Film durch. Der in einer Auflagenhöhe von 150.000 Exemplaren gedruckte Stimmzettel wird an alle Frankfurter Haushaltungen verteilt. Die Frage, über die zu entscheiden ist, lautet: »Soll der neue Veit-Harlan-Film ›Unsterbliche Geliebte‹ mit Kristina Söderbaum gezeigt werden?« Ende März gibt die *Vereinigung zur Wahrung demokratischer Rechte* das Ergebnis bekannt. Danach sollen sich bei 188 ungültigen Stimmen 33.739 Haushaltungen für und 4.178 gegen eine Aufführung des Films ausgesprochen haben. – Der Frankfurter Kreisausschuß des DGB kommentiert die Aktion mit den Worten, daß diese »Volksbefragung« denen des nationalsozialistischen Regimes in nichts nachstünde. Und nach verschiedenen Meldungen über Unregelmäßigkeiten bei der Abgabe der Stimmkarten – viele Haushalte sollen gar keine, andere hingegen gleich neun Karten erhalten haben – veröffentlicht die **Frankfurter Rundschau** unter der Überschrift *Fragwürdige Volksbefragung* einen Kommentar: »In Wirklichkeit verlief die ›Volksbefragung‹ wie folgt: Von 174.345 Frankfurter Haushalten wurden nur 108.138 durch die Postwurfsendungen ›erfaßt‹. Dabei wurden aus Gründen, über die wir uns kein Urteil erlauben möchten, soziologisch und politisch so wichtige Bezirke wie Griesheim, Schwanheim, Fechenheim, Niederrad und Rödelheim überhaupt nicht, Westhausen, Praunheim, Ginnheim etc. nur teilweise postalisch bedient! Die Veranstalter selbst gaben es zu. Von den 108.188 ausgegebenen Fragekarten aber kamen laut offiziellem Ergebnis nur 38.105 zurück, und von diesen sprachen sich dann 33.739 für den Besuch des Films aus. Das heißt also auf gut deutsch: die Frankfurter Bevölkerung wurde nur teilweise befragt, und von diesem Teil zeigte sich dann die Mehrheit von rund 65 % an Herrn Harlans Film überhaupt nicht interessiert ... Die Zahlen ... beweisen, daß es sich bei der ganzen ›Volksbefragung‹ und dem daraus gezogenen propagandistischen Schluß zumindest um eine sehr fragwürdige Angelegenheit handelt.«[48] – Am 29. März spricht sich die Stadtverordnetenversammlung bei vier Stimmenthaltungen der FDP gegen eine Aufführung des Veit-Harlan-Films aus. Die CDU-Fraktion protestiert, daß der Streifen

»unter dem Deckmantel einer scheindemokratischen Volksbefragung« gezeigt werde. In der von ihr eingebrachten Erklärung heißt es: »Veit Harlan hat durch seinen Film ›Jud Süß‹ schwere moralische Schuld auf sich und das deutsche Volk gegenüber dem Judentum geladen. Als Christen und Vertreter der Frankfurter Bürgerschaft fühlen wir die Verpflichtung, zu unserem Teil dazu beizutragen, das dem Judentum zugefügte Unrecht wieder gutzumachen. Wir wissen und bedauern, daß es keine gesetzliche Handhabe gibt, die Aufführung des Filmes zu verbieten.«[49] Oberbürgermeister Kolb teilt mit, daß er sich vergeblich mit der Bitte an den Kinobesitzer Friedrich Wollenberg gewandt habe, auf eine Aufführung zu verzichten. – Der Versuch zweier Unbekannter, in der Frankfurter Innenstadt mit Fackeln vom Dach eines Hauses aus, ein Werbeplakat für die *Unsterbliche Geliebte* in Brand zu stecken, scheitert. Der eilends herbeigerufenen Feuerwehr gelingt es, drei auf den Bürgersteig gefallene Fackeln zu löschen.

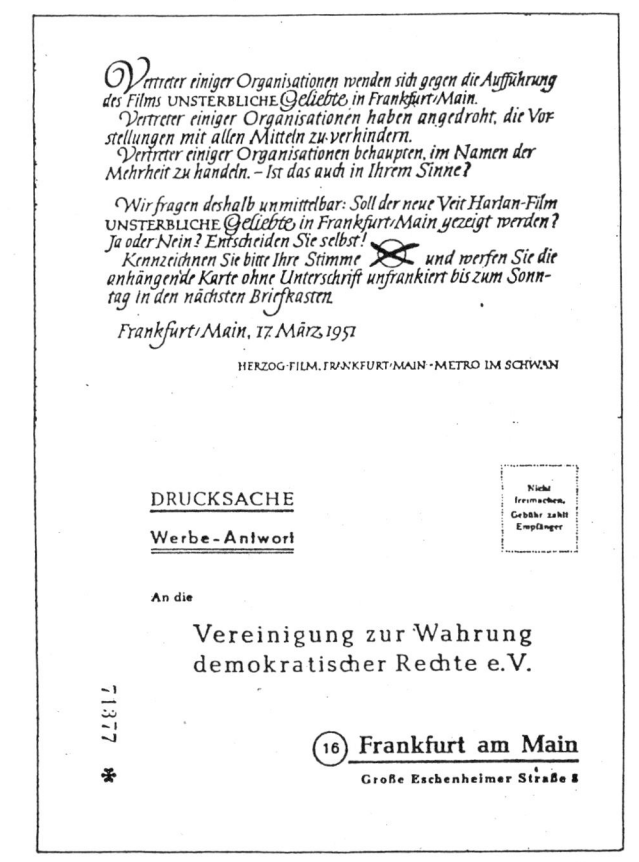

3.3.: »Volksbefragung« über die Aufführung von Veit-Harlan-Filmen.

12. März 1951: Das Frankfurter Seminar für Politik führt eine Diskussionsveranstaltung zur Frage durch, ob in Frankfurt Veit-Harlan-Filme gezeigt werden sollen. Unter den 200 Teilnehmern gibt es eine ganze Reihe, die sich trotz der Kritik der Veranstalter, daß der »Fall Harlan« als Alarmsignal für rechtsradikale und antisemitische Tendenzen betrachtet werden müsse, für Aufführungen aussprechen.

April 1951: Im Amerika-Haus referiert Max Horkheimer über die Vorurteilsbildung. Der »soziale Sadismus«, der sich immer gegen die Minderheiten richte, so führt er aus, sei »der Hexenwahn unserer Zeit«. Auch wenn die wissenschaftliche Untersuchung der Vorurteile zu spät einsetze, so müsse die Soziologie zugleich auch die Rolle einer Sozialtherapie übernehmen. Eine Wirkung verspreche er sich schon von der Zusammenstellung der Bauernfänger-Tricks, mit denen Demagogen gewöhnlich arbeiteten. Das Institut bereite gerade die Übersetzung einer Einzeluntersuchung aus den *Studies in Prejudice* vor, in der es um die Technik von Agitatoren gehe.

3. April 1951: Die Proteste gegen Veit Harlans Film **Unsterbliche Geliebte** halten an. Der Betriebsräteausschuß der Stadtverwaltung faßt eine Entschließung, in der es heißt, daß jeder, der gegen den *Jud Süß*-Regisseur demonstriere, eine »Pflicht des menschlichen Gewissens« erfülle. Durch seinen Hetzfilm aus dem Jahr 1940 sei Harlan zum Symbol des Antisemitismus geworden. Die städtischen Bediensteten, so heißt es weiter, würden durch ihr entschlossenes Handeln die Aufführung des Films in Frankfurt verhindern, wann und wo immer ein Aufführungsversuch dazu erfolge. Falls nicht jegliche Vorführung der *Unsterblichen Geliebten* polizeilich untersagt werde, könne Sicherheit und Ordnung nicht mehr garantiert werden. Direktor Großmann vom Amt für Wohnungsbau und Siedlungswesen erklärt, es sei sinnlos, Wohnungen zu bauen, wenn währenddessen der »Nazigeist« wiederkehre. – Der Frankfurter Frauenverband spricht sich in einer Resolution ebenfalls gegen den Harlan-Film aus. Mit der demokratischen Tradition der Stadt und der Erinnerung an die vielen tausend jüdischen

---

48 Dieter Fritko, Fragwürdige Volksbefragung, in: Frankfurter Rundschau vom 30. März 1951.
49 Die Neue Zeitung vom 30. März 1951.

Frauen, Männer und Kinder, die von den Nazis umgebracht worden sind, sei es unvereinbar, daß ein Film zur Aufführung komme, dessen Regisseur maßgeblich zum Antisemitismus beigetragen habe.

10. April 1951: Aus Protest gegen den Einbau von Sprengkammern, der wie in vielen anderen bundesdeutschen Städten auch an den Main-Brücken der Stadt Frankfurt vorgenommen wird, mauern Unbekannte nachts die aufgerissenen Löcher zu und werfen das dort deponierte Werkzeug anschließend in den Main. An den Ufermauern erscheinen in großen Lettern Losungen wie: »Ihr arbeitet für den Krieg! Denkt an 1945!« und »Frankfurter aufgepaßt! Sprenglöcher an Euren Brücken!«

25. Mai 1951: Anläßlich der Grundsteinlegung für den Bau des Studentenhauses hält der US-amerikanische Hochkommissar John J. McCloy in der Aula der Universität eine Ansprache. Zunächst erinnert er daran, daß die 1914 gegründete Universität eine städtische ist, die auf Initiative ihrer Bürger und privater wissenschaftlicher Einrichtungen zustandegekommen ist. Ihre Verfassung sei ein »Bollwerk akademischer Freiheit«. Als einer der ersten deutschen Universitäten sei an der Frankfurter ein Lehrstuhl für Politikwissenschaften eingerichtet worden. Auch mit der Errichtung des Instituts für Sozialforschung habe die Universität einen herausragenden Beitrag zum besseren Verständnis der Gesellschaft geleistet, das für eine konstruktive Verwendung von Naturwissenschaft und Technik unverzichtbar sei. Im Zentrum von McCloys Ausführungen steht die Rolle der Studenten in einer modernisierten Universität und einer demokratisch erneuerten Gesellschaft. Eine wirklich moderne Universität könne man daran erkennen, daß der Student kein »passiver Behälter« für Wissen sei, sondern ein »aktiver Partner«, der selbst einen Beitrag zum Erfolg eines Instituts zu leisten habe. Das bedeute auch, daß sich Studenten politisch einmischen sollten. Die immer noch verbreitete Einstellung, Politik verderbe den Charakter, müsse aufgegeben werden. Politische Apathie sei in einer Welt, in der es zahlreiche gefährliche Ideologien gebe, schlimmer als bloße Wirkungslosigkeit. In der Vergangenheit hätten europäische Studenten oftmals ein lebhaftes politisches Interesse gezeigt, 1830 und 1848 seien sie sogar auf die Barrikaden gestiegen. Das sei nun nicht mehr nötig. Es gebe inzwischen andere Wege, um sich »an den täglichen Bürgerpflichten« zu beteiligen. Wenn er »eine verstärkte Studentenbeteiligung und ein verstärktes Interesse am politischen Leben der Bundesrepublik« vorschlage, dann allerdings nicht, weil er damit empfehlen wolle, daß die Universitäten »politische Tummelplätze« oder »der Hörsaal politisiert« werden sollen. Die Universität müsse eine »Stätte des Lernens« bleiben, in der die Suche nach objektiver Wahrheit im Vordergrund stehe. Die Grundsteinlegung für das Studentenhaus und ein Studentenwohnheim sei Teil einer Universitätsreform. Er hoffe, daß das neue Gebäude zum »Treffpunkt für eine lebensbejahende Communitas von Lernbegierigen« werde. Es gebe viele Klagen über das Wiederaufleben der studentischen Korporationen »mit ihren snobistischen und primitiven Traditionen«. Wenn dies in einer vorkriegsähnlichen Form geschähe, wäre das ein gefährlicher Rückschritt. Der Mangel an sozialen Einrichtungen für Studenten könnte das begünstigen. Dagegen hält McCloy fest: »Studentenhäuser, wie das hier erstehende, bieten andere konstruktive Möglichkeiten und stärken damit das demokratische Leben an Universitäten.«[50]

30. Juni – 3. Juli 1951: In der Kongreßhalle kommt die *Internationale sozialistische Konferenz* (COMISCO) zu ihrer achten Tagung zusammen. Erschienen sind 106 Delegierte aus 34 Parteien, die insgesamt fast zehn Millionen Mitglieder repräsentieren, und mehrere tausend Zuhörer. Sie beschließen feierlich die **Neukonstituierung der Sozialistischen Internationale** (SI). Die Vereinigung ist ein Zusammenschluß sozialdemokratischer und sozialistischer Parteien, die sich in Abgrenzung gegenüber dem kommunistischen System auf einen »demokratischen Sozialismus« berufen. Auf Vorschlag von Guy Mollet, dem Generalsekretär der Sozialistischen Partei Frankreichs, werden von den Delegierten der Parteivorsitzende der SPD, Kurt Schumacher, zum Präsidenten des Kongresses und Erich Ollenhauer zu seinem Stellvertreter gewählt. Mehrere Tage lang diskutieren die Delegierten über eine Erklärung, die schließlich am 3. Juli unter dem Titel *Deklaration über Ziele und Aufgaben des demokratischen Sozialismus* einstimmig angenommen wird. Darin heißt es, daß der Kapitalismus außerstande sei, »die elementarsten Lebensbedürfnisse der Menschheit« zu befriedigen. Die Sozialisten erstrebten dagegen »mit demokratischen Mitteln« eine neue Gesellschaftsordnung. Diese basiere vor allem auf einer Wirtschaftsstruktur, in der »das Interesse der Gemeinschaft über dem Profitinteresse« liege. Die Vorstellung eines »demokratischen Sozialismus« sei auch gegen den Kommunismus gerichtet. Die *Sozialistische Internationale* begreift sich in der Tradition der von Karl Marx 1864 in London gegründeten *Internationalen Arbeiterassoziation*, der I. Internationale. – »Die Wahl einer Stadt in Deutschland als Stätte der Wiedergeburt der Internationale«, schreibt rückblickend Julius Braunthal, »war ein Symbol. Die überwältigende Mehrheit der Delegierten, die sich in Frankfurt versammelt hatten, war aus Ländern gekommen, in die die deutschen Armeen eingedrungen waren, Tausende von Menschen aus ihrer Bevölkerung waren deportiert, eingekerkert und ermordet worden. Nur sechs Jahre waren seit dem Ende dieser Schreckensherrschaft vergangen. Sie waren nicht vergessen. Aber unvergessen waren auch die Opfer ohne Zahl der deutschen Sozialisten in ihrem Widerstand gegen das barbarische Regime. Die Wahl einer deutschen Stadt für den Kongreß war als eine Demonstration der Solidarität der Sozialisten aller Länder mit den deutschen Sozialdemokraten gedacht.«[51]

16. Juli 1951: Im Rahmen des Universitätsfestes findet an der Johann Wolfgang Goethe-Universität ein **Europatag** statt, an dem die versammelten Studenten einstimmig beschließen, korporativ der *Europa-Union*, der deutschen Sektion der Europabewegung, beizutreten. Als Zeichen dieses Schrittes soll nun bei offiziellen Anlässen neben der Bundesflagge und der Fahne des Landes Hessen auch die Europafahne gehißt werden. In Vorträgen nehmen Staatssekretär Walter Hallstein, Richard Graf von Coudenhove-Kalergi, DGB-Bundesvorstandsmitglied Hans vom Hoff und Vizekanzler Franz Blücher zu Fragen der europäischen Einigung Stellung. Während Coudenhove-Kalergi für die Bildung eines »Klein-Europas« plädiert, warnt Blücher davor, das Ziel der deutschen Wiedervereinigung durch das der europäischen Einigung zu ersetzen. In Europa werde es so lange keine Ruhe geben, meint der Vizekanzler und Bundesvorsitzende der FDP, ehe nicht »die deutschen Ostgebiete wieder in deutscher Hand« seien.

5. Juni 1951: Professor Max Horkheimer veranstaltet ein Richtfest für den Neubau des Instituts für Sozialforschung. Anschließend feiern die Bauarbeiter mit Bier und Rippchen in der Mensa.

August 1951: Herbert Marcuse, dem Horkheimer zeitweilig Hoffnung auf die Besetzung eines philosophischen Lehrstuhls an der Johann Wolfgang Goethe-Universität gemacht hat, hält sich zu einem mehrtägigen Besuch in **Frankfurt** auf. Er erneuert dabei seinen Wunsch, an der Seite seines früheren Institutsdirektors und Kollegen zu arbeiten.

7. August 1951: Der ehemalige Institutsmitarbeiter Karl August Wittfogel, der sich seit mehreren Jahren mit dem von zwei amerikanischen Universitäten finan-

30.6.–3.7.: Werbung zur Gründungskonferenz der »Sozialistischen Internationale«.

---

50 Teilnehmen am politischen Geschehen – McCloy sprach vor Studenten der Frankfurter Universität, in: Frankfurter Studentenzeitung, 1. Jg., Heft 3/4, Juni 1951, S. 8.
51 Julius Braunthal, Geschichte der Internationale Bd. 3, Hannover 1971, S. 237.

zierten *Chinese History Project* befaßt, wird im Zuge des McCarthyismus vor einen Untersuchungsausschuß des Senats in **Washington** geladen. Er soll Rede und Antwort stehen bezüglich seiner Kontakte zum Institute of Pacific Relations, das verdächtigt wird, einige seiner Mitarbeiter seien Kommunisten und hätten zum Sieg Mao Tse-tungs im chinesischen Bürgerkrieg beigetragen. Wittfogel macht belastende Aussagen über seine früheren Kollegen Julian Gumperz, der bereits einige Tage zuvor von Hede Massing als Mitglied der *Kommunistischen Partei* identifiziert worden war, Owen Lattimore und Moses I. Finley, der kurze Zeit später die USA verlassen und seine akademische Karriere in Großbritannien fortsetzen muß. – Nach Bekanntwerden der antikommunistischen Zeugenaussagen wird der Kontakt der ehemaligen Institutskollegen zu Wittfogel, der sich bereits in den Jahren zuvor gelockert hatte, endgültig abgebrochen.

15.–17. September 1951: Im Hauptreferat auf der **VI. ordentlichen Delegiertenkonferenz des SDS** in **Braunschweig** kritisiert der Westberliner Professor für Politische Soziologie, Otto Stammer, das mangelnde intellektuelle Interesse in der Studentenschaft und bezieht darin den SDS mit ein. Es sei versäumt worden, die Analysen der sozialistischen Intelligenz während der Weimarer Republik aufzuarbeiten und die Ergebnisse dieser Analysen in der universitären Öffentlichkeit zu verbreiten. Unter dem Titel *Standort und Aufgaben der sozialistischen Bewegung* antwortet er auf die Frage, was heute zu tun sei: »1. Politische Gestaltung der Gesellschaft und des Menschenbildes von der Perspektive des Sozialismus. 2. Kampf sowohl gegen den Nazismus als auch gegen den östlichen Totalitarismus. Unsere Stärke muß sich auch da behaupten, wo es darum geht, die Menschen, die aus der Ostzone zu uns herüberkommen, nicht vor den Kopf zu stoßen, sondern ihnen zu helfen. Wir können nicht mit einer neuen westlichen Remilitarisierung den östlichen Totalitarismus aufhalten. 3. ... Marx hat uns viel zu sagen, nicht als Prophet, sondern als Wissenschaftler. Die Einheit von Theorie und Praxis ist von uns wieder zu vollziehen. Wir können nicht mehr vom Programm leben, wir müssen Neues schaffen und alles ist neu zu formulieren.«[52] Im Anschluß an die Diskussion des Referats beschließen die Delegierten, in Zukunft Bundesseminare zu wichtigen politischen Themenkreisen zu veranstalten. In einer Entschließung greifen sie die Anregungen Erich Lüths und Rudolf Küstermeiers auf, die in den Tageszeitungen *Die Neue Zeitung* und *Die Welt* mit Friedensbitten an Israel herangetreten waren, und appellieren an alle Deutschen, »ein friedliches Zusammenleben und eine gute Zusammenarbeit zwischen deutschen und jüdischen Menschen« anzustreben. Eine Wiedergutmachung im eigentlichen Sinne für die dem jüdischen Volk zugefügten Grausamkeiten könne es nicht geben, da diese nicht ungeschehen gemacht werden könnten. Die sozialistischen Studenten bekennen sich dazu, einen Anfang zur Schaffung eines neuen Vertrauensverhältnisses zu machen. Der erste Schritt dazu müsse von deutscher Seite ausgehen.

5. November 1951: Max Horkheimer, Professor der Sozialphilosophie, Direktor des Instituts für Sozialforschung und Dekan der Philosophischen Fakultät, wird mit knapper Mehrheit vom Konzil der Johann Wolfgang Goethe-Universität zum Rektor gewählt. Der naturalisierte amerikanische Staatsbürger ist der erste Jude der nach Kriegsende eine solche Stellung an einer deutschen Universität einnimmt. – In einem

7.8.: Der China-Experte Karl August Wittfogel.

5.11.: Der neue Rektor der Goethe-Universität Max Horkheimer.

Kommentar der **Neuen Zeitung** heißt es, daß diese Wahl der Frankfurter Universität »zur Ehre gereichen« müsse: »In diesem Manne, mit der leisen Stimme und dem natürlichen Auftreten, der die jungen Menschen in übervollen Hörsälen menschlich packt und innerlich bereichert, sehen wir die Verwirklichung dessen, worum die deutsche Wissenschaft heute ringt: die Verzahnung ihrer in ein beängstigendes Spezialwissen auseinanderstrebenden einzelnen Disziplinen ... Horkheimer vertritt den Standpunkt, daß ein philosophisches Denken nicht mehr ohne profunde Kenntnis gesellschaftlicher Verhältnisse denkbar ist.«[53] – Und der Soziologe Heinz Maus liefert wenige Tage später in der **Frankfurter Rundschau** ein weiteres Porträt des neugewählten Rektors und charakterisiert die von ihm wie von keinem anderen konzipierte Kritische Theorie: »Indem sie darauf besteht, daß ihre Maßstäbe, Vernunft, Gerechtigkeit und Glück, respektiert werden, besteht sie zugleich darauf, daß Vernunft, Gerechtigkeit und Glück verwirklicht werden. Sie nimmt die Leiden, die Anstrengungen und Hoffnungen der Menschen ernst. Sie verfertigt keine Tagesparolen und flieht nicht in den Ideenhimmel, aber sie möchte dazu anleiten, daß die Menschen das eigene Denken nicht vollends von sich abtun, sondern ihre Geschicke endlich in Freiheit bestimmen, auf daß das Glück eine Heimat finde. Darum geht es der Theorie, und darum geht es Horkheimer.«[54] Wie Hegel sei er Schwabe und vielleicht sei die schwäbische Tradition nicht ganz unbeteiligt an der »Verbindung von Bedächtigkeit und Unerschrockenheit«, die so charakteristisch für sein Denken sei.

12. November 1951: Bei einer internen Einweihungsfeier des neuen Institutsgebäudes wendet sich Max Horkheimer an seine Mitarbeiter mit den Worten: »Die Welt ging einen ganz anderen Gang als wir es uns wünschten, es ist eine schlechte Welt. Und wir sollen nicht denken, die wir hier in diesem Institut arbeiten, daß es jetzt nicht noch einmal so komme. Die Entwicklung geht einen schlimmen Gang ... Ich denke an die Mitarbeiter, die in den Kellern der Gestapo und den Konzentrationslagern umgekommen sind und an die, die dies überlebten ... Wir wollen an die denken, die unter einer künftigen Gestapo werden sterben müssen und trinken auf die, die unseres Geistes sind.«[55]

14. November 1951: Das neue Gebäude des von Max Horkheimer und Theodor W. Adorno geleiteten **Instituts für Sozialforschung** wird feierlich eröffnet. Mit Geldern des McCloy-Fonds, der *Gesellschaft für Sozialforschung*, der Stadt Frankfurt und privater Gönner ist an der Senckenberganlage, ganz in der Nähe der Universität, ein schlichter funktionaler Bau im Stile der Neuen Sachlichkeit hochgezogen worden. An der Feierstunde nehmen Repräsentanten des US-Hochkommissariats, der hessischen Landesregierung, der Stadt Frankfurt, der Johann Wolfgang Goethe-Universität, der Deutschen Gesellschaft für Soziologie und der Studentenschaft teil. In seiner Dankes-

52 Zit. nach: Jürgen Briem, Der SDS – Die Geschichte des bedeutendsten Studentenverbandes der BRD seit 1945, Frankfurt/Main 1976, S. 53.
53 R.N.N., Frankfurts neuer Rektor – Max Horkheimer – der große Soziologe, in: Die Neue Zeitung vom 7. November 1951.
54 Heinz Maus, Hat die Vernunft ausgespielt? – Max Horkheimer, der neue Rektor der Frankfurter Universität, in: Frankfurter Rundschau vom 10. November 1951.
55 Max Horkheimer-Archiv der Stadt- und Universitätsbibliothek Frankfurt/Main IX 1E.

14.11: Das neue Gebäude des Instituts für Sozialforschung an der Senckenberganlage.

rede betont Horkheimer, daß das Programm des Instituts immer noch das gleiche sei wie im Jahre 1931, als er dessen Leitung übernahm. Am Ende seiner Ansprache faßt er seine Zielsetzungen mit den Worten zusammen: »Wenn ich von den großen Gesichtspunkten gesprochen habe, die mit der Einzelarbeit sich verbinden müssen, so meine ich, daß in allen Fragestellungen, ja in der soziologischen Haltung überhaupt, immer eine Intention steckt, die die Gesellschaft, wie sie ist, transzendiert. Ohne diese Intention, so wenig man sie im einzelnen darlegen kann, gibt es weder die richtige Fragestellung, noch soziologisches Denken überhaupt. Man verfällt der Überfülle von Material oder bloßer Konstruktion. Eine gewisse kritische Haltung zu dem, was ist, gehört sozusagen zum Beruf des Theoretikers der Gesellschaft, und eben dieses Kritische, das aus dem Positivsten, was es gibt, der Hoffnung, fließt, macht den Soziologen unpopulär. Die Studenten dazu zu erziehen, diese Spannung zum Be-

14.11.: Der Kölner Soziologe René König (li.) mit Institutsdirektor Max Horkheimer.

stehenden, die zum Wesen unserer Wissenschaft gehört, zu ertragen, ihn im echten Sinn sozial zu machen – was einschließt, daß er auch ertragen können muß, alleine zu stehen – ist vielleicht das wichtigste und letzte Ziel der Bildung, wie wir sie auffassen.«[56] Danach sprechen Horkheimers Amtsvorgänger als Rektor, Boris Rajewsky, der Direktor des Amtes für öffentliche Angelegenheiten beim HICOG, Shepard Stone, der die Glückwünsche von Hochkommissar John J. McCloy überbringt, der hessische Minister für Erziehung und Volksbildung, Ludwig Metzger, der Frankfurter Oberbürgermeister Walter Kolb, der Vorsitzende der Deutschen Gesellschaft für Soziologie, Leopold von Wiese, der Leiter des Soziologischen Seminars der Universität Köln, René König[57] sowie Horkheimers engster Mitarbeiter und Stellvertreter Theodor W. Adorno, der Glückwunschschreiben aus der Bundesrepublik, Großbritannien, Frankreich und den Vereinigten Staaten verliest. Am Schluß stehen drei kurze Ansprachen von Institutsmitarbeitern – eines US-Amerikaners, eines Franzosen und eines Deutschen. Sie sollen die internationale Orientierung der Forschungsarbeit symbolisieren.

16. November 1951: Im Hörsaal H berichtet Professor Hans Köhler, der noch bis zum Frühjahr an der Karl-Marx-Universität in Leipzig gelehrt hat, dann in den Westen geflohen ist, **Über die gegenwärtige Situation der Hochschulen in der Sowjetzone**. Die Universitäten im anderen Teil Deutschlands, so führt er aus, seien

14.11.: Bei der Wiedereröffnung des Instituts: Max Horkheimer (2. v. r.), Rektor Boris Rajewsky (3. v. l.) und Oberbürgermeister Walter Kolb (2. v. l.).

56 Institut für Sozialforschung, Ein Bericht über die Feier seiner Wiedereröffnung, seine Geschichten und seine Arbeiten, Frankfurt/Main 1952, S. 12.

57 Vgl.: René König, Neue Wege der Sozialwissenschaften – Zur Wiedererrichtung des Instituts für Sozialforschung in Frankfurt, in: Die Neue Zeitung vom 19. November 1951.

innerhalb weniger Jahre zu »reinen Bekenntnisschulen des Stalinismus« degradiert worden. Angefangen habe es mit der Entfesselung der sogenannten »Lernbewegung«, weitergegangen sei es damit, daß jeder, der sich dem Zwang politischer Zwischenprüfungen nicht unterwerfe, vom weiteren Studium ausgeschlossen werde, und eingemündet sei es vorläufig in die dogmatische Praxis sogenannter »Volksdozenten«, die zuvor an einer Parteischule in Kleinmachnow in viermonatigen Schnellkursen ausgebildet worden seien. Wer den Versuch unternehme, deren Lehrsätze in Frage zu stellen, der mache sich entweder des »Objektivismus« schuldig oder aber er laufe Gefahr, als »Volks- und Friedensfeind« entlarvt und verhaftet zu werden. Köhler fordert die 80 Zuhörer, darunter drei Dozenten, am Ende seines Berichts auf, sich mit den »Kommilitonen jenseits des Eisernen Vorhangs« zu solidarisieren und ihnen Bücherpakete mit unpolitischer Literatur zuzusenden. Als Beispiel ideologischer Indoktrination wird anschließend eine DDR-Wochenschau über die Weltjugendfestspiele in Ost-Berlin vorgeführt.

20. November 1951: In der Aula der Universität findet die feierliche Rektoratsübergabe für das Amtsjahr 1951/52 statt. Nachdem Professor Boris Rajewsky einen Überblick über seine zweijährige Amtszeit gegeben hat, übergibt er seine Amtskette Professor Max Horkheimer, dem neuen »rector magnificus«. Danach hält dieser, von langanhaltendem Beifall begrüßt, seine Antrittsrede. Vor der Professorenschaft, städtischen, kirchlichen und diplomatischen Würdenträgern sowie Vertretern der Studentenschaft spricht Horkheimer, mit den Insignien seines neuen Amtes ausgestattet, **Zum Begriff der Vernunft**. Wie er in seinem 1947 in New York unter dem ursprünglichen Titel *Eclipse of Reason* erschienenen Werk bereits ausführlich dargelegt hat, sieht er das theoretische Dilemma, vor das jede wissenschaftliche Forschung gestellt ist, in der Entzweiung des Vernunftbegriffs. Gegenüber dem für die großen philosophischen Systeme maßgeblichen Begriff der objektiven Vernunft habe immer mehr der Begriff der subjektiven Vernunft die Überhand gewonnen. Vernunft sei im heutigen Sprachgebrauch vielfach zu einem Synonym von Nützlichkeit degradiert worden. Das Zweckmäßigkeitsdenken drohe deshalb die Autonomie des Denkens einzelner in den Schatten zu stellen. Und so, wie das Individuum in der Vielfalt funktionaler Erwägungen unterzugehen drohe,

bestehe die Gefahr, daß die Vernunft, die der Selbsterhaltung habe dienen wollen, in Unvernunft, d. h. in Selbstzerstörung, umschlagen könne.

21. November 1951: Die Stadt gedenkt in einer in der Paulskirche abgehaltenen **Kundgebung** der **Opfer des Krieges und des Totalitarismus**. Oberbürgermeister Walter Kolb (SPD) richtet an die Bevölkerung, die Kirchen und alle staatlichen Organe den Appell, alles zu unternehmen, um ein endgültiges Wiederaufleben faschistischer und militaristischer Tendenzen zu verhindern. Angesichts der Millionen von Toten auf den Schlachtfeldern, in den Konzentrationslagern und Gefängnissen habe das deutsche Volk »die sittliche Verpflichtung«, vor aller Welt laut und vernehmlich seinen Friedens- und Freiheitswillen zu bekunden. Es dürfe keinen Zweifel daran lassen, daß es mit Entschiedenheit von jenen Kräften abrücke, die durch ihre »Soldatenspielerei« und antisemitischen Reden erneut den Haß gegen das deutsche Volk entfachten. Der Stadtverordnetenvorsteher Hermann Schaub gedenkt nicht nur der Millionen von Opfern, die in den Konzentrationslagern der Nazis ermordet worden sind, sondern auch der Hunderttausende, die in den

21.11.: Oberbürgermeister Walter Kolb.

20.11.: Horkheimers Amtseinführung ins Rektorat.

»endlosen KZ hinter dem Eisernen Vorhang« umgekommen sind. Anschließend erheben sich die Teilnehmer zu Ehren der Opfer, die der Attentatsversuch am 20. Juli 1944 auf Adolf Hitler gekostet hat.

9. Dezember 1951: Das Studentenparlament begrüßt die Erklärung der Bundesregierung zur Wiedergutmachung vom 27. September und verabschiedet eine **Stellungnahme zur Haltung gegenüber den Juden.** Darin heißt es: »Durch eine baldige und gerechte Wiedergutmachung soll der Wille des deutschen Volkes zum Ausdruck gebracht werden, an der Beseitigung der materiellen Schäden mitzuwirken.«[58] Die Erklärung soll der Bundesregierung, den Kultusministern aller Bundesländer sowie den Studentenvertretungen der Universitäten und Hochschulen zugestellt werden.

14. Dezember 1951: Unter dem Titel **Zur gegenwärtigen Stellung der empirischen Sozialforschung in Deutschland** hält Theodor W. Adorno in **Weinheim** an der Bergstraße den Eröffnungsvortrag zum **1. Kongreß für deutsche Meinungsforschung.** Am Ende seiner Rede postuliert er emphatisch die Einheit von Theorie und Praxis: »Gerade eine Theorie der Gesellschaft, der die Veränderung keine Sonntagsphrase bedeutet, muß die ganze Gewalt der widerstrebenden Faktizität in sich aufnehmen, wenn sie nicht ohnmächtiger Traum bleiben will, dessen Ohnmacht wiederum bloß der Macht des Bestehenden zugute kommt. Die Affinität unserer Disziplin zur Praxis, deren negative Momente gewiß keiner von uns leichtfertig einschätzt, schließt in sich das Potential, gleichermaßen den Selbstbetrug auszuschalten und präzis, wirksam in die Realität einzugreifen. Die Legitimation dessen, was wir versuchen, liegt in einer Einheit von Theorie und Praxis, die weder an den freischwebenden Gedanken sich verliert, noch in die befangene Betriebsamkeit abgleitet.«[59]

17. Dezember 1951: Ein Kreis interessierter Studenten gründet das **Filmstudio an der Johann Wolfgang Goethe-Universität.** Ziel ist es, nicht nur besonders sehenswerte Filme aufzuführen, sondern auch spezielle Kenntnisse über Film- und Aufführungstechnik zu vermitteln. Sobald als möglich soll damit begonnen werden, eigene kleine Filme zu produzieren.

18. Dezember 1951: Auf einer Sondersitzung des Studentenparlaments wird über einen Antrag zur Stellung der Studentenschaft gegenüber der Wiederbewaffnung beraten. In der zur Debatte gestellten Resolution wird der Aufbau einer neuen deutschen Armee ebenso wie deren Beitritt zu einer Europäischen Verteidigungsgemeinschaft (EVG) vor Erlangung einer völligen Gleichberechtigung Deutschlands abgelehnt und für das Recht auf Kriegsdienstverweigerung eingetreten. Außerdem wird gefordert, entlang der deutsch-deutschen Grenze eine Pufferzone zu schaffen und die künftigen Soldaten wie Offiziere zu einem Eid zu verpflichten, der sie zwingt, niemals wieder an einem Angriffskrieg mitzuwirken. Da sich die Überzeugung durchsetzt, daß das Studentenparlament in einer solch gewichtigen Frage kein Votum für die gesamte Studentenschaft abgeben dürfe, wird beschlossen, einen eigenen Ausschuß einzusetzen, der eine Urabstimmung der Studentenschaft vorbereiten und öffentliche Veranstaltungen mit Politikern zur inner- wie außerhalb des Parlaments umstrittenen Frage einer Wiederbewaffnung organisieren soll.

---

58 Diskus – Frankfurter Studentenzeitung, 2. Jg., Nr. 1, Januar 1952, S. 7.
59 Theodor W. Adorno, Zur gegenwärtigen Stellung der empirischen Sozialforschung in Deutschland, in: ders., Gesammelte Schriften Bd. 8: Soziologische Schriften I, hrsg. von Rolf Tiedemann, Frankfurt/Main 1972, S. 492f. **(Dok. Nr. 25)**

1952

30.6.: Ordner halten neugierige Studenten beim Adenauer-Besuch der Johann Wolfgang Goethe-Universität zurück.

4./5. Januar 1952: Ein breites Bündnis verhindert erneut die Aufführung des Veit-Harlan-Films **Unsterbliche Geliebte**. Nachdem auf einer Konferenz der SPD angekündigt worden ist, die Erstaufführung im zentral gelegenen Metro im Schwan mit allen Mitteln verhindern zu wollen, erscheint einen Tag später ein Anschlag an allen Litfaßsäulen, mit dem die Bürger aufgefordert werden, der Vorstellung fernzubleiben. Unter der Überschrift »Wer will für Harlan demonstrieren?« heißt es: »Veit Harlan hat dem deutschen Volk und dem Ansehen des deutschen Films schwersten Schaden zugefügt. Er ist mitschuldig, wenn die deutschen Künstler und Intellektuellen in den Verruf gekommen sind, daß sie sich zu jeder politischen Schandtat hergeben, nur um eine Rolle zu spielen und im Vordergrund zu stehen ... Es ist grausam und ein Zeichen von Herzensträgheit, den Hinterbliebenen der Opfer in Deutschland schon wieder Filme eines Mannes zuzumuten, der vor wenigen Jahren zum grauenvollen Massenmord die filmische Begleitmusik gemacht hat ... An den Filmen Veit Harlans sollen sich die Geister in Deutschland scheiden. Möge sich jeder Deutsche darüber klar sein, daß er sich an einer politischen Sympathie-Demonstration für Veit Harlan beteiligt, wenn er den neuen Film dieses Mannes besucht, daß er dadurch nachträglich und freiwillig die Mitschuld für die moralische Untat eines einzelnen auf sich nimmt, daß er einen Akt der Roheit gegenüber den Opfern der Judenmorde und Judenverfolgung begeht.«[60] Der Aufruf ist unterzeichnet von der *Gesellschaft für christlich-jüdische Zusammenarbeit*, dem DGB, dem *Verband für Freiheit und Menschenwürde*, der *Internationalen Gesellschaft zur Förderung des Jugendaustausches* und einer Reihe von Einzelpersonen, darunter dem Oberbürgermeister der Stadt, Walter Kolb, dem Herausgeber und dem Chefredakteur der *Frankfurter Rundschau*, Karl Gerold und Arno Rudert, dem Direktor des Goethe-Hauses, Ernst Beutler, der Schriftstellerin Marie-Luise Kaschnitz, den Herausgebern der *Frankfurter Hefte*, Walter Dirks und Eugen Kogon. Noch am selben Tag gibt der Kinobesitzer bekannt, daß er auf die Aufführung des Harlan-Filmes verzichte.

9. Januar 1952: Das Studentenparlament der Johann Wolfgang Goethe-Universität verabschiedet eine **Erklärung zur Haltung gegenüber den Juden**. Darin fordert es die Bundesregierung auf, sich für eine »baldige und gerechte Wiedergutmachung«, eine rasche

14.2.: Professor Wolfgang Abendroth.

Verabschiedung des geplanten Strafrechtsänderungsgesetzes, durch welches antisemitische Hetze unter Strafverfolgung gestellt werden soll, sowie für eine Reform der schulischen Lehrpläne unter demselben Gesichtspunkt einzusetzen. Wörtlich heißt es weiter: »Indessen darf es keineswegs bei dieser materiellen Wiedergutmachung bleiben, weil ausschließlich die geistige Haltung hierbei entscheidend ist.«[61] Darüber hinaus kündigt das Studentenparlament an, sich in der nächsten Woche mit diesem Appell auch an andere Studentenvertretungen, an Kultusministerien, Universitäten und Kirchen wenden zu wollen. – Am darauffolgenden Tag richtet Rektor Max Horkheimer ein Dankesschreiben an das Studentenparlament. Darin heißt es: »Wenn Sie jetzt als erste studentische Gruppe in Deutschland ganz und gar aus eigenem Antrieb etwas zur Heilung der Wunde beitragen wollen, die durch den Rassenwahn entstanden ist, dann helfen Sie nicht bloß in einer wichtigen Frage des deutschen Lebens, sondern Sie ehren auch die Angehörigen unserer Universität, Juden und Nichtjuden, die gegen die blutige Dummheit aufgestanden sind. Ihre Resolutionen sind ein Beispiel dafür, daß der spezifische Geist der Frankfurter Universität, der identisch ist mit dem Besten der deutschen akademischen Tradition überhaupt, ungebrochen fortdauert.«[62]

14. Februar 1952: Der AStA der Universität veranstaltet ein **Streitgespräch über die Wiederbewaffnung** zwischen dem Mitarbeiter der »Dienststelle Blank«, Axel von dem Bussche, und dem Marburger Politikwissenschaftler Professor Wolfgang Abendroth. Von dem Bussche sieht die Notwendigkeit einer Wiederaufrüstung damit gegeben, daß in der »Ostzone« 22 Kampfdivisionen stünden, die für den Westen eine Bedrohung »wie eine Panzerfaust« wären. Die Vereinigten Staaten dürften außerdem mit der Verteidigung des Kontinents nicht allein gelassen werden. Abendroth warnt dagegen eindringlich vor dem Weg der Bundesrepublik, der die »Abenteurerpolitik« auf der anderen Seite des Kontinents stärken könnte. Die Aufstellung deutscher Divisionen würde »in Pankow« als Bürgerkriegsarmee aufgefaßt und postwendend mit der Aufstellung eigener Formationen beantwortet. Eine vom Publikum kritisierte Nebenbemerkung, daß es sich bei der Bundesrepublik lediglich um einen »in manchen Zügen demokratisch organisierten Staat« handle, verteidigt der Politikwissenschaftler mit der Behauptung, daß die Beteiligung der Bevölkerung an der Staatsgewalt durch eine Reihe von »Zwischenschaltungen« im Grundgesetz beseitigt worden sei. Das Streitgespräch soll zur Orientierung bei einer Urabstimmung beitragen, die von der Frankfurter Studentenschaft vorbereitet wird.

20./21. Februar 1952: In einer **Urabstimmung der Studentenschaft**, an der sich 40,3 % der insgesamt 4.992 Immatrikulierten beteiligen, sprechen sich 1.050 Studenten (52,2 %) gegen eine Wiederbewaffnung zum gegenwärtigen Zeitpunkt aus. 649 Studenten (32,3 %) halten dagegen eine Bewaffnung für erforderlich; 251 Studenten (12,5 %) machen die Bejahung von verschiedenen Voraussetzungen, vor allem einer vollständigen Gleichberechtigung der Bundesrepublik, abhängig.

1.–3. März 1952: In **Oberursel** im Taunus findet die **13. ordentliche Delegiertenkonferenz des Verbandes Deutscher Studentenschaften** (VDS) statt. In einer einstimmig angenommenen Entschließung wird den Studentenschaften empfohlen, sich der vom Hamburger Senatsdirektor Erich Lüth geleiteten Aktion *Friede mit Israel* anzuschließen. Bei allen Gemeinschaften, die die deutsch-jüdische Zusammenarbeit fördern, heißt es, sollten sie mitarbeiten. Mit diesen Aktivitäten dürfe keineswegs der »anmaßende Gedanke einer Wiedergutmachung« verbunden werden. Die Bereitschaft zu einer Verständigung sei unabdingbare Voraussetzung für einen Frieden mit den jüdischen Mitbürgern, dem Staat Israel und den Juden in aller Welt. Bei vier Stimmenthaltungen und einer Gegenstimme protestieren die Studentenschaftsvertreter gegen das Auftreten des wegen seiner Rolle im Nationalsozialismus umstrittenen Filmregisseurs Veit Harlan an Universitäten und Hochschulen. Harlan war am 26. Januar auf einer von Studenten der Universität Erlangen organisierten Veranstaltung aufgetreten. Der Erlanger AStA-Vorsitzende Heinrich Ziegenhain, der diese Sympathiekundgebung für den *Jud-Süß*-Regisseur organisiert hatte, provoziert die anderen VDS-Delegierten, indem er mit einer frisch zugefügten Mensurwunde im Gesicht erscheint. Erst auf der vorletzten Delegiertenkonferenz in West-Berlin war beschlossen worden, daß sich Studierende, die scharfe Mensuren schlagen, von selbst aus der studentischen Gemeinschaft ausschließen. Nach wütenden und energischen Protesten der anderen Delegierten ist Ziegenhain gezwungen, die Konferenz in Oberursel vorzeitig zu verlassen. – Zur Eröffnung der VDS-Konferenz hatte bereits am Abend des 29. Februar in der Mensa der **Frankfurt**er Universität neben dem Präsidenten des Saarländischen Studentenbundes, Edmund Schäfer, auch der Rektor der Goethe-Universität, Professor Max Horkheimer, gesprochen. Dabei unterstrich er die gesellschaftspolitische Bedeutung, daß sich die Studentenschaft stärker als bisher für die Aufgaben ihrer Selbstverwaltung interessiere. Dieser Arbeit komme nicht nur für die Universität, sondern für das gesamte deutsche Volk eine immer größere Rolle zu.

12. März 1952: Die *Gesellschaft für christlich-jüdische Zusammenarbeit* veranstaltet zusammen mit dem Amerika-Haus in der Paulskirche eine Kundgebung zur **Woche der Brüderlichkeit**. Als Redner treten der Vorsitzende der Gesellschaft, der Rechtswissenschaftler Franz Böhm, der Rektor der Universität, Max Horkheimer, der Mitherausgeber der *Frankfurter Hefte*, Eugen Kogon, und der Oberbürgermeister der Stadt, Walter Kolb, auf. Um einem leichtfertigen Mißver-

---

60 Die Neue Zeitung vom 11. Januar 1952.
61 Zit. nach: Die Neue Zeitung vom 12. Januar 1952.
62 Max Horkheimer, Gesammelte Schriften Bd. 18: Briefwechsel 1949–1973, hrsg. von Gunzelin Schmid Noerr, Frankfurt/Main 1996, S. 229. **(Dok. Nr. 26)**

ständnis vorzubeugen, kritisiert Horkheimer in seinem Beitrag die Gleichsetzung von Brüderlichkeit und Vergebung. Vergeben sei eine Anmaßung und Rache eine Torheit. Die größte Gefahr für die Gegenwart sieht er nicht in den Trupps der »vom Glauben Besessenen« einer irrationalen politischen Bewegung, sondern in der »großen Schar der Gefolgsfreudigen«. Horkheimers Analyse dieses Typus' faßt der Journalist Erich Lissner mit den Worten zusammen: »Er ist – ob Mann oder Frau – der Schwarz-Weiß-Denker, der sich eine Gruppe herauspickt und zum Sündenbock, zum Prügelknaben macht; er ist der Anbeter alles Starken, der stets bereit ist, dem Schwachen den Eselstritt zu versetzen. Er denkt in hierarchischen Begriffen, mit denen er das Denken vergröbert und die Verantwortung von sich auf ›die da oben‹ abwälzt. Mitleid ist ihm fremd und erscheint ihm als Schwäche; er schreit nach dem starken Mann. Er beruft sich aber heute besonders gern auf die Grundrechte und fordert für sich die Freiheit der Meinung und jegliche Toleranz … Auch heute kann jeden Augenblick ein falscher Prophet auftreten, dem eine ratlose Jugend nachläuft. Das Schicksal unserer Demokratie hängt davon ab, ob wir ihn wieder als einen mehr oder weniger harmlosen Verrückten betrachten, den man nicht ernst zu nehmen braucht, oder – ob wir fähig sind, die Gleichgültigkeit zu überwinden, und, jeder für sich, ihm von Anfang an Paroli bieten. Jeder für sich – denn: der berühmte ›kleine Mann im großen Haufen‹, der nach der Devise handelt ›Ich kann ja doch nichts machen‹ – der ist die dankbare Beute jedes Demagogen.«[63]

April 1952: Auf einer Pressekonferenz in **New York** erklärt Max Horkheimer, daß das Wiederaufleben des Neo-Nazismus in der Bundesrepublik Deutschland ein Problem sei, das nicht verharmlost werden dürfe. Zugleich weist er darauf hin, daß die demokratischen Kräfte, wenn sie ermutigt würden, durchaus dominierend werden könnten. Es sei jedenfalls erfreulich, daß die fortschrittliche und humanistische Tradition an den deutschen Universitäten wieder aufgelebt sei. Vom Ausland aus betrachtet, entstehe oft ein falscher Eindruck, weil zu wenig über die erfreulicheren Tendenzen bekannt sei. »Die alten Nazis«, stellt Horkheimer fest, »haben ein großes Maul und ziehen deshalb die Aufmerksamkeit auf sich. Die anständigen Menschen sind nicht großmäulig und werden deswegen übersehen, obgleich sie in der Mehrzahl sind.«[64]

10. April 1952: Die Herzog-Filmgesellschaft versucht über die Osterfeiertage in 17 Frankfurter Kinos gleichzeitig, den Veit-Harlan-Film **Unsterbliche Geliebte** aufzuführen. Doch auch der dritte Versuch innerhalb eines Jahres, in der Mainstadt einem Harlan-Film zum Durchbruch zu verhelfen, scheitert. Noch immer gilt der Stadtverordnetenbeschluß, der die Aufführung von Filmen des *Jud-Süß*-Regisseurs als unerwünscht bezeichnet. Und das Boykottbündnis, bestehend aus Gewerkschaften, der SPD, der CDU, der *Evangelischen* und der *Katholischen Kirche*, der *Gesellschaft für christlich-jüdische Zusammenarbeit* und anderen Organisationen, wird wieder aktiv. Schließlich ordnet Oberbürgermeister Walter Kolb wegen einer zu erwartenden Störung der öffentlichen Sicherheit und Ordnung ein Aufführungsverbot für den Harlan-Film an.

27. April–3. Mai 1952: 15 Delegierte aus neun verschiedenen SDS-Hochschulgruppen kommen auf der im nordhessischen Zonenrandgebiet gelegenen **Burg Ludwigstein** zu einer Fachtagung über *Die Theorie des Sozialismus* zusammen. Da die beiden vorgesehenen Referenten Theodor W. Adorno und Otto Stammer im letzten Augenblick abgesagt haben, hält der Lukács-Schüler Leo Kofler das Hauptreferat über *Allgemeine Grundlagen des theoretischen Sozialismus*. Der ursprünglich an der Universität Halle lehrende Philosoph, der nach der Veröffentlichung seines 1948 erschienenen Buches *Zur Geschichte der bürgerlichen Gesellschaft* bei der SED in Ungnade gefallen war und nach seiner Flucht in den Westen an der Universität Köln zu lehren begonnen hat, betont, daß eine der größten Schwierigkeiten darin bestehe, daß der Marxismus in seinem originären Sinne kaum noch bekannt sei. Von marxistischer ebenso wie von bürgerlicher Seite sei »sein wahrer Gehalt« entstellt und insbesondere die dialektische Methode nicht begriffen worden. Für Sozialisten müßten alle Betrachtungen unter dem »Gesichtspunkt der Praxis«, einer aktiven Veränderung der Gesellschaft stehen. An der Tagung nehmen u.a. Helmut Fleischer (Nürnberg), Peter Merseburger (Bad Hersfeld), Ludwig Metzger (Darmstadt), Peter Schulz (Hamburg) und Gerhard Szczesny (München) teil.

12. Mai 1952: In der Aula der Johann Wolfgang Goethe-Universität werden 1.102 neue Studenten feierlich zum Sommersemester immatrikuliert. Rektor Max

Horkheimer hält aus diesem Anlaß eine Ansprache, in der er seine Auffassung vom **Akademischen Studium** in der demokratischen Gesellschaft darlegt. Er wendet sich dabei strikt gegen alle ständischen Vorstellungen, in denen die Universität ein privilegierter Ort für eine aus der Gesellschaft herausgehobene Elite darstellt. »Wenn die Universität sich von anderen Sektoren der Gesellschaft abhebt, so soll es sich nicht um die Pflege vermeinter Unterschiede, um die Sicherung und Rückversicherung der Mittelmäßigkeit durch Cliquenbildung und Protektion handeln. Sie soll ausgezeichnet sein dadurch, daß man in ihr leidenschaftlicher ums Ganze bemüht und freier von Illusionen ist als anderswo, vor allem aber dadurch, daß ihre Mitglieder ... miteinander verschworen sind im gemeinsamen Glauben, daß es trotz allem eine Zukunft gibt, daß die Menschen der zerstörenden Kräfte draußen und in ihrem eigenen Innern Herr werden und die Welt menschlich einrichten können.«[65] Eindringlich warnt Horkheimer vor den Borniertheiten des Fachstudiums, der Gefahr einer zunehmenden Spezialisierung ohne ausreichende Rückvermittlung des Fachwissens in ein Verständnis des gesellschaftlichen Gesamtzusammenhanges. Der technische Fortschritt sei nicht aufzuhalten und solle auch gar nicht aufgehalten werden, da er überhaupt die materiellen Voraussetzungen für die Entwicklung zu einer freieren Gesellschaft liefere. Aber zugleich mache er die Einzelnen zu Objekten gewaltiger Reklame, die sie insgeheim bereits für die Verführbarkeit durch ein Führerbild präpariere. Die totalitäre Masse existiere bereits vor dem totalitären Staat: »... die Masse als Material der Chauvinisten und Demagogen der Länder, die, der Selbstprüfung unfähig, ihre verdrängten Instinkte mittels des Agitators auf die böse Umwelt projizierten.«[66] Gegen diese, dem technischen Fortschritt inhärente Gefahr der politischen Manipulation der Gesellschaft, gelte es, das spezifische Angebot der Universität wahrzunehmen. »Die Universität ist der Ort, an dem die Erinnerung ans Menschliche bewahrt und das Menschliche mit allen Möglichkeiten lebendig erhalten werden soll. Sie ist der Ort, an dem die Individuen gebildet werden, die den Prozeß reflektieren und mithelfen können, daß er dennoch zum Guten führt ... Nur wer denkt, wer ein gewisses Maß gewollter Passivität sich nicht verkümmern läßt, kann aktiv sein; das bloße Tun bleibt immer lediglich eine Funktion bestehender, vorgegebener Verhältnisse. Im Wunsch nach Bildung aber steckt eben dieser Wille, seiner selbst mächtig zu werden, nicht abhängig zu sein von blinden Mächten, von scheinhaften Vorstellungen, überholten Begriffen, abgetanen Ansichten und Einbildungen.«[67]

15. Mai 1952: In **Frankfurt** kommen über 800 Betriebsräte der *IG Metall* zusammen, um über Kampfmaßnahmen zu beraten. Sie wollen den Widerstand gegen die wohl massivste Einschränkung der politischen und ökonomischen Rechte der Arbeiterschaft seit Kriegsende koordinieren. Noch am selben Tag setzt im gesamten **Bundesgebiet** eine Welle von Streiks und

---

63 Erich Lissner, Grenzen der Toleranz – Gedanken zu der Veranstaltung in der Paulskirche, in: Frankfurter Rundschau vom 13. März 1952.
64 Aus einem Bericht der New York Times, zit. nach: Die Neue Zeitung vom 18. April 1952.
65 Max Horkheimer, Akademisches Studium, in: ders. Gesammelte Schriften Bd. 8: Vorträge und Aufzeichnungen 1949–1973, hrsg. von Gunzelin Schmid Noerr, Frankfurt/Main 1985, S. 381.
66 A.a.O., S. 385.
67 A.a.O., S. 385f.

30.6.: Von zwei Etagen aus verfolgen Studenten den Besuch des Bundeskanzlers.

82 *Mai 1952*

Demonstrationen gegen den von der Bundesregierung vorgelegten Entwurf für ein neues Betriebsverfassungsgesetz ein. In der Vorlage, die an die Stelle einer Regelung aus dem Jahre 1920 treten soll, ist ein Verbot jeglicher politischer Betätigung im Betrieb vorgesehen. Außerdem soll den Betriebsräten keine Mitbestimmung in wirtschaftlichen Fragen zugestanden werden. In einem Flugblatt, das in einer Auflage von 10 Millionen Exemplaren bundesweit verteilt wird, ruft der DGB-Vorsitzende Christian Fette die Arbeitnehmer auf, für »ein fortschrittliches Betriebsverfassungsgesetz als Grundlage der demokratischen Ordnung in Wirtschaft und Verwaltung« zu kämpfen.

20. Mai 1952: Die Stadt **Frankfurt** erlebt ihre bisher größte Demonstration. Nachdem Arbeiter und Angestellte bereits vormittags in einen mehrstündigen Warnstreik getreten sind, formiert sich trotz eines großen Polizeiaufgebots ein Protestmarsch von 100.000 Menschen. Einzelne Blöcke kommen aus den umliegenden Städten Hanau, Höchst, Gießen, Offenbach und Wetzlar. Auf der Schlußkundgebung auf dem Börneplatz rufen die Redner zum Widerstand gegen das Betriebsverfassungsgesetz und den »militaristischen Generalvertrag« auf. Der Bezirksleiter der *IG Metall*, Hans Eick, erinnert daran, daß das Hessische Betriebsrätegesetz die volle soziale, personelle und wirtschaftliche Mitbestimmung der Arbeitnehmer festgelegt habe; dies solle nun durch ein Bundesgesetz beseitigt werden. »Wir verlangen«, so erklärt er unter dem Beifall der Versammelten, »daß der Mensch in den Mittelpunkt der Wirtschaft gestellt wird und nicht das Kapital.«[68] Die in einem Rundschreiben des Hessischen Arbeitgeberverbandes angekündigten Zwangsmaßnahmen gegen die an der Kundgebung Beteiligten, weil diese angeblich durch das unbefugte Verlassen ihres Arbeitsplatzes Vertragsbruch begangen hätten, könnten niemanden abschrecken. Der DGB-Kreisvorsitzende Karl Pieper kündigt an, daß man nicht nur protestieren, sondern im Widerstand gegen die Unterzeichnung des Gesetzentwurfs auch »weitergehen« werde.

30. Juni 1952: In seiner Funktion als Rektor empfängt Max Horkheimer zusammen mit Oberbürgermeister Walter Kolb **Bundeskanzler Konrad Adenauer in den Räumen der Universität.** In der Aula hält Horkheimer vor der versammelten Professoren- und Studentenschaft eine Ansprache, in der er zunächst die symbolische Bedeutung des Besuchs hervorhebt. Dann skizziert er ein analogisches Grundverhältnis, in das Staat und Universität einbezogen seien. Historisch seien sie mehr als je zuvor aufeinander verwiesen. Die wiederhergestellte Autonomie der Universität sei nicht möglich ohne die vom Staat garantierte Freiheit des gesellschaftlichen Ganzen. Und der Staat als planende und organisierende Instanz zunehmender Vergesellschaftung sei nicht denkbar ohne die in der Universität vertretenen Träger gesellschaftlicher Rationalität. Das große Problem, das beide teilten, liege in der Unterbrechung des Traditionsflusses nach zwei Katastrophen im Laufe eines Menschenalters. Das Band, das zwei Generationen üblicherweise miteinander verbinde, sei zerrissen. Deshalb befänden sich Politik und Erziehung in einer analogen Situation. Horkheimer beendet seine Ansprache mit einer Eloge auf die politischen Leistungen Adenauers. »Wie wenige«, so führt er den Bundeskanzler direkt ansprechend aus, »haben Sie durch Ihre Existenz bewiesen, daß auch ein Mann der Realpolitik, dem niemand den Sinn für konkrete

30.6.: Im Hauptgebäude (v.l.n.r.): Oberbürgermeister Kolb, AStA-Vorsitzender Gruppe, Bundeskanzler Adenauer und Rektor Horkheimer.

68 Die Neue Zeitung vom 21. Mai 1952.

30.6.: Die Europa-Diskussion (v.l.n.r.): Heinrich von Brentano, Eugen Kogon (stehend), Walter Hallstein, Raymond Aron und Ernst Tillich.

Machtverhältnisse wird absprechen können, sich nicht den heteronomen Gewalten der Realpolitik und der bloßen Macht zu beugen braucht ... Sie haben vorbildhaft dem Überfall jener nationalsozialistischen Realisten widerstanden, deren Realismus Deutschland und die Welt an den Rand der totalen Katastrophe trieb. Sie haben, in beispielloser Selbstverleugnung, die äußerste Kraft daran gesetzt, von den Wunden des Geschehenen zu heilen, was nur irgend sich heilen läßt. Sie haben ... die Frage der deutsch-französischen Versöhnung mit bewundernswertem Ernst neu aufgenommen. Niemand vielleicht weiß besser als wir Geisteswissenschaftler und Philosophen, wie sehr die Geschichte selbst auf jene Versöhnung hindrängt, die sie doch immer wieder vereitelt hat, und wie sehr das Schicksal des Geistes selbst davon abhängt, ob sie endlich gerät. Indem Sie nach dieser Einsicht handeln, bewahren Sie den realen Humanismus, um den es uns allen zu tun ist.«[69] Adenauer bedankt sich bei Horkheimer mit den Worten, daß er mit seinem Besuch den deutschen Hochschulen seinen Respekt und seine Reverenz erweisen wolle. Anschließend warnt er in der ontologisierenden Sprache konservativer Kulturkritik vor der »Vermassung«, dem Verlust persönlicher Freiheit, der Vernachlässigung »der metaphysischen Seite des menschlichen Seins« und einem »Überhandnehmen des Materialismus«. Er appelliert daran, »wieder eine Schicht von Gebildeten« zu schaffen und fordert eine Universitätsreform, um einer Spezialisierung der Fächer und einer Zersplitterung des Wissens Einhalt zu gebieten und den allseits gebildeten Akademiker wiedererstehen zu lassen. – Am Nachmittag diskutieren dann unter Leitung von Staatssekretär Walter Hallstein, dem ehemaligen Rektor der Universität, der Chefredakteur der Pariser Tageszeitung *Le Figaro*, Raymond Aron, der Fraktionsvorsitzende der CDU im Bundestag, Heinrich von Brentano, der Publizist Eugen Kogon und der Leiter der antikommunistischen *Kampfgruppe gegen Unmenschlichkeit* (KgU), Ernst Tillich, über das Thema **Europa und die Einheit Deutschlands**. – Vor dem Besuch des Bundeskanzlers war der Vorstand der örtlichen SDS-Gruppe zum

Rektor bestellt worden. Dort war den sozialistischen Studenten eröffnet worden, daß keine Proteste gegen Adenauer geduldet und Zuwiderhandelnde von der Universität verwiesen würden. In der Nacht vor der Ankunft des hohen Gastes bildeten Mitglieder verschiedener Frankfurter Korporationen eine Wache, die durch das Hauptgebäude der Universität patrouillierten, um das Anbringen von Parolen zu verhindern. Während des Besuchs stand eine Hundertschaft der Bereitschaftspolizei bereit, um für etwaige Vorkommnisse gewappnet zu sein.

20. Juli 1952: Über 10.000 Gewerkschaftsmitglieder, die am ersten **Bundestreffen der Gewerkschaftsjugend** teilnehmen, protestieren mit einem Fackelzug gegen die Verabschiedung des Betriebsverfassungsgesetzes. Einige der Demonstranten rufen zum Sturz der »Regierung Adenauer« auf.

31. Juli 1952: Auf der Rektorenkonferenz in **Kiel**, an der 38 Rektoren und Prorektoren von 32 bundesdeutschen Universitäten und Hochschulen teilnehmen, hält Max Horkheimer den Eröffnungsvortrag zu **Fragen des Hochschulunterrichts**. Er greift darin insbesondere die Vorlesung als historisch überholte Form akademischen Unterrichts an. Ausgehend von einer Kritik des mittelalterlichen Kollegiums, das wie eine »Synthesis aus Kloster, Klub und Lehrstätte« anmute, attestiert er der Vorlesung, die bereits von ihrem Namen her auf eine Entstehung vor der Buchdruckerkunst verweise, den Status eines archaischen Symptoms. »Das Modell des geschlossenen akademischen Vortrags ist die Lehre und gehört mehr zur Theologie als zur Wissenschaft ... Nur, wo ein Inhalt dogmatisch und unbefragt vorgegeben ist, kann er undurchbrochen, ja gleichsam unabhängig vom Wie der Darstellung kommuniziert werden. Die akademische Vorlesung, so könnte man sagen, ist eine mißglückte Säkularisierung der Predigt. In der Form des akademischen Vortrags liegt beschlossen die Autorität der Lehre, also die des heiligen Textes und seiner Exegese, zu ersetzen durch das, was man persönliche Autorität nennt.«[70] Beunruhigend sei es, daß trotz der unbestreitbar archaischen Form das Bedürfnis der Studenten nach einer geschlossenen Vorlesung ungebrochen sei. Horkheimer sieht darin nicht nur Tendenzen der Erstarrung und Verdinglichung des akademischen Wissens, sondern auch eine Disposition für Kodifiziertes und Dogmatisches. »Vermöge dieses formalen Moments ... werden unse-

18.–20.7.: Plakatwerbung der DGB-Jugend.

re Studenten, und zwar ganz unbewußt, immer noch im Banne des Führertums gehalten; sie erwarten im Grunde immer noch das, was man im Dritten Reich mit Worten wie ›Schulung‹ und ›Ausrichtung‹ bedacht hat. In diesem Bedürfnis nach Fixiertem, das sie von der eigenen Anstrengung des Begriffs entbindet, meldet sich die höchst beunruhigende gesellschaftliche Bereitschaft an, heteronomen Ordnungen abermals sich gefügig zu zeigen, auch nachdem die Diktatur, wenigstens die nationalsozialistische, militärisch und politisch geschlagen wurde. Die gesellschaftlichen und anthropologischen Voraussetzungen totaler Herrschaft aber sind mit der Niederlage Hitlers nicht zergangen.«[71]

69 Der Bundeskanzler sprach zu Studenten (Texte der Reden von Rektor Max Horkheimer und Bundeskanzler Konrad Adenauer), in: Diskus – Frankfurter Studentenzeitung, 2. Jg., Nr. 6, Juli 1952, S. 2.
70 Max Horkheimer, Fragen des Hochschulunterrichts, in: ders., Gesammelte Schriften Bd. 8: Vorträge und Aufzeichnungen 1949–1973, hrsg. von Gunzelin Schmid Noerr, Frankfurt/Main 1985, S. 394f.
71 A.a.O., S. 398f.

Gegen diese bereits der akademischen Form innewohnenden autoritären Tendenzen schlägt Horkheimer vor, auf all jene universitären Leistungen zu verzichten, die durch technische Mittel, insbesondere den Buchdruck, besser bewältigt werden können. Der Hochschulunterricht könne, wenn er nicht länger mehr in Formen der bloßen Wissensvermittlung ersticke, zum Ort der Reflexion, der Interpretation und der Kritik, also der intellektuellen Freiheit werden. – Der wichtigste Punkt in den nachfolgenden Beratungen ist die Frage nach der Beurteilung parteipolitischer Aktivitäten studentischer Gruppen. Die Rektoren einigen sich schließlich auf die These: »Die Hochschule muß zu einem Raum freier geistiger Entscheidung für die Studierenden werden. Darum darf es hier nicht um politische Willensbildung, sondern nur um eine Urteilsbildung über Wesen und Wert der gegenwärtigen politischen Bestrebungen gehen.«[72] Damit solle die Absicht verfolgt werden, die parteipolitisch gebundenen Studentengruppen in ihrem Wirkungsfeld innerhalb der gesamten Universität zurücktreten zu lassen.

1. August 1952: Unter dem Titel **Der jüdische Rektor und seine deutsche Universität** erscheint in der **Allgemeinen Wochenzeitung der Juden in Deutschland** ein umfangreiches Interview mit Max Horkheimer. Darin bewertet er seine Wahl zum Rektor der Frankfurter Universität mit den Worten: »Ohne mich unangebrachtem Optimismus hinzugeben, darf ich vielleicht sagen, daß die Tatsache, daß ich, ein vertriebener Jude und ein fortschrittlicher Mensch, diese Stellung bekleide, als symbolisch betrachtet werden kann. Es scheint sich mir darin ein wahrer Geist der Wiederversöhnung in deutschen intellektuellen Kreisen anzuzeigen...«[73] Ausführlich äußert er sich über die Gefahren des Neonazismus, ein erneutes Aufbrechen antisemitischer Tendenzen und die Auseinandersetzung mit der nationalsozialistischen Vergangenheit. »Meine Erfahrungen mit den Studenten sind äußerst positiv. Als eine Reaktion auf die Gedankenkontrolle des Naziregimes sind sie eifrig bemüht, objektive Tatsachen zu erfahren und ihr eigenes unabhängiges Urteil zu fällen. Sie sind den Parolen, die man in ihre Köpfe hämmerte, nicht in dem Maße zum Opfer gefallen, wie man es erwartete. In vielen Fällen steht das Interesse an der Wahrheit über jedem materiellen Ehrgeiz und über dem Wunsch nach einer Karriere. Sie sind jedoch nicht von einem vagen Idealismus erfüllt, sondern eher von einer produktiven Nüchternheit.«[74]

Und über die Zukunftsaussichten in seiner Rolle als remigrierter jüdischer Wissenschaftler äußert er sich abschließend so: »Ich glaube nicht, daß es einem ehemaligen Flüchtling, wie ich einer bin, ansteht, düster drein zu blicken, und seine Augen angesichts des heutigen Deutschlands zu schließen. Das beste, was man tun kann, ist herkommen, sich umsehen und arbeiten, so daß das, was war, nicht wieder geschieht. Ich habe nie gesagt: man muß vergessen. Aber ich bin überzeugt, daß man mithelfen kann, eine Studentengeneration heranzubilden, die so fühlt, wie wir es gewohnt sind.«[75]

6. August 1952: Unter dem Titel **Die Johann Wolfgang Goethe-Universität – Niedergang und Aufbau** schildert Max Horkheimer in seiner Funktion als Rektor in einer Sonderbeilage der **Basler Nachrichten** die katastrophalen Folgen des Nazi-Regimes für die Frankfurter Universität und die ersten Ansätze zu ihrer Überwindung in der Nachkriegszeit. Besonders hebt er dabei die Rolle »Frankfurter Wirtschaftskreise«, die der Universität 1951 einen Kredit in Höhe von 5 Millionen DM zur Verfügung gestellt hätten, hervor.

8. August 1952: Im **Aufbau**, der von jüdischen Emigranten 1934 in New York gegründeten deutschsprachigen Wochenzeitung, erscheint unter dem Titel **Emigrant, Jude, USA-Bürger und erfolgreicher deutscher Universitäts-Rektor** ebenfalls ein Horkheimer-Porträt. Darin wird der kurz zuvor für ein weiteres Jahr in seinem Amt als Rektor bestätigte Sozialphilosoph als kaum glaubliche Ausnahme der sonst ungebrochen fortwirkenden fatalen akademischen Traditionen an deutschen Universitäten geschildert. Im Gegensatz zu fast allen anderen Ländern, in denen die Universitäten »Bollwerke der individuellen Freiheit« gewesen seien, hätten in Deutschland bereits während der Weimarer Republik obrigkeitsstaatliche, chauvinistische und antisemitische Kräfte die Oberhand eingenommen. »Kein Jude konnte jemals Rektor einer deutschen Universität werden. Und hier haben wir nun einen aufrechten Juden, Mitglied der Frankfurter Jüdischen Gemeinde ...; einen Spezialisten in der Bekämpfung des Antisemitismus ...; einen Emigranten und amerikanischen Bürger ...; einen früheren Anhänger des philosophischen Marxismus ...; einen militanten Demokraten, der sich weigert, sich dem deutschen Chauvinismus zu beugen ... Kurz, man dürfte annehmen, daß die Beziehung von Professor Horkheimer zu

86 August 1952

seinen Kollegen und Studenten ähnlich ist, wie die zwischen einem roten Tuch und einem Stier. Doch er ist außerordentlich beliebt bei den Studenten und erfreut sich der Unterstützung einer Anzahl von Professoren.«[76] – In einem Brief an den Herausgeber des **Aufbau** macht Horkheimer vier Tage später auf »eine Reihe sachlicher Irrtümer und falscher Folgerungen« aufmerksam, die der in freundlichster Absicht verfaßte Artikel aufweise und die berichtigt werden müßten. Schon die Aussage, niemals zuvor habe ein Jude Rektor einer deutschen Universität werden können, sei falsch. Bereits in der Weimarer Republik habe es allein an der Frankfurter Universität zwei jüdische Rektoren gegeben. Seine Wahl zum Rektor habe sich unter völlig demokratischen Bedingungen abgespielt, bei denen in keiner Weise von Intrigen die Rede hätte sein können. »Mit der Kollegenschaft habe ich seit dem ersten Tage, an dem ich die Frankfurter Universität wieder betrat, ohne alle Reibung zusammengearbeitet, und die deutschen Studenten von heute sind gründlich verschieden von jenen Karikaturen, die man sich gelegentlich von ihnen zurechtmacht.«[77] Auch das ihm gespendete Lob sei zweideutig. Es werde der Anschein erweckt, als habe man ihn nur deshalb zum Rektor gewählt, um für die Frankfurter Universität eine Art »money raiser« zu gewinnen. »Den Millionen jüdischer Opfer des Hitlerregimes hält nicht der die Treue«, faßt er seine Vorhaltung zusammen, »der die Menschen verdächtigt, welche sich um die substantielle Änderung Deutschlands bemühen, sondern der, welcher sie zu stärken versucht. In diesem Geist habe ich meine Funktionen hier übernommen, und in dem gleichen Geist ist mir hier auch begegnet worden.«[78] – Der Brief wird am 22. August unter dem Titel *Gegen Mißverständnisse* im **Aufbau** abgedruckt.

13. August 1952: In einem Artikel der Wochenzeitung **Deutsche Woche** wird Max Horkheimer in seiner Funktion als Rektor scharf angegriffen. Der Vorwurf lautet, daß er mit der an der Universität verfolgten Veranstaltungspraxis rechtsradikalen Tendenzen Vorschub leiste. Unmittelbarer Anlaß ist die Tatsache, daß er einem antikommunistischen Demagogen wie Karl Albrecht, Autor des 1941 erschienenen und von Joseph Goebbels protegierten Buches *Der verratene Sozialismus*, die Aula für eine Veranstaltung einer obskuren *Vereinigung demokratischer Kreise e.V.* zur Verfügung gestellt hat. Im Gegensatz dazu war einem Mann wie dem früheren Reichskanzler Joseph Wirth, der eine neutralistische Position vertritt, ein Vortragsraum verwehrt worden. Albrecht, ein ehemaliger Kommunist, der in der bis auf den letzten Platz gefüllten Aula die Wiederbewaffnung zum Schutz vor angeblichen Expansionstendenzen der Sowjetunion gefordert hatte, war zuvor mit der gleichen Rede auf Versammlungen des rechtsradikal-antikommunistischen *Bundes Deutscher Jugend* (BDJ) aufgetreten. Resümierend heißt es in der *Deutschen Woche*: »... als unwiderlegbare Tatsache bleibt bestehen, daß der Rektor der Frankfurter Universität, der selbst Jude ist, die Aula dieses Institutes zu einer kriegshetzerischen und antisemitischen Kundgebung einem Manne zur Verfügung gestellt hat, der während des nationalsozialistischen Regimes als totalitärer Verneiner wahren Menschentums jene Stätten der Deutschen verherrlichte, in denen auch Millionen von Juden auf die grausamste Weise ausgerottet wurden.«[79]

21. August 1952: In der in Ost-Berlin erscheinenden **Täglichen Rundschau**, der Zeitung der sowjetischen Besatzung für die deutsche Bevölkerung, werden Max Horkheimer und Theodor W. Adorno als ideologische Agenten des westlichen Imperialismus hingestellt. Unter der Überschrift *Die Universitäten Westdeutschlands werden keine Kaderschulen der Amis!* wird die Frankfurter Universität als Einfallstor für »Gewährsleute« des State Departments in Washington bezeichnet. Der chronische Geldmangel der Institute sei geschickt ausgenutzt worden, um durch Spenden die Kontrolle über den Lehrbetrieb zu erlangen. »Eine Plakette am Eingang des Instituts für Sozialforschung verkündet jedem, daß dieses Institut aus den Mitteln des

---

72 Zit. nach: Ottomar Witow, Politik und Hochschulleben – Rektorenkonferenz tritt für Aktivierung des politischen Interesses ein, in: Die Neue Zeitung vom 6. August 1952.

73 Marion Gid, Der jüdische Rektor und seine deutsche Universität – Interview mit Professor Max Horkheimer, dem Rektor der Frankfurter Universität, in: Allgemeine Wochenzeitung der Juden in Deutschland vom 1. August 1952.

74 A.a.O.

75 A.a.O.

76 Emigrant, Jude, USA-Bürger und erfolgreicher deutscher Universitäts-Rektor, in: Aufbau vom 8. August 1952.

77 Max Horkheimer, Gesammelte Schriften Bd. 18: Briefwechsel 1949–1973, hrsg. von Gunzelin Schmid Noerr, Frankfurt/Main 1996, S. 242.

78 A.a.O., S. 243.

79 Kriegshetze in der Frankfurter Uni, in: Deutsche Woche vom 13. August 1952.

ERP-Fonds aufgebaut sei. Ein amerikanischer Staatsbürger, Prof. Horkheimer, wurde mit der Leitung dieses Instituts betraut. Das hat seinen guten Grund. Prof. Horkheimer, der zusammen mit seinem Mitarbeiter Theodor W. Adorno von den Faschisten aus Frankfurt verjagt wurde, ging der Ruf eines fortschrittlichen Gelehrten voraus, den er in seiner Antrittsvorlesung über die Entwicklung des sozialen Gedankens von den Anfängen bis Marx sorgsam zu pflegen bemüht war. In Wirklichkeit vertritt Horkheimer jedoch den plattesten Revisionismus und wird immer mehr zum Apologeten des Amerikanismus. Durch die Einrichtung dieses Instituts für Sozialforschung hofften die Interventen nun, mit dem Namen Horkheimers Studenten, die an der reaktionären bürgerlichen Wissenschaft Kritik übten und von Horkheimer Hilfe beim Studium der fortschrittlichen Wissenschaft erhofften, mit der Wissenschaft des amerikanischen Imperialismus zu infizieren.«[80]

13.–21. September 1952: Auf einer SDS-Ferientagung in **Speyer** wird ausführlich über Möglichkeiten beraten, Lehrstühle für Soziologie und Politikwissenschaften an den Universitäten einzurichten. Noch immer stehen die Fakultäten fast aller Hochschulen solchen Bestrebungen ablehnend gegenüber. Sie sehen insbesondere in der zunehmenden Etablierung der Politikwissenschaft einen Eingriff der westlichen Siegermächte in die Hochschulautonomie und befürchten in der Folge eine Politisierung der Studentenschaft. Die Hauptreferate auf der Tagung halten die Professoren Wolfgang Abendroth (Marburg), Otto Stammer (West-Berlin) und Leo Kofler (Köln).

4.–6. Oktober 1952: An der **VII. ordentlichen Delegiertenkonferenz des SDS** in **Münster** nehmen 49 Delegierte aus 32 Hochschulgruppen teil. Der bisherige erste Bundesvorsitzende Günther Bantzer hebt in seinem Rechenschaftsbericht die Bekämpfung des Korporationswesens und des Antisemitismus als besondere Erfolge hervor. Der neugewählte SPD-Vorsitzende Erich Ollenhauer trägt in einem Referat das auf dem Dortmunder Parteitag verabschiedete »Aktionsprogramm« vor. Im Anschluß daran entwickelt sich eine zwei Stunden dauernde Auseinandersetzung über das Bürokratieproblem in der Mutterpartei. Im Mittelpunkt der Konferenz steht eine programmatische Erklärung über *Grundsätze und Ziele des Sozialistischen Deutschen Studentenbundes*, die vor allem am Modell eines sich frei entfaltenden Individuums orientiert ist. Während diese Vorstellungen eher vom Idealismus der Klassik als von einem Sozialismus der Gegenwart geprägt sind, wird zur Hochschulpolitik unverbrämt festgestellt: »Studium ist Arbeit und ist als solche zu bewerten. Die Gesellschaft hat die Voraussetzungen für diese Arbeit zu schaffen.«[81] Als neuer Bundesvorsitzender wird Ulrich Lohmar, Assistent des Soziologen Helmut Schelsky, und als dessen Stellvertreter Claus Arndt, der Sohn des SPD-Vorstandsmitglieds Adolf Arndt, gewählt. Im Beirat vertreten sind Günther Bantzer, Albert Pfuhl und Egon Erwin Müller.

21. Oktober 1952: Zusammen mit seiner Frau Gretel geht Theodor W. Adorno in **Le Havre** an Bord eines Schiffes, um in die Vereinigten Staaten zu reisen. Als naturalisierter US-Amerikaner ist er vor Ablauf von drei Jahren zur Rückkehr gezwungen, wenn er seine Staatsbürgerschaft nicht verlieren will. – Nach der Ankunft in **New York** besucht er seine ehemaligen Institutskollegen Leo Löwenthal und Herbert Marcuse. Anschließend reist er nach **Los Angeles** weiter. Im nahegelegenen **Beverly Hills** übernimmt er für ein knappes Jahr die Rolle des wissenschaftlichen Leiters der Hacker Foundation, einer nach dem aus Wien stammenden Psychologen Friedrich Hacker benannten und auch geleiteten psychiatrischen Klinik. – Nach verschiedenen Koordinationsproblemen führt Adorno über einen Zeitraum von drei Monaten eine qualitative Inhaltsanalyse der Astrologiespalte der **Los Angeles Times** durch.[82]

10. November 1952: Zur Immatrikulationsfeier für das Wintersemester 1952/53 hält Max Horkheimer in seiner Funktion als Rektor eine Ansprache über den

---

80 Kurt Heine, Die Universitäten Westdeutschlands werden keine Kaderschulen der Amis! In: Tägliche Rundschau vom 21. August 1952.
81 Unser Standpunkt, 3. Jg., Nr. 11, November 1952, S. 4.
82 Vgl. Theodor W. Adorno, Wissenschaftliche Erfahrungen in Amerika, in: ders., Stichworte, Frankfurt/Main 1969, S. 142–144. Die fertiggestellte Studie erscheint 1957 unter dem Titel: The Stars Down to Earth: The Los Angeles Times Astrology Column – A Study in Secondary Superstition, die deutsche Übersetzung: Aberglaube aus erster Hand erstmals 1962 in der Zeitschrift *Psyche*; später auch in: ders., Gesammelte Schriften Bd. 9.2: Soziologische Schriften II, hrsg. von Rolf Tiedemann Frankfurt/Main 1975, S. 7–120.
83 Max Horkheimer, Wenn heute von Bildung gesprochen wird, in: Die Neue Zeitung vom 22. November 1952; wiederabgedruckt unter dem Titel: Begriff der Bildung, in: ders., Gesammelte Schriften Bd. 8: Vorträge und Aufzeichnungen 1949–1973, hrsg. von Gunzelin Schmid Noerr, Frankfurt/Main 1985, S. 415.

Begriff der Bildung. Darin versucht er, den vielfach überladenen, philisterhaft stilisierten und klassensoziologisch verzerrten Terminus von seinen ideologischen Verpuppungen freizumachen. In deutlicher Anlehnung an Hegel und Wilhelm von Humboldt stellt er apodiktisch fest: »Gebildet wird man nicht durch das, was man ›aus sich selbst macht‹, sondern einzig in der Hingabe an die Sache, in der intellektuellen Arbeit sowohl wie in der ihrer selbst bewußten Praxis. Nicht anders als in dem Eingehen in sachliche Arbeit vermag das Individuum über die Zufälligkeit seiner bloßen Existenz hinauszukommen, an der der alte Bildungsglaube haftet und in der ohne jede Entäußerung bloß das beschränkte eigene Interesse und damit das schlechte Allgemeine sich durchsetzt ... Wer nicht aus sich herausgehen, sich an ein Anderes, Objektives ganz und gar verlieren und arbeitend doch darin sich erhalten kann, ist nicht gebildet, und der sogenannte Gebildete, der dazu unfähig ist, wird stets Male seiner Beschränktheit und Befangenheit aufweisen, die seinen eigenen Anspruch auf Bildung Lügen strafen.«[83] Am Ende seiner Rede ruft Horkheimer die versammelten Studentinnen und Studenten auf, sich an der studentischen Selbstverwaltung zu beteiligen und im Studentenparlament und im Allgemeinen Studentenausschuß (AStA) aktiv zu werden. – Am Abend empfängt Horkheimer den Schriftsteller Thomas Mann zu einer Lesung aus seinem gerade fertiggestellten Roman *Die Bekenntnisse des Hochstaplers Felix Krull* in der Aula der Universität, wo, wie ein Reporter anschließend schreibt, »Tout-Francfort« und die akademische Jugend versammelt sind. Horkheimer, der im kalifor-

10.11.: Rektor Horkheimer (Mitte) empfängt Thomas Mann (li.) in der Universität.

nischen Exil einige Jahre in unmittelbarer Nachbarschaft von Thomas und Katja Mann in Pacific Palisades gewohnt hat, begrüßt den 77jährigen Autor als »letzten Repräsentanten der individualistischen Ära«. Indem er sich bewußt dem Individuellen entäußert und dem Fremden und Entgegengesetzten geöffnet habe, beispielhaft im Sinne der Hegelschen Entäußerung, sei das Individuum in die Gesellschaft eingetreten und habe das an schmerzlichen Erfahrungen so reiche Zeitalter in sein Werk aufgenommen. Seiner »distanzierten Prosa« komme das Verdienst zu, Nietzsches Philosophie, die noch vor nicht allzu langer Zeit mißbraucht worden sei, frei von Ideologie und Lüge für die Humanität zu reklamieren. Dadurch sei der Beweis erbracht, daß sich die von der Phrase befreite Menschlichkeit immer noch behaupten könne. – Am Tag zuvor hat Thomas Mann bereits einen Festvortrag im Großen Haus der Städtischen Bühnen gehalten. Seine Rede galt dem verstorbenen Dramatiker Gerhart Hauptmann, dessen Witwe Margarete ebenso wie Sohn Benvenuto an der anläßlich des 90. Geburtstages begangenen Gedenkfeier teilnahmen.

4. Dezember 1952: Auf einer studentischen **Vollversammlung** in der Aula der Universität skizziert Max Horkheimer seine Vorstellung von einer Radikalisierung der in der verfaßten Studentenschaft nicht ausgeschöpften demokratischen Potentiale. An einer basisdemokratisch-plebiszitär orientierten Grundidee führt er aus: »Zur Zeit Rousseaus dachte man, Demokratie bestände darin, daß diejenigen, die ihre Regierung wählen, zusammenkommen und in Urversammlungen sich aussprechen, und ihre Vertreter dann zueinander schicken von den verschiedenen Orten aus, so daß die Regierung konstituiert wird. Davon ist man in der Massendemokratie abgekommen. Denn wie sollte man die Menschen zusammenbringen? Die meisten von ihnen haben mit denen, von denen sie regiert werden, noch nie ein Wort gesprochen oder sie von Angesicht zu Angesicht gesehen... Hier in der Universität während der Studentenzeit, die utopische Züge trägt, wäre so etwas möglich. Die studentische Vollversammlung könnte eine Urversammlung sein. Es könnte so sein, daß alle, die etwas zu sagen haben, sich zusammenfinden und die wählen, die sie vertreten sollen und die sie auch zur Rechenschaft ziehen können. Dies gilt zuerst für die Vertretung im AStA.«[84] Wiederholt betont Horkheimer dabei, daß es der spontanen und aktiven Mitwirkung der Studenten bedarf, um ihren Einfluß geltend zu machen. Wenn von der studentischen Seite kein Druck erfolge, dann würden sich viele der als notwendig angesehenen Neuerungen nur langsam vollziehen.

---

84 Zit. nach: Studentendemokratie gegen Studentenparlament, in: Diskus – Frankfurter Studentenzeitung, 2. Jg., Nr. 10, Dezember 1952, S. 2.

1953

22.2.: Bundespräsident Heuss
bei einer Weinrunde mit AStA-Mitgliedern.

Januar 1953: In **Washington** wird ein 225 Seiten umfassender **Überblick über die Sozialwissenschaften in Deutschland** vorgestellt, der von der Kongreßbibliothek zusammen mit dem Institut für Sozialforschung ausgearbeitet worden ist. Kein anderes Gebiet der Wissenschaft, schreibt Max Horkheimer in der Einleitung, habe so schwer unter dem Nationalsozialismus gelitten wie die Soziologie. Obwohl es nach 1945 an den Universitäten zunächst die Tendenz gegeben habe, sie auch weiterhin »auf Eis liegen zu lassen«, habe sich die Lage inzwischen spürbar verbessert. Horkheimer vertritt die Ansicht, daß die in der Bundesrepublik wiedererstarkte Soziologie einen wachsenden Einfluß auf das internationale sozialwissenschaftliche Denken ausüben werde.

21. Februar 1953: In einer Presseerklärung stellt das Rektorat der Johann Wolfgang Goethe-Universität fest, daß das **Mensurenschlagen von Verbindungen** weiterhin **verboten** ist. Es bekräftigt damit noch einmal die Entscheidung des Senats vom 17. Januar 1951, die auf den Sitzungen vom 18. Dezember 1952 und vom 18. Februar 1953, zuletzt einstimmig, bestätigt worden ist. Danach ist das Farbentragen nur bei geschlossenen Veranstaltungen im Verbindungsraum gestattet und das Mensurenschlagen grundsätzlich untersagt. – Nach einem Urteil des Bundesgerichtshofes, demzufolge studentische Bestimmungsmensuren nicht strafbar seien, wenn sie nicht im Zusammenhang mit einem »Ehrenhandel« vollzogen werden und gefährliche Verletzungen ausgeschlossen sind, war der Anschein einer Rechtsunsicherheit entstanden. Senat und Rektorat begründen ihre Entscheidung damit, daß sich der Bundesgerichtshof in seinem Urteil lediglich auf einen Fall beziehe, der in den strafrechtlichen Bereich gehöre. Dagegen habe die Universität das Recht und die Pflicht, selbst den Rahmen zu bestimmen, in dem sich das studentische Leben an der Universität abspielen soll.

22. Februar 1953: Mit einem Festakt wird am zehnten Jahrestag des Todes der Geschwister Hans und Sophie Scholl, die von den Nazis hingerichtet worden waren, das mit US-amerikanischen Geldern errichtete **Internationale Studentenhaus** der Johann Wolfgang Goethe- Universität eingeweiht. Mit einem Kostenaufwand von 3,5 Millionen D-Mark ist es in einer Bauzeit von anderthalb Jahren fertiggestellt worden. Unter den Ehrengästen befindet sich neben dem US-amerikanischen Hochkommissar James B. Conant, dem hessischen Ministerpräsidenten Georg August Zinn, dem Oberbürgermeister Walter Kolb und den Vertretern des diplomatischen Korps auch Bundespräsident Theodor Heuss. Nach den Ansprachen von Rektor Max Horkheimer und anderen Repräsentanten hält Heuss die Hauptrede. Er begründet sein Engagement für eine neue Einrichtung wie dieser mit dem Wunsch, für einen Wandel in den kulturellen und politischen Verhaltensweisen der Studentenschaft eintreten zu wollen. Die Studentenhäuser sollten »Schutzburgen« werden, in denen sich neue studentische Konventionen und Gesinnungen entwickeln könnten. Mit großer Sorge beobachte er den »Anmarsch der restaurativen Burschenherrlichkeit«[85]. »Wenngleich er niemanden geringer achte, der zu einer früheren Zeit studentischen Korporationen angehört habe«, heißt es in einem Bericht über seine Rede, »so bedeute doch seiner Ansicht nach das Verbindungswesen alten Stils in heutiger Zeit eine Gefahr für das Wesen der studentischen Korporation. Man schreibe nicht mehr 1853 oder 1903 sondern 1953, und jede Zeit verlange ihre Gesinnung. Innere Freiheit und eine Selbstverantwortung des akademischen Lebens, die nicht auf den Befehl warte, könne in neuen Studentenhäusern gedeihen.«[86] Mit bewegten Worten erinnert er anschließend an die Geschwister Scholl, die, ebenso wie andere Studentinnen und Studenten, Opfer der Nazis geworden seien. Ihr Sterben sei ein »Zeichen seelischer Reinheit« gewesen. – Auf Druck aus seiner eigenen und anderen Parteien gibt Bundespräsident Heuss schon bald danach seine kritische Position gegenüber den Korporationen auf und versichert einer Delegation von Verbindungsstudenten am 8. April »seine zukünftige Nichteinmischung« in der umstrittenen Frage.

6. März 1953: Wegen der Aufführung des Veit-Harlan-Films **Unsterbliche Geliebte** kommt es zu einer Reihe von Protestaktionen. Nachdem Unbekannte bereits die Schaukästen von zwei Kinos in der Mainzer Landstraße und in der Berger Straße eingeworfen haben, kommt es am Nachmittag in den Stadtteilen Bockenheim und Bornheim zu größeren Menschenansammlungen. Vor einem Kino in der Leipziger Straße fordern Demonstranten in Sprechchören die sofortige Absetzung des Films. Im Vorraum entwickelt sich ein Handgemenge zwischen Besuchern und Protestierenden. Beim Eingreifen der Polizei erleiden zwei Per-

22.2.: Rektor Horkheimer, US-Hochkommissar Conant, Bundespräsident Heuss und Ministerpräsident Zinn (v. l. n. r.).

sonen Hautabschürfungen. Die Vorstellung wird anschließend abgebrochen. Am Abend schützt ein großes Polizeiaufgebot den Beginn der nächsten Vorstellung. Obwohl sich wiederum eine Menge von Protestierenden versammelt hat, kommt es zu keinen weiteren Zwischenfällen. Zur selben Zeit demonstrieren im Stadtteil Bornheim ebenfalls Harlan-Gegner. In dem dortigen Kino wird der Film vorsorglich abgesetzt. Am selben Tag stattfindende Gespräche von Polizeipräsident Gerhard Littmann (SPD) mit Vertretern des Herzog-Film-Verleihs sind ergebnislos verlaufen. Die von Littmann im Namen der Stadtverordnetenversammlung vorgetragene Aufforderung, gerade während der Woche der Brüderlichkeit auf eine Aufführung des Films zu verzichten, ist vom Herzog-Film-Verleih strikt abgelehnt worden. – Am 9. März spricht der Frankfurter Oberbürgermeister Walter Kolb (SPD) ein Aufführungsverbot von Filmen für den gesamten Stadtbereich aus, bei deren Herstellung der Regisseur Veit Harlan mitgewirkt hat. In dem an fünf Filmtheater gerichteten Schreiben heißt es, daß nach den ersten Zwischenfällen durch weitere Aufführungen die öffentliche Sicherheit und Ordnung gefährdet werden könnte. Das Verbot sei eine »Notstandsmaßnahme«, die im öffentlichen Interesse ergehe. – Der Herzog-Film-Verleih kündigt daraufhin an, die Verbotsverfügung vor Gericht anzufechten und Schadenersatzansprüche geltend zu machen, die sich auf 150.000 DM belaufen.

2. Mai 1953: Auf Ersuchen von Rektor Max Horkheimer hin entscheidet die Messegesellschaft, die Kongreßhalle der *Vereinigung der Akademikerverbände*, der auch fünf mensurenschlagende Verbindungen angehören, nicht zu einem für den 7. Mai geplanten Festkommers zur Verfügung zu stellen. Sie tritt von ihrem im Januar geschlossenen Vertrag zurück und begründet ihren Schritt damit, daß eine Störung der Veranstaltung zu befürchten sei, da von verschiedenen demokratischen Organisationen Protestdemonstrationen beabsichtigt würden. – Der Rückzug des Veranstalters und insbesondere die Initialrolle Horkheimers stoßen in den Tagen und Wochen danach auf harsche Kritik. Der in Düsseldorf erscheinende **Industriekurier** kommentiert in seiner Ausgabe vom 12. Mai unter der Überschrift *Rektoren-Diktatur* den Vorgang mit dem Vorwurf, die Absage der Messegesellschaft sei Folge einer »nach bewährtem NS-Muster organisierten Aktion des Rektors bzw. seiner Hintermänner«[87]. Wörtlich heißt es: »Der Rektor einer deutschen Universität scheut sich nicht, rechtswirksam zustandegekommene privatrechtliche Verträge durch offenen Terror und mit Mitteln der Unwahrheit und Hetze zu brechen. Es bestand nicht der geringste Zweifel, daß es sich bei dem geplanten Kommers erstens um eine geschlossene Gesellschaft und zweitens um eine völlig unpolitische, demokratischen Zielen dienende Veranstaltung handelt. Dennoch hat der Rektor in diktatorischer Manier seine vermutlich parteipolitischen Mittel eingesetzt, um eine ihm aus ›weltanschaulichen‹ Gründen

---

85 Zit. nach: Internationales Studentenheim der Frankfurter Universität eingeweiht – Der Bundespräsident nimmt zu Fragen der Burschenschaft Stellung, in: Die Neue Zeitung vom 23. Februar 1953.
86 A.a.O.
87 Rektoren-Diktatur – Frankfurter Universität unterbindet Kommers der Akademikerverbände, in: Industriekurier vom 12. Mai 1953.

März – Mai 1953

nicht in den Kram passende Veranstaltung zu unterbinden. Wir sind fest davon überzeugt, daß für eine kommunistische Parteiversammlung die Messehallen ohne weiteres zur Verfügung gestellt worden wären. Das Sturmlaufen gegen das Akademikertum nimmt Formen an, die alle Grenzen der Toleranz sprengen. Hier kann nun wirklich von Demokratie keine Rede mehr sein; hier herrscht der Terror der Diktatur!«[88] – Am 31. Mai nehmen der *Kösener Senioren-Convent* und der *Verband Alter Korpsstudenten* auf ihrer Jahrestagung in **Weinheim** mit einer gemeinsamen Entschließung Stellung zum »Vorgehen des Rektors der Universität zu Frankfurt a. M. gegen die *Vereinigung der Akademikerverbände* in Frankfurt«[89]. Darin wird betont, daß sich die Korpsstudenten einig seien in der ablehnenden Haltung gegenüber Rektoren, die mit Mitteln der Staatsautorität und der Disziplinargewalt die akademische Freiheit zu untergraben versuchten. – Am 2. Juni weist das Rektorat der Frankfurter Universität diesen Vorwurf in einer Presseerklärung explizit zurück. Darin heißt es: »Indem der Frankfurter Universitätssenat den Empfehlungen der deutschen Rektorenkonferenz folgt, geht er von der Überzeugung aus, daß die Ordnung des studentischen Gemeinschaftslebens in den pädagogischen Bereich der Universitäten gehört.«[90]

9./10. Mai 1953: In vielen Orten der **Bundesrepublik** finden Demonstrationen, Kundgebungen und Gedenkfeiern für den vor einem Jahr während der »Jugendkarawane« in Essen von der Polizei erschossenen Eisenbahnarbeiter Philipp Müller statt. – In **Frankfurt** ziehen abends 600 Demonstranten mit Transparenten und einem überlebensgroßen Porträt des toten Wiederbewaffnungsgegners durch die Stadt. Am Uhrtürmchen im Stadtteil Bornheim stellen sie das Bild auf und legen unter dem Absingen mehrerer kommunistischer Lieder Kränze nieder. Anschließend greift die Polizei ein und löst die Versammlung auf. Der hessische Innenminister Heinrich Zinnkann (SPD) hat sämtliche »Philipp-Müller-Kundgebungen« verboten. Auch eine »Philipp-Müller-Gedächtnisfeier«, die am nächsten Vormittag vom *Hessischen Arbeitskreis der Jugend* durchgeführt werden soll, wird unterbunden.

11. Mai 1953: In einer Ansprache über **Akademische Freiheit**[91] zur Immatrikulationsfeier für das Sommersemester erklärt Rektor Max Horkheimer demonstrativ: »Mensuren werden in Frankfurt nicht geschlagen.«[92] Auch das Farbentragen von Verbindungen könne in der Öffentlichkeit nicht gestattet werden. Es solle nicht der Eindruck erweckt werden, als wollten Studentengruppen wieder als eigene Kaste auftreten. Die liberale Tradition der Stadt Frankfurt sei eine Verpflichtung. »Achten Sie jedoch«, appelliert er weiter an die versammelte Studentenschaft, »auch andere Überzeugungen ohne Ressentiment und ohne Aggressivität. Bleiben Sie dem blinden Konformismus ebenso fern wie dem Eigensinn der bloßen Opposition.«[93]

13. Juli 1953: Antifaschistische Demonstranten verhindern in einem in der Innenstadt gelegenen Lokal eine Kundgebung des rechtsradikalen *Reichsblocks*. Noch bevor der als Hauptredner vorgesehene ehemalige Militärkommandant von Kreta, Ex-General Alexander Andrae, mit seiner Ansprache *Abrechnung mit den 1945ern* beginnen kann, stimmen sie das Lied »Brüder, zur Sonne, zur Freiheit!« an. Dann ergreift der Bundestagsabgeordnete Willi Birkelbach (SPD) das Wort und erklärt unter stürmischem Beifall, daß man sich Ausführungen zu einem solchen Thema in Frankfurt nicht bieten lassen dürfe. Andrae gehöre gerade zu den Verantwortlichen, durch deren unseliges Treiben ein 1945 überhaupt erst möglich geworden sei. Während Millionen Opfer des Krieges sich mühselig durchs Leben schlagen müßten, kassierten Generäle wie Andrae ihre Pensionen, reisten durchs Land und hielten provokative Reden. Die demokratischen Kräfte dürften nicht noch einmal den Fehler aus der Weimarer Republik wiederholen und durch eine falsche Toleranz die »staatsfeindlichen Elemente der Demokratie« gewähren lassen. Anschließend gehen einige der Demonstranten mit Stuhlbeinen, Bier- und Coca-Cola-Flaschen gegen Andrae und seine Anhänger vor. Sie werden aus dem Lokal herausgetrieben. Der Ex-General und drei weitere Personen tragen dabei Platzwunden am Kopf davon und müssen mit einem Krankenwagen abtransportiert werden.

88 A.a.O.
89 Zit. nach: Die Neue Zeitung vom 1. Juni 1953.
90 Zit. nach: Die Neue Zeitung vom 3. Juni 1953.
91 Teilweise abgedruckt in: Deutsche Universitätszeitung, 8. Jg., 12. Oktober 1953, S. 7–9.
92 Zit. nach: Frankfurter Neue Presse vom 12. Mai 1953.
93 A.a.O.
94 Jürgen Habermas, Mit Heidegger gegen Heidegger denken – Zur Veröffentlichung von Vorlesungen aus dem Jahre 1935, in: Frankfurter Allgemeine Zeitung vom 25. Juli 1953; wiederabgedruckt in: ders., Philosophisch-politische Profile, Frankfurt/Main 1981, S. 65–72.

23.7.: Medizinstudenten ziehen protestierend durchs Stadtzentrum.

23. Juli 1953: Mehrere hundert Medizinstudenten protestieren gegen die von der Bundesregierung vorgeschlagene neue Approbationsordnung. Danach ist eine zweijährige Pflichtassistentenzeit ohne feste Unterhaltsbezüge vorgesehen. Die Studenten ziehen während der Hauptverkehrszeit in weißen Kitteln durch die Straßen der Mainmetropole.

25. Juli 1953: Aus Empörung über die Veröffentlichung von Vorlesungen Martin Heideggers aus dem Jahre 1935 veröffentlicht der 24jährige Bonner Philosophie-Doktorand Jürgen Habermas in der **Frankfurter Allgemeinen Zeitung** eine scharfe Kritik. »Angesichts der Tatsache«, heißt es darin, »daß heute wieder Studenten dem Mißverstehen jener Vorlesung ausgesetzt sind, schreiben wir ungern und selbst wiederum mißverstehbar diesen Aufsatz. Er dient allein der Frage: Läßt sich auch der planmäßige Mord an Millionen Menschen, um den wir heute alle wissen, als schicksalhafte Irre seinsgeschichtlich verständlich machen? Ist er nicht das faktische Verbrechen derer, die ihn zurechnungsfähig verübten – und das böse Gewissen eines ganzen Volkes? Hatten wir nicht acht Jahre Zeit seither, das Risiko der Auseinandersetzung mit dem, was war, was wir waren, einzugehen? Ist es nicht die vornehme Aufgabe der Besinnlichen, die verantwortlichen Taten der Vergangenheit zu klären und das Wissen darum wachzuhalten? – Statt dessen betreibt die Masse der Bevölkerung, voran die Verantwortlichen von einst und jetzt, die fortgesetzte Rehabilitation. – Statt dessen veröffentlicht Heidegger seine inzwischen 18 Jahre alt gewordenen Worte von der Größe und der inneren Wahrheit des Nationalsozialismus, Worte, die zu alt geworden sind und gewiß nicht zu denen gehören, deren Verständnis uns noch bevorsteht. Es scheint an der Zeit zu sein, mit Heidegger gegen Heidegger zu denken.«[94]

27. Juli–1. August 1953: Auf einer hochschulpolitischen Tagung des SDS in **Kassel** wird ein Entwurf für ein **Hochschulprogramm des SDS** ausgearbeitet. Unter der Voraussetzung, daß das Studium als Arbeitsprozeß zu begreifen ist, werden von den 27 Teilnehmern in einem 13seitigen Arbeitspapier Grundüberlegungen für eine Studienreform entwickelt. An den Überlegungen zu einer Universitätsreform sind auch ein Mitarbeiter des hessischen Kultusministers Ludwig Metzger, ein Vertreter des DGB-Bundesvorstands in Düsseldorf und der Marburger Professor Wolfgang Abendroth beteiligt. Von studentischer Seite sind neben dem Bundesvorsitzenden des SDS, Ulrich Lohmar, u. a. Jürgen Fijalkowski (West-Berlin), Werner Fuchs (Tübingen), Egon Erwin Müller (West-Berlin) und Fritz Vilmar (Frankfurt) beteiligt. – Das SDS-Papier wird später unter dem Titel **Die Hochschule in der modernen Gesellschaft** zu einem der wichtigsten Dokumente für eine Hochschulreform.[95]

3. August 1953: Zum zweiten Mal nach Kriegsende wird an der Johann Wolfgang Goethe-Universität ein Ferienkurs für Ausländer durchgeführt. Zur Eröffnung begrüßt Rektor Professor Max Horkheimer die 60 Teilnehmer in dem mit Gästen überfüllten Festsaal des Studentenhauses. Wenn sie in den nächsten drei Wochen Vorlesungen über Goethe und seine Sprache hörten, betont er, dann sollten sie sich bewußt sein, daß die Sprache eines Landes mit dem Blut eines Menschen vergleichbar sei, indem sie sein Inneres, sein Wesen ausmache.

19. August 1953: Nach seinem Aufenthalt an der Hacker Psychiatric Foundation in **Beverly Hills** geht Theodor W. Adorno zusammen mit seiner Frau Gretel in **New York** an Bord eines Passagierdampfers, um über **Cherbourg** die Rückreise nach **Frankfurt** anzutreten. – Bereits am 12. März hatte er an Horkheimer geschrieben, daß er nun endgültig in der Bundesrepublik Deutschland bleiben wolle. Frederick J. Hacker hatte lange Zeit versucht, Adorno und Horkheimer als Forschungsdirektoren für seine 1950 gegründete Foundation zu gewinnen, als deren Präsident Friedrich Pollock fungierte. Nachdem Hacker im Mai 1951 nach Frankfurt gereist war, um dort Einzelheiten zu besprechen, war er davon ausgegangen, daß Adorno und Horkheimer im Herbst endgültig nach Los Angeles übersiedeln würden. Im Gegensatz zu Horkheimer, der durch seine Wiederwahl zum Rektor an Frankfurt gebunden blieb, reiste Adorno nach Kalifornien und trat seine Arbeit als Forschungsdirektor an. Dort soll er sich jedoch in kurzer Zeit mit der Direktion, den wissenschaftlichen Mitarbeitern, dem Personal und den Behörden überworfen haben. – Im Oktober 1953

3.8.: Rektor Horkheimer im Gespräch mit ausländischen Studentinnen.

tritt dann Friedrich Pollock, der nach Adornos Bericht von der Aussichtslosigkeit einer weiteren Mitwirkung ebenso wie Horkheimer überzeugt ist, von seinem Amt als Präsident der Hacker Psychiatric Foundation zurück. – Nach Ablauf der Gültigkeitsfrist seines US-amerikanischen Passes nimmt Adorno schließlich 1955 gemeinsam mit seiner Frau die bundesdeutsche Staatsbürgerschaft an.

September 1953: Der hessische Minister für Erziehung und Volksbildung, Ludwig Metzger (SPD), beruft den gerade aus den USA zurückgekehrten Theodor W. Adorno auf einen außerordentlichen Lehrstuhl für Philosophie und Soziologie an der Johann Wolfgang Goethe-Universität. – Der Dekan der Philosophischen Fakultät hatte sich am 1. August mit einem Schreiben an den Minister gewandt und »allein aus Wiedergutmachungsgründen« die Einrichtung eines solchen Lehrstuhls beantragt. In der Folge bürgerte sich in interessierten akademischen Kreisen für die Professur die herabwürdigende Bezeichnung »Wiedergutmachungslehrstuhl« ein.

26. September 1953: Bei dem im Thalia-Theater stattfindenden vierten **Darmstädter Gespräch** zum Thema **Individuum und Organisation** reklamiert Theodor W. Adorno in seinem Referat, »... daß der ohnmächtige Einzelne durch das Bewußtsein der Ohnmacht seiner selbst mächtig bleibt.«[96] Konkret könne man nur wissen, was falsch sei. In der anschließenden Diskussion warnt Max Horkheimer davor, Rezepte für eine gerechtere Welt geben zu wollen. Das könne nur heißen, selbst Beispiele der verwalteten Welt zu liefern. Das Verhältnis zwischen Theorie und Praxis sei keineswegs so rational wie zumeist angenommen. Wenn man nur scharf, ehrlich und weit genug denke, dann würde der Funke schon von allein überspringen.

27. September 1953: Der **Friedenspreis des Deutschen Buchhandels** wird in der Paulskirche dem jüdischen Religionsphilosophen Martin Buber verliehen. In Anwesenheit des Bundespräsidenten Theodor Heuss, des Bundesjustizministers Thomas Dehler und des hessischen Ministerpräsidenten Georg August Zinn bezeichnet der Schriftsteller Albrecht Goes den 75jährigen Preisträger in seiner Laudatio als einen Mann, der den während der NS-Zeit Verfolgten Beistand geleistet habe. Der Frankfurter Oberbürgermeister Walter Kolb sagt, seine Stadt fühle sich mit ihm geehrt, sie habe ihm und den ehemaligen jüdischen Bürgern unendlich viel zu danken. Buber, der zusammen mit Franz Rosenzweig eine neue Bibel-Übersetzung erarbeitete, lehrte von 1923 an der Universität in Frankfurt jüdische Religionswissenschaft und Ethik. Nach der Machtergreifung der Nazis flüchtete er und übernahm 1938 eine Lehrtätigkeit an der Universität Jerusalem. Als sein bedeutendstes Werk gilt die 1923 erschienene Arbeit *Ich und Du*, in der er eine philosophische Begründung für das von ihm entwickelte »dialogische Prinzip« vorgelegt hat.

Oktober 1953: Im Rahmen einer von der *Gesellschaft für christlich-jüdische Zusammenarbeit* zusammen mit dem Seminar für Politik organisierten Veranstaltungsreihe hält Theodor W. Adorno im Institut für Sozialforschung einen Vortrag über die Frage **Was ist ein Vorurteil?**. Dabei rückt er in den Vordergrund, daß nicht dessen Gegenstand, sondern sein Träger, die autoritäre Persönlichkeit, der mit Vorurteilen behaftete Mensch, entscheidend sei. Zu seinen Charakteristika zählten Schwarzweißmalerei, Typendenken, Konventionalismus, Aggressivität gegenüber Schwächeren, Abneigung gegen eine Selbstanalyse, Projektivität und Rechthaberei im Schutz einer anonymen Majorität. Insgesamt habe das Mosaik des Vorurteilshaften große Ähnlichkeit mit dem narzißtischen Typus, wie er von der Psychoanalyse beschrieben werde – mit dem Unterschied, daß er sich sehr viel stärker als Teil einer Masse denn als Individuum fühlte.

3.– 6. Oktober 1953: Die in **Hamburg** stattfindende **VIII. SDS-Delegiertenkonferenz** steht ganz im Zeichen der Auseinandersetzung mit dem Thema Wiederbewaffnung. Ein Mißtrauensantrag des Frankfurter Delegierten Ludwig Keil gegen den bisherigen Bundesvorstand wegen der Teilnahme seines Mitglieds Claus Arndt an einer »Wehrpolitischen Konferenz« in Bonn, für die es keine Legitimation gegeben habe, wird bei sieben Enthaltungen mit 29 gegen 18 Stimmen abgelehnt. Die vor allem durch den Bundesvorsitzenden Ulrich Lohmar vertretene Mehrheitsfraktion

---

95 Sozialistischer Deutscher Studentenbund (SDS), Die Hochschule in der modernen Gesellschaft – Denkschrift des Sozialistischen Deutschen Studentenbundes zu einem hochschulpolitischen Programm (1953), in: Rolf Neuhaus (Red.), Dokumente zur Hochschulreform 1949–1959, Wiesbaden 1961, S. 611– 621.
96 Zit. nach: Darmstädter Echo vom 28. September 1953.

3.–6.10.: Abstimmung auf der Hamburger SDS-Delegiertenkonferenz.

ist der Ansicht, daß eine Beteiligung der Bundesrepublik an der EVG befürwortet werden müsse, weil der »demokratische Sozialismus« nur im »freien Westen« eine Chance zu seiner Verwirklichung besitze. Von der pazifistisch eingestellten Minderheitsfraktion wird dagegengehalten, daß mit einer solchen Position die vom gesamten SDS vorrangig vertretene Forderung nach einer Wiedervereinigung Deutschlands in hoffnungslose Ferne rücke. Das wiederum wird von Lohmar, Arndt und anderen nicht bestritten: Die Integration in ein westliches Verteidigungsbündnis werde die Spaltung Deutschlands zunächst einmal noch weiter vertiefen. Zu einem weiteren Programmpunkt hält der Soziologe Professor Helmut Schelsky das Referat. Sein Thema: *Bildung als soziale Macht*. Am Ende der Konferenz wird der Beschluß gefaßt, auf der Grundlage der Denkschrift *Hochschule in der modernen Gesellschaft* ein detailliertes Hochschulprogramm zu entwickeln.

24. Oktober 1953: In einem Kommentar der **Frankfurter Rundschau**, der sich mit der Bekanntgabe der Nobelpreisträger in Medizin, zwei aus Deutschland stammenden, in England und den USA forschenden Biochemikern, befaßt, erinnert Erich Lissner an die Vertreibung kritischer, vor allem jüdischer Wissenschaftler durch die Nazis: »Unsere jungen Studenten, die das Glück haben, etwa heute wieder in Frankfurt einen Professor Max Horkheimer oder einen Professor Theodor W. Adorno zu hören, können sich die trostlose Versteppung nicht vorstellen, die 1933 über die deutschen Universitäten hereinbrach.«[97]

12. November 1953: Nach zweijähriger Amtszeit als Rektor überreicht Professor Max Horkheimer in der Aula die goldene Kette an seinen Nachfolger, den Professor für Dermatologie Oscar Gans. Bei dem Festakt sind auch der hessische Ministerpräsident Georg August Zinn (SPD), der Frankfurter Oberbürgermeister Walter Kolb (SPD) und der katholische Bischof von Limburg zugegen. In seinem Rechenschaftsbericht hat Horkheimer zuvor der Landesregierung und der Stadtverwaltung seinen Dank für die Hilfe, die er in seiner Amtszeit erfahren habe, ausgesprochen. Besorgt äußert er sich dabei über die zu geringe Anzahl von Ordinarien angesichts der ständig wachsenden Studentenzahlen. Man müsse sich ernstlich fragen, gibt er zu bedenken, ob die Universität noch ihre Aufgabe erfüllen könne, Studierende auszubilden, die der modernen Massengesellschaft Widerstand entgegenzusetzen in der Lage seien. Im Anschluß an die Rektoratsübergabe überreicht Oberbürgermeister Kolb im Namen des Magistrats Professor Horkheimer als Dank die Goethe-Plakette der Stadt Frankfurt. In der Urkunde heißt es, daß damit eine Persönlichkeit geehrt werden solle, die sich mit all ihren Kräften für den Aufstieg und die Erweiterung der Frankfurter Universität eingesetzt, sich in überragender Weise um den Wiederaufbau des Instituts für Sozialforschung verdient gemacht und erfolgreich Philosophie und Soziologie gelehrt habe.

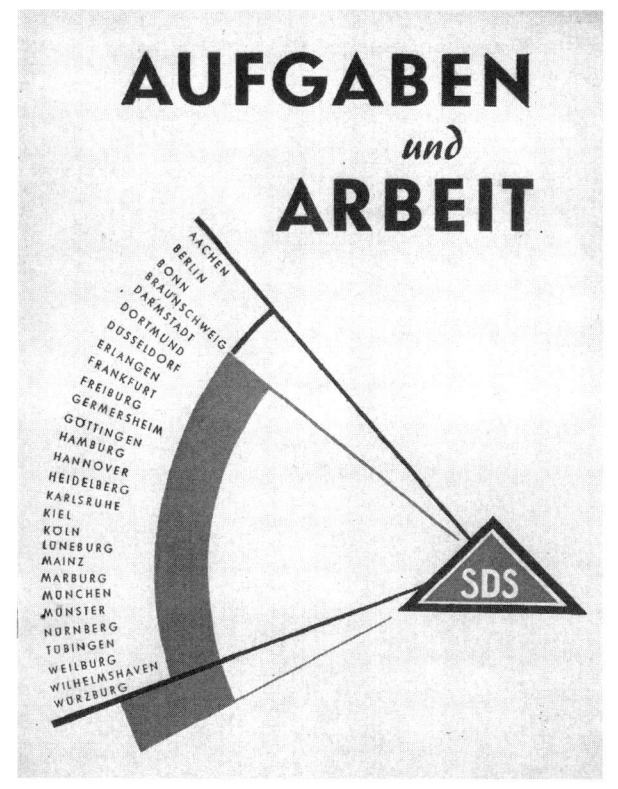

12.11.: Rektor Horkheimer mit Amtsnachfolger Gans (li.).

3.–6.10.: Titelblatt einer SDS-Broschüre.

November 1953

1954

22.5.: Studenten protestieren auf Wandzeitungen gegen Burschenschaftler.

4. Mai 1954: Auf dem in **München** stattfindenden **3. Deutschen Studententag** hält Max Horkheimer das Hauptreferat **Zum Begriff der Verantwortung**. Nach einer ausführlichen Kritik eines positivistisch restringierten Wissensbegriffs setzt er sich in moderater Weise mit der Renaissance der Korporationen an bundesdeutschen Universitäten auseinander. »Wie immer man zu ihren Auffassungen sich verhalten mag«, so gibt er zu Bedenken, »die Verbindungen mildern auch heute die krasse Isoliertheit, in der viele Studenten nicht nur beim Beginn ihres Studiums sich finden. Sie arbeiten jener trüben Resignation entgegen, in deren Klima geistige Verantwortung kaum entstehen kann. Aber damit erschöpfen sich nicht die Fragen, die das Verhältnis von Verantwortung und akademischen Verbindungen aufwirft ... Je ohnmächtiger das Ich des einzelnen sich heute weiß, je mehr ihm die Möglichkeit der Realisierung in der Praxis verbaut ist, desto mehr hat es das Bedürfnis, sich selbst zu bestätigen und zu erhöhen. Aus innerer Unsicherheit und Schwäche verlangt es nach einem Kollektiv, als dessen Teil es sich stark fühlen kann. Dem kommen die Verbindungen entgegen, nicht bloß durch die Aufnahme des Individuums in den eigenen Verband, sondern durch die Tradition vom starken Staat und nationalen Selbstbewußtsein, für die sie einstehen.«[98] Eindringlich warnt er vor der Überhöhung solch normativ gesetzter Leitbilder: »Volk und Staat in ihrer jeweiligen Gestalt sind nicht unmittelbar das Absolute, sondern endliche Größen und Mächte, die sich irren und ebenso das Falsche tun können wie das Gute und Heilvolle. Noch nicht einmal der dehnbare Begriff der Demokratie ist ein Maßstab, an den man sich halten kann, schon gar nicht aber das kollektive Selbstbewußtsein, dem sich die in ihrem Ich geschwächten Individuen so gerne überlassen wollen.«[99]

28. Mai 1954: 200 bis 300 Studenten haben sich abends auf den Treppen und in den Gängen des Studentenhauses versammelt, um mit Bierdeckeln, Papierhelmen und Juxbanderolen gegen eine Versammlung der im *Coburger Convent* zusammengeschlossenen schlagenden Verbindungen *Alsatia*, *Frankonia* und *Teutonia auf der Schanz* zu demonstrieren. Angekündigt ist ein Vortrag von Prorektor Max Horkheimer im Festsaal über **Die Verantwortung des Studenten gegenüber Volk und Staat**. Bereits am Morgen sind auf dem Campus Flugblätter verteilt worden, in denen Professoren und Studenten zu einer Schweigedemonstration gegen die Korporierten aufgerufen wurden. Als die ersten von ihnen im Studentenhaus eintreffen und trotz vorheriger Abmachung mit dem Rektorat in Farben erscheinen, werden sie von den ein Spalier bildenden Demonstranten mit Pfui-Rufen, Sprechchören und Spottgesängen wie »Wir wollen unseren alten Kaiser Wilhelm wieder haben« empfangen. Als einige versuchen, den Korporierten ihre Bänder von der Brust zu reißen, kommt es kurzzeitig zu einem Handgemenge. Horkheimer wendet sich bei seinem Eintreffen mit den Worten an die Demonstranten, auch er sei kein Freund farbentragender Korporationen. Doch »als geistiger Mensch« habe er nur seine Sprache, um Meinungsverschiedenheiten mit anderen Menschen auszutragen. Unter dem Beifall der Umstehenden erklärt er, daß in Zukunft auch bei geschlossenen Veranstaltungen das Farbentragen in den Räumen der Universität verboten sei. Man solle die symbolische Bedeutung des Farbentragens nicht überschätzen, und im übrigen gäbe es andere Stellen, an denen es sich mehr zu demonstrieren lohne. Sein Vortrag und die gesamte Veranstaltung im Festsaal des Studentenhauses laufen danach reibungslos ab.[100] Eine am Senckenberg-Museum in Bereitschaft stehende halbe Hundertschaft der Polizei braucht nicht einzugreifen. Lediglich eine besorgte Zimmerwirtin meldet sich am nächsten Morgen bei der Kriminalpolizei und erkundigt sich nach dem Verbleib des bei ihr untergebrachten Studenten. Dieser sei noch nie so spät nach Hause gekommen und da er nichts trinke, müsse ihm etwas zugestoßen sein. Der umsorgte Studiosus taucht jedoch schon bald wieder auf. Zusammen mit einigen Kommilitonen hat er bis in die Morgenstunden darüber diskutiert, ob Verbindungsstudenten an den Universitäten wieder Farben tragen dürften. – Initiator der Protestaktion war der SDS. Er wurde aktiv, weil weder der AStA noch das Studentenparlament in der Sache intervenieren wollten. Erst als die in einem Schreiben an Rektor und Prorektor gerichtete Bitte, den Vortrag abzusagen oder aber zumindest das Farbentragen zu untersagen, ohne Resonanz geblieben war, entschied man sich für die Schweigedemonstration.

1. September 1954: Nach nur wenigen Monaten Mitarbeit kündigt der 25jährige Soziologe Ralf Dahrendorf seine Stellung am Institut für Sozialforschung. – Als Grund für die Trennung führt Maidon Horkheimer ihrem Mann gegenüber an, angeblich hätten Dahrendorf nach der Abreise von Heinz Maus »alle möglichen und unmöglichen Nebenarbeiten zugeschoben« werden sollen.[101] – Dahrendorf hatte sich 1952 mit einer Dissertation zum Thema *Der Begriff des Gerechten im Denken von Karl Marx* an der Universität Hamburg promoviert und danach mit einer weiteren Dissertation über *Unskilled Labour in British Industry* an der London School of Economics den englischen Doktorgrad erworben. Er wechselt als Assistent an die Universität **Saarbrücken** über, wo er sich 1957 habilitiert.

2.9.: Franz Neumann (1900–1954).

2. September 1954: Im Krankenhaus von **Visp**, im schweizerischen Wallis gelegen, erliegt der 54jährige **Franz Neumann** seinen Verletzungen, die er sich kurz zuvor bei einem Autounfall zugezogen hat. – Der bedeutende marxistische Staats- und Rechtstheoretiker, der während des amerikanischen Exils einer der engsten Mitarbeiter des Instituts für Sozialforschung war, hatte nach seinem Ausscheiden aus den Diensten des US-Geheimdienstes OSS zeitweilig eine Lehrtätigkeit an der Freien Universität in West-Berlin wahrgenommen. Seine wichtigsten Schriften werden erst mit großer Zeitverzögerung in der Bundesrepublik rezipiert. Die Aufsatzsammlung »Demokratischer und autoritärer Staat« mit dem berühmten Text »Der Funktionswandel des Gesetzes im Recht der bürgerlichen Gesellschaft« erscheint 1967 zu Beginn der Studentenbewegung[102] und sein Hauptwerk über die Struktur des nationalsozialistischen Machtapparates, *Behemoth*, erst 33 Jahre nach der amerikanischen Erstveröffentlichung.[103] – Zur Trauerfeier am 4. September in **Vevey** am Genfer See ist von den früheren Institutskollegen Friedrich Pollock angereist. Seine Gedenkrede endet mit den Worten: »Wir, die wir nicht glücklich genug sind, an eine übernatürliche Kraft zu glauben, die einen solchen Schicksalsschlag wiedergutmachen könnte, haben keinen Trost. Das einzige Leben nach dem Tod, von dem wir wissen, ist in der Erinnerung derer, die dich lieben. Und das können wir dir versprechen: Solange, wie einer von uns überlebt, wirst du nicht vergessen werden. Good-bye Franz.«[104]

27.–29. Oktober 1954: In **Marburg** findet die **IX. Delegiertenkonferenz des SDS** statt. In seinem Einleitungsreferat macht der 1. Bundesvorsitzende der sozialistischen Studentenorganisation, Ulrich Lohmar, auf einen Generationenwechsel in den eigenen Reihen aufmerksam. Die Kriegsgeneration, die den SDS 1946 gegründet habe, sei ins Berufsleben eingestiegen. Inzwischen habe sich eine neue Generation in den Vordergrund geschoben. Zwei Drittel der nach Marburg gekommenen Studenten würden zum ersten Mal an einer solchen Zusammenkunft teilnehmen. Lohmar beklagt sich über den großen Zulauf, den die Korporationen an den Hochschulen erhalten. Die Attraktivität der Verbindungen erkläre sich aus den für die Studenten aus der Ämterpatronage der Alten Herren zu erwartenden Vorteile, aber auch aus dem Geselligkeit und gefühlsmäßige Sicherheit versprechenden Gemeinschaftsangebot. Damit könne der SDS, der in seiner politischen Arbeit auf rationale Einsicht aufbaue, nicht konkurrieren. In Anlehnung an die von Erich Ollenhauer am 7. Oktober im Bundestag für die SPD vertretene Position nehmen die Delegierten

---

97 Erich Lissner, Ins eigene Fleisch, in: Frankfurter Rundschau vom 24. Oktober 1953.
98 Max Horkheimer, Was heißt Verantwortung? In: Deutsche Studentenzeitung, München, 6. Mai 1954, Sonderausgabe, S. 4.
99 A.a.O.
100 Zur Berichterstattung siehe: Frankfurter Rundschau vom 28. und 29. Mai 1954; Frankfurter Allgemeine Zeitung vom 29. Mai 1954; Frankfurter Neue Presse vom 29. Mai 1954; Abendpost Nachtausgabe vom 29. Mai 1954; Der Tagesspiegel vom 30. Mai 1954; Die Welt am Sonntag vom 30. Mai 1954; Kieler Nachrichten vom 31. Mai 1954.
101 Max Horkheimer-Archiv der Stadt- und Universitätsbibliothek Frankfurt/Main XVIII 2.231.
102 Franz Neumann, Demokratischer und autoritärer Staat – Studien zur politischen Theorie, Frankfurt/Main 1967.
103 Franz Neumann, Behemoth – Struktur und Praxis des Nationalsozialismus 1933–1944, Frankfurt/Main 1977.
104 Friedrich Pollock am Grab von Franz Neumann, in: Rainer Erd (Hg.), Reform und Resignation – Gespräche über Franz L. Neumann, Frankfurt/Main 1985, S. 22.

mehrheitlich eine Entschließung an, in der die Wiederbewaffnung abgelehnt wird, um die Möglichkeiten zur Wiedervereinigung nicht zu verspielen. Statt dessen sollte die Bundesregierung Verhandlungen mit der Sowjetunion und der DDR aufnehmen, um über Fragen im Vorfeld einer möglichen Wiedervereinigung zu verhandeln. Außerdem verabschiedet die Delegiertenkonferenz die seit langem vorbereitete Denkschrift *Hochschule in der modernen Gesellschaft*, mit der eine demokratische Reform des Hochschulbereichs konzipiert wird.

30. Oktober 1954: Die beiden Freunde und Kollegen Friedrich Pollock und Max Horkheimer unterzeichnen in **Baden-Baden** ein persönliches Memorandum[105], in dem neben der Garantie eines Mindesteinkommens in Höhe von 15.000 Dollar für Horkheimer festgelegt wird, daß der gemeinsame Wohnsitz möglichst in der Schweiz oder anderswo in Europa liegen solle, Horkheimers hauptamtliche Lehrtätigkeit an der Universität mit dem Wintersemester 1954/55 beendet werden müsse, er sich zur selben Zeit vom Institut lösen und auch nicht als Herausgeber für eine Institutszeitschrift zur Verfügung stehen werde. – Nach einem bereits 1911 abgeschlossenen »Freundschaftsvertrag«, in dem niedergelegt ist, eine freundschaftliche Beziehung bis zum Tod aufrechterhalten zu wollen,[106] halten die beiden Freunde und Kollegen ihre Absichten und Pläne immer wieder in der Form von Memoranden fest.

6. November 1954: Mitglieder der *Falken*, der *Gewerkschafts-* und der *Naturfreundejugend* führen am Nachmittag einen Motorradkorso gegen die Wiederbewaffnung durch. Die Kette der Zündapp-, BMW-, Adler- und Viktoria-Kräder setzt sich vom Zoo aus über die Zeil in Richtung Innenstadt in Bewegung. Auf den Plakaten, die sich die Fahrer umgehängt haben, sind Parolen zu lesen wie: »Lieber ein Jahr verhandeln als einen Tag Krieg!«, »Mutter, hast Du Deinen Sohn fürs Massengrab großgezogen?!«, »Der nächste Krieg: Deutsche gegen Deutsche!«, »Wohnungen statt Kasernen« und »Denkt an 1945!«. Die Fahrt durch den Berufsverkehr löst überwiegend positive Reaktionen bei Passanten und anderen Verkehrsteilnehmern aus. Sie endet am Börneplatz.

15. November 1954: Unter starker Polizeipräsenz findet im Volksbildungsheim eine **Diskussionsveranstaltung mit Vertretern der »Dienststelle Blank«** über die Wiederbewaffnung statt. Da der Saal mit tausend Zuhörern bereits überfüllt ist und sich noch etwa 150 weitere zumeist junge Leute vom Eingang bis zum dritten Stock auf der Treppe drängen, entstehen an den Türen mehrfach Tumulte. Als die vergeblich Wartenden einer Aufforderung, die Treppe freizumachen, nicht nachkommen, räumt die Polizei mit unangemessener Härte das gesamte Treppenhaus. Ein 34jähriger Mann wird dabei wegen Widerstands gegen die Staatsgewalt festgenommen. Die Versammlungsleiterin Ursula Illing vom Seminar für Politik erklärt, daß nicht das »Ob«, sondern das »Wie« eines Wehrdienstes im Mittelpunkt der Debatte stehen solle. Von der »Dienststelle Blank« sind Heinz Karst, in Vertretung für den ursprünglich angekündigten Graf von Baudissin, und zwei Völkerrechtler erschienen. Nach einem Vortrag über die völkerrechtliche Stellung künftiger bundesdeutscher Soldaten nimmt die Diskussion jedoch einen völlig anderen Verlauf. Im Mittelpunkt der Auseinandersetzung steht das Recht auf Kriegsdienstverweigerung. Den Anstoß dazu gibt der Beitrag eines Kriegsversehrten. »Wenn ich noch mal«, ruft der vor Erregung bebende Mann in den Saal, »einen grauen oder braunen Rock anziehen muß, dann können Sie mit mir Ihr blaues Wunder erleben, meine Herren vom Amt Blank ... in Uniform habe ich keine Ehre mehr und auch kein Vaterland zu verteidigen. Bei der katastrophalen Kriegsopferversorgung und bei meinen kaputten Knochen nicht.«[107] Es mache ihm nichts mehr aus, wenn er in Uniform eingesperrt werde. Als Zivilist wolle er gern die Gesetze achten, nicht aber in Uniform. Ein Vertreter der »Dienstelle Blank« warnt davor, echte Kriegsdienstverweigerer mit »Drückebergern« zu verwechseln. Der Gewissenskonflikt des Kriegsdienstverweigerers müsse auf solche Fälle beschränkt werden, wo es »um tiefste Gewissenskonflikte« gehe, wie z.B. bei den *Zeugen Jehovas*. Wenn zu viele das im Grundgesetz verankerte Recht wahrnehmen würden, sei die Demokratie in Gefahr. Nach Beendigung der dreistündigen Diskussion bilden sich auf der Eschersheimer Landstraße vor dem Volksbildungsheim Menschentrauben, die dort bis weit nach Mitternacht ihre Gespräche fortsetzen.

11. Dezember 1954: Herbert Marcuse bittet Horkheimer brieflich um einen Rat. Ihr gemeinsamer Freund Jacob Taubes mache in seinen Vorlesungen an der in Cambridge im US-Bundesstaat Massachusetts gelegenen Harvard University ausgiebig von Aufsätzen aus der Zeitschrift für Sozialforschung, der *Dialektik der Aufklärung* und dem *Begriff der Vernunft* Gebrauch. Im wesentlichen gebe er die Ideen richtig wieder. Die Studenten seien begeistert. Taubes lese im größten Hörsaal, werde zu weiteren Vorlesungen eingeladen und habe sogar einen Ruf nach Princeton erhalten. Marcuse, der Taubes vergeblich darauf aufmerksam gemacht hat, daß Horkheimer keine Zitierung dieser Werke wünsche, fragt besorgt: »Ist diese Form des Fortlebens des Instituts begrüßenswert?«[108]

---

105 Max Horkheimer, Gesammelte Schriften Bd. 18: Briefwechsel 1949–1973, hrsg. von Gunzelin Schmid Noerr, Frankfurt/Main 1996, S. 282f.

106 Es heißt darin: »Unsere Freundschaft erachten wir als höchstes Gut. In dem Begriff Freundschaft ist ihre Dauer bis zum Tode eingeschlossen. Unser Handeln soll Ausdruck der Beziehung Freundschaft sein und jeder unserer Grundsätze nimmt in erster Linie diese Rücksicht.« Zit. nach: Helmut Gumnior / Rudolf Ringguth, Max Horkheimer in Selbstzeugnissen und Bilddokumenten, Reinbek 1973, S. 13/16.

107 Frankfurter Rundschau vom 17. November 1954.

108 Brief Herbert Marcuses an Max Horkheimer vom 11. Dezember 1954, Teilabdruck in: Max Horkheimer, Gesammelte Schriften Bd. 18: Briefwechsel 1949–1973, hrsg. von Gunzelin Schmid Noerr, Frankfurt/Main 1996, S. 287f.

1955

18.7.: Studenten demonstrieren mit einem Schweigemarsch für die Wiedervereinigung.

15.1.: Protestkundgebung gegen die Wiederbewaffnung auf dem Römerberg.

15. Januar 1955: Auf dem Römerberg versammeln sich am Samstagnachmittag 5.000 Menschen, um gegen die Ratifizierung der Pariser Verträge und die Einführung der allgemeinen Wehrpflicht zu protestieren. Ihr Symbol ist ein durchgekreuzter Stahlhelm mit der Aufforderung »Weg damit«. Zu der Kundgebung aufgerufen haben die *Gewerkschaftsjugend*, die *Naturfreundejugend*, die *Falken*, die *Jungsozialisten*, der SDS und die *Gruppe der Wehrdienstverweigerer* (GdW). Als erster Redner begründet der Sekretär der *Gewerkschaftsjugend*, Willi Kynast, noch einmal den Entschluß zum Protest. Die Diskussionen mit Vertretern der »Dienststelle Blank« seien fruchtlos verlaufen. Während sie nur noch über das Wie der Wiederbewaffnung hätten reden wollen, gehe es der Gewerkschaftsjugend um das Ob. Der Bundesvorsitzende der *IG Holz*, Heinz Seeger, vertritt nicht nur die Ansicht, daß eine Wiederaufrüstung zwangsläufig zu einem neuen Krieg führen müsse, sondern auch, daß eine Militarisierung der bundesdeutschen Gesellschaft demokratiefeindlich sei: »Von Weimar bis heute hat das Militär noch niemals den Schutz der Demokratie übernommen. Im Gegenteil, es hat den Weg für Faschismus und Krieg gebahnt! 40.000 bis 50.000 Berufsoffiziere soll es in der zukünftigen Wehrmacht geben. Wo kommen die denn her? Es sind doch die alten, dieselben, die schon einmal unsere Jugend ins Verderben geführt haben. Mit diesen Leuten will man eine Armee aufbauen, die die Demokratie schützen soll. Wenn jemand die Demokratie verteidigt hat, dann waren wir das. Wenn wir nicht gewesen wären, dann könnte man heute überhaupt nicht mehr von Parlamentarismus reden.«[109] Es sei besser monatelang zu verhandeln, als eine Stunde zu marschieren. Gegen den Willen der Arbeiterschaft und insbesondere der Jugend, ruft er unter dem Beifall der Zuhörer aus, werde es keine Wiederbewaffnung geben. Im Anschluß an die Kundgebung formieren sich die Teilnehmer zu einem Demonstrationszug durch die Innenstadt. An der Spitze fährt ein LKW, auf dem ein Transparent mit der Aufschrift »Aufrüstung ein Bombengeschäft – Fragt sich nur, für wen!« befestigt ist. Die Demonstranten rufen in Sprechchören immer wieder Parolen wie: »Blank mach deinen Laden zu, laß uns mit dem Kommiß in Ruh!«, »Wenn wir fest zusammenstehn – muß Adenauer stempeln gehn!«, »Wir wollen keine Amiwaffen, wir wollen für den Frieden schaffen!« und »Weder Volkspolizist – noch NATO-Armist«. Nachdem der Zug wieder zum Römer zurückgekehrt ist, kündigt Kynast an, daß dies keineswegs die letzte Demonstration gewesen sei. Wenn nötig, werde man auch nach Bonn marschieren. Zum Abschluß singen die Teilnehmer »Wann wir schreiten Seit an Seit ...«.

29. Januar 1955: Zu einer Kundgebung gegen die Pariser Verträge, die Remilitarisierung und Spaltung Deutschlands versammeln sich in der Paulskirche 1.000 Rüstungsgegner. Das Motto der von SPD und DGB gemeinsam initiierten Veranstaltung lautet: »Rettet Einheit, Frieden und Freiheit! Gegen Kommunismus und Nationalismus!« Die Reden, die von mehreren Rundfunkanstalten direkt übertragen werden, halten der SPD-Vorsitzende Erich Ollenhauer, der stellvertretende DGB-Vorsitzende Georg Reuter, der GVP-Vorsitzende Gustav Heinemann, der Heidelberger Soziologie-Professor Alfred Weber, der evangelische Theologe, Professor Helmut Gollwitzer, der katholische Religionsphilosoph, Professor Johannes Hessen, und der evangelische Pfarrer Ernst Lange. Unter den Zuhörern befindet sich auch eine Delegation des *Ausschusses für Deutsche Einheit*, die vom stellvertretenden Ministerpräsidenten der DDR, Hans Loch (LDPD), angeführt wird. Die Versammelten beschließen gemeinsam das **Deutsche Manifest**. Darin heißt es: »Die Aufstellung deutscher Streitkräfte in der Bundesrepublik und in der Sowjetzone muß die Chancen der Wiedervereinigung für unabsehbare Zeit auslöschen und die Spannung zwischen Ost und West verstärken ... Die Verständigung über eine Viermächtevereinbarung zur Wiedervereinigung muß vor der militärischen Blockbildung den Vorrang haben. Es können und müssen die Bedingungen gefunden werden, die für Deutschland und seine Nachbarn annehmbar sind, um durch Deutschlands Wiedervereinigung das friedliche Zusammenleben der Nationen Europas zu sichern.«[110] – Schon am Tage seiner Verabschiedung wird das *Deutsche Manifest* von einer großen Zahl namhafter Politiker, Gewerkschafter, Kirchenrepräsentanten, Wissenschaftler, Publizisten und Künstler unterzeichnet. – In allen Bundesländern wird mit der Auftaktveranstaltung in der Paulskirche eine Kampagne gestartet, in deren Verlauf zahlreiche Demonstrationen und Kundgebungen stattfinden. Tausende von Wiederbewaffnungsgegnern sammeln wochenlang Unterschriften, um eine Ratifizierung der Pariser Verträge zu verhindern. Allein in Bayern unterzeichnen in den ersten drei Wochen über 250.000 Menschen das Manifest.

12. Februar 1955: In der **Frankfurter Allgemeinen Zeitung** erscheint zum 60. Geburtstag Max Horkheimers eine von Theodor W. Adorno verfaßte biographische Würdigung. »Was er eigentlich meint«, schreibt Adorno, »schießt weit über das objektive Werk hinaus; diesem mißtraut er in einer historischen Stunde, in der kaum ein Gedanke mehr sein Recht hat, wofern er nicht dem innersten Gehalt nach auf seine Verwirklichung zielt. Die Gewalt des Pädagogen Horkheimer über seine Schüler, über Menschen überhaupt, rührt von dieser Komplexion seines Denkens her. Sie hat sich zugleich sein ganzes Leben lang in der tatkräftigsten Hilfsbereitschaft bewährt. Er hat nie abgelassen von der Hoffnung, daß es gut werde, und verantwortlich danach gehandelt; nichts Destruktives ist seiner Art von Freiheit gesellt.«[111]

12. Februar 1955: Auf dem Römerberg versammeln sich am Samstagnachmittag 5.000 Menschen zu einer Protestkundgebung gegen die Wiederaufrüstung. Zu der Veranstaltung, die die Ziele des am 29. Januar in der Paulskirche verkündeten *Deutschen Manifests* vertritt, haben SPD, DGB, die *Sozialistische Jugend - Die Falken*, die *Gewerkschaftsjugend*, die *Deutsche Friedensgesellschaft* (DFG), der SDS, die *Jungsozialisten*, die *Naturfreundejugend*, die *Gruppe der Wehr-*

---

109 Die Tat vom 29. Januar 1955, 6. Jg., Nr. 5, S. 2.
110 Archiv der Gegenwart vom 29. Januar 1955, XXV. Jg., S. 4984.
111 Theodor W. Adorno, Max Horkheimer – Zum sechzigsten Geburtstag, in: Frankfurter Allgemeine Zeitung vom 12. Februar 1955.

dienstverweigerer (GdW), das *Frankfurter Friedenskartell* und fünf Geistliche aufgerufen. Als Redner treten die sozialdemokratischen Bundestagsabgeordneten Lucie Beyer und Willi Birkelbach sowie der evangelische Pfarrer Robert Berger auf. »Diese Kundgebung«, ruft Birkelbach der Menge zu, »beweist erneut den Willen der Bevölkerung. Die überwiegende Mehrheit der Bevölkerung lehnt die Wiederaufrüstung ab und begrüßt das Manifest der Paulskirche als einzigen Ausweg aus der gegenwärtigen Krise. Es gilt, das Gewissen eines jeden Einzelnen aufzurütteln ... Wir haben eine andere Vorstellung von Demokratie als der Herr Bundeskanzler, und er kann versichert sein, daß wir uns das Recht auf freie Meinungsäußerung nicht nehmen lassen. Das möge sich«, fügt Birkelbach am Ende noch hinzu, »Adenauer merken: Niemals werden wir uns mit der Spaltung Deutschlands abfinden.«[112] An dem nachfolgenden Demonstrationszug durch die Innenstadt beteiligen sich nach Angaben der Polizei über 6.000 Menschen. In Sprechchören hallt es durch die Straßen: »Die Jugend von Hessen kämpft nicht für fremde Interessen!«, »Wir wollen keine Kasernen, wir wollen Schulen zum Lernen!«, »Wir brauchen einen Vogelbauer für den Konrad Adenauer!« und »Keinen Mann und keinen Groschen für Adenauers Kriegsgaloschen!«

25. Februar 1955: Theodor W. Adorno hält im Studentenhaus im Rahmen des *Collegiums Studentischer Club* einen Vortrag zur Frage **Wozu Philosophie heute?**.

12./13. April 1955: Der **SDS** veranstaltet in der Mensa der Freien Universität in **West-Berlin** eine **außerordentliche Delegiertenkonferenz**. Hauptthemen sind die Fortführung des Kampfes gegen die Wiederaufrüstung nach der Ratifizierung der Pariser Verträge durch den Bundestag, Möglichkeiten einer realistischen Wiedervereinigungspolitik und die Haltung im Ost-West-Konflikt. Der Organisator der traditionellen Berliner SDS-Ostertagungen, Egon Erwin Müller, befürchtet wegen verschiedener Vorkommnisse eine kommunistische Infiltration und lehnt deshalb jeden Kontakt zu staatlichen Organisationen der DDR wie z. B. der FDJ ab. »Kommunistische Politik«, appelliert er an die Delegierten, »ist und war Köder-Politik! Die Erfahrung langer Jahre zeigt, daß sie sich an keine Vereinbarung mit demokratischen Organisationen gehalten hat. Ihre Methoden in der Politik sind die eines Dschungelkrieges ... Der SDS ist das schwächste Glied der sozialistischen Bewegung. Hier sind Einbruchsmöglichkeiten und Einbruchsstellen, die gut ausgenutzt werden können. Der Beschluß der FDJ ist ja bekannt: Alle mit ihnen in Verbindung stehenden Studenten sollen dem SDS beitreten. Damit sie die Möglichkeit haben, in unseren Verband einzugreifen, versuchen sie, bestimmte Leute zu stützen und so ihre Politik weiterzubetreiben. Meiner Ansicht nach sollten wir grundsätzlich jeden Kontakt zwischen dem SDS als Organisation und der FDJ als Organisation ablehnen!«[113] Mit einer »Grundsatzerklärung des SDS zu Ost-West-Kontakten«, die bei zehn Enthaltungen mit 50:2 Stimmen angenommen wird, macht sich der Verband das Plädoyer zu eigen und legt das Verhältnis seiner Mitglieder zu SED-Organisationen verbindlich fest. »Zwischen dem freiheitlichen Sozialismus und dem Leninismus-Stalinismus«, heißt es darin, »gibt es keine politische Gemeinsamkeit. Zwischen dem SDS als Organisation und stalinistischen Organisationen gibt es keine Gleichheit, weder in der politischen Methode noch in der politischen Praxis. Für den SDS als Organisation sind die stalinistischen Organisationen weder Gesprächs- noch Verhandlungspartner. Oberstes Ziel sozialistischer Politik ist es, den Menschen von allen Formen geistiger, politischer und ökonomischer Abhängigkeit zu befreien. Sozialistische Politik geht vom Menschen aus. Der SDS sieht es daher als seine Aufgabe an, solange die Spaltung Deutschlands andauert, die Verbindung zwischen den Menschen in beiden Teilen Deutschlands zu erhalten, zu verstärken und zu erweitern ...«[114] SDS-Mitglieder sollen in Zukunft neben Privatkontakten und Einzelstudienreisen, die in das freie Ermessen jedes Einzelnen gestellt werden, Gruppenstudienreisen nur noch mit Mitgliedern aus anderen Organisationen antreten, um den Eindruck zu vermeiden, daß es spezifische Kontakte zwischen dem SDS und Organisationen der SED gebe. Zur »Wahrung der politischen und organisatorischen Einheit« werden die Mitglieder außerdem verpflichtet, den jeweiligen Gruppenvorsitzenden und den Bundesvorstand von geplanten Reisen zu informieren, jede publizistische Auswertung zu unterlassen, keine öffentlichen Erklärungen darüber abzugeben und keine Vereinbarungen oder Absprachen zu treffen. Zu den Unterzeichnern der Erklärung gehören die Bundesvorsitzenden Ulrich Lohmar und Claus Arndt sowie als Delegierte der FU-Hochschulgruppe, Klaus Meschkat, Michael Mauke und Lutz Meunier.

April: Forschergruppe des Instituts: Ludwig von Friedeburg (g. li.), Max Horkheimer und Theodor W. Adorno (Mitte).

April 1955: Als zweiter Band der *Frankfurter Beiträge zur Soziologie* erscheint in der Europäischen Verlagsanstalt unter dem leicht irreführenden Titel **Gruppenexperiment** eine Studie über das politische Bewußtsein der Westdeutschen. Die mit finanzieller Unterstützung des amerikanischen Hochkommissariats bereits im Spätsommer 1950 begonnene Untersuchung will die Einstellung der deutschen Bevölkerung zur Demokratie, zu den Besatzungsmächten, zum Nationalsozialismus, zu Krieg, Konzentrationslagern, Kriegsverbrechen und zur Vernichtung der europäischen Juden herausarbeiten. Dazu wurde im Winter 1950/51 eine Pilotstudie in den Stadt- und Landbezirken von Hamburg, Frankfurt, München und Augsburg durchgeführt, an der 1.851 Personen aller Bevölkerungsschichten beteiligt waren. In Gruppen von jeweils acht bis sechzehn Teilnehmern diskutierten sie über die genannten Themen. Die Protokolle wurden zunächst quantitativ ausgewertet und dann in einer qualitativen Inhaltsanalyse interpretiert. Das umfangreichste und in seinen theoretischen Extrapolationen weitgehendste Kapitel hat Theodor W. Adorno verfaßt. Es trägt den Titel *Schuld und Abwehr* und analysiert die psychologischen Mechanismen, derer sich die Deutschen bedienen, um mit ihren Schuldgefühlen fertig zu werden. Adorno führt ein ganzes Arsenal an Schuldabwehrmechanismen auf, mit dem die tiefsitzende narzißtische Kränkung, die der Zusammenbruch des NS-Regimes hervorgerufen hat, zu kompensieren versucht wird. Durch Leugnung, Verschiebung, Verkehrung, Projektion und Rationalisierung werden die störenden Elemente der historischen Wahrheit bearbeitet, umgewandelt, beschnitten oder gar beseitigt, um die Kollektividentifikation weiter aufrechterhalten zu können. »Was fortlebt«, lautet eine der Schlußfolgerungen, »sind faschistische Thesen, die sich der Momente entäußert haben, die von den Versuchsteilnehmern als allzu anstößig empfunden werden ... Oft finden die Versuchsteilnehmer einen Kompromiß von der Art, daß sie – wie es etwa in der neofaschistischen Literatur geschieht – den vorgeblich idealen Kern des Nationalsozialismus vom Mißbrauch oder die rühmliche Frühzeit der Hitlerdiktatur von der späteren ›Entartung‹ unterscheiden.«[115] Die Tatsache, daß sich kaum noch jemand direkt zur Judenvernichtung oder anderen NS-Verbrechen bekenne, dürfe keineswegs als Zeichen für einen Einstellungswandel gedeutet werden. Was sich verändere, sei lediglich der Grad an Deutlichkeit, mit dem die Nachkriegsdeutschen es wagten, mit ihrer wirklichen Meinung ans Licht zu treten. Ihre Zugeständnisse an die neuen Machtverhältnisse besäßen die Qualität einer bloßen Kosmetik.

---

112 Die Tat vom 19. Februar 1955, 6. Jg., Nr. 8, S. 4.
113 Protokoll der außerordentlichen Bundesdelegiertenkonferenz des SDS in West-Berlin, 12./13. April 1955, S. 9 (Typoskript), im Archiv der Friedrich-Ebert-Stiftung, Bonn.
114 A.a.O., S. 50f.
115 Institut für Sozialforschung (Hg.), Gruppenexperiment – Ein Studienbericht, Frankfurt/Main 1955, S. 377.

2. Mai 1955: Zum wiederholten Male muß sich vor dem Frankfurter Landgericht der Angeklagte Gerhart Friedrich Peters wegen der Lieferung des zur Massentötung benutzten Blausäurepräparats Zyklon B an das Konzentrationslager Auschwitz verantworten. Peters, der geschäftsführender Direktor der Firma Degesch war, der alleinigen Herstellerin von Zyklon B, ist bereits am 28. März 1949 wegen »Beihilfe zum Totschlag« zu einer fünfjährigen Zuchthausstrafe verurteilt worden. Nach mehreren Revisionen, zuletzt durch ein Urteil des Bundesgerichtshof vom 23. November 1951, hat Peters nun eine Wiederaufnahme des Verfahrens erreicht. Während die ersten sieben Gerichte in den bisherigen Verfahren mit Selbstverständlichkeit davon ausgegangen waren, daß die gelieferten Giftmengen auch zur Ermordung der in der übergroßen Mehrheit jüdischen Häftlinge benutzt worden seien, zieht das Landgericht den Schluß, daß sich nach den Wahrnehmungen der bei den Vergasungen anwesenden Zeugen nicht zwingend »auf die Verwendung gerade des von dem Angeklagten gelieferten Zyklons« folgern lasse. Das Gericht gelangt unter dieser Voraussetzung schließlich zu dem Schluß, »... daß der Angeklagte nicht wegen Beihilfe zur Tötung verurteilt werden konnte. Da das Verbrechen der Tötung, zu dessen Begehung der Angeklagte Beihilfe geleistet hat, nicht zur Ausführung gelangt ist, erfüllt sein Handeln den Tatbestand der sog. erfolglosen Beihilfe.«[116] Da nun aber wiederum dieser »Tatbestand« als Delikt durch das Dritte Strafrechtsänderungsgesetz aus dem Jahre 1953 gestrichen worden ist, sieht sich das Gericht, so seine letzte Schlußfolgerung, gezwungen, den Angeklagten freizusprechen. – Nach Angaben des 1947 in Polen hingerichteten früheren Lagerkommandanten von Auschwitz, Rudolf Höß, sind mit dem von der Degesch gelieferten Blausäurepräparat etwa 2,5 Millionen Menschen umgebracht worden. – Der *Zenralrat der Juden in Deutschland* protestiert beim Generalstaatsanwalt gegen den Freispruch von Peters und fordert eine Revision des Urteils. »Die Strafverfolgungsbehörden«, heißt es in seiner von der **Allgemeinen Wochenzeitung der Juden in Deutschland** am 3. Juni verbreiteten Stellungnahme, »hat es nicht für nötig erachtet, sich mit jüdischen Instanzen in Deutschland in Verbindung zu setzen, um durch ihre Vermittlung in sachgemäßer Umfrage bei ehemaligen Auschwitz-Häftlingen zu prüfen, ob etwas über die Verwendung des Zyklon B in diesem Vernichtungslager bekannt war. Dagegen wurden zügellose Angriffe eines Verteidigers gegen die internationale Gerichtsbarkeit gehört, der im Gerichtssaal davon sprechen durfte, daß durch die internationalen Richter, deren Aufgabe die Sühne von Menschlichkeitsverbrechen war, ›die Justiz zu einer Hure‹ herabgewürdigt worden sei. Diese Vorgänge rücken die Wahrscheinlichkeit nahe, daß in absehbarer Zeit im Hinblick auf die an den Juden verübten Verbrechen der Satz aufgestellt werden wird: ›Nicht der Mörder, sondern der Ermordete ist schuldig.‹«[117]

18.7.: Demonstrationsaufruf vor dem Institutsgebäude.

18.7.: Viermächtekonferenz in Genf (v. l. n. r.): Bulganin (UdSSR), Eisenhower (USA), Faure (Frankreich) und Eden (Großbritannien).

18.7.: Die drei AStA-Vorsitzenden (v.l.n.r.) Westphal, Sauer und Hartmann an der Spitze des Demonstrationszuges.

18. Juli 1955: Aus Anlaß des Beginns der Genfer Gipfelkonferenz ziehen 2.000 Studenten und Dozenten zum Römerberg, um für die Wiedervereinigung zu demonstrieren. Die meisten Hörsäle stehen an dem Montagnachmittag leer. Viele Professoren haben ihre Veranstaltungen ausfallen lassen und beteiligen sich selbst an dem Schweigemarsch, zu dem der AStA aufgerufen hat. Der Umzug führt in dichtgestaffelten, fast an militärische Disziplin erinnernden Reihen über die Bockenheimer Landstraße zum Opernplatz, über den Anlagenring zum Schauspielhaus und schließlich über die Weißfrauen- und Braubachstraße zum Römerberg. Auf der Abschlußkundgebung spricht zunächst der AStA-Vorsitzende Dieter Sauer. »Wir wollen nie vergessen«, faßt er die Ziele des Protestmarsches zusammen, »daß wir als Studenten die besondere Verpflichtung haben, für die Wiedervereinigung unseres Vaterlandes in Freiheit einzutreten.«[118] Er verliest den Text eines Telegramms, das sich mit der Aufforderung an die vier in Genf versammelten Regierungschefs richtet, die Wiedervereinigung Deutschlands »als den wichtigsten Tagesordnungspunkt« zu behandeln. Rektor Professor Fritz Neumark betont anschließend, daß der Protest ohne die Spur eines aggressiven Nationalismus erfolge. Die Studenten hätten bewußt die Form des Schweigemarsches gewählt, um dadurch ihrem Ziel der deutschen Einheit in würdiger Weise Ausdruck zu verleihen.

24. Juli 1955: Mehrere hundert Medizinstudenten demonstrieren gegen die von der Bundesregierung geplante Approbationsordnung. Auf den Pappschildern der in weißen Kitteln durch die Straßen ziehenden Studenten sind Parolen zu lesen wie: »Keine weiteren sozialen Härten« und »Paragraphen legalisieren unsere Not«.

1. August 1955: Auf einer Pressekonferenz geben Max Horkheimer und Theodor W. Adorno einen Überblick über die Arbeitsergebnisse und Projekte des von ihnen geleiteten Instituts für Sozialforschung. Besonders hervorgehoben wird dabei die im Frühjahr erschienene Studie **Gruppenexperiment**.

---

116 Zit. nach: Jörg Friedrich, Die kalte Amnestie – NS-Täter in der Bundesrepublik, Frankfurt/Main 1984, S. 212.
117 Allgemeine Wochenzeitung der Juden in Deutschland vom 3. Juni 1955, 10. Jg., Nr. 9, S. 1.
118 Frankfurter Rundschau vom 19. Juli 1955.

Oktober 1955: Der 21jährige Oskar Negt wechselt von **Göttingen** nach **Frankfurt** über, um dort Philosophie zu studieren. Er besucht von Anfang an Veranstaltungen von Horkheimer und Adorno. – 1956 wird er Mitglied im SDS.

11. Oktober 1955: Aus Protest gegen die Veröffentlichung und Ausstellung nationalsozialistischer Literatur greift eine Gruppe von Verlegern zur »Selbsthilfe« und entfernt auf der Buchmesse die ausliegenden Publikationen des von Erika Schlüter geleiteten rechtsradikalen Plesse Verlags. – In dem 1950 von dem Ehepaar Leonhard und Erika Schlüter mit Waldemar Schütz gemeinsam gegründeten Göttinger Verlag sind nazistische und militaristische Texte von Hans Grimm, Heinz Guderian, Hans-Ulrich Rudel, Paul Hausser, Erich Kernmayr, Felix Steiner und anderen durch ihre NS-Vergangenheit berüchtigten Autoren erschienen. Der Rechtsradikale Schlüter hatte zuletzt für Aufsehen gesorgt, weil es ihm als FDP-Politiker gelungen war, niedersächsischer Kultusminister zu werden. Es hatte erst der Rücktritte von Universitätsrektoren, einer studentischen Protestbewegung und geharnischter Protestschreiben international renommierter Wissenschaftler bedurft, um den Mann, der sich inzwischen mit der »Göttinger Verlagsanstalt« selbständig gemacht hat, aus seinem Amt zu entfernen.

November 1955: Unter der Leitung von Kurt H. Wolff von der Ohio-State-University hat eine Forschergruppe des Instituts für Sozialforschung den Erfolg bzw. Mißerfolg der Entnazifizierung untersucht. Die Studie über die **Auswirkungen der Entnazifizierung auf kleine und mittlere Gemeinden in den drei Zonen der Bundesrepublik** ist Teil eines umfassenderen Projekts der amerikanischen »John Hopkins University«, das in entsprechender Weise auch in Italien und Japan, den beiden ehemaligen Verbündeten NS-Deutschlands, durchgeführt und von John Montgomery koordiniert wird. Das Ergebnis der 1953 von den Institutsmitarbeitern begonnenen Teilstudie lautet: »Die Entnazifizierung gehört zu den folgenreichsten Ereignissen der deutschen Nachkriegsgeschichte. Ihre äußeren Wirkungen allerdings sind gering.«[119] Insgesamt wurden 176 Personen im gesamten Bundesgebiet von zwölf Interviewern nach ihrer Meinung zur Entnazifizierung befragt. Nur sieben befürworten sie im Grundsatz. Kein einziger äußerte ein positives Urteil über ihre Wirkungen. Denunziantentum und Heuchelei, Verbitterung und Haß seien hervorgerufen worden. Der Tenor lautete, die Kleinen seien »gehenkt«, die Großen aber laufengelassen worden. Auf die Hauptfrage, welche Veränderungen das kommunale Leben durch die Entnazifizierungsmaßnahmen erlitten habe, antwortet der an der Untersuchung beteiligte Mitherausgeber der *Frankfurter Hefte*, Walter Dirks: »In allen untersuchten Orten hat sich nichts wesentlich geändert. Entweder sind die alten Zustände mittlerweile wiederhergestellt, oder aber die Folgeerscheinungen sind inzwischen kompensiert oder überdeckt worden. Die Entnazifizierung hat im Endeffekt keinen entscheidenden Einfluß etwa auf die Personalpolitik der behördlichen und privaten Arbeitgeber, auf wirtschaftliche Chancen, auf Ruf und Ansehen in der deutschen Öffentlichkeit gehabt.«[120]

8. November 1955: Zur Eröffnung einer Vortragsreihe der *Jüdischen Gemeinde* referiert Max Horkheimer in der Aula des Philanthropin über **Das Vorurteil**. Aufgrund einer noch nicht abgeschlossenen Untersuchung des Instituts für Sozialforschung vertritt er dabei die Ansicht, daß der Rassenhaß eine »Seuche« sei, die wissenschaftlich nicht nur ergründet, sondern auch bekämpft werden könne. Da erst die Erziehung die Vorurteilsbildung und den Rassismus wecke, könne auch eine veränderte Erziehung die Entstehung dieser destruktiven Verhaltensmuster verhindern. So habe man beispielsweise herausgefunden, daß viele derjenigen, die Widerstand gegen das NS-Regime geübt hätten, aus Familien kämen, in denen die Väter nicht gestraft hätten und die Mütter besonders liebesfähig gewesen seien. »Freiheit von Angst« sei deshalb Ziel jeglicher Erziehung. Denn durch das Auftreten von Angstgefühlen entstehe die Tendenz, die eigene Schwäche auf andere abschieben zu wollen und sie damit zu Objekten der eigenen Vorurteile zu machen.

23. November 1955: In einem weiteren Memorandum beschließen Friedrich Pollock und Max Horkheimer »endgültig«, ihren Wohnsitz künftig auf Dauer in der Schweiz zu nehmen.

---

119 Zit. nach: Die mißlungene Entnazifizierung, in: Wittlicher Tageblatt vom 29. November 1955.
120 A.a.O.; vgl. auch: Walter Dirks, Folgen der Entnazifizierung – Ihre Auswirkung in kleinen und mittleren Gemeinden der drei westlichen Zonen, in: Sociologica-Aufsätze, Max Horkheimer zum sechzigsten Geburtstag gewidmet, Frankfurt/Main 1955, S. 445–470.

1956

Mai: Theodor W. Adorno mit Mitarbeitern im Institut für Sozialforschung, 2.v.li. Hermann Schweppenhäuser.

18.1.: Veranstaltungsplakate der Frankfurter SDS-Gruppe.

18. Januar 1956: Bundesinnenminister Gerhard Schröder (CDU) teilt in **Bonn** mit, daß dem *Sozialistischen Deutschen Studentenbund* (SDS) jede weitere Zahlung von Geldern gesperrt worden sei, die er bislang aus dem Fonds des Bundesjugendplanes erhalten hat. Begründet wird die Maßnahme damit, daß der ehemalige SDS-Bundesvorsitzende Ulrich Lohmar im Juli-Heft 1955 des SDS-Bundesorgans *Standpunkt* unter der Überschrift *Der Kanzler will es* den Bundestag mit den Worten verunglimpft habe: »Das gegenwärtige Treiben der Bonner Politiker ist ein einziger Schildbürgerstreich. Dieses Parlament der Ja-Sager ist keine verantwortliche Volksvertretung mehr; es ist dies selbst dann nicht, wenn man zugibt, daß die Mehrheit der Bevölkerung hinter der Mehrheit des Bundestages steht. Die Aufgabe der Volksvertreter ist es nicht, immer das zu tun, was die Dümmsten für richtig halten.«[121] Dem Bundesvorstand des SDS wird mitgeteilt, daß eine Förderung erst dann wieder fortgesetzt werden könne, wenn der Studentenverband von dieser »Verunglimpfung der deutschen Volksvertretung« abrücke. Der SDS soll, heißt es weiter, aus Mitteln des Bundesjugendplanes von 1951 bis 1954 insgesamt 42.310 DM erhalten haben. Für das Jahr 1955 seien 15.000 DM bewilligt und bis zum Juli 8.000 DM ausgezahlt worden. – Der für Hochschulfragen zuständige Referent im Bundesinnenministerium, Ministerialrat Karl Friedrich Scheidemann, hatte dem neuen SDS-Bundesvorsitzenden Otto Fichtner bereits im November 1955 bei dessen Besuch im **Bonn**er Ministerium erklärt, daß dem SDS die Förderungsmittel gesperrt worden seien. Als Gründe hatte er neben Lohmars Artikel im SDS-Bundesorgan einen Artikel im Pressedienst der SPD, in dem Kritik an der Mittelverteilung aus dem Kulturfonds der Abteilung III des Bundesinnenministeriums geübt worden sei, und einen Beschluß auf der X. SDS-Delegiertenkonferenz im Oktober 1954 in Göttingen genannt, durch den die Mitglieder aufgefordert worden waren, den Wehrdienst nur dann abzuleisten, wenn sie sich aus Gewissensgründen dazu verpflichtet fühlten. – Die SDS-Hochschulgruppe in **Frankfurt** protestiert auf einer Mitgliederversammlung sofort nach Bekanntwerden gegen die staatliche Mittelsperre. In der von den Vorsitzenden Herbert Klingler, Erika Adam und Heinz Brakemeier unterzeichneten Entschließung heißt es, der SDS habe weder gegen das Grundgesetz noch gegen andere allgemeine demokratische Grundsätze verstoßen. Die Maßnahme der Bundesregierung stehe offensichtlich in einem Zusammenhang mit der Wiederaufrüstung. Man befürchte nun, daß der Bundesjugendplan vom Wehretat geschluckt werde. – Auf einer Pressekonferenz in **Bonn** bekräftigt Bundesinnenminister Gerhard Schröder am 19. Januar noch einmal seine Entscheidung, dem SDS keine Mittel aus dem Bundesjugendplan mehr zur Verfügung zu stellen. Solange der Studentenverband nicht von seiner »Verunglimpfung des Bundestages« abrücke, werde er auch keine Zuwendungen mehr erhalten.

```
                                    BONN, den  1. 3. 56.
                                    Jagdweg 2
                                    Telefon 3 4023
Presseinformation Nr.               neue Anschrift:
                                    Riegelerstraße 10
Sehr geehrte Redaktion!
Die Pressestelle des Sozialistischen Deutschen Studentenbundes stellt Ihnen die nachfolgende Information zur be-
liebigen Verwendung zur Verfügung. Bei Abdruck bitten wir um die Übersendung eines Belegexemplars. Vielen Dank.


        Offener Brief an den Bundesinnenminister.

Sehr geehrter Herr Minister !

In der Auseinadersetzung um die von Ihnen verfügte Sperrung der
Bundesjugendplanmittel für den Sozialistischen Deutschen Studen-
tenbund ist von Mitarbeitern Ihres Hauses ständig und mit Nach-
druck der Vorwurf erhoben worden, die sozialistischen Studenten
hätten mit einem Artikel in ihrem Bundesorgan "den zum Funktio-
nieren des freiheitlichen demokratischen Lebens unerlässlichen
politischen Takt" gröblich verletzt.
Diese Begründung für eine so schwerwiegende politische Massnahme
ist nicht nur in der Studentenschaft, sondern in der gesamten
Öffentlichkeit scharf missbilligt worden.
Aus der Tatsache, dass die Sperrung der Mittel noch nicht auf-
gehoben ist, dürfen wir folgern, dass Sie, trotz der mehrfachen
Interventionen anderer demokratischer Verbände, an dieser Be-
gründung auch heute noch festhalten.
Wir haben seit kurzem jedoch begründete Zweifel daran, dass die
durch Ihr Haus erfolgte "Belehrung" der unparteiischen Beobach-
tung des politischen Taktes gegolten hat. Wir müssen vielmehr
annehmen, dass eine Beschneidung der Meinungsfreiheit des poli-
tischen Gegners beabsichtigt war.
Uns ist nämlich bekanntgeworden, dass in Amtszimmer des Leiters
des Bundesgrenzschutzes-See in Ihrem Hause als einziger Wand-
schmuck ein Bild des letzten Reichskanzlers im Nazi-Reich, Dönitz,
hängt, eines Mannes, der zu den untertänigsten Helfern Hitlers
gehörte und dessen antisemitische Äusserungen ihn als einen unbe-
lehrbaren Gefolgsmann eines verbrecherischen Regimes kennzeichnen.
   Sie haben dem Sozialistischen Deutschen Studentenbund gegen-
über erklären lassen: "...Die Beobachtung der Regeln des politi-
schen Stils kann und muss als der unparteiischen Institu-
tion, die für das gute Recht aller politischen Richtungen ver-
antwortlich ist, gefordert werden ...".
Wir fordern Sie auf, Herr Minister, auch in Ihrem eigenen Hause
für die Beobachtung der Regeln des politischen Stils Sorge zu
tragen. Wir müssen sonst argwöhnen, dass die in dem geschilderten
Vorfall zum Ausdruck gekommene Haltung von Ihnen als "das gute
Recht einer politischen Richtung" anerkannt wird.
Sie werden verstehen, dass die von Ihnen gehandhabte unterschied-
liche Bewertung des politischen Stils von grösster Bedeutung für
die Beurteilung unserer Auseinandersetzung um die Mittelsperre
ist und uns veranlasst, diesen Brief der Öffentlichkeit zu über-
geben.

                Mit vorzüglicher Hochachtung !
                Sozialistischer Deutscher Studentenbund

                        gez. Otto Pichtner
                        Bundesvorsitzender
```

21. Januar 1956: Die Polizei nimmt mehrere Jugendliche fest, die in der Innenstadt Handzettel gegen die Wehrpflicht verteilen. Zur Begründung heißt es, die Wehrdienstgegner hätten gegen die Straßenverkehrsordnung und das Versammlungsgesetz verstoßen. Die jungen Leute haben unter dem Motto »Aufrüstung führt zum Krieg!« zur Teilnahme an einer Kundgebung aufgerufen, die fünf Tage später stattfinden soll.

28. Januar 1956: Fünf Jugendorganisationen gründen eine **Aktionsgemeinschaft gegen die Remilitarisierung**. Ihr gehören an die *Sozialistische Jugend Deutschlands – Die Falken*, die *Internationale der Kriegsdienstgegner* (IdK), die *Jungsozialisten*, die *Naturfreundejugend* und der *Sozialistische Deutsche Studentenbund* (SDS). In einer Erklärung, mit der sie zur »außerparlamentarischen Aktion« gegen die Wehrpflicht aufrufen, heißt es: »Noch niemals hat ein Krieg Probleme lösen können. Denn keine Ungerechtigkeit kann durch größere Ungerechtigkeiten ausgelöscht werden, kein Massenmord kann durch größeres, allgemeines Morden gesühnt werden; kein Haß wird durch größeren Haß in Verständigungsbereitschaft umgewandelt. Kriege haben stets nur neue Probleme geschaffen, die man dann wieder durch Kriege vergeblich zu lösen versucht hat. Heute muß dieser widersinnige Kreislauf aufhören. Denn seit der Erfindung der Atombombe steht fest, daß jeder Krieg unermeßliche Schäden anrichtet... Wir verlangen, daß unsere Gewissensentscheidung, die Ablehnung des Krieges und jedes Wehrdienstes, anerkannt wird. Die Haltung, Ersatzdienst leisten zu wollen, lehnen wir ab. Es ist unmoralisch, an unserer Stelle andere zu Mördern und Unterdrückern werden zu lassen. Jeder Mensch muß aktiv den Frieden, die Verständigung unter den Völkern und die Abwendung von Not unterstützen.«[122]

Mai 1956: Auf einer Kommissionssitzung der Philosophischen Fakultät kommt es zu einem Zwischenfall. Als der Dekan Gottfried Weber die Ernennung Adornos zum außerordentlichen Professor als »Wiedergutmachungsfall« bezeichnet, meldet sich der Orientalist Hellmut Ritter zu Wort und äußert Zweifel an der juristischen Rechtmäßigkeit des Berufungsverfahrens. Er spricht von Unkorrektheiten, Schiebung und Protektion. Nach einer späteren Darstellung der Sitzungsteilnehmer sagt er sinngemäß: »Es könnte jemand den Eindruck bekommen, daß, wenn man es als Karikatur ausdrücken wollte, es in Frankfurt genüge, die Pro-

---

121 Bulletin des Presse- und Informationsamtes der Bundesregierung vom 20. Januar 1956, aus: Ulrich Lohmar, Der Kanzler will es, in: Standpunkt, 3. Jg., Nr. 10, Juli 1955.
122 Die Tat vom 4. Februar 1956, 7. Jg., Nr. 5, S. 8.

tektion von Herrn Horkheimer zu haben und ein Jude zu sein, um Karriere zu machen.«[123] Daraufhin fährt der anwesende Max Horkheimer aus der Haut und entgegnet: »Herr Ritter, wenn Sie Antisemit sind, sollten Sie wenigstens hier das Maul halten!«[124] Danach verläßt er, die Tür hinter sich zuschlagend, den Sitzungsraum. – Die Philosophische Fakultät läßt den Vorfall untersuchen und distanziert sich von den in der Sitzung gefallenen Äußerungen. In ihrer Erklärung heißt es, sie sei tief erschrocken darüber, »... daß eine Äußerung gegen das Judentum und gegen unsere jüdischen Kollegen in unserer Mitte fallen konnte. Wir verurteilen diese Äußerung als unvereinbar mit dem Geist, der unsere Fakultät und Universität bestimmt hat und erfüllt, und weisen sie als eine Verletzung unserer akademischen Gemeinschaft zurück.«[125] – Professor Ritter wird im darauffolgenden Semester auf eigenen Wunsch, wie es heißt, von seinen Lehrverpflichtungen befreit. Er soll im Auftrag der UNESCO an der Universität Istanbul einen Katalog persischer Handschriften vorbereiten. Doch bereits kurz darauf läßt er sich emeritieren und siedelt in die Türkei über, wo er bereits von 1935 bis 1948 als Emigrant gelebt hat.

6. Mai 1956: In der Aula der Johann Wolfgang Goethe-Universität wird mit einem **Festakt der 100. Geburtstag Sigmund Freuds** begangen. Unter den Gästen befinden sich auch Bundespräsident Theodor Heuss, für den Max Horkheimer eine Rede geschrieben hat, die dieser dann aber doch nicht hält, und der hessische Ministerpräsident Georg-August Zinn. Mit der Feier beginnt eine von den Universitäten Frankfurt und Heidelberg veranstaltete Vorlesungsreihe, die sich über eine Dauer von zwei Monaten erstreckt.[126] Den Beginn macht der in der Nähe von Frankfurt geborene, 1933 in die USA emigrierte und nun an der Harvard University in Boston lehrende Analytiker Erik Homburger Erikson mit einem Beitrag über *Sigmund Freuds psychoanalytische Krise*. Als Vertreter der Philosophischen Fakultät weist Max Horkheimer in seinem Redebeitrag auf das grundlegende Dilemma von Freuds Folgewirkungen hin: Auf der einen Seite werde er therapeutisch mißbraucht und auf der anderen ignoriert, weil er angeblich überholt sei. Alexander Mitscherlich, der im Namen der Medizinischen Fakultät der Universität Heidelberg spricht, beendet seine Ansprache mit dem Bekenntnis, man habe die Psychoanalyse trotz aller gegenteiliger Äußerungen immer noch ebenso bitter nötig wie sie die Großeltern bereits gehabt hätten. – In **Wien** trifft sich am selben Tag lediglich eine kleine Gruppe von Freud-Schülern, um in der Universität einen Kranz zu seinem Gedenken an einer Bronzebüste des Begründers der Psychoanalyse niederzulegen. Weder Vertreter der Universität, der Stadt noch der österreichischen Regierung erscheinen zu dem kleinen Zeremoniell. Auch die lokalen Tageszeitungen nehmen von dem Freud-Jubiläum so gut wie keine Notiz.[127]

9.–13. Juli 1956: Zum Abschluß der Vorlesungsreihe zum 100. Geburtstag Sigmund Freuds spricht Herbert Marcuse in **Frankfurt** und **Heidelberg** über **Trieblehre und Freiheit**[128] und **Die Idee des Fortschritts im Lichte der Psychoanalyse**[129]. In seinem zweiten Vortrag diagnostiziert er einen »circulus vitiosus«, in den jeglicher Fortschritt zwangsläufig hineingeraten müsse: »Die steigende Produktivität der gesellschaftlichen Arbeit bleibt mit steigender Repression verbunden, die selbst wiederum zur Steigerung der Produktivität beiträgt. Oder: Der Fortschritt muß sich immer wieder selbst negieren, um Fortschritt bleiben zu können.«[130] Das Glück müsse immer wieder einer transzendierenden Freiheit geopfert werden, damit die Menschen durch die unentwegte Prolongierung des Glücksversprechens in der entfremdeten Arbeit gehalten werden und sie auf diese Weise die Produktivität fortwährend perpetuieren. Im Fortschrittsprinzip gefangen werde Selbstversagung zur nichtintendierten Folge. Marcuse hypostasiert dagegen ein »qualitativ anderes Realitätsprinzip«, eine Kultur unter einem nicht-repressiven Fortschrittsprinzip, in dem die Arbeit zum Spiel werde. Grunderfahrung des Lebens wäre nicht länger mehr ein Kampf ums Dasein, sondern die seines Genusses. Folge wäre eine »Stillstellung allen inhaltslosen Transzendierens«. In diese in ihrem Kern konservative Idee einer hedonistischen Utopie mündet Marcuses Kritik an einem repressiven Realitätsprinzip, wie es im klassischen Fortschrittsbegriff fundiert ist.[131] – Ebenso fasziniert wie skeptisch äußert sich Jürgen Habermas über diesen Vortrag in einem Bericht für die **Frankfurter Allgemeine Zeitung**: »Die Dialektik des Fortschritts hat heute eine nicht repressive Kultur objektiv möglich gemacht, ›die morgen oder übermorgen realisiert werden kann, wenn die Menschen nur endlich wollen‹. Dieses fast chiliastische Zeugnis mag besser als langatmige Erörterungen die Erregung, aber auch den Zweifel anzeigen, die jene wundersame Verwandlung früh-marxistischer Geschichtsphilosophie in terminis der Freudschen Lehre bei den Hörern geweckt hat. Die Konstruktion steht und fällt, soweit wir sehen, mit dem Begriff einer nicht repressiven Sublimierung. Die Einwände häufen sich, Marcuse selbst kennt sie am besten. Gleichwohl geht eine eigentümliche Wirkung aus von dem Mut, utopische Energien mit der Unbefangenheit des 18. Jahrhunderts wieder freizusetzen in einer Zeit wie der unseren. Er hat, wenn überhaupt, wenigstens die eine Besinnung auch bei dem Hartgesottensten ausgelöst: die Besinnung, wie sehr wir alle die konventionelle Resignation bewußtlos teilen, das Bestehende in Gedanken zu bekräftigen, ohne es auf seinen Begriff, auf die objektive Möglichkeit seiner geschichtlichen Entfaltung hin zu prüfen.«[132]

1. Juni 1956: Der AStA der Johann Wolfgang Goethe-Universität protestiert in einem an den Prorektor der Technischen Hochschule **Dresden** gerichteten Schreiben gegen dessen Bekanntmachung, keine Studentenreisen nach Westdeutschland mehr genehmigen zu wollen. Die Studentenvertreter werfen darin die Frage auf, wie sich diese restriktive Haltung mit der Praxis vertrage, offizielle Studentendelegationen von Hochschulen der DDR in die Bundesrepublik zu entsenden. – Nach Protesten der Dresdner Studenten ist der Beschluß jedoch bereits am 26. Mai wieder aufgehoben worden.

17. August 1956: Nach einem nahezu fünfjährigen Verfahren treten die zehn Richter des Bundesverfassungsgerichts in **Karlsruhe** zusammen und erklären die *Kommunistische Partei Deutschlands* (KPD) auf einen Antrag der Bundesregierung hin für verfassungswidrig und ordnen ihre Auflösung an. Das Urteil lautet: »1. Die KPD ist verfassungswidrig; 2. Die KPD wird aufgelöst; 3. Es ist verboten, Ersatzorganisationen für die KPD zu schaffen oder bestehende Organisationen als Ersatzorganisationen fortzusetzen; 4. Das Vermögen der KPD wird zugunsten der Bundesrepublik eingezogen.«[133] Als Begründung für das nach 1933 zum zweiten Mal ausgesprochene **Parteiverbot der KPD** wird in der über 400 Seiten umfassenden Urteilsschrift angeführt, daß die von der KPD angestrebte »proletarische Revolution« und die danach vorgesehene »Errichtung einer Diktatur des Proletariats« nicht mit der »freiheitlich demokratischen Grundordnung« der Bundesrepublik Deutschland zu vereinbaren sei. –

17.8.: Besetzung eines KPD-Gebäudes in Hamburg.

---

123 Zit. nach: Notker Hammerstein, Die Johann Wolfgang Goethe-Universität Frankfurt am Main – Von der Stiftungsuniversität zur staatlichen Hochschule, Bd. I 1914–1950, Neuwied – Frankfurt/Main 1989, S. 801.
124 A.a.O.
125 A.a.O.
126 Die Vorträge sind im 6. Band der *Frankfurter Beiträge zur Soziologie* abgedruckt: Franz Alexander u. a., Freud in der Gegenwart – Ein Vortragszyklus der Universitäten Frankfurt und Heidelberg zum hundertsten Geburtstag, Frankfurt/Main 1957.
127 Vgl.: Jürgen Habermas, Sigmund Freud – Der Aufklärer, Festakt in Frankfurt zum 100. Geburtstag / Wenig Anteilnahme in Wien, in: Frankfurter Allgemeine Zeitung vom 7. Mai 1956.
128 Herbert Marcuse, Trieblehre und Freiheit, in: Franz Alexander u. a., Freud in der Gegenwart – Ein Vortragszyklus der Universitäten Frankfurt und Heidelberg zum hundertsten Geburtstag, Frankfurt/Main 1957, S. 401–424; wiederabgedruckt in: Herbert Marcuse, Psychoanalyse und Politik, Frankfurt/Main 1968, S. 5–34.
129 Herbert Marcuse, Die Idee des Fortschritts im Lichte der Psychoanalyse, in: Franz Alexander u. a., Freud in der Gegenwart – Ein Vortragszyklus der Universitäten Frankfurt und Heidelberg zum hundertsten Geburtstag, Frankfurt/Main 1957, S. 425–441; wiederabgedruckt in: Herbert Marcuse, Psychoanalyse und Politik, Frankfurt/Main 1968, S. 35–53.
130 A.a.O., S. 433.
131 Vgl. dazu: Richard Münnich, Das Glück kommt nach dem Fortschritt – H. Marcuse beschließt die Vortragsreihe über Psychoanalyse, in: Frankfurter Rundschau vom 16. Juli 1956.
132 Jürgen Habermas, Triebschicksal als politisches Schicksal, in: Frankfurter Allgemeine Zeitung vom 14. Juli 1956.
133 Archiv der Gegenwart vom 1. September 1956, XXVI. Jg., S. 5946.

Unmittelbar nach der Urteilsverkündung werden nach einem lang vorbereiteten Plan die Parteibüros und Redaktionen der KPD im gesamten Bundesgebiet von starken Polizeikräften besetzt, die vorgefundenen Akten und Papiere beschlagnahmt und alle Räume versiegelt. 199 Parteifunktionäre werden festgenommen. Da sich unter ihnen kein leitendes Mitglied befindet, werden sie nach wenigen Tagen wieder freigelassen. Max Reimann und andere Mitglieder des Parteivorstands der KPD haben sich rechtzeitig in die DDR absetzen können. – Einer späteren Untersuchung zufolge sollen an diesem Tage insgesamt 2.500 Räume durchsucht, 199 Parteibüros, sowie 35 Druckereien, Redaktionen und Verlage geschlossen und 60 Kraftfahrzeuge sichergestellt worden sein.

27.– 29. Oktober 1956: Zur **XI. Bundesdelegiertenkonferenz des Sozialistischen Deutschen Studentenbunds (SDS)** versammeln sich im Gewerkschaftshaus 50 Delegierte. In einer Entschließung wenden sie sich dagegen, das vom Bundesverfassungsgericht ausgesprochene KPD-Verbot dazu zu benutzen, die »Rechte der deutschen Arbeiterbewegung« anzutasten und andere oppositionelle Gruppen zu verfolgen. Dadurch werde die Wiedervereinigung Deutschlands beträchtlich erschwert, wenn nicht gar verhindert; außerdem könnten nun umso leichter alle sozialistischen Positionen unter dem Vorwand der Bekämpfung des Kommunismus unterdrückt werden. Nach einer kontroversen Debatte wird der frühere Würzburger SDS-Vorsitzende Otto Köhler, der vom Bundesvorstand ausgeschlossen worden war, weil er im Oktober 1955 ohne vorherige Absprache am »Wartburgtreffen« der FDJ teilgenommen hatte, wieder in den SDS aufgenommen. Bei vier Enthaltungen fällt die Entscheidung mit 29:20 Stimmen relativ knapp aus. Auf Antrag der Frankfurter SDS-Gruppe nehmen die Delegierten einen »Aufruf an die mitteldeutschen Studenten« an: »Mit leidenschaftlicher Anteilnahme verfolgen die sozialistischen Studenten den Kampf der ungarischen und polnischen Arbeiter und Studenten um Demokratisierung und nationale Unabhängigkeit. Wir sind gewiß: Die Zeit ist nicht mehr fern, da die Forderungen der ungarischen und polnischen Kommilitonen nach Unabhängigkeit, Organisationsfreiheit, Pressefreiheit, Lehrfreiheit, ungehindertem internationalen Gedankenaustausch auch in Mitteldeutschland offen vertreten werden ... Wir sind der Überzeugung, daß der Tag kommen wird, an dem der SDS die Organisation aller sozialistischen Studenten in einem einheitlichen, freiheitlichen, sozialistischen Deutschland sein wird.«[134] Als neue Bundesvorsitzende werden per Akklamation Johannes Reinhold aus Bonn und Günther Metzger aus Marburg gewählt. In den Beirat gelangen nach geheimer Wahl: der Westberliner SDS-Landesvorsitzende Wolfgang Büsch, der bayerische SDS-Landesvorsitzende Günther Müller und der Tübinger Delegierte Erhard Moosmayer.

November 1956: Vierzig Jahre nach seinem Erstabdruck erscheint in der Frankfurter Studentenzeitung **Diskus** Walter Benjamins Aufsatz **Das Leben der Studenten**.[135]

2. November 1956: Ein vom *Afro-Asiatischen Studentenbund* vorbereiteter Schweigemarsch gegen den Krieg am Suezkanal wird aus formalen Gründen von der Polizei verboten. Etwa 450 Demonstranten, die zum Teil mit Bussen aus Darmstadt, Heidelberg und Mainz gekommen sind, haben sich am frühen Nachmittag vor dem Studentenhaus versammelt. Sie tragen Fahnen und Transparente mit Aufschriften wie »Wir wollen keinen 3. Weltkrieg«, »Ägypten erstes Beispiel für englische Friedensliebe« und »Ist Gewalt Recht?«. Kurz bevor sich der Zug in Richtung Innenstadt in Bewegung setzen will, erklärt der zuständige Polizeioberrat Hofmann den Schweigemarsch über Lautsprecher für verboten. Der Antrag der Veranstalter sei erst am Vorabend bei der zuständigen Behörde eingereicht worden. Nach dem Versammlungsgesetz hätte er jedoch mindestens 48 Stunden vorher in Empfang genommen werden müssen, um seitens der Polizei einen ordnungsgemäßen Ablauf garantieren zu können. Von den Organisatoren werden diese Angaben bestritten. Bereits vor zweieinhalb Tagen habe sich eine Abordnung ägyptischer Studenten mit dem zuständigen Polizeirevier in Verbindung gesetzt. Um der Aufforderung, die Versammlung aufzulösen, besonderen Nachdruck zu verleihen, rückt die Polizei mit einer wahren Armada gegen die ratlos ausharrenden, zumeist ausländischen Studenten vor. Mit Überfall-

---

134 Hektographierte Presseinformation vom 1. November 1956 über die Beschlüsse der XI. SDS-Bundesdelegiertenkonferenz, S. 8.
135 Walter Benjamin, Das Leben der Studenten, in: Diskus – Frankfurter Studentenzeitung, 6. Jg., Nr. 9, November 1956, S. 9; wiederabgedruckt in: ders., Gesammelte Schriften II.1, hrsg. von Rolf Tiedemann und Hermann Schweppenhäuser, Frankfurt/Main 1977, S. 75–87.

DISKUS

FRANKFURTER STUDENTENZEITUNG

NACHRICHTENBLATT DER VEREINIGUNG VON FREUNDEN U. FÖRDERERN DER JOHANN WOLFGANG GOETHE-UNIVERSITÄT FRANKFURT AM MAIN E. V.

6. Jahrgang — Heft 9 Preis 10 Pfg.   November 1956   Verlagsort Frankfurt a. M.

„Polizeiaktion"

2.11.: Bericht über den Polizeieinsatz vor dem Studentenhaus.

Der Stadt Frankfurt am Main bleibt der zweifelhafte Ruhm vorbehalten, in ihren Annalen mit dem Beginn des Novembers 1956 auch eine „Polizeiaktion" — freilich en miniature — verzeichnen zu können. Ohne den schaurigblutigen Hintergrund in Ungarn und Ägypten hätte es eine Groteske abgegeben. Doch die explosive politische Situation, in der wir uns zur Zeit befinden, läßt keinen Raum dafür, und am Ende bleibt nur das Erschrecken und die Einsicht, daß auch in unserem Land nicht mehr Ruhe und Vernunft regieren, sondern hektische Nervosität, die in „Polizeiaktionen" mündet.

Zunächst war man den Vorstellungen des ägyptischen Kommilitonen Mussa gegenüber sehr aufgeschlossen, der als Reaktion auf die britisch-französische Intervention am Suezkanal die Nahost-Studenten zu einem Schweigemarsch aufrufen wollte. Freilich könne er nicht vom Frankfurter Hauptbahnhof aus zur Hauptverkehrszeit um 16 Uhr zum Schaumainkai, wo der Sitz des ägyptischen Konsulats ist, ziehen; dafür aber am gleichen Freitag, dem 2. November, um 14 Uhr von der Universität aus. Daraufhin wurde der Schweigemarsch mit Transparenten und Plakaten vorbereitet. Zweieinhalb Stunden vor Beginn der Demonstration blies die Frankfurter Polizei den Zug jedoch ab, „weil er nicht rechtzeitig vor 48 Stunden angemeldet worden sei". Auf dieses Argument stützten die Polizisten die ganze Gegenaktion. Sogar zu solchem Spruch ließ sich hinreißen, „daß die Demonstration an sich nicht verboten sei, sondern nur der Zug, weil man die Meldefrist nicht beachtet hätte". Dies galt als verbindliche Aussage stand gegen Aussage. Die Verworrenheit erreichte ihren ersten Höhepunkt, als sich um 14 Uhr ein Überfallkommando mit zuckendem Blaulicht, dahinter ein Wasserwerfer und Mannschaftswagen in die Mertonstraße schob. Reiterei riegelte die Universität gegen die Außenwelt ab. Nun ballten sich die Studenten, ob sie für Ägypten waren oder nicht, zu einem Knäuel zusammen, das die Polizei mit Mühe durchbrach. Ein Lautsprecher tönte, der Schweigemarsch wurde endgültig verboten.

Blitzschnell waren mehrere hundert Kommilitonen zur Stelle, wo vorher ein einsamer Ägypter mit dreißig Getreuen gestanden hatte. Nach dem ersten Schock, der sich in schrillen Pfiffen und Geschrei entlud, wurde die Gelegenheit zu einer Protestkundgebung an Ort und Stelle benutzt. Die Polizei hielt sich im Hintergrund und ließ die grüne Fahne des Propheten mit dem ägyptischen Halbmond flattern. Im Ganzen verlief die Aktion maßvoll. Nur Fotografen hatten alle Hände voll zu tun, und für den Hessischen Rundfunk wurden orientalische Freiheitslieder gesungen, die bei den Europäern wenig Resonanz fanden, weil niemand den Inhalt verstand und die Form fremd war. Ein Ägypter erntete Zischen, als er in verschobener Perspektive in Hitler weniger den Diktator als den Feind Britanniens sah. Im ganzen schienen die Deutschen zurückhaltend (getreu der „absoluten Neutralität") und vorsichtig in spontanen Äußerungen. Einhellige Ablehnung fand nur das fadenscheinige Verbot des Protestmarsches, das den Ägyptern in Deutschland untersagte, was sich die Engländer am Londoner Trafalgar Square erlaubten: gegen den Beschluß des englischen Premierministers mit allem Nachdruck zu protestieren!

Mit der Zeit war ein großer Teil der Demonstranten schon wieder verschwunden. Einsam standen die Polizei-Reiter auf Posten, als sich um etwa 16 Uhr unerwartet eine dramatische Wendung ergab. Zuvor war noch des Bürgermeisters versprochen und dann wieder abgesagt worden. Dann kam vom ägyptischen Konsulat die Nachricht, man sei dort willkommen. Ein Ägypter im Burnus erklärte die Demonstration für beendet und lud seine vielen Kollegen ein, deutsche Kommilitonen ein, entweder in den bereitgestellten Autobussen oder einzeln zum ägyptischen Generalkonsulat zu kommen. Die Wagen waren schon — hauptsächlich von den ausländischen Kommilitonen — besetzt, als plötzlich gerufen wurde, die Polizei wolle die Autobusse aus Frankfurt herausfahren, „um eine Demonstration zu unterbinden". Sofort stand alles wieder auf der Straße, um zum ägyptischen Generalkonsul zu gehen. Dabei bestand für die britischen und französischen konsularischen Vertretungen, die möglicherweise hätten „angegriffen" werden können, nicht die geringste Gefahr, weil sie mit ihrem Sitz in der Zeppelinallee entgegengesetzt dem ägyptischen Generalkonsulat liegen. Dennoch wurde der Marsch mit der ersten Warnung der Polizei im schrillen Diskant, unterbrochen. Schon kurz danach sprengte Reiterei heran und trieb die Studenten von den Stufen des Soziologischen Instituts hinweg auf die schmale, grüne Insel zwischen den breiten Fahr-

(Fortsetzung Seite 2)

FAZIT

Weltgeschichtliche Augenblicke lassen sich nicht vorausberechnen. Sie sind so selten wie die Intuitionen des Künstlers, so kostbar wie die guten Gedanken überhaupt. Meistens treffen sie unvorbereitete Menschen und vergehen ungenutzt, so plötzlich wie zuweilen der Tod das Leben auslöscht.

Ebenso wenig läßt sich vorausbestimmen, wen der Weltgeist zu seinem Agenten bestimmt, meistens aber diejenigen, denen die konventionelle Gesellschaft das tätige Mitwirken verbietet oder vorläufig verwehrt. In Zeiten, in denen das Leben sich in geordneten Bahnen vollzieht, sind es die Alten die abgeklärten Weisen, die Siebzig- bis Achtzigjährigen, die Modalitäten und Tempo der Politik bestimmen. Dann ist es plötzlich anders! Eine Protestkundgebung, ein Demonstrationsmarsch junger Menschen, friedlicher Idealisten, die die Gewalt verachten, weil sie sich zum reinen Geist der Wissenschaft bekennen, gehen den Anstoß und festgefügte, autokratische, scheinbar für die Ewigkeit gefügte Ordnungen beginnen zu zerbrechen. Die emotionsgeladenen Massen stoßen nach, ein Volk, ein Kontinent, eine ganze Welt gerät in Aufruhr, oder doch in Verwirrung. Der Weltgeist, die unteilbare Freiheit des Menschen, verkörpert im idealistischen Wollen junger Menschen, greift durch sie in die Geschichte ein. So war es vor wenigen Wochen in Polen, so war es kurz danach in Ungarn und so wird es vielleicht schon morgen in einem anderen unterdrückten Land geschehen. So wird es immer wieder sein, solange Menschen irgendwo auf der Erde die freie Entfaltung ihrer Persönlichkeit verwehrt wird.

Noch vor wenigen Wochen schrieb der „Rheinische Merkur", eine bekannte Wochenzeitung in Deutschland, die das konservative Elemente aggressiv vertritt, über die Studenten in der Bundesrepublik, sie seien anders als die Anderen. Gemeint war, anders als die anderen Menschen aller Stände in unserem Staat. Diese an sich vieldeutige Feststellung, die aber, wenn man diejenigen kennt, die sie trafen, nur als hämischer Tadel, als Zeichen obstinaten Nichtverstehenwollens der Jugend zu deuten ist, hat nun auf ganz unvorhergesehene Art und Weise einen sehr konkreten Sinn bekommen. Was als Vorwurf billigen Snobismus' gedacht war, hat sich plötzlich als moralische Qualität ersten Ranges erwiesen. Nun ist es nie angebracht, auf gesteigertes Selbstbewußtsein pochen zu wollen, im Gegenteil, es ist nötig, in Trauer über soviel vergossenes unschuldiges Blut zu verweilen, sich selbst und anderen zur Einkehr und zur Selbstbesinnung zu mahnen. Nichts jedoch kann die Tatsache verwischen, daß junge Menschen die Welt in Bewegung gebracht haben, deren Folgen, trotz aller angebrachten Skepsis, gar nicht abzusehen sind. In den Straßen Budapests sind die Boten einer Nation verblutet, die Freiheit ist in neue Fesseln geschlagen, aber sie wird weiterwirken in den Menschen, die überlebten, in jenen vielen anderen, die durch die Ereignisse aufgerüttelt wurden, und eines Tages wird sie, wenn wir auch nicht wissen wann, zum Durchbruch kommen. Es ist der einzige Trost, den es überhaupt gibt. Freiheit wird immer da sein, wo Menschen an sie glauben und sie zum Leitmotiv ihres Handelns machen.

Freiheit ist kein Geschenk, nicht einmal in all jenen Staaten, in denen sie durch die Verfassung garantiert ist. Überall steht sie im Widerstreit zu den Prinzipien der Staatsraison und den Gewalten, denen Ordnung mehr gilt als Recht. Keine noch so freiheitliche Verfassung bietet Sicherheit genug gegen jene Kräfte der Bevormundung und des bloßen machtpolitischen Kalküls, deren Vertreter in jedem Lande in der Regel immer da sind, wo taktisch-machtpolitische Wachsamkeit ist notwendig. Wachsamkeit gegen andere. Die einzige Legitimation dafür ist jedoch Wachsamkeit sich selbst, Wachsamkeit gegen den bewußten oder weniger bewußten eigenen Trieb, Überlegenheit an Wissen, an Intelligenz, an Können und gesellschaftlichen Fähigkeiten, gewissenlos auszuspielen.

Das spezifisch auf den Studenten zugeschnittene Fazit, das wir aus den Ereignissen der letzten Wochen und Tage zu ziehen haben, ist kein einfaches. Es gibt für uns keinen Anlaß, faktisch genau das nachzuvollziehen, was die ungarischen Kommilitonen getan haben. Jedoch wissen wir aus unserer täglichen Erfahrung, daß auch in unserem demokratischen Staate trotz aller verbrieften Grundrechte gar nicht leicht ist, vornehmlich nach Prinzipien zu leben, die eigener Gesinnung und freiheitlichen Wollen entsprechen. Das eigentliche Hemmende, das unsere Gesellschaft an einer noch freieren Entfaltung hindert, ist ein zutiefst sozialpsychologisches, ein Generationenproblem. Es ist der immer wieder zu bemerkende Gegensatz zwischen den Jungen und den Alten. Wir haben noch nicht zu hoffen aufgehört, daß guter Wille von beiden Seiten es zuwege bringe, die Jugend mit dankbar empfundener Verantwortung zu beladen. Wir wünschen das Gespräch darüber, weil wir uns im klaren darüber sind, was kommen muß, wenn gegenseitiges Mißtrauen in offene Feindschaft umschlägt.

November 1956   **121**

2.11.: Vergeblich versuchen die Demonstranten an der Ecke Mertonstraße/Jügelstraße loszuziehen.

wagen, einer Funkstreife, einem Wasserwerfer, 20 Berittenen und einer Hundertschaft werden die Demonstranten von mehreren Seiten eingekreist. Als eine Abordnung des *Afro-Asiatischen Studentenbundes* auf den Polizeioberrat zugeht, um mit ihm über die neu entstandene Lage zu verhandeln, werden drei von ihnen festgenommen und abgeführt. Als daraufhin ein Pfeifkonzert ertönt, greifen die Polizisten zu ihren Gummiknüppeln und versuchen die Menge gewaltsam aufzulösen. Im Chor rufen die Demonstranten »Gestapo, Gestapo!« Bei der anschließenden Prügelei werden mehrere Studenten verletzt. Um die Auseinandersetzung zu schlichten, greift der Rektor der Universität, Professor Helmut Coing, ein. Er verhandelt zusammen mit dem ägyptischen Konsul mehrmals mit beiden Seiten und erreicht schließlich, daß sich die Menge der Diskutierenden auflöst. Gegenüber Journalisten gibt der Rektor anschließend bekannt, daß seinen Informationen nach der Schweigemarsch ordnungsgemäß angemeldet gewesen sei. Die Polizei nimmt später auf einer Pressekonferenz zu den Vorkommnissen Stellung und erklärt, daß bei den Auseinandersetzungen 17 Beamte leichtere Verletzungen erlitten hätten. Zwei ägyptische, ein syrischer, ein indischer, ein iranischer und ein deutscher Student hätten festgenommen werden müssen. – Der Student Alfons Wolf berichtet später auf einer vom AStA einberufenen Pressekonferenz, daß er bei seiner Abführung von Polizisten mit Füßen getreten und in den Rücken geboxt worden sei. Und sein iranischer Kommilitone Koron Khosrowi fügt hinzu, daß er noch im Polizeiwagen mehrmals geschlagen worden sei.

1957

11. JAHRGANG, HEFT 17 — DER SPIEGEL — **24. APRIL 1957**

DAS DEUTSCHE NACHRICHTEN-MAGAZIN

Fritz Bopp, 47 · Max Born, 74 · Rudolf Fleischmann, 55 · Walther Gerlach, 67 · Otto Hahn, 78 · Otto Haxel, 48

Werner Heisenberg, 55 · Max von Laue, 77 · Josef Mattauch, 61

Hans Kopfermann, 61 · Heinz Maier-Leibnitz, 46 · Friedrich Adolf Paneth, 69

Wolfgang Paul, 43 · Wolfgang Riezler, 51 · Fritz Straßmann, 55 · Wilhelm Walcher, 46 · Friedrich v. Weizsäcker, 44 · Karl Wirtz, 46

BONN

ATOMEINSATZ

Ein Divisionskommandeur der Bundeswehr hat sich während der Nato-Stabsübung „Schwarzer Löwe", bei der die Abwehr eines sowjetischen Großangriffs auf Europa theoretisch durchgespielt wurde (SPIEGEL Nr. 13/1957), geweigert, amerikanische Atombomben anzufordern, weil ihr Einsatz schwere Verluste unter der deutschen Zivilbevölkerung verursacht hätte. Ein Oberst der Bundeswehr protestierte schriftlich dagegen, daß sein Kommandierender General mehrere bereits eingekesselte sowjetische Divisionen unnötigerweise durch einen Atomschlag vernichtete, nur weil man nach Erfüllung des Kampfauftrags noch einige solcher Bomben auf Lager hatte.

ATOMWARNUNG

Die Achtzehn

„Daß der Schritt so viel Auffälliges gewonnen hat, legt eben keinen günstigen Beweis für die Empfindlichkeit der Gewissen ab."
— Georg Gottfried Gervinus, einer der „Göttinger Sieben" von 1837.

Göttingen ist berühmt als Stadt der aufrechten Hochschullehrer, die vor Fürsten- und Kanzlerthronen Männerstolz bewiesen. Die „Göttinger Sieben" des Jahres 1837 gingen lieber ihrer Ämter verlustig oder gar in die Verbannung, als daß sie die verfassungsaufhebende Willkür ihres hannoverschen Souveräns schweigend hinnahmen.

Die koalitionsarithmetisch erklügelte Berufung des dreiunddreißigjährigen Göttinger Skandalhelden Leonard Schlüter zum niedersächsischen Kultusminister scheiterte vor zwei Jahren nicht am Widerspruch der mundfaulen Öffentlichkeit, sondern am Protest der Nobelpreisträger der Georgia Augusta. In einem Land, das gleichermaßen autoritäts- und wissenschaftsgläubig ist, scheint nur die Wissenschaft noch in der Lage, der Regierung Widerpart zu bieten, nachdem Bundestagsopposition, Bundesländer und Bundesverfassungsgericht, von einer höheren Instanz zu schweigen, kein wirksames Gegengewicht zum machtbewußten Bundeskanzler zu behaupten vermochten.

Als der verantwortliche Regierungschef die taktischen Atombomben eine „Weiterentwicklung der Artillerie" nannte, telephonierte man sich zusammen. Die Besorgnis der Wissenschaftler schlug sich in einem Manifest nieder, das für die Bundesrepublik den freiwilligen Verzicht auf Atomwaffen jeder Art empfahl. In dem rührenden Bestreben, pfiffig zu sein wie die Kinder der Politik, hatte der achtundsiebzigjährige Otto Hahn die Erklärung erst am Freitag vorletzter Woche an die Deutsche Presse-Agentur geben lassen, um der Regierung keine Gelegenheit zur Entgegnung vor Montag zu bieten. Natürlich war der sensationelle Text so lange nicht aufzuhalten.

Der Bundeskanzler reagierte mit einer verletzenden schriftlichen Gegenerklärung, in der es hieß: „Zur Beurteilung dieser Erklärung muß man Kenntnisse haben, die diese Herren nicht besitzen. Denn sie sind nicht zu mir gekommen."

Vier Nobelpreise lagen gegen die vierzehn Ehrendoktorhüte Konrad Adenauers, der selbst keine Doktorarbeit abgeliefert hat, in der Waagschale: die Nobelpreise für Physik der Jahre 1914 (Max von Laue), 1932 (Werner Heisenberg), 1944 (Otto Hahn) und 1954 (Max

---

12. 4.: Die »Göttinger Achtzehn« protestieren gegen eine Atombewaffnung der Bundeswehr.

März 1957: In der Kultur-Zeitschrift **Merkur** veröffentlicht Jürgen Habermas den Aufsatz **Das chronische Leiden der Hochschulreform**. Ursprünglich als Einleitung zu einem Forschungsbericht konzipiert und in enger Zusammenarbeit mit Theodor W. Adorno verfaßt, weist Habermas die Unzulänglichkeiten einer von der Rhetorik zum Pragmatismus übergegangenen Reformpolitik nach, um eine materiale Wissenschaftskritik als Voraussetzung für eine qualitative Veränderung einzufordern. In Absetzung von Versuchen, die Universitas litterarum unmittelbar zu regenerieren und das Studium generale zu ihrem Dreh- und Angelpunkt zu machen, setzt er auf eine fachimmanente Radikalisierung der Einzelwissenschaften und spricht wörtlich von der »... Notwendigkeit, die Kritik der Wissenschaften zum Kernstück der Reform zu machen«.[136]

14. März 1957: Im Anschluß an ein Treffen des *Internationalen Auschwitz-Komitees* (IAK) gibt dessen Generalsekretär, Hermann Langbein, auf einer Pressekonferenz bekannt, daß die Rechtsvertreter der früheren I.G. Farben die Ansprüche der überlebenden NS-Zwangsarbeiter, die früher für den Chemiekonzern in den Konzentrations- und Vernichtungslagern eingesetzt worden waren, zwar »ohne Ansehen der Rasse oder der politischen Anschauung« anerkennen, jedoch eine Zahlung an nichtjüdische Verfolgte mit dem Argument ablehnen, daß diese nicht den gleichen schweren Bedingungen wie ihre jüdischen Leidensgenossen ausgesetzt gewesen seien. Das IAK sieht, so Langbein, in dieser Begründung keine moralische Rechtfertigung für die ablehnende Haltung. Strittig geblieben sei außerdem, daß die I.G. Farben keine Rechtsansprüche von Hinterbliebenen ihrer ehemaligen Zwangsarbeiter anerkennen würde. Lediglich in den Fällen, in denen der Anspruchsberechtigte seinen Antrag noch vor seinem Tod hat einreichen können, könne eine Ausnahmeregelung geltend gemacht werden.

4. April 1957: Bundeskanzler Konrad Adenauer nimmt in **Bonn** auf einer Bundespressekonferenz Stellung zu dem in der Öffentlichkeit anhaltenden Streit um eine Ausrüstung der Bundeswehr mit Atomwaffen: »Nun komme ich auf die atomaren Waffen. Hier ist nicht beachtet der Unterschied zwischen den taktischen und den großen atomaren Waffen. Die taktischen Atomwaffen sind im Grunde nichts anderes als eine Weiterentwicklung der Artillerie, und es ist ganz selbstverständlich, daß bei einer so starken Fortentwicklung der Waffentechnik, wie wir sie leider jetzt haben, wir nicht darauf verzichten können, daß auch unsere Truppen – das sind ja beinahe normale Waffen – die neuesten Typen haben und die neueste Entwicklung mitmachen. Davon sind zu trennen die großen atomaren Waffen, die haben wir ja nicht.«[137] – Die Feststellung, daß taktische Atomwaffen »nichts anderes als eine Weiterentwicklung der Artillerie« seien, löst in der Öffentlichkeit große Unruhe aus. Sie verstärkt das in großen Teilen der Bevölkerung ohnehin vorhandene Mißtrauen gegenüber der seit dem Amtsantritt von Bundesverteidigungsminister Franz Josef Strauß (CSU) weiter forcierten Aufrüstungspolitik. Zugleich erweckt sie den Eindruck, der Bundeskanzler sei ein militärtechnischer Dilettant, der das Gefahrenpotential der Atombewaffnung sträflich unterschätze.

12. April 1957: Eine Gruppe von Naturwissenschaftlern, darunter vier Nobelpreisträger, gibt in **Göttingen** eine Erklärung ab, in der sie sich mit Entschiedenheit gegen eine atomare Bewaffnung der Bundeswehr ausspricht. Unter deutlicher Bezugnahme auf die Pressekonferenz von Bundeskanzler Adenauer am 4. April stellen die 18 Professoren, von denen die meisten Atomphysiker sind, fest, daß »jede einzelne taktische Atomwaffe oder -granate« eine ähnliche Wirkung wie die erste auf Hiroshima abgeworfene Atombombe habe. Max Born, Otto Hahn, Werner Heisenberg, Max von der Laue, Carl Friedrich von Weizsäcker u.a. fordern daher die Bundesregierung dazu auf, »ausdrücklich und freiwillig auf den Besitz von Atomwaffen jeder Art« zu verzichten. Sie seien nicht bereit, sich an der Herstellung, Erprobung oder dem Einsatz von Atomwaffen zu beteiligen, wollten aber weiterhin an der »friedlichen Verwendung der Atomenergie« mit allen Mitteln mitwirken.

Mai 1957: 30 Redakteure von bundesdeutschen und Westberliner Studentenzeitungen treffen im Studentenhaus zu ihrem dritten Presseseminar zusammen. In einer Entschließung weisen sie einen Angriff der **Deutschen Soldatenzeitung** zurück, die den Blättern »Zersetzungsarbeit« an Staat und Wirtschaft vorgeworfen hatte, und bekunden ihre Ablehnung gegenüber einer Teilnahme an den VI. Weltjugendfestspielen in Moskau. Neben dem Publizisten Robert Haerder von der Zeitschrift *Die Gegenwart* spricht auch Max

Horkheimer zu den jungen Journalisten. Als wichtigste Aufgabe der Studentenzeitungen bezeichnet er es, das kritische Bewußtsein gegenüber gesellschaftlichen Mißständen zu wecken, die Tendenz zur Kritiklosigkeit zu bekämpfen und nichts, was auch immer geschehe, unkritisch hinzunehmen.[138]

6. Mai 1957: Am Rande des Rothschildparks wird das neue **Amerika-Haus** – die offizielle Bezeichnung lautete ursprünglich United States Information Center – von seinem Direktor William Keener feierlich eröffnet. Es sei, so führt er aus, das modernste der 157 amerikanischen Informationszentren in 67 Ländern der Erde und er übergebe es den Bürgern der Stadt Frankfurt als ein »Symbol der Gedankenfreiheit«[139]. Unter den Gästen befinden sich auch der Oberbürgermeister der Stadt, Werner Bockelmann, als Vertreter der US-Botschaft in Bonn, der Gesandte William C. Trimble, und die beiden US-amerikanischen Generäle Rinaldo van Brunt und Robert W. Porter. Als Vertreter der Universität sagt Max Horkheimer, die Hinwendung zu den Vereinigten Staaten gehe aus tiefen historischen und gesellschaftlichen Umständen hervor. Selbst die Zeichen äußerlicher Nachahmung des Amerikanischen, wie sie bei der jüngeren Generation immer häufiger zu beobachten seien, könnten nur positiv bewertet werden, da in ihnen eine Orientierung zur Freiheit zum Ausdruck komme. Und nicht zuletzt gelte: Was in Europa gefährdet sei, das werde in Amerika aufbewahrt.[140] Als Schlußredner geht der amerikanische Gesandte William C. Trimble auf die Einbürgerung des Namens »Amerika-Haus« ein: »Sie bringen damit zum Ausdruck, daß in den Amerika-Häusern, ebenso wie in unserer großen politischen und militärischen Allianz der NATO, Deutsche und Amerikaner heute Partner sind.«[141] – Nur wenige Tage darauf referiert Theodor W. Adorno im Amerika-Haus über die Unterschiede zwischen der deutschen und der amerikanischen Kultur.[142]

18. Mai 1957: Im Alter von 56 Jahren erliegt der Gesellschaftstheoretiker **Franz Borkenau** in einem Hotelzimmer in **Zürich** einem Herzanfall. Der Wissenschaftler, der zuletzt an einer Theorie und Geschichte der Zivilisation gearbeitet hat, ist 1900 in Wien geboren. Er wächst in einer großbürgerlichen Familie auf, von der ein Elternteil jüdischen Glaubens ist. Nach einer streng katholischen Erziehung auf einer Eliteschule, dem von Jesuiten geleiteten Schottengymnasium, rebelliert er am Ende des Ersten Weltkriegs gegen Elternhaus, Schule, Monarchie und Kirche; er schließt sich der von dem Psychoanalytiker Siegfried Bernfeld angeführten »Jugendkultur« an. Während seines Studiums der Geschichte und der Philosophie wechselt er von Wien nach Leipzig, tritt 1921 in die KPD ein und wird Leiter des *Roten Studentenbundes*. Nach seiner Promotion 1924 arbeitet er in der von Eugen Varga geleiteten geheimen Forschungsstelle für internationale Politik, die im Gebäude der sowjetischen Botschaft in Berlin ihren Sitz hat, und wird Funktionär im Westeuropäischen Büro der *Kommunistischen Internationale* (Komintern). Im Zuge der Stalinisierung der KPdSU, der Komintern und der KPD wird seine Haltung distanzierter und kritischer. Als er sich Ende 1929 mit einer Erklärung öffentlich gegen die KPD stellt, wird er als Anhänger der »Rechtsopposition« um Heinrich Brandler ausgeschlossen. Als Stipendiat des Instituts für Sozialforschung erforscht er zu Beginn der dreißiger Jahre die Entstehung des bürgerlichen Denkens am Ende des Mittelalters. Das Ergebnis ist eine ungewöhnlich originelle Arbeit, in der der moderne Rationalismus in Philosophie und Mathematik in eine Parallele zu den Strukturen von Staat und Gesellschaft gesetzt wird. Unter dem Titel *Der Übergang vom feudalen zum bürgerlichen Weltbild* erscheint sie 1934 in Paris, wohin Borkenau nach der Machtergreifung der Nazis geflüchtet ist. Nach einer kurzen Professur in Panama geht er nach Ausbruch des Spanischen Bürgerkrieges nach Barcelona. Aufgrund seiner erschreckenden Beobachtung, daß die Stalinisten hinter der Front Terror gegenüber den eigenen Verbündeten, wie Anarchisten und Angehörigen der trotzkistischen POUM, verüben, verfaßt er das Buch *The Spanish Cockpit*. Unter dem Eindruck des Hitler-

---

136 Jürgen Habermas, Das chronische Leiden der Hochschulreform, in: ders., Protestbewegung und Hochschulreform, Frankfurt/Main 1969, S. 79.

137 Dokumente zur Deutschlandpolitik, III. Reihe, Bd. 3.1, Bonn 1967, S. 577.

138 Vgl.: Kritiklosigkeit bekämpfen – Studenten diskutieren Probleme ihrer Zeitungen, in: Welt der Arbeit vom 31. Mai 1957.

139 Zit. nach: Frankfurter Neue Presse vom 7. Mai 1957.

140 Vgl.: Ein Haus dient der Verständigung – Eröffnung des neuen Amerika-Hauses in Frankfurt, in: Frankfurter Rundschau vom 7. Mai 1957.

141 Zit. nach: Frankfurter Neue Presse vom 7. Mai 1957.

142 Vgl.: Heinz Enke, Mehr Eiscreme, weniger Angst – Professor Adorno zur deutschen und amerikanischen Kultur, in: Frankfurter Rundschau vom 16. Mai 1957.

Stalin-Paktes verallgemeinert er seine Erfahrungen und stellt 1940 in Großbritannien, wo er inzwischen als Lehrer für internationale Politik an Volkshochschulen in Cambridge und London untergekommen ist, mit dem Band *The Totalitarian Enemy* eines der ersten Bücher über den Totalitarismus vor. Im selben Jahr wird er interniert; einen Teil seiner Lagerzeit muß er in Australien verbringen. Dann jedoch erkennt man auf britischer Seite seine Bedeutung und setzt ihn 1943 zunächst beim Abhördienst der BBC und danach beim Aufbau der Deutschen Nachrichtenagentur (DANA) ein. 1945 kehrt er über Luxemburg nach Deutschland zurück, wo er ein Jahr darauf auf einen Lehrstuhl für Mittlere und Neuere Geschichte an der Universität Marburg berufen wird. 1947 veröffentlicht er *Drei Abhandlungen zur deutschen Geschichte*, in denen er sich kritisch mit dem Einfluß nichtwestlicher Elemente wie dem Luthertum und der Krise des Historismus auseinandersetzt. Nach nur zwei Jahren verläßt er die Universität und wechselt zur Information Service Division in Frankfurt über, wo er als Chief Research Consultant bei der Political Information Branch tätig ist. Einer breiteren Öffentlichkeit bekannt wird Borkenau vor allem durch seine wichtige Rolle beim antikommunistischen *Kongreß für kulturelle Freiheit* 1950 in Berlin. Durch seine Rolle als Chefredakteur der Zeitschrift *Ostprobleme*, sein Nachwort zum Sammelband *Ein Gott der keiner war* und vor allem durch seine 1952 erschienene Studie *Der europäische Kommunismus* wird der Ex-Kommunist zu einem der international renommiertesten Analytiker des sowjetischen Machtsystems. Der »Zeitgenosse der Ära Stalins, Hitlers und der ersten Atombombe«, wie ihn sein Freund Richard Löwenthal einmal bezeichnet hat, beschäftigt sich in seinen letzten Lebensjahren hauptsächlich mit der Krise der westlichen Zivilisation. Im Gegensatz zu Oswald Spengler verfällt der mythenkritische Borkenau jedoch beim Versuch, die zentrale Frage zu klären, wie aus einer untergehenden Kultur eine neue entsteht, in keine kulturpessimistische Haltung. – Erst 1984 erscheint unter dem Titel *Ende und Anfang – Von den Generationen der Hochkulturen und von der Entstehung des Abendlandes* die unabgeschlossene Arbeit zu seinem letzten großen Thema und noch zwei weitere Jahre dauert es, bis unter dem Titel *Kampfplatz Spanien* sein international anerkanntes Werk über den Spanischen Bürgerkrieg endlich auch in deutscher Sprache vorliegt.

18. 5.: Franz Borkenau (li.) und Ignazio Silone.

12. Juni 1957: Mit mehreren Veranstaltungen wird der durch ihr Tagebuch posthum berühmt gewordenen **Anne Frank** gedacht, die vor 28 Jahren in Frankfurt am Main geboren worden und als jüdisches Mädchen kurz vor Kriegsende im Konzentrationslager Bergen-Belsen umgekommen ist. Die **Gedenkfeiern** sind von verschiedenen Jugendorganisationen, Vereinigungen der rassisch und politisch Verfolgten, dem *Verband für Freiheit und Menschenwürde*, der *Europa-Union*, dem Seminar für Politik und der *Gesellschaft für christlich-jüdische Zusammenarbeit* organisiert worden. Nachdem Anne Frank bereits am Vormittag im Stadtparlament und in der Johann Wolfgang Goethe-Universität gedacht worden ist, findet am Abend die Hauptveranstaltung in der völlig überfüllten Paulskirche statt. Ein von der Stadt geladener Ehrengast hat abgesagt: Der in Amsterdam lebende Vater Otto Frank hat sich mit der Bemerkung für die Einladung bedankt, daß ihm die schrecklichen Ereignisse vor zwölf Jahren noch zu nahe seien, um wieder nach Deutschland zu reisen. Oberbürgermeister Werner Bockelmann (SPD) erklärt in seiner Ansprache, daß Anne Frank eine Verpflichtung für Freiheit, Toleranz und die mit Füßen getretene Humanitas sei. Nach Rezitationen von Ida Ehre, Luitgard Im und Ernst Deutsch, der die *Ringparabel* aus Lessings *Nathan der Weise* vorträgt, hält der Publizist Eugen Kogon, der als KZ-Häftling in Buchenwald war, die Gedenkrede. Er beschreibt, was die Opfer in den deutschen Konzentrationslagern erleiden mußten, und mahnt zur Toleranz in Gesinnung und Politik. Der Wunsch »Laßt mich sein, wie ich bin«, den Anne Frank in ihrem Tagebuch festgehalten hat, müsse eines Tages zu einer europäischen Wirklichkeit werden. Kogon warnt eindringlich vor den Gestrigen, die in Deutschland schon wieder ihre Stimme erheben würden und meint: »Es wäre gut, wenn Entscheidungen, die Deutschland betreffen, nicht von uns allein getroffen würden, sondern zusammen mit Italienern, Franzosen und anderen Nationen. Nicht, weil dort bessere Menschen leben, sondern weil diese Nationen bewiesen haben, daß sie mit ihren Unverbesserlichen besser fertig werden als wir.«[143] Unter Leitung von Max Neumann trägt der Chor des Hessischen Rundfunks anschließend im Wechselgesang mit dem Solisten Marcel Papier jüdische Lieder vor. Nach Abschluß der Veranstaltung ziehen die Frankfurter Jugendverbände in einem Fackelzug zum Geburtshaus Anne Franks in der Ganghoferstraße 24. Vor der dichtgedrängten Menge erklärt der Vorsitzende des *Frankfurter Jugendrings*, Karl Semmelrot, im Schein von Fackeln und Scheinwerfern, daß die Jugend gegen die Trägheit der Herzen kämpfen und einen Rückfall in die Barbarei verhindern werde. Solange noch irgendwo auf der Welt Menschen wegen ihrer religiösen oder politischen Überzeugungen verfolgt würden, ob in Europa, Afrika, Asien oder Amerika, fühlten sie sich dazu durch die Worte Anne Franks aufgerufen. Auf ein Zeichen von Oberbürgermeister Bockelmann wird dann unter den Klängen des Moorsoldatenliedes vor dem angestrahlten Haus eine Gedenktafel enthüllt. Auf ihr ist zu lesen: »In diesem Hause lebte Anne Frank, geb. am 12. 6. 1929 in Frankfurt am Main. Sie starb als Opfer der nationalsozialistischen Verfolgung 1945 im KZ-Lager Bergen-Belsen – Ihr Leben und Sterben – Unsere Verpflichtung. Die Frankfurter Jugend«[144] –. Bislang sind vom **Tagebuch der Anne Frank** 430.000 Exemplare verkauft worden; nach Angaben des S. Fischer Verlags werden täglich durchschnittlich 2.000 Exemplare abgesetzt. Der Heidelberger Verleger Lambert Schneider, hatte von dem Buch, das zuerst in einer Auflage von 5.000 Exemplaren erschienen war, nur 780 Exemplare verkaufen können.

1. Juli 1957: Professor Theodor W. Adorno erhält, nachdem es im Jahr zuvor einen antisemitisch grundierten Konflikt um seine Lehrbefähigung gegeben hatte, an der Johann Wolfgang Goethe-Universität einen Lehrstuhl für Philosophie und Soziologie. – Adorno konnte nur mit großer Mühe seine akademische Karriere bis zur Ernennung zum Ordinarius absolvieren. Aus Gründen der »Wiedergutmachung« war Adorno 1949 zum außerordentlichen Professor ernannt, ein Jahr später zum außerplanmäßigen und 1953 zum planmäßigen außerordentlichen Professor befördert worden. – Von Adorno, der weder zuvor noch danach einen Ruf an eine andere Universität erhalten hat, ist 1955 die kulturkritische Aufsatzsammlung *Prismen* erschienen. Im selben Jahr kamen die ersten drei Bände der *Frankfurter Beiträge zur Soziologie* heraus, darunter die von Adorno zu Horkheimers 60. Geburtstag herausgegebene Aufsatzsammlung *Soziologica* und der Band *Gruppenexperiment*, in dem das politische Bewußtsein der Nachkriegsdeutschen untersucht worden ist und in dem Adorno den theoretisch maßgeblichen Teil *Schuld und Abwehr* verfaßt hat.

10. Juli 1957: Einige SDS-Mitglieder verteilen vor dem Hauptgebäude der Johann Wolfgang Goethe-Universität Flugblätter, in denen sie sich gegen eine Rede von Bundeskanzler Adenauer wenden. Darin heißt es: »In Nürnberg proklamierte Hitler 1933 den Einparteienstaat und verbot die SPD. In zwölf Jahren ruinierte Hitler Deutschland. In Nürnberg proklamierte Adenauer 1957 den Einparteienanspruch der CDU: ›Wir sorgen dafür, daß die sozialdemokratische Partei niemals an die Macht kommt.‹ Adenauer und der Totalitätsanspruch für seine Partei bedrohen die Freiheit nach innen und den Frieden nach außen. Gebt Adenauer keine zwölf Jahre Zeit!«[145] Nach kurzer Zeit versammelt sich eine Gruppe rechtsorientierter Studenten, zumeist Mitglieder der Korporation *Hasso-Nassovia*, um die Flugblattverteiler. Unter Beschimpfungen werden den SDS-Mitgliedern die Papierstöße entrissen, auf einen Haufen geworfen und vor dem Haupteingang angezündet. Einer der Korporierten verteidigt sich mit den Worten, Goebbels habe im Unterschied zu den Linken »wenigstens Format« besessen. Die Verbrennung der Flugblätter, erklären andere Teilnehmer der Aktion, als sie später zur Rede gestellt werden, sei eine »gesunde Reaktion« auf ein »anspruchsloses Pamphlet« gewesen. Der AStA der Universität

---

143 Die Tat vom 22. Juni 1957, 8. Jg., Nr. 25, S. 5.
144 A.a.O.
145 Die Tat vom 20. Juli 1957, 8. Jg., Nr. 29, S. 2.

kommentiert das von Teilen der Lokalpresse in Beziehung zu den Bücherverbrennungen der Nazis gestellte Autodafé mit den Worten, daß dies »allenfalls ein Sommerjux der Studenten, nicht aber eine politische Demonstration« gewesen sei.

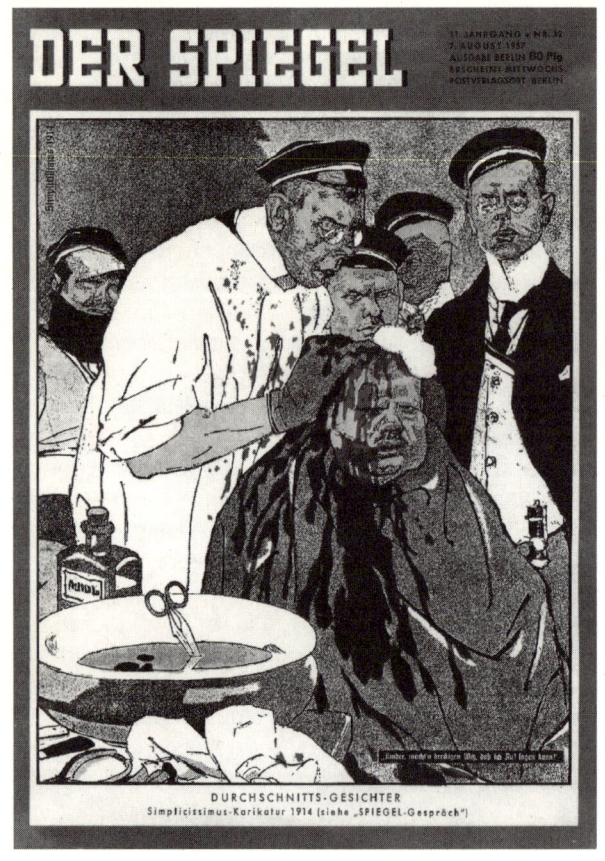

10. 7.: Titelbild zur Praxis schlagender Verbindungen.

28. Juli 1957: In **Cosio d'Arroscia**, einem an den Südhängen der ligurischen Alpen, nahe der französischen Grenze gelegenen Ort, gründet eine Reihe von Intellektuellen und Künstlern die **Situationistische Internationale**. Die Entscheidung ist keineswegs unumstritten und fällt bei zwei Enthaltungen mit 5:1 Stimmen. Zu den Mitbegründern zählen Guy Debord, Michèle Bernstein, Asger Jorn, Elena Verrone und Walter Olmo. Eine ausführlichere Diskussion über die als *Rapport für die Konstruktion von Situationen* bezeichnete und bereits seit einem Monat vorliegende Plattform hat in dem verwinkelten Bergort nicht stattgefunden. Die Teilnehmer des Treffens haben die Keller, Innenhöfe und Gärten von Cosio d'Arroscia durchstreift und dabei besonders dem Wein und anderen lukullischen Genüssen zugesprochen. – Die avantgardistische Vereinigung, die sich in der Tradition der Dadaisten, Surrealisten und Lettristen sieht, will mit Manifesten und Aktionen die Trivialität des modernen Lebens denunzieren, um dadurch unterdrückte Wahrnehmungs- und Erfahrungsformen freizulegen. Sie beabsichtigt Situationen zu schaffen, in denen mit den Normen, Riten und Konventionen des Soziallebens gebrochen wird und schlaglichtartig etwas von den verschütteten Potentialen der Phantasie aufblitzt. Im Unterschied zu den Surrealisten vertrauen die Situationisten allerdings nicht mehr auf die sich willkürlich einstellenden Äußerungen des Unbewußten, sondern führen revolutionierende Situationen bewußt herbei. Das Zentrum der *Situationistischen Internationale*, die sich aus belgischen, französischen, niederländischen, italienischen und skandinavischen Sektionen zusammensetzt, ist **Paris**.

1. September 1957: Auf Initiative der *Antimilitaristischen Aktion 1957* treffen sich am Jahrestag des deutschen Überfalls auf Polen, mit dem 1939 der Zweite Weltkrieg begann, 5.000 Jugendliche aus dem gesamten Bundesgebiet, um gegen Wehrpflicht, Aufrüstung und Kriegsgefahr zu demonstrieren. Viele von ihnen nehmen zunächst an einem antimilitaristischen Autokorso teil, der sich vom Platz vor dem Funkhaus an der Bertramstraße mit 30 Omnibussen, 70 Personenwagen und etwa ebenso vielen Motorrädern durch die Stadt am Main zieht. Auf den an den Fahrzeugen angebrachten Transparenten und Schildern sind Parolen zu lesen wie »Lieber aktiv als radioaktiv«, »Macht es wie Konrad – Werdet nie Soldat«, »Ob Kaiser, Führer, Adenauer – dem General ist es egal«, »Denkt an die Opfer der Iller«, »Der Weg ins Massengrab führt durchs Kasernentor«, »Schafft den Krieg ab, sonst schafft er uns ab« und »Keine Atomwaffen auf deutschem Boden«. Die Großkundgebung auf dem Römerberg, die unter dem Motto »Weg mit der Wehrpflicht!« steht, wird von einem Chor, der Lieder aus der Arbeiterbewegung singt, und von mehreren Sprecherinnen eröffnet, die Gedichte gegen den Krieg rezitieren. Nach einführenden Worten des Bundesvorsitzenden der *Sozialistischen Jugend Deutschlands – Die Falken*, Kalli Prall, sprechen das Bundesvorstandsmitglied des DGB, Waldemar Reuter, der Kölner Pfarrer Dieter Lenz und der sozialdemokratische Bundestagsabgeordnete Willi Birkelbach. Alle Redner protestieren

1. 9.: Mitglieder der »Situationistischen Internationale« bei ihrem Gründungstreffen.

gegen die von der Bundesregierung immer noch nicht dementierten Pläne zur Atombewaffnung der Bundeswehr. Birkelbach, der daran erinnert, wie Hitler vor 18 Jahren den Zweiten Weltkrieg entfesselt hat, ruft, auf den Bundesverteidigungsminister anspielend, warnend aus, daß hinter Adenauer »ein junger Mann aus München mit aufgerollten Ärmeln auf die Macht« warte. Wenn dieser Mann, der die Sowjetunion von der Landkarte streichen wollte, an die Macht käme, dann seien Entscheidungen zu befürchten, die nicht mehr reversibel wären. Sich auf die zentrale Wahlparole der CDU beziehend, erklärt er: »Ja keine Experimente, vor allem keine Rüstungsexperimente in Deutschland.«[146] Die Jugend müsse den Teufelskreis der Vergangenheit durchbrechen, um endlich einmal die Früchte des Friedens ernten zu können. Zum Abschluß singen die Teilnehmer der Kundgebung das Traditionslied der Arbeiterbewegung »Brüder zur Sonne, zur Freiheit«.

16./17. Oktober 1957: Im Mittelpunkt der **XII. SDS-Delegiertenkonferenz** in der *IG-Metall*-Schule Heidehof im **Dortmund**er Vorort Lücklemberg stehen die Ereignisse des Vorjahres in Ungarn und Polen. Trotz der Niederschlagung des ungarischen Volksaufstandes und der Unterdrückung des Demokratisierungsprozesses in Polen durch die Parteiführung werden die antistalinistischen Kräfte in den beiden Ländern immer noch mit einem gewissen Optimismus eingeschätzt. In einer von den 59 Delegierten ohne Gegenstimme bei acht Enthaltungen angenommenen *Polen-Resolution* wird den polnischen Jugendlichen im allgemeinen und den polnischen Studenten im besonderen für ihren bewundernswerten Kampf und ihre Befreiung »von den Ketten nationaler und politischer Unterdrückung«

---

146 Die Tat vom 7. September 1957, 8. Jg., Nr. 36, S. 1.

gedankt. Im Gegensatz zur DDR und anderen stalinistischen Regimen könne Polen »nicht als ein totalitärer Staat« betrachtet werden. Es wird beschlossen, sofort intensive Kontakte zum *Nationalverband Polnischer Studenten* (ZSP) und zum *Sozialistischen Jugendverband* (ZMS) aufzunehmen, um einen Austausch von Delegationen, den gegenseitigen Besuch von Seminaren, Tagungen usw. zu vereinbaren. Von der Bundesregierung wird die Herstellung normaler diplomatischer, wirtschaftlicher und kultureller Beziehungen zur Volksrepublik Polen gefordert. In der Frage einer Anerkennung der Oder-Neiße-Grenze weichen die Delegierten einer klaren Position aus. Einerseits heißt es, daß die Vertreibung von Millionen Deutscher »ein Unrecht« gewesen sei, andererseits dürften jedoch die noch offenen Fragen in den Beziehungen beider Staaten nicht gewaltsam gelöst werden. Ein weiteres Hauptthema bildet die Diskussion über die absolute Mehrheit der CDU/CSU bei den dritten Bundestagswahlen und die sich daraus ergebenden Konsequenzen für eine sozialistische Opposition. In einem mit 37:14 Stimmen bei fünf Enthaltungen angenommenen Antrag der Hochschulgruppe Göttingen fällt die Kritik an der Mutterpartei äußerst bescheiden aus. In der Entschließung heißt es, daß am »substantiellen Inhalt« sozialdemokratischer Politik »nichts Entscheidendes« geändert werden solle; die SPD müsse nur die Form ihrer Politik – die Parteiorganisation, die Parteiführung und ihre Öffentlichkeitsmethoden – einer Kritik unterziehen. Der Westberliner Delegierte Nils Diederich beklagt, daß Willi Eichler als Vertreter des Parteivorstands bereits am ersten Tag wieder abgereist sei. Er habe ein Grußwort verlesen und sei dann verschwunden, ohne den Delegierten die Möglichkeit einer Diskussion über die Politik der Mutterpartei zu geben. Der SDS beschließt, die beiden folgenden Punkte zu Essentials seiner künftigen Politik zu machen: Die Abschaffung der Wehrpflicht und die Verhängung eines Verbots für die Produktion oder Lagerung von Atomwaffen. Zum neuen Bundesvorsitzenden wird Wolfgang Büsch aus West-Berlin und zu seinem Stellvertreter Oswald Hüller aus Heidelberg gewählt. Als Gegenkandidat ist der Münchener Delegierte Günther Müller in beiden Wahlgängen klar gescheitert. Im Beirat sind Hans Müller (Bonn), Klaus Pöhle (Hamburg) und Kay Tjaden (Frankfurt) vertreten.

3. November 1957: Im Alter von 60 Jahren stirbt der Sexualwissenschaftler und Psychologe **Wilhelm Reich** im Gefängnis von **Lewisburg** (US-Bundesstaat Pennsylvania) an Herzversagen. Der in Galizien geborene, aus einer assimilierten jüdischen Familie stammende Reich, wurde 1919 Mitglied der *Psychoanalytischen Vereinigung* in Wien und trat nach Abschluß seines Studiums 1922 eine Stelle als Assistenzarzt an der von Sigmund Freud begründeten psychoanalytischen Poliklinik an. Er machte sich in den zwanziger Jahren vor allem mit seinen beiden Werken über *Die Funktion des Orgasmus* und die *Charakteranalyse* einen Namen. Mit seiner Auffassung, daß die Sexualität nicht sublimiert, sondern lustbetont ausgelebt werden solle, geriet er in Widerspruch zur orthodoxen Psychoanalyse. Er näherte sich in der Folge immer weiter dem Marxismus an, trat 1928 der *Kommunistischen Partei Österreichs* (KPÖ) bei und wurde schließlich aus der *Internationalen Psychoanalytischen Vereinigung* ausgeschlossen. Einer seiner Grundgedanken besteht darin, daß die Entwicklung zu einer freien und selbstbestimmten Persönlichkeit durch die Unterdrückung der Sexualität verhindert werde. Da die bürgerlich-kapitalistische Gesellschaft ihre Macht nicht zuletzt auf einer von ihren Institutionen vermittelten repressiven Sexualmoral aufbaue, sei der Sturz dieses Systems Voraussetzung für die Entfaltung einer freieren Gesellschaft. Zu Beginn der dreißiger Jahre begründete er in Berlin die Sexpol-Bewegung, in der eine Synthese zwischen politischer Agitation und sexueller Befreiung angestrebt wurde, und galt neben Siegfried Bernfeld als einer der wichtigsten Protagonisten für eine Verbindung von Psychoanalyse und Marxismus. Seine 1933 erschienene *Massenpsychologie des Faschismus* zählt zu den aufschlußreichsten sozialpsychologischen Analysen des nationalsozialistischen Machterfolgs. Nach seiner Emigration in die Vereinigten Staaten entwickelte Reich eine umstrittene Orgontheorie, wegen der er schließlich vor Gericht gestellt werden sollte. Da er der Verhandlung fernblieb, wurde er am 7. Mai 1956 wegen Mißachtung des Gerichts zu einer Gefängnisstrafe von zwei Jahren verurteilt, deren Verbüßung er nach dem Scheitern einer Berufungsverhandlung am 19. März 1957 antreten mußte. – Erst im Zuge der antiautoritären Studentenbewegung wird der Einzelgänger aus der psychoanalytischen und der kommunistischen Bewegung wiederentdeckt.

1958

3.6.: Protestkundgebung gegen die Atombewaffnung der Bundeswehr auf dem Römerberg.

1. Januar 1958: Die deutsche Sektion der *Situationistischen Internationale* veröffentlicht in **München** ihr erstes Manifest. Es wird in der Galerie van den Loo in der Maximilianstraße 25 an Besucher verteilt und trägt in Anknüpfung an die Parole, die die CDU/CSU beim Bundestagswahlkampf 1957 verwendet hat, den Titel: *Nervenruh! Keine Experimente!* Unter dem Motto »Kunst ist Leben und Leben ist Kunst!« wendet es sich ausschließlich an Künstler und polemisiert gegen den Kunstbetrieb in all seinen Varianten: »Kunsthändler sind Diebe Farbenhändler sind Räuber Kunsthistoriker sind Betrüger Kunstkäufer sind Idioten Kunstkritiker sind Lustmörder Sammler sind Pervertierte Trotzdem geht die Kunst ohne diese notorischen Verbrecher kaputt!«[147] An einer anderen Stelle heißt es provozierend: »Warum hast Du keine hübsche Frau? Es gibt genug davon. Also. Eben.« Am Ende erhält der Leser noch ein paar Auskünfte über die Entstehung der S.I.; unterzeichnet ist das ungewöhnliche Pamphlet von dem dänischen Künstler Asger Jorn und seinem deutschen Kollegen Hans Platschek.

15. Januar 1958: Der Erste Senat des Bundesverfassungsgerichtes in **Karlsruhe** gibt einer Verfassungsbeschwerde des Leiters der Staatlichen Pressestelle in Hamburg, Erich Lüth, statt, wodurch sein Boykottaufruf gegen die Aufführung des Veit-Harlan-Films *Unsterbliche Geliebte* nicht gegen das Zivilrecht und auch nicht gegen die guten Sitten verstößt. Die Protestaktion Lüths vom 20. September 1950 gegen das Wiederauftreten Harlans als ehemaligen Regisseur antisemitischer Tendenzfilme, die die nationalsozialistische Massenvernichtung gefördert haben, wird als eine durch die Verfassung geschützte Form der freien Meinungsäußerung anerkannt. In der Urteilsbegründung heißt es, daß von Lüth nicht verlangt werden könne, sich aus Rücksicht auf die beruflichen Interessen Harlans und die wirtschaftlichen Interessen der Filmgesellschaften mit seiner Meinung zurückzuhalten. In der freiheitlichen Demokratie liege der Wert der freien Meinungsäußerung gerade darin, die öffentliche Diskussion über Gegenstände von allgemeiner Bedeutung anzuregen. Private und wirtschaftliche Interessen müßten zurücktreten, wenn es um die Erörterung von Fragen gehe, die für das Gemeinwohl von Bedeutung seien. Das Urteil des Hamburger Landgerichts vom 22. November 1951, wodurch die Boykottaufforderung Lüths als »sittenwidrig« verboten worden war, wird damit als eine Verletzung des Grund-

1.1.: Flugblatt der »Situationistischen Internationale«.

rechts der freien Meinungsäußerung angesehen und aufgehoben. Das Bundesverfassungsgericht verweist den Fall an das Landgericht Hamburg zurück. – Rechtsvertreter in der Verfassungsbeschwerde Lüths war der in der Presse als »Kronjurist der SPD« bezeichnete Bundestagsabgeordnete Adolf Arndt, der in der Austragung des Streits um das Grundrecht der freien Meinungsäußerung bereits 1951 die Möglichkeit einer »Grundentscheidung für die deutsche Demokratie« gesehen hatte. Der auf Kommunikation und Teilhabe am öffentlichen Leben angelegte Zweck der Meinungsfreiheit, argumentiert er, erschöpfe sich nicht in der Kundgabe eines individuellen Meinens, sondern sei ein wesentlicher Akt der Willensbildung im Streit um politische Positionen in der Demokratie. Der Artikel 5

Absatz 1 Satz 1 des Grundgesetzes sei in diesem Sinne schutzbedürftig. Ein Boykottaufruf wie derjenige Lüths gegen Filme des *Jud-Süß*-Regisseurs Harlan, der die Verhinderung eines erneuten Antisemitismus zum Ziel hatte, ist demnach nicht als Rechtswidrigkeit aufzufassen, weil dadurch etwa berufliche oder wirtschaftliche Interessen tangiert werden könnten, sondern als der verfassungsrechtlich zulässige Standardfall politischer Meinungs- und Willensbildung. – Das Lüth-Urteil, mit dem das Fundament für eine wertbezogene Verfassungsinterpretation gelegt worden ist, erweist sich als ein »Meilenstein in der Grundrechtssprechung des Bundesverfassungsgerichts«[148].

25./26. Januar 1958: Die Mitglieder der *Situationistischen Internationale* diskutieren auf ihrer zweiten Konferenz in **Paris** vornehmlich Aktionsmöglichkeiten ihrer Gruppen in Nordeuropa und in Deutschland. Höhepunkt der Überlegungen stellt ein Plan dar, durch die telefonisch miteinander verbundenen Sektionen gleichzeitig ein internationales »Experiment des Umherschweifens« durchzuführen. Am Ende wird die italienische Sektion, »in der eine Fraktion idealistische und reaktionäre Thesen verfochten und jede Selbstkritik unterlassen hatte«, durch einen Mehrheitsentscheid ausgeschlossen. – Mit diesem Beschluß setzt eine langjährige Praxis des gegenseitigen Sich-Ausschließens ein, mit der sich die Situationisten systematisch dezimieren.

27. Januar 1958: Als Antwort auf ein Schreiben der Literaturwissenschaftlichen Fakultät der Universität Tokio veröffentlicht der AStA der Johann Wolfgang Goethe-Universität eine vom Studentenparlament gebilligte Erklärung, in der die Einstellung aller Atomwaffenversuche, das Verbot aller Atomwaffen und eine allgemeine kontrollierte Abrüstung gefordert werden. »Berufenere Persönlichkeiten der Wissenschaft, der Kirchen und der Politik«, heißt es darin, »haben zu den Fragen atomarer Rüstung Stellung genommen. Wir fühlen uns als junge Akademiker jedoch nicht minder verantwortlich für das, was in unserem Lande und unserer Zeit geschieht. Daß wir uns den Idealen der Menschenwürde, der Menschenrechte und der Freiheit verbunden fühlen, bedarf für uns keiner ausdrücklichen Betonung. In zwei furchtbaren Kriegen ist unser Land an den Rand des Abgrunds gebracht worden. Wir sind überzeugt, daß ein neuer Krieg das Ende auch unseres Landes bedeuten wird. Wir sind weit davon entfernt, uns einer technischen Entwicklung entgegenstellen zu wollen. Was uns bedenklich macht, ist die Intensität, in der man in beiden Lagern dieser gespaltenen Welt bemüht ist, die Erkenntnisse naturwissenschaftlicher Forschung für kriegerische Zwecke zu mißbrauchen. In Hiroshima und Nagasaki wurden viele Tausende Opfer einer einzigen Bombe. Heute betrachtet man diese Bombe schon als taktisches Geschoß ... Wir fordern ein Verbot aller Atomwaffen. Wir verurteilen die Anwendung von Massenvernichtungswaffen als ein Verbrechen gegen die Menschlichkeit. Wir fordern die Nutzung der Energie der Atomspaltung allein für friedliche Zwecke. Wir fordern eine allgemeine kontrollierte Abrüstung.«[149] – Diesem

15.1.: Erich Lüth in der Hamburger Universität, re. Ernst Rowohlt.

147 Jürgen Weihrauch (Hg.), Gruppe SPUR, München 1979, S. 49.
148 Dieter Gosewinkel, Adolf Arndt – Die Wiederbegründung des Rechtsstaats aus dem Geist der Sozialdemokratie (1945–1961), Bonn 1991, S. 497.
149 Die Tat vom 1. Februar 1958, 9. Jg., Nr. 4, S. 1.

23.3.: Schweigeminute für die Atombombenopfer von Hiroshima und Nagasaki (v.l.n.r.): Rudolf Amelunxen, Eugen Kogon, Erich Ollenhauer, Helene Wessel u.a.

Appell stimmen in kurzer Zeit die Studentenvertretungen von zwölf bundesdeutschen Hochschulen und die meisten Universitäten der DDR zu. Eine Delegation, die am 8. Februar zwecks weiterer Beratungen von Frankfurt nach **Halle** entsandt wird, kann jedoch mit den dortigen Universitätsvertretern keine Einigung über die Einleitung weiterer konkreter Schritte im Kampf um die Abrüstung erzielen.

9. Februar 1958: Auf Einladung der beiden Zeitschriften *Funken* und *Sozialistische Politik* kommen im Studentenhaus mehr als 150 Sozialisten und linke Sozialdemokraten aus 36 Städten zusammen, um über Perspektiven sozialistischer Politik zu beraten. Nach einer Einführungsrede des *Funken*-Herausgebers Fritz Lamm (Stuttgart), in der er sich darüber beklagt, daß es eine Reihe von Sozialdemokraten offenbar aus Furcht vor der Intoleranz des Parteivorstands nicht gewagt hätte, der Einladung Folge zu leisten, halten der Marburger Politikwissenschaftler, Professor Wolfgang Abendroth, und der Vorsitzende der *IG Holz*, Heinz Seeger, die beiden Grundsatzreferate. Abendroth analysiert die Situation in der SPD nach den abermals verlorenen Bundestagswahlen im Vorjahr. Er vertritt die Ansicht, daß die SPD ihr Wählerpotential nicht ausschöpfen könne, wenn sie nur eine abgewandelte Sprache der CDU spreche, prinzipielle Unterschiede verwische und sich in ihren Forderungen nur graduell unterscheide. Die SPD könne bei Bundestagswahlen nur dann über die 30-Prozent-Grenze kommen, wenn es ihr durch einen erkennbaren Machtwillen und klare Vorstellungen gelinge, die Massen zu mobilisieren. Nach einer mehrstündigen Diskussion, in der die Auflösung des Ostbüros der SPD und die Wiederaufnahme von aus der SPD ausgeschlossenen Mitgliedern gefordert wird, nehmen die Teilnehmer eine Entschließung an, in der es heißt: »1. Die politische Niederlage der SPD bei den Bundestagswahlen ist eine Folge der politischen Unsicherheit der Führung, aber auch der Mitgliedschaft der Partei. Diese Unsicherheit hat ihren Grund in dem Fehlen einer klaren, schlüssigen Alternative zur Regierungspolitik ... 4. Weder die objektive Klassenbindung noch die angebliche sozialistische Ideologie noch ihre dauernde Opposition gegenüber der Regierung hat der SPD in den Augen der Bevölkerung geschadet. Es waren vielmehr ihre Mittelstandsillusionen, ihre unklare Haltung zum Sozialismus und der Umstand, daß ihre Opposition allzu oft verklausert, dunkel und unfaßbar, politisch ohne Methode und daher perspektivenlos war oder erschien, die ihr geschadet haben. Daß hinter ihrer Opposition kein klares, großes, direktes, politisches Nein stand, das auf einer glaubwürdigen sozialistischen positiven Alternative beruhte - das ist der wirkliche Grund des Rückschlages der SPD in beiden Septemberwahlen 1953 und 1957. – 5. Alle diejenigen, die heute ›Offenheit nach rechts‹, Übergang zu einer rein pragmatischen Volks- und Interessenpartei und Platz für ›Persönlichkeiten‹ fordern, gehen damit einen Weg weiter, der nur zur völligen Anpassung und zur politischen Kapitulation vor der Regierung führen kann. Es bedeutet praktisch die Preisgabe der sozialistischen Tradition ... – 6. Die wichtigste Aufgabe der Sozialisten und der SPD ist daher die politische Aktion in der Arbeiterklasse und der Arbeitnehmerschaft.«[150] Politische Aktionen hätten vor allem in der Aufklärung der Arbeiter, Angestellten und Beamten über die politischen Ziele der Regierung Adenauer, der »rücksichtslosen Kritik und Analyse der gegenwärtigen Gesellschaft« sowie konkreten politischen Kampagnen gegen Atombewaffnung, Miteigentumsideologie, Preiserhöhung und Arbeitslosigkeit zu bestehen. Im 8. und letzten Punkt heißt es dann: »Als Sozialisten sind wir keineswegs der Meinung, daß Sozialismus eine ein für allemal fertige Sache sein kann ... Aber wir sind der Überzeugung, daß die großen Traditionen und grundlegenden Erkenntnisse des wissenschaftlichen Sozialismus und der Arbeiterbewegung nach wie vor gültig sind. Sie müssen in unsere Zeit und unsere Wirklichkeit umgesetzt werden.«[151]

10. März 1958: Der Bundestagsabgeordnete Walter Menzel, einer der drei parlamentarischen Geschäftsführer der SPD-Bundestagsfraktion, stellt der Presse den am 22. Februar in Bad Godesberg beschlossenen Aufruf **Kampf dem Atomtod** vor. Er ist von 40 Prominenten aus Politik, Kirche, Gewerkschaft, Wissenschaft, Kunst und Literatur unterzeichnet. Zu den in Bad Godesberg auf Einladung der SPD Versammelten, die bis auf Landgerichtsrat Helmut Simon und den FDP-Politiker Josef Ungeheuer ihre Unterschrift gegeben haben, sind u.a. noch Bundestagsvizepräsident Carlo Schmid, der FDP-Bundestagsabgeordnete Thomas Dehler, der ehemalige Reichstagspräsident Paul Löbe, der Kirchenpräsident Hans Stempel, der Publizist Axel Eggebrecht, der Politologe Eugen Kogon, der Soziologe Alfred Weber und die Schriftsteller Stefan Andres, Heinrich Böll, Hans Henny Jahnn und Erich Kästner hinzugekommen. Menzel hebt ausdrücklich hervor, daß die Unterzeichner nur für sich und nicht für bestimmte Gruppen sprächen. Der Aufruf, der in mehreren Rundfunksendungen und auf Plakatwänden bundesweit bekannt gemacht wird, endet mit dem von Martin Niemöller vorgeschlagenen Satz: »Wir werden nicht Ruhe geben, solange der Atomtod unser Volk bedroht.«[152] – Trotz der ihrer Prominenz wegen beeindruckenden Unterschriftenliste, merken Kommentatoren an, sei auffällig, daß sich dem Aufruf weder die FDP-Vorsitzenden – mit Ausnahme Borns – noch die Unterzeichner der Göttinger Erklärung angeschlossen hätten. Nachdem sich Carl Friedrich von Weizsäcker bereits am 26. Februar in Hamburg bei einem Vortrag von der Bewegung »Kampf dem Atomtod« distanziert hatte, waren die 18 Göttinger Professoren bei einer Zusammenkunft am 1. März zu dem Entschluß gekommen, sich nicht an der Kampagne zu beteiligen.

23. März 1958: Die Auftaktveranstaltung der von der SPD initiierten **Kampagne Kampf dem Atomtod** findet in der Kongreßhalle auf dem Messegelände statt. Der Zeitpunkt fällt in die durch das Wochenende bedingte Pause der im Bundestag laufenden Atomrüstungsdebatte und überdies exakt auf den 25. Jahrestag des nationalsozialistischen Ermächtigungsgesetzes. Da der Andrang für die nur 2.500 Personen fassende Halle zu groß ist, wird die Veranstaltung in zwei Nebenhallen auf dem Ausstellungsgelände übertragen; dennoch müssen mehrere 1.000 Zuhörer die Beiträge im Freien verfolgen. Beendet wird die von rund 10.000 Menschen verfolgte Kundgebung durch den SPD-Vorsitzenden Erich Ollenhauer. »Bannen wir«, ruft der Initiator der *Kampf dem Atomtod*-Bewegung seinen Zuhörern zu, »die Gefahr des Atomtodes! Fangen wir bei uns an! Geben wir ein Beispiel! Die Bundesrepublik Deutschland soll frei bleiben von Atomwaffen aller Art. Wir wollen keine Kernwaffen, wir wollen keine Abschußbasen, wir wollen keine Lagerplätze, und wir wollen Kernwaffen nicht verwenden, in welcher Form immer! Wir wollen nichts von alledem, weil es sinnlos ist ... Und ich glaube, ich kann hier sprechen im Namen von allen. Wir stehen zu dem Wort, daß wir an den Schluß des Aufrufs gesetzt haben. Wir werden nicht Ruhe geben, solange der Atomtod unser Volk bedroht.«[153]

---

150 Die Andere Zeitung vom 20. Februar 1958, 4. Jg., Nr. 6, S. 6.
151 A.a.O.
152 Welt der Arbeit vom 14. März 1958.

10.4.: Kampagnenplakat.

27. März 1958: Der AStA der Johann Wolfgang Goethe-Universität gibt bekannt, daß sich insgesamt zwölf Universitäten und Hochschulen der *Frankfurter Erklärung* angeschlossen haben. Das Studentenparlament der Frankfurter Universität hatte am 27. Januar einen Appell verabschiedet, in dem die Einstellung aller Atomwaffenversuche, ein Verbot aller Atomwaffen und eine allgemeine kontrollierte Abrüstung gefordert worden war.

10. April 1958: In namentlicher Abstimmung nimmt die Stadtverordnetenversammlung mit 48:15 Stimmen einen gemeinsamen Antrag der SPD- und FDP-Fraktion an und beschließt, eine Volksabstimmung über die Atombewaffnung der Bundeswehr durchzuführen. Oberbürgermeister Werner Bockelmann (SPD) erklärt nach der Bekanntgabe des Ergebnisses, daß eine Volksbefragung nicht grundgesetzwidrig sei und der Magistrat diesen Beschluß auch ausführen werde.

In einer weiteren Entscheidung wird der Magistrat durch das Stadtparlament verpflichtet, sich allen Plänen zur Stationierung und Lagerung von Atomwaffen zu widersetzen und alle diesbezüglichen Grundstücksforderungen rigoros abzulehnen. Außerdem wird beschlossen, eine aus Wissenschaftlern, Ärzten, Politikern, Theologen und Publizisten bestehende Delegation nach Japan zu entsenden, um sich in Hiroshima »an Ort und Stelle« informieren zu können, »was die Explosion einer Atombombe und ihre Folgen für die Stadt bedeuten«. – Den Anstoß zu dieser naheliegenden, dennoch aber ungewöhnlichen Initiative hatte die Nachricht über ein NATO-Manöver gegeben, bei dem die Militärs von der Überlegung ausgegangen waren, daß die erste Atombombe auf die Main-Metropole abgeworfen worden sei.

19. April 1958: In der Halle 2 auf dem Messegelände spricht auf einer **Kampf dem Atomtod-Kundgebung** vor etwa 8.000 Demonstranten der frühere CDU-Innenminister und GVP-Vorsitzende Gustav Heinemann, jetzt Bundestagsabgeordneter der SPD. Er bezeichnet den Bundestagsbeschluß vom 25. März als eine Ermächtigung zu einer nicht voraussehbaren Politik, die schon einmal das deutsche Volk ins Verderben gestürzt habe. Das Mittel der Volksbefragung sei rechtens, obwohl es nicht im Grundgesetz vorgesehen sei. Ihm liege ein Gerichtsurteil vom 2. August 1954 vor, in dem ausdrücklich festgestellt wird, daß Volksbefragungen nicht gegen die Verfassung verstießen. In Anspielung auf die immer wieder vorgebrachte Behauptung, die Bewegung der Atomwaffengegner sei von der SED ferngesteuert, erklärt er: »Ich möchte auch nicht unter dem totalitären System des Ostens leben. Offen gesagt, ich möchte unter gar keinem totalitären System leben.«[154] Heinemann betont, daß Atomwaffen nicht nur keine Verteidigungswaffen im Kriegsfall seien, sondern bereits zu Friedenszeiten eine Bedrohung darstellten. Nicht auf die Bewährung im Krieg komme es an, sondern auf die Bewährung im Frieden.

25. April 1958: Auf einer Versammlung der *Arbeitsgemeinschaft sozialdemokratischer Frauen* (AsF), die unter dem Motto steht »Wir wollen keine Atomwaffen, wir wollen keine Abschußbasen, wir wollen keine Lagerplätze«, referiert die SPD-Bundestagsabgeordnete Lucie Beyer, die zugleich Frauensekretärin beim DGB-Landesverband Hessen ist. Sie wendet sich entschieden gegen die von einer CDU-Stadtverordneten im Römer aufgestellte Behauptung, die SPD verstoße mit ihren Bemühungen, auf kommunaler und auf Landesebene Volksbefragungen gegen die Atombewaffnung durchzuführen, gegen die Verfassung. Am Ende der Versammlung verabschieden die Teilnehmerinnen die folgende Entschließung: »Die Arbeitsgemeinschaft sozialdemokratischer Frauen Frankfurt bekennt sich zu dem Aktionsausschuß gegen den Atomtod. Sie ruft alle Frauen und Mütter auf, ohne Unterschied des Standes, der Konfession und der Parteizugehörigkeit, sich der atomaren Aufrüstung zu widersetzen. Die Ehrfurcht vor dem Leben soll es allen Frauen zur Pflicht machen, an der Bekämpfung der Gefahr des Atomtods mitzuhelfen, denn nur durch Einstellung aller Atombombenversuche und Verbot der Herstellung von Kernwaffen in allen Ländern können die Spannungen in der Welt beseitigt werden.«[155]

Mai 1958: In der Stadthalle von **Mülheim** an der Ruhr führt die *IG Metall* eine mehrtägige Konferenz zum Thema **Angestellte heute – und morgen?** durch. Als einer von mehreren Referenten stellt Max Horkheimer die These auf, daß der Angestellte mehr und mehr zum »Industriearbeiter der Zukunft« werde. In allen hochindustrialisierten Ländern habe ein Nivellierungsprozeß eingesetzt, der die Unterschiede zwischen Arbeitern und Angestellten, zumindest was ihre mittlere und untere Gruppe anbelange, in rapider Geschwindigkeit beseitige.

20. Mai 1958: Die studentischen *Arbeitskreise gegen die atomare Aufrüstung* führen in zahlreichen Universitäts- und Hochschulstädten der **Bundesrepublik Protestkundgebungen gegen die Atombewaffnung der Bundeswehr** durch, an denen sich rund 18.000 Studenten, Professoren, Assistenten und andere Universitätsangehörige beteiligen. Die Studentenausschüsse haben sich in vielen Fällen erst zu Beginn des Sommersemesters konstituiert. Besonders aktiv sind in ihnen Mitglieder des *Sozialistischen Deutschen Studentenbundes* (SDS), des *Liberalen Studentenbundes Deutschlands* (LSD) und der *Evangelischen Studentengemeinde* (ESG). Auf den Kundgebungen wird eine Ende April in Frankfurt beschlossene gemeinsame Erklärung verlesen. Darin heißt es: »Aus staatsbürgerlicher Verantwortung wollen die Studenten öffentlich vor den verhängnisvollen Folgen des Bundestagsbeschlusses vom 25. März 1958 warnen. Sie sind mit der Bundesregierung der Auffassung, daß in aller Welt atomar abgerüstet werden muß; sie sind entgegen der Bundesregierung der Auffassung, daß in Mitteleuropa mit der atomaren Aufrüstung gar nicht erst begonnen werden darf. Die Studenten folgen damit der Göttinger Erklärung der 18 Wissenschaftler und allen Professoren, die sich ihnen angeschlossen haben. Mit dieser Kundgebung stützen sie Willen und Bewußtsein der einsichtigen Teile unseres Volkes.«[156] Als Redner treten in den unabhängig von Parteien und Gewerkschaften organisierten Veranstaltungen neben Sprechern der studentischen Aktionsgruppen auch Professoren und Assistenten unterschiedlicher Fakultäten auf. Der *Ring Christlich-Demokratischer Studenten* (RCDS) distanziert sich von den Protestaktionen und erklärt, daß es sich bei den Teilnehmern um eine Minderheit handle, die nicht legitimiert sei, im Namen der gesamten Studentenschaft zu sprechen. – In **Frankfurt**

19.4.: Der Bundestagsabgeordnete Gustav Heinemann (SPD).

---

153 A.a.O.
154 Die Tat vom 28. April 1958, 9. Jg., Nr. 16, S. 3.
155 Frankfurter Rundschau vom 26. April 1958.
156 Flugblatt, zit. nach: Hans Karl Rupp, Außerparlamentarische Opposition in der Ära Adenauer – Der Kampf gegen die Atombewaffnung in den fünfziger Jahren, Köln 1970, S. 181.

8. Jahrgang – Heft 5   Juni 1958   Preis 20 Pfg. – Verlagsort Frankfurt a. M.

Frankfurter Dozenten und Studenten demonstrieren gegen den Atomtod

Streitfrage Atom

Schon viel zu lange dauert in der Bundesrepublik ein kalter Krieg. Seit dem massiven Zusammenprall der Befürworter und der Gegner einer atomaren Bewaffnung der Bundeswehr in der großen Bundestagsdebatte im Februar haben sich die Feindseligkeiten zwischen Regierungskoalition und Oppositionsparteien so sehr gehäuft und verschärft, daß man sich heute in einer politischen Abnützungsschlacht wähnt. Auch nicht eine einzige der streitenden Parteien hat sich gescheut, das Mittel der moralischen Disqualifikation des Gegners anzuwenden. Zwar kann der deutsche politische Umgangston seit eh und je nicht unbedingt als Vorbild gebildeter und von Sachkenntnis wohltuend gemäßigter Ausdrucksweise gelten. Ursache dafür mögen zum Teil die ideologischen Traditionen unserer Parteien sein, allenfalls auch das Temperament der Deutschen im allgemeinen. Und trotzdem muß man nun allzu oft feststellen, daß die unerquicklichsten Entgleisungen im deutschen politischen Leben menschlichem Versagen entspringen, Zeugnis der makabren Einstellung sind, daß der politische Gegner auch als Mensch nicht zu respektieren sei. Wir sind, wenn wir uns an die großen Bundestagsdebatten dieses Jahres erinnern, wegen der Beweise dafür nicht in Verlegenheit. Fügt man diesen noch Äußerungen hinzu, wie sie in Sonntagsreden, bei Parteikongressen oder auch nur bei Repliken in temperamentvoller Auseinandersetzung gesagt werden, kann man heute ohne weiteres von einer Bedrohung der guten Sitten in unserer inneren Politik sprechen. Die Bedrohung wird dann aber zu einer grundsätzlichen Gefahr für unseren demokratischen Staat, sobald man gewillt ist, sie als unvermeidliches Übel hinzunehmen.

Wird die Verwilderung des politischen Lebens, die die erste deutsche Republik zugrunde richtete, jetzt in der Bundesrepublik Platz greifen? Noch glauben wir dies nicht, weil wir meinen, daß unsere verantwortlichen Politiker und auch die politisch aktiven Parlamentarier aller Fraktionen das Weimarer Beispiel nicht vergessen haben. Sicherlich wissen auch unsere Parlamentarier, daß nach einem Versagen des Parlamentarismus die Massen nach dem starken Mann, dem Diktator, verlangen.

Eine große Behinderung für wirkliches Funktionieren des Parlamentarismus in der Bundesrepublik ist die Schwerfälligkeit des parlamentarischen Argumentierens. Bei den Atomdebatten wurde dies wieder einmal besonders deutlich. Die Menge der sicherlich gut gemeinten, aber wohl nicht immer von allen in der letzten Konsequenz begriffenen moralisierenden und moralisierenden, aus Theologie und Philosophie entlehnten Gedanken, die diese Debatten so schwerfällig und für den Zuhörer ermüdend werden ließen, verstärkten unsere Zweifel, daß der sachliche Gehalt der debattierten Probleme nicht immer ausreichend genug abgewogen war. Gerade die Demonstrationen gegen die Atomrüstung der Bundesrepublik sind von der moralisierenden politischen Argumentationsmethodik so sehr belastet, daß sich das der Ethik entlehnte Argument in sein Gegenteil verkehrt und als alibis noch als Attitüde einer rücksichtslosen machtpolitischen Auseinandersetzung gelten könnte.

Man darf annehmen, daß die Mehrheit des Bundestags durch internationale Konstellationen, über die vielleicht nur die Staatskanzleien ausreichend Bescheid wissen, gedrängt wurde, die atomare Ausrüstung der Bundeswehr so plötzlich zu beschließen. Und doch besteht ein Vorwurf gegen die Mitglieder dieses Parlaments zu Recht. Sie haben versäumt, in der Öffentlichkeit eindeutig genug um Verständnis für die notwendige Entscheidung zu werben. Die Fraktionen der Bundestagsmehrheit haben zwar, als sie die Atombewaffnung beschlossen, im Sinne ihrer verfassungsmäßigen Funktionen gehandelt, aber ein Empfinden für politischen common sense vermissen lassen. Die Demonstrationen gegen die Atombewaffnung sind die Gegenrechnung.

Frankreich hat eine Staatskrise hinter sich. Ist die Bundesrepublik auf dem Wege zu einer Staatskrise hin? O. Strobel

Marschieren und studieren
Zurück in die Hörsäle / Abgeordnete sollen reden

Trotz der Zurückhaltung, die wir bisher hinsichtlich der Atomfehde geübt haben, scheint uns jetzt der Zeitpunkt gekommen unsere Skepsis auszusprechen vor allem über die Methode, wie eine Gruppe von Studenten versucht hat, ihre Kommilitonen zur Bekundung ihres politischen Willens zu bewegen. Monatelang war die Atomauseinandersetzung von den Parteien und von eigens zu diesem Zweck gegründeten Organisationen geführt worden. Zwar gab es auch Deklarationen von Wissenschaftlern, ungeachtet dessen konnte man sich aber nicht des Eindrucks erwehren, daß die Atomauseinandersetzung in der Bundesrepublik mehr zu einem Vergeltungsfeldzug gegen die Partei wurde, die am 15. September ihre Konkurrenten geschlagen hat.

Erfahrungsgemäß wird Opposition des Volkes, wenn sie Ausdruck eines tatsächlichen Notstandes ist, am frühesten und am klarsten bei den Studenten sichtbar. Dafür mag Ungarn als extremes Beispiel gelten. Auch in Frankreich reagierten die Studenten als erste staatsbürgerliche Gruppe auf die schwelende Staatskrise.

Weil sich aber unsere Studenten in der Atomfrage wenn überhaupt, dann zunächst nur einzeln zu Wort meldeten, konnten wir nicht glauben, daß nun, zu einem Zeitpunkt, wo die streitenden Parteien offensichtlich ihr Pulver verschossen hatten und bei der Opposition Ermüdungserscheinungen kaum mehr zu verheimlichen waren, sich der Funke des Zorns bei den Studenten entzünde. So mußte der Eindruck entstehen, als ob die Antiatomdemonstration der Studenten und Dozenten von Interessengruppen inspiriert wurde, die in einer Agitationsflaute auf die „Studentenmassen" zurückgreifen wollten.

Wir konnten uns davon überzeugen, daß viele der Frankfurter Studenten und Dozenten, die zur Demonstration aufforderten, Wert auf die parteipolitische Unabhängigkeit legen. Das respektieren wir. Um so erstaunter waren wir dann, als sich die während der Demonstration vorgebrachten Argumente kaum von denen der Oppositionsparteien unterschieden.

Eine Demonstration, an der sich ungefähr fünf Prozent der über siebentausend Studenten beteiligen, ist keine Demonstration der Frankfurter Studenten.

In einer so wichtigen Frage für die zukünftige Politik der Bundesrepublik wie der Atombewaffnung unserer Streitkräfte, ist es jedoch auf alle Fälle schlecht, wenn man der persönlichen Entscheidung ausweicht, oder sie von vornherein zum Dogma proklamiert. Die Argumente dafür und dagegen haben Gewicht. Sie darzustellen, abzuwägen, kann nur in sachlicher Rede und Gegenrede geschehen. Es ist in der heutigen Situation der Bundesrepublik keineswegs notwendig, daß Studenten mit Transparenten durch die Straßen unserer Stadt marschieren. Darum meinen wir, daß es für eine Diskussion innerhalb der Universität noch nicht zu spät ist.

Wir veröffentlichen in dieser Ausgabe Beiträge von Prof. Dr. Franz Böhm MdB. und Dr. Jürgen Habermaas. Damit wollen wir die Studenten auffordern, das bisher versäumte nachzuholen.

Oscar Strobel

Erfülltes Forscherleben

20.5.: »Diskus«-Titelseite.

138   Mai 1958

ziehen 400 Demonstranten in einem Schweigemarsch zum Römerberg. Auf der dortigen Kundgebung sprechen der Gewerkschafter Walter Fabian, die beiden Professoren Ernst Fraenkel und Fritz Hahn sowie der Assistent am Institut für Sozialforschung, Jürgen Habermas, zu den mehr als 1.000 Zuhörern. Der 28jährige Habermas wendet sich in seinem Redebeitrag gegen die Diffamierung der Protestaktionen als »Panikmache« und kritisiert in grundsätzlicher Hinsicht die »Politik der Stärke«, deren Propagandisten Atom- und Wasserstoffbomben als »modernste Waffen« getarnt verkaufen wollen. Weiter kritisiert er ein Demokratieverständnis, in dem »die Masse der Staatsbürger als Masse der Unmündigen« behandelt werde, damit in politisch bedeutenden Fragen »alles fürs Volk, aber nichts mit dem Volk« entschieden werden könne. »Gewiß, die Universität als Korporation soll ihre politische Neutralität wahren. Aber sie bleibt ein Hort der Gewissensfreiheit nur, solange ihre Bürger politische Gewissensentscheidungen öffentlich und mit den wirksamsten der rechtens zu Gebote stehenden Mittel bekunden. Einmal schon sind deutsche Universitäten zu lange Hort versäumter Gewissensentscheidungen geblieben. Der Demonstrationszug vom 20. Mai richtet sich extra muros gegen die verantwortlichen Träger einer Politik der Stärke; intra muros aber richtet er sich nicht in erster Linie an die, die sich für diese Politik schlagen, sondern an die, die sich, trotz besserer Einsicht, nicht gegen sie schlagen. Wenn sich angstbereite Einsicht kompetenzfrei mit Unerschrockenheit gegenüber den Einflußreicheren verbindet, heißt man's Zivilcourage. Heute steht sie unter Panikverdacht – muß das sein?«[157] – Im westfälischen **Münster**, wo die Universitätsleitung dem studentischen *Arbeitskreis für ein kernwaffenfreies Deutschland* eine Kundgebung auf dem Universitätsgelände untersagt hat, versammeln sich abends 1.500 Studierende auf dem Hindenburgplatz. Hauptrednerin ist neben Professor P. Jacobs die 24jährige Studentin Ulrike Meinhof. Sie hat sich schriftlich an alle Professoren gewandt und sie darum gebeten, ihre Veranstaltungen vorzeitig zu schließen oder ganz ausfallen zu lassen, um allen Studenten Gelegenheit zur Teilnahme an der Protestaktion zu geben. Die Stipendiatin der Studienstiftung des Deutschen Volkes, deren Ziehmutter die Wuppertaler Professorin Renate Riemeck war, gilt als eine der radikalsten Vertreterinnen in den *Studentenausschüssen gegen Atomrüstung*.

20. 5.: Abflug nach Japan.

20. Mai 1958: Vom Rhein-Main-Flughafen startet eine achtköpfige Delegation von Wissenschaftlern und Theologen zu einem Flug nach **Tokio**. Nach einem Beschluß der Frankfurter Stadtverordnetenversammlung vom 10. April sollen Hiroshima und Nagasaki besucht werden, um sich vor Ort über die Folgen einer Atombombenexplosion zu informieren. Anlaß für die zwei Wochen dauernde Reise ist die Meldung, daß bei einem NATO-Manöver die entscheidungsbefugten Militärs von der Annahme ausgingen, daß bei einem atomaren Konflikt die erste Bombe auf Frankfurt gefallen sei. Leiter der Delegation ist Stadtrat Theodor Gläss.

Juni 1958: In der Johann Wolfgang Goethe-Universität treffen Delegierte von mittlerweile 20 Studentenausschüssen gegen die Atomrüstung zusammen. Sie diskutieren die möglichen Perspektiven der Anti-Atomtod-Bewegung. Nach Ansicht aller Studenten widerspricht die Atombewaffnung der Bundeswehr dem Grundgesetz. Auf Anregung des Darmstädter Studentenpfarrers Herbert Mochalski hin beschließen die Delegierten, einen Studentenkongreß gegen die Atomrüstung nach West-Berlin einzuberufen.

3. Juni 1958: Der lokale *Arbeitsausschuß »Kampf dem Atomtod«* (KdA) führt am späten Nachmittag zusammen mit dem Kreisausschuß des DGB eine Großkundgebung auf dem Römerberg durch, zu der trotz starken Regens 35.000 Menschen kommen. Die städtischen Straßenbahn- und Omnibuslinien haben für eine Stunde ihren Betrieb eingestellt. Als Redner treten

---

157 Jürgen Habermas, Unruhe erste Bürgerpflicht, in: Diskus – Frankfurter Studentenzeitung, 8. Jg., Nr. 5, Juni 1958, S. 2.

auf: Oberbürgermeister Werner Bockelmann (SPD), der evangelische Kirchenpräsident Martin Niemöller, der SPD-Bundestagsabgeordnete und Vorsitzende der *IG Bau, Steine, Erden*, Georg Leber, die Kabarettistin Ursula Herking, der Schriftsteller Stefan Andres, der Ordinarius für Politische Wissenschaft an der Technischen Hochschule Darmstadt, Professor Eugen Kogon, und der stellvertretende Leiter des Max-Planck-Instituts für Biophysik, Professor Hermann Muth. Die beiden Letzteren sind erst wenige Stunden zuvor mit der vom Stadtparlament beauftragten Delegation aus Hiroshima zurückgekehrt. Leber erklärt, daß bereits der Besitz von Atomwaffen im Falle eines Krieges eine sichere Garantie für den Untergang des deutschen Volkes sei. Der Beschluß der 274 Bundestagsabgeordneten, die Bundeswehr mit Massenvernichtungsmitteln auszurüsten, sei wie die Zustimmung der Reichstagsabgeordneten zum Ermächtigungsgesetz Hitlers am 23. März 1933 zu bewerten. Niemand solle seine Hand zum Bau von Raketenabschußrampen oder irgendwelchen anderen Arbeiten rühren, die der atomaren Aufrüstung dienen. Sich in dieser Frage vom Gefühl und vom Herzen leiten zu lassen, hebt Kogon in seiner Rede hervor, sei keine Schande. Wenn das deutsche Volk schon untergehen solle, dann wenigstens mit sauberem Gewissen und reinen Händen. Für Niemöller gibt es nur die Wahl, Brüder und Schwestern oder Mörder zu sein. Die Atomwaffen fragten nicht nach Freund oder Feind, nach Säugling oder Greis, nach Schuld oder Unschuld. Wer auf Atombomben setze, der erweise sich praktisch als Atheist, weil er dem »Teufelskram« dieser Waffen mehr vertraue als dem »lebendigen Gott«. Man werde nicht Ruhe geben, ruft der Kirchenpräsident unter großem Beifall aus, bis die atomare Gefahr abgewendet sei. Zum Abschluß ruft Oberbürgermeister Bockelmann die Bevölkerung zu einer Postkartenaktion auf. Jeder einzelne, schlägt der Politiker, der auch Vorsitzender des *Arbeitsausschusses »Kampf dem Atomtod«* ist, vor, solle an den Bundeskanzler eine Postkarte schreiben, auf der er gegen die Atombewaffnung protestiere, bis die Post die Säcke mit den Karten nicht mehr bewältigen könne. – Die achtköpfige Hiroshima-Delegation pflanzt anschließend Kirschkerne aus der Stadt des ersten Atombombenabwurfs im Palmengarten ein. – Gedenktafeln an diesen drei japanischen Kirschbäumen sollen später als Mahnmal an die schrecklichen Ereignisse vom 6. August 1945 erinnern.

7. Juni 1958: In einem Brief an Achim von Borries in **Zürich** lehnt Max Horkheimer den Teilnachdruck seines 1939 verfaßten Aufsatzes **Die Juden und Europa**[158] in einem Sammelband mit Zeugnissen des deutschen Judentums ab. Zur Begründung schreibt er: »Die Arbeit ist damals in Amerika erschienen und hatte zum Teil die Aufgabe, die außerhalb Deutschlands lebenden Juden an ihre Pflichten zur Aufnahme der von Hitler Verfolgten zu erinnern. Heute könnte der Artikel in einem ganz anderen Sinn wirken, nämlich als eine Absage an Israel und die Juden in Deutschland selbst.«[159] – Der von Borries herausgegebene Band erscheint 1962 ohne Auszüge aus dem Horkheimer-Text.[160] – Dieser wird nach dem Krieg erstmals wieder 1967 in einem Raubdruck publiziert, mit dem Studenten eine Reihe von Horkheimer-Aufsätzen aus der amerikanischen Emigrationszeit wieder zugänglich machen wollen.[161]

30. Juni 1958: Auf einem **Internationalen Kulturkritiker-Kongreß** aus Anlaß des 800jährigen städtischen Jubiläums referieren in **München** Max Horkheimer über *Philosophie als Kulturkritik* und Hannah Arendt über *Politik und Kultur*.

27. September 1958: In einem vertraulichen Schreiben an Theodor W. Adorno warnt Max Horkheimer seinen Freund und Kollegen vor dem Einfluß ihres Institutsassistenten Jürgen Habermas. Er kritisiert darin vor allem dessen Marx-Rezeption und den mit ihr verknüpften Anspruch einer »auf empirische Sicherung bedachten revolutionären Geschichtsphilosophie«. Weil für Horkheimer der »Propagandist« der Anti-Atomtod-Bewegung die Forschungsaufträge seitens der Industrie stören könnte, warnt er Adorno mit den Worten: »Aber wir dürfen durch die wahrlich unbekümmerte Art dieses Assistenten das Institut nicht ruinieren lassen.«[162]

27. September 1958: Der *Verband der Kriegsdienstverweigerer* (VdK) führt mit einer sechs Meter hohen Raketenattrappe auf dem Roßmarkt eine Atommahnwache durch. Auf Flugblättern werden die Passanten aufgefordert, sich an der Aktion gegen die Atombewaffnung der Bundeswehr zu beteiligen. Die Diskussionen um das Für und Wider der Atomrüstung und die Prinzipien der Kriegsdienstverweigerung werden abends noch im Fackelschein fortgeführt. – Am 1. Oktober beteiligen sich mit dem Kirchenpräsidenten

Martin Niemöller und dem Direktor des Kabaretts »Die Schmiere«, Rudolf Rolfs, auch zwei Prominente an der Mahnwache.

28. September 1958: Der 75jährige Philosoph Karl Jaspers, der gerade ein vielbeachtetes Buch über *Die Atombombe und die Zukunft des Menschen* veröffentlicht hat, erhält den **Friedenspreis des Deutschen Buchhandels**. Die Laudatio hält seine Schülerin, die emigrierte und inzwischen in Princeton (US-Bundesstaat Indiana) lehrende jüdische Politikwissenschaftlerin und Philosophin Hannah Arendt. – Der Philosoph Günther Anders, der früher mit Hannah Arendt verheiratet war, kommentiert die Preisverleihung in einer Rede vor studentischen Atomwaffengegnern einige Monate später in **West-Berlin** mit den lapidaren Worten: »Wenn Jaspers den Friedenspreis bekommen hat, so in erster Linie deshalb, weil er Adenauer in Frieden gelassen hat.«[163]

27.9.: Max Horkheimer in seinem Arbeitszimmer.

22./23. Oktober 1958: An der **XIII. Delegiertenkonferenz des SDS** im Mozartsaal des **Mannheim**er Rosengartens nehmen 55 Delegierte und 100 Gäste teil. Als Hauptredner wirft der stellvertretende SPD-Vorsitzende Waldemar von Knoeringen, der eine Stunde lang über *Sozialdemokratische Kulturpolitik* referiert, den SDS-Mitgliedern vor, sie repräsentierten »die Vergangenheit«. Die SPD wolle im Unterschied zum SDS die »überlebte kapitalistische Gesellschaftsordnung« und die Herrschaft der CDU nicht mehr im Klassenkampf überwinden, sondern auf dem Weg der »Bewußtseinsbildung« des Volkes. Die Position des 52jährigen SPD-Politikers trifft zum Teil auf heftigen Widerstand. Wodurch sich ein solches Programm noch von dem anderer Parteien unterscheide und was dies noch mit sozialdemokratischer Politik zu tun habe, wird gefragt. Doch von Knoeringen geht auf die meisten Fragen nicht ein. Mitten in der Diskussion verabschiedet er sich mit der knappen Mitteilung, er müsse zu einer dringenden Sitzung des Parteivorstands nach Bonn. Ein deutlich gegen den Parteivorstand gerichteter Antrag der Marburger Hochschulgruppe, die *Studentischen Aktionsausschüsse gegen den Atomtod* auch weiterhin aktiv zu unterstützen, wird mit Mehrheit angenommen: »Der SDS ist nicht bereit, aus Opportunitätsgründen auf die Weiterführung des Kampfes gegen die atomare Bewaffnung zu verzichten.«[164] Mit mehr als Zweidrittelmehrheit nehmen die Delegierten einen Antrag der Frankfurter Hochschulgruppe an, in der der Beschluß des SPD-Fraktionsvorstandes kritisiert wird, Parteimitglieder zum Eintritt in die Bun-

---

158 Max Horkheimer, Die Juden und Europa, in: Zeitschrift für Sozialforschung, VIII. Jg., Heft 1/2, S. 115–137; wiederabgedruckt in: ders., Gesammelte Schriften Bd.4: Schriften 1936–1941, hrsg. von Alfred Schmidt, Frankfurt/Main 1988, S. 308–331.

159 Max Horkheimer, Gesammelte Schriften Bd. 18: Briefwechsel 1949–1973, hrsg. von Gunzelin Schmid Noerr, Frankfurt/Main 1996, S. 423.

160 Achim von Borries (Hg.), Selbstzeugnisse des deutschen Judentums 1870–1945, Frankfurt/Main 1962.

161 Max Horkheimer, Autoritärer Staat / Die Juden und Europa / Vernunft und Selbsterhaltung – Aufsätze 1939–1941, Amsterdam 1967 (unautorisierter Nachdruck).

162 Brief von Max Horkheimer an Theodor W. Adorno vom 27. September 1958, in: Max Horkheimer, Gesammelte Schriften Bd. 18: Briefwechsel 1949–1973, hrsg. von Gunzelin Schmid Noerr, Frankfurt/Main 1996, S. 448.

163 Günther Anders, Über Verantwortung heute, in: ders., Endzeit und Zeitende – Gedanken über die atomare Situation, München 1972, S. 51.

164 Beschlußprotokoll der XIII. Ordentlichen SDS-Delegiertenkonferenz, Mannheim, 22./23. Oktober 1958 (Typoskript), S. 2 f.

MANIFEST

1. Es gibt heute eine zukunftsträchtige, künstlerische Aufrüstung im Gegensatz zur moralischen Aufrüstung. Europa steht vor einer großen Revolution, vor einem einzigartigen kulturellen Putsch.
2. Die Kunst ist die letzte Domäne der Freiheit und wird sie mit allen Mitteln verteidigen.
3. Wir wagen es, unsere Stimme gegen den ungeheuren Koloß des technisierten Apparates zu erheben. Wir sind gegen das folgerichtige Denken, das zur kulturellen Verödung geführt hat. Das automatische funktionelle Denken hat zur sturen Gedankenlosigkeit geführt, zum Akademismus, zur Atombombe.
4. Die Erneuerung der Welt, jenseits von Demokratie und Kommunismus, kommt nur durch die Erneuerung des Individualismus, nicht durch das kollektive Denken.
5. Wer Kultur schaffen will, muß Kultur zerstören.
6. Begriffe wie: Kultur, Wahrheit, Ewigkeit interessieren uns Künstler nicht, wir müssen unser Leben fristen. Die materielle und geistige Situation der Kunst ist so trostlos, daß man von den Malern nicht verlangen kann, daß sie verbindlich malen. Verbindlich malen sollen die Arrivierten.
7. Grundlagenforschung ist rein wissenschaftlich und angewandte Forschung ist rein technisch. Die künstlerische Forschung ist frei und hat mit Wissenschaft und Technik nichts zu tun. Wir sind dagegen, daß man heute die Kunst verwissenschaftlichen will und sie zu einem Instrument der technischen Verblödung machen will. Die Kunst beruht auf Instinkt, nicht auf Wissenschaft. Wir wollen nur eins: Den schöpferischen Urkräften. Diese rein ungebundenen Kräfte drängen zum Ärger aller intellektuellen Spekulanten stets zu neuen unerwarteten Formen.
8. Kunst ist vorbei, wenn der dröhnende Gongschlag, sein Nachklang ist das Geschrei der Epigonen, das im leeren Raum verhallt. Die Übertragung ins Technische tötet die künstlerische Potenz.
9. Kunst hat mit Wahrheit nichts zu tun. Das Wahre liegt zwischen den Dingen. Wer objektiv sein will, ist einseitig, wer einseitig ist, ist pedantisch und langweilig.
10. Wir sind umfassend.
11. Es ist alles vorbei, die müde Generation, die zornige. Jetzt ist die kitschige Generation an der Reihe. WIR FORDERN DEN KITSCH, DEN DRECK, DEN URSCHLAMM, DIE WÜSTE. Die Kunst ist der Misthaufen, auf dem der Kitsch wächst. Kitsch ist die Tochter der Kunst, die Tochter ist jung und duftet, die Mutter ist ein uraltes stinkendes Weib. Wir wollen nur eins: Den Kitsch verbreiten.
12. Wir fordern den IRRTUM. Die Konstruktivisten und die Kommunisten haben den Irrtum abgeschafft und leben in der ewigen Wahrheit, gegen die Wahrheit, gegen das Glück, gegen die Zufriedenheit, gegen das gute Gewissen, gegen den fetten Bauch, gegen die HARMONIE. Der Irrtum ist die herrlichste Fähigkeit des Menschen! Wozu ist der Mensch da? Den vergangenen unzähligen Irrtümern einen neuen Irrtum hinzuzufügen.
13. Statt eines abstrakten Idealismus fordern wir einen ehrlichen Nihilismus. Die größten Verbrechen der Menschheit werden unter dem Namen Wahrheit, Ehrlichkeit, Fortschritt, bessere Zukunft begangen.
14. Die abstrakte Malerei ist leerer Ästhetizismus geworden, ein Tummelplatz für Denkfaule, die einen bequemen Vorwand suchen, längst vergangene Wahrheiten wiederzukäuen.
15. Die abstrakte Malerei ist ein HUNDERTFACH ABGELUTSCHTER KAUGUMMI, der unter der Tischkante klebt. Heute versuchen die Konstruktivisten und die Strukturmaler, diesen längst verdorrten Kaugummi noch einmal abzuschlecken.
16. Durch die Abstraktion ist der vierdimensionale Raum selbstverständlich geworden. Die Malerei der Zukunft wird POLYDIMENSIONAL sein. Unendliche Dimensionen stehen uns bevor.
17. Die Kunsthistoriker machen aus jeder notwendigen geistigen Revolution ein intellektuelles Tischgespräch. Wir werden der OBJEKTIVEN UNVERBINDLICHKEIT EINE MILITANTE DIKTATUR DES GEISTES ENTGEGENSETZEN.
18. Wir können nichts dafür, daß wir gut malen. Wir bemühen uns auch noch in diesem Sinn. Wir sind arrogant und exzentrisch. Wir spotten jeder Beschreibung.
19. WIR SIND DIE DRITTE TACHISTISCHE WELLE.
    WIR SIND DIE DRITTE DADAISTISCHE WELLE.
    WIR SIND DIE DRITTE FUTURISTISCHE WELLE.
    WIR SIND DIE DRITTE SURREALISTISCHE WELLE.
20. WIR SIND DIE DRITTE WELLE. Wir sind ein Meer von Wellen (SITUATIONISMUS).
21. Die Welt kann nur durch das enttrümmert werden.
    WIR SIND DIE MALER DER ZUKUNFT!

Gruppe Spur:
H. Prem   H. P. Zimmer   E. Eisch   H. Sturm   L. Fischer
A. Jorn   D. Rempt   G. Britt   G. Stadler

Nov.: Erstes Manifest der situationistischen »Gruppe SPUR«.

deswehr aufzufordern. Damit werde den »antiatomaren Verpflichtungen«, die sowohl Mitgliedern als auch Wählern gegenüber übernommen worden seien, eine eindeutige Absage erteilt und überdies alle Genossen, die sich für eine Wehrdienstverweigerung einsetzten, bloßgestellt. Der Parteivorstand, heißt es, solle künftig »derartige unzulässige Verpflichtungen der Gesamtpartei« verhindern. In einer weiteren Resolution treten die Delegierten für das Selbstbestimmungsrecht des algerischen Volkes ein; zugleich fordern sie den Abzug aller französischen Truppen und die Durchführung freier, geheimer und allgemeiner Wahlen in Algerien durch die Vereinten Nationen. Außerdem solle die Bundesregierung algerischen Flüchtlingen ebenso politisches Asyl gewähren wie den »ungarischen Freiheitskämpfern«. Zum neuen Bundesvorsitzenden wird Oswald Hüller aus Heidelberg und zu seinem Stellvertreter Günther Kallauch aus Frankfurt gewählt. Der erklärte Antistalinist Kallauch, der sich 1946 in Sachsen gegen den Zusammenschluß von SPD und KPD zur SED gewandt hatte, mußte deswegen neun Jahre in DDR-Zuchthäusern zubringen. Zu Mitgliedern des wissenschaftlichen Beirats werden Monika Mitscherlich aus Frankfurt, Jürgen Seifert aus Münster und Horst Steckel aus Göttingen gewählt. – Seifert, der ursprünglich für die Position des stellvertretenden Bundesvorsitzenden kandidieren wollte, dann aber wegen seiner Angriffe auf von Knoeringen zurückgezogen hat, bezeichnet das Wahlergebnis Jahre später als »Putsch von links«.[165] Die SDS-Spitze habe sich erstmals aus Mitgliedern zusammengesetzt, die ihre Funktion nicht mehr als Sprungbrett für eine Karriere in der SPD betrachteten.

November 1958: Der der *Situationistischen Internationale* zugehörige avantgardistische Zirkel *Gruppe SPUR* veröffentlicht im **München**er Stadtteil Schwabing sein erstes Manifest. Schon in der ersten These wird die prophetisch anmutende Behauptung gewagt, daß Europa »vor einer großen Revolution, vor einem einzigartigen kulturellen Putsch« stehe.

---

165 Vgl.: Tilman Fichter, SDS und SPD – Parteilichkeit jenseits der SPD, Opladen 1988, S. 269.

1959

13.–15.11.: Delegierte auf dem außerordentlichen SPD-Parteitag in der Bad Godesberger Stadthalle.

3./4. Januar 1959: Der im Juni des Vorjahres in Frankfurt beschlossene **Studentenkongreß gegen Atomrüstung** wird im Neubau der Wirtschafts- und Sozialwissenschaftlichen Fakultät an der Freien Universität in **West-Berlin** eröffnet. Der evangelische Theologieprofessor Helmut Gollwitzer begrüßt in Namen des *»Kampf dem Atomtod«*-Präsidiums 318 Mitglieder von *20 Studentenausschüssen gegen die Atomrüstung* und über 200 in- und ausländische Gäste, darunter auch eine ganze Reihe von DDR-Studenten, zumeist FDJ-Mitglieder. Für die beiden Kongreßtage werden fünf Arbeitsausschüsse konstituiert. In dem Arbeitsausschuß zum Thema *Atomrüstung und Außenpolitik der Weltmächte* nehmen die Versammelten nach dem Referat des SPD-Bundestagsabgeordneten Helmut Schmidt, das in scharfer Form von Ulrike Meinhof kritisiert wird[166], einen Entschließungsantrag zur aktuellen Wiedervereinigungspolitik an, der von einem Redaktionsteam formuliert worden ist, dem neben dem Publizisten Erich Kuby auch die beiden *Konkret*-Redakteure Reinhard Opitz und Hans Stern angehören. Der entscheidende Passus im Text dieser Resolution, die am darauffolgenden Tag auf der letzten Sitzung des Kongreßplenums nur unwesentlich verändert mit Zweidrittelmehrheit angenommen wird, lautet: »Die weltpolitische Lage wird in Kürze die beiden Teile Deutschlands zwingen, miteinander zu verhandeln. Damit solche Verhandlungen möglich werden, ist es nötig, daß Formeln wie ›mit Pankow wird nicht verhandelt‹ aus der politischen Argumentation verschwinden. Das Ziel notwendiger Verhandlungen, die bisher stets von der Bundesregierung ungeprüft zurückgewiesen wurden, muß sein: 1. die Umrisse eines Friedensvertrages zu entwickeln, 2. die möglichen Formen einer interimistischen Konföderation zu prüfen.«[167] Nach der Abstimmung distanzieren sich Helmut Schmidt, Kurt Mattick und der Soziologe, Professor Otto Stammer, in schroffer Form von dem Beschluß und verlassen unter Protest den Saal. Schmidt zieht außerdem seine Zusage für das Abschlußreferat zurück. Zur Begründung führt er an, daß die Annahme der Resolution »an einem anderen Ort psychologisch vorbereitet« worden sei, die darin verwandte Terminologie verfälsche den Sinn der Veranstaltung und gefährde die Glaubwürdigkeit der Bewegung gegen die Atombewaffnung der Bundeswehr. Auf der Abschlußkundgebung im Casino am Funkturm sprechen Probst Heinrich Grüber, anstelle von Helmut Schmidt der Theologieprofessor Heinrich Vogel, der Philosophieprofessor Wilhelm Weischedel, der Publizist Robert Jungk und als Kongreßleiter Manfred Rexin. Ein ursprünglich geplanter Fackelzug zum Kurfürstendamm kommt ebensowenig zustande wie eine Atommahnwache. – Am Abend des ersten Kongreßtages sind rund 100 Kongreßteilnehmer einer Einladung nach **Ost-Berlin** gefolgt und haben unter dem Motto »Gemeinsam gegen den Atomtod« mit Professoren und Studenten der Humboldt Universität sowie dem Staatssekretär für das Hochschulwesen in der DDR, Wilhelm Girnus (SED), über die Gefahren der Atomrüstung und Möglichkeiten zur Wiedervereinigung diskutiert. Als Girnus in seiner Rede Proteste gegen die Inhaftierung von Jenaer Studenten zurückweist, wird er von einigen der westlichen Teilnehmer ausgezischt. – Der »Studentenkongreß gegen Atomrüstung« wird in lokalen und überregionalen Presseberichten heftig attackiert. Die West-Berliner Abendzeitung **Der Kurier** erscheint am 5. Januar mit der Schlagzeile *Genosse Ulbricht kann sich ins Fäustchen lachen*. – Da auch von studentischer Seite – wie z. B. von Manfred Rexin – Bedenken gegenüber der Legitimation von Beschlußfassungen geäußert wurden, versendet der SDS-Bundesvorsitzende Oswald Hüller am 8. Januar ein Sonderrundschreiben an alle SDS-Gruppen, in dem er die tendenziöse Presseberichterstattung kritisiert und den Vorschlag zur Einrichtung einer »interimistischen Konföderation« verteidigt. – Auf einer Sitzung des SPD-Präsidiums am 12. Januar in **Bonn** wird der Einfluß der »*Konkret*-Fraktion« auf den Kongreßverlauf scharf kritisiert. Um eine Spaltung des SDS zu verhindern, müsse bald ein Gespräch mit dessen Bundesvorstand erfolgen, in dem eine klare Abgrenzung zu verlangen sei. – In **Bonn** treffen am 21. Januar Vorstandsmitglieder von SPD und SDS zu einem Gespräch über den auf dem Westberliner Kongreß aufgebrochenen Konflikt zusammen. Seitens der SPD nehmen Waldemar von Knoeringen, Helmut Schmidt und Herbert Wehner teil, seitens des SDS Oswald Hüller, Günter Kallauch und Jürgen Seifert. – Der Chefredakteur der Zeitschrift *Konkret*, Klaus Rainer Röhl, gesteht 15 Jahre später in seinen Erinnerungen: »Ich gebe zu, daß wir diesen Kongreß ein bißchen nach unseren Vorstellungen gelenkt haben, andere würden sogar sagen, manipuliert haben. Aber, wir waren völlig durch das Widerstandsrecht gedeckt, wir handelten in Notwehr: Unsere Gegner ... hatten den direkten Auftrag der SPD, auf diesem Kongreß die Konkret-Fraktion zu isolieren und zu schlagen ... Unsere Leu-

3./4.1.: Von der »Konkret«-Gruppe ausgelöster Pressewirbel.

te besetzten fast alle Schlüsselpositionen. Zum Beispiel die Diskussionsleiter, die die Resolutionen dann spruchreif machen werden. Alles sehr demokratisch... Wir wollten, ganz einfach gesagt, den Sieg, obwohl wir nicht die Mehrheit besaßen. Es gab fünf Ausschüsse. Zwei davon beschickten wir überhaupt nicht, einen hatte ich überhaupt nur erdacht, um dort potentielle Gegner zu binden. Blieben zwei Ausschüsse, der gesamtdeutsche und der internationale. Wir konzentrierten unsere besten Kräfte scheinbar im internationalen Ausschuß, banden die besten Redner der anderen in Scheingefechten... Die Entscheidung fiel im anderen Ausschuß, im gesamtdeutschen. Wir hatten ja mehr gute Leute. Opitz und Stern brachten dort mit Hilfe von Erich Kuby eine Resolution durch, die für die damalige Zeit sensationell war. Im Jahre 1959 wurde die Politik der Bundesregierung von 1974 vorformuliert: Verständigung mit der DDR. Abbau der Haßpropaganda. Verhandlungen und Abkommen, nachbarschaftliche Beziehungen.«[168] Die Partei, meint Röhl, der damals Mitglied der illegalen KPD war, habe den auf dem Kongreß errungenen »Sieg« gar nicht fassen können.

17./18. Januar 1959: Auf Initiative des Münchner *Komitees gegen Atomrüstung* findet in der St. Pancras Town Hall in **London** ein **Europäischer Kongreß gegen Atomrüstung** statt. Als Redner dieser Veranstaltung, zu der auch Karl Barth, Max Born, Benjamin Britten und Julian Huxley aufgerufen haben, treten der britische Philosoph und Friedensnobelpreisträger Lord Bertrand Russell, der Physiker Joseph Rotblat, der Publizist Kingsley Martin sowie der stellvertretende SPD-Vorsitzende Waldemar von Knoeringen auf. Noch auf dem Kongreß schließen sich die nationalen Komitees der Atomwaffengegner aus neun europäischen Ländern zum **Europäischen Komitee gegen Atomrüstung** (EKA) zusammen. Die 300 Delegierten wählen den Münchner Schriftsteller Hans Werner Richter zu ihrem ersten Präsidenten. Am Sonntagnachmittag fliegen 72 Delegierte mit einer Sondermaschine nach **Frankfurt**, wo am Abend in der überfüllten Paulskirche die Abschlußkundgebung stattfindet. In dem Rundbau sind großformatige Porträts aufgehängt, die Max Born, Albert Einstein, George F. Kennan, Jawaharlal Nehru, Martin Niemöller, Papst Pius XII., Cecil Frank Powell, Eugene Rabinowitch, Bertrand Russell und Albert Schweitzer zeigen. Nach der Eröffnung durch den Frankfurter Oberbürgermeister Werner Bockelmann (SPD) verliest der Basler Theologieprofessor Fritz Lieb eine Deklaration seines Kollegen Karl Barth. Er dankt der Stadt Frankfurt, die mit der Veranstaltung etwas verwirklicht habe, was der schweizerische Bundesrat, der den ursprünglich für Juli des Vorjahres in Basel geplanten Kongreß kurzerhand verbot, verunmöglicht hatte. Nach einer Grußadresse der Schriftstellerin Gertrud von Le Fort ergreift der Atomphysiker Max Born das Wort. »Wir stehen an einem Punkt in der Politik«, erklärt er, »wo das Wie versagt. Was wir brauchen, ist Besinnung auf

---

166 Vgl. Ulrike Meinhof, Der Studentenkongreß gegen Atomrüstung in Berlin, in: Blätter für deutsche und internationale Politik, 4. Jg., Heft 4/1959, S. 60 f.
167 Hans Karl Rupp, Außerparlamentarische Opposition in der Ära Adenauer – Der Kampf gegen die Atombewaffnung in den fünfziger Jahren, Köln 1980, S. 255.
168 Klaus Rainer Röhl, Fünf Finger sind keine Faust, Köln 1974, S. 142–144.

17.–20. 4.: Situationisten während ihrer Münchner Konferenz.

unser Menschentum. Es ist sinnlos geworden, für nationale Vorteile mit Waffen zu kämpfen.«[169] – Trotz eines großen Aufgebots an prominenten Atomwaffengegnern aus Wissenschaft, Politik, Literatur, Kunst und Musik findet der Kongreß in der internationalen Presse nur ein geringes Echo.

23. Januar 1959: In den Räumen des *Berufsverbands Bildender Künstler* in **München** wird von jungen Künstlern eine Ausstellung mit dem Titel *Extremisten – Realisten* eröffnet. Aus diesem Anlaß ist der Stuttgarter Philosoph und Mathematiker, Professor Max Bense, als Redner eingeladen worden. Obwohl für denselben Abend ein Vortrag des Philosophen Martin Heidegger im Völkerkundemuseum *Über die Sprache* angekündigt ist, erscheinen 300 erwartungsvolle Besucher – Kunstbegeisterte, Presseleute und Repräsentanten der Kulturszene. Doch Bense tritt gar nicht auf; er ist angeblich verhindert. Anstelle des Philosophen begibt sich ein junger Mann »mit pomadisiertem Scheitel« – wie ein Berichterstatter vermerkt – ans Rednerpult. Er liest einen Brief vor, in dem sich der Professor für sein Fernbleiben entschuldigt – er habe kurzfristig nach Mailand und Zürich reisen müssen.

Um aber dennoch seinen Beitrag leisten zu können, lege er dem Schreiben ein Tonband bei, auf das er seine Eröffnungsrede noch vor seiner Abreise gesprochen habe. Neben dem Tonbandkoffer steht wie als symbolisches Zeichen für den abwesenden Redner ein Wasserglas. Als das Band schließlich den Besuchern vorgespielt wird, hört man eine weihevolle Stimme, die von Kontinuum und Koinzidenz, Perfektion und Zivilisation, Zeichen- und Signalwelt, ästhetischer Information und anderen bedeutungsschweren Dingen spricht. Obwohl die Diktion des Vortrags etwas gespreizt wirkt, lauscht das Publikum hingebungsvoll den Ausführungen des vermeintlich wissenschaftlich anerkannten Ästheten. Als die Aufnahme mit einem technischen Seufzer zu Ende geht, ertönt befreiend wirkender Applaus. – Die Presse reagiert freundlich, obgleich auch nicht ohne ironische Untertöne auf den zwar anspruchsvoll, zugleich aber befremdlich wirkenden Vortragsabend. Die Rede ist vom »Neo-Da-Da- und Tonbandphilosophen Bense«; zum Schlafwagenregisseur und Flugzeugdirigenten sei nun noch der »Tonbandphilosoph« hinzugekommen. Nicht ohne Ernst setzt man sich mit den ästhetischen, kommunikationssoziologischen und allgemein ontologischen

Aspekten des Vortrags aus dem Off auseinander. Ein Kritiker stellt zusammenfassend fest: »Alles in allem: München war be-benst!«[170] – Doch kurze Zeit später trifft bei den Lokal- und Kulturredaktionen der Münchner Tageszeitungen ein Brief ein, in dem es heißt: »Ich erkläre Ihnen, daß ich nie mit den Veranstaltern verhandelt habe über etwas Derartiges, daß ich nie ein Tonband besprochen habe und an jenem fraglichen Tag nicht in München gewesen bin. Offenbar haben Fremde aus meinen Büchern auf Tonband gesprochen und das Ganze als meinen Vortrag ausgegeben. Die Gruppe der Veranstalter ist mir völlig fremd. Sie sind also einer bewußt arrangierten Täuschung zum Opfer gefallen. Es versteht sich, daß ich gegen die Veranstalter Strafantrag stelle.«[171] Max Bense meldet sich in dieser Form zu Wort. Erst durch die Presse hat er von seinem angeblichen Tonbandvortrag erfahren. – Wie sich herausstellt, war es nicht die Stimme des Professors, die an dem Abend zu hören war, sondern die eines Mitglieds der situationistischen *Gruppe SPUR*, das hier einigen Kunst- und Bildungsbeflissenen der Stadt München einen Schabernack spielen wollte. Mit der selbst fabrizierten Tonbandphilosophie, vermutet der Kritiker Rolf Seeliger, wollte man »der Schaumschlägerei snobistischer Intellektueller einen Zerrspiegel« vorhalten. – Zunächst stellt der Stuttgarter Professor tatsächlich gegen die Fälscher Strafantrag; er zieht diesen jedoch zurück, als er erkennt, daß es sich bei der Abspielung um eine Persiflage auf den Kulturbetrieb handelt. – Der Literaturkritiker Joachim Kaiser kommentiert den Fall am 3. Februar in der **Süddeutschen Zeitung** mit den Worten: »Das ganze war also ein großer Bluff, auf den alle hereingefallen sind. Man hielt die Stimme eines offenbar älteren, schön sprechenden Herren, die vom Bande erklang, für Bense. Dessen unverwechselbares, kölnisch gefärbtes Intellektuellen-Prestissimo hatte anscheinend noch niemand gehört. Die Extremisten hatten mit der extremen Vermutung, der Schwindel werde unbemerkt bleiben, recht ... Fazit: Man darf der Authentizität von Stimmen nicht mehr trauen. Die Bänder lügen durchaus ... was darf man eigentlich noch glauben?«[172]

April 1959: Mit einem überdimensionalen Obelisk wird an der Hauptwache auf die globalen Gesundheitsgefahren hingewiesen, die von dem durch die Nuklearwaffentests verursachten radioaktiven Fall-Out drohen.

Ein kultureller Putsch –
während Ihr schlaft!

Die dritte Konferenz der Internationalen Situationisten

hat soeben in München stattgefunden und wird am Dienstag, den 21. April mit einer Mitteilung an die Presse schließen.

Sie werden dort erfahren können:

- warum die Gruppe SPUR ihr Manifest verfaßt und Herrn Prof. Bense angegriffen hat
- warum Pinot-Gallizio industrielle Malerei produziert
- warum München nie seine Ruhe wiederfinden wird.

Bei dieser Gelegenheit werden Sie die Fortsetzung hören —

Sie wird noch schlimmer sein!

Kommen Sie am Dienstag, den 21. April, 10 Uhr vormittags in die Gaststätte „Herzogstand", Herzogstraße.

Für die Internationalen Situationisten:
Constant (Holland), **Debord** (Frankreich), **Jorn** (Dänemark), **Pinot-Gallizio** (Italien), **Wyckaert** (Belgien), **Zimmer** (Deutschland)

17.–20.4.: Von Situationisten in München verteiltes Flugblatt.

17.–20. April 1959: In **München** versammeln sich die Vertreter der einzelnen nationalen Sektionen zur **3. Konferenz der Situationistischen Internationale**. Während der Tagung wird die Schwabinger *Gruppe SPUR*, von der Heimrad Prem, Heinz Höfl, Gretel Stadler, Helmut Sturm und Hans-Peter Zimmer anwesend sind, offiziell als deutsche Sektion in die avantgardistische Vereinigung aufgenommen. – Nach Abschluß der Konferenz verteilen am Morgen des 21. April mehrere Situationisten in der bayrischen Landeshauptstadt das Flugblatt »Ein kultureller Putsch während Ihr schlaft!«.

169 Die Andere Zeitung vom 5. Februar 1959, 5. Jg., Nr. 6, S. 11.
170 Rolf Seeliger, Letzter Schrei im Dämmerzustand – Münchner Skandal: Gefälschte Tonband-Philosophie, in: Deutsche Volkszeitung vom 22. Februar 1959, 6. Jg., Nr. 8, S. 11.
171 Magnum, Nr. 24, Juni 1959, S. 59.
172 Joachim Kaiser, Der gelogene Vortrag, in: Süddeutsche Zeitung vom 3. Februar 1959.

21.5.: Theodor W. Adorno in West-Berlin; li. Hellmut Becker, re. Rolf Tiedemann.

21. Mai 1959: Nach der Eröffnung des 14. Deutschen Soziologentages an der Freien Universität in **West-Berlin** durch dessen Vorsitzenden Helmuth Plessner hält Max Horkheimer im Beisein des Regierenden Bürgermeisters Willy Brandt das Hauptreferat zum Verhältnis von **Soziologie und Philosophie**. Er zeigt darin auf, daß das soziologische Denken in der Tradition der Französischen Revolution steht und genauso wie diese historische Bewegung an dem Ziel orientiert ist, einen »richtigen Zustand unter den Menschen« herbeizuführen. »Anders als die Philosophie«, so führt er wörtlich aus, »die einstmals als Herold die bürgerliche Welt und ihre Wissenschaft verkündigte, blickt die Soziologie, wenn sie sich frei macht, nach rückwärts: zu den geschichtlichen Phasen, in denen die europäische Gesellschaft die Kraft noch in sich fühlte, dem eigenen Prinzip, dem richtigen Zustand unter den Menschen, zur Wirklichkeit zu verhelfen. Im Gedanken an jenes Potential sucht sie die Stellung zu halten, zu der die Menschheit nach Katastrophen vielleicht erfahrener zurückkehren wird.«[173] – Besondere Aufmerksamkeit erringt auch an einem der folgenden Tage Theodor W. Adorno mit seinem Vortrag zur *Theorie der Halbbildung*, in dem er diese als ein Zerfallsprodukt jener Kultur zu begreifen versucht, wie sie sich vor allem in Deutschland im Gegensatz zur Zivilisation herausgebildet hat.[174] Ihre Existenz, die heute mit Hilfe der Massenmedien künstlich erzeugt werde, sei ein Indiz dafür, daß die Ansicht von einer nivellierten Mittelstandsgesellschaft hinfällig sei. Nivelliert sei einzig und allein das unterentwickelte Bewußtsein der Konsumenten, nicht jedoch die Objektivität der gesellschaftlichen Machtverhältnisse. Der Bewußtseinsstand, der sich in der Halbbildung manifestiere, gehe zwar über die totale Unwissenheit hinaus, könne aber dem der Bildung inhärenten Anspruch auf Autonomie nicht gerecht werden.

22. Mai 1959: Der *Sozialistische Deutsche Studentenbund* (SDS) veranstaltet im Haus der *Naturfreundejugend* auf der Rosenhöhe in **Offenbach** ein Seminar zum Thema *Antagonismen in der kapitalistischen Gesellschaft*. Es referieren Fritz Opel von der *IG Metall* zum genannten Hauptthema, Enno Patalas über *Soziale Leitbilder im deutschen Nachkriegsfilm*, Heinz-Otto Draker über *Tendenzen der spätkapitalistischen Gesellschaft* und Alfred Schmidt über die Frage *Ideologie oder objektive Wissenschaft?*. Zum Abschluß diskutieren am Abend die SDS-Mitglieder noch mit Ruth Fischer über Fragen der Dritten Welt. – Ruth Fischer, mit richtigem Namen Elfriede Eisler, älteste Schwester von Gerhart und Hanns Eisler, war während der Weimarer Republik führendes Mitglied der KPD, wurde bereits 1926 wegen Differenzen mit dem von Stalin oktroyierten Kurs aus der Partei ausgeschlossen, bekannte sich im amerikanischen Exil als Antikommunistin, revidierte ihre Position nach dem XX. Parteitag der KPdSU, indem sie sich erneut zum Sozialismus bekannte. Seitdem unterstützt sie die Politik Chruschtschows. Im SDS spielt sie seit geraumer Zeit eine wichtige Rolle bei der Initiierung eines Diskussionsprozesses über den antiimperialistischen Befreiungskampf der Völker in der Dritten Welt. – Das Seminar in Offenbach ist zur Vorbereitung eines Kongresses abgehalten worden, der an den beiden darauffolgenden Tagen in Frankfurt stattfindet.

23./24. Mai 1959: Mit Unterstützung der *Sozialistischen Jugend Deutschlands – Die Falken*, der *Jungsozialisten*, der *Gewerkschafts-* und *Naturfreundejugend* veranstaltet der *Sozialistische Deutsche Studentenbund* (SDS) anläßlich des zehnten Jahrestages der Verabschiedung des Grundgesetzes den zweitägigen **Kongreß für Demokratie, gegen Restauration und Militarismus**. Der Bundesvorsitzende des SDS, Oswald Hüller, begrüßt 500 Teilnehmer, darunter auch Studenten der Universitäten Halle, Leipzig und Jena. In seinem Einleitungsvortrag stellt er fest, daß es in Bonn keine echte Demokratie gebe, sondern nur die Herrschaft einer Partei als ein »von Managern geführtes Geschäftsunternehmen«. Aus der Rolle, die ehemalige NSDAP-Mitglieder im Kanzleramt und anderen Bundesbehörden spielen, zieht Hüller den Schluß: »Der Führer ging, aber seine Hintermänner blieben.«[175] Die Sozialisten müßten den Kampf gegen die unübersehbar restaurativen Tendenzen sowohl auf parlamentarischer, als auch auf außerparlamentarischer Ebene führen. Er appelliert, die »Vogel-Strauß-Politik« aufzugeben, »... sonst kommt der Vogel Strauß über uns.«[176] Als Minimalprogramm aller bundesdeutschen Sozialisten fordert Hüller: 1. Die Entfernung aller Nazis- und Kriegsverbrecher aus allen gesellschaftlich bedeutsamen Positionen; 2. ein Verbot aller militaristischen Traditionsverbände; 3. eine wirksame Kontrolle der Großindustrie; 4. die Einstellung der gefährlichen Machtpolitik des Kalten Krieges und 5. die Verhinderung der atomaren Aufrüstung. Anschließend referiert der Marburger Politologieprofessor Wolfgang Abendroth über das Thema *Restauration und Gefährdung der Demokratie in der Bundesrepublik*. Darin wendet er sich gegen die Ideologie der Sozialpartnerschaft und den insgeheimen Militarismus der »autoritären Pseudo-Demokratie« in Bonn. Anhand von Dokumenten versucht Abendroth nachzuweisen, daß einer der bundesdeutschen Delegierten bei der gerade laufenden Genfer Außenministerkonferenz, der Botschafter Wilhelm G. Grewe, während der NS-Zeit die Überfälle der deutschen Wehrmacht auf die Nachbarstaaten in Hetzartikeln propagiert habe. Als letzter Redner des Eröffnungsplenums kritisiert der 65jährige britische Unterhausabgeordnete Konny Zilliacus, der die *Labour Party* für den Wahlkreis Manchester vertritt, das 1956 ausgesprochene KPD-Verbot und den immer noch unvermindert grassierenden Antikommunismus. Danach teilen sich die Kongreßteilnehmer in drei Arbeitsgruppen auf. In der zum Thema »Gesellschaftliche Ursachen der Restauration« eingerichteten Arbeitsgruppe I referieren u. a. Ruth Fischer über *Faschismus als letzter Ausweg*, der SPD-Landtagsabgeordnete Olaf Radtke über den *Kampf der Gewerkschaften gegen die Restauration* und ein weiteres Mitglied der *Labour Party* über *Restauration und Antikommunismus*. In der Arbeitsgruppe II wird das Problem des *Militarismus in der Bundesrepublik* behandelt. Der sozialdemokratische Bundestagsabgeordnete Arno Behrisch referiert in ihr über *Restaurative Einflüsse und Tendenzen in der Bundeswehr* und der Schriftsteller Günther Weisenborn über das Thema *Militarismus und Widerstandsbewegung*. In dieser Gruppe wird trotz des warnenden Hinweises von Wolfgang Abendroth, die SPD habe mit ihrem kürzlich veröffentlichten Deutschlandplan divergierende Leitlinien vorgelegt, eine Resolution in einer Kampfabstimmung mit 108:79 Stimmen bei 12 Enthaltungen verabschiedet, die die Abschaffung der allgemeinen Wehrpflicht, den Ausschluß von Wehrmachtsoffizieren aus der Bundeswehr, Verhandlungen zwischen beiden deutschen Staaten mit dem Ziel ihrer »stufenweisen Zusammenführung« und die Anerkennung der Oder-Neiße-Grenze fordert. Bei der Ausformulierung dieses Forderungskataloges haben die *Konkret*-Redakteure Gerhard Bessau, Gerd Lauschke, Ulrike Meinhof, Reinhard Opitz, Erika Runge, Eckart Spoo und Hans Stern ein maßgebliche Rolle gespielt. Die Arbeitsgruppe III untersucht *Restaurative Tendenzen in Staat, Justiz und Verwaltung*. In ihr referiert Oberkirchenrat Heinz Kloppenburg über *Die Todesstrafe*, Rechtsanwalt Diether Posser über *Notstandsgesetz und Staatsgefährdung* und Professor Ossip K. Flechtheim über das Thema *Lobbyismus und pressure groups in der Bundesrepublik*. In der vor allem von Jürgen Seifert vorbereiteten Resolution dieser Gruppe

23./24.5.: Frankfurter SDS-Kongreß; am Rednerpult Herbert Faller, der Vorsitzende der »Naturfreundejugend«.

---

173 Max Horkheimer, Soziologie und Philosophie, in: ders., Gesammelte Schriften Bd. 7: Vorträge und Aufzeichnungen 1949–1973, hrsg. von Gunzelin Schmid Noerr, Frankfurt/Main 1985, S. 121.
174 Theodor W. Adorno, Theorie der Halbbildung, in: ders., Gesammelte Schriften Bd. 8: Soziologische Schriften I, hrsg. von Rolf Tiedemann, Frankfurt/Main 1972, S. 93–121.
175 Neues Deutschland vom 24. Mai 1959.
176 A.a.O.

heißt es: »Die demokratische Ordnung der Bundesrepublik wird durch das Auseinanderfallen von Grundgesetz und Verfassungswirklichkeit mehr und mehr gefährdet.«[177] Daher müsse gegen die »schleichende Aushöhlung demokratischer Institutionen« Widerstand geleistet werden. Zum Abschluß des Kongresses spricht noch einmal der SDS-Bundesvorsitzende Oswald Hüller. Er fordert auf, den Mut zu haben, die Wahrheit zu sagen, auch wenn man dafür Verfolgung in Kauf nehmen müsse: »Wir stehen heute vor der Frage, den Atomkrieg zu verhindern. Alles andere ist jetzt unwichtig.«[178] – Der Geschäftsführer der SPD-Fraktion im Bundestag, Karl Mommer, kritisiert am 28. Mai auf einer Sitzung von *Jungsozialisten* in **Bonn** den Verlauf des Kongresses in ungewöhnlich scharfer Form. Es sei unmöglich, »den Kommunisten so schamlos in die Hände zu arbeiten«, wie dies in Frankfurt geschehen sei, und dabei noch zu behaupten, man betreibe damit sozialdemokratische Politik. Eine Distanzierung des SPD-Parteivorstandes reiche nun nicht mehr aus. Es müßten notfalls auch organisatorische Konsequenzen gezogen werden. Er empfehle den Parteiausschluß der für den Frankfurter Kongreß Verantwortlichen. Den sozialdemokratischen Studenten, »die sich nicht als trojanische Pferde einspannen lassen wollten«, gebe er den Rat, aus dem SDS auszutreten. – Der SDS-Bundesvorstand erklärt daraufhin zu seiner Rechtfertigung, daß der *Kongreß für Demokratie, gegen Restauration und Militarismus* kein Bundeskongreß des SDS gewesen sei. Der SDS-Bundesvorstand sei lediglich federführend an Vorbereitung und Organisation beteiligt gewesen.

3. Juni 1959: Auf einer außerordentlichen Sitzung beschließt der Bundesvorstand des *Sozialistischen Deutschen Studentenbunds* (SDS) in **Köln** seinen 1. Bundesvorsitzenden Oswald Hüller und den Pressereferenten Gerhard Bessau von ihren Ämtern zu suspendieren. Hüller wird vorgeworfen, Auflagen mißachtet zu haben, die ihm vom Vorstand zur Vorbereitung des Frankfurter Kongresses mit auf den Weg gegeben worden waren. Da er sich nachdrücklich weigert, von seinem Amt zurückzutreten, beschließen die vier anderen Mitglieder des Bundesvorstands einstimmig seine Absetzung. Neuer Bundesvorsitzender wird Hüllers Stellvertreter, der Frankfurter Volkswirtschaftsstudent Günter Kallauch, und neuer Pressereferent der Redakteur des SDS-Organs *Standpunkt*, Heinz Grossmann. Der Beschluß hat jedoch zunächst nur vorläufigen Charakter; der Satzung nach bedarf ein Abberufungsbeschluß der nachträglichen Bestätigung durch mindestens zwei Drittel der SDS-Gruppen. Außerdem stellt der Bundesvorstand einen Unvereinbarkeitsbeschluß zwischen der Mitgliedschaft im SDS und der Mitarbeit in der Zeitschrift *Konkret* her. Gleichzeitig distanziert sich das oberste SDS-Gremium von mehreren Entschließungen des vor zehn Tagen in Frankfurt zu Ende gegangenen Kongresses. Der neue Bundesvorstand bekennt sich zum Deutschlandplan der Mutterpartei SPD, lehnt eine einseitige Abrüstung der Bundeswehr ab und spricht sich gegen eine endgültige Grenzregelung vor dem Abschluß eines gemeinsamen Friedensvertrages aus. – Hintergrund für diese Beschlüsse ist der Versuch, einer Spaltung der Studentenorganisation zuvorzukommen. Es wird befürchtet, daß die von der *Konkret*-Gruppe auf den beiden Kongressen in Berlin und Frankfurt initiierten deutschlandpolitischen Resolutionen für den Parteivorstand der SPD einen willkommenen Anlaß zu einem solchen Schritt bieten könnten. Initiator für die in der Geschichte des SDS bislang einmalige Absetzung eines Bundesvorsitzenden ist der theoretische Kopf des Berliner Landesverbands, Michael Mauke. In einem Schreiben vom 30. Mai hatte er das BV-Mitglied Jürgen Seifert aufgefordert, Hüller und Bessau abzusetzen, um mit diesem Schritt den SDS als Gesamtverband zu retten. – Nach einer Aussprache des neuen Bundesvorstands mit dem Präsidium der SPD in **Bonn** heißt es am 9. Juni in einer Presseerklärung der SPD, das Präsidium nehme »mit Befriedigung zur Kenntnis«, daß sich der amtierende SDS-Bundesvorstand von den Beschlüssen des Frankfurter Kongresses, soweit sie sozialdemokratischer Politik entgegenstünden, distanziere.

13. Juni 1959: Der Parteivorstand der SPD in **Bonn** beschließt, gegen den von seinem Amt suspendierten SDS-Bundesvorsitzenden Oswald Hüller ein Parteiordnungsverfahren einzuleiten. Ihm wird vorgeworfen, sich nicht an Anweisungen des SDS-Bundesvorstands gehalten und auf dem unter der Schirmherrschaft des SDS einberufenen *Kongreß für Demokratie – gegen Militarismus und Restauration* Beschlüsse zugelassen zu haben, die im Gegensatz zu der von der SPD verfochtenen Politik stehen und in der Deutschlandfrage direkte Verhandlungen mit der DDR befürworten. Der SPD-Vorstand erklärt außerdem die Mitarbeit bei der Zeitschrift *Konkret* für unvereinbar mit der Mitgliedschaft in der SPD. Während Helmut Schmidt und Egon Franke sich für die Gründung eigenständiger sozialdemokratischer Hochschulgruppen aussprechen und dazu die Bildung einer Arbeitsgemeinschaft auf Bundesebene vorschlagen, setzen sich Waldemar von Knoeringen, Herbert Wehner, Fritz Erler, Adolf Arndt und Erich Ollenhauer für eine weitere, wenn auch vorsichtige Unterstützung des SDS ein.

14. Juni 1959: An einer Gedenkveranstaltung für die im Konzentrationslager Bergen-Belsen umgekommene Anne Frank im Großen Haus der Städtischen Bühnen nehmen über 500 Menschen teil. Anne Frank, die durch die Publikation ihres Tagebuchs posthum weltbekannt geworden ist, wäre zwei Tage zuvor 30 Jahre alt geworden.

30. Juli – 1. August 1959: Auf der **XIV. Delegiertenkonferenz des Sozialistischen Deutschen Studentenbundes** (SDS) in **Göttingen** wird die Abwahl des Bundesvorsitzenden Oswald Hüller, die auf einer außerordentlichen Sitzung des Bundesvorstands am 3. Juni erfolgt war, durch die Mehrheit der 88 Delegierten bestätigt. Damit kann sich der seitdem amtierende Bundesvorstand mit seiner Position durchsetzen, der um einen Ausgleich mit dem Vorstand der Mutterpartei SPD bemüht ist. Dies drückt sich auch in einer mehrheitlich angenommenen Entschließung aus, in der es heißt, der SDS stehe »auf dem Boden des demokratischen Sozialismus«. Als Verlierer bleiben nach diesen Abstimmungen zurück ein antikommunistischer Flügel, der sich um den Wilhelmshavener Delegierten Werner Hasselbring und den Bonner Ernst Eichengrün schart, und ein prokommunistischer, der von Oswald Hüller und der *Konkret*-Fraktion um Klaus Rainer Röhl und Ulrike Meinhof angeführt wird. Für die erfolgreiche mittlere Position, die vor allem von den Hochschulgruppen aus Frankfurt, Göttingen, Marburg, Tübingen und West-Berlin vertreten wird, hält Jürgen Seifert ein Grundsatzreferat *Über die Aufgaben des Sozialistischen Deutschen Studentenbundes in der gegenwärtigen Situation*. Darin warnt er vor einer »Personalisierung« der Fraktionsstreitigkeiten und begrüßt den bisherigen Konflikt als »Politisierung des Gesamtverbandes«. Der von der *Sozialistischen Internationale* (SI) 1951 in einer Grundsatzerklärung manifestierte Anspruch, daß »Sozialismus nur durch die Demokratie, die Demokratie nur durch den Sozialismus vollendet« werden könne, reklamiere den Kerngehalt des vom SDS vertretenen politischen Anspruchs. Seifert bekennt sich zur notwendigen Kritik an »stalinistischen Methoden« und spricht sich dafür aus, Infiltrationsversuche aus der DDR zu bekämpfen. In seiner gesamtpolitischen Einschätzung dämpft er einen übertriebenen Optimismus. Jede realistische Diskussion müsse davon ausgehen, daß die SPD die bisherigen Bundestagswahlen verloren habe, die ökonomische Restauration weitgehend abgeschlossen und der Klerikalismus auf dem Vormarsch sei. Erschwerend trete zu diesen negativen Entwicklungstendenzen noch hinzu, daß sich der Bewußtseinsmangel in der Arbeiterklasse verallgemeinert habe. Nur die Befreiungsbewegungen in der Dritten Welt manifestierten gegenwärtig den Anspruch einer radikalen Veränderung der Machtverhältnisse. In der so charakterisierten Situation dürfe sich der SDS keinesfalls auf »Hochschulpolitik, studentische Selbstverwaltung und Hochschulreform« beschränken, sondern müsse die allgemeine Politisierung des Verbandes weiter vorantreiben. Die von interessierter Seite verfochtene These von der »Entideologisierung der Politik« durch den Rückzug in eine vermeintliche Sachlichkeit sei selber nur Ausdruck einer Ideologie. Abschließend schlägt Seifert die Ausweitung der begonnenen Seminararbeit vor. Am zweiten Tag tritt der stellvertretende SPD-Vorsitzende Waldemar von Knoeringen an, die störenden Faktoren im Verhältnis zwischen SDS und SPD-Spitze zu benennen und Bedingungen zu formulieren, wie diese zukünftig auszuräumen seien. Zunächst weist er darauf hin, daß auf den beiden Kongressen in West-Berlin und in Frankfurt »gutwillige und aktiv gesinnte Studenten von einer raffiniert, nach altbekannter Taktik arbeitenden Zentrale im Sinne der SED-Politik« mißbraucht worden seien. Falls der SDS an einer Wiederherstellung des freundschaftlichen Verhältnisses zur SPD interessiert sei, müsse er bestimmte Grundsätze des demokratischen Sozialismus voll und ganz anerkennen. Als Vorbedingungen zur Überwindung der Schwierigkeiten nennt von Knoeringen sechs Punkte: Eine eindeutige Ablehnung der auf dem Frankfurter Kongreß beschlossenen Resolutionen, die Verurteilung der Wühltätigkeit der *Konkret*-Gruppe im SDS, ein Bekenntnis zum Kerngehalt des demokratischen Sozialismus, ein Bekenntnis zur »politischen

---

177 Konkret vom Juni 1959, 5. Jg., Nr. 11, Beilage S. 1.
178 Neues Deutschland vom 25. Mai 1959.

Demokratie«, die Verurteilung des Kommunismus »als einem mit dem Sozialismus unvereinbaren totalitären Herrschaftssystem« samt der »Ablehnung aller Beziehungen zur SED« und die Anerkennung der SPD »als der entscheidenden Trägerin demokratisch-sozialistischer Ideen und sozialistischer Politik«. Der Saarbrücker Delegierte Gerhard Lambrecht protestiert anschließend dagegen, daß der Vertreter des SPD-Bundesvorstands den Kommunismus in seinem Referat genauso scharf verurteilt habe wie die CDU-Propaganda. In der nachfolgenden Diskussion versucht der Frankfurter Delegierte Oskar Negt die aufgerissenen Gräben mit der Bemerkung zu überwinden, daß es im SDS keine Alternative Marxisten-Nichtmarxisten gebe. Auch die Marxisten würden die Ergebnisse der modernen Soziologie anerkennen und für einen weltanschaulichen Pluralismus eintreten. Gegen den Versuch, den alten Bundesvorsitzenden Oswald Hüller und Klaus Bessau (Karlsruhe) aus dem Verband auszuschließen, wendet sich am vehementesten der Heidelberger Delegierte Christian Raabe. Obwohl er sich seit Jahren als ein entschiedener Gegner der »Hüller-Fraktion« begreife, dürfe man nicht in den Fehler verfallen, ihn nun »auf dem Altar der Partei« zu opfern. Ein von Klaus Meschkat, Götz Langkau und anderen eingebrachter Antrag, einen Untersuchungsausschuß zur Klärung der Frage einzurichten, ob sich Hüller und Bessau verbandsschädigend verhalten hätten, wird bei sieben Enthaltungen mit 36:21 Stimmen angenommen. In den Vorstandswahlen wird der amtierende Bundesvorsitzende Günter Kallauch mit der knappsten möglichen Mehrheit von 37:35 Stimmen gegenüber seinem Gegenkandidaten Jochen Grönert in seiner Funktion bestätigt. Stellvertretender Bundesvorsitzender wird Manfred Schmidt (München) und der neue Beirat setzt sich aus Peter Heilmann (West-Berlin), Monika Mitscherlich-Seifert (Frankfurt) und Dieter Wunder (Hamburg) zusammen. – Zwei Tage später erscheint im **SPD-Pressedienst** ein längerer Bericht über die Delegiertenkonferenz, der wie eine Erfolgsmeldung wirkt und den Titel *Klärung im Sozialistischen Deutschen Studentenbund* trägt. Am selben Tag meldet die **Frankfurter Allgemeine Zeitung**: »Die Abrechnung mit der ›konkret‹-Linken«. Lange Zeit sei, schreibt Eberhard Bitzer, »das Gespenst des ›Konkretismus‹« umgegangen; nun habe man aber dem »Spuk« in Göttingen ein Ende bereiten können. »Was die ›konkret‹-Leute wirklich sind«, fragt er weiter, »ob sie tatsächlich östliche Gelder und Weisungen erhalten, das zu sagen, fällt schwer. Einzelne von ihnen unterhalten zwar gute Kontakte mit dem Ulbricht-Regime; aber bei vielen gilt Linkssein einfach als chic. Sie sind kämpferisch und sentimental zugleich, und ihr Abgott ist Kurt Tucholsky. Viele von ihnen suchen den Teufel eher im Westen als im Osten. Wer konsequent den Bolschewismus bekämpft, ist in ihren Augen ein ›sturer Antikommunist‹ im Solde der Hochfinanz.«[179] – Und Waldemar von Knoeringen schreibt über den Konferenzverlauf am 7. August im **Vorwärts** unter der Überschrift *Ein klarer Auftrag*, er habe die Hoffnung, daß nun erneut eine Zeit der fruchtbaren Zusammenarbeit zwischen SPD und SDS angebrochen sei.

8.–12. Oktober 1959: An den Festveranstaltungen zur **550-Jahr-Feier der Karl-Marx-Universität** in Leipzig nehmen mit Monika Mitscherlich und Erik Nohara zwei als »Beobachter« fungierende Mitglieder des *Sozialistischen Deutschen Studentenbundes* (SDS), ein Vertreter des *Liberalen Studentenbundes Deutschlands* (LSD) und Berichterstatter der Hamburger Studentenzeitschrift *Konkret* teil. Staatssekretär Wilhelm Girnus (SED) erläutert in dem zum Beginn stattfindenden Internationalen Studentenseminar zum Thema *Zehn Jahre Hochschulwesen in der DDR* vor Vertretern von 40 Studentenorganisationen aus 30 verschiedenen Ländern die Erfahrungen und Ziele der von der SED verfolgten sozialistischen Hochschulpolitik. Auf einer im Rahmen des Jubiläums stattfindenden Sitzung der DDR-Rektorenkonferenz spricht diese ihr Bedauern darüber aus, daß der Präsident der Westdeutschen Rektorenkonferenz (WRK), der Kölner Professor Hermann Jahrreiß, auf einer Pressekonferenz in Bonn gegen einen Besuch der 550-Jahr-Feier polemisiert habe. Sein Verhalten stehe im Widerspruch zu vielen Gratulationsschreiben, die von anderen westdeutschen Rektoren und Professoren eingetroffen seien. Höhepunkt der Feierlichkeiten ist ein Festakt des Akademischen Senats in der Kongreßhalle. Vor 1.400 Gästen aus dem In- und Ausland spricht der Erste Sekretär des SED-Zentralkomitees, Walter Ulbricht, über die Aufgaben der Wissenschaft bei der Erfüllung des Siebenjahresplanes. Dem Rektor der Universität, Professor Georg Mayer, wird anschließend der »Vaterländische Verdienstorden in Gold« verliehen. In einer mehrstündigen Gratulationscour sprechen am 11. Oktober Vertreter von Partei, Regierung und des Nationalrats der *Nationalen Front* dem

Die Abrechnung mit der „konkret"-Linken
Der Sozialistische Studentenbund auf neuem Kurs / Von Eberhard Bitzer

GÖTTINGEN, Anfang August

Ein Gespenst ging lange um im Sozialistischen Deutschen Studentenbund (SDS), das Gespenst des „Konkretismus". Dreißig bis vierzig junge Leute, gruppiert um die dubiose Hamburger Studentenzeitung „konkret", hatten das Gespenst zu einer Gefahr für die Einheit jenes Studentenbundes werden lassen. Am letzten Wochenende ist der Spuk indessen geplatzt; der Sozialistische Studentenbund, seit dem Frankfurter Kongreß „Für Demokratie — gegen Restauration und Militarismus" in vieler Munde, verstieß auf seinem Delegiertentreffen in Göttingen die pankowfreundlichen „Konkretisten" und erneuerte sein Bündnis mit den Sozialdemokraten.

Hartnäckig kämpfte der stellvertretende sozialdemokratische Parteivorsitzende Waldemar von Knoeringen, um die jungen Rebellen wieder auf einen klaren Kurs zu bringen. Es ist erstaunlich, wie gerade diese Studenten noch an den alten Zöpfen des Marxismus hängen. Viele von ihnen sind für eine Verstaatlichung der Grundstoffindustrie; die meisten befürworten das überkommene Ritual der sozialistischen Bewegung, rote Fahne, die Anrede „Genosse", das marxistische Vokabular. „In abstrakter Methodologie tiefer durch Konfrontation der realistischen Theorie..." Solche und ähnliche Sätze hörte man von den Linken und Halblinken des Verbandes häufig. Manchmal war das pseudowissenschaftliche Gehabe, hochgestochen und affektiert; manchmal spürte man aber auch einen bohrenden Geist heraus. Der Grund für das Unbehagen unter sozialistischen Studenten liegt indessen weniger im Ideologischen als im Politisch-Praktischen. Sie zweifeln an der Stoßkraft der Sozialdemokratie, die drei Bundestagswahlen hintereinander verloren hat. Von Hoffnungslosigkeit, tiefer Skepsis, quälenden Glaubenszweifeln sprach denn auch das frühere Vorstandsmitglied Jürgen Seifert. Nehmt sie uns, indem ihr endlich einmal an die Macht gelangt, schien er den Sozialdemokraten zurufen zu wollen.

Einen gangbaren Weg, wie die Opposition zur Regierung werden könnte, zeigten die Studenten indessen nicht. Man schoß gegen die Linksradikalen, und man kritisierte die „Oeffnung nach rechts". Knoeringen sprach von dem großen Haus, das man in Göttingen entworfen habe. Man stieg indessen entweder grüblerisch-tiefsinnig in das Kellergeschoß, oder man siedelte sich, mit einigen flinken Sprüngen, in der Mansarde an. Praktische Politik, den konkreten Kampf für konkrete Dinge — das gab es gerade bei den „konkret"-Leuten nicht, die umso eifriger hinter den Kulissen die Fäden zu ziehen versuchten. „Stalinisten" wurden sie häufig von den Delegierten des rechten Flügels genannt; als „Trotzkisten" und „Anarchisten" bezeichnete sie im Gespräch der Vertreter des ostzonalen „Neuen Deutschland". Was die „konkret"-Leute wirklich sind, ob sie tatsächlich östliche Gelder und Weisungen erhalten, das zu sagen, fällt schwer. Einzelne von ihnen unterhalten zwar gute Kontakte mit dem Ulbricht-Regime; aber bei vielen gilt Linkssein einfach als chic. Sie sind kämpferisch und sentimental zugleich, und ihr Abgott ist Kurt Tucholsky. Viele von ihnen suchen den Teufel eher im Westen als im Osten. Wer konsequent den Bolschewismus bekämpft, ist in ihren Augen ein „sturer Antikommunist" im Solde der Hochfinanz.

Der Mann, der diese Leute im Sozialistischen Studentenbund hochkommen ließ, war bis zum Wochenende Bundesvorsitzender des Verbandes: Oswald Hüller, ein menschlich sympathischer „sonny boy", schwärmerisch, gutmütig und verworren. Für ihn ist die „formale bürgerliche Demokratie" nur ein Mittel zum Zweck, eine Etappe auf dem Weg zum sozialistischen Paradies. „Demokratie ist nicht viel — Sozialismus ist unser Ziel" — dieses Kampflied aus den zwanziger Jahren ist bei Leuten wie Hüller nicht verstummt. Knoeringen setzte solchen Verschwommenheiten ein klares Bekenntnis zur parlamentarischen Demokratie entgegen: „Ich würde aus der SPD austreten und eine Gegenpartei gründen, wenn sich innerhalb der Partei, hätte sie einmal die absolute Mehrheit erlangt, eine Richtung entwickelte, die sagt: Wir geben die Macht nicht mehr aus den Händen." Der Mehrheit der Delegierten sprach Knoeringen damit aus dem Herzen; ihr Beifall war eine Absage an jene linksradikalen Elemente, die die Grenzen zur totalitären Herrschaftsform verwischen.

Daß diese sozialistischen Studenten wieder zu sich selbst fanden, ist vor allem dem Aerger zuzuschreiben, der sich bei ihnen wegen des Uebertölpelungsmanövers der Linksradikalen angestaut hatte. Göttingen war die Stunde der Abrechnung; die Toleranz war überfordert worden; man schlug erbittert gegen die „ideologischen Stalinisten" zurück. Selbst die „Halblinken" und die Vertreter der Mitte hatten nichts dawider, daß man den „konkret"-Leuten mit harter Münze heimzahlte. Wohin der SDS künftig steuern wird, das freilich hängt vom Schicksal der mit ihm wieder verbundenen SPD ab. Man beschloß, Studenten vor Arbeitern sprechen zu lassen, und Arbeiter vor Studenten. Was den Delegierten anvertraute, daß der Parteivorstand „noch nie in der Geschichte der SPD soviel über den SDS gesprochen hat wie in letzter Zeit", spornte sie auch dazu an, die Partei mit jener Stoßkraft auszurüsten, daß sie 1961 siegen kann." Tosender Beifall erscholl, neuer Schwung schien die Studenten zu erfüllen. Unbeantwortet blieb indessen die Frage, wie der Sieg mit Gewißheit zu erlangen sei. Darin offenbarte sich, daß die Krise unter den Studenten ein getreues Spiegelbild der geistigen Krise innerhalb der SPD ist. Unwillkürlich mußte man an den sozialdemokratischen Widerstandskämpfer Julius Leber denken, der beim Rückblick auf Weimar die sterile Koketterie mit der Wirklichkeit als eine Folge des marxistischen Geburtsfehlers der SPD bezeichnet hat:

„Die vielen theoretischen Debatten drehten sich immer wieder im Kreise, an die eigentliche praktische Problematik kamen sie überhaupt nicht heran. Es war wie mit einem Schiff, das vor Anker liegt. Es dreht, es wendet, es treibt vor in Wind und Strömung, nach hier und nach dort, aber immer nur in einem Kreis, dessen Radius die Ankertrosse ist. So hingen alle sozialdemokratischen Anschauungen und Ueberlegungen an dem Anker marxistischer Vorstellungen und Hemmungen, und niemand hatte den Mut und zugleich die Macht, diesen Anker zu lösen oder aber die Trosse einfach zu kappen."

30.7.–1.8.: Die FAZ berichtet über die Göttinger SDS-Delegiertenkonferenz.

Rektor und dem Senat ihre Glückwünsche aus. Glückwunschadressen werden von Staatspräsident Wilhelm Pieck (SED), Ministerpräsident Otto Grotewohl (SED) und Walter Ulbricht, übermittelt. Am Abend nehmen Monika Mitscherlich und Erik Nohara an einem vom Rektor gegebenen Empfang teil. Dabei kommt es zu einer scharfen Kontroverse mit dem Ersten Sekretär des SED-Zentralkomitees, Walter Ulbricht. Während Nohara immer wieder versucht, die materiellen Bedingungen von DDR-Studenten zur Sprache zu bringen, insistiert Ulbricht auf der »Beseitigung« angeblicher »Agentenzentralen« in West-Berlin. Dabei gelingt es dem Redakteur des SDS-Organs *Standpunkt* mehrmals, kritische Fragen über die Gründe für die Flucht vieler Studenten aus der DDR in den Westen, die Überreaktionen im Verhalten von Staatsorganen der DDR und die Nichtexistenz eines Streikrechts für Arbeiter einzuflechten. Als Nohara aufgrund seiner Bemerkung, daß ein Friedensvertrag Sache der Großmächte und nicht die des deutschen Volkes sei, von einem anderen Teilnehmer gefragt wird, ob er denn »keine nationale Würde« habe, bekennt er, daß ihm die Angehörigkeit zu einer Nation völlig egal sei; er sei schließlich »Internationalist«. Diese Haltung weist Ulbricht sichtlich empört mit der Bemerkung zurück, er habe »nationale Würde« und beanspruche, »die

179 Eberhard Bitzer, Die Abrechnung mit der »konkret«-Linken – Der Sozialistische Deutsche Studentenbund auf neuem Kurs, in: Frankfurter Allgemeine Zeitung vom 3. August 1959.

nationale Würde des deutschen Volkes« zu vertreten. – Über das ungewöhnliche Gespräch schreibt die **Frankfurter Allgemeine Zeitung** in ihrer Ausgabe vom 17. Oktober: »Beide lieferten dem Parteichef ein Wortgefecht, das dieser anfangs in froher Scherzlaune, später leicht gereizt parierte ... Resultate, natürlich, gab es nicht, doch bekamen die Zuhörer von den jungen Gästen manches zu hören, was in Leipzig auszusprechen – zumal vor dem Parteichef – an Tollkühnheit grenzte.«[180] – Am 26. November erstattet Monika Mitscherlich dem Präsidium der SPD in **Bonn** gegenüber Bericht über die in Leipzig gemachten Erfahrungen.

6. November 1959: Auf einer vom Deutschen Koordinierungsrat der *Gesellschaft für Christlich-Jüdische Zusammenarbeit* veranstalteten **Erzieherkonferenz** zum Thema **Was bedeutet Aufarbeitung der Vergangenheit?** in **Wiesbaden** hält Theodor W. Adorno das Titelreferat. Dabei wendet er sich gleich zu Beginn gegen den Schlagwortcharakter der Fragestellung, der ihr innewohnenden ideologischen Tendenz, kurzerhand einen Schlußstrich unter das Vergangene ziehen und es möglicherweise ganz aus der Erinnerung drängen zu wollen. Daß man von der Vergangenheit loskommen wolle, sei nur zu verständlich, da es sich unter ihrem Schatten nicht leben lasse, aber auch verdächtig, weil die Vergangenheit höchst lebendig sei. Ihn beunruhigten dabei nicht so sehr rechtsradikale Organisationen. »Ich betrachte das Nachleben des Nationalsozialismus in der Demokratie als potentiell bedrohlicher denn das Nachleben faschistischer Tendenzen gegen die Demokratie. Unterwanderung bezeichnet ein Objektives; nur darum machen zwielichtige Figuren ihr come back in Machtpositionen, weil die Verhältnisse sie begünstigen. Demgegenüber scheint mir die Fortexistenz rechtsradikaler Gruppen ... nur ein Oberflächenphänomen.«[181] – Dieser Gedanke ist in den Jahren darauf von kritischen Gruppen immer wieder zum Anknüpfungspunkt gemacht worden, um den gesellschaftspolitisch unwirksam bleibenden Stereotypen des traditionellen Antifaschismus nicht mehr länger verhaftet zu bleiben.

9. November 1959: Zum Gedenken an die 21. Wiederkehr der Pogromnacht gegen die Juden, die von den Nazis zynisch als »Reichskristallnacht« bezeichnet wurde, lesen Studentinnen und Studenten in der Frankfurter Universität Dokumente, Berichte und literarische Texte vor. Neben Texten aus *Die dritte Walpurgisnacht* von Karl Kraus, *Furcht und Elend des Dritten Reiches* von Bertolt Brecht werden auch mehrere Abschnitte aus der von Max Horkheimer und Theodor W. Adorno im kalifornischen Exil verfaßten *Dialektik der Aufklärung* zitiert.[182]

13.–15. November 1959: Auf einem außerordentlichen Parteitag verabschiedet die **SPD** in **Bad Godesberg** ein neues Grundsatzprogramm. In den Leitlinien des nach dem Tagungsort benannten **Godesberger Programms** wird erstmals auf eine weltanschauliche Festlegung verzichtet. Nach drei verlorenen Bundestagswahlen bekennt sich die sozialdemokratische Partei zu Freiheit, Gerechtigkeit und Solidarität als den Grundwerten des »demokratischen Sozialismus«. Für das Selbstverständnis der Parteimitglieder sollen neben dem Marxismus nun auch die christliche Ethik, der Humanismus und die klassische Philosophie als gleichbedeutende Wurzeln angesehen werden können. Die antidiktatorischen Maximen sind vor allem deutlich gegen den Parteikommunismus gerichtet: »Wir widerstehen jeder Diktatur, jeder Art totalitärer und autoritärer Herrschaft; denn diese mißachten die Würde des Menschen, vernichten seine Freiheit und zerstören das Recht. Sozialismus wird nur durch die Demokratie verwirklicht, die Demokratie durch den Sozialismus erfüllt.«[183] Im einzelnen bricht die SPD mit mehreren von ihr jahre- oder sogar jahrzehntelang verfochtenen Positionen: Die allgemeine Wehrpflicht, gegen die Sozialdemokraten inner- und außerhalb des Parlaments Sturm gelaufen waren, wird ebenso bejaht wie die »freie Marktwirtschaft«, gegen deren Propagierung durch Adenauer und Erhard man seit Gründung der Bundesrepublik polemisiert hatte. Sie erhält nun gegenüber der lange Zeit als einzig sozial ange-

---

180 Frankfurter Allgemeine Zeitung vom 17. Oktober 1959.
181 Theodor W. Adorno, Was bedeutet Aufarbeitung der Vergangenheit, in: ders., Gesammelte Schriften Bd. 10.2: Kulturkritik und Gesellschaft II, hrsg. von Rolf Tiedemann, Frankfurt/Main 1977, S. 555f.
182 Vgl.: Dokumente zum 9. November – Vorlesung im Studentenhaus der Frankfurter Universität, in: Wetzlarer Neue Zeitung vom 11. November 1959.
183 Grundsatzprogramm der Sozialdemokratischen Partei Deutschlands, in: Vorstand der Sozialdemokratischen Partei Deutschlands (Hg.), Protokoll der Verhandlungen des Außerordentlichen Parteitages der Sozialdemokratischen Partei Deutschlands vom 13.–15. November 1959 in Bad Godesberg, Bonn 1960, S. 14.
184 A.a.O., S. 18.
185 A.a.O., S. 100.

sehenen Planwirtschaft deutlich den Vorzug. Das neue, von dem Wirtschaftsexperten Heinrich Deist formulierte Motto soll nun heißen: »Wettbewerb soweit wie möglich – Planung soweit wie nötig!«[184] Dem Privateigentum an den Produktionsmitteln, das als eines der Hauptübel der kapitalistischen Wirtschaftsordnung angesehen wurde, wird nun ein »Anspruch auf Schutz und Förderung« zuerkannt. Den gewandelten Charakter der Partei, die sich zum ersten Mal seit dem *Heidelberger Programm* aus dem Jahre 1925 wieder auf neue Grundsätze verpflichtet, gibt am deutlichsten der stellvertretende Vorsitzende Herbert Wehner zu erkennen. Der Mann, der zusammen mit Carlo Schmid die neue Programmatik in wesentlichen Zügen ausgearbeitet hat, appelliert mit dem Ausruf »Glaubt einem Gebrannten!« an die Delegierten und stellt in seiner Rede fest, daß die SPD in Zukunft keine reine Arbeiterpartei mehr sein könne. »Wir müssen vor der breiten Öffentlichkeit als Partei unter Beweis stellen, daß wir eine allgemeine Ordnung anstreben – darunter verstehe ich den eigentlichen Bereich der Politik –, die keine Schicht und keine Gruppe der Bevölkerung mehr benachteiligt. Das ist der Durchbruch zu einer grundsätzlich anderen Handhabung der Macht im Staat, als es bis heute noch und wahrscheinlich noch eine ganze Weile in diesem Ringen der Fall sein wird.«[185] Aus einer Partei der Arbeiterklasse sei die SPD nun zu einer »Partei des Volkes« geworden. In der Schlußabstimmung verweigern von den 394 Delegierten dem neuen Grundsatzprogramm lediglich 16 ihre Zustimmung. Gegen das *Godesberger Programm* stimmen im einzelnen die Delegierten Peter Blachstein, Anton Boos, Heinrich Dorsch, Helga Einsele, Manfred Heckenauer, Willi Kuhlmann, Walter Möller, Arnold Müller, Franz Neumann, Peter von Oertzen, Heinz Ruhnau, Werner Salzmann und Werner Stein; drei Gegenstimmen können nicht namhaft gemacht werden. – Der Plan Theodor W. Adornos, nach dem Vorbild der von Karl Marx verfaßten *Kritik des Gothaer Programms* eine grundlegende »Kritik des Godesberger Programms« zu schreiben, zerschlägt sich. Von Freunden wird ihm geraten, sich durch ein

13.–15.11.: Das Podium des Godesberger SPD-Parteitages (v. l. n. r.): Erich Ollenhauer, Herbert Wehner, Alfred Nau, Fritz Erler, Carlo Schmid u.a.

November 1959

solches Ansinnen nicht der letzten Stützen zu berauben, die es in der deutschen Nachkriegsgesellschaft gebe.

27.–30. November 1959: Mit einer Vortragsveranstaltung wird in **Karlsruhe**, wo Bundesgerichtshof und Bundesverfassungsgericht ihren Sitz haben, die vom *Sozialistischen Deutschen Studentenbund* (SDS) organisierte Ausstellung **Ungesühnte Nazijustiz** eröffnet. Nach einer Ansprache des Münchener Rechtsanwalts Dieter E. Ralle erläutert das West-Berliner SDS-Mitglied Reinhard Strecker das Unternehmen, das beim Vorstand der SPD bereits in seiner Vorbereitungsphase auf Mißtrauen gestoßen ist. Anhand von 116 Urteilen von Volks- und Sondergerichten, die als Photokopien ausgestellt sind, soll nachgewiesen werden, daß über 50 Richter und Staatsanwälte, die während des Nationalsozialismus bei der Verkündung von hohen Zuchthausstrafen und Todesurteilen mitgewirkt haben, heute noch in der bundesdeutschen Justiz in wichtigen Funktionen tätig sind. Da die Dokumente aus Polen und der Tschechoslowakei stammen, handle es sich bei den meisten Opfern um Personen aus diesen beiden Ländern. Die Karlsruher Stadtverwaltung hat den kleinen Saal zur Verfügung gestellt. Auf Tischen sind Schnellhefter ausgebreitet, die die Photokopien der von den Volks- und Sondergerichten gefällten Urteile enthalten. Es handelt sich dabei fast durchweg um Todesurteile, die in den letzten Kriegsjahren gegen Zivilpersonen ergangen sind. Als Gründe für die Todesurteile werden »Wehrkraftzersetzung«, »Kriegswirtschaftsverbrechen«, »Beihilfe zur Flucht«, »Plünderung« und ähnliches mehr angegeben. Auf sechs großen Tafeln, die an den Wänden befestigt sind, werden die Namen von Richtern und Staatsanwälten aufgeführt, die am Zustandekommen dieser Urteile beteiligt waren. Außerdem wird vermerkt, an welchen Gerichten in der Bundesrepublik sie heute wieder tätig sind. In einem Aufruf zum Besuch heißt es: »Hunderte von heute wieder tätigen Richtern und Staatsanwälten haben während des Naziregimes besonders bei Sonder- und Volksgerichten schwere Verbrechen begangen. Um diese Verbrechen, noch ehe sie verjähren, zu sühnen, hat der Bundesvorstand des ›Sozialistischen Deutschen Studentenbundes‹ die SDS-Gruppen an allen deutschen Universitäten und Hochschulen zur Aktion ›Ungesühnte Nazijustiz‹ aufgerufen.«[186] Die Ausstellung ist zum jetzigen Zeitpunkt anberaumt worden, weil die Verbrechen aus der Zeit des Nazi-Regimes zum 31. Dezember verjähren sollen. Einem Präsidium, das das Projekt unterstützt und sich für eine weitere Verbreitung der Dokumente einsetzt, gehören u. a. an: Kirchenpräsident Martin Niemöller, die Rechtsanwälte Dieter E. Ralle und Rudolf Zimmerle, der Darmstädter Studentenpfarrer Herbert Mochalski und der Stuttgarter Kunstprofessor Gerhard Gollwitzer. Auf einer Pressekonferenz am 28. November kündigen Strecker und Mitorganisator Wolfgang Koppel (SDS) an, daß sie nach der Ausstellung etwa 20 Strafanzeigen gegen ehemalige NS-Richter, die heute noch in ihren Ämtern seien, stellen würden. – Generalbundesanwalt Max Güde erklärt nach einer Durchsicht der Dokumente, daß sie »ganz offensichtlich echt« seien. – Und einer der Hauptkritiker des Ausstellungsprojekts, der sozialdemokratische Bundestagsabgeordnete und Rechtsexperte Adolf Arndt, stellt am 30. November in einer Präsidiumssitzung seiner Partei in **Bonn** fest, daß sich unter den Exponaten »gravierend echte Dokumente« befinden würden. Die SPD hält trotzdem an ihrer ablehnenden Einstellung gegenüber der SDS-Aktion fest, weil sie der Überzeugung ist, daß die mit der SED in Verbindung stehende Gruppe um die Hamburger Studentenzeitschrift *Konkret* hinter dem Unternehmen steckt.

27.–30.11.: Der SPD-Abgeordnete Adolf Arndt.

1. Dezember 1959: Auf dem im Stadtteil Westhausen gelegenen Bezirksfriedhof West entdeckt am frühen Morgen der Gärtner die Spuren einer Schändungsaktion. Unbekannte haben 120 Grabsteine und 25 Holzkreuze umgestürzt, Kranz- und Blumengebinde auf die Fußwege geworfen und zertrampelt. Da die Steine zwischen zehn und 15 Zentnern schwer sind, kommen Kinder als Täter nicht in Frage. Der Grabmeister Eugen Scharting kommentiert die Untat mit den Worten: »Ich arbeite seit 33 Jahren beim Städtischen Bestattungsamt, aber eine so verruchte Tat ist mir noch nie vorgekommen!«[187] Die Frankfurter Kriminalpolizei setzt zur Ergreifung der Täter eine Sonderkommission ein.

18. Dezember 1959: Die Herausgeber und Redakteure der Studentenzeitung *Diskus* vereinbaren mit der FDJ-Hochschulgruppe der Martin Luther-Universität Halle-Wittenberg, zukünftig Artikel auszutauschen, die sich mit den »brennenden Problemen« der Gegenwart befassen.

21. Dezember 1959: In einem Schreiben an den Feuilleton-Chef des in **West-Berlin** erscheinenden *Tagesspiegel*, Wolf Jobst Siedler, lehnt Max Horkheimer es ab, sich an einer Umfrage nach den drei nachhaltigsten künstlerischen Eindrücken seit 1945 für die Weihnachtsausgabe der Tageszeitung zu beteiligen. »Ich wundere mich«, schreibt Horkheimer, »daß das Leben nach allem Schrecklichen, das sich ereignet hat, so lustig weitergeht. Wo in der Kunst in avancierten, verzweifelten Stücken etwas vom Wahnsinn dieses Zustands durchdringt, habe ich eine Verwandtschaft gespürt. Die Praxis soll sich abmühen, daß es richtiger wird, die Theorie dagegen sagen, wie es ist.«[188]

24./25. Dezember 1959: Unbekannte beschmieren am Heiligabend in **Köln** das am Hansaring gelegene Denkmal für die Opfer des Nationalsozialismus und die Synagoge mit antisemitischen Parolen. Gegen 23 Uhr überstreichen sie auf dem Gedenkstein die Zeile »Dieses Mal erinnert an Deutschlands schandvollste Zeit 1933–1945« mit Ölfarbe. Und gegen 2 Uhr 30 beschmieren sie den in der Roonstraße gelegenen und erst kürzlich eingeweihten Synagogenneubau. In großen Lettern schreiben sie auf die Außenmauern des Gebäudes mit weißer Ölfarbe: »Juden raus« und »Deutsche fordern: Juden raus«. Am Eingang zur Synagoge und an der Innenseite des Toreingangs bringen

24.12.: Kölner Synagoge: antisemitische Parolen.

sie außerdem Hakenkreuze an und überstreichen die Inschrift »Synagogengemeinde Köln«. Eine Sonderkommission der Polizei nimmt sofort nach Bekanntwerden der Schändung die Ermittlungen auf. Für die Ergreifung der Täter setzen die Stadt Köln und der nordrhein-westfälische Innenminister Josef-Hermann Dufhues (CDU) Belohnungen in Höhe von 5.000 und 10.000 DM aus. – Im Laufe von nur zwölf Stunden werden zwei Mitglieder der *Deutschen Reichspartei* (DRP), die beiden 25jährigen Paul Josef Schönen und Arnold Strunk, als mutmaßliche Täter festgenommen. In ihren Wohnungen wird auch umfangreiche Nazi-Literatur gefunden. Ein anonymer Anruf und ein Hinweis des vorläufigen Kreisverbandsvorsitzenden der DRP, Ernst Custodis, hat die Polizei auf ihre Spur geführt. Während Strunk ein umfassendes Geständnis ablegt und seinen Freund als Mittäter bezeichnet, streitet Schönen, dessen Vater eine Druckerei besitzt, in der auch Schriften für die *Jüdische Gemeinde* hergestellt werden, alles ab. Strunk bestreitet allerdings, Anti-

---

186 Die Tat vom 5. Dezember 1959, 10. Jg., Nr. 49, S. 5.
187 Weser-Kurier vom 2. Dezember 1959.
188 Max Horkheimer, Gesammelte Schriften Bd. 18: Briefwechsel 1949–1973, hrsg. von Gunzelin Schmid Noerr, Frankfurt/Main 1996, S. 456.

semit zu sein und die NS-Verbrechen der Nazis zu billigen. Er habe, erklärt er in seiner Vernehmung, lediglich dagegen protestieren wollen, »daß Juden in führende Stellungen der Bundesrepublik eindringen«. Als die beiden am 26. Dezember nach einem Haftprüfungstermin das Gerichtsgebäude verlassen, streckt Schönen Pressephotographen demonstrativ seinen rechten Arm zum »Hitlergruß« aus. – Bundespräsident Heinrich Lübke (CDU) und Bundeskanzler Konrad Adenauer (CDU) drücken in Telegrammen, die an die *Jüdische Gemeinde* in **Köln** gerichtet sind, ihre Empörung über die Schändung der Synagoge aus. Lübke versichert, daß alles getan werde, um die Täter einer gerechten Strafe zuzuführen, und Adenauer, daß die Untat von allen anständigen Deutschen verurteilt werde. – Das Direktorium des *Zentralrats der Juden in Deutschland* erklärt in **Düsseldorf**, daß sich der Anschlag vor allem gegen das Ansehen des deutschen Volkes richte. – Der Herausgeber der *Allgemeinen Wochenzeitung der Juden in Deutschland*, Karl Marx, stellt in **Baden-Baden** vor Reportern des Deutschen Fernsehens fest, daß dem deutschen Namen wieder einmal durch Menschen geschadet worden sei, die immer noch einer verbrecherischen Ideologie anhingen. Er habe dennoch die Hoffnung, daß die Mehrheit des deutschen Volkes gewillt sei, sich gegen solche Elemente zur Wehr zu setzen.

31. Dezember 1959: Bei einem Sprengstoffattentat werden einem Algerier in Frankfurt beide Hände abgerissen. Die Sicherheitsbehörden vermuten, daß auch dieser Anschlag von der Terrororganisation *La Main Rouge* (Rote Hand) verübt worden ist, die mit dem französischen Geheimdienst in Verbindung gebracht wird und mit ihren Aktionen die Versorgung der algerischen Befreiungsbewegung FLN sabotieren will.

1960

14. 2.: Verleihung der Ehrenbürgerwürde an Max Horkheimer (Mitte), li. Bürgermeister Walter Leiske, re. Atomphysiker Otto Hahn.

5. Januar 1960: In einer von Max Horkheimer ins Leben gerufenen **Vortragsreihe zur Aufklärung über Religion, Philosophie und Geschichte des Judentums** äußert sich der Rektor der Goethe-Universität, Professor Willi Hartner, über die antisemitischen Vorfälle der jüngsten Zeit. Er vertritt die Ansicht, daß den judenfeindlichen Schmieraktionen durch die Verhängung drakonischer Strafen nicht beizukommen sei. Auf diese Weise könnten solche Ausschreitungen nur vorübergehend unterdrückt werden. Auf Dauer könne man dem Antisemitismus nur dann entgegenwirken, wenn jeder einzelne davon ausgehe, daß es nicht um die Frage Jude oder Nichtjude gehe, sondern »um den inneren Gehalt des Menschentums«.

7. Januar 1960: Unbekannte haben im Treppenhaus eines in der Innenstadt gelegenen Kaufhauses mit 40 Zentimeter hohen Buchstaben auf einer Länge von zwei Metern eine antisemitische Parole angebracht.

10. Januar 1960: Am Sonntagmorgen werden an zehn öffentlichen und privaten Gebäuden Hakenkreuze und antisemitische Parolen entdeckt. Eine der Schmierereien an der Frontseite des alten Gerichtsgebäudes ist mehrere Meter lang und reicht von der Heiligkreuzgasse bis zur Porzellanhofstraße. Das Polizeipräsidium gibt bekannt, daß Staatsanwaltschaft und Kriminalpolizei umgehend mit der Fahndung nach den Tätern beginnen.

12. Januar 1960: Oberstaatsanwalt Heinz Wolf gibt bekannt, daß es auch in Frankfurt seit dem 24. Dezember des Vorjahres eine größere Zahl antisemitischer Schmierereien gegeben habe. Erst wenige Stunden zuvor seien in der Großen Gallusstraße sechs neue Hakenkreuze und antijüdische Parolen entdeckt worden. Die Täter seien zwei Jugendliche im Alter zwischen 16 und 18 Jahren gewesen. Sie hätten jedoch nicht festgenommen werden können. »Die Behörden der Bundesrepublik sind stark genug«, versucht Wolf zu beruhigen, »um der Täter habhaft zu werden und die jüdischen Mitbürger können unbesorgt sein. Es wird ihnen nichts geschehen, aber den Tätern wird nachgeforscht und sie werden zur Rechenschaft gezogen werden.«[189]

16. Januar 1960: In einer von Fernsehen und Rundfunk übertragenen Ansprache nimmt Bundeskanzler Konrad Adenauer ausführlich zu den antisemitischen

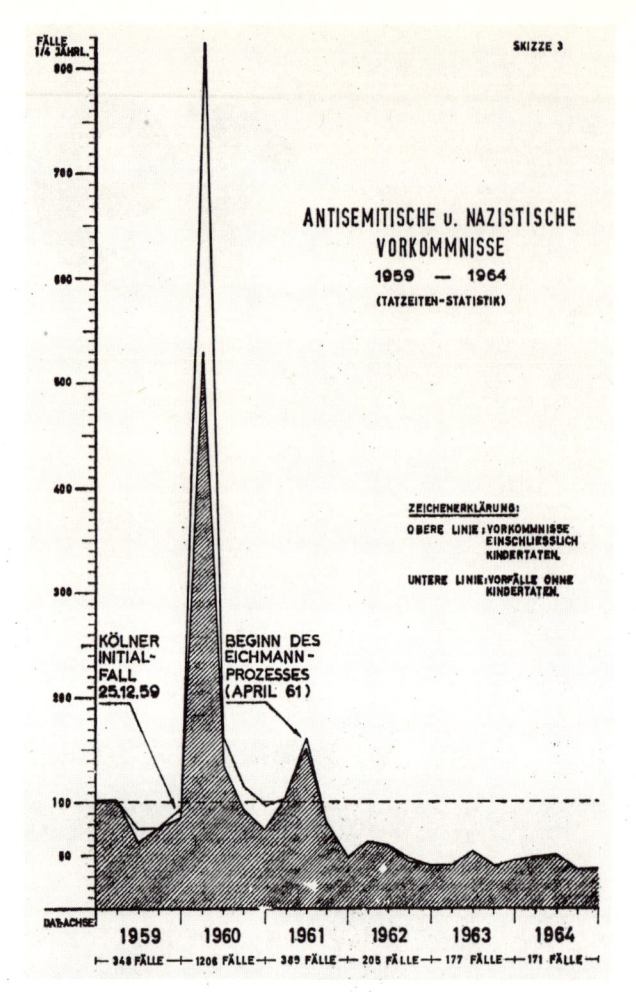

Jan.: Statistik der antisemitischen Welle.

und neonazistischen Vorfällen der letzten Wochen Stellung: »Was in Köln an der Synagoge und an dem Denkmal geschehen ist, ist eine Schande und ein Verbrechen. Die Bundesregierung, für die ich spreche, hofft, daß die Organe der Justiz mit aller Schärfe hiergegen vorgehen. Die Vorfälle, die dann folgten, bei uns wie auch in anderen Ländern, sind fast ausschließlich Flegeleien. Sie müssen, soweit strafbare Handlungen vorliegen, verfolgt und gesühnt werden. Aber sie scheinen in den allermeisten Fällen Flegeleien ohne politische Grundlage gewesen zu sein ... Meinen deutschen Mitbürgern insgesamt sage ich: Wenn ihr irgendwo einen Lümmel erwischt, vollzieht die Strafe auf der Stelle und gebt ihm eine Tracht Prügel. Das ist die Strafe, die er verdient. Unseren Gegnern im Ausland und den Zweiflern im Ausland sage ich: die Einmütigkeit des gesamten deutschen Volkes in der Verurteilung des Antisemitismus und des Nationalsozialismus hat sich in der denkbar geschlossensten und stärksten Weise gezeigt. Das deutsche Volk hat gezeigt, daß diese Gedanken und Tendenzen bei ihm keinen Boden haben. Dem Nationalsozialismus hat der größere Teil des deutschen Volkes in den Zeiten des Nationalsozialismus nur unter dem harten Zwang der Diktatur gedient. Keineswegs war jeder Deutsche ein Nationalsozialist. Ich glaube, das sollte man allmählich auch draußen erkannt haben. In dem deutschen Volke hat der Nationalsozialismus, hat die Diktatur keine Wurzel, und die wenigen Unverbesserlichen, die noch vorhanden sind, werden nichts ausrichten. Dafür stehe ich ein. Die Verurteilung des Antisemitismus und des Nationalsozialismus, die sich im deutschen Volke jetzt so spontan und einmütig offenbart, ist die gute Seite dieser abscheulichen Vorgänge.«[190]

18. Januar 1960: Bundesinnenminister Gerhard Schröder (CDU) gibt auf einer Pressekonferenz in **Bonn** den eine Woche zuvor vom Kabinett beschlossenen Entwurf für eine Notstandsgesetzgebung bekannt. Danach soll der Bundestag bzw. »bei Gefahr im Verzug« auch der Bundespräsident bei Gegenzeichnung durch den Bundeskanzler berechtigt werden, den Ausnahmezustand »zur Abwehr einer drohenden Gefahr für den Bestand oder die freiheitliche demokratische Ordnung des Bundes oder eines Landes« zu verhängen. In diesem Fall und für den so definierten Zeitraum wäre die Bundesregierung ermächtigt, gesetzesvertretende Verordnungen zu erlassen und mit diesen die Grundrechte der Meinungs-, Versammlungs-, Vereinigungs- und Berufsfreiheit sowie der Freizügigkeit einzuschränken.

18. Januar 1960: Unter Vorsitz von Ursula Illing, der Leiterin des Seminars für Politik, wird auf Initiative des DGB-Kreisausschusses ein Ausschuß gegen antidemokratische Umtriebe gebildet. Die 50 Vertreter von Parteien, Gewerkschaften, Kirchen, Zeitungen und verschiedenen öffentlichen Einrichtungen sind sich darin einig, künftig alle antidemokratischen Umtriebe beobachten und gegebenenfalls das Signal zu einer Gegenaktion geben zu wollen.

20. Januar 1960: In **Bonn** nehmen Bundestag, Bundesregierung und der Präsident des *Jüdischen Weltkongresses*, Nahum Goldmann, in getrennten Erklärungen zu den antisemitischen und neonazistischen Schmieraktionen der letzten Wochen Stellung. Anstelle des erkrankten Bundestagspräsidenten Eugen Gerstenmaier (CDU) gibt Vizepräsident Carlo Schmid (SPD) im Namen aller Fraktionen eine Erklärung ab, in der es heißt: »Daß dies in unserem Lande geschehen konnte, ist eine Schande – eine Schande, die dadurch nicht geringer wird, daß auch in anderen Ländern Wände mit Hakenkreuzen und mit Schmähungen des jüdischen Volkes befleckt worden sind. Wir Deutsche haben kein Recht, mit dem Finger auf andere zu zeigen; anderswo sind unter dem Hakenkreuz zwar Rüpeleien erfolgt, bei uns aber sind in seinem Zeichen sechs Millionen Menschen ermordet worden... Solange bei uns einer sagen kann, ohne fürchten zu müssen, daß man ihm den Rücken kehrt: Das Verhalten des Dritten Reiches den Juden gegenüber sei eine schlimme Dummheit gewesen, habe es uns doch die ganze Welt zu Feinden gemacht; solange bei uns in der Absicht, zu exkulpieren, darüber diskutiert werden kann, ob sechs Millionen oder, nur, drei Millionen Juden ermordet worden sind; solange bei uns nicht jedes Kind darüber belehrt worden ist und begriffen hat, daß das Problem nicht ist, ob sechs oder drei Millionen, sondern ob null oder einer ermordet worden sind, so lange haben wir – auch jene in unserem Volke, die in der verruchten Zeit saubere Hände behielten – versagt. Vor allem aber werden wir versagen, solange wir, was an den Synagogen getan worden ist, in erster Linie nicht unter dem Aspekt der Moral, sondern unter dem Gesichtswinkel des möglichen Schadens betrachten, den die Bundesrepublik erlitten haben mag.«[191] Unter Vorsitz von Bundeskanzler Adenauer berät das Kabinett Fragen der Urheberschaft. Ein Regierungssprecher gibt anschließend bekannt, daß die Bundesregierung zu dem Schluß gekommen sei, kommunistische Kreise stünden hinter den antisemitischen und neonazistischen Schmieraktionen. Wörtlich sagt der Sprecher: »Die kommunistische Urheberschaft macht sich auf drei Gebieten bemerkbar: bei der Anstiftung, bei der Täterschaft und vor allem bei der propagandistischen Auswertung zur Diffamierung der Bundesrepublik.«[192] – Nach ausführlichen Gesprächen mit Bundeskanzler Adenauer und Vizekanzler Ludwig Erhard

---

189 Frankfurter Rundschau vom 13. Januar 1960.
190 Bulletin des Presse- und Informationsamtes der Bundesregierung vom 19. Januar 1960, S. 63.
191 Archiv der Gegenwart vom 20. Januar 1960, 30. Jg., S. 8167.
192 A.a.O.

hält Nahum Goldmann eine Pressekonferenz ab, auf der er die Stellung des *Jüdischen Weltkongresses* zu den genannten Vorfällen darlegt. Allgemein bezeichnet er die Reaktion in der Bundesrepublik auf die Vorfälle als »in hohem Maße befriedigend«. Dennoch habe die »Politik der Versöhnung zwischen Deutschen und Juden« einen schweren Rückschlag erlitten. Beunruhigend sei vor allem, daß sich unter den Tätern auch Jugendliche befänden. Gleichwohl könne man deshalb die Schmieraktionen nicht einfach als »Dummejungenstreiche« abtun. Auch die These, daß die ganze Welle von Kommunisten organisiert worden sei, halte er nicht für wahrscheinlich. Wenn er auch der Regierung keine Ratschläge erteilen wolle, so müsse er dennoch sagen, daß gesetzliche Maßnahmen als Reaktion auf die Vorfälle wohl nicht entscheidend sein könnten. Von Bedeutung sei vielmehr die Erziehung der Jugend gegen Rassenwahn und Verhetzung.

23. Januar 1960: Die Canadian Broadcasting Corporation (CBC) führt mit Max Horkheimer ein Interview über die Bewältigung der NS-Vergangenheit durch.

25. Januar 1960: Im Auftrag des SDS-Bundesvorstandes stellt dessen Westberliner Mitglied Reinhard Strecker bei der Staatsanwaltschaft in **Karlsruhe** Strafantrag gegen 43 ehemalige Richter und Staatsanwälte, die beschuldigt sind, an Volks- und Sondergerichten Todesurteile aus nichtigen Gründen beantragt bzw. gefällt zu haben. Die meisten dieser im »Dritten Reich« tätigen Juristen, deren Namen in der Zeitschrift *Konkret* aufgeführt werden, fungieren auch heute noch in ihren Ämtern.

6. Februar 1960: Das Landgericht **Köln** verurteilt die beiden 25jährigen Arnold Strunk und Paul Josef Schönen wegen der Beschmierung der am Hansaring gelegenen Synagoge mit Hakenkreuzen und antisemitischen Parolen zu Gefängnisstrafen von vier bzw. zehn Monaten. – Die am Heiligabend des Vorjahres erfolgte Schmieraktion war Auftakt zu einer bundesweit zu beobachtenden neonazistischen Welle geworden, die im In- und Ausland große Befürchtungen ausgelöst hat. Obwohl die beiden Angeklagten zum Zeitpunkt des Anschlags noch Mitglieder der *Deutschen Reichspartei* (DRP) waren, hat es der Vorsitzende Landgerichtsdirektor Hans Metze versäumt, über die individuelle Tat hinausgehenden politischen Zusammenhängen nachzugehen.

9. Februar 1960: Ein Schöffengericht verurteilt den 27jährigen Schreiner Karl-Heinz Winter wegen der Verbreitung antisemitischer Hetzparolen zu einer Gefängnisstrafe von fünf Monaten ohne Bewährung. Der Angeklagte hatte am späten Abend des 21. Januar in der Salzmannschule im Stadtteil Niederrad an Tafeln, Wände und auf Fußböden »Nieder mit den Juden!«, »Heil Hitler!« und »We are Germans« geschrieben. Da der Rektor zufällig noch anwesend war und verdächtige Geräusche hörte, konnte der Mann sofort von der Polizei festgenommen werden. Einem Arzt gegenüber, der eine Blutprobe von ihm abnehmen wollte, erklärte er: »Ich bin Arier, Antisemit, Antichrist und überzeugter Nationalsozialist und halte eine diktatorische Staatsform für richtig.«[193]

13./14. Februar 1960: Unter dem Titel **Überwindung des Antisemitismus** führen der SDS, die *Deutsch-Israelische Studiengruppe* (DIS), die *Studentengruppe gegen Atomrüstung* und der *Argument-Club* in **West-Berlin** ein politisches Seminar zur jüngsten neonazistischen Welle durch. Als Referenten fungieren Ossip K. Flechtheim, Helmut Gollwitzer, Dietrich Goldschmidt, Michael Landmann und Wilhelm Weischedel, alles Professoren der Freien Universität, sowie Probst Heinrich Grüber, Arnold Bauer, Margherita von Brentano, Wolfdietrich Schnurre und der Direktor der Wiener Library in London, Alfred Wiener. Ziel der im Casino des Rathauses Kreuzberg von Bürgermeister Willy Kressmann vor 160 Teilnehmern eröffneten Veranstaltung ist es, »… von der Verurteilung der Symptome zu einer Analyse der Ursachen vorzudringen und dabei nach dem Zusammenhang der antisemitischen Erscheinungen mit dem gesamten Zustand des politischen und gesellschaftlichen Bewußtseins zu fragen, um konkrete Ansatzpunkte für die Überwindung des Antisemitismus zu gewinnen«.[194] Nach Abschluß des in drei Arbeitsgruppen tagenden Seminars, in denen kulturpolitische, staatspolitische und publizistische Aspekte behandelt wurden, wählen die Teilnehmer einen gemeinsamen Ausschuß, der mit den Ergebnissen des Treffens an die Öffentlichkeit treten soll.

14. Februar 1960: Aus Anlaß seines 65. Geburtstages verleiht die Stadt Frankfurt Max Horkheimer die Ehrenbürgerrechte. Die Feierstunde, auf der ihm die Auszeichnung von Bürgermeister Leiske übergeben wird, findet am Sonntagvormittag im Kaisersaal des Römers statt. In der Urkunde heißt es, mit der Verleihung des

Ehrenbürgerrechts ehre die Stadt Frankfurt einen Gelehrten von hohem internationalmn Rang, der das Institut für Sozialforschung vor dem Untergang bewahrt und durch seine tiefgründigen, bahnbrechenden Forschungen zu einem weltoffenen Zentrum für Sozialphilosophie erhoben habe. Die Stadt danke ihm dafür, daß er als einer der ersten aus der erzwungenen Emigration zurückgekehrt sei, um am Wiederaufbau deutscher Kultur mitzuwirken. Anschließend sprechen noch der Stadtverordnetenvorsteher Edwin Höcher, der hessische Kultusminister Professor Ernst Schütte und der Rektor der Goethe-Universität, Professor Willy Hartner. – Die **Frankfurter Allgemeine Zeitung** schreibt dazu in einem Kommentar: »Man kann ohne Übertreibung sagen, daß mit dieser persönlichen Ehrung einer jener selten möglichen Akte gelang, das große in seiner geistigen und menschlichen Tradition durch die Zäsur 33–45 gestörte städtische Gemeinwesen wieder zur Einheit und Kontinuität zu führen.«[195] Der Jubilar müsse für die Stadt »als eines der wenigen Bindeglieder zwischen damals und heute« angesehen werden. In einem Satz, den er 1954 seinen Studenten zugerufen habe, sei seine gesamte politisch-moralische Lehre enthalten: »Die Fluchtbahn, die das Leben den Studenten heute vorzeichnet, ist zugleich die Linie seines eigenen geringsten Widerstandes. Ihr nicht zu folgen, heißt Verantwortung.«[196] – Horkheimer, der 1955 bereits die Goethe-Plakette der Stadt verliehen bekam, ist der 17. Ehrenbürger seiner Stadt. Von ihnen leben zu jenem Zeitpunkt noch Albert Schweitzer, Theodor Heuss und Otto Hahn, der auch als Ehrengast dem Festakt beigewohnt hat.

15. Februar 1960: Da der Jubilar Max Horkheimer darum gebeten hat, von einem Fackelzug abzusehen, versammeln sich die Studentinnen und Studenten der Philosophischen Fakultät zu Beginn der Vorlesung am Montagnachmittag im Hörsaal V. Als Horkheimer zusammen mit seiner Gattin den mit 800 Personen restlos überfüllten Hörsaal betritt, werden sie mit minutenlangem Beifall begrüßt. Nach einem von Studenten aufgeführten Haydn-Quartett übermittelt Gottfried Glocke die Glückwünsche zum Geburtstag und zur Ehrenbürgerschaft. In seiner Dankesrede erwidert Horkheimer, daß er seinen Studenten allein schon deshalb zu Dank verpflichtet sei, weil er nur präzisiere, was er von ihnen, blicke er nur auf ihre Gesichter, empfange. »Ich hoffe«, so beendet er seine kleine Ansprache, »daß Sie einst die Menschen davor bewahren, von irgend jemand verleitet zu werden, die eigene Vernunft über Bord zu werfen und in der Masse Dinge zu tun, die Sie als Einzelwesen nicht verantworten können.«[197]

18. Februar 1960: Der Bundestag in **Bonn** debattiert über die antisemitischen und neonazistischen Vorfälle der letzten Zeit. Anlaß für die parlamentarische Auseinandersetzung ist das ein Tag zuvor von der Bundesregierung veröffentlichte Weißbuch, in dem die »Ausschreitungen« zwischen dem 15. Dezember 1959 und dem 28. Januar 1960 untersucht werden. Innerhalb dieses Zeitraums, so ist in der Publikation zu lesen, seien 685 Vorfälle registriert worden, 215 davon müßten als Kinderkritzeleien gewertet werden. Von den 470 übrigen Fällen habe man bei 234 die Urheber ermitteln können. Die genauere Untersuchung ergebe, daß nur 73 von ihnen aus politischen Motiven gehandelt hätten, 113 der Untaten müßten hingegen als »unpolitische Rowdy- und Rauschtaten« bezeichnet werden. Unter den politisch motivierten Tätern seien eine bestimmte Anzahl von Mitgliedern der *Deutschen Reichspartei* (DRP), aber auch »kommunistisch eingestellte oder gesteuerte Elemente« festgestellt worden. Das Weißbuch verweist in diesem Zusammenhang auch auf eine angeblich mögliche Urheberschaft der SED, die zur Gründung von nicht weiter spezifizierten Aktionskomitees aufgerufen haben soll. Wörtlich führt es dazu aus: »Wenn sich bisher auch nicht nachweisen ließ, daß einer der gefaßten Täter im Rahmen eines solchen Aktionskomitees auftragsgemäß gehandelt hat, so gibt es doch gewichtige Anhaltspunkte, die auf eine östliche Einflußnahme deuten.«[198] Zusammenfassend stellt das Weißbuch fest: »Die Untersuchung hat keine Anhaltspunkte dafür erbracht, daß nennenswerte Teile der Bevölkerung der Bundesrepublik antisemitische Gefühle hegen.«[199] Bundesinnenminister Gerhard

---

193 Frankfurter Rundschau vom 10. Februar 1960.
194 Konkret, 6. Jg., Nr. 7, 1960, 1. April-Ausgabe, S. 9.
195 K. K. (Karl Korn), Brücke, in: Frankfurter Allgemeine Zeitung vom 14. Februar 1960; vgl. auch: Heinz Maus, Tradition der großen europäischen Philosophie – Zum 65. Geburtstag Max Horkheimers am 14. Februar, in: Frankfurter Rundschau vom 13. Februar 1960.
196 A.a.O.
197 A. J., Studenten ehren Professor Horkheimer – Stürmische Ovationen der Jugend im Hörsaal, in: Frankfurter Allgemeine Zeitung vom 16. Februar 1960.
198 Zit. nach: Archiv der Gegenwart vom 18. Februar 1960, 30. Jg., S. 8223.
199 A.a.O.

Schröder (CDU) versucht in einer Regierungserklärung die in dem Weißbuch vorgelegten Untersuchungsergebnisse zu verteidigen. Mit besonderem Nachdruck vertritt er dabei die durch keinen einzigen Beweis belegte These, daß die Drahtzieher eines Teils der antisemitischen Vorfälle in der SED zu suchen seien. Die bundesdeutsche Bevölkerung hingegen sehe in den Schmieraktionen »einen bösen Verstoß gegen ihren durch Taten bewiesenen Willen zur Wiedergutmachung, zur Versöhnung und zur Toleranz«. Es sei nun an der Zeit, endlich wieder »ein ausgewogenes Verhältnis zur Vergangenheit« zu bekommen. Im Gegensatz zu Schröder läßt der Sprecher der SPD-Fraktion, Carlo Schmid, die Beantwortung der Frage, ob die Vorfälle politisch gesteuert gewesen seien, völlig offen. Gerade die Tatsache, daß in dem Weißbuch viele der Schmieraktionen als unpolitisch dargestellt würden, sei keineswegs eine Entlastung, sondern ließe die Ereignisse als noch bedenklicher erscheinen. Erschwerend käme hinzu, daß sich diese »Feinde der Demokratie« durch den Umstand bestärkt fühlen könnten, daß auch in der Bundesregierung ehemalige NSDAP-Mitglieder vertreten seien. Der Bundeskanzler sei zwar ganz bestimmt kein Antisemit, doch sollte er auch »um der Selbstachtung des Staates willen« dafür sorgen, daß kein früherer Nazi eine führende Stellung in den von ihm geleiteten Ämtern innehabe. – Die **Frankfurter Rundschau** schreibt in einem Kommentar zu der Bundestagsdebatte: »Eine Distanzierung von den antisemitischen Schmierfinken, die Hinweise des Bundesinnenministers auf das, was man zu tun gedenkt, genügen keineswegs. Das alles sind Selbstverständlichkeiten, wie sie von jedem anständigen Menschen zu erwarten sind. Sie werden aber zu Redensarten, wenn neben dem vortragenden Bundesminister ein Kollege Minister im Kabinett sitzt, dessen politische Entwicklung eng mit den frühesten Anfängen und den ungeistigen Theorien und der Praxis des Nazitums verbunden sind.«[200]

23. Februar – 4. März 1960: In der Kunstgalerie Springer am Kurfürstendamm in **West-Berlin** zeigt der SDS trotz massiver Widerstände seitens des Senats die Ausstellung **Ungesühnte Nazijustiz**. Darin werden in 150 Photokopien und Originaldokumenten die Verbrechen von zum überwiegenden Teil noch amtierenden Richtern und Staatsanwälten der Volksgerichtshöfe und Sondergerichte im »Dritten Reich« angeprangert. Die Benutzung von Räumen in der Freien Universität bzw. verschiedenen Bezirksämtern war den Organisatoren vorher untersagt worden. Dem Kuratorium der Ausstellung haben sich auch die beiden FU-Professoren Helmut Gollwitzer und Wilhelm Weischedel angeschlossen. Wie groß der Druck von politischen Gegnern auf die Aussteller ist, läßt sich allein daran ermessen, daß der Initiator des Unternehmens, der SDS-Student Reinhard Strecker, eine Übersiedlung nach Großbritannien in Erwägung zieht, weil kaum ein Tag vorübergeht, an dem er nicht Drohungen ausgesetzt ist. Der Tenor der Besuchermeinungen von *Ungesühnte Nazijustiz* drückt sich im Kommentar eines Mitglieds des *Liberalen Studentenbundes Deutschlands* (LSD) aus: »Viele der Blutrichter sind wieder in unserer Justiz tätig. Wie lange wollen Bundesregierung und Senat noch zusehen, wie diese Naziverbrecher Urteile fällen? Angesichts der Tatsache, daß die Mörder immer noch unter uns sind, muß jeder von der Bundesregierung geäußerte Satz – über Freiheit und Demokratie – wie Hohn klingen!«[201]

März 1960: Zum 6. Deutschen Studententag, der Anfang April zum Thema *Abschied vom Elfenbeinturm* in West-Berlin stattfindet, gibt der SDS-Bundesvorstand in **Frankfurt** die erste Nummer seines theoretischen Organs **Neue Kritik** heraus. Die Zeitschrift, die mit ihrem Titel an die von Kants Kritiken über Marxens Kritik der politischen Ökonomie bis zur Kritischen Theorie reichende Tradition der Aufklärung anknüpfen will, soll die Nachfolge des von 1951 bis Ende 1959 erschienenen *Standpunkt* antreten, der wegen mangelnder finanzieller Unterstützung durch den Parteivorstand der SPD sein Erscheinen zum Jahresbeginn hatte einstellen müssen. Im Mittelpunkt des ersten Heftes der neuen Zeitschrift steht ein Artikel von Oskar Negt, der unter dem Titel **Die Zerstörung der Deutschen Universität** eine Parallele zwischen den Korporationen in der Weimarer Republik und denen in der Bundesrepublik herstellt. So wie die korporierte Studentenschaft schon lange vor der Machtergreifung der Nazis ein wichtiger »Träger der reaktionär-völkischen Ständeideologie« gewesen sei, so gehe auch heute eine unübersehbare Gefahr vom Nationalismus der wiedererstarkten Burschenschaften aus. Gerade angesichts der im *Bund Nationaler Studenten* (BNS) sichtbar gewordenen antisemitischen Tendenzen kommt Negt zu dem Schluß: »Das Potential jener Studenten, die unter dem Vorwand der Lösung ›nationaler Aufgaben‹ autoritären Systemen zuneigen, ist an den deutschen Universitäten nach wie vor vorhanden.«[202] Negt kritisiert die oft vertretene Ansicht, die Universitäten müßten sich einer politischen Neutralität verpflichtet fühlen, und fordert stattdessen ihre Politisierung: »Heute gilt es, neuen Formen der geistlosen Herrschaft autoritärer Gruppen vorzubeugen und alle Kräfte zu mobilisieren, um durch politische Aktionen die Demokratie zu retten und der Universität das politische Gewicht in der Gesellschaft zu verschaffen, das ihr für eine Lösung der sozialen Widersprüche zukommen muß.«[203]

4. März 1960: Auf der zwölften **Mitgliederversammlung des Verbandes Deutscher Studentenschaften** (VDS) in **Heidelberg** wird der Bergbaustudent Dietrich Wetzel, Mitglied des *Corps Montania* im Weinheimer SC, zum neuen Vorsitzenden gewählt. – Bei seiner Amtsübernahme am 25. April fordert Wetzel in seiner Antrittsrede die »Demokratisierung der Hochschulen«. Für den Fall, daß der Studentenschaft eine wirksame Mitarbeit an den Selbstverwaltungsorganen der Hochschulen versagt bleibe, kündigt er die Umwandlung des VDS in ein studentisches Syndikat an.

14.3.: Abflug in die Vereinigten Staaten: Max Horkheimer.

14. März 1960: Im Waldorf-Astoria-Hotel in **New York** kommt es zu einem Treffen zwischen Bundeskanzler Konrad Adenauer und dem israelischen Ministerpräsidenten David Ben-Gurion. Im Mittelpunkt der zweistündigen Unterredung steht die Wiedergutmachung an den Opfern des Nationalsozialismus und Fragen beim Aufbau des Staates Israel. – Am Abend zuvor hat ein Essen des *Amerikanischen Rates für Deutschland* stattgefunden, an dem neben dem Bürgermeister von New York und dem Gouverneur von New Jersey auch Max Horkheimer teilnahm. Adenauer hatte in seiner Tischrede mehrmals versichert, daß die Bundesrepublik Deutschland auf demokratischem Boden stehe und keinem Mitbürger jüdischen Glaubens auch nur das geringste zugefügt werde. Die antisemitischen Vorfälle der jüngsten Zeit seien im Ausland maßlos aufgebauscht worden. – Nach Hakenkreuzschmierereien zweier Mitglieder der rechtsradikalen *Deutschen Reichspartei* (DRP) Heiligabend 1959 am Portal der von Konrad Adenauer kurz zuvor eingeweihten neuen Synagoge in Köln war es im Bundesgebiet, West-Berlin und der DDR zu einer Welle von antisemitischen Nachfolgeaktionen gekommen. Dies hatte im westlichen Ausland zu großer Besorgnis geführt. In einer Reihe von Großstädten, darunter London und New York, war vor bundesdeutschen Botschaften demonstriert worden.

24./25. März 1960: Das antikommunistische Komitee *Rettet die Freiheit* e.V. hält in **Frankfurt** seinen zweiten Jahreskongreß ab. In seinem Gastvortrag fordert der als Hauptredner geladene, in Oxford lehrende konservative Spanier Salvador de Madariaga eine »geistige Offensive des Westens gegen den Kommunismus«. Er lehnt die Idee einer friedlichen Koexistenz rundherum ab und ruft zur Befreiung der DDR auf. Mehr Aufsehen jedoch als irgendeine Rede erregt eine vom Komitee auf dem Kongreß unter dem Titel **Verschwörung gegen die Freiheit** herausgegebene, 175 Seiten umfassende Broschüre. Das von der Münchner Arbeitsgruppe *Kommunistische Infiltration und Machtkampftechnik«* verfaßte **Rotbuch II** versucht

200 Frankfurter Rundschau vom 19. Februar 1960.
201 Berliner Zeitung vom 9. März 1960.
202 Oskar Negt, Die Zerstörung der Deutschen Universität, in: Neue Kritik, 1. Jg., Nr. 1, März 1960; wiederabgedruckt in: ders., Politik als Protest, Frankfurt/Main 1971, S. 23.
203 A.a.O., S. 24.

März 1960

den Nachweis zu erbringen, daß »die kommunistische Untergrundarbeit in der Bundesrepublik« immer weitere Kreise ziehe. Als Beleg dient eine Liste, die die Namen von 452 Hochschullehrern, Schriftstellern, Künstlern, Journalisten, Gewerkschaftern und anderer als der »kommunistischen Kulturarbeit« verdächtig eingestufter Berufszweige enthält. Die meisten Namen entstammen Unterschriftenlisten zu Petitionen aus den letzten Jahren oder aus einem im Zuge der Anti-Atomtod-Bewegung aktiven Ausschuß. Auffällig ist nur, daß fast ausnahmslos Namen von SPD- und FDP-Politikern ausgespart bleiben, obwohl sie in der Kampagne gegen die Atombewaffnung der Bundeswehr eine nicht gerade unbedeutende Rolle gespielt haben. Unter den Aufgeführten befinden sich zuweilen auch so illustre Namen wie der des Tiroler Bergsteigers und Filmregisseurs Luis Trenker. – Bereits kurze Zeit nach der Veröffentlichung des *Rotbuchs II* stellen zehn in der Namensliste aufgeführte Professoren und Dozenten der Universität Münster Strafantrag gegen das Komitee *Rettet die Freiheit* e.V. wegen Verleumdung, Beleidigung und schwerer beruflicher Schädigung. Auch der der CDU angehörende Bundestagsabgeordnete Peter Nellen stellt Strafantrag, jedoch nicht wegen der Namensliste, sondern wegen verschiedener Textpassagen. Der Vorsitzende des Komitees, sein junger Fraktionskollege Rainer Barzel, entschuldigt sich deshalb wegen einiger Sentenzen bei ihm.

12. April 1960: Im **Bulletin des Presse- und Informationsamtes der Bundesregierung** veröffentlicht Bundesjustizminister Fritz Schäffer (CDU) eine Stellungnahme zu den seitens der DDR wiederholt erhobenen und durch die von SDS-Mitgliedern organisierte Ausstellung *Ungesühnte Nazijustiz* dokumentarisch belegten Vorwürfe, in der Bundesrepublik tätige Richter und Staatsanwälte hätten sich während des »Dritten Reichs« schwerer Justizverbrechen schuldig gemacht. In dem Artikel heißt es, daß Untersuchungen zur Überprüfung der Vorwürfe eingeleitet worden seien. Über den Stand der bisherigen Ermittlungen gibt Schäffer bekannt: »1. Bei den Strafgerichten läuft eine Voruntersuchung gegen einen Beschuldigten. Die Strafgerichte haben zwei weitere Beschuldigte, gegen die eine Voruntersuchung gelaufen war, außer Verfolgung gesetzt. 2. Die Staatsanwaltschaften haben die Verfahren gegen 17 Beschuldigte eingestellt. Von Amts wegen eingeleitete Ermittlungsverfahren gegen zwölf Beschuldigte sind noch anhängig. Außerdem laufen 71 Strafanzeigen, insbesondere von kommunistischer Seite. 3. Vor Disziplinarbehörden schweben förmliche Disziplinarverfahren gegen drei Beschuldigte, von denen einer vorläufig seines Amts enthoben ist und laufen Vorermittlungen gegen zwei Beschuldigte. 4. Vorwürfe gegen eine Anzahl weiterer Personen werden noch von den Dienstaufsichtsbehörden geprüft. 5. Außerhalb eines Verfahrens sind zehn Betroffene in den Ruhestand und einer in den Wartestand versetzt worden. Vier sind beurlaubt worden. 6. Im übrigen hat die Prüfung der Vorwürfe, soweit sie abgeschlossen ist, ergeben, daß zu Maßnahmen kein Anlaß besteht.«[204]

27. April 1960: Im Beisein des hessischen Ministerpräsidenten Georg August Zinn, des Kultusministers Ernst Schütte und des Frankfurter Oberbürgermeisters Werner Bockelmann wird in **Frankfurt** ein **Institut für Psychosomatische Medizin und Psychoanalyse** eröffnet. Direktor der mit Mitteln des Landes Hessen gegründeten Einrichtung ist der aus Heidelberg stammende Psychoanalytiker Alexander Mitscherlich. Bereits am Ende der Weimarer Republik hatte es in Frank-

27.4.: Leiter des Sigmund-Freud-Institutes: Professor Alexander Mitscherlich.

furt unter der Leitung von Heinrich Meng und Karl Landauer ein erstes, im damaligen Institut für Sozialforschung untergebrachtes psychoanalytisches Institut gegeben. Die neue Einrichtung soll nun an die von den Nazis unterbrochene Tradition wieder anknüpfen. Max Horkheimer erinnert in seiner Ansprache an die Mitarbeiter des damaligen Instituts und die Geschichte ihrer Vertreibung im Jahr 1933.[205] – Das neugegründete Institut wird später unter dem Namen **Sigmund-Freud-Institut** bekannt.

4. Mai 1960: Die Redaktion der Frankfurter Studentenzeitung **Diskus** gibt zu Ehren des zehnjährigen Bestehens ihres Blattes einen Empfang. Bei einem Glas Sekt faßt Ehrengast Max Horkheimer die Aufgabe der jungen Zeitungsmacher mit den Worten zusammen: »Sie lernen, sich auszudrücken und die Freiheit zu haben, das zu sagen, was sie glauben.«[206]

9. Mai 1960: Vertreter von 15 sozialdemokratischen Studentengruppen aus dem Bundesgebiet und West-Berlin geben auf einer Pressekonferenz in **Bonn** die Gründung des **Sozialdemokratischen Hochschulbundes** (SHB) bekannt. Ausschlaggebend für die Neugründung sind fundamentale Differenzen zwischen dem Parteivorstand der SPD und dem *Sozialistischen Deutschen Studentenbund* (SDS). Die beiden Westberliner SHB-Vertreter Manfred Geßner und Waldemar Ritter stellen vor der Presse die Behauptung auf, daß ihr SDS-Landesverband nicht selten politische Aktionen unterstütze, die ihren Ursprung jenseits des Brandenburger Tores hätten. Werner Hasselbring, ebenfalls Mitglied des neugegründeten SHB, äußert die Vermutung, daß die in Hamburg erscheinende Zeitschrift *Konkret* und das vom SDS-Bundesvorstand in Frankfurt herausgegebene theoretische Organ *Neue Kritik* mit aus der DDR stammenden Geldern finanziert würden. Im Gegensatz zum SDS, so heißt es in einer ersten Grundsatzerklärung, stehe der SHB »auf dem Boden des parlamentarischen und sozialen Rechtsstaates«, lehne es ab, als Wanderer zwischen zwei Welten zu fungieren, arbeite in aller Entschiedenheit »für die Sache des freien Westens«, bejahe »die Landesverteidigung bei Anerkennung des Rechts auf Wehrdienstverweigerung« und wolle sich in Zukunft wieder mehr auf die Hochschulpolitik konzentrieren anstatt »aufwendige Kongresse einflußloser Leute über große Politik« zu betreiben. Erster SHB-Bundesvorsitzender wird Jürgen Maruhn (Bonn); als seine Stellvertreter fungieren Waldemar Ritter (West-Berlin) und Peter-Paul Henckel (Saarbrücken). – Am 23. Mai begrüßt der Parteivorstand der SPD die Gründung des SHB und hebt anerkennend dessen positive Haltung zum Godesberger Programm und die Ablehnung des Kommunismus hervor.

4.5.: »Diskus«-Empfang: Max Horkheimer und Kollegen.

14. Mai 1960: Der Vorstand des *Verbandes Deutscher Studentenschaften* (VDS) protestiert in einer Erklärung mit allem Nachdruck gegen die Diffamierung von Professoren und Studenten durch das vom antikommunistischen Komitee *Rettet die Freiheit* e.V. am 24. März in Frankfurt herausgegebene *Rotbuch II*. In der Verlautbarung heißt es: »Nach sorgfältiger Prüfung dieser Zusammenstellung mußte der VDS feststellen, daß die von den Verfassern angewandte Arbeitsmethode wie die von ihnen vertretenen ideologischen und politischen Tendenzen eine gefährliche Bedrohung der freiheitlichen Grundlagen unseres Staats- und Gesellschaftssystems darstellen.«[207]

15. Mai 1960: Vor dem Rhein-Main-Flughafen demonstriert eine Gruppe von Jugendlichen, darunter zahlreiche Mitglieder der *Naturfreundejugend* und der

---

204 Zit. nach: Archiv der Gegenwart vom 12. April 1960, 30. Jg., S. 8335.
205 Vgl.: Institut für Psychoanalyse, in Frankfurter Rundschau vom 28. April 1960; Institut für Psychoanalyse – In Frankfurt durch Professor Mitscherlich und Ministerpräsident Zinn eröffnet, in: Frankfurter Allgemeine Zeitung vom 28. April 1960.
206 Sagen dürfen, was man glaubt – Professor Horkheimer würdigt den »Diskus«, in: Frankfurter Rundschau vom 5. Mai 1960.
207 Siegward Lönnendonker/Tilman Fichter (Hg.), Freie Universität Berlin 1948–1973, Hochschule im Umbruch, Teil III 1957–1964, Auf dem Weg in den Dissens, West-Berlin 1974, S. 25.

Sozialistischen Jugend Deutschlands – Die Falken, gegen die Verwendung des Geländes und der Einrichtungen als Startbasis für Spionageflüge der US-Air Force. Auf einem der mitgeführten Transparente ist die Zeile zu lesen: »Rhein-Main-Flugplatz keine Zielscheibe für sowjetische Fernraketen!« Anlaß für die Demonstration ist eine Meldung der »Frankfurter Rundschau« vom 12. Mai, derzufolge US-amerikanische »Aufklärungsflugzeuge« unter besonderen Sicherheits- und Geheimhaltungsvorkehrungen auch auf dem Gelände des Rhein-Main-Flughafens zwischenlanden. Noch kurz zuvor hatte das Bundesverteidigungsministerium das Gegenteil behauptet. Nach den Recherchen der Zeitung sollen sich unter den Spionageflugzeugen auch Maschinen vom Typ U-2 befinden. – Eine Maschine dieses Typs war am 1. Mai von der sowjetischen Luftabwehr über dem Hoheitsgebiet der UdSSR abgeschossen worden. Dieser Zwischenfall hat großes internationales Aufsehen erregt.

17. Mai 1960: Die *Situationistische Internationale,* zu deren deutscher Sektion auch die Münchener *Gruppe SPUR* gehört, veröffentlicht ein **Manifest,** das Maximen für eine kulturrevolutionäre Veränderung zu formulieren versucht. Unter der Voraussetzung, daß erst die Automatisierung des Produktionsprozesses und die Sozialisierung der Produktionsmittel den Individuen die vollständige Freiheit ermöglichen, soll eine Neugestaltung des gesellschaftlichen Lebens in Angriff genommen werden können: »In der freien Entfaltung des Spiels besteht die schöpferische Selbständigkeit des Menschen, die über die alte Teilung zwischen der auferlegten Arbeit und den passiven Mußestunden hinausgeht.«[208] Im Gegensatz zu den heutzutage üblichen, konformistisch inszenierten Pseudo-Spielen wohne dem ursprünglichen Spiel eine revolutionäre Kraft inne, die es zu entfesseln gelte. In diesem Zusammenhang müsse auch die subversive Bedeutung der »Situation« gesehen werden: »Sie ist die Verwirklichung eines höheren Spiels, genauer gesagt, die Provokation zu dem Spiel, das die menschliche Gegenwart ist. Die revolutionären Spieler aller Länder können sich in der Situationistischen Internationale vereinigen, um dann zu beginnen, aus der Nichtgeschichtlichkeit des alltäglichen Lebens hervorzutreten.«[209] Als dringlichste Aufgabe wird die Einnahme der UNESCO durch einen Putsch vorgeschlagen. Dadurch soll eine grundlegende Umwandlung der kulturellen Beziehungen im internationalen Maßstab ermöglicht werden. Im Gegensatz zur Kunst sehe die neue Kultur eine »umfassende Teilnahme«, eine »globale Ausübung« und eine »Gemeinschaft des direkt erlebten Augenblicks« vor.

Juni 1960: An einer Tagung zum Thema **Nationalismus** in **Ingelheim** am Rhein nehmen als Referenten u. a. Theodor W. Adorno und Max Horkheimer teil.[210] Die Initiative zu der Veranstaltung ging von der *Bundeszentrale für Heimatdienst* aus.

23. Juni 1960: Unter dem Titel **Nacht fiel über Deutschland** wird in der Paulskirche eine Ausstellung eröffnet, die in Plakaten, Flugblättern, Schulungsbriefen, Zeitungen, Broschüren und anderen Materialien Politik und Propaganda des nationalsozialistischen Terrorregimes dokumentiert. Die aus Anlaß der antisemitischen Welle von Arno Klönne initiierte Ausstellung umfaßt nicht nur den Zeitraum der Machtergreifung bis zur Kapitulation, sondern berücksichtigt auch in Einzelbeispielen die neonazistischen Aktivitäten der Gegenwart. Für viele der zahlreichen jugendlichen Besucher vermitteln die Photos von Reichsparteitagen, brennenden Synagogen und Konzentrationslagern einen ersten umfassenderen Eindruck vom Schrecken des »Dritten Reichs«. – Zur selben Zeit findet nur wenige Meter entfernt in den Römerhallen eine »Luftschutzschau« des Bundesluftschutzverbandes statt, in der Instruktionen offeriert werden, wie der Atomkrieg zu überleben sei. Während sich hier jedoch einzelne Besucher in den Gängen verlieren, werden in den ersten zwei Wochen der bis zum 10. Juli geöffneten Paulskirchen-Ausstellung bereits über 35.000 Interessierte gezählt.

12. Juli 1960: Mit einem verbitterten, ungewöhnlich langen Leserbrief an die **Frankfurter Allgemeine Zeitung** reagiert Max Horkheimer auf eine Karikatur, die in dem Blatt am 22. Juni unter der Überschrift »Am Ende einer Präsidentschaft...« abgedruckt worden war. Sie zeigte, wie US-Präsident Eisenhower mit verzerrtem Gesichtsausdruck einen Golfschläger in seinen Händen hält, einen Trümmerhaufen mit der zerfetzten »Stars and Stripes«-Flagge und einen entblätterten Lorbeerkranz. Im Hintergrund ist eine große geballte Faust zu sehen, die offenbar die Steine zertrümmert hat, auf denen noch die Schriftzüge »Gipfelkonferenz«, »Moskaureise« und »Besuch in Tokio« zu erkennen sind. »Es besteht kein Zweifel«, meint Horkheimer dazu, »daß man vor der drohenden Faust aus dem

Osten auch selbst Angst hat, doch ihre Stärke imponiert, und die Bereitschaft, über die Demütigung Amerikas zu lachen, verrät einen tiefinneren Groll, der schlecht zur westlichen Gemeinschaft paßt. Wie ernst die Fehler der amerikanischen Politik sein mögen, die Rancune, die so rasch mit den Feinden Amerikas sich identifiziert, ist Teil eines düsteren Potentials.«[211] – In einem parallel abgedruckten Antwortschreiben zeigt sich die FAZ-Redaktion von der Stellungnahme Horkheimers beunruhigt, glaubt jedoch die Verärgerung auf ein Mißverständnis zurückführen zu können.

19. Juli 1960: Der SPD-Parteivorstand in **Bonn** gibt den Abbruch aller Beziehungen zum *Sozialistischen Deutschen Studentenbund* (SDS) bekannt, der für die Sozialdemokratie jahrelang den Rang einer universitären Nachwuchsorganisation besaß. In der knappen Erklärung heißt es wörtlich: »1. Jede Förderung des SDS wird ab sofort eingestellt. 2. Die Beziehungen der SPD zum SDS werden abgebrochen. 3. Die Partei wird aufgefordert, den SHB in seiner Arbeit zu fördern.«[212] – In einer Reihe von Solidaritätsadressen kritisieren prominente Hochschullehrer, darunter der Basler Theologe Karl Barth, die Entscheidung der SPD-Spitze und fordern den SDS auf, auch weiterhin an seinem politischen Selbstverständnis festzuhalten. So schreibt der Marburger Politikwissenschaftler Wolfgang Abendroth in einer Grußadresse zur nächsten Delegiertenkonferenz des SDS: »Die Aufrechterhaltung der geistigen Freiheit und der Diskussionsbereitschaft in einem studentischen politischen Verbande ist – wie mir scheint conditio sine qua non sinnvoller politisch-pädagogischer Arbeit an den Universitäten und anderen wissenschaftlichen Hochschulen im Interesse der demokratischen Erziehung des akademischen Nachwuchses. Es bleibt die Pflicht des SDS, wie bisher unter Berücksichtigung dieser Überlegung die geistige Verbindung zwischen den aufgeschlossensten Teilen der jungen akademischen Generation und der Arbeiterbewegung herzustellen, ohne sich durch irgendwelche bürokratische Maßnahmen einschüchtern zu lassen.«[213]

August 1960: In München erscheint die erste Nummer der Zeitschrift **Spur**, die von der deutschen Sektion der *Situationistischen Internationale*, der *Gruppe SPUR*, herausgegeben wird. Als Leitartikel enthält sie eine Übersetzung des am 17. Mai veröffentlichten situationistischen Manifests, in dem zu einer kulturrevolutionären Veränderung der Gesellschaft aufgerufen wird.

16. August 1960: Auf Vorschlag von Bundesinnenminister Gerhard Schröder (CDU) beruft die Bundesregierung in **Bonn** eine Kommission von Wissenschaftlern und Hochschullehrern, die sie in Fragen der staatsbürgerlichen Bildungs- und Erziehungsarbeit beraten soll. Dem zwölfköpfigen Gremium gehört neben dem Politologen Arnold Bergsträsser, dem Theologen Wilhelm Hahn, dem Philosophen Theodor Litt, dem Historiker Hans Rothfels und anderen auch Max Horkheimer als Professor für Philosophie und Soziologie an. – Hintergrund für die Einrichtung einer solchen Kommission ist die öffentliche Kontroverse über eine angemessene Vermittlung des Wissens über die Judenvernichtung und die nationalsozialistische Terrorherrschaft. Mit Erschrecken waren offizielle Statistiken polizeilicher Ermittlungen aufgenommen worden, wonach sich überwiegend Jugendliche an den Friedhofsschändungen, Hakenkreuzschmierereien und Pöbeleien der antisemitischen Welle seit Heiligabend 1959 beteiligt hatten.

1./2. Oktober 1960: Im Festsaal des Studentenhauses findet die **XV. SDS-Delegiertenkonferenz** statt. Nachdem die Mutterpartei SPD wegen tiefgreifender politischer Differenzen alle Beziehungen zu ihrer ehemals universitären Nachwuchsorganisation abgebrochen hat, stellt der bisherige Bundesvorsitzende Günther Kallauch in seinem Rechenschaftsbericht fest: »Der SDS ist heute zum ersten Male völlig unabhängig und das ist seine Schwäche, aber zugleich seine Stärke …«[214] Die wichtigsten Themen der zweitägigen Konferenz schlagen sich in den Titeln der einzelnen Referate nieder. Es sprechen: Michael Schumann

---

208 Situationistische Internationale, Manifest, in: Albrecht Goeschel (Hg.), Richtlinien und Anschläge – Materialien zur Kritik der repressiven Gesellschaft, München 1968, S. 8.
209 A.a.O., S. 9.
210 Vgl.: Nationalgefühl als tragisches Phänomen, in: Die Tat (Zürich) vom 3. Juni 1960.
211 Mißverstandene Bitterkeit – Ein Briefwechsel zwischen Professor Max Horkheimer und der Frankfurter Allgemeinen Zeitung, in: Frankfurter Allgemeine Zeitung vom 12. Juli 1960.
212 SPD-Vorstand (Hg.), Jahrbuch der SPD 1960/61, Hannover 1961, S. 452.
213 Zit. nach: Tilman Fichter / Siegward Lönnendonker, Kleine Geschichte des SDS – Der Sozialistische Deutsche Studentenbund von 1946 bis zur Selbstauflösung, West-Berlin 1977, S. 169.
214 Günter Kallauch, Die Politik des Sozialistischen Deutschen Studentenbundes, zit. nach: Siegward Lönnendonker / Tilman Fichter (Hg.), Freie Universität Berlin 1948–1973 – Hochschule im Umbruch, Teil III 1957–1964 – Auf dem Weg in den Dissens, West-Berlin 1974, S. 28.

über *Gesellschaftliches und politisches Bewußtsein des Arbeiters*, Heinz Grossmann über *Die Hochschulpolitik der Unternehmer*, Claus Offe über *Hochschule in der Demokratie – Anspruch und Realität*, Helga Gross und Peter Märthesheimer über *Das politische Bewußtsein der Studenten*. Eine Studienkommission des Landesverbandes West-Berlin fordert in einem Entwurf für ein »sozialistisches Hochschulprogramm«, künftig stärker an den unmittelbaren Interessen der Studenten anzuknüpfen. Erst in der konkreten Arbeit in Seminar und Institut, in Klinik und Labor könne es gelingen, den »noch vorhandenen Elan zur Praktizierung von Demokratie durch kritisches Messen der demokratischen Ideale an der Universitätswirklichkeit auf Proteste und Aktionen gegen die autoritäre Struktur des gegenwärtigen Wissenschaftsbetriebes« zu lenken. In den neuen Bundesvorstand werden als 1. Vorsitzender Michael Schumann (Frankfurt) und als 2. Vorsitzender Michael Vester (Frankfurt) gewählt. Der neue Beirat des SDS setzt sich aus Wolfgang Nitsch (West-Berlin), Manfred Vosz (München) und Werner Gessler (Freiburg) zusammen.

17. Oktober 1960: Am Philosophischen Seminar der Freien Universität in **West-Berlin** beginnen Margherita von Brentano und Peter Furth mit einer soziologischen Übung zum Thema **Antisemitismus und Gesellschaft**. – Die über ein Semester gehende Veranstaltung wird für eine Reihe von Studenten aus dem Umkreis des *Argument-Clubs* zu einer Art gesellschaftstheoretischer Keimzelle.

November 1960: Der *Sozialistische Deutsche Studentenbund* (SDS), zu dem die Mutterpartei SPD alle Beziehungen abgebrochen hat, versucht in einer internen Auseinandersetzung sein politisches Selbstverständnis neu zu definieren. Für ihn besteht die spezifische Schwierigkeit, in der Bundesrepublik eine genuin sozialistische Position zu beziehen, darin, eine politische Alternative zu begründen, die weder mit dem Kommunismus der SED noch mit dem Sozialdemokratismus der SPD in eins geht. Der neue SDS-Bundesvorsitzende Michael Schumann schreibt dazu in den **Neue Kritik – Informationen**: »Die Politik der Bundesregierung, aber auch die Vorschläge der sozialdemokratischen Partei haben es bisher nicht vermocht, dem stalinistischen System in der DDR wirksam entgegenzutreten. Vielmehr zeigte es sich, daß der künstliche Antikommunismus nur autoritäre und faschistische Gefahren in der Bundesrepublik hervorruft. Die hier so manipulierte Demokratie kann aber nicht den Vorstellungen des freiheitlichen Sozialismus entsprechen. Sie entspricht weder dem Godesberger Programm noch den Zielen der Gewerkschaftsbewegung. Sich gegen diesen Antikommunismus zu wenden, heißt nicht, sich mit dem östlichen Kommunismus zu identifizieren. Vielmehr gilt es, das eingefrorene Denken der starren Gegenüberstellung in seiner Abhängigkeit zu begreifen. Ich glaube, daß es allein wirkungsvoll und überzeugend ist, dem terroristischen Ulbrichtsystem eine wahre sozialistische Konzeption entgegenzusetzen. Dabei kommt es vor allem darauf an, die eingetrockneten und dogmatisierten Begriffe der sozialistischen Theorie aufzulösen, und die Theorie selbst in Zusammenhang mit den weiterentwickelten gesellschaftlichen Verhältnissen zu reflektieren.«[215]

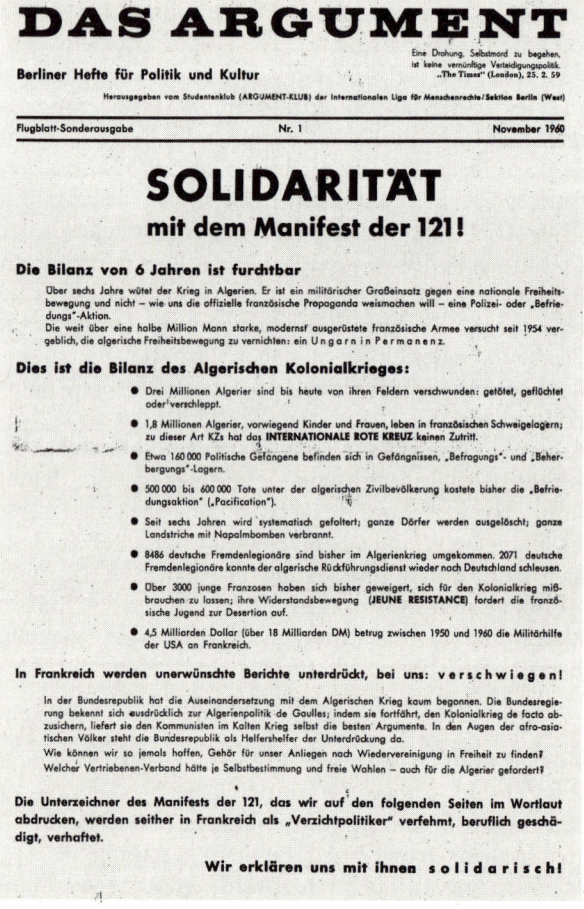

11.11.: Bundesdeutsche Intellektuelle erklären sich mit der Protestaktion gegen den Algerienkrieg solidarisch.

11. November 1960: Mit einer Eingabe an den französischen Kulturminister André Malraux stellen sich 36 deutschsprachige Wissenschaftler und Schriftsteller hinter die **Erklärung der 121**, mit der französische Intellektuelle, darunter Simone de Beauvoir und Jean-Paul Sartre, ein »Recht auf Gehorsamsverweigerung im Algerienkrieg« forderten. Ohne sich in innere Angelegenheiten der französischen Republik einmischen zu wollen, erklären die Unterzeichner aus der Bundesrepublik, Österreich und der Schweiz: »Was uns mit Sorge erfüllt, ist die Tatsache, daß französische Schriftsteller, Journalisten, Künstler, Beamte, Lehrer und Philosophen von der Regierung verfolgt werden, weil sie diese Erklärung unterzeichnet haben.«[216] Die alphabetische Abfolge der Liste wird angeführt von Theodor W. Adorno.

Dezember 1960: Jürgen Habermas nimmt in seinem Vortrag **Zwischen Philosophie und Wissenschaft: Marxismus als Kritik** vor der Philosophischen Gesellschaft in **Zürich** grundlegende Revisionen der Marxschen Theorie, insbesondere ihrer politischen Implikationen, vor. Von der Voraussetzung ausgehend, daß die Beziehung zwischen Staat und Gesellschaft nicht mehr wie im Konkurrenzkapitalismus im Sinne eines klassischen Überbau-Basis-Verhältnisses determiniert sei, die Kategorie der Entfremdung ihre ökonomische Sinnfälligkeit in der Verelendung eingebüßt habe und das Proletariat, obgleich es objektiv immer noch an seinem Ausschluß von der Verfügungsgewalt an den Produktionsmitteln zu bemessen ist, sich nicht mehr subjektiv als Erfahrungsgehalt konstituiere, stellt er apodiktisch fest: »Ein Klassenbewußtsein, zumal ein revolutionäres, ist heute auch in den Kernschichten der Arbeiterschaft nicht festzustellen. Jede revolutionäre Theorie entbehrt unter diesen Umständen ihres Adressaten; Argumente lassen sich daher nicht mehr in Parolen umsetzen. Dem Kopf der Kritik, selbst wenn es ihn noch gebe, fehlt das Herz; so müßte Marx seine Hoffnung, daß auch die Theorie zur materiellen Gewalt werde, sobald sie die Massen ergreift, heute fahrenlassen.«[217] Von der These ausgehend, daß eine politische Regulierung der Distributionsverhältnisse mit den Bedingungen einer an Profitmaximierung orientierten Produktionsweise durchaus vereinbar sei, also die dem kapitalistischen System inhärenten Krisentendenzen mit den in der parlamentarischen Demokratie vorhandenen Mitteln domestizierbar wären, erklärt er den Klassenkampf als obsolet: »Der Kon-

Dez.: Jürgen Habermas: Revisionen am Marxismus.

flikt der Klassen verliert in dieser Perspektive seine revolutionäre Gestalt; eine fortschreitende Demokratisierung der Gesellschaft ist auch innerhalb der kapitalistischen Wirtschaftsordnung nicht von vornherein ausgeschlossen – eine Version von demokratischem Sozialismus, die freilich von Marx genug gelernt und auch behalten hat, um nicht über die Entfaltung und Sicherung des sozialen Rechtsstaats die widerstrebenden Tendenzen aus dem Auge zu lassen, die sich im Verwertungsprozeß des Kapitals je von neuem und mit wachsenden Gefahren für die junge und verwundbare Regierungsform der sozialstaatlichen Massendemokratie erneuern.«[218] Des weiteren diagnostiziert er entscheidende Schwächen der marxistischen Kapitalismus- und Imperialismustheorie sowie ihrer von

215 Neue Kritik – Informationen, 1. Jg., Nr. 1, November 1960.
216 Eingabe an André Malraux, in: Vorwärts vom 11. November 1960.
217 Hier zitiert nach der ausgearbeiteten, erstmals 1963 veröffentlichten Fassung: Jürgen Habermas, Zwischen Philosophie und Wissenschaft: Marxismus als Kritik, in: ders., Theorie und Praxis, Frankfurt/Main 1971, S.229.
218 A.a.O., S. 262.

selbstkritischen Marxisten zumeist unangetasteten geschichtsphilosophischen Implikationen.

10. Dezember 1960: Nach einem Rundschreiben des SDS-Bundesvorstands entschließen sich Walmot Falkenberg, Thomas von der Vring und einige andere Mitglieder der Frankfurter SDS-Gruppe, den **Tag der Menschenrechte** nicht verstreichen zu lassen, ohne auf die Verbrechen des französischen Kolonialismus in Algerien aufmerksam gemacht zu haben. Da sich eine eigene Veranstaltung über den Algerienkrieg wegen des Desinteresses der anderen Hochschulgruppen nicht durchführen läßt, verteilen sie auf dem Opernplatz ein von ihnen allein verfaßtes Flugblatt unter den Passanten. Das Flugblatt beginnt mit den Zeilen: »Alle Welt spricht über – Farah Dibas Baby. Wer spricht über die 700.000 Toten, die der nun sechs Jahre dauernde Freiheitskampf der Algerier forderte? Seit 1954 versucht die französische Armee die algerische Freiheitsbewegung zu vernichten: Ein Ungarn in Permanenz!« Das Flugblatt endet mit den Zeilen: »Als die Ungarn für ihre Freiheit kämpften, fanden sie in den westlichen Ländern Sympathie und Unterstützung – für die Algerier geschieht nichts! Immer mehr Franzosen – Arbeiter, Schriftsteller, Studenten und Geistliche – setzen sich trotz aller ihnen von der französischen Regierung drohenden Verfolgung für Algeriens Freiheit ein. Und wir schweigen! Im Namen unseres Volkes wurde zwölf Jahre gefoltert, geschändet und gemordet. Eben darum sind wir aufgerufen, Terror und Unterdrückung in West wie Ost anzuprangern. Der 10. Dezember ist der Tag der Menschenrechte! All unser Reden über Freiheit bleibt Heuchelei, solange der Westen das Schicksal Algeriens totschweigt und diesen Kolonialkrieg duldet. Wir fordern Freiheit für das algerische Volk!«[219] – Walmot Falkenberg, Vorsitzende der lokalen SDS-Gruppe, berichtet später über ihre Erlebnisse beim Flugblattverteilen: »Wir haben da mit drei, vier Leuten gestanden und gedacht, wir vertreten eine gute Sache, das muß doch jedem einleuchten, daß das unmöglich ist, was da in Algerien passiert, so in unser aller Namen. Aber die Reaktionen waren wirklich umwerfend ... Die Leute sind stehengeblieben und haben uns beschimpft: Geht doch in die Zone, schert Euch weg, Ihr Nestbeschmutzer, Euch hat man wohl vergessen zu vergasen! Das ging wirklich stundenlang, und ich weiß, daß ich am Ende fast geheult habe.«[220]

219 »Alle Welt spricht über – Farah Dibas Baby ...« (SDS-Flugblatt), zit. nach: Claus Leggewie, Kofferträger – Das Algerien-Projekt der Linken im Adenauer-Deutschland, West-Berlin 1984, S. 73.
220 A.a.O.

1961

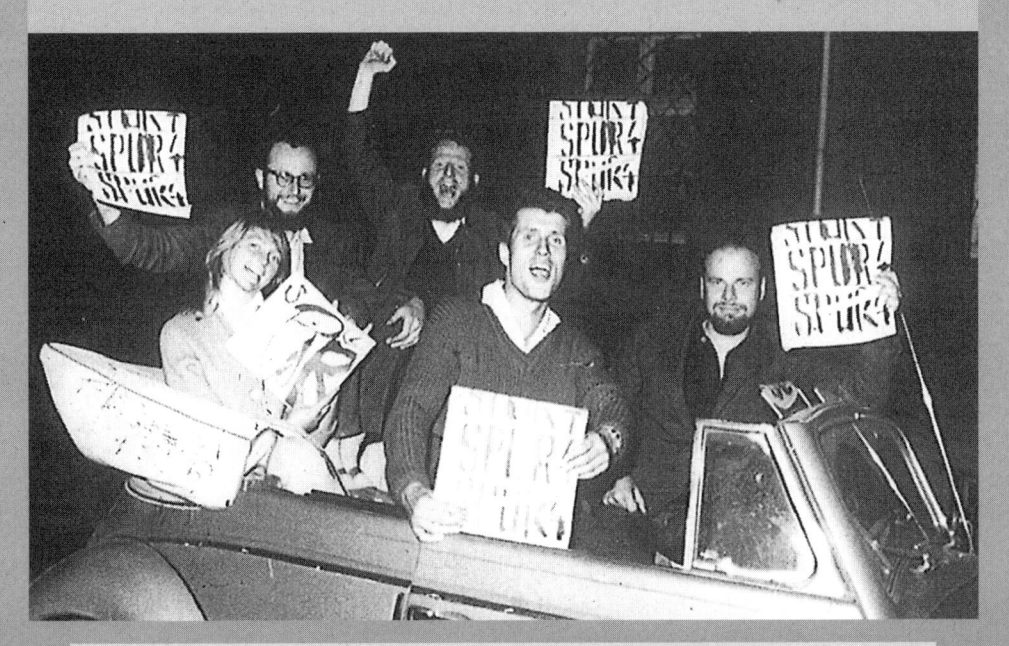

Jan.: Mitglieder der »Gruppe SPUR« in Schwabing (v. l. n. r.): eine Unbekannte, Helmut Sturm, Dieter Kunzelmann, Hans-Peter Zimmer und Meinrad Prem.

Januar 1961: Johan Galtung, Mitarbeiter des Institute for Social Research in Oslo, hält im Institut für Sozialforschung einen Vortrag über eine Umfrage, die seine Forschergruppe in den USA unter 13- bis 19jährigen Schülern zum Komplex **Antisemitische Ausschreitungen** durchgeführt hat. Von den mehr als 3.000 Befragten, führt er aus, habe nahezu ein Drittel eine offen antisemitische Einstellung gezeigt. Quantitativ stünden die judenfeindlichen Vorfälle in den USA denen in der Bundesrepublik nicht nach. – Einer der Kommentatoren kann nach dem von dem norwegischen Soziologen vorgestellten Zahlenmaterial eine gewisse Ratlosigkeit nicht verhehlen: »In der Abstraktion des statistischen Materials ... trat freilich auch die Vielschichtigkeit, das Diffuse in Motivation und Reaktion zu Tage, das auf die Fülle von emotionalen Verflechtungen verweist und eine abschließende Beurteilung noch kaum zuläßt.«[221]

Januar 1961: Die deutsche Sektion der *Situationistischen Internationale*, die *Gruppe SPUR*, veröffentlicht in **München** das **Januar-Manifest**. In dem in Schwabing als Flugblatt verteilten Aufruf heißt es: »1. Wer in Politik, Staat, Kirche, Wirtschaft, Militär, Parteien, soz. Organisationen keine Gaudi sieht, hat mit uns nichts zu tun. 2. Boykottiert alle herrschenden Systeme und Konventionen, indem Ihr sie nur als mißratene Gaudi betrachtet. 3. Jeder echte Künstler ist zur Umänderung seiner Umwelt geboren. 4. Preise, Stipendien, gute Kritiken, alles wirft man uns nach; aber eins ist sicher: brauchen kann man uns nicht. 5. Unbrauchbarkeit ist unser höchstes Ziel: Gaudi ist unpopuläre Volkskunst ... 8. Wir sind gegen den Fasching, weil der Fasching die Gaudi kommerziell engagiert. Der Mißbrauch der Gaudi ist das größte Verbrechen. 9. L'art pour l'art ist beendet, ebenso l'art pour l'argent und l'art pour la femme. Jetzt beginnt l'art pour la Gaudi. 10. Schöpferisch sein heißt: durch dauernde Neuschöpfung mit allen Dingen seine Gaudi treiben. 11. Mensch sein heißt homo ludens und homo gaudens ... 14. So wie Marx aus der Wissenschaft eine Revolution abgeleitet hat, leiten wir aus der Gaudi eine Revolution ab. 15. Die sozialistische Revolution mißbrauchte die Künstler. Die Einseitigkeit dieser Umstürze beruhte auf der Trennung von Arbeit und Gaudi. Eine Revolution ohne Gaudi ist keine Revolution. 16. Es gibt keine künstlerische Freiheit ohne die Macht der Gaudi. 17. Alle unzufriedenen Kräfte sammeln sich in einer Organisation der Antiorganisateure, die sich in einer umfassenden Revolution verwirklichen. 18. Wir fordern allen Ernstes die Gaudi. Wir fordern die urbanistische Gaudi, die unitäre, totale, reale, imaginäre, sexuelle, irrationale, integrale, militärische, politische, psychologische, philosophische ... Gaudi. 19. Durch die Realisierung der Situationistischen Gaudi werden alle Probleme der Welt gelöst: Ost-West-Problem, Algerienfrage, Kongo-Problem, Halbstarkenkrawalle, Gotteslästerungsprozesse und sexuelle Verdrängungen. 20. Wir engagieren die ganze Welt für unsere Gaudi.«[222] Unterzeichnet ist das Manifest von fünf Mitgliedern der *Gruppe SPUR*, darunter Dieter Kunzelmann.

Jan.: Kunzelmann in seiner Münchener Kellerwohnung.

Januar 1961: Eine Theateraufführung in den Kammerspielen der Stadt **München** wird von mehreren Mitgliedern der *Gruppe SPUR* gestört. Sie werfen ein gemeinsam mit skandinavischen und belgischen Situationisten verfaßtes Flugblatt unter das Publikum, um gegen die gesellschaftliche Integriertheit der künstlerischen Avantgarde zu protestieren. In dem **Avantgarde ist unerwünscht!** überschriebenen Flugblatt ist zu lesen: »1. Die heutige Avantgarde, die nicht geltende Mystifikationen wiederholt, ist gesellschaftlich unterdrückt. Die Bewegung, die von der Gesellschaft erwünscht ist, kann von ihr aufgekauft werden: das ist die Pseudoavantgarde ... 3. Die ästhetischen Abfälle der Avantgarde wie Bilder, Filme, Gedichte usw. sind bereits erwünscht und wirkungslos; unerwünscht ist das Programm der völligen Neugestaltung der Lebensbedingungen, das die Gesellschaft in ihren Grundlagen verändert. 4. Nachdem man die Produkte der Avantgarde ästhetisch neutralisiert auf den Markt gebracht hat, will man nun ihre Forderungen, die nach wie vor auf eine Verwirklichung im gesamten Bereich des Lebens abzielen, aufteilen, zerreden und auf tote Gleise abschieben. Im Namen der früheren und jetzigen Avantgarde und aller vereinzelten, unzufriedenen Künstler protestieren wir gegen diese kulturelle Leichenfledderei und rufen alle schöpferischen Kräfte zum Boykott solcher Diskussionen auf ... 7. Darin sollen die Künstler die Rolle der früheren Hofnarren übernehmen, von der Gesellschaft bezahlt, ihr eine bestimmte kulturelle Freiheit vorzuspiegeln. 8. Der gesellschaftliche Dünkel will der Avantgarde ein Niveau vorschreiben, das sie nicht verlassen darf, wenn sie gesellschaftsfähig bleiben will. 9. Die Existenz des Künstlers ist das Ferment zur Metamorphose unserer absterbenden europäischen Kultur, einem Prozeß, der nicht aufzuhalten, sondern zu beschleunigen ist. 10. Die europäische Kultur ist ein krankes, altes, schwangeres Weib, das sterben wird. Sollen wir den absolut aussichtslosen Versuch unternehmen, die Mutter zu retten – oder soll das Kind leben? Die Restaurativen wollen noch die Mutter retten – und töten damit auch das Kind. Die Avantgarde hat sich entschieden: die Mutter muß sterben, damit das Kind leben kann! ... 12. Künstler und Intellektuelle: unterstützt die situationistische Bewegung, denn sie jagt keinen Utopien nach, sondern ist die einzige Bewegung, die den gegenwärtigen kulturellen Zustand aufhebt. 13. Die Aufgabe der Avantgarde besteht einzig und allein darin, ihre Anerkennung zu erzwingen, ehe ihre Disziplin und ihr Programm verwässert worden sind. Das ist es, was die *Situationistische Internationale* zu tun gedenkt.«[223]

6./7. Januar 1961: Auf einer außerordentlichen **Delegiertenkonferenz des Verbandes Deutscher Studentenschaften** (VDS) in **München** wird dem Vorstand mit 20:8 Stimmen das Mißtrauen ausgesprochen. In dem 378.000 DM umfassenden Haushalt des VDS kann die Verwendung von 44.000 DM nicht durch ordnungsgemäße Belege nachgewiesen werden. Der bisherige VDS-Vorsitzende Dietrich Wetzel und seine beiden Stellvertreter müssen daraufhin zurücktreten. An ihre Stelle tritt ein Interimsvorstand. Er setzt sich aus drei Mitgliedern des bereits auf der letzten Delegiertenkonferenz in West-Berlin zur Untersuchung des Haushaltsberichts gebildeten Ausschusses, Wilfried Faß aus Frankfurt und Karl-Joachim Kumlin sowie Werner Lottenburger aus West-Berlin zusammen.

18. Februar 1961: Aus Protest gegen die Ermordung des ehemaligen kongolesischen Ministerpräsidenten Patrice Lumumba legen mehrere hundert Jugendliche vor dem Opferdenkmal in der Taunusanlage einen Kranz nieder. Auf der Schleife steht: »Für Afrikas Freiheit! In ehrendem Andenken Patrice Lumuba, ermordeter Ministerpräsident der Republik Kongo«. In einer Ansprache erklärt der Bundesvorsitzende der *Naturfreundejugend* Herbert Faller, daß Lumumba der einzige rechtmäßig gewählte Ministerpräsident des Kongos gewesen sei. Die Kranzniederlegung solle mit dazu beitragen, das Interesse der deutschen Jugend an den Problemen der Afrikaner zu wecken. Zum Abschluß bedanken sich drei Mitglieder der *Vereinigung Afrikanischer Studenten* bei den Jugendlichen für die Anteilnahme.

21. Februar 1961: Im Evangelischen Studentenheim im **Westberlin**er Stadtteil Grunewald wird eine Ausstellung zum Algerienkrieg eröffnet. Veranstalter ist der *Argument-Club* an der Freien Universität, die Verantwortung für die inhaltliche Ausrichtung trägt der 1. Konventsvorsitzende der Freien Universität, Martin Anderson (SDS). Unter dem Titel **Was geht uns Algerien an?** soll die Ausstellung mit Photos und Dokumenten einen Eindruck vom Flüchtlingselend, dem Terror unter der Zivilbevölkerung und den Folterungen von Gefangenen vermitteln. In einer kurzen Ansprache vor Pressevertretern weist der Theologe Professor Helmut Gollwitzer darauf hin, daß die französische Kolonialmacht sich nicht einmal scheue, ihre verurteilungswürdigen Taten als »Heiligen Krieg« von Christen gegen Mohammedaner auszugeben. Es dürfe allerdings auch nicht vergessen werden, daß sich zum Teil der Widerstand gegen die Unmenschlichkeit im Algerienkrieg ebenfalls auf das Christentum berufe. – Einige Mitglieder des *Argument-Clubs* werden wiederholt von anonymen Anrufern bedroht, die einen Abbruch der Ausstellung erzwingen wollen.

---

221 P.I. (Peter Iden), Antisemitismus in Amerika – Die Studie eines norwegischen Soziologen, in: Frankfurter Rundschau vom 12. Januar 1961.
222 Gruppe SPUR, Januar-Manifest, in: Albrecht Goeschel (Hg.), Richtlinien und Anschläge – Materialien zur Kritik der repressiven Gesellschaft, München 1968, S. 16 f.
223 Gruppe SPUR, Avantgarde ist unerwünscht! In: Albrecht Goeschel (Hg.), a.a.O., S. 13 f.

22. Februar 1961: Auf einer Kundgebung vor dem Hauptgebäude der Johann Wolfgang Goethe-Universität protestieren um die Mittagszeit rund 1.000 Studenten, darunter zahlreiche Angehörige der *Vereinigung Afrikanischer Studenten*, gegen die Ermordung des kongolesischen Ministerpräsidenten Patrice Lumumba. Als Tirmiziou Diallo, der Sprecher der Studentenvereinigung, der in der Mertonstraße versammelten Menge eine Resolution verlesen will, setzt sich eine Kette von Bereitschaftspolizisten in Bewegung und versucht, unter lauten Pfuirufen der Protestierenden, die Straße zu räumen. Dem Rektor der Universität, Professor Karl Hax, gelingt es jedoch, die Ordnungshüter von einem Einsatz abzuhalten und Diallo sprechen zu lassen. Dieser hat sich, um besser verstanden werden zu können, auf die Schultern eines seiner Kommilitonen gesetzt. Er wirft den Frankfurter Behörden vor, eine friedliche Demonstration gegen die Ermordung Lumumbas »ohne legitimen Grund verboten zu haben«. Auch der Versuch, die Kundgebung kurzfristig in einen Hörsaal zu verlegen, sei an der starren Haltung der Universitätsspitze gescheitert. Rektor Hax ergreift anschließend das Wort und stellt unmißverständlich fest, daß die Universität »von solchen Veranstaltungen freibleiben« müsse. Er habe zwar durchaus Verständnis für die Gefühle, die die Studenten bewegten, er könne jedoch keine politische Demonstration in einem Hörsaal zulassen. Bereits Stunden zuvor hat eine Hundertschaft der Bereitschaftspolizei in der Fellnerstraße das Gelände um das belgische Konsulat abgesperrt. Eine Demonstration zu dem Gebäude ist verboten worden. Als sich die Studenten nach Abschluß der Kundgebung dennoch nähern, werden sie von den Beamten aufgefordert, die Straße zu räumen. Aus Protest gegen die Verbotsmaßnahme lassen sich die Demonstranten zu einem Sitzstreik vor dem Absperrungsring nieder. In Sprechchören schallt den Polizisten entgegen: »Freiheit für Afrika«, »Rache für Lumumba«, »Nieder mit den belgischen Kolonialisten« und »Die Frankfurter Polizei schützt die Mörder! Wer schützt die Demokratie?« Der Versuch Diallos und zwei weiterer Vertreter der afrikanischen Studentenvereinigung, dem belgischen Generalkonsul ein Protestschreiben zu überreichen, war bereits im Vorfeld gescheitert.

27. Februar 1961: Der **Suhrkamp Verlag** führt im Cantatesaal seinen **7. Verlags-Abend** in Anwesenheit des 55jährigen Dramatikers als eine **Hommage à Samuel Beckett** durch. Nach der Begrüßung des als großen Einzelgängers und Außenseiters der modernen Literatur apostrophierten Schriftstellers durch den Verlagsleiter Siegfried Unseld hält Theodor W. Adorno einen Vortrag über das Beckett-Stück *Endspiel*. Was er zu sagen habe, setzt Adorno ein, könne nicht die Geschlossenheit eines üblichen Vortrags beanspruchen, seine Bemerkungen stellten statt dessen lediglich den Versuch dar, Beckett zu verstehen, und damit könnten sie vielleicht etwas zum Verständnis der Schwierigkeit des Verstehens insgesamt beitragen. Wie in einer Montage reißt er kurz einzelne Motive des Stücks an, um es, sich dem Duktus einer zusammenhängenden Interpretation entziehend, als ein »Negativ sinnbezogener Wirklichkeiten« einzukreisen. Das absurde Familienidyll der vier *Endspiel*-Figuren, zu deren Namen Adorno bemerkt, es seien als »four letter words« nur noch Stummel von Eigennamen, führt in die unauflösbare Paradoxie, daß die einzelnen Aussagen immer das destruieren, was sie jeweils aussagen wollen. Das Gerede der Figuren sei jener Unsinn der Parties, der heimlich auf Band aufgezeichnet und schließlich den Gästen zur Demütigung vorgespielt werde. Eine Kommunikation, die nur noch deutlich mache, daß keine Kommunikation mehr möglich sei. Das Mißverständnis werde total. In der Selbstzerstörung der Sprache kommt so die Negativität dessen, worum es dem *Endspiel* als solchem geht, zum Vorschein. Wie in einem parodistischen Irrlicht leuchtet beim Gang ans Ende noch einmal auf, was der Mensch hatte sein wollen. Nachdem der Beckett-Übersetzer Elmar Tophoven eine Passage aus dem Romanfragment *From an abondened work* vorgelesen hat, betritt der Autor selbst die Bühne und bedankt sich für den Abend. – Teile des Adorno-Vortrags erscheinen noch im selben Jahr unter dem Titel **Versuch, das Endspiel zu verstehen** im 71. Band der *Bibliothek Suhrkamp* zusammen mit anderen Texten als **Noten zur Literatur II**.[224]

März 1961: Im Luchterhand Verlag erscheint unter dem Titel **Student und Politik** die Auswertung einer 1957 durchgeführten empirischen Untersuchung zum politischen Bewußtsein Frankfurter Studenten. Die von Jürgen Habermas, Ludwig von Friedeburg, Christoph Oehler und Friedrich Weltz verfaßte Studie kommt zu dem Schluß, daß 66 % der Befragten apolitisch, 16 % autoritätsgebunden und nur 9 % einem »definitiv demokratischen Potential« zuzurechnen seien.

22.2.: Studenten protestieren gegen die Ermordung Lumumbas.

In einer umfangreichen Einleitung *Über den Begriff der politischen Beteiligung* analysiert Habermas die widerspruchsvolle Entwicklung zur modernen Massendemokratie. »Mit dem Zurücktreten des offenen Klassenantagonismus hat der Widerspruch seine Gestalt verändert: Er erscheint jetzt als Entpolitisierung der Massen bei fortschreitender Politisierung der Gesellschaft selbst. In dem Maße, in dem die Trennung von Staat und Gesellschaft schwindet und gesellschaftliche Macht unmittelbar politische wird, wächst objektiv das alte Mißverhältnis zwischen der rechtlich verbürgten Gleichheit und der tatsächlichen Ungleichheit in der Verteilung der Chancen, politisch mitzubestimmen.«[225] Politische Beteiligung werde nur dort ihrem Anspruch gerecht, wo gesellschaftliche Macht so in rationale Autorität verwandelt wird, daß ökonomische Ungleichheit nicht länger mehr ungleiche politische Chancen nach sich zieht. Eine aktuelle Chance zur politischen Beteiligung scheine gegenwärtig nur in »außerparlamentarischen Aktionen« gegeben zu sein. – Die Publikation der Studie hatte sich durch wiederholt vorgebrachte, hartnäckige Einwände Max Horkheimers erheblich verzögert. Die Kritik, die sich sowohl auf methodologische Sachverhalte als auch auf politische Implikationen bezog, führte dazu, daß

---

[224] Theodor W. Adorno, Versuch, das Endspiel zu verstehen, in: ders.: Noten zur Literatur II, Frankfurt/Main 1961, S. 188–236; wiederabgedruckt in: ders., Gesammelte Schriften Bd. 11: Noten zur Literatur, hrsg. von Rolf Tiedemann, Frankfurt/Main 1974, S. 281–321.

[225] Jürgen Habermas, Über den Begriff der politischen Beteiligung, in: Jürgen Habermas / Ludwig von Friedeburg / Christoph Oehler / Friedrich Weltz, Student und Politik – Eine soziologische Untersuchung zum politischen Bewußtsein Frankfurter Studenten, Neuwied/West-Berlin 1961, S. 34.

März: Titelbild der empirischen Untersuchung.

die Arbeit nicht in der von der Europäischen Verlagsanstalt präsentierten Reihe *Frankfurter Beiträge zur Soziologie* erscheinen konnte und in der Publikation in der Reihe *Soziologische Texte* beim Luchterhand Verlag jeder Hinweis auf das Institut für Sozialforschung vermieden wurde.

28. April 1961: Auf einem Symposium der UNESCO zum Thema **Sozialer Wandel** in **Paris** hält Herbert Marcuse den Vortrag **The Problem of Social Change in the Technological Society** (Probleme des sozialen Wandels in der technologischen Gesellschaft).[226]

28. April–2. Mai 1961: Der SDS veranstaltet in **West-Berlin** ein Hochschulseminar, aus dem die im Herbst erscheinende Denkschrift **Hochschule in der Demokratie** hervorgeht. In ihr wird programmatisch ein Selbstverständnis formuliert, das die Emanzipationsgehalte bürgerlicher Bildung gegen die autoritär-technokratische Hochschulreform zu beleben versucht.

Mai 1961: In den *Frankfurter Beiträgen zur Soziologie* erscheint Peter Schönbachs Monographie **Reaktionen auf die antisemitische Welle im Winter 1959/1960**. Die auf Anregung von Max Horkheimer zustandegekommene und in Zusammenarbeit mit Theodor W. Adorno und Egon Becker verfaßte Studie erläutert ihre Absichten eingangs so: »In der Nacht vom 24. zum 25. Dezember 1959 wurde die Synagoge in Köln mit antisemitischen Aufschriften und Hakenkreuzen besudelt. Damit begann eine Welle antisemitischer und nazistischer Handlungen, die in der Bundesrepublik zwei Wochen später ihren Höhepunkt erreichte. Allein für den 7. Januar 1960 wurden 58 solcher Fälle gemeldet. Nachdem es in der Nacht zum Sonntag, den 10. Januar, auch in Frankfurt zu den ersten größeren Ausschreitungen gekommen war – unbekannte Täter hatten an zehn Stellen Mauern, Wände oder Türen mit antisemitischen Parolen oder Hakenkreuzen beschmiert –, entschloß sich das Institut für Sozialforschung am nächsten Tag zu einer raschen Umfrage-Untersuchung von Reaktionen in der Frankfurter Bevölkerung auf diese Vorfälle. Noch in der gleichen Woche wurden die Fragen entwickelt und 47 Studenten der Soziologie als Interviewer für diese Studie geschult. Die Feldarbeit begann Freitag, den 15. Januar, und war Dienstag, den 19. Januar, praktisch abgeschlossen. An diesem Tag lagen 224 von insgesamt 232 Interviews vor; den letzten Nachzügler erhielten wir am 22. Januar. Diese Chronologie der Ereignisse soll einen Begriff von dem Charakter der Untersuchung vermitteln. Es war eine rasch geplante und rasch durchgeführte Leitstudie mit der vordringlichen Absicht, Meinungen einer Stichprobe der Frankfurter Bevölkerung zu den Vorfällen möglichst noch in statu nascendi zu erfassen.«[227] Von den 232 Befragten äußerten sich 16 % mit Sympathie für antisemitische Einstellungen, 19 % ließen eine deutliche Ablehnung solcher Einstellungen und Handlungen erkennen, 41 % distanzierten sich ohne besonderen persönlichen Nachdruck und 24 % ließen jegliche erkennbare Reaktion dafür oder dagegen vermissen.

3. Mai 1961: Auf einer Protestversammlung an der Brandeis University in **Waltham** (US-Bundesstaat Massachusetts) gegen die Invasion in der Schweinebucht hält Herbert Marcuse eine Rede gegen den von der US-Regierung lancierten Versuch, das Regime Fidel Castros in Kuba mit einem Militärputsch zu stürzen. Am 9. April waren in Florida ausgebildete und mit US-Waffen ausgerüstete Exil-Kubaner an mehreren Stellen der Insel gelandet, um die am 17. April beginnende Invasion in der Schweinebucht operativ vorzubereiten. Da sie dort jedoch auf erbitterten Widerstand stießen, brach das Unterfangen bereits nach drei Tagen in sich zusammen und endete mit der Gefangennahme der Invasoren. Marcuse, der explizit betont, daß er das Recht der Vereinigten Staaten, den Kommunismus in der westlichen Hemisphäre zu bekämpfen, nicht in Frage stelle, problematisiert die Scheinheiligkeit der US-amerikanischen Außenpolitik, die Verletzung bürgerlicher Freiheiten und Rechte nur dort anzuprangern, wo sie von links, nicht aber, wo sie von rechts begangen würden. Zum Vergleich verweist er auf die ungleich rechtloseren und brutaleren Verhältnisse in Formosa, Spanien, Portugal, der Dominikanischen Republik, Haiti und Guatemala, in deren Fällen sich keine Stimme aus dem Weißen Haus oder dessen Umfeld erhöbe, um Rechtfertigungen für ein direktes Eingreifen vorzubringen. Marcuse verleugnet keineswegs, daß auch er die politische Allianz Kubas mit der Sowjetunion und vielleicht sogar seine technische und militärische Abhängigkeit von der führenden Macht des Ostblocks sehe. Daß es dazu gekommen sei, hält er allerdings vor allem für ein Versagen der US-amerikanischen Politik. Was er am meisten befürchtet, sind die restaurativen innenpolitischen Folgen eines solch unlegitimen Vorgehens in den Vereinigten Staaten selber. »Was wir beobachten können, ist eine rasante Veränderung unserer Gesellschaft in eine *un*freie Gesellschaft, die schon jene Tendenzen anzeigt, die wir in anderen Ländern so tapfer beklagen. Die Reduzierung demokratischer Institutionen; die Einschränkung der Pressefreiheit…; die vereinte Front der beiden Parteien…; das Moratorium für Kritik, die undemokratischste aller antidemokratischen Institutionen…; und abschließend, wir sehen in diesem Land, was in anderen Ländern als ›Persönlichkeitskult‹ bezeichnet wird.«[228] Nach der Verlesung eines Briefes, den Marcuse von einer früheren Studentin erhalten hat, die von Attacken rechtsgerichteter Studenten auf eine picket-line in San Francisco und der Verurteilung weiterer Protestaktionen auf dem Campus der Universität von Berkeley durch deren als liberal gerühmten Präsidenten Clark Kerr berichtet, formuliert er die einzige für ihn vertretbare Alternative im Konflikt mit dem Regime Fidel Castros: »Verhandlungen mit Kuba, Bruch unserer unheiligen Allianz mit den grausamsten Diktaturen in der ganzen Welt, und volle Unterstützung solcher sozialen Bewegungen, die die Verbesserung der Lebensbedingungen in den Ländern zum Ziel haben, die nicht so überprivilegiert sind wie wir, selbst wenn damit soziale Institutionen und Beziehungen gefördert werden, die wir für unser eigenes Land nicht gutheißen.«[229]

Juni 1961: Der Philosoph Ulrich Sonnemann referiert im Institut für Sozialforschung nach einer Einführung Adornos über das Thema **Innerlichkeit und Öffentlichkeit**.

15. Juni 1961: Im Rahmen einer Vortragsreihe zum Thema **Selbstbestimmung für alle Deutschen**, den die *Arbeitsgemeinschaft Frankfurter Korporationen* zum »Tag der Deutschen Einheit« durchführt, spricht Max Horkheimer im Hörsaal V über den **Freiheitsbegriff des deutschen Idealismus in Beziehung zur Gegenwart**. Von Kant ausgehend, der einmal gesagt habe, daß die Rede, man dürfe die Freiheit weniger mißachten, damit die Freiheit eines ganzen Volkes bewahrt bleibe, eine ruchlose Rede sei, führt er aus, daß die Gefahr der Gegenwart darin bestehe, die Freiheit der Nation über die Freiheit der Einzelnen zu stellen. »Ich glaube«, sagt Horkheimer wörtlich, »kein Volk kann kraft seiner großen geistigen Geschichte und kraft des Furchtbaren, das es erfahren hat, mehr für diese Wahrheit stehen als das deutsche.«[230] Werde die Nation, wie das in der europäischen Geschichte häufiger geschehen sei, an die Stelle Gottes gesetzt, anstatt sie als ein Moment zur Beförderung der Autonomie einzelner zur Entfaltung zu bringen, dann führe das

---

226 Herbert Marcuse, The Problem of Social Change in the Technological Society, in: Raymond Aron / Bert F. Hoselitz (Eds.), Le Développement social, Paris 1965, S. 139–160.
227 Peter Schönbach, Reaktionen auf die antisemitische Welle im Winter 1959/1960, Frankfurt/Main 1961, S. 7.
228 Herbert Marcuse, Redebeitrag auf einer Protestkundgebung an der Brandeis University, 3. Mai 1961. **(Dok. Nr. 67)**
229 A.a.O.
230 Zit. nach: Noch das Falsche dulden – Ein Vortrag von Professor Max Horkheimer, in: Frankfurter Rundschau vom 21. Juni 1961.

unweigerlich in die Katastrophe. Zur Korrektur eines solch fatalen Selbstverständnisses sei daran erinnert, daß der Kantische Gedanke der Freiheit identisch ist mit dem Begriff der Autonomie des Menschen. »Daß Nation, Volk und Institutionen schließlich dazu dienen sollen, daß der Einzelne seine Autonomie entwickeln darf, daß er sagen kann, was er will, ohne daß ihm ein Haar gekrümmt wird, daß man soviel Bewußtsein eigener Kraft besitze, daß man noch das Falsche unter sich dulden darf.«[231]

27. Juni 1961: Nach einigen anderen Universitätsstädten wird die **Wanderausstellung über die Opfer des Algerienkrieges** nun auch in Frankfurt gezeigt. Sie kann jedoch nicht – wie ursprünglich geplant – im Studentenhaus gezeigt werden. Dessen Vorstand, dem auch der AStA-Vorsitzende Hartmut Rotter angehört, hat sich geweigert, die zu diesem Zweck vorgesehenen Räumlichkeiten zur Verfügung zu stellen. Rotter hatte seine ablehnende Haltung der Presse gegenüber mit den Worten erläutert, der Informationswert der Ausstellung stehe in keinem Verhältnis zu ihren »tendenziösen Absichten«, die eine Hälfte des Materials sei brauchbar, die andere »drücke auf die Tränendrüsen«. Die Ausstellung findet in dem in der Innenstadt gelegenen Volksbildungsheim statt. Zur Eröffnung spricht im Foyer des im selben Gebäude befindlichen Theater am Turm der Schiftsteller Hans Magnus Enzensberger. In seiner Rede **Algerien ist überall** führt er aus: »Ich möchte Sie zu einer Ausstellung einladen, die in diesen Monaten in Deutschland zu sehen ist. Es ist keine glanzvoll montierte Ausstellung, kein perfektes Produkt einer public-relations-Abteilung, es gibt keine public-relations-Abteilung für das, was dort gezeigt wird: zwei dutzend Papptafeln vollgeklebt mit Bildern, Dokumenten, Photokopien, Zeitungsausschnitten, Briefen, Statistiken. Das hat einige deutsche Studenten fünf Monate Zeit und ein paar hundert Mark, das heißt, ungefähr soviel gekostet, wie sie in ihren Semesterferien verdient haben. Sie haben niemanden gefunden, der ihre Arbeit finanziert hätte. Sie sind nirgends eingeladen worden. Die Presse hat ihre Arbeit fast überall totgeschwiegen. An unseren Volkshochschulen kann man in jeder größeren Stadt Deutschlands über Minnesang und Kaninchenzucht Vorträge hören. Dichterlesungen machen volle Kassen, es werden Kulturkongresse zu Dutzenden veranstaltet und jedem Kulturreferenten fällt noch ein kleines Festival ein. Aber von Algerien will niemand etwas wissen. Von dieser Ausstellung will unsere Regierung nichts wissen, unsere Presse nicht, unsere Universitäten nicht, unsere Studentenausschüsse nicht, kein Fördererkreis, keine Stadtverwaltung, keine Partei, die Antikommunisten nicht, die Kommunisten nicht, die französische Botschaft nicht und vermutlich nicht einmal die offiziellen Stellen der Algerier; denn auch die Verbrechen der FNL verheimlicht diese Ausstellung nicht ... Wenn Sie unsere Kultur besichtigen wollen, gehen Sie nicht zu einem Kulturkongreß, gehen Sie zu keiner Dichterlesung, gehen Sie in diese Ausstellung. Sie wird Ihnen keine Freude machen. Denn was dort ausgestellt ist, das sind nicht die andern, das sind wir selber. Die Leute in den Konzentrationslagern, die Verhungerten, die Gefolterten, das sind wir – und wir sind die Henkersknechte, die Bombenwerfer und die Kapos. Ich rede von keiner höheren Warte, ich meine das, was ich sage, ganz wörtlich und ganz genau. Wir sind Komplizen. Algerien ist überall, es ist auch hier, wie Auschwitz, Hiroshima und Budapest. Ich will Ihnen erklären, warum. Der algerische Krieg wird in unserm Namen geführt mit den Truppen der NATO, von den Stützpunkten der NATO aus, mit dem Kriegsmaterial und auf Kosten der NATO. Jeder Franc, mit dem die Napalmbomben und die Folterer bezahlt werden, erscheint auf der Zahlungsbilanz zur ›gemeinsamen Verteidigung‹ der NATO. Das Auswärtige Amt verlangt ›Rücksicht und Verständnis gegenüber unserm Bündnispartner‹ ... Schon einmal haben wir alle miteinander nichts wissen wollen. Wir haben von sechs Millionen ermordeten Juden nichts wissen wollen. Damals hieß es: Man hat uns alles verschwiegen, wir konnten nichts machen, der Diktator war allmächtig. Heute haben wir keinen allmächtigen Diktator. Wir können uns unterrichten, wir können sogar helfen. Wir haben keine Ausreden mehr. Wir wissen, was wir tun und was wir geschehen lassen. Auf zwei dutzend Papptafeln steht es geschrieben, es kommt heraus, es kommt ans Licht, es läßt sich nicht verschweigen. Nichts läßt sich mehr verschweigen. Die Ämter und die Referenten, die Weltblätter und Provinzzeitungen, die riesige Maschine der Irreführung wird den ungleichen Kampf gegen zwei dutzend Papptafeln verlieren, auf denen die Wahrheit steht. Ich lade Sie ein, die Schrift zu lesen. Es ist die Feuerschrift auf unserer Wand. Daran können wir ablesen, wer wir sind und was uns bevorsteht, wenn wir uns nicht wehren. Hilfe, sofortige Abhilfe: Das ist ein Gebot nicht bloß der Menschlichkeit, sondern der Notwehr, denn unteilbar

28.–30.8.: Teilnehmer der Situationisten-Konferenz in Göteborg; ganz re. Dieter Kunzelmann.

ist nicht nur der Friede und die Freiheit, unteilbar ist auch die Folter, der Hunger und der Krieg. Entweder wir schaffen sie, oder sie schaffen uns ab.«[232] – Am Tag darauf sendet das **Hessische Fernsehen** einen kurzen Filmbericht über die Eröffnung der Ausstellung mit einigen Ausschnitten aus der Rede Enzensbergers. Kurz nach der Ausstrahlung des Beitrags meldet sich das französische Generalkonsulat im Studio. Dem Redakteur der Sendung wird ausgerichtet, er solle nicht mehr solche »Hetze« betreiben. – Die Ausstellung wird im Volksbildungsheim bis zum 10. Juli gezeigt.

231 A.a.O.
232 Hans Magnus Enzensberger, Algerien ist überall, in: Diskus – Frankfurter Studentenzeitung, 11. Jg., Nr. 6/7, Juli/August 1961, S. 3.

28. – 30. August 1961: In der schwedischen Hafenstadt **Göteborg** findet die **5. Konferenz der Situationistischen Internationale** statt. Während einer der Beratungen, an denen Vertreter von neun nationalen Sektionen teilnehmen, greift Uwe Lausen das Verhalten mehrerer deutscher Situationisten als konformistisch an. Er wirft ihnen vor, in ihrer Auffassung des künstlerischen Experiments herkömmlichen Strukturen verhaftet zu bleiben. Seine Attacke beschließt er mit den Worten: »Das alltägliche Leben ist die einzige Möglichkeit für die zukünftige Kunst. Wir müssen nach radikalen Freunden suchen – solche gibt es ja. Die Alten sagen: ›In unserer Jugend waren wir radikal.‹ Das stimmt. In ihrer Jugend lebten sie noch. Man hat dann vergessen, was man wollte. Man schläft. Man ist tot. Wir müssen diejenigen aufrufen, die wach sind,

August 1961 181

die Schläfrigen aus dem Schlaf rütteln und die Toten begraben. Das heißt: wir müssen anfangen.«[233] Im neugewählten siebenköpfigen Zentralrat ist neben Uwe Lausen mit Dieter Kunzelmann ein zweites Mitglied der deutschen Sektion vertreten. Der von den Skandinaviern unterbreitete Vorschlag, die nächste Konferenz als Geheimtreffen in Warschau abzuhalten, wird abgelehnt. Die Wahl fällt stattdessen auf die belgische Hafenstadt Antwerpen. Beendet wird die Konferenz mit einer ausgiebigen Fete. Einige der Teilnehmer bedauern anschließend, daß über »diese viel konstruktivere« Unternehmung kein Protokoll angefertigt worden sei. Die Delegierten aus den west- und mitteleuropäischen Ländern nutzen die anschließende Reise über den Sund als »Umherschweifexperiment«.

Oktober 1961: Als Sondernummer der Zeitschrift *Neue Kritik* zur XVI. ordentlichen Delegiertenkonferenz des SDS in Frankfurt erscheint die Denkschrift **Hochschule in der Demokratie**. Der 180 Seiten umfassende Text, der im Stile eines gesetzesvorbereitenden Gutachtens, als Quasi-Empfehlung für gesetzgeberisches Handeln verfaßt ist, stellt das Arbeitsergebnis eines Westberliner Diskussionskreises dar. In ihm wird der Versuch unternommen, die Universität ihrer bildungsbürgerlichen Ideologie zu entkleiden und gesellschaftlich neu zu definieren, um daraus Forderungen für eine Reformierung des Studiums zu entwickeln. Dabei wird die Humboldtsche Reformidee als Leitbild kritisiert, das im Laufe der industriellen Revolution seine Wirkungskraft mehr und mehr eingebüßt habe, jedoch zugleich an wesentliche Prinzipien des preußischen Reformers, wie der Einheit von Forschung und Lehre, der Freiheit des akademischen Studiums und der Autonomie der Universität angeknüpft. Als grundlegender Widerspruch ist der Text davon durchzogen, daß der ideologische Schein der Universitätsautonomie einerseits aufgelöst werden müsse, um die gesellschaftliche Funktion des Wissens in den Blick zu bekommen, andererseits aber die Autonomie neubegründet werden solle, um Freiheit von gesellschaftlicher Instrumentalisierung zu gewinnen. Hervorzuheben ist, daß unter dem Stichwort »Wissenschaft als Arbeitsprozeß« die Hochschulentwicklung gesamtgesellschaftlich unter Produktivitätsgesichtspunkten interpretiert wird und die Forderung nach Einführung eines »Studienhonorars«[234] im Sinne einer Entlohnung für die im Studium geleistete Arbeit in der sozioökonomischen Logik des gesamten Entwurfs

Okt.: Titelblatt der Neuausgabe (1972).

als zwingend angesehen werden muß. – Neben soziologischen Autoren wie Hans Paul Bahrdt, Helmuth Plessner und Helmut Schelsky ist der Einfluß von kritischen Theoretikern wie Jürgen Habermas, Max Horkheimer und Franz Neumann auf die Denkschrift von maßgeblicher Bedeutung.

8. Oktober 1961: In Anbetracht der zunehmenden Differenzen zwischen der SPD und seiner Hochschulorganisation SDS gründen in **Frankfurt** der Politologe Wolfgang Abendroth, der Pädagoge Heinz-Joachim Heydorn, der Soziologe Heinz Maus, der Politologe Ossip K. Flechtheim, der Gewerkschafter Fritz Lamm u.a. die **Sozialistische Förderergesellschaft der Freunde, Förderer und ehemaligen Mitglieder des Sozialistischen Deutschen Studentenbundes**. Wie aus den Grundsatzreferaten von Abendroth, Flechtheim und Lamm deutlich wird, geht es in Absetzung von den im Godesberger Programm niedergelegten und am pointiertesten von Herbert Wehner verfochtenen neuen

Positionen der SPD um die Verteidigung der sozialstaatlichen Implikationen des Grundgesetzes, die Bewahrung von Prinzipien der innerparteilichen Demokratie und der Verfolgung einer antikolonialistischen Außenpolitik im Sinne des proletarischen Internationalismus. Die Gruppierung, zu der auch Jürgen Habermas gehört, läßt sich als Verein eintragen. – Die Förderergesellschaft benennt sich ein Jahr später in **Sozialistischer Bund** um und erhebt den Anspruch, ein »Zentrum für eine neue sozialistische Politik« bilden zu wollen.

19.–21. Oktober 1961: Eine interne Arbeitstagung der *Deutschen Gesellschaft für Soziologie* in **Tübingen** soll dazu dienen, grundlegende Differenzen, wie sie im Selbstverständnis von maßgeblichen Vertretern ihrer Disziplin wie Max Horkheimer und René König auf dem letzten Deutschen Soziologentag 1959 in Köln aufeinandergeprallt waren, in der Abgeschiedenheit von einem universitären oder einem anderen Publikum überhaupt zu sondieren und miteinander auszutragen. Die Tagung, die als **Der Positivismusstreit in der deutschen Soziologie**[235] in die Wissenschaftsgeschichte der Nachkriegszeit eingeht, wird von zwei Grundsatzreferaten von Karl Popper und Theodor W. Adorno zur Logik der Sozialwissenschaften eröffnet. Der von der kritizistischen Wissenschaftstheorie Poppers favorisierten Position einer am Vorbild der Nationalökonomie entwickelten »objektiv-verstehenden Methode oder Situationslogik«, die ausschließt, daß induktiv als Einzelbeobachtungen entwickelte Erkenntnisse den Status strukturrelevanter Aussagen über die Gesellschaft einnehmen können, hält Adorno entgegen: »Der Verzicht auf eine kritische Theorie der Gesellschaft ist resignativ: man wagt das Ganze nicht mehr zu denken, weil man daran verzweifeln muß, es zu verändern.«[236] Die Diskussion dieser beiden Grundpositionen bleibt jedoch vordergründig und erreicht nicht, wie Ralf Dahrendorf in einem Kommentar anmerkt, die Dimension des in der methodologischen Kontroverse nur implizit angelegten moralischen und politischen Selbstverständnisses.[237] Weitere wichtige Beiträge der Arbeitstagung stammen von Jürgen Habermas, Hans Albert und Harald Pilot.

7. November 1961: Mit einem Schweigemarsch zum Römerberg demonstrieren bei regnerischem Wetter 1.500 Studenten gegen die jüngsten sowjetischen Atombombenversuche. An der Spitze des Zuges, der über die Bockenheimer Landstraße, die Taunus- und die Gallusanlage zum Römer führt, wird ein Transparent mit der Aufschrift »Hände weg von Superbomben« getragen. Auf der Abschlußkundgebung betont der Rektor der Johann Wolfgang Goethe-Universität, Professor Fritz Neumark, daß niemand das Recht habe, Waffen zu testen, deren Anwendung nicht zu verantworten sei. Er appelliert an die vier Atommächte UdSSR, USA, Großbritannien und Frankreich, alle derartigen Tests einzustellen, da sie auch im Frieden durch ihre radioaktive Verseuchung großer Landstriche und der Atmosphäre eine unermeßliche Gefahr darstellten. Der AStA-Vorsitzende Hartmut Rotter erklärt, daß kein Student so vermessen sei, zu glauben, daß die Welt mit Demonstrationen zu verändern sei. Die Studenten wüßten jedoch, daß es zu mancher Katastrophe nicht gekommen wäre, wenn mehr Menschen den Mut aufgebracht hätten, Unrecht als das, was es sei, auch zu bezeichnen. Es sei zweifelsohne Unrecht, wenn man Mittel, die dem Fortschritt der Menschheit dienen könnten, dazu benutze, ganze Völker in Panik zu versetzen. – Die Haltung des AStA-Vorsitzenden und eines Teils der Demonstranten wird in der darauffolgenden Ausgabe des **Diskus** mit den Worten kritisiert: »Gegen den Atomtod zu demonstrieren ist heute nicht mehr gefährlich. Aber ähnlich den Ereignissen vor einigen Jahren können sich aus der Ethik entlehnte Argumente in ihr Gegenteil verkehren und allenfalls noch als Attitüde einer machtpolitischen Auseinandersetzung gelten. Amerikanische Atombomben? Deutsche Atombomben? Sowjetische Atombomben? Tatsache ist jedenfalls: auch bei der zweiten Frankfurter Atomdemonstration haben nicht alle gegen das gleiche protestiert. Scheinheilig und heuchlerisch kann man diesen Schweigemarsch jedoch nicht nennen. Aber peinlich! Peinlich, weil sich eine kleine Zahl der Teilnehmer nicht scheute, auf Kosten anderer den gerechten Kammacher zu spielen. Man hätte dem AStA etwas mehr Konsequenz gewünscht.«[238]

---

233 Clara Diabolis u.a. (Hg.), Situationistische Internationale 1958–1969, Gesammelte Ausgaben des Organs der Situationistischen Internationale, Hamburg 1976, S. 283.
234 SDS-Hochschuldenkschrift, Frankfurt/Main 1972, S. 138f.
235 Theodor W. Adorno u.a., Der Positivismusstreit in der deutschen Soziologie, Neuwied/West-Berlin 1962.
236 A.a.O., S. 142f.
237 A.a.O., S. 145.
238 Diskus – Frankfurter Studentenzeitung, 11. Jg., Nr. 10, Dezember 1961, S. 13.

8. November 1961: Der SPD-Parteivorstand in **Bonn** beschließt die Unvereinbarkeit der SPD-Mitgliedschaft mit einer Mitgliedschaft im SDS und der *Sozialistischen Förderergesellschaft*. Die Bekanntgabe des Beschlusses erfolgt ohne inhaltliche Begründung. – Die Professoren Wolfgang Abendroth, Heinz Düker, Ossip K. Flechtheim, Heinz-Joachim Heydorn, Heinz Maus und Georg Wünsch erklären, daß sie sich der Entscheidung des Parteivorstandes nicht beugen werden. – Am 26. November billigt der Parteirat bei zwei Gegenstimmen den Beschluß des Vorstands. Die protestierenden Professoren werden zusammen mit 21 anderen SPD-Mitgliedern aus der Partei ausgeschlossen. – In einer Erklärung, die von Mitgliedern der *Sozialistischen Förderergesellschaft* und den Professoren Dietrich Goldschmidt, Helmut Gollwitzer und Alexander Mitscherlich unterzeichnet worden war, hatte es zuvor geheißen, daß dieser Versuch, »unabhängige Gruppen mit eigener Meinungsbildung zu zerschlagen«, in einem freiheitlich-demokratischen Rechtsstaat zu einer »schweren verfassungspolitischen Gefahr« führen könne.

11. November 1961: Der Präsident der westafrikanischen Republik Senegal, Léopold Sédar Senghor, trifft am Morgen, von **Bonn** aus kommend, auf dem Hauptbahnhof zu einem Kurzbesuch der Stadt **Frankfurt** ein. Zunächst besucht er das in der Liebigstraße gelegene Frobenius-Institut, eine Forschungsstätte für afrikanische Kulturen, in dem er bereits kurz nach Kriegsende schon einmal gewesen ist. Dort wird dem Staatsmann, der sich als Schriftsteller und Wissenschaftler einen Namen gemacht hat, die Leopold-Frobenius-Medaille überreicht, eine Ehrung für den, wie es in der Verleihungsurkunde heißt, »Humanisten und vorurteilsfreien Förderer afrikanisch-europäischer Verständigung, den großen Dichter des neuen Afrika, den bekannten Ethnologen seines Heimatlandes und den aufrichtigen Freund deutscher Kultur«. In der völlig überfüllten Aula der Universität hält Senghor dann in französischer Sprache einen Vortrag über *Les racines de la négritude* (Die Wurzeln der Négritude). Darin vergleicht er die Rationalität der schwarzen Afrikaner mit der der Europäer, um das eigene Selbstverständnis genauer vermitteln zu können, und faßt ihre Differenz in den Worten zusammen: »Die klassische europäische Vernunft ist analytisch durch Anwendung, die negro-afrikanische Vernunft ist intuitiv durch Teilnahme.«[239] Nach einem Empfang durch Bürgermeister Rudolf Menzer im Römer und einem Besuch des Goethehauses fliegt Senghor am Nachmittag weiter nach **Paris**. – Der Besuch des senegalesischen Staatspräsidenten und Schriftstellers hinterläßt in der Öffentlichkeit einen tiefen Eindruck.[240] »Der Afrikaner«, schreibt Wolfgang Vogel im *Diskus*, »tritt in die Geschichte. Und jene, die in ihm ein gutwilliges Objekt kolonialer Mühwaltung sahen, ihn mit Schlägen und verbrauchten Heilsbotschaften traktierten, um aus ihm ein schwarzes Abbild weißer Unzulänglichkeiten zu machen, schaudern vor den Ausmaßen dieses Prozesses. Es scheint müßig, ihnen, die nun zurückgezogen in europäischen Kontoren über Tabellen großzügiger Entwicklungshilfe grübeln, den Spiegel vorzuhalten.«[241] Die Ereignisse seien, wie am Auftritt Senghors zu beobachten sei, bereits über sie hinweggeschritten.

Dezember 1961: An der Universität **Marburg** hält Jürgen Habermas seine Antrittsvorlesung über **Die klassische Lehre von der Politik in ihrem Verhältnis zur Sozialphilosophie**. Nach einem Durchgang der Klassiker der Theorie des Politischen von der Antike bis zur Neuzeit untersucht er das Verhältnis von Theorie und Praxis in der Sozialphilosophie des 18. Jahrhunderts, um über die Tradition des deutschen Idealismus einen reflektierteren Zugang zur zentralen Problematik des Marxismus zu gewinnen. »Die geschichtsphilosophische Selbstreflexion wissenschaftlich begründeter Sozialphilosophie«, so heißt es im Schlußteil, »muß ... auf eine methodische Anleitung bedacht sein, die einerseits der Klärung des praktischen Bewußtseins entspricht, ohne andererseits auf methodische Strenge – die unverlierbare Errungenschaft der modernen Wissenschaft – zu verzichten.«[242] Als richtungsweisend für diese Problemstellung charakterisiert Habermas Hegels Vorgehensweise: »Indem Hegel Geschichte dialektisch, und damit sagen wir: aus dem Erfahrungshorizont des praktischen Bewußtseins begreift, kann er mit der Aufhebung der wissenschaftlich begründeten Sozialphilosophie in einer dialektischen Theorie der Gesellschaft die Kategorien so wählen und entwickeln, daß diese Theorie bei jedem Schritt vom Selbstbewußtsein ihres eigenen Verhältnisses zur Praxis geleitet und durchdrungen ist.«[243]

21. Dezember 1961: Die Polizei verhindert eine vom *Internationalen Studentenbund* (ISSF) organisierte Kongo-Demonstration zu den beiden in der Zeppelinallee gelegenen Generalkonsulaten von Frankreich und Großbritannien. Um 12 Uhr haben sich in der Jügelstraße vor dem Studentenhaus 200 Studenten versammelt, um für die Katanga-Aktion der UNO und gegen deren Sabotage durch die französische und die britische Regierung zu demonstrieren. Sie tragen Plakate und Transparente in ihren Händen, auf denen Losungen wie »Kupferaktien mehr Wert als UNO«, »Frankreich torpediert die UNO« und »Mehr Macht für die UNO« zu lesen sind. Der zweite ISSF-Vorsitzende Karl-Konstantin Lange tritt vor eine von zwei seiner Kommilitonen gehaltenen blauweiße UN-Fahne und erklärt, daß die Demonstration von der Polizei verboten worden sei, weil die Organisatoren die vorgeschriebene Anmeldefrist von 48 Stunden angeblich überschritten hätten. In Wirklichkeit, so Lange, habe man den Antrag genau eine Stunde vor Ablauf dieser Frist eingereicht. Nachdem die dadurch ausgelösten Pfiffe und Pfuirufe verklungen sind, verliest Lange eine Resolution, die man den Generalkonsulen übergeben will: »Studenten der Frankfurter Universität haben sich zu diesem Demonstrationszug entschlossen, weil sie die Arbeit der Vereinten Nationen zu den positivsten Faktoren in der Weltpolitik heute rechnen und in den Zielen der UNO eine der wenigen Hoffnungen erblicken, die der Menschheit nach Auschwitz, Katyn und Hiroshima geblieben sind. Was Chruschtschow mit seinem Auftritt vor der Vollversammlung nicht gelungen ist, versuchen die gegenwärtigen Regierungen von Frankreich und England (mit ihnen Portugal, Südafrika und ein Teil der deutschen Presse), nämlich dem Ansehen der Vereinten Nationen systematisch zu schaden und ihre Autorität zu untergraben.«[244] Unmittelbar darauf geht ein höherer Polizeibeamter auf Lange zu und verkündet ihm, daß der Polizeipräsident die Demonstration verboten habe und sie Weisung hätten, verbotene Versammlungen aufzulösen. Als die Studenten keine Anstalten machen, ihre Protestversammlung aufzulösen, fahren vier Mannschaftswagen von der Mertonstraße heran. Nochmals fordert der Kommandeur der Frankfurter Schutzpolizei die Umstehenden auf, sich zu zerstreuen; zugleich warnt er sie davor, zu versuchen, in die nahegelegene Zeppelinallee zu den Generalkonsulaten zu ziehen. Die Studenten stellen ihre Transparente und Schilder am Eingang zum Studentenhaus ab und zerstreuen sich scheinbar. Ein Drittel jedoch zieht in kleineren Gruppen zur Bockenheimer Landstraße und biegt dort in die Zeppelinallee ein. Dort werden sie bereits gegenüber dem französischen Generalkonsulat von mehreren Polizeifahrzeugen mit eingeschalteten Blaulichtern erwartet. Nachdem über Lautsprecher ein weiteres Mal das Verbot verkündet und angedroht worden ist, jeglichen »Widerstand« zu brechen, beginnen die Polizisten mit ihrem Einsatz und vertreiben die Demonstranten aus dem Umkreis des Konsulats. Dabei werden vier von ihnen zusammen mit einem Algerier festgenommen.[245] Außerdem wird auch der Pressephotograph Kurt Strumpf abgeführt und in einen Mannschaftswagen gezerrt. Eine kleinere Gruppe zieht zu dem nur wenige hundert Meter entfernten britischen Generalkonsulat weiter und steckt dort den Text der Protestresolution in den Briefkasten.

---

239 Frankfurter Rundschau vom 13. November 1961.
240 Siehe: Karl Korn, Erstlingssöhne der Welt – Senghor entwarf in Frankfurt eine Kulturideologie des Negerseins, in: Frankfurter Allgemeine Zeitung vom 13. November 1961; P. I. (Peter Iden), Die Wurzeln der Négritude – Zur Rede des afrikanischen Dichters und Staatsmannes, in: Frankfurter Rundschau vom 13. November 1961.
241 Wolfgang Vogel, Das verdrehte Antlitz der Zeit – L. S. Senghor in Frankfurt, in: Diskus – Frankfurter Studentenzeitung, 11. Jg., Nr. 10, Dezember 1961, S. 16.
242 Jürgen Habermas, Die klassische Lehre von der Politik in ihrem Verhältnis zur Sozialphilosophie, in: ders., Theorie und Praxis, Frankfurt/Main 1971, S. 82.
243 A.a.O., S. 84.
244 Frankfurter Rundschau vom 22. Dezember 1961.
245 Vgl.: Die Demonstration der Polizei, in: Diskus – Frankfurter Studentenzeitung, 12. Jg., Nr. 1, Januar 1962, S. 13.

1962

30.10.: Studenten demonstrieren in der Innenstadt gegen die Beschlagnahmung des »Spiegel«.

25. Januar 1962: Vor der *Steuben-Schurz-Gesellschaft* referiert Max Horkheimer über **Klischees der öffentlichen Meinung**. Nach einer Reihe von Gewalttätigkeiten zwischen Taxifahrern und Soldaten der US-Armee in der letzten Zeit soll der Vortrag dazu beitragen, Vorurteile abzubauen und das Verhältnis zwischen Bundesdeutschen und US-Amerikanern zu verbessern. Horkheimer überrascht seine Zuhörer mit dem Satz, daß Vorurteile nicht nur jeder habe, sondern auch jeder haben müsse. Als Begründung führt er an, daß alle Urteile aus Vorurteilen hervorgingen. Es komme aber darauf an zu begreifen, daß alle endlichen Urteile sich einmal als falsch erweisen könnten. Im Unterschied zu einem kritischen Zeitgenossen sei es genau dies, was ein Träger von Denk-Klischees nachdrücklich bestreiten würde. An einer Reihe von aktuellen Beispielen wie den Ausdrücken »Halbstarke« und »Beschmutzung des eigenen Nestes« erörtert er die insgeheim totalitäre Struktur solcher Klischees und ihre ungebrochene Beziehung zu Vorstellungsmustern wie sie im Nationalsozialismus zur Legitimation von »Säuberungsmaßnahmen« beigetragen haben.[246]

26. Januar 1962: Auf einer Veranstaltung der Gewerkschaft *Öffentliche Dienste, Transport und Verkehr* (ÖTV) spricht im großen Saal des Gewerkschaftshauses Professor Max Horkheimer über Bildungsfragen im Rahmen der Arbeiter- und Gewerkschaftsbewegung. Er erinnert dabei an die großen sozialdemokratischen Kongresse vor 1914, auf denen aus Mangel an gesellschaftlicher Einsicht immer wieder aufs neue die Illusion genährt worden sei, daß es nicht zu einem Krieg kommen könne. Den Gewerkschaften käme die Aufgabe zu, die Kenntnis gesellschaftlicher Prozesse und Widersprüche in Richtung auf eine Veränderung zum Besseren zu vertiefen. Zunächst ginge es dabei um eine materielle Besserstellung, dann aber um die Fähigkeit, mit den hinzugewonnenen Gütern das Richtige zu tun. Diese Fähigkeit könne sich nur in Freiheit entwickeln. Ohne geistige Freiheit werde die materielle Freiheit immer schal bleiben. Zum Abschluß tritt das Kabarett »Die Unbequemen« noch mit einem Kurzprogramm auf.

30. Januar – 7. Februar 1962: Mit einer Ansprache des ehemaligen Rektors der Johann Wolfgang Goethe-Universität, Professor Franz Böhm, wird im Saal des Studentenhauses die Ausstellung **Ungesühnte Nazijustiz** eröffnet. Mit rund 400 Akten, die aus Archiven

3.2.: »Akademische Turnervereinigung Tuiskonia«.

10.2.: Mitglieder der »Gruppe SPUR« in Wien; ganz oben Dieter Kunzelmann.

in Ost-Berlin, Warschau und Prag stammen, werden Kontinuitäten zwischen der NS-Justiz und der der Bundesrepublik belegt. – Die von dem Westberliner SDS-Mitglied Reinhard Strecker organisierte Ausstellung, die erstmals in **Karlsruhe** zu sehen war, ist im Laufe der letzten beiden Jahre in 14 weiteren bundesdeutschen und westeuropäischen Städten zu sehen gewesen.

3.2.: Max Horkheimer spricht vor den Burschenschaftlern.

Februar 1962: In einer Laudatio zu Horkheimers 67. Geburtstag erklärt die Redaktion der Frankfurter Studentenzeitung **Diskus**: »Wie kaum ein anderer der Philosophen heute hält Max Horkheimer unbeirrt an einem Begriff von Aufklärung fest ... Stets war sein Denken, das Spekulation wie empirische Forschung in ihrem Wahrheitsmoment gelten ließ, um das Konkretum des gesellschaftlichen Ganzen zentriert, dessen unheilvolle Bewegung in der Gegenwart er gemeinsam mit Theodor W. Adorno in einem der bedeutendsten Dokumente philosophischer Kulturkritik, der ›Dialektik der Aufklärung‹ darlegte.«[247]

3. Februar 1962: Im Festsaal des Steinernen Hauses spricht Max Horkheimer zum 65. Gründungstag der Studentenverbindung *Akademische Turnervereinigung Tuiskonia* zum Thema **Tradition und Freiheit**. »In den studentischen Korporationen spricht man noch von der Freiheit, aber das Herz glüht nicht mehr, wenn wir dieses Wort aussprechen. Wir alle glauben nicht mehr an die europäische Mission. Wir wollen die durch Kämpfe im Laufe der Jahrhunderte errungenen Werte nur verteidigen. So verlieren sie zwangsläufig an Wert.«[248] Einer der wichtigsten Faktoren für die Gewissensbildung in der Geschichte der Menschheit sei das Christentum in Europa gewesen, das mit Begriffen wie Seele und Nächstenliebe entscheidend zur Freiheitsentwicklung des Einzelnen beigetragen habe. Heute allerdings sei die Vorherrschaft Europas in der Durchsetzung des Freiheitsbegriffs gefährdet. »Europa hat eine Chance«, so beendet Horkheimer seinen Vortrag auf dem Festkommers, »wenn der freie selbständige Mensch erhalten bleibt. Das kann nur dann der Fall sein, wenn man sich immer – selbst wenn nur ein totalitäres Regime in der Lage zu sein scheint, die wirtschaftlichen Verhältnisse bessern zu können – für die Demokratie entscheidet, jene Staatsform, in der jeder in seinen Rechten geachtet wird.«[249] – In einem Kommentar versucht die **Frankfurter Rundschau** das Auftreten eines Mannes, der als Rektor wegen seiner zeitweiligen Kompromißlosigkeit gegenüber studentischen Korporationen heftigen Angriffen ausgesetzt war, zu rechtfertigen. »Das geräuschlose ›Comeback‹ der studentischen Verbindungen zu altem Glanz und alter Herrlichkeit«, heißt es dort, »mag mancherorts Resignation erzeugen. Vielleicht auch die Bereitschaft zum Kompromiß mit dem ›scheinbar‹ Unvermeidlichen. Eine solche Haltung für die Rede Professor Horkheimers ... zu vermuten, den Frankfurter Ehrenbürger als ›Collaborateur malgré lui‹ zu sehen, ist sicherlich abwegig. Seine Teilnahme war nicht bloß dekorativ, sondern muß aus innerer Bejahung geschehen sein.«[250]

10. Februar 1962: Der Zentralrat der *Situationistischen Internationale* beschließt in **Paris**, die Herausgeber der Zeitschrift *Spur* aus der deutschen Sektion der Organisation auszuschließen. Zur Begründung heißt es, daß die »fraktionistische Aktivität« der Gruppierung »auf einem systematischen Mißverständnis

---

246 Vgl.: Über Vorurteile – Ein Vortrag Max Horkheimers, in: Frankfurter Rundschau vom 2. Februar 1962.
247 Redaktion (des Diskus), Laudatio, in: Diskus – Frankfurter Studentenzeitung, 12.Jg., Nr. 2, Februar 1962.
248 Zit. nach: Europa und die Freiheit – Professor Horkheimers pessimistische Frage, in: Frankfurter Neue Presse vom 7. Februar 1962.
249 A.a.O.
250 A. B., Tradition und Freiheit – Prof. Horkheimer vor der »ATV Tuiskonia«, in: Frankfurter Rundschau vom 7. Februar 1962.

der situationistischen Thesen« basiere. Von dem Ausschluß betroffen sind Dieter Kunzelmann, Heimrad Prem, Helmut Sturm und Hans-Peter Zimmer. Die Entscheidung ist unterzeichnet von Guy Debord, Attila Kotanyi, Uwe Lausen und Raoul Vaneigem.

28. März 1962: In seinem in **Radio Bremen** gehaltenen Vortrag **Engagement** setzt sich Theodor W. Adorno mit der Frage öffentlichen Eingreifens von Schriftstellern im besonderen und Intellektuellen im allgemeinen auseinander. In einer modellhaften Gegenüberstellung von Figuren des engagierten und des autonomen Kunstwerks diskutiert er am Beispiel von Jean-Paul Sartre und Paul Valéry die unterschiedlichen Haltungen zu Gesellschaft und Politik sowie die ihnen innewohnenden Gefahren einer ideologischen Vereinnahmung. Programmatisch hält Adorno fest: »Kunst heißt nicht: Alternativen pointieren, sondern, durch nichts anderes als ihre Gestalt, dem Weltlauf widerstehen, der den Menschen immerzu die Pistole auf die Brust setzt.«[251] Von dieser Position aus, die eine vermeintliche Gesinnung in der engagierten Literatur am Werke sieht, gelangt er zu einer scharfen Kritik an der literarischen Praxis von Bert Brecht und Jean-Paul Sartre. Dem französischen Philosophen und Dramatiker wirft er extremen Subjektivismus vor, der ihn daran hindere, die Hölle zu erkennen, gegen die er revoltiere. Manche seiner Parolen, so etwa die von der Pflicht zur Entscheidung des Einzelnen, könnten von seinen größten Todfeinden, den Nazis z. B., nachgeplappert werden. Adornos Alternative ist nicht zuletzt vor dem Hintergrund deutscher Geschichte und Kultur eindeutig: »Darum ist es heute in Deutschland eher an der Zeit, fürs autonome Werk zu sprechen als fürs engagierte. Allzu leicht rechnete dieses sich selbst alle edlen Werte zu, um mit ihnen umzuspringen. Auch unterm Faschismus wurde keine Untat verübt, die nicht moralisch sich herausgeputzt hätte. Die heute noch auf ihr Ethos und die Menschlichkeit pochen, lauern nur darauf, die zu verfolgen, die nach ihren Spielregeln verurteilt werden, und in der Praxis die gleiche Unmenschlichkeit zu betreiben, die sie theoretisch der Neuen Kunst vorwerfen. In Deutschland läuft vielfach das Engagement auf Geblök hinaus, auf das, was alle sagen, oder wenigstens latent alle gern hören möchten.«[252] Und am Ende seines Vortrags plädiert er: »An der Zeit sind nicht die politischen Kunstwerke, aber in die autonomen ist die Politik eingewandert, und dort am weitesten, wo sie politisch tot sich stellen, so wie Kafkas Gleichnis von den Kindergewehren, in dem die Idee der Gewaltlosigkeit mit dem dämmernden Bewußtsein von der heraufziehenden Lähmung der Politik fusioniert ist.«[253]

14. Mai 1962: An der Sorbonne in **Paris** hält Herbert Marcuse einen Vortrag über **Die soziale und die psychologische Repression: Die politische Aktualität Freuds**.

Juni 1962: In der Reihe *Politica* des Luchterhand Verlags erscheint unter dem Titel **Strukturwandel der Öffentlichkeit – Untersuchungen zu einer Kategorie der bürgerlichen Gesellschaft** die Habilitationsschrift von Jürgen Habermas. Darin wird der für den bürgerlichen Verfassungsstaat zentrale Begriff der Öffentlichkeit in seiner historischen Entfaltung zu einer Instanz demokratischer Kontrolle gegenüber der politischen Herrschaft nachgezeichnet. Da das Öffentlichkeitsprinzip, das bis in die Parlamente und in die Gerichte vordringt, nicht auch auf die Verwaltung ausgedehnt werden kann, ist eine für das staatliche Handeln entscheidende Sphäre der Kritik entzogen. Die Exekutive kann unter dem Vorwand eines für sie reservierten Sachverstandes ihre Entscheidungen abschotten und gegen die politisch artikulierten Interessen der Bevölkerung durchsetzen. Aus dieser Strukturschwäche heraus werden die entscheidenden Defizite der Öffentlichkeit in der modernen Gesellschaft entwickelt, die auch durch Presseorgane nicht mehr kompensiert werden können. Hinzu kommt außerdem, daß auch Zeitungen und Zeitschriften, die über das Anzeigengeschäft mehr und mehr in Abhängigkeit von wirtschaftlichen Interessen geraten sind, ihre kritische Funktion immer weniger wahrnehmen können. – Die Studie, die insbesondere auf die im SDS politisch aktiven Studenten einen nachhaltigen Eindruck hinterläßt, ist dem Marburger Politikwissenschaftler Wolfgang Abendroth »in Dankbarkeit« gewidmet. Dieser hat sie im Gegensatz zu Theodor W. Adorno, der ihre Annahme auf Druck seines Kollegen und Freundes Max Horkheimer verweigert hat, als Habilitationsschrift vertreten.

17. Juni 1962: Rund 1.000 Studenten demonstrieren mit einem Fackelzug für die Wiedervereinigung Deutschlands. Der Zug führt über die Bockenheimer Landstraße und die Taunusanlage zur Paulskirche. Auf der Abschlußkundgebung erklärt Rektor Professor Fritz Neumark, daß die Jugend im allgemeinen

17.6.: Studentischer Fackelmarsch zum Tag der deutschen Einheit.

und die akademische im besonderen frei von aggressiven nationalistischen Tendenzen sei. Man sei nicht so unrealistisch, um anzunehmen, daß durch friedliche Demonstrationen die politische Realität grundlegend geändert werden könne, man sei aber »idealistisch genug«, um zu hoffen, daß sich das Ziel der Wiedervereinigung als erreichbar erweisen werde. Wie schon 150 Jahre zuvor, so der AStA-Vorsitzende Herbert Wolf, als Deutschland schon einmal zersplittert gewesen sei, bekenne sich die Studentenschaft zur deutschen Einheit. Sie protestiere gegen die brutale Unterdrückung eines Teils des deutschen Volkes, denn sie wisse nur zu genau, was politische Freiheit bedeute, ohne die es keine Wissenschaft und keine Wahrheitssuche geben könne. – Am selben Abend begründet der SDS-Bundesvorstand zusammen mit dem Vorstand der Frankfurter SDS-Gruppe, warum sie dem Schweigemarsch, zu dem der AStA gemeinsam mit dem Rektorat aufgerufen hatte, eine Absage erteilt hätten. Rainer Baginski, Vorsitzender der lokalen SDS-Gruppe erklärt, daß eine Teilnahme lediglich ein stilles Einverständnis mit der »hilflosen Wiedervereinigungspolitik« bedeutet hätte, die am 17. Juni 1953 zum ersten und am 13. August 1961 zum zweiten Mal in sich zusammengebrochen sei. Die beiden Bundesvorsitzenden Eberhard Dähne und Peter Brokmeier bezeichnen es zusammen mit Thomas von der Vring (Mitglied des Schiedsgerichts beim SDS-Bundesvorstand), Dieter Sterzel (Mitglied der *Sozialistischen Förderergesellschaft*) und Jürgen Horlemann (Mitglied des Frankfurter SDS-Vorstands) als eine »unverantwortliche Lüge« den Mitbürgern im anderen Teil Deutschlands gegenüber, wenn durch Gedenkveranstaltungen für die Opfer des 17. Juni zugleich unfreiwillig die Kapitulation der Bonner Wiedervereinigungspolitik eingestanden werde. Anstatt realitätstüchtige deutschlandpolitische Vorschläge zu unterbreiten, werde die

251 Theodor W. Adorno, Engagement, in: ders., Gesammelte Schriften Bd. 11: Noten zur Literatur, Frankfurt/Main 1974, S. 413.
252 A.a.O., S. 429.
253 A.a.O., S. 430.

westdeutsche Bevölkerung von der Bundesregierung nur zu Beileidsbeweisen aufgefordert, die von Jahr zu Jahr mehr verflachten.

Juli 1962: Jürgen Habermas hält an der Universität **Heidelberg** seine Antrittsvorlesung über **Hegels Kritik der französischen Revolution**. Darin ergänzt er Joachim Ritters These, daß die Hegelsche Philosophie wie keine zweite bis in ihre innersten Antriebe hinein »Philosophie der Revolution« sei, um eine zweite: Um die Philosophie nicht der Herausforderung der Revolution opfern zu müssen, habe Hegel die Revolution zum Prinzip seiner Philosophie gemacht, er habe sie »hinweggefeiert«: »Hegel feiert die Revolution, weil er sie fürchtet; Hegel erhebt die Revolution zum Prinzip der Philosophie um einer Philosophie willen, die als solche die Revolution überwindet. Hegels Philosophie der Revolution ist seine Philosophie als deren Kritik.«[254]

September 1962: Mit einem Titelbild von Loriot und dem von Erich Kästner verfaßten Editorial *Zwei große Buketts* erscheint die erste Ausgabe der von Hans A. Nikel herausgegebenen satirischen Monatsschrift **Pardon**. Texte zu dem Heft steuern u. a. Karl Dedecius, Hans Magnus Enzensberger, Robert Neumann, Erich Kuby und Gerhard Zwerenz bei, Karikaturen kommen von Kurt Halbritter, Chlodwig Poth, Hans Traxler und F. K. Waechter. – Die Zeitschrift, deren Signet vom nächsten Heft an ein Teufelchen ist, das den Hut zieht, wird in den Jahren darauf eine der engsten publizistischen Begleiterinnen des SDS und der sich formierenden außerparlamentarischen Opposition.

4. Oktober 1962: Auf der **XVII. ordentlichen Delegiertenkonferenz des SDS** im Studentenhaus hält Jürgen Habermas, Mitglied der *Sozialistischen Förderergesellschaft*, das Hauptreferat. Darin stellt er die 43 Delegierten, Vertreter von insgesamt 971 SDS-Mitgliedern an bundesdeutschen Hochschulen, vor eine grundlegende Entscheidung: »Ihnen bleibt nur die eine Alternative, entweder werden Sie die intellektuellen Kader für eine neue Partei oder Sie unternehmen den Versuch einer action directe und gehen in die berufsrevolutionäre Untergrundarbeit.«[255] – Dieser in einem Konferenzbericht der RCDS-nahen Studentenzeitschrift **Civis** zitierte Satz wird von Habermas in der Dezember-Ausgabe des Blattes in einem Leserbrief als

Sept.: Titelbild der ersten Ausgabe von »Pardon«.

nur rhetorisch gemeint hingestellt und mit folgenden Worten erläutert: »Einzig um zu zeigen, daß im Normalfall jede über den hochschulpolitischen Bereich hinausgehende ›Praxis‹ sinnlos ist, habe ich die Alternative, die Sie inkriminieren, drastisch an die Wand gemalt. Ich hielt den bloßen Hinweis auf die Rolle von Parteikadern oder Berufsrevolutionären für ausreichend, um das aktivistische Gerede an seinen unvertretbaren Konsequenzen ad absurdum zu führen. Sie aber machen Ihre Leser glauben, gerade ich verträte diese Konsequenzen.«[256]

29./30. Oktober 1962: An zwei aufeinanderfolgenden Tagen protestieren Studenten an der Hauptwache gegen die Verhaftung der *Spiegel*-Journalisten. Sie ziehen demonstrativ mit *Spiegel*-Heften, auf deren Titelbild Bundesverteidigungsminister Franz Josef Strauß abgebildet ist, durch die Innenstadt. Sie wollen die Zeitschrift so lange in der Hand tragen, bis die festgenommenen Redakteure wieder freigelassen sind. Die Studenten betonen, daß sie keiner Organisation angehören. – Am nächsten Tag ist die Gruppe der Protestierenden angewachsen. Die rund 100 Teilnehmer führen Pappschilder mit Aufschriften wie »1962 – Das Ende der Demokratie?« und »Befiehlt Strauß der Justiz?« mit sich. Trotz der kühlen Witterung lassen sie sich auf den Gehwegplatten nieder. In Sprechchören fordern sie den sofortigen Rücktritt des Bundesverteidigungsministers. Die zugespitzteste Parole lautet: »Strauß rein – Augstein raus!« An der Protestaktion beteiligt ist auch der Schriftsteller Alfred Andersch, Mitbegründer der *Gruppe 47*. Am Nachmittag ziehen die Demonstranten dann noch über den Roßmarkt zum Hauptbahnhof und wieder zurück. Ihnen folgt – offenbar nur aus Gründen der Verkehrssicherheit – ein Streifenwagen.

30. Oktober 1962: Wegen der Kuba-Krise führen 300 Anhänger der Ostermarschbewegung einen Fakkelzug gegen die Politik der Stärke und die Atomrüstung durch. Auf ihren Transparenten sind aus Anlaß der *Spiegel*-Affäre aber auch Parolen zu lesen wie »Die Presse ist frei? Die Redakteure sind verhaftet!« und »Mit dem ›Spiegel‹ fing es an – Wann kommt die ›Rundschau‹ dran?«. Auf der Abschlußkundgebung am Dominikanerplatz spricht zunächst der Bundesvorsitzende des *Verbandes der Kriegsdienstverweigerer* (VK), Herbert Stubenrauch (Wuppertal): »Wir danken Präsident Kennedy, daß er die Invasion Kubas gestoppt hat; wir danken Ministerpräsident Chruschtschow für sein vernünftiges Handeln; wir sagen Bertrand Russell Dank, daß er sich für den Frieden eingesetzt hat, und wir sagen Dank dem Generalsekretär der UN, U Thant. Es wäre schön, wenn man auch der Bundesregierung Dank sagen könnte, aber trotz des Kompromisses über Kuba hat die Bundesregierung noch am Montag dem Bundesverteidigungsminister Sondervollmachten erteilt.«[257] In »was für einem Staat« man eigentlich lebe, fragt Stubenrauch, einem Staat, in dem es möglich sei, eine ganze Redaktion lahmzulegen. Von der DDR sei man ja gewohnt gewesen, daß man dort die Opposition mundtot machen könne, daß dies nun auch in der Bundesrepublik geschehen könne, das sollte zu denken geben.

3. November 1962: Auf der 1. Europäischen Pädagogenkonferenz des Deutschen Koordinierungsrates der *Gesellschaft für Christlich-Jüdische Zusammenarbeit*

Sept.: Thema Heft 2: Die Springer-Presse.

in **Wiesbaden** stellt Theodor W. Adorno Argumente **Zur Bekämpfung des Antisemitismus heute** zur Diskussion. Zunächst dementiert er die verbreitete Ansicht, daß der Antisemitismus kein aktuelles Problem mehr sei, und umreißt die Schwierigkeit, den Antisemitismus als Phänomen einzukreisen und analytisch zu fassen. Die Schwierigkeit bestünde darin, daß er keine isolierte Erscheinung sei, sondern fast ausschließlich in Kombination mit anderen autoritären Syndromen auftrete. »Antisemitismus ist ein Massenmedium: in dem Sinn, daß er anknüpft an unbewußte Trieb-

---

254 Jürgen Habermas, Hegels Kritik der Französischen Revolution, in: ders., Theorie und Praxis, Frankfurt/Main 1971, S. 128.
255 Zit. nach: SDS – Der Affe Sultan, in: Civis Nr. 11, 9. Jg., November 1962, S. 12. **(Dok. Nr. 75)**
256 Jürgen Habermas, (Leserbrief zu dem in Civis 11/1962 erschienenen Artikel: SDS – Der Affe Sultan), in: Civis Nr. 12, 9. Jg., Dezember 1962, S. 1. **(Dok. Nr. 76)**
257 Frankfurter Rundschau vom 31. Oktober 1962.

„WIR SIND BESTÜRZT, HERR PRÄSIDENT"

285 Heidelberger Wissenschaftler zur Aktion gegen den SPIEGEL

285 Professoren, Dozenten und Assistenten der Universität Heidelberg haben in der vergangenen Woche eine Petition an den Bundestagspräsident Gerstenmaier gerichtet:

Sehr verehrter Herr Präsident!

Unter Berufung auf Artikel 17 des Grundgesetzes legen die Unterzeichneten dem Deutschen Bundestag Folgendes vor:

Mit Bestürzung verfolgen wir das Verhalten des Bundestages, der Bundesregierung und der Bundesbehörden in der sogenannten „Spiegel-Affäre". Gleich welche Stellung man zum „Spiegel" und seinen Publikationen einnimmt, so ist es doch offensichtlich, daß bei dem Vorgehen der Bundesbehörden Regeln der parlamentarischen Demokratie und rechtsstaatliche Grundsätze mißachtet wurden.

Das Fehlen demokratischer Kontinuität in Deutschland, die Erinnerung an den Niedergang der Weimarer Republik und die darauffolgende Unterbrechung unserer rechtsstaatlichen Tradition in der Hitlerzeit verpflichten uns alle, darüber zu wachen, daß die verfassungsmäßige Ordnung und die Regeln des politischen Anstandes beachtet werden. Die Kontrolle der Regierungstätigkeit ist Aufgabe des gesamten Parlaments. Auch die Regierungsfraktionen dürfen sich dieser Pflicht nicht entziehen.

Insbesondere muß der Bundestag alle ihm zu Gebote stehenden Mittel ergreifen, um in Zukunft zu verhindern, daß

1. Verhaftungen durch unzuständige Behörden und ohne rechtliche Grundlage auf eine Weise eingeleitet werden, die mit rechtsstaatlichen Grundsätzen nicht zu vereinbaren ist;

2. die Bundesregierung auf Fragen des Bundestages Auskünfte gibt, die eher der Verdunklung und Irreführung als einer wahrheitsgemäßen Information dienen;

3. der nach dem Grundgesetz für seinen Geschäftsbereich zuständige Minister über Aktionen seiner Untergebenen vorsätzlich nicht unterrichtet wird;

4. Beamte die Folgen von Handlungen tragen sollen, für die der Minister politisch verantwortlich ist;

5. vor einer Verurteilung durch das zuständige Gericht Verdächtige durch Inhaber von Regierungsämtern als Täter bezeichnet werden.

Wir protestieren gegen derartige Rechtsverletzungen und die Mißachtung politischer Sitten.

Die „Spiegel-Affäre" hat ferner Mängel der Gesetzgebung offenbar werden lassen, bei deren Behebung der Bundestag folgende Vorschläge berücksichtigen möge:

1. Der Staatsbürger hat ein Recht darauf, über so lebenswichtige Fragen wie die der Landesverteidigung angemessen informiert zu werden. Gleichwohl wird die Notwendigkeit durchaus bejaht, den Geheimnisschutz im Bereich des gesamten atlantischen Bündnisses zu verbessern. Jedoch darf er nicht einseitig zu Lasten der freien Presse gehen und dadurch eine sachnahe militärpolitische Diskussion behindern. Der Geheimnisschutz ist vielmehr in erster Linie von den Regierungsbehörden und der Rüstungsindustrie zu fordern.

2. Im Strafrecht und im neu zu schaffenden Pressegesetz muß präziser als in den bestehenden, sachlich zum Teil aus der nationalsozialistischen Zeit übernommenen Bestimmungen definiert werden, was Geheimnis- und was Landesverrat ist. Den Journalisten muß in Zweifelsfällen die Möglichkeit gegeben werden, sich verbindlich beraten zu lassen. Hiermit verfügte man dann auch über einen Prüfstein, an dem sich das politische Verantwortungsbewußtsein der Presse erweisen könnte.

3. Zur Vermeidung unzumutbarer Interessenkonflikte sollten Rechtsgutachten über den Geheimnisgehalt von Publikationen nicht ausschließlich vom Verteidigungsministerium erstattet werden. Eher wäre eine vom Bundespräsidenten einzusetzende unabhängige Kommission vorzuziehen, in die neben Fachleuten aus den zuständigen Ressorts auch Rechtswissenschaftler und vom Parlament gewählte Personen wie etwa der Wehrbeauftragte und einige Vertreter der Paktorganisation berufen werden. Damit wäre auch die Unabhängigkeit der Rechtsprechung besser gewährleistet.

4. Die Verweigerung der Aussagegenehmigungen für Beamte sollte in einem einschränkenden Sinne rechtlich geregelt werden, da sonst parlamentarische und gerichtliche Ermittlungen sehr erschwert werden können.

5. Die in der Strafprozeßordnung wie auch in der Konvention zum Schutze der Menschenrechte und Grundfreiheiten enthaltenen Bestimmungen zum Schutze verdächtigter und verhafteter Personen bedürfen einer intensiveren Auslegung. Es wäre zu überlegen, ob Formulierungen wie „hinreichender Verdacht" und „Aburteilung innerhalb einer angemessenen Frist" nicht eine Interpretation durch Gesetze finden können.

Ihnen, hochverehrter Herr Bundestagspräsident, übergeben Vorstehendes die unterzeichneten Angehörigen der Universität Heidelberg.

(Es folgen die Namen von 285 Dozenten und Assistenten der Heidelberger Universität, darunter der Professoren Philipp Bamberger, Margot Becke, Günther Bornkamm, Ahasver von Brandt, Horst Brücher, Walther Bulst, Konrad Duden, Adam Falkenstein, Karl Freudenberg, Ludwig Gieß, Renatus Hupfeld, Jürgen Habermas, Roland Hampe, Arthur Henkel, Uvo Hölscher, Dietrich Janz, Erich Köhler, Gottfried Köthe, Klaus Krickeberg, Hans Lettré, Bogislav von Lindheim, Karl Löwith, Erich Maschke, Kurt Mechelke, Alexander Mitscherlich, Wilhelm Emil Mühlmann, Bernhard Neutsch, Hubert Niederländer, Hans Plieninger, Herbert Plügge, Peter von Polenz, Gerhard von Rad, Teut Andreas Riese, Kurt Rossmann, Alexander Rüstow, Hans Schaefer, Klaus Schäfer, Franz Schmid, Kurt Schreier, Dietrich Seckel, Herbert Seifert, Friedrich Sengle, Heinz Staab, Berthold Stech, Dolf Sternberger, Rudolf Sühnel, Rolf Wagenführ und Peter Wapnewski.)

Professor Mitscherlich

Professor Rüstow

Professor Sternberger

12.12.: Protesterklärung Heidelberger Wissenschaftler zur »Spiegel«-Affäre.

regungen, Konflikte, Neigungen, Tendenzen, die er verstärkt und manipuliert, anstatt sie zum Bewußtsein zu erheben und aufzuklären.«[258] Diese Strukturteile er mit dem Aberglauben, der Astrologie, der Propaganda, schließlich der modernen Reklame. Die Mechanismen, die in den antisemitischen Stereotypen griffen, seien Invarianten der Reklamepsychologie. »Der Antisemitismus ... ist so etwas wie die Ontologie der Reklame.«[259] Zur Irritation trüge weiter das empirisch bestätigte Phänomen des »sekundären Antisemitismus« bei, die Tatsache, daß in der Bundesrepublik Kinder und Jugendliche aus kleinbürgerlichen und proletarischen Kreisen eine Disposition zum antisemitischen Vorurteil aufwiesen, da an sie die Einstellung ihrer im Nationalsozialismus zur aktiven Gefolgschaft zählenden Eltern ungebrochen weitergegeben worden seien, und das Phänomen des versteckten Antisemitismus, das aufgrund der offiziellen Tabuisierung der Haßgefühle Zuflucht im Gerücht suche. Zu den Tricks der in der Gegenwart auftretenden Antisemiten gehöre es, sich als Verfolgte, als Opfer der öffentlichen Meinung darzustellen, als Pseudo-Engagierte, die den Mut zu haben vorgeben, gegen den Stachel der Gesellschaft zu löcken. Als Gegenwehr unterscheidet Adorno zwischen langfristigen und kurzfristigen Maßnahmen. Da die Ursprünge des Antisemitismus im allgemeinen im Elternhaus lägen und bei Schulantritt bereits über die meisten soziopsychischen Einstellungen entschieden sei, sieht er die Hauptaufgabe darin, durch Erziehung im frühkindlichen Alter die Herausbildung von autoritätsgebundenen Charaktermerkmalen zu unterbinden. Am gefährlichsten sei die manipulative Variante des autoritären Charakters, jener aus einem Mangel an Affekten entstandene beziehungsarme, pathisch kalte und mechanisch vollziehende Typus. Als Form einer kurzfristigen Gegenwehr empfiehlt er eine Schocktherapie. Bei den versteckten antisemitischen Äußerungen im Nationalismus, Antiamerikanismus und Antiintellektualismus etwa sei es verkehrt, zurückzuweichen und zu schweigen. »Antisemitischen Äußerungen ist sehr energisch entgegenzutreten: sie müssen sehen, daß der, welcher sich gegen sie stellt, keine Angst hat... Man muß die allerschroffsten Gegenpositionen beziehen. Schock und moralische Kraft gehen dabei zusammen.«[260] Als Beispiel für eine solch rigorose Haltung führt Adorno an, daß er einmal unmittelbar nach seiner Rückkehr aus dem Exil kurzerhand die Polizei gerufen habe, als er hörte wie deutsche Chauffeure im Dienst der amerikanischen Besatzungsmacht lautstark über Juden schimpften. Nach ihrer prompten Verhaftung habe er sich dann auf der Polizeiwache mit ihnen lange und ausführlich über Ressentiments unterhalten.

6. November 1962: Auf Einladung verschiedener Studentenverbände, darunter dem SDS, findet im Gewerkschaftshaus unter dem Eindruck der *Spiegel*-Affäre eine Podiumsdiskussion über die Presse- und Meinungsfreiheit in der Bundesrepublik statt. An ihr beteiligen sich, vor 1.500 zumeist jüngeren Zuhörern, Karl-Hermann Flach (Frankfurter Rundschau), Günther Gillessen (Frankfurter Allgemeine Zeitung), Friedrich Sackenheim (Hessischer Rundfunk) und Rechtsanwalt Erich Schmidt-Leichner, Verteidiger des *Spiegel*-Redakteurs Hans Schmelz. Die Diskussionsleitung liegt bei Professor Arkadij Gurland (Darmstadt). Besonders starken Beifall erhält Sackenheim nach seiner Feststellung, Bundesverteidigungsminister Franz Josef Strauß dürfe sich nicht länger mehr damit herausreden, er habe im Falle des *Spiegel* alle Vollmachten seinem Staatssekretär übertragen; verantwortlich sei und bleibe immer der Minister selbst. – Ursprünglich hätte die Veranstaltung in der Universität durchgeführt werden sollen. Der Rektor, Professor Walter Artelt, hatte jedoch, angeblich aus Sicherheitsgründen, keinen Hörsaal dafür bereitstellen wollen.

12. Dezember 1962: Im Hamburger Nachrichtenmagazin **Der Spiegel** wird eine an Bundestagspräsident Eugen Gerstenmaier gerichtete Petition abgedruckt, mit der 285 Heidelberger Wissenschaftler, darunter Jürgen Habermas und Alexander Mitscherlich, gegen das Verhalten von Bundestag, Bundesregierung und Bundesbehörden in der *Spiegel*-Affäre protestieren. »Gleich welche Stellung man zum ›Spiegel‹ und seinen Publikationen einnimmt«, heißt es darin, »so ist es doch offensichtlich, daß bei dem Vorgehen der Bundesbehörden Regeln der parlamentarischen Demokratie und rechtsstaatliche Grundsätze mißachtet wurden. Das Fehlen demokratischer Kontinuität in Deutschland, die Erinnerung an den Niedergang der Weimarer Republik und die darauffolgende Unterbrechung

---

[258] Theodor W. Adorno, Zur Bekämpfung des Antisemitismus heute, in: ders., Gesammelte Schriften Bd. 20.1: Vermischte Schriften I, editiert vom Theodor W. Adorno-Archiv, Frankfurt/Main 1986, S. 366.
[259] A.a.O., S. 367.
[260] A.a.O., S. 379f.

unserer rechtsstaatlichen Tradition in der Hitlerzeit verpflichten uns alle, darüber zu wachen, daß die verfassungsmäßige Ordnung und die Regeln des politischen Anstandes beachtet werden.«[261]

20. Dezember 1962: Auf die Frage »Warum kehrten Sie aus der Emigration zurück?« antwortet Max Horkheimer in der Wochenzeitung **Deutsche Post**: »Ich kam hierher in Erinnerung an die gar nicht wenigen und meist vergessenen Menschen in Deutschland, die dem Mordregime widerstanden, vor allem an diejenigen meiner nichtjüdischen Studenten, die ihr Leben wagten. Es war mein Glaube, daß auch in künftigen Generationen einige sich finden werden wie sie. Die Hoffnung, keineswegs die Gewißheit, dazu etwas beitragen zu können, hat mich bestimmt.«[262]

---

[261] »Wir sind bestürzt, Herr Präsident« – 285 Heidelberger Wissenschaftler zur Aktion gegen den »Spiegel«, in: Der Spiegel vom 12. Dezember 1962, 16. Jg., Nr. 50, S. 18.

[262] Deutsche Post vom 20. Dezember 1962; vgl. auch: Sie alle wollen jetzt Deutschland helfen – Umfrage: Warum kehrten die Emigranten zurück? In: Kölner Stadtanzeiger vom 5. Januar 1963.

1963

22.2.: Am 20. Jahrestag der Hinrichtung der Geschwister Scholl demonstrieren Studenten vor der Hauptwache.

Januar 1963: Die Frankfurter Studentenzeitung **Diskus** veröffentlicht den Offenen Brief eines Bad Homburger Studenten, der auf eine in der nationalsozialistischen Fachzeitschrift **Die Musik** unter dem Namen von Theodor Wiesengrund-Adorno 1934 erschienene Rezension aufmerksam macht und die Frage nach der Authentizität der Autorschaft aufwirft, die ungekürzte Rezension selber sowie die Antwortschreiben Adornos an den Studenten und an die Redaktion der Zeitschrift. In dem beanstandeten Text, der dem Liederzyklus *Die Fahne der Verfolgten* von Herbert Müntzel gewidmet ist, einer Vertonung des gleichnamigen Gedichtbandes von Reichsjugendführer Baldur von Schirach, heißt es, daß darin »dem Bild einer neuen Romantik« nachgefragt werde, »...vielleicht von der Art, die Goebbels als ›romantischen Realismus‹ bestimmt hat.«[263] Adorno bekennt sich ohne Ausflüchte zu seiner Autorschaft und erklärt dazu: »Daß ich jene Kritik damals schrieb, bedaure ich aufs tiefste. Anstößig ist vor allem, daß es sich um Gedichte von Schirach handelt... Auch den Goebbelsschen Begriff ›romantischen Realismus‹ hätte ich nicht in den Mund nehmen dürfen. Wer aber meinen Aufsatz unvoreingenommen liest, dem springt die Intention auch heute noch in die Augen: die neue Musik zu verteidigen; ihr zum Überwintern unterm Dritten Reich zu verhelfen... Der wahre Fehler lag in meiner falschen Beurteilung der Lage; wenn Sie wollen in der Torheit dessen, dem der Entschluß zur Emigration unendlich schwer fiel. Ich glaubte, daß das Dritte Reich nicht lange dauern könne, daß man bleiben müsse, um hinüberzuretten, was nur möglich war. Nichts anderes hat mich zu den dumm-taktischen Sätzen veranlaßt.«[264]

Februar 1963: Der Psychoanalytiker Professor Frederick J. Hacker hält am Institut für Sozialforschung einen Vortrag über **Soziologische Aspekte der modernen Ich-Psychologie**.

8. Februar 1963: In **Los Angeles** überreicht der deutsche Generalkonsul Hans Rolf Kiderlen dem Begründer und Förderer des Instituts für Sozialforschung, Felix Weil, aus Anlaß seines 65. Geburtstages die Ehrenplakette der Stadt Frankfurt. Damit sollen die Verdienste gewürdigt werden, die sich Weil bei der Gründung und Erhaltung des Instituts erworben hat.

27. Februar 1963: In den frühen Morgenstunden protestieren 150 Medizinstudenten mit einem Demonstrationszug, der über das Gelände der Universitäts-Kliniken führt, gegen die beengten Verhältnisse im Kurssaal des Physiologisch-Chemischen Instituts. Sie fordern außerdem, zu klären, ob das physiologisch-chemische Praktikum in den nächsten Semestern überhaupt durchgeführt werden könne. Auf einem der von den Protestierenden mitgeführten Pappschildern heißt es lapidar: »In diesem Kursraum wäre das Schießpulver nicht erfunden worden.« Der Protest richte sich nicht, wie mehrfach betont wird, gegen die Professoren, die alles in ihren Kräften stehende unternommen hätten, um die Situation zu verbessern. Von ihren Forderungen unterrichten die angehenden Mediziner den hessischen Finanzminister Wilhelm Conrad, Kultusminister Ernst Schütte, Oberbürgermeister Werner Bockelmann, Rektor Professor Walter Artelt und Achaz von Thümen, den Kurator der Universität.

Mai 1963: Der Suhrkamp Verlag bringt die ersten zwanzig Bände einer neuen Taschenbuchreihe heraus. Erster Titel der **edition suhrkamp**, an deren Vorbereitung Walter Boehlich, Hans Magnus Enzensberger und Karl Markus Michel beteiligt sind, ist Bertolt Brechts *Leben des Galilei*. – In der Reihe, deren Redaktion schon bald in den Händen von Günther Busch liegt, erscheinen kleinere Werke, vor allem Aufsatzsammlungen, der wichtigsten Autoren der Kritischen Theorie. Wie keine andere Publikation tragen die regenbogenfarbenen Taschenbücher zur Verbreitung des Denkens Adornos, Benjamins oder Marcuses vor allem unter Studenten und der jungen Intelligenz bei.

11. Juni 1963: Unter der Parole »Wir fordern Freiheit!« ziehen am Nachmittag 500 iranische Studenten von der Universität nach Sachsenhausen. Sie sind aus verschiedenen süd- und westdeutschen Städten zusammengekommen, um gegen die blutige Niederschlagung des Aufstands im Iran durch das Schah-Regime zu pro-

---

263 Theodor Wiesengrund-Adorno, (Rezension von: Herbert Müntzel: Die Fahne der Verfolgten. Ein Zyklus für Männerchor nach dem gleichnamigen Gedichtband von Baldur von Schirach), in: Ein offener Brief, in: Diskus – Frankfurter Studentenzeitung Nr. 1, 13. Jg., Januar 1963, S. 6. **(Dok. Nr. 80)**
264 Theodor W. Adorno, (Antwortschreiben an Claus Chr. Schröder), in: Diskus – Frankfurter Studentenzeitung Nr. 1, 13. Jg., Januar 1963, S. 6 **(Dok. Nr. 80)**; wiederabgedruckt in: ders., Gesammelte Schriften Bd. 19: Musikalische Schriften VI, Frankfurt/Main 1984, S. 637 f.

27. 2.: Demonstration von Medizinstudenten.

testieren. Den Initiatoren ist es zuvor untersagt worden, im Studentenhaus eine Pressekonferenz abzuhalten. Auch der Protestzug ist von der Polizei verboten worden. Dennoch lassen sie sich nicht abhalten, auf einer kleinen Kundgebung zu sprechen. Nur eine einzige Sekunde, ruft einer aus, wollten sie »für die Toten von Persien« sprechen. Sie sind der Überzeugung, daß die bundesdeutsche Öffentlichkeit kein angemessenes Bild von den Ereignissen in ihrem Heimatland erhalte; sie werde durch die von der Regierung des Schahs kontrollierten Presseorgane einseitig informiert. »Wir haben mittelalterliche Zustände. Wir haben eine Diktatur im schlechtesten Sinne des Wortes. Unser Protest richtet sich gegen all diese Zustände und ist ein Hilferuf! Wir haben keine Wahlen, kein Parlament!«[265] Dann versuchen sie, einige Pappschilder in ihren Händen haltend, auf denen freie Wahlen und die Wiedereröffnung der Universitäten gefordert werden, loszuziehen. Bereits nach wenigen Metern schreiten Polizeibeamte ein und zerstreuen die Demonstranten. Eine der mitmarschierenden Gruppierungen soll verbotene Plakate mit sich geführt haben, heißt es.

15. Juni 1963: Der 27jährige Adorno-Schüler und Mitarbeiter der satirischen Zeitschrift *Pardon*, Bazon Brock, verteilt zusammen mit einigen Kommilitonen, in weiße Plastik-Pellerinen gehüllt, an der Hauptwache kostenlos mehrere tausend Exemplare der »Bild«-Persiflage **Bloom-Zeitung**. Die Titel-Schlagzeile der Ausgabe vom 8. April *Adenauer will Kanzler bleiben!* ist ersetzt durch *Bloom will Kanzler bleiben!*. In der kaum vom Boulevardblatt zu unterscheidenden Imitation sind alle markanten Substantive in Texten und Titeln, in Annoncen und Artikeln durch den Namen der Zentralfigur aus *Ulysses*, dem Hauptwerk von James Joyce, ersetzt. Nun steht zu lesen »Endlich ist es Bloom« anstelle von »Endlich ist es Frühling« und »Scheinbloom erwacht im Leichenhaus«, »Bloom versunken«, »Bravo Bloom«, »Dreimal Bloom« usw. Brock, der Lyriker wie Enzensberger oder Rühmkorf als »Metaphernhengste« abtut, ist überzeugt, die »erste Form einer immanenten Kritik an der Bild-Zeitung« gefunden zu haben. Sein gegen eine berühmte Zeile aus einem Gedicht von Günter Eich gerichtetes Programm lautet: »Statt Sand im Getriebe der Welt, hat man das Öl zu sein; man muß sich ins Jesuitenherz hineinschleichen und dann die Soutane fallen lassen, anstatt gegen Jesuiten zu wettern.«[266]

21.10.: Demonstrationen bereits seit August.

September 1963: In der Reihe *Politica* des Luchterhand Verlags erscheint die von Jürgen Habermas verfaßte Aufsatzsammlung **Theorie und Praxis**. Sie enthält die Antrittsvorlesungen des Autors an den Universitäten Marburg und Heidelberg, eine Reihe von Vorträgen und Literaturberichten. Dominant sind die Auseinandersetzungen mit dem deutschen Idealismus, mit Marx und einzelnen Autoren des Neomarxismus. Wie aus dem Vorwort hervorgeht stellen die Arbeiten insgesamt »historische Vorstudien zu einer systematischen Untersuchung des Verhältnisses von Theorie und Praxis in den Sozialwissenschaften« dar.[267]

4. September 1963: Auf der Jahrestagung der »American Political Science Association« in **New York** hält Herbert Marcuse einen Vortrag über **Das Veralten der Psychoanalyse**.

11. September 1963: Anläßlich des 60. Geburtstages von Theodor W. Adorno erscheint in der **Frankfurter Rundschau** unter dem Titel **Jenseits der Fachwissenschaft** ein von Max Horkheimer verfaßter Glückwunsch-Artikel. »Ich wüßte keinen modernen Autor«, schreibt der Freund und Kollege am Ende seines Por-

25.9.: Ausländische Studenten fordern gemeinsam mit ihren deutschen Kommilitonen mehr Rechte.

träts, »der die Einbeziehung seines eigenen Protests als Ornament der Welt, die er entlarvt, entschiedener formuliert hätte als er. Von solcher Insistenz des Denkens, die nicht haltmacht, werden die Mitarbeiter und Studenten des Instituts für Sozialforschung angezogen, die sich dort zusammenfinden und die mit dem Kreis im Philosophischen Seminar eine Art Schule bilden. Den Besten ist die Überzeugung gemein, daß jeder Gedanke, von den kritischen, ihn verneinenden Reflexionen abgeschnitten, zum Dogma werden und die Rückkehr der Barbarei beschleunigen kann, die zu bannen das Denken existiert.«[268] – Am selben Tag wird Adorno im Namen des Magistrats mit der Goethe-Plakette der Stadt Frankfurt ausgezeichnet. Damit sollen, wie es in der Verleihungsurkunde heißt, seine Verdienste als Direktor des Philosophischen Seminars und des Instituts für Sozialforschung sowie sein schriftstellerisches Werk auf dem Gebiet der Musiksoziologie gewürdigt werden.

25. September 1963: Über 100 Studenten demonstrieren im Westend für die Gleichberechtigung der Schwarzen in den USA. In einem Schweigemarsch, an dem sich auch zahlreiche Amerikaner und Afrika-ner beteiligen, ziehen sie von der Universität über die Bockenheimer Landstraße zur Siesmayerstraße. Dort überreicht eine Delegation, die von dem 29jährigen Farbigen Raphael Hardrick angeführte wird, US-Generalkonsul Ford eine von 450 Personen unterzeichnete Petition, die an Präsident John F. Kennedy gerichtet ist. Die Regierung habe zwar in den letzten Jahren bereits einiges unternommen, heißt es darin, um die Situation der Schwarzen und Farbigen zu verbessern, es müsse jedoch noch mehr getan werden, um Rassismus und Diskriminierung wirksam zu bekämpfen. Veranstalter des Marsches sind SDS, SHB und RCDS.

21. Oktober 1963: In den Abendstunden demonstriert eine Gruppe von 150 jüngeren Leuten, vor allem Studenten, an der Hauptwache gegen das Bundesamt für

---

265 H.J., Eine Sekunde für die Toten von Persien ... Studentendemonstration vor der Universität – Polizei griff ein, in: Frankfurter Rundschau vom 12. Juni 1963.
266 Zit. nach: Der Spiegel vom 15. Juni 1963, 17. Jg., Nr. 27, S. 68.
267 Jürgen Habermas, Theorie und Praxis – Sozialphilosophische Studien, Neuwied/West-Berlin 1963, S. 9.
268 Max Horkheimer, Jenseits der Fachwissenschaft – Adorno zum Geburtstag, in: Frankfurter Rundschau vom 11. September 1963.

September – Oktober 1963

Verfassungsschutz, die Telephonüberwachung und Bundesinnenminister Höcherl. Sie ziehen mehrmals mit ihren Transparenten, Handzettel verteilend und Sprechchöre skandierend, in denen der Rücktritt Höcherls gefordert wird, über die Hauptwache. Da sich niemand findet, der für die unangemeldete Demonstration die Verantwortung übernehmen will, fordert ein höherer Polizeibeamter die Demonstranten auf, sich zu zerstreuen und die Hauptwache zu räumen.

31. Oktober 1963: Mit einer an den Generalsekretär der Vereinten Nationen U Thant gerichteten Petition bitten auf Initiative der *Humanistischen Studentenunion* bundesdeutsche Intellektuelle, Gewerkschafter, Politiker und zahlreiche Studentenorganisationen um unterstützende Maßnahmen zur Freilassung des in Südafrika inhaftierten schwarzen Apartheidgegners Neville Alexander. Der in einem Vorort von Kapstadt Festgenommene hatte in Tübingen studiert und mit einer Dissertation über Gerhart Hauptmann in Germanistik promoviert. Er war jahrelang Mitglied der Tübinger SDS-Gruppe. Die Petition ist u.a. unterzeichnet von Wolfgang Abendroth, Theodor W. Adorno, Ernst Bloch, Iring Fetscher, Jürgen Habermas und Alexander Mitscherlich.

November 1963: In **München, West-Berlin** und **Nürnberg/Erlangen** bilden sich die ersten Mikrozellen der sich aus einem studentischen Umfeld rekrutierenden und mit provokanten Aktionstechniken auftretenden Gruppe **Subversive Aktion**. Nach dem Ausschluß der aus Künstlern bestehenden *Gruppe SPUR* aus der *Situationistischen Internationale* im Februar 1962, trafen sich im Sommer 1963 der aus Luxemburg stammende Soziologiestudent Rodolphe Gasché, der Schwabinger Künstler Dieter Kunzelmann, der Graphiker Peter Pusch und die Dekorateurin Marion Steffel-Stergar in Hamburg, um eine neue, am konkreten Aufbrechen repressiver Sozialmechanismen interessierte revolutionäre Gruppierung zu gründen. Ein erster Schritt war die im Jahr zuvor gegründete und von Christopher Baldeney, Rodolphe Gasché und Dieter Kunzelmann herausgegebene Zeitschrift **Unverbindliche Richtlinien**. In der ersten Nummer hatte es geheißen, daß die Kenntnis der Werke Theodor W. Adornos und seiner Mitarbeiter unerläßliche Voraussetzung sei, um »seinen gewählten Standort behaupten zu können«.[269] Von den in der *Subversiven Aktion* in unkonformistischer Weise Organisierten wird die Absage an bürgerliche Institutionen, Lebensweisen und Karrieren, wie z.B. Ehe, Familie, Beruf etc. sowie der Verzicht auf private Refugien verlangt. – Ein erster Ausdruck ihrer provokativen Entschlossenheit ist das nach der Ermordung des US-Präsidenten verteilte Flugblatt **Auch Du hast Kennedy erschossen!**, in dem die Beerdigungszeremonie als Inszenierung eines Trauer-Spektakels als Test für den Integrationsstand der politischen und ökonomischen Konsumentenmassen hingestellt wird.

4. November 1963: Mit einem Fackelzug protestieren 300 Studenten gegen den am selben Tag in Kapstadt beginnenden Prozeß gegen den schwarzen Apartheidgegner Neville Alexander. Der südafrikanische Oppositionelle, der in der Bundesrepublik studiert und promoviert hat, ist wegen des Verteilens von Flugblättern angeklagt. Nach dem sogenannten Anti-Sabotage-Gesetz muß er eine Freiheitsstrafe von mindestens fünf Jahren erwarten, möglicherweise sogar die Todesstrafe befürchten. Auf der Abschlußkundgebung auf dem

21.10.: Sandwich-Demonstrantin Elisabeth Dahmer-Kloss.

Dominikanerplatz fordert der Frankfurter Bundestagsabgeordnete Hans Matthöfer (SPD) die Öffentlichkeit auf, gegen die Unterdrückung der schwarzen Bevölkerungsmehrheit durch die Regierung Verwoerd zu protestieren.

6. November 1963: Das Nachrichtenmagazin *Der Spiegel* meldet, daß der SPD-Kanzlerkandidat Willy Brandt nach dem Vorbild John F. Kennedys einen »Braintrust« von Wissenschaftlern für verschiedene Aufgaben der Politikberatung aufbaue. In West-Berlin sei dazu bereits ein »Gesprächskreis Politik und Wissenschaft« gegründet worden. Unter den mehr als 50 Wissenschaftlern, die ihre Mitarbeit zugesagt hätten, seien auch Jürgen Habermas und Alexander Mitscherlich.

14. November 1963: Auf einer Fachschaftsversammlung beschließen mehrere hundert Studenten der Hochschule für Erziehung, den hessischen Kultusminister Ernst Schütte zur Teilnahme an einer Podiumsdiskussion aufzufordern. Dabei soll über die ihrer Ansicht nach völlig unzulängliche räumliche Unterbringung sowie die Unterbesetzung des Lehrkörpers gesprochen werden. Falls der Minister sich weigere, zu erscheinen, kündigen sie an, auf einer weiteren Vollversammlung eine Urabstimmung über einen Vorlesungsstreik herbeizuführen. Besonders empört sind die Studenten darüber, daß die Räumlichkeiten der Hochschule für Erziehung auch fünf Jahre nach ihrer Gründung immer noch über verschiedene Gebiete des Stadtgebiets verteilt sind. Auch unter den Professoren ist die Skepsis gegenüber dem Leistungsvermögen der Hochschule sehr ausgeprägt. Einer erklärt unter dem Beifall der Studenten, das, was in der Hochschule praktiziert werde, sei im Grunde ein »Scheinstudium«.

14. November 1963: Einen Tag nachdem Professor Alfred Rammelmeyer von seinem Vorgänger Professor Walter Artelt zum Antritt seines Rektorats die Amtskette überreicht worden ist, werden vor dem Haupteingang der Universität ebenso wie vor einem Hörsaal und vor der Mensa Flugblätter verteilt. Darin geht es um den Germanisten Professor Heinz Otto Burger, der, bereits als neuer Rektor gewählt, auf seinen Amtsantritt wegen einer von ihm in der NS-Zeit verfaßten Schrift verzichtet. Ausgelöst wurde der Rücktritt durch eine Intervention des amerikanischen Studenten Richard Trexler, der zuvor von seinem Kommilitonen Georg Fülberth einen Hinweis erhalten hatte. Fülberth war auf einen Artikel in der **Zeitschrift für Deutschkunde** aus dem Jahr 1934 gestoßen, in dem Burger unter dem Titel **Die rassischen Kräfte im deutschen Schrifttum** ein Zeugnis seiner NS-Ideologie hinterlassen hatte.[270] Trexler entschied sich daraufhin, Professor Burger aufzusuchen. Seine Motive zu dem Schritt erläutert er in dem Flugblatt, in dem er wiedergibt, welchen Anstoß er an der Schrift von 1934 genommen hat: »1. fand ich sie für einen Wissenschaftler beschämend; ich hatte die Absicht, Burger zu fragen, wie er heute zu seiner Arbeit stehe; 2. wollte ich von ihm wissen, mit wem ich über den Inhalt diskutieren könne, um die richtige Perspektive zu gewinnen; 3. wollte ich Prof. Burger darüber informieren, daß seine Schrift bekannt sei, um einen Skandal während seiner Amtszeit zu vermeiden.«[271] Burger war zu diesem Zeitpunkt bereits vom Konzil zum neuen Rektor gewählt worden. Er überlegte nicht lange und entschloß sich, das Amt nicht anzutreten. Den Anlaß für seinen Schritt, teilte er anschließend dem Senat und den Rektoren der westdeutschen Universitäten schriftlich mit, habe »der Protest eines eben promovierten Studenten amerikanischer Nationalität« gegeben. Diese Begründung kommentiert Trexler in seinem Flugblatt mit den Worten: »Ich glaube nicht, daß Prof. Burger seine Version aus unlauteren Motiven vertritt. Seine Reaktion zeigt aber, daß er keine Distanz gewonnen hat, nicht sachlich argumentieren kann, sondern zu Ressentiments greifen muß. Wenn er immer wieder betont, daß ich ›Student amerikanischer Nationalität‹ sei und deshalb weder unvoreingenommen noch in der Lage sei, die Situation von 1934 beurteilen zu können, wird erfolgreich der Reeducation-Komplex aktiviert. Das klassische deutsche Bild einer Verschwörung wird abgerundet durch die Unterstellung, ›der Amerikaner‹ sei nur Strohmann eines inländischen Abschußkomitees. Indem er Sündenböcke in den Mittelpunkt schiebt und immer wieder meine Inkompetenz betont, braucht er über die Sache selbst nicht zu reden. Die Art, in der Prof. Burger diejenigen seiner Schriften verteidigt, die zwischen 1933 und 1945 entstanden sind, mutet höchst erstaunlich an: sie wird ihm unter der Hand zur Wi-

---

269 Subversive Aktion, Abrechnung, in: Unverbindliche Richtlinien Nr. 1, Odense/Dänemark, S. 16.
270 Heinz Otto Burger, Die rassischen Kräfte im deutschen Schrifttum, in: Zeitschrift für Deutschkunde, Jg. 1934, S. 462–476.
271 Zit. nach: Frankfurter Rundschau vom 15. November 1963.

20.12.: Ordnungskräfte beim Frankfurter Auschwitz-Prozeß.

derstandsliteratur.«[272] Zugleich macht Trexler in seinem Flugblatt jedoch deutlich, daß er nie ein Interesse daran gehabt habe, eine »Affäre Burger« zu inszenieren. Er sehe sich nur durch die in der Öffentlichkeit vorgetragenen Angriffe Burgers gezwungen, in dieser Form darauf zu reagieren. »Wenn jetzt tatsächlich so etwas wie eine ›Affäre‹ entstanden ist«, fährt er fort, »so hat die Haltung der akademischen Verwaltung, die in falscher Furcht vor den Reaktionen der Öffentlichkeit auf Aufklärung und Information überhaupt verzichten zu müssen glaubte, einiges dazu beigetragen. Das Resultat dieser Verschleierungstaktik ist ein Klima, in dem teilweise so ungeheuerliche Gerüchte entstanden sind, daß es mir im Interesse einer sachlichen Diskussion heute dringender denn je erscheint, auf eine genaue Information der Studenten und einer interessierten weiteren Öffentlichkeit zu dringen. Nötig ist vor allem auch eine Diskussion über die Rolle der Professoren und über die Rolle der deutschen Universitäten vor und nach der Hitlerschen Machtergreifung ... Würden belastete Professoren den Mut haben, sich einer öffentlichen Auseinandersetzung zu stellen, dann könnte verhindert werden, daß dort Affären entstehen, wo nur nach der Wahrheit über die Vergangenheit gefragt war.«[273] – Ein Redakteur, der den gesamten Fall in der **Frankfurter Rundschau** penibel dokumentiert, fragt am Ende seines Artikels: »Ist es eigentlich wirklich bezeichnend, daß es ein junger Amerikaner war, der nicht nur zu lesen, sondern auch zu fragen verstand?«[274]

22. November 1963: Nur wenige Stunden nach den ersten Meldungen über die Ermordung des amerikanischen Präsidenten John F. Kennedy ziehen 300 Studenten und Jugendliche spontan in einem Fackelzug durch die Innenstadt. Die Initiative geht von Mitgliedern des *Club Voltaire*, des SDS, des LSD und des Kabaretts »Die Maininger« aus. Dem Zug schließen sich auch zahlreiche Passanten an. An zwei Punkten, der Hauptwache und vor dem amerikanischen Generalkonsulat, verlesen Demonstranten die Erklärung: »Die Schüsse gegen Kennedy waren Schüsse gegen die Menschlichkeit – Schüsse gegen eine Politik der Vernunft. In Deutschland hat Kennedy nicht nur als Persönlichkeit, sondern auch als Repräsentant einer neuen Strategie des Friedens Freunde und Mitstreiter gewonnen. Wir bekunden anläßlich dieser unmittelbaren Demonstration in Frankfurt am Main nicht nur unsere Abscheu vor dem gemeinen Mord, sondern sind bereit, im Sinne der Politik Kennedys uns weiter-

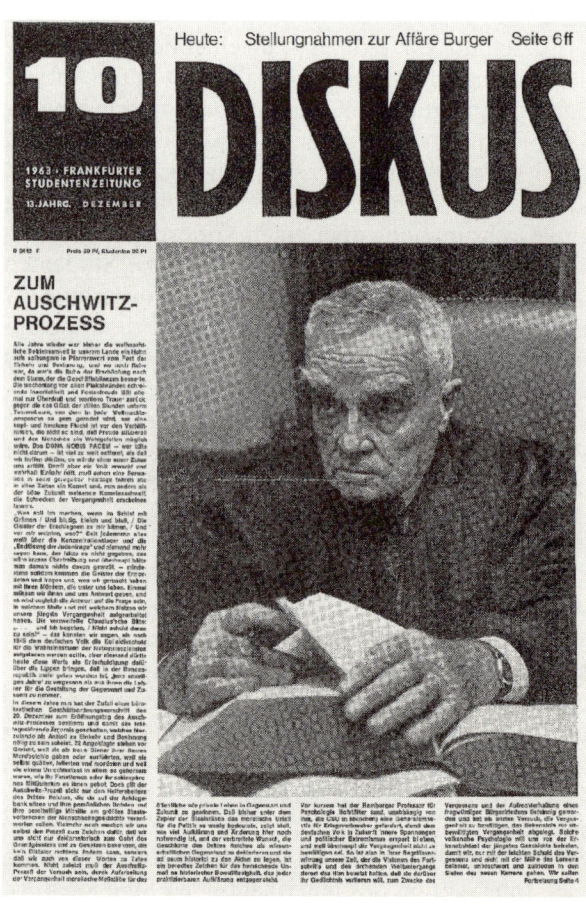

20.12.: Auschwitz-Prozeß als Titelthema.

204   November 1963

20.12.: Zu Beginn des Auschwitz-Prozesses: Die Angeklagten im Blitzlichtgewitter der Fotografen.

hin mit ganzen Kräften einzusetzen. Nicht Rassenwahn und Terror, sondern weiterhin Entspannung, Humanität, Verhandlungen und Politik für den Frieden!«[275]

20. Dezember 1963: Im Plenarsaal des Römers wird vor einem Schwurgericht beim Frankfurter Landgericht der **Auschwitz-Prozeß** eröffnet. Die 21 ehemaligen Angehörigen der SS-Wachmannschaft des in der Nähe von Kraków gelegenen Konzentrations- und Vernichtungslagers werden beschuldigt, Mord und gemeinschaftlichen Mord begangen sowie Beihilfe zum Mord geleistet zu haben. Die Vernehmungsprotokolle, die in dem über zwei Jahre lang vorbereiteten Verfahren von 1.300 Zeugenaussagen festgehalten wurden, umfassen 88 Bände mit insgesamt 17.000 Seiten. Das größte Gerichtsverfahren gegen Holocaust-Täter in der bundesdeutschen Rechtsgeschichte kommt auf Initiative des hessischen Generalstaatsanwalts Fritz Bauer zustande.

272 A.a.O.
273 A.a.O.
274 W. B., Schatten über der Rektoratswahl – Studenten verteilen Flugblätter – Eine »Affäre Burger«? – Fragen nach der Vergangenheit, in: Frankfurter Rundschau vom 15. November 1963.
275 Frankfurter Rundschau vom 25. November 1963.

Dezember 1963

1964

25.11.: Hans Magnus Enzensberger zu Beginn seiner Poetik-Vorlesung in der Johann Wolfgang Goethe-Universität.

Januar 1964: In einer von der *Deutsch-Israelischen Studiengruppe* (DIS) an der Universität veranstalteten Vortragsreihe über **Antisemitismus und politische Bildung heute** spricht als erster Max Horkheimer.[276] – An vier weiteren Abenden referieren noch ein Historiker, ein Psychologe, ein Pädagoge und ein Jurist.

März 1964: In der Reihe *Soziologische Texte* des Luchterhand Verlags erscheint Herbert Marcuses Werk **Die Gesellschaftslehre des sowjetischen Marxismus**. Die Arbeit stellt, wie aus den Danksagungen, die dem Text vorangestellt sind, hervorgeht, das Ergebnis von Studien dar, die Marcuse zu Beginn der fünfziger Jahre am Russian Institute der Columbia University und am Russian Research Center der Harvard University durchgeführt hat.

30. April 1964: Auf dem 15. Deutschen Soziologentag in **Heidelberg**, der **Max Weber und die Soziologie heute** zum Thema hat, hält Herbert Marcuse ein vielbeachtetes Referat über **Industrialisierung und Kapitalismus**, in dem er die technische Vernunft als »jeweils herrschende gesellschaftliche Vernunft« entschlüsselt.[277] Indem er die Technik jedoch vom Schleier der Neutralität befreit, macht er sie zugleich zugänglich für gesellschaftliche Alternativvorstellungen.

Mai 1964: In **München, Stuttgart, Tübingen** und **West-Berlin** führen Mitglieder der *Subversiven Aktion* in Nähe der jeweiligen Universität unter der Überschrift **Suchanzeige** eine Plakataktion durch. Der Aushang besteht aus einer Montage von Zitaten aus dem Werk Adornos. »›Mit dieser Welt gibt es keine Verständigung; wir gehören ihr nur in dem Maße an, wie wir uns gegen sie auflehnen.‹ ›Alle sind unfrei unter dem Schein, frei zu sein.‹ ... Der deutsche Intellektuelle und Künstler weiß das alles schon längst. Aber dabei bleibt es. ›Man will nichts tun, und man wird getan.‹ Wir glauben, daß Wissen nicht Bewältigung ist. Wenn auch Ihnen das Mißverhältnis von Analyse und Aktion unerträglich ist, schreiben Sie unter Kennwort ›Antithese‹ an 8 München 23, postlagernd. Verantwortlich Th. W. Adorno, 6 Frankfurt am Main, Kettenhofweg 123.«[278] – Als Folge dieser widerrechtlichen, wenn auch absichtsvollen Angabe von Adornos Autorschaft erstattet der Frankfurter Professor Anzeige gegen Unbekannt wegen unbefugter Verwendung seines Namens. Die später ermittelten Urheber der Plakataktion, Frank Böckelmann und Dieter Kunzelmann, werden zu Geldstrafen von jeweils 100 DM verurteilt. – Zugleich erfüllt sich für sie aber auch die Absicht der Mitgliederwerbung. In West-Berlin stoßen die beiden aus der DDR stammenden und mit anderen oppositionellen Gruppen unzufriedenen Soziologiestudenten Rudi Dutschke und Bernd Rabehl zur Mikrozelle West-Berlin.

Mai 1964: Als Nachfolger Max Horkheimers wird der 34jährige Professor Jürgen Habermas, bisher Extraordinarius für Philosophie an der Universität Heidelberg, auf den Lehrstuhl für Philosophie und Soziologie an der Johann Wolfgang Goethe-Universität berufen und zum ordentlichen Professor ernannt.

14. Mai 1964: Der neuernannte Ordinarius für Philosophie und Soziologie, Professor Jürgen Habermas, hält auf Einladung der *Wirtschaftspolitischen Gesellschaft von 1947* in der *Frankfurter Gesellschaft für Handel, Industrie und Wissenschaft* einen Abendvortrag über das Verhältnis von *Wissenschaft und Politik*.

22. Mai 1964: Auf der Jahrestagung der *Deutschen Gesellschaft für Amerikastudien* hält Herbert Marcuse einen Vortrag zum Thema **Der Einfluß der deutschen Emigration auf das amerikanische Geistesleben: Philosophie und Soziologie**. Darin kommt er zu einem widersprüchlichen Gesamtergebnis: »Ich glaube, daß in zweifacher Hinsicht die Emigration einen demonstrierbaren Einfluß auf das amerikanische Geistesleben in den von mir hier behandelten Gebieten ausgeübt hat. Erstens: Sie hat mit oft originalen Beiträgen die herrschenden utilitär-pragmatischen Denk- und Forschungsmethoden in Amerika verfeinert und ihre Anwendungsmöglichkeit unendlich erweitert; so hat sie auch einen Beitrag zur wirklichen Stärkung der amerikanischen Wirtschaft und Gesellschaft geleistet. Sie hat aber zweitens auch Dimensionen philosophischen und soziologischen Denkens zu öffnen versucht, die im amerikanischen Geistesleben eigentlich nicht gerade heimisch waren, d. h. sie hat dem transutilitären Denken der kritischen Theorie, dem geschichtlichen Denken eine Heimstätte in Amerika zu schaffen versucht ... ich fürchte, daß die zweite transutilitäre und transpragmatische Tendenz in den letzten Jahren wieder im Rückzug begriffen ist.«[279]

Mai: Jürgen Habermas, Ordinarius für Philosophie und Soziologie.

29. Mai 1964: Das Studentenparlament folgt einer Kritik des Fachschaftssprechers der Philosophischen Fakultät, Edgar Weick, und beschließt, zum Tag der deutschen Einheit am 17. Juni keinen Fackelzug mehr durchzuführen. »Das Studentenparlament«, heißt es im Protokoll, »hält es nicht für ausreichend und angemessen, am 17. Juni nur eine stumme Demonstration oder einen Fackelzug zu veranstalten. Ein Fackelzug findet nicht statt. Herr Weick stellt ausdrücklich fest, daß kein Fackelzug stattfinden soll. Er bezeichnet Demonstrationen dieser Art als Akt politischer Selbstbefriedigung.«[280] Damit hat sich die ablehnende Haltung der linksgerichteten Parlamentarier durchsetzen können. – Im Jahr zuvor hatte sich der SDS demonstrativ geweigert, sich an einem von AStA und Rektor gemeinsam organisierten Fackelzug zur Paulskirche zu beteiligen.

8. Juni 1964: Herbert Marcuse hält in **Frankfurt** einen Vortrag über **Marx, Freud und den Monotheismus**.

9./10. Juni 1964: Ein Empfang der hessischen Landesregierung und des Magistrats der Stadt Frankfurt im Kaisersaal des Römers stellt den Auftakt zur **50-Jahr-Feier der Johann Wolfgang Goethe-Universität** dar. Kultusminister Ernst Schütte erinnert nach seiner Begrüßung der Gäste besonders an den Stiftungscharakter der Universität. Ihre 1914 erfolgte Gründung stelle einen Sieg dar, den »Frankfurter Bürgersinn« über die damals beschränkte Universitätspolitik errungen habe. Die Zeit der Stifter sei allerdings vorüber. Nun hätten Stadt und Land die Lasten gemeinsam zu tragen. Neben finanziellen Mitteln sei aber auch weiterhin der Mut und der Wille der Bürger notwendig, um zu starre Traditionen zu überwinden. – Die eigentlichen Jubiläumsfeierlichkeiten beginnen am darauffolgenden Morgen bei strahlendem Sonnenschein mit einem Festzug von Rektoren und Professoren verschiedener Universitäten und Hochschulen sowie des Lehrkörpers der Goethe-Universität vom Hauptgebäude über die Senckenberganlage zur Kongreßhalle. Die 200 Ordinarien folgen, der Tradition gemäß in bunte Roben und schwarze Talare gehüllt, in einem feierlichen Zug dem Rektor Professor Alfred Rammelmeyer, Prorektor Professor Walter Artelt, Kultusminister Professor Ernst Schütte, Bürgermeister Rudolf Menzer und dem AStA-Vorsitzenden Peter Mürmann. Nach dem Einzug der Magnifizenzen und Professoren in den mit Ehrengästen dicht gefüllten großen Saal der Kongreßhalle spielt das Collegium musicum die Ouvertüre aus Händels »Feuerwerksmusik«. Im Anschluß an die Begrüßung durch den Rektor und an das Bekenntnis des AStA-Vorsitzenden, die Studenten hätten aus ihrem Versagen in der NS-Zeit gelernt und gedächten nur noch der Wahrheit zu dienen, erklärt Kultusminister Schütte: »Wir feiern heute den Sieg, den Frankfurter Bürgersinn vor 50 Jahren über

276 Vgl.: Horst Helmut Kaiser, Vom Ursprung der Vorurteile – Professor Horkheimer als erster Redner einer Frankfurter Vortragsreihe, in: Frankfurter Rundschau vom 10. Januar 1964.
277 Herbert Marcuse, Industrialisierung und Kapitalismus im Werk Max Webers, in: ders., Kultur und Gesellschaft 2, Frankfurt/Main 1965, S. 107–129.
278 (Plakat der *Subversiven Aktion*), Suchanzeige, in: Frank Böckelmann/Herbert Nagel (Hg.), Subversive Aktion – Der Sinn der Organisation ist ihr Scheitern, Frankfurt/Main 1976, S. 145. **(Dok. Nr. 84)**
279 Herbert Marcuse, Der Einfluß der deutschen Emigration auf das amerikanische Geistesleben: Philosophie und Soziologie, in: Jahrbuch für Amerikastudien, Heidelberg 1965, Bd. X, S. 33.
280 Zit. nach: J.W., 17. Juni: Maulhelden von links, in: Diskus – Frankfurter Studentenzeitung, 14. Jg., Nr. 6, Juli 1964, S. 1 (Lokales).

9./10.6.: 50-Jahr-Feier der Universität: Zug der Ordinarien; re. der AStA-Vorsitzende Peter Mürmann, im Hintergrund das Institut für Sozialforschung.

die begrenzte, ja bornierte Universitätspolitik jener Zeit errang.«²⁸¹ Er erinnert dann an das »ungeheure Unrecht«, das man den Gelehrten jüdischen Glaubens angetan habe, den Freunden jener, die vorher so viel für die Universität getan hätten. Rektor Rammelmeyer gedenkt in seinem Festvortrag über *Fünfzig Jahre Universität Frankfurt am Main* besonders der Mitglieder des Lehrkörpers, die während der NS-Diktatur umgekommen sind. Stellvertretend für all jene, die nicht hätten emigrieren können, nennt er zunächst Professor Karl Herxheimer, der als 80jähriger 1942 nach Theresienstadt deportiert worden und in dem KZ kurze Zeit später gestorben sei. Dann ruft er, nach Fakultäten gegliedert, die Namen aller jüdischen Professoren auf, die unter dem Druck des NS-Regimes hätten emigrieren müssen oder in den Konzentrationslagern ihr Leben verloren hätten. – Am Abend beginnt dann auf dem Römerberg ein zwei Tage dauerndes Sommerfest der Studentenschaft. Und die *Vereinigung von Freunden und Förderern der Universität* veranstaltet am 12. Juni im Gesellschaftshaus am Zoo einen Festball.

17. Juni 1964: Im Hörsaal I findet auf Einladung des AStA eine Podiumsdiskussion zur Frage eines Zeitungsaustausches zwischen der Bundesrepublik und der DDR statt. An ihr beteiligen sich nach einer Einführung durch den AStA-Vorsitzenden Peter Mürmann der CDU-Bundestagsabgeordnete Karl Kanka, die beiden Professoren der Geschichtswissenschaft, D. Geyer und Paul Kluke, der Assistent am Seminar für Politikwissenschaft Walter Euchner und der Diplompolitologe Volker Nitzschke.

13. Juli 1964: Mit einem eintägigen Mensastreik demonstrieren die Studenten für eine Qualitätsverbesserung ihrer Mittagsgerichte und fordern vom Kultusministerium einen weiteren Zuschuß in Höhe von 217.000 DM. Rund 50 Studenten haben sich vor dem Eingang zur Mensa niedergelassen, um den Zugang zu verhindern. Auf Plakaten, die sie hochhalten, sind Parolen zu lesen wie »Frankfurter Ärzte warnen vor Mensaessen«, »Hier wird maßgehalten« und »Wir laden Herrn Minister Professor Dr. Schütte zum Mensaessen ein«. Ebenso wie der Rektor, Professor Alfred Rammelmeyer, haben sich bis 14 Uhr etwa 60 Studierende durch die Sitzstreikenden gezwängt und ihr Essen wie üblich in der Mensa eingenommen. Bis zum selben Zeitpunkt sind vor dem Studentenhaus von verschiedenen Studentengruppen 1.500 Curry-Würstchen an ihre Kommilitonen verkauft worden. Auf einer in den Nachmittagsstunden stattfindenden Vollversammlung, auf der der AStA-Vorsitzende Peter Mürmann noch einmal die Ziele des Warnstreiks erläutert, ist der Hörsaal mit 250 Teilnehmern nur zu einem Drittel gefüllt. – Im Juni hatten 5.000 Studenten mit ihrer Unterschrift die vom AStA gegenüber dem Kultusministerium erhobene Forderung unterstützt.

13. 7.: Mensastreik: Selbstversorgung der Studenten.

August 1964: Auf der jugoslawischen Insel **Korčula** hält Herbert Marcuse im Rahmen der von der Praxis-Gruppe erstmals veranstalteten Sommerschule ein Referat über **Perspektiven des Sozialismus in der entwickelten Industriegesellschaft**.[282]

13. August 1964: Kultusminister Ernst Schütte gibt in **Wiesbaden** einen Erlaß bekannt, der den Schülerzeitungen volle Pressefreiheit garantiert. Nicht länger mehr sollen Schulleiter zensieren dürfen, was die jungen Redakteure schreiben wollen. Hessen ist das erste Bundesland, das diesen Schritt vollzieht.

Sept.: Max Horkheimer zu Fernsehaufnahmen an einem Kiosk des Hauptbahnhofs; re. der Reporter Dagobert Lindlau.

September 1964: Im Mittelpunkt des von Dagobert Lindlau hergestellten und im Ersten Deutschen Fernsehen ausgestrahlten Features **Die Bundesrepublik heute – Beobachtungen in der neuen deutschen Gesellschaft** steht der Sozialphilosoph Max Horkheimer. Die Kamera zeigt den Frankfurter Ehrenbürger bei einem Vortrag in der Akademie der Arbeit, im Gespräch mit jungen Mädchen vor einem Pressekiosk am Hauptbahnhof und bei Spaziergängen durch die Stadt. – Die **Frankfurter Rundschau** schreibt in ihrer

---

281 Frankfurter Rundschau vom 11. Juni 1964.
282 Herbert Marcuse, Perspektiven des Sozialismus in der entwickelten Industriegesellschaft, in: Praxis, Vol. 1, 1965, Nr. 2/3, S. 260–270.

Bildschirm-Kritik zu diesen Szenen aus dem Alltagsleben eines Professors: »…man erwartete mehr Kritik, schärfere Sätze über die spezifisch bundesrepublikanische Wohlstandsgesellschaft.«[283]

4.– 6. September 1964: Auf der **XIX. ordentlichen SDS-Delegiertenkonferenz** hält Karl Markus Michel unter dem Titel **Narrenfreiheit in der Zwangsjacke? Aufgaben und Grenzen intellektueller Kritik in der Bundesrepublik** ein vielbeachtetes Referat über die gesellschaftspolitische Neudefinition des Selbstverständnisses von Intellektuellen.[284] Zum neuen Bundesvorsitzenden wird Helmut Schauer gewählt, der in einem Referat zur Innenpolitik schlußfolgert, daß es nur noch eine Alternative zwischen »einem autoritären, letztlich neufaschistischen System« und einer »zur sozialen weiterentwickelten Demokratie« gebe.

26. Sept.: VVN-Kundgebung auf dem Römerberg.

26. September 1964: Nach einem Demonstrationszug, der vom Messegelände über den Opernplatz zum Römer führt, versammeln sich dort am Samstagnachmittag 5.000 Menschen, die aus dem gesamten Bundesgebiet gekommen sind, zu einer **Kundgebung gegen Krieg und Faschismus**. Sie ist unter dem Motto »Nie wieder Krieg – Nie wieder Faschismus – Nie wieder Auschwitz« von der *Vereinigung der Verfolgten des Naziregimes* (VVN), der *Lagergemeinschaft Buchenwald* und der *Naturfreundejugend* organisiert worden. Als bekanntgegeben wird, daß der 54jährige ehemalige Auschwitz-Häftling Bruno Baum, der in Potsdam lebt und als Vertreter der *Antifaschistischen Widerstandskämpfer* auftritt, von der Frankfurter Polizei mit einem Sprechverbot belegt worden ist, ertönt ein gellendes Pfeifkonzert. Der Vorsitzende der Frankfurter *Naturfreundejugend*, Hermann Sittner, fordert dazu auf, alle führenden Nazis aus ihren Positionen zu entfernen und keine Verjährung der von ihnen begangenen Verbrechen zuzulassen. – Das 12. Kommissariat der Kriminalpolizei begründet das Sprechverbot für den Auschwitz-Überlebenden aus der DDR später damit, daß man bei ihm davon hätte ausgehen müssen, daß er mit seinem Redebeitrag sich abträglich über die Bundesrepublik äußern und gegen gültige Gesetze verstoßen würde.

3. Oktober 1964: Die SPD führt in ihrem Parteigebäude in der Fischerfeldstraße eine Podiumsdiskussion zur Frage durch **Was ist im deutschen Strafrecht reformbedürftig?** Unter der Leitung von Stadtrat Emil Bernt diskutieren darüber Generalstaatsanwalt Fritz Bauer, Rechtsanwalt Karl Kanka sowie die beiden Professoren Theodor W. Adorno und Tobias Brocher.

8. Oktober 1964: Im Palais Schaumburg in **Bonn** empfängt Bundeskanzler Ludwig Erhard eine von Max Horkheimer geleitete Gruppe von 48 Pädagogen, die mehrere Wochen lang in den USA die Methoden staatsbürgerlicher Erziehung beobachtet haben. Die Studienreise war vom *American Jewish Committee* vorbereitet und organisiert worden. Die Finanzierung geschah aus Mitteln des Auswärtigen Amtes, der Schulverwaltungen der Bundesländer, insbesondere Hessens, der Thyssen- und der Volkswagen-Stiftung. Der Anstoß zu dem Unternehmen war durch die schockierende Erfahrung der antisemitischen Welle um die Jahreswende 1959/60 ausgegangen, bei der jugendliche Täter die Mehrzahl bildeten.[285] – Unter der Überschrift **Zwei Professoren im Gespräch** erscheint am 9. Oktober in der **Bonner Rundschau** ein großformatiges Photo, das zeigt, wie Max Horkheimer, Professor für Philosophie und Soziologie, mit Ludwig Erhard, Professor für Nationalökonomie, ins Gespräch vertieft ist.

November 1964: Auf dem **16. Verlags-Abend des Suhrkamp Verlags** trägt Theodor W. Adorno Teile seines in der *edition suhrkamp* erschienenen Taschenbuches **Jargon der Eigentlichkeit – Zur deutschen Ideologie** vor, in dem er sprachliche Verfallsformen in Philosophie und Literatur analysiert, die in der Nachkriegszeit als Klischees gerade in akademischen Kreisen große Verbreitung gefunden haben.[286] Als Beispiele wählt er Passagen aus Otto Friedrich Bollnows

8.10.: Bundeskanzler Ludwig Erhard (li.) empfängt Professor Horkheimer und eine Gruppe von Pädagogen in Bonn.

Schrift *Neue Geborgenheit*, Werner Bergengruens Gedichtband *Heile Welt* und Martin Heideggers Traktat *Aus der Erfahrung des Denkens*. – In einer Besprechung der **Frankfurter Rundschau** formuliert Horst Helmut Kaiser sein Unbehagen gegenüber der von ihm unterstellten Überforderung mancher der Zuhörer durch die von Adorno ausgewählten Textstellen und kritisiert, daß es dabei um »das bloße Zelebrieren eines Opfers« gegangen sei, gegen das zu protestieren sich der Vortragende wohl selbst nicht gescheut hätte.[287]

6. November 1964: In seiner Sendereihe **Kulturelles Wort** strahlt der **Westdeutsche Rundfunk** in Köln einen Vortrag von Herbert Marcuse aus, der den Titel **Freiheit: zu oder von?** trägt.

18. November – 20. Dezember 1964: Am Buß- und Bettag wird im Plenarsaal der Paulskirche die von Generalstaatsanwalt Fritz Bauer initiierte, von dem Frankfurter Architekten Wolfgang Dohmen konzipierte und vom *Bund für Volksbildung* veranstaltete **Auschwitz-Ausstellung** eröffnet. Auschwitz sei, erklärt Oberbürgermeister Willi Brundert in seiner Ansprache, inzwischen zum Symbolbegriff für Unrecht überhaupt geworden. Die Ausstellung werfe die Frage auf, ob die Deutschen aus der sie belastenden Vergangenheit die richtige politische Lehre gezogen hätten. Skepsis sei zumindest geboten. Der Hauptzweck des Auschwitz-

283 Kritisch am Bildschirm (Erstes Programm): Schwere und leichte Kost gut ausgeglichen, in: Frankfurter Rundschau vom 7. September 1964.
284 Vgl.: Karl Markus Michel, Die sprachlose Intelligenz I, in: Kursbuch, 1. Jg., Nr. 1, Juni 1965, S. 73–119; ders., Die sprachlose Intelligenz II, Muster ohne Wert, in: Kursbuch, 2. Jg., Nr. 4, Februar 1966, S. 161–212.
285 Vgl.: Für eine Reform der Staatsbürgerkunde – Erfahrungen deutscher Lehrer in Amerika / Empfang bei Erhard, in: Frankfurter Allgemeine Zeitung vom 13. Oktober 1964.
286 Theodor W. Adorno, Jargon der Eigentlichkeit – Zur deutschen Ideologie, Frankfurt/Main 1964; wiederabgedruckt in: ders., Gesammelte Schriften Bd. 6: Negative Dialektik / Jargon der Eigentlichkeit, hrsg. von Rolf Tiedemann, Frankfurt/Main 1973, S. 413–523.
287 Horst Helmut Kaiser, Jargon der Eigentlichkeit – Theodor W. Adorno auf dem 16. Suhrkamp-Abend im Cantate-Saal, in: Frankfurter Rundschau vom 12. November 1964.

November – Dezember 1964

Prozesses bestehe darin, vieles von dem nachzuholen, was nach 1945 verabsäumt worden sei. Da die Erfahrung lehre, daß das öffentliche Interesse an einem Gerichtsverfahren umso mehr erlahme, je länger es dauere, dies aber auf keinen Fall eintreten dürfe, habe Generalstaatsanwalt Bauer den Anstoß gegeben, eine Ausstellung über das Konzentrations- und Vernichtungslager zu zeigen. Sie sei ein Appell an die Menschlichkeit. Eugen Kogon, der KZ-Häftling in Buchenwald war und mit seinem bereits 1946 erschienenen Buch *SS-Staat* eines der Standardwerke über das System der Konzentrationslager vorgelegt hat, spricht zum Abschluß über die Schuld in der Vergangenheit und die Verpflichtung für die Zukunft. Normalisierung, hält er fest, dürfe nicht zugleich auch vergessen heißen. Vor allem die Jüngeren müßten erfahren, was damals möglich gewesen sei. – Am Tag darauf fordert der Strafverteidiger Fritz Steinacker in dem im Haus Gallus stattfindenden Auschwitz-Prozeß, die Auschwitz-Ausstellung als »möglichen Versuch einer Prozeßbeeinflussung« zu schließen. Er halte »diese Art der Öffentlichkeitsarbeit« für bedenklich, weil künftig eine Gegenüberstellung von Zeugen mit Angeklagten durch die in der Paulskirche zusammen mit Auszügen aus den Anklageschriften ausgestellten Photos der Angeklagten zur Farce werden müsse. Der Frankfurter Rechtsanwalt Hans Laternser spricht gar von einem »klaren Verstoß gegen die Strafprozeßordnung«. – Einer der Prozeßbeobachter schreibt dazu, daß es den Verteidigern der früheren KZ-Wächter offenbar nicht gefalle, daß in der Paulskirche, der »Wiege deutscher Demokratie«, ein Schreckenskabinett zu sehen sei, über dem drohend die SS-Runen stünden: »Die einzige Antwort darauf ist eigentlich nur die: daß noch mehr Klassen, Schulen, Privatleute, Gruppen oder geschlossene Vereine diese Ausstellung besuchen…«[288] – Das Gericht lehnt den Antrag der Strafverteidiger schließlich mit der Begründung ab, daß er einer Rechtsgrundlage entbehre.

25. November 1964: Der Lyriker und Essayist Hans Magnus Enzensberger beginnt im Hörsaal VI seine **Poetik-Dozentur** an der Goethe-Universität. Nach einer Einführung durch Theodor W. Adorno hält er eine Vorlesung über die selbstironisch-doppelbödige Frage *Spielen Schriftsteller eine Rolle?*. Das Problem bestehe eher darin, so entfaltet Enzensberger seine These, daß Autoren zu viele Rollen spielten, Rollen, auf die sie nach ganz verschiedenen Mustern jeweils festgelegt seien. Nach einem starren Mechanismus würden von Lesern, Kritikern, Verlegern Rollen verteilt, die die Schriftsteller in bestimmte Schablonen preßten. Prominente Beispiele seien Sartre in der Rolle des Engagierten, Thomas Mann in der des Ironikers, Ionesco in der des Absurden sowie John Osborne und Jack Kerouac in der des Outsiders. Diese stille Übereinkunft im literarischen Wechselspiel zwischen Erwartung und Bestätigung vertrage keine Abweichung, die Inszenierung dürfe nicht gestört werden. Je besser die Mechanik der Rollenverteilung funktioniere, desto weniger sei an eine Veränderung der gesellschaftlichen Zustände zu denken. Eine der wesentlichsten Aufgaben der Kritik, so beendet Enzensberger seine erste Vorlesung, bestünde in der rücksichtslosen Destruktion von Rollen und Mythen. – Die Themen der weiteren Vorlesungen, die bis zum Februar 1965 reichen, lauten *Literatur als Geschichtsschreibung*, *Vom Nutzen und Nachteil der Gattungen*, *Topologische Strukturen der modernen Literatur* und *Die Macht und die Ohnmacht – Von der Dialektik literarischer Wirkungen*. – Der vom Suhrkamp Verlag gestiftete Lehrstuhl für Poetik an der Frankfurter Universität war bisher von Ingeborg Bachmann, Karl Krolow, Marie-Louise Kaschnitz, Helmut Heißenbüttel und Heinrich Böll eingenommen worden.

---

288 Lothar Vetter, Mit Paragraphen gegen das Gewissen? Auschwitz-Ausstellung muß bleiben – Gedanken zum Antrag einiger Strafverteidiger, in: Frankfurter Rundschau vom 21. November 1964.

1965

1./2.10.: Mit einer Demonstration durch die Innenstadt wird die »Woche gegen den Krieg in Vietnam« beendet. In der Mitte (v. l. n. r.): Heiner Halberstadt, Herbert Mochalski und Egon Becker.

12. Januar 1965: Auf der Jahreshauptversammlung des *Argument-Clubs* in **West-Berlin** berichtet das Vorstandsmitglied Wolfgang Fritz Haug über verschiedene im Vorjahr durchgeführte Arbeitskreise, die an die »nichtstalinistische Tradition des deutschen Marxismus«[289] anzuknüpfen versucht hätten. Aufgeführt wird u. a. ein von Wolfgang Lefèvre geleiteter Arbeitskreis zu dem in der *edition suhrkamp* erschienenen Buch Walter Benjamins *Das Kunstwerk im Zeitalter seiner technischen Reproduzierbarkeit*. In der anschließenden Diskussion kritisiert der aus dem Frankfurter Institut für Sozialforschung stammende und nun an der Freien Universität lehrende Soziologe Ludwig von Friedeburg den »Elfenbeinturm einer Diskussion unteresgleichen«[290] und das zu akademische und deshalb politisch folgenlose Niveau der Zeitschrift **Das Argument**. Haug verteidigt die bisherige Publikationsweise mit den Worten: »Wir machen keine Arbeiterzeitschrift und gehen nicht in die Massen, wir sind Intellektuelle und Schreiben für unseresgleichen.«[291] Nach Abschluß der Debatte tritt der Kabarettist Wolfgang Neuss als »Mann mit der Pauke« auf. Danach wird Beat-Musik vom Tonband gespielt. – Für das Sommersemester 1965 sind Arbeitskreise zu den Themen *Sexualität und Herrschaft*, *Wie geschieht und was leistet Gesellschaftskritik* und *Grundbegriffe der Kritischen Theorie* geplant; die Leitung liegt bei Haug, Werner Blanke, Reimut Reiche und Jürgen Werth.

Februar 1965: Herausgeber und Redaktion der Frankfurter Studentenzeitung **Diskus** distanzieren sich in einer gemeinsamen Erklärung von einem in der Januar-Ausgabe des Blattes unter der Lokal-Rubrik »Personalien« erschienenen Text, mit dem in unqualifizierter, zum Teil desinformierender und falscher Weise über eine in der *Welt der Literatur* erschienenen Rezension von Theodor W. Adornos Buch *Jargon der Eigentlichkeit* berichtet worden war. In dem nicht namentlich gekennzeichneten Artikel war Adorno als früherer »Prozeßgegner Thomas Manns« bezeichnet worden. In der Berichtigung der Falschmeldung heißt es: »Herausgeber und Redaktion des Diskus bedauern, die falsche Behauptung veröffentlicht zu haben; sie verurteilen darüber hinaus Tonfall, Inhalt und Publikationsform des Beitrags, da er allen Redaktionsprinzipien der Zeitschrift widerspricht ... Der Diskus hat sich von dem Verfasser der Notiz, Herrn Alexander Gockel, als Mitarbeiter getrennt. Der verantwortliche Redakteur wurde gerügt.«[292] Außerdem heißt es, daß alle gegen Adornos Heidegger-Kritik gewendeten Zitate aus einer Rezension von Ludwig Marcuse stammten.

3. Februar 1965: Unter dem Titel **Ist die Soziologie eine Wissenschaft vom Menschen?** strahlt der **Südwestfunk** in Baden-Baden ein Streitgespräch zwischen Theodor W. Adorno und seinem konservativen Widersacher Arnold Gehlen aus.

12. Februar 1965: Mit einem sehr persönlich gehaltenen Offenen Brief gratuliert Theodor W. Adorno in der Wochenzeitung **Die Zeit** seinem Freund und Kollegen Max Horkheimer zu dessen 70. Geburtstag.[293]

13. Februar 1965: Unter der Überschrift **Gratulator** beglückwünscht Theodor W. Adorno seinen Freund und Kollegen Max Horkheimer in der **Frankfurter Rundschau** mit einem ausführlichen Zitat aus Kants *Streit der Fakultäten* über die Pflicht, das Alter zu ehren, zu dessen 70. Geburtstag.[294] – In der gleichen Ausgabe der Tageszeitung erscheint unter dem Titel

Febr.: Theodor W. Adorno, Professor für Philosophie und Soziologie.

13.2.: Max Horkheimer bei einem Studentenball im Palmengarten (1953).

Wortführer einer kritischen Soziologie ein umfangreicher Bericht über ein von Horst Köpke mit dem Jubilar geführtes Gespräch in dessen oberhalb des Luganer Sees gelegenen Haus in **Montagnola**.

27. März 1965: Eine vom Hessischen Ausschuß der *Kampagne für Abrüstung – Ostermarsch der Atomwaffengegner* organisierte Demonstration gegen den Vietnamkrieg führt in der Innenstadt zu Zusammenstößen mit der Polizei. Nachdem es bereits im Vorfeld zu einem Tauziehen um die Demonstrationsroute gekommen ist, wird der Protestzug von der Polizei nur unter der Auflage gestattet, daß die Protestierenden darauf verzichten, »durch Wort und Schrift einseitig gegen eine der am Vietnam-Konflikt beteiligten Parteien« Stellung zu nehmen und den Innenstadtbereich um die Hauptwache ausnehmen. Vor Beginn der Demonstration findet zunächst eine Kundgebung im Steinernen Haus statt. Der Darmstädter Diplom-Physiker Egon Becker, der Kabarettist Rudolf Rolfs und der Ausschuß-Sprecher Klaus Vack greifen dabei auch die Bundesregierung an, die immer noch nicht bereit sei, sich von der US-amerikanischen Politik in Südostasien zu distanzieren. Die Auflagen der Polizei bezeichnet Vack als »vorweggenommene Notstandsgesetzgebung«, dennoch empfiehlt er den Teilnehmern, sich an den vorgeschriebenen Weg zu halten. Anschließend ziehen die 450 zumeist jüngeren Leute über die Berliner Straße und die Fahrgasse zum Börneplatz. Als sich dort jedoch eine Gruppe von 50 Demonstranten abspaltet und zur Konstablerwache weiterziehen will, greift die Polizei ein. Sie stellt sich den Vietnamkriegsgegnern entgegen und versucht ihnen, die Plakate aus den Händen zu reißen. Dabei kommt es zu einem Handgemenge. In der Zwischenzeit ziehen 100 andere Demonstranten auf dem Bürgersteig in Richtung Hauptwache die Zeil entlang und verteilen Flugblätter. Nun tauchen drei Mannschaftswagen auf, die Polizisten springen heraus und stürzen sich auf die Jugendlichen. Diese beginnen sich heftig zu wehren, dennoch werden einige weggezerrt und in die Polizeifahrzeuge gesteckt. Die anderen haben sich inzwischen auf der Zeil niedergelassen, um nicht nur gegen den Vietnamkrieg, sondern auch gegen das Vorgehen der Frankfurter Polizei zu protestieren. In Sprechchören ertönt immer wieder »Demokratie!« und »Demonstriert für den Frieden!«. Zahllose Passanten verfolgen verwundert das Geschehen. Bereits nach zehn Minuten beenden die Demonstranten ihren Sitzstreik, ziehen ins Westend weiter und versuchen, ihre Protestaktion vor dem US-Generalkonsulat in der Siesmayerstraße fortzusetzen. Doch auch hier, wo die Polizei bereits im Vorfeld die Fahrbahn durch quergestellte Fahrzeuge blockiert hat, kommt es zu erneuten Rangeleien um Plakate und weiteren Sitzstreikaktionen. Dabei wird ein unbeteiligtes junges Mädchen von einem Polizisten verprügelt. Insgesamt nimmt die Polizei 41 Demon-

---

289 Zit. nach: Siegward Lönnendonker / Tilman Fichter unter Mitarbeit von Claus Rietzschel (Red.), Freie Universität Berlin 1948–1973 – Hochschule im Umbruch, Teil IV, 1964–1967, Die Krise, Dokumentation der Freien Universität West-Berlin, West-Berlin 1975, S. 10.
290 A.a.O.
291 A.a.O.
292 Diskus – Frankfurter Studentenzeitung, 15. Jg., Nr. 2, Februar 1965, S. 2 (Lokales).
293 Theodor W. Adorno, Offener Brief an Max Horkheimer, in: Die Zeit vom 12. Februar 1965, 20. Jg., Nr. 7, S. 32 ff.
294 Theodor W. Adorno, Gratulator – Zu Max Horkheimers 70. Geburtstag, in: Frankfurter Rundschau vom 13. Februar 1965.

27.3.: Vietnamkriegsgegner haben sich auf der Zeil niedergelassen.

stranten fest. Sie sollen wegen Verstoßes gegen das Versammlungsgesetz und Verkehrsgefährdung Strafanzeigen erhalten.[295] – Bei einer von Vertretern verschiedener Jugendorganisationen am 8. April im Römer mit Oberbürgermeister Willi Brundert geführten Diskussion spricht dieser sein Bedauern über das Vorgehen der Polizei aus; Stadtrat Walter Möller ergänzt, daß die Auflagen der Polizei »ungesetzlich« gewesen seien.

April 1965: In einem Gespräch **Über die geschichtliche Angemessenheit des Bewußtseins**, das Peter von Haselberg im **Hessischen Rundfunk** mit Theodor W. Adorno führt, äußert sich der Musiksoziologe auch über das Phänomen der Beat-Musik. »Idiosynkrasie«, leitet von Haselberg seine Frage ein, »ist gerade in unserer Zeit gegen eine Form der ›entarteten Kunst‹ wieder höchst virulent geworden, und diese ›entartete Kunst‹ – darüber sind wir Älteren uns alle ganz einig – ist die der Beatles. Nun frage ich Sie aber: worin liegt denn die Rechtfertigung, den Beatles gegenüber ein Argument zu gebrauchen, das vor der Kunst, welche die Nazis verwarfen, nicht mehr statthaft sein darf?«[296] »Was gegen die Beatles zu sagen ist«, antwortet Adorno, »ist gar nicht so sehr etwas Idiosynkratisches, sondern ganz einfach das, was diese Leute bieten, womit überhaupt die Kulturindustrie, die dirigistische Massenkultur uns überschwemmt, seiner eigenen objektiven Gestalt nach etwas Zurückgebliebenes. Man kann zeigen, daß die Ausdrucksmittel, die hier verwandt und konserviert werden, in Wirklichkeit allesamt nur heruntergekommene Ausdrucksmittel der Tradition sind, die den Umkreis des Festgelegten in gar keiner Weise überschreiten und die das an Ausdruck, was sie sich zutrauen und wovon die faszinierten Hörer behaupten, daß es das Fascinosum sei, objektiv eben durch die Abgebrauchtheit all dieser Elemente gar nicht mehr haben.«[297]

April 1965: In der Neuen *Wissenschaftlichen Bibliothek* des **Köln**er Verlags Kiepenheuer & Witsch erscheint der von Ludwig von Friedeburg herausgegebene Band **Jugend in der modernen Gesellschaft**. In der Einführung des Herausgebers heißt es, die zeitgenössischen jugendsoziologischen Forschungen ließen erkennen, wie gleichartig die Lebensperspektiven von Studenten in den USA, Deutschland, Polen und der Sowjetunion – trotz aller gesellschaftspolitischer Differenzen – seien. »Überall erscheint die Welt ohne Alternativen, paßt man sich den jeweiligen Gegebenheiten an, ohne sich zu engagieren, und sucht sein persönliches Glück im Familienleben und der Berufskarriere. In der modernen Gesellschaft bilden Studenten kaum mehr ein Ferment produktiver Unruhe. Es geht nicht mehr darum, sein Leben oder gar die Welt zu verändern, sondern deren Angebote bereitwillig aufzunehmen und sich in ihr, so wie sie nun einmal ist, angemessen und distanziert einzurichten.«[298]

27. April 1965: Herbert Marcuse hält an der Brandeis-University in **Waltham** (US-Bundesstaat Massachusetts) seine Abschiedsvorlesung. Das Thema lautet: **Obsolescence of Socialism**.

Mai 1965: Als 17. Band der *Frankfurter Beiträge zur Soziologie* erscheint in der Europäischen Verlagsanstalt Heribert Adams Untersuchung **Studentenschaft und Hochschule – Möglichkeiten und Grenzen studentischer Politik**. Darin werden Spielraum, Potential und Selbstverständnis im politischen Handeln studentischer Vertreter analysiert. Gegenstand der Untersuchung sind neben den Aktivitäten in den Organen der verfaßten Studentenschaft, dem Studentenparlament, dem Allgemeinen Studentenausschuß und der Vereinigung Deutscher Studentenschaften sowie in den Institutionen der akademischen Selbstverwaltung jedoch auch Protestresolutionen, Demonstrationen und andere Formen zur öffentlichen Austragung von Konflikten. An einer Fülle von Beispielen erhärtet Adam die These, daß die in Reaktion auf die Instrumentalisierung durch den Nationalsozialismus in der Nachkriegszeit wieder ausgebaute Autonomieposition der Universitäten gegenüber dem Staat die Professorenschaft in ihrer ohnehin starken Stellung außerordentlich begünstigt und die Studentenschaft, die zudem noch von Problemen der Massenuniversität wie Überfüllung, Kontaktmangel und dergleichen mehr belastet wurde, umgekehrt proportional stark benachteiligt hat. Unter diesen Ausgangsbedingungen verkehrten sich die Organe der verfaßten Studentenschaft in Medien der Konfliktkanalisation bei gleichzeitiger Aufrechterhaltung des Scheins demokratischer Körperschaften. Die Misere der Studenten in der Ordinarienuniversität sei weniger einer etwaigen Unfähigkeit ihrer Gremienvertreter zuzurechnen, als dem objektiven Scheitern einer staatlich wiederholt propagierten, jedoch zur bloßen Rhetorik erstarrten Hochschulreform. In seiner Vorrede hebt Theodor W. Adorno hervor, daß sich in den Befragungen von 173 Studentenvertretern bundesdeutscher Hochschulen eindeutig gezeigt habe, »… daß von verbreiteter Opposition innerhalb der Studentenschaft nicht die Rede sein kann«.[299] Nach wie vor müsse das vorherrschende Bewußtsein unter den Studierenden »als unpolitisch« charakterisiert werden. Die Studentenvertretungen näherten sich mehr und mehr »einer unpolitischen Versorgungsbürokratie«, wie der Verfasser der Studie auch an programmatischen Äußerungen studentischer Funktionäre zeigen könne. Durch wachsende Beschäftigung mit Verwaltungsaufgaben würden sie »… ähnlich wie die Betriebsräte in der Industrie allmählich in die institutionelle Hierarchie integriert«.[300]

Mai: Untersuchung der politischen Handlungsspielräume der Studentenschaft – Broschüre mit Beiträgen zur Kritik der Notstandsgesetzgebung.

295 Vgl. zu den Vorfällen: Oscar Link, Demonstration endete im Hexenkessel, in: Frankfurter Rundschau vom 29. März 1965 und zur Be- bzw. Mißhandlung des US-amerikanischen Studenten Klaus Arons durch die Polizei: D.W., Demonstration der Justiz, in: Diskus – Frankfurter Studentenzeitung, 16. Jg., Nr. 3, April/Mai 1966, S. 11.
296 Zit. nach: Theodor W. Adorno und Peter von Haselberg, Über die geschichtliche Angemessenheit des Bewußtseins, in: Akzente, 12. Jg., Nr. 6, Juni 1965, S. 493.
297 A.a.O., 494.
298 Ludwig von Friedeburg, Einführung, zu: ders. (Hg.), Jugend in der modernen Gesellschaft, Köln 1965, S. 18.
299 Theodor W. Adorno, Vorrede, zu: Heribert Adam, Studentenschaft und Hochschule – Möglichkeiten und Grenzen studentischer Politik, Frankfur/Main 1965, S. VIII. **(Dok. Nr. 94)**
300 A.a.O., S. X.

30.5.: Jürgen Habermas (2.v.r.) als Diskussionsleiter beim Bonner Anti-Notstands-Kongreß.

24. Mai 1965: Der *Aktionsausschuß gegen die Notstandsgesetze* führt am Abend in der Paulskirche eine Protestkundgebung durch, weil trotz mehrfach abgeänderter Vorlagen wesentliche Grundrechte wie das der Versammlungsfreiheit, auf unbehinderte Berichterstattung, Freizügigkeit und freie Wahl des Arbeitsplatzes eingeschränkt seien. Als Redner treten der Frankfurter SPD-Landtagsabgeordnete Philipp Pleß, Pfarrer Heinrich Grißhammer (Hitzkirchen) und der Marburger Professor Heinrich Düker auf. Wegen Überfüllung des Innenraumes müssen Hunderte von Teilnehmern vor dem Eingang bleiben. Anschließend ziehen die Notstandsgegner vom Paulsplatz über die Berliner Straße, die Konstablerwache, die Zeil, Rathenau- und Goetheplatz, Kaiserstraße, Hauptbahnhof; Baseler Platz und Wilhelm-Leuschner-Straße zum Gewerkschaftshaus. – Der *Aktionsausschuß gegen die Notstandsgesetze* ist auf Initiative von elf Frankfurter Jugend- und Studentenverbänden, darunter dem SDS, gegründet worden. Ihm gehören auch eine Reihe von Professoren und Assistenten der Goethe-Universität an.

30. Mai 1965: Zusammen mit einigen anderen Hochschulgruppen veranstaltet der SDS in der Friedrich-Wilhelms-Universität in **Bonn** den Kongreß **Demokratie vor dem Notstand**. An den drei Arbeitskreisen *Notstand und parlamentarische Kontrolle*, *Pressefreiheit im Notstandsfall* und *Streikrecht und Zivildienst* beteiligen sich insgesamt rund 1.200 Personen. In seiner Eröffnungsrede erklärt der SDS-Bundesvorsitzende Helmut Schauer: »Hinter verschlossenen Türen haben die Fraktionsvorsitzenden und ihre Experten über eine Änderung des Grundgesetzes der Bundesrepublik beraten, mit der Absicht, das Parlament und selbst die Fraktionen zu bloßen Akklamationsmaschinen zu machen. Das war schon ein akuter Fall des inneren Notstands der Demokratie, mit dem Versuch zur Entmachtung des Parlaments durch einen exklusiven Notstandsausschuß. Wenn Entwürfe zu einer Verfassungsänderung fast wie eine Geheimsache behandelt werden, wird die demokratische Diskussion der Öffentlichkeit zur unmittelbaren Kritik. Das wissenschaftliche Räsonnement über die Vorlage zur Notstandsgesetzgebung auf diesem Kongreß sollte und soll Parteien und Institute der öffentlichen Meinung daran erinnern, daß die Demokratie ohne Öffentlichkeit und öffentliche Diskussionen nicht funktionieren kann.«[301] Die Diskussion des Arbeitskreises *Die Pressefreiheit im Notstandsfall*, an der u.a. Karl Dietrich Bracher, Thomas Ellwein und Jürgen Seifert teilnehmen, wird von Jürgen Habermas geleitet. In seiner Schlußbemerkung heißt es: »Ich bin dankbar, daß die Studentenverbände die Initiative ergriffen haben, uns Professoren aufzufordern, daß wir uns zusammensetzen und versuchen, rechtzeitig die Argumente vorzutragen, die gegen erkennbare politische Gefahren vorgetragen werden müssen.«³⁰² Die Beiträge auf der Abschlußkundgebung, zu der sich 2.000 Protestierende versammeln, halten der Rechtswissenschaftler Helmut Ridder, der Gewerkschafter Georg Benz und der SHB-Vorsitzende Hajo Hauß.

1. Juni 1965: Im Frankfurter Suhrkamp Verlag erscheint die erste Nummer der von Hans Magnus Enzensberger herausgegebenen Kultur-Zeitschrift **Kursbuch**. Neben literarischen Texten, wie beispielsweise von Samuel Beckett, erscheint der erste Teil eines umfangreichen Essays von Karl Markus Michel über *Die sprachlose Intelligenz* sowie zwei Dossiers über die literarische Produktion Jean-Paul Sartres und den Frankfurter Auschwitz-Prozeß. – Der Adorno-Schüler Michel wird später Mitherausgeber der auflagenstärksten und anfangs auch einflußreichsten Intellektuellenzeitschrift der Bundesrepublik.

15. Juni 1965: An einer Protestkundgebung gegen die Notstandsgesetzgebung nehmen auf dem Römerberg mehr als 5.000 Menschen teil. Hauptredner sind der Rechtswissenschaftler Professor Helmut Ridder (Universität Bonn) und der Gewerkschaftsfunktionär Werner Vitt (Mitglied im Hauptvorstand der *IG Chemie*). Beide kritisieren die geplanten Notstandsgesetze als Selbstentmachtung des Parlaments, die in eine neue Diktatur führen könne, und warnen die SPD eindringlich davor, dem Drängen der Bundesregierung nachzugeben und dem Vorhaben zuzustimmen. Zahlreiche Teilnehmer beteiligen sich anschließend an einem Demonstrationszug durch die Innenstadt.

28. Juni 1965: An der Johann Wolfgang Goethe-Universität hält Jürgen Habermas seine Antrittsvorlesung **Erkenntnis und Interesse**. Darin stellt er einer kontemplativ mißverstandenen Wertneutralität der Wissenschaft, die sich nur zu gut mit einer bürokratisch

---

301 Helmut Schauer, Eröffnung des Kongresses, in: Bundesvorstand des Sozialistischen Deutschen Studentenbundes (Hg.), Demokratie vor dem Notstand – Protokoll des Bonner Kongresses gegen die Notstandsgesetze am 30. Mai 1965, Sonderheft der Zeitschrift »neue kritik«, Frankfurt/Main 1965, S. 5.

302 A.a.O., S. 40.

15.6.: Zuhörer bei der Anti-Notstandskundgebung auf dem Römerberg.

verordneten Parteilichkeit vertrage, einen konstitutiven Zusammenhang von Erkenntnis und Interesse im Medium der Selbstreflexion gegenüber.

1. Juli 1965: Aus Sorge um den wachsenden Bildungsnotstand in der Bundesrepublik ziehen 3.000 Studenten in einem Demonstrationszug, der vom Universitätsgelände aus über die Bockenheimer Landstraße, den Opernplatz, Neue Mainzer Straße und am Schauspielhaus vorbeiführt, zum Römerberg. Dort sprechen auf einer Kundgebung unter dem Motto »Bildung sichert die Zukunft« der AStA-Vorsitzende Gerhard-Wolfgang Schellenberg, Rektor Professor Wolfgang Franz und Professor Hans Rauschenberger. Schellenberg erklärt, daß Bildung nicht das Privileg einer auserlesenen Schicht bleiben dürfe, sondern zum integrierenden Faktor der Gesellschaft werden müsse. Der Rektor, der das Verhältnis zwischen Studenten und Professoren als »natürliche Partnerschaft« bezeichnet, betont, daß Bildung kein Luxus, sondern »lebensnotwendig« sei. Wenn die Studentenschaft sich für eine Überwindung des Bildungsnotstands einsetze, dann zeuge das von einem hohen Grad an Verantwortungsbewußtsein. Professor Rauschenberger hebt in seinem Schlußreferat das soziale Ungleichgewicht in der Zusammensetzung der Studierenden hervor. Nur fünf Prozent von ihnen, bemängelt er, kämen aus Arbeiterfamilien. Dies sei kein Ausdruck mangelnder Intelligenz, sondern Indiz für die Unfähigkeit des Bildungswesens, Begabte ausreichend zu fördern. – Der Präsident der Westdeutschen Rektorenkonferenz (WRK), Professor Rudolf Sieverts, hatte in einem Rundschreiben die Rektoren aller bundesdeutscher Universitäten aufgefordert, sich an der **Aktion 1. Juli** zu beteiligen und die Studenten in ihren Bemühungen für eine bessere Bildungspolitik zu unterstützen.

30. Juli 1965: Zu Beginn des 12. Evangelischen Kirchentages in **Köln** referiert Max Horkheimer in einer mit 2.500 Teilnehmern überfüllten Messehalle über **Bedrohungen der Freiheit**. Die nivellierenden Tendenzen in der verwalteten Welt, führt er aus, hätten den Verlust persönlicher Erfahrung, eines lebendigen Sprachvermögens und eine Verkümmerung dessen zur Folge, was man früher das »Herz« genannt habe. Auch »die höchste Freiheit, die christliche Religion«[303] sei von dieser Entwicklung bedroht. Das Christentum müsse als strikter Gegensatz zum Konformismus betrachtet werden. In einer Welt, in der die Freiheit von Grund auf bedroht sei, wäre es nur zu verständlich, daß die verschiedenen Religionen zusammenhielten, um dieses kostbare Gut zu bewahren. – In ihrem Kommentar **Kongreß oder Gemeinde?** spricht die **Frankfurter Allgemeine Zeitung** mit Bewunderung von diesem und einem anderen Vortrag: »Bewegend ist es, zu sehen, wie 2.000 bis 3.000 Menschen mit atemlosem Schweigen akademischen Vorlesungen des jüdischen Philosophen Horkheimer oder des katholischen Theologen Rahner über die Freiheit folgen.«[304] – Unter der Überschrift **Kirche und kritische Philosophie** reagiert die Adorno-Schülerin Elisabeth Lenk mit einem bitteren Kommentar in der Frankfurter Studentenzeitung

1.7.: Flugblatt zur Kundgebung gegen den Bildungsnotstand.

1.7.: Zuhörer bei der Römerbergkundgebung.

Diskus auf den Horkheimer-Vortrag vor der protestantischen Großgemeinde. Eingangs erinnert sie an das Abkommen, das Kurt Tucholsky einmal zur Regelung des Verhältnisses mit der Kirche vorgeschlagen habe: Die geistigen Menschen sollten sich verpflichten, sich in den Kirchen anständig zu benehmen, dafür könnten sie umgekehrt erwarten, daß die Kirche, wo immer sie auch in Bezirken des Geistes auftrete, sich der gleichen Anständigkeit befleißige. Von letzterem aber könne keine Rede sein. Mit einer von Nichtchristen nicht zu überbietenden Dreistigkeit dränge der Protestantismus in nahezu alle intellektuellen Bereiche hinein. Im Unterschied zur *Katholischen Kirche*, die nur noch mit Zynismus die Bewahrung ihrer politischen und geistigen Macht anstrebe, sei er zwar ehrlich genug, einzugestehen, daß er in Glaubensdingen nichts mehr zu sagen habe, dies führe jedoch nicht zu mehr Schweigsamkeit, sondern zum »Bedürfnis nach betriebsamer Sinngebung des Sinnlosen«, das zahllose Evangelische Akademien hervorgebracht habe, »... in denen die Mühlen des evangelischen Geschwätzes niemals stillestehen«.[305] Und in diesem Zusammenhang müsse Horkheimers Auftreten auf dem Kirchentag betrachtet werden. Elisabeth Lenks Kommentar endet mit der ironisch-resignativen Bemerkung: »Die Beschränkung der Freiheit habe ihre weitere Entfaltung bewirkt, war Horkheimers dialektische These. Ob die Einschränkung der kritischen Philosophie anläßlich eines Kirchentages das gleiche bewirken wird, scheint ungewiß.«[306]

7. August 1965: Trotz einer schriftlich vorliegenden Genehmigung der Ordnungsbehörden räumt die Polizei am Opernplatz einen Informationsstand der **Kampagne für Abrüstung – Ostermarsch der Atomwaffengegner** ab und beschlagnahmt Materialien und Dekorationsstücke. Bereits am frühen Morgen haben einige der Rüstungsgegner den Stand aufgebaut, um damit gegen die von der Bundesregierung geplanten Notstandsgesetze zu protestieren. Dabei stellen sie ein skurriles Szenario vor, mit dem sie eine der als besonders absurd empfundenen Gesetzesregelungen karikieren wollen. Zwei in Schwarz gekleidete und mit einem Zylinder auf dem Kopf ausgestattete Herren stellen sich Passanten als »Beauftragte des Bundessargbevorratungsamtes« vor und erklären feierlich, daß es ihr Auftrag sei, die Bevölkerung mit dem neuen Gesetz über die »Bereitstellung und Bevorratung von Volkssärgen für den Verteidigungsfall« bekannt zu machen. Jeder »Haushaltungsvorstand« sei in Zukunft verpflichtet, für sich und die Seinen Särge auf Vorrat anzuschaffen, um im Verteidigungsfall durch eine »ordnungsgemäße Einsargung« die Seuchengefahr herabzumindern. Während einige Mitglieder der *Kampagne für Abrüstung* Flugblätter an die Fußgänger verteilen, bauen andere nahezu echt wirkende Pappsärge auf, um der Öffentlichkeit die Bedenklichkeit der vorgesehenen Notstandsregelungen vor Augen zu führen. Doch bereits nach kurzer Zeit erscheinen Polizisten, tragen die Sargattrappen zu einem Kleintransporter

---

303 Walter Schreckenbach, Andrang zu kritischem Referat über die Kirche – Messehalle in Köln überfüllt / »Trostlose Theologie« / Horkheimer: Christentum höchste Freiheit, in: Frankfurter Rundschau vom 31. Juli 1965.
304 Frankfurter Allgemeine Zeitung vom 31. Juli 1965.
305 Elisabeth Lenk, Kirche und kritische Philosophie, in: Diskus – Frankfurter Studentenzeitung, 15. Jg., Nr. 6, September 1965, S. 2. **(Dok. Nr. 98)**
306 A.a.O.

August 1965

und fahren damit weg. Trotz wiederholter Nachfragen geben sie keine Auskunft über die rechtlichen Voraussetzungen ihrer Räumungsaktion, sondern verweisen lediglich auf die Pressestelle des Polizeipräsidiums. Wer etwas wissen wolle, der müsse sich dorthin wenden. Als dies Pressevertreter tun wollen, wird ihnen erklärt, daß der zuständige Beamte nicht da sei. In der Zwischenzeit haben die Notstandskritiker als Sargersatz zwei Mülltonnen aufgetan und sie durch ein Schild als »Luxusvolkssärge mit Panoramarundblick« ausgewiesen, um ihre symbolische Aktion fortsetzen zu können. Als die Polizei erneut einzugreifen versucht, läßt sie sich durch die Belehrung davon abbringen, daß für den Abtransport von Mülltonnen einzig und allein die Müllabfuhr zuständig sei.

10. August 1965: Unter der Überschrift **Frankfurt, Beobachtungen in der neuen Gesellschaft – Oder: Der Philosoph bellt im Hauptbahnhof** erscheint als Vorabdruck in der Tageszeitung **Frankfurter Neue Presse** ein von dem Fernsehjournalisten Dagobert Lindlau verfaßter Text aus dem im Hamburger Christian Wegner Verlag erschienenen Sammelband **Die Bundesrepublik heute – Eine Bestandsaufnahme in Beispielen**. Darin werden ausführlich die Dreharbeiten zu einem im September vergangenen Jahres im Ersten Deutschen Fernsehen ausgestrahlten Feature gezeigt, in dem Max Horkheimer neben Josef Neckermann und dem Inhaber verschiedener Striptease-Lokale die Hauptrolle spielt. Der Ehrenbürger der Stadt nimmt Stationen wie eine Apotheke oder die Wartehalle des Frankfurter Hauptbahnhofes zum Anlaß, um über den geschichtlich gewandelten Sinn der Opernruinen-Inschrift »Dem Wahren Schoenen Guten« zu philosophieren.

19. August 1965: Nach über 20 Monaten und 182 Verhandlungstagen, in denen 359 Zeugen aus 19 Ländern gehört wurden, geht der **Auschwitz-Prozeß** zu Ende. Das Schwurgericht beim Frankfurter Landgericht spricht über die 20 ehemaligen SS-Aufseher – einer ist inzwischen verstorben – die Urteile. Sechs Angeklagte, darunter Stefan Baretzki, Emil Bednarek, Wilhelm Boger und Oswald Kaduk, erhalten eine lebenslängliche Freiheitsstrafe, zehn werden zu Zuchthausstrafen zwischen dreieinhalb und 14 Jahren, einer wird zu einer Jugendstrafe von zehn Jahren verurteilt und drei werden freigesprochen. Damit bleibt das Gericht weit unterhalb der von der Staatsanwaltschaft beantragten Strafen. – Während das Urteil von der bundesdeutschen Presse eine kritische Würdigung findet, wird es im Ausland zumeist mit Empörung aufgenommen. Die Zeitungen der DDR weisen darauf hin, daß der Gerichtsvorsitzende Landgerichtsdirektor Hans Hofmeyer bereits in der NS-Justiz und während des Krieges als Oberstabsrichter tätig war.

September 1965: Im Luchterhand Verlag erscheint als Fortentwicklung der SDS-Hochschuldenkschrift der von Wolfgang Nitsch, Ute Gerhardt, Claus Offe und Ulrich K. Preuß verfaßte Band **Hochschule in der Demokratie**. Im Vorwort schreibt Jürgen Habermas: »Die Lektüre mag für die, die eine große Tradition ungebrochen fortzusetzen meinen, provozierend sein. Aber nur darum ist diese Kritik so unerbittlich, weil sie ihre Maßstäbe dem besseren Geist der Universität selber entlehnt. Die Verfasser identifizieren sich mit dem, was die deutsche Universität einmal zu sein beanspruchte.«[307]

Sept.: Die Studentin Angela Davis und Professor Herbert Marcuse.

September 1965: Durch Vermittlung von Herbert Marcuse, bei dem sie Vorlesungen an der Brandeis-University gehört hatte, geht die aus dem Bundesstaat Alabama stammende 21jährige Schwarze Angela Davis an die Johann Wolfgang Goethe-Universität, um ihr Philosophiestudium fortzusetzen. Nach wochenlanger Wohnungssuche, die wegen ihrer Hautfarbe erfolglos bleibt, kommt sie zunächst bei der Mutter eines Kommilitonen unter. Danach wohnt sie zusammen mit Thomas Mitscherlich und anderen in einem abbruchreifen Gebäude in der Bockenheimer Adalbertstraße, der sogenannten »Fabrik«, einer Art früher Wohngemeinschaft. Sie besucht Vorlesungen und Seminare, vornehmlich über den klassischen deutschen Idealis-

1./2.10.: Unterschriftensammlung zur »Woche gegen den Krieg in Vietnam«.

mus, bei Theodor W. Adorno, Karlheinz Haag, Jürgen Habermas, Oskar Negt und Alfred Schmidt. In einem späteren Semester schreibt sie eine Seminararbeit über den Begriff des Interesses in Kants *Kritik der Urteilskraft*. Durch ihre Erfahrungen mit dem in den amerikanischen Südstaaten alltäglichen Rassismus radikalisiert, ist sie zur Bürgerrechtsbewegung gestoßen. In Frankfurt schließt sie sich dem SDS an.

13. September 1965: Die Philosophische Fakultät der Freien Universität in **West-Berlin** ernennt den 67jährigen, mittlerweile an der University of California in San Diego lehrenden Sozialphilosophen Professor Herbert Marcuse zum Honorarprofessor.

1./2. Oktober 1965: Im Rahmen einer vom Hessischen Ausschuß der *Kampagne für Abrüstung* organisierten Protestwoche **Gegen den Krieg in Vietnam – für weltweite Abrüstung und Entspannung** werden am amerikanischen Generalkonsulat in der Siesmayerstraße und beim Marshallbrunnen am Opernplatz Unterschriftensammlungen durchgeführt. An den für 32 Stunden aufgebauten Informationsständen werden Passanten aufgefordert, einen an US-Präsident Lyndon B. Johnson gerichteten Offenen Brief zu unterzeichnen, in dem dieser aufgefordert wird, die »völkerrechtswidrige Bombardierung Nordvietnams« einzustellen. – Auf der Abschlußkundgebung der Protestwoche auf dem Römerberg sprechen am Abend des 4. Oktober der hessische Sprecher der *Kampagne für Abrüstung,* Klaus Vack, der Sekretär der *IG Metall,* Rudi Müller, und der Darmstädter Studentenpfarrer Herbert Mochalski. Vack erklärt, daß ihre Proteste nicht als antiamerikanisch mißverstanden werden sollten, das überlasse man den rechtsextremen Gruppierungen. Man wisse sich mit der bereits Millionen umfassenden Opposition in den USA einig, die sich gegen die Vietnampolitik von Präsident Johnson formiert habe. Anschließend ziehen die Teilnehmer in einem Fackelzug durch die Innenstadt und fordern den Abzug aller US-Truppen aus Vietnam.

307 Jürgen Habermas, Vorwort, zu: Wolfgang Nitsch/Ute Gerhardt/Claus Offe/Ulrich K. Preuß, Hochschule in der Demokratie, Neuwied/West-Berlin 1965, S. VI.

12. November 1965: Am Arthur F. Bentley-Seminar der Universität von **Syracuse** (US-Bundesstaat New York) hält Herbert Marcuse einen Vortrag über **Das Individuum in der Great Society**. Er analysiert und kritisiert darin das im Januar von US-Präsident Lyndon B. Johnson vor beiden Häusern des Kongresses vorgestellte und kurze Zeit später in seiner Inauguralrede erneuerte Gesellschaftskonzept, in dem »Überfluß und Freiheit für alle«, ein Ende der Armut und des Rassismus sowie sozialer Friede in Stadt und Land in Aussicht gestellt worden waren. Marcuse beendet seine Ideologiekritik mit den Worten: »Der brutale und schmutzige Krieg in Vietnam widerspricht den Erklärungen von der Notwendigkeit der Ausdehnung des amerikanischen Programms auf andere Nationen ebenso, wie die direkte oder indirekte Intervention gegen gesellschaftliche Veränderung, wo immer sie althergebrachte Interessen bedroht, wie die Ausdehnung militärischer Basen über die ganze Welt. Diese Verhältnisse bezeugen Vorherrschaft von Macht und sind unvereinbar mit dem großen Entwurf für Frieden, Freiheit und Gerechtigkeit. Die Präsenz dieser Machtverhältnisse eher als das Fehlen von Fähigkeiten und Absichten gibt dem Programm seinen ideologischen Charakter. Die Great Society wird eine Gesellschaft sein, die in Frieden leben und wachsen kann, ohne das eingebaute Bedürfnis nach Verteidigung und Aggression - oder sie wird überhaupt nicht sein.«[308]

26. November 1965: Der bundesdeutschen Presse wird eine von prominenten Schriftstellern, Künstlern, Philosophen, Kabarettisten und Verlegern unterzeichnete **Erklärung über den Krieg in Vietnam** überreicht, mit der man sich von Bundeskanzler Ludwig Erhards Beteuerung distanzieren will, das deutsche Volk stünde hinter der Vietnampolitik der Vereinigten Staaten. Der Krieg in Südvietnam sei in Wirklichkeit ein Bürgerkrieg. Bis zum Eingreifen der USA habe er sich fast ausschließlich als Kampf zwischen südvietnamesischen Revolutionären und der Regierung in Saigon abgespielt. Nach einer vorsichtigen Schätzung habe der zweite Vietnamkrieg bereits eine halbe Million Menschenleben gefordert, allein in der Zeit zwischen 1961 und 1964 seien dabei 160.000 Zivilisten umgekommen. »Angesichts dieser Tatsachen distanzieren wir uns von der moralischen und finanziellen Unterstützung des Vietnamkrieges durch die Bundesregierung.«[309] Die Erklärung, in der die Einstellung aller Luftangriffe, eine Konfliktregelung auf der Basis der Genfer Vereinbarungen von 1954 und eine Neutralisierung von ganz Vietnam gefordert werden, ist u. a. unterzeichnet von Günther Anders, Ernst Bloch, Hans Magnus Enzensberger und Jürgen Habermas. Sie wird außerdem unterstützt von 150 Assistenten, Dozenten und Professoren der Universitäten Frankfurt, Freiburg, Gießen, Göttingen, Marburg, München und West-Berlin.

28. November 1965: Der **Bayerische Rundfunk** strahlt im Rahmen der von Wolfgang Kahle hergestellten Fernsehdokumentation **Hitler und das deutsche Volk** ein Gespräch zwischen Max Horkheimer und Alexander Mitscherlich aus.

---

308 Herbert Marcuse, Das Individuum in der Great Society (Übersetzung von Angela Y. Davis und David H. Wittenberg, Teil II), in: Diskus – Frankfurter Studentenzeitung, 17. Jg., Nr. 4, Juni 1967, S. 4.

309 Erklärung über den Krieg in Vietnam, in: Pardon, 5. Jg., Nr. 1, Januar 1966, S. 31.

1966

24.2.: Demonstration gegen den Vietnamkrieg.

20. Januar 1966: Nicht mehr als 300 Studenten folgen einem Aufruf des AStA und ziehen, von Bereitschaftspolizisten eskortiert, von der Bockenheimer Warte zum Römerberg, um dort auf einer Kundgebung gegen die Tariferhöhung ihrer Monatsnetzkarten für die Straßenbahn von 13 auf 23 DM zu protestieren. Anschließend zieht das »Häufchen der Aufrechten«, wie es in der Frankfurter Studentenzeitung *Diskus* selbstironisch heißt, einem Goggomobil folgend, zur Straßenbahnverwaltung am Rathenauplatz. Doch während AStA-Vorsitzender Volker Arneth dem Straßenbahndirektor Dr. Stein brav eine Petition zu überreichen versucht, was erst nach einer Verzögerung gelingt, weil der Adressat noch bei einer Abschiedsfeier für Pensionäre weilt, ziehen 40 Studenten johlend durch das Gebäude und versuchen, weil sie sich verlaufen haben, vergeblich in das Zimmer des Direktors vorzudringen. Bei einem Zusammentreffen im Treppenhaus gelingt es Arneth schließlich, zusammen mit seinen beiden Stellvertretern, die Kommilitonen von ihrem Vorhaben abzubringen und zur Umkehr zu bewegen. – In einer von 4.500 Studierenden unterzeichneten Unterschriftensammlung des AStA hatten sich ursprünglich 3.600 bereit erklärt, an einer Demonstration gegen die Fahrpreiserhöhung teilzunehmen.

9. Februar 1966: Mehrere Hochschulgruppen, darunter der SDS, veranstalten in der völlig überfüllten Aula der Universität eine Podiumsdiskussion zu der Frage **Welche Freiheit für Vietnam?**. An ihr nehmen der Physiker Professor Hermann Dänzer, der Philosoph und Soziologe Professor Jürgen Habermas, der CDU-Bundestagsabgeordnete Walter Leisler Kiep, David Matthews vom US-Generalkonsulat, Kurt Steinhaus von der *Arbeitsgemeinschaft für Südostasien-Fragen* an der Universität Marburg und Wolfgang Weltin vom RCDS-Bundesvorstand teil. Die Legitimität für das Vorgehen der USA in Vietnam, erklärt Habermas, stamme noch aus der von einem aggressiven Antikommunismus dominierten Ära ihres früheren, 1959 verstorbenen Außenministers John Foster Dulles. Er halte diesen Krieg für einen »unmenschlichen, brutalen, schmutzigen, illegitimen und unklugen Krieg«. Neun Jahre habe das Diem-Regime Zeit gehabt, um mit 2,5 Milliarden US-Dollar eine gründliche Verbesserung der sozialen Situation in Südvietnam herbeizuführen. Doch man müsse sich fragen, was damit überhaupt bewirkt worden sei. Im Gegensatz dazu versucht Matthews die Haltung seiner Regierung zu rechtfertigen und erklärt, die USA verteidigten »damals wie heute die Freiheit gegen den expansiven Kommunismus« sowjetischer oder chinesischer Prägung. Professor Dänzer, der sich selbst als unpolitisch bezeichnet, erklärt voller Entrüstung: »Ich halte das Zusammenkartätschen eines bettelarmen, unerhört tapferen Volkes durch die geballte Militärmacht der größten Industrienation für schlechthin widerlich. Wenn es uns kaltläßt, daß in Vietnam wöchentlich mehr als 1.000 Menschen durch die amerikanischen Bomben getötet werden, sollten wir wenigstens aufhören, uns Christen zu nennen.«[310] Steinhaus, der in seinem Beitrag die historische Entwicklung der Kolonialisierung Vietnams bis zur US-Intervention nachzeichnet, stellt fest, daß der Vietcong den Terror, der ihm so oft zum Vorwurf gemacht werde, nicht geschaffen, sondern vorgefunden habe. Leisler Kiep rügt die »sehr einseitige Information deutscher Intellektueller« und beansprucht für sich, die Verhältnisse in Vietnam besser beurteilen zu können, weil er noch zwei Jahre zuvor dort gewesen sei. Er setzt sich für eine ideelle Unterstützung der USA in dem Konflikt ein, spricht sich jedoch gleichzeitig gegen eine Militärhilfe aus.

24. Februar 1966: Bei einer Demonstration mehrerer Studentenverbände gegen den Vietnamkrieg kommt es zu Zusammenstößen mit Gegendemonstranten. Der Zug, der ohne Zwischenfälle vom Opernplatz zum Paulsplatz führt, ist vom SDS, dem SHB, dem LSD, der *Humanistischen Studenten-Union* (HSU), der *Gewerkschaft Erziehung und Wissenschaft* (GEW) und der *Gewerkschaftlichen Arbeitsgemeinschaft* (GAG) organisiert worden. Die 700 Teilnehmer führen Plakate mit Losungen wie »Keine Legion Condor nach Vietnam«, »Statt Völkermord – Verwirklichung des Genfer Abkommens« und »Amis raus aus Vietnam« mit sich. Auf der Abschlußkundgebung vor der Paulskirche erklärt Kurt Steinhaus von der *Arbeitsgemeinschaft für Südostasien-Fragen* an der Universität Marburg, daß man als Bürger eines Rechtsstaates die Pflicht habe, die Unterstützung eines nicht legitimierbaren Krieges durch die eigene Regierung zu verhindern. Der stellvertretende SDS-Bundesvorsitzende Hartmut Dabrowski betont, daß die Kritik an der amerikanischen Vietnampolitik an allen bundesdeutschen Universitäten stark angewachsen sei. Er kündigt an, daß der SDS im Mai an der Frankfurter Universität einen Kongreß zur Analyse des Vietnamproblems durchführen werde, zu dem alle linken Studentenorganisationen ein-

9.2.: Die Greuel des Vietnamkrieges werden zum allesbeherrschenden Thema – Titelbild des IdK-Organs.

geladen worden seien. Die Gegendemonstration wird vom RCDS zusammen mit der *Jungen Union* durchgeführt. Einige ihrer Mitglieder stürzen sich auf die linken Demonstranten und versuchen, ihnen ihre Transparente und Papptafeln zu entreißen. Dabei kommt es zu einem Handgemenge. Auf den Transparenten der Gegendemonstranten heißt es provokativ »Karneval ist vorbei – wollt ihr euch blamieren wie in Berlin?« und »Was tun die Studenten nicht alles, um ins Fernsehen zu kommen«. – Der 2. Landesvorsitzende des RCDS bezeichnet später das Vorgehen von Mitgliedern seiner Gruppe als »Zeichen mangelnden politischen Stils«.

25. März 1966: Auf einem der ersten großen Teach-ins gegen den Vietnamkrieg an der University of California in **Los Angeles** hält Herbert Marcuse einen Beitrag, der sich unter dem Titel **The Inner Logic of American Policy in Vietnam** kritisch mit den ökonomischen Interessen der US-Außenpolitik auseinandersetzt.[311]

29. März 1966: In Anwesenheit von **Max Horkheimer**, dessen Gattin und zahlreichen Ehrengästen enthüllt der Frankfurter Oberbürgermeister Willi Brundert im Lesesaal der Frankfurter Stadt- und Universitätsbibliothek eine **Bronzeplastik**, die im Vorjahr **zum 70. Geburtstag** des Sozialphilosophen und Ehrenbürgers in Auftrag gegeben worden war. In seiner Laudatio zeichnet Brundert die markantesten Linien von Horkheimers Biographie nach und spricht sich anerkennend darüber aus, daß der Porträtierte, der nach 1933 seine Heimat habe verlassen müssen, nicht in Resignation, Mißtrauen, Skepsis und Haß verfallen sei. Darüber hinaus äußert er sich zu Vorwürfen einer Gruppe von Studenten, die bereits vor einem Jahr gefordert hatte, auf die Aufstellung der Büste wegen der NS-Vergangenheit des Bildhauers Knud Knudsen zu verzichten. Der Magistrat sei zu dem Ergebnis gekommen, daß die Vorwürfe haltlos seien und es der Respekt vor der Würde des Jubilars verbiete, die Ehrung zu verschieben. Nach Übermittlung der Glückwünsche der hessischen Landesregierung durch Ministerpräsident Georg-August Zinn ergreift auch Horkheimers Freund und Kollege, sein Nachfolger als Direktor des Instituts für Sozialforschung, Theodor W. Adorno, das Wort und dementiert die von verschiedenen Zeitungen kolportierte Meldung, er habe verhindert, daß die Büste im Foyer des Instituts aufgestellt worden sei. Dies sei eine »gemeine Lüge«.[312] Horkheimer selbst habe den Wunsch geäußert, die Büste in der Bibliothek aufzustellen, um »Ehrung und Festakt zu entprivatisieren«.[313] An der Feier nehmen auch der Direktor des *American Jewish Committees* und der deutsch-amerikanische Filmregisseur William Dieterle teil. – Bedenken gegen die Fertigstellung der Büste waren bereits im Herbst 1965 aufgetaucht, als Studenten entdeckt hatten, daß der Bildhauer Knud Knudsen nicht nur Porträts von Theodor Heuss, Martin Niemöller, Ferdinand Porsche und John F. Kennedy geschaffen hatte. Durch eine Angabe in der von Joseph Wulf zusammengestellten Dokumentation *Die Bildenden Künste im Dritten*

---

310 Frankfurter Rundschau vom 11. Februar 1966.

311 Herbert Marcuse, The Inner Logic of American Policy in Vietnam, in: Louis Menashe and Ronald Radosh (Eds.), Teach-Ins: USA, New York 1967, S.64–67; vgl. auch: Barry Katz, Herbert Marcuse and the Art of Liberation, London 1982, S.182.

312 Zit. nach: Ein Zeugnis gegen die Unterdrückung – Frankfurt ehrt Professor Horkheimer mit einer Büste in der Stadt- und Universitätsbibliothek, in: Frankfurter Allgemeine Zeitung vom 30. März 1966.

313 A.a.O.

März 1966

Reich hatte man herausgefunden, daß der von der Stadt beauftragte Künstler u.a. auch Porträts prominenter Köpfe aus dem Propagandaministerium Joseph Goebbels' für NS-Zeitungen wie *Der Angriff* und *Der Völkische Beobachter* angefertigt hatte.³¹⁴ Als einer der ersten schrieb Hanno Reuther: »Die Entscheidung, eben diesen Plastiker ausgerechnet mit einem Auftrag für ein Horkheimer-Porträt zu bedenken, läßt mindestens das nötige Maß Takt vermissen.«³¹⁵ Deutlicher noch wurde Peter Iden in einem Artikel, der nach dem Versuch des Oberbürgermeisters erschienen war, die Flucht nach vorn anzutreten und die Vorwürfe der Presse gegenüber als null und nichtig abzutun. Dabei wird der Umstand, daß Knudsen 14 Tage lang in Horkheimers Haus in Montagnola an der Büste gearbeitet habe, erwähnt und das Urteil des Porträtierten als ausschlaggebend angeführt. Dieser soll gesagt haben: »Ich würde es sehr bedauern, wenn dieser sympathische Mann nicht Gelegenheit hätte, die Büste aufzustellen.«³¹⁶ Iden bezeichnete nun die Entscheidung der Stadt als »fatalen Mißgriff« und schrieb: »Als Theodor W. Adorno, Hausherr des Instituts für Sozialforschung, in dem die Plastik aufgestellt werden sollte, auf derart mißliche Zusammenhänge hingewiesen wurde, die Knudsen nicht gerade zum Porträtisten eines der Exponenten des Anti-Faschismus in Deutschland prädestinierten, wurden die Gäste der schon angesetzten Enthüllungsfeier eilends wieder ausgeladen. Adorno weigerte sich, die Büste in seinem Haus zu behalten.«³¹⁷

2. April 1966: In der **Frankfurter Allgemeinen Zeitung** erscheint Theodor W. Adornos Antwort **Auf die Frage: Was ist deutsch?** Sein Text verweigert sich zunächst einer Antwort, behandelt Formen des Widerstands gegen das Akzeptieren der Fragestellung und geht über zur Reflexion dieser selbst: »Bereits der puren Form nach frevelt die Frage an den unwiderruflichen Erfahrungen der letzten Dezennien. Sie verselbständigt die kollektive Wesenheit ›deutsch‹, von der dann ausgemacht werden soll, was sie charakterisiere.«³¹⁸ Die Fixierung nationaler Kollektivsubjekte schaffe Stereotypen, die per se Ausdruck eines zur Erfahrung unfähigen Bewußtseins sei. »Das Wahre und Bessere in jedem Volk ist wohl vielmehr, was dem Kollektivsubjekt nicht sich einfügt, womöglich ihm widersteht.«³¹⁹ Demgegenüber pflege die Stereotypenbildung den »kollektiven Narzißmus«, in ihr drücke sich ein ungebremster Hang zur »Selbstbeweihräuche-

29.3.: Max Horkheimer zusammen mit dem ehemaligen NS-Bildhauer Knud Knudsen vor der von ihm angefertigten Horkheimer-Büste.

rung« aus. Trotz dieser Verbotstafeln, die ein unbedachtes Eingehen auf die Frage verhindern sollen, entzieht sich Adorno dennoch einer Auseinandersetzung nicht vollends. Am Beispiel des berüchtigten Wagnerschen Satzes, daß deutsch sein heiße, eine Sache um ihrer selber willen zu tun, geht er den semantischen Implikationen der darin zum Vorschein kommenden Haltung, ihrem Purismus, ihrer Unmittelbarkeit, Tiefe, Überheblichkeit und ihrem in Fatalismus umkippenden Selbstbewußtsein nach. Trotz der unverkennbar imperialistischen Obertöne, die gegen den angeblichen Krämergeist der Angelsachsen gerichtet sind, erkennt er darin aber auch Momente des Widerstands gegen eine vollständige Durchsetzung des Tauschprinzips. Unter den Bedingungen einer gesellschaftlichen Zurückgebliebenheit Deutschlands in den letzten beiden Jahrhunderten habe sich auch eine Kraft der Resistenz manifestiert, die der geistigen Produktion zugute gekommen sei. Gerade aufgrund seiner Erfahrungen im amerikanischen Exil sei ihm aufgegangen, daß die unverzichtbare Autonomie eines Autors zugleich auch etwas Rückschrittliches, der durchrationalisierten Verwertungstendenz Widerstrebendes habe. Daraus zieht er den paradox anmutenden Schluß: »Intentionen, die sich beim Bestehenden nicht bescheiden: ich würde sagen qualitativ moderne Intentionen leben von Rückständigkeit im ökonomischen Verwertungsprozeß.«³²⁰ Aus dieser Einstellung heraus begründet sich zum Teil auch sein Entschluß zur Rückkehr nach Deutschland, genauer vielleicht in den deutschen Sprachzusammenhang. »Daß solche, die von einer Tyrannis willkürlich, blind aus ihrer Heimat vertrieben wurden, nach deren Sturz zurückkehren, ist eine antike Tradition ... Zudem ist dem gesellschaftlich Denkenden, der auch den Faschismus sozial-ökonomisch begreift, die These, es läge an den Deutschen als Volk, recht fremd. Keinen Augenblick habe ich in der Emigration die Hoffnung auf Rückkunft aufgegeben ... Ich wollte einfach dorthin zurück, wo ich meine Kindheit verbracht hatte, wodurch mein Spezifisches bis ins Innerste vermittelt war. Spüren mochte ich, daß, was man im Leben realisiert, wenig anderes ist als der Versuch, die Kindheit einzuholen.«[321] Dafür wiederum sei das Spezifikum deutscher Sprache, ihr Nichtaufgehen im Gegebenen, ihre spekulative Dimension von entscheidender Bedeutung.

9.–11. April 1966: Der südhessische Zug der Ostermarschierer führt von **Gelnhausen** über **Hanau** und **Offenbach** nach **Frankfurt**. Auf der Abschlußkundgebung auf dem Römerberg tritt auch die amerikanische Protestsängerin Joan Baez auf. Sie wird begleitet von dem Gitarrenduo »Christopher & Michael«.

18. April 1966: In einem Studio des **Hessischen Rundfunks** hält Theodor W. Adorno in freier Improvisation den Vortrag **Erziehung nach Auschwitz**. Er beginnt mit der Formulierung eines kategorischen Imperativs: »Die Forderung, daß Auschwitz nicht noch einmal sei, ist die allererste an Erziehung.«[322] Sie gehe jeder anderen so sehr voraus, fährt er fort, daß er weder glaube sie begründen zu müssen noch zu sollen. Und am Ende fordert er seine Zuhörer, den Imperativ nur wenig variierend, zu der Einstellung auf: »Aller politischer Unterricht endlich sollte zentriert sein darin, daß Auschwitz sich nicht wiederhole.«[323] Er empfiehlt z. B. einen Begriff wie den der Staatsräson kritisch zu behandeln. Indem das Recht des Staates über das seiner Angehörigen gestellt werde, gibt er zu bedenken, sei »das Grauen potentiell schon gesetzt«.

25. April 1966: Mit einem Schweigemarsch von der Universität zum Römer protestieren nachmittags 60 iranische Studenten gegen das Schah-Regime, dessen Geheimdienst SAVAK und die Willkürjustiz in ihrem Land. Drei ihrer Kommilitonen sind erst kürzlich aus politischen Gründen zum Tode verurteilt worden. Die Teilnehmer beklagen sich über Bespitzelungsaktionen von SAVAK-Agenten in der Bundesrepublik und sprechen den Verdacht aus, daß sie auch für das spurlose Verschwinden zweier Kommilitonen in Rheinland-Pfalz verantwortlich seien.

29. April 1966: Unter der Überschrift **Partisanenprofessor im Lande der Mitläufer** publiziert Jürgen Habermas in der Wochenzeitung **Die Zeit** einen Glückwunschartikel zum 60. Geburtstag des Politikwissenschaftlers und Strafrechtlers Wolfgang Abendroth. Er vergleicht ihn darin mit einem unter deutschen Verhältnissen so gut wie unbekannten Typus des akademisch unprätentiösen, unmittelbar solidarischen und allein aus sachlicher, nicht aus institutioneller Autorität wirksamen Hochschullehrers. »Partisanenprofessoren«, wie sie an französischen oder jugoslawischen Universitäten durchaus häufiger anzutreffen seien, gebe es hierzulande nicht. »Der einzige unter uns, an den sie mich erinnerten, war Wolfgang Abendroth. In unserem Lande war angesichts der eigenen Regierung Wohlverhalten oder Widerstand die Alternative, Partisanen im eigentlichen Sinne konnte es nicht geben. Wenn sich gleichwohl das fremde Muster als einziger Typus anbietet, um Abendroth zu charakterisieren, so spiegelt sich darin schon ein gutes Stück unserer Nachkriegsgeschichte. Der 20. Juli hat es zu akademischen Gedenkfeiern gebracht, die linke Illegalität bestenfalls

---

314 Vgl.: Joseph Wulf, Die Bildenden Künste im Dritten Reich, Gütersloh 1963, S. 364; später in der 1966 in Reinbek erschienenen Taschenbuchausgabe auf S. 407.

315 Hanno Reuther, Eine umstrittene Geburtstagsgabe – NS-Porträtist schuf für Frankfurt eine Büste des Philosophen Max Horkheimer, in: Mescheder Rundschau vom 14. November 1965.

316 Brundert verteidigt Knudsen – Vorwürfe über Vergangenheit überprüft / Horkheimer-Büste wird enthüllt, in: Frankfurter Rundschau vom 2. März 1966 und: Brundert nimmt Knudsen in Schutz – Horkheimer-Büste wird in der Stadtbibliothek aufgestellt, in: Frankfurter Allgemeine Zeitung vom 2. März 1966.

317 Peter Iden, NS-Plastiker für Horkheimer-Büste – Ein sehr peinlicher Fehlgriff des Frankfurter Magistrats, in: Die Rheinpfalz (Ludwigshafen) vom 4. März 1966.

318 Theodor W. Adorno, Auf die Frage: Was ist deutsch?, in: Frankfurter Allgemeine Zeitung vom 2. April 1966; hier zitiert nach dem Wiederabdruck in: ders., Stichworte – Kritische Modelle 2, Frankfurt/Main 1969, S. 102.

319 A.a.O.

320 A.a.O., S. 110.

321 A.a.O., S. 107.

322 Theodor W. Adorno, Erziehung nach Auschwitz, in: ders., Erziehung zur Mündigkeit – Vorträge und Gespräche mit Hellmut Becker 1959–1969, hrsg. von Gerd Kadelbach, Frankfurt/Main 1972, S. 88.

323 A.a.O., S. 104.

22.5.: Teilnehmer des Vietnamkongresses ziehen über den Opernplatz in Richtung Römerberg; ganz links das SDS-Mitglied Hans-Jürgen Krahl.

zum akademischen Ärgernis.«[324] Für ihn, der auf so eminente politische Schwierigkeiten gestoßen sei, nicht zuletzt durch die schmerzliche Erfahrung, daß die SPD 1961 ihre sozialistischen Studenten und deren Förderer, darunter Abendroth selber, ausgeschlossen habe, für ihn sei wie für nur wenige das »Prinzip herrschaftsfreier Diskussion« zu einer Lebensfrage geworden.

9. Mai 1966: In dem von Hans Heigert moderierten politischen Fernsehmagazin **Report** gibt Max Horkheimer in einem ausführlichen Gespräch Auskunft über die Frage, was im Namen der Freiheit geschehen dürfe und was nicht. Besonders wendet er sich an die Jugend und warnt eindringlich vor der Gefahr einer Verstrickung, in die unweigerlich diejenigen geraten würden, die im Kampf gegen die Unfreiheit die gleichen Methoden anwendeten, die sie im Namen der Freiheit zu bekämpfen vorgäben.[325]

22. Mai 1966: An der Frankfurter Universität veranstaltet der SDS den Kongreß **Vietnam – Analyse eines Exempels**. Nach der Eröffnungsrede des stellvertretenden SDS-Bundesvorsitzenden Hartmut Dabrowski, in der dieser die Unterstützung der US-amerikanischen Militärintervention durch die Bundesregierung scharf verurteilt, tagen 2.200 Teilnehmer in vier verschiedenen Arbeitsgruppen über die unterschiedlichen Aspekte des Vietnamkrieges. Referenten sind: Wolfgang Abendroth, Heinz Abosch, Conrad Ahlers, Norman Birnbaum, Bo Gustafsson, Frank Deppe, Rüdiger Griepenburg, Jürgen Habermas, Arno Klönne, Herbert Marcuse, Oskar Negt, Theo Pirker, Helmut Schauer und Kurt Steinhaus. Auf einer Demonstration durch die Innenstadt, auf der die immer wieder skandierte Parole »Amis raus aus Vietnam!« lautet, kommt es in der Bethmannstraße zu einem Zwischenfall. Als mehrere Polizeibeamte versuchen, den Zug auf Motorrädern möglichst dicht zu begleiten, wird ein Student von einem der Fahrzeuge erfaßt und umgeworfen. Er zieht sich dabei starke Prellungen an Armen und Beinen zu. Da der den Unfall verursachende Polizist weiterfährt, ohne sich um das Opfer zu kümmern, halten andere Demonstranten die weiteren Motorradfahrer vorübergehend auf. Die Studenten führen zahlreiche Plakate, Transparente und die Fahne Nordvietnams mit sich. Die größte Aufmerksamkeit findet ein über 20 Meter langes Transparent, auf dem der Appell »Keine Mark und keinen Mann für den Krieg in Vietnam!« zu lesen ist. Die Schlußkundgebung findet abends auf dem Römerberg statt. Hauptredner ist der aus Kalifornien angereiste, frühere Mitarbeiter des Instituts für Sozialforschung, der Sozialphilosoph Herbert Marcuse. Nach einer Analyse der US-Außenpolitik, einer Beschreibung der Containment-Politik und der Erörterung der Frage, ob sich der Vietnamkrieg noch nach Argumentationsmustern einer klassischen Imperialismustheorie interpretieren lasse, wendet er sich einer differenzierten Darstellung der unterschiedlichen oppositionellen Strömungen in den Vereinigten Staaten zu. Marcuse unterscheidet zwischen vier verschiedenen Gruppen: »1. Intellektuelle und Jugendliche. 2. ›Unterprivilegierte‹ Gruppen der Bevölkerung z. B. Puertorikaner, Neger usw. 3. Eine religiös-radikale Bewegung und 4. die Frauen.«[326] Am ausführlichsten geht er auf die erste Gruppe ein. Die oppositionellen Intellektuellen und Jugendlichen, dazu zählt er vor allem die Studenten, träten am nachhaltigsten in Erscheinung und stellten wohl die wirksamste Opposition dar. Sie seien mißtrauisch gegen jede Form der Ideologie, auch gegen eine kommunistische oder sozialistische. »Auffallend ist«, so fährt Marcuse fort, »die spontane Einheit von politischer, intellektueller und instinktiver sexueller Rebellion – eine Rebellion im Benehmen, in der Sprache, in der Sexualmoral, in der Kleidung ... man spürt da etwas, das über die politische Opposition hinausgeht und eine neue Einheit darstellt: eine Einheit von Politik und Eros ... Ich mag hier vollkommen romantisch sein, aber ich sehe in dieser Einheit eine Verschärfung und Vertiefung der politischen Opposition.«[327] Nach einer kurzen Skizzierung der Perspektiven einer Bewegung gegen den Vietnamkrieg für Westeuropa, die Entwicklungsländer und

22.5: Herbert Marcuse, dahinter der SDS-Bundesvorsitzende Helmut Schauer.

die kommunistischen Staaten hebt er hervor, daß für ihn in dieser durch eine aggressive US-Politik geprägten Situation die »Befreiung des Bewußtseins und des Wissens«[328] zu einer Hauptaufgabe geworden sei. Und zu den oft gehörten Einwänden, was die Universität mit Politik zu tun habe, schließlich gäbe es ja auch Politikwissenschaften, also eine dafür vorgesehene eigene Disziplin, antwortet er, daß Moral und Ethik nicht nur Überbau, nicht nur Ideologie seien. »Es gibt eben in der Geschichte so etwas wie Schuld, und es gibt keine Notwendigkeit, weder strategisch, noch technisch, noch national, die rechtfertigen könnte, was in Vietnam geschieht: das Abschlachten der Zivilbevölkerung, von Frauen und Kindern, die systematische Vernichtung von Nahrungsmitteln, Massenbombardierungen eines der ärmsten und wehrlosesten Länder der Welt – das ist Schuld, und dagegen müssen wir protestieren, selbst wenn wir glauben, daß es hoffnungslos ist, einfach um als Menschen überleben zu

324 Jürgen Habermas, Partisanenprofessor im Lande der Mitläufer – Der Marburger Ordinarius Wolfgang Abendroth wird am 2. Mai sechzig Jahre alt, in: Die Zeit vom 29. April 1966.
325 Vgl.: Am Bildschirm, in: Bonner Rundschau vom 10. Mai 1966; Fernsehen unter der Lupe, in: Nacht-Depesche (West-Berlin) vom 10. Mai 1966; Signatur von Weisheit und Menschenliebe – Max Horkheimers Bildschirm-Lektion war eine faszinierende Leistung, in: Die Rheinpfalz (Ludwigshafen) vom 11. Mai 1966.
326 Herbert Marcuse, Die Analyse eines Exempels (Hauptreferat), in: Neue Kritik, 7. Jg., Nr. 36/37, Juni/August 1966, S. 35. **(Dok. Nr. 102)**
327 A.a.O., S. 35f.
328 A.a.O., S. 37.

können und vielleicht für andere doch noch ein menschenwürdiges Dasein möglich zu machen, vielleicht auch nur, weil dadurch der Schrecken und das Grauen abgekürzt werden könnten, und das ist heute schon unendlich viel.«[329] Nach Redebeiträgen des französischen Journalisten Claude Bourdet, des Gewerkschafters Heinz Brandt und des britischen *Labour*-Abgeordneten Konni Zilliacus verliest der SDS-Bundesvorsitzende Helmut Schauer abschließend ein an Bundeskanzler Ludwig Erhard gerichtetes Telegramm, in dem der Bundesregierung das Recht abgesprochen wird, den US-Krieg in Vietnam im Namen des deutschen Volkes zu billigen.

Ende Mai 1966: Der Heidelberger Philosoph Hans-Georg Gadamer referiert im Institut für Sozialforschung **Über die Planung der Zukunft**. Gastgeber ist Institutsdirektor Theodor W. Adorno, zugegen sind auch Herbert Marcuse und Jürgen Habermas. Da er die Rede von Utopien im klassischen Sinne nicht mehr für möglich halte und der Futurologie mit großer Skepsis gegenüberstehe, erklärt Gadamer, könne er im Grunde nur über die Nichtplanbarkeit der Zukunft sprechen. In einem eingeschränkteren Sinne stellt er drei Modelle vor, durch die das durch Wissenschaft erzeugte Wissen gesellschaftlich vermittelt und im Sinne einer planenden Rationalität einfließen könne: den Typus der galileischen Wissenschaft, dessen Wesen durch das mechanische Machen des theoretisch Möglichen gekennzeichnet sei, den kybernetischen Typus, dessen Steuerungsaufgabe in einem ständigen Ringen um den größten Spielraum der Freiheit besteht und den sprachlichen, der wohl die größte Möglichkeit biete, im Sichberaten das Nützliche und Gerechte zu erkennen. Gegen letzteres Modell wendet Marcuse ein, daß die Technik die Sprache längst eingeholt habe und sie insofern nicht einfach als Refugium reflexiver Autonomie gedacht werden könne. Gegen das kybernetische Modell gerichtet, wirft Habermas die Frage auf, wo die Freiheit bei Maschinen bleibe, die programmiert würden und sich selbst regelten. Am ablehnendsten reagiert Adorno, der bekennt, daß er nicht an eine Möglichkeit zu umfassender Planung glaube. Bei allem großspurigen Gerede von Planung sei den Protagonisten solcher Vorstellungen nicht klar, in welcher Ohnmacht sie sich befänden. Er sehe nur in der Selbstreflexion der Vernunft eine Möglichkeit, die irrationalen Tendenzen in einer zunehmend technisch determinierten Gesellschaftsentwicklung zu erkennen.

23. Juni 1966: Mit Telegrammen an den AStA der Freien Universität in **West-Berlin** solidarisieren sich eine Reihe von Hochschulgruppen und Professoren, darunter Jürgen Habermas, mit einer Protestaktion von 3.000 Studenten. Gegen ein vom Rektor erlassenes Raumverbot für politische Veranstaltungen demonstrieren sie mit einem zehnstündigen Sit-in vor dem Sitzungssaal des Akademischen Senats. Zugleich diskutieren sie in einem improvisierten Teach-in mit mehreren Professoren, darunter Ludwig von Friedeburg, über eine demokratische Hochschulreform.

28. Juni 1966: Auf einer Veranstaltung der Wirtschafts- und Sozialwissenschaftlichen Fakultät der Freien Universität in **West-Berlin** referiert der Literatursoziologe Leo Löwenthal aus Berkeley, US-Bundesstaat Kalifornien, über **Die Universität als Großbetrieb**. Der 66jährige Löwenthal ist gebürtiger Frankfurter und war Mitarbeiter des Instituts für Sozialforschung.

Juli 1966: Auf Einladung des Pädagogischen und des Philosophischen Seminars der Johann Wolfgang Goethe-Universität spricht Leo Löwenthal über **Studentenunruhen in Berkeley**. Er skizziert die Unterschiede des amerikanischen gegenüber dem deutschen Hochschulsystem und beschreibt die neuentstandenen Ansprüche nach Selbstverwirklichung, mit denen die Studenten seit einiger Zeit auftreten. Dabei schildert er einen grundlegenden Widerspruch im Vorgehen der protestierenden Studenten: »Sie versuchen eine Autorität aufzurichten, gegen die sie rebellieren können. Die moralische Gleichgültigkeit ihrer Eltern konnte ihnen kein Wertsystem übermitteln, jetzt suchen sie die Professoren mit einer Autorität auszustatten, die sie in ihrer vorangegangenen Entwicklung vermißten (während sie doch gleichzeitig autoritäre Ansprüche registrierten und gegen sie aufbegehrten).«[330] Im Unterschied zu ihren Kollegen an deutschen Universitäten hätten die Professoren in Berkeley die Legitimität der studentischen Unzufriedenheit anerkannt und gehandelt. Durch eine Praxis des ständigen Reflektierens und Überprüfens des eigenen Vorgehens seien viele überflüssige Konflikte verhindert oder gemildert worden.

1.–4. September 1966: Die **XXI. Ordentliche SDS-Delegiertenkonferenz** findet wie bereits in den Jahren zuvor im Festsaal des Studentenhauses statt. Als Leiter einer dreiköpfigen FDJ-Delegation überbringt Günter Schneider zur Eröffnung Grüße des Zentralrats der

FDJ. Die beiden Hauptreferate werden von dem Berliner Delegierten Wolfgang Lefèvre über Möglichkeiten einer weiteren Hochschulpolitik des Studentenverbandes und von den beiden Marburgern Frank Deppe und Kurt Steinhaus über *Politische Praxis und Schulung im SDS* gehalten. Die interne Schulung soll, wie es in einem der Beschlüsse heißt, »ein wesentliches Mittel für die innere Konsolidierung und für die Verbesserung der politischen Aktionsfähigkeit« werden. Um dies zu erreichen, wird der Bundesvorstand beauftragt, ein eigenes »Schulungsreferat« einzurichten. Die Delegierten beschließen auch weiterhin »gegen jede Notstandsgesetzgebung« zu kämpfen und, ob allein oder mit anderen Organisationen gemeinsam, die Opposition gegen den Vietnamkrieg zusammenführen zu wollen. Sie bedauern es, daß der Redneraustausch zwischen SED und SPD »an dem unrealistischen und reaktionären Alleinvertretungsanspruch der Bundestagsparteien und der Bundesregierung« gescheitert sei. Der SDS hält auch weiterhin an der Notwendigkeit einer »Anerkennung der Existenz zweier deutscher Staaten« fest. Die Kulturrevolution in der Volksrepublik China wird mit dem Argument begrüßt, daß damit »der Gefahr der Restauration einer vorsozialistischen Gesellschaftsordnung vorzubeugen« sei. Ein von den bisherigen Bundesvorsitzenden Helmut Schauer und Hartmut Dabrowski vorgelegter »Programmentwurf« wird mehrheitlich abgelehnt. Zu neuen Bundesvorsitzenden werden Reimut Reiche (Frankfurt) und Peter Gäng (West-Berlin) gewählt. Dem Politischen Beirat gehören Erich Eisner (München), Wolfgang Lefèvre (West-Berlin) und Lothar Wolfstetter (Mannheim) an. – Mehr Aufsehen als die Vorstandswahlen erregen in der Presse die Auftritte eines 26jährigen Delegierten, der als »leibhaftiger Bürgerschreck« apostrophiert wird. Die Wochenzeitung **Die Zeit** schreibt über den bis dahin weitgehend unbekannten SDS-Studenten Rudi Dutschke: »Jedesmal, wenn er im Großen Saal des Frankfurter Studentenhauses ... ans Rednerpult tritt, wird es still unter den Delegierten. Wie Peitschenschläge fahren seine Thesen auf das Auditorium nieder. Dutschke, Slawist und Experte für die Geschichte der Arbeiterbewegung, hat das Zeug zum Demagogen.«[331]

Oktober 1966: Im Frankfurter Suhrkamp Verlag erscheint Theodor W. Adornos philosophisches Hauptwerk, die **Negative Dialektik**.

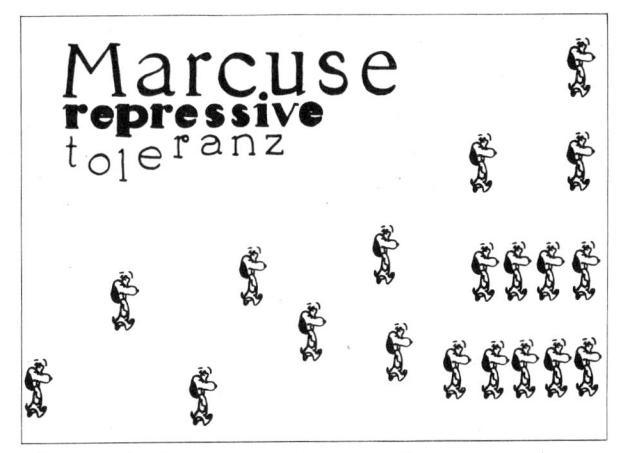

Okt.: Raubdruck-Version des Marcuse-Aufsatzes.

Oktober 1966: Unter dem Titel **Kritik der reinen Toleranz** erscheint in der *edition suhrkamp* ein Band mit der deutschen Erstveröffentlichung des ebenso umstrittenen wie einflußreichen Aufsatzes **Repressive Toleranz** von Herbert Marcuse. Neben einer radikalen Kritik am liberalistischen Verständnis des Toleranzbegriffes, der unter ungleichen sozialen Bedingungen dazu tendiere, eine repressive Funktion auszuüben, stellt vor allem eine Sentenz den Stein des Anstoßes dar, in der es um die Frage des Widerstandsrechtes geht. Am Ende von Marcuses Essay heißt es: »... ich glaube, daß es für unterdrückte und überwältigte Minderheiten ein ›Naturrecht‹ auf Widerstand gibt, außergesetzliche Mittel anzuwenden, sobald die gesetzlichen sich als unzulänglich herausgestellt haben ... Es gibt keinen anderen Richter über ihnen außer den eingesetzten Behörden, der Polizei und ihrem eigenen Gewissen. Wenn sie Gewalt anwenden, beginnen sie keine neue Kette von Gewalttaten, sondern zerbrechen die etablierte. Da man sie schlagen wird, kennen sie das Risiko, und wenn sie gewillt sind, es auf sich zu nehmen, hat kein Dritter, und am allerwenigsten der Erzieher und Intellektuelle, das Recht, ihnen Enthaltung zu predigen.«[332] – Wolfram Schütte

---

329 A.a.O., S. 38.

330 Unruhen – Professor Löwenthal über Berkeley (Kurzfassung seines Vortrags), in: Diskus – Frankfurter Studentenzeitung, 16. Jg., Nr. 6, Oktober 1966, S. 6. **(Dok. Nr. 103)**

331 Neue Linke – Aufbruch in die Sackgasse? In: Die Zeit vom 9. September 1966.

332 Herbert Marcuse, Repressive Toleranz, in: Robert Paul Wolff / Barrington Moore / Herbert Marcuse, Kritik der reinen Toleranz, Frankfurt/Main 1965, S. 127 f. **(Dok. Nr. 104)**

würdigt den Aufsatz Marcuses wenige Wochen später in der **Frankfurter Rundschau** in einer Besprechung.[333] Lange Zeit in ihrer Legitimität nicht in Zweifel gezogene Allgemeinbegriffe wie Freiheit, Humanität und Menschenwürde bedürften nun der Kritik, »damit eine gesellschaftliche Wirklichkeit, die mit ihrer pervertierten Hilfe täglich auf den Kopf gestellt« werde, wieder auf den Boden der Tatsachen gelange.

30. Oktober 1966: Das Kuratorium **Notstand der Demokratie** führt einen gleichnamigen, von der *IG Metall* finanzierten Kongreß durch, um mit einem großen öffentlichen Bündnis die oppositionellen Kräfte gegen die von der CDU/CSU angestrebte und von der SPD weitgehend hingenommene Einführung von Notstandsgesetzen zu konzentrieren und zu stärken. In verschiedenen Sälen der Stadt beteiligen sich mehr als 8.500 Personen an sechs verschiedenen Foren. Ihre Themen sind: *Historische und politische Belastung der Ausnahmegesetzgebung, Die Presse und Meinungsfreiheit in der Notstandsgesetzgebung, Die Folgen der Notstandsgesetzgebung für den Alltag, Notstandsplanung, Wirtschaft, Arbeitnehmerschaft, Die Schubladenverordnungen und die Verfassungswidrigkeit von Notstandsregelungen* und *Notstandszwang, Gewissensfreiheit und Widerstandsrecht*. Die Diskussionsleitung des zweiten Forums hat Jürgen Habermas inne und die des dritten Alexander Mitscherlich. Auf der Abschlußkundgebung auf dem Römer, an der mehr als 25.000 Menschen, darunter auch der *IG-Metall*-Vorsitzende Otto Brenner, teilnehmen, sprechen der Tübinger Philosoph Ernst Bloch, der Schriftsteller Hans Magnus Enzensberger, der Rechtswissenschaftler Helmut Ridder und der Gewerkschafter Georg Benz. Bloch beginnt seine Rede mit den Worten »Wir kommen zusammen, um den Anfängen zu wehren.«[334] und beendet sie mit dem Satz: »Die alten Herren mit ihrem Artikel 48 haben bereits die Vergangenheit verspielt, die neuen Herren mit ihrem Notstandsunrecht sollen nicht unsere Zukunft verspielen.«[335] – Nach Artikel 48 der Weimarer Verfassung war es dem Reichspräsidenten möglich, im Falle einer Gefährdung der öffentlichen Sicherheit und Ordnung vorübergehend die wichtigsten »Grundrechte ganz oder zum Teil außer Kraft« zu setzen. Am Ende der Weimarer Republik war das Notverordnungsrecht des Reichspräsidenten von den Nationalsozialisten zu diktatorischen Zwecken mißbraucht worden.

November 1966: Als 19. Band erscheint in den in der Europäischen Verlagsanstalt herausgegebenen *Frankfurter Beiträgen zur Soziologie* die von Regina Schmidt und Egon Becker verfaßte Studie **Reaktionen auf politische Vorgänge**. Darin werden an den drei Beispielen *Spiegel*-Affäre, Metallarbeiterstreik in Baden-Württemberg und Eichmann-Prozeß Meinungen und Einstellungen der bundesdeutschen Bevölkerung zu kontrovers besetzten politischen Vorkommnissen ermittelt, um eine verallgemeinerungsfähige Aussage über das Verhältnis zur Politik machen zu können. Aufschluß gegeben wird auch über den jeweiligen Informationsstand zu einem Sachverhalt, das geäußerte politische Interesse daran, das Urteilsvermögen und die Maßstäbe zur Beurteilung. Über die beiden ersten Studien heißt es abschließend: »In allen sozialen Schichten und Bildungsgruppen ist die Reichweite politischen Interesses begrenzt. Öffentlichkeit und Privatbereich klaffen im Bewußtsein der Menschen auseinander: den meisten erscheint Politik als eine den individuellen Erfahrungen und Interessen entrückte Sphäre, um die zu kümmern sich nicht lohnt. So finden aktuelle Ereignisse, mögen sie auch von allgemeiner Relevanz sein, als politische kaum Beachtung. Aufmerksamkeit ziehen höchstens ihre spektakulären Begleitumstände auf sich. Der partiellen, weitgehend unstrukturierten Wahrnehmung korrespondiert die Zufälligkeit und Oberflächlichkeit der Informationen, die die Menschen aufnehmen.«[336] Dieser grundlegende Mangel an politischem Urteilsvermögen könne dann gefährliche Konsequenzen nach sich ziehen, wenn sich autoritäre Kräfte in Krisensituationen formierten und staatliche Zwangsmaßnahmen einführten. Im Zusammenhang mit dem Eichmann-Prozeß wird die von Lipset vertretene Ansicht dementiert, daß die Toleranz gegenüber Juden desto mehr zunähme, je höher man auf der sozialen Stufenleiter nach oben käme. Die beiden Autoren weisen nach, daß auch Personen der oberen Berufs- und Bildungsgruppen nicht gegen antisemitische Vorurteile gefeit sind. Ein anderes niederschmetterndes Ergebnis präsentieren sie über den Umgang mit der nationalsozialistischen Vergangenheit: »Die Zeit des Dritten Reichs hinterließ im Bewußtsein der deutschen Bevölkerung anscheinend keine nachhaltigen Spuren. Konkrete Vorstellungen darüber, wodurch sich ein totalitäres Regime von einer freiheitlichen Verfassung unterscheide, sind selten anzutreffen: mehr als ein Drittel der deutschen Bevölkerung glaubt, daß sich für den Einzelnen wenig ändern

30.10.: Hans Magnus Enzensberger auf der Abschlußkundgebung des Kongresses gegen die Notstandsgesetzgebung.

würde, käme in Deutschland wieder eine Diktatur an die Macht.«[337] Am Ende ihrer Untersuchung bezweifeln die beiden Autoren, ob – wie es von Adorno u.a. in der berühmten Studie *The Authoritarian Personality*[338] beschrieben wurde – noch der autoritätsgebundene Charakter alten Stils mit seiner libidinösen Bindung an die von ihm selbst hervorgebrachten Stereotypen für die Gesellschaft der Gegenwart ausschlaggebend sei. Trotz der unverkennbaren Formierungstendenzen im rechtsradikalen Lager und einer wachsenden Anhängerschaft der NPD gehen sie von der Annahme aus, daß sich die Autoritätsstruktur der Bevölkerung merklich gewandelt habe. In den Vordergrund geschoben habe sich ein Typus, der, keineswegs ungefährlicher, eine größere Bereitschaft zur Anpassung zeige. Der nach David Riesmans berühmter Arbeit *Die einsame Masse*[339] als »außengeleitet« bezeichnete Charaktertypus greife Vorurteile unreflektiert auf und passe sich der jeweils herrschenden Meinung an. Ihr abschließendes Urteil lautet: »Geht man davon aus, daß die ›Zwangshaftigkeit der Autoritätsgebundenen das psychologische Äquivalent gesellschaftlicher Verdinglichung sei‹, dann könnte – bei fortschreitender Integration der Gesellschaft und einem sich steigernden Mißverhältnis zwischen der sozialen Forderung nach Anpassung und Triebverzicht und dem individuellen

---

333 Wolfram Schütte, Kritik der reinen Toleranz – Zu Aufsätzen von drei amerikanischen Professoren: Robert P. Wolff, Barrington Moore, Herbert Marcuse, in: Frankfurter Rundschau vom 26. November 1966.

334 Zit. nach: Siegward Lönnendonker/Tilman Fichter unter Mitarbeit von Claus Rietzschel, Freie Universität Berlin 1948–1973, Hochschule im Umbruch, Teil IV 1964–1967, Die Krise, Dokumentation der Freien Universität Berlin vom 15. Juni 1975, S. 355.

335 A.a.O., S. 356.

336 Regina Schmidt/Egon Becker, Reaktionen auf politische Vorgänge – Drei Meinungsstudien aus der Bundesrepublik, Frankfurt/Main 1967, S. 126.

337 A.a.O., S. 131.

338 Theodor W. Adorno/Else Frenkel-Brunswik/Daniel J. Levinson/ R. Nevitt Sanford, The Authoritarian Personality, New York 1950.

339 David Riesman, Die einsame Masse, Hamburg 1958.

29.11.: Wiederholt wird gegen die Bildung einer großen Koalition demonstriert.

triebökonomischen Leistungsvermögen – Autoritätsgebundenheit im Sinne weitgehender Manipulierbarkeit zum kollektiven Phänomen werden.«[340]

November 1966: In der Zeitschrift **Der Monat** veröffentlicht Jürgen Habermas unter dem Titel **Zwangsjacke für die Studienreform – die befristete Immatrikulation und der falsche Pragmatismus des Wissenschaftsrates** eine Kritik an den vom Wissenschaftsrat am 14. Mai verabschiedeten *Empfehlungen zur Neuordnung des Studiums an den wissenschaftlichen Hochschulen*. Darin greift er die von studentischen Gruppierungen bereits geäußerte Kritik, daß mit diesem Schritt die technokratische Hochschulreform begonnen habe, auf und warnt vor einer stromlinienförmigen Universität der Zukunft. »Es geht nicht an, daß die Studienzeit obligatorisch begrenzt wird. Aus pragmatischen Gründen nicht: denn die befristete Immatrikulation würde uns des besten Kriteriums für den Erfolg der Studienreform berauben und dadurch eine zuverlässige Rückkopplung zwischen der Initiative der Fachvertreter und einer großzügigen, aber gezielten Hilfe der Ministerien erschweren. Aus prinzipiellen Gründen nicht: denn der bürokratische Zwang zur Einhaltung eines verbindlichen Studienfahrplanes beschränkt ohne Not den Spielraum, innerhalb dessen Interessen geweckt, Fähigkeiten okkasionell erprobt, Wünsche produktiv befriedigt und kritische Erfahrungen gesammelt werden können.«[341]

11. November 1966: Das Bundesverwaltungsgericht in **West-Berlin** entscheidet in letzter Instanz, daß Angehörige studentischer Verbindungen Farben tragen sowie Mensuren schlagen und gegenüber Mitgliedern anderer Verbindungen an den Universitäten nicht benachteiligt werden dürfen. Voraussetzung sei allerdings, daß sich die Verbindungen zur freiheitlich-demokratischen Grundordnung der Bundesrepublik bekennen. Damit verpflichtet das Gericht die Universität Frankfurt, die *Alte Prager Landsmannschaft »Hercynia«* im Coburger Convent in das Register der anerkannten Verbindungen aufzunehmen. Die Johann Wolfgang Goethe-Universität hatte eine Anerkennung mit dem Argument verweigert, Mensurenschlagen sei nicht mehr zeitgemäß.

24. November 1966: Im Hörsaal IV diskutieren Soziologie-Studenten auf einer Fachschaftsvollversammlung mit ihren Professoren Jürgen Habermas und Ludwig von Friedeburg über die geplanten Schritte zur Einführung eines Numerus clausus und der Befristung der Studienzeit auf acht bzw. neun Semester. Es wird von mehreren Sprechern der Vorwurf erhoben, daß die Professoren zwar wohlmeinende Erklärungen abgäben, jedoch nicht verbindlich handelten, um die legitimen Interessen der Studenten, die im Zuge der oktroyierten Studienreform einer Reihe von restriktiven Maßnahmen ausgesetzt wären, angemessen zu berücksichtigen.

26. November 1966: Mit einem **Offenen Brief** wenden sich mehrere Professoren und Assistenten der Johann Wolfgang Goethe-Universität an den SPD-Parteivorsitzenden Willy Brandt, um gegen die Absicht der *Sozialdemokratischen Partei* zu protestieren, eine Große Koalition mit der CDU/CSU einzugehen. Sie werfen darin fünf Fragen auf und verlangen eine klare Antwort, wenn die SPD nicht in das Zwielicht des Opportunismus geraten wolle, was für die Partei und für die Demokratie insgesamt verhängnisvolle Auswirkungen haben müsse. Das Schreiben ist u. a. unterzeichnet von Iring Fetscher, Ludwig von Friedeburg, Jürgen Habermas und Alexander Mitscherlich.

26. November 1966: Rund 100 Jugendliche und Studenten demonstrieren mittags in der Innenstadt mit Sprechchören gegen die Bildung einer Großen Koalition zwischen CDU/CSU und SPD. Sie verteilen an der Hauptwache ein Flugblatt, das mit dem Satz endet, nur die rechtsradikale NPD könne von einem solchen Regierungsbündnis profitieren. Auf einer kleinen Couch, die sie mit sich führen, hängen zwei Plakate mit der Aufschrift: »SPD liebt CDU – Opposition legt sich zur Ruh!« und »Psst – Opposition schläft ein!« – Unter dem Eindruck der neuesten Informationen aus der Bundeshauptstadt führt eine vierköpfige Gruppe noch am Abend eine Unterschriftensammlung gegen eine Große Koalition durch. Dem Schriftsteller Ernst Fischer, dem Werbefachmann Konrad Wick und dem als Soziologen tätigen Ehepaar Michaela und Klaus von Freyhold gelingt es innerhalb weniger Stunden mehr als 100 Unterschriften zu erhalten.

29. November 1966: In der Innenstadt demonstrieren 200 zumeist jüngere Leute mit Sprechchören gegen die Bildung einer Großen Koalition. Sie ziehen vor das am Eschenheimer Turm gelegene Volksbildungsheim, in dem gerade eine Delegiertensitzung des SPD-Unterbezirks Frankfurt stattfindet. Lautstark fordern sie eine kleine Koalition zwischen SPD und FDP mit Willy Brandt als Bundeskanzler. Auf einem der von ihnen mitgeführten Plakate steht: »Willy, wehe Dir!«

Dezember 1966: Unter dem Titel **Thesen gegen die Koalition der Mutlosen mit den Machthabern** erscheint in der Frankfurter Studentenzeitung **Diskus** die schriftliche Fassung einer Rede, die Jürgen Habermas auf einer vom *Sozialdemokratischen Hochschulbund* in der Universität Frankfurt veranstalteten Podiumsdiskussion zur vielerorts mit Empörung aufgenommenen Bildung einer Großen Koalition zwischen CDU/CSU und SPD gehalten hat. »Die sozialdemokratischen Führer«, so setzt Habermas mit seiner scharfen Kritik ein, »sind in die abgewirtschaftete Regierung der CDU/CSU eingetreten. Sie liefern das Alibi für die Verschleierung eines Konkurses und für die Fortsetzung einer gescheiterten Politik. Wir haben Grund, die neue Regierung mehr zu fürchten als die alte.«[342] Mit besonderer Verbitterung äußert er sich darüber,

---

340 Regina Schmidt / Egon Becker, Reaktionen auf politische Vorgänge – Drei Meinungsstudien aus der Bundesrepublik, Frankfurt/Main 1967, S. 140 f.

341 Jürgen Habermas, Zwangsjacke für die Studienreform – die befristete Immatrikulation und der falsche Pragmatismus des Wissenschaftsrates, in: ders., Protestbewegung und Hochschulreform, Frankfurt/Main 1969, S. 105.

342 Jürgen Habermas, Thesen gegen die Koalition der Mutlosen mit den Machthabern, in: Diskus – Frankfurter Studentenzeitung, 16. Jg., Nr. 8, Dezember 1966, S. 2. **(Dok. Nr. 108)**

daß die SPD seit Jahren nur noch den Mut gehabt habe, Gegner in ihren eigenen Parteien zu suchen, ihre Energien anstatt zur Entwicklung zur Unterdrückung alternativer Strategien eingesetzt und unter dem Schutz von Antikommunismus und KPD-Verbot die Kompromißbereitschaft in den Rang einer Politik gehoben habe. Mit ihrer Hilfe hätten sie einen als demokratischen Minister untauglichen Mann wie Franz Josef Strauß für ein Regierungsamt rehabilitiert. Habermas scheut sich auch nicht, seine Kritik ad personam zu formulieren. Das 1914 auferstandene Gespenst an nationaler Pflichterfüllung nehme heute die Gestalt von Herbert Wehner an, der offenbar seine verlorene Identität in einer Identifikation mit seinen Angreifern wiederzufinden glaube. Willy Brandt, der offenbar Arm in Arm mit einem Mann wie Kiesinger die deutsche Wirklichkeit darstellen möchte, schildert er als tragische Figur. Den einzigen Hoffnungsschimmer sieht er noch in Gustav Heinemann: »... das protestantische Gewissen eines aufrechten Justizministers«.[343] Insgesamt aber, so wird er nicht müde zu wiederholen, gebe es allen Grund zur Furcht vor der neuen Regierung. Sie gefährde die Grundlagen des Parlamentarismus.

2. Dezember 1966: Auf der **American Civil Liberties Union Conference** an der Universität von **San Diego** (US-Bundesstaat Kalifornien) hält Herbert Marcuse einen Vortrag über zivilen Ungehorsam.

6. Dezember 1966: Im Hörsaal III setzen die Soziologiestudenten der Philosophischen Fakultät ihre am 24. November begonnene Diskussion über Numerus clausus, Zwangsimmatrikulation und Fragen der Studienordnung fort. Die Kontroverse wird mit Theodor W. Adorno, Ludwig von Friedeburg und Jürgen Habermas fortgesetzt. In einem von SDS, SHB, LSD und HSU gemeinsam verfaßten und am Vortag verteilten Flugblatt heißt es zum bisherigen Verlauf der Diskussion mit von Friedeburg und Habermas: »Die Widersprüche zwischen den Aussagen der beiden Professoren, die Unverbindlichkeit der bisherigen Informationen wie auch der Diskussion auf der letzten Fachschaftsvollversammlung zeigen deutlich, daß die Interessen der Studenten in der bisherigen Form der Kooperation mit den Professoren nicht gesichert werden können. Deshalb fordern wir die verstärkte und institutionell gesicherte Teilnahme der Fachschaft und der von ihr einzusetzenden Kommission an der Schaffung effektiver Studieneinrichtungen. Diese gesicherte Teilnahme ist nur möglich, wenn die Professoren für die Dauer der Verhandlungen mit der Kommission der Fachschaft auf den Versuch einer eigenmächtigen Durchsetzung des Numerus clausus und der Reform des Grundstudiums verzichten.«[344]

---

343 A.a.O.
344 Sozialdemokratischer Hochschulbund, Liberaler Studentenbund Deutschlands, Humanistische Studenten-Union, Sozialistischer Deutscher Studentenbund, »Die Widersprüche zwischen den Aussagen der beiden Professoren ...« (Flugblatt-Aufruf zu einer Fachschaftsvollversammlung Soziologie am 6. Dezember), aus: Archivalische Sammlung Ronny Loewy, Akte SDS Frankfurt 1966–1970, Archiv des Hamburger Instituts für Sozialforschung. **(Dok. Nr. 109)**

1967

7.9.: Führende SDS-Mitglieder haben bei einer Diskussion über den Vietnamkrieg im Amerika-Haus das Podium gestürmt, darunter Hans-Jürgen Krahl (li.), Rudi Dutschke (Mitte) und Frank Wolff (3.v.r.).

1.1.: Umschlag einer Kommune-Broschüre.

1. Januar 1967: Ein Kreis von SDS-Mitgliedern um Dieter Kunzelmann gründet in **West-Berlin** mit dem »Anspruch einer existentiellen Verweigerung gegenüber dem kapitalistischen System« die **Kommune I**. Durch eine Revolutionierung des Alltagslebens sollen die bürgerlichen Lebensformen aufgebrochen, neue Verhaltensweisen erprobt und die Kommune zur Keimform einer subversiven Umwälzung der Gesellschaft gemacht werden. – Von den zwölf SDS-Mitgliedern, die sich am Vortag zur Vorbereitung des Projekts getroffen hatten, sind fünf kurzfristig wieder abgesprungen. Außer Kunzelmann lassen sich noch Ulrich Enzensberger, Dagrun Enzensberger, Volker Gebbert, Gertrud Hemmer, Dorothea Ridder und Dagmar Seehuber auf das Experiment ein. Als erstes Domizil dient der siebenköpfigen Gruppe die Atelierwohnung des sich gerade in den USA aufhaltenden Schriftstellers Uwe Johnson. – Im November des Vorjahres hatte der aus der situationistisch inspirierten *Gruppe SPUR* über die *Subversive Aktion* zum SDS gestoßene Kunzelmann eine Art Manifest der Kommune-Idee geschrieben. In den **Notizen zur Gründung revolutionärer Kommunen in den Metropolen** heißt es: »Unsere Praxisvorstellungen können im Moment nur als diffus bezeichnet werden. Sind die divergierenden Konzeptionen durch konzentrierte Praxis aufgehoben, bleibt nicht ausgeschlossen, daß dies eine falsche war. Soll dieser Prozeß nicht in Frustration versanden – und die Kommune ist nicht der konkrete Versuch, ob Praxis möglich ist, sondern wir machen die Kommune, um Praxis jetzt zu machen: Praxis als Methode zur Erkenntnis der Wirklichkeit – ist unser Entwicklungsprozeß bei Beginn des Zusammenlebens von ausschlaggebender Bedeutung, um den Experimentalcharakter gemeinsamer Praxis durchstehen zu können. Wenn wir die Aufhebung unserer bürgerlichen Individualitäten nur erhoffen durch den mit bestimmter Praxis stattfindenden Prozeß des Kampfes, besser dessen Anfangsstadium zwischen revolutionären Kommunen und repressiver Gesellschaft, könnten wir erneut unser Dasein dem weltgeschichtlichen Prozeß anheimdelegieren, vergessen erneut unsere Ausgangsbasis: die Leidenschaft der an sich selbst Interessierten.«[345] Am Ende des im Gestus eines Bekenntnisses verfaßten Textes greift Kunzelmann Marcuses kurz zuvor in dessen Aufsatz *Repressive Toleranz* vertretene Ansicht auf, daß es ein »Naturrecht auf Widerstand« für unterdrückte Minderheiten gebe und erweitert diese Position in Richtung auf eine Praxis, die »bis zum Umsturz geht«.[346] – Bereits im Mai werden die Mitglieder der *Kommune I* wegen »falscher Unmittelbarkeit«, »Überschätzung« und »Realitätsflucht« aus dem SDS ausgeschlossen.

9. Januar 1967: Zusammen mit einem Jesuiten aus Hongkong, einem Sinologen aus München und dem Leiter des Sigmund-Freud-Institutes, Alexander Mitscherlich, kommentiert Max Horkheimer in der vom **Ersten Deutschen Fernsehen** ausgestrahlten Magazinsendung **Report** die seit einiger Zeit ins Rampenlicht der Weltöffentlichkeit gerückte und mit vielen Fragezeichen versehene Kulturrevolution in China. Während Mitscherlich glaubt, das aggressive Treiben der *Roten Garden* als Anpassungskrise einer jahrtausendealten Bauernkultur an eine sich überstürzt modernisierende Industrienation deuten zu können, beurteilt der ehemalige Direktor des Frankfurter Instituts für Sozialforschung die Propagierung eines ungebremsten Kollektivismus als radikalen Bruch mit der chinesischen Tradition.[347]

17. Januar 1967: Auf einer weiteren Fachschaftsvollversammlung konkretisieren die Soziologiestudenten ihre Vorstellungen für eine Neuorganisierung von Forschung und Lehre am Institut für Sozialforschung. In einer Beschlußvorlage für die im Hörsaal II stattfindende Versammlung wird empfohlen, den Vorschlag zur Bildung einer gemeinsamen Arbeitskommission mit Professoren und Assistenten anzunehmen. Allerdings soll die Ausarbeitung konkreter Reformschritte an eine Reihe von Bedingungen geknüpft sein. Dazu heißt es: »Die Studenten der Fachschaft Soziologie stellen deshalb ihren Vertretern für die Teilnahme folgende Bedingungen: – Die Anzahl der studentischen Vertreter entspricht der Anzahl der Vertreter von Assistenten und Professoren zusammengenommen. – Die studentischen Vertreter werden von der Fachschaftsvollversammlung gewählt ... Sie erhalten ihren Auftrag von der Fachschaftsvollversammlung und sind ihr zur Rechenschaft verpflichtet.«[348]

20. Januar 1967: Auf den Universitätstagen 1967 an der Freien Universität in **West-Berlin** sprechen die Referenten zum Thema **Universität und Demokratie**.

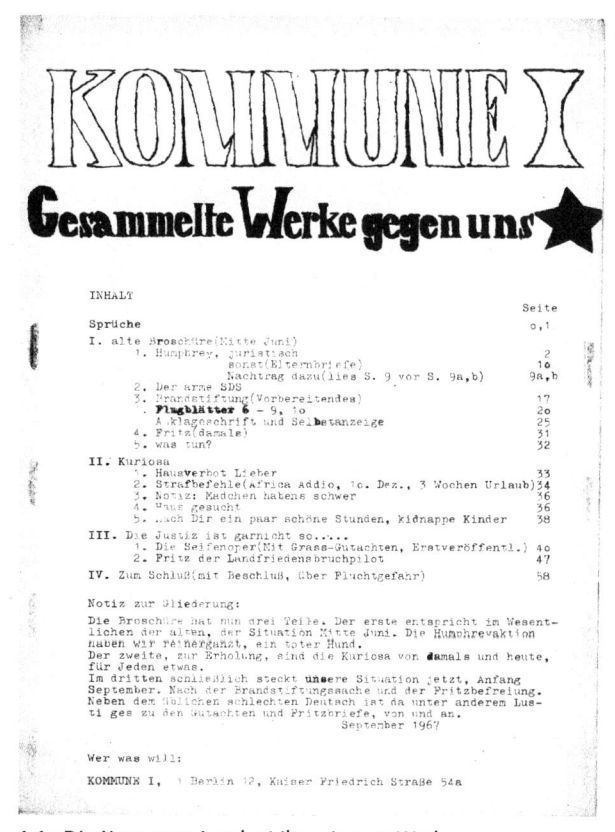

1.1.: Die Kommune I verlegt ihre eigenen Werke.

---

345 Dieter Kunzelmann, Notizen zur Gründung revolutionärer Kommunen in den Metropolen, in: Frank Böckelmann/Herbert Nagel (Hg.), Subversive Aktion – Der Sinn der Organisation ist ihr Scheitern, Frankfurt/Main 1976, S. 143. **(Dok. Nr. 106)**

346 A.a.O., S. 144.

347 Vgl.: Philosophen (Kommentar), in: Abendpost-Nachtausgabe vom 11. Januar 1967; Karl-Heinz Güldenpfennig, Fernsehen unter der Lupe, in: Nacht-Depesche (West-Berlin) vom 10. Januar 1967; Spekulationen um China, in: Rheinischer Merkur vom 13. Januar 1967; Tobias blickt zurück, in: Weltwoche (Zürich) vom 20. Januar 1967.

348 Beschlußvorlage zur Fachschaftsvollversammlung am Dienstag, den 17. Januar 1967, 19.00 Uhr, Hörsaal II, aus: Sammlung Ronny Loewy, Akte Fachschaft Soziologie, Universität Frankfurt 1966–1970.

Ludwig von Friedeburg referiert über **Universität und Öffentlichkeit** und Jürgen Habermas über **Universität in der Demokratie – Demokratisierung der Universität**. Letzterer entfaltet aus einer wissenschaftstheoretischen Auseinandersetzung über den unterschiedlichen Status normativer und deskriptiver Aussagen und einer Unterscheidung zwischen Regeln für instrumentelles und kommunikatives Handeln die Problematik des Verhältnisses zwischen Wissenschaft und Praxis sowie Hochschule und Politik. Er vertritt dabei die immer wieder aufs neue heftig bestrittene Ansicht: »Auch Tagespolitik muß Bestandteil der universitätsinternen Öffentlichkeit sein dürfen. ... Und ich glaube, diese These vertreten zu dürfen, weil das Prinzip, durch das politische Erörterungen an Universitäten allein legitimiert sind, dasselbe Prinzip ist, das die demokratische Form der Willensbildung bestimmt: nämlich den Grundsatz, Entscheidungen in der Weise zu rationalisieren, daß sie, der Idee nach, von einem in herrschaftsfreier Diskussion erzielten Konsensus abhängig gemacht werden können.«[349] Von dieser Inanspruchnahme unterscheidet Habermas jedoch nicht minder scharf die Auffassung, daß die Universität nicht der Ort sei, um dort einen politischen Willen zu demonstrieren. In einer Anmerkung spezifiziert er die ausgegrenzte Form politischer Auseinandersetzung an der Hochschule: »Eine Dauermobilisierung der Studentenschaft, die sich gegenüber bestimmten, im Prinzip durchsetzbaren hochschulpolitischen Zielen verselbständigte und allein unter dem Gesichtspunkt einer Politisierung des Bewußtseins als jakobinischer Erziehungsprozeß unterhalten würde, ließe sich auf der Grundlage, auf der ich Politik als einen unveräußerlichen Bestandteil universitätsinterner Öffentlichkeit zu rechtfertigen versuche, nicht legitimieren.«[350] Unter diese für ihn nicht mehr zu rechtfertigende Form rubriziert er das, was er als den Anarchismus verhinderter Bombenleger, gemeint sind die vor allem im SDS vertretenen Propagandisten der direkten Aktion, und den Provokationismus entpolitisierter Provos bezeichnet. »Das Abgleiten in Anarchismus und Provokationismus, also in Formen der politischen Selbstentmündigung«, heißt es in offener Distanzierung gegenüber den vor allem in West-Berlin und in Frankfurt zunehmenden anarchistisch-antiautoritären Strömungen innerhalb der studentischen Protestbewegung, »bietet nur die Folie, auf der um so deutlicher hervortritt, daß Bürger der Universität, auch in ihrer Rolle als Staatsbürger außerhalb der Universität, auf den transparenten Zusammenhang von Willenskundgebung und vorangegangener Argumentation zu achten haben.«[351] Die Praktizierung von Widerstandsformen an der Universität hält er für den Fall reserviert, daß die die Freiheit von Forschung und Lehre garantierende Verfassungsnorm gebrochen würde und die Korporation in ihrer Gesamtheit, also Professoren und Studenten nebeneinander, zu einem Akt der Notwehr verpflichtet sei.

Februar 1967: Auf einer Mitgliederversammlung des SDS im Walter-Kolb-Studentenwohnheim am Beethovenplatz findet eine Diskussion mit den beiden Soziologieprofessoren Jürgen Habermas und Ludwig von Friedeburg statt. Anschließend spricht sich die Frankfurter SDS-Hochschulgruppe mit 31 gegen 14 Stimmen bei 6 Enthaltungen für die Einrichtung einer von Professoren und Assistenten gemeinsam gebildeten Arbeitskommission zur Reformierung des Forschungs- und Lehrbetriebes am Institut für Sozialforschung aus. – In einem kurze Zeit später verschickten Mitgliederrundbrief heißt es dazu: »Auf der letzten Mitgliederversammlung (MV) wurde mit Habermas und Friedeburg über Hochschulpolitik diskutiert. Der SDS sprach mit den Professoren, obwohl einige Genossen darin einen Widerspruch zur vorherigen Politik des SDS sahen. Sie hielten eine Diskussion auf der MV für ›Kabinettspolitik‹, die der SDS bisher abgelehnt hatte ... Habermas verschloß sich keineswegs einer Kombination von Diskussion und Aktion, nur wollte er nicht von den spezifischen Möglichkeiten seiner Position als sozialistischer Professor ablassen und sich unmittelbar zum professoralen Studenten machen lassen.«[352]

Februar 1967: Im rechtsgerichteten **Deutschen Studenten-Anzeiger** (DSA) wird die ehemalige Assistentin am Institut für Sozialforschung und Gießener Soziologieprofessorin Helge Pross massiv angegriffen. Es heißt dort: »Sie sind die Verkörperung dessen, was wir nicht sein wollen. Wir wollen nicht mit Ihnen diskutieren! Wir sind nicht nur der Diskussion mit Ihnen nicht fähig, wir verwerfen sie als Mittel des ideologischen Kampfes ... Wir wissen nicht und wollen auch nicht wissen, ob sie deutsche Staatsangehörige sind. Wir wissen aber, daß die Frage der Nationalität in Ihren Kreisen oft ziemlich schwierig ist. Wir wissen, daß das Personal der Politologie und verwandter Disziplinen zu einem nicht geringen Teil aus Leuten mit doppelter, dreifacher oder gar keiner Nationalität besteht. Persönliches Schicksal hin und her – diese unklaren Verhältnisse tragen nicht eben dazu bei, unseren Glauben an die Kompetenz dieser Leute für deutsche Probleme zu stärken. Wir müssen zu Ihren Gunsten annehmen, daß Sie keine Deutsche sind.«[353] – Helge Pross hatte dem Blatt, das von allen bundesdeutschen Studentenzeitungen die stärkste Auflage hat, nicht nur ein »antidemokratisches Syndrom« attestiert, sondern sich beim Bundespostministerium in Bonn darüber beschwert, daß dieses im DSA ganzseitige Anzeigen schalte und ihn damit indirekt finanziell unterstütze. Daraufhin entschied man sich, auf weitere Inserate zu verzichten. – In der Wochenzeitung **Die Zeit** kritisiert Hilke Schlaeger den Angriff der rechten Studentenzeitschrift am 17. Februar als »Dummheit« und »Infamie«. Den Herausgebern ginge es nicht, wie sie unmißverständlich erkennen ließen, um eine Diskussion zwischen unterschiedlichen Meinungen.[354] – Zwei Wochen später versucht die Redaktion des DSA ihre diffamierenden Äußerungen in einer in der **Zeit** publizierten Stellungnahme mit dem Argument zu rechtfertigen, Helge Pross habe mit ihrer »Postaktion« die »Basis für eine seriöse Diskussion« längst verlassen. »Wo aber keine Diskussion mehr möglich ist, da führt die Erkenntnis existentieller Gegnerschaft zum Kampf ... Im Falle von Frau Pross kommt eben einiges zusammen. Sie ist eine Schülerin von ›Marxburg‹, dem marxistisch und psychoanalytisch orientierten ›Institut für Sozialforschung‹ der Professoren Adorno und Horkheimer in Frankfurt. Sie ist (beziehungsweise war) die Frau des Marathonbewältigers Harry Pross, dem die Deutschen ein ebenso dickes wie gehässiges Buch über die Jugendbewegung und einige linkslastige ›Dokumentationen‹ über die deutsche Politik der letzten 150 Jahre verdanken. Sie hat in einer soziologischen Studie die Emigranten aus der Zeit des Nationalsozialismus unkritisch und undifferenziert als geistige Elite des damaligen Deutschlands verherrlicht – selbst wenn diese ›Elite‹, wie es nur zu oft der Fall war, im Zwielicht der Pseudowissenschaft und im Dienste der feindlichen Propaganda wirkte.«[355] Außerdem habe sie in einer »auf einschlägige Themen geeichten Illustrierten«, wie der *Stern* umschrieben wird, Reklame für legalisierte Abtreibungen gemacht. Helge Pross reagiert in derselben Ausgabe mit einer distanzierten Richtigstellung sachlicher Verdrehungen und antwortet, daß der Weg von der »Erkenntnis existentieller Gegnerschaft« zur Anwendung physischer Gewalt gegen politische Gegner nicht allzu weit sei. Deshalb sei es wichtig, sich gegen Blätter wie den DSA zu wehren und sei es auch nur durch einen Brief an die Bundespost.

4.2.: **Demonstration im Gänsemarsch für Frieden in Vietnam.**

4. Februar 1967: Mit einem Schweigemarsch demonstrieren einige Jugendliche in der Innenstadt für den Frieden in Vietnam. Zunächst geht ein junger Mann, der sich die Rückseite eines Zeichenblocks um den Hals gehängt hat, auf dem lediglich das Wort »Vietnam« geschrieben steht, vier an einer Schnur befestigte Blechbüchsen und eine Plastikflasche scheppernd hinter sich herziehend um die Kreuzung am Opernplatz. Er achtet dabei genau auf die Ampelphasen, legt Pausen ein und setzt seinen Protestgang immer nur bei grünem Licht fort. Gegen 14 Uhr schließt sich ein Dutzend weiterer junger Leute, die sich am Marshall-Brunnen versammelt haben, dem einsam Protestie-

349 Jürgen Habermas, Universität in der Demokratie – Demokratisierung der Universität, in: ders., Protestbewegung und Hochschulreform, Frankfurt/Main 1969, S. 127.
350 A.a.O., S. 128.
351 A.a.O., S. 130.
352 Mitgliederrundbrief der SDS-Hochschulgruppe Frankfurt vom 6. Februar 1967, aus: Archivalische Sammlung Ronny Loewy, Akte SDS Frankfurt 1966–1970, Archiv des Hamburger Instituts für Sozialforschung.
353 Deutscher Studentenanzeiger vom Februar 1967, Jg., Nr., S.
354 Hilke Schlaeger, Universitäts-Früchtchen, in: Die Zeit vom 17. Februar 1967, 22. Jg., Nr. 7, S. 22.
355 Die Zeit vom 3. März 1967, 22. Jg., Nr. 9, S. 18.

Februar 1967

11.2.: Vietnamkriegsgegner verbrennen die US-Flagge.

11.2.: Polizeieinsatz vor dem US-Generalkonsulat.

renden an. Im Gänsemarsch ziehen sie nun durch die Goethestraße bis zum Goetheplatz und kehren anschließend auf demselben Weg wieder zum Opernplatz zurück.

11. Februar 1967: Vor der Ruine des Opernhauses führen am Nachmittag SDS, SHB und LSD zusammen mit der *Naturfreundejugend* eine Kundgebung gegen den US-Krieg in Vietnam durch. Vor den rund 200 Teilnehmern erklärt der Hauptredner Rudi Dutschke, daß es nicht mehr genüge, mit Resolutionen zu protestieren: »Wir müssen provozieren, damit wir uns mehr als bisher Gehör verschaffen.«[356] Nach den Redebeiträgen wird eine Flagge des Vietcong gehißt, unter Johlen eine Karikatur von US-Präsident Lyndon B. Johnson verbrannt und in Büchsen Geld für den Vietcong gesammelt. Mit Sprechchören wie »Johnson – Mörder« und »Ledernacken – Koffer packen« ziehen gegen 16 Uhr etwa 150 Studenten durch das Westend zu dem am Rande des Grüneburgparks gelegenen US-Generalkonsulat. Dort lassen sie sich auf der Siesmayerstraße nieder und beginnen ein Sit-in. – Angela Davis, die daran beteiligt ist, beschreibt den weiteren Verlauf der Protestaktion später so: »Als die Sprechchöre der Demonstranten riefen ›U.S. raus, U.S. raus, U.S. raus aus Vietnam‹ und ›Ho, Ho, Ho Chi Minh‹, wurden sie fast sofort von berittener Polizei angegriffen. Eine junge Frau geriet unter die Hufe der Pferde. Da es vorher abgesprochen war, daß wir uns dem erwarteten Angriff widersetzen wollten, wurde die verwirrende Taktik von Angriff und Rückzug angewandt. Es war so gedacht, daß man die Hauptstraße, die zum Zentrum der Stadt führte, entlangzog und damit den Straßenverkehr lahmlegte. Während die Masse der Demonstranten auf beiden Seiten der Straße auf dem Bürgersteig ging, trennten sich einige in regelmäßigen Abständen von ihrer Gruppe und setzten sich auf die Straßenbahnschienen. Wenn sie die Polizei kommen sahen, warteten sie bis zum letzten Augenblick und nahmen dann wieder in der Masse ihre Zuflucht. Das gelang nicht allen. Als ich an der Reihe war, mich zu setzen und dann zu rennen, mußte ich mich sehr sputen, um wieder schnell genug in der Masse unterzutauchen, denn ich wollte nicht in Westdeutschland vor Gericht gestellt werden.«[357] Nach Auflösung der Protestaktion vor dem Konsulat zieht eine Gruppe von 60 Demonstranten über den Opernplatz zur Hauptwache weiter. Als sie sich in der Biebergasse auf den Zebrastreifen setzen und den Verkehr blockieren, greift die Polizei erneut ein und räumt die Fahrbahn. Dabei kommt es zu einem Handgemenge. Acht Demonstranten werden festgenommen. – Bereits am Vormittag war es an der Katharinenkirche wegen eines ungenehmigten Informationsstandes zum Vietnamkrieg zu einem Zwischenfall gekommen, bei der Karikaturist Arno Ploog zusammen mit einer Bekannten festgenommen worden ist. – Der *Pardon*-Mitarbeiter stellt später Strafanzeige gegen die Polizei. Nach eigenen Angaben ist er nur deshalb im Polizeigriff abgeführt worden, weil er sich nach dem Namen eines Beamten erkundigen wollte, der auf einen Passanten einschlug. Beim Verhör auf der Polizeiwache sei ihm dann erklärt worden, er solle sich zur Untersuchung seines Geisteszustandes in eine »Irrenanstalt« einweisen lassen.

18.2.: Provos tanzen vor dem Generalkonsulat der USA.

13. Februar 1967: Mehrere uniformierte Polizeibeamte versuchen auf dem Universitätsgelände vergeblich, Plakate zu entfernen, auf denen SDS-Mitglieder sich abfällig über den Polizeieinsatz zwei Tage zuvor vor dem US-Generalkonsulat äußern. Eine der Schlagzeilen auf den an einem Bauzaun angebrachten Plakaten lautet »Beschwerde eines Studenten mit Faustschlägen quittiert«, eine andere »Berittener Terror neo-germanischer Reiter-SS«. Als die Beamten die Plakate abreißen wollen, werden sie von Studenten auf den besonderen Rechtsstatus der Universität hingewiesen. Sie lassen erst davon ab, nachdem sie vom Rektorat in der entsprechenden Weise belehrt worden sind.

16. Februar 1967: In der bei San Francisco gelegenen kalifornischen Universitätsstadt **Berkeley** hält Herbert Marcuse eine Rede mit dem Titel **Protest and Futility** (Protest und Nutzlosigkeit).

18. Februar 1967: Rund 200 Jugendliche, vorwiegend *Provos*, demonstrieren am Samstagnachmittag gegen den Vietnamkrieg. Vom Opernplatz aus, wo sie sich am Marshall-Brunnen versammelt haben, ziehen sie die Bockenheimer Landstraße entlang und biegen in die Siesmayerstraße in Richtung Grüneburgpark ein. Als sie vor dem US-Generalkonsulat auftauchen, sehen sie sich zwei Dutzend Polizisten gegenüber, die dort zum Schutz des Gebäudes abkommandiert worden sind. Diese haben ganz offensichtlich Weisung, sich nach Möglichkeit nicht durch die *Provos* provozieren zu lassen. Weder durch lautstark skandierte Sprechchöre noch durch das Anzünden einer selbstgebastelten Rauchbombe, die mit einer Stichflamme und einer kleinen Wolke verpufft, lassen sie sich aus ihrer Reserve locken. Die meisten der jungen Demonstranten fassen sich daraufhin an die Hände und tanzen zum Klang von Protestsängen eine Weile lang vor dem Konsulat. Nach einer halben Stunde ziehen die ersten von ihnen in Richtung Opernplatz ab. Dort kommt es dann doch

356 Frankfurter Rundschau vom 13. Februar 1967.
357 Angela Davis, Mein Herz wollte Freiheit – Eine Autobiographie, München/Wien 1975, S. 137f.

Februar 1967

noch zu einigen kleineren Scharmützeln mit der Polizei. Dabei werden drei Jugendliche, darunter ein entwichener Fürsorgezögling, festgenommen. Der SDS und die *Naturfreundejugend*, die am selben Tag gegen den Vietnamkrieg protestieren wollten, hatten abgesagt, um mit den »Rüpeln und *Provos*«, wie es in einer Erklärung heißt, nicht in einen Topf geworfen zu werden.

16. März 1967: Der Schriftsteller Hans Magnus Enzensberger wird in einem Festakt in der Meistersingerhalle in **Nürnberg** mit dem Kulturpreis der Stadt für das Jahr 1966 ausgezeichnet. Die Laudatio für den Lyriker und Essayisten, der zehn Jahre seiner Jugend in der Stadt verbracht hat, die seit der NS-Zeit vor allem als Stadt der Reichsparteitage und der Prozesse gegen die Führungselite der Nazis assoziiert wird, hält der Nürnberger Kulturreferent Hermann Glaser. Der Autor schreibe, hebt Glaser hervor, nicht um andere zu treffen, sondern um betroffen zu machen. Am Ende seiner mit persönlichen Erinnerungen an und bitteren Reflexionen auf Nürnberg gespickten Dankesrede kündigt Enzensberger an, daß er mit der Summe des mit 6.000 DM dotierten Preises ein Konto eröffnen werde, mit dem er Personen samt ihren Angehörigen unterstützen wolle, die aus Gründen ihrer politischen Gesinnung in der Bundesrepublik gerichtlich verfolgt würden. Zur Verdeutlichung nennt er die Namen von fünf verurteilten Kommunisten.[358] – Die CSU-Fraktion im Nürnberger Stadtrat protestiert am 21. März in einem Offenen Brief an Oberbürgermeister Urschlechter gegen die Preisverleihung, weil Enzensberger gegen die »Verfassungswirklichkeit« einen »äußerst kritischen, wenn nicht negativen Standpunkt« einnehme. Man frage den Oberbürgermeister, ob er die Verwendung städtischer Haushaltsmittel für den von dem Preisträger definierten Zweck für politisch verantwortbar und rechtlich für vertretbar halte. – Der Bundestag in **Bonn** befaßt sich am 13. April in einer Fragestunde mit der Kritik der CSU an der Verleihung des Nürnberger Kulturpreises. Dabei verneint Bundesjustizminister Gustav Heinemann (SPD) die Frage des CSU-Abgeordneten Stiller, ob die Bundesregierung die Ansicht teile, in der Bundesrepublik würden Personen wegen ihrer politischen Gesinnung vor Gericht gestellt. – Bereits fünf Tage zuvor hat der Vizepräsident des Bundesamtes für Verfassungsschutz, Günther Nollau, in einem Leserbrief an die **Süddeutsche Zeitung** bestritten, daß auch nur ein Mitglied der illegalen KPD wegen seiner Gesinnung verurteilt worden sei.[359] Verboten sei in der Bundesrepublik nicht der Kommunismus, sondern die *Kommunistische Partei*.

21./22. März 1967: In der nahe der französischen Hauptstadt gelegenen Universität **Nanterre** besetzt im Rahmen einer **Kampagne der sexuellen Information und Aufklärung** eine Gruppe radikaler Studenten das Studentenwohnheim, um damit gegen die nach Geschlechtern getrennte Unterbringung und die sexuelle Unterdrückung zu protestieren. Als die Polizei nach ihrer Alarmierung durch den Hausmeister das Gebäude umstellt, verbarrikadieren sich die Besetzer. Sie kündigen an, so lange zu bleiben, bis die Wohnheimregeln im ihrem Sinne geändert seien. Als im Laufe des nächsten Morgens Hunderte von Studenten zum Wohnheim ziehen und die Polizei umstellen, spitzt sich die Situation vorübergehend zu. Erst als der eilends herbeigerufene Rektor der Sorbonne, der die Soziologische Fakultät Nanterre zugeordnet ist, einen straflosen Abzug garantiert, wenn die Besetzer durch die Vorweisung ihrer Wohnheimschlüssel ihren Bewohnerstatus nachweisen können, und diese, obwohl keine ihrer Forderungen erfüllt ist, akzeptieren, entspannt sich die Lage. – Einige Tage darauf erhalten 29 Studenten, darunter auch einige, die nachweislich nicht an der Besetzung beteiligt waren, Briefe von der Universitätsadministration, in denen ihnen Sanktionen angedroht werden, die bis zum Hinauswurf aus dem Studentenwohnheim reichen könnten. – Obwohl keine der Sanktionen wahrgemacht wird, führt dieser Schritt unter den Studenten, darunter dem 21jährigen Daniel Cohn-Bendit, zu einer starken Verunsicherung, bei manchen gar zu einem Vertrauensverlust. Damit bestätigt sich für sie der Verdacht, daß die Universität »schwarze Listen« über politisch besonders aktive unter ihnen führt.

11. April 1967: Der **Hessische Rundfunk** strahlt den von Jürgen Habermas am 20. Januar auf den Universitätstagen der Freien Universität in West-Berlin gehaltenen Vortrag aus. Er trägt den erweiterten Titel **Universität in der Demokratie – Demokratisierung der Universität. Kritische Überlegungen zu einem aktuellen Thema**.

14. April 1967: Auf einer Versammlung in der kalifornischen Universitätsstadt **Berkeley** hält Herbert Marcuse eine Rede über die weitere Perspektive der Protestbewegung gegen den US-Krieg in Vietnam.[360]

24. April 1967: Nachdem es mehrfach zu Konflikten um Schülerzeitungen gekommen ist, lädt der hessische Kultusminister Ernst Schütte über 100 Redakteurinnen und Redakteure zu einer Arbeitstagung in den am Luisenplatz in **Wiesbaden** gelegenen Sitzungssaal seines Ministeriums ein. Zu den Teilnehmerinnen zählen auch die neue Staatssekretärin Hildegard Hamm-Brücher, eine Oberschulrätin und die zweite Vorsitzende des Landeselternbeirats Susi Hübsch. Umstritten sind vor allem Artikel, die zum Thema Sexualität und Sexualerziehung im Unterricht veröffentlicht worden sind. Die Frankfurter *Bienenkorb-Gazette* hatte unter 500 Schülerinnen und Schülern eine Umfrage über »Intimverkehr« durchgeführt und das Homberger *Schulecho*, 1962 als beste Schülerzeitung des Landes Hessen ausgezeichnet, die Anti-Baby-Pille als Voraussetzung für einen Sexualkundeunterricht gefordert. Die Hauptrollen in der Diskussion spielen die 17jährige Chefredakteurin der *Bienenkorb-Gazette* Christa Appel und der 23jährige Soziologiestudent Dieter Bott (SDS Frankfurt), der als ehemaliger Redakteur des *Schulechos* nicht nur einige der Artikel selbst verfaßt hat, sondern auch als Mentor der nun verantwortlichen Redakteure Horst Brühmann und Hans-Joachim Neis gilt. Als der Minister auf die Forderung, die Schule solle mehr zur Liebe erziehen, anstatt den Krieg zu verherrlichen, mit der Feststellung reagiert, daß dies an hessischen Schulen doch bestimmt nicht geschehe, erntet er laute Buh-Rufe. Trotz kontroverser und emotionsgeladener Debatte stellt Schütte am Ende fest, daß es keinen Grund gebe, seinen Erlaß aus dem Jahre 1964, der den Schülerzeitungen volle Pressefreiheit garantiert, in irgendeiner Form einzuschränken, er jedoch darum bitte, daß der Ton der dort publizierten Artikel in Zukunft taktvoller ausfalle.

Mai 1967: In der Übersetzung von Alfred Schmidt erscheint in deutscher Erstausgabe im Luchterhand Verlag Herbert Marcuses Hauptwerk **Der eindimensionale Mensch**; im Untertitel heißt es *Studien zur Ideologie der fortgeschrittenen Industriegesellschaft*. Darin analysiert er in verschiedenen Aspekten die innere Logik in der Fortentwicklung des modernen Kapitalismus, der zu einer Einheit von Wohlfahrts- und »Warfare«-Staat geworden sei. Als wichtigstes Strukturmoment im neuen Herrschaftssystem definiert er die Verschmelzung von technologischer und politischer Rationalität: »Angesichts der totalitären Züge dieser Gesellschaft läßt sich der traditionelle Begriff der ›Neutralität‹ der Technik nicht mehr aufrechterhalten. Technik als solche kann nicht von dem Gebrauch abgelöst werden, der von ihr gemacht wird.«[361] Die eindimensionale Gesellschaft, deren Sprache, Denken und Psychologie Marcuse anhand ihrer aktuellsten Erscheinungsformen analysiert, ist durch einen umfassenden Verlust an Transzendenz, nicht im Sinne einer metaphysischen, sondern einer sozialen und historischen Kategorie gedacht, gekennzeichnet. Eindimensionalität wird als die Herrschaft eines technologischen

24.4.: Homberger Schülerzeitung mit den beiden SDS-Mitgliedern Hanspeter Bernhardt und Annette Bauer.

358 Hans Magnus Enzensberger, »... doch ich erkenne sie wieder«, in: Süddeutsche Zeitung vom 20. März 1967.
359 Dr. Günther Nollau, H. M. Enzensbergers 6.000 Mark, in: Süddeutsche Zeitung vom 8./9. April 1967.
360 Siehe: Herbert Marcuse, (Perspectives of the war – opposition against the war is opposition against a repressive society – breaking the ground for social change), Manuskript im Herbert Marcuse-Archiv der Stadt- und Universitätsbibliothek Frankfurt/Main, 319.00-03.
361 Herbert Marcuse, Der eindimensionale Mensch – Studien zur Ideologie der fortgeschrittenen Industriegesellschaft, Neuwied/West-Berlin 1967, S. 18.

Apriori im Anschein einer zunehmenden Erweiterung der Freiheitsmöglichkeiten verstanden. Sie wirkt sich aus als Nivellierung von Möglichkeit und Wirklichkeit, als Ersetzung des lebendigen Sprachvermögens durch funktionale Kommunikation und als Reduktion von Erotik auf Sexualität. Mit seiner bereits in *Triebstruktur und Gesellschaft* entwickelten Kategorie der »repressiven Entsublimierung« dechiffriert er die Indienstnahme der Triebökonomie unter dem Schein einer Entfesselung des Lustprinzips. In der eindimensionalen Gesellschaft setzt sich so bis in die Sphäre der Intersubjektivität hinein eine paradoxe Logik durch: Durch die Rationalisierung des Irrationalen wird die Rationalität selber irrational. Unter dem Bann einer Vergesellschaftungsform, in der sich Produktivität und Destruktivität bis zur Ununterscheidbarkeit durchdringen, läßt sich keine politische Alternative formulieren. Dennoch diskutiert Marcuse anhand der Bürgerrechtsbewegung und der sozialen Unruhe in den Ghettos der Schwarzen die geringen Anzeichen auf eine Durchbrechung der vom System hervorgebrachten und so scheinbar hermetisch funktionierenden Integrationsmechanismen. Im Schlußabschnitt seines Buches schreibt er über die Randgruppen der hochentwickelten kapitalistischen Gesellschaft: »Wenn sie sich zusammenrotten und auf die Straße gehen, ohne Waffen, ohne Schutz, um die primitivsten Bürgerrechte zu fordern, wissen sie, daß sie Hunden, Steinen und Bomben, dem Gefängnis, Konzentrationslagern, selbst dem Tod gegenüberstehen. Ihre Kraft steht hinter jeder politischen Demonstration für die Opfer von Gesetz und Ordnung. Die Tatsache, daß sie anfangen, sich zu weigern, das Spiel mitzuspielen, kann die Tatsache sein, die den Beginn des Endes einer Periode markiert. Nichts deutet darauf hin, daß es ein gutes Ende sein wird.«[362] Und am Ende des pessimistischen Ausblicks heißt es auf die Rolle der eigenen Theorie eingehend: »Die kritische Theorie der Gesellschaft besitzt keine Begriffe, die die Kluft zwischen dem Gegenwärtigen und seiner Zukunft überbrücken könnten; indem sie nichts verspricht und keinen Erfolg zeigt, bleibt sie negativ. Damit will sie jenen die Treue halten, die ohne Hoffnung ihr Leben der Großen Weigerung hingegeben haben und hingeben. Zu Beginn der faschistischen Ära schrieb Walter Benjamin: Nur um der Hoffnungslosen willen ist uns die Hoffnung gegeben.«[363] – Marcuses 1964 in den USA erstmals erschienene gesellschaftstheoretische Studie wird von der studentischen Protestbewegung als Grundlagenwerk aufgenommen und erfährt allein in den ersten anderthalb Jahren nach Erscheinen fünf weitere Auflagen.

6./7. Mai 1967: In **München** findet eine vom SDS-Bundesvorstand einberufene Gruppenvorsitzendenkonferenz statt, auf der es um die Frage einer adäquateren Organisationsform nach der Bildung der Großen Koalition geht. Im Einladungsschreiben wird zwischen drei Organisationsmodellen unterschieden[364]: 1. Die *Arbeitsgemeinschaft Sozialistische Opposition* (ASO) aus dem Umkreis des Marburger SDS; 2. der *Politische Klub Berlin* aus dem Umkreis älterer Westberliner SDSler, der sogenannten »Alte-Keulen-Riege« und 3. das *Aktionszentrum für Sozialismus und Demokra-*

Mai: Theoretiker der eindimensionalen Gesellschaft – Herbert Marcuse.

7.5.: Tumulte zum Auftakt der Deutsch-Amerikanischen Freundschaftswoche vor dem Römer.

tie aus dem Umkreis des *Kuratoriums für Abrüstung und Demokratie*. Außerdem stehen die Organisationsversuche unabhängiger und sozialistischer Schülergruppen auf dem Programm, ein mit »Provo, Horror, Psycho« überschriebener Punkt zum Konflikt mit der Westberliner Kommune I sowie Probleme der Organisierung von Solidaritätsaktionen für die Opposition in Spanien, Persien und Griechenland.

7. Mai 1967: Mit Rauchkerzen, Knallkörpern, Wurfgeschossen, Sprechchören, Pfui- und Buhrufen gehen auf dem Römerberg rund 200 Demonstranten gegen ein militärisches Festzeremoniell zur **Eröffnung der Deutsch-Amerikanischen Freundschaftswoche** vor; ihre Proteste richten sich gegen den Krieg der US-Amerikaner in Vietnam, die provokative Zurschaustellung von Einheiten der US-Armee auf dem zentralen Platz der Stadt und die Bedenkenlosigkeit der politisch Verantwortlichen Frankfurts und des Landes Hessen, ein solches Militärspektakel kritiklos mitzumachen. Der Kern der Demonstranten wird von der Frankfurter Gruppe des SDS gebildet. Bereits vor Beginn der Veranstaltung sind auf dem Parkplatz für die US-amerikanischen Gäste Knallkörper explodiert. Mehr als

362 A.a.O., S. 267.
363 A.a.O., S. 268.
364 Siehe: Rundschreiben des SDS-Bundesvorstandes Nr. 17 vom 26. April 1967, aus: Archivalische Sammlung Ronny Loewy, Akte SDS Frankfurt 1966–1970, Archiv des Hamburger Instituts für Sozialforschung.

2.000 Bürger sind vor dem Römer erschienen, um den Aufmarsch verschiedener Heeresteile der US-Armee und die Marschmusik der Heeresmusikkorps mitzuerleben. Auf der Ehrentribüne haben sich der hessische Ministerpräsident Georg-August Zinn, Frankfurts Oberbürgermeister Willi Brundert und der Kommandierende General des V. US-Korps, Generalleutnant George R. Mather, eingefunden. Als mit einiger Verspätung dort auch der Ehrenbürger der Stadt, Professor Max Horkheimer, seinen Platz einnimmt, ertönen zunächst Pfiffe, dann Buhrufe und Sprechchöre »Horkheimer, raus!«. Die Demonstranten halten Transparente hoch mit Aufschriften wie »War is a good business, invest your son«, »Wanted for war-crime« mit dem Konterfei von US-Präsident Lyndon B. Johnson und »Schluß mit dem sinnlosen Verbrechen in Vietnam!«. Als der erste Redner Oberbürgermeister Brundert sich mit der Bemerkung an die Protestierenden wendet, Professor Horkheimer, der durch das Nazi-Regime verfolgt worden sei, habe durch seine Bemühungen um wahrhafte Demokratie viel zur Verständigung der Völker beigetragen, werden Teile des Römerbergs durch Rauchkerzen in Nebelschwaden gehüllt. Währenddessen geht die Polizei gegen vermeintliche Randalierer vor. Ihre Versuche, die Kerne der Demonstranten einzuschließen und abzudrängen, schlagen jedoch fehl. Die Sprechchöre beginnen sich immer wieder neu an anderen Stellen zu formieren. Während der Rede von Generalleutnant Mather ertönen Rufe wie »Nazi« und »Yankee …« bzw. »Ami go gome!«. Ministerpräsident Zinn beschimpft als nächster Redner die Demonstranten mit den Worten: »Ich denke nicht daran, die Frankfurter Bürger diesen Terrormethoden aussetzen zu lassen! Niemand hat sie herbeibefohlen! Sie Schreihals, Sie haben die Hose noch hinten zugemacht, als wir um Freiheit und Demokratie kämpften!«[365] Als ein junger Demonstrant versucht, durch die Absperrung zu schlüpfen und bis zur Seitentribüne vorzudringen, genau zu der Stelle, an der Horkheimer sitzt, wird er von Ordnungskräften abgefangen. Der Festakt wird mit dem Abspielen der amerikanischen und der deutschen Nationalhymne beendet. Anschließend ziehen die Ehrengäste – Oberbürgermeister Brundert Arm in Arm mit Ehrenbürger Horkheimer – zu einem Empfang in den Kaisersaal des Römers. – Am Nachmittag gibt ein Sprecher der Polizei bekannt, daß während der Tumulte 18 Demonstranten festgenommen worden seien; gegen drei von ihnen werde Anzeige wegen Landfriedensbruchs erstattet. Einer der Festgenommenen sei noch in Polizeigewahrsam, weil er keinen festen Wohnsitz habe nachweisen können.[366] – Der SDS Frankfurt kritisiert das Verhalten und die nachfolgende Darstellung der Polizei in zwei Pressemitteilungen. In der zweiten Stellungnahme vom 9. Mai heißt es: »Die Polizei ist gegen die Festgenommenen weitaus brutaler vorgegangen als zu befürchten war: gründlichste Leibesvisitation und brutale Schläge strafen die Berichte Lügen, Gewalt sei nicht angewandt worden. Anzeige ist bereits erstattet worden. Polizei in Zivil verprügelte brutal einen Studenten nach dessen zaghaften Buh-Rufen; ein Mädchen griff ein und wurde wegen ›versuchter Gefangenenbefreiung‹ abgeführt … Trotzdem wurde die Gegendemonstration stärker; die Kritik des größten Teils der bundesdeutschen Bevölkerung am amerikanischen Krieg in Vietnam kann weder durch Großeinsatz berittener, uniformierter und ziviler Polizei noch durch die seelenvolle Beschwörung täglichen ›Für- und Miteinanders‹ unterdrückt werden.«[367] – Zu einer erneuten Konfrontation kommt es am Abend im Amerika-Haus. Hier soll mit der Eröffnung der Deutsch-Amerikanischen Freundschaftswoche zugleich der zehnte Gründungstag dieses Informations- und Veranstaltungszentrums der Vereinigten Staaten begangen werden. Als Max Horkheimer mit seiner Festrede **Amerika heute im Bewußtsein der Deutschen: Zum Problem der Verständigung** beginnt, tritt ein junger Mann nach vorne und versucht, ihn zu unterbrechen. Ein erboster Zuhörer ruft ihm entgegen: »Sie sollten sich schämen, Professor Horkheimer hat viel mehr für die Menschheit getan als Sie.«[368] Danach läßt der Demonstrant von seinem Störversuch ab, und Horkheimer kann in seiner Rede fortfahren. Gleich am Anfang geht er auf die Ereignisse des Vormittags ein: »Diejenigen, die gegen den Krieg in Vietnam hier in Frankfurt demonstrieren, dürfen wissen, daß die Menschen, die hier sprechen … keinen Augenblick das Furchtbare vergessen, was dort vorgeht; aber mit Demonstrationen verhindern wir das nicht.«[369] Er bezeichnet die Zweifel an der amerikanischen Vietnampolitik als durchaus berechtigt, hebt aber hervor, daß es schließlich die Vereinigten Staaten gewesen seien, die ihre Armee für diejenigen geöffnet hätten, die in Europa wegen ihrer freiheitlichen Gesinnung einmal verfolgt worden seien. »Wenn in Amerika es gilt, einen Krieg zu führen – und nun hören Sie wohl zu«, so wendet er sich direkt an die im Saal des Amerika-Hauses durchaus zahlreich vertretenen Demonstranten, »einen Krieg zu führen, so ist es nicht so sehr die Verteidigung des Vaterlandes, sondern es ist im Grunde die Verteidigung der Verfassung, die Verteidigung der Menschenrechte ... derjenige, der urteilt, der soll wenigstens sich auch um diese Dinge kümmern; der soll wenigstens, wenn er von Vietnam redet, daran denken, daß wir hier nicht zusammen wären und frei reden könnten, wenn Amerika nicht eingegriffen hätte und Deutschland und Europa vor dem furchtbarsten totalitären Terror schließlich gerettet hätten.«[370] Danach kommt Beifall auf. Als dann Oberbürgermeister Brundert als nächster Redner ebenfalls durch Zwischenrufe gestört wird, fordert der Direktor des Amerika-Hauses die »Vietnam-Protestanten« auf, den Saal zu verlassen, was die meisten daraufhin auch tun.

8. Mai 1967: An der Johann Wolfgang Goethe-Universität findet die Immatrikulationsfeier zum Sommersemester statt. Das Zeremoniell wird diesmal verbunden mit der Antrittsvorlesung des neuen Ordinarius für Soziologie, den am Institut für Sozialforschung ausgebildeten und von der Freien Universität in West-Berlin nach Frankfurt berufenen Ludwig von Friedeburg. Eingeführt wird er von dem aus der Schweiz stammenden Rektor Walter Rüegg. Er erinnert daran, daß der erste soziologische Lehrstuhl in Deutschland seinerzeit an der Frankfurter Universität errichtet worden sei. Zugleich verweist er auf die vielfältigen Verbindungen zwischen Philosophie und Soziologie, die von den Professoren Tillich, Horkheimer und Adorno geknüpft worden seien. Als der Name des mittlerweile emeritierten ehemaligen Direktors des Instituts für Sozialforschung genannt wird, geht ein Zischen durch den Raum. In seiner Antrittsvorlesung **Universität und Öffentlichkeit** spricht sich von Friedeburg für eine entschiedene Demokratisierung der Hochschulen und den Abbau autoritärer Strukturen aus. Lehrende und Studierende ruft er in diesem Sinne zu gemeinsamem Handeln auf.[371] – Auf dem Campus verkündet eine aus Packpapier angefertigte meterlange Wandzeitung seit den Morgenstunden: »Hessen und Frankfurts Offizielle riefen am Sonntag zur Solidarisierung mit Johnsons Amerika auf. Solidarisch erklärte sich der Regierende Brundert ... solidarisch erklärte sich Urvater Zinn ... solidarisch erklärte sich ein Professor Horkheimer und rief zur Toleranz auf gegenüber einem faschistischen Terror, dem er selbst 1933 knapp entkommen war ...«[372]

23. Mai 1967: Der Frankfurter Soziologiestudent Hanspeter Bernhardt muß sich vor dem Gericht der nordhessischen Kleinstadt **Borken** wegen Beleidigung des Journalisten Siegfried Löffler verantworten. Er hatte im *Schulecho*, der Schülerzeitung der Theodor-Heuss-Schule, an der er ein Jahr zuvor sein Abitur gemacht hatte, einen Artikel mit der Überschrift *heil hitler, herr löffler* veröffentlicht. Den Vorwurf, er hätte den Kläger damit verdächtigt, einmal Nazi gewesen zu sein, weist er mit der Begründung zurück, er habe mit seinem Text nicht beleidigen, sondern schockieren wollen. Der Rechtsstreit endet mit einem Vergleich. Bernhardt, Mitglied im Frankfurter SDS, verpflichtet sich dazu, eine Entschuldigung im *Kreisblatt* des Landkreises Fritzlar-Homberg und im *Schulecho* zu veröffentlichen. Löffler wird, sobald diese Voraussetzung erfüllt ist, seinen Strafantrag zurückziehen.

30. Mai 1967: Der AStA der Johann Wolfgang Goethe-Universität protestiert in einem Schreiben an das spanische Justizministerium in **Madrid** gegen die Verurteilung von elf Studenten der Universität Barcelona zu Gefängnisstrafen. Die Studenten waren von einem in der spanischen Hauptstadt tagenden Sondertribunal für öffentliche Ordnung wegen Mitgliedschaft in

---

365 Zit. nach: Maoisten vom Main – Frankfurt: SDS-Protest mit Bomben und Plakaten, in: Christ und Welt vom 19. Mai 1967.

366 Vgl. die Berichterstattung: Zweierlei Demonstrationen auf dem Römerberg – Deutsch-Amerikanische Freundschaftswoche eröffnet / Protest mit Plakaten und einer Rauchbombe, in: Frankfurter Rundschau vom 8. Mai 1967; Störenfriede auf dem Römerberg – Unfreundlicher Auftakt zur Freundschaftswoche, in: Frankfurter Neue Presse vom 8. Mai 1967; Zwischen Loblied und Protest – Deutsch-amerikanische Freundschaftswoche eröffnet / Plakat und Rauchbombe, in: Frankfurter Rundschau vom 9. Mai 1967; Die Schmähruhe gegen Max Horkheimer – Leserstimmen zu den Vorgängen bei der Römerberg-Kundgebung, in: Frankfurter Rundschau vom 16. Mai 1967; Auf dem Römerberg – Leserbriefe, in: Frankfurter Allgemeine Zeitung vom 17. Mai 1967.

367 SDS Frankfurt, Pressemitteilung – Zweite Stellungnahme des SDS Frankfurt zu den Vorfällen anläßlich der Kundgebung am 7. Mai 1967 auf dem Römerberg in Frankfurt, Aus: Archivalische Sammlung Ronny Loewy, SDS Frankfurt 1966–1970, Archiv des Hamburger Instituts für Sozialforschung.

368 Zit. nach: »Demonstrationen ändern nichts« – Horkheimer zur Freundschaftswoche/Störversuche im Amerika-Haus, in: Frankfurter Allgemeine Zeitung vom 9. Mai 1967.

369 Max Horkheimer, (Amerika heute im Bewußtsein der Deutschen: Zum Problem der Verständigung), in: Diskus – Frankfurter Studentenzeitung, 17. Jg., Nr. 4, Juni 1967, S. 10.

370 A.a.O.

371 Vgl.: Friedeburg empfahl Burgfrieden – Immatrikulationsfeiern an der Universität, in: Frankfurter Neue Presse vom 9. Mai 1967.

372 Zit. nach: Maoisten vom Main – Frankfurt: SDS-Protest mit Bomben und Plakaten, in: Christ und Welt vom 19. Mai 1967.

dem als illegal betrachteten *Sindicato Democratico de Estudiantes* (SDE) zu jeweils drei Monaten Haft verurteilt worden.

31. Mai 1967: Auf einer vom SDS verfaßten Wandzeitung, die auf dem Universitätsgelände zu sehen ist, wird das Schah-Regime wegen seiner Geheimdienstaktivitäten gegen iranische Studenten massiv angegriffen. Zugleich wird zu einer Demonstration gegen den Staatsbesuch des Schahs aufgerufen.

2. Juni 1967: Nachdem schon in München deutsche und persische Studenten gemeinsam gegen den Staatsbesuch des Schahs protestiert haben und am Abend zuvor dessen Folter-Regime von Bahman Nirumand auf einem Teach-in im Audimax der Freien Universität in **West-Berlin** analysiert worden ist, demonstrieren mehr als 2.000 Studenten und Schüler vor dem Schöneberger Rathaus. Als beim Eintreffen des Schahs Rauchkerzen und Eier fliegen, prügeln schahfreundliche »Jubelperser« mit Stahlrohren auf die Demonstranten ein. – Bei einer zweiten Manifestation am Abend kommt es vor der Deutschen Oper zu schweren Auseinandersetzungen mit der Polizei, die mit zivilen Greiftrupps flüchtende Demonstranten verfolgt. Dabei wird der 26jährige Germanistikstudent **Benno Ohnesorg** auf einem Parkhof von dem Kriminalobermeister Kurras von hinten erschossen. – Obwohl die Polizei den Todesfall zunächst zu vertuschen versucht und vom Senat der Stadt ein generelles Demonstrationsverbot erlassen wird, treffen sich einen Tag später 6.000 Hochschulangehörige auf dem Gelände der Freien Universität und diskutieren über den Mord und den »nicht erklärten Notstand« in West-Berlin. Der Tod Benno Ohnesorgs hat inzwischen eine Welle der Empörung an allen bundesdeutschen Universitäten ausgelöst. Fast überall werden Solidaritätsresolutionen verfaßt und Trauerkundgebungen veranstaltet.

3. Juni 1967: In einem Schweigemarsch ziehen 2.500 Menschen von der Universität zum Römerberg, um unter dem Eindruck des zwischen Israel und Ägypten ausgebrochenen Krieges für »Frieden in Nahost« zu demonstrieren. Auf der Schlußkundgebung treten die Redner sowohl für den Frieden im Vorderen Orient als auch für die ungeschmälerte Existenz des Staates Israel ein.

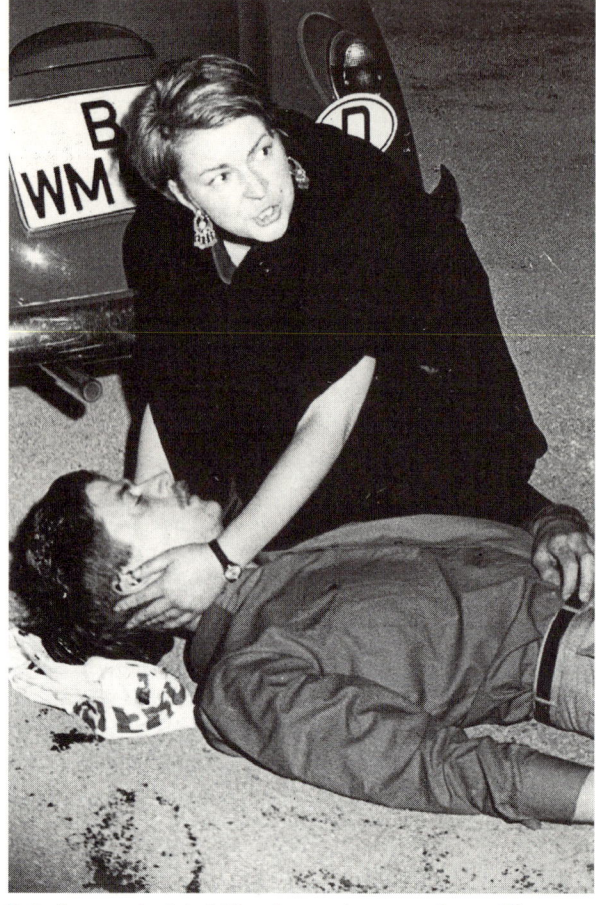

2. 6.: Fassungslosigkeit über den erschossenen Benno Ohnesorg.

5. Juni 1967: In einem soziologischen Proseminar nimmt Theodor W. Adorno zum Tod Benno Ohnesorgs Stellung und erklärt: »Die Studenten haben so ein wenig die Rolle der Juden übernommen.«[373]

5. Juni 1967: Über 3.000 Studenten versammeln sich auf der hinter dem Studentenhaus gelegenen Wiese zu einem vom AStA organisierten Teach-in, um sich über die Vorgänge informieren zu lassen, die zum Tod ihres Kommilitonen Benno Ohnesorg geführt haben, und um ihre Solidarität mit den Forderungen zu erklären, die zwei Tage zuvor von 6.000 Studenten der Freien Universität in West-Berlin erhoben worden waren. Mit starkem Beifall stimmen sie zu, daß der Regierende Bürgermeister Heinrich Albertz (SPD), der Berliner Innensenator und der Polizeipräsident zurücktreten müßten, daß der Todesschütze Ohnesorgs bestraft, der Einsatzleiter der Polizei entlassen und das sogenannte schwarze Material über die politische Opposition vernichtet werden müsse. Die Frankfurter Studenten schließen sich außerdem mit einem halben Dutzend eigener Forderungen an, die bis zu dem Punkt reichen, daß Albertz nicht, wie vorgesehen, auf einer Veranstaltung zum 17. Juni in Frankfurt sprechen solle. Eine Stunde lang verurteilen danach Redner der unterschiedlichsten Studentenorganisationen, der Gewerkschaften, der *Jungsozialisten* und der *Föderation Iranischer Studenten* (CISNU) das Verhalten der Westberliner Polizei und ihrer politischen Führung. Mit großem Beifall wird auch eine Erklärung aufgenommen, die der Rektor, Professor Walter Rüegg, verliest: »Rektor, Prorektor und die Dekane der Johann Wolfgang Goethe-Universität beschließen, daß während der Beisetzung des in Berlin getöteten stud. phil. Ohnesorg die Vorlesungen und Übungen an der Universität ruhen. Sie wollen damit nicht der rechtlichen Beurteilung vorgreifen, die eine rasche und vollständige Klärung der Vorgänge voraussetzt. Vielmehr bekunden sie damit ihre Bestürzung angesichts eines gewaltsamen Todes und gleichzeitig die Überzeugung, daß das notwendige Recht freier politischer Auseinandersetzungen weder durch Unwahrheit und Demagogie noch durch rohe Gewalt eingeschränkt werden darf.«[374] Der einzige Professor, der außer Rüegg noch das Wort ergreift, ist Jürgen Habermas. Er verliest den Text eines Offenen Briefes, in dem Aufklärung darüber verlangt wird, ob in West-Berlin qualitativ neue Mittel zur Einschüchterung der Opposition eingesetzt worden seien: »Die Bürger der BRD haben in einer Lage, in der sie sich auf gefestigte rechtsstaatliche Traditionen nicht verlassen können, Anspruch darauf, durch beschleunigte und minutiöse Untersuchungen darüber Gewißheit zu erlangen, ob ihre Polizei Terror übt – oder ob

3.6.: Der Schweigemarsch beginnt.

2.6.: SDS-Bundesvorsitzender Reimut Reiche.

---

373 Pardon, 6. Jg., Nr. 8, August 1967, S. 51.
374 Frankfurter Allgemeine Zeitung vom 6. Juni 1967.
375 Diskus – Frankfurter Studentenzeitung, Extrablatt vom 8./9. Juni 1967, S. 2.

dieser Verdacht zu Unrecht besteht. Wenn die Interpretation der Berliner Kriminalpolizei, die in dieser Sache Partei ist, ohne für die breite Öffentlichkeit überzeugende Kontrolle hingenommen würde, bestünde die Gefahr einer stillschweigenden Umwandlung unseres demokratischen Rechtsstaates in einen Polizeistaat.«[375] Zum Abschluß der Versammlung wird in einer Aktentasche Geld für die Witwe des erschossenen Germanistikstudenten Ohnesorg gesammelt. Als Zeichen der Trauer wehen am Studentenhaus und am Studentenwohnheim schwarze Fahnen. Eine Trauerfahne, die Unbekannte nachts an der Stadt- und Universitätsbibliothek gehißt hatten, war bereits am Vormittag auf Veranlassung der Universitätsverwaltung wieder entfernt worden.

6. Juni 1967: In seiner Vorlesung **Ästhetik I** wendet sich Theodor W. Adorno an seine studentischen Zuhörer mit den Worten: »Es ist mir nicht möglich, die Vorlesung heute zu beginnen, ohne ein Wort zu sagen über die Berliner Vorgänge, so sehr diese auch beschattet werden von dem Furchtbaren, das Israel, der Heimstätte zahlloser vor dem Grauen geflüchteter Juden, droht. Mir ist bewußt, wie schwer es nachgerade fällt, auch über das faktisch Einfachste sich ein gerechtes und verantwortliches Urteil zu bilden, weil alle Nachrichten, die zu uns gelangen, bereits gesteuert sind. Aber das kann mich nicht hindern, meine Sympathie für den Studenten auszusprechen, dessen Schicksal, gleichgültig was man berichtet, in gar keinem Verhältnis zu seiner Teilnahme an einer politischen Demonstration steht ... Nicht nur der Drang, den Opfern Gerechtigkeit widerfahren zu lassen, sondern die Sorge darum, daß der demokratische Geist in Deutschland, der wahrhaft erst sich bildet, nicht durch obrigkeitsstaatliche Praktiken erstickt wird, macht die Forderung notwendig, es möchten die Untersuchung in Ber-

2.6.: Der Berliner Polizeieinsatz regt von Meysenbug zur Persiflage eines Adorno-Diktums an.

8.6.: AStA-Flugblatt.

5. 6.: Zuhörer beim Teach-in auf der Wiese hinter dem Studentenhaus.

lin Instanzen führen, die mit denen, die da geschossen und den Gummiknüppel geschwungen haben, organisatorisch nicht verbunden sind und bei denen keinerlei Interesse daran, in welcher Richtung die Untersuchung läuft, zu beargwöhnen ist ...«[376]

8. Juni 1967: Auf einen Aufruf des AStA der Universität hin, der von zahlreichen Hochschulgruppen und Jugendorganisationen unterzeichnet ist, ziehen am späten Nachmittag 8.000 Menschen in einem Schweigemarsch durch die Innenstadt zum Römerberg. Der über zwei Kilometer lange Zug, der über die Bockenheimer Landstraße, Opernplatz, Taunusstraße, an Hauptbahnhof und Schauspielhaus vorbei zum Römer führt, dauert mehr als zwei Stunden. Erst nach 20 Uhr treffen die letzten Teilnehmer am Kundgebungsort ein. Zu den Versammelten sprechen der Assistent am Philosophischen Seminar, Oskar Negt, der Professor der Soziologie, Ludwig von Friedeburg, der Schriftsteller Horst Bingel, der AStA-Vorsitzende Siegfried Peters, der stellvertretende VDS-Vorsitzende und der Vorsitzende des Frankfurter SDS. Negt beginnt seine Ansprache mit den Worten: »Wir gedenken heute eines Toten. Wir können dieses Toten nur angemessen gedenken, wenn wir erkennen, daß der Student Benno Ohnesorg sein Leben ließ in einer fatalen Auseinandersetzung über die Grenzen der Exekutive, insbesondere der Polizeibehörden, und über die Rechte einer außerparlamentarischen Opposition.«[377] Bei seinem Tod handle es sich nicht im traditionellen Sinne

---

376 Theodor W. Adorno, »Es ist mir nicht möglich, die Vorlesung heute zu beginnen ...« (Aufforderung zu einer Gedenkminute für Benno Ohnesorg in der Vorlesung über Ästhetik vom 6. Juni 1967), aus: Theodor W. Adorno-Archiv, Frankfurt/Main. **(Dok. Nr. 123)**
377 Oskar Negt, »Benno Ohnesorg ist das Opfer eines Mordanschlags« – Berliner Polizei demonstriert Härte eines autoritären Apparates/Rede für den Toten, in: Frankfurter Rundschau (Deutschland-Ausgabe) vom 12. Juni 1967. **(Dok. Nr. 124)**

Juni 1967 257

um einen politischen Mord; gleichwohl müsse die Tat als Mordanschlag charakterisiert werden: »... es handelt sich um Mord selbst dann, wenn man dem schießenden Kriminalbeamten Mord im Sinne des Strafgesetzbuches nicht nachweisen könnte. Denn Benno Ohnesorg ist das zufällige Opfer einer planmäßigen Polizeiaktion, einer Aktion, die schwere Verletzungen – und solche Verletzungen können immer den Tod zur Folge haben – bewußt in Kauf genommen hat ... Ohnesorg ist das Opfer einer Symbolhandlung, durch die Entschlossenheit und Unnachgiebigkeit des Polizeiapparates demonstriert werden sollten.«[378] Auf Transparenten, die von Teilnehmern hochgehalten werden, ist zu lesen: »Wir trauern um Benno Ohnesorg«, »Notstandsübung gut gelungen – Student ermordet« und »Denk ich an Deutschland in der Nacht, bin ich um den Schlaf gebracht«.

9. Juni 1967: Nachdem am Tag zuvor der Leichnam Benno Ohnesorgs nach einer Trauerrede des Theologen Helmut Gollwitzer in einem Fahrzeugkonvoi von West-Berlin nach **Hannover** überführt worden ist, findet dort im Anschluß an die Beerdigung der Kongreß **Hochschule und Demokratie – Bedingungen und Organisation des Widerstands** statt, an dem sich 5.000 Studenten, Assistenten und Professoren aus der gesamten Bundesrepublik beteiligen. Dabei kommt es zu einer scharfen Konfrontation über die Legitimität von Widerstandsformen zwischen Jürgen Habermas auf der einen und Rudi Dutschke und Hans-Jürgen Krahl auf der anderen Seite. »Die Aufgabe der studentischen Opposition in der Bundesrepublik«, so faßt Habermas zunächst seine Einschätzung zusammen, »war es und ist es, den Mangel an theoretischer Perspektive, den Mangel an Sensibilität gegenüber Verschleierungen und Verketzerungen, den Mangel an Radikalität bei der Auslegung und Praktizierung unserer sozialrechtsstaatlichen und demokratischen Verfassung, den Mangel an Antizipationsfähigkeit und wachsamer Phantasie, also Unterlassungen zu kompensieren. Ihre Aufgabe ist es, das Fehlen einer in ihren Intentionen aufgeklärten, in ihren Mitteln redlichen, in ihren Interpretationen und Handlungen fortschrittlichen Politik, wenn nicht wettzumachen, so doch zu deklarieren.«[379] Für die Praktizierung dieser Rolle sieht er allerdings enggezogene Grenzen. Noch problematischer erscheinen ihm aber subjektive Gefahren, die in der studentischen Opposition zu erkennen sind. Hier nennt er an erster Stelle eine Neigung zum Indif-

9.6.: Start des Berliner Trauerkonvois für Benno Ohnesorg.

ferentismus oder Aktionismus bei all jenen, die das Spannungsverhältnis zwischen Theorie und Praxis nicht mehr aushalten könnten. Als erster tritt ihm das Frankfurter SDS-Mitglied Krahl entgegen. Er ist der Ansicht, daß die traditionelle Dezisionismuskritik inzwischen überholt sei und fragt rhetorisch: »Provozieren Tomaten im Ernst die Gewalt oder ist das nicht vielmehr so, daß der sich überbürokratisierende Staatsapparat die Studenten zur Provokation insofern zwingt, als ihre Opposition gegenüber einer technisch hochausgerüsteten und entsprechend armierten Exekutivgewalt, als ihre Opposition dieser technologisch hoch ausgerüsteten Gewalt, der sie mit blanken Händen gegenüberstehen, objektiv sie auf die Verhaltensweise primitiver Völker zurückzwingt?«[380] Rudi Dutschke verteidigt die studentischen Aktionsformen mit dem Argument, daß sich das im Marxismus tradierte Verhältnis zwischen Theorie und Praxis gewandelt habe: »Bei Professor Habermas kann es noch mit Marx so heißen: es genügt nicht, daß der Gedanke zur Wirklichkeit drängt, die Wirklichkeit muß zum Gedanken drängen. Das war richtig für die Zeit der transitorischen Notwendigkeit des Kapitalismus. Davon kann schon längst keine Rede mehr sein. Die materiellen Voraussetzungen für die Machbarkeit der Geschichte sind gegeben ... Alles hängt vom bewußten Willen der Menschen ab, ihre schon immer von ihnen gemachte Geschichte endlich bewußt zu machen, sie zu kontrollieren, sie sich zu unterwerfen, das heißt, Professor Habermas, Ihr begriffloser Objektivismus erschlägt das zu emanzipierende Subjekt.«[381] Am Ende des Kongresses, nachdem Rudi Dutschke bereits abgereist ist, ergreift Jürgen Habermas noch einmal das Wort: »Herr Dutschke hat als konkreten Vorschlag, wie ich zu meinem Erstaunen nachher festgestellt habe, nur vorgetragen, daß ein Sitzstreik stattfinden soll, das ist eine Demonstration mit gewaltlosen Mitteln. Ich frage mich, warum nennt er das nicht so, warum braucht er eine dreiviertel Stunde, um eine voluntaristische Ideologie hier zu entwickeln. Ich bin der Meinung, er hat eine voluntaristische Ideologie hier entwickelt, die man im Jahre 1848 utopischen Sozialismus genannt hat, und der unter heutigen Umständen, jedenfalls ich glaube, Gründe zu haben, diese Terminologie vorzuschlagen, linken Faschismus nennen muß. Es sei denn, daß Herr Dutschke aus dem, was er an Überbau hier entwickelt hat, praktisch keine Konsequenzen zu ziehen wünscht.«[382] Danach entsteht Unruhe unter einer Reihe von bereits im Aufbruch befindlichen SDS-Mitgliedern. Zwischenrufe werden laut. Ekkehart Krippendorf bemerkt kurz, daß er die nachträgliche Intervention von Habermas, auch in dieser Schärfe, für berechtigt halte. Klaus Meschkat versucht hingegen die Position von Dutschke zu erläutern. Allerdings ist auch er der Ansicht, daß der Voluntarismusvorwurf nicht unberechtigt sei. – Der Linksfaschismus-Vorwurf hinterläßt tiefe Spuren. Er führt noch Wochen nach dem Hannoveraner Kongreß zu erhitzten Debatten. Besonders verübelt wird Habermas seitens vieler SDS-Mitglieder, daß er damit, wenn auch unbeabsichtigt, parteipolitischen, universitären und pressedienstlichen Interessen in die Hände gearbeitet habe. Mit seinem vielleicht nicht ganz unbegründeten Vorwurf habe er gerade jenen ein willfähriges Stichwort geliefert, die keine Auseinandersetzung wünschten, sondern lediglich an einer weiteren Diskriminierung und Isolierung der studentischen Opposition interessiert seien. Zudem stelle der Vorwurf die schrecklichen Vorkommnisse auf den Kopf: Schließlich habe ein Polizist einen Studenten erschossen und nicht umgekehrt.

9. Juni 1967: In der in Hamburg erscheinenden Wochenzeitung **Die Zeit** erscheint eine von Hochschullehrern, Schriftstellern und Verlegern unterzeichnete Erklärung zum Tod Ohnesorgs. Unter der Überschrift **Zur Polizei und den Studenten** wird darin keine Position bezogen, sondern lediglich eine genaue Untersuchung der Vorkommnisse von unabhängigen Richtern gefordert. Zu den Vorwürfen, die die Staatsorgane gegen die Studentenschaft und die Studentenschaft vice versa gegen die Staatsorgane erhöben, heißt es: »Beide Interpretationen sind Parteiäußerungen. Deshalb sind wir der Auffassung, daß alle relevanten Vorgänge mit peinlicher Sorgfalt geprüft und von unabhängigen Richtern gewissenhaft beurteilt werden sollten.«[383] Die Erklärung ist u.a. unterschrieben von Theodor W. Adorno, Ludwig von Friedeburg, Jürgen Habermas und Alexander Mitscherlich.

10. Juni 1967: In der **Frankfurter Allgemeinen Zeitung** erscheint ein Offener Brief Theodor W. Adornos an den Schriftsteller Rolf Hochhuth. Anlaß ist eine Polemik, die Hochhuth in einer Festschrift für Georg Lukács publiziert hat, die zum Teil verdeckt, zum Teil offen gegen Adorno gerichtet war. Er bezeichnet ihn darin als »unseren modischen Chef-Theoretiker«[384], der die totale Abdankung des Subjekts predige. Lukács hingegen habe noch in seinem letzten Essay klargemacht, daß in der Literatur »der konkrete, der besondere Mensch das Primäre« sei. Adorno, der zunächst darauf hinweist, daß er nicht aus Gereiztheit, sondern wegen des Gefühls, mißverstanden worden zu sein, schreibe, wendet dagegen ein, daß die Berufung auf die ehernen Werte des Individuellen selber Ideologie sei. Er richtet an Hochhuth die rhetorische Frage: »Sagt Ihnen Ihre geschichtliche Einsicht ... nicht, daß un-

---

378 A.a.O.
379 Jürgen Habermas, Rede über die politische Rolle der Studentenschaft in der Bundesrepublik, in: ders., Protestbewegung und Hochschulreform, Frankfurt/Main 1969, S. 141f.
380 Zit. nach: Uwe Bergmann (Red.), Bedingungen und Organisation des Widerstandes – Der Kongreß in Hannover, West-Berlin 1967, S. 72. **(Dok. Nr. 127)**
381 A.a.O., S. 78.
382 A.a.O., S. 101.
383 Theodor W. Adorno u.a., Zur Polizei und den Studenten (Erklärung zum Tod des Studenten Benno Ohnesorgs), in: Die Zeit vom 9. Juni 1967.
384 Rolf Hochhuth, Die Rettung des Menschen, in: Frank Benseler (Hg.), Festschrift zum achtzigsten Geburtstag von Georg Lukács, Neuwied/West-Berlin 1965, S. 484.

12.6.: Horkheimer und Adorno stehen auf der SDS-Versammlung Rede und Antwort.

term Faschismus die Berufung auf die unverlierbaren Werte des Individuums, die gegen die Vermassung zu schützen seien, mit der Praxis jener Vögte sich vortrefflich verstand, in deren Vokabular ›einen fertigmachen‹, die Gleichmacherei zum Tode, ihren hervorragenden Platz besetzte?«[385] An das Individuum ließe sich nicht im Sinne einer außergesellschaftlichen Instanz appellieren. Was als »Vermassung« mit kulturkritischem Anspruch attestiert würde, geschähe nicht ohne die Schuld von Cliquen und Individuen, die die Massen zunächst verwalteten, um sie dann als solche zu schelten.

12. Juni 1967: Zum Gedenken an das in Frankfurt geborene und in Bergen-Belsen von den Nazis zu Tode gebrachte jüdische Mädchen Anne Frank findet in der Aula der Universität eine Feier statt. In Anwesenheit von Generalstaatsanwalt Fritz Bauer und einer Reihe anderer Ehrengäste hält Max Horkheimer die Festrede. Er bezeichnet Anne Frank als Symbol für alle zu Unrecht Verfolgten, für all jene, die Opfer brutaler Willkür wurden, ob vor oder nach 1944. »Sie war Vorwand«, so spielt er auf den Antisemitismus an, »für eine sogenannte Rasse, die es nicht gibt, Vorwand zur Verfolgung einer Religion, aus deren Reihen der Stifter des Christentums hervorging.«[386]

12. Juni 1967: Auf einer außerordentlichen Mitgliederversammlung des Frankfurter SDS im Walter-Kolb-Studentenwohnheim findet eine Diskussion mit Max Horkheimer und Theodor W. Adorno über kritische Gesellschaftstheorie und politische Praxis statt. Auslöser für die Debatte sind die Zusammenstöße während der Eröffnung der Deutsch-Amerikanischen Freundschaftswoche am 7. Mai auf dem Römer und im Amerika-Haus. – In einem an Horkheimer gerichteten Offenen Brief hatte der SDS im Anschluß daran den Vorwurf erhoben, die Äußerungen des emeritierten Sozialphilosophen seien eine »mit dem Mantel der Privatheit verkleidete Unwissenschaftlichkeit«[387]. Am Ende heißt es: »Ihre in die Apologie des Faschismus und Imperialismus umgeschlagene Resignation vor gesellschaftlich veränderter Praxis läßt für uns die Frage auftauchen, welche Relevanz die kritische Theorie der gesellschaftlichen Praxis, sofern sie auf Veränderung zielt, jemals zuerkannt hat. Weiterhin stellt sich das Problem, ob es in der Entwicklung der kritischen Theorie eine Kontinuität gibt bis hin zu ihrer Unterstützung des amerikanischen Imperialismus.«[388] Horkheimer antwortet darauf wiederum ebenfalls mit einem Offenen Brief. Gleich zu Beginn bekundet er seine Bereitschaft, sich einer Diskussion zu stellen. In dem ebenso höflich wie verbindlich gehaltenen Schreiben dementiert er zum Teil die ihm vom SDS unterstellten Äußerungen und Gedankengänge. Mit besonderem Nachdruck warnt er jedoch vor der Unterschätzung totalitärer Gefahren in einer einseitigen Identifikation mit kommunistischen Staaten oder Organisationen. Wörtlich heißt es: »Kommunistische Parteiherrschaft, das heißt die Form des Notstands, in der zurückgebliebene Länder mit respektablem Potential den technischen Vorsprung der Industriegesellschaft einzuholen, in der Rüstungsproduktion zu überbieten suchen, bleibt immanenter ökonomischer Logik und äußeren Machtinteressen, wie der Tendenz zum Imperialismus, nicht weniger verhaftet, als nur je die kapitalistische Welt.«[389] – Zu Beginn der Versammlung werden einige Thesen vorgetragen, die an die Geschehnisse am 2. Juni in West-Berlin anknüpfen. Einige der Fragen lauten: »Wie steht es mit dem kritischen Verhältnis von Theorie und Praxis angesichts der Berliner Vorfälle? Wie transformiert man moralisch-emotionale Empörung über den Tod eines Studenten in die rationale Einsicht, daß Ohnesorg nicht zufällig starb, sondern systemimmanent? Wie kommt es, daß eine gesellschaftliche Randgruppe, die unmittelbar am Produktionsprozeß nicht beteiligt ist, Zielscheibe staatlicher Gewaltmaßnahmen wird?«[390] Im Verlaufe der Diskussion zeigt sich, daß Horkheimer mit den aufgeworfenen Fragen und Problemen, bei denen die Kontroverse über den Vietnamkrieg offenkundig bereits von den Ereignissen seit dem 2. Juni überlagert ist, Schwierigkeiten hat und zum Teil überrascht und verwirrt reagiert. In dieser Klemme springt ihm Adorno bei und analysiert die Verfolgung der Berliner Studenten als charakteristisch für den einer repressiven Gesellschaft innewohnenden Sozialsadismus. Jedoch müsse, wirft er auf die vom SDS propagierte Methode direkter Aktionen anspielend ein, ein objektiver Begriff von Praxis von einem »emphatischen Praxisbegriff« scharf unterschieden werden. Die Integration auch der oppositionellen Gruppen in die Gesellschaft sei so weit fortgeschritten, daß sich die studentischen Aktionen unmöglich in eine Revolution transformieren ließen. Die Aktionen glichen den »... Bewegungen eingesperrter Tiere, die nach Auswegen suchen«.[391] Dagegen wird eingewandt, daß die tradierten Formen legalen Protests ergebnislos geblieben seien. Deshalb sei man gezwungen, andere Protest- und Organisationsformen einzuführen. Das Werfen von Tomaten, das eher den Reaktionsweisen primitiver Völker ähnele, sei ein Beispiel dafür. Doch auch dagegen bringt Adorno Einwände vor. Wenn der Apparat schon die Protestierenden in die Haltung primitiver Völker treibe, dann dürfe die Diskussion bei dieser Regression nicht steckenbleiben, sondern hier müsse ganz im Gegenteil die Diskussion von Praxis überhaupt erst anfangen. Seine Kritik faßt er später noch einmal in dem Satz zusammen: »Die Linke neigt dazu, den Gedanken einer Zensur zu unterwerfen im Hinblick auf den Zweck. Zur Erkenntnis gehört, das Versperrtsein auszusprechen. Theorie wird im Hinblick auf Praxis zensiert. Die Theorie muß ganz konsequent sein, sonst wird die Praxis falsch.«[392]

14. Juni 1967: Unter dem Eindruck des Sechs-Tage-Krieges zwischen Israel und Ägypten wird ein **Kuratorium humanitärer Hilfsmaßnahmen zugunsten israelischer Bürger** gegründet. In dem Zusammenschluß sind vertreten: SPD, CDU, FDP, *Evangelische* und *Katholische Kirche, Jüdische Gemeinde*, DGB, Bank für Gemeinwirtschaft und die Industrie- und Handelskammer. Federführend bei der Initiative ist die *Deutsch-Israelische Gesellschaft* mit Ernst Benda (CDU) an ihrer Spitze. Zu den Mitbegründern des Kuratoriums zählt auch Max Horkheimer.

---

385 Theodor W. Adorno, Offener Brief an Rolf Hochhuth, in: Frankfurter Allgemeine Zeitung vom 10. Juni 1967.
386 Zit. nach: Zum Gedenken an Anne Frank – Prof. Horkheimer sprach vor prominenten Gästen, in: Frankfurter Neue Presse vom 12. Juni 1967.
387 Zit. nach: (Ohne Autor), Vietnam – ein Vortrag und zwei Briefe, in: Diskus – Frankfurter Studentenzeitung, 17. Jg., Nr.4, Juni 1967, S. 10. **(Dok. Nr. 116)**
388 A.a.O.
389 Max Horkheimer, Brief an den Sozialistischen Deutschen Studentenbund, Gruppe Frankfurt, in: Diskus – Frankfurter Studentenzeitung, 17. Jg., Nr. 4, Juni 1967, S. 10. **(Dok. Nr. 117)**
390 Zit. nach: Monika Steffen, Tiere an Ketten – SDS und Horkheimer, in: Diskus – Frankfurter Studentenzeitung, 17. Jg., Nr. 5, Juli 1967, S. 11. **(Dok. Nr. 136)**
391 A.a.O.
392 A.a.O.

17./18. Juni 1967: Nachdem im Februar Vertreter von Schülergruppen aus 26 Städten mit Unterstützung des SDS das **Aktionszentrum Unabhängiger Sozialistischer Schüler** (AUSS) gegründet haben, findet in der Frankfurter Universität der 1. AUSS-Bundeskongreß statt. Die 400 Delegierten aus 29 Schülergruppen fordern in einer Grundsatzerklärung die Einrichtung demokratischer Kontrollorgane an den Schulen. Eine grundlegende Demokratisierung der Schulen, heißt es, sei allerdings nicht möglich ohne eine Veränderung der Gesellschaft.[393]

20. Juni 1967: Nach Protesten zahlreicher Studenten und zwei außerordentlichen Sitzungen des Studentenparlaments tritt ein Teil des fünfköpfigen Herausgebergremiums der Studentenzeitung **Diskus** zurück, ein anderer wird abgewählt. Grund sind tiefgreifende Meinungsverschiedenheiten über die Gestaltung des »Extrablattes«, das nach dem Tod Benno Ohnesorgs in hoher Auflage publiziert worden war, und in der Frage eines angemessenen politischen Selbstverständnisses redaktioneller Arbeit. Hartmut Holzapfel und David H. Wittenberg kritisieren in einer »Erklärung« die Ausgabe des »Extrablattes« durch Manfred Müller, Hans Joachim Steffen und den politischen Redakteur Hans H. Schneider als politisch unakzentuiert und »moralisierend«. Sie laufe auf eine »Mäßigung« hinaus, die der demokratischen Opposition und der politischen Aufklärung nur schaden könne. In der vorgelegten Form stelle das »Extrablatt«, das aus technischen Gründen nicht mehr hätte geändert werden können, »eine Verhöhnung der Opfer und der politischen Bemühungen der Demonstranten« dar.[394]

21. Juni 1967: In einem an den Senat in **West-Berlin** gerichteten Schreiben erklären sich die drei AStA-Vorsitzenden Siegfried Peters, Michael H. Wolff und Hermann Lange mit der Forderung der Berliner Kommilitonen solidarisch, die für die Freilassung des Kommunarden Fritz Teufel in einen Hungerstreik getreten sind. – Teufel war während der Demonstration gegen den Besuch des Schahs am 2. Juni, in deren Verlauf Benno Ohnesorg erschossen worden ist, unter dem Verdacht des Landfriedensbruchs verhaftet worden und sitzt seitdem in Untersuchungshaft.

27. Juni 1967: Die im *Ausschuß gegen die Notstandsgesetze* zusammengefaßten Frankfurter Jugendorganisationen führen eine Demonstration gegen das von der Bundesregierung geplante Vorhaben durch. Doch anstelle der erwarteten 4.000 Teilnehmer folgen nur 1.500 dem Aufruf. Nach dem Marsch vom Opernplatz zum Römerberg sprechen auf der dortigen Kundgebung unter dem Motto »Notstandspraktiken gegen Arbeiter und Studenten« der AStA-Vorsitzende Siegfried Peters, der Gießener Staatsrechtler Professor Helmut Ridder, der Gewerkschaftsfunktionär Fritz Libuda (*IG Chemie*) und der Ortsvorsitzende der *Humanistischen Union* (HU), Klaus Scheunemann. Libuda richtet in seiner Rede heftige Angriffe gegen den Bundesvorstand des DGB und den Parteivorstand der SPD. Während der DGB viel zu defensiv agiert habe, sei von der SPD zuerst ein »Nein« zu den Notstandsgesetzen zu hören gewesen, dann ein »Nein, aber« und seit Beginn der Großen Koalition nur noch ein »Ja«.

28. Juni 1967: Nach dem Ende des Sechs-Tage-Krieges führen die *Deutsch-Israelische Gesellschaft* (DIG), die *Gesellschaft für christlich-jüdische Zusammenarbeit*, die *Deutsch-Israelische Studiengruppe* (DIS) und die Freunde der Hebräischen Universität Jerusalem an der Frankfurter Universität eine **Kundgebung** durch. Sie steht unter dem Motto **Für das Lebensrecht Israels und einen dauerhaften Frieden im Nahen Osten**. Der Tübinger Philosophieprofessor Ernst Bloch wirft in seinem Vortrag die Frage auf, ob in Zukunft nicht Israelis und Araber, die bislang feindlichen Brüder Abraham und Ibrahim, zu einer Symbiose finden sollten. Dem stehe vor allem ein unseliger Nationalismus in den arabischen Staaten entgegen, der aber auch in Israel zunehmend sei. Da nur die Linke diese Aufgabe übernehmen könne, sei es für ihn eine Notwendigkeit, die Linke in beiden Völkern zu stärken. Der Heidelberger Theologieprofessor Rolf Rendtorff warnt davor, sich die Alternative aufdrängen zu lassen, daß eine Stellungnahme für Israel eo ipso eine gegen die Araber sei und umgekehrt. Man dürfe sich nicht daran hindern lassen, beiden Völkern gleichzeitig freundschaftlich verbunden zu sein. Der Politikwissenschaftler Professor Iring Fetscher weist in seinem Beitrag vor allem auf die verfehlte Politik der beiden Weltmächte USA und UdSSR hin. Sie hätten während des jüngsten Nahostkonflikts beide kläglich versagt. Eine Gefahr für Israel sieht er auch im wachsenden Einfluß von Militärs wie General Moshe Dayan. Der Pädagogikprofessor Heinz-Joachim Heydorn befürchtet gar, daß sich Israel unter der permanenten Bedro-

27.6.: Zuhörer bei der Kundgebung gegen die Notstandsgesetze.

hung durch die arabischen Staaten zu einem Militärstaat entwickeln könnte, um so seine Existenz zu sichern. Alle Kräfte müßten für die Friedenssicherung eingesetzt werden, denn Siegen mache dumm.

Juli 1967: Gegen eine von Horkheimer und Adorno autorisierte Übersetzung ihres Werkes **Dialektik der Aufklärung** ins Italienische werden in der Frankfurter Studentenzeitung **Diskus** schwere Vorwürfe erhoben. In der **Aufklärung auf italienisch** überschriebenen Kritik, die sich streckenweise wie eine Glosse liest, rechnen Nico Pasero und Rudolph Bauer den Autoren des berühmten, jedoch zumeist nur vom Hörensagen bekannten Buches vor, daß in der im Turiner Einaudi Verlag erschienenen Ausgabe 29 Passagen ohne Angabe von Gründen in erheblichem Maße von der 1947 im Amsterdamer Querido Verlag erschienenen Ausgabe abweichen. So sind von These III der »Elemente des Antisemitismus« einfach anderthalb Seiten weggefallen. Nicht minder verräterisch seien die sprachlichen Purgierungen, die sich im Italienischen finden lassen und von denen eine Fülle zitiert wird. Ersetzt wurde beispielsweise der Ausdruck »große Industrie« durch »Industriegesellschaft«; aus »Popen und Oberpfarrern« werden »diejenigen«, aus »subjektiven dunklen Absichten der Generaldirektoren« werden »subjektive Absichten der Generaldirektoren« usw. Die kritischen Philologen stellen die Frage in den Raum: »Was hat es noch auf sich mit dem Anspruch der kritischen Theorie, kritisch zu sein, wenn sie sich der Stacheln entledigt, wie die Edition auf italienisch zeigt?«[395]

---

[393] Vgl.: Günther Amendt/Peter Brandt/Hanjo Breddermann/Günter Degler/Ezra Gerhardt/Stefan Rabe/Ilan Reisin, Kinderkreuzzug oder Beginnt die Revolution in den Schulen? Hrsg. von Günter Amendt, Reinbek 1968.
[394] Vgl.: Wolf Lindner, »Diskus«-Herausgeber traten zurück – Meinungsverschiedenheiten über die Studentenzeitschrift, in: Frankfurter Neue Presse vom 22. Juni 1967.
[395] Nico Pasero/Rudolph Bauer, Aufklärung auf italienisch, in: Diskus – Frankfurter Studentenzeitung, 17. Jg., Nr. 5, Juli 1967, S. 4.

Juli 1967: In der Zeitschrift **Konkret** erscheint als Vorabdruck eines *Kursbuch*-Textes ein Teil der von Bahman Nirumand verfaßten Kritik **Die harmlose Intelligenz – Über Gammler, Ostermarschierer, Adorniten und andere Oppositionelle**. Darin schildert der persische Germanistik-Dozent die politisch aufmüpfiger werdende kulturelle und subkulturelle Szenerie aus der Perspektive des exilierten Oppositionellen. Im Abschnitt *Aufklärung für Nachtwächter* heißt es: »Deutschland hegt seine Aufklärer. Es weist sie in ein großes Haus ein, in dessen oberem Stockwerk die kritische Wissenschaft residiert: Hier bereitet die dialektische Soziologie ihre Angriffe auf die positivistische vor, hier ist die Stätte der Begegnung zwischen Theologie und Marxismus, hier wird geprobt die Verfolgung und Ermordung der Ontologie, dargestellt durch die Schauspielgruppe des Frankfurter Instituts unter Anleitung des Herrn Adorno ... Im Stockwerk darunter werden die Analysen von oben zu Essays erweitert, um Kritik und Replik bereichert und nach unten weitergeleitet. In diesen Versuchen werden Kurse notiert, Akzente gesetzt, entlegene Inseln in dem Meer deutscher Ideologie wiederentdeckt, Kürbiskerne in das Getriebe der Gegenaufklärung gestreut. Im Parterre sind riesige Schau-Fenster eingerichtet, in denen die Reflexion die Schwelle zur Aktion überschreitet – allerdings in den Bereich des Ästhetischen hinein, auf Brettern, die die Welt bedeuten.«[396]

Juli 1967: In der satirischen Zeitschrift **Pardon** nimmt Oskar Negt, Assistent am Philosophischen Seminar der Universität Frankfurt, zu der Frage Stellung, ob die tödlichen Schüsse auf Benno Ohnesorg nur ein Unfall oder aber »Ausdruck eines zur Brutalität zurückkehrenden Ordnungssystems« sei. »Was wir heute im Anfangsstadium erleben, ist der planmäßige Abbau des Liberalismus. Die Exekutive schafft sich legale Instrumente, eine administrativ beschränkte Staatsplanung größten Ausmaßes, ohne wirkliche Kontrolle der demokratischen Institutionen in Gang zu setzen; die planmäßigen Eingriffe in das gesellschaftliche Leben haben in Deutschland immer die Funktion gehabt, die Opposition als Sand im Getriebe zu behandeln.«[397] Ohnesorg sei das »Opfer einer Symbolhandlung« geworden, mit der der Polizeiapparat seine Entschlossenheit habe demonstrieren wollen. Es handle sich dabei auch dann um Mord, wenn man dem Schützen keinen Mord im Sinne des Strafgesetzbuches nachweisen könne.

Juli 1967: Hannah Arendt, Politikwissenschaftlerin und Professorin an der Universität Chicago, hält an der Universität **Freiburg** einen Vortrag über den Schriftsteller, Kritiker und Essayisten Walter Benjamin. Das »Wunder der Erscheinung«, nicht die philosophische Theorie, führt sie aus, habe im Mittelpunkt von dessen ästhetischen und kritischen Schriften gestanden. Benjamin sei kein Philosoph im eigentlichen Sinne gewesen, ihm sei es, wie es Theodor W. Adorno einmal formuliert habe, um die »staunende Darstellung der Faktizität« gegangen. Dabei sei er stark von Goethes Begriff der »Urphänomene« beeinflußt worden. Aus seiner Neigung zur Metapher, seiner bevorzugten Ausdrucksform, sei seine Vorliebe für Zitate entstanden. Diese wären für ihn Mittel und Wege, um zum Wesen der Dinge vorzustoßen. Arendt sieht in Benjamins Eigenart zu denken eine Parallele zur Philosophie Martin Heideggers, der sich unter den Zuhörern befindet. Für beide sei Sprache mehr als bloße Sprechfähigkeit, sie sei das Sagen eines »Weltwesens«. Benjamins Gabe, »dichterisch zu denken«, sei einzigartig gewesen.[398]

7. Juli 1967: Im Auditorium maximum der Freien Universität **West-Berlin** kommt es zu einer Konfrontation zwischen Theodor W. Adorno und Mitgliedern der *Kommune II* und verschiedenen SDS-Studenten. Bereits vor Beginn eines Vortrags von Adorno **Zum Klassizismus von Goethes Iphigenie** werden Flugblätter verteilt, in denen gegen die Weigerung des Philosophen protestiert wird, ein für eine Gerichtsverhandlung zur Verteidigung von Fritz Teufel dienendes Gutachten zu verfassen, in dem einen von der *Kommune I* verfaßten Text über den Brand eines Brüsseler Warenhauses der Charakter einer Persiflage attestiert werden sollte. »Herr Professor Adorno«, heißt es in einem mit SDS autorisierten Flugblatt, »dieses unentbehrliche Requisit kultureller Veranstaltungen, das auf Festspielen, bei Dritten Programmen, Akademien etc. kritische Ohnmacht verbreitet, will heute abend auch uns zu einer feierlichen Stunde verhelfen ... Herr Prof. Adorno ist jederzeit bereit, der Gesellschaft der Bundesrepublik einen latenten Hang zur Unmenschlichkeit zu bezeugen. Konfrontiert mit der Unmenschlichkeit, die in der abstrusen Anklage gegen Teufel steckt, lehnt er es ab, sich zu äußern. Er leidet lieber still an den Widersprüchen, die er zuvor konstruiert hat und für die es bekanntlich keine Lösung gibt. Kommilitonen! Wir wollen mit Prof. Adorno über seine Weigerung sprechen. Sollte sich Prof. Adorno weigern, mit uns zu diskutieren, so verlassen wir den Saal und überlassen Prof. Adorno einer einsamen Ekstase an seinem Text!«[399] Und in einem von der *Kommune II* unter der Überschrift »Der große Zampano der deutschen Wissenschaft kommt!« herausgegebenen Flugblatt heißt es: »Der Theorie wird Narrenfreiheit gewährt, weiß man doch um ihre Harmlosigkeit. Die Gesellschaft und der Adorno verstehen sich ganz gut: horrende Honorare: der eine verzichtet auf Brandstiftung – der andere braucht die Theorie nicht einmal einzusperren. Und wir, was machen wir mit dem feisten Teddy? Er soll alleine quatschen vor leerem Saal, soll sich zu Tode adornieren. So meint er's ja wohl. Also: Adorno findet nicht statt; aber die Revolution. Seine Worte mögen ihm im Mund verfaulen. (Chinesisches Sprichwort über die Sowjet-Revisionisten) PS: Vielleicht erlebt ihr heute noch ein wirklich ästhetisches Spektakulum.«[400] Als sich Adorno weigert, auch nur in eine Diskussion über die angeschnittenen Vorgänge einzutreten, bricht ein Tumult los. Während auf dem Podium eine Rangelei um das Mikrophon entbrandet, versuchen einige Zuhörer den Demonstranten ein Transparent zu entreißen, auf dem der Spruch zu lesen ist: »Berlins linke Faschisten grüßen Teddy den Klassizisten«[401]. Lautstark protestierend verlassen schließlich rund 200 der 1.000 Anwesenden den Saal. Erst danach kann Adorno, der von dem einladenden Germanistikprofessoren Peter Szondi vorgestellt wird, seinen Vortrag halten. Als unmittelbar nach Beendigung eine Studentin versucht, dem Frankfurter Professor, der von seinen engsten Freunden »Teddie« genannt wird, einen roten Gummi-Teddy zu überreichen, wird er ihr von einem Kommilitonen aus der Hand geschlagen.

9. Juli 1967: Zwei Tage nach den irritierenden, zwischen Protest und Happening oszillierenden Szenen um seinen *Iphigenie*-Vortrag trifft sich Theodor W. Adorno zu einer Diskussion mit SDS-Studenten im »Republikanischen Club« in **West-Berlin**. – Das Nachrichtenmagazin **Der Spiegel** schreibt dazu: »Zwei Tage später, am Sonntag, trat Adorno den Canossa-Gang ins Hauptquartier der Rebellen, den Republikanischen Club, an. Eingeweihte wissen, daß er dort den Studenten recht gab und dafür Absolution erfuhr. Offenkundig erleichtert setzte der Frankfurter am Nachmittag vom Tempelhofer Feld ab – zur gleichen Zeit als Herbert Marcuse in Tegel landete.«[402] In einem Entwurf für einen Leserbrief Adornos an das Magazin wird der Darstellung gleich in mehrfacher Hinsicht widersprochen. »Vereinbart war, daß über mich weder ein Tribunal abgehalten noch die Besprechung in den Dienst irgendwelcher Publizität gestellt werden sollte. An diese Verabredung haben alle Beteiligten sich strikt gehalten. Gesprochen wurde, durchaus sachlich, über die Frage des Verhältnisses von Theorie und Praxis. Ich habe dabei meine Ansicht wiederholt, daß die theoretische Freiheit und Konsequenz durch keinen praktischen Zweck gesteuert werden dürfe. Weder kamen in der Unterhaltung die Vorgänge vom 7. Juli überhaupt vor, noch stand meine Haltung insgesamt zur Diskussion.«[403] – Der Abdruck eines von Rolf Tiedemann in Absprache mit Adorno verfaßten Leserbriefes, der das Tendenziöse des unter der Überschrift **Macht des Negativen** publizierten Artikels zu korrigieren versucht, wird nach einigem Hin und Her von dem »Spiegel«-Redakteur Georg Wolff abgelehnt. – Da es von Adorno zur Bedingung gemacht worden war, daß keine Tonbandaufzeichnung angefertigt werde, gibt es keine authentische Wiedergabe des Gesprächsverlaufs.

10.–13. Juli 1967: Im Auditorium maximum der Freien Universität in **West-Berlin** beginnt der am Vortag aus Kalifornien eingeflogene Herbert Marcuse, Professor

---

396 Bahman Nirumand, Die harmlose Intelligenz – Über Gammler, Ostermarschierer, Adorniten und andere Oppositionelle, in: Konkret, 13. Jg., Nr. 7, Juli 1967, S. 24.

397 Oskar Negt, Der Großeinsatz ist ihre Sternstunde, in: Pardon, 6. Jg., Nr. 7, Juli 1967, S. 12.

398 Siehe: Hannah Arendt, Walter Benjamin, in: dies., Walter Benjamin – Bertolt Brecht: Zwei Essays, München 1971, S. 7–62; wiederabgedruckt in: dies., Menschen in finsteren Zeiten, hrsg. von Ursula Ludz, München 1989, S. 185–242.

399 Sozialistischer Deutscher Studentenbund, »Herr Professor Adorno, dieses unentbehrliche Requisit kultureller Veranstaltungen …« (Flugblatt zu Adornos Vortrag *Zum Klassizismus von Goethes Iphigenie* an der Freien Universität in West-Berlin), in: Klaus Schroeder (Hg.), Freie Universität Berlin 1948–1973, Hochschule im Umbruch, Teil V 1967–1969, S. 218. **(Dok. Nr. 138)**

400 Kommune II, Der große Zampano der deutschen Wissenschaft kommt (Flugblatt zu Adornos Vortrag *Zum Klassizismus von Goethes Iphigenie* an der Freien Universität in West-Berlin), in: Klaus Schroeder (Hg.), a.a.O., S. 219.

401 Zit. nach: Peter Szondi, Adornos Vortrag »Zum Klassizismus von Goethes Iphigenie«, in: P. S., Über eine »Freie (d. h. freie) Universität« – Stellungnahme eines Philologen, Frankfurt/Main 1973, S. 58; vgl. darin auch die Darstellung des gesamten happeningartigen Vorgangs. **(Dok. Nr. 139)**

402 Der Spiegel vom 17. Juli 1967, 20. Jg., Nr. 30, S. 98.

403 Am 17. Juli 1967 von Theodor W. Adorno angefertigter Entwurf eines nichtabgesandten Leserbriefes an den *Spiegel*, aus: Theodor W. Adorno-Archiv, Frankfurt/Main. **(Dok. Nr. 142)**

für Sozialphilosophie an der University of California in San Diego, mit seiner vierteiligen Vortragsreihe **Das Ende der Utopie**. Der deutsch-amerikanische Gesellschaftstheoretiker, jüdische Emigrant und ehemalige Mitarbeiter des Instituts für Sozialforschung spricht vor 2.500 gebannt zuhörenden Studenten über Utopie in einem ungewöhnlichen Sinne: »Alle materiellen und intellektuellen Kräfte, die für die Realisierung einer freien Gesellschaft eingesetzt werden können, sind da. Daß sie nicht für sie eingesetzt werden, ist ausschließlich der totalen Mobilisierung der bestehenden Gesellschaft gegen ihre eigene Möglichkeit der Befreiung zuzuschreiben.«[404] Und am Ende erläutert er, offenbar über die Kontroversen der SDS-Studenten mit seinem Freund und Kollegen Adorno unterrichtet, sein Selbstverständnis von Kritischer Theorie: »Ich habe bereits angedeutet, daß die kritische Theorie, die ich heute immer noch Marxismus nenne, daß eben diese Theorie die oben nur ganz roh angedeuteten extremen Möglichkeiten der Freiheit, den Skandal der qualitativen Differenz, in sich aufnehmen muß, wenn die Theorie nicht bei der Verbesserung des schlechten Bestehenden stehen bleiben will. Der Marxismus muß riskieren, die Freiheit so zu definieren, daß sie als ein nirgends schon Bestehendes bewußt und erkannt wird. Und gerade weil die sog. utopischen Möglichkeiten gar nicht utopisch sind, sondern die bestimmte geschichtlich-gesellschaftliche Negation des Bestehenden darstellen, verlangt die Bewußtmachung dieser Möglichkeiten und die Bewußtmachung der sie verhindernden und der sie verleugnenden Kräfte von uns eine sehr realistische, eine sehr pragmatische Opposition. Eine Opposition, die frei ist von allen Illusionen, aber auch frei von allem Defätismus, der schon durch seine bloße Existenz die Möglichkeiten der Freiheit an das Bestehende verrät.«[405] – Am zweiten Abend spricht Herbert Marcuse, immer wieder von Beifall unterbrochen, vor 3.000 Zuhörern über *Das Problem der Gewalt in der Opposition*. Die Gewalt gegen die legalisierte Herrschaft, erläutert er noch einmal die in seinem Aufsatz

10.–13.7.: Herbert Marcuse spricht im Audimax der Freien Universität.

266 *Juli 1967*

Repressive Toleranz vertretene Position, sei durch ein Naturrecht auf Gegengewalt gerechtfertigt. Im weiteren Verlauf versucht er, den politisch neuartigen Charakter der Studentenbewegung zu definieren. »Es ist eine Opposition gegen den ganzen sogenannten way of life dieses Systems, eine Opposition gegen den allgegenwärtigen Druck des Systems, das durch seine repressive und destruktive Produktivität immer unmenschlicher alles zur Ware degradiert ... und es ist eine Opposition gegen den Terror außerhalb der Metropole.«[406] In der darauffolgenden Diskussion, an der auch Hans-Jürgen Krahl teilnimmt, stellt Marcuse verschiedene Aspekte der Gewaltproblematik, insbesondere das Verhältnis zwischen Widerstandsrecht und Naturrecht, differenzierter dar als er es bisher in schriftlicher Form getan hat. – Unter Leitung von Jacob Taubes diskutieren am dritten Abend vor über 3.000 Zuhörern Herbert Marcuse, Richard Löwenthal, Alexander Schwan, Dieter Claessens, Peter Furth sowie die beiden SDS-Mitglieder Rudi Dutschke und Wolfgang Lefèvre über das Thema **Moral und Politik in der Überflußgesellschaft**. – Am vierten und letzten Abend diskutieren im abermals überfüllten Auditorium maximum Herbert Marcuse, Rudi Dutschke, Peter Gäng, René Mayorga und Bahman Nirumand unter der Leitung von Klaus Meschkat über **Vietnam – Die Dritte Welt und die Opposition in den Metropolen**.[407]

15.–30. Juli 1967: In **London** findet der Kongreß **The Dialectics of Liberation** (Dialektik der Befreiung) statt. Er wird vor allem von den beiden britischen Psychologen Ronald D. Laing und David Cooper organisiert. Als Referenten treten u. a. Paul M. Sweezy, Paul Goodman, Gregory Bateson, Lucien Goldman, John Gerassi, Stokely Carmichael und die beiden Organisatoren auf. Das Gesamtthema – die Auslotung ökonomischer, sozialer, psychischer und intersubjektiver Bedingungen für Prozesse der Bewußtwerdung – bleibt vage und die Beiträge dazu fallen sehr disparat aus. – Die größte Aufmerksamkeit zieht am 28. Juli der Vortrag von Herbert Marcuse über **Befreiung von der Überflußgesellschaft** auf sich. Darin versucht er vor allem eine Klärung der Frage herbeizuführen, welche Rolle Intellektuelle im Prozeß der in den Metropolen entstandenen Befreiungsbewegungen spielen können. Für sich genommen seien sie zweifelsohne keine revolutionäre Klasse, sie könnten aber die Rolle eines Katalysators für das Ingangkommen revolutionärer Prozesse spielen. Sie hätten in der Vergangenheit den Fehler gemacht, immer nur andere soziale Schichten zu organisieren, nie aber sich selbst. Dagegen proklamiert Marcuse: »Unsere Aufgabe ist Aufklärung, aber Aufklärung in einem neuen Sinn. Als Verbindung von Theorie und Praxis, und zwar politischer Praxis, ist Erziehung heute mehr als Diskussion, mehr als bloßes Lehren und Lernen und Schreiben. Solange sie nicht über das College, die Schule, die Universität hinausgeht, wird sie machtlos bleiben. Erziehung muß heute Geist und Körper, Vernunft und Phantasie, die Bedürfnisse des Intellekts und der Triebe einbegreifen; denn unsere gesamte Existenz ist zum Subjekt/Objekt der Politik, der Sozialtechnik geworden ... Das Bildungssystem ist politisch, und deshalb sind nicht wir es, die es politisieren wollen. Was wir wollen, ist eine Gegenpolitik zur herrschenden Politik.«[408] – Am Rande des Kongresses treffen Marcuse und seine Frau Inge auch Angela Davis wieder, die auf dem Rückweg von Frankfurt in die Vereinigten Staaten Zwischenstation macht. Unter dem Eindruck der Aufstände in den Schwarzen-Ghettos und der Entstehung der Black-Power-Bewegung hatte sie sich nach einer Unterredung mit Adorno zur Heimkehr in die USA entschlossen. Marcuse hatte sich zuvor brieflich bereiterklärt, sie an der University of California in San Diego zu unterstützen. In London ist Angela Davis vor allem von Stokely Carmichael beeindruckt, der ein Referat über **Black Power** hält und darin prognostiziert, daß die Rebellionen in den Ghettos der Schwarzen keine bloßen Symptome der Unruhe seien, sondern »zum Guerillakrieg führen« würden.[409]

21. Juli 1967: In der Hamburger Wochenzeitung **Die Zeit** erscheint unter dem Titel **Das Idol der Berliner**

---

404 Horst Kurnitzky/Hansmartin Kuhn (Hrg.), Das Ende der Utopie. Herbert Marcuse diskutiert mit Studenten und Professoren Westberlins an der Freien Universität Berlin über die Möglichkeiten und Chancen einer politischen Opposition in den Metropolen in Zusammenhang mit den Befreiungsbewegungen in den Ländern der Dritten Welt, West-Berlin 1967, S. 14.

405 A.a.O., S. 20.

406 A.a.O., S. 53. **(Dok. Nr. 143)**

407 Vgl.: Wolf Lepenies, Reden an die Neue Linke – Herbert Marcuses Berliner Besuch, in: Frankfurter Allgemeine Zeitung vom 19. Juli 1967.

408 Herbert Marcuse, Befreiung von der Überflußgesellschaft, in: David Cooper (Hg.), Dialektik der Befreiung, Reinbek 1969, S. 100. **(Dok. Nr. 147)**

409 Vgl.: Angela Davis, Mein Herz wollte Freiheit – Eine Autobiographie, München/Wien 1975, S. 143; die Prognose Carmichaels in: David Cooper (Hg.), Dialektik der Befreiung, Reinbek 1969, S. 29.

4.–8.9.: Rednerpult und Präsidiumstisch auf der SDS-Delegiertenkonferenz.

Studenten ein von Kai Hermann verfaßtes ganzseitiges Porträt des Philosophen Herbert Marcuse.[410]

25. Juli 1967: Vom **Hessischen Rundfunk** wird Theodor W. Adornos Vortrag **Ist der soziale Konflikt institutionalisiert? Kritische Anmerkungen zur heutigen Soziologie** gesendet.

28. Juli 1967: In der Zeitung **Christ und Welt** erscheint ein von Wolfgang Ignée verfaßtes Porträt Herbert Marcuses, in dessen Zentrum eine Würdigung seines Hauptwerks *Der eindimensionale Mensch* steht.[411]

4.–8. September 1967: In der Mensa der Universität findet die **XXII. ordentliche Delegiertenkonferenz des SDS** statt. Die 70 Delegierten, die 35 SDS-Hochschulgruppen mit inzwischen rund 2.000 Mitgliedern vertreten, tagen fünf Tage lang mit zahlreichen in- und ausländischen Gästen und unter großer Aufmerksamkeit von Fernsehen, Funk und Presse. Die Verhandlungen finden demonstrativ unter der Fahne der vietnamesischen FLN statt. Im Foyer werden von Dieter Kunzelmann und anderen Mitgliedern der *Kommune I* erstmals Raubdrucke von Wilhelm Reich, *Massenpsychologie des Faschismus*, *Die Funktion des Orgasmus* und die *Charakteranalyse* und von Max Horkheimer, dessen 1934 unter dem Pseudonym Heinrich Regius erschienene *Dämmerung*, verkauft. Auf der Tagesordnung steht ein Bündel höchst unterschiedlicher Themen- und Aufgabenstellungen: die drängender, aber auch kontroverser werdende Organisationsfrage, die Ausrichtung einer zukünftigen Hochschulpolitik, das umstrittene Schulungsprogramm, die Opposition gegen die näherrückende Verabschiedung der Notstandsgesetze, die Beurteilung der ersten Organisationsversuche von Schülergruppen, die Konzentrationstendenzen in der Presse und da besonders die Initiierung einer Kampagne gegen den Springer-Konzern, Möglichkeiten zur Aufhebung des KPD-Verbots, die im Frühjahr errichtete Militärdiktatur in Griechenland, die Koordinierung der Solidaritätsbewegungen mit dem Vietcong, die Perspektiven der Guerilla in Lateinamerika und die Chancen einer Kampagne gegen die NATO. Die größte Aufmerksamkeit gewinnt am Morgen des zweiten Tages Rudi Dutschke, der zur allgemeinen Überraschung ein zusammen mit seinem insgeheimen Konkurrenten Hans-Jürgen Krahl verfaßtes **Organisationsreferat**[412] vorträgt. Er versucht mit diesem Beitrag eine Konzeption vorzustellen, mit der die traditionelle, noch an der SPD orientierte Form der Mitgliederpartei überwunden und so die nach dem 2. Juni unvorhersehbar expandierte antiautoritäre Bewegung mit einer neuen Organisationsform strukturiert werden soll. Zugleich soll darin eine Antwort auf die nach der Bildung der Großen Koalition in Bonn völlig veränderte innenpolitische Situation präsentiert werden. Dutschke und Krahl gehen in ihrem Referat in drei Schritten vor. Aus einer ökonomiekritischen Analyse der Bundesrepublik, die stark an Franz Jánossys Studie *Das Ende der Wirtschaftswunder*[413] orientiert ist, werden strategische Schlußfolgerungen für den politischen Kampf gezogen und daraus wiederum die erforderlichen organisatorischen Konsequenzen für den SDS. Den Schlüsseltext stellt Max Horkheimers 1942 im kalifornischen Exil verfaßter Aufsatz *Autoritärer Staat* dar[414], dem das Theorem des »Integralen Etatismus« entlehnt wird. Die damals entwickelte

4.–8.9.: Di. 9.30 Uhr: Organisationsreferat.

4.–8.9.: SDS-DK: Christian Semler (r.) und Thomas Mitscherlich (stehend).

410 Kai Hermann, Das Idol der Berliner Studenten – Doch die Blumen für den Philosophen Herbert Marcuse beginnen schon zu welken, in: Die Zeit vom 21. Juli 1967, 22. Jg., Nr. 29, S. 2.

411 Wolfgang Ignée, Wer ist Herbert Marcuse – Der alte Philosoph und die Studenten von Berlin, in: Christ und Welt vom 28. Juli 1967.

412 Rudi Dutschke/Hans-Jürgen Krahl, Organisationsreferat, unter dem nicht autorisierten Titel: Sich-Verweigern erfordert Guerilla-Mentalität in: Rudi Dutschke, Geschichte ist machbar, West-Berlin 1980, S. 89 ff.

413 Franz Jánossy unter Mitarbeit von Maria Holló, Das Ende der Wirtschaftswunder – Erscheinung und Wesen der wirtschaftlichen Entwicklung, Frankfurt/Main 1966.

414 Max Horkheimer, Autoritärer Staat, in: ders., Gesammelte Schriften Bd. 5: »Dialektik der Aufklärung« und Schriften 1940–1950, hrsg. von Gunzelin Schmid Noerr, Frankfurt/Main 1987, S. 293–319.

These, daß der Staat zum ideellen Gesamtkapitalisten geworden sei, sehen sie in der Bundesrepublik durch Phänomene wie die Bildung der Großen Koalition auf politischer und die Praktizierung der »Konzertierten Aktion« auf ökonomischer Ebene bestätigt. Aus dieser Formation resultiere eine grundlegende Veränderung des revolutionären Subjekts. Ein Teilnehmer der Delegiertenkonferenz beschreibt den Zusammenhang so: »Subjekt der Umwälzung ist für Dutschke nicht mehr die Arbeiterklasse allein, sondern gleichberechtigt mit ihr alle gesellschaftlichen Randgruppen, die sich gegen bürokratische Bevormundung erheben. In der Konsequenz empfiehlt er, analog zum Guerillakrieg in den unterentwickelten Ländern, den Guerillakrieg in der Stadt: Aktionsgruppen von Berufsrevolutionären, die in der direkten Aktion zunächst ihr eigenes Bewußtsein entwickeln, um daran anschließend potentielle Oppositionskerne zu beeinflussen und weiter zu entwickeln, die am Bewußtsein breiterer Massen ansetzen, um diese für den Kampf gegen die Staatsgewalt zu gewinnen.«[415] Die entscheidende Aufforderung an die SDS-Delegierten lautet: »Die ›Propaganda der Schüsse‹ (Che) in der ›Dritten Welt‹ muß durch die ›Propaganda der Tat‹ in den Metropolen vervollständigt werden, welche eine Urbanisierung ruraler Guerilla-Tätigkeit geschichtlich möglich macht. Der städtische Guerillero ist der Organisator schlechthinniger Irregularität als Destruktion des Systems der repressiven Institutionen.«[416] Im Unterschied zur im Grunde revisionistischen Struktur des bisherigen SDS müsse das »Problem der Organisation« heute als »Problem revolutionärer Existenz«[417] betrachtet werden. Das Referat wird gespalten aufgenommen. Ein Teil der Delegierten feiert es mit frenetischem Applaus, ein anderer Teil reagiert mit strikter Ablehnung. Der Delegierte der Bonner Gruppe, Hannes Heer, nimmt sogar den von Habermas erhobenen Vorwurf auf und beschimpft Dutschke als »Linksfaschisten«. Dafür wirft ihm der Westberliner Delegierte Christian Semler einen Knallkörper unter den Stuhl.[418] Wie auch immer die Bewertung der Aufnahme dieses als Überraschungscoup vorgetragenen Referats sein mag, unbestritten ist, daß auf dieser Delegiertenkonferenz sich erstmals die antiautoritäre Fraktion auf Bundesebene durchsetzen konnte. Zu neuen SDS-Bundesvorsitzenden werden die Brüder Wolff gewählt; der 24jährige Jurastudent Karl Dietrich Wolff aus Freiburg und der 22jährige Soziologiestudent Frank Wolff aus Frankfurt.

7. September 1967: Eine Gruppe von SDS-Mitgliedern verläßt kurzfristig die Delegiertenkonferenz im Studentenhaus, zieht durchs Westend und stürmt dort eine im Amerika-Haus geführte Podiumsdiskussion über den Vietnamkrieg. Zu der provokativen Themenstellung **Vietnam – Reicht das amerikanische Engagement aus?** haben sich unter der Leitung von Kurt Wessel *(Münchner Merkur)* mit Jens Feddersen *(Neue Ruhr-Zeitung)*, Bernd Nielsen-Stokkeby (ZDF), Hans Gresmann *(Die Zeit)*, Karl-Hermann Flach *(Frankfurter Rundschau)* und Bruce van Voorst *(Newsweek)* Journalisten versammelt, die mit Ausnahme ihres amerikanischen Kollegen, wie sich herausstellt, alle die Ansicht vertreten, daß die militärische Intervention zu weit gehe und niemand den Bombenkrieg gegen Nordvietnam befürworten könne. Zu tumultartigen Szenen kommt es kurz vor Beginn, als die rund 100 SDS-Mitglieder, denen mit der Begründung der Einlaß verwehrt worden ist, daß keine Eintrittskarten mehr zur Verfügung stünden, »Ho Chi Minh« rufend und eine Fahne des Vietcong schwenkend auf die Bühne stürmen. Unter Beifall ruft Rudi Dutschke, der zusammen mit Hans-Jürgen Krahl, Frank Wolff und anderen die für die Journalisten vorgesehenen Plätze eingenommen hat, aus, daß man auch die Gegenseite zu Wort kommen lassen solle. Als sie sich trotz mehrfacher Aufforderung, die Bühne zu räumen, immer noch weigern, ruft der Hausherr die Polizei, die mit ihren Einsatzfahrzeugen bereits seit geraumer Zeit hinter der nächsten Straßenecke auf Abruf steht. Deren Eingreifen verläuft eher als Happening denn als Gewaltaktion. Ohne Einsatz von Gummiknüppeln drängt sie die SDSler nach hinten. Dabei werden einigen der Ordnungshüter die Mützen vom Kopf gerissen und unter Johlen »wie fliegende Untertassen« über die Köpfe der rund 400 Besucher hinweggeworfen. Danach ist die Bühne frei, die Eingänge sind von Polizisten bewacht und die Journalisten nehmen ihre Plätze ein. Doch plötzlich taucht wie aus der Versenkung ein Gesicht auf, mit dem niemand mehr gerechnet hat. Es ist Rudi Dutschke, der sich unterhalb der Bühne versteckt hatte. Mit Nachdruck fordert er noch einmal, daß ein Vertreter des SDS mit auf dem Podium sitzen müsse. Doch nach einigem Hin und Her, bei dem die SDSler ihres Vorgehens wegen zwar kritisiert werden, ihnen aber auch angeboten wird, sich später aus dem Publikum heraus an der Debatte zu beteiligen, ziehen sie es vor, den Saal wieder zu verlassen. Am weitesten in der Verurteilung der USA bei der anschließenden

8./9.9.: Durch eine Sitzblockade wird Fritz Teufel die Flucht ermöglicht.

Diskussion geht Flach. Er stellt fest, daß es sich in Vietnam eher um einen nationalen Befreiungskrieg handle als um einen Angriff von Kommunisten. Die Vereinigten Staaten wären gut beraten, wenn sie einen »asiatischen Titoismus« akzeptieren, anstatt sich mit südvietnamesischen Feudalfaschisten zu verbünden. Eine weitere Eskalation in Vietnam, warnt er, könne noch zu einem dritten Weltkrieg führen. – Einer der Teilnehmer, Hans Gresmann, vergleicht die SDS-Demonstranten später mit den Nazis. In einem in der Wochenzeitung **Die Zeit** publizierten Bericht über die Störaktion im Amerika-Haus schreibt er, die »Junggenossen« hätten den Saal »wie einst die Braunhemden den Reichstag« verlassen.[419]

8./9. September 1967: Der Frankfurter Polizei gelingt es nicht, einen Haftbefehl zu vollstrecken und den von der Westberliner Polizei gesuchten Fritz Teufel festzunehmen, obwohl sie ihn als Teilnehmer an der SDS-Delegiertenkonferenz tagelang vor Augen hat. Da es die Beamten nicht wagen, den Kommunarden im Studentenhaus aus der Mitte der dort Versammelten festzunehmen, beginnen sie am Freitagabend, über Mittelsmänner Kontakt zu dem Gesuchten aufzuneh-

[415] Meino Büning, Im Dickicht der Städte – Die 22. Delegiertenkonferenz des SDS, in: Bulletin des Fränkischen Kreises Nr. 102, Oktober 1967, S. 33.
[416] Rudi Dutschke/Hans-Jürgen Krahl, Organisationsreferat (Sich-Verweigern erforscht Guerilla-Mentalität), in: Rudi Dutschke, Geschichte ist machbar, West-Berlin 1980, S. 94.
[417] A.a.O., S. 95.
[418] Vgl. die Darstellung in: Tilman Fichter/Siegward Lönnendonker, Kleine Geschichte des SDS, West-Berlin 1977, S. 117.
[419] Hans Gresmann, Ein Hauch von Revolution – Der »rote« Rudi stürmte das Frankfurter Amerikahaus – Rebellen mit Sinn für Publicity, in: Die Zeit vom 15. September 1967, 22. Jg., Nr. 37, S. 2.

men und über das Procedere zu verhandeln. Teufel läßt erklären, daß er sich stellen werde, falls er beim Gang zur Polizei von seinen Freunden begleitet werden könne. Die Beamten akzeptieren zunächst, machen ihre Zustimmung jedoch in dem Moment wieder rückgängig, als sich Teufel samt seinen Begleitern Ku-Klux-Klan-Masken überstülpen will. Man wolle nicht Gefahr laufen, heißt es, daß ihnen der Gesuchte auf diese Weise noch einmal durch die Maschen schlüpfe. Am darauffolgenden Vormittag ziehen dann 200 Demonstranten, Teufel in ihrer Mitte, zum Polizeipräsidium und verhandeln am Eingang in der Ludwigstraße weiter. Sie wollen den Gesuchten selbst zum Haftrichter ins Präsidium bringen. Da ihn die Polizei aber direkt festnehmen will, geschieht zwei Stunden lang nichts. Als ein Teil der Demonstranten damit beginnt, den Verkehr in der Friedrich-Ebert-Straße zu blockieren, schreitet die Polizei ein, nicht ohne zuvor mehrmals vergeblich zum Verlassen der Fahrbahn aufgefordert zu haben, und räumt die Straße. Die Studenten werden weggeführt oder zum Teil gegen ihren Widerstand weggetragen. Einen von ihnen nimmt man fest, im Glauben, es sei Fritz Teufel. Der Gesuchte hat jedoch das durch die Räumungsaktion entstandene Durcheinander nutzen und sich absetzen können. Er befindet sich bereits im Wagen der SDS-Pressereferentin Brigitte Heinrich und fährt auf der Autobahn in Richtung Berlin. Als die tatsächliche Identität des versehentlich Festgenommenen geklärt ist, muß dieser wieder freigelassen werden.

11. September 1967: Im **Westdeutschen Rundfunk** wird ein mehr als einstündiges Interview von Claus Behncke mit Herbert Marcuse gesendet. Darin zeigt sich der kritische Theoretiker überrascht von der großen Resonanz seiner Vorträge an der Freien Universität in West-Berlin. Er stellt die These auf, daß eine politische Analyse ihr Ziel verfehlen müsse, wenn sie nicht zur Kenntnis nehme, daß in den hochentwickelten kapitalistischen Ländern gegenwärtig eine Opposition des klassischen Proletariats nicht vorhanden sei und sich dagegen nur eine der Studenten und Hippies artikuliere.

14.–16. September 1967: Unter einem Großporträt von Karl Marx, das an der Orgel in der Aula der Frankfurter Universität angebracht ist, findet eine internationale wissenschaftliche Konferenz zum 100. Jahrestag des Erscheinens von dessen Hauptwerk **Das Ka-**

8./9.9.: Es spricht Fritz Teufel.

pital statt. Unter dem Titel **Kritik der politischen Ökonomie heute – 100 Jahre ›Das Kapital‹** haben der Politologe Iring Fetscher und die Europäische Verlagsanstalt eingeladen. Als Referenten treten u. a. auf: Fritz Behrens und Otto Reinhold aus Ost-Berlin, Ernest Mandel aus Brüssel, Eduard März aus Wien, Nicolas Poulantzas aus Paris, Joseph M. Gillman aus New York, Wolfgang Abendroth und Werner Hofmann aus Marburg, Elmar Altvater, Roman Rosdolsky und Pedrag Vranicki. Seitens der Kritischen Theorie sind Oskar Negt und Alfred Schmidt vertreten.

16. September 1967: Im **Süddeutschen Rundfunk** spricht Max Horkheimer in der Reihe **Gedanken zur Zeit** einen Kommentar **Zum gegenwärtigen Antiamerikanismus**. Darin läßt er den Wandel in den Einstellungen der Bundesbürger zu den Vereinigten Staaten seit der Nachkriegszeit Revue passieren. An die Stelle eines eher positiven Bildes sei nun ein durch Vietnamkrieg und Schwarzenaufstände geprägtes negatives getreten. Das Bild des unkultivierten Amerikaners spiele in diesem Jahrhundert auf dem europäischen Kontinent etwa die Rolle, die das des unkultivierten Engländers im 19. Jahrhundert gespielt habe. Die Vereinigten Staaten stünden, wie gefährdet das im einzelnen auch immer sein möge, für die Verwirklichung der Freiheit. Der Gegensatz zu totalitärer Herrschaft sei nicht die Rousseausche Idee einer unmittelbaren, sondern die parlamentarisch vermittelte der repräsentativen Demokratie. Zum Schluß zitiert er Winston Churchills

Ausspruch: »Democracy is the worst of governments except all others.« (Die Demokratie ist die schlechteste aller Regierungsformen – mit Ausnahme aller anderen) Daran sollten die Menschen in Europa denken, wenn von Amerika und seinen Problemen die Rede sei.

13. Oktober 1967: Eine Podiumsdiskussion über **Ziele und Gefahren der direkten Aktion** in einem Hörsaal der Universität verläuft zwei Stunden lang ohne besondere Vorkommnisse. Unter der Leitung von Klaus Bölling (NDR) diskutieren der Kölner Soziologieprofessor Erwin K. Scheuch und die beiden Journalisten Peter Miska (*Frankfurter Rundschau*) und Jürgen Reiss (ehemals Chefredakteur des Berliner *Kurier*) mit den als »Rebellen von Berlin« apostrophierten drei ehemaligen AStA-Vorsitzenden an der Freien Universität, Niels Kadritzke, Knut Nevermann und Hartmut Häußermann. Das Publikum steht eindeutig auf Seiten der rebellischen Studenten. Nahezu jeder Wortbeitrag, der die Aktionsformen der außerparlamentarischen Opposition in Frage stellt, wird mit Zischen quittiert. Im Zentrum der Auseinandersetzung steht die Frage, von welchem Punkt an direkte Aktionen in Terror umschlagen könnten. Da Einigkeit darüber besteht, daß bei alledem das Prinzip der Gewaltlosigkeit eingehalten werden müsse, senkt sich der Spannungsbogen der Aufmerksamkeit. Die Mehrheit der Zuhörer, die die Diskussion offenbar nur mit ironischer Distanz verfolgt hat, wird zunehmend unruhiger und geht schließlich selbst zu einer »direkten Aktion« über. Sie fordern einen Austausch der Diskutierenden und erreichen zur allgemeinen Überraschung, daß die herbeizitierten Wunschteilnehmer sich auch tatsächlich aufs Podium begeben – *Spiegel*-Herausgeber Rudolf Augstein, der Fernsehreporter Thilo Koch, die Staatssekretärin im hessischen Kultusministerium Hildegard Hamm-Brücher (FDP) sowie als Moderator Professor Kurt Shell (Universität Frankfurt). Die Umbesetzung führt jedoch dazu, daß sich die Kritik auf eine der jüngsten SDS-Kampagnen konzentriert, die Forderung nach Enteignung des Axel-Springer-Konzerns. Sowohl Augstein als auch Koch halten die Parole »Enteignet Springer!« für ungeeignet und befürchten, daß eine Gesetzesinitiative gegen die Pressekonzentration schon wegen der Formen des studentischen Protests keine Aussicht auf Erfolg haben könnte. Die ehemalige Aktivistin der Antiatombewegung in München, Hamm-Brücher, bezeichnet sich als »freischaffende Liberale« und bekennt, daß sie die »Unruhe der Studenten« teile. Als Studentin habe sie ebenfalls Dutzende von Petitionen gegen die überalterte Universitätsverfassung geschrieben – allesamt ohne Erfolg. Das mache einen schon wütend. Wenn sie noch jünger wäre, dann würde sie wahrscheinlich ebenso handeln wie die Studenten.

14.10.: Buchmessen-Demonstration.

14. Oktober 1967: Am Nachmittag demonstrieren auf der Buchmesse mehrere hundert Besucher, zumeist Studenten, vor dem Stand des Ullstein Verlags gegen den Axel-Springer-Konzern. Die Menge zieht Sprüche wie »Haut dem Springer auf die Finger!« skandierend durch die Gänge. Dabei werden Flugblätter verteilt und Exemplare der Tageszeitung *Die Welt* samt der Beilage *Welt der Literatur* in die Luft geworfen, zum Teil auch zerrissen. Aufforderungen, den Stand des zum Konzern gehörenden Ullstein-Verlages niederzureißen, werden mit Pfiffen und Pfuirufen quittiert. Zwar fliegen Verlagsprospekte durch die Luft, die ausgestellten Bücher jedoch werden verschont und bleiben unberührt. – Der Direktor der Frankfurter Buchmesse, Sigfried Taubert, kritisiert ebenso wie der SPD-Bundestagsabgeordnete Hermann Schmitt-Vockenhausen die Protestaktion und befürchtet eine Schädigung des Ansehens. Der Hamburger Künstler Arie Goral wirft den Demonstranten in einem Leserbrief vor, bei ihrer »Anti-Springer-Aktion« habe es sich um eine »Kette abwegiger Eskapaden« gehandelt, die man »sozialistisch« zu tarnen versucht habe.[420]

---

420 Frankfurter Rundschau vom 17. Oktober 1967.

14./15. Oktober 1967: Im Gewerkschaftshaus findet die **2. Delegiertenkonferenz des Aktionszentrums unabhängiger und sozialistischer Schüler** (AUSS) statt. Seit dem ersten Treffen im Juni habe sich, wird erklärt, die Anzahl der Mitglieder nahezu verdoppelt. Es existierten bundesweit 47 AUSS-Gruppen mit 1.800 Mitgliedern in Gymnasien und Berufsschulen. Die Schülermitverwaltung wird als »Feigenblatt für eine reaktionäre Erziehung« bezeichnet und eine Mitwirkung an ihr deshalb vollständig abgelehnt. In einer Resolution wird der »Machtmißbrauch der Springer-Presse« beklagt und die Einleitung eines Enteignungsverfahrens gegen Axel Springer gefordert. Die Delegierten wählen den Göttinger Oberprimaner Reinhard Kahl, den Frankfurter Berufsschüler Michael Lukasik und Marcella Knieping, Mitglied des Schülerarbeitskreises *Club International,* in den Vorstand des AUSS. Der Politische Beirat setzt sich aus Karl Heinz Leonhard (Frankfurt), Hartmut Barth (Michelstadt), Wolfram Georg (Düsseldorf) und Joschka Fischer (Stuttgart) zusammen.

15.10.: Friedenspreisträger Ernst Bloch.

15. Oktober 1967: Der **Friedenspreis des Deutschen Buchhandels** wird in der Paulskirche dem Tübinger Philosophen Professor **Ernst Bloch** verliehen. Der 82jährige beginnt seine Rede mit den Worten: »Nur sanft sein, heißt noch nicht gut sein. Und die vielen Schwächlinge, die wir haben, sind noch nicht friedlich. Sie sind es nur im billigen, schlechten Sinn des Wortes, sind es allzu leicht... Leicht gibt sich bereits als friedlich, was mehr feig und verkrochen ist... Wie friedlicher Wandel ein anderes als der von Filzpantoffeln ist oder auf ihnen, so ist umgekehrt Kampf fürs Gute nicht von dergleichen Art Gewalt wie die des Kriegs und seiner Herrschaft. Als häufiges Gemisch von Limonade und Phrase wäre Pazifismus nicht das, was er für viele Demokraten zu sein hat: Widerstand der sozial-humanen Vernunft, aktiv, ohne Ausrede. Um dazu nicht entmannt zu sein, muß zwischen Kampf und Krieg dringend unterschieden werden.«[421] In der Verleihungsurkunde heißt es über den jüdischen Gelehrten, der vor den Nazis in den USA Zuflucht gefunden hatte und nach seiner Rückkehr in Leipzig von der SED kaltgestellt und mit einem Lehrverbot bedacht worden war: »Dem großen Denker unserer Zeit, dessen Philosophie der Hoffnung neue Wege und Ziele weist, der die Verhältnisse nicht als Schicksal hinnimmt, sondern als Aufgabe deutet, der kämpfend und fordernd die Zeit und den Menschen zu wandeln sucht, der mit der Kraft des Geistes und der Gewalt der Sprache die Menschheit aufrüttelt, der Überkommenes in Frage stellt und Überlieferungen neu durchdenkt, der visionär das Bild des Menschen und seiner Zukunft entwirft und Utopie zur Hoffnung werden läßt...«[422] Die Laudatio hält der Rechtswissenschaftler Professor Werner Maihofer.

15. Oktober 1967: Ein in Halle 6 vor einem Messestand als »Dichterlesung« angekündigtes Happening von Rosa von Praunheim und Volker Temrath führt zu einem Polizeieinsatz. Da der von Gesängen und verschiedenen anderen musikalischen Einlagen umrahmte Auftritt ein großes Publikum anzieht, das wiederum den Zugang zu den Ständen anderer Verlage beeinträchtigt oder völlig verhindert, beschweren sich mehrere Aussteller. Der Messedirektor Siegfried Taubert erscheint daraufhin und wirft, vom Johlen und Lärmen der Umstehenden mehrfach unterbrochen, den beiden Autoren Hausfriedensbruch vor. Diese haben jedoch kaum noch Einfluß auf die Anhänger der »zum literarischen Happening avancierten Dichterlesung« (*Frankfurter Rundschau*). Taubert sieht nun keine andere Möglichkeit mehr, als die Polizei zu Hilfe zu rufen. Es erscheinen rund ein Dutzend Beamte und drängen die Teilnehmer, ohne daß es dabei zu Zwischenfällen kommt, beiseite.

16. Oktober 1967: Die Proteste von SDS-Studenten gegen das Hamburger Verlagshaus Axel Springer werden auch am Montagnachmittag fortgesetzt. Vor dem Stand der *Welt der Literatur* erhebt der 2. SDS-Bundesvorsitzende Frank Wolff schwere Vorwürfe gegen die Monopolisierungsbestrebungen des Verlegers Axel Springer. Aus einer Menge von 500 Demonstranten warnt der 22jährige über ein Megaphon vor den antidemokratischen Folgen der Pressekonzentration und wiederholt die Forderung nach Enteignung des Springer Verlags. Noch bevor er seine Ansprache beendet hat, zwängen sich mehrere Polizeibeamte durch die Menge und erklären ihm, daß er auf Bitten des Hausherren, Messedirektor Taubert, festgenommen werden müsse. Wolff läßt sich daraufhin unter den Protesten der anderen Demonstranten widerstandslos abführen. Nach der Feststellung seiner Personalien auf dem 13. Polizeirevier in der nahegelegenen Schloßstraße wird er wieder auf freien Fuß gesetzt. In der Zwischenzeit versucht der Leiter des Suhrkamp Verlags Siegfried Unseld vergeblich, die Demonstranten zum Verlassen der Halle zu bewegen. Gegen 17 Uhr kehrt Wolff noch einmal zurück. Taubert, der sich zuvor mit ihm über eine Entspannung der Situation verständigt hat, weist die Polizei an, die Halle zu verlassen und händigt Wolff noch einmal das Megaphon aus, damit dieser seine unterbrochene Rede zu Ende führen könne. Der steigt auf einen Hocker und wiederholt in knappen Worten seine »Enteignet Springer!«-Parole. Anschließend ziehen die Demonstranten in eine andere Halle, in der am Stand der »edition et« eine sarkastisch-ironische »Dichterlesung« aus der *Bild*-Zeitung abgehalten wird. – Der Frankfurter Oberbürgermeister Willi Brundert (SPD), der zufällig das Geschehen hat mitverfolgen können, verurteilt später die Demonstration mit den Worten, die jungen Leute könnten »vom Main bis zur Messe ziehen und wieder zurück«, sie hätten jedoch nicht das Recht, innerhalb eines Hauses oder eines Geländes den Betrieb zu stören. Er werde sich mit allen Kräften dagegen zur Wehr setzen, daß es einer »kleinen Minderheit« gelänge, Frankfurt die Buchmesse kaputtzumachen. – Im Gegensatz dazu billigt das Studentenparlament in einer Sitzung am späten Abend ausdrücklich das Vorgehen der Demonstranten und erklärt sich mit ihren Forderungen solidarisch. – Der AStA-Vorsitzende Hans-Jürgen Birkholz stellt am Tag darauf ausdrücklich fest: »Wir befürworten gewaltlose Aktionen und werden sie bis an die Grenze des Möglichen praktizieren.«[423] – Am Abend desselben Tages wirft der Suhrkamp-Lektor Walter Boehlich bei einer Podiumsdiskussion im Club Voltaire die rhetorisch gemeinte Frage auf, warum eigentlich gerade auf dieser Messe nicht hätte demonstriert werden sollen. Und jemand aus dem Publikum ergänzt, wenn der *Börsenverein* einen Marxisten wie Ernst Bloch für würdig erachte, mit dem Friedenspreis auszuzeichnen, dann dürfe man sich auch nicht wundern, wenn die Studenten das beim Wort nehmen würden, was Bloch in seiner Paulskirchen-Rede gefordert habe.[424]

18. Oktober 1967: Die Journalistin Edelgard Skowronnek beschreibt in einer Nachbetrachtung zur Buchmesse in der **Frankfurter Rundschau**, wie rasant und provokant sich die Szenerie von Verlagsempfängen verändert habe. Als Beispiel für die unerwartete Kulturrevolution wählt sie die Verlage Hanser und Luchterhand aus, die wie immer geladen hatten, bei denen es jedoch anders gekommen wäre: »Plötzlich überfiel ein Schwarm Buntheit die Hotelsäle, laute Rufe, Schockfarben prangten auf. Wirbel, Unruhe, Turbulenz: die ›Hippies‹ waren aufgezogen, die Blumenkinder, jüngste Spielart junger, mit der Gesellschaft unzufriedener Leute. Die Mädchen mit Blumen im Haar, in Mini-Mini-Röcken, daran kleine Glöckchen genäht, die jeden Schritt mit Gebimmel begleiten. Biedermeierfräcke, gesteppte Lederjacken an den Jungmännergestalten, bei irgendeinem Trödler aufgestöbert oder von Holland- und Englandreisen mitgebracht, wo dergleichen schon seit einer Saison Mode ist. Langmähnige Männer schwenkten silber- und orangefarbene Zylinder mit spitzbübischer Courtoisie. Eine muntere Welle brach über die meist dunkel Gekleideten herein, die in ihren Brieftaschen die freundlich-steife Einladung für den Abend trugen und die, im Gegensatz zu den Hippies, sozusagen zu Recht da waren. Die bunte Brigade schlug Purzelbäume, drängte zu dem ausgedehnten kalten Büfett vor; sie umschwärmten es wie Heuschrecken, vergriffen sich mit flinker

---

421 Ernst Bloch, Widerstand und Friede, in: ders., Gesamtausgabe Bd. 11: Politische Messungen – Pestzeit, Vormärz, Frankfurt/Main 1970, S. 433 ff.
422 Zit. nach: Silvia Markun, Ernst Bloch in Selbstzeugnissen und Bilddokumenten, Reinbek 1977, S. 117.
423 Frankfurter Rundschau vom 19. Oktober 1967.
424 Vgl.: Hans-Peter Riese, »Kampf fürs Gute« – Über die Demonstrationen bei der Buchmesse, in: Frankfurter Rundschau vom 19. Oktober 1967.

21.10.: Schülerdemonstration mit Dieter Dehm (mit Megaphon) und Benjamin Ortmeyer (li.).

Hand an dem, was ihnen eigentlich nicht zugedacht war. Berlins ›ran an die Bouletten‹ hatte seine Hippy-Form gefunden. Da griffen sie nach den appetitlich glasierten Hühnern, rissen Schenkel aus, benagten sie eifrig oder ließen sie plötzlich durch die Luft wirbeln. Der Klamauk war vollkommen. Hilflos standen würdige Herren und Damen im kleinen Schwarzen, unentschlossen, ob sie lachen oder protestieren sollten.«[425]

19. Oktober 1967: Mit zwei Informationsständen an der Katharinenkirche und am Opernplatz beginnt der Hessische Ausschuß der *Kampagne für Abrüstung – Ostermarsch der Atomwaffengegner* eine **Vietnam-Woche**, in der zum Abzug aller US-Truppen aus dem südostasiatischen Staat aufgerufen wird. Am Opernplatz verteilt der japanische Ingenieur Musashi Nii aus Hiroshima Flugblätter, in denen vor den Gefahren eines Atomwaffeneinsatzes in Vietnam gewarnt wird.

21. Oktober 1967: Rund 500 Schüler und Studenten folgen einem Aufruf des SDS und ziehen am Internationalen Protesttag gegen den Vietnamkrieg vom Opernplatz aus über den Reuterweg und die Eschersheimer Landstraße zu dem an der Kreuzung Adickesallee gelegenen Einkaufszentrum PX, das ausschließlich für Angehörige der US-Armee und deren Angehörige geöffnet ist. Da Militärpolizisten das Gelände abgeriegelt haben, kommt es zu keinerlei Kontakten mit GIs. Nachdem sich die Teilnehmer zu einem Sit-in niedergelassen haben, tragen zwei Sprecherinnen in englischer Sprache Thesen zum Vietnamkrieg vor.

23. Oktober 1967: Auf Einladung des *Allgemeinen Studentenausschusses* (AStA) hält Max Horkheimer zur Eröffnung der Ringvorlesung **Wissenschaft und Gesellschaft** den Vortrag **Zum Philosophiestudium heute**[426], in dem Probleme der Studienreform herausgearbeitet und die Idee einer »Kritischen Universität« weiter konkretisiert werden sollen. Seine eher konventionellen Ausführungen, die wenig mit dem Projekt einer politisierten Hochschule zu tun haben, beendet er mit einem längeren Zitat seines vor 30 Jahren in der *Zeitschrift für Sozialforschung* publizierten Aufsatzes *Traditionelle und kritische Theorie*. Anschließend auf eine Definition des Verhältnisses von Theorie und Praxis in der Gegenwart angesprochen reagiert er ausweichend. Ein Journalist faßt seine Stellungnahme zusammen: »Zur politischen Aktion aufzurufen, das sei affirmativ. Als Philosoph könne er aber nur das Negative aufzählen, nicht sagen, was das Schöne sei, aber viele häßliche Dinge nennen, grauenvolle Einzelheiten berichten etc. Dadurch leiste er auch indirekt einen Aufruf zur Aktivität der Studentenschaft, einen Appell an die Bewegung. Studenten sollten künftig in akademischen, Professoren in studentischen Gremien sitzen, das war Horkheimers Meinung. Konkret gefragt, wie er sich denn zu einer Beteiligung der Studenten an Berufungen von Professoren stelle, die den Bestimmungen widerspreche, wurde Horkheimer vorsichtig. In seiner Sprachnot half er sich mit folgender Formulierung: ›Ich verstehe ihre Absicht und halte sie durchaus für produktiv.‹«[427]

23. Oktober 1967: Im Fernsehmagazin **Panorama** des **Ersten Deutschen Fernsehens** stellt Peter Merseburger die Biographie und das politische Denken Herbert Marcuses vor. In einem nachfolgenden Interview befragt er ihn zu aktuellen Fragen der Protestbewegungen in den USA und in der Bundesrepublik.[428]

23.10.: Max Horkheimer eröffnet die Ringvorlesung des AStA.

28./29. Oktober 1967: In Frankfurt findet eine **Sozialistische Arbeitskonferenz** zur Klärung des theoretischen und organisatorischen Selbstverständnisses der bundesdeutschen Linken statt. Eingeladen haben Hans Magnus Enzensberger, Jürgen Habermas, Klaus Meschkat, Oskar Negt, Reimut Reiche, Jürgen Seifert, Helmut Schauer und Klaus Vack. Es referieren Elmar Altvater über die ökonomische Konzeption von Bundeswirtschaftsminister Karl Schiller, Wolf Rosenbaum über *Aktuelle Probleme der Wachstums- und Einkommenspolitik*, Jürgen Seifert über *Autonome Gewerkschaften als Gegenmacht*, Reimut Reiche über *Ursachen und Bedingungen der jugendlichen Protestbewegungen* und Oskar Negt über das Verhältnis von **Politik und Protest**. Letzterer analysiert den veränderten Status von Protestbewegungen im Kontext der gesellschaftspolitischen Auseinandersetzungen. Zum einen habe sich eine Radikalisierung, Vernetzung und Transformation der früher typischen Einpunktbewegungen in eine neue Bewegungsqualität vollzogen, zum anderen seien diese Formen weder mit bürgerlichen noch mit marxistisch-leninistischen Interpretationsschemata zu begreifen. »Der Grundwiderspruch«, so führt Negt in die innere Problematik dieser historisch neuartigen Oppositionsformen ein, »dem die urbanen Protestbewegungen unterliegen, konstituiert einen neuen Begriff der politischen Moral und bildet zugleich die Quelle aller revolutionären Verdinglichungen des individuellen Verhaltens. Denn diese Protestbewegungen können am militärischen Befreiungskampf der Dritten Welt nicht aktiv teilnehmen ... Der Solidarisierungsprotest mit den Sozialrevolutionen der Dritten Welt wird so zum praktischen Medium, in dem sich das Bewußtsein von gegenwärtiger, aktueller Geschichte mit dem politischen Anspruch konkret vermittelt, die Gegenwart und damit auch die gegenwärtige Gesellschaftsordnung als ein geschichtliches Problem zu be-

---

425 Edelgard Skowronnek, Plötzlich flog ein Hühnerbein durch die Luft – »Hippies« und demonstrierende Studenten auf der Buchmesse, in: Frankfurter Rundschau vom 18. Oktober 1967.

426 Max Horkheimer, Zum Philosophiestudium heute (Nachschrift der Vorlesung auf Einladung des AStA am 23. Oktober 67), in: ders., Gesammelte Schriften Bd. 13: Nachgelassene Schriften 1949–1972, hrsg. von Gunzelin Schmid Noerr, Frankfurt/Main 1989, S. 84–95.

427 Zur kritischen Universität – »Ein Vortrag von Max Horkheimer«, in: Frankfurter Allgemeine Zeitung vom 25. Oktober 1967.

428 Siehe: Hans-Eckehard Bahr/Hans-Jürgen Benedict, Herbert Marcuse und die prophetische Tradition, in: Hans-Eckehard Bahr (Hg.), Weltfrieden und Revolution, Reinbek 1968, S. 291 ff. **(Dok. Nr. 157)**

handeln.«⁴²⁹ Die leninistische Kaderpartei als historisch noch angemessene Organisationsweise müßte in Frage gestellt werden. Mit Lukács plädiert Negt dafür, daß für die neue politische Situation auch eine spezifische, historisch angemessene Organisationsform, als einzig aussichtsreiche Vermittlung zwischen Theorie und Praxis, gefunden werden müsse. Unter Verweis auf die kubanische Revolution, von der bekannt ist, daß sie sich unter strikter Abgrenzung von der dortigen KP vollzog, bezeichnet er als einzig geltungsfähiges Kriterium für einen bestimmten Organisationstyp den Erfolg der Revolution selbst. Eine Erweiterung des antiautoritären Lagers sei nicht mehr in den tradierten, zentral gesteuerten Organisationsformen möglich, sondern in »Basisinstitutionen«, in denen die Unzufriedenheit gegenüber den autoritären Herrschaftsverhältnissen in Aktivitäten zur Vergrößerung des Selbstbewußtseins umgesetzt werden könne. Rudi Dutschke propagiert dagegen einen »langen Marsch durch die Institutionen«. Er solle von der Familie über die Schulen, Berufsschulen und Universitäten bis in die Betriebe reichen. Angriffspunkt sollten, so schlägt er vor, vor allem jene Betriebe sein, die in der Strukturkrise steckten – im Bergbau und der Textilindustrie. Dort müsse man versuchen, die »subventionistisch verschleppte Krise« zu politisieren. – Der Journalist Kai Hermann persifliert das Treffen der »Führungskader der revolutionären Linken« in Frankfurt, der »intellektuellen Hauptstadt ihrer Bewegung«, in der Wochenzeitung **Die Zeit** mit den Worten: »Gesucht wurde das revolutionäre Subjekt. Gesucht wurde die revolutionäre Organisation. Dem Finder winkt ein revolutionärer Preis. Doch gefunden wurde bislang nur revolutionäre Rhetorik.«⁴³⁰ Während die einen eine linke Partei hätten gründen wollen, seien die anderen bestrebt gewesen, eine solche Gründung auf jeden Fall zu verhindern. Aus diesem Dilemma habe es nur einen Ausweg gegeben, die »Flucht in die Analyse«.

30. Oktober 1967: Unter dem Titel **Berliner Ansichten: Von der Unruhe der Studenten** sendet der **Westdeutsche Rundfunk** ein Gespräch zwischen Theodor W. Adorno und dem Westberliner Germanisten Peter Szondi. Dabei geht es in erster Linie um Notwendigkeiten, Grenzen, Chancen und Perspektiven einer Demokratisierung der Universität. Adorno sieht sich angesichts der Proteste gegen die Ordinarienuniversität in einer doppelten Frontstellung. Auf der einen Seite müsse man versuchen, die archaischen Formen der traditionellen Universität beiseite zu räumen und auf der anderen Seite müßten bestimmte Archaismen als »Zuflucht des Humanen« auch wieder verteidigt werden. Zu den Aussichten des Studentenprotests äußert er sich pessimistisch: »Ich glaube, daß keine Möglichkeit besteht, die Gesellschaft von der Universität her zu verändern, sondern im Gegenteil, daß innerhalb der Universität isolierte Intentionen auf radikale Änderung, denen die Möglichkeit der gesamtgesellschaftlichen Verwirklichung abgeschnitten ist, nur die herrschende Rancune gegen die Sphäre des Intellektuellen verschärfen wird, und damit der Reaktion den Weg bahnen und die Studenten, die ohnehin schon heute als die schwächsten Objekte der allgemeinen Tendenz zur intellektuellen Verfolgung im besonderen Maß ausgesetzt sind, noch weiter dieser Gefahr aussetzt ... man glaubt, daß durch die geistige Diskussion und die Berufung auf geistige Prinzipien an den Machtverhältnissen sich etwas ändert, und daß das unter Umständen durch Demonstrationen und spektakuläre Praktiken sich verändern läßt, während ich alles, was ich von der Gesellschaft weiß, mir selber verleugnen müßte, wenn ich das für möglich hielte.«⁴³¹

1. November 1967: Trotz eines vom Akademischen Senat ausgesprochenen Verbots wird im Auditorium maximum der Freien Universität in **West-Berlin** der seit längerer Zeit verfolgte Plan verwirklicht und die **Kritische Universität** gegründet. Nach der Vorstellung der Intentionen des Initiativausschusses durch Sigrid Fronius und Reinhard Wolff referieren Winfried Gottschalch, Bernhard Blanke, Wolfgang Lefèvre, Marno Brausdorf und Wolfgang Nitsch über verschiedene Aspekte des Zusammenhanges zwischen Hochschulreform und Demokratisierung der Gesellschaft. Der Konventsvorsitzende Lefèvre (SDS) erklärt, daß die *Kritische Universität* keine Gegenuniversität sein wolle, sondern eine qualitative Studienreform im Experiment vorwegzunehmen beabsichtige. Wolfgang Nitsch (SDS), Mitautor des 1965 erschienenen und inzwischen zum Standardwerk gewordenen Buches *Hochschule in der Demokratie*, bezeichnet als Hauptziele der *Kritischen Universität* eine Studienreform, eine demokratische Wissenschafts- und Berufspolitik sowie eine kritische Reflexion und wissenschaftliche Analyse für eine Praxis der Demokratisierung der Gesellschaft. In einem eigenen Vorlesungsverzeichnis werden 33 Arbeitskreise angekündigt, mit denen Ergänzungsveranstaltungen zum offiziellen Vorlesungs- und Seminarbetrieb, erweiterte Arbeitskreise des SDS und des *Argument-Clubs* sowie Vorbereitungsgruppen für inner- und außeruniversitäre Kampagnen durchgeführt werden sollen. Wegen einer Bombendrohung muß die Gründungsveranstaltung vorzeitig beendet werden.

2. November 1967: Mit einem »Jubel-Happening« begehen Studenten vor der Ruine des Opernhauses das Ende der siebentägigen Krönungsfeierlichkeiten des Schahs von Persien. Rund 120 Studenten, darunter etwa ein Drittel iranische Kommilitonen, ziehen am späten Nachmittag in einem Schweigemarsch von der Universität zum Opernplatz. Dort scharen sie sich um eine auf einem Gartenstuhl sitzende Schah-Attrappe und feiern auf ihre Weise das Teheraner Zeremoniell nach. Der Kabarettist Rudolf Rolfs, ein iranischer Student und eine deutsche Studentin bieten dem Schah, wie sie den Umstehenden durch ein Megaphon bekanntgeben, zehn Geschenke an: »Für die 17.532 zur Krönung aufgebotenen Rosen einen Zauberstab, damit der Schah die Rosen in Brote verwandeln kann und die arme Landbevölkerung Persiens zum erstenmal satt wird; für die zehn Millionen Glühbirnen der festlichen Krönungsillumination von Teheran eine Stearinkerze, damit der Schah auch in die Elendsviertel von Teheran leuchten kann; für die 40 Prozent der Kinder, die keine Schule besuchen können, einen Fahrschein mit der Prunkkutsche; für den persischen Geheimdienst SAVAK eine Lupe, damit dieser auch feststellen kann, ob persische Bakterien und Blattläuse politisch linientreu sind; schließlich den Entwurf einer oppositionellen Zeitung, die aus leeren Blättern besteht und die dem Schahregime nicht wehtun kann, weil nichts drinsteht; ein Geduldspiel für die 400.000 persischen Beamten, welches die Staatsdiener davon abhalten soll, das Volk zu schikanieren; eine Rolle Schlaftabletten für das Parlament; eine Eisensäge für die Handfesseln der politischen Gefangenen; eine Goldschleife als Verzierung für die Schlagstöcke, mit denen die Gefangenen geprügelt werden, und als krönenden Abschluß einen Spiegel, damit der Schah sich einreden kann, daß er einfach herrlich ist.«[432] Am Ende des Zeremoniells rufen die Teilnehmer aus: »Hoch lebe der Kaiser, noch höher, immer höher, bis wir ihn nicht mehr sehen können!«[433]

16. November 1967: Auf dem Campus der Goethe-Universität verteilen Studenten des SDS ein Flugblatt, in dem zu einem Go-in in die nächste Vorlesung von Carlo Schmid, Professor für politische Wissenschaften, aufgerufen wird. In dem Flugblatt heißt es: »An unserer Universität lehrt ein Professor die Wissenschaft der Politik, der sich selber als die Kultur der SPD versteht, der Mitglied des Bundestages und Bundesratsminister ist: Carlo Schmid. Als Professor der Politik doziert er den Studenten Demokratie, als Minister der Großen Koalition praktiziert er den Notstand der Demokratie.«[434] – Am 19. November wendet sich der Rektor der Universität, der Soziologe Walter Rüegg, telegraphisch an die Ortsgruppe des Frankfurter SDS und warnt davor, einen mit der Ankündigung des Go-ins beabsichtigten Hausfriedensbruch auch in die Tat umzusetzen. Er fordert den SDS auf, die Aktion abzusagen und ihn davon umgehend zu unterrichten. Das Telegramm bleibt unbeantwortet.

17.–27. November 1967: Die Studenten der Universität **Nanterre** führen wegen Überfüllung ihrer Veranstaltungen, einer nur unzureichenden Mitbestimmung und anderer Mängel einen zehntägigen Streik durch, an dem sich auch viele Professoren und Assistenten beteiligen. In Vollversammlungen und Arbeitsgruppen wird über eine grundlegende Reform der Hochschule diskutiert. Eine erhebliche Rolle spielt dabei, ob es »schwarze Listen« gebe, in denen Informationen über politisch mißliebige Studenten geführt würden. Während der Dekan das bestreitet, erklärt der Soziologieprofessor Henri Lefèbvre, daß solche Listen sehr wohl existierten.

20. November 1967: Am Morgen des angekündigten Go-in-Termins werden in großer Anzahl Flugblätter des Rektors verteilt, in denen dieser die Studenten-

---

429 Oskar Negt, Politik und Protest, in: Lothar Hack/Oskar Negt/Reimut Reiche, Protest und Politik, Frankfurt/Main 1968, S. 15f. **(Dok. Nr. 158)**

430 Kai Hermann, Die Ohnmacht der Rebellen – Die radikale Linke findet keine Strategie, in: Die Zeit vom 3. November 1967, 22. Jg., Nr. 44, S. 5.

431 Zit. nach: Peter Szondi, Rundfunkgespräch mit Theodor W. Adorno über die *Unruhen der Studenten*, in: ders., Über eine »Freie (d.h. freie) Universität« – Stellungnahmen eines Philologen, Frankfurt/Main 1973, S. 101f. **(Dok. Nr. 159)**

432 Frankfurter Rundschau vom 3. November 1967.

433 A.a.O.

434 Sozialistischer Deutscher Studentenbund, »Das Manifest der Hochschulen gegen die Notstandsgesetze beginnt ...« (Flugblatt-Aufruf zur Teilnahme am Go-in in die Vorlesung von Carlo Schmid am 20. November 1967), aus: Archivalische Sammlung Ronny Loewy, Akte SDS Frankfurt 1966–1970, Archiv des Hamburger Institus für Sozialforschung.

schaft auffordert, sich von der geplanten »Terroraktion des SDS« zu distanzieren. Außerdem werden verschiedene Sicherheitsvorkehrungen getroffen, die ein Eindringen einer SDS-Gruppe in den für die Vorlesung von Carlo Schmid über **Theorie und Praxis der Außenpolitik** vorgesehenen Hörsaal VI verhindern soll. Dennoch gelingt es einer Gruppe von mehr als einem Dutzend SDS-Mitgliedern kurz vor Vorlesungsbeginn durch einen einfachen Trick, den verschlossenen Hintereingang öffnen zu lassen und in den ansonsten von Universitätsangehörigen, mit Rektor Rüegg an der Spitze, gut bewachten Hörsaal, einzudringen. Die weiteren Vorgänge beschreibt der Oberstaatsanwalt Großmann in seiner Anklageschrift gegen elf der Teilnahme am Go-in verdächtige Studenten später so: »Dann begab sich einer aus der Gruppe auf das etwa 10–15 Meter lange und vier Meter breite Podium hinter Prof. Dr. Carlo Schmid und winkte nach rechts und links. Auf dieses Zeichen hin marschierten die Eindringlinge, denen sich einige weitere Personen aus dem Hörsaal angeschlossen hatten, auf die Rednerbühne. Auf der Bühne befanden sich schätzungsweise 20-30 Personen, die sich in einem Halbkreis um Prof. Dr. Schmid aufstellten ... Sie forderten Schmid auf, seine Vorlesung zu unterbrechen und mit ihnen gemäß ihrer in Flugblättern des SDS bereits vorher angekündigten Absicht über die Notstandsgesetzgebung zu diskutieren. Bei dieser Aktion taten sich insbesondere die Angeschuldigten Wolff und Krahl hervor. Prof. Dr. Schmid teilte der Gruppe unmißverständlich mit, er halte eine Vorlesung und keine Diskussion und fuhr in seinem Vortrag fort. Die Demonstranten gingen daraufhin dazu über, durch Zwang die Vorlesung von Prof. Dr. Schmid zu verhindern. Der Angeschuldigte Wolff versuchte, Prof. Schmid das drehbare Standmikrophon wegzuziehen, um ihn am Weitersprechen zu hindern und selbst eine Ansprache zu halten, was jedoch von Prof. Schmid durch schnelles Zupacken verhindert wurde. Einer der Demonstranten warf eine Handvoll Heftklammern auf das Manuskript von Prof. Schmid; ein anderer hielt Prof. Schmid eine Ausgabe der Zeitschrift Spiegel vor die Augen, damit Prof. Schmid einen Passus hieraus vorlesen sollte. Um die Worte von Prof. Schmid zu übertönen, klatschte die auf das Podium vorgedrungene Gruppe rhythmisch im Takt, versuchte ihn durch Zurufe zu provozieren, eröffnete untereinander Diskussionen und rief im Sprechchor ›Notstandsminister‹. Die Demonstranten saßen dabei teilweise auf dem

20.11.: Professor Carlo Schmid in Bedrängnis.

Boden des Podiums und rauchten. Außerdem schrieben einige Demonstranten auf die Wandtafel Parolen wie ›Diskussion statt einer Vorlesung über Belanglosigkeit‹, ›Notstand ist Nötigung‹ und ›Notstandsminister‹. Die Eindringlinge beklatschten diese Parolen. Das provozierende Verhalten der auf dem Podium befindlichen Gruppe veranlaßte die in der Vorlesung anwesenden übrigen Studenten, die sich durch das Verhalten der Gruppe ebenfalls genötigt fühlten, zu Gegensprechchören, wie ›SDS raus, Rotfront raus‹. Trotz des Tumultes und Lärmes setzte Prof. Schmid seine Vorlesung fort, obwohl er, was ihm bewußt war, nur noch von einem sehr geringen Teil der Zuhörer verstanden werden konnte. Seine Absicht war, der gegen ihn verübten Gewalt nicht zu weichen. Trotzdem in der Vorlesungspause eine von den AStA-Vorsitzenden Birkholz und Streek veranstaltete Abstimmung unter den Studenten zu der eindeutigen Entscheidung geführt hatte, die Vorlesung von Prof. Schmid fortzusetzen und keine Diskussion über Notstand zu führen, setzte die Gruppe die Störungen auch in der zweiten Vorlesungshälfte bis zur Beendigung der Vorlesung um 13.00 Uhr fort. Nach dem Ende der Vorlesung verließen die meisten Zuhörer den Hörsaal. Vor den Zurückgebliebenen versuchte der Angeschuldigte Wolff das Vorgehen des SDS zu rechtfertigen. Dabei erklärte er sinngemäß, man sei sich beim SDS zwar bewußt, daß die Form verletzt worden sei, aber das Anliegen des SDS rechtfertige diese Verletzung. Anschließend versuchte auch noch der Angeschuldigte Krahl eine Rechtfertigung des Verhaltens des SDS. Um 13.30 Uhr räumte die Störergruppe das Podium. Der SDS verteilte sodann an die noch verbliebenen Zuhörer ein Flugblatt, in dem zu einem neuen ›Go-in‹ in die Vorlesung von Prof. Fetscher am 21.11.1967 aufgerufen wurde.«[435] – Am 22. November verteilt der SDS unter dem Titel **Wer ist hier faschistisch?** einen an Rektor Rüegg gerichteten Offenen Brief als Flugblatt. Darin heißt es: »Ew. Magnifizenz! Sie haben dem Frankfurter SDS vorgeworfen, sein Aufruf zu einem Go-in zu Prof. Carlo Schmid ziele ›auf die Einübung faschistischer Terrormethoden‹ ... Das ist ein Hohn auf die Opfer des faschistischen Terrors. Wir fordern Sie auf, diese unverantwortliche Diffamierung unverzüglich öffentlich zurückzunehmen! Anderenfalls werden wir Strafanzeige gegen Sie stellen.«[436] – Unter der Überschrift **Zum richtigen Gebrauch der Begriffe** kursiert am selben Tag auf dem Campus eine Flugschrift, in der die gleiche Äußerung des Rektors als irreführend und gefährlich zurückgewiesen wird. In der »Wissenschaftlichen Stellungnahme von 18 Assistenten und Mitarbeitern der Fächer Soziologie und Philosophie« wird der bedenkliche Umgang mit einer pseudowissenschaftlichen Terminologie gründlich analysiert. Am Ende heißt es: »Ein Gespenst geht um in Deutschland – das Gespenst des Linksfaschismus. Gegen die unreflektierte Verwendung derartiger Begriffe, gegen die Diffamierung unbequemer Minderheiten protestieren wir mit aller Entschiedenheit. ... Wir weigern uns, die Äußerungen des Rektors und die aus ihnen resultierenden Entscheidungen zu akzeptieren. Sie sind dazu angetan, davon abzulenken, den Terror dort zu suchen, wo er wirklich ausgeübt wird – mit tödlichen Pistolenschüssen und Wasserwerfern, Demonstrationsverboten und autoritärer Beschneidung uneingeschränkter Meinungsäußerung.«[437] – Am 23. November verbreitet Rektor Rüegg eine Mitteilung, in der bekanntgegeben wird, daß er aufgrund der Vorfälle in der Vorlesung von Prof. Carlo Schmid die Zulassung der SDS-Hochschulgruppe als studentische Vereinigung einstweilen suspendiert habe und im Namen der Universität Strafanzeige wegen Hausfriedensbruchs und Nötigung erstatten sowie die entsprechenden Disziplinarverfahren eröffnen werde.[438] – Der Oberstaatsanwalt reicht am 2. Dezember 1968 beim Landgericht Frankfurt die Anklageschrift gegen elf als Teilnehmer beim Go-in verdächtigte Studenten ein, darunter der stellvertretende SDS-Bundesvorsitzende Frank Wolff und die SDS-Sprecher Burkhard Bluem, Hans-Jürgen Krahl, Ronny Loewy und Udo Riechmann, und beantragt die Eröffnung des Hauptverfahrens.[439] – Am 27. März 1969 lehnt die 12. Strafkammer beim Landgericht Frankfurt die Eröffnung des Hauptverfahrens gegen die elf Studenten ab. Dort heißt es am Ende des Einstellungsbescheids: »Geht man also bei der Wertung der Handlungsweise der Angeschuldigten zu dem damit verfolgten Zweck vom Standpunkt eines vernünftigen Beurteilers aus, so ist bei Berücksichtigung des Anlasses, der Wichtigkeit der in Rede stehenden Notstandsgesetze und ihrer Probleme und des Kreises der Betroffenen, nach der Überzeugung der Kammer das Verhalten der Angeschuldigten noch nicht als strafwürdig anzusehen.«[440]

21. November 1967: Der SDS führt am Nachmittag ein Go-in in die Vorlesung des Politikwissenschaftlers Professor Iring Fetscher durch. Fetscher hatte sich zuvor mit der Begründung geweigert, einen Zuschuß zur Finanzierung einer Anti-Springer-Veranstaltung leisten zu wollen, daß der Slogan »Enteignet Springer!« nicht mit dem Grundgesetz vereinbar sei. Für derartige Veranstaltungen, erhärtet er noch einmal seine Position vor den mehr als 1.000 Studenten, könne es keine öffentlichen Zuschüsse geben. Das Problem der

---

435 Oberstaatsanwaltschaft beim Landgericht Frankfurt, Anklageschrift gegen elf Studenten vom 2. Dezember 1968 (Wegen des Vorwurfs der Teilnahme am Carlo-Schmid-Go-in), aus: Archiv APO und soziale Bewegungen beim Zentralinstitut für sozialwissenschaftliche Forschung der Freien Universität Berlin, Akte des SDS-Bundesvorstands und: Archivalische Sammlung Ronny Loewy, Akte SDS Frankfurt 1966–1970 **(Dok. Nr. 95)**; vgl. auch die Darstellung des gesamten Vorgangs in: Carlo Schmid, Erinnerungen, Bern/München/Wien 1979, S. 812–815. **(Dok. Nr. 166)**

436 Sozialistischer Deutscher Studentenbund, »Wer ist hier faschistisch?« (Offener Brief an den Rektor der Johann Wolfgang Goethe-Universität, Prof. Walter Rüegg, Flugblatt vom 22. November 1967), aus: Archivalische Sammlung Ronny Loewy, SDS Frankfurt 1966–1970, Archiv des Hamburger Instituts für Sozialforschung.

437 Egon Becker u.a., Zum richtigen Gebrauch der Begriffe – Wissenschaftliche Stellungnahme von 18 Assistenten und Mitarbeitern der Fächer Soziologie und Philosophie zu Äußerungen des Rektors, aus: Archivalische Sammlung Ronny Loewy, Akte SDS Frankfurt 1966–1970; abgedruckt unter dem veränderten Titel: Wissenschaft zerstört? auch in: Diskus – Frankfurter Studentenzeitung, 17. Jg., Nr. 7/8, Nov./Dez. 1967, S. 2. **(Dok. Nr. 169)**

438 Siehe: Mitteilung des Rektors zu den Vorfällen am 20.11.1967, Frankfurt a. M., 23.11.1967, aus: Archivalische Sammlung Ronny Loewy, SDS Frankfurt 1966–1970, Archiv des Hamburger Instituts für Sozialforschung.

439 Siehe: **Dok. Nr. 166**.

440 12. Strafkammer beim Landgericht Frankfurt, Einstellungsbescheid (Ablehnung der Eröffnung des Hauptverfahrens gegen elf der Teilnahme am Go-in bei Prof. Carlo Schmid beschuldigten Studenten), aus: Archiv APO und soziale Bewegungen beim Zentralinstitut für sozialwissenschaftliche Forschung der Freien Universität Berlin, Akte des SDS-Bundesvorstandes und: Archivalische Sammlung Ronny Loewy, Akte SDS Frankfurt 1966–1970, Archiv des Hamburger Instituts für Sozialforschung.

Pressekonzentration sei seit langem bekannt. Für eine Veranstaltung, die unter dem Titel »Mißbrauch der Pressemacht« angekündigt würde, könne er sich durchaus eine Unterstützung vorstellen. Er warnt vor einer Identifizierung der Politik der Großen Koalition mit der Pressestrategie des Springer Konzerns und vor »blindem Aktionismus«.

21. November 1967: Die 14. Große Strafkammer des Landgerichts Moabit in **West-Berlin** spricht den 39jährigen Kriminalobermeister Karl-Heinz Kurras von der Anklage der fahrlässigen Tötung des Studenten Benno Ohnesorg frei. Zur Begründung heißt es, es gebe »... keine Anhaltspunkte für eine vorsätzliche Tötung oder eine beabsichtigte Körperverletzung durch einen gezielten Schuß«.[441] Der Vorsitzende Richter, Landgerichtsdirektor Friedrich Geus, räumt ein, daß das Urteil auch das Gericht nicht befriedige und erklärt wörtlich: »Kurras weiß mehr, als er sagt, und er macht den Eindruck, als wenn er in vielen Dingen die Unwahrheit gesagt hat.«[442] – Das Urteil löst im In- und Ausland große Empörung aus. Die **Frankfurter Rundschau** schreibt in einem Kommentar: »Ein Urteil wie das im Kurras-Prozeß muß, wenn der Entwicklung nicht geschlossen Einhalt geboten wird, politische Folgen nach sich ziehen, die für die Entwicklung der zweiten deutschen Republik genauso verhängnisvoll werden können, wie sie es einst für die erste waren.«[443]

22. November 1967: Im **Süddeutschen Rundfunk** wird ein Beitrag von Max Horkheimer über **Karl Marx 1967 – eine notwendige Aufklärung** gesendet. Obwohl er gleich zu Beginn eingesteht, daß ganz offensichtlich die Geschichte anders verlaufen sei als Marx dies gedacht habe, so reklamiert Horkheimer dennoch entscheidende Elemente seiner Kapitalismustheorie für ein zeitgenössisches Verständnis der Gesellschaft. Er insistiert dabei auf der bereits von Marx formulierten Liberalismus-Kritik. Der Liberalismus sei unfähig zu einer Lösung der gesellschaftlichen Probleme; die sogenannte freie Wirtschaft müsse aufgrund ihrer eigenen Gesetzmäßigkeit zwangsläufig in den Untergang führen. Der Rücktritt von Bundeskanzler Ludwig Erhard müsse als ein Symbol dafür betrachtet werden. Die Marxschen Kategorien Ausbeutung, Kapital, Klasse und andere mehr seien unverzichtbar. Die Verbindung seiner Lehre mit dem Klassenkampf sei jedoch historisch überholt. Die Marxsche Interpretation solle, anstatt zur Anleitung politischen Han-

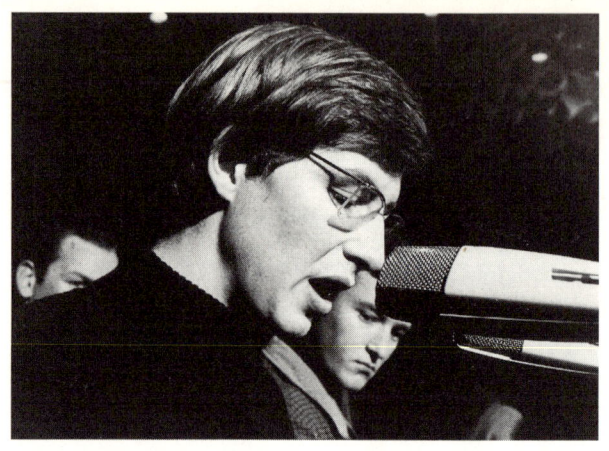

24.11.: Der 2. SDS-Bundesvorsitzende Frank Wolff.

delns zu dienen, zu einem zentralen Inhalt der Bildung gemacht werden.[444]

23. November 1967: Vor Beginn seiner Vorlesung über **Ästhetik** äußert sich Theodor W. Adorno ausführlich über den Freispruch des Ohnesorg-Todesschützen Kriminalobermeister Kurras durch das Landgericht Moabit. Nach einer Problematisierung der im Anschluß an Gerichtsurteile häufig zu hörenden Urteilsschelten und der in der Bevölkerung verbreiteten Bestrafungssehnsüchten stellt er fest: »Wenn schon der Polizeiobermeister nicht verurteilt werden kann, weil ihm Schuld im Sinn des Gesetzes nicht nachzuweisen ist, so wird dadurch die Schuld seiner Auftraggeber um so größer.«[445] Und über das Verhalten von Kurras und dessen Äußerungen während des Prozesses äußert er sich so: »Die Affektarmut des ›Es tut mir leid‹ verklagt ihn ebenso wie das unpersönliche ›ein Student ums Leben gekommen ist‹. Das klingt, als hätte am 2. Juni eine objektive höhere Gewalt sich manifestiert und nicht Herr Kurras, zielend oder nicht, auf den Hahn gedrückt. Solche Sprache ist zum Erschrecken ähnlich der, die man in den Prozessen gegen die Quälgeister der Konzentrationslager vernimmt... Der Ausdruck ›ein Student‹ in seinem Satz erinnert an jenen Gebrauch, der heute noch in Prozessen und in der Öffentlichkeit, die darüber berichtet, von dem Wort Jude gemacht wird. Man setzt Opfer zu Exemplaren einer Gattung herab.«[446]

24. November 1967: In der **Frankfurter Allgemeinen Zeitung** erscheint unter dem Titel **Aus Protest eine Karriere aufgegeben** ein Porträt des 22jährigen Soziologiestudenten Frank Wolff, der gemeinsam mit seinem Bruder Karl Dietrich seit einigen Wochen den Bundesvorsitz im SDS innehat. Darin bekennt er, daß es ihm durchaus schwer gefallen sei, sein Cello in die Ecke zu stellen und das Musikstudium abzubrechen, um sich statt dessen ganz den Aufgaben eines Studentenfunktionärs zu widmen.

24. November 1967: Während einer Veranstaltung der rechtsradikalen *Nationaldemokratischen Partei Deutschlands* (NPD) im Gesellschaftshaus am Zoo kommt es zu gewalttätigen Zusammenstößen mit jungen Gegendemonstranten. Nachdem die Polizei eine Demonstration der *Antifaschistischen Aktion* mittags überraschend verboten hat, ziehen Jugendliche am Abend mit Transparenten vor den Eingang des Gebäudes. Die Aufschriften lauten: »Adolf II. befiehl, wir folgen dir«, »Für Blut und Boden: NPD« und »Wir Frankfurter wollen keine NPD«. In einem gleichzeitig verteilten Flugblatt wird das Verbot mit den Worten kritisiert, daß es dazu beitrage »unser Grundgesetz auszuhöhlen« und »den Feinden der Demokratie Vorschub zu leisten«. Als sich die Situation kurz vor Beginn der Veranstaltung um 20 Uhr zuspitzt, läßt die Polizei einen Wasserwerfer auffahren und mehrere Berittene anrücken. Kurz darauf läßt sie den Eingang zum Zoo-Theater, der vorübergehend von Demonstranten blockiert worden ist, freimachen. Während der Rede des NPD-Vorsitzenden Adolf von Thadden werden rund 20 Jugendliche, die durch Zwischenrufe dessen Rede zu stören versucht haben, von Saalordnern herausgezerrt. Dabei kommt es zu heftigen Schlägereien.

24. November 1967: Eine Podiumsdiskussion über die Hochschulreform im Hörsaal VI beginnt mit Tumulten. Als der Rektor, Professor Walter Rüegg, erscheint und Kultusminister Professor Ernst Schütte zum Podium geleitet, bricht unter den 1.000 Besuchern ein ohrenbetäubendes Pfeifkonzert aus. Grund ist der vom Rektor erhobene Vorwurf, der SDS habe sich bei seinem Go-in in die Carlo-Schmid-Vorlesung der »Einübung faschistischer Terrormethoden« bedient. Außerdem hat sich Rüegg geweigert, das SDS-Mitglied Dietrich Wetzel als Diskussionsleiter zu akzeptieren. An dessen Stelle ist Volker Arneth, der Präsident des Studentenparlaments, getreten. In der Debatte, an der neben Schütte und Rüegg der Soziologe Professor Ludwig von Friedeburg, die SDS-Vertreterin Antonia Grunenberg, der AStA-Vorsitzende Hans-Jürgen Birkholz (SHB) und dessen Stellvertreter Wolfgang Streeck (SHB) teilnehmen, erklären sich Schütte und von Friedeburg mit den meisten der von den Studenten für eine Hochschulreform erhobenen Forderungen solidarisch. Kurz vor Mitternacht wird Punkt für Punkt über eine vom AStA eingebrachte Resolution abgestimmt und mit überwältigender Mehrheit angenommen. Darin wird der Rektor aufgefordert, seinen gegenüber dem SDS erhobenen Faschismusvorwurf zurückzunehmen und sich beim SDS zu entschuldigen.

27.11.: Hans-Jürgen Krahl kritisiert das Kurras-Urteil.

441 Zit. nach: Klaus Schroeder (Hg.), Freie Universität Berlin 1948–1973, Hochschule im Umbruch, Teil V 1967–1969, West-Berlin 1983, S. 54.
442 A.a.O.
443 Frankfurter Rundschau vom 22. November 1967.
444 Siehe: Max Horkheimer, Karl Marx 1967 – eine notwendige Aufklärung, in: ders., Gesammelte Schriften Bd. 8: Vorträge und Aufzeichnungen 1949–1973, hrsg. von Gunzelin Schmid Noerr, Frankfurt/Main 1985, S. 306–317.
445 Theodor W. Adorno, Zum Kurras-Prozeß, in: Diskus – Frankfurter Studentenzeitung, 17. Jg., Nr. 7/8, Nov./Dez. 1967, S. 4 **(Dok. Nr. 170)**.
446 A.a.O.

27. November 1967: Zu einer vom SDS angekündigten Protestveranstaltung gegen das Kurras-Urteil, mit dem der Kriminalobermeister, der am 2. Juni Benno Ohnesorg erschossen hatte, freigesprochen worden ist, versammeln sich am Nachmittag in dem vor dem Rektorat gelegenen Foyer des Universitätshauptgebäudes 1.000 Studenten. Das SDS-Beiratsmitglied Hans-Jürgen Krahl kritisiert das Urteil des Moabiter Landgerichts mit den Worten, daß nun alle Knüppelorgien der Polizei bereits im vorhinein als gerechtfertigt angesehen werden müßten. Scharfe Vorwürfe richtet er auch gegen den Magistrat der Stadt Frankfurt, der es zugelassen habe, daß die Polizei drei Tage zuvor eine Gegendemonstration gegen die NPD-Kundgebung im Zoo-Gesellschaftshaus hätte verbieten können. Der Ordinarius für Evangelische Theologie, Professor Bartsch, bezeichnet die in Reaktion auf das Go-in in die Carlo-Schmid-Vorlesung ausgesprochene Suspendierung des SDS und die im selben Zusammenhang gegen die SDS-Mitglieder gestellten Strafanzeigen rechtlich als sehr fragwürdig und politisch als unangemessen. In einer mit überwältigender Mehrheit angenommenen Resolution wird Rektor Rüegg aufgefordert, sich einer öffentlichen Diskussion zum Thema Faschismus zu stellen, gleichzeitig wird die unverzügliche Aufhebung des von ihm ausgesprochenen vorläufigen Verbots des SDS gefordert, an der Goethe-Universität als studentische Vereinigung auftreten zu können. Außerdem verlangen die Teilnehmer, daß die ohne Mitwirkung der Studentenschaft zustandegekommene Universitätssatzung nicht verabschiedet wird.

30. November 1967: In seiner **Ästhetik**-Vorlesung diskutiert Theodor W. Adorno mit Hans-Jürgen Krahl und anderen Zuhörern Fragen der Legitimität des Go-ins in die Vorlesung von Carlo Schmid am 20. November und Probleme der disziplinarischen und der strafrechtlichen Verfolgung von Teilnehmern an der Aktion.[447]

Ende November 1967: Der Soziologe Professor Jürgen Habermas hält im Goethe-Haus in **New York** einen Vortrag über **Studentenprotest in der Bundesrepublik**.[448] In dem bis auf den letzten Platz besetzten Saal analysiert Habermas die Hintergründe und möglichen Ursachen eines Phänomens, das es auch in anderen entwickelten Industriegesellschaften gibt, das jedoch in Westdeutschland und dort vor allem in West-Berlin, dem »Berkeley der Bundesrepublik«, besonders eigentümliche und radikale Züge hervorgebracht habe. Die radikalen Studenten seien die ersten Vertreter einer Generation, die in einer wohlhabenden und politisch ausgeglichenen Gesellschaft aufgewachsen seien. Sie stünden parteipolitischen Bindungen skeptisch bis ablehnend gegenüber und hätten sich ein »neoanarchistisches Weltbild« geschaffen. Obwohl er mit den Kräften, die eine durchgreifende Reform der Hochschulen forderten, sympathisiere, sei er im Zweifel, ob die provokativen Regelverletzungen linker Studentengruppen auch wirklich zu akzeptablen Resultaten führen könnten. Er selbst neige zu der Ansicht, daß die bundesdeutsche Studentenbewegung nur dann eine positive Rolle spielen könne, wenn sie ihre theoretische Grundlage ebenso wie ihre praktische Organisierung verändere. In der Diskussion vergleichen zahlreiche Redner die westdeutsche mit der US-amerikanischen Studentenbewegung. Trotz vieler Ähnlichkeiten gebe es Unterschiede nicht nur im Grad der Organisierung und in den ideologischen Voraussetzungen, sondern auch in der Tatsache, daß in den USA die beiden Hauptziele durch die eigene Politik bedingt seien – Herstellung der Rassengleichheit und Beendigung des Vietnamkrieges.[449] – Habermas nimmt in New York für ein Semester eine Dozentur an dem von der Volkswagenstiftung finanzierten Theodor-Heuss-Lehrstuhl der New School for Social Research wahr.

Dezember 1967: Unter dem Titel **Ziele, Formen und Aussichten der Studentenopposition** erscheint in der Zeitschrift **Das Argument** eine leicht veränderte Fassung von einem der Vorträge, die Herbert Marcuse im Juli im Auditorium maximum der Freien Universität gehalten hat. Er geht darin noch einmal ausführlich und differenziert auf die Gewaltfrage ein. »Die Idee, daß es ein Recht gibt, das höher ist als das positive Recht, ist so alt wie die Zivilisation selbst. Hier ist der Konflikt der Rechte, vor den jede mehr als private Opposition gestellt ist; denn das Bestehende hat das legale Monopol der Gewalt und das positive Recht, ja die Pflicht, diese Gewalt zu seiner Verteidigung auszuüben. Demgegenüber steht die Anerkennung eines höheren Rechts und die Anerkennung der Pflicht des Widerstandes als Triebkraft der geschichtlichen Entwicklung der Freiheit, civil disobedience als potentielle geschichtliche Gewalt. Ohne dieses Widerstandsrecht, ohne dieses Ausspielen eines höheren Rechts gegen das bestehende Recht ständen wir heute noch auf der Stufe der primitivsten Barbarei ... Von einer

3.12.: Rudi Dutschke zu Gast bei Günter Gaus.

Legalität des Widerstandes zu sprechen ist Unsinn. Kein Gesellschaftssystem, selbst das freieste nicht, kann verfassungsmäßig oder in anderer Weise eine gegen dieses System gerichtete Gewalt legalisieren ... So steht die Opposition von Anfang an im Felde der Gewalt. Recht steht gegen Recht, nicht nur als abstrakte Versicherung, sondern als Aktion ... Dieser Konflikt der beiden Rechte, des Widerstandsrechts und der institutionalisierten Gewalt bringt die ständige Gefahr des Zusammenstoßes mit der Gewalt mit sich, es sei denn, daß das Recht der Freiheit dem Recht der bestehenden Ordnung geopfert wird und daß, wie immer in der Geschichte, die von der Ordnung geforderten Opfer an Zahl die Opfer, die für die Befreiung fallen, weiterhin übersteigt. Das aber bedeutet, daß die Predigt der prinzipiellen Gewaltlosigkeit die bestehende institutionalisierte Gewalt reproduziert ... So handelt es sich im Falle des Gewaltenkonflikts um den Zusammenstoß der allgemeinen mit der besonderen Gewalt und in diesem Zusammenstoß wird die besondere Gewalt geschlagen werden, bis sie selbst eine neue Allgemeinheit der bestehenden gegenüberstellen kann. Solange die Opposition nicht die gesellschaftliche Kraft einer neuen Allgemeinheit entwickelt hat, ist das Problem der Gewalt primär ein Problem der Taktik.«[450] Im nächsten Aufsatz des gleichen Heftes macht der Marburger Politikwissenschaftler Wolfgang Abendroth **Kritische Bemerkungen zur Analyse Herbert Marcuses**. Er kritisiert darin allerdings vor allem die von Marcuse in weitgehender Unabhängigkeit von der Arbeiterklasse definierte politische Rolle der studentischen Opposition.

2. Dezember 1967: In der **Frankfurter Rundschau** erscheint unter der Überschrift **Die ungebärdigen Linken** ein von Richard Wachter verfaßtes Porträt des *Sozialistischen Deutschen Studentenbunds* (SDS).[451] Der Journalist schildert einen Besuch in dem in der Wilhelm-Hauff-Straße gelegenen Büro des SDS-Bundesvorstands. Auskunft erteilen der ehemalige Frankfurter Gruppenvorsitzende Burkhard Bluem, der zweite Bundesvorsitzende Frank Wolff und Hans-Jürgen Krahl, Mitglied im Politischen Beirat des Bundesvorstands. In dem Bericht wird erwähnt, daß gegen 50 der rund 300 Mitglieder aus politischen Gründen Straf- oder Ermittlungsverfahren im Gang sind.

3. Dezember 1967: In der vom **Ersten Deutschen Fernsehen** (ARD) ausgestrahlten Sendereihe *Zu Protokoll* wird mit Rudi Dutschke, wie Günter Gaus zur Einführung bemerkt, einer »der bekanntesten Wortführer jener radikalen Studenten« interviewt, die nicht nur die bundesdeutschen Hochschulen reformieren, sondern auch »unsere ganze Gesellschaftsordnung umstülpen« wollten.

5. Dezember 1967: Auf Initiative des SDS kommt es in der **Ästhetik**-Vorlesung von Theodor W. Adorno zu einer Diskussion über dessen kürzlich in der **Frankfurter Allgemeinen Zeitung** publiziertes Statement zur weiteren Entwicklung an den Hochschulen. Auf die Frage **Wohin steuern unsere Universitäten?** hatte Adorno erklärt: »Die Gefahr, daß die Universität zur Ausbildung von Spezialisten resigniert, besteht fraglos ... Mit der immer mehr vordringenden positivistischen Wissenschaftsgesinnung ist zugleich eine Entpolitisierung der Wissenschaft gesetzt, wie sie zur großen Zeit der Universität, um das Jahr 1800, unvor-

---

447 Siehe: Theodor W. Adorno / Hans-Jürgen Krahl u.a., »Ich bin der Bitte sehr gern nachgekommen ...« (Diskussion über das Carlo-Schmid-Go-in in der Vorlesung über Ästhetik vom 30. November 1967), in: Theodor W. Adorno, Vorlesungen zur Ästhetik (unautorisierte Tonbandnachschrift), Zürich 1973, S. 115–123. **(Dok. Nr. 172)**
448 Später publiziert in: Jürgen Habermas, Protestbewegung und Hochschulreform, Frankfurt/Main 1969, S. 153–177.
449 Vgl.: Heinz Pol, Die Proteste der Studenten – Ein Vortrag des Frankfurter Soziologie-Professors Jürgen Habermas in New York, in: Frankfurter Rundschau vom 5. Dezember 1967.
450 Herbert Marcuse, Ziele, Formen und Aussichten der Studentenopposition, in: Das Argument, 9. Jg., Heft 5/6, Dezember 1967, S. 404.
451 Richard Wachter, Die ungebärdigen Linken – Ein Bericht über den Sozialistischen Deutschen Studentenbund, in: Frankfurter Rundschau vom 2. Dezember 1967.

stellbar gewesen wäre.«[452] – Diskussionen der Statements anderer Professoren, die sich auf die Umfrage der **Frankfurter Allgemeinen Zeitung** hin geäußert haben, darunter von Alexander Mitscherlich und Rudolf Wiethölter, versucht der SDS auch in deren Vorlesungen durchzuführen.[453]

6. Dezember 1967: Nach einem vom SDS organisierten Teach-in in dem vor dem Rektorat der Universität gelegenen Foyer kommt es zu Tumulten und gewalttätigen Auseinandersetzungen. Vor mehr als 1.000 dort versammelten Studenten fordern Sprecher des SDS im Anschluß an eine Sitzung des satzungsgebenden Konzils, auf der beschlossen worden ist, den Studenten in dem Gremium lediglich eine 20%ige Vertretung zuzubilligen, ein Drittel aller Sitze für die Studenten und einen studentischen Konrektor. Außerdem verlangen sie die Öffentlichkeit aller Senatssitzungen. Da der Senat gerade im Rektorat unter Vorsitz von Rektor Rüegg zusammengetreten ist, versucht eine größere Gruppe dort einzudringen und die vorenthaltene Öffentlichkeit auf diesem Wege selbst herzustellen. Dort stellen sich den Studenten mehrere Universitätsbedienstete, darunter der Justitiar Hartmut Riehn, entgegen und versuchen sie aufzuhalten. Dabei kommt es zu einer heftigen Schlägerei. Den Studenten gelingt es zwar bis in den Vorraum vorzudringen, jedoch nicht bis ins Rektorat. Nach einiger Zeit kommt der AStA-Vorsitzende Hans-Jürgen Birkholz, der als nicht stimmberechtigter Vertreter der Studentenschaft dem Senat angehört, zur Tür heraus und teilt mit, daß das Gremium die Forderung nach Öffentlichkeit ebenso wie die nach Aufhebung des SDS-Verbots an der Universität abgelehnt habe. Als er versucht, das Rektorat wieder zu betreten, wird ihm der Zugang verwehrt. Zur Begründung heißt es, ihm werde die Rückkehr in die Sitzung verweigert solange die Studenten nicht den Vorraum räumten. Als Birkholz auch dies wiederum den wartenden Studenten bekanntgibt, bricht ein ohrenbetäubendes Pfeifkonzert los. – Zwei Tage später gibt der Senat zu den Vorgängen eine Erklärung ab. Darin heißt es, daß seine Mitglieder nicht bereit seien, sich von einer radikalen Minderheit der Studenten terrorisieren zu lassen. Diese Minderheit habe die Mitglieder von Konzil und Senat in ihrer Bewegungsfreiheit eingeschränkt und versucht, einseitig orientierte und dirigierte Diskussionen zu erzwingen. Dies sei »Terror«. – Die Studentin Karin Rausch (SDS) stellt im Zusammenhang mit denselben Vorgängen Strafanzeige gegen den Justitiar der Universität. Assessor Riehn wirft sie Körperverletzung und Beleidigung vor.

7. Dezember 1967: Das Studentenparlament zieht einen alten Beschluß, eine 20%ige Beteiligung der Studenten am satzungsgebenden Konzil zu fordern, zurück und stimmt statt dessen einem Antrag zu, die Öffentlichkeit aller Verhandlungen und Entscheidungen der akademischen Gremien sowie eine drittelparitätische Mitbestimmung in allen das Studium betreffenden Fragen und ein Vetorecht studentischer Vertreter zu fordern.

7. Dezember 1967: Am ersten Jahrestag der Großen Koalition führen die *Gewerkschaftsjugend* und der AStA aus Protest gegen deren Politik einen Fackelzug durch. Mit Parolen wie »Schiller und Strauß nehmen Arbeiter und Rentner aus« ziehen sie vom Opernplatz zum Gewerkschaftshaus in der Wilhelm-Leuschner-Straße. Auf der dortigen Abschlußkundgebung sprechen der Jugendsekretär des DGB-Kreises Frankfurt, Hans Michel, sowie die beiden AStA-Vorsitzenden Hans-Jügen Birkholz und Wolfgang Streeck (beide SHB). Die Große Koalition, erklärt Streeck, sei gekommen, weil sich das Märchen vom Wirtschaftswunder in nichts aufgelöst habe. Die Arbeiter hätten in der ökonomischen Krise am eigenen Leib zu spüren bekommen, daß sie nach wie vor in einer Klassengesellschaft lebten.

9. Dezember 1967: Die Wochenzeitung **Die Tat** veröffentlicht Auszüge aus einem Interview mit Professor Josef Schleifstein über die kritische Theorie Herbert Marcuses, das von der Zeitschrift *Marxistische Blätter* mit dem Mitherausgeber der Gesammelten Werke Franz Mehrings geführt worden war. Schleifstein wirft dem als Theoretiker der Neuen Linken apostrophierten kalifornischen Philosophen vor, seiner Überzeugung, daß die Arbeiterklasse in den westlichen Staaten durch einen erhöhten Konsum weitgehend integriert sei, liege einerseits eine »Verflachung und Vulgarisierung der Marxschen These von der relativen Verelendung« zugrunde, und andererseits eine »viel zu optimistische Beurteilung der ökonomischen Entwicklung des heutigen Kapitalismus«.[454]

19. Dezember 1967: Auf einem vom SDS organisierten Teach-in im Hörsaal VI lassen sich 800 Studenten über den Entwurf einer neuen Satzung für die Johann

Wolfgang Goethe-Universität informieren. Nur dem Druck der Studenten, erklärt der frühere VDS-Vorsitzende Dietrich Wetzel, sei es zu verdanken, daß der neue Satzungsentwurf überhaupt in der Öffentlichkeit diskutiert werden könne. Senat und Konzil hätten sich 20 Jahre lang geweigert, ihre Sitzungen öffentlich abzuhalten. Die Pressestelle des Rektors denunziere bereits eine solche Versammlung als einen Versuch, allein über Form und Inhalt einer solchen Diskussion bestimmen zu wollen. Der SDS diskutiere mit jedermann und überall, aber nur in aller Öffentlichkeit, betont Wetzel unter starkem Beifall. In der anschließenden, vom Präsidenten des Studentenparlaments geleiteten Debatte wird heftige Kritik an dem Satzungsentwurf geübt, der, wie der Tenor der Wortmeldungen lautet, das Bild einer hierarchisch geordneten Universität verrate und sie praktisch in die Verfügungsgewalt der Ordinarien stelle.

26. Dezember 1967: In einem Schreiben der beiden Westberliner SDS-Mitglieder Rudi Dutschke und Horst Kurnitzky an Herbert Marcuse schildern diese die starken Anspannungen, denen der SDS durch die seit dem 2. Juni in Gang gekommenen Auseinandersetzungen ausgesetzt ist, und die Versuche in Projektgruppen den verschiedenen politischen Ansprüchen nachzukommen. Abschließend bitten sie Marcuse um eine Solidaritätsadresse an die Veranstalter des für Mitte Februar geplanten Internationalen Vietnamkongresses.[455]

30. Dezember 1967: Auf die von der Tageszeitung **Frankfurter Neue Presse** für das ablaufende Jahr 1967 veranstaltete Umfrage **Das war mein größter Fehler** antwortet Max Horkheimer: »Daß ich aus Eigensinn meine früheren Arbeiten aus den Jahren 1930 bis 1940 nicht wieder erscheinen ließ. Die Verleger wollten diese Essays neu herausbringen, weil es von vielen Seiten gewünscht wurde, aber ich habe die Publikation untersagt, denn ich dachte, daß ich mit manchem darin Gesagten heute nicht mehr übereinstimme. Aber die Arbeiten hätten vielleicht in dieses Jahr besser gepaßt als in das kommende ... Es ist nicht so, daß ich diesen ›Fehler‹ bereue und schon gewiß bin, die Arbeiten jetzt zu veröffentlichen. Mein Eigensinn dauert an. Es ist zwar höchstwahrscheinlich ein Irrtum. Aber der Eigensinn setzt sich darüber hinweg. Ich bin ein entsetzlicher Zögerer. Um mit mir zu verhandeln, bedarf es einer bewundernswerten Geduld. Ob ich also einer Wiederveröffentlichung nun doch zustimme, werde ich erst 1968 entscheiden. Hoffentlich.«[456] – Die von Horkheimer gemeinten Essays erscheinen 1968 tatsächlich im S. Fischer Verlag. Die zweibändige Textsammlung gibt Alfred Schmidt unter dem Titel **Kritische Theorie – Eine Dokumentation** heraus.

---

452 Theodor W. Adorno, »Wohin steuern unsere Universitäten?« (Antworten auf drei Fragen der Frankfurter Allgemeinen Zeitung), in: Frankfurter Allgemeine Zeitung vom 30. November 1967. **(Dok. Nr. 173)**

453 Siehe: SDS-Mitgliederrundbrief vom 1. Dezember 1967, aus: Archivalische Sammlung Ronny Loewy, Akte SDS Frankfurt 1966–1970, Achiv des Hamburger Instituts für Sozialforschung.

454 Diskussionspunkte für Studenten und Arbeiter in unserer Zeit – Prof. Josef Schleifstein über die Auffassungen von Prof. Herbert Marcuse, in: Die Tat vom 9. Dezember 1967, 18. Jg., Nr. 49, S. 11.

455 Siehe: Rudi Dutschke/Horst Kurnitzky, Brief an Herbert Marcuse vom 26. Dezember 1967, aus: Herbert Marcuse-Archiv der Stadt- und Universitätsbibliothek Frankfurt/Main. **(Dok. Nr. 174)**

456 Zit. nach: »Das war mein größter Fehler« – Reumütige Geständnisse sehr bekannter Leute, in: Frankfurter Neue Presse vom 30. Dezember 1967.

1968

15.4.: Nach dem Attentat auf Rudi Dutschke kommt es Ostern beim Versuch, die Auslieferung von Zeitungen des Axel Springer Verlags zu stoppen, zu schweren Zusammenstößen mit der Polizei. Szene an der Rückseite des Hauptbahnhofs.

8. Januar 1968: Zu einem spektakulären Zwischenfall kommt es an der Universität **Nanterre**, als dort der französische Sport- und Jugendminister François Missoffe an der Spitze einer Delegation eintrifft, um feierlich ein Schwimmbad zu eröffnen. Da der Studentenschaft zuvor signalisiert worden ist, daß ihre Anwesenheit bei dem Festakt nicht erwünscht wird, versammeln sich einige Studenten vor dem Eingang zu dem Gelände und überlegen, ob sie den Minister mit Tomaten bewerfen sollten. Als die Delegation das Gebäude nach der Einweihung verlassen will, versucht ein rothaariger Student sich dem Minister entgegenzustellen. Doch bevor ihm dies gelingt, tritt der Dekan dazwischen, packt ihn am Kragen und schiebt ihn zur Seite – wider Erwarten genau vor die Füße Missoffes. Zum allgemeinen Erstaunen bittet der Student den Minister um Feuer. Dieser will sich offenbar nicht lumpen lassen und reicht ihm wortlos sein Feuerzeug. Der Rotschopf zündet sich seelenruhig seine Zigarette an, zieht daran und pafft den Qualm in die Luft. Dann wendet er sich höflich an Missoffe und fragt ihn, warum er in seinem Weißbuch über die französische Jugend das Problem der Sexualität nicht angeschnitten habe. Der verdutzte Minister entgegnet voller Entrüstung, wenn er über dieses Thema sprechen wolle, dann bestimmt nicht mit einem solchen Rotzlöffel wie ihm. Und im übrigen – wenn er seine überschüssigen Kräfte loswerden wolle, dann solle er doch ins Schwimmbecken springen und sich dort abkühlen. – Der Student, der durch diesen Wortwechsel schlagartig das Interesse der Medien auf sich zieht und so in Paris bekannt wird, ist Mitglied einer 15köpfigen Gruppierung, die sich, an Bakunin, Proudhon und Durruti orientierend, *Liaison des étudiants anarchistes* (Vereinigung anarchistischer Studenten, LEA) nennt. Der Soziologiestudent ist Sohn jüdischer Emigranten, die 1933 aus Deutschland geflohen sind, hat 1965 auf der reformorientierten Odenwaldschule im südhessischen Oberhambach sein Abitur gemacht[457] und trägt den Namen Daniel Cohn-Bendit.[458]

9. Januar 1968: Der zweite SDS-Bundesvorsitzende Frank Wolff bestreitet in einem Gespräch mit der **Frankfurter Rundschau**, daß seine Organisation zur Verhinderung der neuen Universitätssatzung einen Streik vorbereite. Zwar sei die Möglichkeit besprochen worden, in den letzten Tagen des Wintersemesters den Vorlesungsbetrieb zu boykottieren, jedoch denke man inzwischen eher an ein mehrtägiges großes Teach-in. Auf das Gerücht angesprochen, Rudi Dutschke werde nach Frankfurt kommen, um einen »Generalstreik« zu inszenieren, reagiert er mit Gelächter und kritisiert die in der Presse verbreitete Tendenz, »den SDS in Dutschke zu personalisieren«. Damit wolle man die APO – ganz im Gegensatz zu Dutschkes eigenen Bestrebungen – auf eine Person reduzieren und ihre politische Kraft nach Möglichkeit brechen. »Wir haben nicht einen Dutschke«, erklärt Wolff, »wir haben mehr als zwanzig Dutschkes.«[459]

12. Januar 1968: Der Rektor der Universität, Professor Walter Rüegg, stellt sich im Hörsaal V den Studenten, um einen Katalog zuvor schriftlich eingereichter Fragen zum Satzungsentwurf zu beantworten. Nachdem er vor 1.000 Zuhörern in seinen, offenbar für langatmig gehaltenen Ausführungen die entscheidenden Fragen nach mehr Mitbestimmungsrechten der Studenten offengelassen hat, treten mehrere SDS-Sprecher auf und fordern, erst ein Klima zu schaffen, in dem eine fruchtbare Auseinandersetzung möglich werden könne. Dazu gehöre es, wie Antonia Grunenberg betont, den Vorwurf auszuräumen, der SDS bediene sich »faschistischer Terrormethoden«; außerdem müßten, wie Udo Riechmann ergänzt, die Strafanzeigen gegen die Studenten zurückgenommen werden, die am Go-in in der Carlo-Schmid-Vorlesung beteiligt gewesen seien. Nachdem sich die Fragestunde immer mehr in eine Debatte über Mittel und Methoden der hochschulpolitischen Auseinandersetzung umgewandelt hat, fordert Hans-Jürgen Krahl Rüegg indirekt auf, zurückzutreten. Einem Rektor, der die politische Opposition »zu Kriminellen« abstemple, bleibe nichts anderes übrig als seinen Hut zu nehmen. Als Rüegg kurz darauf vorzeitig aufbricht, verlangen mehrere Redner, ein »studentischer Konrektor« solle sofort gewählt werden und auf dem freigewordenen Sitz auf dem Podium Platz nehmen.

12. Januar 1968: Herbert Marcuse schreibt von seinem bei San Diego gelegenen Wohnort **La Jolla** (US-Bundesstaat Kalifornien) an Rudi Dutschke, um Gerüchte über mögliche Differenzen zwischen ihnen aus der Welt zu räumen. Über die politische Situation in Kalifornien äußert er sich deprimiert: »Hier sieht es böse aus. Es scheint, daß die Studentenopposition in zunehmendem Maße von falsch-radikalen (hier sagt man: trotzkistischen) Gruppen übernommen wird und sich in sinnlosen Aktionen an falscher Stelle verspielt ...

15.1.: Parolen zur neuen Universitätssatzung im Hörsaal VI.

Was machen eigentlich Ihre Pläne hierher zu kommen?«[460]

15. Januar 1968: Der Versuch von SDS-Studenten, die Fortsetzung der Fragestunde zum Entwurf für eine neue Universitätssatzung zu sprengen, scheitert. Im vollbesetzten Hörsaal VI sind Transparente mit Parolen wie »Statt parieren revoltieren«, »Brecht die Diktatur der Ordinarien« und »Weg mit Rüegg und Senat« aufgespannt, ein erheblicher Teil der Studenten skandiert mehrmals im Chor »Fragestunde – Lügenstunde«. Doch als Hans-Jürgen Krahl zum Boykott der Veranstaltung aufruft, folgt ihm nur eine Minderheit von 200 Studenten. Nachdem sie den Raum verlassen haben, führen drei Professoren, die als Vertreter des Senats erschienen sind, die Fragestunde durch.

15. Januar 1968: An der Johann Wolfgang Goethe-Universität beginnt eine **Universitätswoche Frankfurt-Jerusalem**. Sie wird mit einer Feier in der Aula eröffnet. An ihr nehmen mehrere Professoren der Hebräischen Universität Jerusalem teil.

17. Januar 1968: Eine abendliche **Podiumsdiskussion über die Godesberger Erklärung der Westdeutschen Rektorenkonferenz (WRK)** im Hörsaal V nimmt einen tumultartigen Verlauf. Die große Mehrheit der 1.000 Studenten empört sich über einen Brief von Rektor Professor Walter Rüegg, der zugleich WRK-Präsident ist und in dieser Funktion geschrieben hat, die von studentischer Seite geforderte Drittelparität lähme die Verbindung zwischen Forschung und Wirtschaft und gefährde die verfassungsrechtlich geschützte Freiheit von Forschung und Lehre. Die Grenze sei bereits er-

---

457 Das Abiturthema seines Deutschaufsatzes lautete, die politischen Weltkarten von 1939 und 1963 miteinander zu vergleichen. Siehe: Birgit Lahann, Abitur – Von Duckmäusern und Rebellen – 150 Jahre Zeitgeschichte in Aufsätzen prominenter Deutscher, Hamburg 1982, S. 251 f.
458 Zum biographischen Hintergrund siehe: Edmund Jacoby (Hg.), Lexikon Linker Leitfiguren, Frankfurt/Main 1988, S. 82–84.
459 Frankfurter Rundschau vom 10. Januar 1968.
460 Herbert Marcuse, Brief an Rudi Dutschke vom 12. Januar 1968, aus: Herbert Marcuse-Archiv der Stadt- und Universitätsbibliothek Frankfurt/Main. **(Dok. Nr. 178)**

reicht, hat es in dem Schreiben geheißen, »wenn die sogenannte Drittelpartei von Lehrstuhlinhabern, Mittelbau und Studenten überhaupt ernstlich diskutiert« werde. Als Teilnehmer der Diskussion sind neben Rüegg der Dekan der Philosophischen Fakultät, Professor Bernhard, Privatdozent Joachim Hirsch, der stellvertretende AStA-Vorsitzende Wolfgang Streeck (SHB), der unabhängige Student Dieter Thelen und Dietrich Wetzel (SDS) vorgesehen; die Moderation liegt bei dem AStA-Vorsitzenden Hans-Jürgen Birkholz (SHB). Doch zu einer wirklichen Diskussion kommt es nicht. Als die Zuhörer mit Vehemenz Stellungnahmen zu der von ihnen geforderten Drittelparität verlangen, entgegnet Rüegg zunächst, daß dies nicht zum Thema gehöre, um dann anschließend seine ablehnende Haltung noch einmal zu erneuern. Man solle nicht, meint er, »im Elfenbeinturm kritische Glasperlenspiele« betreiben. Streeck weist Rüeggs Position mit der Bemerkung zurück, daß dies »leere Formulierungen« seien, die nichts mit der Situation der Studenten zu tun hätten. Wetzel erklärt, die Studenten seien nicht gewillt, sich »von einer Diktatur der Ordinarien zu Fachidioten ausbilden« zu lassen. Wie zuvor in einem Flugblatt bereits angekündigt, wird dann die Diskussion, nicht ohne zuvor die Zustimmung der Mehrheit eingeholt zu haben, in eine Debatte über Kampfmaßnahmen zu einer Demokratisierung der Universität, die ihren Namen auch verdiene, umgewandelt. Als Transparente mit den Losungen »Brecht die Diktatur der Ordinarien« und »Weg mit Rüegg und Senat« ausgerollt werden, verläßt der Rektor zusammen mit den anderen Professoren den Hörsaal. Danach fordert Hans-Jürgen Krahl den Rücktritt von Rektor und Senat, weil sie mit den Mitteln der Strafjustiz gegen kritische Studenten vorgehen, sowie einen vorlesungsfreien Tag, der dazu dienen soll, auf einer Vollversammlung einen studentischen Konrektor zu wählen. Um das durchzusetzen schlage er den Studierenden vor, keine Universitätsgebühren mehr zu zahlen.

19. Januar 1968: Ein bereits seit längerer Zeit schwelender Streit um die Edition der Schriften Walter Benjamins tritt durch einen Artikel Wolfram Schüttes in der **Frankfurter Rundschau** in ein neues Stadium. »Ein Gerücht geht um«, heißt es dort, »das Gerücht, Walter Benjamins weitgestreutes Werk sei nicht allein mangelhaft, sondern bewußt nur deshalb teilweise publiziert worden, um einer ›esoterischen‹, nur Eingeweihten verständlichen, Auslegung Vorschub zu leisten. Benjamins Hinwendung zum Marxismus werde, wenn nicht schon durch Unterdrückung und Entstellung jener Arbeiten, die dafür Zeugnis ablegen konnten, so doch gewiß durch die ›offizielle‹ Interpretation Theodor W. Adornos bagatellisiert und verschleiert.«[461] Nachdem in einem Heft der in West-Berlin erscheinenden, von Hildegard Brenner herausgegebenen Zeitschrift **Alternative**[462] bereits im November 1967 schwere Vorwürfe gegen den Betreuer von Benjamins Werk, Theodor W. Adorno, laut geworden waren, fordert Schütte unter der Überschrift **Eingriffe? Es geht um Walter Benjamin** Adorno und den Suhrkamp Verlag, in dem die Schriften Benjamins erscheinen, zu einer Stellungnahme auf.[463] Auf dem Spiel stehe auch Adornos persönliche und wissenschaftliche Integrität. – Daraufhin erscheinen in kurzen Abständen Entgegnungen, Repliken und Gegenrepliken in der Frankfurter Tageszeitung: Am 24. Januar die Stellungnahme des Leiters des Suhrkamp Verlages Siegfried Unseld: **Zur Kritik an den Editionen Walter Benjamins**, am 25. Januar eine postwendende Kritik der Feuilleton-Redaktion der *Frankfurter Rundschau* unter dem Titel **In Sachen Benjamin**, am 29. Januar eine Gegendarstellung der Redaktion der Zeitschrift **Alternative: In Sachen Benjamin – Entgegnung auf Siegfried Unselds Darstellung**, am 7. Februar Rolf Tiedemanns Stellungnahme **In Sachen Benjamin – Vorläufige Entgegnung eines Benjamin-Mitherausgebers**, am 28. Februar eine abermalige Stellungnahme der Zeitschrift **Alternative: In Sachen Benjamin – Entgegnung auf Rolf Tiedemanns Beitrag** und am 6. März schließlich unter der Überschrift **Interimsbescheid** ein von Adorno, Tiedemann und Unseld gemeinsam verfaßtes Schreiben an die Redaktion der Zeitschrift **Alternative**. Darin wird die von ihr geäußerte Bitte um Nachdruck der im Zusammenhang mit der Kontroverse um die Benjamin-Edition erschienenen Beiträge an die drei folgenden Bedingungen geknüpft: 1. Der Nachdruck müsse vollständig und unverändert erfolgen. 2. Der Nachdruck solle im gleichen Heft ohne irgendeinen Kommentar geschehen. 3. »Da wir der Auffassung sind, daß die Polemik gegen die Editionen Benjamins von der ›Alternative‹ ohne jede Sachkenntnis, allein aus Publizitäts- und Geschäftsinteresse geführt wird, beanspruchen wir für den Nachdruck unserer drei Beiträge ein Honorar von je DM 50,00. Den Gesamtbetrag von DM 150,00 wollen Sie auf das Konto ›Republikanische Clubgesellschaft mbH, Sonderkonto Rechtshilfe, 1000 Berlin 15, Wielandstraße 27, Postscheckkonto

alternative
ZEITSCHRIFT FÜR LITERATUR UND DISKUSSION
ALTERNATIVE VERLAG BERLIN OKT./DEZ. 1967
DOPPELNUMMER 56/57 5 MARK A20034F

Walter Benjamin

Der Benjamin-Nachlaß in Potsdam
Editorisches
Vorbemerkungen zu einem
Vergleich der Baudelaire-Fassungen
Walter Benjamin und der bürgerliche Intellektuelle
Der Literaturkritiker Benjamin
Zur materialistischen Kunsttheorie
Philosophie als Interpretation Die
Geschichtsphilosophischen Thesen

19.1.: Kritik an der Edition von Benjamin-Texten.

Nr. 203545 Berlin West‹ überweisen; den Überweisungsbeleg wollen sie an uns senden.«[464] – Da es in dem gesamten Streit um den Einfluß Bert Brechts auf Benjamin, dessen umstrittene Inanspruchnahme marxistischer Methodik und deren implizite klassenkämpferische Haltung geht, ist die Auseinandersetzung nur dann zu begreifen, wenn sie nicht nur als eine philologische, Fragen der Edition betreffende, sondern mindestens in dem gleichen Maße als eine politische gelesen wird, als eine Auseinandersetzung um den mit einem theoretischen Werk verbundenen Anspruch oder Nichtanspruch politischer Praxis.

19. Januar 1968: Unter dem Titel **Revolutionärer Realismus** stellen die beiden SDS-Bundesvorsitzenden Karl Dietrich und Frank Wolff in der Wochenzeitung **Die Zeit** ihr politisches Selbstverständnis und das ihrer Organisation dar.[465] Sie nehmen damit Stellung im Rahmen einer Artikelserie über die *Krise der Demokratie*, in der dem SDS von verschiedenen Autoren – darunter Marion Gräfin Dönhoff, Kai Hermann und Karl-Hermann Flach – vorgehalten worden ist, es handle sich dabei um eine Gruppierung schwarmgeistiger Utopisten, die einen romantisch-neurotischen Revolutionswunsch zu befriedigen suchten. Die beiden Brüder erinnern zunächst daran, daß der SDS seit vielen Jahren eine »Interessenvertretung« kritischer Studenten und Assistenten an den Hochschulen darstellt. Er habe dabei einen formalistisch restringierten Wissenschaftsbegriff durchbrochen und dagegen »Wissenschaft als kritische Rationalität im Dienst der Menschen« gesetzt. Daran sei man auch in einer Phase des politischen Kampfes unverändert orientiert. Im Gegenzug entfalten sie ihre Kritik am Liberalismus, indem sie die Inkonsequenzen in der Verfolgung seiner eigenen Prinzipien in Politik und Ökonomie, insbesondere in den Ländern der Dritten Welt, aufzuzeigen versuchen.

19. Januar 1968: An der Frankfurter Universität gründet sich ein **Komitee der Nichthabilitierten für Demokratisierung der Universität**. Da den Nichthabilitierten bisher zu wenig Einflußmöglichkeiten eingeräumt worden seien, heißt es, wolle man ein Mitbestimmungsrecht bei Entscheidungen in den universitären Gremien erreichen.

26. Januar 1968: Fast ein Jahr nach seiner Berufung als Ordinarius für Psychologie hält Professor Alexander Mitscherlich an der Johann Wolfgang Goethe-Universität seine Antrittsvorlesung. In der völlig überfüllten Aula spricht Mitscherlich über **Die Idee des Friedens**

---

461 Wolfram Schütte, Eingriffe? Es geht um Walter Benjamin, in: Frankfurter Rundschau vom 19. Januar 1968.
462 Walter Benjamin, Alternative Nr. 56/57, November 1967, mit Beiträgen von Rosemarie Heise, Piet Gruchot, Helmut Lethen, Hans Heinz Holz, Heinz-Dieter Kittsteiner und Hildegard Brenner.
463 Wolfram Schütte, Eingriffe? Es geht um Walter Benjamin, in: Frankfurter Rundschau vom 19. Januar 1968.
464 Gemeinsames Schreiben von Theodor W. Adorno, Rolf Tiedemann und Siegfried Unseld an die Redaktion der *Alternative*, z. Hdn. Frau Helga Gallas, in: Theodor W. Adorno, Interimsbescheid, in: Frankfurter Rundschau vom 6. März 1968; vgl. auch: Rolf Tiedemann, Zur »Beschlagnahme« Walter Benjamins oder Wie man mit der Philologie Schlitten fährt, in: Das Argument, 10. Jg., Nr. 1/2, März 1968, S. 74–93 und Willi Reich, Kontroverse vor Walter Benjamin – Eine Dokumentation, in: Neue Zürcher Zeitung (Fernausgabe) vom 1. September 1968.
465 Karl Dietrich Wolff / Frank Wolff, Revolutionärer Realismus – Auseinandersetzung mit dem Liberalismus, in: Die Zeit vom 19. Januar 1968, 23. Jg., Nr. 3, S. 3.

26.1.: Professor Alexander Mitscherlich bei einer seiner Vorlesungen in der Aula.

und die menschliche Aggressivität.⁴⁶⁶ Von Gedanken ausgehend, die eine Thematisierung der Idee des Weltfriedens erschweren oder blockieren, stellt er verschiedene Modelle und Formen menschlicher Aggressivität dar. Dabei greift er eine Unterscheidung Ernst Blochs zwischen einer »progressiven« Aggressivität im Kampf und einer »destruktiven« im Krieg auf und untersucht sie auf ihre triebdynamischen Ursprünge hin. »Der Psychoanalytiker«, faßt er zum Abschluß sein Selbstverständnis zusammen, »sucht bei seinen Kranken wie bei seiner Gesellschaft nach den innerseelischen Bedingungen, die eine Pazifierung hemmen. Das Wissen, das er dabei gegen zähen Widerstand sammelt, kann eines Tages dem Soziologen wie dem Politiker nützlich sein. Erst im Zusammenfügen aller beobachtbaren Determinanten läßt sich eine Prognose ermitteln – die Prognose darüber, ob es bei der immer wiederkehrenden Verwandlung von Aggression in Destruktion bleiben muß – was dann wohl – mit K. Kraus zu sprechen – auf die ›letzten Tage der Menschheit‹ hinführen und das Streitgespräch über die Existenz eines Todestriebes mitbeenden würde.«⁴⁶⁷

5. Februar 1968: Unter der Parole **Waffen für den Vietcong** sollen auf einem Teach-in an der Universität die SDS-Mitglieder Burkhard Bluem, Hans-Jürgen Krahl, Gaston Salvatore und Rudi Dutschke sprechen. Das Thema von Krahls Referat ist als »Zusammenhang zwischen revolutionären Befreiungsbewegungen in den Ländern der Dritten Welt und den Protestbewegungen in den Metropolen« angekündigt. Die Veranstaltung habe die Aufgabe, der Vorbereitung und Mobilisierung für den in West-Berlin Mitte des Monats stattfindenden *Internationalen Vietnam-Kongreß* zu dienen. Für einen anschließenden Demonstrationszug werden auf dem Ankündigungsflugblatt »Leichte Regenmäntel mit Kapuze« mit den Worten empfohlen, daß sie sich gegen Wasserwerfer besonders gut bewährt hätten. »Rudi Dutschke, mit amerikanischer Frau und Baby nach Frankfurt gekommen«, beschreibt ein Reporter den Beginn der Veranstaltung, »zog ... wie ein Karnevalsprinz in ein vom närrischen Volk erobertes Haus ein. ›Rudi rallalla‹ brüllten die Chöre, und ›Ho-Ho-Ho Chi Minh‹ erhielten sie zur Antwort. ›Wolle mer 'n ereilasse?‹ hatte es zuvor geheißen. Von demokratischer Plattform war bei diesem Teach-in zunächst keine Rede. Gegenseitig schrien sich die Gruppen nieder. Die Protestbewegung gegen den US-Krieg in Vietnam schien zum Hippiefest zu werden. ›Rudi in die Bütt‹ hieß es, und ›Vivat Lübke‹ kam die Entgegnung. ›SOS SDS‹ scholl der Ruf durch die Halle des Universitätsneubaus, der an Stelle eines Hörsaals zum Tribunal wurde.«[468] Dutschke wendet sich mit den Worten an die Teilnehmer, daß sich der weltweit spürbare politische Druck, der wegen des Vietnamkrieges auf den Vereinigten Staaten laste, auch gegen den US-Imperialismus in Frankfurt richten müsse. Ziel sei das Generalkonsulat der USA in der Siesmayerstraße. »Ich fordere euch auf, diesen politischen Druck zu verschärfen dadurch, daß wir das Generalkonsulat blockieren; diese Blockierung kann transformiert werden durch eine Besetzung.«[469] Wie gesagt, so getan. Mit einer großen Vietcongfahne ziehen die 2.000 Demonstranten, Sprechchöre skandierend, die wenigen hundert Meter über die Bockenheimer Landstraße bis zu dem Richtung Grüneburgpark gelegenen Generalkonsulat.

Als sie dort Sperrgitter erblicken, hinter denen sich eine Kette von Polizisten aufgereiht hat, lassen sie sich dadurch nicht abschrecken. Sofort versuchen sie die Eisengitter wegzuziehen und die Polizeikette zu durchbrechen. Dabei kommt es zu einem heftigen Handgemenge. Die Wucht der Demonstranten ist so groß, daß erst durch den Einsatz eines Wasserwerfers ein Vordringen auf das Gebäude verhindert werden kann. Versehentlich werden dabei auch zahlreiche Polizeibeamte, die nicht mehr rechtzeitig ausweichen können, vom Wasserstrahl erfaßt und völlig durchnäßt. Als Berittene auftauchen, um die Belagerer zu ver-

466 Vgl.: Manfred Müller, Die Angst vor dem Frieden überwinden – Alexander Mitscherlichs Frankfurter Antrittsvorlesung über »Die Idee des Friedens und die menschliche Aggressivität«, in: Frankfurter Rundschau vom 30. Januar 1968.
467 Alexander Mitscherlich, Die Idee des Friedens und die menschliche Aggressivität, Frankfurt/Main 1969, S. 137; wiederabgedruckt in: ders., Gesammelte Schriften V, Sozialpsychologie 3, hrsg. von Helga Haase, Frankfurt/Main 1983, S. 343–362.
468 Frankfurter Rundschau vom 6. Februar 1968.
469 A.a.O.

5.2.: Schwere Zusammenstöße bei der Demonstration gegen den Vietnamkrieg.

jagen, werden den Pferden Knallkörper zwischen die Beine geworfen. Erst nach einer halben Stunde wendet sich das Blatt. Die Polizei, die Verstärkung erhalten hat, geht im Schutz des Wasserwerfers in Doppelreihen gegen die Phalanx der Demonstranten vor. Bei den nun folgenden Zusammenstößen verlieren diese ihre Vietcongfahne, mehrere Polizisten büßen ihre Mützen ein. Doch dann weicht die Menge zurück. Ein halbes Dutzend Studenten und Schüler wird vorübergehend festgenommen. Nach der gescheiterten Erstürmung des US-Generalkonsulats zieht der Großteil der Demonstranten zu dem am Rande des Westends in der Staufenstraße gelegenen Amerika-Haus weiter. Doch auch hier sind bereits starke Polizeikräfte zum Schutz abkommandiert. Dennoch versuchen es die Demonstranten ein weiteres Mal, ein Symbolgebäude der US-Präsenz zu besetzen. Die Polizei greift nun von Anfang an härter durch. Mit ihrer gesamten Reiterstaffel sprengt sie ohne Vorwarnung in den Pulk der Vietnamkriegsgegner hinein und schlägt auf diese Weise eine Bresche in die Menge. Zwischenzeitig kommt es, wie ein Reporter schreibt, zu »regelrechten Kämpfen Mann gegen Mann«. Einem der Demonstranten gelingt es, dem wie ein Bollwerk vor dem Eingang des Gebäudes postierten Wasserwerfer unter dem Beifall der anderen eine rote Fahne aufzupflanzen. Als sie einsehen, daß alles Anstürmen zwecklos ist, ziehen die Demonstranten nach und nach in Richtung Opernplatz weiter. Dort werfen einige Scheiben des Zürich-Hochhauses ein, andere erklettern das Dach des daneben befindlichen Handelszentrums, reißen die Fahne der Bundesrepublik herunter, hissen an ihrer Stelle die des Vietcongs und stellen außerdem ein Porträt des wenige Monate zuvor in Bolivien ermordeten Guerillakämpfers Che Guevaras auf. Gegen 22 Uhr werden Rudi Dutschke und Gaston Salvatore in Bockenheim vorübergehend von der Polizei festgenommen. Mit einem Streifenwagen werden sie zum 16. Revier transportiert und nach Feststellung ihrer Personalien wieder auf freien Fuß gesetzt. – Der Frankfurter Polizeipräsident Gerhard Littmann bezeichnet das Auftreten der Vietnamkriegsgegner kurz darauf als die »bisher aggressivste Demonstration«, die es seit Kriegsende in Frankfurt gegeben habe. Es hätten vier Hundertschaften, zwei Dutzend Berittene und zwei Wasserwerfer eingesetzt werden müssen, um die attackierten Gebäude schützen zu können.

8. Februar 1968: Aus Protest gegen ein vom Berliner Senat und der akademischen Verwaltung der Freien Universität ergangenes Verbot, weitere Veranstaltungen der **Kritischen Universität** und Teach-ins zur Mobilisierung für das Anti-Springer-Tribunal in den Räumen der Freien Universität durchzuführen, verkündet der SDS einen vorlesungsfreien Tag, an dem eine Vollversammlung, ein Teach-in und eine Podiumsdiskussion durchgeführt werden. Am Nachmittag findet ein Teach-in zum politischen Funktionszusammenhang von Forschung und Wissenschaft statt. Das Einleitungsreferat hält Oskar Negt zum Thema *Protest und Politik*. Danach referieren Xenia Rajewski über *Die unpolitischen Naturwissenschaften im politischen Verwertungsprozeß*, Elmar Altvater über *Nationalökonomie unter dem Diktat der autoritären Leistungsgesellschaft*, E. Osborg und Hubert Rottleuthner über *Rechtspositivismus und Staatsautorität* sowie Gisbert Lepper über *Ideologische Funktionen der Sprachwissenschaft*. – Am Abend diskutieren Jürgen Habermas, Georg Benz *(IG Metall)*, Oskar Negt und Hans-Jürgen Krahl im Hörsaal VI über **Die Rolle der Studenten in der außerparlamentarischen Opposition**. Dabei kommt es zu einer heftigen Kontroverse zwischen Habermas und Krahl. Als Habermas auf die Schwächen der APO hinweist und den SDS-Studenten ein Bündnis mit den politisch bewußten Teilen der Gewerkschaften und dem liberalen Teil der Presse – eine »Koalition mit Augstein und Brenner« – empfiehlt, entgegnet Krahl, daß die Voraussetzungen für ein solches Zusammengehen »geschichtlich nicht mehr gegeben« seien. Studenten- und Arbeiterschaft unterschieden sich in ihrer Bewußtseinsstruktur in einem zentralen Punkt. Während Arbeiter leicht für ihre materiellen Interessen, nur sehr schwer aber für politische Ziele zu mobilisieren seien, gelänge das bei Studenten sehr viel eher. Auch ohne, daß er theoretisch prognostizieren könne, welches System das gegenwärtige ersetzen solle, sei er notfalls bereit, unter Einsatz von Gewalt eine neue Gesellschaftsform anzustreben. Wenn die Bundesrepublik aufgrund ihrer NATO-Mitgliedschaft in einen Krieg mit einem Land der Dritten Welt verwickelt würde, dann müsse man »mit bewaffneter Gewalt« darauf antworten, wie die Schwarzen in den USA. Habermas bestreitet dagegen vehement, daß es eine historische Berechtigung gebe, von der Verfassung der parlamentarischen Demokratie abzurücken und Teile von ihr aufzugeben. – Karl Heinz Bohrer faßt den Disput, in dem er Negts Position mit der Krahls in einem Atemzug nennt, in der **Frankfurter Allgemeinen Zeitung** mit den Worten zusammen: »Die Schwierigkeit der Verständigung lag darin, daß die beiden SDS-Führer in der parlamentarischen Demokratie immer schon einen latenten Faschisierungsprozeß strukturell angelegt sahen, dem bis hin zur Waffengewalt begegnet werden müßte, während Habermas zwar auch den manipulierten Rückfall in autoritäre Zustände als Möglichkeit zugab, als Waffe dagegen aber nicht revolutionäre Aktionen empfahl, sondern die demokratischen Institutionen, die zu schützen und zu erneuern gerade permanente Aufgabe der Linken sei: Aufklärende, nicht usurpierende Protestformen seien daher notwendig.«[470]

15. Februar 1968: Bundesinnenminister Paul Lücke (CDU) erklärt in einem Interview mit der Tageszeitung **Die Welt**, daß er nicht zögern würde, ein Verbot des SDS auszusprechen, wenn sich herausstellen sollte, daß polizeiliche oder gerichtliche Mittel nicht ausreichen sollten, um einzelne Störer in ihre Schranken zu weisen.

17./18. Februar 1968: Im Auditorium maximum der Technischen Universität in **West-Berlin** findet in einer seit Tagen vom Senat der Stadt und von der einschlägigen Presse geschürten Atmosphäre der Einschüchterung und der Diskriminierung der **Internationale Vietnam-Kongreß** statt. Rund 5.000 Teilnehmer haben sich aus der gesamten Bundesrepublik und aus mehreren europäischen Ländern eingefunden. Unter einer überdimensionalen Fahne der FNL, die die Aufschriften »Für den Sieg der vietnamesischen Revolution« und »Die Pflicht des Revolutionärs ist es, Revo-

---

[470] Karl Heinz Bohrer, Auf der Suche nach Isolation – Die Taktik der radikalen Studenten – Jürgen Habermas, Georg Benz und der Frankfurter SDS, in: Frankfurter Allgemeine Zeitung vom 12. Februar 1968.

17./18.2.: Das Podium während des Vietnam-Kongresses (v. l. n. r.): Johannes Agnoli, Christian Semler, Gaston Salvatore, Rudi Dutschke, Günter Amendt, (unbekannt), Karl Dierich Wolff, (unbekannt), Tariq Ali.

17./18.2.: Aufkleber.

lution zu machen« trägt, eröffnet der SDS-Bundesvorsitzende Karl Dietrich Wolff den Kongreß. Er appelliert, es dürfe nicht allein bei verbalen Protesten gegen die USA bleiben, sondern es komme darauf an, die »Macht der imperialistischen Militärmaschine« zu verunsichern. Hauptziel der Veranstaltung sei es, Widerstandsaktionen in Westeuropa zu koordinieren. Rudi Dutschke wendet sich mit einer Endzeitvision an die Teilnehmer: »Genossen! Wir haben nicht mehr viel Zeit. In Vietnam werden auch wir tagtäglich zerschlagen ... Es hängt von unseren schöpferischen Fähigkeiten ab, kühn und entschlossen die sichtbaren und unmittelbaren Widersprüche zu vertiefen und zu politisieren, Aktionen zu wagen, kühn und allseitig die Initiative der Massen zu entfalten. Die wirkliche revolutionäre Solidarität mit der vietnamesischen Revolution besteht in der aktuellen Schwächung und der prozessualen Umwälzung der Zentren des Imperialismus. Unsere bisherige Ineffektivität und Resignation lag mit in der Theorie.«[471] Und Hans-Jürgen Krahl fordert als praktische Konsequenz aus dem Kongreß die Organisierung einer Kampagne »Zerschlagt die NATO!«[472] Außerdem sprechen noch die Schriftsteller Peter Weiss und Erich Fried, der italienische Verleger Giangiacomo Feltrinelli, der in Brüssel lebende Wirtschaftswissenschaftler Ernest Mandel, der chilenische Student Gaston Salvatore, der Exil-Iraner Bahman Nirumand, der in London lebende Tariq Ali und andere mehr. Nach der Aufhebung eines vom Senat erlassenen Demonstrationsverbotes durch eine Entscheidung des Verwaltungsgerichtes ziehen am zweiten Tag 12.000 Demonstranten, unter ihnen eine Reihe prominenter Sozialdemokraten wie die beiden Stadträte Harry Ristock und Erwin Beck, durch die Westberliner Innenstadt. Auf der Abschlußkundgebung wird eine von den Kongreßteilnehmern verabschiedete Schlußresolution verlesen, in der zu einer Desertionskampagne von US-Soldaten aufgerufen und die »Zerschlagung der NATO« gefordert wird.

17./18.2.: Es spricht der Organisator – Rudi Dutschke.

19. Februar 1968: In der vom **Ersten Deutschen Fernsehen** ausgestrahlten Magazinsendung **Report** ist ein Interview mit dem Frankfurter Psychoanalytiker Alexander Mitscherlich zu sehen, in dem dieser die Revolte der Studenten interpretiert. Er warnt vor zwei Gefahren: zum einen, daß die ältere Generation wegen des drohenden Autoritätsverlustes in Panik gerate und zum anderen, daß die jüngere Generation sich in irrationale Scheinwelten flüchte.

26. Februar 1968: In einer Presseerklärung verurteilt der SDS die Weigerung des südafrikanischen Innenministeriums, den Paß des in Frankfurt studierenden farbigen Doktoranden Franz J. T. Lee zu verlängern. Der südafrikanische Student hat in der Vergangenheit wiederholt das Apartheidregime kritisiert und ihm die Legitimation für seine Herrschaft abgesprochen. Die Regierung in Pretoria, heißt es in der Erklärung, versuche Gegner des Rassismus nun offenbar auch außerhalb ihres Machtbereiches mundtot zu machen.

29. Februar 1968: Im Anschluß an eine Kundgebung auf dem Römerberg versuchen 1.500 Demonstranten das Polizeipräsidium zu stürmen. Als Rudi Dutschke nachmittags auf dem Rhein-Main-Flughafen eintrifft, um am Abend auf einer Kundgebung der *Kampagne für Demokratie und Abrüstung* gegen den Vietnamkrieg aufzutreten, wird er von der Polizei empfangen

29. 2.: Kundgebung gegen den Vietnamkrieg auf dem Römerberg.

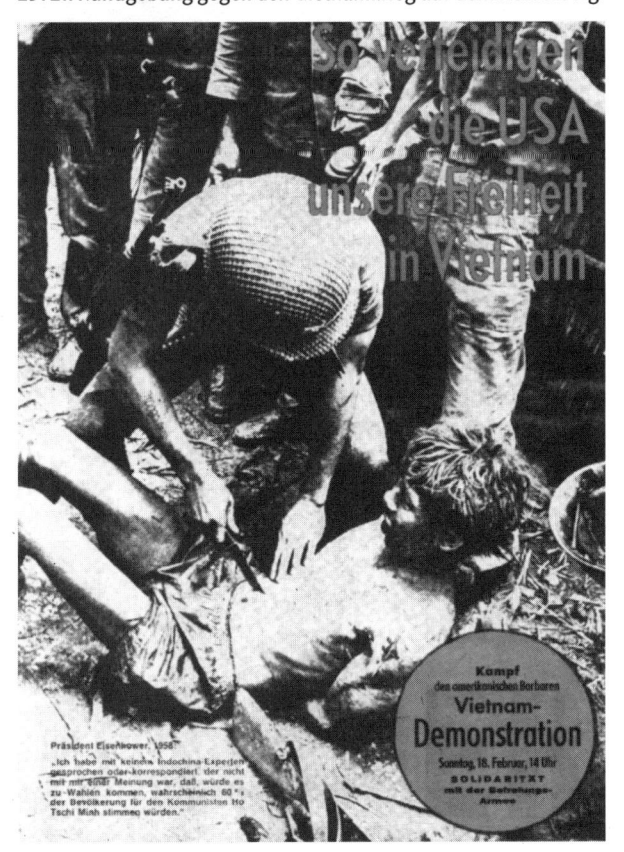

17. / 18. 2.: Plakat.

und mit der Begründung festgenommen, es bestehe die Gefahr, daß er strafbare Handlungen begehe. Währenddessen beginnen 6.000 Kriegsgegner mit einem Marsch durch Bornheim in die Innenstadt. Das Motto der Kundgebung lautet »Schluß mit dem Krieg in Vietnam!«. Hauptredner ist Weltkirchenratspräsident Martin Niemöller. Er ruft unter anhaltendem Beifall aus, der Vietnamkrieg sei für die USA nicht mehr zu gewinnen. Es bleibe nur noch die Frage nach dem Stolz einer Nation, die ihr Gesicht nicht verlieren wolle. Die Große Koalition in Bonn müsse zur Kenntnis nehmen, daß es eine außerparlamentarische Opposition gebe, die nicht an das Dogma glaube, daß »Ruhe die erste Bürgerpflicht« sei. Der Westberliner Politikwissenschaftler Ekkehard Krippendorf betont, daß die Kundgebung nicht als Ausdruck einer antiamerikanischen Haltung mißverstanden werden dürfe. Sie sei so wenig antiamerikanisch wie Martin Luther King und andere Gegner des Vietnamkriegs in den Vereinigten Staaten es seien. Als die Teilnehmer am Ende der Veranstaltung erfahren, daß Dutschke inhaftiert worden ist, ziehen 1.500 von ihnen wutentbrannt zum Polizeipräsidium. Als sie in der Ludwigstraße dort eintreffen, ist der Haupteingang von einem starken Polizeiaufgebot bewacht. Mehrere Versuche der Demonstranten, in das Gebäude einzudringen, scheitern jedoch. Einer ihrer Sprecher erklärt, man wolle das Präsidium so lange belagern, bis man Rudi Dutschke wieder freigelassen und sich für seine Festnahme entschuldigt habe. Nach einer knappen Stunde ändern sie jedoch ihr Vorgehen und ziehen zum nahegelegenen Hauptbahnhof weiter, um dort mit einem Sitzstreik den Straßenver-

471 Rudi Dutschke, »Genossen! Wir haben nicht mehr viel Zeit ...« (Referat auf dem *Internationalen Vietnam-Kongreß* in West-Berlin), in: Sibylle Plogstedt (Red.), Der Kampf des vietnamesischen Volkes und die Globalstrategie des Imperialismus – Internationaler Vietnam-Kongreß 17./18. Februar 1968, West-Berlin 1968, S. 123. **(Dok. Nr. 186)**

472 Siehe: **Dok. Nr. 187**

Februar 1968 299

kehr zu blockieren. Inzwischen ist Oberbürgermeister Willi Brundert (SPD), der im SPD-Haus über Probleme des Mehrheitswahlrechts diskutiert, von den Vorgängen informiert worden. Er ordnet sofort an, Dutschke vom Flughafen holen und ihn vom Balkon des Polizeipräsidiums aus zu den Demonstranten sprechen zu lassen. Dieser wird kurz darauf wieder auf freien Fuß gesetzt. Als er von der Belagerung des Polizeipräsidiums und den weiteren Protestaktionen erfährt, nimmt er ein Taxi und läßt sich schnellstens zum Hauptbahnhof bringen. Dort wird er kurz vor 23 Uhr von den noch ausharrenden 800 Demonstranten mit überschwenglichem Beifall begrüßt. Dann ergreift der von der Presse als »SDS-Ideologe« etikettierte Student kurz das Wort, fordert die sich mit ihm Solidarisierenden auf, »revolutionär« zu sein und wieder nach Hause zu gehen. Danach löst sich die Menge auf.

27.3.: Daniel Cohn-Bendit verläßt das Pariser Polizeirevier.

22.3.: Flugblatt der »Bewegung 22. März«.

22. März 1968: Im Sitzungssaal des Verwaltungsgebäudes der Universität **Nanterre** gründen rund 100 linksradikale Studenten, darunter Daniel Cohn-Bendit, die **Bewegung 22. März**. Auslöser für das Aktionsbündnis, das sich mit seinem Namen an die von Fidel Castro gegründete *Bewegung 26. Juli* anlehnt, ist die Festnahme eines Studenten, der am Abend zuvor bei einer antiamerikanischen Aktion, bei der die Scheiben der American Express Bank eingeschlagen und Parolen gesprüht worden sind, in Paris von der Polizei erwischt worden ist. Grundlegender Punkt im Selbstverständnis der neuen Gruppierung ist die Überzeugung, daß die »revolutionäre Kampfeinheit ... direkt in der Aktion und nicht in der Auseinandersetzung um eine politische Linie oder Ideologie« entsteht. Das undogmatische Bündnis richtet sich vor allem gegen die Sektiererei der zahllosen orthodox marxistisch-leninistischen Gruppen, deren Zentralismus und Herrschaftsanspruch sowie in der Folge gegen deren politische Resonanzlosigkeit. Die *Bewegung 22. März* beschließt als erstes, eine Woche darauf, am 29. März, einen »Tag der allseitigen Diskussion« zu veranstalten. Themen sollen dabei u. a. sein: *Universität und Kriti-*

sche Universität, *Der antiimperialistische Kampf* und *Der Kapitalismus 1968 und die Kämpfe der Arbeiterklasse*.

27. März 1968: Der 21jährige Soziologiestudent Daniel Cohn-Bendit wird in **Nanterre** von der Polizei festgenommen. Ihm wird vorgeworfen, an Ausschreitungen gegenüber Mitgliedern einer rechten Studentenorganisation beteiligt gewesen zu sein. Außerdem soll er eine Anleitung zur Herstellung eines Molotow-Cocktails verbreitet haben, der seinen Namen getragen habe. – Die Polizei sitzt damit einem Ulk auf, den sich eine Kommission der *Bewegung 22. März* mit dem Namen *Luttes Étudiantes – Luttes Ouvrières* gemacht hat, indem sie einen Bericht über die Anleitung zur Herstellung eines »Le cocktail Dany (inefficace)« genannten Behälters verbreitete.[473] – Die *Union nationale des étudiantes de France* (UNEF) solidarisiert sich sofort nach Bekanntwerden der Festnahmeaktion mit Cohn-Bendit, stellt ihm einen Anwalt zur Verfügung und erreicht, daß er noch am selben Tag, nachdem er zuvor eingehend verhört worden ist, wieder freigelassen wird. Für die Reporter wird der Sohn deutscher Emigranten damit zur Symbolfigur der rebellischen Studenten von Nanterre.

28. März – 1. April 1968: Um Zusammenstöße zwischen linken und rechten Studenten zu verhindern, läßt Dekan Grappin die Universität **Nanterre** schließen und alle Veranstaltungen absagen. Grund für diese Entscheidung ist die Ankündigung der *Bewegung 22. März*, am 29. März einen »Tag der allseitigen Diskussionen« durchzuführen und die Gegenmobilisierung rechter Studenten, vor allem solcher aus der Juristischen Fakultät, unter der Parole, die »Marxisten ausrotten« und damit »dem Chaos ein Ende« machen zu wollen.

29.–31. März 1968: Auf einer **außerordentlichen Delegiertenkonferenz des SDS** stehen sich der antiautoritäre und der traditionalistische, der illegalen KPD zuneigende Flügel unversöhnlich gegenüber. Während die orthodox marxistischen Delegierten für die Beteiligung eines linken Kartells bei den nächsten Bundestagswahlen eintreten, lehnen die undogmatischen einen solchen Schritt entschieden ab. Obwohl sich beide Seiten darüber einig sind, daß der Parlamentarismus als eine bürgerliche Herrschaftsform abzulehnen sei, gibt es tiefgreifende Differenzen im taktischen Vorgehen. Ein vom ehemaligen Bundesvorsitzenden Helmut Schauer mit dem Argument begründeter Kompromißvorschlag, es müsse auch die Möglichkeit geben, »Proteststimmen in die Wahlurnen« zu werfen und auf diesem Wege eine Abstimmung über die politischen Ziele der APO herbeizuführen, wird mit dem Gegenargument abgewehrt, daß niemand sagen könne, wie künftige Abgeordnete der APO dann im Bundestag agieren sollten. Obwohl es am Ende jeder einzelnen Hochschulgruppe überlassen bleibt, sich im Rahmen von Bündnissen am Wahlkampf zu beteiligen oder nicht, faßt der Bundesvorsitzende Karl Dietrich Wolff die durch die Majorität der Antiautoritären dominierte Haltung des Gesamtverbands dahingehend zusammen, daß der SDS den bevorstehenden Bundestagswahlkampf dazu benutzen werde, »die Manipulationsform des Parlamentarismus zu entlarven«. – In einem

29.–31. 3.: SDS-Plakat, das die Bundesbahn-Werbung persifliert.

[473] Vgl.: Ingrid Gilcher-Holtey, »Die Phantasie an die Macht« – Mai 68 in Frankreich, Frankfurt/Main 1995, S. 159f.

Kommentar der **Frankfurter Rundschau** heißt es anschließend: »In Frankfurt ist die Zerrissenheit des SDS deutlich geworden. Die Staatsgewalt hat ihm diesmal nicht geholfen, sie zu verdecken ... Solange der SDS bei spontanen Aktionen vorneweg marschierte, war fehlende Organisation kein Mangel, sondern geradezu notwendig. Die Unfähigkeit, sich zu organisieren, wird aber direkt zum Tode führen, wenn die Spontaneität einschläft. Wenn der SDS so weitermacht, wie er in Frankfurt angefangen hat, droht ihm das gleiche Schicksal wie den Studenten im amerikanischen Berkeley: Auflösung.«[474]

April 1968: Eine Forschergruppe des Instituts für Sozialforschung beginnt mit einer Untersuchung **Zur Rezeption rechtsextremer Propaganda**. Im Zusammenhang mit den Erfolgen der rechtsradikalen NPD bei Landtagswahlen soll die Anfälligkeit der Wählerschaft für autoritäre Vorurteilsmuster und politisch regressive Einstellungen analysiert werden. Nachdem bereits im September und Dezember des Vorjahres zwei Pretests mit einer Auswahl von 50 und 250 Personen durchgeführt worden sind, wird nun eine Quotenauswahl der Frankfurter Bevölkerung von 1.300 Personen nach einem Katalog von Slogans interviewt, die nur wenig verändert der NPD-Propaganda entnommen sind. – Im Dezember 1969 wird dann eine reduzierte Auswahl dieser Slogans einem repräsentativen Querschnitt der bundesdeutschen Bevölkerung von annähernd 3.000 Personen vorgelegt. – Die Ergebnisse der 1972 abgeschlossenen Untersuchung, die die Rolle von durch die Wirtschaftskrise und die Studentenrebellion ausgelösten Irritationen bei der Herausbildung nationalistischer und minderheitenfeindlicher Vorurteilsmuster bestätigt, und die Diskussion über die Adäquanz des sozialpsychologischen Instrumentariums werden im Rahmen des von Ursula Jaerisch verfaßten Bandes **Sind Arbeiter autoritär? – Zur Methodenkritik politischer Psychologie**[475] vorgestellt.

2. April 1968: Der SDS-Bundesvorsitzende Karl Dietrich Wolff tritt in der Universität **Nanterre** als Redner auf einer von der *Bewegung 22. März* organisierten Veranstaltung auf. Da der Dekan der Philosophischen Fakultät nicht bereit ist, den großen Hörsaal zur Verfügung zu stellen, greifen die Studenten zur Selbsthilfe und besetzen ihn. Vor 1.200 Studenten prangert Wolff die Unterstützung der USA im Vietnamkrieg durch die Bundesrepublik an und fordert eine entschiedene Demokratisierung der Universitäten. Ganz ähnlich argumentiert Daniel Cohn-Bendit; er kritisiert den »bürgerlichen Charakter« der Universität und ruft dazu auf, sie durch gezielte Aktionen zu demokratisieren.[476] – Am selben Abend demonstrieren in **Nanterre** mehrere hundert rechtsgerichtete Studenten gegen »Lektionen der deutschen Studenten«. Sie werfen der *Bewegung 22. März* vor, sie praktiziere eine »Diktatur der Minderheit«, und fordern den sofortigen Ausschluß ihrer Sprecher von der Universität. – Der Soziologe Alain Touraine stellt rückblickend fest, daß an diesem Tag eine Protestbewegung entstanden sei. Der Protest sei nicht länger mehr, wie noch kurz zuvor, das Anliegen einiger kleiner Gruppen gewesen, sondern habe eine breite Basis in der Studentenschaft gefunden.[477]

3. April 1968: Nachts explodieren in zwei an der Haupteinkaufsstraße Zeil gelegenen Kaufhäusern Brandsätze, die einen hohen Sachschaden verursachen. – Die bereits einen Tag später verhafteten Andreas Baader, Gudrun Ensslin, Horst Söhnlein und Thorwald Proll geben während ihres Prozesses im Oktober bekannt, sie hätten die Kaufhäuser niederbrennen wollen »... aus Protest gegen die Gleichgültigkeit gegenüber dem Krieg in Vietnam ...«[478] Die Große Strafkammer des Frankfurter Landgerichts verhängt über alle vier Angeklagten eine Zuchthausstrafe von jeweils drei Jahren.

6. April 1968: In einem Schreiben an die Redaktion der Zeitschrift **Praxis** in **Zagreb** erklärt sich Herbert Marcuse mit sechs oppositionellen Professoren solidarisch, die von der Universität Warschau verwiesen worden sind.

8.–10. April 1968: Unter der Grundsatzfrage **Spätkapitalismus oder Industriegesellschaft?** finden in der nur unweit der Universität gelegenen Messehalle die Veranstaltungen des **16. Deutschen Soziologentages** statt. Seine Atmosphäre ist stark durch aggressiv-ironische Tiraden und Szenerien des Frankfurter SDS geprägt. So flattern bereits vor Beginn von der Empore aus Handzettel in den Saal, auf denen einer der am meisten attackierten Soziologen, der Kölner Professor Erwin K. Scheuch, mit einer an den Titel eines Theaterstückes von Peter Weiss gemahnenden Titelzeile persifliert wird: »Die Verfolgung und Ermordung der Soziologie, dargestellt von der Scheuchspielgruppe des Instituts für vergleichende Sozialforschung unter Anleitung des Zwingherrn Erwin Kurt Scheuch«[479].

Mit einer roten Nelke im Knopfloch eröffnet der inzwischen zum FDP-Politiker avancierte Vorsitzende der *Deutschen Gesellschaft für Soziologie*, Professor Ralf Dahrendorf, die Auseinandersetzungen über die nicht zuletzt im Zuge der Studentenrevolte aufgebrochene Kontroverse über eine soziologisch angemessene Analyse und Klassifizierung des gegenwärtigen Gesellschaftssystems. Darin schwingen die seit dem vorletzten Soziologentag 1959 in West-Berlin schwelenden Grundsatzstreitigkeiten nach, die unter der Bezeichnung Positivismusstreit Publizität erlangt haben und nun von der eher methodologischen Ebene auf die gesellschaftstheoretische verschoben worden sind. Nach Begrüßungsworten durch den Dekan der Philosophischen Fakultät, Professor Walther Lammers, und den Oberbürgermeister der Stadt, Willi Brundert, hält Professor Theodor W. Adorno das Hauptreferat. Seine insgesamt pessimistische Prognose, daß auf der Gesellschaft ein universaler Bann laste, wird nur hin und wieder durch provokativ wirkende Aussagen und Momente von Gegentendenzen unterbrochen. An die Adresse traditioneller Marxisten gerichtet, stellt er lapidar fest, daß »nur mit Komik von relativer Verelendung zu reden« sei. Und über die aktuellen Protestbewegungen äußert er sich vorsichtig, wenn auch seine Sympathie nicht verhehlend: »Erst in jüngster Zeit werden Spuren einer Gegentendenz gerade in verschiedensten Gruppen der Jugend sichtbar: Widerstand gegen blinde Anpassung, Freiheit zu rational gewählten Zielen, Ekel vor der Welt als Schwindel und Vorstellung, Eingedenken der Möglichkeit von Veränderung. Ob demgegenüber der gesellschaftlich sich steigernde Destruktionstrieb doch triumphiert, wird sich weisen.«[480] Zur Austragung von den auf dem Soziologentag latenten Konflikten kommt es allerdings erst am Tag darauf. Auf der Plenarveranstaltung zum Thema **Herrschaft, Klassenverhältnis und Schichtung**, auf der ein von jüngeren Mitarbeitern des Instituts für Sozialforschung – Joachim Bergmann, Gerhard Brandt, Klaus Körber, Ernst Theodor Mohl und Claus Offe – gemeinsam ausgearbeitetes Hauptreferat vorgetragen wird, hält Ralf Dahrendorf das Koreferat. Danach entspinnt sich eine heftige Kontroverse zwischen Adorno und Dahrendorf über das Verhältnis von Theorie und Praxis. Dabei insistiert Adorno nachhaltig auf dem Gebrauch eines nicht-restringierten Praxisbegriffes. Angesichts der Gefahr, daß der mit dieser Kategorie verknüpfte Anspruch in konkretistische Einzelbereiche abgedrängt werden und nur partikularistische Ergebnisse zeitigen könne, sei seine Verwendung nur dort angebracht, wo es auch tatsächlich um eine Veränderung in einem gesamtgesellschaftlichen Sinne gehe.[481] Dahrendorf verteidigt dagegen die Vorstellung einer politischen Praxis mittlerer Reichweite. Er kritisiert, daß Adorno mit seiner aufgezeigten Alternative zwischen Praxis und Pragmatik lediglich eine in der Gesellschaft vorhandene fatale Tendenz reproduziere, die Tendenz zur Blockierung von Veränderungen. Er dagegen wolle genau zwischen den Extremen seine Vorstellung von Praxis lokalisiert sehen.[482] Auf einer Rahmenveranstaltung des Soziologentages am Abend des Schlußtages wird die begonnene Kontroverse in veränderter Zusammensetzung fortgesetzt. Zu einer Podiumsdiskussion über das Verhältnis zwischen dem Herrschaftssystem in der Bundesrepublik und studentischen Protestaktionen haben sich Egon Becker, Ludwig von Friedeburg, Hans-Jürgen Krahl, Wolfgang Lefèvre, Erwin K. Scheuch, Ralf Dahrendorf und Klaus Allerbeck versammelt. Krahl kritisiert Dahrendorfs in der Debatte mit Adorno eingenommene Position mit der Bemerkung, daß sie einem historisch überholten liberalen Selbstverständnis entstamme, das die Funktion habe, die Protestbewegung in das System der Institutionen zu integrieren. Im Unterschied zu ihm lehne der SDS in der Tradition der Kritischen Theorie gerade eine unmittelbare Einheit von Theorie und Praxis ab. Dann greift er Dahrendorf mit den Worten an: »Wenn Sie solche, selbst wiederum dann nicht geschichtlich rückbezogene Kategorien

---

474 Eberhard Mann, Zwei Flügel stehen sich unversöhnlich gegenüber – Durch Entschlußlosigkeit ist der Sozialistische Deutsche Studentenbund gelähmt, in: Frankfurter Rundschau vom 2. April 1968.
475 Ursula Jaerisch, Sind Arbeiter autoritär? – Zur Methodenkritik politischer Psychologie, Frankfurt/Main-Köln 1975.
476 Vgl.: Hans Kepper, Die Studenten von Nanterre entdecken den SDS – Bundesvorsitzender Wolff sprach in französischer Universität, in: Frankfurter Rundschau vom 4. April 1968.
477 Siehe: Alain Touraine, Le communisme utopique – Le mouvement de mai 1968, Paris 1968, S. 122.
478 Zit. nach: Stefan Aust, Der Baader Meinhof Komplex, Hamburg 1985, S. 69.
479 Zit. nach: So finster, in: Der Spiegel vom 22. April 1968, 22. Jg., Nr. 17, S. 84.
480 Theodor W. Adorno, Spätkapitalismus oder Industriegesellschaft? In: ders., Gesammelte Schriften Bd.8: Soziologische Schriften I, hrsg. von Rolf Tiedemann, Frankfurt/Main 1972, S. 368.
481 Theodor W. Adorno (Hg.), Spätkapitalismus oder Industriegesellschaft – Verhandlungen des 16. Deutschen Soziologentages, Stuttgart 1969, S. 100 f. **(Dok. Nr. 192)**
482 Siehe: A.a.O., S. 110 f.

der akademischen Soziologie unmittelbar als politisch praktische behandeln, dann haben Sie ein sehr viel unkritischeres Verhältnis der Einheit von Theorie und Praxis. Sie behandeln dann akademisch-soziologische Kategorien unmittelbar, ohne jeglichen Umsetzungsprozeß als solche der politisch-praktischen Vernunft unmittelbar praktizierbar. Ich meine, daß das ein falsches Verhältnis von Theorie und Praxis ist und glaube dann in der Tat, daß die Phraseologie der offenen Gesellschaft ... so unmittelbar praktisch politisch appliziert nur eben die Gewaltverhältnisse stabilisiert, die produzieren, was Ihr Liberalismus bekämpfen will, nämlich den Faschismus ...«[483]

9. April 1968: Mit einem Schweigemarsch, der vom Opernplatz zur Paulskirche führt, gedenken 800 Frankfurter des ermordeten amerikanischen Bürgerrechtlers und Friedens-Nobelpreisträgers Martin Luther King. Die Demonstration findet am Tag der Beisetzung Kings in seinem Heimatort Atlanta statt und wird von Oberbürgermeister Willi Brundert und zahlreichen Mitgliedern des Magistrats angeführt. Auf dem Weg durch die Innenstadt kommt es wiederholt zu Auseinandersetzungen zwischen Ordnern und verschiedenen Teilnehmern. Diese haben sich nicht an die Abmachung gehalten, nur schwarze Fahnen und Porträts des Ermordeten mit sich zu führen. Auf einem ihrer Transparente heißt es »Um den Mord an Martin Luther King zu trauern, heißt gegen Bonns Mithilfe am USA-Krieg in Vietnam zu sein« und auf einem Spruchband »Es lebe die vietnamesische Befreiungsfront!«.[484] Nach der Kundgebung, auf der Pastor Kolbe und Oberbürgermeister Brundert sprechen, wird vor der Paulskirche zum Gedenken an Martin Luther King ein Kranz niedergelegt.

11. April 1968: Auf dem Kurfürstendamm in **West-Berlin** wird der bekannteste SDS-Sprecher Rudi Dutschke durch ein Revolverattentat des neonazistisch beeinflußten Josef Bachmann lebensgefährlich verletzt. – Da die Tat als Folge einer systematischen Hetzkampagne des Berliner Senats und der Springer-Presse angesehen wird, kommt es im Verlauf der Ostertage in verschiedenen Städten zu massenhaften Versuchen, die Auslieferung von Springer-Zeitungen zu verhindern. Schon am Abend nach dem Attentat beginnen 2.000 Studenten das Springer-Hochhaus an der Berliner Mauer zu stürmen. Nachdem der Versuch durch starke Polizeikräfte vereitelt worden ist, werden die

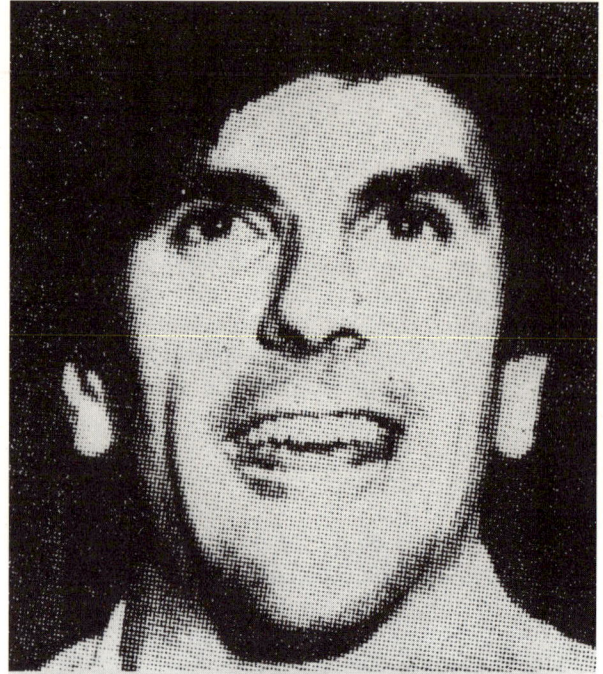

11. 4.: Plakat-Reaktion auf das Dutschke-Attentat.

Fahrzeughallen in Brand gesetzt und mehrere Transportwagen zerstört. Im Laufe von fünf Tagen beteiligen sich mehr als 50.000 Menschen an den Blockadeversuchen vor den Auslieferungstoren der Springer-Druckereien. Bei den Aktionen ist der Anteil von nicht-intellektuellen Jugendlichen, besonders Lehrlingen, erstmals auffallend hoch. Insgesamt sind 21.000 Polizisten im Einsatz. Über 1.000 Demonstranten werden festgenommen, darunter auch unbeteiligte Passanten wie Hausfrauen und Rentner. Bei den schwersten Straßenschlachten in Deutschland seit der Weimarer Republik kommen zwei Personen, ein Photograph und ein Student in München, ums Leben, 400 werden zum Teil schwer verletzt. – Von 827 Beschuldigten, gegen die Ermittlungsverfahren eingeleitet werden, wird bereits am 16. April in München der erste »Osterdemonstrant« wegen Aufruhrs und Auflaufs zu sieben Monaten Gefängnis ohne Bewährung verurteilt. – Auf einer Sondersitzung des Bundestags in Bonn bezeichnet Bundesinnenminister Ernst Benda (CDU) am 30. April den SDS als verfassungsfeindliche Organisation.

11. April 1968: Auf einer ersten Versammlung nach dem Attentat auf Rudi Dutschke schlägt Udo Riechmann (SDS) in der Universität vor, zur Societäts-Druckerei zu ziehen und dort die Auslieferung der Springer-Zeitungen zu verhindern. Als sich dafür keine Mehrheit findet, macht er den Vorschlag, den Zugverkehr im Hauptbahnhof für einige Stunden lahmzulegen. Es müsse darum gehen, zu zeigen, daß auf jeden Fall Widerstand geleistet werden könne. Der Vorsitzende der *Humanistischen Union* (HU) in Frankfurt, Klaus Scheunemann, spricht sich dafür aus, den Ostermarsch umzufunktionieren. Dem von Hans-Jürgen Krahl (SDS) unterbreiteten Vorschlag, am Karfreitag in die Katharinenkirche zu gehen und dort mit den Besuchern zu diskutieren, stößt auf große Zustimmung. Danach brechen die 250 Demonstranten zuerst zum Hauptbahnhof auf, dann ziehen sie zum Schauspielhaus. Sie dringen dort, Sprechchöre skandierend, in die Vorstellung des Stückes *Biographie* ein. Die Zuschauer reagieren jedoch zur Verblüffung der Protestierenden abwartend. Sie sind offenbar der Überzeugung, daß der Auftritt Teil der Inszenierung ist. Erst als das Licht angeht und die Schauspieler auf der Bühne zurücktreten, erkennen sie, was los ist. Als sie von Krahl aufgefordert werden, über das Attentat zu diskutieren, reagieren sie unwillig. Es kommt zu Pfui- und Buhrufen. Nach etwa zehn Minuten trifft die Polizei ein und räumt das Theater von den Demonstranten.

12. April 1968: Am Karfreitagabend beginnen rund 2.000 Demonstranten damit, die Societäts-Druckerei in der Mainzer Landstraße und in der Hellerhofstraße zu belagern und ihre Ausgänge zu blockieren. Damit soll, wie bereits am Abend zuvor in der Universität besprochen, die Auslieferung der dort hergestellten *Bild*-Zeitung verhindert werden. Als die Polizei zu räumen versucht, kommt es zu stundenlangen gewalttätigen Auseinandersetzungen. Die Demonstranten sind zum überwiegenden Teil mit Regenjacken, Overalls, Kapuzen und Helmen gut präpariert, als die Ordnungskräfte gegen 20 Uhr den Versuch unternehmen, mit Wasserwerfern drei Verlagsfahrzeugen den Weg regelrecht freizuspritzen. Der Durchbruchversuch mißlingt jedoch, die Lastkraftwagen bleiben stecken. Kurz dar-

11.4.: Günter Amendt spricht zu den die Fahrbahn blockierenden Demonstranten.

12. 4.: Günter Amendt führt die Demonstration in der Mainzer Landstraße an.

auf sind ihre Reifen zerstochen. Erst nach fast zehn Stunden gelingt es der durch verschiedene Einheiten aus ganz Hessen verstärkten Polizei gegen 2 Uhr 30 den Haupteingang der Druckerei in der Mainzer Landstraße freizukämpfen. Insgesamt sind sechs Hundertschaften im Einsatz. 25 Demonstranten und drei Polizisten werden verletzt, zehn Personen festgenommen.

13. April 1968: Am Rande des Römerbergs findet in einem eigens aufgestellten Zelt eine vom Vormittag bis in die späten Abendstunden dauernde Spontandebatte über die Gewaltfrage statt. Als einer der Diskutanten stellt Oskar Negt unter den gegenwärtigen Bedingungen das Gewaltmonopol des Staates radikal in Frage. Gleichzeitig verurteilt er Gewaltanwendung überhaupt und stellt fest: »Wer die Sicherung der Freiheit dem Staat, seinen Beauftragten, den Großinstitutionen und machtvollen Organisationen überläßt, ist das Opfer einer fatalen Illusion: er glaubt an die Lebensfähigkeit einer Demokratie ohne Demokraten.«[485] Die SDS-Sprecher Günter Amendt, Hans-Jürgen Krahl, Reimut Reiche und Karl Dietrich Wolff plädieren für eine weitere Intensivierung der Blockadeaktionen zur Ausfuhrverhinderung von Springer-Zeitungen.

13.4.: Lektüre der Boulevardpresse im Terassencafé.

13. 4.: Oskar Negt spricht zur Gewaltfrage.

14. April 1968: Auf Einladung von Heiner Halberstadt findet abends im Club Voltaire eine Art spontaner Strategiedebatte über das Attentat und seine Folgen statt. Daran beteiligt sind u. a.: Wolfgang Abendroth, Georg Benz, Heinz Brakemeier, Andreas Buro, Heinz-Joachim Heydorn, Werner Hofmann, Hans-Jürgen Krahl, Jakob Moneta, Helmut Schauer, Frank und Karl Dietrich Wolff sowie Klaus Vack. Dabei gelingt es vor allem den älteren Teilnehmern nicht, die SDS-Sprecher von einer Befürwortung weiterer Blockadeaktionen vor der FAZ-Druckerei abzuhalten.

14. April 1968: Der **Hessische Rundfunk** sendet unter dem Titel *Erziehung zur Entbarbarisierung* ein Gespräch zwischen Theodor W. Adorno und dem Bildungssoziologen Hellmut Becker.

15. April 1968: Zur Abschlußkundgebung des Ostermarsches versammeln sich 12.000 Menschen auf dem Römerberg. Gegen 15 Uhr trifft die Spitze des 7.000 Teilnehmer umfassenden Zuges, der sich in **Hanau** und in **Offenbach** formiert hat, vor dem Römer ein. Als eine Beat-Band spielt, um den Wartenden die Zeit zu vertreiben, wird sie niedergebuht und ausgepfiffen. Die Ostermarschierer singen als Antwort »We shall overcome«, die Hymne der amerikanischen Bürgerrechtsbewegung, ein Lied, dessen christlich inspirierter Emotionalität sie im Gegensatz zur Beatmusik offenbar mehr abgewinnen können. Zu Beginn der Kundgebung warnt der Sprecher des Hessischen Ausschusses der *Kampagne für Demokratie und Abrüstung*, Andreas Buro, vor gewalttätigen Aktionen im Zusammenhang mit dem Attentat auf Rudi Dutschke. Diese könnten nur dazu angetan sein, meint er, »Wasser auf die Mühlen der Notstandsgesetze zu gießen«. Der Marburger Wirtschaftswissenschaftler Professor Werner Hofmann informiert über die vorgesehenen Notstandsgesetze und warnt vor dem Aufkommen einer neuen Diktatur. Alle müßten sich um die Verfassung scharen, ermahnt er, damit die Deutschen nicht noch einmal eine Gefahr für die Welt werden könnten. In einem anschließenden vom SDS organisierten Teach-in ruft sein Marburger Kollege Professor Wolfgang Abendroth die Zuhörer mehrmals auf, den Springer-Konzern »in die Luft zu sprengen«.[486]

15. April 1968: Am Abend des Ostermontags kommt es bei Blockadeversuchen der Societäts-Druckerei durch Gegner des Springer-Konzerns erneut zu heftigen Straßenschlachten. Gegen 18 Uhr ziehen etwa 300 Teilnehmer des auf dem Römerberg zu Ende gegangenen Teach-ins mit roten Fahnen und einer des Vietcongs in die Mainzer Landstraße. Dort schließen sie sich mit anderen Springer-Gegnern zusammen. Über Lautsprecher ermahnt ein SDS-Mitglied die Demonstranten, sich auf jeden Fall friedlich zu verhalten. Als jedoch nach einiger Zeit Wasserwerfer eingesetzt werden, um den Weg für Transportfahrzeuge frei zu machen, fliegen erste Flaschen und Steine. Zu einer Eskalation kommt es, als neben Wasserwerfern auch Berittene eingesetzt werden, die mit ihren galoppie-

---

[483] Unveröffentlichter Tonbandmitschnitt, zit. nach: Alex Demirović, Bodenlose Politik – Dialoge über Theorie und Praxis, in dieser Edition Band 3: S. 74.
[484] Frankfurter Rundschau vom 10. April 1968.
[485] Zit. nach: Komitee für Grundrechte und Demokratie (Hg.), »Tradition heißt nicht, Asche aufheben, sondern die Flamme am Brennen halten!« – Für und über Klaus Vack, Sensbachtal 1985, S. 185 f.
[486] Frankfurter Rundschau vom 16. April 1968.

15. 4.: Die Polizei geht rücksichtslos gegen Sitzblockierer vor.

renden Pferden einzelne Demonstranten verfolgen. Einige Verlagsfahrzeuge, die mit zerstochenen Reifen liegengeblieben sind, müssen mit Abschleppwagen zurückgeholt werden. Kurz vor 20 Uhr zieht der Großteil der Demonstranten, deren Gesamtzahl auf mehr als 5.000 angewachsen ist, zur Nordseite des Hauptbahnhofs. Dort will man versuchen, das Verladen der *Bild*-Zeitung zu verhindern. Es sprechen die beiden SDS-Mitglieder Günter Amendt und Hans-Jürgen Krahl zu den Blockierern. Unter Hinweis auf die Szenen, die sich zuvor im Umkreis der Societäts-Druckerei abgespielt haben, kündigt Krahl an, daß die Stadt in den nächsten Wochen nicht mehr zur Ruhe kommen werde, wenn sich die Brutalität der Polizei weiter fortsetze. Bald darauf fahren zwei Wasserwerfer auf und setzen sich unter dem Kommando »Wasser marsch!« in Bewegung. In ihrem Schutz gehen die Beamten mit gezogenem Schlagstock vor und prügeln auf die Demonstranten ein. »Nach Augenzeugenberichten«, schreibt am nächsten Tag ein Zeitungsreporter, »kam es zu unvorstellbaren Prügelszenen. Kameraleute filmten, wie mehrere Polizeibeamte minutenlang auf einen Demonstranten mit Gummiknüppeln einhieben, der den Anschluß an die zurückweichenden Demonstranten verloren hatte. Von einzelnen Polizeibeamten wurde das Vorgehen verschiedener Kollegen selbst als sinnlos scharf verurteilt. Wiederholt wurden Pressephotographen von Polizisten aufgefordert, keine Bilder zu machen. Ein Beamter versuchte, einem Fernseh-Kameramann den Scheinwerfer seiner Kamera zu zerschlagen.«[487] – Oberbürgermeister Willi Brundert (SPD) erklärt auf einer eilends im Polizeipräsidium anberaumten Pressekonferenz in Anwesenheit des Polizeipräsidenten Gerhard Littmann und mehrerer Polizeioffiziere, er habe keinen Grund daran zu zweifeln, daß der Einsatz »korrekt verlaufen« sei. Wer mit Vorsatz gegen die Gesetze verstoße, kollidiere notwendigerweise mit der Polizei und den Justizbehörden. – Zur selben Zeit fordern Demonstranten, die auf den Römerberg zurückgekehrt sind, wegen der Brutalität des Polizeieinsatzes den Rücktritt von Brundert und Littmann.[488]

16. April 1968: Der Direktor des Erziehungswissenschaftlichen Seminars, Professor Hans Rauschenberger, wendet sich mit einem **Offenen Brief** an Oberbürgermeister Willi Brundert. Darin drückt er seine Besorgnis über die Vorfälle während der Anti-Springer-Demonstration am Abend des Ostermontags aus und wirft ihm vor, sich nur einseitig informiert und bei einer Pressekonferenz ausschließlich die Position der Ordnungskräfte eingenommen zu haben. Rauschenberger, der zu verstehen gibt, daß er selbst Augenzeuge der Vorfälle am Hauptbahnhof gewesen sei, stellt in seinem Schreiben drei Punkte heraus. 1. Die Sprecher des SDS hätten die Teilnehmer der Ostermarsch-Abschlußkundgebung aufgerufen, sich bei den Demonstrationen gegen den Springer-Konzern »absolut gewaltlos« zu verhalten. Das hätte er als Oberbürgermeister begrüßen sollen, um zu einer Entschärfung der Situation beizutragen. 2. Die Initiatoren der Anti-Springer-Demonstration hätten immer wieder »den politischen Charakter ihrer Aktion« betont. Auch darüber sollte ein Oberbürgermeister nicht stillschweigend hinweggehen. Es sei unglaubwürdig, sich auf eine »reine Ordnungsfunktion« zurückzuziehen und zu den Motiven zu schweigen. 3. Es sei nichts dagegen einzuwenden, daß einige der Studenten Schutzhelme trügen. Schläge auf den Kopf seien schließlich gefährlich, und seine Männer prügelten »wirklich sehr kräftig«. Rauschenberger resümiert, daß ein »persönliches Erscheinen« des Oberbürgermeisters vor Ort die Einseitigkeit seiner Informationen hätte korrigieren können. – Der Rektor der Goethe-Universität, Professor Walter Rüegg, spricht in einer Erklärung sein Bedauern darüber aus, daß es den Studenten nicht gelungen sei, gewaltlos zu demonstrieren und sie Aktionen eingeleitet hätten, welche die Anwendung von Gewalt angeblich provozieren mußten. – Im Büro des SDS-Bundesvorstands in der Wilhelm-Hauff-Straße gehen seit den Morgenstunden ständig Attentatsdrohungen ein. Nachdem ein anonymer Anrufer einen Bombenanschlag angekündigt hat, wird die Kriminalpolizei eingeschaltet.

16. April 1968: Auf einem von mehr als 1.000 Studenten besuchten Teach-in verlangt Hans-Jürgen Krahl (SDS), daß sich Oberbürgermeister Willi Brundert, der hessische Innenminister Heinrich Schneider und dessen Stellvertreter Heinrich Hemsath auf einer weiteren Veranstaltung der Diskussion stellten, um die Verantwortung für den Polizeieinsatz am Ostermontag zu übernehmen. Die Strategie der Polizei sei es offenbar gewesen, meint Krahl, die Demonstranten bereits präventiv in die Defensive zu drängen. Bei künftigen Aktionen käme es darauf an, eine »Strategie der Mobilität« zu entwickeln, mit der man flexibel genug sei, um der Polizei zunächst auszuweichen, um später um so entschlossener wieder vorrücken zu können.

17. April 1968: Auf einem vor der Universität im Freien durchgeführten Teach-in erscheint Oberbürgermeister Willi Brundert (SPD) und steht, wie am Abend zuvor gefordert, den Studenten im Zusammenhang mit dem Polizeieinsatz am Ostermontag Rede und Antwort. Die 2.500 Studenten müssen zuvor jedoch bis Einbruch der Dunkelheit warten. Erst nach 21 Uhr erscheint Brundert, der durch eine Sitzung der SPD-Stadtverordnetenfraktion abgehalten worden ist, und antwortet auf eine ihm vom AStA-Vorsitzenden Hans-Jürgen Birkholz gestellte Frage: »Ich erkläre ausdrücklich, daß ich die formale Verantwortung trage.«[489] Die Reaktion der Zuhörer ist gespalten. Einerseits ist Beifall wegen der Unmißverständlichkeit der Äußerung zu hören, andererseits ertönen aber auch Pfiffe und Buhrufe.

18. April 1968: Die beiden Frankfurter Soziologiestudenten Dieter Bott und Hanspeter Bernhardt verteilen an ihrer ehemaligen Schule, dem Theodor-Heuss-Gymnasium in **Homberg** (Nordhessen), während der großen Pause Flugblätter, mit denen sie zur Aufklärung über Sexualfragen in der von ihnen begründeten *Gegenschule* aufrufen. In einem wird der ironische Vorschlag gemacht, fünf namentlich genannte Studienräte auf die Couch zu legen und sie »als Musterexemplare für den unsterblichen deutschen Untertanen« zu analysieren. Unterzeichnet ist das Flugblatt von den beiden SDS-Studenten, die sich als »die beiden größten Schmierfinken aller Zeiten« bezeichnen. Einige der Schüler scheinen kein Verständnis für die Aktion aufzubringen, nehmen einen Packen der Flugblätter und zünden ihn an; andere kommen hinzu und werfen ihre Exemplare ebenfalls hinein. Kurz darauf erscheint der Oberstudiendirektor Horst Clément, der in einer Karikatur auf einem der Flugblätter nackt am Reck hängend abgebildet ist, und verweist die beiden Ehemaligen vom Schulgelände. Bereits am Morgen sind an den Wänden des Schulgebäudes Parolen entdeckt worden, in denen mit Ölfarbe verkündet wird, statt Leibesübungen Sex zu praktizieren und das Gymnasium nach einem der »Beatles« in *John-Lennon-Schule* umzubenennen. – Ein für den Nachmittag vorgesehenes Treffen der *Gegenschule* kann nicht, wie vorgesehen,

---

487 A.a.O.
488 Vgl.: »Sie schlugen uns, bis wir bewußtlos waren« – Auszüge aus Protokollen junger Demonstranten – Augenzeugen wollen ihre Angaben beeiden, in: Frankfurter Rundschau vom 17. April 1968.
489 Frankfurter Rundschau vom 18. April 1968.

in einer Gaststätte stattfinden. Die 20 Schülerinnen und Schüler ziehen zum Schloßberg, um ihren »Unterricht« dort im Freien abzuhalten.[490] – Am Tag darauf erörtert Regierungspräsident Alfred Schneider, der zu einer Grundsteinlegung für eine neue Berufsschule in die Kreisstadt gekommen ist, die Vorfälle zusammen mit dem Landrat August Franke (SPD). Schneider erklärt, daß er für die Art, wie die beiden Studenten »aus der Gemeinschaftsordnung« herausgetreten seien, keinerlei Verständnis aufbringe. Franke bezeichnet die Flugblattaktion als »öffentliches Ärgernis«, ebenso wie die Wandparolen verletzten sie das »natürliche Scham- und Sittlichkeitsgefühl der Bevölkerung« in gröbster Weise. Der Kreis Fritzlar-Homberg und mehrere Eltern von Schülern kündigen Strafanzeigen gegen Bott und Bernhardt an. – Im Laufe der nächsten Tage und Wochen werden vom Regierungspräsidenten, vom Oberstudiendirektor, einigen Lehrern und zahlreichen Eltern insgesamt 194 Strafanzeigen wegen Beleidigung, Verbreitung unzüchtiger Schriften und Sachbeschädigung gestellt. – Eine weniger ablehnende Haltung nimmt in einer Ausgabe **Bild am Sonntag** ein. Unter der Titelzeile **Sex – von dem die Schule nicht spricht** räumt sie der Aktion des als »Sex-Soziologen« bezeichneten Adorno-Schülers Bott eine gewisse Berechtigung ein und listet Punkte und Positionen auf, die für oder gegen eine selbstorganisierte Selbstaufklärung sprechen könnten.[491] Dabei werden auch die von der *Gegenschule* behandelten Themenstellungen wie *Sexuelle Revolution*, *Sexuelle Abirrungen* und *Infantile Sexualtheorien* genau aufgeführt.

19. April 1968: Mehrere Spitzenfunktionäre des SPD-Unterbezirks Frankfurt treten auf einem Teach-in im Hof der Universität auf, um den Studenten Rede und Antwort zu Fragen der Pressekonzentration und zum Polizeieinsatz am Ostermontag zu stehen. Der Frankfurter Unterbezirksvorstand, erklärt ihr Vorsitzender, Stadtrat Walter Möller, identifiziere sich nicht mit den Presseerzeugnissen des Springer-Konzerns, sondern schätze ihn wegen seiner Möglichkeiten, die öffentliche Meinung zu beeinflussen, als gefährlich ein. Die Bundestagsfraktion der SPD habe den Auftrag erhalten, Gesetzesvorlagen zur Einschränkung der Pressekonzentration vorzubereiten. Trotzdem sei er der Überzeugung, daß es wegen der Rolle des Springer-Konzerns keine Rechtfertigung für gewaltsame Aktionen gebe. Rechtmäßig hergestellte Druckerzeugnisse müßten auch ausgeliefert werden. Die Auslieferung einer Zeitung könne nur dann untersagt werden, wenn zuvor festgestellt worden sei, daß sie einen verfassungswidrigen Inhalt habe. Die Sozialdemokratie werde es niemals dulden, daß eine Minderheit über die Auslieferung von Zeitungen bestimme. Weder die Konzentration der Presse noch der Inhalt der *Bild*-Zeitung könnten Anlaß zu einer Revolution sein. Auf die Ziele der APO insgesamt angesprochen, erklärt Möller: »Wir spekulieren darauf, daß die Unruhe weiter wächst. Wenn Sie glauben, daß die Sozialdemokraten an der Erhaltung der gegenwärtigen Machtstruktur interessiert sind, befinden Sie sich im Irrtum.«[492] Als Hans-Jürgen Krahl (SDS) bekennt, er kämpfe »für die Zerschlagung der Institution«, die Menschen müßten sich im Kampf »selbst befreien«, reagiert Möller mit den Worten, er könne entweder »ein reines Provokationstheater inszenieren« oder aber die Gesellschaft verbessern. Die SPD hätten nur jene auf ihrer Seite, die für eine ernsthafte Gesellschaftsreform eintreten würden.

19. April 1968: Mit einer öffentlich verbreiteten Erklärung nehmen Theodor W. Adorno, Peter Brückner, Ludwig von Friedeburg, Alexander Mitscherlich, Helge Pross und elf andere prominente Wissenschaftler und Schriftsteller zum Attentat auf Rudi Dutschke Stellung und fordern eine öffentliche Auseinandersetzung über den Springer-Konzern, »seine politischen und wirtschaftlichen Voraussetzungen und seine Praktiken der publizistischen Manipulation«[493]. Die Unterzeichner erklären sich mit den Studenten solidarisch, appellieren aber zugleich an diese, sich bei allen Aktionen der Gewaltanwendung zu enthalten und sich immer der Angemessenheit der Mittel bewußt zu bleiben.

20. April 1968: Der Soziologiedoktorand Manfred Clemenz schließt in der **Frankfurter Rundschau** eine Besprechung von Theodor W. Adornos *Negativer Dialektik* mit einem Gedanken, der eher eine Hoffnung als eine Vermutung ausdrückt: »Es ist denkbar, daß die äußerste Zuspitzung, die Adorno seiner Theorie gibt, ungeachtet der Aporien, in die sie sich dabei verstricken muß, daß die Gratwanderung negativer Dialektik unter permanenter Drohung des Absturzes in die Selbstnegation, einem praktischen Motiv folgt. Das Menetekel der totalen Katastrophe oder der totalen Unfreiheit, die sich nicht mehr rückgängig machen ließe, könnte, indem es keinerlei Ausflüchte mehr gelten läßt, den Anstoß für die Praxis bilden.«[494]

21. April 1968: Auf einer vom DGB organisierten Kundgebung protestieren 3.000 aus ganz Hessen zusammengekommene Griechen in der Kongreßhalle gegen die Militärs in ihrem Land, die vor einem Jahr durch einen Putsch an die Macht gekommen sind. Hauptredner ist der Exilpolitiker Andreas Papandreou, der Vorsitzende der Panhellenischen Befreiungsbewegung.

21. April 1968: Aus Anlaß des bevorstehenden 150. Geburtstages von Karl Marx findet in der Meistersinger-Halle in **Nürnberg** eine Podiumsdiskussion statt zum Thema **Opposition in Deutschland**. Teilnehmer dieses **Nürnberger Gesprächs 1968** sind: Hans Bolewski, Max Horkheimer, Robert Jungk, Kurt Lenk und Erwin K. Scheuch. Nach der Eröffnung durch Oberbürgermeister Andreas Urschlechter und mahnende, als Mao-Tse-tung-Zitat vorgetragene Worte von Kulturreferent Hermann Glaser, sich höflich und diszipliniert zu verhalten, hält Horkheimer ein Kurzreferat zur **Kritik der gegenwärtigen Gesellschaft**[495]. Darin interpretiert er die Dynamik der modernen Gesellschaft als eine, die die Autonomie der einzelnen aufs höchste bedrohe. Es sei ein Zustand denkbar, in der elementare Vorgänge der Gesellschaft automatisiert seien und dennoch das Reich der Freiheit weit entfernt wäre. Die Rebellion der Jugend, die durch den Verlust der Religion und der väterlichen Autorität geprägt sei, begreift er als Aufstand der einzelnen gegenüber einer übermächtigen Bürokratie. Die Kritische Theorie könne zwar sagen, was falsch, nicht aber was richtig sei. Robert Jungk kritisiert in der nachfolgenden Diskussion Horkheimers Rezeptlosigkeit. Die Intellektuellen hätten noch immer kein Konzept, um in der gegenwärtigen Situation organisiert gesellschaftlich einzugreifen. Demgegenüber halte er die Reformbewegung in der ČSSR für vorbildlich. – Am Abend referiert, nachdem die 1.400 Zuhörer von der kleinen in die große Halle umgezogen sind, der Göttinger Pädagoge Hartmut von Hentig über die **Proteste der Jugend**. Seine Kritik an der Unfähigkeit der parlamentarischen Demokratie, eine überfällige Veränderung der Gesellschaft herbeizuführen, wird in der nachfolgenden Diskussion von Eckehart Krippendorf und Mitgliedern des SDS als »liberales Gesäusel« bezeichnet.[496]

26. April 1968: In der Polizeiführungsakademie **Hiltrup** bei Münster hält Alexander Mitscherlich einen gemeinsam mit Klaus Horn verfaßten Vortrag. Die Rede mit dem Titel **Vom »halbstarken« zum starken Protest**, die zum Teil auch als »Verteidigung der Studentenprotestbewegung« intendiert ist, muß nach dem ersten Drittel wegen des lautstarken Protests der höheren Polizeibeamten abgebrochen werden.[497] – Am selben Tag bricht Mitscherlich unter der Überschrift **Die Internationale der Rebellierenden** auch in der Wochenzeitung **Die Zeit** eine Lanze für die protestierenden Studenten. »Vielleicht sollte ganz unprahlerisch darauf aufmerksam gemacht werden«, meint er, »daß es in der ganzen Welt die intelligentesten Studenten sind, die protestieren und aufstehen und selbst der Todesgefahr nicht ausweichen. Oft aus den oberen Sozialschichten stammend, hätten sie das Patent für die hohen Managerposten in der Tasche. Feige und profitlich sind sie nicht. Den Widerstand, den sie beseitigen wollen, treffen sie im Osten wie im Westen an.«[498]

26. April 1968: Drei SDS-Studenten referieren auf einer turbulent verlaufenden Veranstaltung an der Universität **Zürich** über die Ziele der bundesdeutschen Studentenorganisation. Da der ursprünglich vorge-

---

490 Zum Hintergrund der Flugblattaktion vgl.: Ulrike Heider, Schülerprotest in der Bundesrepublik Deutschland, Frankfurt/Main 1984, S. 108–139.
491 Werner Kirchner/Hans-Dieter Fischer/Gerd Hoffmeyer, Sex – von dem die Schule nicht spricht – Aufklärung durch Studenten gefährlich oder notwendig? In: Bild am Sonntag vom 28. April 1968, S. 36 f.
492 Frankfurter Rundschau vom 22. April 1968.
493 Zit. nach: Die Erklärung der Vierzehn, in: Die Zeit vom 19. April 1968, 23. Jg., Nr. 16, S. 5.
494 Manfred Clemenz, Über die Schwierigkeit, nein zu sagen – Anmerkungen zu Theodor W. Adornos »Negativer Dialektik«, in: Frankfurter Rundschau vom 20. April 1968.
495 Siehe: Max Horkheimer, Kritik der gegenwärtigen Gesellschaft, in: ders., Gesammelte Schriften Bd.8: Vorträge und Aufzeichnungen 1949–1973, hrsg. von Gunzelin Schmid Noerr, Frankfurt/Main 1985, S. 324–332.
496 Vgl.: Walter Gallasch, Auf dem Weg zur automatisierten Gesellschaft, in: Hersbrucker Zeitung vom 23. April 1968; Gernot Sittner, Am Toten Punkt der Demokratie – Das »Nürnberger Gespräch« sucht nach den Ursachen der gegenwärtigen Unruhe, in: Süddeutsche Zeitung vom 24. April 1968; Dietmar N. Schmidt, Einübung in Gewaltlosigkeit oder Opposition in Deutschland – Das 4. Nürnberger Gespräch, in: Die Welt vom 2. Mai 1968; Hilde Spiel, Schizophrenie der Revolution – Das Nürnberger Gespräch über »Opposition in Deutschland«, in: Frankfurter Allgemeine Zeitung vom 30. April 1968.
497 Klaus Horn/Alexander Mitscherlich, Vom »halbstarken« zum starken Protest, in: Alexander Mitscherlich, Gesammelte Schriften Bd. V, Frankfurt/Main 1983, S. 510–534. **(Dok. Nr. 198)**
498 Alexander Mitscherlich, Die Internationale der Rebellierenden – Sie denken über Dinge nach, die nicht vorgekaut wurden, in: Die Zeit vom 26. April 1968, 23. Jg., Nr. 17, S. 3.

sehene Raum 101 viel zu klein ist, um die Menge der Interessierten zu fassen, andererseits aber die Aula auch nicht zur Verfügung gestellt wird, weil sich das Rektorat beharrlich weigert, seine Genehmigung zu erteilen, zieht man schließlich nach einstündiger Verzögerung in den Lichthof um. Dieser mit einem dunkelroten Teppich ausgelegte Speise- und Warteraum ist an dem Abend wegen des bevorstehenden »Dies academicus« besonders festlich geschmückt: Mit Palmen und antiken Statuen hinter dem Rednerpult und einem weinroten Vorhang, auf dem das goldfarbene Universitätssiegel prangt. Als der Frankfurter Soziologiestudent Günter Amendt die Zuhörerschaft nicht nur mit »Meine Damen und Herren!« begrüßt, sondern auch mit »Genossinnen und Genossen!«, bricht in dem dichtbesetzten Saal ein Tumult aus. Erst nach Minuten gelingt es Amendt, durch die defensive Bemerkung, daß man nicht nach Zürich gekommen sei, um die schweizerische Studentenschaft aufzuhetzen, sondern um ein möglichst genaues Bild von der gesellschaftlichen Situation in der Bundesrepublik zu liefern, das Auditorium zu beruhigen. Dann spricht Bernhard Achterberg (SDS Kiel) über *Hochschulreform und Hochschulrevolte*, der chilenische Freund Rudi Dutschkes, Gaston Salvatore (SDS West-Berlin), über *Intelligenz und Revolution* und Amendt (SDS Frankfurt) über den *SDS als Teil der außerparlamentarischen Opposition*. Als letzterer feststellt, daß sich in dem Land, das sechs Millionen Juden umgebracht hat, nach Kriegsende die gesellschaftliche Struktur nicht geändert habe, bricht starker Beifall aus. Erst nach drei Stunden ergreifen auch einige Studentinnen und Studenten aus der Schweiz das Wort. Eine Studentin erklärt, sie wolle nur einen einzigen Satz loswerden, der Satz laute, schließt sie unter Beifall an, sie bräuchten eigentlich einen Rudi Dutschke unter den Professoren. Zu den Zuhörern der Veranstaltung, die bis nach Mitternacht dauert, zählt auch der Schriftsteller Max Frisch.[499]

29. April 1968: Nach wiederholter Kritik an dem als autoritär empfundenen Stil von Professor Martin Stern führen die Hörer in dessen *Expressionismus*-Vorlesung ein Plebiszit herbei. Sie beschließen mehrheitlich, das in Ergänzung zur Vorlesung durchgeführte Colloquium in eine weitere Vorlesungsstunde umzuwandeln. In jeder der nun zur Verfügung stehenden drei Vorlesungsstunden soll jeweils eine Viertelstunde zur Diskussion über Stoff und Methode freigestellt

April: Nachbetrachtung zu den Osterunruhen im SDS-Bundesorgan.

werden. – In der nächsten Ausgabe der Frankfurter Studentenzeitung **Diskus** erläutert der Germanistikstudent Peter Mosler die Zielsetzungen der Veranstaltungskritiker: »Es geht um den begrifflosen methodischen Pluralismus der Germanistik, einer Germanistik, die ›um eine Wissenschaft zu werden, aufhören müßte, Germanistik zu sein‹.«[500] Über Sterns erste Vorlesungsstunde zum Thema *Expressionismus als historisches Phänomen* äußert sich Mosler mit den Worten: »In der Phraseologie eines verdünnten Kulturpessimismus nähert sich Stern in kritikloser Devotion den literarischen Werken der Zeit und wiederholt mit dem Wortschatz der Expressionisten distanzlos nur noch einmal deren Bewußtlosigkeit und ›ohnmächtiges Aufbegehren‹ (Lukács) gegen den totalitären kapitalistischen Immanenzzusammenhang.«[501]

1. Mai 1968: Auf einer Maikundgebung in **Oldenburg** (Niedersachsen) beschlagnahmt die Polizei 400 Exemplare des nach dem Dutschke-Attentat gedruckten Extrablattes der Frankfurter Studentenzeitung *Diskus*. Die von Schülern angebotene Zeitung enthalte, wie es zur Begründung heißt, »verunglimpfende Passagen«, die sich gegen Bundeskanzler Kiesinger und den Regierenden Bürgermeister von Berlin richteten.

2. Mai 1968: Aufgerüttelt und erschrocken zugleich über die gewalttätigen Zusammenstöße an den Ostertagen diskutieren im Club Voltaire Studenten und Gewerkschafter auf Einladung des Frankfurter Kreisverbands der *Jungdemokraten* unter Leitung Andreas von Schoelers über die Frage **Widersprechen die Demonstrationen gegen Springer den Interessen der Arbeiter?** Mit einer für viele Zuhörer ungewöhnlichen Argumentation äußert dabei Günter Amendt (SDS) Verständnis sowohl für die ablehnende Haltung der Arbeiter als auch für die Reaktionen der Polizei. Als die Demonstranten das Verlagshaus blockiert hätten, sei es für ihn nicht überraschend gewesen, daß die Betriebsangehörigen der Societäts-Druckerei Knüppel neben ihren Maschinen bereitgehalten hätten. Menschen, die körperlich arbeiteten, versuchten ihre Probleme zunächst auch mit körperlichen Mitteln zu lösen. Der in der Betriebssoziologie gebräuchliche Begriff der »Körperlichkeit der Arbeit« mache das einsichtig. Auch die gewalttätigen Reaktionen der Polizei seien nachvollziehbar. Die Studenten hätten sich mit ihrer Protestaktion zum ersten Mal außerhalb der geltenden Ordnung gestellt und an einem bestimmten Punkt den Eigentumsbegriff in Frage gestellt: »Dies war nicht mehr eine Demonstration, sondern eine vorrevolutionäre Aktion.«[502] Als Betriebsratsmitglied der Societäts-Druckerei hebt Rolf Arnold hervor, daß die überwiegende Mehrheit seiner Kollegen den Demonstranten feindselig gegenübergestanden hätte. Die Blockadeaktionen seien für sie aus heiterem Himmel gekommen und wären nicht nachvollziehbar gewesen. Die Arbeiter fühlten sich verunsichert und von den Studenten »auf den Arm genommen«. Sie wüßten nur zu genau, daß diese nach ihrem Studium in Führungspositionen aufrückten und dann über ihnen rangierten. Er selbst habe der Demonstration anfangs durchaus mit Sympathie gegenübergestanden – bis zu dem Moment, als es zu ersten Gewalttätigkeiten gekommen sei. An der Diskussion nehmen außerdem noch der Betriebsratsvorsitzende der *Frankfurter Rundschau*, Hans Georg Fritz, der Landesvorsitzende der *Jungdemokraten*, Uli Krüger, und Thomas Hartmann vom *Liberalen Studentenbund Deutschlands* (LSD) teil.

2. Mai 1968: Die beiden Frankfurter SDS-Studenten Dieter Bott und Hanspeter Bernhardt verteilen erneut in der nordhessischen Kreisstadt **Homberg** Flugblätter, um gegen die Prüderie im Schulunterricht zu protestieren und für die sexuelle Aufklärung in der von ihnen organisierten *Gegenschule* zu werben. Doch bereits kurz nach ihrem Auftauchen an einer in der Nähe ihrer ehemaligen Schule gelegenen Bushaltestelle schreitet die Polizei ein und entwendet ihnen die Pamphlete. Während sich Bernhardt zur Feststellung seiner Personalien auf das Revier abführen läßt, entzieht sich Bott dem Zugriff der Beamten. – Die **Hessische Allgemeine Zeitung** schreibt am Tag darauf, daß nicht viel gefehlt hätte und Bernhardt von Passanten und von einigen von Schülern alarmierten Eltern beinahe verprügelt worden sei. – Bei einem Gespräch mit dem Oberstudiendirektor und Vertretern des Elternbeirats der Theodor-Heuss-Schule erklärt die Staatssekretärin im hessischen Kultusministerium, Hildegard Hamm-Brücher (FDP), in **Oberurff** (Nordhessen), daß sie den Regierungspräsidenten in Kassel darum gebeten habe, Strafanzeige gegen Bott und Bernhardt zu stellen. Nach der erneuten Flugblattaktion sei sie zu dem Schluß gekommen, daß das Verhalten der beiden Studenten nicht mehr länger hinzunehmen sei. Ihnen und ihren Anhängern gehe es nicht um sexuelle Aufklärung, sondern um reine Provokation.

3. Mai 1968: Im Innenhof der Sorbonne in **Paris** führt die *Union nationale des étudiantes de France* (UNEF) um die Mittagszeit eine Protestkundgebung gegen die Schließung der Universität Nanterre durch. Als Redner treten ihr stellvertretender Vorsitzender, der 25jähri-

---

499 Frisch hatte, wie er in seinen Tagebuchaufzeichnungen berichtet, im März 1968 die Gelegenheit, mit den beiden Frankfurter SDS-Mitgliedern Günter Amendt und Dietrich Wetzel ein ausführliches Gespräch zu führen. Nach einem Abend am Kamin lautet sein Resümee: »Aufklärer mit Bereitschaft zur Gewalt, dabei die Zauberformel: Gewalt gegen Sachen, nicht gegen Personen. Und wenn die Sachen bewacht werden von Personen? Es wird Tote geben.« In: Max Frisch, Tagebuch 1966–1971, Frankfurt/Main 1974, S. 114.
500 Peter Mosler, Alle Menschen guten Willens mit geistigen Zielen, in: Diskus – Frankfurter Studentenzeitung, 18. Jg., Nr. 4, Mai 1968, S. 14.
501 A.a.O.
502 Frankfurter Rundschau vom 4. Mai 1968.

ge Jacques Sauvageot, und als Vertreter der *Bewegung 22. März* Daniel Cohn-Bendit auf. Beide Beiträge verhallen, ohne bei den 250 Teilnehmern ein größeres Echo hervorzurufen. Erst als ein Trotzkist Passagen aus dem von Georges Marchais verfaßten Leitartikel in der kommunistischen Tageszeitung *L'Humanité* vorliest, regen sich Stimmen des Unmuts. Marchais disqualifiziert die linksradikalen Studentengruppen von Nanterre darin als großbürgerlich und »pseudorevolutionär«. Als eine Stelle über die *Bewegung 22. März* verlesen wird, in der es heißt, daß sie von dem »deutschen Anarchisten Cohn-Bendit« angeführt wird, wird das von vielen durch den Zwischenruf »und dem Juden« ergänzt, um den latenten Antisemitismus in der Abwertung durch den KPF-Funktionär deutlich zu machen. Nach der Mittagspause wird die Veranstaltung fortgesetzt. Durch die gegen 15 Uhr eintreffende Nachricht, daß sich eine Gruppe von Rechtsradikalen im Anmarsch befinde, werden heftige Aktivitäten ausgelöst. Angehörige von maoistischen und trotzkistischen Gruppierungen, darunter der 27jährige kampferprobte Alain Krivine, beginnen sich mit Helmen und Knüppeln gegen den bevorstehenden Angriff der Gruppe *Occident* zu wappnen. Als der Rektor Jean Marie Roche davon erfährt, läßt er vorsorglich alle Hörsäle räumen und abschließen. Dadurch steigt die Zahl der verteidigungsbereiten linken Studenten, die Kampfeslieder intonierend im Innenhof warten, auf rund 500. Sie warten und es passiert nichts. Erst nachdem ein Teil von ihnen in dem Glauben nach Hause gegangen ist, man sei einem Fehlalarm aufgesessen, ruft jemand: »Sie kommen!« Es sind jedoch nicht die »Faschisten«, sondern Hunderte von Polizisten, die in die Sorbonne eindringen. Mit ihrem Einsatzleiter können die Studenten einen friedlichen Abzug vereinbaren. Doch als sie in die Rue de la Sorbonne einbiegen, sehen sie sich erneut mit Einheiten der Polizei konfrontiert. Diese will nun die Personalien der »Störer« aufnehmen und sie zu diesem Zweck ins Polizeipräsidium verfrachten. Als Cohn-Bendit, Sauvageot, Krivine und andere in eines der Polizeifahrzeuge steigen müssen, löst das jedoch heftige Gegenreaktionen aus, die zu einem Handgemenge führen und schließlich in eine regelrechte Straßenschlacht münden, bei der Gummiknüppel und Tränengas eingesetzt werden. Am späten Nachmittag fliegt der erste Pflasterstein und trifft durch eine Windschutzscheibe hindurch den Brigadier Christian Brunet, der in seinem Fahrzeug blutüberströmt zusammenbricht. Die Meldung von diesem Zwischenfall heizt wiederum die Polizei bei ihrer Vorgehensweise an, viele von ihnen wollen für ihren Kollegen, von dem es zunächst fälschlich heißt, er sei seinen Verletzungen erlegen, »Vergeltung« üben. Mehr und mehr jagt sie hinter Demonstranten und Passanten gleichermaßen her und treibt sie durch die Straßen des Quartier Latins. In den folgenden Stunden werden insgesamt 574 Personen festgenommen. Erst am späten Abend beginnt die Lage sich wieder zu normalisieren. Gegen Mitternacht werden die ersten der Festgenommenen wieder auf freien Fuß gesetzt.

3.5.: Pariser CRS-Polizist in Aktion (Plakatdruck).

6. Mai 1968: Der SDS und die *Unabhängige Sozialistische Schülergemeinschaft* (USSG) führen aus Solidarität mit ihren französischen Kommilitonen, die gegen die Schließung der Sorbonne protestieren, ein Teach-in über die Studentenrebellion in Nanterre und in Paris durch. Hans-Jürgen Kahl vertritt dabei die Einschätzung, daß sich die Situation der französischen gegenüber der der bundesdeutschen Studenten in einem Punkt, dem der Gewaltpotentialität, stark unterscheide. In Frankreich seien die linken Studenten wegen der faschistischen Stoßtrupps an den Universitäten gezwungen, sehr viel militanter vorzugehen als in der Bundesrepublik. Erstmals habe die gaullistische Staatsgewalt zu erkennen gegeben, stellt er unter lauten Pfuirufen fest, daß sie sich mit den faschistischen Studenten identifiziere. Er schlägt vor, zum französischen Generalkonsulat zu ziehen. Nachdem zuvor auch die französische Studentin Marie-Ange Roy gesprochen hat, ziehen die etwa 800 Studenten mit dem Sprechchor »Liberez nos camerades!« (Befreit unsere Genossen!) durch die Gräfstraße und die Bockenheimer Landstraße zu dem in der Zeppelinallee gelegenen Generalkonsulat. Als sie dort eintreffen, erklärt sich der Vizekonsul Jacques Grandadam bereit, eine Delegation der Studenten in das Gebäude zu lassen. Doch bevor dies geschieht, betritt Generalkonsul Millot im ersten Stock den Balkon und wendet sich an die Demonstranten. Er begrüßt sie freundlich, lehnt es jedoch ab, ihrer Aufforderung zu folgen, mit in die Universität zu kommen und dort über die Vorgänge an den französischen Universitäten Rede und Antwort zu stehen. Polizeihauptkommissar Vogel stellt den Demonstranten ein Megaphon zur Verfügung, damit sie sich mit dem Generalkonsul überhaupt verständigen können. Nach dessen Ablehnung entschließen sich die Studenten, nachdem Krahl zuvor die Feststellung getroffen hatte, daß ein gemütliches Gespräch mit dem Generalkonsul einem Verrat an den französischen Genossen gleichkäme, zu dem in der Freiherr-von-Stein-Straße gelegenen Institut Français weiterzuziehen und die dort tätigen Lehrkräfte zum Streik aufzurufen. Als sie dort eintreffen, dringen sie bis ins Hochparterre vor und besetzen die beiden Vortragsräume. Der Direktor des Instituts, André Padoux, erklärt, er gehöre dem französischen Hochschullehrerverband an, der sich dem Streikaufruf der *Union*

6.5.: Frankfurter Studenten protestieren im Institut Française gegen die Schließung der Sorbonne.

nationale des étudiantes de France (UNEF) angeschlossen habe. Auf die Frage, ob er sich auch mit den kämpfenden Studenten von Nanterre solidarisch erklären würde, bemerkt er unter lauten Mißfallensäußerungen, in Frankreich würde er einem solchen Streikaufruf folgen, aber nicht im Ausland. Nach einer längeren Diskussion und einem nachfolgenden Sit-in ziehen die Demonstranten unverrichteter Dinge schließlich wieder ab.

6. Mai 1968: In **Paris** erscheinen am frühen Morgen sieben Studenten, darunter Daniel Cohn-Bendit, und eine Studentin vor dem Disziplinarausschuß der Sorbonne. Sie müssen sich wegen der Besetzung eines Hörsaals verantworten, in dem sie eine Versammlung abgehalten haben, und werden von 200 Kommilitonen bis zum Eingang begleitet. In den umliegenden Straßen sind 1.500 Polizisten aufgeboten, um Ruhe und Ordnung zu garantieren. Als die Gruppe in Begleitung von zwei Rechtsanwälten, die »Internationale« singend, in das Gebäude zieht, geht ein Blitzlichtgewitter von mehr als zwei Dutzend Photoreportern über ihnen hernieder. Im Innern werden sie bereits von den Professoren Alain Touraine, Henri Lefèbvre, Paul Ricouer und Guy Michaud erwartet, die bereit sind, sie zu verteidigen. Während der Disziplinarausschuß mit seiner Verhandlung beginnt, versucht draußen die Polizei mit allen ihr zur Verfügung stehenden Mitteln die Menge der sich Solidarisierenden zu vertreiben. Als dies nicht so ohne weiteres gelingt und sich die Zahl der sich Widersetzenden bald auf 1.500 erhöht, setzen die Ordnungskräfte Tränengasgranaten ein. Die Studenten flüchten nun zum Théatre Odéon und formieren sich dort zu einem Demonstrationszug. Auf inzwischen 4.500 Teilnehmer angewachsen, ziehen sie, in deutlichem Abstand von der Polizei begleitet, die Seine entlang in Richtung Notre Dame. Zum Teil wird den Demonstranten von Anwohnern, die nugierig ihre Fenster geöffnet haben, Beifall gespendet. Als sie gegen 15 Uhr wieder am Boulevard St. Germain eintreffen und in Richtung Sorbonne weitergehen wollen, bemerken sie, daß der Weg dorthin von Polizisten versperrt wird. Das führt zu einer erneuten Verschärfung der Situation. Als die Studenten von den Ordnungshütern zurückgedrängt werden, beginnen diese, sich auf eine Schlacht vorzubereiten, indem sie Autos querstellen. Dann beginnt ein zweistündiger Straßenkampf, in dem Pflastersteine fliegen, Tränengasgranaten gezündet und Autos demoliert werden. Auf beiden

6.5.: Die Pariser Studenten auf dem Weg zum Disziplinarausschuß. In der Mitte: Cohn-Bendit.

Seiten gibt es zahlreiche Verletzte. Gegen 17 Uhr 30 ziehen sich die Studenten zurück. Doch bereits eine Stunde später versammeln sie sich nach einem Aufruf der UNEF zu einer Demonstration. Mehr als 6.000 ziehen zum Boulevard St. Germain. Als sie dort erneut mit Tränengas begrüßt werden, führt das zu einer nochmaligen Eskalation. Wiederum werden Pflastersteine aus der Straße herausgebrochen und Barrikaden errichtet. Die Polizei setzt nun auch Wasserwerfer und CB-Gase ein, deren Chlorverbindung zu Atemkrämpfen und Verätzungen der Haut führt. An verschiedenen Straßenecken kommt es zu unmittelbaren Kämpfen. Auch Autos werden dabei angezündet. Als die Auseinandersetzungen gegen 21 Uhr abzuflachen beginnen, werden 432 Festgenommene und 805 Verletzte gezählt, darunter 345 Polizisten. Elf Omnibusse und 40 Autos sind beschädigt bzw. zerstört worden. – Ein Teil der französischen Presse ist sich in der anschließenden Berichterstattung darüber einig, daß die harte Reaktion der Staatsmacht auf die anfangs eher geringfügigen Studentenproteste genau das Gegenteil von dem bewirkt hat, was durch sie beabsichtigt war – eine zunehmende Solidarisierung und Mobilisierung zunächst unbeteiligter Studenten, in der Folge eine stufenweise Eskalation der Gewaltbereitschaft und des Einsatzes von Gewaltmitteln auf beiden Seiten.

6. Mai 1968: Herbert Marcuse, der sich genau zu Beginn der Mai-Unruhen in **Paris** aufhält, hält anläßlich des 150. Geburtstages von Karl Marx im Rahmen einer von der UNESCO durchgeführten Konferenz ein Referat mit dem Titel **Re-examination of the Concept of Revolution**[503].

9. Mai 1968: In seiner Vorlesung **Einführung in die Soziologie** erörtert Professor Theodor W. Adorno den Begriff der Prognose am Beispiel der Voraussagbarkeit von den in West-Berlin erlebten pogromartigen Verfolgungen von Studenten. Er kritisiert dabei u. a. die von großen Teilen der Bevölkerung vertretene Ansicht, daß die Studenten nur deshalb demonstrierten, weil es ihnen zu gut ginge.[504]

9. Mai 1968: Mit dem minutenlangen, alles durchdringenden Heulton aus einer Luftschutzsirene stellt sich nachmittags auf dem Opernplatz das **Sozialistische Straßentheater** vor. Von einem vor der Ruine des Opernhauses aufgestellten blauen Lastkraftwagen aus imitieren seine Akteure die Geräuschkulisse einer Notstandsübung. »Stürmt den Römer«, ordert sein Initiator, der Kabarettist Conrad Reinhold, die mehreren hundert Zuschauer augenzwinkernd auf, »und fordert von Eurem Oberbürgermeister ›Rettet das Grundgesetz!‹« Das mobile Theater als Protestform – in den Sketchen geht es vor allem um die Mobilisierung zu dem gegen die Notstandsgesetzgebung gerichteten Sternmarsch auf Bonn und die Kritik am Springer-Konzern. »Das Straßentheater«, stellt der 1957 aus Leipzig in den Westen geflüchtete Reinhold fest, »versteht sich als ein Kommunikationsorgan der außerparlamentarischen Opposition. Es will im Gegensatz zu den etablierten Theatern auf jede Unterhaltung verzichten und sich ganz in den Dienst der Agitation stellen.«[505] – Obwohl die Aufmerksamkeit von Passanten zunächst beträchtlich ist, bleibt das Echo, wie eine Lokalzeitung einen Tag darauf bemerkt, insgesamt jedoch gering.

503 Herbert Marcuse, Re-examination of the Concept of Revolution, in: New Left Review Nr. 56, Juli – August 1969, S. 27 – 34.
504 Siehe: **Dok. Nr. 201**
505 Frankfurter Rundschau vom 10. Mai 1968.

9.5.: Das »Sozialistische Straßentheater« vor der Ruine des Opernhauses.

10./11.5.: Agitation inmitten der Polizei: Daniel Cohn-Bendit.

9. Mai 1968: Im bis auf den letzten Platz besetzten Hörsaal VI hält der Assistent am Philosophischen Seminar Oskar Negt im Rahmen eines vom SDS organisierten Teach-in das Hauptreferat zum Thema **Politik und Gewalt**. Von Gewalt, hält er fest, könne man sich nicht befreien, wenn ihre Gegenwart ständig aus dem Bewußtsein verdrängt werde. Die Hauptschuldigen am »organisierten Mord«, wie er im Falle Benno Ohnesorgs durch einen »brutalisierten Polizeieinsatz« ausgelöst worden sei, säßen in Redaktionsbüros, Regierungen und Parteien. In der nachfolgenden Diskussion bezeichnet Dietrich Wetzel (SDS) die Gewaltanwendung gegen den Springer-Konzern als legitim, weil dieser durch seine Manipulation der öffentlichen Meinung eine Selbstbestimmung der Bevölkerung verhindere. Der Abend klingt damit aus, daß die Zuhörer organisatorisch auf den bevorstehenden Sternmarsch auf Bonn vorbereitet werden. SDS-Sprecher Hans-Jürgen Krahl erklärt, daß man in der Bundeshauptstadt mit einer »Notstandssituation« zu rechnen haben werde.

9. Mai 1968: In der Mutualité in **Paris** haben sich rund 5.000 Studenten, Schüler und Intellektuelle zu einer Diskussionsveranstaltung über die Revolte der letzten Tage und die Reaktionen der Staatsorgane versammelt. Ursprünglich hätte Rudi Dutschke als einer der Hauptredner auftreten sollen. Eine Gruppe Westberliner SDS-Mitglieder um Bernd Rabehl und Christian Semler, die an seiner Stelle angereist ist, wurde bereits am Vormittag von der Polizei auf dem Flughafen Orly gestoppt und zur Umkehr gezwungen. Als die Teilnehmer von dem Einreiseverbot erfahren, bricht ein Sturm der Empörung aus. Nachdem die beiden Trotzkisten Alain Krivine und Ernest Mandel mit ihren Beiträgen den Abend eröffnet haben, trägt Daniel Cohn-Bendit nach dem Muster der *Bewegung 22. März* ein Plädoyer vor, daß die Linke ihr Lagerdenken, ihre Fraktionierungen und das immer noch weit verbreitete Sektenwesen überwinden, Aktionsbündnisse und auch perspektivenreichere Allianzen eingehen müsse

10./11.5.: Ein CRS-Polizist verfolgt einen Studenten.

und sich zu einem gemeinsamen Kampf zusammenschließen solle, um gegen die zunehmende staatliche Unterdrückung bestehen zu können. In der Folge zentriert sich die Debatte mehr und mehr um die Frage, ob es sinnvoll sei, an der Sorbonne nach dem Westberliner Modell eine *Kritische Universität* einzurichten. Während sich Trotzkisten und Maoisten in der Ablehnung des als »kleinbürgerlich« angesehenen Projekts einig sind, wird es von den undogmatisch-anarchistischen Gruppierungen favorisiert.

10./11. Mai 1968: Die Mai-Revolte erreicht in **Paris** mit den später als **Barrikadennacht** bezeichneten Straßenkämpfen ihren militanten Höhepunkt. Kurz nach 21 Uhr wird, ohne daß es irgendeinen strategischen Sinn dafür geben könnte, in der im Quartier Latin gelegenen Rue le Goff aus Autos, Baugittern, Reklamewänden aus Sperrholz und Pflastersteinen die erste Barrikade aufgetürmt. Wie von Geisterhand entstehen in rascher Abfolge im Umkreis der immer noch von der Polizei abgesperrten Sorbonne weitere: »Mit ungeheurer Schnelligkeit wird alles, was nicht niet- und nagelfest ist, herbeigetragen, um Absperrungen zu errichten. Baustellen werden geplündert, Eisenrollen, Baugerüste, Helme, Arbeitswesten werden zum Bau der Barrikaden verwandt und immer wieder parkende Pkws. Auch Baustellenwagen werden umfunktioniert. Die größte Barrikade erreicht eine Höhe von drei Metern, sie ist angeblich von einer Gruppe junger Arbeiter, die sich der Demonstration angeschlossen haben, relativ fachmännisch und verteidigungsgerecht aus Baustellenmaterial errichtet worden ... Das besetzte und abgeriegelte Gebiet bildet eine Enklave innerhalb des 5. Arrondissement.«[506] In der Zwischenzeit sind Reporter von »Europe 1« und »Radio Luxembourg« (RTL) mit ihren Übertragungswagen in das Barrikadengebiet gefahren und beginnen kurz nach 22 Uhr damit, über den weiteren Gang der Ereignisse wie bei einer Sportreportage für ein Millionenpublikum zu berichten. Etwa zur selben Zeit sitzt mit Alain Geismar einer der studentischen Aktivisten in einem solchen Fahrzeug und telephoniert mit dem stellvertretenden Rektor der Sorbonne, einem 70jährigen Professor. Ohne daß dieser davon weiß, wird das Telephonat direkt von RTL übertragen. Er gibt seine Bereitschaft zu verstehen, hinter die Barrikaden zu kommen und direkt mit Geismar zu verhandeln. Dieser macht ein solches Gespräch jedoch davon abhängig, daß zuvor eine Amnestie für alle verhafteten und verurteilten Studenten ausgesprochen werde. Der Professor entgegnet, daß dies nicht in seiner Kompetenz liege, er sich deshalb aber an den zuständigen Minister wenden wolle. Bevor sie auflegen, vereinbaren sie, das Gespräch zehn Minuten später fortzusetzen. Als sich auch dann noch keine Lösung abzeichnet, ergreift der Soziologe Professor Alain Touraine die Initiative und macht Daniel Cohn-Bendit den Vorschlag, zusammen mit zwei weiteren Professoren und Studenten in die Sorbonne zu gehen und dort direkt mit dem Rektor zu verhandeln. Kurz nach Mitternacht ist es dann soweit. Die Delegation betritt, von einem Polizisten begleitet, die Sorbonne und wird vom Rektor empfangen. Mitten in das Gespräch platzt ein Anruf des Erziehungsministers Alain Peyrefitte. Dieser fragt ihn nur, ob sich Cohn-Bendit unter den Delegierten befinde. Der Rektor, der nichts von Cohn-Bendits Anwesenheit ahnt, obwohl er mit diesem bereits direkt verhandelt, verneint mit Entschiedenheit. Als er jedoch erfährt, daß – wie er von einem seiner Mitarbeiter, der die Direktübertragung von RTL verfolgt, gehört hat – der Studentenführer aus Nanterre entgegen seiner Auskunft doch unter den Anwesenden ist, bricht er das Gespräch sofort ab. Auch alle Appelle Touraines, der sich telephonisch an seinen ehemaligen Studienkollegen Peyrefitte wendet und ihn bittet, die Polizei zurückzuziehen und dadurch Blutvergießen noch zu verhindern, bleiben fruchtlos. Kurz vor 2 Uhr verläßt die Delegation ergebnislos die Sorbonne. Da-

10./11.5.: Am Morgen nach der Barrikadennacht.

---

506 Ingrid Gilcher-Holtey, »Die Phantasie an die Macht« – Mai 68 in Frankreich, Frankfurt/Main 1995, S. 241.

Mai 1968

11.5.: Brodelnde Atmosphäre in der Bonner Beethovenhalle.

mit sind die Würfel gefallen. Nicht einmal eine halbe Stunde später beginnt eine »Schlacht ohne Gnade« *(Der Spiegel)*. Die einzige Maxime, die die Polizeikräfte bei ihrem Vorrücken verfolgen, besteht darin, keine Schußwaffen einzusetzen – alles andere ist für sie nicht explizit verboten und damit möglich. Mehrere Stunden lang gehen sie unter dem Einsatz von Schlagstöcken und Tränengasgranaten systematisch gegen die Verbarrikadierten vor und räumen ein Hindernis nach dem anderen. Um 5 Uhr 30 ist die letzte Barrikade gestürmt. Eine halbe Stunde später wird der Staatspräsident geweckt. Drei seiner Minister, darunter Innenminister Fouchet und Verteidigungsminister Messmer, unterrichten Charles de Gaulle vom Vollzug der Kommandoaktion. Dieser kommentiert den Ablauf der Ereignisse jedoch mit keinem einzigen Wort. Um 7 Uhr morgens kommt der Einsatzleiter der Polizei, André Gaveau, völlig erschöpft nach Hause. In der Küche trifft er auf seinen 21jährigen Sohn Jean-Francois. Der Jurastudent, der gerade von der anderen Seite der Barrikade zurückgekehrt ist, herrscht ihn aufgebracht mit den Worten an, er verstehe nicht, daß er »diese Schufte«, gemeint sind seine Untergebenen, insbesondere die mit äußerster Brutalität vorgegangenen Gruppen der Spezialpolizei *Compagnies républicaines de sécurité* (CRS), verteidige. Der Polizeioffizier erkennt, daß er an diesem Morgen argumentativ auf verlorenem Posten steht, versucht nur noch auszuweichen und weist schließlich auf die Regierung hin, die die Verantwortung für alles trage.[507]

11. Mai 1968: An dem vom *Kuratorium »Notstand der Demokratie«* durchgeführten **Sternmarsch auf Bonn** beteiligen sich – trotz einer vom DGB zeitgleich in der Dortmunder Westfalenhalle durchgeführten Parallelveranstaltung – über 60.000 Demonstranten aus der gesamten Bundesrepublik. Mit dem auf den Bundesinnenminister abzielenden Schlachtruf »Benda, wir kommen!« ziehen die Notstandsgegner stundenlang durch die fast menschenleere Bundeshauptstadt. Die Demonstration, bei der 188 Polizisten hauptsächlich zur Verkehrsregelung eingesetzt werden, mehrere tausend werden in Bereitschaft gehalten, verläuft ohne größere Zwischenfälle.[508] Auf der Schlußkundgebung sprechen der Schriftsteller Heinrich Böll, der FDP-Politiker und Notstandskritiker Wolfram Dorn, der *Kuratoriums*-Sekretär Helmut Schauer, der SDS-Bundesvorsitzende Karl Dietrich Wolff, der VDS-Vorsitzende Christoph Ehmann, der Strafrechtler Helmut Ridder, der Schriftsteller Erich Fried und die beiden Gewerkschafter Werner Vitt und Georg Benz. Der vom SDS an die Gewerkschaften gerichtete Aufruf, einen Generalstreik zur Verhinderung der Notstandsgesetzgebung auszurufen, bleibt ungehört. Im Anschluß an eine fünf Stunden dauernde Kundgebung in der völlig überfüllten Beethovenhalle, auf der auch der Marbur-

11.5.: Aufkleber, schwarz-rot-gold umrandet.

ger Politikwissenschaftler Wolfgang Abendroth und die beiden SDS-Bundesvorstandsmitglieder Frank Wolff und Hans-Jürgen Krahl sprechen, brechen noch mehrere hundert Teilnehmer kurz vor Mitternacht zu einem Marsch nach **Bad Godesberg** auf. Ziel ist die französische Botschaft, wo gegen die Schließung der Sorbonne und die Unterdrückung der dortigen Studentenbewegung protestiert werden soll. Als die Demonstranten dort nach einem kilometerlangen, zum Teil im Laufschritt zurückgelegten Gewaltmarsch im Ortsteil Rüngsdorf eintreffen, sehen sie sich mit Polizeiketten konfrontiert, die die beiden Zugangswege absperren. Da offenbar niemand die örtlichen Gegebenheiten genauer kennt, gibt man die Absicht, ein Go-in durchzuführen auf und zieht gegen 3 Uhr morgens wieder ab. – Am Sternmarsch haben sich nach Angaben des lokalen *Aktionsausschusses gegen die Notstandsgesetze* rund 3.000 Frankfurter beteiligt. Sie seien mit 47 Omnibussen, die vom Römerberg und vom Domplatz gestartet sind, und 280 Privatfahrzeugen nach Bonn gefahren.

11. Mai 1968: Rund 150 Schüler ziehen vom Opernplatz zur Universität, um sich den Protesten gegen die Notstandsgesetzgebung anzuschließen. An ihrer Spitze führen sie ein Transparent mit, auf dem zu lesen ist: »Trotz autoritärem Verbot – Solidarität mit Stern-

11.5.: Notstandsgegner auf ihrem Weg durch Bonn.

---

507 Siehe: Ingrid Gilcher-Holtey, a.a.O., S. 257f.
508 Vgl.: Carl-Christian Kaiser, »Benda, wir kommen« – Aber der Sternmarsch der Notstandsgegner verläuft ohne Zwischenfälle, in: Stuttgarter Zeitung vom 13. Mai 1968.

Mai 1968

marschierern«. Auf der Wiese hinter dem Studentenwohnheim an der Bockenheimer Warte führen sie ein Teach-in durch, auf dem Möglichkeiten zur Durchsetzung eines Generalstreiks an allen Frankfurter Schulen diskutiert werden.

12. Mai 1968: Mehrere Sprecher des SDS rufen am Sonntagabend auf einem Teach-in die Studenten dazu auf, im Widerstand gegen die Notstandsgesetzgebung die Frankfurter Universität vom Morgen des 15. Mai zeitlich unbegrenzt zu besetzen. An allen Eingängen sollten früh morgens Streikposten aufgestellt werden, um zu verhindern, daß Streikbrecher die Räume betreten und Veranstaltungen besuchen können. Auch dem Rektor solle der Zutritt verwehrt werden. Das Personal sei ebenfalls aufgefordert, sich an dem Streik zu beteiligen. Wie SDS-Bundesvorstandsmitglied Hans-Jürgen Krahl erläutert, solle mit der Besetzung der exemplarische Versuch unternommen werden, »den Produktionsbetrieb Universität selbsttätig« zu übernehmen.

13. Mai 1968: Mit einer öffentlichen Erklärung solidarisiert sich eine Reihe Frankfurter Professoren mit den Protesten ihrer Studenten gegen die Notstandsgesetzgebung und fordert selbst zur Verteidigung des Grundgesetzes auf. »Die Folgen der Notstandsgesetze«, heißt es darin, »sind unübersehbar; nur wer in der konkreten Situation Entscheidungen trifft, bleibt glaubwürdig.«[509] Das Schreiben, an dessen Ende es heißt, man solle sich ein Beispiel an den französischen Kollegen nehmen, ist unterzeichnet von Hans-Werner Bartsch, Walter Fabian, Heinz-Joachim Heydorn, Hans Rauschenberger, Berthold Simonson, Rudolf Vogel, Hildeburg Bethke, Gernot Koneffke und Ilse Staff.

13. Mai 1968: In einem Schreiben an den Hamburger Publizisten Claus Grossner erläutert Jürgen Habermas »den unglücklichen Topos des linken Faschismus«[510], den er ein knappes Jahr zuvor auf dem Hannoveraner Kongreß *Bedingungen und Organisation des Widerstands* verwendet hatte, um damit die von Rudi Dutschke und Teilen des SDS propagierte Methode der direkten Aktion zu kritisieren. Zwar halte er, so meint Habermas, der Intention nach an seiner damaligen Bemerkung fest, jedoch würde er das »Etikett« eines solchen Ausdrucks nicht wieder verwenden wollen.

13. Mai 1968: Nach seiner Ankunft aus Paris fährt Herbert Marcuse ins Westend-Krankenhaus in **West-Berlin**, um den nur langsam von seinen schweren Schußverletzungen genesenden Rudi Dutschke zu besuchen. Er hegt die Hoffnung, Dutschke nach seiner Genesung zu einer Fortsetzung seines Studiums an der University of California in San Diego bewegen zu können.

12.5.: Meysenbugs Pop-Art-Comics als »Diskus«-Titelblatt.

Mai 1968

Allerdings sei, wie er sich Journalisten gegenüber äußert, das Problem der Finanzierung noch nicht geklärt. »Sogar Reagan«, meint Marcuse über den wegen seines rechtskonservativen Kurses berüchtigten Gouverneur von Kalifornien, »hat von Rudi Dutschke gehört und er wird kaum bereit sein, für ihn ein Stipendium der University of California frei zu machen.«[511] – Zwei Tage später, am 15. Mai, ersetzen die behandelnden Ärzte bei einer Nachoperation Rudi Dutschkes die Kunststoffplatte, mit der die Einschußstelle provisorisch verschlossen worden war, mit einem Stück Schädelknochen.

13. Mai 1968: Vor 4.000 Studenten referiert Herbert Marcuse im Auditorium maximum der Freien Universität in **West-Berlin** über **Geschichte, Transzendenz und sozialer Wandel**. Als er kurz vor Beginn von seinem Krankenhausbesuch bei Rudi Dutschke berichtet, von dem er meint, daß es ihm gut gehe und daß er schon bald wieder der alte sei, bricht minutenlanger Beifall aus. Marcuse faßt noch einmal seine Kritik an der Gegenwartsgesellschaft zusammen und konzentriert sich vor allem auf die Frage, welche gesellschaftlichen Klassen, Schichten und Gruppierungen zu einem Faktor im revolutionären Prozeß werden könnten. Diese Kraft sieht er global betrachtet im Proletariat der Dritten Welt, den Ghettos und Randgruppen der Metropolen, den alten und neuen sozialistischen Ländern. Eine Alternative zum bestehenden Gesellschaftssystem könne jedoch nur ein »Sozialismus ohne Stalinismus« sein; ein solcher Sozialismus erfordere »einen neuen Menschen«. Die Revolte der Studenten sei kein Generationskonflikt, sondern eine »Opposition gegen die Gesellschaft als Ganzes«. Als er seinen Vortrag beendet und die Diskussion eröffnet werden soll, kommt es zu Zwischenrufen und heftigen Unmutsäußerungen. Einige wollen nicht länger mehr »theoretisieren«, sondern »ganz konkret« über die Ereignisse in Frankreich oder die nächsten Schritte zur Verhinderung der Notstandsgesetzgebung sprechen. Wenn Marcuse wirklich meine, was er geschrieben und gesagt habe, dann solle er sich jetzt an der revolutionären Praxis beteiligen. Nach einigem Hin und Her, bei dem Marcuse unmißverständlich klar macht, daß er nicht daran denke, unmittelbar Ratschläge für eine revolutionäre Praxis zu erteilen, verläßt er vorzeitig die Versammlung. Anschließend tragen etwa 50 Studenten, darunter Mitglieder der *Kommune I*, das etwa drei Meter große hölzerne Wappen der Freien Universität mit dem Motto »Libertas« von der Tribüne, transportieren es nach draußen und setzen es vor dem Rektorat in Brand. Rudolf Ganz schreibt in seinem Kommentar am übernächsten Tag in der **Frankfurter Rundschau**: »Kaum jemand, der nach dem Abend mit Prof. Herbert Marcuse in Berlin nicht enttäuscht ist: die Studenten, die linken Professoren und nicht zuletzt Marcuse selbst gaben mehr oder weniger ihrem Unmut Ausdruck. Es wäre verfehlt, diese allgemeine Mißstimmung nur als Folge von Marcuses Auftreten anzusehen. Es dürften die Pariser Ereignisse sein, die der außerparlamentarischen Opposition und besonders den Berliner Studenten ihre eigenen Grenzen wieder in Erinnerung gerufen haben: Generalstreik, Solidarität der Gewerkschaften und der meisten Professoren, Unterstützung in fast allen Teilen des Landes – dieses Bild aus Frankreich steht in so krassem Widerspruch zur deutschen Wirklichkeit, daß auch die Optimisten es schwer haben, nicht resigniert zu werden.«[512]

13. Mai 1968: Rund eine Million Menschen ziehen in zwei riesigen Marschblöcken durch die französische Hauptstadt **Paris**, um gegen die gewaltsame Niederschlagung der Studentenrevolte durch die Polizei zu protestieren. Am Place de la République treffen die beiden Züge zusammen, der der Studenten wird von Daniel Cohn-Bendit, Alain Geismar und Jacques Sauvageot angeführt, der der Gewerkschaften von den Parteirepräsentanten Pierre Mendès-France, François Mitterrand, Guy Mollet und Waldeck Rochet. Die Spaltung der Protestierenden ist symptomatisch. Sie steht

---

509 Frankfurter Rundschau vom 14. Mai 1968.
510 Jürgen Habermas, Brief an Claus Grossner, in: ders., Protestbewegung und Hochschulreform, Frankfurt/Main 1969, S. 151. **(Dok. Nr. 205)**
511 Zit. nach: Der Spiegel vom 20. Mai 1968, 22. Jg., Nr. 21, S. 52; Rudi Dutschke schreibt über den Besuch Marcuses ein Jahrzehnt später: »Seine Skizzierung, Faszinierung und kritisch-solidarische Distanz zu den unzweideutig neuen Klassenkämpfen in Frankreich in der Form des ›Pariser Mai‹ wiesen darauf hin, daß er seine eigenen Positionen neu befragte, ohne in irgendeinen ›Prolet‹- oder ›Studenten-Kult‹ ›hinab‹- oder ›hinaufzugleiten‹. Ich bat ihn in diesem Gespräch eindringlich, sobald wie möglich nach Prag zu fahren, berichtete, soweit ich konnte, von meinen dortigen Diskussionen und versuchte, den Zusammenhang zwischen den Kämpfen in West- und Osteuropa an Beispielen zu verdeutlichen. Wobei ich mich in diesem Augenblick nicht einmal seiner Teilnahme am Prager Hegel-Kongreß von 1967 erinnerte. Wo er mit Sicherheit die Wichtigkeit der Kafka-Diskussion im Rahmen der Linkswendungen, der demokratischen Wendungen erfuhr. Er nahm mir mein ›Vergessen‹ nicht übel, versprach vielmehr, im Herbst dorthin zu fahren.« Zit. aus: Rudi Dutschke, Pfad-Finder – Herbert Marcuse und die Neue Linke, in: Neues Forum Nr. 297/298, September/Oktober 1978, S. 58.

13.5.: Die »drei Musketiere des Pariser Mai« (v. l. n. r.): Alain Geismar, Jacques Sauvageot und Daniel Cohn-Bendit.

für den Konflikt zwischen linksradikalen bis anarchistischen Gruppierungen auf der einen und kommunistischen bis traditionell sozialistischen Parteien auf der anderen Seite. Die Massendemonstration selbst verläuft machtvoll, aber ruhig. Lediglich ein Block von etwa 5.000 Studenten zieht, einer Parole der *Bewegung 22. März* folgend, zum Marsfeld weiter. Dort rufen Jacques Sauvageot und Daniel Cohn-Bendit zu einer Fortsetzung des Generalstreiks an den Universitäten auf. Nach Einbruch der Dunkelheit ziehen die Studenten weiter zur Sorbonne und besetzen sie im Gefühl, gesiegt zu haben.

14. Mai 1968: In der Übung zu seiner Vorlesung **Einleitung in die Soziologie** lehnt es Theodor W. Adorno unter Verweis auf seine Lehrfreiheit ab, seine Veranstaltung für eine Diskussion über weitere Schritte gegen die Verabschiedung der Notstandsgesetze zur Verfügung zu stellen. Zuvor hatten Teilnehmer die Ansicht vertreten, daß es wichtiger sei über die Notstandsgesetze zu diskutieren, die einen »neuen Faschismus« möglich machen könnten, als über den Positivismus in der Soziologie. Falls er durch ein Plebiszit an der Abhaltung seiner Lehrveranstaltung gehindert werden sollte, droht Adorno an, dann werde er von einer zuvor noch nie wahrgenommenen Möglichkeit Gebrauch machen und vorzeitig auf seinen Lehrstuhl verzichten. Diese Konsequenz sollten die Studenten bei ihrem weiteren Vorgehen bedenken. Als nach dieser Äußerung einige laut zischen, wirft er ein, daß damit Terror auf ihn ausgeübt werde.[513]

14. Mai 1968: In **West-Berlin** kommt es zu einer Zusammenkunft von Herbert Marcuse mit Jürgen Habermas, Klaus Meschkat, Bahman Nirumand und Jacob Taubes. Thema der Unterredung sind nach Mitteilung eines der Teilnehmer *Die Kinderkrankheiten des linken Radikalismus*.[514]

14.–16. Mai 1968: Durch ein Plebiszit beschließen die Studenten der Frankfurter Universität auf einer abendlichen Vollversammlung, den Lehrbetrieb am Tag der zweiten Lesung der Notstandsgesetze, am 15. Mai, lahmzulegen und zu diesem Zweck die Zugänge zu den einzelnen Gebäuden zu blockieren. – Am Tag darauf werden ab 7 Uhr morgens die Eingänge zum Hauptgebäude der Universität durch Streikposten abgesperrt. Im Laufe des Vormittags kommt es wiederholt zu heftigen Auseinandersetzungen mit studierwilligen Studenten.[515] Zur gleichen Zeit bestreiken 3.000 Frankfurter Schüler ihren Unterricht; in über 30 Betrieben der Stadt werden Warnstreiks durchgeführt, an denen sich etwa 10.000 Arbeiter beteiligen. – Auf einer Protestversammlung vor dem Hauptgebäude versuchen Kultusminister Ernst Schütte, Rektor Professor Walter Rüegg und der Politikwissenschaftler Professor Thomas Ellwein, die Studenten vergeblich zum Abbruch ihrer Blockadeaktion zu bewegen. Als sich Examenskandidaten beschweren, daß sie die Folgen des Streiks auszubaden hätten, schlägt Hans-Jürgen Krahl ihnen vor, sie sollten ihre Professoren darum bitten, ihnen die Prüfung außerhalb des Hauptgebäudes abzunehmen. Es sei für einen massenhaften Widerstand »fünf Minuten vor Zwölf« ruft Krahl unter dem Beifall der großen Mehrheit aus. Sinn des Streiks sei es, die Universität zu einem Aktionszentrum gegen die Notstandsgesetzgebung zu machen und den Arbeitern zu zeigen, wie eine »Produktionsstätte«, in diesem Fall die Universität, lahmgelegt werden könne. Rechtsgerichtete Studenten des RCDS und des *Nationalen Hochschulbundes* (NHB), die zum Teil mit Schlaginstrumenten ausgerüstet sind, dringen währenddessen wiederholt in das Hauptgebäude ein. Nachdem es dabei zu heftigen Schlägereien mit Streikposten gekommen ist, brechen die Streikenden ihre Blockadeaktion schließlich am Mittag des 16. Mai ab. Rektor Rüegg räumt anschließend zusammen mit eini-

512 Frankfurter Rundschau vom 15. Mai 1968.
513 Zum weiteren Verlauf des Konflikts siehe: Alex Demirović, Bodenlose Politik – Dialoge über Theorie und Praxis, in Band 3: S. 71.
514 Siehe: Der Spiegel vom 20. Mai 1968, 22. Jg., Nr. 21, S. 54.
515 Vgl.: Oscar Link, Der Rektor kam durch die Hintertür – Die Blockade der Frankfurter Universität – Interview mit Prof. Rüegg und Frank Wolff (SDS), in: Frankfurter Rundschau vom 16. Mai 1968.

14.–16.5.: Zusammenstöße zwischen Streikbrechern und Streikposten am Eingang der Frankfurter Universität; halbrechts Detlev Claussen.

gen Senatsmitgliedern die Barrieren beiseite und öffnet die Eingangstüren. Am Nachmittag ziehen Studenten, Schüler und Arbeiter zum Gewerkschaftshaus, um vom Landesverband des DGB eine Zusage für die Ergreifung von Streikmaßnahmen zu erhalten.

15. Mai 1968: Herbert Marcuse stattet dem in **Ost-Berlin** stillgestellten Liedermacher Wolf Biermann einen Besuch ab. Nach seiner Ankunft in Biermanns Wohnung in der Chausseestraße trägt dieser ihm das nach dem Attentat geschriebene Lied **Drei Kugeln auf Rudi Dutschke** vor, das er nach einem Verbot der DDR-Behörden nicht in West-Berlin spielen darf. Marcuse äußert sich nach dem Besuch über den oppositionellen Sänger und Gitarristen mit den Worten: »Biermanns Ton ist verhaltener, indirekter geworden. Er trifft darum tiefer. Daß der Bürokratenverein der DDR diese Stimme nicht laut werden läßt, ist eine Schande für ein sozialistisches Land.«[516]

16. Mai 1968: Mehrere Professoren schließen sich dem Aufruf an, den 29. Mai zum Tag der Demonstrationen und Diskussionen gegen die Notstandsgesetze zu machen, und erklären: »Wir sind überzeugt, daß Arbeitsniederlegungen politisch notwendig und demokratisch legitim sind. Wir rufen auf, die Bewegung der Demokratie und ihre Kampfmaßnahmen gegen die Notstandsgesetze aktiv zu unterstützen.«[517] Unterzeichnet ist die Erklärung von Wolfgang Abendroth, Ernst Bloch, Ludwig von Friedeburg, Helmut Gollwitzer, Werner Hofmann und Helmut Ridder.

17. Mai 1968: In der **Frankfurter Rundschau** erscheint unter der Überschrift **Abgeordnete stellen sich nicht** eine Erklärung, in der Kritik am Verhalten der meisten Bundestagsabgeordneten während der Lesung der Notstandsgesetze geübt und die Ansicht vertreten wird, daß in einer solchen Situation ein Streik gerechtfertigt sei. Wörtlich heißt es: »Die Zukunft der Demokratie in Deutschland erfordert gegenüber der akuten Gefahr einer Aushöhlung der verfassungsmäßigen Grundrechte energischen Widerstand. Die Unterzeichneten halten darum den Streik während der zweiten Lesung der Notstandsgesetze für gerechtfertigt.«[518] Die Liste der Unterzeichner wird von Theodor W. und Gretel Adorno angeführt. Sie setzt sich vor allem aus Mitarbeiterinnen und Mitarbeitern des Instituts für Sozialforschung, darunter auch Ludwig von Friedeburg, zusammen.

20. Mai 1968: Eine Gruppe von Professoren und Assistenten der Frankfurter Universität sucht den *IG-Metall*-Vorsitzenden Otto Brenner auf, um ihn und andere Vorstandsmitglieder für neue Kampfmaßnahmen in Form von Warnstreiks und Demonstrationen gegen die Verabschiedung der Notstandsgesetze zu gewinnen. Obwohl zwischen Adorno, Habermas, Fetscher, von Friedeburg, Mitscherlich und vier namentlich nicht genannten Assistenten auf der einen Seite und Brenner und weiteren *IG Metall*-Funktionären auf der anderen Seite Einigkeit in der Einschätzung der durch die Notstandsgesetze heraufbeschworenen Gefahren besteht, lehnen die Spitzengewerkschafter die Ergreifung solcher Widerstandsmaßnahmen ab.[519]

20. Mai 1968: In der französischen Wochenzeitung **Le Nouvel Observateur** erscheint ein aufsehenerregendes Interview, das, in Umkehrung der zu erwartenden Rollenverteilung, der Philosoph Jean-Paul Sartre mit dem Studentensprecher Daniel Cohn-Bendit führt. Das Gespräch endet mit der ermunternden Feststel-

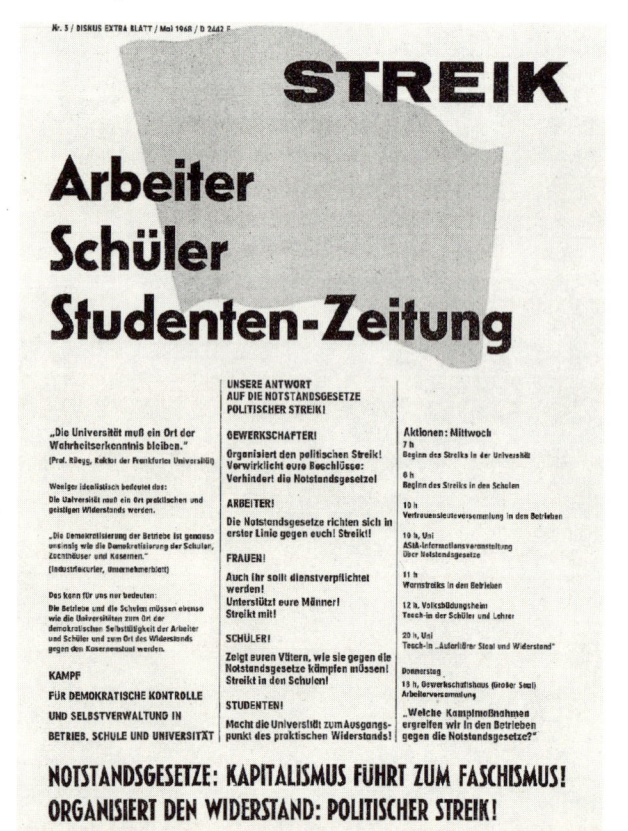

14.–16.5.: »Diskus«-Extrablatt.

lung Sartres: »Was an Ihrer Aktion interessant ist: sie setzt die Phantasie an die Macht. Auch ihre Phantasie hat gewiß Grenzen, aber Sie haben viel mehr Ideen als Ihre Väter hatten... Es ist etwas von euch ausgegangen, was erstaunen läßt, etwas Umwerfendes, etwas, das alles leugnet, was unsere Gesellschaft zu dem hat werden lassen, was sie heute ist. Dies möchte ich Ausdehnung des Feldes der Möglichkeiten nennen. Weicht hier nicht zurück!«[520] – Eine deutsche Fassung des Gesprächs erscheint am 31. Mai unter dem Titel **Die Phantasie an die Macht** in der Wochenzeitung **Die Zeit**.

20. Mai 1968: Im größten Hörsaal der Sorbonne in **Paris** tritt Jean-Paul Sartre auf. Tausende von jungen Leuten sind in den ehrwürdigen, mit goldenen Holztäfelungen verzierten Saal gekommen, um zu hören, was der Philosoph zu den Mai-Ereignissen zu sagen hat. Trotz tumultartiger Umstände und eines angegriffenen Gesundheitszustandes ist Sartre bemüht, im blendenden Blitzlichtgewitter der Kameras und im Hagel der Wortmeldungen alle Fragen zu beantworten, ob zur Rolle der Kultur, zur KPF, der Demokratie in einer Klassengesellschaft und anderem mehr. Auf alles muß »Genosse Sartre«, wie er angesprochen wird, Auskunft geben – am Ende auch zum Stellenwert der Theorien Herbert Marcuses. Vergeblich versucht er auszuweichen, dann jedoch erklärt er: »Marcuse sagt, daß die einzigen Gruppen, durch die die Gesellschaft verändert werden kann, die Randgruppen sind: ›Unsere Hoffnung kann nur von den Hoffnungslosen kommen‹, schreibt er in seinem letzten Buch *Der eindimensionale Mensch*. Ich stimme ihm nicht nur zu, sondern ich denke auch, daß das eine der Bedeutungen der Studentenrevolte ist.«[521] Einer, der den Ausführungen vom Hof der Sorbonne aufmerksam lauscht, ist der Schriftsteller Elias Canetti.

21. Mai 1968: Der SDS veranstaltet an der Frankfurter Universität ein Teach-in zum Thema **Autoritärer Staat und Widerstand**. Die Hauptreferate halten Hans-Jürgen Krahl *Zur Geschichtsphilosophie des autoritären Staates* und Reimut Reiche zu der Frage *Hat der autoritäre Staat in der BRD noch eine Massenbasis?*[522].

21. Mai 1968: Auf einer Vollversammlung der *Kritischen Universität* im überfüllten Auditorium maximum der Freien Universität in **West-Berlin** tritt der

21.5.: Jürgen Horlemann (re.), Daniel Cohn-Bendit.

durch die Revolte der Studenten und Arbeiter in Paris schlagartig bekanntgewordene Sprecher der *Bewegung 22. März*, der deutsch-französische Student Daniel Cohn-Bendit, als Redner auf. In seinen Ausführungen widerspricht er der von Herbert Marcuse vertretenen Ansicht, daß im Spätkapitalismus die Arbeiterschaft integriert und sie deshalb für eine revolutionäre Bewegung nicht mehr zu mobilisieren sei. Gerade die jüngsten Ereignisse nicht nur in Paris, sondern in ganz Frankreich hätten das Gegenteil bewiesen. In wenigen Tagen sei ein Erfolg erzielt worden, wie er in zehn Jahren parlamentarischen Kampfes gegen die Präsidentschaft de Gaulles nicht hätte errungen werden können. – Ein Reporter schildert anschließend, daß »Dany Le Rouge«, wie er von seinen Kommilitonen genannt würde, vor den 1.500 Zuhörern »wie ein Märchenerzähler aus Tausendundeiner Nacht« aufgetreten sei.

516 A.a.O.
517 Frankfurter Rundschau vom 17. Mai 1968.
518 Abgeordnete stellen sich nicht, in: Frankfurter Rundschau vom 17. Mai 1968.
519 Professoren bei Brenner, in: Frankfurter Allgemeine Zeitung vom 21. Mai 1968.
520 Le Nouvel Observateur vom 20. Mai 1968, dt. Übersetzung zit. nach: Die Phantasie an die Macht – Jean-Paul Sartre: Ein Gespräch mit Daniel Cohn-Bendit, in: Die Zeit vom 31. Mai 1968, 23. Jg., Nr. 22, S. 4.
521 Zit. nach: Annie Cohen-Solal, Sartre 1905–1980, Reinbek 1988, S. 697.
522 Reimut Reiche, Hat der autoritäre Staat in der BRD noch eine Massenbasis, in: Detlev Claussen/Regine Dermitzel (Hg.), Universität und Widerstand – Versuch einer Politischen Universität in Frankfurt, Frankfurt/Main 1968, S. 21–31.

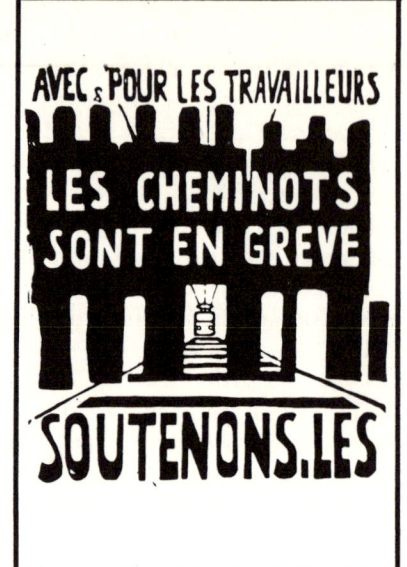

Mai: Während des Pariser Mai verbreitete Drucke.

Da er schon des öfteren als weitgehend unbeachteter Student an der FU gewesen sei, schien er sich nun in der Rolle eines »Triumphators« sichtlich zu gefallen. Der »neue Danton« sei mit einem ohne Manuskript und Notizen gehaltenen Vortrag seinem Ruf nichts schuldig geblieben, als er vom Barrikadenbau im Quartier Latin berichtet habe. Im Unterschied zu den theoretisch überfrachteten Tiraden der üblichen FU-Sprecher zeichne er sich durch eine »dynamische und zielstrebige Denkweise« aus.[523] Vermutlich werde sich aber seine Heimreise nach Paris schwierig gestalten. Die französische Regierung habe ihn inzwischen zur unerwünschten Person erklärt und ein Einreiseverbot gegen ihn verhängt.

22. Mai 1968: Auf einer Vollversammlung beschließen am Nachmittag in der Mensa 2.000 Studenten angesichts der bevorstehenden dritten Lesung der Notstandsgesetze, »... die Universität zu bestreiken, dazu Streikposten aufzustellen und das bereits eingerichtete Streikkomitee zu beauftragen, alle während des Streiks notwendig werdenden Maßnahmen zu treffen«.[524] Im Unterschied zum Streik während der zweiten Lesung soll, wie es in einer Zusatzabstimmung heißt, eine »flexible Blockade« praktiziert werden, um Zusammenstöße mit studierwilligen Studenten zu verhindern. Es wird entschieden, einen Eingang offenzuhalten, ihn aber gleichzeitig mit einem Kordon von Sitzstreikenden zu blockieren. Dadurch sollen alle, die die Universität trotzdem betreten wollten, gezwungen werden, über die Notstandsgegner hinwegzusteigen. – Vier Professoren der Juristischen Fakultät, darunter Eberhard Denninger und Rudolf Wiethölter, haben sich in einer Erklärung für begrenzte Streiks vor und während der dritten Lesung der Notstandsgesetze ausgesprochen. Zugleich stellen sie jedoch fest, daß sie eine Besetzung und Blockade der Universität ablehnen.

22. Mai 1968: Am Abend ziehen 4.000 Studenten in **Paris** mit dem Schlachtruf »Nous sommes tous des juifs allemands« (Wir sind alle deutsche Juden) durch das Quartier Latin, um gegen das vom französischen Innenministerium ausgesprochene Einreiseverbot für Daniel Cohn-Bendit zu protestieren. Die Demonstration führt vom Boulevard St. Michel zum Boulevard St. Germain. Als ihre Teilnehmer, deren Zahl inzwischen auf 7.000 angestiegen ist, erfahren, daß das Parlament den Mißtrauensantrag der Opposition gegen die Regierung abgelehnt hat, ziehen sie zur Nationalversammlung weiter. Dort kommen einige Abgeordnete heraus und diskutieren mit ihnen. Der Plan, in das Gebäude einzudringen und direkt das Wort zu ergreifen, wird fallengelassen. Nach der Rückkehr ins Quartier Latin kommt es erneut zu gewalttätigen Auseinandersetzungen mit der Polizei, die bis zum nächsten Morgen dauern.

24. Mai 1968: Nach einem Beschluß vom 22. Mai nehmen die Studenten der Frankfurter Universität ihren Streik wieder auf. Mit Holzbohlen und Ketten blockieren sie die Eingänge zum Hauptgebäude; vor dem zum Rektorat führenden Haupteingang läßt sich eine größere Gruppe zu einem Sit-in nieder. Über dem Portal ist eine Wandzeitung mit der Aufschrift »Dieser Eingang ist offen für NS-Befürworter + Fachidioten« befestigt und davor ein Transparent mit der Parole »Kapitalismus führt zum Faschismus – Kapitalismus muß weg« aufgestellt. Währenddessen beginnt in der davorgelegenen Mertonstraße ein Dauer-Teach-in. Als erstes berichtet Daniel Cohn-Bendit über seine Erfahrungen bei der französischen Studentenrevolte. Während noch zwei Wochen zuvor ein Generalstreik für völlig undenkbar gehalten worden sei, werde er nun von den Arbeitern praktiziert. Er soll erst dann beendet werden, wenn das gaullistische Regime abgedankt habe. Kurz darauf verläßt Cohn-Bendit in Begleitung des SDS-Bundesvorsitzenden Karl Dietrich Wolff das Universitätsgelände. Sie wollen zusammen nach Saarbrücken fahren. Von dort aus will der Sprecher der *Bewegung 22.März*, über den das französische Innenministerium ein Einreiseverbot verhängt hat, versuchen, nach Paris zurückzukehren. Gegen 10 Uhr 30 erscheint der hessische Kultusminister Ernst Schütte, um sich der Diskussion zu stellen und die Studenten von einer Fortsetzung ihres Streiks abzubringen. Schütte erklärt, die »sinnlosen Barrikaden« sollten »vernünftigen Gründen« weichen und verschwinden. Er bezeichnet sich selbst als Gegner der Notstandsgesetze und meint, die SPD habe in der zweiten Lesung immerhin erreicht, daß ihr die »Giftzähne« gezogen worden seien. Der Rechtswissenschaftler Professor Rudolf Wiethölter hält ihm entgegen, er sei bei seinen Ausführungen an keinem einzigen Punkt »zum Kern der Sache« vorgestoßen. In der Auseinandersetzung um die Notstandsgesetze sei die erste und einzige Chance vertan worden, im Nachkriegsdeutschland eine grundsätzliche Debatte über die Verfassung zu führen. Nachdem sich auch die beiden AfE-Professoren Hans-Werner Bartsch und Heinz-Joachim Heydorn entschieden gegen die Notstandsgesetze ausgesprochen haben, erklärt Hans-Jürgen Krahl, es komme darauf an, einen Staat zu bekämpfen, der die Demokratie abschaffen wolle. Minister Schütte hält ihm entgegen, eine Regelung für den Notfall könne durchaus vernünftig sein. Solange die Regierung demokratisch bleibe, könne sie nicht gefährlich werden. Er verabschiedet sich, eher versöhnlich gestimmt, mit der väterlich anmutenden Empfehlung: »Protestiert, kämpft für bessere politi-

523 Otto Jörg Weis, Der rote Daniel erzählt von der Pariser Revolution – Cohn-Bendit in der Freien Universität in Berlin, in: Stuttgarter Zeitung vom 24. Mai 1968.
524 Frankfurter Allgemeine Zeitung vom 23. Mai 1968.

27. – 31. 5.: Blockade des Haupteingangs zur Frankfurter Universität.

sche Ordnung und sagt, wo es nicht stimmt!«[525] Am Abend bewegt sich ein Demonstrationszug vom Campus durch die Innenstadt zum Gewerkschaftshaus, wo die Teilnehmer einer Delegiertenkonferenz des DGB-Kreisverbandes Frankfurt zu Aktivitäten gegen die drohende Verabschiedung der Notstandsgesetze aufgerufen werden. Zur selben Zeit beschließt der Senat im Einverständnis mit dem Rektor, wegen der Nicht-Zugänglichkeit der Universitätsräume in der darauffolgenden Woche, der Zeit vom 27. Mai bis zum 1. Juni, den gesamten Lehr- und Prüfungsbetrieb ruhen zu lassen.

24. Mai 1968: Vergeblich versucht Daniel Cohn-Bendit mit Unterstützung zahlreicher Demonstranten von **Saarbrücken** aus, trotz des von der französischen Regierung ausgesprochenen Einreiseverbots nach Frankreich zurückzukehren. Zunächst besucht er in Begleitung des SDS-Bundesvorsitzenden Karl Dietrich Wolff mittags ein Teach-in an der Saar-Universität. Unter dem Beifall von 2.000 Teilnehmern ruft er in der Aula aus, es gebe keine Macht, die den Pariser Studenten mit Gewalt verbieten könne, ihre Forderungen auf die Straße zu bringen. Am Nachmittag wird er von rund 1.000 Studenten zum Grenzübergang Goldene Bremm eskortiert. Mit roten Fahnen, Transparenten und Plakaten ziehen sie, in Sprechchören »Der Gaullismus führt zum Faschismus« rufend, Cohn-Bendit und Wolff vorneweg zur Grenzstation. Doch von beiden Seiten sind zahlreiche Sicherheitsvorkehrungen getroffen worden. Auf der französischen Seite sind Polizisten mit Karabinern und Tränengas, Wasserwerfer, Berittene und Hundestaffeln zusammengezogen worden, auf der deutschen steht eine Polizeikette und

525 Frankfurter Rundschau vom 25. Mai 1968.

24.5.: An der deutsch-französischen Grenze: Daniel Cohn-Bendit (Mitte), Gaston Salvatore, Franz-Josef Degenhardt.

27.–31.5.: Arbeiter auf dem Weg zur Kundgebung gegen die Notstandsgesetze auf dem Römerberg.

zeitweilig werden außerdem noch Stacheldrahthindernisse aufgerichtet. Die Studenten singen die »Internationale« und schwenken eine Vietcongfahne. Einer kündigt über Megaphon an, man werde nun »langsam bis zum Ende Deutschlands gehen«. Doch dann stoppen sie ab und lassen sich zu einem Sit-in nieder. Dann geht Cohn-Bendit, von zwei Freunden begleitet, in das Grenzhaus. Nach längerer Unterredung wird ihm zugestanden, in **Forbach** mit dem Präfekten von Metz zu verhandeln. Dort wird ihm offiziell mitgeteilt, daß er auf Anweisung von Innenminister Christian Fouchet wegen Gefährdung der öffentlichen Ordnung Frankreich nicht mehr betreten dürfe. Cohn-Bendit weigert sich beharrlich, die schriftliche Verfügung zu seiner Ausweisung zu unterschreiben. Danach wird er mit einem kleinen Einsatzwagen wieder zum Grenzübergang zurückgebracht. Es sind eine Stunde und 20 Minuten vergangen. Über Megaphon berichtet er den

Demonstranten, was vorgefallen ist, und kündigt an, daß er auf jeden Fall nach Paris zurückkehren werde. Er könne jedoch nichts darüber ausführen, wie er das anzustellen gedenke. Daraufhin löst sich die Ansammlung auf.[526]

24. Mai 1968: In **Paris** finden aus Solidarität mit den streikenden Arbeitern zwei von der kommunistischen Gewerkschaft CGT organisierte Großdemonstrationen gleichzeitig statt. Die eine zieht das linke, die andere das rechte Seine-Ufer entlang. Als sie sich auflösen, versammeln sich an mehreren anderen Stellen Schüler und Studenten, um zum Gare de Lyon aufzubrechen. Am frühen Abend treffen sie dort ein, insgesamt sind es 25.000 Demonstranten. Nach einer Kundgebung ziehen sie jedoch, entgegen ihrer Ankündigung, weiter in Richtung Place de la Bastille. Der Platz ist von Einheiten der CRS abgesperrt. Über Transistorradios verfolgen viele von ihnen die bereits lange erwartete Rundfunkansprache General de Gaulles. Der Staatspräsident kündigt unter dem Stichwort »Partizipation« eine Politik der Erneuerung an, über die in einem Referendum entschieden werden soll. Unmittelbar nach Beendigung der Rundfunkrede setzt ein ohrenbetäubender Lärm ein. Die Demonstranten pfeifen und rufen in Sprechchören immer wieder »Adieu de Gaulle!«. Dann reißen sie das Pflaster auf und beginnen erneut, Barrikaden zu errichten. Die Polizei versucht jedoch, es gar nicht erst wie in der Nacht vom 10. auf den 11. Mai dazu kommen zu lassen und geht mit aller Entschlossenheit gegen die Regierungsgegner vor. Sie vertreibt sie unter Einsatz von Tränengas von den Geröllhaufen und baut sie sofort wieder ab. Danach verlagert sich das Geschehen rund um die Börse. Es sind etwa 3.000 Demonstranten, die, von Alain Geismar angeführt, dorthin ziehen. Einige hundert von ihnen versuchen, das Gebäude in Brand zu stecken. Einheiten der CRS, die von dem Vorhaben Wind bekommen haben, eilen hinterher, kommen jedoch zu spät. Die Börse brennt, die Nachricht davon wird kurz darauf von allen Rundfunkstationen gebracht. Die Demonstranten ziehen sich nun wieder ins Quatier Latin zurück und errichten erneut Barrikaden. Die Polizei, inzwischen besser vorbereitet, geht sofort mit aller Entschiedenheit dagegen vor. Mit Wasserwerfern und Tränengas versucht sie die Demonstranten zu vertreiben. Wo es gelingt, kommen gleich darauf Bulldozer zum Einsatz und räumen die Balken und Pflastersteine beiseite. Die Härte der Auseinandersetzung stellt das, was in der ersten Barrikadennacht geschehen ist, noch in den Schatten. Insgesamt müssen 456 Verletzte in Kliniken eingeliefert werden. Einer der Demonstranten wird von einer Tränengasgranate so schwer verletzt, daß er kurz darauf stirbt.

27.–31. Mai 1968: In der letzten Maiwoche erleben die Streik- und Protestaktionen gegen die Verabschiedung der Notstandsgesetze durch den Bundestag ihren Höhepunkt. Nachdem der Senat für diese Zeit bereits sämtliche Lehr- und Prüfungsveranstaltungen abgesagt hat, um Zusammenstöße zwischen Studierwilligen und Streikenden zu vermeiden, wird das Bild von den Notstandsgegnern beherrscht. Am Montagmorgen versammeln sich vor dem Hauptgebäude der Universität über 2.000 Studenten. Als Reaktion auf die präventive Absage des Lehrbetriebes beschließen sie, die Räume des Rektorats zu besetzen und durch die Einnahme dieses markanten Punktes die »Schlüsselgewalt« für die gesamte Universität zu übernehmen. Mitglieder des aus SDS, LSD und SHB bestehenden Streikkomitees dringen daraufhin unter Beschädigung eines Schlosses und einer Glastür in das Rektorat ein und funktionieren es in ihre Aktionszentrale um.[527] Am Nachmittag setzen sich dann von verschiedenen Punkten der Stadt aus Demonstrationszüge in Richtung Römerberg zu einer DGB-Großkundgebung in Bewegung. Dort sprechen vor 15.000 Kundgebungsteilnehmern der DGB-Kreisvorsitzende Willi Reis, der DGB-Landesvorsitzende Philip Pless, der Landesbezirksvorsitzende der *IG Druck und Papier*, Max Melzer, der Betriebsratsvorsitzende der Frankfurter Firma Klimsch & Co., der Bremer Rechtsanwalt Heinrich Hannover und das SDS-Bundesvorstandsmitglied

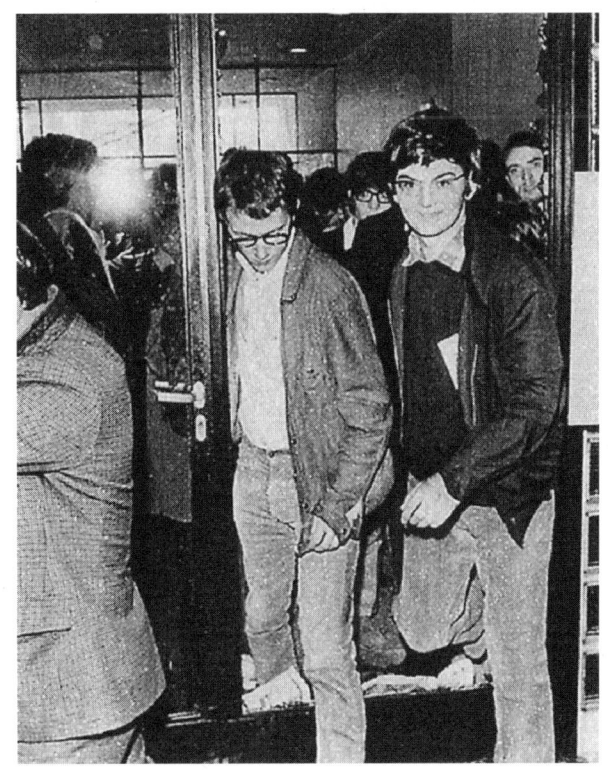

27.–31.5.: Durch eine zerschlagene Glastür ins Rektorat: Joschka Fischer (re.).

526 Vgl.: Helmut Rieber, Für Cohn-Bendit ging der Schlagbaum nicht hoch – Daniel in der deutsch-französischen Polizistengrube, in: Frankfurter Rundschau vom 27. Mai 1968.
527 Vgl.: Lothar Vetter, Sie kommen sich vor wie Bastille-Stürmer – Frankfurts Universität von SDS-Anhängern besetzt – Happening im Rektorzimmer, in: Frankfurter Rundschau vom 30. Mai 1968.

27.–31.5.: Römerbergkundgebung gegen die Notstandsgesetze.

Hans-Jürgen Krahl. Letzterer fordert Arbeiter, Studenten und Schüler zu einer Aktionseinheit gegen die Verabschiedung der Notstandsgesetze auf: Aus einer Welle von politischen Streiks in Betrieben, Hochschulen und Schulen solle zum Generalstreik fortgeschritten werden. Im analytischen Teil seiner Rede bezeichnet er die Notstandsgesetzgebung als ein terroristisches Instrument zur Aufrechterhaltung der kapitalistischen Wirtschaftsordnung in einer offenen ökonomischen und politischen Krise. »Regierung und Bundestag versuchen uns einzureden, die Notstandsgesetze treffen Vorsorge für die Demokratie in Notzeiten. In der Tat, die Notstandsgesetze treffen Vorsorge, aber Vorsorge für einen neuen Faschismus, Vorsorge für Zwangs- und Dienstverpflichtung, für Schutzhaft und Arbeitslager. Die Notstandsgesetze, sagt man uns, ergänzen das Grundgesetz. In Wirklichkeit sind sie das Grundgesetz einer zur Zwangskaserne abgeriegelten Gesellschaft; dieser Staat ist bereit, sich selbst zum faschistischen Führer zu machen.«[528] – In den besetzten Räumen der Johann Wolfgang Goethe-Universität, die inzwischen in **Karl-Marx-Universität** umbenannt worden ist, findet dann in 23 Seminaren, mit einer Podiumsdiskussion und einem Teach-in die **Politische Universität** statt (28.–30. Mai). Sie behandelt in ihren Veranstaltungen nahezu alle wesentlichen von der außerparlamentarischen Opposition aufgeworfenen Fragen und versucht in ihren Themenstellungen auch besonders Arbeiter, Angestellte und Schüler miteinzubeziehen. Die Titel der einzelnen Sektionen lauten: I. *Autoritärer Staat und Faschismus*; II. *Geschichte und Gewalt*; III. *Analyse der BRD – Zur politischen*

Theorie der APO; IV. *Politisierung der Wissenschaft*; V. *Autoritäre Schule und Widerstand*; VI. *Psychoanalyse und Politik*. Ein Mitglied des SDS faßt kurze Zeit später die wesentlichen Intentionen zusammen: »Die Politische Universität war kein Modell, sondern insgesamt eine Kampfmaßnahme der Wissenschaft. Sie wollte und konnte keine KU (Kritische Universität) sein – sie wollte nicht den Lehrbetrieb immanent kritisieren, sie wollte kein Ergänzungsbetrieb zum bestehenden sein, und sie wollte kein marxistisches ›Studium generale‹ bieten. Die Politische Universität trat mit dem nahezu hybriden Anspruch auf, an die Stelle des etablierten Lehrbetriebs etwas qualitativ anderes zu setzen.«[529] – In der Nacht von Mittwoch auf Donnerstag feiern die Besetzer des Rektorats eine Art Siegesfeier, bei der Aktenschränke aufgebrochen und Dokumente entnommen werden. Außerdem werden die dort aufbewahrten, wohl zur Bewirtung von Gästen dienenden alkoholischen Getränke und Zigarren konsumiert. Mindestens einer der Teilnehmer muß sich dann im Verlauf des Gelages auf dem Teppich übergeben haben[530]. Kurz nach 2 Uhr wird Rektor Rüegg wegen der Vorgänge vom Nachtpförtner alarmiert. Er informiert sofort die Polizei, diese sieht von einem Eingreifen jedoch zunächst einmal ab, weil sie über keine ausreichenden Einsatzkräfte verfügt. Gegen 3 Uhr wird die Meldung weitergegeben, daß die Besetzer 30 Feuerlöscher in ihre Hand gebracht hätten und ins Prüfungsamt der Wirtschafts- und Sozialwissenschaftlichen Fakultät eingebrochen seien. Gegen 6 Uhr wird Oberbürgermeister Brundert informiert, der wiederum die Landesregierung in Wiesbaden von den Geschehnissen in Kenntnis setzt. Wegen der Begehung »krimineller Delikte« und der Gefahr »weiterer Plünderungen« veranlaßt die hessische Landesregierung dann umgehend die Polizei, das Rektorat zu räumen. Als zwei Hundertschaften anrücken, befinden sich dort noch etwa 30 Personen. Den meisten von ihnen, darunter Hans-Jürgen Krahl, gelingt es dennoch, sich abzusetzen. Sechs Personen werden festgenommen – vier Studenten, ein Bäckerlehrling und ein 14jähriges Mädchen. Die Polizei besetzt nun ihrerseits das gesamte Hauptgebäude. Das wiederum führt zu heftigen Protesten seitens der streikenden Studenten. Im Lauf des Vormittags versammeln sich in der Mertonstraße mehrere tausend Streikende. Auch Kultusminister Schütte und sein Kabinettskollege, der Wirtschafts- und Verkehrsminister Rudi Arndt, erscheinen. Es gelingt ihnen jedoch nicht, eine Delegation der Studenten zu einem Gespräch zu finden, bei dem über die Bedingungen für einen Abzug der Polizei verhandelt werden soll. Als eine Erklärung des Rektors verlesen wird, in der dieser begründet, warum er bei der Landesregierung um polizeiliche Hilfe

27.–31.5.: Hans-Jürgen Krahl bei seiner Römerbergrede.

528 Hans-Jürgen Krahl, Römerbergrede, in: ders., Konstitution und Klassenkampf, Frankfurt/Main 1971, S. 151 (**Dok. Nr. 209**); ein Journalist würdigt seine Rede mit den Worten: »Überzeugend ... formulierte SDS-Sprecher Hans-Jürgen Krahl. Er umriß klar und allgemein verständlich die Entwicklung um die Notstandsgesetze, führte den Bogen über Adenauer bis zur Großen Koalition und zu Schillers konzertierter Aktion. Seine Ausführungen waren sachlich, der Beifall der Menge belohnte seine in vielen Redeschlachten geschulte Dialektik.« (Frankfurter Rundschau vom 28. Mai 1968).
529 Detlev Claussen, Einleitung, zu: Detlev Claussen/Regine Dermitzel (Hg.), Universität und Widerstand – Versuch einer Politischen Universität in Frankfurt, Frankfurt/Main 1968, S. 13.
530 Eine Lokalzeitung schreibt darüber zwei Tage später: »Ein Rektorzimmer vollzukotzen ist kein revolutionärer Akt.« In: Frankfurter Rundschau vom 1. Juni 1968.

nachgesucht hat, ergreift Krahl das Wort, bezeichnet die Ausführungen als »Behauptungen« und streitet das meiste ab. Während der Rektoratsbesetzung sei zwar von den alkoholischen Getränken Gebrauch gemacht worden, von einer »Alkoholisierung« der Beteiligten könne jedoch keinesfalls die Rede sein. Dietrich Wetzel räumt anschließend ein, daß Einsicht in Prüfungs- und Disziplinarakten genommen worden sei. Dies sei jedoch ein politischer Akt gewesen. Man habe damit langjährigen Forderungen von studentischer Seite entsprochen. Einige Redner erklären, daß sie dem SDS wegen der nächtlichen Vorfälle im Rektorat ihre Unterstützung aufkündigten. Die Veranstalter der *Politischen Universität* weichen aus und führen ihre Veranstaltungen, wie z.B. das Seminar von Oskar Negt und Hans-Jürgen Krahl über **Geschichte und Gewalt**, auf der hinter dem Studentenhaus gelegenen Wiese durch. Auf einem mehrstündigen Teach-in wird am Nachmittag beschlossen, weitere Aktionen bis zum Beginn des für das Wochenende vom VDS

27.–31.5.: Neuer Name für die Goethe-Universität.

27.–31.5.: Flugblatt.

geplanten *Schüler- und Studentenkongresses* zu verschieben. Krahl gibt nun zu, daß es in der Nacht zuvor »ein bißchen drunter und drüber« gegangen sei, man solle dies jedoch nicht zum Anlaß nehmen, um »politische Probleme auf vorpolitische zu verlagern«. Im übrigen halte er es »im Prinzip für legitim«, sich gewaltsam Zugang zu Akten zu verschaffen. Der Theologe Professor Hans-Werner Bartsch verurteilt die Besetzung der Universität durch die Polizei und bezeichnet die Idee einer *Politischen Universität* als »eine der sinnvollsten und besten« Aktivitäten der Studenten seit Jahren. Am Ende wird beschlossen, aus Protest gegen die Universitätsbesetzung der Polizei an mehreren Punkten den Verkehr zu blockieren und das Schauspielhaus zu besetzen. Kurz vor 18 Uhr wird als erstes die Kreuzung Senckenberganlage/Bockenheimer Landstraße für zehn Minuten besetzt. Danach zieht man zum Messegelände weiter, wo eine von Benjamin Orthmeyer angeführte Gruppe von Schülern hinzustößt. Am Hauptbahnhof vorbei führt der Weg dann über die Kaiserstraße zum Schauspielhaus. Dort platzen die Studenten und Schüler mit dem Schlachtruf »Macht die Uni frei von der Polizei« in die Aufführung des Hochhuth-Stückes *Soldaten* hinein. Nach einem erhitzten Wortwechsel mit dem Publikum, das zunächst mit »Raus«-Rufen auf die Eindringlinge reagiert hat, erklärt der Regisseur Dieter Reible: »Das Stück ist unwahr, wenn wir nicht bereit sind, uns durch

Aktionen zu stellen. Das Theater wird zum puren Aktions-Fetischismus, wenn wir nicht bereit sind, hier zu diskutieren.«[531] Nachdem über die veränderte Situation an der Universität informiert worden ist, erklärt Krahl, man wolle die Theaterleitung um »politisches Asyl« bitten. Einige Zeit später trägt der Hannoveraner Psychologe Professor Peter Brückner seine zusammen mit Thomas Leithäuser verfaßten **Thesen zur »Politisierung der Wissenschaften«**[532] vor. Sie waren ursprünglich für die »Politische Universität« vorgesehen. Die Generalintendanz des Schauspielhauses gibt danach bekannt, daß das Hochhuth-Stück verschoben werde. – Am Freitagnachmittag liefern sich der AStA-Vorsitzende Hans-Jürgen Birkholz (SHB) und Hans-Jürgen Krahl (SDS) vor dem Haupteingang zur Universität ein heftiges Wortgefecht. Während Birkholz die Landesregierung für den Polizeieinsatz verantwortlich macht, sieht Krahl die größere Schuld bei der Polizei. Als er die Rektoratsbesetzung zu rechtfertigen versucht, erntet er bei einem erheblichen Teil der Zuhörer Pfiffe und Buhrufe. Zu einem Zwischenfall kommt es, als am Abend Polizisten ohne Ankündigung in eine vor der Absperrung zum Haupteingang befindliche Gruppe von Personen mit gezogenen Schlagstöcken vorpreschen, auf sie einprügeln und vier von ihnen, darunter zwei Journalisten, festnehmen. Unmittelbar darauf werden sie in das Hauptgebäude gezerrt. Dort sollen sie gezwungen worden sein, einen Spießrutenlauf über sich ergehen zu lassen. Während Dietrich Giering mit leichten Prellungen davonkommt, muß sich Christoph Maria Fröhder zur Behandlung in eine Klinik begeben. Sie erstatten gegen mehrere Beamte der Schutzpolizei Anzeige wegen Körperverletzung, Freiheitsberaubung und Begünstigung im Amt.[533]

531 Frankfurter Rundschau vom 31. Mai 1968.
532 Siehe: Peter Brückner / Thomas Leithäuser, Thesen zur »Politisierung der Wissenschaften«, in: Detlev Claussen / Regine Dermitzel (Hg.), Universität und Widerstand – Versuch einer Politischen Universität in Frankfurt, Frankfurt/Main 1968, S. 64–74. **(Dok. Nr. 218)**
533 Vgl. die Darstellung in der Frankfurter Rundschau vom 4. Juni 1968 und die nach einem Magistratsbericht zu den Vorfällen gegebene Ergänzung in der Ausgabe vom 23. August 1968.

27.–31.5.: Blick vom Rektorat nach draußen.

28.5.: Notstandsgegner im Rektorat (v.l.n.r.). Martin Walser und Hans Magnus Enzensberger.

28. Mai 1968: In einer Veranstaltung des Aktionskomitees *Demokratie im Notstand* kritisieren 22 Wissenschaftler, Schriftsteller und Publizisten einen Tag vor Beginn der abschließenden Bundestagsdebatte über die Notstandsgesetze im Sendesaal des **Hessischen Rundfunks** die Eingriffe in das geltende Grundgesetz durch die geplante Gesetzesnovellierung. Als Kritiker treten in der vom Fernsehen live übertragenen Protestveranstaltung u.a. auf: Theodor W. Adorno, Rudolf Augstein, Ernst Bloch, Heinrich Böll, Hans Magnus Enzensberger, Rolf Hochhuth, Walter Jens, Alexander Mitscherlich, Oskar Negt, Helmut Ridder und Rudolf Wiethölter. Einige Beiträge, insbesondere der des *Spiegel*-Herausgebers Augstein, werden durch Buhrufe und rhythmisches Klatschen mehrfach unterbrochen. Im Anschluß an die Rede Blochs, mit der die Kundgebung zu Ende geht, stürmen mehrere SDS-Mitglieder auf das Podium. Hans-Jürgen Krahl bezeichnet die Veranstaltung wutentbrannt als »einen Verrat an der außerparlamentarischen Opposition«. Er fordert die Teilnehmer auf, sich umgehend zur Universität zu begeben. Dort sollten sie, herrscht er sie an, »ihr Tun rechtfertigen«. Danach schaltet der Hessische Rundfunk seine Kameras wieder ab.[534] Vor dem Gebäude formiert sich dann ein Demonstrationszug, der mit dem Schriftsteller Walser an der Spitze zur Universität führen soll. Die mehreren hundert Demonstranten ziehen jedoch zu der im Westend gelegenen Bettinaschule, die von Schülern besetzt gehalten wird. In der bis auf den letzten Platz besetzten Aula erscheinen zu dem improvisierten Teach-in die Schriftsteller Böll, Enzensberger, Hochhuth und Walser sowie Jürgen Habermas zusammen mit seinem Assistenten Oskar Negt. Als Böll die Rundfunkkundgebung mit den Worten zu rechtfertigen versucht, man habe »den Apparat der Prominenz« benutzt, um die Stimmen der Autoren im letzten Augenblick noch einmal in die Waagschale zu werfen, erntet er mehr Pfiffe als höflichen Beifall. Danach setzt Krahl zu einer vehementen Strategiekritik an. Die Veranstaltung sei nichts anderes als »Selbstagitation« gewesen. Indem die Kabinettspolitik unter Ausschluß der Massen fortgesetzt worden sei, habe man sich einer fatalen Technik bedient. Die Studenten seien bei ihrem Universitätsstreik von den Professoren im Stich gelassen worden. Und auch die Gewerkschaften hätten viel weniger zum Widerstand gegen die Notstandsgesetze beigetragen als die APO. Nur durch den Druck der Massen sei es gelungen, sie zur Protestkundgebung auf dem Römerberg zu mobilisieren. Im Funkhaus habe der Liberalismus nichts anderes als seine Hilflosigkeit demonstriert.

28. Mai 1968: Unter dem Jubel seiner Kommilitonen ruft der illegal nach Frankreich zurückgekehrte Daniel Cohn-Bendit auf einer Veranstaltung in der Sorbonne in **Paris**, seinen Ausweisungsbeschluß demonstrativ in der Hand schwenkend, aus: »Unsere Revolution geht weiter.«[535] Wenn jemand aus Frankreich ausgewiesen gehörte, dann sei es der Mann, der ihn habe ausweisen wollen – Innenminister Christian Fouchet. Mit schwarz gefärbten Haaren, unter denen nur seine roten Augenbrauen unverändert hervorleuchten, gibt er auf einer Pressekonferenz Auskunft über seine eigenmächtige Aufhebung des Einreiseverbots. Über den Schleichweg, auf dem er nach seinem mißglückten Einreiseversuch in Saarbrücken nach Frankreich zurückgekehrt sei, äußert er nur so viel, daß es durch deutsche und französische Wälder gegangen sei. Er habe es wie sein Vater Erich, der im Jahre 1933 vor den Nazis geflohen war, gemacht – nur mit dem Unterschied, daß er von den Deutschen nicht gejagt worden sei.

29. Mai 1968: Studenten und Schüler ziehen bereits am frühen Morgen vor die Stadtwerke und die Eingänge der großen, in der Mainzer und der Hanauer Landstraße gelegenen Industriebetriebe, um an die dort Beschäftigten Flugblätter zu verteilen, in denen zu einem

29.5.: Studenten fordern Beschäftigte zum Generalstreik auf, darunter Rechtsanwalt Rupert von Plottnitz (re.).

Generalstreik aufgerufen wird, um die Verabschiedung der Notstandsgesetzgebung durch den Bundestag noch in letzter Minute zu verhindern. Um 10 Uhr brechen 250 Studenten von der Universität aus zu einer Demonstration in Richtung Güterplatz auf. Als sie gegen 11 Uhr in der Mainzer Landstraße eintreffen hat sich die Zahl der Teilnehmer auf 2.000 erhöht. Sie ziehen die Ausfallstraße entlang, um vor den Eingängen verschiedener Betriebe Arbeiter und Angestellte zu agitieren und sie zum Widerstand gegen die Notstandsgesetze zu bewegen.

29. Mai 1968: Der französische Ministerpräsident Georges Pompidou erhält am frühen Nachmittag in **Paris** die Nachricht, daß sich Charles de Gaulle an einen geheimgehaltenen Ort abgesetzt habe. – Der Staatspräsident trifft etwa zur selben Zeit mit einem Hubschrauber in der Residenz des Kommandanten der 5. Französischen Armee, General Jacques Massu, bei **Baden-Baden** ein. De Gaulle erklärt seinem früheren Kampfgefährten, er habe sich aufgrund seiner aussichtslosen Lage entschieden, zurückzutreten und sich ganz aus der Politik zurückzuziehen. Massu solle Bundeskanzler Kiesinger von seinem Entschluß informieren. De Gaulle scheint angesichts der Studentenrebellion und der durch sie ausgelösten Streikwelle, die sein Land erschüttert, kapituliert zu haben. Doch Massu appelliert an sein militärisches Ehrgefühl und versucht ihn umzustimmen. Dabei gelingt es ihm immerhin, de Gaulle dazu zu bewegen, nicht sofort zurückzutreten und erst einmal nach Frankreich wieder zurückzukehren. Gegen 16 Uhr 30 startet er wieder in Richtung zu seinem Landsitz in **Colombey-les-deux-Églises**.

30. Mai 1968: In der Hanauer Landstraße demonstrieren am Vormittag noch einmal Studenten, Schüler und auch Arbeiter gegen die Verabschiedung der Notstandsgesetze. Sie ziehen zunächst zur Firma Meuser & Co., wo die Beschäftigten in der Frühstückspause daran gehindert worden sind, mit Notstandsgegnern zu diskutieren. Als die Demonstranten dort eintreffen, sind alle Werktore verschlossen. Nach einiger Zeit schlägt einer der Arbeiter von innen eine Scheibe ein und läßt sich Flugblätter hereinreichen. Anschließend zieht die Gruppe der Protestierenden zum Neckermann-Versand weiter.

534 Siehe: **Dok. Nr. 212, 213 und 214**; vgl. auch die Darstellung in: Der Spiegel vom 10. Juni 1968, 22. Jg., Nr. 24, S. 30–34.
535 Frankfurter Rundschau am Abend vom 30. Mai 1968.

30. Mai 1968: In namentlicher Abstimmung verabschiedet der Bundestag in **Bonn** mit 384 gegen 100 Stimmen die Notstandsverfassung und die Notstandsgesetze. Die Notstandsverfassung, die aufgrund der für Verfassungsänderungen notwendigen Zweidrittelmehrheit nur mit den Stimmen eines Großteils der SPD-Abgeordneten eingeführt werden kann, sieht u. a. vor: Eine Einschränkung des Post- und Fernmeldegeheimnisses, den Einsatz der Bundeswehr zur Bekämpfung innerer Aufstände, eine Dienstverpflichtung von männlichen Bundesbürgern, Eingriffe in die Länderhoheit im Spannungs- und Verteidigungsfall und verschiedene Möglichkeiten zur Einschränkung der Legislative. Die sog. einfachen Notstandsgesetze regeln die Versorgung der Bevölkerung im Kriegsfall und den Zivilschutz. – Während des ganzen Tages sind eine Reihe von Straßen der Bundeshauptstadt von Bereitschaftspolizisten abgeriegelt. An der Bannmeile sind Absperrgitter aufgestellt. Es kommt jedoch zu keinerlei Zwischenfällen.

30. Mai 1968: Der französische Staatspräsident General Charles de Gaulle hält in **Paris** um 16 Uhr 30 eine von allen Rundfunkstationen übertragene Ansprache, seine zweite seit Beginn der Mai-Unruhen. Im Unterschied zu seinen früheren Auftritten kann sie nicht vom Fernsehen ausgestrahlt werden, weil kurz zuvor der Strom abgeschaltet worden ist. De Gaulle erklärt mit wiedergewonnenem Selbstbewußtsein, er denke nicht daran, zurückzutreten. Die Nationalversammlung werde aufgelöst, Neuwahlen angesetzt. Den streikenden Arbeitern und Angestellten droht er mit den Worten, wenn sich die Situation nicht ändere, dann werde er andere Mittel als die einer Abstimmung anwenden. Die Rede ist nur wenige Minuten lang, aber sehr wirkungsvoll. Wie immer endet sie mit dem Ausruf »Vive la République! Vive la France!« – Sofort im Anschluß daran strömen rund 400.000 Menschen auf die Champs-Élysées, um de Gaulle ihre Unterstützung zu beweisen. Mit Sprechchören wie »Frankreich den Franzosen«, »Mitterrand ins Gefängnis«, »Nieder mit dem Marxismus!« und »Cohn-Bendit nach Dachau« ziehen sie von der Place de la Concorde zum Arc de Triomphe hinunter.

31. Mai 1968: Auf die Frage **Werden wir richtig informiert?** antwortet Jürgen Habermas in der Wochenzeitung **Die Zeit** im ersten von vier Punkten: »Eine politische Öffentlichkeit, die demokratische Willens-

30.5.: Parole gegen Staatspräsident de Gaulle.

bildungsprozesse im strengen Sinn zuläßt, existiert in der Bundesrepublik nicht.«[536] Politische Willensbildung vollziehe sich »auf dem Boden einer entpolitisierten Öffentlichkeit«. Und auf ein »publizistisches Modell« angesprochen, das eine demokratische Öffentlichkeit gewährleisten könnte, entgegnet er: »Eine demokratische Öffentlichkeit wäre erst dann gegeben, wenn alle politisch folgenreichen Entscheidungen an den Mechanismen allgemeiner und herrschaftsfreier Diskussion gebunden wären. Dieses ›utopische‹ Ziel könnte nicht ohne eine vollständige und effektive Trennung von wirtschaftlicher und publizistischer Macht realisiert werden.«[537] – Außerdem geben Stellungnahmen ab: der *Spiegel*-Herausgeber Rudolf Augstein, der Lektor Hans Dieter Müller, der Journalist Rudolf Walter Leonhardt, der Psychologe und Direktor des Sigmund-Freud-Instituts, Alexander Mitscherlich, und der stellvertretende SDS-Bundesvorsitzende Frank Wolff.

31. Mai 1968: Polizeibeamte führen in den Büroräumen des SDS-Bundesvorstands in der Wilhelm-Hauff-Straße eine Hausdurchsuchung durch. Dabei werden

Akten, Unterlagen, Bücher und einzelne Gegenstände – darunter vier Nägel und vier Tränengaswurfkörper – beschlagnahmt. – Auf einer nur kurze Zeit später einberufenen Pressekonferenz übt der SDS-Bundesvorsitzende Karl Dietrich Wolff scharfe Kritik am polizeilichen Vorgehen. Er äußert die Vermutung, daß man nur nach einem Anlaß gesucht habe, um sich die Akten durchsehen zu können. Der Rechtswissenschaftler Professor Friedrich Geerds, Experte auf dem Gebiet der Strafprozeßordnung, meldet starke juristische Bedenken an. Eine Hausdurchsuchung anzuordnen, die sich gegen Hans-Jürgen Krahl richte, und diese im SDS-Bundesvorstand durchzuführen, obwohl dieser nicht dazu gehöre, erscheine ihm als »ziemlich absurd«. Auf jeden Fall aber sei die Polizei zu weit gegangen. Wenn man gegen Herrn Krahl ermitteln wolle, dann dürfe man keine Adressenkartei und Finanzierungsunterlagen des SDS durchstöbern. – Oberstaatsanwalt Hans Wentzke und Staatsanwalt Uchmann beurteilen am Nachmittag die Durchsuchungsaktion der Presse gegenüber als »relativen Erfolg«. Zwar habe man dabei keinen der Gegenstände gefunden, die man seit der Rektoratsbesetzung vermisse, weder die Urkunden und Goldmünzen noch das Rektoratssiegel, dafür aber Tränengaswurfkörper, die aus Beständen der Bundeswehr stammen könnten, Nägel und einen mit roter Farbe gefüllten Behälter, mit dem möglicherweise Parolen an Universitätswände geschmiert worden sein. Es habe konkrete Hinweise gegeben, daß »Krahl und seine Freunde« die im Rektorat entwendeten Wertgegenstände im Besitz haben könnten. Da Krahl sich meistens in der Geschäftsstelle des SDS aufhalte und dort auch häufig übernachte, sei es angemessen gewesen, auch diese Räume in die Ermittlungen miteinzubeziehen.

1./2. Juni 1968: Aufgrund einer zu geringen Beteiligung muß der vom *Verband Deutscher Studentenschaften* (VDS) einberufene und von dessen Vorsitzenden Christoph Ehmann eröffnete **Schüler- und Studentenkongreß** von der auf dem Messegelände gelegenen, 10.000 Personen fassenden Festhalle in die Mensa verlegt werden. Nach einer wochenlangen Dauermobilisierung und zwei Tage nach der Verabschiedung der Notstandsgesetze, der größten politischen Niederlage von Studentenbewegung und APO, sind zunächst nur 400 Teilnehmer erschienen. Im Vorfeld ins Auge gefaßte Aktionen für eine Rückeroberung der Universität müssen deshalb schon wegen der zu geringen Beteiligung abgeblasen werden. Obwohl der weitere Spielraum für Protest und Widerstand im Zentrum des Kongresses stehen soll, erzielt ein Referat mit einer geharnischten Kritik an den vom SDS dominierten Aktionsformen und -inhalten die größte Aufmerksamkeit. Unter dem Titel **Die Scheinrevolution und ihre Kinder**[538] trägt am Abend des ersten Tages Jürgen Habermas vor einer inzwischen auf 2.000 Teilnehmer angewachsenen Zuhörerschaft fünf Thesen vor, in denen er die bisherige Verlaufsform der Studenten- und Schülerbewegung gebündelt analysiert. Nach einer höflichen Verbeugung gegenüber der gesellschaftsverän-

1./2.6.: Titelbild mit SDS-Ikonographie.

536 Werden wir richtig informiert? Zweimal drei Antworten auf vier Fragen der Zeit, in: Die Zeit vom 31. Mai 1968, 23. Jg., Nr. 22, S. 17.
537 A.a.O., S. 18.
538 Jürgen Habermas, Die Scheinrevolution und ihre Kinder – Sechs Thesen über Taktik, Ziele und Situationsanalysen der oppositionellen Jugend, in: Frankfurter Rundschau vom 5. Juni 1968; die publizierte Fassung ist gegenüber dem Vortrag um eine sechste These erweitert worden. **(Dok. Nr. 220)**

1.6.: Jürgen Habermas trägt in der Mensa seine SDS-Kritik vor.

dernden Relevanz des Jugendprotests deutet er an, daß auf der Grundlage falscher Interpretationsmuster zu Handlungsweisen gelangt werden könnte, die bereits die Anfänge diskreditieren würden. These 1: »Das unmittelbare Ziel des Studenten- und Schülerprotestes ist die Politisierung der Öffentlichkeit.« These 2: »Die Studenten- und Schülerbewegung verdankt ihre Erfolge der phantasiereichen Erfindung neuer Demonstrationstechniken.« Die neuen Demonstrationstechniken, die nicht generationsneutral seien, stellten ritualisierte Formen der Erpressung dar. Sie träfen »... die einzige schwache Stelle des legitimationsbedürftigen Herrschaftssystems, nämlich die funktionsnotwendige Entpolitisierung breiter Bevölkerungsschichten«. These 3: »Die Studenten- und Schülerbewegung geht aus einem Potential hervor, das keine ökonomische, sondern eine sozialpsychologische Erklärung verlangt.« Ihr Protest sei privilegiert und nicht mehr mit dem traditionell üblichen Generationskonflikt zu erklären. Die protestierenden Jugendlichen entstammten zwar bürgerlichen Elternhäusern, ihre Sozialisation hätte sich jedoch weniger dort, sondern vielmehr in Subkulturen vollzogen. Sie könnten möglicherweise die ohnehin brüchig gewordene Leistungsideologie unseres Gesellschaftssystems zerstören. These 4: »Die Studenten- und Schülerproteste folgen vielfach Interpretationen, die entweder ungewiß oder nachweislich falsch, in jedem Falle aber unbrauchbar sind, um Handlungsmaximen daraus abzuleiten.« Drei Grundelemente der für ihr politisches Handeln maßgeblichen marxistischen Gesellschaftstheorie seien nicht einfach mehr als gegeben zu unterstellen: Die Krisen-, die Klassen- und die Imperialismustheorie. Daraus resultierten zwei Mißverständnisse: Zum einen, daß der Aktionsspielraum durch eine revolutionäre Situation definiert sei, wovon keine Rede sein könne, und zum anderen, daß er durch einen internationalen Zusammenhang des antikapitalistischen Kampfes geprägt sei, auch dies sei eine Selbsttäuschung. These 5: »Aus der falschen Einschätzung der Situation folgt eine verhängnisvolle Strategie, welche nicht nur Studenten und Schüler auf die Dauer isolieren, sondern alle auf Demokratisierung drängenden gesellschaftlichen und politischen Kräfte schwächen muß.« Die SDS-Mitglieder verwechselten, wie die Vorgänge um die Universitätsbesetzung zeigten, Realität und Wunschphantasie; sie erfüllten damit den klinischen Tatbestand der Wahnvorstellung. Am Ende greift Habermas unter dem Stichwort »Aktionen um der Selbstbestätigung willen« noch drei führende Köpfe, ohne ihre Namen zu nennen, direkt an: Den Agitator, der die Aktionen nur als kurzfristige narzißtische Befriedigungszustände erlebe, den Mentor, der das rationalisiere, wozu den anderen die Worte fehlten und den »zugereisten Harlekin am Hof der Scheinrevolutionäre«, der sich nach Jahren folgenlosen Poetisierens zum »Dichter der Revolution« aufschwinge. Unter den Zuhörern scheint klar zu sein, wer hiermit gemeint sein könnte: Hans-Jürgen Krahl, Oskar Negt und Hans Magnus Enzensberger; diese Vermutung wird am Montag darauf auch in einem Kommentar der **Frankfurter Allgemeinen Zeitung** kolportiert. Die öffentlich vorgetragene Schelte trifft sofort auf eine mit Erbitterung vorgetragene Gegenkritik. Am geschlossensten wird sie von dem vielleicht am heftigsten Attackierten, dem führenden SDS-Sprecher Hans-Jürgen Krahl, vorgetragen.[539] In seiner Antwort weist er mit besonderem Nachdruck die Unterstellung einer vom SDS dogmatisch rezipierten Krisen- und Klassentheorie zurück. Selbstkritisch äußert Krahl, daß die Thesen und Parolen des SDS zur Klassentheorie eher einen »pragmatischen Reflex« als eine »reflektierte Strategie« darstellten. Dann kritisiert er umgekehrt an Habermas, daß er die Bedeutung der internationalen Orientierung unterschätze, die eine neue welthistorische Konstellation spiegele, daß er die systemgefährdende Funktion der Randgruppenkonflikte nicht erkenne und daß er, indem er dem SDS unterstelle, den klinischen Tatbestand einer Wahnvorstellung zu erfüllen, nur das pathologische Verhalten der Staatsmaschinerie auf den SDS und die außerparlamentarische Opposition projiziere. Habermas, der mit seinem Versuch eine »große Gegenkoalition« von Augstein bis Brenner herzustellen, gescheitert sei, hinke, so Krahl in seinem Schluß-Statement, der Bewegung der Arbeiter, Studenten und Schüler wie eine »flügellahme Eule der Minerva« hinterher. – Der schriftlichen Fassung seines Referats stellt Krahl ein Zitat aus der von Max Horkheimer unter dem Pseudonym Heinrich Regius 1934 bereits im Schweizer Exil verfaßten **Dämmerung** vorweg. Es endet mit der Zeile: »Bürgerliche Kritik am proletarischen Kampf ist eine logische Unmöglichkeit.«[540] Diese pathetische Zurückweisung einer Position der Nachfolgetradition Kritischer Theorie durch das Zitieren aus einer vermeintlich klassischen Phase ihrer Gründergeneration taucht in den Jahren 1968/69 wiederholt als Wandinschrift auf. – Am Sonntagmorgen referiert Oskar Negt **Über die Idee einer kritischen und antiautoritären Universität**.[541] Der Beitrag geht nicht auf den Streit mit Habermas ein, sondern versucht, die mit der *Politischen Universität* gewonnenen Erfahrungen in eine Radikalisierung der Hochschulreform einzubringen. In den Mittagsstunden wird der Kongreß vorzeitig beendet. – Nur wenige Monate später leitet Oskar Negt unter dem Titel **Die Linke antwortet Jürgen Habermas** einen Aufsatzband ein[542], in dem eine Reihe prominenter Vertreter der Neuen Linken auf die in den Thesen erhobenen Vorwürfe eingehen.

1./2.6.: Der als SDS-Mentor kritisierte Oskar Negt.

539 Hans-Jürgen Krahl, Antwort auf Jürgen Habermas, in: ders., Konstitution und Klassenkampf, Frankfurt/Main 1971, S. 242–245. **(Dok. Nr. 221)**
540 A.a.O., S. 242; vgl.: Heinrich Regius (d. i. Max Horkheimer), Dämmerung, Zürich 1934, S. 73.
541 Oskar Negt, Über die Idee einer kritischen und antiautoritären Universität, in: ders., Politik als Protest, Frankfurt/Main 1971, S. 71–74. **(Dok. Nr. 222)**
542 Die Linke antwortet Jürgen Habermas, Frankfurt/Main 1968; außerdem mit Beiträgen von: Furio Cerutti, Ein Brief an Jürgen Habermas; Arnhelm Neusüss, Praxis und Theorie; Klaus Dörner, Über den Gebrauch klinischer Begriffe in der politischen Diskussion; Peter Brückner, Die Geburt der Kritik aus dem Geiste des Gerüchts; Reimut Reiche, Verteidigung der »neuen Sensibilität«; Claus Offe, Kapitalismus-Analyse und der Selbsteinschüchterung; Herbert Lederer, Revolutionäre Strategie und liberales Maklertum; Wolfgang Abendroth, Demokratisch-liberale oder revolutionär-sozialistische Kritik?; Claus Rolshausen, Neue Probleme und alter Kapitalismus; Frank Wolff, Gegen den Schein einer gesicherten Strategie; Ekkehart Krippendorf, Zum Verhältnis zwischen Inhalt und Form von Demonstrationstechniken; Helmut Schauer, Über den Gewerkschaftsapparat und die Grenzen des Aktionsspielraumes; Wolfgang Lefèvre, Zur Theorie der Palastrevolution; Klaus Meschkat, Über Bundesgenossen und Bündnispolitik. **(Dok. Nr. 223, 224, 225)**

2. Juni 1968: Zum Jahrestag der Ermordung von Benno Ohnesorg kommen auf dem Opernplatz 400 iranische und bundesdeutsche Studenten zu einer Gedenkkundgebung zusammen. Der Vorsitzende der iranischen Studentenkonföderation CISNU, Assadollah Tojurtschi, proklamiert in seiner Ansprache den 2. Juni zum »Tag der internationalen Solidarität mit den deutschen und iranischen Studenten«. Er fordert den sofortigen Abzug der Polizei aus der Frankfurter Universität, die Einstellung aller Disziplinarverfahren und die uneingeschränkte politische Meinungsfreiheit für deutsche und ausländische Studenten. Außerdem sprechen als Vertreter des Frankfurter AStA Klaus Kreppel, der stellvertretende VDS-Vorsitzende Jürgen Kegler und der SDS-Bundesvorsitzende Karl Dietrich Wolff. Im Anschluß ziehen die Demonstranten mit Parolen wie »Schah-Schah-Scharlatan« und »Macht die Uni frei von der Polizei« durch die Bockenheimer Landstraße zur Universität. Als Wolff vor dem Hauptportal vorschlägt, die Inschrift wieder in »Karl-Marx-Universität« zurückzuverwandeln, weigert sich der AStA-Vorsitzende Birkholz, ihm Farbe und Pinsel auszuhändigen. Dennoch wird der Plan bald darauf umgesetzt. Mit grüner Ölfarbe übermalen einige Studenten, die zuvor Leitern erklommen haben, in großen Lettern den Namen des »Dichterfürsten« mit dem des »Revolutionsvaters«. Als einer der Demonstranten durch ein geöffnetes Fenster eine Stinkbombe in den über dem Haupteingang liegenden Raum wirft, in dem die Pressestelle der Polizei eingerichtet worden ist, kommt es zu Mißfallensäußerungen. Eine Studentin steigt daraufhin die Leiter hoch und überreicht einem der Polizisten unter in der Menge aufkommenden Heiterkeit ein paar Blumen. Der Aufforderung Polizeidirektor Jordans, die Beschriftung schleunigst wieder zu entfernen, leistet jedoch keiner Folge. Die Beamten müssen sich später selbst an die Arbeit machen.

4. Juni 1968: Unter dem veränderten Titel **Zur Grundfrage der gegenwärtigen Gesellschaftsstruktur** wird der Einleitungsvortrag von Theodor W. Adorno zum 16. Deutschen Soziologentag vom **Hessischen Rundfunk** gesendet. Das Leitthema der in der Frankfurter Messehalle durchgeführten Veranstaltung war die Frage *Spätkapitalismus oder Industriegesellschaft?*.

5. Juni 1968: Die Besetzung der Frankfurter Universität durch Einheiten der Polizei geht zu Ende. Am frühen Morgen werden die Stacheldrahtrollen abgeräumt, die Absperrgitter abtransportiert und die beiden Hundertschaften der Polizei wieder abgezogen. Danach übergibt Polizeidirektor Sommer das Hausrecht wieder an den Kurator der Universität, Achaz von Thümen. Gegen 8 Uhr zieht der Rektor, Professor Walter Rüegg, mit einem Stab von Mitarbeitern wieder in seine zuvor von einer Putzkolonne gesäuberten Amtsräume ein. – Am Abend erklärt Rüegg im **Zweiten Deutschen Fernsehen**, die »linksradikale Studentenführung« habe mit ihrer Rektoratsbesetzung vor einer Woche gezeigt, was sie unter der Errichtung einer *Politischen Universität* verstünde. Die Geduld, die er und der Senat bewiesen hätten, habe sich bewährt. Das »wüste Treiben« der linken Studenten habe sich von selbst totgelaufen. Diejenigen unter ihnen, die bewußt gegen bestehendes Recht verstoßen hätten, würden zur Rechenschaft gezogen.

10./11. Juni 1968: Mitten in der Nacht werden an dem zwischen **Forbach** und **Saarbrücken** gelegenen Grenzübergang »Goldene Bremm« 16 deutsche Staatsbürger, darunter drei Kinder, von den französischen Behörden abgeschoben. Bei den 13 Erwachsenen handelt es sich vor allem um Mitglieder einer im Herbst 1967 gegründeten Pariser SDS-Gruppe, ihnen wird Waffentransport und Aufwiegelei vorgeworfen. Es sind u. a. vier Journalisten, drei Studenten, zwei Lektoren, eine Bibliothekarin und ein Architekt. Ein 42jähriger, der Hegel- und Marcuse-Übersetzer Boris Fraenkel, wird noch von den Grenzbehörden festgehalten. Er ist Staatenloser und wird einerseits nach seiner Ausreise aus Frankreich nicht in die Bundesrepublik hineingelassen, kann andererseits aber auch nicht mehr nach Frankreich zurück. – Auf einer eilends von der *Humanistischen Studentenunion* (HSU) ins Studentenhaus der Frankfurter Universität einberufenen Pressekonferenz berichten die Ausgewiesenen am Tag darauf ausführlich über den Ablauf der gegen sie gerichteten Polizeiaktion und fordern die Bundesregierung auf, gegen die »Willkürmaßnahmen« der französischen Regierung zu protestieren. Sie lassen keinen Zweifel daran, wie der HSU-Vorsitzende Klaus Kreppel bestätigt, daß sie so schnell wie möglich wieder nach Frankreich zurückkehren wollen, und erhoffen sich dabei Unterstützung durch die Bundesregierung. Die Verhaftungen im Quartier Latin seien von Polizisten in Zivil, zum Teil mit vorgehaltener Pistole, wie der Journalist Samuel H. Schirmbeck berichtet, vorgenommen worden. Danach habe man sie acht Stunden lang ohne

14.6.: Beim Absingen der »Internationale« in London (v.l.n.r.): Daniel Cohn-Bendit, Tariq Ali und Alain Geismar.

Pause verhört. Es sei ihnen strikt verwehrt worden, mit der deutschen Botschaft oder ihren Anwälten Kontakt aufzunehmen. Einem von ihnen habe man zum Vorwurf gemacht, daß sich bei einer Hausdurchsuchung auch die Telephonnummer Daniel Cohn-Bendits gefunden habe. Allein die Nennung des Namens SDS habe bei den französischen Behörden für Unruhe gesorgt. Zu der Gruppe zählen außer Schirmbeck, der an einem Buch über die französische Studentenrevolte arbeitet, noch Mathias Koch, Ann und Gustav Lamche sowie der frühere *Diskus*-Redakteur Malte J. Rauch.

14. Juni 1968: Die Tageszeitung **Die Welt** beginnt einen Bericht über einen Auftritt des aus Frankreich ausgewiesenen Sprechers der französischen Studentenbewegung in der britischen Hauptstadt mit den Worten: »London, Metropole des europäischen Schaugeschäfts, hat die brillanteste 24-Stunden-Schau erlebt, die in den letzten Jahren von einem Alleinunterhalter dargeboten worden ist. Die ›Ein-Mann-Schau Daniel Cohn-Bendit‹ war ohne Zweifel die eindrucksvollste politische Burleske, die seit langem in England zu besichtigen war.«[543] Dem jungen Studentenführer sei es innerhalb weniger Stunden gelungen, London »auf den Kopf« zu stellen. Zuerst habe er die Einwanderungsbehörden in Verwirrung gestürzt, dann habe er Scotland Yard auf Trab gebracht, weil eine Morddrohung gegen ihn eingegangen sei, und von diesem Moment an wäre ihm ein Schwarm von Reportern, Photographen und Kameramännern auf Schritt und Tritt gefolgt »wie ein Kometenschweif«. Und als konservative Politiker ihn zum »Importeur schlimmer Revolutionen« abgestempelt hatten, wäre Cohn-Bendit angesehen worden, als sei er eine »wandelnde Zeitbombe … innerhalb der noch unversehrten britischen Gesellschaft«. Als er zusammen mit dem pakistanischen Studenten Tariq Ali und dem SDS-Bundesvorsitzenden Karl Dietrich Wolff einen »Höflichkeitsbesuch« am Grab von Karl Marx im Vorort Highgate abgestattet habe, sei ihm von seinem Rechtsberater mitgeteilt worden, daß das britische Innenministerium seine Aufenthaltsgenehmigung von 24 Stunden auf 14 Tage verlängert hätte. Nach einem Auftritt in einer Diskussionsrunde in der angesehenen London School of Economics sei er im kommerziellen Fernsehsender ITV und danach beim staatlichen BBC zu sehen gewesen. Als Abgeordnete vom rechten Flügel der Tories die britische Regierung wegen ihres als zu liberal empfundenen Verhaltens im »Falle Cohn-Bendit« im Unterhaus attackierten, habe Innenminister James Callaghan mit den Worten pariert, es gebe eine Tradition im Land, die es jedem Ausländer erlaube, solange er keine Rechte verletze, frei seine Meinung zu äußern. Außerdem hoffe er, daß »Mr. Cohn-Bendit« im Land einiges lernen könne und wenn es nur der Text der »Internationale« sei, den er ganz offensichtlich noch nicht ganz beherrsche.

22. Juni 1968: Die Philosophiestudentin Angela Davis wird Mitglied der *Kommunistischen Partei der USA* (KPdUSA). Nach ihrer Rückkehr aus Frankfurt im August 1967 hatte sie bei Herbert Marcuse an der University of California in **San Diego** mit der Fertigstellung ihrer Dissertation **Toward a Kantian Theory of Force** begonnen. Im Frühjahr erhielt sie dann den Master-of-Arts-Grad in Philosophie.

---

[543] Fritz Wirth, Die brillante Ein-Mann-Schau des ›roten Dany‹, in: Die Welt vom 14. Juni 1968.

24. Juni 1968: Gegen Hans-Jürgen Krahl (SDS) wird wegen dessen Beteiligung bei der Erstürmung des Rektorats von Rektor Professor Walter Rüegg ein Hausverbot für die Johann Wolfgang Goethe-Universität erlassen. Da alle Versuche, den Philosophiestudenten, der zu diesem Zeitpunkt nicht immatrikuliert gewesen sei, zu benachrichtigen, mit dem Vermerk »Adressat unbekannt« zurückgekommen seien, werde man sich notfalls, wie es weiter heißt, an seinen Doktorvater Theodor W. Adorno wenden, um ihm die Benachrichtigung zu übermitteln. Die Schäden, die bei der Blockade und der Besetzung der Universität entstanden seien, beliefen sich auf 70.000 DM. Gegen zehn weitere Studenten, die beim Eindringen in das Rektorat beteiligt gewesen seien, würden Disziplinarverfahren eingeleitet.

25. Juni 1968: Der AStA-Vorsitzende Hans-Jürgen Birkholz gibt vor Journalisten seinen Austritt aus dem *Sozialdemokratischen Hochschulbund* (SHB) bekannt. Der Versuch, eine Reform von Hochschule und Gesellschaft zu erkämpfen, begründet er seinen Schritt, könne nicht »von politischen Kindergarten-Mitgliedern vertan« werden. An dem neuen AStA-Programm werde deutlich, daß die Hochschulgruppen über kein Konzept zur Durchsetzung politischer Forderungen verfügten.

25. Juni 1968: Bei einem Teach-in in der Technischen Universität in **West-Berlin** spricht sich Daniel Cohn-Bendit für einen revolutionären Umsturz in der DDR aus. Er glaubt, die Staatsbürokratie entmachten zu können, ohne dort direkt auftreten zu müssen. Die Aufgabe, erklärt er vor 500 Zuhörern, bestünde nicht darin, eine Kulturrevolution an der Humboldt-Universität in Ost-Berlin auszulösen, sondern die revolutionären Kräfte in der DDR für die Entmachtung der Bürokratie zusammenzuschließen. Dasselbe sei auch in den anderen Staaten des Ostblocks nötig.

26. Juni 1968: Die in **Chikago** lehrende jüdische Philosophin Hannah Arendt schreibt in einem Brief an ihren Lehrer Karl Jaspers und dessen Frau Gertrude: »Mir scheint, die Kinder des nächsten Jahrhunderts werden das Jahr 1968 mal so lernen wie wir das Jahr 1848. Ich bin auch noch persönlich interessiert. Der ›rote Dany‹ Cohn-Bendit ist der Sohn sehr naher Freunde von uns, die beide gestorben sind, aus der Pariser Zeit. Ich kenne den Jungen; er war bei uns hier, und ich habe ihn auch in Deutschland gesehen. Ein ausgesprochen guter Kerl.«[544] – Einen Tag darauf bietet sie dem aus Frankreich ausgewiesenen Daniel Cohn-Bendit ihre Unterstützung an. In dem Schreiben heißt es: »Ich möchte Dir nur zwei Dinge sagen: Erstens, daß ich ganz sicher bin, daß Deine Eltern, und vor allen Dingen Dein Vater, sehr zufrieden mit Dir sein würden, wenn sie noch lebten. Und zweitens, daß, falls Du in Ungelegenheiten gerätst und vielleicht Geld brauchst, sowohl Chanan Klenbort wie wir immer bereit sein werden, nach Möglichkeiten zu helfen.«[545] – Gegen Daniel Cohn-Bendit war vor dessen Ausweisung von der rechtskonservativen und der parteikommunistischen Presse eine Kampagne gestartet worden, in der der Sprecher der *Bewegung 22. März* mit antijüdischen, antiintellektuellen und auch antideutschen Ressentiments diffamiert wurde. Aktivisten der französischen Studentenbewegung hatten daraufhin Demonstrationen gegen eine Ausweisung Cohn-Bendits organisiert und ein Plakat ausgehängt, auf dem es zum Konterfei des »roten Dany« im Stile von Clemenceaus berühmter Äußerung während der Dreyfus-Affäre hieß: »Nous sommes tous ›indésirables‹«.[546]

27. Juni 1968: Der Arbeitsausschuß des **Kuratoriums »Notstand der Demokratie«** beschließt, nachdem er von der *IG Metall* einen Brief erhalten hat, in dem zu lesen ist, daß nach der Verabschiedung der Notstandsgesetzgebung seine Aufgaben erfüllt seien, dessen Auflösung. Damit existiert das wichtigste überfraktionelle Forum der Linken, das 1966 den Kongreß *Notstand der Demokratie* und zuletzt am 11. Mai den Sternmarsch auf Bonn organisiert hat, nicht mehr. Das Büro des Kuratoriums wird einen Tag später aufgelöst, sein 31jähriger Sekretär, der ehemalige SDS-Bundesvorsitzende Helmut Schauer, entlassen. Von den im Kuratorium vertretenen Professoren soll der Marburger Wirtschaftswissenschaftler Werner Hofmann den heftigsten Widerstand gegen den Beschluß geleistet haben. – »Die Revolution, die nicht zustande kam«, schreibt Helmut Herles in einem Kommentar der **Süddeutschen Zeitung** dazu, »hat ihre Kinder entlassen.«[547]

28. Juni 1968: In dem in Los Angeles erscheinenden Blatt **The Peace News** gibt Herbert Marcuse unter dem Titel **The Paris Rebellion** einen Bericht von seinen Eindrücken während des Pariser Mai.[548]

30. Juni 1968: Mit einem überraschend klaren Sieg der Gaullisten endet bei den Parlamentswahlen in **Frankreich** der zweite Wahlgang. Die gaullistische Union erringt die absolute Mehrheit der Sitze. Zusammen mit den Unabhängigen Republikanern erringt sie 351 von 487 Sitzen in der Nationalversammlung. Die Linke muß dagegen schwere Verluste hinnehmen. Ihr ist es in keiner Weise gelungen, das sich in Demonstrationen, Streiks und Betriebsbesetzungen artikulierende Protest- und Widerstandspotential in Wählerstimmen umzusetzen. Die *Fédération de la gauche démocrate et socialiste* (FDGS) von François Mitterrand erhält nur 57 Mandate und die KPF kommt nur noch auf 33. Damit ist Staatspräsident de Gaulle, der einen Monat zuvor kurz vor seiner politischen Kapitulation stand, parlamentarisch gestärkt aus der »Mai-Krise« hervorgegangen.

Juli 1968: Jürgen Habermas und Albrecht Wellmer verfassen für den AStA der Freien Universität in West-Berlin ein Gutachten zu der seit langem umstrittenen Frage, ob die Studentenschaft das Recht habe, ein politisches Mandat wahrzunehmen. Ihr Text **Zur politischen Verantwortung der Wissenschaftler** endet mit dem Satz: »Eine sich selbst, ihren faktischen Bedingungen wie ihren politischen Folgen gegenüber kritische Wissenschaft verlangt … Einübung in Bildungsprozesse, die das falsche Bewußtsein einer unpolitischen Autonomie der Wissenschaften überwinden.«[549]

Juli 1968: Von **Amsterdam, Brüssel** und **London** aus fliegen rund 40 SDS-Mitglieder nach **Havanna**, wo die meisten von ihnen in dem nahe der kubanischen Hauptstadt errichteten Zeltlager »Campamento 5. de Mayo« untergebracht werden. Zusammen mit 750 anderen Gästen aus aller Welt beschäftigen sie sich damit, Kaffee zu pflanzen und Seminare zu besuchen. Lediglich Spitzenfunktionäre wie Bernd Rabehl (West-Berlin), Wolfgang Lefèvre (West-Berlin) und Reimut Reiche (Frankfurt) können in Hotels übernachten. Als offizielle Staatsgäste besuchen Schulen, Fabriken sowie Ministerien und nehmen sie an den Festlichkeiten zum kubanischen Nationalfeiertag teil. Während sie zumindest Kontakte zu führenden Kadern des kubanischen Staates aufnehmen können, bleiben die anderen weitgehend isoliert.

Juli 1968: In Kalifornien kommt eine Kampagne in Gang, mit der einflußreiche Politiker, darunter der Senator Jack Schrade, versuchen, den international wegen seines Engagements für die Protestbewegungen in die Schlagzeilen geratenen Philosophieprofessor Herbert Marcuse von der Universität von **San Diego** zu vertreiben. Der Rechtsanwalt Harry L. Foster schlägt vor, mit 20.000 Dollar Marcuses Vertrag aufzukaufen. Als einflußreichster Gegner gilt der ehemalige Hollywood-Schauspieler und jetzige Gouverneur, der Republikaner Ronald Reagan. Er soll erklärt haben, daß Marcuse nicht qualifiziert sei, eine Lehrfunktion auszuüben. Trotz wiederholter Äußerungen des Angegriffenen, er habe weder jemals Gewalt gepredigt noch zur Zerstörung der Universitäten aufgerufen, geht die unter der Ominösität verbreitenden Überschrift *The Marcuse matter* bezeichnete Kampagne weiter. Auf Fragen eines Journalisten antwortet Marcuse hierzu u.a.: »I shall do with these charges what they deserve: nothing.«[550] – Zur gleichen Zeit treffen Drohbriefe ein. In einem handgeschriebenen Brief heißt es: »Marcuse you are a very dirty Communist dog. You have 72 hours to live(!) the United States, 72 hours, Marcuse, and then we will kill you.«[551] Noch bevor Marcuse von seiner Europareise zurück ist, empfängt sein Stiefsohn Michael Neumann mehrere Telefonanrufe einer nicht-identifizierten Frau, die Bombenanschläge auf das Department für Philosophie und die Wohnung in **La Jolla** ankündigt. Obwohl Marcuse diese und andere Drohungen, darunter eine des Ku-Klux-Klan, nicht sehr ernst nimmt, bewachen einige seiner Universitätsassistenten nachts abwechselnd sein Haus.

---

544 Hannah Arendt – Karl Jaspers, Briefwechsel 1926–1969, München/Zürich 1985, S. 715 f.
545 Brief von Hannah Arendt an Daniel Cohn-Bendit vom 27. Juni 1968, zit. nach: Elisabeth Young-Bruehl, Hannah Arendt – Leben, Werk und Zeit, Frankfurt 1986, S.562; bei der genannten Chanan Klenbort handelt es sich um eine Freundin Hannah Arendts; außerdem erwähnt sie noch, ohne ihn namentlich zu nennen, ihren Mann Heinrich Blücher.
546 Siehe: Paris Mai 1968 – Dokumentation, München 1968, Abb. gegenüber von S. 89.
547 Helmut Herles, Wie Brenner Schauer entließ – Das Ende des Kuratoriums »Notstand der Demokratie«, in: Süddeutsche Zeitung vom 13. Juli 1968.
548 Herbert Marcuse, The Paris Rebellion, in: The Peace News vom 28. Juni 1968, S. 6 f.
549 Jürgen Habermas/Albrecht Wellmer, Zur politischen Verantwortung der Wissenschaftler, in: Ulrich K. Preuß, Das politische Mandat der Studentenschaft – Mit Gutachten von Robert Havemann, Werner Hofmann und Jürgen Habermas/Albrecht Wellmer, Frankfurt/Main 1969, S. 138.
550 Herbert Marcuse to Roger Rapoport, in: Los Angeles Times vom 19. Juli 1968.
551 Zit. nach: Barry Katz, Herbert Marcuse and the Art of Liberation, London 1982, S. 175.

1. Juli 1968: Auf Initiative der Basisgruppe Germanistik, die die Weigerung der Professoren kritisiert, in Lehrveranstaltungen Diskussionen führen zu können, entschließt sich eine Gruppe von Studenten, die **Expressionismus**-Vorlesung von Professor Martin Stern im Hörsaal V bis zum Semesterende in ein Dauerforum über die ideologische Funktion der eigenen Wissenschaft umzuwandeln. »Wir halten dafür«, heißt es in einem Agitationspapier, »daß Kunstwerken nicht methodisch mit heruntergekommener Metaphysik beizukommen ist. Literatur wird hier als bewußtlose Geschichtsschreibung der Gesellschaft begriffen.«[552] Danach werden auf fünf Seiten drei Gedichte von Georg Heym, Jakob van Hoddis und Alfred Lichtenstein interpretiert; unter Verwendung von Zitaten aus dem Kapitel über den Fetischcharakter der Ware im *Kapital* von Karl Marx, Ernst Blochs Werk *Erbschaft dieser Zeit*, Adornos Aufsatz *Lyrik und Gesellschaft* sowie der Benjamin-Texte über den *Surrealismus* und den *Autor als Produzent*. – Der angegriffene Germanist, der zuletzt bereit war, eine Viertelstunde seiner Vorlesung für Diskussionen zu opfern, läßt sein Colloquium zwei Tage darauf ausfallen und antwortet dann am 8. Juli mit einer vor Journalisten und in Anwesenheit des Dekans der Philosophischen Fakultät, Professor Walther Lammers, abgegebenen Erklärung. Darin heißt es unter der Überschrift **Politisierung der Germanistik – schon wieder?**: »So anachronistisch wie diese Behauptung ist das Verfahren, mit dem man mich, als Schüler Emil Staigers, als ›Fachidiot‹, als Schweizer Staatsbürger und Träger eines jüdischen Namens in einer auf Seminarkosten durchgeführten Flugblattkampagne systematisch diffamiert. Ich betreibe ›metaphysische Literaturmauschelei‹ wurde von Studierenden geschrieben; ich entstamme (mit 38 Jahren) ›der Vorzeit einer fossilen Wissenschaft‹ und bin ›von keinem Furz sozialer Wirklichkeit je erreicht‹.«[553] Wer keine marxistische Kausallogik zwischen Monopolkapitalismus, Imperialismus und Literatur herzustellen bemüht sei, sondern Dichtung als Kunst und schöpferischen Ausdruck von Ideen in sprachlicher Gestalt behandle, der werde von den linken Studenten systematisch diffamiert. Das gleiche sei bereits in der Vorlesung seines Kollegen Karl Ludwig Schneider an der Universität Hamburg geschehen.

1. Juli 1968: Auf einer Pressekonferenz wirft der SDS-Bundesvorsitzende Karl Dietrich Wolff der Frankfurter Polizei vor, sie bediene sich »illegaler Methoden« und versuche SDS-Mitglieder zu »terrorisieren« und einzuschüchtern. Grund für die Vorwürfe sei eine Hausdurchsuchung, die von Polizisten in Uniform und Zivil in der Nacht vom 28. zum 29. Juni in einem in der Feldbergstraße gelegenen Haus durchgeführt wurde, in dem sechs SDS-Mitglieder wohnen. Ohne einen Hausdurchsuchungsbefehl vorweisen zu können, seien sie, zum Teil mit gezogenen Waffen durch die Wohnung gestürmt, hätten Schränke aufgerissen und alles durchwühlt. Auch auf Nachfragen hin seien sie nicht bereit gewesen, einen Grund für ihre Razzia zu nennen.

5./6. Juli 1968: Aus Protest gegen den Völkermord in Biafra führen mehrere Hochschulgruppen ein Teach-in gegen die britische Kolonialpolitik durch. Anschließend führen die 250 Teilnehmer einen Demonstrationszug zu dem in der Zeppelinallee gelegenen britischen Generalkonsulat durch und übergeben einem Konsulatsvertreter eine Resolution. Darin wird die nigerianische Zentralregierung des Völkermords und der

3.7.: Der Germanist Professor Martin Stern.

fortwährenden Verletzung des Genfer Abkommens bezichtigt. Außerdem sehe man in den Waffenlieferungen Großbritanniens und der Sowjetunion eine indirekte Billigung dessen, was in Biafra geschehe. Dies bedeute eine Einmischung in innerstaatliche Angelegenheiten aus wirtschaftlichen und politischen Interessen. Die britische Regierung sei aus imperialistischen Interessen bereit, »über die Leichen eines ganzen Volkes« zu gehen. Was unter dem Schweigen der ganzen Welt mit den Juden geschehen sei, das dürfe nicht mit den Ibos in Nigeria passieren. – Am Tag darauf ziehen 30 Studenten und Praktikanten aus Biafra vom Opernplatz aus über die Bockenheimer Landstraße ebenfalls in die Zeppelinallee, um gegen den Mord an ihrem Volk zu protestieren. Auf Transparenten und Plakaten, die sie mit sich führen, sind Parolen zu lesen wie »Englands Entwicklungshilfe – Tote Biafraner« und »Statt Brot schicken die Briten Waffen«.

11. Juli 1968: In der Schlußbemerkung seiner Vorlesung **Einleitung in die Soziologie** äußert sich Theodor W. Adorno ausführlich über die Umfunktionierung der *Expressionismus*-Vorlesung des Germanistikprofessors Martin Stern. Nach einem Hinweis, daß es zwischen ihm und Stern, der ihm die Methodik marxistischer Literaturkritik zum Vorwurf gemacht habe, in der Vergangenheit durchaus zu Differenzen gekommen sei, weist er die Vorgehensweise der politisierten Studenten zurück. Seiner Ansicht nach sei die Tatsache, daß man einen akademischen Lehrer daran hindere, seine Meinung auszudrücken, mit Mündigkeit und Autonomie nicht zu vereinbaren. Er bittet seine Zuhörer, »... daß diese Art des Kampfes aus dem Kampf um die Reform der Universität und auch aus dem Kampf um gesellschaftliche Veränderungen verwiesen wird«.[554]

17. Juli 1968: Um angeklagten Studenten und Aktivisten der APO einen besseren Rechtsbeistand vor Gericht zu liefern, wird das **Kuratorium »Republikanische Hilfe«** gegründet. Mitglieder sind u. a. Frank Benseler, Heinrich Hannover, Horst Mahler, Klaus Meschkat, Helmut Schauer, Jürgen Seifert, Klaus Vack und Karl Dietrich Wolff.

20. Juli 1968: Anläßlich von Herbert Marcuses 70. Geburtstag erscheint in der **Frankfurter Rundschau** unter der Überschrift **Philosoph der Jugendrevolte** ein von Jürgen Habermas verfaßter Glückwunschartikel,

17.7.: Plakat.

in dem die theoretischen Arbeiten des Jubilars einer kritischen Würdigung unterzogen werden. Darin heißt es, daß Marcuse zwar mit Recht zum »Philosophen der Jugendrevolte« geworden sei, die jungen Revolutionäre jedoch »nicht ganz zu Recht« seine Texte »als Legitimation für die unbestimmte Negation des Bestehenden« benutzen würden. Habermas geht es dabei insbesondere um die Interpretation jenes berühmten Satzes aus dem Aufsatz über *Repressive Toleranz*, in dem Marcuse unterdrückten und überwältigten Minderheiten ein »›Naturrecht‹ auf Widerstand« zubil-

552 Zit. nach: Peter Mosler, Was wir wollten, was wir wurden – Studentenrevolte zehn Jahre danach, Reinbek 1977, S. 197 f.; darin auch die Schilderung des gesamten Vorgangs; vgl. außerdem: Vorlesung auch ohne Professor – Germanistik-Studenten kritisieren »unkritische Literaturbetrachtung«, in: Frankfurter Rundschau vom 4. Juli 1968 und: Politische Aspekte betont – Prof. Stern zur Studentenkritik, in: Frankfurter Rundschau vom 9. Juli 1968.
553 A.a.O., S. 198.
554 Zit. nach: Theodor W. Adorno, Einleitung in die Soziologie (1968), hrsg. von Christoph Göde, Frankfurt/Main 1993, S. 257. **(Dok. Nr. 228)**

ligt.⁵⁵⁵ Habermas spricht die Hoffnung aus, daß Marcuse diese Gewalt legitimierende Passage noch einmal erläutert und stellt selbst abschließend fest: »Gewalt kann legitim nur in dem Maße *gewollt* und emanzipatorisch wirksam werden, in dem sie durch die drückende Gewalt einer als unerträglich *allgemein* ins Bewußtsein tretenden Situation *erzwungen* wird. Nur diese Gewalt ist revolutionär; die das ignorieren, tragen das Bild Rosa Luxemburgs zu Unrecht über ihren Häuptern.«⁵⁵⁶

23. Juli 1968: Vier Professoren der Frankfurter Universität veröffentlichen in der **Frankfurter Allgemeinen Zeitung** unter der Überschrift **Grundsätze für ein neues Hochschulrecht** einen eigenen Entwurf für ein neues hessisches Hochschulgesetz. Der von Eberhard Denninger, Ludwig von Friedeburg, Jürgen Habermas und Rudolf Wiethölter autorisierte Text soll ein Hochschulgesetz mitvorbereiten helfen, das stärker als bisher den Demokratisierungsforderungen der Studenten Rechnung tragen soll. In dem Entwurf ist vorgesehen, daß ein für die Dauer von acht Jahren gewählter Präsident an die Spitze der Universitäten gestellt wird. Er soll der Kontrolle von Kuratorium und Konzil unterliegen und durch ein konstruktives Mißtrauensvotum abwählbar sein. In den universitären Gremien sollen die drei Hauptgruppen der Hochschulangehörigen – Professoren, Assistenten und Studenten – jeweils zu einem Drittel vertreten sein.

28. Juli – 6. August 1968: Während der **IX. Weltjugendfestspiele** in der bulgarischen Hauptstadt **Sofia** treten starke Spannungen innerhalb der bundesdeutschen Delegation auf; sie führen zu einer Reihe von Zwischenfällen, sogar zu gewalttätigen Auseinandersetzungen. Es beginnt bereits vor der Eröffnung im Vassil-Levski-Stadion damit, daß orthodox eingestellte Mitglieder der *Sozialistischen Deutschen Arbeiterjugend* (SDAJ) auf eine Abordnung von SDS-, SHB- und LSD-Delegierten einprügeln, weil sie es wagen, Ho-Chi-Minh-, Che-Guevara-, Rosa-Luxemburg- und Mao-Plakate mit sich zu führen. Sie versuchen, sie ihnen ebenso mit Gewalt zu entreißen wie ein erst im Stadion entrolltes Transparent, auf dem der schlichte Appell »Solidaritäts-Demonstration, Montag, 29. Juli, 16 Uhr, US-Embassy« zu lesen ist. Die FDJ-Delegierten aus der DDR scheinen im Gegensatz dazu mit bunten Regenschirmen und Karamelbonbons die Herzen der Einheimischen zu erfreuen.⁵⁵⁷ – Zur befürchteten Konfrontation kommt es dann, als der SDS-Bundesvorsitzende Karl Dietrich Wolff zusammen mit anderen Delegierten die Ankündigung wahrmacht und den Versuch unternimmt, vor der Botschaft der USA eine Demonstration gegen den Vietnamkrieg durchzuführen. Als sie am 29. Juli vor dem Botschaftsgebäude auftauchen, stellen sich ihnen SDAJ- und SDS-Mitglieder des traditionalistischen, der KPD nahe-

28.7.–6.8.: SDS-Bundesvorsitzender KD Wolff in Sofia.

stehenden Flügels entgegen und versuchen, sie zusammen mit bulgarischen Geheimdienstleuten daran zu hindern, ihren Protest zu artikulieren. Wolff und die anderen werden abgedrängt, können jedoch ihrer drohenden Festnahme dadurch entgehen, daß sie sich vorerst auf eine Mauer des nahegelegenen Georgi-Dimitroff-Mausoleums retten. Nun strömen zahlreiche Festivalbesucher, durch den Zwischenfall neugierig geworden, zusammen und verfolgen das Geschehen. Nachdem ihm ein Megaphon ausgehändigt worden ist, hält Wolff eine improvisierte Rede, die sowohl ins Russische als auch ins Bulgarische übersetzt wird. Darin berichtet er von zahllosen Behinderungen Moskau-kritischer Teilnehmer durch die Festivalleitung. Er prangert die Überschwemmung der Festspiele durch Folklore, Sport und Flitter als entpolitisierend an. Seiner Wahrnehmung nach sei unübersehbar, daß die Veranstaltungen zur linken Seite hin beschnitten würden. Es gelte bereits als untragbar, Porträts von Mao Tse-tung, Che Guevara oder Trotzki zu zeigen. Plötzlich sind bulgarische Marschgesänge zu hören. Von der Straße her nähert sich eine Kolonne mit Nationalfahnen dem Mausoleum. Bevor es zu einer Konfrontation kommt, ziehen sich die Teilnehmer der kleinen Protestmanifestation zurück.⁵⁵⁸ – Am 3. August geschieht der nächste Zwischenfall. Als Wolff sich bei einer Diskussion zum Thema *Individuum und Gesellschaft* über Manipulationen der Rednerliste beschwert, durch die kritische Teilnehmer am Sprechen gehindert würden, beschimpft ihn ein bulgarischer Delegierter, er sei ein Provokateur und »Diener des Kapitalismus«. Dann vergleicht er ihn mit Joseph Goebbels, indem er erklärt, vor 30 Jahren habe es bereits einmal in Deutschland einen Mann gegeben, der dem Prinzip gefolgt sei, daß eine Lüge, wenn man sie nur 30 Mal wiederhole, zur Wahrheit werde. Daraufhin springt Wolff voller Empörung von seinem Stuhl hoch und stürmt zum Podium. Dies jedoch scheint nur das Signal für eine Gruppe von Bulgaren zum Eingreifen zu sein. Sie stürzen sich auf den SDS-Vorsitzenden, zerschlagen ihm die Brille und schleifen ihn aus dem Saal. Aus Solidarität mit dem Mißhandelten folgen ihm die westeuropäischen Zuhörer. Nach einer halbstündigen, voller Erregung verlaufenden Diskussion wird ihnen zugesichert, daß sich die bulgarischen Delegierten für den Zwischenfall entschuldigen würden. Als der bulgarische Redner jedoch seine Vorwürfe noch einmal erneuert, verlassen die Festivalteilnehmer aus Belgien, Dänemark, Großbritannien, Italien, Schweden und den Niederlanden noch einmal, diesmal für immer, den Saal. Ihnen folgen auch Delegierte aus Jugoslawien und der Tschechoslowakei. – Die jugoslawische Delegation veröffentlicht danach eine Protesterklärung: »Die undemokratische Atmosphäre führte zu Fehlinformationen über den Standpunkt der einzelnen Delegationen. Die exzessiven Sicherheitsmaßnahmen und der im voraus sichergestellte dominierende Einfluß gewisser Organisationen haben eine Situation geschaffen, in der nur ein Standpunkt privilegiert ist.«⁵⁵⁹ – Die Belgrader Abendzeitung **Politika Ekspres** schreibt, nachdem Karl Dietrich Wolff von bulgarischen Polizisten »grausam« verprügelt worden sei, hätten mehrere Delegationen sogar in Erwägung gezogen, das Festival vorzeitig zu verlassen. – Als Wolff auf dem Flughafen in **Sofia** erscheint, wollen ihm Mitglieder des Veranstaltungskomitees vor seinem Abflug als Zeichen der Versöhnung rote Nelken und einen Abschiedscognac überreichen. Der SDS-Vorsitzende verweigert jedoch die Annahme und erklärt, er hoffe, man werde sich bei anderer Gelegenheit zu einem Treffen aller revolutionären Kräfte wiedersehen, wo eine vollständige und freie Auseinandersetzung möglich sei.⁵⁶⁰

14.–24. August 1968: Gajo Petrovic eröffnet stellvertretend für Rudi Supek die auf der Adria-Insel **Korčula** stattfindende 5. Internationale Sommerschule der jugoslawischen *Praxis*-Gruppe. Zum Thema **Karl Marx und die Revolution** referieren u. a. Ernst Bloch, Herbert Marcuse, Jürgen Habermas, Ernst Fischer, Agnes Heller, Iring Fetscher und Arnold Künzli. Einer der Höhepunkte der Debatten ist die Kontroverse zwischen Bloch und Marcuse über einen marxistischen

---

555 Herbert Marcuse, Repressive Toleranz, in: Robert Paul Wolff / Barrington Moore / Herbert Marcuse, Kritik der reinen Toleranz, Frankfurt/Main 1965, S. 127.
556 Jürgen Habermas, Philosoph der Jugendrevolte – Herbert Marcuse wurde 70 Jahre, in: Frankfurter Rundschau vom 20. Juli 1968; wiederabgedruckt als Einleitung zu: ders. (Hg.), Antworten auf Herbert Marcuse, Frankfurt/Main 1968, S. 16.
557 Vgl.: Lutz Rininsland, Diskussionen werden systematisch verhindert – Die Weltjugendfestspiele von Sofia sollen nach dem Willen der Veranstalter nur Schau sein, in: Frankfurter Rundschau vom 3. August 1968.
558 Vgl.: Helmut Herles, Ein Getümmel unter Linken – Der Sozialistische Deutsche Studentenbund im Kampf mit der Festivalbürokratie von Sofia, in: Frankfurter Allgemeine Zeitung vom 31. Juli 1968.
559 Frankfurter Rundschau vom 6. August 1968.
560 Vgl.: Lutz Rininsland, Sport und Spiele sind passé – Das nächste Weltjugendfestival muß anders werden – Bilanz von Sofia, in: Frankfurter Rundschau vom 10. August 1968.

14.–24.8.: Ernst Bloch und Herbert Marcuse auf Korčula.

Begriff der Utopie. Habermas referiert über *Bedingungen für eine Revolutionierung spätkapitalistischer Gesellschaftssysteme*[561] und Marcuse über *Revolutionäres Subjekt und Autonomie.*[562] Als die Teilnehmer am Morgen des 21. August über die Frage des wissenschaftlichen Fortschritts und des Humanismus diskutieren wollen, richtet Marcuse an Fetscher die Frage, ob er schon »das Neueste« wisse und antwortet sogleich mit lakonischer Bitterkeit: »Die Russen sind in die Tschechoslowakei einmarschiert.«[563] Auf diese Weise platzt die Nachricht vom Einmarsch der Warschauer-Pakt-Truppen in Prag in das sommerliche Beisammensein einer Schar marxistischer Philosophen und Soziologen. Sofort entschließen sie sich, das Tagungsprogramm ausfallen zu lassen. Sie entwerfen drei Protesterklärungen, die sie gemeinsam redigieren und abschicken: einen Brief an den jugoslawischen Präsidenten Josip Broz Tito, in dem dieser darum gebeten wird, alles in seiner Macht stehende zu tun, um dem tschechoslowakischen Volk und seiner Partei zu helfen, eine Resolution für die allgemeine Öffentlichkeit, in der die Unvereinbarkeit der Invasion mit dem Völkerrecht und den Prinzipien des sozialistischen Internationalismus herausgestrichen wird, und ein Telegramm an den Ersten Sekretär des ZK der KPdSU – nicht »Genossen«, sondern »Herrn« Breschnew, wie es ausdrücklich heißt –, in dem dieser aufgefordert wird, den Einmarsch unverzüglich zu stoppen. Als Svetozar Stojanovic drei Tage später als letztes Thema *Das Problem der sozialistischen Revolution in der modernen Welt* anschneiden soll, beginnt er mit einer Art Selbstkritik, dem Eingeständnis einer Desillusionierung. Die unter marxistischen Philosophen verbreitete Auffassung, bei der Sowjetunion handle es sich wegen der Abschaffung der kapitalistischen Eigentumsverhältnisse um ein sozialistisches Land, sei ein frommer Selbstbetrug gewesen. Die Moskauer Machthaber hätten jegliche Orientierung auf eine sozialistische Revolution in der Welt und einen damit verbundenen Internationalismus aufgegeben. Ihre Herrschaft müsse als bürokratischer Staatsabsolutismus bezeichnet werden.

21. August 1968: Aus Empörung über den Einmarsch der Truppen des Warschauer Pakts in der Tschechoslowakei versammeln sich am Vormittag 250 Studenten und Schüler vor der Mensa. Nach eingehenden Informationen über die Vorgänge der letzten Nacht formieren sie sich am Mittag zu einem Demonstrationszug und brechen zu der in Niederrad gelegenen sowjetischen Militärmission auf. An ihrer Spitze führen sie ein Transparent mit der Aufschrift »Imperialismus und Stalinismus – Feinde des Sozialismus« mit sich. Als sie in der Goldammerstraße eintreffen, werden sie von 200 anderen Demonstranten, die sich dort bereits befinden, mit »Dubček, Dubček«-Rufen und rhythmischem Händeklatschen begrüßt. In einer Ansprache erklärt Volkhard Mosler (SDS), die Sowjetunion habe wieder einmal bewiesen, daß ihre Macht

---

561 Siehe: **Dok. Nr. 229**.
562 Siehe: **Dok. Nr. 230**.
563 Zit. nach: Iring Fetscher, Der verhöhnte Marx – Philosophen-Kongreß verurteilte die sowjetische Invasion, in: Die Zeit vom 30. August 1968, 23. Jg., Nr. 35, S. 6.

letztlich auf purer Militärmacht beruhe. Als verschiedene Demonstranten zum Sturm auf die Militärmission aufrufen, gelingt es den zwei Dutzend Polizisten nur mit Mühe, sie von einer Überwindung der Absperrgitter abzuhalten. Anschließend fliegen mehrere Bierflaschen in den Vorgarten. Am Abend versammeln sich dann 350 Demonstranten, die vom Walter-Kolb-Studentenwohnheim am Beethovenplatz aufgebrochen sind, vor einem Geschäftshaus in der Kaiserstraße, in dem sich das Büro des DDR-Ministeriums für Außenwirtschaft befindet. Hans-Jürgen Krahl (SDS) kritisiert in seiner Rede ebenfalls die Militärintervention in der ČSSR und meint, daß Dubčeks Demokratisierungsprozeß nicht entschieden genug vorangetrieben worden sei.

22. August 1968: Zu einer vom DGB und vom Unterbezirk der Frankfurter SPD organisierten Protestkundgebung gegen die militärische Intervention in der Tschechoslowakei versammeln sich abends 5.000 Menschen auf dem Römer. Als Redner treten der *IG-Metall*-Vorsitzende Otto Brenner, Oberbürgermeister Willi Brundert (SPD), der Unterbezirks-Vorsitzende Walter Möller und der Bonner Korrespondent von Radio Prag, Vilem Fuchs, auf. Die Weltöffentlichkeit, erklärt Brundert, sei angesichts der Brutalität, mit der ein hoffnungsvoller Demokratisierungsprozeß gestoppt worden sei, von einem Schock getroffen worden. Mehrmals wird er in seiner Rede von Zwischenrufern gestört, die auf die Rolle der USA in Vietnam hinweisen. Brenner befürchtet, daß es zu einem Rückfall in die Politik des Kalten Krieges kommen könne. Er appelliert an die Staaten des Warschauer Pakts, die Intervention in der ČSSR unverzüglich zu beenden. Und Möller meint, der Einsatz militärischer Gewalt sei das größte Eingeständnis politischer Schwäche der dogmatischen Kommunisten seit dem Bau der Berliner Mauer. Weil entgegen der vorherigen Absprache Sprechern der APO das Mikrophon verwehrt wird, kommt es am Ende an der Rednertribüne zu Rangeleien. Danach spaltet sich die Menge in zwei verschiedene Protestmärsche auf. Der eine 400 Teilnehmer zählende zieht mit Brenner, Brundert und Möller an der Spitze zur tschechoslowakischen Handelsmission in der

22. 8.: Jungsozialisten protestieren gegen den Einmarsch in Prag.

Eysseneckstraße, der andere 2.500 Personen umfassende zur sowjetischen Militärmission in Niederrad. Mit »Dubček, Svoboda«-Rufen nähern sie sich dem von einer Hundertschaft deutscher Polizisten und zwei amerikanischen Militärpolizisten bewachten Gebäude. Nachdem ein bengalisches Feuer entzündet worden ist, um von einem Plakat mit den Lettern »USSR« die mittleren beiden Buchstaben herauszustellen, fordern die Demonstranten die Polizei mit dem Hinweis auf, sich zurückzuziehen, sie seien in der Mehrzahl. Einer Gruppe gelingt es schließlich, über einen eingerissenen Zaun auf das abgesperrte Gelände vorzudringen. Danach lassen sich etwa 200 von Polizeischeinwerfern beleuchtete Demonstranten zu einem Sit-in nieder. Gegen 22 Uhr fordert Hans-Jürgen Krahl die Sitzstreikenden auf, das Gelände der Militärmission sofort zu verlassen. Es habe keinen Sinn, fügt er hinzu, sich später von der Polizei zusammenknüppeln zu lassen. Diese folgen der Aufforderung jedoch nicht. Erst als kurz vor Mitternacht 50 mit Helmen ausgerüstete amerikanische Militärpolizisten erscheinen, ziehen die Demonstranten, die »Internationale« singend, wieder ab.

23. August 1968: Aus Protest gegen die Besetzung der ČSSR ruht nach einem Aufruf des DGB an zahlreichen Kreuzungen und Straßen im Stadtgebiet von 17 Uhr für fünf Minuten der Autoverkehr. Die in der Halle des Hauptbahnhofs stehenden Lokomotiven lassen zur selben Zeit ihre Signale aufheulen. Und auch auf dem Rhein-Main-Flughafen ruht mit Ausnahme der Flugsicherung die Arbeit.

30. August 1968: Die Aufführung des US-amerikanischen Vietnamfilms **Die grünen Teufel** wird in der Abendvorstellung des Turm-Palasts von APO-Anhängern massiv gestört. Etwa ein Drittel der Besucher protestiert lautstark gegen die Verherrlichung der Ledernacken in dem Streifen. Nach einer Viertelstunde kommt es zu tätlichen Auseinandersetzungen mit anderen Besuchern. Der Kinobesitzer ruft schließlich die Polizei, um die Störungen unterbinden zu lassen. – Zwei Tage später wird in Zeitungsanzeigen angekündigt, daß der Film nach Erfüllung der gegenüber dem Filmverleih eingegangenen Mindestverpflichtung abgesetzt werde. Der Kinobesitzer erklärt, er wolle »kein Vorreiter für nazistische Filme« sein. – Am 5. September werden **Die grünen Teufel** aus dem Programm genommen.

September 1968: In der Zeitschrift **Konkret** erscheint unter dem Titel **Das Ende des Stalinismus** ein Aufsatz von Oskar Negt, in der er den Einmarsch der Warschauer Pakt-Truppen in die ČSSR vor dem Hintergrund der Erosionserscheinungen des gesamten kommunistischen Blocks analysiert.[564]

2. September 1968: Trotz der Semesterferien kommen im Hörsaal I über 500 Studenten zu einem vom SDS organisierten Teach-in über den Einmarsch der Warschauer Pakt-Staaten in die ČSSR zusammen. Zu Beginn bemerkt Diskussionsleiter Dietrich Wetzel, der SDS habe aus den Ereignissen in Prag selbst Lehren zu ziehen, da er in seinen Ansichten über eine verwirklichte sozialistische Praxis offenbar falsch gelegen habe. Er sei vom Rückfall in die Praktiken stalinistischer Politik überrascht gewesen. Deshalb komme es nun für den SDS darauf an, die Leerstellen in der theoretischen Analyse des Stalinismus auszufüllen. In einem Referat wird die angeblich 1928 mit dem ersten Fünfjahresplan einsetzende Degeneration der Sowjetunion zum »bürokratischen Staatskapitalismus« nachgezeichnet, in einem anderen die Entwicklung der ČSSR nach dem Krieg und ihre Ausbeutung als Satellitenstaat der UdSSR. Überwiegend Einigkeit besteht in der Diskussion darin, daß es sich bei der Reformgruppe um Dubček nur um eine »dritte Generation von Stalinisten« handle, die die Demokratisierung nicht um ihrer selbst willen, sondern als Mittel ökonomischer Reformen betreibe. – Der Beobachter der **Frankfurter Allgemeinen Zeitung** attestiert dem SDS, eine Diskussionsveranstaltung »ohne Polemik und Emotionalisierung« durchgeführt zu haben und gelangt zu dem überraschenden Urteil: »Der SDS gab sich, wie viele ihn gerne hätten: bescheiden in einem Hörsaal die eigene Theorie überdenkend, konstruktiv und informativ.«[565] Allerdings dürfe man nicht vergessen, daß auch aus dieser Theorie notwendigerweise eine »Aktion« folge.

11. September 1968: Die **Frankfurter Rundschau** druckt eine Glückwunschadresse von Max Horkheimer an Theodor W. Adorno ab, der an diesem Tag seinen 65. Geburtstag feiert. In dem Schreiben heißt es: »Die Trennung von Theorie und Praxis, die wir immer verneinten, trifft auf Dein Leben nicht zu. ... Was Du schriftlich und mündlich formulierst, hat einen nachhaltigeren Einfluß auf die soziale und politische Atmosphäre als viele wohlorganisierte Aktionen verschie-

12.–16.9.: Fritz Teufel auf der SDS-Delegiertenkonferenz im Studentenhaus.

denster Art... Kritische Theorie, zu der seit je Du gestanden hast, bildet ein Moment der Resistenz gegen den Zug zum Totalitären rechter und linker Observanz.«[566]

11. September 1968: Der **Westdeutsche Rundfunk** sendet ein Gespräch, das Guido Schütte mit Theodor W. Adorno anläßlich dessen 65. Geburtstag geführt hat. Adorno äußert sich darin über verschiedene Stationen seiner Biographie, sein Buch *Versuch über Wagner*, das aktuelle Geschehen in der ČSSR und die Revolte der Studenten.

12.–16. September 1968: Auf der **XXIII. ordentlichen SDS-Delegiertenkonferenz** im Festsaal des Studentenhauses zeigen sich unter den 205 Delegierten des rund 2.500 Mitglieder zählenden Verbands erste Selbstauflösungstendenzen. Nicht nur der Graben zwischen der antiautoritären und der traditionalistischen Fraktion, von der mehrere Mitglieder ausgeschlossen werden, hat sich vergrößert, sondern auch der zwischen den Hochschulgruppen aus den Zentren West-Berlin und Frankfurt auf der einen und denen aus den kleineren Universitätsstädten, wie Heidelberg und Tübingen, auf der anderen Seite. Der scheidende Bundesvorsitzende Karl Dietrich Wolff erklärt in seinem Rechenschaftsbericht, daß es nicht gelungen sei, die spontane Bewegung der Osteraktionen aufzufangen und organisatorisch zu stabilisieren. Der SDS müsse sich innerhalb der antiautoritären Bewegung neu formieren. Als erstes schlage er eine Kampagne gegen

564 Oskar Negt, Das Ende des Stalinismus, in: Konkret Nr. 9, September 1968, S. 8–11.
565 Gre., Der SDS, wie man ihn gerne hätte – Ein Teach-in über die ČSSR – Informativ und sachlich, in: Frankfurter Allgemeine Zeitung vom 4. September 1968; vgl. auch: SDS analysierte ČSSR-Invasion – Kritik auch an Prager Reformen, in: Frankfurter Rundschau vom 4. September 1968.
566 Max Horkheimer an Theodor W. Adorno (Offener Brief zu Adornos 65. Geburtstag), in: Frankfurter Rundschau vom 11. September 1968.

die autoritären Strukturen der Bundeswehr vor. – Am zweiten Tag ergreift in den neurotisch anmutenden Querelen der Organisationsdebatte Helke Sander als Delegierte des Westberliner *Aktionsrates zur Befreiung der Frau* das Wort. Sie richtet an den von Männern dominierten Studentenbund, der nicht müde werde, allgemeine Emanzipationsinteressen bei jeder nur passenden Gelegenheit zu akklamieren, die Forderung, in Zukunft mehr die Interessen der Frauen, insbesondere aber die der Mütter und ihrer Kinder, zur Kenntnis zu nehmen. In einem Resolutionsentwurf des Aktionsrates heißt es unter Punkt 3: »Doppelt frustriert sind die Frauen im SDS, wenn sie versuchen, dort politisch aktiv zu werden, das heißt, wenn sie über die Beteiligung an Demonstrationen hinauswollen, wenn sie Referate, Reden halten, Diskussionsbeiträge liefern. Das Erfolgserlebnis ist ihnen versagt, weil auf ihre Beiträge niemals Bezug genommen wird.«[567] Als genau dies geschieht und niemand auf Helke Sanders Beitrag näher eingeht, bewirft die hochschwangere Romanistikstudentin Sigrid Rüger den als nächsten Redner bereitstehenden Hans-Jürgen Krahl mit mehreren Tomaten. »Genosse Krahl«, schleudert sie ihm noch verbal hinterher, »Du bist objektiv ein Konterrevolutionär und ein Agent des Klassenfeindes dazu!«[568] Das erste Wurfgeschoß trifft den Attackierten, der aus seiner Homosexualität nie einen Hehl gemacht hat, am Hals, das zweite zerplatzt an der Wand und das dritte landet am Präsidiumstisch. Der inzwischen nach München übergewechselte Ex-Kommunarde Fritz Teufel taucht mit einer über die Schulter gehängten Plastik-MP auf und geht ans Mikrophon. Er unterbreitet einige Vorschläge zur Justizkampagne und stellt in der Geschlechterfrage ganz eigene Schlußfolgerungen vor: »Ich bin dafür, daß alle Mädchen aus dem Verband ausgeschlossen werden, weil sie doch nur die patriarchalischen Strukturen verschleiern. Sie kommen sowieso kaum zu Wort, und wenn, quatschen sie nur noch entfremdeter und blöder daher als die Männer.«[569] Am dritten Tag geht es um den während der Weltjugendfestspiele in Sofia aufgebrochenen Konflikt, der in seiner politischen Brisanz bereits Ausdruck einer faktischen Spaltung war. Krahl argumentiert, daß es bislang zwar keinen Ausschlußgrund allein deshalb gegeben habe, weil jemand im SDS der sowjetischen Richtung angehört habe, »objektives Verbindlichkeitskriterium« könne immer nur die »praktische Aktionseinheit« sein, diesmal jedoch hätten die »KPD-Genossen« eine »Spaltungssituation« selbst herbeigeführt und sich damit formal wie inhaltlich »aus dem SDS« ausgeschlossen. Auch wenn dem einige der Betroffenen, die in Sofia »als Hilfstruppe der Geheimpolizei« *(Die Zeit)* aufgetreten waren und ihren eigenen Bundesvorsitzenden mitverprügelt hatten, zu widersprechen versuchen, führt das, wie kaum anders zu erwarten, zu den innerorganisatorischen Sanktionen. Die fünf Sofia-Delegierten Andreas Achenbach (München), Peter Bubenberger (Köln), Wanja von Heiseler (Frankfurt), Fred Schmid (München) und Stephan Voetz (Wuppertal) werden mit Zweidrittelmehrheit ausgeschlossen, weil sie entgegen den Beschlüssen des Bundesvorstands gehandelt haben.[570] Da in der Organisationsfrage keine Einigkeit erzielt werden kann, wird die Delegiertenkonferenz am 16. September abgebrochen und ihre Fortsetzung auf den 20. November in Hannover vertagt. Als zum Abschluß ebenso wie zu Beginn die »Internationale« gesungen werden soll, winkt die Hälfte der Delegierten nur noch ab. – Unter der Ratlosigkeit signalisierenden Frage **Was denn nun Genossen?** faßt Kai Hermann die Delegiertenkonferenz in der Wochenzeitung **Die Zeit** zusammen und resümiert: »Die deutsche Revolte entläßt ihr liebstes Kind, den SDS. Die Avantgarde von gestern droht zu den Fußkranken des Protestes von morgen zu werden. Die ›bürgerlichen Kritiker‹ scheinen ebenso wie die etablierten Kommunisten mit ihren düste-

12.–16. 9.: Der 20jährige Joschka Fischer.

ren Prognosen für den SDS recht zu behalten. Mögen die Genossen sich ausnahmsweise statt mit Lenin mit einem Hebbel-Wort trösten: ›Die Philister haben manchmal recht – nur nie in den Gründen.‹«[571]

19./20. September 1968: Gegen Mitternacht zieht eine Gruppe von ungefähr 50 Demonstranten in das Hotel Intercontinental und versucht bis in den mit 800 Festbesuchern der Buchmesse gefüllten Großen Ballsaal vorzudringen. Die APO-Aktivisten, unter ihnen Daniel Cohn-Bendit, Hans-Jürgen Krahl und Rainer Langhans, werden jedoch im Foyer aufgehalten. Die Szenerie verwandelt sich dort in Minutenschnelle in, wie eine Lokalzeitung später schreibt, ein »Gemisch aus Teach-in und Sit-in«. Als 20 eilends herbeigerufene Polizisten einzugreifen versuchen, führt das eher zu einem Happening als zu einem Handgemenge. Den Ordnungshütern werden die Mützen heruntergerissen und unter Johlen durch die Luft geworfen. Insbesondere weibliche Messegäste scheinen sich durch das ungewohnliche Gelage, bei dem einige Gläser und Flaschen zu Bruch gehen, angezogen zu fühlen. Die meisten Ovationen werden dem als »französischen Studentenführer« apostrophierten Cohn-Bendit gemacht. Eine Verlegerin gesteht einem Reporter freimütig: »Der Kerl fasziniert mich.«[572] Da von der Hoteldirektion befürchtet wird, daß es in dem Ballsaal zu einem Eklat kommen könnte, wird den umschwärmten Eindringlingen ein Kompromißangebot offeriert. Sie seien eingeladen, heißt es nach etwa einer halben Stunde, in ein Lokal ihrer Wahl zu gehen und dort mit einer Reihe von Verlegern zu diskutieren. Die Demonstranten nehmen das Angebot schließlich an und ziehen ganz friedlich wieder ab. Der Direktor des Intercontinental, Hans Porst, bezeichnet den Zwischenfall als »schwersten Hausfriedensbruch«, verzichtet aber dennoch auf eine Anzeige. Er habe Verständnis für die jungen Leute, verurteile lediglich die Wahl ihrer Mittel.

20. September 1968: Beim Besuch von Bundesfinanzminister Franz Josef Strauß kommt es auf der Buchmesse zu Protesten und Zwischenfällen. Als der CSU-Politiker zum Stand des Stuttgarter Seewald Verlags gehen will, um dort sein Buch *Herausforderung und Antwort* vorzustellen, kommt er mit seiner Begleitung zunächst nicht durch, weil die umliegenden Gänge mit Demonstranten und Presseleuten verstopft sind. Daraufhin gibt Messedirektor Taubert der Polizei die Anweisung, den Zugang freizumachen. Eine Hundertschaft wird aufgeboten, um dem Minister den Weg zu bahnen. Während Demonstranten in Sprechchören gegen die Anwesenheit des APO-Gegners protestieren und sich Aussteller und zahlreiche Messebesucher über die Präsenz der Polizei beklagen, rückt Strauß bis zum Stand vor und kann seine Publikation mit einiger Verspätung präsentieren. Er signiert einige Exemplare und zieht kurz darauf unter Polizeischutz wieder ab.

21. September 1968: Am frühen Samstagnachmittag wird auf der Buchmesse die Halle 6 auf Anweisung der Messeleitung »wegen Überfüllung und wegen der Gefahr von Demonstrationen« für den Publikumsverkehr geschlossen. Grund ist die Ankündigung des SDS, am Stand des Diederichs Verlages ein Teach-in zu dem dort mit dem Titel *Négritude und Humanismus* präsentierten Band des Friedenspreisträgers Léopold S. Senghor[573] zu veranstalten. In einem zuvor vom SDS verbreiteten Flugblatt heißt es: »Wir werden der philosophierenden Charaktermaske des französischen Imperialismus, der mit Goethe im Kopf und dem Maschinengewehr in der Hand die ausgebeuteten Massen seines Volkes unterdrückt, den Weg in die Paulskirche versperren.«[574] Ohne Ausstellerausweis kann jedoch der NPD-Vorsitzende Adolf von Thadden bereits eine halbe Stunde später ungehindert die Polizeisperre passieren. Die Nachricht von der Großzügigkeit der Polizei gegenüber dem rechtsradikalen Politiker verbreitet sich in Windeseile. Nachdem eine Gruppe von Verlegern einen Protestzug durch die Halle durchgeführt, einige Stände geschlossen und ein Ultimatum an

---

567 Aktionsrat zur Befreiung der Frau Berlin, (Entwurf einer) Resolution für die 23. o. Delegiertenkonferenz des SDS, aus: Archivalische Sammlung Wolfgang Kraushaar, Akte SDS-Delegiertenkonferenzen. **(Dok. Nr. 233)**
568 Zit. nach: Alice Schwarzer, Zehn Jahre Frauenbewegung – So fing es an! Köln 1981, S. 13.
569 Die Zeit vom 20. September 1968, 23. Jg., Nr. 38, S. 2.
570 Vgl.: Querelen unter Sozialisten – Frankfurter Delegiertenkonferenz des Sozialistischen Deutschen Studentenbundes – KPD-Fraktion soll ausgeschlossen werden, in: Frankfurter Allgemeine Zeitung vom 14. September 1968.
571 Vgl.: Kai Hermann, »Was denn nun, Genossen?« Delegiertentagung des SDS: Die Revolte entläßt ihre Kinder, in: Die Zeit vom 20. September 1968, 23. Jg., Nr. 38, S. 2.
572 Frankfurter Rundschau vom 21. September 1968.
573 Léopold Sédar Senghor, Négritude und Humanismus, Düsseldorf 1967.
574 Süddeutsche Zeitung vom 23. September 1968.

die Messeleitung gerichtet hat, wird die Halle schließlich wieder geöffnet. Gegen 16 Uhr beginnt dann das Teach-in am Stand des Diederichs Verlages. Neben dem Übersetzer Senghors, J. H. Jahn, sprechen mit einem Megaphon zu der auf dem Boden kauernden Menge die SDS-Mitglieder Hans-Jürgen Krahl, Günter Amendt und Daniel Cohn-Bendit. Nachdem sie ihre Kritik an dem von Senghor in Anspruch genommenen Humanismus als »Fratze des französischen Imperialismus« zu demaskieren versucht haben, folgt eine Debatte über die Verleihung eines Gegenpreises an den Repräsentanten einer antikolonialistischen afrikanischen Befreiungsbewegung.

21./22. September 1968: Eine vom Suhrkamp Verlag im Theater am Turm (TAT) angekündigte »Nachtlesung« mit den Schriftstellern Günter Eich, Martin Walser und Georg W. Alsheimer kann nicht wie geplant durchgeführt werden. Sie wird durch den Auftritt des stadtbekannten Happeningkünstlers Hans Imhoff so lange gestört, bis sie schließlich abgebrochen werden muß. »Hans Imhof war«, beschreibt ein Journalist das exhibitionistisch anmutende Geschehen, »als Dame ins Theater am Turm geschlüpft: erdbeerrotes Kostüm, langer Damenschirm, die Haare in originaler Revolutionslänge belassen. Auf der Bühne zog er sich dann um, spielte mit der Stretch-Strumpfhose Fangball, übte ein wenig Autoren-, Verlags- und Publikumsbeschimpfung und widerstand allen Versuchen, ihn in eine Diskussion zu verwickeln oder zum Schweigen zu bewegen. Als schließlich Günter Eich einfach zu lesen begann, kommentierte Imhoff den Text und hatte nicht selten die Lacher auf seiner Seite. Häufiger waren allerdings die Zwischenrufe, die von der blanken Wut über die Störung bis zum ironischen Mitleid mit dem ›pathologischen Fall‹ und dem Ratschlag reichten, doch den ›Doktor Mitscherlich‹ zu holen.«[575] Obwohl sich das Publikum, in der Mehrzahl geladene Buchhändler, in zwei Abstimmungen mehrheitlich gegen den Selbstdarsteller ausspricht, läßt dieser sich nicht davon abhalten, seinen umstrittenen Auftritt fortzusetzen. Erst als es einigen doch noch zu bunt wird, wird Imhoff von der Bühne und schließlich aus dem Saal gejagt. Danach tritt jedoch eine zuvor von dem Provokateur des Kulturbetriebs als »Arschlöcher« titulierte Gruppe von SDS-Mitgliedern auf und verlangt ultimativ eine Debatte über die »gesellschaftliche Funktion« des von Walser vorgestellten und von Ursula Trauberg verfaßten Bandes *Vorleben*. Obgleich

21.9.: Hans-Jürgen Krahl kritisiert die Friedenspreisvergabe.

dieser sich nicht weigert, führt der eher antrainierten Formeln ähnelnde Wortwechsel zu einer weiteren Chaotisierung des Abends. Schließlich ziehen es die Organisatoren vor, lieber die Veranstaltung abzubrechen, als doch noch uniformierte Ordnungskräfte herbeizurufen.

22. September 1968: Vor der Paulskirche versuchen 2.000 Demonstranten, die **Verleihung des Friedenspreises des Deutschen Buchhandels** an den der Kollaboration mit dem Kolonialismus beschuldigten senegalesischen Staatspräsidenten und Schriftsteller **Léopold Sédar Senghor** zu verhindern. Zuvor hat der SDS beschlossen, einen Gegenpreis für Amilcar Cabral, den Vorsitzenden der PAIGC, der Befreiungsbewegung Guinea-Bissaos, zu stiften. Bereits am frühen Morgen ist das Areal rings um die Paulskirche von Ordnungskräften mit Hamburger Reitern abgesperrt worden. Wasserwerfer und Reiterstaffeln stehen bereit, um Durchbruchsversuche von Demonstranten zu verhindern. Entlang der Absperrungen haben sich ab 10 Uhr mehrere Hundertschaften aufgestellt. Als der Konvoi mit den Fahrzeugen des Staatsgastes, Bundespräsident Lübke, Ministerpräsident Zinn und Oberbürgermeister Brundert eintrifft, sprengt die Reiterstaffel aus einer Seitengasse hervor und bahnt dem Troß den Weg. Als um 11 Uhr die Preisverleihung mit protokollarischer Pünktlichkeit beginnt, ertönen immer wieder Sprechchöre »Gebt der Polizei für die Büchermesse frei«. Der Brennpunkt des Geschehens liegt zunächst an der Neuen Kräme. Als dort 300 untergehakte Demonstranten zum Sturm auf die Sperrgitter ansetzen, werden sie mit Knüppelhieben von einem weiteren Vordringen abgehalten. Als daraufhin Daniel Cohn-Bendit mit einem Hechtsprung die Absperrungen zu überwinden versucht und es ihm kurzzeitig auch gelingt, »seinen Genossen eine Gasse zu bahnen« *(Frankfurter Rundschau)*, wird er von mehreren Polizisten

22.9.: Polizeieinsatz nahe der Paulskirche.

gleichzeitig traktiert und anschließend im Würgegriff davongetragen. Opfer der Prügeleien werden auch Hans-Jürgen Krahl und der 20jährige Joschka Fischer, die, wehrlos am Boden liegend, Hiebe einstecken müssen. Obwohl ein Hagel von Steinen und Flaschen an den Mauern der Paulskirche zerschellt, können die Verleihungsfeierlichkeiten ohne Verzögerung zu Ende geführt werden. Der Schwerpunkt der Auseinandersetzungen verlagert sich währenddessen zur Berliner Straße hin. Dort werden mit eilends herbeigeholten Balken und Bohlen Barrikaden errichtet. Der Versuch, zwei Übertragungsfahrzeuge des Hessischen Rundfunks über die Absperrgitter zu kippen, scheitert trotz aller Anstrengungen an deren Gewicht. Einer der Demonstranten reißt daraufhin eine Benzinleitung aus einem der Wagen und zündet den herauslaufenden Brennstoff an. Ein Polizist, der die Gefährlichkeit der Situation erfaßt hat, nimmt sofort einen Schaumlöscher zur Hand, richtet dessen Strahl auf die züngelnden Flammen und erstickt den Brand bevor dieser größeren Schaden anrichten kann. Nachdem die Polizei die Barrikaden in der Berliner Straße beiseitegeräumt hat, ziehen die Demonstranten vor den »Frankfurter Hof«, wo Senghor und die Ehrengäste zum Festessen erwartet werden. Versuche, den Eingang zu blockieren, werden durch mehrere durch einen Wasserwerfer unterstützte Schlagstockeinsätze der Polizei unterbunden. Mit besonderer Härte geht dabei eine mit neuartigen Helmen ausgerüstete Einheit vor. Nach einigen weiteren Scharmützeln ziehen die Demonstranten dann ab 13 Uhr 30 zum Messegelände weiter. Mit der in Sprechchören verbreiteten Forderung nach sofortiger Freilassung Cohn-Bendits treffen sie dort ein. Die Messeleitung hat sich jedoch wegen der Zusammenstöße rund um die Paulskirche dafür entschieden, die Messe vorsorglich für den Publikumsverkehr zu sperren. An den Absperrungen kommt es mehrmals zu Handgemengen zwischen Protestierenden

22.9.: Daniel Cohn-Bendit durchbricht die Polizeisperren...

575 Manfred Müller, Routine-Provokationen – Ein gestörter Suhrkamp-Abend im Frankfurter TAT, in: Frankfurter Rundschau vom 23. September 1968.

22.9.: ... und wird im Würgegriff abtransportiert.

und der Polizei. Mehr als 40 in- und ausländische Verleger protestieren offiziell gegen den Polizeieinsatz auf dem Messegelände. Zahlreiche Messestände tragen am Nachmittag die Aufschrift »Wegen faschistischer Methoden geschlossen«. Staatsanwalt Uchmann fährt in der Zwischenzeit mit einem Geländewagen der Polizei durch die Straßen, weist auf einzelne als »Rädelsführer« verdächtigte Personen hin und läßt diese dann von den ihn begleitenden Beamten festnehmen. Als er dies vor einem Kino in der Weißfrauenstraße auch bei Krahl versucht, mißlingt der Zugriff jedoch. Einige Freunde des SDS-Sprechers stürzen sich auf die Beamten, überwältigen sie und bewahren Krahl davor, mit dem Jeep abtransportiert und in Polizeigewahrsam genommen zu werden. Anders ergeht es einem jungen Paar aus Großbritannien, das am Messegelände dabei beobachtet worden ist, wie es Fahnen von den Masten gerissen hat. Sie werden bis zum Main verfolgt, dort festgenommen und dem Haftrichter vorgestellt. Dieser entscheidet sich jedoch für Haftverschonung. – Noch im Verlaufe des Tages wird von verschiedener Seite Kritik an den Vorgängen geübt. Bundesaußenminister Willy Brandt erklärt beim Festbankett im Frankfurter Hof, in einem demokratischen Staat müsse es möglich sein, seine Gäste würdig zu empfangen und zu schützen. Der *Liberale Studentenbund Deutschlands* (LSD) protestiert gegen die Übergriffe der Polizei und meint, Senghor disqualifiziere sich allein dadurch, daß er durch die Annahme des Friedenspreises die von den Sicherheitskräften praktizierte Notstandsübung billige. Ein Sprecher der im Studentenparlament vertretenen Gruppe *Aktive Hochschulpolitik* kritisiert, daß der SDS der Öffentlichkeit Sinn und Zielsetzung seiner Aktionen nicht habe vermitteln können. So sei bei vielen Buchmessebesuchern der Eindruck entstanden, die Proteste würden von »germanischen Rassisten« vorgetragen, die sich dagegen wehrten, daß der Friedenspreis an einen

Afrikaner verliehen werde. Senghor selbst läßt mitteilen, er lade zwei Vertreter des SDS in den Senegal ein, damit sie sich an Ort und Stelle von den Realitäten in seinem Land überzeugen könnten. – Der hessische Innenminister Heinrich Schneider verteidigt am Tag darauf auf einer Pressekonferenz in **Wiesbaden** die Polizei, die nach dem Grundsatz, die Verhältnismäßigkeit der Mittel zu wahren, vorgegangen sei. Bei den Auseinandersetzungen vor der Paulskirche seien 26 Demonstranten festgenommen worden. Er weist darauf hin, daß sie sich zum Teil »aufrührerisch produziert« hätten. Erstmals sei in Frankfurt nach Beobachtung der Polizei eine größere Zahl von »Gammlern, Provos und Rockern« bei einer Demonstration festgestellt worden. – Oberstaatsanwalt Hans Ventzke teilt am Nachmittag mit, daß 17 der festgenommenen Demonstranten wieder auf freiem Fuß seien. Cohn-Bendit werde schwerer Landfriedensbruch vorgeworfen. Auch unter Berücksichtigung mildernder Umstände müsse er damit rechnen, zu einer Gefängnisstrafe in Höhe von mindestens sechs Monaten verurteilt zu werden. Die Verteidigung habe Rechtsanwalt Heinrich Hannover übernommen, der bereits am Sonntagabend aus Bremen eingetroffen sei. – Bei einer Podiumsdiskussion im Palmengarten halten Studenten am Abend immer wieder Plakate mit der Aufschrift »Dröll – Dienstnummer 115« vor die laufenden Fernsehkameras. Dies soll der Name des Polizisten sein, der Daniel Cohn-Bendit, der inzwischen im Untersuchungsgefängnis **Butzbach** einsitzt, am Tag zuvor in den Würgegriff genommen haben soll.

23. September 1968: Am letzten Tag der **Frankfurt**er Buchmesse findet im Haus Gallus auf Einladung des Luchterhand Verlages eine Podiumsdiskussion zum Thema **Autoritäten und Revolution** statt. Unter der Moderation von Frank Benseler diskutieren miteinander: Theodor W. Adorno, Ludwig von Friedeburg, Jürgen Habermas, Werner Hofmann, Hans-Jürgen Krahl, Kurt Lenk und Karl Dietrich Wolff; vom Publikum aus beteiligen sich außerdem noch Günter Grass und andere Schriftsteller und SDS-Mitglieder an der Debatte. Neben Fragen einer für besonders notwendig erachteten Differenzierung des Autoritätsbegriffs

23.9.: Theodor W. Adorno, Hans-Jürgen Krahl und Karl Dietrich Wolff; am Mikrophon Jürgen Habermas.

September 1968

und dem Theorem des autoritären Staates als Bezugsrahmen für eine der Gegenwart angemessene revolutionäre Theorie geht es auch immer wieder um das Verhältnis der Kritischen Theorie und ihrer Repräsentanten zur Praxis. »Als wir vor einem halben Jahr das Konzil der Frankfurter Universität belagerten«, erinnert sich Krahl beispielsweise, »kam als einziger Professor Herr Adorno zu den Studenten, zum Sit-in. Er wurde mit Ovationen überschüttet, lief schnurstracks auf das Mikrophon zu und bog kurz vor dem Mikrophon ins Philosophische Seminar ab; also kurz vor der Praxis wiederum in die Theorie. Das ist im Grunde genommen die Situation, in der die Kritische Theorie heute steht. Sie rationalisiert ihre resignative und individualistisch-subtile Angst vor der Praxis dahin, Praxis sei gewissermaßen unmöglich, man müsse sich ins Gehäuse der Philosophie zurückziehen.«[576] Adorno hätte darauf geantwortet, daß er in diesem Moment eine Prüfungsverpflichtung habe und es nicht verantworten könne, die Examinandin länger warten zu lassen. »Glauben Sie nicht, Herr Professor Adorno«, stößt Wolff wenig später in dasselbe Horn, »daß es tatsächlich Bedeutung hätte, wenn beispielsweise jemand wie Sie, mit der Stimme, mit dem Ruf und der Bedeutung gerade auch für die studentische Bewegung, beispielsweise beim Sternmarsch auf Bonn mit uns zusammen, sagen wir, die Bannmeile durchbrochen hätte.«[577] Adorno entgegnet ihm selbstironisch, daß er nicht wüßte, »ob ältere Herren mit einem Embonpoint« die richtigen Personen für solche Demonstrationen seien. Außerdem falle es in seine individuellen Rechte, wenn er sich entscheide, nicht an einem Sternmarsch teilzunehmen. Gegen Ende der Debatte kommt Günter Grass, vom Zischen zahlreicher Zuhörer begleitet, auf die Bühne und wirft dem SDS »blinden Aktionismus« vor. – Wolfram Schütte kommentiert den Auftritt des Schriftstellers in der **Frankfurter Rundschau** mit den Worten: »Zwar waren seine Argumente gewiß nicht die überzeugendsten des Abends, aber der etwas selbstgefällige Hohn, mit dem man sie immer wieder lustvoll zerfetzte, als Grass schon längst nicht mehr anwesend war, zeigen eine bedenkliche Realitätsblindheit.«[578]

24. September 1968: Rund 200 Studenten und Schüler ziehen zum Landgericht und protestieren gegen ein Verfahren, in dem sich ein 52jähriger Müller, der nach dem Dutschke-Attentat an den Springer-Blockaden beteiligt war, wegen Aufruhrs, Auflaufs und Landfriedensbruchs verantworten muß. Dabei stellt sich Landgerichtspräsident Rudolf Wassermann den Demonstranten und diskutiert mit ihnen über die Rolle der Justiz in der Bundesrepublik.

24. September 1968: Auf der Zeil wird am Nachmittag ein iranischer Student, der ahnungslos auf dem Bürgersteig geht, von ihm unbekannten Männern überwältigt, in einen Privatwagen gezerrt und entführt. Sein Name ist Nadar Fatai. Er studiert in Frankfurt und ist aktives Mitglied im SDS. Er war zuvor im Gericht, um das Verfahren gegen einen wegen der Blockade von Springer-Zeitungen angeklagten Demonstranten zu verfolgen. Abends meldet sich ein Beamter des 18. Politischen Kommissariats telephonisch beim SDS-Bundesvorstand und erklärt, der Festgenommene werde ausgewiesen, wenn sich nicht bis zum nächsten Morgen ein Rechtsanwalt im Polizeipräsidium melden und ihn vertreten würde. – Zufällig sind von Unbeteiligten Aufnahmen von der Festnahmeaktion auf der Zeil gemacht worden. Darauf ist auch die Nummer des Zivilfahrzeuges der Polizei zu erkennen. Die **Frankfurter Rundschau** veröffentlicht sie in ihrer nächsten Ausgabe.[579]

27. September 1968: Ein Schöffengericht verurteilt den 23jährigen Daniel Cohn-Bendit wegen Landfriedensbruchs, Aufruhrs, Beamtennötigung und schweren Hausfriedensbruchs zu einer Gefängnisstrafe von acht Monaten für drei Jahre auf Bewährung. Wegen der umstrittenen Bewertung seines Versuchs, während der Friedenspreisverleihung an Léopold Sédar Senghor die Absperrungen vor der Paulskirche zu überwinden, wird zuvor ein von der Polizei gedrehter Film über die Vorfälle des 22. September gezeigt. Darin ist zu sehen, wie Cohn-Bendit als einziger das Geländer überspringt, einige Meter vorläuft, wieder umkehrt und erst bei seinem Versuch, zu den anderen Demonstranten zurückzukehren, von den Polizeibeamten gefaßt und überwältigt wird. Zu seinen Motiven befragt, antwortet er: »Ich war als Autor zur Buchmesse gekommen und wollte nur Herrn Senghor fragen, weshalb er in seiner Heimat auf Studenten schießen läßt. Als Literat mag er einen Preis verdienen, aber doch keinen Friedenspreis – ein Mann, der den Frieden mit Maschinengewehren schützt!«[580] In seinem Schlußwort erklärt er, nicht der SDS schade dem Ansehen Deutschlands, sondern die NPD und 20 Jahre einer beschämenden bundesdeutschen Politik. – Am späten Nachmittag

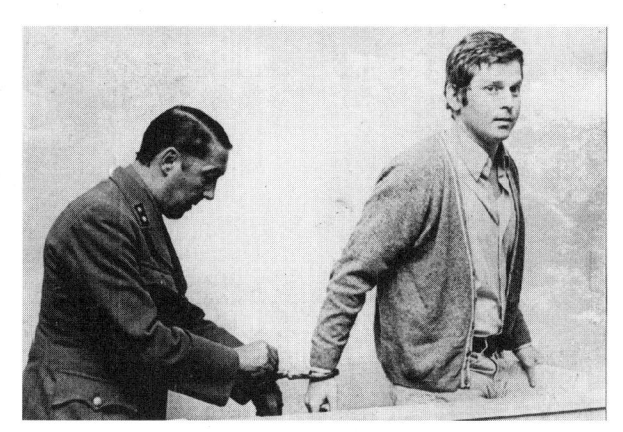

27. 9.: Daniel Cohn-Bendit im Gericht.

versammeln sich auf dem Opernplatz 300 Studenten und Jugendliche zu einem vom SDS wegen der Verurteilung Cohn-Bendits angekündigten Teach-in. Als Redner treten Karl Dietrich Wolff, Hans-Jürgen Krahl und Cohn-Bendits Verteidiger, der Bremer Rechtsanwalt Heinrich Hannover, auf. Wolff behauptet, die Prozesse gegen sogenannte Demonstrationsstraftäter fänden in einer Scheinunabhängigkeit der Justiz statt. Diese weise immer noch personelle Kontinuitäten zur NS-Zeit auf. Krahl bezeichnet das Vorgehen der Polizei im Anschluß an die Proteste gegen die Friedenspreisverleihung als die einer »staatlich organisierten kriminellen Vereinigung«. Hannover meint, die Justiz in Frankfurt sei »genauso reaktionär wie überall«. Was im Gerichtssaal vor sich gegangen sei, könne man nicht als demokratische Rechtsprechung im Namen des Volkes bezeichnen. Im Anschluß an die Veranstaltung ziehen etwa 200 Teilnehmer zur Hauptwache, kaufen sich dort bei einem Zeitungshändler zahllose Exemplare der *Frankfurter Rundschau am Abend* und zünden sie aus Protest gegen die zunehmend distanzierter ausfallende Berichterstattung über SDS und APO wie auf einem Scheiterhaufen an. Begleitet wird die Zeitungsverbrennung von verbalen Angriffen auf »die liberale Presse vom Schlage der FR«. Abschließend zieht die Gruppierung weiter und führt an einem Informationsstand der SPD Diskussionen über die Zwischenfälle und Demonstrationen während der Buchmesse.

27. September 1968: In einer Nachbetrachtung zur Frankfurter Buchmesse wirft Dieter E. Zimmer in der Wochenzeitung **Die Zeit** die Frage auf, ob mit den politischen und polizeilichen Auseinandersetzungen auch das Ende der Messe gekommen sei. Mahnend schreibt er: »Offene Messe, offene Gesellschaft: ja. Aber auch wir Liberalen und nicht ganz so Linken werden dem SDS an irgendeinem Punkt sagen müssen: so nun nicht mehr. Dann gibt es keine Teils-Teils mehr und erst recht kein Sowohl-als-auch, sondern nur noch ein Ja oder ein Nein zum Inhalt der geplanten Revolution beziehungsweise zu ihrer Verhinderung.«[581] In derselben Ausgabe heißt es rückblickend über die auf der Buchmesse bevorzugten Moden: »Es zogen aus: Herr Imhoff eine Hose (im TAT), Herr Chotjewitz alles (in einem Buch), die Kommunarden Teufel und Langhans andere (zwecks photogenen Beischlafs, was die Polizei in beschlagnahmende Eile versetzte), die Autorin Renate Rasp die Bluse (bei einer Lesung bei Kiepenheuer & Witsch); der SDS (um sich in Erinnerung zu bringen). Schließlich war die Modefarbe der Messe mehr und mehr Polizeigrün. Von Samstag an trug man dazu einen Sturzhelm und einen Schlagstock, zum guten Buch gehörte die geschlossene Messehalle.«[582]

27. September 1968: Mit seinem in der Wochenzeitung **Die Zeit** veröffentlichten Aufsatz **Heilige Kühe der Hochschule** legt Jürgen Habermas ein Plädoyer für eine Hochschulreform vor.[583]

Oktober 1968: Im Suhrkamp Verlag erscheinen gleichzeitig zwei Werke von Jürgen Habermas. Zum einen in der Reihe **Theorie 2** die erkenntniskritische Studie **Erkenntnis und Interesse** und zum anderen in der **edition suhrkamp** die sozialphilosophische Aufsatzsammlung **Technik und Wissenschaft als ›Ideologie‹**.

---

576 Diskussion: Autoritäten und Revolution, in: Soziologisches Lektorat (des Luchterhand Verlages, Red.), ad lectores 8, Neuwied-Berlin 1969, S. 16. **(Dok. Nr. 235)**

577 A.a.O., S. 21. **(Dok. Nr. 235)**

578 Wolfram Schütte, Als Grass kam, war der Hausstreit komplett – Diskussion über »Autoritäten und Revolution« am Rande der Frankfurter Buchmesse, in: Frankfurter Rundschau vom 25. September 1968.

579 Siehe: Frankfurter Rundschau vom 25. September 1968.

580 Frankfurter Rundschau vom 28. September 1968.

581 Dieter E. Zimmer, Frankfurter Debakel – Das Ende der Buchmesse? In: Die Zeit vom 27. September 1968, 23. Jg., Nr. 39, S. 1.

582 Hellmuth Karasek, Petra Kipphoff, Rudolf Walter Leonhardt, Dieter E. Zimmer, Getrennt von Buch und Börse – Die 20. Frankfurter Buchmesse, in: Die Zeit vom 27. September 1968, 23. Jg., Nr. 39, S. 16.

583 Jürgen Habermas, Heilige Kühe der Hochschule – In Hessen könnte die Reform beginnen, in: Die Zeit vom 27. September 1968, 23. Jg., Nr. 39, S. 17.

September – Oktober 1968

1. Oktober 1968: Der **Hessische Rundfunk** strahlt die Sendung **Marcuse spricht – Marcuse antwortet. Über die Schwierigkeiten, eine Theorie zu verbreiten** aus. Die Autorin Brigitte Granzow hat darin Aufnahmen von Podiumsdiskussionen in West-Berlin und Hamburg zusammengeschnitten, an denen u.a. Rudi Dutschke und Rudolf Augstein beteiligt waren.

7. Oktober 1968: In dem in Hamburg erscheinenden politischen Magazin **Konkret** wird ein Aufsatz des von Oskar Negt eingeleiteten Bandes **Die Linke antwortet Jürgen Habermas** vorabgedruckt. Der ehemalige SDS-Bundesvorsitzende Reimut Reiche formuliert seine »Antwort an Habermas«, ein Plädoyer **Zur Verteidigung der ›neuen Sensibilität‹**. In dem von der Redaktion verfaßten Vorspann heißt es: »Professor Jürgen Habermas galt lange Zeit als Wortführer der Neuen Linken. Aus seinen Seminaren gingen zahlreiche Führer der linken Bewegung hervor. Aber eines Tages, es war nicht auf dem Höhepunkt der Bewegung, es war auf ihrem Tiefpunkt, war der Professor indigniert. Eigentlich ging alles sehr schnell. Einige SDSler waren in das Zimmer des Frankfurter Rektors eingebrochen und hatten von dessen Whisky getrunken. Drei Tage später formulierte Habermas seine Kritik an den ›Kindern der Scheinrevolution‹. Habermas war nicht mehr der Wortführer der Neuen Linken. Seine Thesen wurden mit großer Genugtuung von den Zeitungen aufgegriffen. Was Springer und Bundesregierung nicht gelungen war, gelang dem Professor der Soziologie: die Diffamierung der linken Studenten als Psychopathen, ›narzißtische Selbstbefriediger‹, die den ›klinischen Tatbestand der Wahnvorstellung‹ erfüllen.«[584]

12. Oktober 1968: Unter dem Motto **Frauen in unserer Zeit – 50 Jahre Wahlrecht der Frauen** führen der Magistrat der Stadt Frankfurt und der *Bund für Volksbildung* in der Paulskirche eine Kundgebung durch. Zu den Referentinnen zählen die Bundesfamilienministerin Käthe Strobel (SPD), ihre Amtsvorgängerin Elisabeth Schwarzhaupt (CDU) und die Bundestagsabgeordnete Lieselotte Funke (FDP); als einzige männliche Festredner treten Oberbürgermeister Willi Brundert (SPD) und der stellvertretende Bundestagspräsident Professor Carlo Schmid (SPD) auf. Kurz nachdem Brundert vor den 800 Gästen mit seiner Festansprache

---

[584] Konkret vom 7. Oktober 1968, 14. Jg., Nr. 12, S. 39.

12.10.: Comic-Strip von Alfred von Meysenbug zur Aktion der SDS-Frauen in der Paulskirche.

begonnen hat, entrollen Mitglieder des *Aktionsrates zur Befreiung der Frau* Transparente mit Parolen wie »Gleichheit hört beim Lohn auf« und »Wo bleibt die Emanzipation des Mannes?« und ziehen damit zum Podium. Während ihm eine Studentin den Mund zuzuhalten versucht, fährt ihm eine andere durch die Haare und eine dritte versucht, das Mikrophon in ihre Hände zu bekommen. Das Auditorium scheint durch den Auftritt völlig erstarrt zu sein – es sind weder Beifalls- noch Unmutsbekundungen zu hören. Derweil setzt sich Brundert wahlweise mit den Bemerkungen zur Wehr, er lasse es nicht zu, die Paulskirche zu einem »Kinderspielplatz« entwürdigen zu lassen, er werde es zu verhindern wissen, sich von einer Minderheit »terrorisieren« zu lassen, er kenne ihre »Tricks« und werde sich nicht provozieren lassen. Vorübergehend tauchen Polizisten am Saaleingang auf, beobachten die Szenerie, wagen es nicht einzuschreiten und verschwinden wieder. Nachdem der Oberbürgermeister mit dem standhaften Bekenntnis, er werde keine Wiederholung dieser Art zulassen, dann würde definitiv geräumt, das Podium verläßt und die Rednerinnen der drei Bundestagsparteien ihre Ansprachen gehalten haben, tritt die wegen ihrer Abitursrede ausgezeichnete, von einer Zeitung als »Liebling des Establishments« benannte Karin Storch auf. Diese macht jedoch alles andere, als die ihr vorgegebene Rolle zu erfüllen. Hintereinander reiht sie Beispiele dafür auf, wo und wie Frauen aller formalen Gleichberechtigung zum Trotz gesellschaftlich benachteiligt sind. Für Töchter würden Aussteuerversicherungen abgeschlossen, prangert sie an, und Leichtlohngruppen seien immer nur Frauengruppen. Das »außereheliche Kind«, die »verdammte Anrede Fräulein« und die Kürung einer »Miß Bundestag« seien Indizien dafür, wie wenig Grund es gebe, sich 50 Jahre nach Einführung des Frauenwahlrechts auf dieser historischen Errungenschaft auszuruhen. Bevor Carlo Schmid die Veranstaltung abschließt, verlesen Schauspielerinnen des Theaters am Turm Texte zur Frauenemanzipation, einige aus dem 19. Jahrhundert und einige aus dem Aktionsprogramm des SDS.

14. Oktober 1968: Der **Südwestfunk** in Baden-Baden bringt unter dem Titel **Der Friede als gesellschaftliche Lebensform** einen halbstündigen Vortrag Herbert Marcuses. Darin werden die gesellschaftlichen Voraussetzungen für einen Frieden analysiert, der mehr als eine bloß zeitweilige Unterbrechung des Kriegszustandes wäre.

15. Oktober 1968: Aufgrund eines Zeitungsberichts über einen Vortrag von Günter Grass wendet sich Theodor W. Adorno, der sich darin nicht nur angegriffen, sondern auch verzerrt wiedergegeben sieht, brieflich an den in West-Berlin lebenden Schriftsteller und bittet höflich um Klarstellung.[585] – In seinem zwei Tage später abgesandten Antwortschreiben geht Grass noch einmal ausführlich auf die Podiumsdiskussion im Haus Gallus vom 23. September ein. Er sei sehr betroffen gewesen, als er habe miterleben müssen, wie Krahl ihn dort »an die Wand zu spielen versucht« habe. Seine Bedenken faßt er in dem Satz zusammen: »Warum fürchten Sie sich vor Ihren Schülern?«[586] Dann kommt er darauf zu sprechen, daß er vor allem ein hilfreiches Wort für die Sozialdemokratie vermißt habe. Weder er noch »seine« Studenten hätten sich für die von Gustav Heinemann und Willy Brandt vertretenen Ziele ausgesprochen. – Aufgrund einer Reise antwortet Adorno erst am 4. November. Zunächst versucht er Grass klarzumachen, daß er sich keineswegs zu irgendwelchen von ihm nicht mitzutragenden Solidarisierungsakten erpressen lasse. Er führt dazu als Beispiel seine Weigerung an, für Fritz Teufel ein Gutachten zu schreiben. Was Krahl anbeträfe, so zähle er »fraglos zu den begabtesten« Schülern, die er habe. Es sei schwierig mit ihm, nicht zuletzt deshalb, weil er persönlich anders als in der politischen Öffentlichkeit auftrete. Eine Distanzierung von ihm lehnt er ebenso ab wie eine vom SDS, obwohl er »... mit dem borniertem Praktizismus der Kinder, der bereits in abscheulichen Irrationalismus übergeht, nichts zu tun habe.«[587] Der Grund für seine Weigerung einer öffentlichen Distanzierung liege zum einen darin, daß er nicht die Rolle des Renegaten übernehmen wolle, zum anderen aber auch in der Befürchtung, vorhandene antiintellektuelle Tendenzen zu verstärken. »So genau ich weiß, daß die Studenten eine Scheinrevolte betreiben und das eigene Bewußtsein der Unwirklichkeit ihres Treibens durch ihre Aktionen übertäuben, so genau weiß ich auch, daß sie, und die Intellektuellen überhaupt, auf der Plattform der deutschen Reaktion die Rolle der Juden übernommen haben.«[588] Im Zusammenhang mit der Sozialdemokratie verweist Adorno auf eine Reihe freundschaftlicher Kontakte, darunter zu Gustav Heinemann, und auf sein Engagement für eine Strafrechtsreform und die Verhinderung der Notstandsgesetze. »Ich kann aber auch nicht vergessen«, fährt er fort, »daß die Sozialdemokratie auf ihrer großen Linie sich seit 1914 treu geblieben ist. Das Godesberger Programm stellt wohl das einzigartige Beispiel eines Dokuments dar, in dem eine Partei allen, aber auch wirklich allen theoretischen Gedanken abschwört, die sie einmal inspiriert hatten.«[589] Er habe ursprünglich eine Kritik des *Godesberger Programms* schreiben wollen, habe aber davon abgelassen, weil es links von der SPD keine vertrauenswürdige Organisation gebe. Am Ende seines Briefes fragt er noch in einem handschriftlichen Zusatz nach, ob es stimme, daß Helmut Schmidt die Soziologie generell angegriffen habe.

15. Oktober 1968: Ein Schöffengericht in der nordhessischen Kleinstadt **Treysa** verurteilt den 24jährigen Frankfurter Soziologiestudenten Dieter Bott (SDS) wegen Verbreitung unzüchtiger Schriften und Beleidigung zu einer Gefängnisstrafe von drei Monaten für zwei Jahre auf Bewährung. Die Verhängung einer Jugendstrafe für den aus denselben Gründen mitangeklagten 20jährigen Hanspeter Bernhardt, ebenfalls Soziologiestudent und SDS-Mitglied, wird auf anderthalb Jahre zur Bewährung ausgesetzt. Die beiden Adorno-Schüler hatten am 18. April an ihrer ehemaligen Oberschule in Homberg Flugblätter verteilt, in denen die Untertanenmentalität der Lehrkräfte und das Sexualverhalten in der Kleinstadt in sarkastischen Texten und selbstironisch infantilen Zeichnungen attackiert worden war. Oberstudiendirektor Horst Clément, der darin Objekt einer sexistischen Karikatur war, lobt vor Gericht zunächst die schulischen Leistungen der beiden Ehemaligen. Als Redakteure des *Schulechos* seien sie jedoch zunehmend »kritisch und aggressiv« geworden. Er habe ihnen diese Freiheiten allerdings gewährt und sie auch gegen Angriffe von Kollegen verteidigt. Als sie dann aber nach ihrem in Frankfurt begonnenen Studium zurückgekommen seien, um eine »sexuelle Revolution« an ihrer alten Schule zu initiieren, sei seine Toleranzgrenze erreicht gewesen. Bott, der 1967 zusammen mit Bernhardt eine *Gegenschule* begründet hat, um die sexuelle Aufklärung, die die Schule nicht liefere, in Eigenregie nachzuholen, verteidigt sich mit den Worten: »Wir sind für die Schüler attraktiv, weil diese sich mit dem Lehrer nicht über die bei uns diskutierten Fragen unterhalten können. Aber die Sexualität ist von uns weder erfunden, noch nach Homberg importiert worden.«[590] Im Anklagepunkt, durch das Malen von Parolen an die Außenwände der Theodor-Heuss-Schule Sachbeschädigung betrieben zu haben, werden beide Angeklagte aus Mangel an Beweisen freigesprochen.

17. Oktober 1968: In dem in London erscheinenden **The Listener** wird unter dem Titel **The father of the student rebellion?** ein Interview mit Herbert Marcuse veröffentlicht.

18. Oktober 1968: Am Philosophischen Seminar erscheint ein Thesenpapier der Basisgruppe Philosophie, in dem eine grundlegende Reform des Seminarbetriebs gefordert wird.[591]

20. Oktober 1968: In einem Interview der US-amerikanischen Wochenzeitung **Guardian** äußert sich Herbert Marcuse **Zu aktuellen Problemen der Emanzipationsbewegung**. Er bewertet darin auch die Perspektiven der »Black-Power«-Bewegung und des internationalen Studentenprotests. Auf seinen Besuch bei Rudi Dutschke angesprochen, antwortet er: »Ich habe mit Dutschke über die Möglichkeit gesprochen, hierher zu kommen, um sein Studium abzuschließen. Ich habe ihn nicht eingeladen, weil, milde ausgedrückt, das politische Klima in dieser Gegend der Anwesenheit und dem Studium eines Mannes wie Dutschke nicht gerade förderlich ist. Ich wollte ihn auch ganz bestimmt nicht veranlassen, sein Leben ein zweites Mal aufs Spiel zu setzen. Er ist einer der intelligentesten und sensibelsten Studenten, die ich je traf und jede anständige Universität müßte froh sein, wenn er zu ihr käme.«[592]

23. Oktober 1968: In einem als Flugblatt verteilten Aufruf kritisiert eine Vorbereitungsgruppe der Fachschaft Philosophie die bisherige Strukturierung des Philosophiestudiums. Sie fordert zu einer ersten Fachschaftsversammlung für das neue Semester auf. In dem Text heißt es: »Die politischen Implikate und Funktionen, die der Philosophie stets zukamen, werden heute immer noch durch die ihr eigene Sprache eher verschleiert als artikuliert. Die Hypostasierung des transzendentalen Bewußtseins wird noch da fortgesetzt, wo sie mit der tradierten Terminologie kritisiert wird. Diesen Knoten gilt es aufzulösen, damit Philosophie weder Eule der Minerva ist, noch die Realität poetisiert, sondern Kritik an der Unterordnung der Wissenschaften unter Ideologien übt und die objektiven Interessen derjenigen wahrnimmt, die daran gehindert werden, ihre Unterdrückung und Entindividualisierung zu durchschauen und aufzuheben.«[593]

27. Oktober 1968: Unter der Überschrift **Marcuse Defines His New Left Line** erscheint im **New York Times Magazine** ein Interview mit dem Sozialphilosophen der Universität von San Diego.[594]

31. Oktober 1968: Die Große Strafkammer des Frankfurter Landgerichts verurteilt die Kaufhausbrandstifter Andreas Baader, Gudrun Ensslin, Thorwald Proll und Horst Söhnlein wegen versuchter menschengefährdender Brandstiftung zu je drei Jahren Haft. Bei ihrem Eintreffen werden die vier Angeklagten vom überwiegenden Teil des Publikums mit rhythmischem

20.10.: Inge und Herbert Marcuse vor Venedig.

---

585 Theodor W. Adorno, Brief an Günter Grass vom 15. Oktober 1968, aus: Theodor W. Adorno-Archiv, Frankfurt/Main. **(Dok. Nr. 236)**
586 Günter Grass, Brief an Theodor W. Adorno vom 17. Oktober 1968, aus: Theodor W. Adorno-Archiv, Frankfurt/Main. **(Dok. Nr. 237)**
587 Theodor W. Adorno, Brief an Günter Grass vom 4. November 1968, aus: Theodor W. Adorno-Archiv, Frankfurt/Main. **(Dok. Nr. 238)**
588 A.a.O.
589 A.a.O.
590 Zit. nach: Rudolf Grimm, Die Sex-Revolutionäre von Homberg – Schülerzeitungsartikel, »klasse aktionen«, Gegenschule und Flugblätter, in: Hessische Allgemeine vom 17. Oktober 1968.
591 Siehe: **Dok. Nr. 239**.
592 Herbert Marcuse, Zu aktuellen Problemen der Emanzipationsbewegung, in: Sonderdruck der Zeitschrift »abriss« der Naturfreundejugend Deutschlands, Landesverband Hessen, Offenbach Januar 1969, S. 12. **(Dok. Nr. 240)**
593 **Dok. Nr. 241**.
594 »Marcuse Defines His New Left Line« – Interview mit Herbert Marcuse, in: New York Times Magazine vom 27. Oktober 1968, S. 29 und 109.

31.10.: Angeklagt im Kaufhausbrandstifterprozeß (v. l. n. r.): Thorwald Proll, Horst Söhnlein, Andreas Baader und Gudrun Ensslin.

Händeklatschen und dem Absingen der »Internationale« begrüßt. Besonderen Beifall erhält Thorwald Proll, als er mit einer Havanna-Zigarre im Mund und der Mao-Bibel unter dem Arm erscheint. Als Landgerichtsdirektor Gerhard Zoebe nach siebentägiger Verhandlung die Urteile verkündet und ihre Begründung mit den Worten einleitet, es habe sich in dem Prozeß nicht um »das bedeutsame Rechtsproblem der Demonstration« gedreht, sondern um »eine menschengefährdende Brandstiftung«, eine Tat, die von der Studentenschaft »weitgehend mißbilligt« worden sei, bricht in dem Saal ein Tumult aus. Die Angeklagten erheben sich und machen den Anschein, den Saal verlassen zu wollen. Daniel Cohn-Bendit ruft aus dem Publikum dazwischen: »Sie gehören zu uns.«[595] Die vier, fügt er hinzu, gehörten vor ein Studentengericht. Daraufhin ergeht die Aufforderung des Gerichtsvorsitzenden, ihn aus dem Saal zu entfernen. Als dies das Signal für Baader und Söhnlein ist, mit einem Hechtsprung die Barriere der Anklagebank zu überwinden, läßt der Vorsitzende den gesamten Saal räumen. Nun bricht in dem überfüllten Raum, in dem sich neben den Anhängern der APO auch ältere Personen aufhalten, eine regelrechte Panik aus. Ein starkes Polizeiaufgebot drängt das Publikum in das viel zu enge Treppenhaus. Als einer der Demonstranten eine Rauchkerze anzündet, wird es binnen weniger Augenblicke von beißendem Qualm durchzogen. Gellende Schreie sind in dem Gedränge zu hören. Obendrein fällt auch noch das Licht aus. Eine 20jährige wird in dem Getümmel ohnmächtig und muß vom ersten Stock ins Freie getragen werden. Sie gibt später an, sie sei von Polizisten bis zur Bewußtlosigkeit gewürgt worden. Um sie kümmert sich auch Gudrun Ensslins Ehemann, Bernward Vesper, der Herausgeber der *Edition Voltaire*. Nach einer einstündigen Unterbrechung – Baader und Söhnlein sind inzwischen von Justizangestellten wieder eingefangen und, offenkundig belustigt, dabei in den Schwitzkasten genommen worden – wird das Verfahren, nun mit Barrieren an den Zugängen zum Gerichtssaal, wieder fortgesetzt. Als erstes erhalten Cohn-Bendit und zwei andere Zuhörer Ordnungsstrafen von jeweils drei Tagen Haft und werden abgeführt. Dann setzt der Vorsitzende seine Urteilsbegründung fort und erklärt, den Angeklagten seien »gewisse ideelle Motive« nicht abzusprechen, sie seien keine kriminellen Typen. Bezweifelt werden müsse allerdings, ob es sich bei ihnen um »Überzeugungstäter« handle. Von solchen müsse man verlangen, daß sie sich nach der Begehung ihrer Tat auch sofort dazu bekennen. – Der Journalist Uwe Nettelbeck bezeichnet in der Wochenzeitung **Die Zeit** den Urteilsspruch als »ein zu drastisches Exempel« und kommentiert die Brandstiftung im Sinne einer politischen Strategiekritik mit den Worten: »Es ist in der Ordnung, daß sich die Ordnung gegen die Unordnung verteidigt, daß sich die herrschende Ordnung gegen den Versuch verteidigt, sie abzuschaffen; wer die herrschende Ordnung stört, muß damit rechnen, daß sie zuschlägt, wenn sie kann ... ein brennendes Kaufhaus verändert eine Gesellschaft nicht, die es im Bedarfsfall selber an allen Ecken und Enden brennen läßt, und ein verbranntes Kaufhaus ist nur so gut wie ein neues Kaufhaus. Es gibt Gesetze, deren Übertretung weniger gefährlich und doch politisch wirksamer ist.«[596]

31. Oktober 1968: In Daniel Cohn-Bendits Wohnung in der Wilhelm-Busch-Straße bricht in den Abendstunden ein Brand aus. Nachbarn rufen die Feuerwehr herbei, der es rasch gelingt, die Flammen mit einem Löschgerät zu ersticken. Das Feuer, dem zahlreiche Bücher zum Opfer fallen, verursacht einen Sachschaden von über 1.000 DM. Der zuständige Brandamtmann erklärt, daß Brandstiftung ausgeschlossen sei. Das Feuer sei durch einen Wärmestau in einer Stehlampe ausgelöst worden.

31. Oktober 1968: In der Vorlesung **Einführung in die Rechtswissenschaft** von Professor Adalbert Erler fordern Sprecher der Fachschaft Jura und andere Teilnehmer eine Diskussion über den Unterrichtsstoff. Der Ordinarius, der zuvor bekannt hat, daß er über keine ausgearbeitete Konzeption verfüge und sich vorzutasten gedenke, weigert sich jedoch und erklärt: »Art und Umfang der Vorlesung bestimme ich.«[597] Anschließend verläßt er den Hörsaal.

November 1968: In einem Flugblatt fordert die Basisgruppe Soziologie die Zuhörer der von Ludwig von Friedeburg veranstalteten Vorlesung **Jugend in der modernen Gesellschaft** zur Einrichtung einer studentischen Gegenveranstaltung auf. Es heißt darin: »Der liberale Gestus, kein heißes Eisen zu scheuen, ist so lange eine Farce, als alles, was in dieser Veranstaltung getrieben wird, konsequenzlos bleibt: Diskussionen möglicher Formen von Praxis nicht ausdrücklich als Ziel angestrebt, sondern unterdrückt werden.«[598] Kritisiert wird weiter vor allem der Stil, mit dem die Träger dieser Veranstaltung gleichzeitig zu Objekten wissenschaftlicher Bemühungen gemacht würden.

4. November 1968: Mit einer Flugblattaktion an der Theodor-Heuss-Schule in **Homberg** (Nordhessen) protestiert der Oberprimaner Horst Brühmann gegen seinen von der Gesamtkonferenz ausgesprochenen Schulverweis. Auf der Vorderseite des Flugblattes ist der Brief abgedruckt, mit dem der Oberstudiendirektor Clément Brühmanns Vater, der selbst Lehrer ist, von dem Beschluß unterrichtet: »Die Konferenz ist der Überzeugung«, heißt es darin, »daß Ihr Sohn gegen die Ordnung der Schule als einer Lebens- und

31.10.: Flugblatt.

---

595 Der Spiegel vom 4. November 1968, 22. Jg., Nr. 45, S. 67.
596 Uwe Nettelbeck, Der Frankfurter Brandstifter-Prozeß – Viermal drei Jahre Zuchthaus für eine sinnlose Demonstration, in: Die Zeit vom 8. November 1968, 23. Jg., Nr. 45, S. 17.
597 Frankfurter Rundschau vom 8. November 1968.
598 **Dok. Nr. 244.**

Arbeitsgemeinschaft in einer Weise verstoßen hat, die nicht wiedergutzumachen ist und durch die er sich selbst aus dieser Gemeinschaft ausgeschlossen hat.«[599] Trotz aller Ratschläge und Warnungen habe sich sein Sohn von »seinen Genossen Bott und Bernhardt« beeinflussen und »gegen Schule und Elternhaus aufhetzen« lassen. Durch ironische Formulierungen und eine bestimmte Auswahl von Zitaten habe er in seinem Pamphlet *klasse aktion* zu erkennen gegeben, daß er die von den beiden ehemaligen Schülern und jetzigen Frankfurter Soziologiestudenten publizierten Zoten und Beleidigungen, die inzwischen strafrechtlich verfolgt worden seien, billige.

6. November 1968: Auf einer Vollversammlung der Studentinnen und Studenten der Abteilung für Erziehungswissenschaften (AfE) werden Proteste gegen den Erlaß zur Lehrerausbildung des hessischen Kultusministers Ernst Schütte vom 24. September laut. Kritisiert wird vor allem die darin vorgesehene Kürzung des Studienganges auf sechs Semester und die Ausdünnung einzelner Grundwissenschaften wie z. B. Politologie und Soziologie. Die 1.000 Teilnehmer fordern in einer Resolution: 1. Eine Mindestdauer ihres Studiengangs von acht Semestern; 2. die Aufrechterhaltung der Grundwissenschaften im bisherigen Umfang; 3. eine Verbesserung der zweiten Ausbildungsphase; 4. eine gleiche Bezahlung aller Lehrer; 5. das Erscheinen des hessischen Kultus- und des Finanzministers zu einer Stellungnahme.[600]

7./8. November 1968: Die Professoren der Juristischen Fakultät setzen aufgrund eines mehrheitlich herbeigeführten Beschlusses ihre Lehrveranstaltungen für anderthalb Tage aus. Sie wollen mit diesem Schritt, von studentischer Seite als »Aussperrung« bezeichnet, gegen die Übernahme der Vorlesung *Einführung in die Rechtswissenschaft* von Professor Adalbert Erler durch Studenten protestieren. Diese stelle, heißt es in einer Presseerklärung, einen »schweren Eingriff in die Freiheit von Forschung und Lehre« dar. – Jurastudenten hatten dem Professor ebenso wie Fachschaftsvertreter vorgeworfen, er biete keine vernünftige Grundlage für ein juristisches Studium, da seine Veranstaltung inhalts- und konzeptionslos sei. – Der Dekan der Fakultät, Professor Lüderitz, bezeichnet den Vorlesungsstreik der Professoren auf einem Teach-in als Ausdruck der Solidarität und verteidigt die Diskussionsverweigerung Erlers damit, daß es jedem Ordinarius selbst überlassen bleiben müsse, wie er seine Vorlesungen gestalten wolle.

8. November 1968: Der als Happening-Künstler bekannte Hans Imhoff betritt während der Habermas-Vorlesung über **Sprachphilosophie** im vollbesetzten Hörsaal VI das Podium und versucht mehrmals vergeblich, eine Diskussion über die autoritären Strukturen professoraler Veranstaltungen vom Zaun zu brechen.

9. November 1968: In der New Yorker Wochenzeitung **The Guardian** beginnt unter der Überschrift **Turning Point in the Struggle** der Abdruck eines dreiteiligen Interviews, das Robert Allen mit Herbert Marcuse geführt hat.[601]

13. November 1968: Eine von der *Hochschulgesellschaft* organisierte Diskussionsveranstaltung über Mittel und Methoden des SDS endet nach einstündiger Debatte, in der es nahezu ausschließlich um Fragen einer Hochschulreform gegangen ist, in Tumulten. Bereits zu Beginn werden aus dem Publikum heraus Eier und Knallfrösche aufs Podium geworfen. Von den Teilnehmern der Runde wird jedoch der ehemalige stellvertretende SDS-Bundesvorsitzende Frank Wolff getroffen. Die Mitdiskutanten Hermann Rösemann, Karl-Ulrich von Weizsäcker (beides Mitglieder der *Hochschulgesellschaft*) und der Präsident des Studentenparlaments, Michael Wolff (SDS), bleiben zunächst ebenso wie Diskussionsleiter Günter Gaus von Wurfgeschossen verschont. Als nach den den Großteil des Publikums offenbar langweilenden Auslassungen über Mißstände des Studienbetriebs erneut Eier fliegen, wird Gaus von einem getroffen. Nach einer kurzen Bemerkung verläßt er das Podium, die anderen folgen ihm, nachdem die beiden SDS-Mitglieder bereits zuvor ihren Platz geräumt haben, kurz darauf. Nun springt Daniel Cohn-Bendit auf die Tribüne und ergreift das Mikrophon. Er schildert in knappen Worten die Situation des SDS, verurteilt die Störung einer anderen Veranstaltung durch SDS-Mitglieder und meint, man könne eine Hochschulreform auch ohne den SDS durchführen. Seine an den neben dem Podium stehenden Gaus gerichtete Aufforderung, er solle doch wieder »nach oben« kommen, er werde ihm das Eigelb wieder vom Anzug entfernen, verpufft ergebnislos.

14. November 1968: Am frühen Morgen brechen Unbekannte in das Wahlbüro im Studentenhaus ein und stehlen eine der dort verwahrten, mit Siegeln versehenen Wahlurnen. Wie der Pförtner beobachten kann, werfen sie zunächst zwei Pflastersteine in eines der Fenster und schlagen mit einem abgebrochenen Stuhlbein die restlichen Scherben heraus, bevor sie in den Raum klettern. Dann tragen sie die Urne zu einem in der Nähe bereitstehenden Kombiwagen mit einem Berliner Kennzeichen und brausen davon. – Bei der Lokalredaktion der **Frankfurter Rundschau** geht später ein anonymer Anruf ein, in dem mitgeteilt wird, die Urne sei »sichergestellt« worden, um die Bildung eines »funktionslosen Parlaments« zu verhindern. Die studentische Bewegung müsse sich von der Basis her organisieren. – Der Ältestenrat und der Wahlausschuß treten einen Tag darauf zusammen und beschließen, die Wahlen zum Studentenparlament wegen des Vorfalls zu wiederholen.

20.11.: Der Heidelberger Delegierte Joscha Schmierer.

20. November 1968: In der Mensa der Technischen Universität **Hannover** wird unter einem Porträt des russischen Anarchisten Michail Bakunin die am 16. September in Frankfurt abgebrochene **XXIII. o. Delegiertenkonferenz des SDS** fortgesetzt. Einen thematischen Hauptpunkt stellt die Frage dar, wie der seit den Springer-Blockadeaktionen zu Ostern eingeleiteten Flut von über 1.000 Strafprozessen gegen Demonstranten zu begegnen sei. Die Fraktionierungen und Auflösungstendenzen treten nun jedoch noch stärker in Erscheinung. »Der SDS steht vor dem Dilemma«, versucht das frühere Bundesvorstandsmitglied Bernd Rabehl die Situation auf den Punkt zu bringen, »daß die antiautoritäre Revolte die eigene Organisation zerstört.«[602] Das chaotische Geschehen, das mehr und mehr die Form eines Happenings annimmt, läßt kaum noch plenare Diskussionen zu. Die lokalen Hochschulgruppen blockieren sich mit ihren Anträgen zum Teil wechsel-

20.11.: Das vom Weiberrat verteilte Flugblatt.

599 Zit. nach: Kreisblatt des Landkreises Fritzlar-Homberg vom 5. November 1968.
600 Vgl.: Fachschaft AfE/Basisgruppe AfE, »Die Planer des Kapitalismus wollen jetzt reformieren ...« (Flugblatt-Aufruf vom 2. Dezember 1968 zur Vollversammlung der AfE-Studenten für den 3. Dezember), aus: Archivalische Sammlung Ronny Loewy, Akte »Aktiver Streik« WS 68/69, Archiv des Hamburger Instituts für Sozialforschung.
601 »Turning Point in the Struggle« – Interview mit Herbert Marcuse, in: The Guardian vom 9., 16. und 23. November 1968.
602 Zit. nach: Der Spiegel vom 25. November 1968, 22. Jg., Nr. 48, S. 56.

seitig. Die ehemals beherrschenden Gruppierungen aus Frankfurt und West-Berlin haben ihre zentralisierende Kraft eingebüßt und zeigen sich weitgehend paralysiert. In dieser Situation ergreift Monika Steffen als Sprecherin des Frankfurter *Weiberrats* das Wort: »Genossen, Ihr habt die Chance verpaßt, zu hören, was wir an phänomenologischer Kritik an Eurem Geschlecht und den von Euch produzierten repressiven Kommunikationsstrukturen vorzubringen hatten ... Unterdrücker seid Ihr, insofern Ihr Träger zementierter Herrschaft im SDS seid. Ihr perpetuiert individuell und SDS-strukturell Kommunikationszustände, die es uns nicht gestatten, uns kollektiv an politischen Entscheidungen diskutierend zu beteiligen ... Wir bestehen darauf, daß wir weder eine kleine Minderheit unter vielen antiautoritär Motzenden sind, noch daß wir eine Gleichberechtigung im Sinne der zementierten Cliquen-Wirtschaft verlangen, sondern daß allein schon unsere Solidarisierung eine Praxis darstellt, die sich nicht einordnen läßt in den gegenwärtigen Kanon einander bekämpfender Fraktionen.«[603] Währenddessen verteilen andere Studentinnen einen »rechenschaftsbericht des weiberrats der gruppe frankfurt«, auf dessen Vorderseite eine nackte, auf einer Couch liegende langhaarige Frau mit Hut zu sehen ist, die ein Hackbeil in der Hand hält. Über ihr prangt in der Art von Geweihen eine Sammlung von abgehackten und dem Anschein nach ausgestopften Penissen. Unter ihr ist eine Namensliste führender SDS-Genossen angebracht, die um die Symbole ihrer Männlichkeit gebracht worden sein sollen. Auf der Rückseite ist nicht nur eine Fortsetzung der Namensliste angebracht, sondern auch eine Tirade zu lesen, mit der aufgestaute Wut gegenüber dem ebenso sexistischen wie patriarchalischen Studentenbund abgelassen wird. Der Text endet mit den Zeilen: »frauen sind anders! Befreit die sozialistischen Eminenzen von ihren bürgerlichen Schwänzen«[604] Die nächsten Sprecher, Rainer Geulen, Joscha Schmierer und Reinhold Oberlercher, reagieren abwehrend, zynisch oder sexistisch – jedenfalls so, als wollten sie die über sie geäußerten Klischees nur flugs bestätigen. Am Ende kommt es zwar noch einmal zur Wahl eines neuen Bundesvorstands, dem Udo Knapp (West-Berlin), Reinhard Wolff (West-Berlin), Eberhard Becker (Heidelberg), Günther Mangold (Heidelberg) und Jürgen Behncke (Tübingen) angehören, der aber nicht mehr annähernd die in der Vergangenheit eingenommene Rolle einer zentralen Instanz spielen kann.

25. November 1968: In einem Seminar des Horkheimer-Schülers Alfred Schmidt erscheint der Happening-Künstler Hans Imhoff zusammen mit einem Studenten, den er als seinen Assistenten bezeichnet. Ein Seminarteilnehmer beschreibt kurze Zeit später, was sich abspielt: »›Schmidt, ich habe eine Frage an Dich.‹ Schmidt (Dr. phil.) schnappt nach Luft und wird blaß. ›Zunächst einmal, seit wann duzen wir uns denn, Herr Imhoff?‹ Dieser: ›Schmidt, ich möchte Dich fragen, warum Du die abstrakte Kontinuität des Seminars aufrechterhältst?‹ ... So geht das eine Weile weiter. Schmidt durchläuft alle Phasen einer autoritären Reaktion – er fordert Imhoff auf, den Saal zu verlassen, er weigert sich, mit ihm zu diskutieren, er macht die Tür auf, er kommt zurück, er wehrt sich seiner Haut, er findet keine Argumente mehr, er fordert Abstimmung über die Entfernung von Imhoff, da niemand abstimmt, holt er nicht die Polizei, sondern verläßt sein Seminar.«[605]

26. November 1968: Theodor W. Adorno und Max Horkheimer schreiben gemeinsam einen Brief an Herbert Marcuse, in dem sie versuchen, mögliche Mißstimmigkeiten aus dem Weg zu räumen, und um eine Nachricht bitten.[606]

29. November 1968: In der Wochenzeitung **Die Zeit** wird mit dem Abdruck einer Serie zum Thema **Kunst als Ware** begonnen. Den Anfang macht ein von der Westberliner SDS-Gruppe *Kultur und Revolution* verfaßter, von der Redaktion in seinem Tenor ausdrücklich mißbilligter Artikel mit dem Titel **Kunst als Ware der Bewußtseinsindustrie**. »Die Kunst«, heißt es darin, »ist für das herrschende System eine wesentliche Stütze geworden, mit der die Machtstellung sich demonstrieren läßt. Politische Feierstunden, mit Musik umrahmt, Staatsbesuche mit Vorführung der Musentempel, großzügige Subventionierungsmaßnahmen von Staat und Industrie – all das zeigt, daß Kunst für die herrschende Klasse offenbar nötig ist, um der Öffentlichkeit gegenüber auftreten zu können.«[607] – Am 6. Dezember folgt unter der Überschrift **Totgeborene Sätze** ein Beitrag des österreichischen Schriftstellers Peter Handke und eine Replik von Dieter E. Zimmer auf den ersten Beitrag der SDS-Gruppe mit dem Titel **Die große Liquidierung**. – Dann am 20. Dezember eine Antwort, **Aktionen statt Argumente** überschrieben, derselben SDS-Gruppe. – Und zum Abschluß am 31. Januar des darauffolgenden Jahres ein von Michael

Buselmeier für den Heidelberger *Arbeitskreis Kulturrevolution* zum Thema **Gesellschaftliche Arbeit statt Kunst** verfaßter Beitrag.

Dezember 1968: Ein Ausschuß der Fachschaft Soziologie legt zur Vorbereitung einer Fachschaftsvollversammlung ein Papier **Zur Reform des Soziologiestudiums** vor. Darin wird die seit einem Jahr laufende Diskussion noch einmal zusammengefaßt und das Ungenügen der zur Erarbeitung von Reformvorschlägen eingerichteten Kommission festgestellt.[608]

Dezember 1968: In der satirischen Zeitschrift **Pardon** erscheint unter dem Titel **Welche Chance hat die Revolution?** ein von Henrich von Nussbaum im August auf der jugoslawischen Adria-Insel Korčula geführtes Interview mit Herbert Marcuse.[609]

1. Dezember 1968: Herbert Marcuse antwortet Max Horkheimer und Theodor W. Adorno auf ihr Schreiben vom 26. November und erklärt die nicht zustandegekommenen Kontakte durch ein doppeltes Mißverständnis. Weiter schreibt er: »Die Solidarität mit euch ist mir eine sehr ernste Sache: was gibt es denn heute noch als die paar Menschen, die man zu treffen das Glück gehabt hat und bei denen man bleiben konnte.«[610]

3. Dezember 1968: Rund 1.200 Studentinnen und Studenten der Abteilung für Erziehungswissenschaften (AfE) beschließen auf einer Vollversammlung im Hörsaal VI mit überwältigender Mehrheit einen unbefristeten Boykott aller Lehrveranstaltungen. Sie setzen damit der vom hessischen Kultusminister Ernst Schütte in einem Erlaß vom 24. September vorgesehenen Straffung ihres Studiengangs, die u. a. eine Verkürzung der Studienzeit auf sechs Semester vorsieht, ihren Widerstand entgegen. In mehreren Beiträgen wird gegen eine

3.12.: Plakatandruck.

3.12.: Streik-Wortführer: Daniel Cohn-Bendit.

603 **Dok. Nr. 245.**
604 Rechenschaftsbericht des Weiberrats der Gruppe Frankfurt (auf der Fortsetzung der 23. o. Delegiertenkonferenz in Hannover verteiltes Flugblatt), in: Frauenjahrbuch '75, Frankfurt/Main 1975, S. 16 f.
605 Zit. nach: Imhoff geht um, in: Diskus – Frankfurter Studentenzeitung Nr. 8, Dezember 1968, 18. Jg., S. 7. **(Dok. Nr. 246)**
606 Siehe: **Dok. Nr. 247.**
607 Berliner SDS-Gruppe »Kunst und Revolution«, Kunst als Ware der Bewußtseinsindustrie, in: Die Zeit vom 29. November 1968, 23. Jg., Nr. 48, S. 22.
608 Ausschuß der Fachschaft Soziologie der phil. Fak. der J.W.G.-Universität, Frankfurt/M., Zur Reform des Soziologie-Studiums – Grundlage zur Diskussion auf der Fachschafts-Vollversammlung, Dezember 1968, aus: Archivalische Sammlung Ronny Loewy, Akte Soziologie-Studium 1966–1970, Archiv des Hamburger Instituts für Sozialforschung.
609 Siehe: **Dok. Nr. 249.**
610 Siehe: **Dok. Nr. 250.**

Verkürzung des Lehrerstudiums auf eine »Fachidiotenausbildung« protestiert. Die auf der Vollversammlung angenommenen Forderungen lauten im einzelnen: »1. Unbefristeter Boykott aller bisherigen AfE-Veranstaltungen; 2. Organisierung von Gegenveranstaltungen in der AfE (Uni); 3. Solange unsere Minimalforderungen – 8 Semester mindestens, – keine Kürzung der Grundwissenschaften, – Verbesserung der zweiten Ausbildungsphase, – Gleichstellung aller Lehrer, nicht erfüllt sind, werden wir weitere Kampfmaßnahmen ergreifen. 4. Die Vollversammlung ist oberstes Beschluß- und Koordinationsgremium und tagt mindestens wöchentlich.«[611] – Mit diesen Forderungen erklären sich unmittelbar darauf solidarisch: die Fachschaften Anglistik, Jura und Soziologie, die Basisgruppen Germanistik, Soziologie[612] und Medizin, der *Sozialistische Lehrerbund (SLB)*, die *SDS-Projektgruppe Frauen*[613] und die *Humanistische Studenten-Union (HSU)*. – Mit dem Boykottbeschluß beginnt am Tag darauf der **Aktive Streik** des Wintersemesters 1968/69 an der Frankfurter Universität.[614]

4. Dezember 1968: Die Basisgruppe Soziologie reagiert mit einem Flugblatt auf den Streikbeschluß der AfE-Studenten und ruft zu einer Vollversammlung der Soziologen am nächsten Tag auf. In dem in einem äußerst aggressiven Ton formulierten Text werden vor allem die Repräsentanten der Kritischen Theorie angegriffen: »Die professionellen kritischen Kritiker der Frankfurter Schule legen mit theoretischer Beflissenheit linke theoretische Bekenntnisse ab. ... Wir haben diesen Zustand satt: Wir haben es satt, mit den kritischen Ordinarien über Hochschulreform zu diskutieren, ohne daß den Studenten eine Kontrolle über die Produktivkraft Wissenschaft zugestanden wird.«[615] Wiederholt wird auf die Beispiele des Otto-Suhr-Institutes in West-Berlin und des Psychologischen Seminars in Hannover verwiesen, wo es gelungen sei, eine Mitkontrolle auszuüben. Wie eine Drohung wird angekündigt, die Auseinandersetzung mit den Professoren noch einmal aufnehmen zu wollen. Auf der Vollversammlung sollten dazu eine Satzung unter dem Aspekt, eine Mitkontrolle der Studenten über die Forschungs- und Lehrstrategien abzusichern, diskutiert werden, die Möglichkeit einer Aussetzung des soziologischen Lehrbetriebs und die Chancen einer gemeinsamen Organisierung von Forschungs- und Lehrkollektiven. »Wir haben keine Lust«, heißt es am Ende, »die linken Idioten des autoritären Staates zu spielen, die kritisch in der Theorie sind, angepaßt in der Praxis. Wir nehmen den Anspruch Horkheimers ernst: ›Die revolutionäre Karriere führt nicht über Bankette und Ehrentitel, über interessante Forschungen und Professorengehälter, sondern über Elend, Schande, Undankbarkeit, Zuchthaus ins Ungewisse, das nur ein fast übermenschlicher Glaube erhellt. Von bloß begabten Leuten wird sie daher selten eingeschlagen.‹ (Heinrich Regius, Dämmerung, Zürich 1934, S. 73 f.)«[616] – Der Abfassung des Flugblatts war eine lange und heftige Auseinandersetzung zwischen Jürgen Habermas und einem seiner Assistenten auf der einen und etwa einem Dutzend SDS-Mitgliedern auf der anderen Seite vorausgegangen.

4. Dezember 1968: Aus Anlaß des 20jährigen Bestehens der Wochenzeitung **The Guardian** hält Herbert Marcuse eine Festansprache **Zur Situation der Neuen Linken**. Er diskutiert darin eine Reihe von strategischen und organisatorischen Fragen der in eine Vielzahl von Gruppierungen aufgesplitterten Neuen Linken und versucht, einigen gerade kursierenden Vorurteilen zu ihrer politischen Rolle entgegenzutreten. Schon in seinem Eingangsstatement macht er deutlich, daß er sich im Zeitgefühl in der gleichen Dimension wie die jüngeren Radikalen bewegt: »Wir können nicht warten und wir werden nicht warten. Ganz sicher kann ich nicht warten. Nicht nur wegen meines Alters. Ich glaube nicht, daß wir warten müssen. Selbst ich habe keine andere Wahl. Ich würde es nicht länger aushalten, daß sich nichts ändert. Sogar ich fange an zu ersticken.«[617] Im Gegensatz zu einer großen zentralistischen Partei sieht er die Stärke der Neuen Linken gerade in der Vielzahl der untereinander wetteifernden und sich gegenseitig herausfordernden Gruppierungen. Sie seien eine »Art politische Guerillatruppe im Frieden«.[618] Er gibt ein, wie er meint, analytisch fundiertes Bekenntnis ab: »... ich glaube, daß die Neue Linke die einzige Hoffnung ist, die wir heute haben. Ihre Aufgabe ist, sich und andere vorzubereiten, nicht zu warten, sondern sich heute, gestern und morgen in Theorie und Praxis, moralisch und politisch auf die Zeit vorzubereiten, wenn die zunehmenden Konflikte des korporativen Kapitalismus ihren repressiven Zusammenhalt verlieren und sich neue Räume öffnen, in denen die wirkliche Arbeit des freiheitlichen Sozialismus beginnen kann.«[619] Er wolle, so führt er seine Ansprache zu Ende, solange er könne, mit ihnen zusammenarbeiten.

3.12.: Der Jurastudent Matthias Beltz ergreift bei einer Diskussion in der Mensa das Wort.

5. Dezember 1968: Das Studentenparlament wählt den AStA-Vorsitzenden Hans-Jürgen Birkholz (SHB) drei Wochen vor Ablauf seiner Amtszeit ab. Zur Begründung heißt es, Birkholz habe im Gegensatz zu einem Beschluß des Studentenparlaments politische Erklärungen für die gesamte Studentenschaft abgegeben. Angesichts der sich im Zuge des Streiks weiter zuspitzenden Situation sei Birkholz, der bei der Sitzung selbst nicht anwesend ist, deshalb nicht mehr tragbar. Zu seinem Nachfolger wird Thomas Hartmann vom *Liberalen Studentenbund Deutschlands* (LSD) gewählt. – Birkholz bezeichnet es als schlechten Stil des Studentenparlaments, ihn in seiner Abwesenheit abzuwählen, ohne daß er zuvor einen Rechenschaftsbericht habe abgeben können. Hartmann kündigt an, vor allem die Arbeit der Basisgruppen und der Fachschaften unterstützen zu wollen. Der neue AStA, betont er der Presse gegenüber, begreife sich vor allem als Informations- und Koordinationsstelle für die Selbstorganisierungsbestrebungen der Studenten in den einzelnen Fakultäten.

6. Dezember 1968: Im überfüllten Hörsaal VI prallen auf der Vollversammlung der Soziologen die Positionen von Professor Jürgen Habermas und zumeist dem SDS angehörenden Studenten unvermittelt aufein-

611 Zit. nach: Fachschaft AfE/Basisgruppe AfE, Streik an der AfE (Flugblatt-Aufruf zur Vollversammlung der AfE-Studenten für den 4. Dezember 1968), aus: Archivalische Sammlung Wolfgang Kraushaar, Akte »Aktiver Streik« WS 68/69.
612 Siehe: **Dok. Nr. 253.**
613 Siehe: **Dok. Nr. 254.**
614 Zur Darstellung der folgenden Ereignisse während des *Aktiven Streiks* siehe vor allem: Ulli Baier, Vorfragen politischer Sozialisation – Zu einigen Bedingungen politischer Praxis von Studenten: anläßlich der Protestbewegung 1968/69, Frankfurt/Main o.J. (Diplomarbeit Soziologie); vgl. außerdem: Walter Junginger, Die Kritische Universität hat schon begonnen – Der Studentenstreik und seine Hintergründe, in: Frankfurter Rundschau vom 14. Dezember 1968.
615 Siehe: **Dok. Nr. 253.**
616 A.a.O.
617 Herbert Marcuse, Zur Situation der Neuen Linken, Frankfurt/Main 1969, S.1. **(Dok. Nr. 252)**
618 A.a.O., S.13.
619 A.a.O., S.13f.

8./9.12.: Diskussion im besetzten Soziologischen Seminar: Frank Wolff (li.), Daniel Cohn-Bendit (Mitte), Neville Pessoa (im Türrahmen) und Hans-Jürgen Krahl (re.).

ander. An einer Seitenwand des Hörsaals prangt, in roter Ölfarbe gemalt, der Satz: »Wartet nicht auf Veränderungen an der Universität – macht sie selbst.«[620] Um sich nicht auf langwierige und vermutlich folgenlose Diskussionen einzulassen, hat die Basisgruppe Soziologie bereits vor Beginn der Versammlung einen hektographierten Satzungsentwurf für die Umstrukturierung der Arbeit am Soziologischen Seminar verbreitet.[621] Das darin verfolgte Ziel ist es, die Selbstorganisation des Studiums durch ein von den Ordinarien nicht majorisierbares Entscheidungsgremium abzusichern. Die dafür vorgesehenen Organe sind eine Vollversammlung der Mitglieder des Soziologischen Seminars und ein Seminarrat. Die Selbstorganisierung des Studiums soll in Kursen, Seminaren, Colloquien und vor allem Projekt- und Arbeitsgruppen, von denen Vermittlung zwischen theoretischen und praktischen Erfahrungen erwartet wird, vorgenommen werden. Habermas erklärt dazu nach einigen vorsichtig einleitenden Bemerkungen unmißverständlich: »Eine solche Satzung, meine Damen und Herren, muß scheitern, gleichwie erfolgreich, wie ich hoffe, in den nächsten 14 Tagen oder auch in dem Rest des Semesters die Tätigkeit, zu der Sie die Initiative ergreifen, sein wird. Sie muß scheitern an einem institutionellen Rahmen, den schlicht zu ignorieren ihre institutionelle Taktik hier einschließt.«[622] In der weiteren Diskussion wird trotz aller Ansätze klar, daß keine Kompromißmöglichkeiten mehr auszuschöpfen sind. Die Vollversammlung beschließt anschließend einen unbefristeten »aktiven Streik zur Neuorganisierung des Studiums«.

8./9. Dezember 1968: Mit dem Schlüssel eines Assistenten gelangen am Sonntagnachmittag Studenten in das **Soziologische Seminar** in der Myliusstraße, wo sie über die an die Ordinarien zu richtenden Forderungen weiterdiskutieren wollen. Am Ende setzen sie ihre bereits zuvor gehegte Absicht, das Gebäude auf diese Weise still und heimlich zu besetzen, in die Tat um und bleiben mit einem ad hoc konstituierten Streikkomitee dort über Nacht. Am nächsten Morgen wird an die Vorderfront in großen Lettern der Name für die besetzte Einrichtung angepinselt: **Spartakus-Seminar**. Und an eine der Wände die Parole: »Bürgerliche Kritik am proletarischen Kampf ist eine logische Unmöglichkeit (Horkheimer)«.[623] Zur Begründung des gesamten Aktes wird angeführt, daß die für den Streik erforderlichen Produktionsmittel, räumlicher und technischer Art, in kollektives Eigentum hätten überführt werden müssen. Ein Soziologiestudent schreibt später: »Die Besetzung ... hatte für sehr viele Studenten eine völlig neue Atmosphäre für ihr Studium geschaffen. Statt der kahlen Wände hingen überall Transparente oder glänzten Malereien. Alle Räume, auch die der Professoren, wurden benutzt. Gleich beim Hauseingang wurde der Hereinkommende vom Streikkomitee begrüßt. Von früh bis nachts war das Haus brechend voll. Das alles trug bei zu dem Bewußtsein, daß Streik, Haus und Arbeitskreis die Sache aller sei, bei der man nicht nur Gast sein könne. Vor allem lernten sich innerhalb weniger Tage mehrere hundert Studenten, bislang grußlos außerhalb des Seminars aneinander vorbeigegangen, mindestens unter dem Gesichtspunkt kennen, daß sie eine solidarische Gegen-Einheit bildeten ... Jeden Abend wurde für die Nacht und den folgenden Tag das ›Streikkomitee‹ aus Freiwilligen organisiert. Nachts hatten sie eine Art Postenfunktion zu übernehmen; tagsüber... anfallende organisatorisch-technische Aufgaben ... Neben den Arbeitsgruppen fand ein sog. ›Strategieplenum‹ statt, das ca. zweimal die Woche

8./9.12.: Das besetzte Soziologische Seminar.

Fragen allgemeiner Taktik diskutierte und Prinzipien politischer Koordination festzulegen suchte.«[624] Als erste Arbeitsgruppen werden bekanntgegeben: 1. Rekonstruktion revolutionärer Theorie; 2. Qualitative Inhaltsanalyse; 3. Organisation und Emanzipation; 4. Berufschancen der Soziologen; 5. Materialistische Erkenntnistheorie; 6. Marxistische Rechtsphilosophie; 7. Autoritärer Staat und Staatsrecht; 8. Autorität und Kommunikation; 9. Sozialisation; 10. Politische Ökonomie; 11. Kriminalität und Kriminologie. An der Wand des großen Seminarraums steht in roten Lettern: »Die Revolutionen sind die Festtage der Unterdrückten«.[625]

9.12.: Nachträglich angefertigte Montage (1969).

---

620 Frankfurter Rundschau vom 9. Dezember 1968.
621 Siehe: Zoller (d.i. Peter Zollinger, Hg.), Aktiver Streik – Dokumentation zu einem Jahr Hochschulpolitik am Beispiel der Universität Frankfurt/Main, (Darmstadt 1970), S. 60f.
622 A.a.O., S. 50.
623 Frankfurter Rundschau vom 9. Dezember 1968.
624 Ulli Baier, Vorfragen politischer Sozialisation – Zu einigen Bedingungen politischer Praxis von Studenten: anläßlich der Protestbewegung 1968/69, Frankfurt/Main o.J. (Diplomarbeit Soziologie), S. 62.
625 Zoller, (d.i. Peter Zoller Hg.), Aktiver Streik – Dokumentation zu einem Jahr Hochschulpolitik am Beispiel der Universität Frankfurt/Main, (Darmstadt 1970), S. 62.

9. Dezember 1968: Das Streikkomitee der Soziologiestudenten übersendet Jürgen Habermas ein Papier mit den für die Umstrukturierung des Lehr- und Studienbetriebs gedachten Minimalforderungen, dem **Negativkatalog**. Es fordert darin: 1. eine Anerkennung des Studiums in den Arbeitsgruppen bis zum Abschluß einer neuen Satzung und die Aussetzung des Vordiploms; 2. den Verzicht der Ordinarien auf ihre institutionellen Rechte bei gleichzeitiger formaler Weiterverwaltung ihrer Lehrstühle, ein künftiges Entscheidungsgremium solle mindestens halbparitätisch besetzt sein; 3. die salvatorische Anerkennung eines rein studentischen Arbeitsbereiches, dem mindestens 30 % des Seminarhaushaltes zur Verfügung stehen soll.[626] In einem Begleitschreiben an Habermas heißt es: »Wenn Ihre Versicherungen, daß die ›jetzigen Aktionen der Studenten nicht nur sinnvoll, sondern sogar notwendig‹ seien, nicht nur als verbale Bekenntnisse interpretiert werden sollen, können wir konsequenterweise Ihr Einverständnis mit dem Inhalt des beigelegten Papiers erwarten.«[627]

10. Dezember 1968: In Anwesenheit der beiden Professoren Theodor W. Adorno und Jürgen Habermas beginnt im Hörsaal VI die zweite Vollversammlung der Soziologen. Nach der Besetzung des Soziologischen Seminars und dem faktischen Beginn des *Aktiven Streiks* durch die Einrichtung selbstorganisierter Arbeitskreise steht nun der am Tag zuvor an Habermas gesandte **Negativkatalog** im Zentrum der Debatte. Die anwesenden Assistenten sprechen sich allgemein für eine Solidarisierung mit den Forderungen der Studenten aus, halten ihre Beiträge aber in einem ausreichenden Maße unverbindlich, daß daraus keine Zusage für eine konkrete Mitarbeit zu entnehmen ist. Nach einem äußerst polemischen Beitrag, in dem der ehemalige SDS-Bundesvorsitzende Reimut Reiche erklärt, daß nun endlich der von den Studenten lange erwartete Moment gekommen sei, in dem man den herkömmlichen Wissenschaftsbetrieb zerschlagen und all die Professoren, die nicht gewillt seien, an der politisch orientierten, von den Studenten selbst organisierten Wissenschaft teilzunehmen, in die Zonenrandgebiete oder nach Konstanz schicken könne, verlassen die beiden Professoren wortlos die Vollversammlung. Nach einigen weiteren Detaildiskussionen werden schließlich die folgenden Beschlüsse gefaßt: 1. Die Studenten organisieren einen eigenen Lehr- und Forschungsbetrieb. Dieser ist ganz wesentlich auf die bisher in der Protestbewegung gewonnenen Erfahrungen bezogen. In den selbstorganisierten Veranstaltungen sollen jedoch nicht nur veränderte Inhalte erarbeitet,

11. 12.: Meysenbug-Comic.

sondern auch nicht-autoritäre Lernformen entwickelt werden. 2. Als Verhandlungsgrundlage wird den Professoren des Soziologischen Seminars der *Negativkatalog* vorgelegt. In der Präambel dieses als minimal ausgegebenen Forderungskatalogs heißt es: »Wir erwarten, daß die Soziologieprofessoren der Phil. Fak. den Streik der Soziologiestudenten unterstützen, weil er im Interesse der grundlegenden Neuorganisation des Soziologiestudiums notwendig ist.«[628] 3. Bis die Forderungen erfüllt sind, werden weitere Kampfmaßnahmen ergriffen. Danach stellen Mitglieder der im *Spartakus-Seminar* gegründeten Arbeitskreise deren Themenstellungen, Ziele und ihren bisherigen Verlauf dar.[629] – Der den unterschiedlichen Einschätzungen gemeinsame Nenner lautet, den praktischen Widerstand gegen die in Umrissen erkennbare technokratische Hochschulreform zu einem Zeitpunkt zu organisieren, wo diese die Handlungsspielräume noch nicht soweit eingeengt hat, daß ein solcher nicht mehr möglich ist. Die in den nächsten Tagen auch auf Flugblättern verbreitete Parole lautet: »Die Universität gehört uns!«[630]

11. Dezember 1968: Mit der Zeile »Wir unterstützen den Protest unserer Studenten ...«[631] beginnend, veröffentlichen in hektographierter Form Theodor W. Adorno, Ludwig von Friedeburg und Jürgen Habermas ihre Antwort auf die von den streikenden Soziologiestudenten erhobenen Forderungen. Sie lehnen darin den *Negativkatalog* als »ausschließlich propagandistisch« bestimmt ab: »Er dient der Taktik einer Konfrontation um jeden Preis, die zur Selbstzerstörung führen muß.«[632] Danach beziehen sie Position zu den Einzelforderungen. In ihrer Ablehnung formulieren sie zugleich die von ihnen für eine Hochschulreform als essentiell herausgestellten Punkte. Zusammenfassend heißt es: »Die Auflagen, mit denen die Technokraten des verselbständigten Protestes den berechtigten Widerstand der Studenten zu neuen Konfrontationen und vorhersehbaren Niederlagen manövrieren wollen, sind ungerechtfertigt. Ebensowenig lassen sich die Pressionen, derer sie sich dabei bedienen, legitimieren.«[633]

11. Dezember 1968: Die Jurastudenten führen einen eintägigen Warnstreik aus, weil sie befürchten, daß der Hessische Landtag bei der für denselben Tag vorgesehenen Haushaltsverabschiedung keine ausreichenden Mittel bewilligt, die in den rechtswissenschaftlichen

11.12.: Im »Spartakus-Seminar« (v. l. n. r.): Daniel Cohn-Bendit, Inge Hornischer, Heinrich Hannover und Karl Dietrich Wolff.

Hauptseminaren einen ordnungsgemäßen Seminarablauf sichern könnten. – Der Streikbeschluß ist einen Tag zuvor auf einer Vollversammlung im Anschluß an eine mit dem Kurator der Universität, Achaz von Thümen, geführte Diskussion über die Planstellenverteilung gefällt worden.

12. Dezember 1968: Vor Beginn seiner Vorlesung über **Sprachphilosophie** gibt Jürgen Habermas eine Erklärung ab, in der er seinen Willen bekundet, den Lehrbetrieb aufrechtzuerhalten und eine schneidende Kritik an der Kerngruppe des *Aktiven Streiks* übt. Er unterstellt, daß diese sich des Reformimpulses der anderen Studenten nur bedienen, um »den Wissenschaftsbetrieb als solchen« zerstören zu wollen. »Wer aber die Basis der Aufklärung angreift, macht aufgeklärtes politisches Handeln unmöglich. Die Basis der Aufklärung ist eine an das Prinzip herrschaftsfreier Diskussion, und allein an dieses Prinzip, gebundene Wissenschaft. Wer einzelne theoretische Ansätze durch insti-

---

626 Siehe: **Dok. Nr. 256.**
627 **Dok. Nr. 255.**
628 **Dok. Nr. 256.**
629 Am Abend des 10. Dezember 1968 wird in dem im *Spartakus Seminar* tagenden Streikplenum der *Negativkatalog* verlesen und ausführlich diskutiert. Vgl. den Auszug aus dem Diskussionsprotokoll in: Zoller (d.i. Peter Zollinger, Hg.), Aktiver Streik – Dokumentation zu einem Jahr Hochschulpolitik am Beispiel der Universität Frankfurt/Main, (Darmstadt 1970), S. 71–73.
630 Streikkomitee Myliusstraße, Die Universität gehört uns! (Flugblatt vom 12. Dezember 1968), aus: Archivalische Sammlung Wolfgang Kraushaar, Akte »Aktiver Streik« WS 1968/69.
631 Siehe: **Dok. Nr. 258.**
632 A.a.O.
633 A.a.O.

tutionellen Zwang dogmatisieren will, wer darüber hinaus jeden theoretischen Ansatz diskriminiert zugunsten einer Instrumentalisierung des Denkens und Wissens für die ad-hoc-Bedürfnisse sogenannter Praxis, schickt sich an, die Bedingungen vernünftiger Rede und damit die Grundlagen von Humanität abzuschaffen. Wer mit dieser Intention einverstanden ist – zunächst einmal unterstelle ich, daß niemand damit einverstanden ist –, dessen moralische, geistige und politische Verfassung unterscheidet sich prinzipiell nicht mehr von dem intellektuellen Prototyp sei es des Faschisten, sei es des Stalinisten.«[634]

13. Dezember 1968: Der **Sender Freies Berlin** überträgt ein halbstündiges Gespräch mit dem Soziologen Jürgen Habermas zum hessischen Hochschulgesetz.

14. Dezember 1968: In seinem Kolloquium **Probleme materialistischer Erkenntnistheorie** analysiert Jürgen Habermas in normativer Absicht das Verhältnis von Wissenschaft und Praxis sowie Erkenntnis und Interesse. Er formuliert damit einen methodischen Rahmen, vor dessen Hintergrund die von den streikenden Studenten vorgetragenen Ansprüche auf ihre Legitimationsfähigkeit hin überprüft werden können. Es heißt darin: »Aus der systematischen Einheit von Theorie und Praxis folgt aber nicht die Einheit von wissenschaftlicher Analyse und unmittelbarer Vorbereitung politischen Handelns. Deshalb kann die Berufung auf Einheit von Theorie und Praxis auch nicht die Forderung nach einer institutionellen Einheit von Wissenschaft und Aktionsvorbereitung begründen. Eine Trennung beider Bereiche ist notwendig.«[635] Und nach der Diskussion einzelner Aspekte dieses Erfordernisses kommt er zu dem Schluß: »Mithin bestehen zwischen Wissenschaft und Aktionsvorbereitung strukturelle Unterschiede, die eine klare institutionelle Trennung beider Bereiche erfordern. Wird eine mit der anderen konfundiert, muß beides Schaden leiden: die Wissenschaft würde unter Handlungsdruck korrumpiert, und politisches Handeln müßte durch ein pseudowissenschaftliches Alibi in die Irre geführt werden.«[636]

14. Dezember 1968: Unter dem Titel **Destruktiver und konstruktiver Haß** veröffentlicht die in Zürich erscheinende Tageszeitung **Die Tat** ein von Alfred A. Häsler mit Herbert Marcuse geführtes Interview.[637]

16. Dezember 1968: Auf einer Versammlung im Tagungsraum des Walter-Kolb-Studentenwohnheimes wird ein letzter Versuch unternommen, in dem Konflikt zwischen den Studenten und Professoren der Soziologie zu einer Kompromißlösung zu kommen. Ludwig von Friedeburg, Jürgen Habermas und Alexander Mitscherlich erscheinen gemeinsam in dem bereits von streikenden Studenten überfüllten Raum. Habermas wendet sich an die Anwesenden mit den Worten: »Meine Damen und Herren! Zu Ihrer Information. Wir sind auf die Bitten des Genossen Krahl hier ...«[638] Dann referiert er, von ständigen Zwischenrufen unterbrochen, einen Einigungsvorschlag. Es solle in Diskussion eingetreten werden: 1. über eine Seminarordnung auf der Grundlage einer drittelparitätisch zusammengesetzten Seminarversammlung; 2. über Modalitäten zur Aufnahme der selbstorganisierten Arbeits- und Projektgruppen in den offiziellen Lehrbetrieb und 3. über das Faktum einer durch den Eigentümer des Soziologischen Seminars gegenüber dem Universitätskurator ausgesprochenen bedingten Kündigung. Zum letzten Punkt, der als indirekte Aufforderung zur freiwilligen Räumung des besetzten Seminargebäudes vorgetragen wird, fügt Habermas erläuternd hinzu, daß sich die Kündigung auf einen Passus des Mietvertrages beziehe, der eine zweckentfremdete Nutzung ausschließe. In der hektischen und zerfaserten Debatte, in der zu keinem Augenblick der Eindruck entsteht, als ginge es den Streikenden um die Behandlung eines Kompromißvorschlages, wird schließlich von Habermas gefordert, die am 12. Dezember abgegebene Grundsatzposition, in der das Vorgehen der Streikenden als Angriff auf die »Basis der Aufklärung« ausgelegt wird, zu verlesen. Er tut dies widerwillig. Krahl bezeichnet den darin erhobenen Vorwurf, der an den im Juni 1967 verwendeten Topos erinnert, daß nämlich wer die Wissenschaft für die Praxis instrumentalisieren wolle, sich prinzipiell nicht mehr von einem Faschisten oder Stalinisten unterscheide, als »demagogische Infamie«[639].

17. Dezember 1968: Mit einer als Aushang und als Flugblatt verbreiteten **Aufforderung** wenden sich Theodor W. Adorno, Ludwig von Friedeburg, Jürgen Habermas und Alexander Mitscherlich an die Streikenden: »Wir fordern ein letztes Mal unsere Studenten auf, das Haus Myliusstraße 30 unverzüglich zu räumen.«[640] Die Besetzung des Soziologischen Seminars, so heißt es, sei politisch nicht gerechtfertigt. In

17.12.: Ludwig von Friedeburg und Jürgen Habermas diskutieren mit streikenden Studenten.

sieben einzelnen Punkten kommen die Professoren den streikenden Soziologiestudenten weit entgegen. So begrüßen sie z. B. die studentische Initiative, Arbeits- und Projektgruppen zu bilden, in denen selbstgewählte Themen in Ergänzung zum offiziellen Lehrbetrieb diskutiert werden können. Diese Form der Gruppenarbeit solle einen dauerhaften Platz im Seminar- und Lehrbetrieb bekommen. Für die Fachdozenten erkennbare und überprüfbare Leistungen, die die Kriterien wissenschaftlichen Arbeitens erfüllten, würden durch Scheine bestätigt. Eine definitive Grenzziehung erfolgt nur im letzten Punkt. »Kooperation mit einer Gruppe, die Parolen wie ›Zerschlagt die Wissenschaft‹ folgt, ist für uns definitiv ausgeschlossen. Wir werden dem Einfluß einer solchen Gruppe mit allen angemessenen Mitteln entgegentreten.«[641]

17. Dezember 1968: In einem von Theodor W. Adorno und Max Horkheimer gemeinsam an Herbert Marcuse gerichteten Brief heißt es: »Hier geht es im Augenblick drunter und drüber, nicht wenige Räume der Universität sind besetzt. Viele Seminare können nicht mehr stattfinden, darunter gerade auch die besonders fortschrittlichen. Höchst berechtigte studentische Forderungen und fragwürdige Aktionen gehen so durcheinander, daß von produktiver Arbeit oder auch nur einem vernünftigen Denken kaum mehr die Rede sein

kann.«[642] Sie sprechen ihre Hoffnung aus, sich während der nächsten Sommerferien in der Schweiz zu treffen. In einem Postscriptum merken sie noch an, daß sie von einer erneuten Bedrohung Marcuses hörten und sich mit ihm »zutiefst« verbunden fühlten.

18. Dezember 1968: Um 5 Uhr morgens fahren drei Mannschaftswagen und ein Wasserwerfer vor das verlassen erscheinende *Spartakus-Seminar* in der Myliusstraße 30. Polizeibeamte wechseln das Türschloß aus und überlassen, nachdem sie sich Gewißheit dar-

634 Jürgen Habermas, Erklärung vor Studenten (12. Dezember 1968), in: ders., Protestbewegung und Hochschulreform, Frankfurt/Main 1969, S. 244. **(Dok. Nr. 259)**
635 Jürgen Habermas, Seminarthesen (14. Dezember 1968), in: ders., Protestbewegung und Hochschulreform, Frankfurt/Main 1969, S. 246. **(Dok. Nr. 260)**
636 A.a.O., S.248. **(Dok. Nr. 260)**
637 »Destruktiver und konstruktiver Haß« – Gespräch mit Herbert Marcuse, in: Die Tat (Zürich) vom 14. Dezember 1968, S. 27 f.
638 Zit. nach: Frank Wolff / Eberhard Windaus (Hg.), Studentenbewegung 67–69 – Protokolle und Materialien, Frankfurt/Main 1977, S. 114. **(Dok. Nr. 261)**
639 A.a.O., S.132. **(Dok. Nr. 261)**
640 **Dok. Nr. 264.**
641 A.a.O.
642 Theodor W. Adorno/Max Horkheimer, Brief an Herbert Marcuse vom 17. Dezember 1968, aus: Herbert Marcuse-Archiv der Stadt- und Universitätsbibliothek Frankfurt/Main. **(Dok. Nr. 265)**

Dezember 1968

über verschafft haben, daß sich keiner der Besetzer mehr in dem Gebäude aufhält, die weitere Arbeit der Spurensicherung der Politischen Polizei. – Nachdem es bereits seit Tagen Gerüchte gab, daß eine polizeiliche Räumung unmittelbar bevorstünde, war am Vorabend einer der für eine Kompromißlösung aufgetretenen Soziologieprofessoren an dem verbarrikadierten Portal aufgetaucht und hatte die letzte Seminarwache von der unmittelbar bevorstehenden Polizeiaktion unterrichtet. – In einem kurz darauf auf dem Campus verbreiteten Flugblatt des Streikkomitees heißt es in einer Mischung aus Trotz und Hilflosigkeit: »Wir fordern, daß die Polizei das Seminar unverzüglich räumt, da wir nicht mehr zu den Formen des herkömmlichen Lehrbetriebes zurückkehren werden!«[643]

18. 12.: Wandzeitung nahe der Mensa.

18. Dezember 1968: Neun wissenschaftliche Mitarbeiter des Soziologischen Seminars verbreiten eine Erklärung, in der sie »die polizeiliche Besetzung« des Gebäudes, die einer »Aussperrung« gleichkomme, verurteilen. Zugleich beschuldigen sie die Professoren, mit ihrem Verhalten der Polizei in die Arme gearbeitet zu haben. Wörtlich heiß es: »Die wissenschaftlichen Mitarbeiter müssen davon ausgehen, daß die Ordinarien Habermas, v. Friedeburg, Adorno und Mitscherlich eine polizeiliche Besetzung von Anfang an ins Auge gefaßt haben und durch ihr Verhalten den Weg für die Maßnahmen der Exekutive freigegeben haben. Der Verhandlungsspielraum für eine neue Satzung und eine Neuorganisation des Studiums, der trotz der studentischen Besetzung immer noch bestand, ist dadurch radikal abgeschnitten worden.«[644] Die Protest-

19. 12.: Volker Erbes in einer der Arbeitsgruppen.

erklärung ist unterzeichnet von Egon Becker, Gerhard Brandt, Gunter Wegeleben, Evelies Mayer, Xenia Rajewsky, Jürgen Ritsert, Claus Rolshausen, Regina Schmidt und Rainer Döbert.

18. Dezember 1968: Im Namen des geräumten *Spartakus-Seminars* wird auf dem Campus ein Flugblatt verteilt, mit dem für den nächsten Tag zu einem gesamtuniversitären Teach-in in der Mensa aufgerufen wird. In dem Text wird in äußerst scharfem Ton gegen Habermas, Friedeburg und Adorno, den – wie es heißt – »Bütteln des autoritären Staates« Front gemacht: »Die kritischen Theoretiker der Frankfurter Soziologie scheuen sich nicht, zu den manipulativen Mitteln der Demagogie zu greifen. Mit der Unterstellung, die studentische Verwaltung des Seminars in der Myliusstraße sei politisch nicht legitim und beabsichtige die Zerstörung der Wissenschaft, soll die Streikbewegung erstickt werden. Sie wollen die studentische Protestbewegung mit dem demagogischen und dem bewährten Instrumentarium Goebbelsscher Propaganda entnommenen Argument spalten, eine kleine, verantwortungslose, verschwörerische Clique wolle die Masse der Soziologiestudenten zu ihren vermeintlich wissenschaftsfeindlichen und undemokratischen Zielen mißbrauchen.«[645] Und am Ende heißt es eher pessimistisch: »Die Universitäten sind die letzten Bastionen gegen den autoritären Staat. Wenn unser Experiment durch den hinterhältigen Eingriff der Staatsgewalt scheitert, ist auf lange Sicht die Chance auf eine politisch wirksame Selbstorganisation der Studenten, Demokratisierung und Sozialisierung des Wissenschaftsbetriebs in Frankfurt vertan.«[646]

18. Dezember 1968: Unter dem Titel **Von der kritischen Theorie zur Praxis** nimmt der SDS-Bundesvorstand in seinem Organ **SDS-Info** in einem offensichtlich vor der Räumung des besetzten Seminars verfaßten Kommentar zum Verlauf des *Aktiven Streiks* Stellung. Er setzt sich in diesem Kommentar nicht nur weit von den Professoren der Kritischen Theorie ab, sondern greift auch die lokale SDS-Gruppe wegen ihrer vermeintlichen Wankelmütigkeit an. Sie dürfe nicht länger mehr – so wird sie ermahnt, doch endlich von ihrer Avantgarde-Funktion Gebrauch zu machen – zwischen der Fortführung des Streiks und Zugeständnissen hin- und herschwanken.[647]

19. Dezember 1968: In einer Presseerklärung des SDS-Bundesvorstands wird die im Verlauf des Wintersemesters intensivierte Hochschulrevolte als antikapitalistischer Kampf interpretiert. Die technokratische Hochschulreform habe objektiv die Funktion von Notstandsgesetzen: Sie sollten die bestehenden Widersprüche der Ordinarienuniversität kanalisieren, anstatt sie zu lösen. »Die Revolte der sozialistischen Studenten«, heißt es abschließend, »versteht den Kampf gegen die technokratische Hochschulreform als einen Teil des Kampfes zur revolutionären Umgestaltung dieser Gesellschaft.«[648]

19. Dezember 1968: Auf einem Teach-in der gesamten Studentenschaft in der Mensa werden die sich aus der polizeilichen Schließung des *Spartakus-Seminars* für die streikenden Studenten möglicherweise ergebenden Folgen diskutiert. In seinem Eingangsreferat spricht sich der ehemalige zweite SDS-Bundesvorsitzende Frank Wolff vor über 2.000 Teilnehmern ge-

643 **Dok. Nr. 266.**
644 **Dok. Nr. 267.**
645 **Dok. Nr. 270.**
646 A.a.O.
647 Siehe: **Dok. Nr. 268.**
648 **Dok. Nr. 272.**

19.12.: Die Lieblingsparole der Streikenden an der Fassade des Juridicums.

gen eine Trennung von Wissenschaft und Politik aus. Die Neuorganisierung des Studiums, wie sie in den beiden Wochen zuvor angestrebt worden sei, führt er aus, müsse als eine eminent politische Angelegenheit begriffen werden. Daraus sei auch erklärbar, daß auf diskutierende Arbeitsgruppen mit offener Gewalt reagiert und die Räumung des *Spartakus-Seminars* durch die Polizei herbeigeführt worden sei. Daniel Cohn-Bendit meint, durch die Selbstorganisation der Studenten könnten in exemplarischer Weise Möglichkeiten einer Selbstverwaltung in anderen gesellschaftlichen Bereichen demonstriert werden. Einen Tag vor Beginn der Weihnachtspause besteht Einigkeit darüber, daß die Arbeitskreise weiter fortgeführt werden sollen. An der Fortsetzung des *Aktiven Streiks* in das nächste Jahr hinein wird kein Zweifel gelassen. Bei einer Abstimmung darüber gibt es kaum Gegenstimmen. Für den Fall von disziplinarischen oder weiteren polizeilichen Gegenmaßnahmen einigt man sich darauf, den gesamten Lehrbetrieb lahmzulegen und gegebenenfalls auf einen Generalstreik an allen hessischen Universitäten hinzuarbeiten.[649] Solidaritätsadressen sind u.a. aus Hamburg von den Delegierten der dort tagenden Konferenz des *Liberalen Studentenbund Deutschlands* (LSD) und aus Paris von der großen französischen Studentengewerkschaft *Union nationale des étudiants de France* (UNEF) eingetroffen.

20. Dezember 1968: Der hessische Kultusminister Ernst Schütte (SPD) kündigt an, daß er am 7. Januar 1969, zwei Tage nach dem Ende der Weihnachtsferien, in die Universität kommen werde, um mit den Studenten der Abteilung für Erziehungswissenschaften (AfE) über deren Forderungen und Vorstellungen zu einer Reform ihres Studiums zu diskutieren. – Der Rektor Professor Walter Rüegg gibt auf einer Pressekonferenz seiner Hoffnung Ausdruck, daß die Streikbewegung an der Frankfurter Universität nach der Weihnachtspause abebben werde. Er rechne damit, daß es zu einer »Differenzierung« innerhalb der Studentenschaft komme und sich die Kräfte dabei durchsetzten, deren vornehmliches Interesse es sei, ihr Studium zu sichern. Weitere Institutsbesetzungen würden, wie er ankündigt, nicht hingenommen; auf jeden Fall werde dann die Polizei geholt. Und bei einer weiteren Lähmung des Lehrbetriebes halte er erneut die Schließung der Universität für möglich.

27. – 30. Dezember 1968: In der Privatwohnung des Psychologieprofessors Peter Brückner in **Hannover** führt Hans-Jürgen Krahl mit einer Gruppe von SDS-Studenten einen Schulungskurs über den gerade erschienenen Habermas-Band *Erkenntnis und Interesse* durch. Die Diskussion verlagert sich jedoch mehr und mehr von einer Interpretation der Habermasschen Kant-Kritik zu einer Exegese von Kants Hauptwerk *Kritik der reinen Vernunft*.[650]

30. Dezember 1968: Eine Ratssitzung der Abteilung für Erziehungswissenschaften (AfE), in der eine bereits vorbereitete Erklärung hätte verabschiedet werden sollen, die die Motive der streikenden Studenten unterstützt, sich jedoch von der Praxis des Boykotts distanziert, wird von Studenten gesprengt. – Einen Tag später veröffentlichen 20 AfE-Professoren eine Erklärung, in der sie die Forderung nach einer Aufrechterhaltung der Studiendauer von acht Semestern weiter unterstützen, jedoch die Wiederaufnahme ihrer regulären Lehrveranstaltungen mit dem Argument ankündigen, sie wollten die Anerkennung des Semesters nicht gefährden.

---

649 Vgl.: Keiner sprach sich für ein Streikende aus – Kampfansage der Studenten – Bei Polizeiaktion komplette Lahmlegung der Universität angekündigt, in: Frankfurter Rundschau vom 20. Dezember 1968; außerdem: Hilke Schlaeger, Professoren wurden abgeschrieben – Warum in Frankfurt die Studenten streiken, in: Die Zeit vom 27. Dezember 1968, 23. Jg., Nr. 52, S. 10.

650 Manfred Lauermann, Krahl oder Was hieß da schon Politik? In: Heinrich Brinkmann (Hg.), Sinnlichkeit und Abstraktion, Gießen 1973, S. 216.

1969

31.1.: Theodor W. Adorno hat die Polizei ins Institut für Sozialforschung gerufen.

Anfang Januar 1969: Die Basisgruppe der Abteilung für Erziehungswissenschaften (AfE), des Fachs von dem der *Aktive Streik* seinen Ausgang genommen hat, verteilt ein Flugblatt mit der skeptischen Überschrift **Warum waren die Erfolgserwartungen falsch?**. Darin heißt es: »Ein Arbeiterstreik bringt in kurzer Zeit deutliche Verluste in der Produktion. Ein studentischer Streik kann dagegen erst nach längerer Zeitdauer die Nachfrage der Gesellschaft nach akademisch ausgebildeten Fachkräften spürbar beeinträchtigen. Unser bisheriger Streik kann doch nur die Funktion gehabt haben, unser Unbehagen an der Bildungspolitik und an Formen und Inhalten unseres bisherigen Studiums zu artikulieren.«[651] Trotz des resignativen Tonfalls wird zur Fortführung des Streiks aufgerufen und eine Liste von Nahzielen proklamiert.

2. Januar 1969: In den Morgenstunden verteilen rund zwei Dutzend Angehörige des *Verbands der Kriegsdienstverweigerer* (VK) und des SDS am Hauptbahnhof Flugblätter, um gegen die Einziehung von 3.500 Rekruten zu ihren Einheiten zu protestieren. Sie gehen dabei möglichst unauffällig vor, da das Verteilen von Flugblättern auf Bahnhöfen verboten ist. Doch trotz einiger Kontrollen der Bahnpolizei lassen sie sich nicht abhalten. Nach einer Stunde jedoch werden auch Feldjäger und Bereitschaftspolizisten zur Sicherung der Bahnsteige eingesetzt. Gegen 11 Uhr stehen sich 220 Polizisten und zwischen 60 und 80 Antimilitaristen gegenüber. Um Konfrontationen zu vermeiden, werden die in Frage kommenden Bahnsteige mit Hamburger Reitern abgesperrt. Nur Rekruten mit Einberufungsbescheiden und Fahrgäste mit Fahrausweisen werden durchgelassen. Dennoch wird der Abtransport mit Sprechchören und Kanonenschlägen gestört. Sechs Demonstranten werden dabei festgenommen und zur Feststellung ihrer Personalien auf die Bahnhofswache geführt. Der letzte Sonderzug, der um die Mittagszeit starten soll, kann seine Reise nur mit halbstündiger Verspätung antreten, weil ein Unbekannter, vermutlich einer der Demonstrierenden, in einem der Waggons die Notbremse gezogen hat.

6. Januar 1969: In einem Artikel der **Frankfurter Neuen Presse** erklärt der Sozialwissenschaftler Felix Weil, Mitbegründer des Instituts für Sozialforschung, er sei aus Heimweh wieder nach **Frankfurt** zurückgekehrt. Der 70jährige Professor, dessen Vater, Hermann Weil, in der Weimarer Republik die finanziellen Mittel zur Institutsgründung bereitgestellt hatte, war im Jahr zuvor zu einem Kuraufenthalt in Bad Mergentheim, als ihm der Gedanke kam, ein geplantes autobiographisches Buch am besten in seiner alten Heimatstadt schreiben zu wollen.[652] – Weil ist zwei Tage zuvor, zusammen mit seiner Frau aus **Los Angeles** kommend, auf dem Rhein-Main-Flughafen eingetroffen.

6. Januar 1969: Professor Walter Rüegg, Rektor der Johann Wolfgang Goethe-Universität, wendet sich brieflich an alle »Mitglieder des Lehrkörpers« und fordert sie auf, gegenüber streikenden Studenten vom Hausrecht Gebrauch zu machen. Über jede Störung und ihren Verlauf solle auf dem Dienstwege über Dekan und Rektor Meldung »an den Herrn Kultusminister« erstattet werden. Lehrkräfte, die sich trotz Verbots an inoffiziellen »Arbeitskreisen« beteiligten, seien umgehend zu »melden«. Für die nicht genehmigten Arbeitsgruppen dürften, so heißt es weiter, keine Semi-

6.1.: Rektor Rüegg demonstriert einem »Stern«-Reporter, wie er sich gegen angreifende Studenten zur Wehr setzen würde.

narscheine ausgestellt werden.⁶⁵³ – Beigefügt ist den Schreiben eine von Rektor, Prorektor, Dekanen und AfE-Ratsvorsitzenden unterzeichnete Erklärung, die sich an die gesamte Studentenschaft wendet und die zwei Tage später im offiziellen Organ **uni-report** veröffentlicht wird. In der Law & Order-Erklärung heißt es: »In Zukunft werden Personen, welche die Lern- und Lehrfreiheit durch ihre rechtswidrigen Aktionen aufheben wollen, sofort den Strafverfolgungsbehörden gemeldet, ›Besetzungen‹ von Universitätseinrichtungen haben sofortigen polizeilichen Einsatz zur Folge.«⁶⁵⁴ Das Semester sei in Gefahr, alle Universitätsangehörigen sollten dazu beitragen, es zu »retten«.

7. Januar 1969: Vor dem Haupteingang der Universität kommt es in der Mittagszeit zu einem Zwischenfall. Eine Gruppe streikender Studenten ist gerade dabei, ein vom AStA hergestelltes, vom Rektor jedoch nicht genehmigtes Plakat aufzuhängen, als der Justitiar Hartmut Riehn erscheint und sie auffordert, es auf der Stelle wieder zu entfernen. Nach einem an Heftigkeit zunehmenden Wortwechsel drängen die Studenten ihn zunächst beiseite und schleppen ihn, wie er später zu Protokoll gibt, »unter Anwendung körperlicher Gewalt« weg. – Riehn erklärt, daß es sich bei den Studenten um drei SDS-Mitglieder gehandelt habe. Er kündigt an, Strafanzeige gegen sie zu erstatten. – Auf dem verbotenen Plakat sind die Zeilen zu lesen: »Die alte Wissenschaft ist tot. Organisiert sie selbsttätig mit neuen Inhalten. Wir lassen Polizeispitzel in der Universität nicht zu.«⁶⁵⁵ Auf einem im Studentenhaus zur selben Zeit verteilten Handzettel heißt es, der Streik werde fortgesetzt.

7. Januar 1969: Der hessische Kultusminister Ernst Schütte, der mit seinem Erlaß zur Lehrerausbildung vom 24. September des Vorjahres den Anlaß für den *Aktiven Streik* gegeben hatte, kommt zu einem Teach-in, um zu den Fragen und Positionen der streikenden Studentinnen und Studenten der Abteilung für Erziehungswissenschaften (AfE) Stellung zu nehmen. Zu dem mit Wandzeitungen und Flugblättern⁶⁵⁶ groß angekündigten **Schütte-Teach-in** sind über 2.500 Studenten in die Mensa gekommen. In der hektischen und aufgeheizten Atmosphäre, die keine ernstzunehmende Diskussion zustandekommen läßt, breiten sich rasch Frustration und die Befürchtung aus, daß der Politiker mit der vermeintlich höchsten Entscheidungskompetenz wieder unverrichteter Dinge

7.1.: Antonia Grunenberg (SDS), Kultusminister Ernst Schütte.

7.1.: Daniel Cohn-Bendit versucht Schütte davon abzuhalten, die Mensa zu verlassen.

entschwinden könnte. Die Attacken auf Schütte werden vor allem von dem ehemaligen SDS-Bundesvorsitzenden Karl Dietrich Wolff vorgetragen. Auf die polizeiliche Räumung des Soziologischen Seminars angesprochen, reagiert der Minister lapidar, Gewalt

---

651 **Dok. Nr. 274.**
652 Jutta W. Thomasius, Das Heimweh packte ihn nach dreißig Jahren – Felix Weil, Gründer des Instituts, kehrt nach Frankfurt zurück, in: Frankfurter Neue Presse vom 6. Januar 1968; vgl. auch: Viele Pläne für die Zukunft – Felix Weil, Gründer des Instituts für Sozialforschung, wird 71, in: Frankfurter Rundschau vom 8. Februar 1969.
653 **Dok. Nr. 277.**
654 Siehe: **Dok. Nr. 276.**
655 Frankfurter Rundschau vom 8. Januar 1969.
656 Eine Flugblatt-Überschrift lautet: »Ist Frankfurt Athen?« Siehe: **Dok. Nr. 278.**

Januar 1969 387

7.1.: Turbulente Atmosphäre beim »Schütte-Teach-in«. In der Mitte: Malte J. Rauch (im Mantel).

werde mit Gewalt beantwortet. Als Daniel Cohn-Bendit im Zusammenhang mit der Notstandsgesetzgebung und den Überlegungen zur Einführung einer »Vorbeugehaft« eine Parallele zur NS-Zeit zieht, weist Schütte einen solchen Zusammenhang voller Empörung zurück und droht zu gehen. Um die Fragen der Lehrerausbildung, die Anlaß für Schüttes Besuch sind, geht es nur ganz am Rand. Als der Kultusminister nach einem mehr als einstündigen, mit Unterstellungen operierenden Frage-und-Antwort-Spiel sich weigert, seine Rolle als Buhmann weiterzuspielen, entsteht eine sehr brenzlige Situation. Bei seinen ersten Anzeichen, den als Podium dienenden Tisch zu verlassen, werden Stimmen laut, die dazu auffordern, ihn durch Einkesselung so lange von einem Verlassen der Mensa zurückzuhalten, bis er »bestimmten Forderungen«, die jedoch zu diesem Zeitpunkt nur abstrakt, also höchst unbestimmt sind, beigepflichtet habe. Aus dieser Erpressung mit Menschenleibern gelingt es Schütte erst nach der Intervention einiger besonnener Redner, schweißgebadet und überaus verängstigt zu entkommen.[657] – Eine pseudoplebiszitär im Chaos dieser Situation durchgepeitschte Abstimmung wird am nächsten Tag in dem vom SDS-Bundesvorstand herausgegebenen **SDS-Info** als eine »von der großen Mehrheit der anwesenden Studenten« angenommene »Resolution« verbreitet.[658] – Da das autoritäre, zum Teil demagogisch-manipulative Verhalten einzelner SDS-Sprecher auch in den eigenen Reihen auf bittere Kritik stößt, wird zwei Tage nach dem »Schütte-Teach-in« ein Text verbreitet, der sich mit den negativen Stimmen auseinandersetzt.[659]

9. Januar 1969: Nach der durch die Veröffentlichung im **uni-report** am Vortag auch universitätsöffentlich gewordenen Law & Order-Erklärung von Rektor, Prorektor, Dekanen und AfE-Ratsvorsitzenden werden mehrere dezidierte Gegenstimmen laut. Als erstes fordern Assistentenrat, Institut für Sozialforschung und Soziologisches Seminar alle Mitglieder des Lehrkörpers auf, sich von der Aufforderung »zum politischen Denunziantentum« zu distanzieren.[660] Dann geben vier Professoren der Juristischen Fakultät, darunter Eberhard Denninger und Rudolf Wiethölter, eine Presseerklärung ab, in der sie vor einer »undifferenzierten Abwertung studentischer Reformversuche« durch »verfehlte Maßnahmen des Disziplinar-, Polizei- und Strafrechts« warnen.[661] – Einen Tag später wenden sich Theodor W. Adorno, Ludwig von Friedeburg und Jürgen Habermas in einem gemeinsamen Schreiben an den Rektor. Darin kündigen sie an, daß sie den im Rundschreiben vom 6. Januar geäußerten Bitten, Hinweisen und Anordnungen nicht Folge zu leisten vermögen, da sie ihnen nicht legitimiert erschienen. Und

Januar 1969

wörtlich heißt es: »Wir sehen in dem Brief politisch einen Versuch, Assistenten und Dozenten, die die überfällige Reorganisation der Hochschule und des Lehrbetriebs unterstützen und vorantreiben möchten, davon abzuhalten. Wenn diese Interpretation zutrifft, möchten wir gegen derlei politische Disziplinierungsversuche entschieden protestieren.«[662] Sie kritisierten »ebenso schonungslos« eine aktionistische Gruppe von Studenten. Abschließend heißt es: »Wir lassen uns nicht unter falsch verstandenen Loyalitätszwängen in diesen Teufelskreis immer wieder integrieren – wir müssen ihn durchbrechen.«[663]

10. Januar 1969: Eine von über 2.000 Studenten besuchte Vollversammlung, auf der über den Fortgang des Streiks in der Abteilung für Erziehungswissenschaften (AfE) entschieden werden soll, verläuft chaotisch und wird schließlich ergebnislos abgebrochen. Da der Hörsaal VI die Menge der Teilnehmer nicht fassen kann, wird von Fachschaftssprecher Jürgen Diehl vorgeschlagen, in die Mensa umzuziehen, um allen eine Teilnahme an den zu erwartenden Abstimmungen zu ermöglichen. Trotz heftiger Diskussion zeichnet sich keine Einigkeit ab. Die 800 Befürworter eines Raumwechsels ziehen schließlich aus. Damit sind die Voraussetzungen für eine plebiszitäre Entscheidung der AfE-Studenten nicht mehr gegeben.

11. Januar 1969: In einer weiteren Sitzung des von Jürgen Habermas durchgeführten Seminars **Probleme einer materialistischen Erkenntnistheorie** werden seine dort bereits am 14. Dezember vorgetragenen

---

657 Vgl. dazu: **Dok. Nr. 279** und **Dok. Nr. 280** und: Richard Wachter, Zweifache Niederlage und keine Sieger – Hessens Kultusminister Schütte stellte sich in Frankfurt einer Diskussion mit Studenten, in: Frankfurter Rundschau vom 9. Januar 1969 sowie: Senf im Saal, in: Der Spiegel vom 13. Januar 1969, 23. Jg., Nr. 3, S. 65.
658 Siehe: **Dok. Nr. 282.**
659 Siehe: **Dok. Nr. 283.**
660 Der Assistentenrat / Institut für Sozialforschung / Seminar – Myliusstraße 30, Offener Brief an den Rektor, den Prorektor, die Dekane und den Vorsitzenden des Rates der AfE vom 9. Januar 1969, aus: Archivalische Sammlung Ronny Loewy, Akte »Aktiver Streik« WS 1968/69.
661 E. Denninger / B. Diestelkamp / D. Simon / R. Wiethölter, Presseerklärung vom 9. Januar 1969 (Als Flugblatt verbreitet von der Juristischen Fachschaft und der AStA-Informationszentrale), aus: Archivalische Sammlung Ronny Loewy, Akte »Aktiver Streik« WS 1968/69.
662 **Dok. Nr. 284.**
663 A.a.O.

11.1.: Jürgen Habermas im Philosophischen Seminar, re. dahinter Silvia Bovenschen.

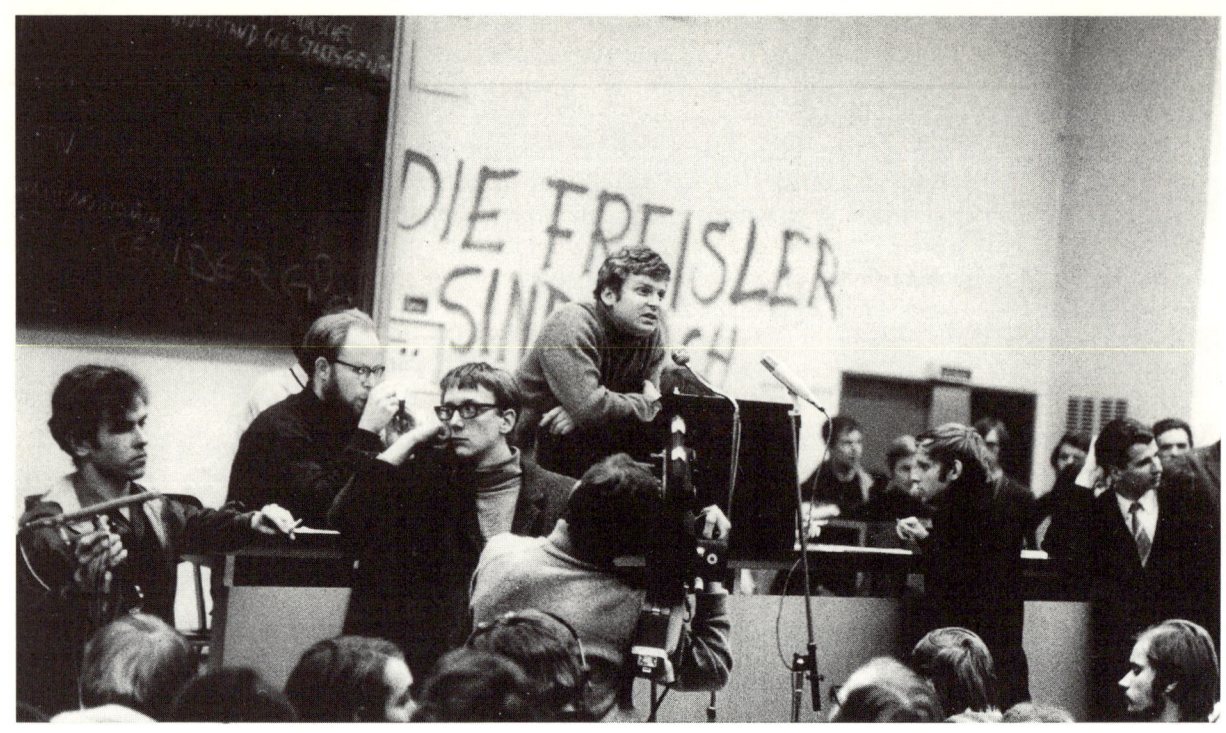

15.1.: Im Hörsaal VI (v.l.n.r.): Wolfgang Pohrt, Ulli Baier, Til Schulz und Daniel Cohn-Bendit.

Seminarthesen[664], in denen eine institutionelle Trennung von wissenschaftlicher Reflexion und politischer Aktionsvorbereitung zu begründen versucht wird, kontrovers diskutiert. – Unter dem Titel **Quo vadis, Habermas?** wird am 23. Januar ein ausführliches Kritik-Papier verbreitet, das mit eigenen »Thesen zur Diskussion um eine Neubestimmung der Wissenschaft und ihrer Organisation« endet.[665]

11./12. Januar 1969: In der Nacht werden im neuen Hörsaalgebäude der Universität zahlreiche Sicherheitsschlösser beschädigt. Unbekannte verstopfen sie mit Nadeln, Streichhölzern und anderen Gegenständen. – Das Rektorat vermutet, daß dadurch ein regulärer Ablauf des Lehrbetriebes verhindert werden soll, und erstattet Strafanzeige gegen Unbekannt.

13. Januar 1969: Auf einer Vollversammlung der Soziologen wird Kritik am bisherigen Verlauf des *Aktiven Streiks* laut. Um den sichtlichen Beteiligungsrückgang in den selbstorganisierten Arbeits- und Projektgruppen zu stoppen, entschließen sich am Ende der Versammlung die noch verbliebenen 200 Aktivisten zur Flucht nach vorn. Die Gruppenarbeit solle wieder ins geräumte und wieder konventionell genutzte Soziologische Seminar verlegt werden – allerdings ohne die Proklamierung einer erneuten Besetzung. Der dort wieder angelaufene Betrieb solle nicht gestört werden. Ein erstes Streikplenum ist dort für den 27. Januar vorgesehen.[666]

15. Januar 1969: Auch die zweite Vollversammlung der AfE-Studenten im Hörsaal VI, auf der über einen möglichen Abbruch der Boykott- und Streikmaßnahmen entschieden werden soll, verläuft chaotisch. Die beiden SDS-Sprecher Daniel Cohn-Bendit und Hans-Jürgen Krahl plädieren für einen über mehrere Semester hinweg anhaltenden Streik. Nur so könne erreicht werden, daß der durch fehlende Lehrkräfte entstehende Druck an die staatliche Administration weitergegeben werde. Die Stimmung in dem überfüllten Saal ist jedoch völlig umgeschlagen und wendet sich gegen die Soziologiestudenten als vermeintliche »linke Verführer«. Besonderes Haßobjekt ist Daniel Cohn-Bendit. Die allgemeine Parole lautet »Soziologen raus!«, zugespitzt und gesteigert durch: »Wir brauchen den Kapitalisten Cohn-Bendit und seine Soziologen nicht!«[667] Bereits am Tag zuvor war mit einem in den Räumen der AfE und in der Mensa ausgelegten Flugblatt Stimmung gemacht worden. Es hieß dort: »SOS. Stimmt ohne Soziologen. Kommilitoninnen und Kommilitonen der AfE ... Ist das arme Dorfschulmeisterlein immer noch nicht tot? ... Wie lange wollen wir uns noch gefallen lassen, daß unsere Vollversammlungen von Leuten manipuliert werden, für die unsere Interessen nur Mittel zum Zweck sind? ... Wir denken selbst! ... Wir lassen uns das Semester nicht von Funktionären kaputt machen! Kommt massenhaft in die Vollversammlung! Verteidigt Eure Interessen, bevor es zu spät ist!«[668] Eine Abstimmung, deren Modalitäten nicht geklärt sind, ergibt mit 514:441 Stimmen eine knappe Mehrheit für den Abbruch des Streiks. Als daraufhin ein Streit über das Ergebnis und die Legitimität des gesamten Verfahrens entsteht, zieht nach einigem Hin und Her ein Drittel der Versammelten in die Mensa, um dort eine Art Gegen-Vollversammlung durchzuführen. Auch hier spricht sich nach längerer Diskussion eine Mehrheit für die Beendigung der seit dem 4. Dezember laufenden Boykott- und Streikmaßnahmen aus. Trotz des bestätigten Ergebnisses ist die Situation weiter von Unsicherheit geprägt.

15. Januar 1969: Rektor, Prorektor, Dekane und der AfE-Ratsvorsitzende geben eine gemeinsame Presseerklärung heraus, in der sie die Stellungnahme der vier Professoren der Juristischen Fakultät vom 9. Januar als Verbreitung von Unterstellungen und unsachmäßigen Behauptungen zurückweisen.[669]

17. Januar 1969: Unter dem Titel **Deutschlands bekanntester Student** bringt die **Frankfurter Allgemeine Zeitung** ein Porträt des als »deutsch-französischen Studentenführer« apostrophierten Daniel Cohn-Bendit.[670] Darin weist er den von den Medien um ihn betriebenen »Personenkult« mit den Worten zurück, dies sei ihm zuwider. Es bringe ihm u. a. wie nach der Meldung über seinen Zimmerbrand Attentatsdrohungen ein. Seine politischen Überzeugungen für eine Veränderung der Universität werden in drei Punkten zusammengefaßt. Erstens gehe es dabei gar nicht um die Universität. Der Kampf, der um sie geführt werde, sei in Wirklichkeit ein Kampf um die Struktur der künftigen Gesellschaft. Zweitens gehe es nicht um die Verwirklichung irgendeines Programms, schon gar nicht seines eigenen. Ziel sei die Anerkennung eines »autonomen Bereiches«, die Legalisierung selbstgegründeter Arbeitsgruppen, innerhalb derer die Studenten ihr Studium in eigener Verantwortung organisieren könnten. Und drittens sei ein genaueres Programm schon deshalb überflüssig, weil der Glaube an einen Sieg in diesem Kampf eine Illusion wäre.

22. Januar 1969: In einem Gespräch mit der Tageszeitung **Die Welt** äußert sich Jürgen Habermas zu den Entwicklungsmöglichkeiten der Hochschulreform angesichts einer an manchen Universitäten weiter um sich greifenden Streikbewegung von Teilen der Studentenschaft. »Der Politisierungsprozeß«, erläutert er, »ist nötig, aber im Augenblick läuft er in einigen Universitäten Gefahr sich zu verselbständigen, weil der antiinstitutionelle Affekt einige Studentengruppen blind macht gegenüber realen Beeinflussungschancen.«[671] Eine aktionistische Gruppierung nehme in »ihrer antiautoritären Selbstinterpretation« die bereits in Gang gesetzten institutionellen Veränderungen im Rahmen der Gesamtuniversität nicht mehr ernst. Wenn sich aber die Proteste weiter verselbständigten, dann führe das zu einem »Hurra-Aktionismus von links«, dessen Folgen auf die in ihrer Legitimität nicht anzuzweifelnde Protestbewegung insgesamt zurückschlagen könnten. Habermas bekennt sich zu einer Demokratisierung der Hochschule und hält auch die von studentischer Seite erhobene Forderung nach Einführung der Drittelparität für gerechtfertigt. »Wo Studenten Interessen zu vertreten haben«, bemerkt er, »sollten sie eine garantierte Einflußchance erhalten. Die Demokratisierung der Hochschule schließt jedoch nicht eine Instrumentalisierung für einen dazu noch illusionär

---

664 Siehe: **Dok. Nr. 260.**

665 (Ohne Autor), Quo vadis, Habermas? – Thesen zur Diskussion um eine Neubestimmung der Wissenschaft und ihrer Organisation, Arbeitspapier vom 23. Januar 1969 (hektographierte Flugschrift), aus: Archivalische Sammlung Ronny Loewy, Akte »Aktiver Streik« WS 1968/69. **(Dok. Nr. 296)**

666 Vgl.: Erneute Besetzung? In: Frankfurter Neue Presse vom 24. Januar 1969.

667 Zit. nach: Basisgruppe AfE, Information (Flugblatt vom 11. Januar 1969), aus: Archivalische Sammlung Ronny Loewy, Akte »Aktiver Streik« WS 1968/69.

668 Zit. nach: Ulli Baier, Vorfragen politischer Sozialisation – Zu einigen Bedingungen politischer Praxis von Studenten: anläßlich der Protestbewegung 1968/69, Frankfurt/Main o.J., (Diplomarbeit Soziologie), S. 49.

669 Siehe: uni-report-aktuell vom 20. Januar 1969, Nr. 1.

670 Bernhard Heimrich, Deutschlands bekanntester Student – Was Daniel Cohn-Bendit von sich hält, in: Frankfurter Allgemeine Zeitung vom 17. Januar 1969.

671 Zit. nach: Ludwig Harms, Habermas: An den Reformen festhalten – Gespräch mit dem Frankfurter Soziologen, in: Die Welt vom 22. Januar 1969.

interpretierten politischen Kampf ein.«⁶⁷² Mit Entschiedenheit lehnt er es ab, den Studenten einen »autonomen Bereich« zuzugestehen, für den ein Drittel der sachlichen und personellen Mittel zur Verfügung gestellt werden sollen.

23./24. Januar 1969: Von der 10. Strafkammer des Landgerichts Frankfurt wird Daniel Cohn-Bendit in einer Berufungsverhandlung wegen seiner Aktion gegen die Friedenspreisverleihung an Senghor zu einer Gefängnisstrafe von sechs Monaten auf Bewährung verurteilt. Die im großen Schwurgerichtssaal unter einem Massenandrang von Presse- und Kameraleuten abgewickelte Verhandlung verläuft zur allgemeinen Überraschung ohne jegliche Störung. Eine Irritation tritt lediglich auf, als bekannt wird, daß im Justizgebäude offenbar eine Liste mit den Namen von 36 »unerwünschten Personen« kursiert, die wegen ihrer politischen Einstellung nicht als Besucher eingelassen werden sollen. Cohn-Bendits Verteidiger, Rechtsanwalt Heinrich Hannover, bemerkt dazu ironisch, es dürfe nicht der Eindruck entstehen, als ob Sozialisten den Gerichtssaal nur als Angeklagte betreten könnten. Bei seiner Vernehmung zur Person löst Cohn-Bendit eine Überraschung aus, weil er angibt, er werde sich fortan aus Solidarität mit zwei zu hohen Gefängnisstrafen verurteilten polnischen Oppositionellen »Kuron-Modzelewski« nennen.⁶⁷³ Als er auf die Frage nach seinem Einkommen mit unverkennbarem Stolz mitteilt, er habe gerade vom Rowohlt Verlag 100.000 DM für sein Buch über den Linksradikalismus erhalten⁶⁷⁴, ist Zischen aus dem Publikum zu hören. Bevor sich die Unmutsäußerungen steigern, fügt er rasch hinzu, daß das Geld »der internationalen Sozialistenbewegung« zur Verfügung gestellt werde. Im Unterschied zum ersten Verfahren treten mehrere Journalisten wie der *Stern*-Redakteur Manfred Bissinger auf, die bezeugen können, daß der Angeklagte bei seiner Festnahme keinen Widerstand geleistet hat. Der Polizeibeamte Helmut Dröll, der gemeinsam mit Kollegen, wie auf Photographien klar zu erkennen ist, Cohn-Bendit »im Würgegriff« davongetragen hat, bezeichnet die Festnahmemethode in seiner Zeugenaussage schlicht als »Transportgriff«. Trotz mehrfacher Nachfrage Hannovers, ob gegen den Beamten ein Ermittlungsverfahren eingeleitet worden sei, weigert sich Staatsanwalt Wolfgang Uchmann beharrlich, darüber Auskunft zu geben. Ein von der Polizei gedrehter Dokumentarfilm über die Vorfälle an der Paulskirche, der im Gerichtssaal mehrfach vorgeführt wird, erweist sich, wie die Presse anschließend schreibt, für die Anklage als »Bumerang«. Die Cohn-Bendit entlastenden Zeugenaussagen werden dadurch im wesentlichen bestätigt. Während Hannover in allen Anklagepunkten Freispruch für seinen Mandanten fordert, verlangt Uchmann, daß der Angeklagte die gegen ihn in erster Instanz verhängte Gefängnisstrafe auch absitzen müsse. In seinem Schlußwort betont Cohn-Bendit, Habermas und Trotzki zitierend, man solle nicht glauben, daß politisch handelnde Menschen durch Gefängnishaft zur Reue gezwungen würden. Das Gericht hält ihn des Aufruhrs und des Landfriedensbruchs für schuldig, läßt aber die übrigen Anklagepunkte Beamtennötigung, schwerer Hausfriedensbruch und Widerstand gegen die Staatsgewalt fallen. Dadurch verringert sich das Strafmaß gegenüber der ersten Instanz von acht auf sechs Monate.

25. Januar 1969: Unter der Überschrift **Lügen, stehlen, streunen, schwänzen …** erscheint in der **Frankfurter Allgemeinen Zeitung** ein ganzseitiger Bericht über das bei Biedenkopf gelegene Erziehungsheim Staffelberg. Darin wird detailliert geschildert, aus welchen Gründen Jugendliche im Alter zwischen 14 und 21 Jahren in das dem Landeswohlfahrtsverband Hessen unterstehende Heim eingewiesen und wie sie dort behandelt werden. Von 159 Jungen, die dort 1967 untergebracht gewesen sind, hätten sich, wie akkurat aufgelistet wird, an Delikten zu Schulden kommen lassen: Diebstahl (129), Streunen (79), Arbeitsbummelei (55), Schulschwänzen (19), Sittlichkeitsdelikte (18), Alkoholexzesse (9), Suizidversuche (8), Zerwürfnis mit den Eltern (8), Totschlag (1). Das Jugendheim, erklärt Erziehungsleiter Hubertus Braun, sei für die zumeist »milieugeschädigten« jungen Leute »die letzte Station«; man sei dort auf »hoffnungslose Fälle« eingestellt. Der Artikel, in dem auf eine Reihe von Reformbemühungen wie der Verzicht auf »Sicherheitsvorrichtungen gegen das Entweichen«, die Unterbringung in Ein- und Dreibettzimmern sowie ein sogenanntes »Progressivsystem« aufmerksam gemacht wird, endet mit dem Satz: »Diese Jugendlichen sind aber in der Regel Opfer der Gesellschaft, und die Spielregeln der Gesellschaft werden sie nie erlernen, indem man sie einfach einsperrt.«⁶⁷⁵

25. Januar 1969: In dem vom SDS-Bundesvorstand herausgegebenen **SDS-Info** erscheint unter dem Titel

Was die Studenten in Frankfurt gelernt haben ein Versuch von Monika Steffen, die gesamte Entwicklung der Frankfurter Studentenrevolte seit 1967 zu analysieren und perspektivische Schlußfolgerungen daraus zu ziehen. Sie beschreibt darin auch die Entstehung der Basisgruppen und des Weiberrates. Ausführlich äußert sie sich über den Konflikt mit den Professoren der Kritischen Theorie. »Die Hoffnung aller aktiv Streikenden, die Professoren (Habermas, Friedeburg und Adorno) würden den erkämpften Freiheitsspielraum der Selbstorganisation des Studiums institutionell absichern, hat sich nicht erfüllt. Zwar haben sich diese Professoren unter dem Druck der studentischen Argumente mehr und mehr ›entlarvt‹, aber die Entlarvung hat keine Auswege aus der Sackgasse gezeigt, in die die Irrationalität der Professoren und der Bürokratie die Studenten gedrängt hat.«[676] Die vermeintliche Irrationalität der Professoren erklärt sie aus zwei Gründen: »Pauschal hat die ›Frankfurter Schule‹ gesellschaftliche Veränderungen vorwiegend festgemacht an der wissenschaftlich-aufklärerischen Reflexion des Individuums, nicht aber an der Möglichkeit der Vergesellschaftung der Produktionsmittel allgemein und der Kollektivierung des Produktionsmittels Wissenschaft im besonderen. Zweitens projezieren diese Professoren das, was ihnen der Staat antut, auf die Studentenbewegung: das heißt, die technokratische

672 A.a.O.
673 Vgl.: Jacek Kuron / Karol Modzelewski, Monopolsozialismus – Offener Brief an die Mitglieder der Grundorganisation der Polnischen Vereinigten Arbeiterpartei und an die Mitglieder der Hochschulorganisation des Verbandes Sozialistischer Jugend an der Warschauer Universität, Hamburg 1969; siehe außerdem: Die Affäre Kuron-Modzelewski, in: Peter K. Raina, Die Krise der Intellektuellen – Die Rebellion für die Freiheit in Polen, Olten/Freiburg 1968.
674 Der Band wurde hauptsächlich von seinem neun Jahre älteren Bruder und politischen Mentor Gabriel verfaßt: Gabriel und Daniel Cohn-Bendit, Linksradikalismus – Gewaltkur gegen die Alterskrankheit des Kommunismus, Reinbek 1968.
675 Karl Schmitz, Lügen, stehlen, streunen, schwänzen ... Das Erziehungsheim Staffelberg in Biedenkopf – Schwierige Jugendliche als Patienten, in: Frankfurter Allgemeine Zeitung vom 25. Januar 1969.
676 (Monika Steffen), Was die Studenten in Frankfurt gelernt haben, in: SDS-Bundesvorstand, SDS-Info Nr. 4, Frankfurt 25. Januar 1969, S. 19. **(Dok. Nr. 288)**

25.1.: Streikdebatte mit Oskar Negt (re.), Ronny Loewy (Mitte, Vordergrund) und Bernd Leineweber (Mitte, dahinter).

25.1.: Der AStA-Vorsitzende Thomas Hartmann (Mitte) in einer Besprechung, re. daneben Ludwig Voeglin.

Hochschulreform entmachtet die Ordinarien als wesentliche Herrschaftsträger feudaler Autonomie der Universität zugunsten der Eingliederung der Hochschule in die Fungibilität des autoritären Staates.«[677]

25. Januar 1969: Der AStA verbreitet unter den Studenten der Frankfurter Universität in hoher Auflage die Flugschrift »**Das Monopol der Gewalt hat der Staat!**« – **Argumente zum Widerstand**.[678]

25. Januar 1969: Im Gesellschaftshaus des Palmengartens kommen 400 Bewohner des Westends zu einer Bürgerversammlung zusammen. Der Architekt Otto Fresenius trägt dabei seinen Protest gegen den von der Stadt bereits genehmigten Bau eines 20stöckigen Hochhauses im Rothschildpark vor. Er hatte im Sommer zuvor zufällig von seinem Wohnhaus aus beobachtet, wie in dem Park Bohrungen durchgeführt wurden, um dem Erdreich Proben zu entnehmen. Mißtrauisch geworden, hatte er sich daraufhin wochenlang bei verschiedenen Ämtern erkundigt, welches Bauvorhaben vorbereitet werde. Als er dann von Bürgermeister Fay (CDU) erfuhr, daß die Stadt dem Bau eines Hochhauses in dem Park bereits zugestimmt habe, war seine Empörung groß. Denn bereits zu Beginn der sechziger Jahre hatte der *Bürgerverein Bockenheim-Westend* 7.500 Unterschriften gegen die Zerstörung des Rothschildparks durch ungezügelte Bauvorhaben gesammelt.

26. Januar 1969: In einer spontanen Demonstration ziehen 250 spanische Demonstranten, darunter auch eine Reihe von SDS-Mitgliedern, vom Opernplatz zum spanischen Generalkonsulat an der Ecke Grüneburgweg/Siesmayerstraße. Sie protestieren gegen die letzten Maßnahmen des Franco-Regimes zur Unterdrückung der Opposition im eigenen Land: die Wiedereinführung der Pressezensur und die Schließung verschiedener Universitäten. Vor dem Konsulat angekommen, versucht eine Gruppe von Demonstranten einen vor dem Eingang postierten Funkstreifenwagen umzustürzen. Danach brechen einige das Portal auf, stürmen in die Räume und holen Akten und eine Schreibmaschine heraus. Als Einsatzfahrzeuge der Polizei eintreffen, ziehen sich die Demonstranten in Richtung Grüneburgpark zurück.[679]

27. Januar 1969: In der Zeitschrift **Konkret** stellt Monika Seifert Überlegungen **Zur Theorie der antiautoritären Kindergärten** vor. Während herkömmliche Kindergärten darauf ausgerichtet seien, Kinder gesellschaftlich anzupassen, sei das antiautoritäre Modell »primär am Glück der Kinder« orientiert. Es gehe darum, zu begreifen, daß eine »repressionsfreie Erziehung«, die Teil der antiautoritären Bewegung sei, »... Kindern erst ermöglicht, überhaupt diejenigen Qualitäten zu entwickeln, die Revolutionäre brauchen: die Fähigkeit, an jeder Unterdrückung zu leiden, gegen sie zu kämpfen und Siege nicht durch autoritäre Fixierung zu Niederlagen zu machen (Beispiel: russische Revolution).«[680]

27. Januar 1969: Nach einer Protestveranstaltung von CISNU und SDS gegen das Schah-Regime im Iran ziehen mehrere hundert aus der gesamten Bundesrepublik eingetroffenen persischen Studenten zusammen mit ihren deutschen Kommilitonen durch die Frankfurter Innenstadt. Die offizielle Demonstration führt von Polizeieinheiten eskortiert über die Bockenheimer Landstraße zum Opernplatz. Dort wird sie nach einer kurzen Kundgebung aufgelöst. Anschließend zieht eine unbekannte Anzahl von Kleingruppen durch das Zentrum und zerstört die Schaufenster mehrerer spanischer Banken, Reisebüros und Fluggesellschaften. – In der **Frankfurter Rundschau** heißt es dazu einen Tag später: »Die Demonstranten stellten die Polizei mit ihrer neuen Taktik vor schwierige Probleme. Es erwies sich als außerordentlich kompliziert, den teilweise nicht einmal zehn Mann zählenden Gruppen auf der Spur zu bleiben. Mehrere an verschiedenen Punkten des Stadtgebiets postierte Wasserwerfer kamen nicht zum Einsatz.«[681]

27. Januar 1969: In einem von der Fachschaft Soziologie verbreiteten Flugblatt wird eine Neubesetzung des Soziologischen Seminars in der Myliusstraße 30 angekündigt. Die Soziologen seien nicht bereit, sich den von den Ordinarien gewünschten »Bedingungen eines politischen Praxisverbots« zu unterwerfen. Es sei ein Fehler gewesen, die Räume nicht bereits nach Weihnachten wieder zu besetzen.[682] – Am selben Tag findet nachmittags die erste Streikveranstaltung seit der Schließung des *Spartakus-Seminars* durch Polizeieinheiten am 17. Dezember statt: das Streikplenum.

28. Januar 1969: Eine in der Mensa tagende Ratssitzung der Abteilung für Erziehungswissenschaften (AfE) wird nach einem Konflikt über Verfahrensfragen abgebrochen. Streitpunkt ist die Frage, ob auch Studenten, die nicht der AfE angehören, ein Rederecht zusteht. Als Daniel Cohn-Bendit einen Antrag auf Geheimabstimmung mit dem Zwischenruf kritisiert, daß dies dem Grundgesetz widerspreche, kontert Professor Thomas Ellwein mit der Bemerkung, er freue sich, daß sich Cohn-Bendit auf diese Weise zum Grundgesetz bekenne.

28. Januar 1969: Der Vorsitzende des CDU-Kreisverbandes, der Frankfurter Stadtrat Ernst Gerhardt, erklärt zu den jüngsten, mit hohen Sachschäden verbundenen Protestaktionen: »Durch systematische Unruhestiftung wird die offene Rebellion gegen den demokratischen Staat vorbereitet – der Vietcong ist bereits unter uns!«[683] Die Bevölkerung fordert er auf, Polizei und Justiz »das Rückgrat zu stärken«, damit sie auch immer dort zupacken könnten, wo es notwendig sei.

677 A.a.O. (**Dok. Nr. 288**)
678 Siehe: **Dok. Nr. 289.**
679 Vgl.: Wütende Spanier stürmen ihr Generalkonsulat – Spontane Protestdemonstration gegen Pressezensur und Universitätsschließungen / Scheiben zerbarsten, in: Frankfurter Rundschau vom 27. Januar 1969.
680 Monika Seifert, Zur Theorie der antiautoritären Kindergärten, in: Konkret vom 27. Januar 1969, Nr. 3, S. 42 f.
681 Die Demonstrationswellen rollen weiter – Protestgruppen zerschlugen Scheiben spanischer Büros / Neue Taktik: Die Gruppenaktion, in: Frankfurter Rundschau vom 28. Januar 1969.
682 Siehe: **Dok. Nr. 290.**
683 Frankfurter CDU-Stadtrat: »Der Vietcong ist bereits unter uns«, in: Frankfurter Rundschau am Abend vom 28. Januar 1969.

30.1.: Polizei hat die Innenstadt rings um das Schauspielhaus abgeriegelt.

28. Januar 1969: Nach längerer Pause taucht wieder eine als Flugblatt verbreitete **Mitteilung des Spartakus-Seminars** auf. Unter der Überschrift **Ausnahmezustand im soziologischen Seminar an der Myliusstraße – Habermas/Friedeburg/Adorno verbieten politische Praxis** wird im Stile einer Kampfmitteilung eine offene Drohung bekanntgegeben: »Wenn Habermas und Rüegg unsere politische Arbeit im Seminar an der Myliusstraße mit dem Einsatz der Polizei beantworten, werden wir die Produktionsmittel des Seminars auslagern sowie das Rektorat und die Verwaltungszentren der Universität mit allen uns zur Verfügung stehenden politischen Mitteln lahmlegen.«[684] Das Flugblatt endet mit der an »alle politisch bewußten Studenten« gerichteten Aufforderung, sich solidarisch zu verhalten.

30. Januar 1969: Mit dem Flugblatt **Ohrfeigt Kiesinger**[685] mobilisiert der SDS mit Hinweis auf den 36. Jahrestag der nationalsozialistischen Machtergreifung gegen eine Prominentenveranstaltung von Politik, Wirtschaft, Banken, Presse und Sport. Der Versandhauschef Josef Neckermann hat ins Frankfurter Schauspielhaus zu einem Konzert von Herbert von Karajan zugunsten der »Sportförderung für die Olympischen Spiele 1972 in München« eingeladen. Nach einer »Strategiediskussion« im Soziologischen Seminar, in der der taktische Verlauf der für die Abendstunden geplanten Demonstration, allerdings keine »militanten Aktionen«, vorbesprochen worden ist, und einer Bekanntgabe dieser Gesichtspunkte auf einem allgemeinen Vorbereitungstreffen im Foyer am Hinterausgang des Universitätshauptgebäudes ziehen mehrere hundert Demonstranten, von Polizeiketten eskortiert, zu dem weiträumig mit Stacheldraht umzäunten Schauspielhaus. Mit dem größten Polizeiaufgebot, das die Stadt nach Kriegsende gesehen hat, – die Angaben schwanken zwischen 1.000 und 3.000 Beamten – wird versucht, die Gäste des Galaabends, unter ihnen auch Bundeskanzler Kurt Georg Kiesinger und Bundesinnenminister Ernst Benda, die in Bonn gerade mit den Ministerpräsidenten der Länder über geeignete Maßnahmen zur Eindämmung der Demonstrationswellen beraten haben, zu schützen. Dabei kommt es bei der Anfahrt von Alt-Bundeskanzler Ludwig Erhard, dessen Chauffeur nicht die richtige Einfahrt zum eingezäunten Sektor findet und mit seiner Mercedes-Karosse mitten in einen Pulk von Demonstranten gerät, zu einem ersten Zwischenfall. Das Fahrzeug bleibt in der Menschenmenge stecken, wird mit Eiern beworfen und kann erst nach einigen hektischen Manövrierversuchen, bei dem zwei Demonstranten zunächst auf der Kühlerhaube landen, seine Fahrt fortsetzen. Während die etwa 1.500 Demonstranten an der Kaiserstraße von einer Polizeikette von einem weiteren Vordringen in Richtung Schauspielhaus abgehalten werden und die Anfahrt der Gäste und ihren Empfang dort nicht direkt verfolgen können, zieht ein motorisierter Stoßtrupp von Unbekannten durch die Stadt und zertrümmert in einer Kette von Blitzaktionen die Scheiben des Amerika-Hauses, des spanischen Generalkonsulats und verschiedener Banken. Nach der Beendigung des Sporthilfe-Konzertes kämpft die Polizei den Gästen unter Einsatz von Wasserwerfern und Gummiknüppeln den Weg zwischen den dichtgedrängten Demonstranten zum Hotel Frankfurter Hof frei. Dabei werden eine unbekannte Anzahl von Personen verletzt und 13 Demonstranten vorübergehend festgenommen.[686] Zu Zwischenfällen kommt es auch noch am späteren Abend, als Polizeibeamte mit gezogener Waffe versuchen, zwei geflüchtete Demonstranten festzunehmen.

31. Januar 1969: Ein für den späten Vormittag im Soziologischen Seminar in der Myliusstraße geplantes »Strategieplenum« kann nicht stattfinden, weil die Türen des Gebäudes verschlossen sind. Hinter den Fenstern sind Polizeibeamte zu beobachten. Um nicht

684 Dok. Nr. 291.
685 Siehe: **Dok. Nr. 292.**
686 Vgl.: Bonn prüft konkrete Maßnahmen gegen die APO – Kiesinger ist über die Frankfurter Zwischenfälle empört / Bilanz: 13 Festgenommene – viele Scheiben zertrümmert, in: Frankfurter Rundschau vom 31. Januar 1969; Zerstörungswut gegen Banken und Konsulatsgebäude – Krawalle in Frankfurt / Ausschreitungen nach vergeblichem Protest gegen Konzert / Erklärung Kiesingers und Bendas, in: Frankfurter Allgemeine Zeitung vom 31. Januar 1969; »Das war ein Skandal!« In: Abendpost Nachtausgabe vom 1. Februar 1969.

30.1.: Demonstranten attackieren die Limousine von Altkanzler Ludwig Erhard.

Januar 1969

31.1.: Streikende SDS-Studenten im Innern des Instituts für Sozialforschung.

einen neuerlichen Polizeieinsatz zu provozieren, lassen sie den Gedanken, die Tür aufzubrechen und mit Gewalt in das Gebäude einzudringen, wieder fallen und ziehen weiter zum Institut für Sozialforschung. Dort finden sie ein Schild vor, auf dem zu lesen ist, daß an diesem Tag die für das Institut vorgesehenen Veranstaltungen im Hauptgebäude der Universität stattfänden. Dann ziehen sie zu dem im ersten Stock gelegenen Seminarraum A. Der Zutritt wird ihnen von Professor Ludwig von Friedeburg, neben Professor Theodor W. Adorno und Professor Rudolf Gunzert einer der drei geschäftsführenden Direktoren, mit der Frage verwehrt, was sie hier wollten. Als Hans-Jürgen Krahl mit den Worten reagiert, das ginge ihn gar nichts an, und die ersten Studenten den Raum betreten, werden sie von Friedeburg aufgefordert, das Haus zu verlassen. Als dies keine Wirkung zeigt, beschließt er zusammen mit Adorno gegen die Eindringlinge Anzeige wegen Hausfriedensbruchs zu stellen und die Polizei zu holen. In eine etwa eineinhalbstündige Diskussion über die Frage, was nach der erneuten »Aussperrung« aus dem Soziologischen Seminar geschehen solle, platzt die Information herein, daß die Polizei das Institutsgebäude umstellt habe. Kurz darauf beginnen die Uniformierten, die Studenten, die keinerlei Widerstand leisten, abzuführen und in bereitstehende Polizeiomnibusse zu verfrachten. Als Hans-Jürgen Krahl ebenso wie die 75 anderen Studenten durch einen von Uniformierten gebildeten Kordon zu gehen gezwungen ist, ruft er Adorno und von Friedeburg hinterher: »Scheißkritische Theoretiker!« Zur Feststellung ihrer Personalien und zur erkennungsdienstlichen Behandlung werden sie anschließend zum Polizeipräsidium gefahren. Von den 76 Festgenommenen, darunter auch der ehemalige zweite SDS-Bundesvorsitzende Frank Wolff, werden bis auf Hans-Jürgen Krahl, der in Untersuchungshaft genommen wird, alle noch im Laufe des Abends wieder auf freien Fuß gesetzt. Die meisten von ihnen kehren noch rechtzeitig auf den Campus zurück, um auf einem spontanen Teach-in, an dem etwa 250 eilends zusammengetrommelte Studenten teilnehmen, über die Vorgänge berichten zu können.[687] – Am Tag darauf erscheint in der **Frankfurter Allgemeinen Zeitung** eine von Barbara Klemm aufgenommene Photographie, die Adorno zusammen mit einem behelmten, grimmig dreinblickenden Polizisten zwischen zwei Studenten zeigt. Das Bild nimmt in der Zeit danach unter den politisierten Frankfurter Studenten die Rolle eines Quasi-Indizes ein, das den vermeintlichen Übeltäter in seiner »wirklichen« Handlangerrolle gegenüber der Polizei zeigt: Der kritische Theoretiker, wie es in einem Flugblatt bereits geheißen hatte, als »Büttel des autoritären Staates«. – Im Lokalteil der **Frankfurter Allgemeinen Zeitung** vom 3. Februar werden die in der Nacht vom 31. Januar zum 1. Februar vom Haftrichter geltend gemachten Haftgründe für Krahl referiert. Die Anschuldigung lautet, schweren Hausfriedensbruch in Tateinheit mit Nötigung begangen zu haben. »Im einzelnen«, heißt es dazu konkretisierend, »wird Krahl in dem Haftbefehl vorgeworfen, an der Spitze von etwa vierzig Personen in das Institut für Sozialforschung eingedrungen zu sein, um es für längere Zeit zu besetzen und im Sinne seiner Ideen ›umzufunktionieren‹. Institutsdirektor Professor von Friedeburg habe Krahl gefragt, was er in dem Gebäude zu tun habe, und darauf die Antwort erhalten: ›Das geht Sie gar nichts an!‹ Der Professor habe daraufhin die Eindringlinge aufgefordert, das Haus sofort zu verlassen. Nach Angaben des Direktors sagte Krahl zu dem Professor, er solle ›die Klappe halten‹. Von Friedeburg soll von Krahl einen Schubs erhalten haben und zur Seite gedrängt worden sein. Auf zwei weitere Aufforderungen des Professors, unverzüglich das Institut zu verlassen, soll Krahl erwidert haben, das gehe ihn gar nichts an und er solle endlich verschwinden.«[688] Als Haftgrund wird Fluchtgefahr angegeben. Krahl habe nur einen festen Wohnsitz bei seinen Eltern in Niedersachsen gemeldet. In Frankfurt, wo er seit 1965 wohne, sei er noch nie polizeilich gemeldet gewesen. Er wechsle seinen Aufenthalt ständig bei Freunden und Bekannten.

31. Januar 1969: Auf einer von der *Kampagne für Demokratie und Abrüstung* organisierten **Kundgebung gegen Neonazismus und Vorbeugehaft** übt der Marburger Politikwissenschaftler Professor Wolfgang Abendroth scharfe Kritik an den Plänen zur Einführung einer Vorbeugehaft. In der Bundesrepublik drohe, daß sich die Entwicklung, die zum 30. Januar 1933 geführt habe, noch einmal wiederhole. Es sei durchaus denkbar, daß nicht eine rechtsradikale Partei wie die NPD, sondern eine der etablierten Parteien faschistisch werden könnte. Wenn sich am Ende der Weimarer Republik Kommunisten, Sozialdemokraten und Gewerkschafter auf ein gemeinsames Handeln hätten verständigen können, hätte man die Machtergreifung der Nazis noch abwenden können. In der Gegenwart müsse jede Chance genützt werden, Gegenkräfte zu

31.1.: Festgenommene werden hinauseskortiert.

---

687 Vgl.: 76 Studenten von der Polizei festgenommen – »In das Institut für Sozialforschung eingedrungen« / Auch Wolff und Krahl unter den Verhafteten, in: Frankfurter Rundschau vom 1. Februar 1969; Studenten drohen mit weiteren Guerilla-Aktionen – Polizei räumt besetztes Institut für Sozialforschung / Mobiliar im Dekanat zertrümmert, in: Frankfurter Allgemeine Zeitung vom 1. Februar 1969; vgl. außerdem die Darstellung des gesamten Vorgangs in einer vermutlich von Theodor W. Adorno angefertigten Aktennotiz. **(Dok. Nr. 293)**
688 Krahl in Untersuchungshaft – Wegen schweren Hausfriedensbruchs in Tateinheit mit Nötigung, in: Frankfurter Allgemeine Zeitung vom 3. Februar 1969.

der antidemokratischen Entwicklung in der Bundesrepublik zu mobilisieren. Das Neuartige an der Situation seit 1968 bestehe darin, daß die Studenten allein den Kampf für die Demokratie führten. Der Verfassungsrechtler Dr. Jürgen Seifert warnt in seinem Beitrag davor, gegen die Studenten eine Pogromstimmung zu entfachen. Der bundesdeutsche Staat habe bereits einmal eine Prozeßwelle durchgeführt, die eine Pogromstimmung hervorgebracht hätte. Damals seien die Kommunisten die Opfer gewesen, heute seien es die Studenten. Um ihre Position im Hinblick auf die Bundestagswahlen zu verbessern, versuche die SPD, sich im Wahlkampf die Abwehrhaltung gegen Angehörige der außerparlamentarischen Opposition zunutze zu machen und sie noch zusätzlich anzuheizen.

1. Februar 1969: Im Anschluß an eine Demonstration, die von der Universität zum Goetheplatz führt und mit der 1.000 Teilnehmer gegen die Verhängung des Ausnahmezustands in Spanien protestieren, stürmt eine etwa 30köpfige Gruppe am späten Samstagnachmittag das an der Hauptwache gelegene Café Kranzler. Sie klettern dort die Fassade eines Neubaus hoch, springen auf die Terrasse, drücken eine Doppeltür auf und dringen so in den ersten Stock des Cafés ein. Eine rote Fahne schwenkend, die »Internationale« singend und »Ho, ho, holt den Krahl!« skandierend ziehen sie durch die Räume. Dabei provozieren sie die verschreckten Gäste, indem sie ihnen den Kuchen vom Teller nehmen, reinbeißen und das Stück wieder zurücklegen, ihre Finger in die halbleeren Kaffe- und Schokoladetassen tauchen und Zuckerstreuer über die Teppiche führen, so daß sie schon bald mit einer schneeweißen Schicht bedeckt sind. Als die von dem Geschäftsführer alarmierte Polizei auftaucht, steigert sich der Auftritt für wenige Augenblicke zum Sturmlauf – Torten fliegen durch die Luft, Kaffeetassen werden von den Tischen gefegt und hilflos kreischenden älteren Damen das eine oder andere Heißgetränk über die Bekleidung geschüttet. Die meisten Eindringlinge können fliehen, nicht ohne auf den prallen Torten noch rasch einen Faust- oder Fingerabdruck zu hinterlassen. Elf von ihnen werden von der Polizei festgenommen. Einer der Gäste, der 1936 vor den Nazis in die USA geflohene Siegfried Levinson, der sich bei Freunden in Frankfurt zu Besuch aufhält, kommentiert seinen Eindruck verbittert: »Das haben wir alles schon einmal erlebt. Der SDS ist die SA von heute, die gleichen Typen, nur die Haare sind länger.«[689] – Bei den Festgenommenen handelt es sich, wie die Kriminalpolizei am nächsten Tag bekanntgibt, um junge Leute im Alter zwischen 15 und 25 Jahren. Es seien überwiegend Schüler und Lehrlinge; auch ein Gärtner, ein Photograph und ein Werkzeugmacher seien darunter. Sie bringen Unruhe ins Polizeipräsidium. Bereits am frühen Sonntagmorgen dringt aus ihren Zellen Johlen, Händeklatschen und immer wieder die Forderung nach Freiheit für Hans-Jürgen Krahl. – Die Presse wundert sich einen Tag später darüber, daß auf der samstäglichen Demonstration ein eigenartiges Phänomen zu beobachten war. Daniel Cohn-Bendit hatte sich dort zur allgemeinen Überraschung eine der vom AStA verteilten Ordnerbinden übergestreift. Manche hätten dies bereits für ein merkwürdiges Omen gehalten.

2. Februar 1969: In einer vom SDS verbreiteten Pressemitteilung heißt es ultimativ, man werde in ganz Hessen militante Aktionen durchführen, wenn bis zum Dienstag der seit Freitagmittag inhaftierte Hans-Jürgen Krahl nicht freigelassen würde. »Den Zeitpunkt der Aktionen«, heißt es drohend weiter, »werden wir selbst bestimmen. Wir werden notfalls einen Generalstreik der gesamten Hochschulen organisieren.«[690] Vor dem Polizeieinsatz im Institut für Sozialforschung sei keine Aufforderung an die Studenten ergangen, das Gebäude zu verlassen. Man sei dort nicht eingedrungen, sondern habe eine ganz normale Diskussion zu führen versucht. Weder der Kriminalpolizei noch den Professoren sei es um Hausfriedensbruch gegangen. Politisch aktive Studenten sollten mit erkennungsdienstlichen Mitteln kriminalisiert werden. Mit den Ergebnissen wolle man eine »schwarze Liste« zusammenstellen, nach der man künftig bei der beabsichtigten »Vorbeugehaft« vorgehen könne.

3. Februar 1969: Nach dem Wochenende erscheinen am Montagmittag erste Flugblätter, die auf die polizeiliche Festnahmeaktion im Institut für Sozialforschung reagieren. In dem von der *Basisgruppe AfE* unter der Überschrift *Polizeiterror* verteilten Flugblatt wird vor weiteren Repressionsschritten gewarnt, insbesondere vor zivilen Polizeistreifen im Umkreis der Universität und einzelnen Durchsuchungsaktionen in von Studenten besonders frequentierten Lokalen wie dem Club Voltaire.[691] In einem nicht gekennzeichneten Flugblatt *Generalprobe für Schutzhaft und Technokratenkaserne!!!!* werden Angriffe vor allem gegen Jürgen Habermas gerichtet, der von den meisten als der politisch Verantwortliche für die Polizeimaßnahme angesehen wird. Wörtlich heißt es: »Das Zusammenspiel der kritischen Jammergestalten Habermas & Co mit der Polizei ist nur ein Teil der konzertierten Aktion von Uniadministration und den Bürokratien des autoritären Staates zur Zerschlagung der Außerparlamentarischen Opposition.«[692] Und am Ende steht die Drohung: »Wenn bis Dienstag Krahl nicht frei ist, werden wir wann, wo und wie wir wollen, zurückschlagen! Diese Stadt wird mitsamt allen hessischen Bullen nicht zur Ruhe kommen. Schmeißt die Bullen aus der Uni – Freiheit für Krahl.«[693] Und dann folgt noch ein Aufruf zu einem für den Tag darauf geplanten Teach-in.

3. Februar 1969: Nach der Störung mehrerer Vorlesungen von Professoren der Abteilung für Erziehungswissenschaften (AfE) zieht eine Gruppe von Studenten, die die Freilassung von Hans-Jürgen Krahl fordert, in die im Hörsaal V stattfindende Soziologievorlesung **Jugend in der modernen Gesellschaft** von Ludwig von Friedeburg. Gegen den Professor, der zusammen mit Adorno für die polizeiliche Festnahmeaktion verantwortlich ist, richtet sich die stärkste Wut. Mit allen möglichen Gegenständen wird Lärm gemacht, u.a. auch ein Knallkörper gezündet. Am Ende werden mehrere Eier geworfen.[694] – Im Proseminar von Philosophieprofessor Karl-Heinz Haag, einem Geheimtip der informellen Kerngruppe um Hans-Jürgen Krahl, entbrandet ein Streit darüber, ob das Seminar in eine Informationsveranstaltung umfunktioniert werden könne. Nachdem ein Teil den Hörsaal verlassen hat, geben mehrere SDS-Mitglieder eine Darstellung der Ereignisse vom 31. Januar. – Auch in der Vorlesung von Professor Kippert über **Sexualverhalten und ge-**

2.2.: Fußbodenparole im Universitätshauptgebäude.

sellschaftliche Normativität taucht eine Gruppe von Studenten auf, die eine Diskussion über die jüngsten Polizeimaßnahmen fordert. Als sich der Professor weigert, ignorieren sie dessen Ablehnung. Daraufhin erklärt Kippert, daß die Vorlesung bis zum Semesterende nicht mehr fortgeführt werde, und verläßt den Hörsaal. Zu ähnlichen Go-ins kommt es auch im Seminar des Mathematikprofessors Heinrich Bauersfeld und im Seminar *Buchhaltung I* in der Wirtschafts- und Sozialwissenschaftlichen Fakultät. – Am Abend tagen die Basisgruppen der einzelnen Fächer im Walter-Kolb-Studentenwohnheim, um die Lage zu besprechen und das weitere Vorgehen zu koordinieren.

31.1.: Meysenbug-Comic.

4. Februar 1969: Der **Westdeutsche Rundfunk** überträgt die öffentliche Diskussionsveranstaltung **Die Radikalen – Gewalt gegen Gegengewalt? Wo sind die Grenzen der Toleranz?**. Teilnehmer sind der Vizepräsident des Deutschen Bundestages, Richard Jäger (CSU), der Landesvorsitzende der SPD in Schleswig-Holstein, Jochen Steffen, der Chefredakteur der Deutschen Welle, Johannes Gross, und der Assistent am Philosophischen Seminar der Universität Frankfurt, Oskar Negt.

---

689 Frankfurter Neue Presse vom 3. Februar 1969.
690 Frankfurter Rundschau vom 3. Februar 1969.
691 Basisgruppe AfE, Polizeiterror (Flugblatt vom 3. Februar 1969), aus: Archivalische Sammlung Ronny Loewy, Akte »Aktiver Streik« WS 1968/69.
692 Dok. Nr. 294.
693 A.a.O.
694 Vgl.: Störer sprengen Seminare und Vorlesungen – Studierwillige wehren sich / Eier gegen Professor von Friedeburg, in: Frankfurter Allgemeine Zeitung vom 4. Februar 1969; Knallkörper und rohe Eier – Störtrupps behinderten am Montag Vorlesungsbetrieb an der Universität, in: Frankfurter Rundschau vom 4. Februar 1969.

5.2.: Der Demonstrationszug wälzt sich zwischen den Gerichtsgebäuden her.

4. Februar 1969: Auf einem am späten Nachmittag beginnenden Teach-in in der Mensa wird zu weiteren Aktionen aufgerufen, die eine Freilassung von Hans-Jürgen Krahl erzwingen sollen. Über die Frage, ob bei einer für den nächsten Tag geplanten Demonstration vor dem Gerichtsgebäude möglicherweise Gewalt angewendet werden solle, wird abgestimmt. Die Mehrheit der 1.500 Teilnehmer spricht sich dafür aus. Zu Kritiken am Vorgehen des SDS, insbesondere der mit ihm in Verbindung gebrachten Steinwurfaktionen gegen Konsulate, Banken und Reisegesellschaften, nehmen Günter Amendt, Udo Riechmann und Daniel Cohn-Bendit Stellung. Das Teach-in, das in einer zum Teil hysterischen Atmosphäre gegenüber möglichen Bespitzelungsaktionen stattfindet, endet mit der Projizierung von Photos vermeintlicher Polizeispitzel auf eine Leinwand in dem vorübergehend verdunkelten Raum. Im Anschluß daran ziehen größere Gruppen in das Hauptgebäude, versehen die Wände mit der Parole »Freiheit für Krahl«, brechen das im Erdgeschoß liegende Büro des Justitiars, in dem »schwarze Listen« vermutet werden, auf und verwüsten es. Darin gefundene Akten werden vor dem Eingangsportal aufgetürmt und angezündet. Ein Pressephotograph, der die Szenerie aufnimmt, wird von Studenten umringt und dazu gezwungen, seinen Film herauszugeben; dieser wird anschließend durch Belichtung unbrauchbar gemacht.[695]

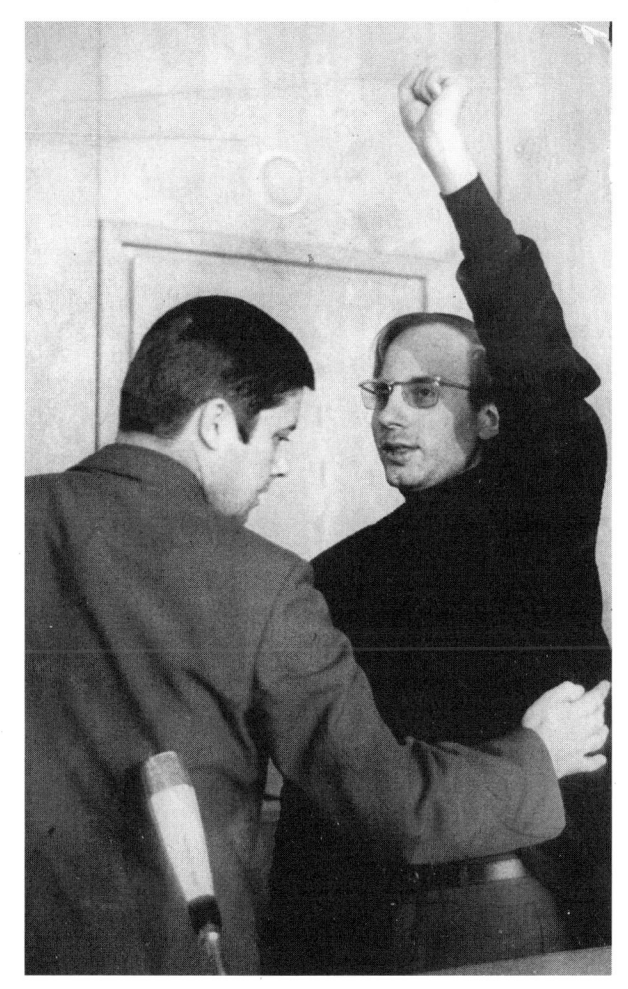

5.2.: Hans-Jürgen Krahl hat sich auf der Anklagebank erhoben, um die »Internationale« zu singen.

5. Februar 1969: Als Hans-Jürgen Krahl im Saal des Frankfurter Schöffengerichts erscheint, um in einem Schnellverfahren abgeurteilt zu werden, stimmen die Zuhörer des bis auf den letzten Platz gefüllten Raumes die »Internationale« an. Er antwortet mit gereckter Faust. Vor dem Gerichtsgebäude skandieren währenddessen hunderte von Demonstranten, die keinen Einlaß mehr finden können: »Ho, ho, holt den Krahl!« Nach weiteren Zwischenfällen unter den Zuhörern, Aufrufen, den Staatsanwalt einzusperren, Gesängen, und rhythmischem Klatschen läßt der Gerichtsvorsitzende den Saal räumen. Bei dem anschließenden Tumult im Treppenhaus wird der Assistent der Soziologie, Claus Offe, von der Polizei festgenommen und trotz gegenteiliger Aussage wegen Widerstands gegen die Staatsgewalt verklagt. Da Krahls Verteidiger, Rechtsanwalt Johannes Riemann, beantragt hat, 50 Zeugen zu den Krahl gegenüber geäußerten Vorwürfen zu hören, muß das Schnellverfahren bereits nach einer halben Stunde abgebrochen werden.[696] – Im Anschluß an die zum Teil turbulenten Ereignisse im und vor dem Gerichtsgebäude ziehen Hunderte von Demonstranten durch die Innenstadt in Richtung Universität. Dabei kommt es wiederholt zu Auseinandersetzungen mit der Polizei.[697] – Ein Sprecher der Juristischen Fachschaft fordert in einem an alle Professoren und den Dekan der Juristischen Fakultät gerichteten Offenen Brief dazu auf, sich vom Vorgehen der Justiz beim angesetzten Schnellgerichtsverfahren gegen Hans-Jürgen Krahl zu distanzieren. Zu der Räumungsaktion heißt es: »Polizei ... prügelte die vor dem Saal Stehenden, darunter zu 90 % Zeugen, die Treppe herunter. Es wurde der Lehrbeauftragte Dr. Offe festgenommen. Laut polizeilicher Begründung könne den Zeugen kein amtlicher Schutz gewährt werden, da sie nicht vom Gericht, sondern nur von der Verteidigung bestellt worden seien.«[698]

6. Februar 1969: Mit der Auflage, sich einen festen Wohnsitz zu suchen, sich polizeilich anzumelden und in Zukunft auch jeden weiteren Wohnsitzwechsel anzugeben, wird der 26jährige Doktorand der Philosophie, Hans-Jürgen Krahl, aus der Untersuchungshaft entlassen. Sein Anwalt Johannes Riemann hatte bei der 11. Strafkammer Haftbeschwerde eingereicht.

6. Februar 1969: Auf einem Teach-in im Hörsaal VI, das auch in den darunter befindlichen Hörsaal V übertragen wird, erklärt Hans-Jürgen Krahl vor 2.500 Teilnehmern, er glaube, daß seine Freilassung vor allem

---

695 Vgl.: Die Universität fordert Polizeischutz an – Radikale Studenten verbrennen Akten des Justitiars / Heute Demonstrationen zum Krahl-Prozeß, in: Frankfurter Allgemeine Zeitung vom 5. Februar 1969; Zugespitzte Situation an der Universität – Schriftstücke des Justitiars verbrannt, in: Frankfurter Rundschau vom 5. Februar 1969.
696 Vgl.: Schnellverfahren gegen Krahl wurde abgesetzt – Zusammenstöße zwischen Polizei und geladenen Zeugen, in: Frankfurter Rundschau vom 6. Februar 1969.
697 Vgl.: »Diese Sau hinter Drahtverhau« – Wie sich Zuhörer bei einem Prozeß gebärden / Beleidigungen und Schmährufe, in: Frankfurter Allgemeine Zeitung vom 6. Februar 1969; Wieder Krawalle: Im Gerichtssaal und auf der Zeil, in: Abendpost-Nachtausgabe vom 5. Februar 1969; Anzeige gegen Assistent, in: Frankfurter Rundschau vom 6. Februar 1969.
698 H. Schacht, Juristische Fachschaft an den Dekan (Offener Brief vom 6. Februar 1969), aus: Archivalische Sammlung Ronny Loewy, Akte »Aktiver Streik« WS 1968/69.

auf den durch die Demonstrationen der letzten Tage ausgeübten Druck zurückzuführen sei. In den Semesterferien, meint er vorhersagen zu können, werde eine Prozeßwelle auf die Studenten zukommen. »Die Tatsache, daß ich hier bin«, fügt er in Anspielung auf ein bereits im letzten Jahr vom Rektor gegen ihn erlassenes Verbot hinzu, »ist schon wieder Hausfriedensbruch.«⁶⁹⁹ Auch die beiden SDS-Mitglieder Burkhard Bluem und Michael Wolff nehmen an der Veranstaltung teil, obwohl auch gegen sie Hausverbot erlassen worden ist. Die Teilnehmer beauftragen den AStA-Vorsitzenden Thomas Hartmann (LSD) wegen der starken Polizeikräfte, die rund um die Universität zusammengezogen worden sind, sich an Oberbürgermeister Willi Brundert zu wenden, um von ihm zu erfahren, wie er den Polizeieinsatz und das Verbot gegen eine vom AStA durch die Innenstadt beantragte Demonstration legitimiere. Mehrere Redner fordern die seit langem angekündigte »Strategiedebatte« zu führen. Andere schlagen die Bildung von »Projektgruppen« vor, die sich um Wohnungen für Studenten und Lehrlinge, die Einrichtung antiautoritärer Kinderläden und die Situation von »Gastarbeitern« kümmern sollten. – Da sich von einem Telephonanschluß des AStA aus, dessen Büros sich in dem gegenüberliegenden Studentenhaus befinden, die gesamte Veranstaltung mithören läßt, taucht dort der Verdacht auf, daß das Teach-in von Polizeibeamten, die sich in der Telephonzentrale der Universität aufhalten, abgehört werden könnte. Ein Universitätsangestellter beantwortet die Frage eines AStA-Referenten, ob sich möglicherweise Angehörige der Polizei in der Telephonzentrale aufhielten, sibyllinisch mit den Worten: »So weit mir bekannt ist, nicht.«⁷⁰⁰

7. Februar 1969: Vier Angestellte erstatten beim Frankfurter Amtsgericht gegen den Rektor der Goethe-Universität, Professor Walter Rüegg, Strafanzeige wegen »Volksverhetzung«. In dem Strafantrag heißt es, Rektor Rüegg versuche »unter dem Vorwand der Rechtsstaatlichkeit«, den berechtigten Protest der Studenten zu kriminalisieren. Er bediene sich dabei der »Selbstjustiz« und der »Minderheitenhetze«. Ihm sei bei seinem Vorgehen offenbar »jedes Mittel recht«. Er befinde sich auf dem besten Wege, eine »Pogromstimmung« zu erzeugen. Es sei ihre »demokratische Pflicht«, begründen die vier Kläger ihren Schritt, die Staatsanwaltschaft einzuschalten, »der Verhetzung von Minderheiten« entgegenzutreten.⁷⁰¹

9. Februar 1969: Der **Sender Freies Berlin** strahlt unter dem Titel **Resignation** einen Vortrag von Theodor W. Adorno aus, in dem sich dieser mit dem von linken Studenten erhobenen Vorwurf auseinandersetzt, daß Kritische Theorie, die sich einer emphatisch akklamierten Einheit von Theorie und Praxis entziehe, resignativ sei. »Distanz von Praxis«, heißt es dort, »ist allen anrüchig ... Man soll mitmachen. Wer nur denkt, sich selbst herausnimmt, sei schwach, feige, virtuell ein Verräter. Das feindselige Cliché des Intellektuellen wirkt, ohne daß sie es merkten, tief hinein in die Gruppe jener Oppositionellen, die ihrerseits als Intellektuelle beschimpft werden.«⁷⁰² Adorno weist auch die Geltung der ursprünglich von Marx gegen die Junghegelianer gemünzten Formel »kritische Kritiker« als pure Tautologie zurück. Was es mit dem Primat von Praxis auf sich habe, das zeige sich auf furchtbare Weise an den Staaten des Ostblocks: »Praxis hieß nur noch: gesteigerte Produktion von Produktionsmitteln; Kritik wurde nicht mehr geduldet außer der, es werde noch nicht genug gearbeitet. So leicht schlägt die Subordination von Theorie unter Praxis um in den Dienst an abermaliger Unterdrückung.«⁷⁰³ Er greift den von Habermas benutzten Begriff des »Aktionismus« auf und kritisiert diese Form als Substitut für Praxis, als »Pseudo-Aktivität«. Sie sei »... generell der Versuch, inmitten einer durch und durch vermittelten und verhärteten Gesellschaft sich Enklaven der Unmittelbarkeit zu retten«.⁷⁰⁴ Gegen eine derartig reduzierte Form von Praxis reklamiert er die Autonomie des Denkens.

10. Februar 1969: Unter der Überschrift **Steinzeit** erscheint eine jüngste Ausgabe des **uni-reports**, in der

11.2.: Claudia Littmann, Tochter des Polizeipräsidenten, inmitten der »Lederjackenfraktion«.

vor allem der SDS für eine »Welle der Gewalt« verantwortlich gemacht wird. Für den sozialistischen Studentenbund sei offenbar die Zeit der Argumente vorüber, die »Stein-Zeit« habe statt dessen begonnen. Es gelte nun, den Radikalen die Steine aus der Hand zu nehmen und die begonnene Hochschulreform in die Tat umzusetzen.[705]

11. Februar 1969: Der **Hessische Rundfunk** sendet unter dem Titel **Kritik am Positivismus: Zum Grundsatzstreit in der deutschen Soziologie** einen einstündigen Vortrag von Theodor W. Adorno. Er skizziert darin die Begründung des Positivismus durch Auguste Comte, den Positivismusstreit in der deutschen Nachkriegssoziologie und die Position der Kritischen Theorie, es nicht mit der Registrierung des Bestehenden bewenden zu lassen.

11. Februar 1969: In einem groß aufgemachten Bildbericht der Illustrierten **Stern**, in der ein Porträt der aktionistischen »Lederjackenfraktion« des SDS geliefert und eine Abbildung Rüeggs gezeigt wird, in der er demonstriert, wie er glaubt mit erhobenem Stuhl sich heranrückende Studenten vom Leib halten zu können, wird eine Aussage Theodor W. Adornos wiedergegeben, die seitdem zu dem am häufigsten gegen den SDS und die Kritische Theorie selbst vorgebrachten Zitat wird: »Ich habe ein theoretisches Denkmodell aufgestellt. Wie konnte ich ahnen, daß Leute es mit Molotow-Cocktails verwirklichen wollen.«[706]

12. Februar 1969: In einer öffentlichen Erklärung versucht die Fachschaft Philosophie eine Position zwischen den Fronten von SDS und Professoren des Instituts für Sozialforschung einzunehmen. Zum einen werden sowohl die polizeiliche Räumung und Schließung des Soziologischen Seminars als auch die des Instituts für Sozialforschung im nachhinein für gerechtfertigt befunden, zum anderen aber sehen sie keine Notwendigkeit, einen Strafantrag zu stellen. Da einfacher Hausfriedensbruch, so argumentiert die Fachschaft, ein Antrags- und kein Offizialdelikt ist, fordern sie »die Professoren Adorno, Friedeburg (und Habermas) ... nochmals auf«, die gegen die am 31. Januar in das Institutsgebäude eingedrungenen Studenten gestellten Strafanträge zurückzuziehen.[707]

14. Februar 1969: Zum Ende des Semesters diskutieren die Studenten der Soziologie auf einer im Hörsaal VI stattfindenden Vollversammlung die Organisierung der Arbeitskreise für die Zeit der Semesterferien und die ersten für das Sommersemester anzuvisierenden Punkte in der Fortführung des »Kampfes gegen die Durchsetzung der technokratischen Hochschulreform«. Einer der wichtigsten Punkte ist dabei die Frage, wie eine Rücknahme der seitens der Institutsdirektoren gegen die 76 festgenommenen Studenten gerichteten Strafanzeige zu erreichen sei.

14. Februar 1969: In einem Schreiben von Theodor W. Adorno an Herbert Marcuse, in dem es um die Bestätigung einer offiziellen Einladung Marcuses durch das Institut geht, äußert sich Adorno ausführlich zu den Ereignissen vom 31. Januar. »Hier ging es wieder gräßlich zu. Eine SDS-Gruppe unter Krahl hatte einen Raum des Instituts besetzt und sich trotz dreimaliger Aufforderung nicht entfernt. Wir mußten die Polizei rufen, welche die im Raum Angetroffenen verhaftete; die Situation ist an sich scheußlich, aber Friedeburg, Habermas und ich waren bei dem Akt dabei und konnten darüber wachen, daß keine physische Gewalt angewendet wurde. Nun herrscht großes Lamento, obwohl Krahl die ganze Aktion nur organisiert hatte, um in Untersuchungshaft zu kommen und dadurch die zerfallende Frankfurter SDS-Gruppe nochmals zusammenzuhalten – was ihm einstweilen auch gelungen ist. In der Propaganda werden die Dinge völlig auf den Kopf gestellt, so als ob wir repressive Maßnahmen ergriffen hätten, und nicht die Studenten, die uns zuriefen, wir sollten die Klappe halten und wir hätten hier gar nichts anzugeben. Dies nur zu Deiner Orientierung für den Fall, daß Gerüchte und gefärbte Darstellungen zu Dir dringen sollten.«[708]

20. Februar 1969: In einem Antwortschreiben Herbert Marcuses an Theodor W. Adorno, in dem er u.a. auch von den »Stürmen« berichtet, denen er in Kalifornien

699 Frankfurter Rundschau vom 7. Februar 1969.
700 A.a.O.
701 Frankfurter Rundschau vom 8. Februar 1969.
702 Theodor W. Adorno, Resignation, in: ders., Gesammelte Schriften Bd. 10.2: Kulturkritik und Gesellschaft II, hrsg. von Rolf Tiedemann, Frankfurt/Main 1977, S. 794 f. **(Dok. Nr. 295)**
703 A.a.O.
704 A.a.O.
705 Siehe: **Dok. Nr. 297.**
706 **Dok. Nr. 298.**
707 Siehe: **Dok. Nr. 299.**
708 **Dok. Nr. 300.**

ausgesetzt ist, bittet er darum, das vorgesehene Treffen in Frankfurt so privat wie möglich zu gestalten. Es sollte nicht unter der Schirmherrschaft des Instituts, sondern des Suhrkamp Verlages geschehen und am besten im Haus von Siegfried Unseld stattfinden.[709]

20. Februar – 1. März 1969: An der University of California in **Berkeley** kommt es zu schweren Zusammenstößen mit der Polizei. Sprecher verschiedener Minderheitengruppen fordern die Einrichtung von autonomen Colleges und eigener Studiengruppen. Der erzkonservative Gouverneur Ronald Reagan will jedoch umgekehrt ein Exempel an den rebellischen Studenten statuieren, um sich als Law & Order-Politiker profilieren zu können. Als Studenten unter Anführung einer Gruppierung, die sich als *Befreiungsfront der Dritten Welt* bezeichnet, erneut Räume besetzen, um ihren Forderungen Nachdruck zu verleihen, gibt Reagan Anweisung zu einem Einsatz der Ordnungshüter. Diese setzen Tränengas ein und gehen mit außerordentlicher Härte gegen die Studenten vor, die sich wiederum mit Steinen und Flaschen zu wehren versuchen. Nach Angaben eines Studentensprechers ist der Campus in eine »Freiluftgaskammer« verwandelt worden. – Als die Unruhen trotzdem nicht abflauen, setzt Reagan am 1. März sogar 1.000 feldmarschmäßig ausgerüstete Nationalgardisten ein. Mit umgeschnallten Gasmasken, ihre Bajonette zur Hand stehen sie Gewehr bei Fuß, um jedes erneute Aufflackern der Proteste bereits im Keim zu ersticken. Zur selben Zeit versammeln sich unter der Leitung Reagans die Präsidenten aller kalifornischen Staatsuniversitäten, um über die zugespitzte Lage zu beraten. Im Anschluß an die Sitzung tritt der Gouverneur triumphierend vor die Presse. Mit 18:3 Stimmen haben die Präsidenten einen Krisenplan befürwortet, nach dem Studenten, die sich nicht an die universitären Regeln halten, sofort relegiert werden können. Um keinerlei Zweifel an seiner Entschlossenheit, durchzugreifen, aufkommen zu lassen, weist er die Frage eines Journalisten, ob durch den Beschluß nicht der Anlaß für eine weitere Eskalation geschaffen worden sein könnte, mit den Worten zurück: »Diese Leute, die demonstrieren, brauchen keine Entschuldigung für eine Eskalation. Dies muß beendet werden und wird beendet – was immer es auch kostet.«[710] Bereits einen Tag zuvor hatte er zu einem sich an Kaliforniens Universitäten angeblich ausbreitenden Phänomen des »Vandalismus« festgestellt: »Im regulären Guerilla-Krieg suchen und töten wir die Guerillas. Das können wir offensichtlich nicht tun, aber ich sage, daß wir die Guerillas ausmerzen können, seien es nun Studenten oder Mitglieder des Lehrkörpers.«[711]

22. Februar 1969: Unter dem Titel **Deutschlands unartigste Kinder** veröffentlicht der **Stern** einen kritischen Bericht über die Praxis antiautoritärer Kinderläden. Darin behauptet dessen Autor Heiko Gebhardt unter dem Zwischentitel *Frauentausch als Erziehungsmittel*, daß es in den Einrichtungen zum »Partnertausch« käme, weil verschiedene Väter die Mütter austauschten, um damit angeblich zu verhindern, daß sich die Kinder auf ein bestimmtes Elternpaar fixierten. Gebhardt versucht mit solchen Beispielen offensichtlich vor allem eine sich zwischen dem Westberliner Senat und dem *Aktionsrat zur Befreiung der Frau* abzeichnende Vereinbarung zu torpedieren, nach der Kinderläden als familienpolitische Modelle eine Unterstützung vom Senat erhalten sollen. »Der Senat«, heißt es, »will also ausgerechnet bei denen Kindererziehung

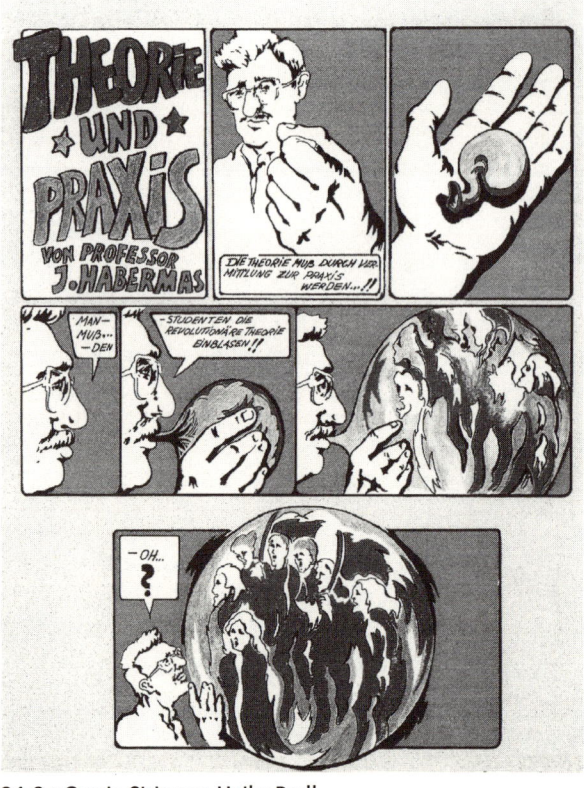

24. 2.: Comic-Strip von Heike Proll

studieren, die er sonst von der Straße knüppeln läßt. Und die Geknüppelten wollen sich ihre Kindererziehung von denen finanzieren lassen, gegen die sie sonst demonstrieren.«[712]

23. Februar 1969: Der **Hessische Rundfunk** sendet ein halbstündiges, von dem rechtskonservativen Kritiker Gerd-Klaus Kaltenbrunner verfaßtes Marcuse-Porträt. Es trägt den Titel **Herbert Marcuse – Über den politischen Einfluß von Philosophie.**

24. Februar 1969: In der Zeitschrift **Konkret** erscheint unter dem Titel **Theorie und Praxis von Prof. J. Habermas** eine großformatige, über zwei Seiten auf Glanzpapier gedruckte Karikatur, in der der Soziologe mit den Worten »Die Theorie muß durch Vermittlung zur Praxis werden …! Man – muß … – den Studenten die revolutionäre Theorie einblasen!!« einen roten Luftballon solange aufbläst bis diesem beim Zerplatzen eine Gruppe demonstrierender Studenten entsteigt. Der erschrockene Professor ruft anschließend mit den gestammelten Wortbrocken »Hi-Li-Links-Faschismus!! Hi-Hilfä« eine Reihe von Polizisten herbei, die sich mit ihren Gummiknüppeln wedelnd anbieten.[713]

25. Februar 1969: Eine Gruppe von 30 Eltern führt zusammen mit rund 40 ihrer Kinder in der *Stern*-Vertretung in **West-Berlin** ein Go-in durch. Die Angehörigen des *Zentralrats der sozialistischen Kinderläden West-Berlin* dringen in die Redaktionsräume in der Kurfürstenstraße ein und besprühen mit Spraydosen Tische und Wände. Sie wollen damit gegen einen ihrer Ansicht nach tendenziösen Artikel protestieren, in dem die Illustrierte vor den kleinen Antiautoritären als »Deutschlands unartigsten Kindern« gewarnt hat. Der Leiter der Redaktion, Sepp Ebelseder, versucht die Eindringlinge zu besänftigen, indem er Bonbons und Kekse an sie verteilen läßt. Doch die süße Befriedungsaktion zeigt nur geringen Erfolg. Papierkörbe werden ausgeleert, eine Schreibmaschine unbrauchbar gemacht, ein Feuerlöscher aus seiner Halterung gerissen und zahlreiche Akten und Papiere auf dem Boden verstreut. Während kleine wie große Demonstranten bei ihrem Tun ausgiebig photographiert werden, erklärt ein Erwachsener unter ihnen, sie wollten dem *Stern* mal zeigen, wie es sei, wenn sich die Kinder wirklich so verhielten, wie sie in dem Artikel dargestellt würden.

27. Februar – Ende März 1969: Im Rahmen einer von der kanadischen Zeitschrift *Our Generation* organisierten Nordamerika-Reise trifft der ehemalige SDS-Bundesvorsitzende Karl Dietrich Wolff, von dem an der kanadischen Westküste gelegenen **Vancouver** kommend, in **Seattle** (US-Bundesstaat Washington) ein. Bei seinen Vorträgen vor Studenten und Aktivisten der Antikriegsbewegung, seinen Kontakten und Treffen wird er, wie sich später herausstellt, ständig von FBI-Agenten beschattet. Nächste Stationen sind **San Francisco, Oakland, Berkeley, Los Angeles** und **Chikago**. Als Organisatorin der dortigen Veranstaltung tritt Bernadine Dohrn auf, eine der führenden Sprecherinnen der radikalen Organisation *Students for a Democratic Society* (SDS). Von Tom Hayden, einem anderen führenden SDS-Aktivisten begleitet, trifft Wolff auch mit Bobby Seale, dem Anführer der *Black Panther Party*, zusammen. Als der offensichtlich als nationales Sicherheitsrisiko angesehene Wolff am 10. und 11. März auch in der Hauptstadt **Washington** Station macht, um dort vor Studenten zu sprechen, tauchen zwei Justizbeamte auf und überreichen ihm eine Vorladung zum Untersuchungsausschuß für innere Sicherheit des US-Senats. Dieser Ausschuß ist dazu berechtigt, jeden in die Vereinigten Staaten eingereisten Ausländer nach dem Sinn und Zweck seines Aufenthalts zu befragen. Bei Nichterscheinen droht dem Betreffenden eine Strafe. Als Wolff drei Tage später vor dem Senatsausschuß erscheint, wird er von 30 SDS-Aktivisten und dem Anwalt Michael Tigar begleitet. Das Hearing wird von dem erzkonservativen Senator Strom Thurmond geleitet, einem »Kommunistenjäger aus dem Süden der USA« *(Der Spiegel)*. Zunächst erreicht Wolff, daß die Einvernahme nicht, wie von dem Senator beabsichtigt, unter Ausschluß der Öffentlichkeit stattfindet. Was sich dann unter der Bewachung von zehn Polizisten abspielt, wird von Pressebeobachtern als »die wohl ungewöhnlichste Ausschußsitzung in der Geschichte des US-Senats« bezeichnet. Wolff tritt dem Senator, der ihn zu befragen versucht, mit einer Mischung aus

---

709 Vgl.: **Dok. Nr. 302.**
710 Jürgen Leinemann, Wieder »Krieg« an der Universität von Berkeley, in: Frankfurter Rundschau am Abend vom 1. März 1969.
711 A.a.O.
712 Heiko Gebhardt, Kleine Linke mit großen Rechten, in: Der Stern vom 22. Februar 1969, 21. Jg., Nr. 9, S. 40–46; die Schlagzeile auf dem Titelbild lautet: Deutschlands unartigste Kinder.
713 Konkret vom 24. Februar 1969, 15. Jg., Nr. 5, S. 4 und S. 53.

„MR. SENATOR, SIE SIND EIN BANDIT"
SDS-Redner Karl-Dietrich Wolff vor dem Sicherheitsausschuß des US-Senats

SOURWINE (höchster Ausschußbeamter): Sie heißen Karl-Dietrich Wolff?

WOLFF: Hören Sie auf, lassen Sie uns doch mit all diesem Scheiß aufhören! Sie wissen, wie ich heiße, ich weiß, wie Sie heißen, fangen wir doch endlich an... Wir erinnern uns sehr wohl, Herr Senator, daß Ausschüsse wie dieser hier Bertolt Brecht und Eisler vorgeladen haben und wie die beiden... behandelt wurden... Für den Chefpropagandisten in den nazibesetzten Gebieten, den westdeutschen Kanzler Kiesinger, würde die US-Regierung natürlich einen roten Teppich ausrollen... Sie, Mr. Senator, und Ihresgleichen sind nur ein Haufen krimineller Banditen. Ich bin ganz gewiß nicht hierhergekommen, um auch nur einem Ihrer schmutzigen Ziele zu dienen.

SOURWINE: Ist Ihr vorbereitetes Statement damit zu Ende, Sir?

WOLFF: Ja.

THURMOND: ... Ich habe den Eindruck, daß Sie sich in Ihrer eben abgegebenen Erklärung einer unpassenden und unflätigen Sprache bedient haben.

WOLFF: Natürlich hab' ich das getan. Wissen Sie, Obszönität war immer eine Waffe der Unterdrückten, aber... Sie im tiefen Süden wissen so was natürlich nicht.

THURMOND: Also, wenn Sie weiter so unpassend und unflätig reden, werden wir die Öffentlichkeit wieder ausschließen.

WOLFF: Das könnte Ihnen so passen.

SOURWINE: In diesem Land haben wir eine Organisation mit dem Namen SDS...

WOLFF: So, wirklich.

SOURWINE: ... was eine Abkürzung ist für „Students for a Democratic Society".

WOLFF: Aha.

SOURWINE: Mir scheint, der Zeuge spricht ausgezeichnet Englisch...

WOLFF: Ich möchte darauf hinweisen, daß ich ein wenig Englisch spreche, und ich weiß auch, was ich auf englisch sage, aber ich bin mir nicht immer ganz sicher, daß ich verstehe, was Sie sagen. Wissen Sie, so ein Haufen Banditen wie Sie ist schwer zu verstehen, vor allem auf englisch.

THURMOND: Er versteht alles, was wir sagen.

Wolff (r.) vor dem Senatsausschuß: „Waschen Sie sich die Ohren"

WOLFF: Das ist typisch für die Art, wie Sie den Leuten ihre Sprache rauben. Genauso haben Sie die schwarze Bevölkerung dieses Landes ihrer Sprache beraubt. Sie haben ihnen erzählt, daß sie perfekt Englisch verstehen und ihnen zugleich ihre eigene Kultur gestohlen...

SOURWINE: Mr. Wolff, ist Ihnen bekannt, daß es in Deutschland eine Organisation mit der Bezeichnung SDS gibt?

WOLFF: Mir ist bekannt, daß es in Westdeutschland eine Organisation mit dem Namen CIA gibt, die in Deutschland ebenso arbeitet wie in den USA, wie im Iran, wie in Guatemala, wie in Bolivien, wie in Kolumbien, wie in Südvietnam... Meines Wissens wurde ich vorgeladen, um hier über die Umstände meiner Einreise in die USA und meine Aktivitäten in den USA befragt zu werden, nun kommen Sie also bitte zur Sache, oder ich gehe.

SOURWINE: Sie haben die Frage nicht beantwortet, ob Sie in Deutschland Mitglied einer Organisation mit den Initialen SDS sind.

WOLFF: Well, wenn hier jederman die Fragen stellt, die ihm Spaß machen, dann könnte ich auch anfangen und Sie fragen, ob Sie Mitglied der CIA sind... Ich könnte den Chefgangster da oben fragen, ob er Mitglied der CIA ist oder für die CIA gearbeitet hat, aber das ist hier nicht relevant.

THURMOND: Ich habe entschieden, daß die Frage sehr wohl relevant ist und beantwortet werden sollte. Verweigern Sie die Aussage?

WOLFF: Sind Sie Mitglied der CIA? Haben Sie für die CIA gearbeitet?

THURMOND: Verweigern Sie die Antwort auf diese Frage?

WOLFF: Sie sind ein Bandit... Ich habe diese Frage schon vorher beantwortet, sie steht nicht mehr zur Diskussion.

THURMOND: Sie haben die Frage nicht beantwortet. Ich gebe Ihnen noch eine Chance. Verweigern Sie die Aussage?

WOLFF: Sie sollten sich die Ohren waschen.

THURMOND: Sie verweigern die Aussage?

WOLFF: Waschen Sie sich die Ohren... Well, wenn der Mann da oben (Sourwine) mir seine Adresse gibt, dann würde ich meine vielleicht auch angeben... Wissen Sie, wenn Sie meine Frankfurter Adresse veröffentlichen, um es Ihren Leuten zu erleichtern, daß sie mich bombardieren und mir Molotowcocktails in die Wohnung schmeißen, wie es einer Ihrer Agenten schon getan hat, dann möchte ich seine Adresse wissen, damit sich die Leute in diesem Land revanchieren können. Das ist doch Ihre Art von Politik, oder?

SOURWINE: No, Sir.

WOLFF: Wissen Sie, wenn Sie jemand nach Vietnam schicken und dort für Ihre schmutzigen Ziele sterben lassen, dann werden sie anfangen zu denken, und die Leute haben angefangen zu denken, und sie haben angefangen zu desertieren, und sie boykottieren die Einberufung... Dies ist eines der wenigen guten Zeichen in der US-Gesellschaft. Und wir brauchen mehr. Wir müssen erkennen...

SOURWINE: Die Bevölkerung der Vereinigten Staaten...

WOLFF: Ich bin noch nicht fertig, ich rede noch, halten Sie den Mund... Die Menschen in den USA werden erkennen müssen, daß entweder der US-Imperialismus...

THURMOND: Sie benehmen sich hier nicht anständig.

WOLFF: Wenn Sie mich nicht ausreden lassen, gehe ich, verstanden. (Wolff verläßt den Raum.)

27. 2.: Wortwechselprotokoll im »Spiegel«.

Arroganz, Aggressivität und kaum zu überbietendem Selbstbewußtsein entgegen. Er bezeichnet den Krieg in Vietnam als »Befreiungskampf des vietnamesischen Volkes« und macht keinen Hehl daraus, daß er sich den »Sieg für die Befreiungsfront Vietnams« herbeiwünscht. Als eine seiner Aussagen in Zweifel gezogen wird, reagiert er mit der universalistischen Aussage: »Ich vertrete nicht nur meine eigene Meinung, sondern die der gesamten Menschheit.«[714] Er kanzelt Thurmond ein ums andere Mal wie einen dummen Schuljungen ab, beschimpft ihn als »Banditen« und »Rassistenschwein« und verläßt nach einer Stunde voller Empörung über die ihm zugemuteten inquisitorischen Fragen den Saal.[715] Nur wenige Tage darauf entschließt sich das State Department, nicht ohne daß es zuvor ein weiteres Hearing angesetzt hat, sein Visum für ungültig zu erklären. Inzwischen ist Wolff jedoch bereits nach **Montreal** weitergeflogen. Nun wird ihm mitgeteilt, Kanada innerhalb von 24 Stunden verlassen zu müssen. Dem SDS-Sprecher bleibt nichts anderes übrig, als das nächste Flugzeug zu nehmen und nach **Frankfurt** zurückzufliegen.[716] – Als sich in den USA herumzusprechen beginnt, daß sich auch Daniel Cohn-Bendit um ein Visum bemüht, raten verschiedene Kreise dem State Department dringend ab, dem »roten Dany« eine Einreise zu gestatten. Der **San Francisco Examiner** schreibt in kaum zu übertreffender Deutlichkeit: »Cohn-Bendit hereinzulassen, bedeutet, eine Fackel in einen Benzinkanister zu werfen.«[717]

28. Februar 1969: In einem weiteren Schreiben an Herbert Marcuse bestätigt Theodor W. Adorno, mit Siegfried Unseld wegen der Einladung gesprochen zu haben. »Selbstverständlich ist auch sein Interesse ebenso groß, einen Zirkus zu vermeiden, wie unseres, zumal die Studenten unterdessen auch ein Go-in im Suhrkamp Verlag angedroht haben. Daß wir mit Eiern beworfen worden sind und Jürgen tatsächlich von einem am Anzug getroffen wurde, habe ich Dir wohl gesagt. Ich kann mir selbst gar nicht erklären, mit welcher Ruhe und welchem maßlosen Erstaunen ich diese Dinge registriere. Ob es das Alter ist oder intensive Verdrängung, damit ich meine Arbeit zu Ende kriege, vermag ich selber nicht zu sagen.«[718]

März 1969: Mehrere Mitglieder der aktionistischen »Lederjackenfraktion« des SDS dringen in eine Wohngemeinschaft ein und demolieren das Zimmer des zum Umkreis von Hans-Jürgen Krahl gehörenden Philosophiestudenten Bernd Leineweber. Bevor sie den Raum des wegen seiner theoretischen Ambitionen angegriffenen Studenten verlassen, sprühen sie ein Zitat aus Hegels *Phänomenologie des Geistes (Über das Pissen)* an die Wand und die Aufforderung: »Ins KZ mit dem Pack der Intellektuellen«.[719] – Theodor W. Adorno, der offenbar nur eine ungenaue und zudem gemilderte Information von dem Vorfall erhalten hat, äußert sich in seinen **Marginalien zu Theorie und Praxis** wie folgt: »Heute wird abermals die Antithese von Theorie und Praxis zur Denunziation der Theorie mißbraucht. Als man einem Studenten das Zimmer zerschlug, weil er lieber arbeitete als an Aktionen sich zu beteiligen, schmierte man ihm an die Wand: wer sich mit Theorie beschäftige, ohne praktisch zu handeln, sei ein Verräter am Sozialismus.«[720]

März 1969: An den Bücherständen vor der Mensa zirkuliert ein weiterer Raubdruck von Max Horkheimers 1934 in der Schweiz unter dem Pseudonym Heinrich Regius erschienenen Sammlung **Dämmerung** mit Reflexionen aus der Zeit vom Ende der Weimarer Republik. Auf der hinteren Umschlagseite des hellblauen Bandes ist ein Photo des besetzten und in *Spartakus-Seminar* umbenannten Soziologischen Seminars zu sehen. Auf der Vorderfront der aus der wilhelminischen Zeit stammenden Villa sind Plakate und großlettrige Schriftzüge angebracht, darunter das aus der **Dämmerung** stammende Zitat: »Wenn der Sozialismus unwahrscheinlich ist, bedarf es umso verzweifelterer Entschlossenheit, ihn wahr zu machen«. – Horkheimers Band zählt bereits seit einiger Zeit in der antiautoritären Fraktion des SDS zur kleinen Zahl von Lieblingsbüchern. Er dient als Parolendepot, in dem sich im Gefecht mit den kritischen Autoritäten bei fast jeder

---

714 Frankfurter Rundschau vom 17. März 1969.
715 Siehe den Protokollauszug: »Mr. Senator, Sie sind ein Bandit!« In: Der Spiegel vom 24. März 1969, 23. Jg., Nr. 13, S. 159; vgl. außerdem: K. D. Wolff Meets Senate Snoppers, in: Guardian vom 22. März 1969; German SDS-Leader Attacks »Bandits«, in: New Left Notes vom 20. März 1969.
716 Zum Nordamerika-Besuch Karl-Dietrich Wolffs siehe den Untersuchungsbericht: United States House of Representatives, Committee of International Security, 91st. Congress, Investigation of Students for Democratic Society, Washington, D.C. 1969, S. 696 f. und S. 967 f.
717 A.a.O.
718 **Dok. Nr. 303.**
719 Mündliche Auskunft von Bernd Leineweber am 11. März 1988 in Hamburg.
720 Theodor W. Adorno, Marginalien zu Theorie und Praxis, in: ders., Stichworte, Frankfurt/Main 1969, S. 173.

Gelegenheit ein passendes, als Sprengsatz verwendbares Zitat finden läßt.

5. März 1969: Unter dem Titel **APO und Establishment** strahlt der **Hessische Rundfunk** die Aufnahme einer Podiumsdiskussion aus, die am 6. Februar im Frankfurter Volksbildungsheim stattgefunden hat. Unter der Gesprächsleitung von Oskar Negt diskutieren miteinander: Heinz Jung (DKP), der hessische Wirtschafts- und Verkehrsminister Heinz-Herbert Karry (FDP), Walter Möller (SPD), der Juso-Bundesvorsitzende Karsten Voigt und der ehemalige zweite SDS-Bundesvorsitzende Frank Wolff.

8. März 1969: Daniel Cohn-Bendit wird in der Fußgängerebene an der Hauptwache festgenommen, weil er zwei Polizeibeamte mit Liedern verspottet. Als diese zwei Obdachlose festnehmen wollen, mischt sich Cohn-Bendit mit den Worten ein, man solle die Polizisten in Urlaub schicken, sie taugten ohnehin nichts. Als die beiden Angehörigen der Polizeibereitschaft seine Personalien feststellen wollen, nehmen Passanten eine drohende Haltung gegen sie ein. Zur Überprüfung seiner Personalien wird er dann auf das nächste Polizeirevier gebracht und kurz darauf wieder auf freien Fuß gesetzt. – Der Chef des für den Staatsschutz zuständigen 18. Kommissariats, Kriminalrat Erich Panitz, erklärt anschließend, die Festnahme Cohn-Bendits sei erfolgt, weil dieser sich in eine »Amtshandlung« einzumischen versucht habe.

9. März 1969: Der **Hessische Rundfunk** sendet unter dem Titel **Jürgen Habermas – Über den politischen Einfluß der Philosophie** ein von Willy Hochkeppel verfaßtes Porträt des Frankfurter Gesellschaftstheoretikers.

16. März 1969: Auf einem außerordentlichen Bezirksparteitag der nordhessischen SPD in **Borken** attackiert Bundesverkehrsminister Georg Leber in rüden und ressentimentgeladenen Ausfällen die in die Schlagzeilen geratenen Studenten und Professoren der Soziologie. »Wissen die Professoren«, so fragt er, »die jahrelang eine radikale Saat gesät haben, was sie damit angerichtet haben?« Und unter Zwischenrufen fährt er fort: »Ich bin bereit, einigen Studenten der Soziologie und Politologie den Hintern zu verhauen, und bin dabei bereit, mindestens einigen Professoren dazu den Hintern zu verhauen.«[721]

16. März 1969: Der **Hessische Rundfunk** strahlt unter dem Titel **Theodor W. Adorno – Über den politischen Einfluß von Philosophie** ein von dem früheren Institutsmitarbeiter Jürgen von Kempski verfaßtes intellektuelles Porträt des Frankfurter Philosophen aus.

18. 3.: Bott und Bernhardt in Richterroben ...

18. März 1969: Der erste Prozeßtag in der Berufungsverhandlung gegen die beiden Soziologiestudenten Dieter Bott und Hanspeter Bernhardt vor der 1. Großen Strafkammer des Landgerichts **Marburg** dauert nur eine Viertelstunde. Da die beiden Angeklagten, die in erster Instanz von einem Schöffengericht in Treysa wegen Verbreitung unzüchtiger Schriften verurteilt worden sind, in Roben und mit dem Barett von Richter und Staatsanwalt erscheinen, werden sie vom Gerichtsvorsitzenden gefragt, was der Grund für ihre Kleidung sei. »Wir wollen ihnen deutlich machen«, antwortet daraufhin Bott, »daß wir hier nicht als Angeklagte, sondern als Ankläger stehen.«[722] Nachdem sich die beiden trotz dreimaliger Aufforderung weigern, die Roben abzulegen, werden sie zu einer Ordnungsstrafe von jeweils einem Tag Haft verurteilt und in Handschellen aus dem Saal geführt.[723] – Die **Frankfurter Allgemeine Zeitung** bezeichnet den Auftritt der beiden SDS-Studenten als »Eulenspiegelei«, wirft dem Marburger Richter vor, er sei auf eine »Köpenickiade« hereingefallen, und vertritt die Ansicht, die Würde des Gerichts könne nur durch Richter, die Angeklagten eine solche Publicity verschafften, verletzt werden.[724]

18. März 1969: Herbert Marcuse reagiert mit den folgenden Zeilen auf die von Theodor W. Adorno als Versuch einer Institutsbesetzung ausgegebene Vor-

26.3.: ... und in Sträflingsanzügen.

gänge vom 31. Januar: »Die Situation dort ist ja geradezu scheußlich, und ich frage mich (und dich) ernstlich, ob mein Besuch unter diesen Umständen ratsam ist. Du weißt das besser als ich. Selbstverständlich setze ich mich im Fall einer Absage der Anschuldigung aus, daß ich einer Auseinandersetzung ausweiche – das würde mich ärgern (weil es eben nicht wahr ist), sollte aber nicht entscheidend sein.«[725]

24. März 1969: Unter der Überschrift **Hier irrt Habermas** erscheint in der Zeitschrift **Konkret** ein von dem Hannoveraner Psychologen Peter Brückner verfaßter Aufsatz, der bereits in dem Sammelband **Die Linke antwortet Habermas** erschienen ist.[726]

25. März 1969: Theodor W. Adorno schildert in einem Antwortschreiben an Herbert Marcuse seine Initiative, um das Treffen mit dem Freund und Kollegen in Frankfurt zu klären. »Ich sprach sogleich mit Jürgen; dieser ist wie ich der Meinung, es sollte unbedingt bei Deinem Besuch bleiben. Wir werden es schon so einzurichten wissen, daß kein Zirkus daraus entsteht; außer uns dreien hier, und Max, weiß überhaupt niemand von dem Plan. Die Entwicklung der Greuel ist von Deinem Besuch völlig unabhängig; ob es zu einer Eskalation kommt oder nicht, läßt sich im Augenblick nicht absehen ... Unsere eigene Situation hat sich insofern etwas erleichtert, als die Staatsanwaltschaft die Strafverfolgung der 75 Besetzer des Instituts zurückgezogen hat, weil sie nicht zu identifizieren seien. Bestehen bleibt nur der Strafantrag gegen Krahl, aber der hat soviel auf dem Kerbholz, daß das materialiter nicht viel ausmacht. Im Augenblick stehen wir unter schwerem Druck, auch diesen Strafantrag zurückzunehmen; Jürgen neigt dem zu, Friedeburg und ich sind eher dagegen, aber wir haben uns noch nicht endgültig entschieden ... Daß ich mich nicht gerade auf das freue, was man euphemistisch Wiederaufnahme meiner Lehrtätigkeit nennt, kannst Du Dir vorstellen, zumal manche Leute mit Bomben und Schießen rechnen.«[727]

26. März 1969: Vor dem Landgericht **Marburg** erscheinen die beiden Angeklagten Dieter Bott und Hanspeter Bernhardt nun mit Handschellen und in gestreifter Sträflingskleidung. Auf Botts Frage, ob es diesmal die richtige Ausstattung sei, antwortet der Landgerichtsdirektor, das Gericht fühle sich dadurch nicht gestört.[728] Mit Zustimmung der Staatsanwaltschaft wird der Vorwurf der Verbreitung unzüchtiger Schriften zurückgenommen; damit ist die Klage von 194 Eltern gegenstandslos geworden. Die Anklage beschränkt sich nun auf die Beleidigung der Lehrkräfte, die in dem bei der Aktion am 18. März 1968 in der Theodor-Heuss-Schule verbreiteten Flugblatt genannt wurden. Auf die Motive für ihre Aktion angesprochen, führen Bott und Bernhardt vor allem das Verhalten von Oberstudiendirektor Horst Clément an. Dieser habe versucht, die Schülerzeitung zu zensieren und obendrein die Eltern des Chefredakteurs dahingehend zu beeinflussen, ihren Sohn zu bewegen, sein Amt niederzulegen. Gegen diese Einschränkung der Pressefreiheit habe man sich zur Wehr setzen müssen. »Das ist das eigentlich unsittliche Verhalten. Die Kindesverderber«, prangert Bott an, »das sind die, die einen kritischen Schüler von der Schule weisen.«[729] Nicht Flugblätter seien bedenklich, sondern der Umstand, daß nur noch auf einem solchen Weg eine kritische Öffentlichkeit hergestellt werden könne.[730] Zur Ent-

---

721 Hessische Allgemeine Zeitung vom 17. März 1969.
722 Frankfurter Rundschau vom 19. März 1969.
723 Vgl.: Oberhessische Presse vom 19. März 1969; Hessische Allgemeine Zeitung vom 19. März 1969.
724 Kü., Angeklagte in Roben, in: Frankfurter Allgemeine Zeitung vom 20. März 1969.
725 **Dok. Nr. 304.**
726 Peter Brückner, Hier irrt Habermas, in: Konkret Nr. 7 vom 24. März 1969, S. 22–27; siehe: **Dok. Nr. 224**, dort unter dem im Buch verwendeten Titel *Die Geburt der Klinik aus dem Geiste des Gerüchts*.
727 **Dok. Nr. 305.**
728 Vgl.: Klaus Walter, Maskerade, in: Frankfurter Rundschau vom 28. März 1969.
729 Frankfurter Rundschau vom 27. März 1969.
730 Vgl.: Klaus Walter, Das Kleinstadtmilieu als Provokation, in: Frankfurter Rundschau vom 26. März 1969.

März 1969 411

lastung der beiden Angeklagten wird ein Gutachten des an der Technischen Hochschule Hannover lehrenden Psychologen Professor Peter Brückner vorgelegt. Der Verteidiger Johannes Riemann stellt den Antrag, außerdem den Soziologen Professor Theodor W. Adorno als literaturwissenschaftlichen Sachverständigen dazu zu hören, ob es sich bei den inkriminierten Flugblättern um Kunstwerke handle, sowie Professor Alexander Mitscherlich zur Psychoanalyse und Professor Tobias Brocher zur Psychoanalyse des Kindesalters. Als »Vorbeugemaßnahme« ist für die Dauer der Verhandlung in Gerichtsnähe eine Hundertschaft mit einem Wasserwerfer in Bereitschaft gehalten worden.[731]

26. März 1969: Der **Deutschlandfunk** sendet unter dem Titel **Freizeit – Zeit der Freiheit? Leben als Konterbande** einen von Theodor W. Adorno verfaßten und von ihm auch selbst vorgetragenen Beitrag.

27. März 1969: Die 12. Strafkammer des Landgerichts Frankfurt lehnt die Eröffnung des Hauptverfahrens gegen elf der Teilnahme am Go-in in die Vorlesung des Politologen Carlo Schmid beschuldigten Studenten ab und stellt die weiteren Ermittlungen ein. In dem Bescheid heißt es, daß das Verhalten der Angeschuldigten »bei Berücksichtigung des Anlasses, der Wichtigkeit der in Rede stehenden Notstandsgesetze und ihrer Probleme und des Kreises der Betroffenen« noch nicht als strafwürdig anzusehen sei.[732]

27. März 1969: Zum angesetzten Termin einer Statistikklausur diskutieren Vordiplomanden und Assistenten des Faches Soziologie über Inhalte und Verfahrensweisen der üblichen Vordiplomprüfungen. Die Studenten vertreten nahezu einhellig die Meinung, daß die herkömmlichen individuellen Prüfungsverfahren im Grunde nur reproduktives Wissen und die psychische Stabilität der einzelnen Prüflinge testen. Sie beschließen deshalb mit 41 gegen 2 Stimmen und bei 2 Enthaltungen ihre Klausur in Kollektiven zu schreiben. Anschließend setzen sie sich in Gruppen zusammen und lösen die Aufgaben der Statistikklausur gemeinsam; drei Vordiplomanden bevorzugen noch das individuelle Verfahren. – Die Vollversammlung der Vordiplomanden schließt sich 14 Tage später der Position, in Zukunft die Vordiplomprüfungen kollektiv abzuhalten, an und konfrontiert mehrere Professoren vor der Sitzung des Prüfungsausschusses mit diesem Entschluß. Zur Reaktion heißt es in einem am 24. April verbreiteten Flugblatt: »Es erschienen nur Adorno und Friedeburg, die klar formulierten, daß eine solche kollektive Schreibweise im Rahmen der bestehenden Prüfungsordnung auf keinen Fall zu legitimieren sei. Adorno, der ›abgebrühte Dialektiker‹, seinem zitierten Selbstverständnis nach ›Gewerkschaftsführer der Studenten‹, sah sich außerstande, unsere kollektive Arbeit zu unterstützen, da individueller Leistungsnachweis nicht möglich. Friedeburg, der von der historischen Situation abstrahierte, stellte unsere Handlungsweise dar als ›einseitigen Akt‹. Direkt befragt, ob er unsere Interessen im Prüfungsausschuß zu vertreten bereit sei, antwortete er mit einem klaren Nein.«[733] Der Prüfungsausschußvorsitzende erklärt anschließend einer Delegation von Studenten und Assistenten, er sei nicht befugt eine endgültige Entscheidung zu treffen und müsse erst ein Gutachten einholen. Das Flugblatt endet mit den Zeilen: »Wir wünschen den Frieden, wenn aber die Ordinarien darauf bestehen, Krieg zu führen, dann bleibt uns keine andere Wahl, als fest entschlossen den Krieg auszufechten, um dann mit dem Studium fortzufahren!«[734]

29. März 1969: In dem von mehreren Stadtteilbasisgruppen herausgegebenen Flugblatt **Der Ostermarsch ist tot – Organisiert Euch in Basisgruppen** wird die Praxis der Ostermarschierer als überholt angegriffen und zum »Kampf gegen die autoritären Scheißer« aufgerufen.[735] – Das Blatt gibt einen Überblick über die in verschiedenen Frankfurter Stadtteilen gegründeten Basisgruppen und deren Aktivitäten. Es zeigt, wie der Impuls, eine Organisierung der Basis in den unterschiedlichen gesellschaftlichen Sektoren voranzutreiben, sich zunehmend von der Universität in die Stadt verlagert. – Die Parole vom Ende des Ostermarsches steht auch im Zentrum einer Veranstaltung zum Thema **Autoritärer Staat – Parlamentarismus**. Vor 400 Teilnehmern erklärt auch ein langjähriges Mitglied im Aktionsausschuß wie Odina Bott (SPD), daß die Zeit gekommen sei, den Ostermarsch zu beerdigen. »Wir sollten ganz klarmachen«, ruft Karl Dietrich Wolff in den Saal, »daß die bloß verbalen Bekundungen und Manifestationen endgültig vorbei sind.«[736] Aus den alljährlich wiederaufgelegten Ritualen seien keine Organisationsformen entstanden, mit denen man nun den Widerstand organisieren könne. Ebenso wie mehrere andere Redner fordert er die Schaffung von Basisgruppen an den Universitäten sowie in Betrieben und

Schulen. Als Ellen Weber für die DKP einwendet, daß man für eine Veränderung der Machtstrukturen in der Bundesrepublik die Unterstützung breiter Volksmassen benötige und man von einem langen Weg zu diesem Ziel ausgehen müsse, erntet sie von der Mehrheit der Zuhörer Hohngelächter.

29./30. März 1969: Am späten Abend wird Hans-Jürgen Krahl beim Verlassen des Walter-Kolb-Studentenwohnheimes von einer Zivilstreife der Polizei in eine Schlägerei verwickelt. Als ihm der persische Soziologiestudent Achmed Taheri, offenbar in der Meinung, sein Kommilitone würde überfallen, zu Hilfe kommen will, werden beide festgenommen. Nun stürmen ungefähr 100 Besucher aus der im Keller des Studentenwohnheims gelegenen Bar auf den Vorplatz und versuchen die beiden Festgenommenen wieder freizubekommen. Daraus entwickelt sich eine minutenlange Massenschlägerei. Dennoch mißlingt der Versuch. Auf der Fahrt zum Polizeipräsidium wird Krahl, wie Taheri unmittelbar miterlebt, das Nasenbein zertrümmert. Doch während dieser bereits nach wenigen Stunden wieder freigelassen wird, wandert Taheri in das in der Hammelsgasse gelegene Untersuchungsgefängnis.[737] Der Staatsanwalt ermittelt gegen ihn wegen Landfriedensbruchs, Aufruhrs, versuchter Gefangenenbefreiung und schwerer Körperverletzung. – Am 10. April sichert der Haftrichter Taheri zu, daß er unter der Auflage, sich polizeilich zu melden und zwei Mal wöchentlich auf dem zuständigen Polizeirevier zu erscheinen, freigelassen werde. Doch statt dessen wird er in eine Arrestzelle des Polizeipräsidiums transportiert, wo ihm eröffnet wird, daß er wegen einer in der Vergangenheit nicht immer vollständigen Aufenthaltsgenehmigung nach Teheran abgeschoben werden soll. Als Mitglied der oppositionellen Studentenorganisation CISNU müßte Taheri dort mit seiner unmittelbaren Festnahme und einer Gefängnis- oder gar Todesstrafe rechnen.[738]

30. März 1969: Lediglich 600 Ostermarschierer versammeln sich im Einkaufszentrum der Nordweststadt, um von dort über die Heddernheimer und Eschersheimer Landstraße in die Innenstadt zu ziehen. Unter den Teilnehmern sind nicht nur zahlreiche Griechen, die gegen die Militärdiktatur in ihrem Lande protestieren, sondern auch militante Anhänger der APO. Sie führen eine Vietcongfahne mit sich und fordern auf der Höhe des amerikanischen Einkaufszentrums immer wieder »Freiheit für Vietnam«. Die Polizei hat mehrere Hundertschaften und Wasserwerfer aufgeboten, um die Demonstranten, deren Zahl unterwegs auf über 1.000 angewachsen ist, daran zu hindern, die vorgeschriebene Demonstrationsroute zu verlassen. Als der Zug auf dem Römerberg eintrifft, beginnt pünktlich um 15 Uhr vor 1.500 Zuhörern die Kundgebung, sie verläuft in einer aufgeheizten und Turbulenzen ankündigenden Stimmung. Die Rede des Kabarettisten Rudolf Rolfs wird mit Pfiffen und »Ho-Chi-Minh«-Rufen kommentiert und geht nach einer Weile unter. Auch bei den Reaktionen auf andere Redebeiträge ist unüberhörbar, daß ein erheblicher Teil der Demonstranten nicht mehr mit den üblichen Ostermarschkundgebungen einverstanden ist. Als Karl Dietrich Wolff als letzter Sprecher bemerkt, daß für ihn die Veranstaltung längst noch nicht zu Ende sei, ist das offenbar für die Ostermarschkritiker das Signal zum Aufbruch. Ein Block von etwa 300 Demonstranten zieht im Eiltempo über die Berliner Straße und den

---

731 Vgl.: Fünf Lehrer sollten auf die Couch: Beleidigung? In: Oberhessische Presse vom 27. März 1969.

732 Siehe: **Dok. Nr. 306.**

733 **Dok. Nr. 316.**

734 A.a.O.

735 Siehe: **Dok. Nr. 307.**

736 Frankfurter Rundschau vom 31. März 1969.

737 Vgl. zu dem Vorfall: Polizei nahm Krahl fest – Nach Auseinandersetzung mit Nasenbeinbruch ins Krankenhaus, in: Frankfurter Rundschau vom 31. März 1969. Darin wird der Ablauf nach Berichten von Augenzeugen so dargestellt: »Kurz vor Mitternacht parkte ein ziviler Polizeiwagen direkt gegenüber dem Eingang des Kolb-Heimes, in dessen Bar gefeiert wurde. Von dem Wagen aus wurden die Personenbewegungen im Kolb-Heim über Funk weitergegeben. Eine APO-Gruppe machte sich über die Polizisten lustig. Der nicht mehr nüchterne Hans-Jürgen Krahl trat mit einem Fuß gegen den Polizeiwagen. Vorher habe er versucht, die Tür zu öffnen, erklärte die Polizei. Daraufhin ersuchten die Beamten in dem Wagen um Unterstützung. Während Freunde Krahl, so berichteten Augenzeugen weiter, von weiteren Taten abhalten und ins Kolb-Heim zurückholen wollten, kam ein zweiter Zivilwagen entgegen der Richtung der Einbahnstraße heran, aus dem drei ebenfalls zivilgekleidete Beamte sprangen. Einer habe gerufen: ›Alle rein, zwei Hundertschaften kommen gleich, die räumen wir hier alle aus.‹ Das alles habe sich in Minutenschnelle abgespielt. Einer der Zivilbeamten habe Krahl an der Eingangstür entdeckt und gerufen: ›Da ist er ja‹, und sich dann mit dem Gummiknüppel eine Gasse durch die Davorstehenden geschlagen, Krahl gepackt und auch noch auf ihn eingeschlagen, als er bereits auf dem Boden lag. Ein zweiter Beamter sei, so heißt es weiter, mit gezogener Pistole hinzugekommen. Ein weiterer Zivilbeamter, der schon vorher in der Kolb-Bar war, habe sich von innen zum Eingang durchgeboxt und ebenfalls eine Pistole gezogen. Krahl sei von Beamten abgeführt und hinter einem Auto, am Boden liegend, weiter mit Gummiknüppeln traktiert worden. Der Perser Achmed Taheri habe die Nerven verloren, einen Polizisten gepackt und ›Faschist‹ geschrien. Auch er sei zusammengeschlagen worden.«

738 Vgl.: Der Spiegel vom 5. Mai 1969, 23. Jg., Nr. 19, S. 100 f.

Anlagenring zu dem in der Lessingstraße gelegenen griechischen Generalkonsulat. Als sie erkennen, daß alle Zufahrten von der Polizei abgeriegelt sind, geht es über die Hansaallee weiter in Richtung auf das I.G.-Farben-Hochhaus. Dort werden ebenso wie beim Arbeitsamt der US-Armee und einer Verkaufsstelle für US-Fahrzeuge zahlreiche Scheiben eingeworfen. Ein weiteres Ziel ist das Amerika-Haus am Reuterweg. Da jedoch dort ebenfalls ein Polizeiaufgebot bereitsteht, drehen die Demonstranten ab und laufen wieder in Richtung Innenstadt. Nachdem auch in der Börse einige Scheiben zu Bruch gegangen sind, versammeln sie sich in der Fußgängerebene unter der Hauptwache. Die Polizei rückt mit starken Kräften nach und nimmt, nachdem eine selbstgebastelte Rauchbombe explodiert ist, mehrere Demonstranten fest.[739] – Der Zentrale Ausschuß der *Kampagne für Demokratie und Abrüstung* kritisiert anschließend in einer Stellungnahme Wolffs Forderung nach Durchführung militanter Aktionen. Diese gäben dem »herrschenden System Gelegenheit, die außerparlamentarische Opposition zu zerschlagen und faschistoiden Tendenzen Vorschub zu leisten«. Es gebe in der Bundesrepublik, heißt es weiter, »keine revolutionäre Situation«.

April 1969: In einem unter der Überschrift **Wissenschaftliche Standards = Polizeimaßnahmen** auf dem Campus verteilten Flugblatt setzt sich die Basisgruppe Germanistik noch einmal mit der polizeilichen Räumung des Instituts für Sozialforschung auseinander. »Die Habermas und Friedeburg und Adorno«, heißt es dort, »von denen wir einmal Seminarmarxismus gelernt haben, haben uns jetzt die wichtigste Lehre erteilt: daß sie letztlich nur die kleinen Polizeispitzel sind, die mit Littmann und Brundert, Benda und Kiesinger dafür sorgen, daß die Studentenbewegung vorbeugend zerschlagen wird. Das Erschrecken darüber, daß der Altnazi Kiesinger und der Antifaschist Habermas so gut miteinander kooperieren, zeigt nur, daß wir zuviel in Seminaren und zuwenig auf der Straße gelernt haben.«[740] Am Ende fordert sie zur Bildung von »Partisanengruppen in den Seminaren« auf und gibt die Prognose ab, daß der kommende Sommer »ein so heißer« werde, daß die alte Wissenschaft ihn nicht überlebe.

April 1969: Mit einer Vorrede ihrer beiden Autoren erscheint im S. Fischer Verlag die von Max Horkheimer und Theodor W. Adorno gemeinsam im US-amerikanischen Exil verfaßte und seit ihrem Erscheinen 1947 im Amsterdamer Querido Verlag nicht wieder aufgelegte **Dialektik der Aufklärung**. In der Vorrede heißt es: »Wenn wir den Band nach mehr als zwanzig Jahren wieder herausbringen, so bewegt uns nicht allein vielfaches Drängen, sondern die Vorstellung, daß nicht wenige der Gedanken auch heute noch an der Zeit sind und unsere späteren theoretischen Bemühungen weitgehend bestimmt haben ... Das Buch wurde in einem Augenblick verfaßt, in dem das Ende des nationalsozialistischen Terrors abzusehen war ... Aus Amerika, wo das Buch geschrieben ist, kehrten in der Überzeugung wir nach Deutschland zurück, theoretisch wie praktisch mehr tun zu können als anderswo. Zusammen mit Friedrich Pollock ... haben wir das Institut für Sozialforschung in dem Gedanken wieder aufgebaut, die in der Dialektik formulierte Konzeption weiterzutreiben.«[741] – Im Laufe der letzten beiden Jahre sind im Zuge der Studentenbewegung wiederholt Raubdrucke der *Dialektik der Aufklärung* erschienen.

April 1969: Im ersten Heft der in West-Berlin erscheinenden neuen Zeitschrift **Sozialistische Politik** wird ein Aufsatz von Wolfgang Müller publiziert, mit dem er die Kritik an Jürgen Habermas von der politischen Ebene, wie sie zum Teil in dem Band **Die Linke antwortet Jürgen Habermas** vorgetragen worden sei, auf die ihrer gesellschaftstheoretischen Grundlage, gegen dessen Revision der Marxschen Wertlehre gerichtet, verlagern will. Unter der Überschrift **Habermas und die Anwendbarkeit der Arbeitswerttheorie** versucht Müller nachzuweisen, daß die im Dezember 1960 in Zürich bereits erstmals vorgetragene Marx-Revision stark durch die britische Links-Keynesianerin Joan Robinson beeinflußt ist.[742]

1. April 1969: In Offenbach erscheint die Gründungserklärung des **Sozialistischen Büros** (SB). In doppelter Abgrenzung gegenüber anarchistisch-spontaneistischen auf der einen und traditionalistisch-parteikommunistischen Formen auf der anderen Seite will der Kreis um Klaus Vack, Andreas Buro, Arno Klönne und Heiner Halberstadt eine Sammmlungsbewegung der unabhängigen Linken mit nur losen Organisationselementen initiieren.

1. April 1969: Die Ostberliner Nachrichtenagentur **ADN** meldet, daß in Frankfurt am Main das **Institut**

1.4.: Klaus Vack im Offenbacher Büro des »Sozialistischen Büros«.

für marxistische Studien und Forschungen (IMSF) gegründet worden sei. Leiter sei Professor Josef Schleifstein, sein Stellvertreter Dr. Heinz Jung. Aufgabe des IMSF sei es, auf der Grundlage des Marxismus sozialwissenschaftliche Forschungen durchzuführen. Es sollten Studien über die soziale, wirtschaftliche und geistige Lage der Arbeiter und Angestellten in Westdeutschland, über gewerkschaftliche und sozialistische Bewegungen sowie allgemeinere Aspekte des Marxismus durchgeführt werden.

5. April 1969: In einem erneuten Schreiben stellt Herbert Marcuse seinen Freund und Kollegen Theodor W. Adorno vor die Alternative: entweder nach Frankfurt zu kommen und auch mit den Studenten zu diskutieren oder gar nicht zu kommen. Hintergrund dieses offensichtlich mit Skrupeln, aber dennoch mit Entschiedenheit verfaßten Briefes sind neue schriftliche und mündliche Informationen, die Marcuse zur Polizeiaktion im Institut für Sozialforschung am 31. Januar bekommen hat. »Kurz: Ich glaube, daß, wenn ich die Instituts-Einladung annehme ohne auch mit den Studenten zu sprechen, ich mich mit einer Position identifiziere (oder mit ihr identifiziert werde), die ich politisch nicht teile. Brutal: wenn die Alternative ist: Polizei oder die Studenten der Linken, bin ich mit den Studenten – mit einer entscheidenden Ausnahme, nämlich, wenn mein Leben bedroht ist oder wenn mit Gewalt gegen meine Person und meine Freunde gedroht wird und die Drohung ernst ist. Besetzung von Räumen (außerhalb meiner Wohnung) ohne solche

---

739 Vgl.: Nach dem Ostermarsch flogen die Steine – 40 Demonstranten von der Polizei festgenommen – Die »Kampagne« distanziert sich, in: Frankfurter Rundschau vom 31. März 1969.
740 **Dok. Nr. 309.**
741 Max Horkheimer / Theodor W. Adorno, Dialektik der Aufklärung – Philosophische Fragmente, Frankfurt/Main 1969, S. IX.
742 Vgl.: Wolfgang Müller, Habermas und die Anwendbarkeit der Arbeitswerttheorie, in: Sozialistische Politik Nr. 1, 1. Jg., April 1969, S. 44–58.

Gewaltdrohung ist für mich noch kein Grund, die Polizei zu rufen. Ich hätte sie dort sitzen lassen und es jemand anderem überlassen, die Polizei einzuladen.«[743] Weiter bezeichnet er den Begriff Linksfaschismus als »contradictio in adjecto« und begründet eindringlich, warum er sich nicht auf die Seite derjenigen stellen könne, die die Massenmorde in Vietnam unterstützten.

10. April 1969: Das Landgericht **Marburg** weist die Berufung der beiden in einem Beleidigungsverfahren von einem Schöffengericht verurteilten Frankfurter Soziologiestudenten Dieter Bott und Hanspeter Bernhardt zurück. Beide werden für schuldig befunden, den Oberstudiendirektor Horst Clément und fünf Lehrkräfte beleidigt zu haben. Während damit für den 25jährigen Bott die Strafe von drei Monaten Gefängnis auf Bewährung bestätigt wird, sieht das Gericht im Falle des 20jährigen Bernhardt von einer Strafe ab. Die Kosten des Verfahrens haben die Angeklagten zu tragen. Dem »in seiner Ehre aufs schwerste angegriffene« Oberstudiendirektor – er war Zielscheibe einer auf einem Flugblatt verbreiteten sexistischen Karikatur – wird die Möglichkeit eingeräumt, das Urteil auf Botts Kosten im *Kreisblatt* des Landkreises Fritzlar-Homberg veröffentlichen zu lassen.[744] Zu einem harmlosen Zwischenfall kommt es, als nach dem Plädoyer des Staatsanwalts aus dem Zuschauerraum plötzlich Seifenblasen aufsteigen. Erst als der Gerichtsvorsitzende mit der Räumung des Saales droht, meldet sich der Urheber. Der 20jährige Student Eckhard Schäfer aus Kassel meldet sich und erhält eine Geldstrafe in Höhe von 80 DM, ersatzweise zwei Tage Haft.

11. April 1969: Durch eine Blitzaktion, mit der rund 100 Demonstranten auf das Vorfeld des Rhein-Main-Flughafens vordringen, wird versucht, die Abschiebung des am 29. März verhafteten 28jährigen persischen Studenten Ahmed Taheri nach Teheran zu verhindern. Nachdem die letzte Möglichkeit verpufft ist, für Taheri auf juristischem Wege zumindest einen Aufschub für die sofortige Vollziehbarkeit seiner Ausweisung zu erreichen, fahren etwa 300 mitten in einer Arbeitstagung aufgebrochene SDS-Studenten zum Rhein-Main-Flughafen. Nachdem sie sich in der Abflughalle versammelt haben und das SDS-Bundesvorstandsmitglied Reinhard Wolff die Fluggäste durch eine kleine Ansprache über das Ziel ihrer Aktion informiert hat, öffnen die Demonstranten unter dem Sprechchor »Freiheit für Taheri – keine Deportation!« die Glastüren und stürmen auf das Rollfeld. Das Nachrichtenmagazin **Der Spiegel** berichtet später, was dann geschieht: »Die Fahrer der kleinen Flugplatz-Kombiwagen veranstalteten eine Hasenjagd und fuhren mit zum Teil mehr als 50 Stundenkilometern in die Demonstranten hinein. Mit Gummiknüppeln bewaffnetes Bodenpersonal stürzte sich schließlich jeweils zu dritt oder viert auf einzelne Demonstranten, die an Ort und Stelle systematisch zusammengeschlagen wurden, bis sie von ihren Genossen befreit werden konnten.«[745] Danach ziehen sich die Demonstranten, von denen drei festgenommen worden sind, zurück. Durch Steinwürfe zertrümmern sie mehrere Scheiben der Abflughalle und demolieren die Anzeigetafel der Fluggesellschaft Iran Air. Der Pilot der tschechoslowakischen Maschine weigert sich schließlich, den persischen Studenten zu befördern, nachdem dieser sich die Pulsadern geöffnet hat. Da er von eilends herbeigerufenen Ärzten als haft- und transportunfähig bezeichnet wird, muß die Abschiebeaktion abgeblasen werden.[746]

14. April 1969: Der Architekt Otto Fresenius gründet aus der Befürchtung einer zunehmenden Wohnraumzerstörung zusammen mit 40 anderen Bewohnern sei-

11.4.: Der iranische Student Ahmed Taheri.

nes Stadtteils die Bürgerinitiative *Aktionsgemeinschaft Westend* (AGW). Ihr Ziel ist es, die Planungen für den weiteren Hochhausbau öffentlich zu machen und Frankfurter Bürger für die »Erhaltung einer gesunden Wohnstruktur« zu aktivieren.

14. April 1969: Der **Südwestfunk** in Baden-Baden strahlt einen dreiviertelstündigen Beitrag von Theodor W. Adorno zum Thema **Spätkapitalismus und Industriegesellschaft** aus.

17. April 1969: Der SDS-Bundesvorstand gibt in einer Erklärung einen Vorblick auf die Orientierung der Hochschulpolitik im Sommersemester. Darin bewertet er die Schritte zur Selbstorganisierung des Studiums als Schläge, die »... das gesamte System an einer entscheidenden Stelle getroffen und gefährdet haben: am Herrschaftsprivileg der privaten bzw. privat- und monopolkapitalistischen Verfügung über Forschung und Lehre«.[747] Für die weitere Zukunft sei entscheidend, die inner- mit den außeruniversitären Kämpfen zu verklammern. Die begonnene Zusammenarbeit von Jura-, Soziologie- und Psychologiestudenten mit Lehrlingen und Jungarbeitern in den Stadtteilbasisgruppen müsse weiter intensiviert werden. »Für den Kampf an der Universität im nächsten Semester bedeutet eine solche Organisation außeruniversitärer Projekte konkret: daß der Streik fortgesetzt wird, daß die autoritären und angepaßten Studiengänge abgewiesen werden und statt dessen diejenigen Forschungen betrieben werden, die für die politische Arbeit außerhalb der Universität notwendig sind. Jeder Tag, der den sozialistischen Studenten die Verfügung über die Mittel von Institutionen gestattet, wird diese Aufklärungsarbeit weitertreiben. Von daher erhalten die Institutsbesetzungen ihre Legitimation.«[748]

19. April 1969: Der Versuch Daniel Cohn-Bendits, trotz Einreise- und Aufenthaltsverbots auf einem Umweg nach Frankreich zurückzukehren, scheitert bereits nach wenigen Minuten. Aus **Rom** kommend, landet er am Nachmittag mit einer Caravelle auf dem Flughafen Orly bei **Paris**. Da er zuvor in einem Interview mit der Zeitung **Combat** angekündigt hat, er werde mit einer regulären Linienmaschine, ordentlichen Papieren und ungefärbten Haaren erscheinen, um den französischen Behörden gegenüber die Gründe für seinen Entschluß darzulegen, sind dort zahlreiche Maßnahmen getroffen worden. Zur Verstärkung der Flughafenpolizei ist bereits in den frühen Morgenstunden eine Kompanie der kasernierten Bereitschaftspolizei hinzugezogen worden. Einige der Polizisten haben auf der Besucherterrasse Aufstellung genommen, um mit Ferngläsern alle Bewegungen auf dem Rollfeld zu kontrollieren und im Bedarfsfall sofort einzuschreiten. Innerhalb des Flughafengebäudes patrouillieren zusätzlich zwei Dutzend Inspekteure. Als das Flugzeug landet, wird es sofort von 30 der Bereitschaftspolizisten umstellt. Bevor einer der Passagiere von Bord gehen kann, eilen zwei Polizeioffiziere die Gangway hoch und durchsuchen, offenbar befürchtend, der als listig geltende »Studentenführer« könne sie täuschen und in letzter Minute noch übertölpeln, die Reihen nach Cohn-Bendit ab. Nachdem die anderen Fluggäste die Maschine verlassen haben, geleiten die Polizeioffiziere nach etwa zehn Minuten auch den Gesuchten hinaus. Sie besteigen mit ihm eine schwarze Limousine, fahren jedoch nicht zum Flughafengebäude, sondern sofort weiter zu einer anderen, noch wartenden Maschine. Diese startet kurz darauf in Richtung **München**. – In dem **Combat**-Interview hatte der erneut Ausgewiesene keine politischen Gründe für seinen Rückkehrversuch angeführt, sondern lediglich Heimweh nach Frankreich. Er habe in dem knappen Jahr, das er nicht mehr in der französischen Hauptstadt sei, bemerkt, daß er nur unter seinen Freunden in Paris leben könne. Es sei ihm nicht gelungen, sich in Frankfurt einzuleben. Dort werde er ausschließlich als politische Figur wahrgenommen. Es sei sehr schwierig für ihn gewesen, persönliche Kontakte herzustellen. Außerdem könne er den um ihn geschaffenen Mythos nicht mehr länger ertragen.

---

743 Dok. Nr. 313.
744 Vgl.: Es bleibt bei drei Monaten für Bott! Schuldspruch: Direktor und Lehrer beleidigt – Bernhardt schuldig, aber ohne Strafe, in: Oberhessische Presse vom 11. April 1969; Bott und Bernhardt wegen Beleidigung verurteilt – Landgericht Marburg verwarf Berufung der Studenten, in: Kreisblatt des Landkreises Fritzlar-Homberg vom 12. April 1969.
745 Der Spiegel vom 5. Mai 1969, 23. Jg., Nr. 19, S. 100.
746 Vgl.: Terrorakte der Apo auf dem Flughafen – Festnahmen auf dem Vorfeld / Proteste gegen Ausweisung des Persers Taheri, in: Frankfurter Allgemeine Zeitung vom 12. April 1969; Die Krawalle am Rhein-Main-Flughafen – Gegen Ausweisung eines Persers/Taheri noch in Frankfurt, in: Frankfurter Allgemeine Zeitung vom 14. April 1969; Polizei: Keine Abschiebung aus politischen Gründen – Fünftausend Mark Schaden am Flughafen/Maschine durch Bombenalarm vier Stunden festgehalten, in: Frankfurter Allgemeine Zeitung (Lokalteil) vom 14. April 1969.
747 **Dok. Nr. 314.**
748 A.a.O.

22.4.: Busenaktion in der Adorno-Vorlesung.

22. April 1969: Kurz nach Beginn seiner Vorlesung **Einführung in dialektisches Denken** in dem bis auf den letzten Platz gefüllten Hörsaal V wird Theodor W. Adorno von einem Zuhörer, der von einer der hintersten Reihen aus das Wort ergriffen hat, plötzlich unterbrochen. Während dieser den Professor zur öffentlichen Selbstkritik auffordert, betritt ein anderer das Podium und malt dort wortlos die Zeilen an die Wandtafel: »Wer nur den lieben Adorno läßt walten, der wird den Kapitalismus sein Leben lang behalten.« Nachdem Unruhe ausgebrochen ist, Zwischenrufe laut werden, die sich zum Teil auch gegen die Intervention richten, fordert Adorno die Anwesenden auf: »Ich gebe Ihnen fünf Minuten Zeit. Entscheiden Sie, ob meine Vorlesung stattfinden soll oder nicht.«[749] Doch dann treten drei langhaarige, mit Lederjacken bekleidete Studentinnen nach vorne, umringen den Herausgeforderten, streuen Rosen- und Tulpenblüten über ihn, entblößen ihre Brüste und versuchen, den sich mit seiner Aktentasche schützenden Adorno auf die Wange zu küssen. Während die Vorlesungsbesucher in ihrer großen Mehrheit von dem peinlich-spektakulären Treiben erstarrt sind und einige am Rande stehende Gruppierungen mit Johlen und Gelächter reagieren, verläßt Adorno, nach Hut und Mantel greifend, fluchtartig Podium und Hörsaal. Nach einigem Tohuwabohu, in dem an verschiedenen Ecken des Saales erregt über den Vorfall gestritten wird, verlassen die Vorlesungsbesucher nach und nach ebenfalls den Saal. Auf dem Boden und in den Sitzreihen bleiben Flugblätter zurück, die zuvor von der *Basisgruppe Soziologie* verteilt worden waren. Eine Zeile daraus lautet: »Adorno als Institution ist tot.«[750] – In einem am übernächsten Tag verteilten Flugblatt distanziert sich der SHB unter der Überschrift *Destruktion oder Demokratisierung? Ist die ›Neue Radikalität‹ des SDS reaktionär?* vom SDS, aus dessen Mitte oder Umfeld die Anti-Adorno-Aktion ganz offenbar gestartet worden war. In einer Auflistung der dem SDS angekreideten Verirrungen werden genannt: »unlegitimierte sprengung der adorno-vorlesung – zerschlagung des reformrelevanten soziologiestudiums – physische gewalt gegen abweichend argumentierende genossen – vds-sabotage aus verbandsegoismus – ästhetizistische minderheitenaktionen ohne aufklärungseffekt«[751]. – Einer, der die kontroversen Diskussionen am Rande des SDS miterlebt hat, schreibt später über die Umstrittenheit aber auch Zerfahrenheit des Gruppenzusammenhanges: »Aus Flugblättern, Äußerungen und ›Aktionen‹ gehen … folgende politische Intentionen hervor: Einmal: Adornos Vorlesung überhaupt zu verhindern, solange er seinen Strafantrag nicht öffentlich bedauere und zurücknahm; zum anderen: die Vorlesung in eine politische Diskussion zu transformieren mit Rücksicht auf das zahlreiche interfakultative Publikum. Faktisch setzte sich die ›radikalere‹ Auffassung dieser Absicht durch: die Vorlesung entfiel, damit aber auch die Möglichkeit einer öffentlichen Auseinandersetzung vor diesem Plenum. Vom Anfang dieser Vorlesung an bis nach Adornos Tod (August 69) standen mehrere SDS-Genossen Aktionen in Adorno-Veranstaltungen mit ambivalenten Gefühlseinstellungen gegenüber. Gleichzeitig wurde die Tatsache eines solchen inneren Konflikts nirgends öffentlich diskutiert (sondern nur verschämt in kleineren Kreisen zugestanden).«[752] – An der Tür zum Hörsaal V und im Philosophischen Seminar ist drei Tage später ein Anschlag angebracht, auf dem Theodor W. Adorno seine Vorlesung **Einführung in dialektisches Denken** und das darauf bezogene philosophische Hauptseminar auf unbestimmte Zeit absagt.[753]

24. April 1969: Eine Vorlesung des Psychologen Professor Fritz Süllwold wird von Studenten gesprengt. Dabei soll nach Information der Universitätspressestelle die Kleidung mehrerer Hörer durch eine in die Reihen des Hörsaals geworfene Buttersäureflasche in Mitleidenschaft gezogen worden sein.

24./25. und 28./29. April 1969: Mit einer Kette von Aktionen versuchen SDS-Mitglieder und andere Studenten tagelang die Immatrikulation von Ahmed Taheri ultimativ zu erzwingen. Der Rechtsstatus des persischen Studenten, der nach einer Verhaftung bereits abgeschoben werden sollte, ist nach wie vor ungeklärt; er hat inzwischen Antrag auf Asyl gestellt. Als am 24. April Flugblätter auftauchen, die »eine massive Verhinderung« des Rückmelde- und Belegungsbetriebes ankündigen, fordert das Rektorat Polizei zum Schutz der Immatrikulation an. Nach einem Sit-in von etwa 100 Studenten vor den Eingangstüren zu den Sekretariatsräumen greift die Polizei ein und vertreibt die Blockierer. Bei dem Einsatz im Hauptgebäude werden zehn der Protestierenden sistiert und fünf davon festgenommen. Als sich die Beamten am Mittag wieder zurückziehen, tritt der SDS kurz darauf erneut mit einem Flugblatt in Erscheinung, in dem dazu aufgerufen wird, die Rückmeldungen so lange zu verhindern, bis sich auch Taheri wieder habe immatrikulieren lassen. – Am Morgen des darauffolgenden Tages, dem 25. April, mischen sich mehrere Gruppen von SDS-Studenten in die Warteschlangen vor den Immatrikulationsbüros und versuchen, den wie immer in den letzten Tagen vor Ablauf der Frist angespannten Betrieb erneut zu blockieren. Dem »SDS-Prominenten Cohn-Bendit« gelingt es, wie eine Lokalzeitung später berichtet, gerade noch sich einzuschreiben, bevor er dann umgehend zum Boykott der Einschreibung aufruft.[754] Nachdem sie vergeblich versucht haben sollen, einige der für das Verfahren unverzichtbaren Stempel zu entwenden, macht sich der beißende Gestank von Buttersäure bemerkbar; gleichzeitig explodieren in den engen Fluren mehrere Knallkörper mit einer starken Rauchwirkung. Der Rückmeldungsbetrieb wird daraufhin ein zweites Mal unterbrochen. Die erneut eingesetzte Polizei räumt ein zweites Mal die Zugänge, sperrt den Haupteingang ab und ermöglicht den Rückmeldewilligen, in Kleingruppen mit jeweiliger Begleitung von Beamten zu den Schaltern zu gelangen. – Die Polizei, die sich inzwischen ständig auf dem Universitätsgelände aufhält, hat ihre Präsenz am dritten Tag des Konflikts weiter verstärkt. Nach einem Teach-in am späten Vormittag des 28. April dringen wiederum etwa 100 Studenten ins Hauptgebäude vor, um die Einschreibungen zu verhindern. Nachdem sie erneut Knallkörper und Buttersäureflaschen werfen, wird der Betrieb des Sekretariats zum dritten Mal unterbrochen. Anschließend räumt eine Hundertschaft das Foyer des Hauptgebäudes. Als das gleiche Procedere – schubartige Rückmeldung unter Polizeischutz – wie am zweiten Tag beginnt, versammeln sich vor den Polizeiketten rund 500 Demonstranten mit dem Ruf »Bullen raus aus der Uni!«. Dann fliegen Steine und Flaschen auf das Eingangsportal; Scheiben zerbersten. Die Beamten stürmen nach vorne, und bilden einen Halbkreis um den Eingangsbereich. Die Demonstranten ziehen sich ins gegenüberliegende Studentenhaus zurück, verbarrikadieren sich dort und bewerfen die Polizeiketten mit Flaschen und Steinen; auch Kanonenschläge und Buttersäureflaschen kommen wieder zum Einsatz. Kurz danach stürmt eine

24./25. u. 28./29. 4.: Polizeieinsatz vor dem Studentenhaus.

749 Zit. nach: A. B., Rosen auf Adorno – »Ich gebe Ihnen fünf Minuten Zeit, entscheiden Sie«, in: Münchner Merkur vom 26. April 1969.
750 Zit. nach: Hans-Klaus Jungheinrich, »Adorno als Institution ist tot« – Wie der Bewußtseinsveränderer aus dem Hörsaal gejagt wurde, in: Frankfurter Rundschau vom 24. April 1969.
751 **Dok. Nr. 315.**
752 Ulli Baier, Vorfragen politischer Sozialisation – Zu einigen Bedingungen politischer Praxis von Studenten: anläßlich der Protestbewegung 1968/69, Frankfurt/Main o.J. (Diplomarbeit Soziologie), S. 64.
753 Siehe: **Dok. Nr. 317.**
754 Frankfurter Rundschau vom 26. April 1969.

Hundertschaft das weiträumige Gebäude. Bei den heftigen Auseinandersetzungen gibt es Verletzte auf beiden Seiten. Etwa 30 Studenten, unter ihnen auch der AStA-Vorsitzende Thomas Hartmann (LSD), werden festgenommen. – Der Konflikt spitzt sich am vierten Tag noch ein weiteres Mal zu, als am Vormittag über Megaphon vor einer Menge von rund 800 Studenten die Nachricht durchgegeben wird, daß die Universitätsleitung den Antrag Taheris auf Rückmeldung abgelehnt habe. Die überaus erbosten Demonstranten versuchen daraufhin, in unmittelbarer Gegenwart der Polizeiketten, die am Morgen aus Stahlgestellen errichteten Doppelsperren wegzuziehen. Als ihnen dies nicht gelingt, ziehen sie sich zurück und versuchen, aus Baustellenabsperrungen und anderen Gerätschaften in der Jügelstraße Barrikaden zu errichten. Anschließend eröffnen sie wie am Tag zuvor aus den höhergelegenen Stockwerken des Studentenhauses eine Wurfkannonade von allen nur greifbaren Gegenständen auf die das Hauptgebäude weiträumig abriegelnden Polizeibeamten. Als die Polizei nun ihrerseits mit Tränengas auf die Fensteröffnungen schießt, setzen die Demonstranten Feuerlöscher und einen Feuerwehrschlauch ein, mit denen sie die Polizei für einige Zeit zurückdrängen können. Danach fliegen wiederum Steine, Flaschen, Gußeisenteile, Eier, Erdbüsche, Knallkörper und andere Wurfobjekte in Richtung auf die Beamten. Als danach der Versuch unternommen wird, mit Bretterbohlen die Absperrgitter zu überwinden, beginnt die Polizei mit allen zur Verfügung stehenden Kräften und dem Einsatz von Wasserwerfern den Campus zu räumen und die militanten Studenten von der Universität zu vertreiben. Während diese auf der großen Kreuzung Bockenheimer Landstraße/Senckenberganlage beginnen Barrikaden zu errichten und damit den Verkehr des Ringes um die Frankfurter Innenstadt lahmzulegen, bricht in dem im vierten Geschoß des Hauptgebäudes gelegenen Statistischen Seminar ein Brand aus. Die Feuerwehr, die nach dem von einem Assistenten durchgegebenen Alarm trotz einer nachfolgend von einem anonymen Anrufer durchgegebenen Meldung, es handle sich um einen Fehlalarm, zum Einsatzort kommt, kann den Brand, der bereits nach wenigen Minuten den gesamten Dachstuhl erfaßt hat, mühsam löschen. Sie findet an zwei Stellen des ausgebrannten Statistischen Seminars vier in der für Molotow-Cocktails typischen Art angefertigte Brandsätze vor. Auch auf der Höhe des Palmengartens reißen die vor der Polizei fliehenden Stu-

24./25. u. 28./29.4.: Uniformierte versperren den Haupteingang zur Un

denten das Pflaster auf, errichten quer über die Bockenheimer Landstraße reichende Barrikaden und blockieren damit den Auto- und Straßenbahnverkehr. Die nachsetzenden Beamten können diese jedoch relativ rasch wieder beiseite räumen. In der Lindenstraße nimmt sie dann Daniel Cohn-Bendit und den 20jährigen Philosophiestudenten Wolfgang Kraushaar fest, die in einen Hinterhalt der Polizei gelaufen sind. Insgesamt werden an diesem Tag 28 Studenten festgenommen, darunter auch die beiden SDS-Mitglieder Wolfgang Pohrt und Udo Riechmann.[755] – Auf einer Pressekonferenz verteidigt Rektor Professor Walter Rüegg die Ablehnung des von Taheri gestellten Immatrikulationsantrages und den Einsatz der Polizei.

25. April 1969: Wie zuvor in einem Flugblatt von Vordiplomanden der Soziologie angekündigt, verhindern SDS-Studenten die Durchführung einer Klausur zur Aufnahme in ein Hauptseminar des Faches Germanistik. Kurz vor Beginn der Prüfung beginnen sie im Hörsaal V eine Diskussion über den »Sinn von Prüfungen«. Als Professor Heinz Otto Burger den Raum betritt und die inzwischen bei einer Abstimmung über Verfahrensfragen stehengebliebene Debatte erlebt, erklärt er, daß unter diesen Umständen die angesetzte Klausur nicht stattfinden könne. Wer dennoch an sei-

755 Vgl. die Berichterstattung über alle vier Tage des Taheri-Konflikts: Polizei greift wieder in der Universität ein – Rückmeldungen sollten blockiert werden Klausurarbeit verhindert, in: Frankfurter Allgemeine Zeitung vom 26. April 1969; Flaschenhagel auf Wasserwerfer – Polizei besetzt das Studentenhaus / Dreißig Personen festgenommen, in: Frankfurter Allgemeine Zeitung (Lokalteil) vom 29. April 1969; Steinwürfe gegen Polizeibeamte – Studentenkrawalle in Frankfurt, in: Frankfurter Allgemeine Zeitung vom 29. April 1969; Wieder schwere Unruhen an der Universität – Straßenschlacht / Zahlreiche Verhaftungen, in: Frankfurter Allgemeine Zeitung vom 30. April 1969; Wiesbaden zum Fall Taheri, in: Frankfurter Allgemeine Zeitung vom 30. April 1969.
756 Zit. nach: Wieder schwere Unruhen an der Universität – Straßenschlacht / Zahlreiche Verhaftungen, in: Frankfurter Allgemeine Zeitung vom 30. April 1969.
757 Zit. nach: Frankfurter Allgemeine Zeitung (Lokalteil) vom 30. April 1969.

...ersität.

Die Motive für den Rückmeldeboykott seien fadenscheinig; der SDS wolle vielmehr »aus dem vermeintlichen Schutzraum Universität« heraus den Staat zerstören und habe dazu einen »Ausländer als Märtyrer und Justizopfer« aufgebaut[756]. In einer nachmittags als »Erklärung des Rektors« verbreiteten Meldung, in der der gesamte Studiengang Taheris an der Frankfurter Universität referiert wird, heißt es abschließend: »Nach Auskünften des Justizministers und des Polizeipräsidenten bietet die Immatrikulation keinen Freibrief für die Gewährung des Asyls oder der Aufenthaltsgenehmigung. Vielmehr werden die Voraussetzungen dafür völlig unabhängig von der Aufnahme in die Universität geprüft.«[757]

24./25. u. 28./29.4.: Wasserwerfereinsatz auf dem Campus.

April 1969

30. 4.: Die traditionsreiche Demonstration der Arbeiterjugend mit ungewohnten Parolen.

nem Hauptseminar *Literarische Wiederentdeckungen und literaturwissenschaftliche Neuerscheinungen* teilnehmen wolle, der solle sich im Sekretariat des Deutschen Seminars melden; die Klausur werde dann zu einem späteren Zeitpunkt nachgeholt.[758]

26. April 1969: In der **Süddeutschen Zeitung** erscheint unter dem Titel **Wer bildete die jungen Rebellen von Frankfurt? Keiner will ihr geistiger Vater sein** ein ausführlicher Hintergrundbericht über die intellektuellen Motive und Wirkungszusammenhänge der Frankfurter Studentenrevolte.[759]

27. April 1969: Unter der Überschrift **Schuldgefühle habe ich nicht** erscheint in der **Süddeutschen Zeitung** ein Interview mit Theodor W. Adorno. Er streitet darin jeden Zusammenhang zwischen dem Denken der Kritischen Theorie und dem revolutionär gesinnten Handeln derjenigen Studenten, die sich auf sie berufen, ab. »Ein wirklich faßlicher Zusammenhang zwischen dem gegenwärtigen Aktionismus, den ich für höchst problematisch halte, und unseren Gedanken ist mir noch von keinem Menschen aufgezeigt worden. ... Kritische Theorie schließt eben notwendig jene Analyse ein, die sich der Aktionismus erspart, um nicht der eigenen Hinfälligkeit innewerden zu müssen.«[760]

30. April 1969: Am Vorabend zum 1. Mai führt die *Gewerkschaftsjugend* wie jedes Jahr eine Demonstration durch. Als der Zug am Schweizer Platz in Sachsenhausen startet, sind jedoch außerordentlich starke Gruppierungen des SDS und der APO insgesamt vertreten. Sie führen Transparente mit sich, auf denen auch Parolen wie »Gewerkschaft – die Hure des Kapitalismus« zu lesen sind. Das Bild früherer Protestmärsche junger Gewerkschafter ist nicht wierzuerkennen. Alle 100 Meter gehen die in Ketten eingehakten Demonstranten in die Hocke, pumpen sich wie Maikäfer auf, springen hoch, recken ihre Fäuste in die Luft, stoßen dabei Rufe wie »Che lebt!« oder »Mao Tse-tung!« aus und rennen im Sprinttempo los. Dann stoppen sie nach 100 Metern wieder ab und das dynamisierende Szenario kann von vorn beginnen. Auch wenn Passanten und Hausbewohner ihren Unmut äußern, werden Sprechchöre skandiert wie »Sozialdemokraten haben uns verraten« und »1,2,3, Vietnam – fangen wir in Frankfurt an«. Das Polizeiaufgebot, das die 2.500 Demonstrierenden begleitet, ist ungewöhnlich groß. Der gesamte Zug ist von Uniformierten umgeben. Mannschaftswagen der Schutzpolizei fahren an der Spitze, Mannschaftswagen bilden das Schlußlicht. Und an beiden Seiten werden die Marschblöcke von behelmten Polizisten begleitet. Als der Baseler Platz erreicht wird, sieht es dort nach den Worten eines Journalisten aus wie in einem »Heerlager«. Zwei Wasserwerfer stehen in Bereitschaft, überall an den Straßenecken stehen Mannschaftswagen, in denen Schutzpolizisten den Anschein erwecken, als würden sie auf ihren Einsatz warten. Als der Zug nach der Überquerung des Mains in der Wilhelm-Leuschner-Straße eintrifft, ist der Andrang im Großen Saal des Gewerkschaftshauses so groß, daß erst einmal die Tische herausgeräumt werden müssen, um zumindest einen Teil der Herbeiströmenden fassen zu können. Nach der Begrüßung durch Gewerkschaftssekretär Hans Michel stellt der Landesbezirksjugendsekretär unter allgemeinem Gelächter fest, daß sich die Bundesrepublik in einer Krise befände. Das Vertrauen eines Teils der Arbeiterklasse in den »Wirtschaftswunderkapitalismus« habe sich im Laufe der letzten beiden Jahre verflüchtigt. Diese Krise sei jedoch nicht nur eine Krise der parlamentarischen Demokratie, sondern auch eine der Linken und der Gewerkschaften, die sich schon

30. 4.: Radikale Arbeitszeitverkürzung ist eine der Forderungen.

758 Vgl. dazu: Flugblatt der Vordiplomanden, in: Boykott des Soziologie-Vordiploms **(Dok. Nr. 316)** und: Polizei greift wieder in der Universität ein – Rückmeldungen sollten blockiert werden / Klausurarbeit verhindert, in: Frankfurter Allgemeine Zeitung vom 26. April 1969.
759 Malte Buschbeck, Wer bildete die jungen Rebellen von Frankfurt? Keiner will ihr geistiger Vater sein – Strittige Zusammenhänge zwischen professoraler Gesellschaftskritik und revolutionärer Praxis, in: Süddeutsche Zeitung vom 26. April 1969; darin wird aus einem SDS-Papier eine Passage zitiert, in der sie die Professoren für ihren eigenen Aktionismus verantwortlich machen: »Wir kritisieren, daß an Frankfurts kritischer Theorie nur ideengeschichtliche Kommunikationsstrategien erarbeitet werden oder in Hegelschen Elegien die Ohnmacht des Individuums beschworen wird, ohne auch über Notwendigkeit und Ausmaß gewaltfordernder Praxis wissenschaftlich zu reflektieren –, daß bislang nur in Verhandlungen wissenschaftlicher Disputanten Vermittlung von Wissenschaft und Politik betrieben wird, ohne die tatsächlich gemachten politischen Erfahrungen, beziehungsweise unsere Erfahrungen gesellschaftlicher Gewalt im Privatbereich, wie wir sie täglich machen, wissenschaftlich aufzuarbeiten. Kritische Theorie, die solche Aufarbeitung von Praxis institutionell verweigert, verweigert grundsätzlich politischer kollektiver Praxis die Chance wissenschaftlicher Reflexion und zwingt diese Praxis dadurch in das Getto propagandistisch manipulativer, willkürlich aktionistischer Gewalt.«.
760 SZ-Interview mit Theodor W. Adorno: »Schuldgefühle habe ich nicht« – Der Frankfurter Ordinarius erläutert seine Position, in: Süddeutsche Zeitung vom 27. April 1969 **(Dok. Nr. 318)**.

April 1969

immer – wiederum setzt Gelächter ein – als »außerparlamentarische Opposition« gefühlt haben. Zwischen Studenten und Gewerkschaftsangehörigen habe es – nun ertönen Pfiffe – immer auch Spannungen gegeben, was jedoch nicht, wie er einlenkend bemerkt, von einer weiteren Zusammenarbeit abhalten sollte. In der nachfolgenden Debatte ergreifen vor allem Karl Dietrich Wolff und Daniel Cohn-Bendit das Wort und werfen den Gewerkschaften vor, bei der Austragung politischer Konflikte, wie dem Versuch, die Notstandsgesetzgebung zu verhindern, zu kneifen und ihre Mitglieder zu demobilisieren. Gegen Ende der turbulenten Veranstaltung tauchen Gerüchte auf, die Polizei schleuse Provokateure ein, um Demonstranten zu unbedachten Aktionen zu verleiten. – Zehn Tage später meldet die **Frankfurter Rundschau**, daß sich die von APO-Anhängern geäußerte Vermutung, die Polizei setze unter Demonstranten gezielt Spitzel ein, offenbar bestätige. Nach »zuverlässigen Informationen« hätten am 30. April »als APO-Angehörige verkleidete Polizisten« den Demonstrationszug begleitet und sich während der Diskussion im Gewerkschaftshaus die ganze Zeit über in einem in der Nähe gelegenen Parkhaus aufgehalten. Ein Angestellter habe die Gruppe gesehen, sie für Demonstranten gehalten und deshalb aufgefordert, das Parkhaus zu verlassen. Zu seiner Überraschung hätten die vermeintlichen APO-Aktivisten ihre Ausweise gezückt und sich als Polizisten zu erkennen gegeben.[761] – Polizeipräsident Gerhard Littmann bestreitet, auf den Vorfall angesprochen, daß Polizisten den Auftrag hätten, sich als Demonstranten zu verkleiden, meint jedoch gleichzeitig, daß man es keinem seiner Beamten verübeln könne, sich »der Situation entsprechend« anzuziehen.

1. Mai 1969: Auch die Mai-Kundgebung auf dem Römerberg verläuft anders als in den Jahren zuvor. Die SPD hat von vornherein auf eine eigene Maifeier verzichtet. Und dem Aufruf des DGB folgen lediglich 3.500 Arbeitnehmer, davon mehr als die Hälfte ausländische Kollegen. Ganz in der Nähe der Rednertribüne haben sich rund 250 SDS-Mitglieder und andere APO-Aktivisten postiert, die mit »Viva Che!«- und »Mao Tse-tung!«-Rufen die Reden der Gewerkschaftsfunktionäre ein ums andere Mal übertönen. Als der DGB-Kreisvorsitzende Willi Reiss das Wort ergreift, setzen lautstarke Sprechchöre ein. Der SPD-Bundestagsabgeordnete Hans Matthöfer, der für den Hauptvorstand der *IG Metall* spricht, erteilt am Ende seiner

1.5.: Broschürentitel.

Rede den APO-Aktivisten mit der Bemerkung eine Absage, man werde sich »in keine Abenteuer stürzen lassen« und damit alles gefährden, was sie aufgebaut hätten. Als der Betriebsratsvorsitzende Theo Geuss ein Bekenntnis zur Forderung nach mehr Mitbestimmung abgibt, stimmt der Block der APO-Demonstranten die »Internationale« an. Nach Abschluß der Kundgebung ziehen sie zusammen mit spanischen Arbeitnehmern zum Gewerkschaftshaus weiter, um dort noch eine eigene Kundgebung abzuhalten. Obwohl es zeitweise nach einem Zusammenstoß mit der Polizei aussieht, die eine am Main entlang führende Straße absperrt, entspannt sich die Situation dann doch noch.

2. Mai 1969: In dem vom SDS-Bundesvorstand herausgegebenen **SDS-Info** erscheint ein Text mit dem Titel **Anmerkungen zur Frankfurter Basisarbeit und Jungarbeiter-Agitation**. Darin wird die Militanz als das Geheimnis der außeruniversitären Mobilisierung dargestellt. Dabei werden auch die während des *Akti-*

ven Streiks praktizierten Aktionsformen nachgezeichnet und als richtungsweisend für eine Öffnung der studentischen Praxis ins Jungproletariat bezeichnet. »Die Steinwurfaktionen zum Ende des WS 69 (Iran/Kiesinger/Spanien), die wiederum außeruniversitäre Gruppen (Lehrlinge/Jungarbeiter/Rocker/Schüler) mobilisierten, (die Verhaftungen verweisen auf eine Überrepräsentation dieser Gruppen gegenüber Studenten), stellten das Problem der organisierten Zusammenarbeit erneut ganz konkret, um abstrakte Mobilisierung u. desorganisiertes ›Mitmachen‹ in Zukunft auszuschließen ... Zugleich vermittelte die neue Militanz-Stufe die neue Aktionstaktik zu einem neuen Organisationsprinzip. – Es waren nicht Aktionen in der Form der masochistischen Konfrontation mit der Polizei (Ketten bilden, Ketten durchbrechen etc.). Am Modell der spanischen Genossen (Madrid, 1. Mai 1968) wurden kleine informelle Gruppen gebildet (von miteinander bekannten Genossen), die mobil jeder sinnlosen Konfrontation auswichen, um politische Objekte exemplarisch anzugreifen. (›Rädelsführer‹ wurden überflüssig). Es ist empirisch feststellbar, daß diese kleinen Gruppen (v. Studenten, Schülern, Arbeitern) aus Genossen bestanden, die ohnehin schon politisch zusammenarbeiteten, daß sie sich also nicht erst in der Aktion selbst konstituierten.«[762] Als praktische Konsequenz wird die Organisation von Stadtteilbasisgrup-

761 Siehe: Polizisten als APO-Angehörige verkleidet? Erlebnis eines Angestellten im Parkhaus – Littmann hält Verwechslungstaktik für unbedenklich, in: Frankfurter Rundschau vom 9. Mai 1969.
762 **Dok. Nr. 320.**

1.5.: SDS-Mitglieder versuchen die Mai-Kundgebung auf dem Römerberg umzufunktionieren.

Mai 1969

pen, Lehrlingsgruppen und Schülergruppen angeführt, die nach dem Modell der spanischen Studenten- und Arbeiterkommissionen dezentralisiert, aber koordiniert Kampfzellen und Kadergruppen aus den Demonstrationen herausbilden. – Der Verfasser des Papiers ist Soziologiestudent und Mitglied der »Lederjackenfraktion« im SDS.

4. Mai 1969: Im **New York Times Magazine** erscheint unter dem Titel **Student Protest is Non-Violent Next to the Society Itself** eine politische Stellungnahme von Herbert Marcuse zum aktuellen Stand der Studentenbewegung.

5. Mai 1969: Das politische Magazin **Report** im **Ersten Deutschen Fernsehen** bringt einen Beitrag von Horst Hano zum Aktionismus linker Studenten. Als professorale Kritiker geben Theodor W. Adorno und Jacob Taubes, Professor für Philosophie an der Freien Universität in West-Berlin, Statements ab.

5. Mai 1969: In einem Gespräch mit dem Nachrichtenmagazin **Der Spiegel** erläutert Theodor W. Adorno seinen Ausspruch, er habe nicht ahnen können, daß es Leute gebe, die sein theoretisches Modell mit Molotow-Cocktails verwirklichen wollten. »Ich habe in meinen Schriften niemals ein Modell für irgendwelche Handlungen und zu irgendwelchen Aktionen gegeben. Ich bin ein theoretischer Mensch, der das theoretische Denken als außerordentlich nah an seinen künstlerischen Intentionen empfindet. Ich habe mich nicht erst neuerdings von der Praxis abgewandt, mein Denken stand seit jeher in einem sehr indirekten Verhältnis zur Praxis. Es hat vielleicht praktische Wirkungen dadurch gehabt, daß manche Motive in das Bewußtsein übergegangen sind, aber ich habe niemals irgend etwas gesagt, was unmittelbar auf praktische Aktionen abgezielt hätte.«[763]

5. Mai 1969: Nach einem Monat antwortet Theodor W. Adorno auf das letzte Schreiben von Herbert Marcuse. Dessen Brief vom 5. April habe ihn »außerordentlich betroffen und ... geschmerzt«. »Der Fall der Institutsbesetzung«, so verteidigt Adorno noch einmal sich und seine Kollegen, »erlaubte kein anderes Verhalten als das unsere. Da das Institut eine selbständige Stiftung ist und nicht unter Schutz der Universität steht, wäre die Verantwortung für alles, was hier angerichtet worden wäre, auf Friedeburg und mich gefallen. Die Studenten hatten die Absicht, anstelle des Seminars das Institut ›modifiziert zu besetzen‹, wie sie das damals nannten; was weiter geschehen wäre, mit Schmierereien und überhaupt, das kann man sich vorstellen. Ich würde heute nicht anders reagieren als am 31. Januar. Die Forderung, die die Studenten jüngst an mich heranbrachten: öffentlich Selbstkritik zu üben, halte ich für puren Stalinismus.«[764] Eine moralisch begründete Form der Praxis lehnt Adorno ab, weil er sie für falsch hält. »Wir, Du nicht anders als ich«, so erinnert er an die grauenhaften Nachrichten während des Exils, »haben seinerzeit eine noch viel schauerlichere Situation, die der Ermordung der Juden, ertragen, ohne daß wir zu Praxis übergegangen wären: einfach deshalb, weil sie uns versperrt war. Ich halte es für eine Sache der Selbstbesinnung, daß man sich über das Moment der Kälte in einem selbst klar ist. Schroff gesagt: daß Du wegen der Dinge in Vietnam oder Biafra einfach nicht mehr leben könntest, ohne bei den studentischen Aktionen mitzumachen, betrachte ich als eine Selbsttäuschung. Reagiert man aber wirklich so, dann müßte man nicht nur gegen das Grauen der Napalmbomben protestieren, sondern ebenso gegen die unsäglichen Folterungen chinesischen Stils, welche die Vietcong dauernd verüben.«[765] Adorno verteidigt weiter nochmals den Ausdruck »linker Faschismus« und gibt die Prognose ab, daß die Studentenbewegung genau auf das hinauslaufe, was sie zu verhindern vorgebe, die Technokratisierung der Universität. Wenn Marcuse nach Frankfurt kommen wolle, um mit den Studenten zu diskutieren, dann müsse er das auf seine eigene Kappe nehmen.

5. Mai 1969: Parallel zu Adorno sendet Jürgen Habermas ein Schreiben an Herbert Marcuse. Er gibt gleich eingangs seiner Verwunderung Ausdruck, daß man über tausende von Meilen hinweg »APO-Legenden für bare Münzen« nehme. Die Ursache für den Konflikt mit den Studenten sehe er darin, daß ihre Forderungen Teil sind »... einer illusionär auf unsere Verhältnisse übertragenen Partisanenstrategie. Sie laufen expressis verbis darauf hinaus, den Seminarbetrieb, materiell und in seinen Funktionen, zu einer Organisationszentrale für den unmittelbaren Kampf in und außerhalb der Universität umzufunktionieren. Das hiesige Seminar habe ich zu einem Zeitpunkt schließen lassen, als die wiederholte Parole der Agitatoren, in den Maschinenraum einzudringen und die Anlagen zu zerstören und in die Bibliothek einzudringen und die

Bücher auf die Straße zu schaffen, jederzeit befolgt werden konnte. Vor der geschlossenen Tür sind dann die Studenten umgekehrt und stattdessen ins Institut gegangen, um dort das Theater fortzusetzen. Diesen Zusammenhang muß man einfach kennen.«[766] Außerdem macht Habermas darauf aufmerksam, daß auch noch theoretische Differenzen zwischen ihnen bestünden; einige Stellen aus Marcuses *Versuch über die Befreiung*[767] hätten ihn doch erstaunt.

5.5.: Michael Wolff in einer Habermas-Vorlesung.

7. Mai 1969: In einem an die Fachschaft Philosophie gerichteten Schreiben lehnt Theodor W. Adorno es in seiner Funktion als geschäftsführender Direktor des Instituts für Sozialforschung ab, den gegen Hans-Jürgen Krahl wegen Hausfriedensbruchs gerichteten Strafantrag zurückzunehmen. Wenn er zusammen mit Ludwig von Friedeburg der von der Fachschaft an sie gerichteten Forderung nachkäme, so begründet er seine Ablehnung, dann würde die Polizei im Falle von Nachfolgeaktionen ihren Schutz möglicherweise versagen. Für jemanden, der die Zusammenhänge kenne, so fügt er noch hinzu, könne kein Zweifel daran bestehen, daß Krahl die gesamte Besetzungsaktion nur deshalb unternommen habe, um die Polizei zum Eingreifen zu provozieren und aus den dadurch entstehenden Folgen »agitatorische Vorteile« für seine Gruppe ziehen zu können.[768]

8. Mai 1969: In den **asta-informationen** wird der seit Wochen ausgetragene Konflikt zwischen Soziologiestudenten und -professoren um die Anerkennung von Kollektivarbeiten beschrieben. In dem mit **Boykott des Soziologie-Vordiploms** überschriebenen Artikel wird die »Abschaffung der bisherigen Prüfungsform!« gefordert und eine weitere Kollektivpraxis von Vordiplomanden der Soziologie für eine am 12. Mai angesetzte Klausur angekündigt.[769]

12. Mai 1969: Ein weiterer Versuch von Soziologiestudenten, eine Vordiplomklausur kollektiv zu schreiben, scheitert. Nach der Verlesung einer Resolution, in der die Forderungen unter dem Beifall der Mehrheit vorgetragen werden, entwickelt sich im Hörsaal A ein einstündiges Wortgefecht zwischen Befürwortern und Gegnern. Daniel Cohn-Bendit weist auf das Beispiel des Westberliner Otto-Suhr-Instituts hin und meint, daß das, was an der Freien Universität möglich sei, auch in Frankfurt möglich sein müsse. Doch Professor Ludwig von Friedeburg schmunzelt abwehrend und läßt sich auf keine der Forderungen ein. Cohn-Bendit verliert durch die hartnäckige Weigerung des Ordinarius die Nerven und schreit ihn mit den Worten an: »So ein reaktionäres Schwein wie Sie habe ich noch nie erlebt – man sollte sie kastrieren.«[770] Als erkennbar wird, daß es keinerlei Kompromißmöglichkeit zwischen den beiden Positionen gibt, fordert von Friedeburg diejenigen, die »individuell« schreiben wollten, auf, in einen anderen Hörsaal zu ziehen. Als sich der Jungsozialist und ehemalige stellvertretende AStA-Vorsitzende Wolfgang Streeck als erster erhebt, um Friedeburg zu folgen, wird er mit Sprüchen wie »der Kollaborateur mit der Ratte Friedeburg« beschimpft. Er läßt sich davon jedoch nicht abhalten und verläßt zusammen mit anderen den Hörsaal. Die-

---

763 *Spiegel*-Gespräch mit Theodor W. Adorno, Keine Angst vor dem Elfenbeinturm, in: Der Spiegel vom 5. Mai 1969, 23. Jg., Nr. 19, S. 204. **(Dok. Nr. 321)**
764 **Dok. Nr. 322.**
765 A.a.O.
766 **Dok. Nr. 323.**
767 Herbert Marcuse, Versuch über die Befreiung, Frankfurt/Main 1969.
768 Siehe: **Dok. Nr. 325.**
769 Siehe: **Dok. Nr. 326.**
770 Zit. nach: Neue Wege der Hochschulreform? Daniel Cohn-Bendit will Professor entmannen, in: Frankfurter Neue Presse vom 13. Mai 1969.

Berkeley
Anatomie einer Straßenschlacht
Von Stefan Aust

Berkeley, Mai 1969: Hubschrauber werfen Gasbomben, Polizisten schießen mit Schrotflinten auf fliehende Demonstranten, bewaffnete Sheriffs hocken auf allen Dächern. Mindestens ein Student stirbt an seinen Verletzungen, mehrere hundert werden verwundet, über tausend verhaftet. Berkeley, Mai 1969: Hippies, Studenten und Bewohner der Slums bauen einen Park, sie tanzen in den Straßen und lassen Spielflugzeuge fliegen, um die Funkverbindung ihrer Gegner zu stören. Eine zunächst unpolitische Aktion wird durch die brutale Reaktion des Staates und der Universität zu einer radikalen Widerstandshandlung. Stefan Aust berichtet aus dem besetzten Berkeley.

Nationalgardisten mit aufgepflanzten Bajonetten machen die Universität zum Heerlager

15.–30.5.: Stefan Aust berichtet in »Konkret« über die Polizeiaktionen in Berkeley.

jenigen jedoch, die auf der Kollektivschreibung bestehen, wollen sich nicht abspalten lassen und ziehen schnurstracks hinterher. Nachdem sie sich ebenfalls in den Bankreihen niedergelassen haben, versucht von Friedeburg sie mehrmals dazu zu bewegen, den Raum wieder zu verlassen. Da diese jedoch keinerlei Anstalten zum Aufbruch machen, erklärt er die Vordiplomklausur für »gesprengt« und verläßt zusammen mit seinen Assistenten den Hörsaal.

15.–30. Mai 1969: In der kalifornischen Universitätsstadt **Berkeley** kommt es wegen des Versuchs von Gouverneur Ronald Reagan, eine von Studenten besetzte Grünfläche, den People's Park, mit allen zur Verfügung stehenden staatlichen Gewaltmitteln räumen zu lassen, zu einwöchigen Straßenkämpfen mit einer hohen Anzahl von Opfern. Im Morgengrauen des 15. Mai rücken 400 mit Hickory-Knüppeln, Tränengasgranaten, Mace-Gas-Spraydosen, Revolvern und Gewehren ausgerüstete Polizisten vor, um das inmitten eines ungepflasterten Parkplatzes befindliche Rasenstück an der Telegraph Avenue zu umstellen. Während des Vormittags errichten Bauarbeiter einen zwei Meter hohen, auf Betonsockeln angebrachten Zaun, der die Grünfläche absperrt. Als 2.000 Demonstranten sich um die Mittagszeit auf das Gelände zubewegen, wird ihnen der Weg versperrt. Mehrere Polizeieinheiten gehen kurz darauf im Stile einer schwerbewaffneten Armada gegen die Protestierenden vor. Sie setzen dabei Waffen ein, die »birdshots« (feine Schrotkörner), »buckshots« (grobe Schrotkörner) und »rock salt« (unraffiniertes Steinsalz) verschießen, und mehrere Hubschrauber, die aus der Luft Tränengasbomben abwerfen. Bei dem mit ungekannter Brutalität durchgeführten Einsatz werden 128 Personen verletzt, darunter sechs Polizisten und zwei Journalisten. Am Abend wird die Nationalgarde eingesetzt. 2.000 dieser feldmarschmäßig ausgerüsteten und mit aufgepflanzten Bajonetten auftretenden National-Guards-Men rücken zur Unterstützung an. Doch zur großen Überraschung verbrüdern sich nicht wenige von ihnen, die in diese Truppe eingetreten sind, um nicht nach Vietnam zu müssen, mit den Demonstranten. Für die Nacht ordnet Reagan in Berkeley ein Ausgehverbot an; die Situation in der weltberühmten Universitätsstadt gleicht einem Belagerungszustand. – Die Auseinandersetzungen gehen in den nächsten Tagen mit kaum gebremster Heftigkeit weiter. – Am 19. Mai erliegt der 25jährige Demonstrant James Rector seinen von einem Schrotgewehr verursachten schweren Verletzungen. – Einen

Tag später versammeln sich 5.000 zu einem Schweigemarsch für den toten Rector. Da die Polizei das gesamte Gelände abriegelt, können sie den Campus nicht verlassen. Aus der Luft werden sie erneut von Hubschraubern aus mit Tränengasbehältern bombardiert. – Am 21. Mai veranstalten Studenten der Universitäten von **Los Angeles**, **Santa Cruz**, **San Diego** und **Stanford** Solidaritätsmärsche für ihre Kommilitonen in Berkeley, die gerade bei einem Marsch um den Campus wieder einmal von der Polizei auseinandergeknüppelt werden. 178 Professoren brechen ihre Vorlesungen ab und fordern den sofortigen Abzug von Polizei und Nationalgarde. – Einen Tag später werden 482 Personen unter dem Vorwurf, eine illegale Versammlung abzuhalten, mitten in der Innenstadt von Berkeley umzingelt und verhaftet. Gegen jeweils 800 Dollar Kaution können sie freigelassen werden; diejenigen, die diese Summe nicht aufbringen, müssen weiter im Gefängnis bleiben. – Am 24. Mai wird Reagan auf einem öffentlichen Hearing aufgefordert, das Ausgehverbot und die Versammlungsbeschränkung wieder aufzuheben. Er lehnt jedoch strikt ab. Bei einer Abstimmung sprechen sich 12.719 von etwa 15.000 Studenten für eine Fortsetzung des Kampfes um den »People's Park« aus. – Zwei Tage später treten alle kalifornischen Universitäten, darunter auch die von **San Diego**, an der Herbert Marcuse lehrt, in einen Streik. – Am 30. Mai ziehen 35.000 Demonstranten, die aus ganz Kalifornien und verschiedenen Teilen der USA nach **Berkeley** gekommen sind, unter dem Rhythmus sie begleitender Rockbands zu dem von Nationalgardisten bewachten Zaun des People's Park. Der Marsch ist zugleich eine Demonstration der Gewaltlosigkeit; als die Demonstranten abziehen, ist der Stacheldrahtzaun mit Blumen und Luftballons behängt.[771]

20. Mai 1969: Der Rektor Professor Walter Rüegg macht von seiner Rechtsaufsicht Gebrauch und läßt dem AStA mitteilen, ihm sei es untersagt, die Studentenzeitung *Diskus* weiterhin finanziell zu unterstützen. Zur Begründung führt er an, daß die in der Mai-Ausgabe von den Herausgebern geäußerte Absicht, in Zukunft »ein überregionales und lokales Blatt ... für die politische Bewegung« machen zu wollen, nicht mit dem Hessischen Hochschulgesetz zu vereinbaren sei, das der Studentenschaft als Aufgabe verbindlich vorschreibe, hochschulpolitische Belange ihrer Mitglieder wahrzunehmen.

22.5.: Die ML-Bewegung beginnt (Flugblatt).

22. Mai 1969: Auf dem Campus taucht ein Flugblatt auf, das unter der Überschrift **Alle reden von Schulung** und mit einem handgezeichneten Hammer-und-Sichel-Emblem versehen dazu auffordert, die Schriften von Mao Tse-tung und Karate zu studieren. »Wir wollen nicht lesen«, heißt es in einem Abschnitt, »was gerade aktuell erscheint. Das sind meist Schreibtischprodukte ›linker‹ Professoren. Wir wollen wissen, was richtig und falsch ist. Das lernen wir, wenn wir die Genossen studieren, die in den letzten 150 Jahren die proletarische Revolution erfolgreich geführt haben:

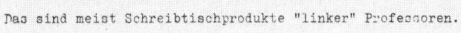

---

771 Vgl.: Stefan Aust, Berkeley – Anatomie einer Straßenschlacht, in: Konkret Nr. 13 vom 16. Juni 1969, S. 34–37; Hans Gresmann, Blumen gegen Bajonette – Berkeleys Rebellen proben einen hoffnungslosen Aufstand, in: Die Zeit vom 20. Juni 1969, 24. Jg., Nr. 25, S. 3; Kugelhagel auf Studenten: Erster Toter in Berkeley, in: Frankfurter Rundschau am Abend vom 22. Mai 1969; »26. Mai – Beginn des Streiks an allen Universitäten«, in: Frankfurter Rundschau vom 2. Juni 1969.

Marx, Engels, Lenin, Stalin, Mao Tse-tung. Dann kann uns auch kein ›linker‹ Akademiker mehr etwas vormachen.«[772] Propagiert werden kleine Studienkollektive und Plenumsdiskussionen im Basisgruppenrat, der am Tag darauf im Studentenhaus tagen soll. Nach einem längeren Mao-Tse-tung-Zitat, in dem die Theorien der genannten Klassiker als universell geltende »Wissenschaft von der Revolution« ausgegeben werden, heißt es abschließend: »Wir organisieren das Studium des Marxismus-Leninismus«.

23. Mai 1969: Herbert Marcuse schreibt an Theodor W. Adorno, daß er »unter den obwaltenden Umständen« nicht nach Frankfurt kommen könne. Aufgrund der sich immer mehr zuspitzenden Lage an der University of California käme er nicht dazu, den Brief vor seiner Abreise nach Europa noch zu beantworten, er hoffe jedoch, dies nach seiner Ankunft in London Anfang Juni von dort aus nachholen zu können.[773]

26. Mai 1969: Der **Süddeutsche Rundfunk** in Stuttgart sendet unter dem Titel **Kritik** einen Vortrag Theodor W. Adornos, in dem sich dieser grundsätzlich über den Zusammenhang von Kritik und Politik, vor allem die Unwirksamkeit von Kritik und die spezifisch deutsche Kritikfeindschaft ausläßt. Am Ende geht er auch, ohne sie direkt zu nennen, auf die studentische Kritik an der Kritik ein. »Die am meisten vom Positiven reden«, so führt er aus, »sind einig mit zerstörender Gewalt. Der kollektive Zwang zu einer Positivität, welche unmittelbare Umsetzung in Praxis erlaubt, hat mittlerweile gerade die erfaßt, die sich in schroffstem Gegensatz zur Gesellschaft meinen. Nicht zuletzt dadurch ordnet ihr Aktionismus dem herrschenden gesellschaftlichen Trend so sehr sich ein.«[774] – Der Vortrag wird am 27. Juni auch in der Hamburger Wochenzeitung **Die Zeit** abgedruckt.[775]

27. Mai 1969: Unter dem Titel **Porträt eines Aufklärers** zeichnet der Literaturkritiker Hellmuth Karasek in einer Sendung des **Ersten Deutschen Fernsehens** die Biographie von Max Horkheimer nach. Der Porträtierte, der die gegenwärtige Gesellschaft als »Vorstufe des Faschismus«[776] bezeichnet und zur Rechtfertigung von Gewalt »nicht nein zu sagen wagt«[777], lehnt es ab, daß seine Schriften als Anleitung für revolutionäres Handeln gelesen werden. Eine Revolution, so fürchte er, werde nur wieder zur Diktatur führen. Andererseits behauptet er aber auch: »Ob eine Revolution nötig ist, wird letztlich durch Praxis entschieden.«[778] Die wichtigste Aufgabe der Gegenwart sehe er darin, daß die junge Generation mit Hilfe einer kritischen Theorie der Gesellschaft das Bestehende, soweit es akzeptabel sei, erhalte und das Schlechte darin überwinde. – In Kritiken der Sendung wird anschließend festgestellt, daß einer der »Väter der Neuen Linken« überraschend konservative und spätbürgerlich-pessimistische Züge zeige.[779]

30. Mai 1969: Rund 100 Studenten ziehen am Nachmittag, von Karl Dietrich Wolff (SDS) angeführt, in die Große Eschenheimer Straße, um vor dem Rundschauhaus gegen eine als unzureichend und entstellend empfundene Berichterstattung der »Frankfurter Rundschau« über die Studentenunruhen in Berkeley zu protestieren. Sie verteilen an Passanten ein gefälschtes, vom SDS hergestelltes **Extrablatt der FR**, in dem sie die Vorfälle, Kämpfe und Auseinander-

Juni: Theodor W. Adorno.

und Praxis«, so äußert er sich im letzten Abschnitt zu dem ursprünglich von Marx postulierten Einheitsanspruch, »weder unmittelbar eins noch absolut verschieden, so ist ihr Verhältnis eines von Diskontinuität. Kein stetiger Weg führt von der Praxis zur Theorie – das eben wird vom Hinzutretenden als dem spontanen Moment gemeint. Theorie aber gehört dem Zusammenhang der Gesellschaft an und ist autonom zugleich. Trotzdem verläuft Praxis nicht unabhängig von Theorie, diese nicht unabhängig von jener. Wäre Praxis das Kriterium von Theorie, so würde sie dem Thema probandum zuliebe zu dem von Marx angeprangerten Schwindel und könnte darum nicht erreichen, was sie will; richtete sich Praxis einfach nach den Anweisungen von Theorie, so verhärtete sie sich doktrinär und fälschte die Theorie obendrein ... Praxis ist Kraftquelle von Theorie, wird nicht von ihr empfohlen. In der Theorie erscheint sie lediglich, und allerdings mit Notwendigkeit, als blinder Fleck, als Obsession mit dem Kritisierten; keine kritische Theorie ist im einzelnen auszuführen, die nicht das Einzelne überschätzte; aber ohne die Einzelheit wäre sie nichtig.«[781]

Juni 1969: Unter der Überschrift **Der Zwang, ein freier Mensch zu sein** erscheint in der Zeitschrift **Twen** ein Interview mit Herbert Marcuse, in dem sich dieser über die Entwicklung der Studentenbewegung, Gewalt, repressive Toleranz und seine Analyse des Spätkapitalismus am Beispiel der Vereinigten Staaten äußert. Dabei formuliert er eine Kritik des Kollektivismus, der nicht immer auf menschlicher Solidarität

Juni: Herbert Marcuse, porträtiert von Heinz Edelmann.

setzungen in der kalifornischen Universitätsstadt aus ihrer Sicht beschreiben. Nach kurzer Zeit begibt sich Chefredakteur Karl-Hermann Flach zusammen mit einem Dutzend seiner Redakteure vor das Gebäude und diskutiert mit den Studenten über deren Einwände. Am Ende der ohne Zwischenfälle verlaufenen Debatte bietet Flach den Studenten an, ihre »Extrablatt«-Version der Ereignisse abzudrucken. – Am 2. Juni erscheint dann, wie von Flach versprochen, die vom SDS verbreitete Darstellung in der **Frankfurter Rundschau**. Als Einschränkung heißt es lediglich, daß der Text wegen fehlender Quellenangaben nur schwer nachprüfbar sei.[780]

Juni 1969: In seinen in der Aufsatzsammlung **Stichworte** erscheinenden **Marginalien zu Theorie und Praxis** faßt Theodor W. Adorno seine im Zuge der universitären Auseinandersetzungen herausgeschälte und bruchstückhaft bereits in verschiedenen Interviews geäußerte Position zusammen. »Sind Theorie

772 Dok. Nr. 328.
773 Siehe: **Dok. Nr. 329.**
774 Theodor W. Adorno, Kritik, in: ders., Gesammelte Schriften Bd. 10.2: Kulturkritik und Gesellschaft II, hrsg. von Rolf Tiedemann, Frankfurt/Main 1977, S. 793. **(Dok. Nr. 330)**
775 Theodor W. Adorno, Kritik, in: Die Zeit vom 27. Juni 1969, 24. Jg., Nr. 26, S. 22.
776 Zit. nach: Porträt eines Aufklärers – Max Horkheimer, in: Die Welt vom 29. Mai 1969.
777 A.a.O.
778 A.a.O.
779 Vgl.: Dieter Wagner, Aufklärer Max Horkheimer, in: Süddeutsche Zeitung vom 29. Mai 1969; P. Stolle, Dialektik der Aufklärung – Max Horkheimer/Ein Porträt von H. Karasek, in: Lübecker Nachrichten vom 29. Mai 1969; Marita Schäfer, Max Horkheimer, in: Oberbadisches Volksblatt (Lörrach) vom 29. Mai 1969; R.B., Kritisch gesehen – Max Horkheimer, in: Stuttgarter Zeitung vom 29. Mai 1969.
780 »26. Mai – Beginn des Streiks an allen Universitäten«, in: Frankfurter Rundschau vom 2. Juni 1969.
781 Theodor W. Adorno, Marginalien zu Theorie und Praxis, in: ders., Stichworte, Frankfurt/Main 1969, S. 190 f. **(Dok. Nr. 332)**

basieren müsse, sondern auch ein Zwangsmechanismus in einem autoritären Regime sein könne. »Es gibt keine freie Gesellschaft ohne Stille, in der die individuelle Freiheit gedeihen kann. Wenn es weder Privatleben noch Autonomie noch Stille noch Einsamkeit in einer sozialistischen Gesellschaft gibt – nun, sehr einfach: dann ist es keine sozialistische Gesellschaft! Noch nicht.«[782]

2. Juni 1969: Als Vorabdruck seines Buches **Versuch über die Befreiung** erscheint in der Zeitschrift **Konkret** unter dem Titel **Ist Sozialismus obszön?** ein Text von Herbert Marcuse, in dem er mit der Kategorie der Obszönität die kapitalistische Überflußgesellschaft charakterisiert. Eine der am häufigsten aus diesem Text zitierten Stellen ist: »Nicht das Bild einer nackten Frau, die ihre Schamhaare entblößt, ist obszön, sondern das eines Generals in vollem Wichs, der seine in einem Aggressionskrieg verdienten Orden zur Schau stellt; obszön ist nicht das Ritual der Hippies, sondern die Beteuerung eines hohen kirchlichen Würdenträgers, daß der Krieg um des Friedens willen nötig sei.«[783] Die Redaktion kommentiert die Rolle Marcuses in einem Vorspann mit den Worten: »Er ist der einzige Vertreter der ›Frankfurter Schule‹, der sich mit denen solidarisiert, die den Anspruch der Kritischen Theorie verwirklichen wollen: den rebellierenden Studenten und jungen Arbeitern, den verfolgten Minderheiten in den Metropolen und den Unterdrückten in der Dritten Welt, die sich dem ›üppigen Ungetüm‹ entgegengeworfen haben.«[784]

3. Juni 1969: Nachdem eine Gruppe von Studenten im Seminar für wirtschaftliche Staatswissenschaften zwei Assistentenräume besetzt hat, ruft das Rektorat die Polizei herbei und läßt 39 von ihnen festnehmen. Die Studenten sind um 9 Uhr morgens erschienen, um sich in eigener Regie den Stoff einer Vorlesung über *Allgemeine Volkswirtschaftslehre* zu erarbeiten. Professor Heinz Sauermann hatte nach Störungen durch Studenten die Vorlesung vor einiger Zeit abgebrochen. Die Studenten, die eigene Arbeitsgruppen aufgebaut haben, verlangen von den Assistenten, ihnen den Schlüssel für einen der Seminarräume zu geben. Diese verweigern jedoch die Herausgabe mit dem Hinweis, daß dort zur Zeit gerade eine Prüfung abgehalten werde. Daraufhin erwidern die Studenten, so lange in den Assistentenräumen bleiben zu wollen, bis ihnen andere Räumlichkeiten zur Verfügung gestellt werden.

Dies führt schließlich dazu, daß das Rektorat von dem Vorfall alarmiert wird, von dort der Justitiar Hartmut Riehn erscheint, die »Besetzer« mehrmals vergeblich auffordert, die Räume zu verlassen, und danach die Polizei ruft. Professor Sauermann erstattet kurz darauf gegen die Festgenommenen Anzeige wegen Hausfriedensbruchs.

3. Juni 1969: Auf einem Teach-in vor über 1.200 Studenten der Philipps-Universität in **Marburg** ruft Hans-Jürgen Krahl zu einem Streik an allen hessischen Hochschulen auf. Er soll am 18. Juni, dem Tag der zweiten Lesung des neuen Hochschulgesetzes im Hessischen Landtag beginnen. Dieses Gesetz, begründet er seinen Aufruf, könne bestenfalls eine »technokratische Hochschulreform« bringen. Weiter schlägt Krahl vor, sich gegen Professoren, die sich an bestimmte von den Rektoren ausgesprochene Ordnungsmaßnahmen hielten, zur Wehr zu setzen. Bei Lehrkräften, die es Relegierten, Vorbestraften oder mit einem Hausverbot belegten Studenten untersagten, an Vorlesungen und Seminaren teilzunehmen, müsse dafür gesorgt werden, daß sie selbst aus ihren Veranstaltungen ausgesperrt würden.

4. Juni 1969: Auf einem Teach-in im Hörsaal V diskutieren rund 700 Studenten der Wirtschafts- und Sozialwissenschaftlichen Fakultät über die am Tag zuvor erfolgte Festnahme von Mitgliedern der »Sauermann-Arbeitsgruppen« und Möglichkeiten, den Wissenschaftsbetrieb »autonom« zu gestalten. Bei 15 Gegenstimmen beschließen die Versammelten, die Arbeitsgruppen besuchen zu wollen, die sich nach dem Abbruch der Vorlesung von Professor Sauermann über die allgemeine Volkswirtschaftslehre entwickelt haben. Falls der Ordinarius seine Strafanzeigen gegen die 39 Kommilitonen nicht zurückziehe, wolle man, heißt es in dem Beschluß weiter, Sauermann künftig daran hindern, die Hörsäle zu seinen Veranstaltungen zu betreten. Außerdem sollten alle Professoren nach ihrer Einstellung zum Ordnungsrecht befragt und »die praktische Relegation der Ordnungsrechts-Freunde« vorbereitet werden.

4. Juni 1969: Der Basisgruppenrat fordert in einem Flugblatt, das sich gegen die Einführung des Ordnungsrechtes wendet, dazu auf, verschiedene Vorlesungen und Seminare von Professoren zu stören, die bereits heute solche Maßnahmen vorwegnehmen würden. Es folgt eine Auflistung von Veranstaltungen zwischen dem 9. und dem 12. Juni, die wegen »professoraler Willkürakte« angegriffen werden sollen.[785]

4. Juni 1969: Auf einer Pressekonferenz weist der SDS anhand von Dokumenten nach, daß das der Universität angeschlossene Battelle-Institut im Gegensatz zu zuvor verbreiteten Behauptungen Forschungsaufgaben im Auftrag des US-Verteidigungsministeriums erfüllt. Aus den Protokollen eines von Senator J. William Fulbright initiierten Hearings der amerikanischen Regierung vom Mai 1968 gehe zweifelsfrei hervor, daß das Institut mit dem Pentagon Verträge in Höhe einer Gesamtsumme von 209.000 Dollar abgeschlossen habe. Diese Summe müsse als untere Grenze der seitdem in Auftrag gegebenen Vorhaben angesehen werden, da der Direktor der Abteilung Defense research and Engineering, John Forster, die Liste in dem Hearing als unvollständig bezeichnet habe. Außerdem erledige das Battelle-Institut, wie der SDS-Sprecher Dietrich Wetzel ergänzt, auch Forschungsarbeiten im Auftrag des Bundesverteidigungsministeriums in Bonn.[786] – Der Direktor des Battelle-Instituts reagiert auf die Bekanntgabe der Informationen durch den SDS mit den Worten: »Kein Kommentar.«[787]

4. Juni 1969: Wie bereits angekündigt, setzt Herbert Marcuse, der sich für anderthalb Wochen in **London** aufhält, seine briefliche Auseinandersetzung mit Theodor W. Adorno fort. Eine Formulierung aus Adornos Schreiben vom 5. Mai aufgreifend meint er: »Nein, Teddy. Es ist nicht unser altes Institut, in das die Studenten eingedrungen sind ... Um noch unser ›altes Institut‹ zu sein, müssen wir heute anders schreiben und handeln als in den dreißiger Jahren. Auch die unversehrte Theorie ist der Realität gegenüber nicht immun.«[788] Heute sei ein Zugang zur Praxis nicht grundsätzlich versperrt. Schließlich lebe man in einer bürgerlichen Demokratie und nicht in einem faschistischen Staat. Er glaube auch, daß eine Unterbrechung von Vorlesungen und eine Besetzung von Gebäuden in bestimmten Situationen, wie z.B. der brutalen Niederschlagung von Demonstrationen im Mai in Berkeley, gerechtfertigt seien. Und zur Zurückweisung seiner Ansicht, daß der Ausdruck »linker Faschismus« eine contradictio in adjecto sei, schreibt er: »Ich habe allerdings noch nicht vergessen, daß es dialektische contradictiones gibt – aber ich habe auch nicht vergessen, daß nicht alle contradictiones dialektische sind – manche sind einfach falsch. Die (authentische) Linke kann nicht kraft ihrer immanenten Antinomik in die Rechte umschlagen, ohne ihre gesellschaftliche Basis und Zielsetzung entscheidend zu verändern. Nichts in der Studentenbewegung indiziert eine solche Veränderung.«[789] Und im Hinblick auf eine Äußerung Horkheimers bemerkt er noch, daß er nicht von den »Chinesen am Rhein« sprechen könne, solange »die Amerikaner am Rhein« stünden.

4. Juni 1969: Unter der Überschrift **Schwere Vorwürfe gegen Herbert Marcuse** wird im links orientierten **Berliner Extra-Dienst** ein im **Bulletin des Fränkischen Kreises** erschienener Artikel des Historikers und Amerika-Experten L. L. Matthias referiert. In einem aus dem Bulletin übernommenen Zitat heißt es: »Marcuse ist nachweisbar bis in die fünfziger Jahre – und mit hoher Wahrscheinlichkeit auch in dem folgenden Jahrzehnt – eine der einflußreichsten Persönlichkeiten des amerikanischen Geheimdienstes gewesen.«[790] Er sei während des Zweiten Weltkrieges Mitarbeiter des Office of Strategic Services (OSS) gewesen, einem Vorläufer der CIA. In den ersten Nachkriegsjahren habe er in Frankfurt als Chief of the Central Europen Branch of the Office of the Intelligence Research eine gegen die Sowjetunion gerichtete Spionagezentrale aufgebaut, die mit der Organisation Gehlen, dem Vorläufer und späteren Kern des Bundesnachrichtendienstes zusammengearbeitet habe, und sei 1951 an das Russian-Research-Department« der Columbia University in New York gekommen, wo bereits Zbigniew Brzezinski und Ivan Svitak arbeiteten. Weiter heißt es, daß bereits in der **Washington Post** kürzlich von einem ge-

---

782 Twen-Interview mit Herbert Marcuse, Der Zwang ein freier Mensch zu sein, in: Twen Nr. 6, Juni 1969, S. 109. **(Dok. Nr. 333).**
783 Herbert Marcuse, Ist Sozialismus obszön? In: Konkret vom 2. Juni 1969, Nr. 12, S. 20.
784 A.a.O.
785 Basisgruppenrat, Widerstand gegen das Ordnungsrecht – Notstandsgesetze der Hochschule (Flugblatt vom 4. Juni 1969), aus: Archivalische Sammlung Ronny Loewy, Akte SDS Frankfurt 1966–1970, Archiv des Hamburger Instituts für Sozialforschung.
786 Wird doch für das US-Militär geforscht? Nach dem Dementi des Battelle-Instituts legte der SDS Dokumente aus Washington vor, in: Frankfurter Rundschau vom 5. Juni 1969.
787 A.a.O.
788 **Dok. Nr. 336.**
789 A.a.O.
790 Zit. nach: USA: Schwere Vorwürfe gegen Herbert Marcuse, in: Berliner Extra-Dienst Nr. 44/III vom 4. Juni 1969, S. 10 f.

wissen Drew Pearson die These aufgestellt worden sei, Marcuse habe mit seinem Versuch, Rudi Dutschke in die Vereinigten Staaten einzuladen, »zwei Fliegen mit einer Klappe« schlagen wollen: Zum einen um Rudi Dutschke aus West-Berlin zu entfernen und zum anderen um den angeschlagenen Ruf der USA eines freiheitlichen Landes wiederherzustellen. Mit seiner »utopischen Sozialphilosophie« sei es Marcuse gelungen, die revolutionär inspirierten Studentenbewegungen in Europa von der Arbeiterbewegung abzuspalten und damit das Bündnis zu verhindern, das man in Washington am meisten fürchte. – Auf eine Anfrage des Nachrichtenmagazins **Der Spiegel** hin bestreitet Marcuse keineswegs, Mitarbeiter des OSS gewesen zu sein; er habe außerdem bis 1950 für das State Department in Washington gearbeitet, bevor er anschließend an die Columbia University gegangen sei. Wörtlich erklärt er: »Ich war niemals beim CIA und kenne auch keinen Herrn Gehlen.«[791]

6. Juni 1969: Daniel Cohn-Bendit wird in **Rom** von einer Gruppe neofaschistischer Jugendlicher verprügelt und dabei leicht verletzt. Die Jugendlichen verteilen abends Flugblätter und entdecken dabei zufällig Cohn-Bendit zusammen mit Freunden in einem Café. Zunächst beschimpfen sie ihn. Als dieser sich das nicht gefallen lassen will, gehen sie zu Handgreiflichkeiten über. Der rasch alarmierten Polizei gelingt es jedoch nicht, einen von ihnen festzunehmen. – Cohn-Bendit hält sich zu Dreharbeiten in Italien auf. Der französische Regisseur Jean-Luc Godard will unter dem Titel **Le vent d'Est** (Ostwind) zusammen mit der *Gruppe Dziga Vertov* einen Film drehen, in dem die Krise linker Politik in Frankreich ebenso wie die im klassischen Western zum Ausdruck kommende kapitalistische Ideologie gezeigt werden sollen.[792] Bereits kurz nach der Mai-Revolte in Paris hatte er Cohn-Bendit um die Mitarbeit an einem solchen Projekt gebeten.

9. Juni 1969: Mit einem Teach-in versucht der AStA, die Studentenschaft auf die Zielsetzungen naturwissenschaftlicher Forschung und damit zugleich auf die Problematik universitärer Forschung im Auftrag des Militärs aufmerksam zu machen. Da von den dazu eingeladenen Institutsdirektoren, Professoren und Assistenten niemand erschienen ist, werden zunächst weitere Informationen zu der am Battelle-Institut betriebenen »Kriegsforschung« gegeben und dann Möglichkeiten diskutiert, wie die Geheimhaltung solcher Forschungsprojekte durchbrochen werden kann. »Der Anteil der Kriegsforschung an der gesamten Wissenschaftsfinanzierung durch die Bundesregierung«, führt der Diplomingenieur und Diplomsoziologe Dietrich Wetzel (SDS) aus, »beträgt 30 Prozent, für das Verteidigungsministerium arbeiten mehr als 120 Hochschulinstitute und 73 außeruniversitäre Einrichtungen.«[793] Dort werde Geld verschwendet, das dringend zum Ausbau der Universitäten für friedliche Zwecke benötigt würde. »Die studentische und die Arbeiterjugend«,

4.6.: Aufbau einer OSS-Abteilung mit Herbert Marcuse als Leiter des mitteleuropäischen Zweiges.

ruft Wetzel unter dem Beifall der Zuhörer aus, »wird sich nie damit einverstanden erklären, daß die Wissenschaft weiterhin der barbarischen Tradition folgt und Waffen für den Völkermord produziert.«[794]

9. Juni 1969: Aufgrund der Bemerkung eines Rezensenten, der am 4. Juni in einer Besprechung der Neuausgabe der **Dialektik der Aufklärung** in der Wochenzeitung **Die Zeit** darauf aufmerksam gemacht hatte, daß dieser Band bisher nur als Raubdruck in linken Buchhandlungen erhältlich gewesen sei, wenden sich zwei Anwälte des Frankfurter S. Fischer Verlages mit einem Schreiben an die linken Hamburger Buchhandlungen »Spartakus« und »Libresso«. Deren Geschäftsführer werden darin aufgefordert, die Bezugsquellen der bei ihnen erhältlichen Raubdrucke des von Horkheimer und Adorno verfaßten Werkes mitzuteilen und den Verkauf unverzüglich einzustellen.

9., 10. und 12. Juni 1969: Auf Einladung des *Bundesverbandes Jüdischer Studenten in Deutschland* (BJSD) hält der israelische Botschafter Asher Ben-Nathan im Hörsaal VI im Rahmen der Veranstaltungsreihe **Frieden in Nahost**[795] einen Vortrag, in dem er die israelische Position erläutert. Schon bei seiner Ankunft dröhnen dem Botschafter aus mehreren Reihen des bis auf den letzten Platz besetzten Hörsaals Parolen wie »Axel Springer und Ben Nathan – eine Clique wie Dajan« und »Ha, ha, ha – El Fatah ist da!« entgegen.[796] Die aufgeheizte Stimmung schlägt endgültig um, als der Botschafter die Existenz des Staates Israel und einer zionistischen Politik als Selbstverständlichkeit bezeichnet. Der ehemalige SDS-Bundesvorsitzende Karl Dietrich Wolff fordert ihn auf, eine Bemerkung zurückzunehmen, mit der er auf der Buchmesse des letzten Jahres die gegen die Friedenspreisverleihung an den senegalesischen Staatspräsidenten Senghor protestierenden Studenten als »Neonazis« bezeichnet hatte. Als sich Ben Nathan weigert, geht sein Vortrag in Sprechchören unter. »Es würde«, erhebt der Botschafter in einem Moment, als der Unmut ein wenig abflaut, erneut seine von einem resignativen Unterton geprägte Stimme, »ein geschichtliches Ereignis sein, wenn Sie diese Diskussion heute abend unmöglich machen. Dies nämlich ist in Deutschland das letztemal vor 34 Jahren geschehen.«[797] Als auch der Vorschlag, den israelischen Sozialisten Eli Löbel, der zunächst eingeladen, auf Druck wieder ausgeladen werden mußte, weil er auf einer Diskussionsveranstaltung der *El Fatah* aufgetreten war, als Vertreter der antizionistischen Opposition auf das Podium zu lassen, abgelehnt wird, ist der Unmut nicht mehr zu stoppen. SDS-Mitglieder, Palästinenser und linke Israelis skandieren »Matzpen – El-Fatah«; *Matzpen* ist eine linke antizionistische Organisation in Israel. Und die Anhänger des israelischen Botschafters halten im gleichen Rhythmus dagegen: »Asher Ben Nathan«. Als erster verläßt in der aufgeheizten Atmosphäre der Botschafter, der zuvor *Matzpen* als ein Phänomen beschreibt, das »eher eine pathologische Erscheinung als eine Partei, … eine Erscheinung des Selbsthasses«[798] sei, das Podium und den Saal. Nach kurzer Zeit verlassen auch die zerstrittenen Fraktionen unter den Zuhörern den Raum. – Am Abend darauf referiert der Herausgeber der israelischen Zeitschrift »New Outlook«, Simcha Flapan, vor 300 Zuhörern über die Frage **El Fatah – Representative of the Palestine People?** Seine Position besteht in der Grundvorstellung, ein geein-

---

791 Der Spiegel vom 30. Juni 1969, 23. Jg., Nr. 27, S. 109.
792 Siehe: François Albera u.a., Jean-Luc Godard, München/Wien 1979, S. 180–184 und S. 264f.
793 Frankfurter Rundschau vom 10. Juni 1969.
794 A.a.O.
795 In einem »Extrablatt« erläutert der BJSD-Vorsitzende Dan Diner die aktuelle Position seines Verbandes: »Das psychologische Abklingen des Vietnamkrieges und die Verhärtung der Positionen im hochschulpolitischen Bereich ließen den Nahost-Konflikt als einen politisierenden Katalysator in der Universität immer wichtiger werden. Gleichzeitig leistete die Beschäftigung mit den vermeintlichen ›Untaten‹ der ›Zionisten‹ (Juden), und dies soll nicht schamhaft verschwiegen werden, befreiende Verdrängungsarbeit bezüglich der eigenen Vergangenheit. Die kritiklose Übernahme der arabischen Thesen, wie Zionismus gleich Faschismus, die Schablonisierung der Ziele und Methoden des Befreiungskampfes der Dritten Welt und dessen ungeprüfte Projektion auf die Situation im Nahen Osten verzerren jedes wohlmeinende Modell einer progressiven Lösung … Al Fatah, die zweifelsohne der Ausdruck der palästinensischen Verzweiflung ist, kann politisch, jedenfalls heute nicht, nicht als eine arabische Alternative gewertet werden. Nicht nur, daß die Bewegung ein Spielball innerarabischer Kämpfe und Spannungen zu werden droht, auch ihre Politik des ›Alles oder nichts‹ macht sie politisch mit der Position des Mufti Haj Amin al Hussaini vergleichbar. Das Opfer dieser Forderungen droht das palästinensische Volk in seiner Gesamtheit zu werden.« Bundesverband Jüdischer Studenten in Deutschland (Hg.), Extrablatt, zit. nach: Frankfurter Rundschau vom 9. Juni 1969.
796 Bereits im Vorfeld der Veranstaltungsreihe sind Gerüchte aufgetreten, daß die Frankfurter *Al-Fatah*-Gruppe zusammen mit Teilen des SDS den Auftritt des israelischen Botschafters stören wollten. Außerdem heißt es in der Presse, daß Mitglieder des rechtsradikalen *Nationaldemokratischen Hochschulbundes* (NHB) sich den antizionistischen Aktionen des SDS anschließen wollten. Siehe: Diskussionswoche über Nahost – Israelbotschafter Ben Nathan vor Studenten – Aktionen des SDS? In: Frankfurter Rundschau vom 9. Juni 1969.
797 Frankfurter Rundschau vom 11. Juni 1969.
798 Zit. nach: Lothar Menne, Gezielte Scham – Ben-Nathan-Demonstration, in: Konkret 15. Jg., Nr. 14, vom 30. Juni 1969, S. 46.

tes Palästina könne nur auf der Basis des Sozialismus geschaffen werden. Zunächst aber sollten die Araber ihre eigenen Probleme lösen, anstatt ihre ganze Kraft darauf zu richten, Israel zu zerstören. Dies könne nur zum Völker- und zum Selbstmord führen. Die anschließende Diskussion verläuft, von wenigen Zwischenrufen abgesehen, ohne Zwischenfälle. – Zwei Tage später, am 11. Juni, soll im selben Hörsaal auf Einladung des AStA der nicht zu Wort gekommene Eli Löbel referieren. Sein Thema ist die Frage **Welches ist der Weg zum Frieden im Nahen Osten?** Kaum daß er zu sprechen begonnen hat, tritt ein älterer Zuhörer nach vorn und bezeichnet den linken Israeli als Verräter am Judentum. In diesem Moment – offensichtlich ist die Unterbrechung des Redners nur ein Signal – kommt Unruhe auf. Von den hinteren Reihen erhebt sich eine Gruppe, erstürmt das Podium, nimmt eine dort befindliche Bank auseinander und beginnt mit einzelnen Planken auf den Referenten und einige der daneben stehenden Studenten einzuschlagen. Zwei der mit bedenkenloser Brutalität vorgehenden Männer wuchten einen Filmprojektor hoch und versuchen, ihn auf den Kopf des inzwischen am Boden liegenden Eli Löbel zu werfen. Der ist gerade noch geistesgegenwärtig genug, um sich zur Seite rollen zu können. Das Gerät zerschmettert mit ohrenbetäubendem Krach auf dem Boden. Anschließend werden flüchtende palästinensische und antizionistisch eingestellte israelische Studenten von der Schlägertruppe mit Holzscheiten und auch mit gezogenen Messern zum Hörsaal hinaus verfolgt, in den Treppengängen zum Teil gestellt und erheblich verletzt. Auf der Straße hinter dem Hörsaalgebäude warten derweil Komplizen der Schläger in Mercedes-Fahrzeugen mit laufenden Motoren. Nachfolgende Studenten, die versuchen, gerade noch die Wagennummern zu notieren, werden mit gezogenen Schußwaffen bedroht. Einsatzkräfte der Polizei, die sich nur unweit des Geschehens auf derselben Straße befinden, sehen tatenlos zu und greifen auch trotz mehrmaliger Aufforderung von Augenzeugen nicht ein. – Mehrere bundesdeutsche und palästinensische Studenten müssen mit schweren Verletzungen ins Krankenhaus eingeliefert werden. Die beiden Palästinenser Abdallah Franghi und Amin Al-Hindi haben Gehirnerschütterungen und eine Reihe von Knochenbrüchen davongetragen; erst nach mehreren Wochen können sie die Klinik wieder verlassen. – Der BJSD-Vorsitzende Dan Diner erklärt dazu: »Unter der Voraussetzung, daß unter den Schlägern Juden waren, müssen wir feststellen, daß diese Männer offensichtlich in der Zeit des Nazi-Terrors aufgewachsen sind und daß sie die KZs durchlebt haben. Sie sahen sich einer Situation gegenüber, von der sie annahmen, die Ausschreitungen ... könnten der Anfang einer antijüdischen Entwicklung sein, die sie nicht noch einmal passiv hinnehmen wollten.«[799] – Bundesforschungsminister Gerhard Stoltenberg (CDU) bezeichnet die Störaktionen des SDS als bedrückend. Die Tatsache, daß der israelische Botschafter mit »antisemitischen Parolen« niedergeschrien worden sei, müsse für alle Deutschen beschämend sein. – Das Präsidium der *Deutsch-Israelischen Gesellschaft* (DIG) appelliert an alle Studenten, »sich geschlossen gegen die antiisraelische Agitation und den Meinungsterror der SDS-Gruppen zur Wehr zu setzen«. Es dürfe nicht so weit kommen, daß aus der deutschen Studentenschaft ein »neue Judenfeindschaft im Gewande des Antizionismus« erwachse. – Der Schriftsteller Günter Grass wendet sich mit einem Brief an Botschafter Ben Nathan und bezeichnet darin die Methoden des Frankfurter SDS als »faschistisch«. – Der SDS-Bundesvorstand weist in einer umfangreichen Presseerklärung den nach der ersten Veranstaltung vom 9. Juni von verschiedener Seite erhobenen Vorwurf zurück, die gegen die Äußerungen von Botschafter Ben Nathan gerichteten Sprechchöre seien Ausdruck eines »Antisemitismus der Linken« gewesen.[800] – Und in einer vom *Allgemeinen Studentenausschuß* (AStA), dem *Sozialistischen Deutschen Studentenbund* (SDS), dem *Israelischen Revolutionären Aktionskomitee im Ausland* (ISRACA) und der *Generalunion Palästinensischer Studenten* (GUPS) gemeinsam herausgegebenen Presseerklärung, wird einerseits »für eine rationale Diskussion ohne Diskriminierung von Juden und Arabern« geworben, andererseits aber der Zionismus als eine aus prinzipiellen Gründen unakzeptable und implizit auch indiskutable Position dargestellt. »Denn wer von der Selbstverständlichkeit des Zionismus ausgeht«, so heißt es dort, »unterstellt einen rein jüdischen Staat, in dem Araber keinen Platz haben oder nur als Unterdrückte leben können ... man muß Partei ergreifen, entweder für die zionistischen Unterdrücker oder für die jüdischen und arabischen sozialrevolutionären Kräfte.«[801]

9.–14. Juni 1969: Nach Beratungen mit den Professoren der Wirtschafts- und Sozialwissenschaftlichen Fakultät entscheidet der Rektor der Goethe-Universität, Professor Walter Rüegg, wegen der Störung von Veranstaltungen sämtliche Vorlesungen, Übungen und Seminare dieser Fakultät für den Zeitraum vom 9. bis zum 14. Juni ausfallen zu lassen. Gegen die sich autonom verstehenden Arbeitsgruppen gerichtet, heißt es dazu in einer Presseerklärung des Rektorats: »Es ist das Ziel der vom SDS gesteuerten Basisgruppen, Gewaltaktionen zu erregen und dadurch massiven Polizeieinsatz zu provozieren. Damit will sich der SDS aus seiner Isolierung befreien und Hilfstruppen für seine revolutionären Aktionen gewinnen.«[802] – Die *WiSo-Basisgruppe* protestiert gegen die vom Rektor ausgesprochene Aussperrung und bezeichnet sie als »verantwortungslose Willkürmaßnahme«. Damit solle der Versuch unternommen werden, eine »Neugestaltung des Studiums«, in dem die Nationalökonomie, anstatt zur »Hilfswissenschaft des Kapitals« zu degenerieren, wieder in die Lage versetzt werden soll, zentrale gesellschaftliche Probleme aufzugreifen, zu vereiteln.

12. Juni 1969: Nach den Ereignissen vom 22. April wird die wochenlang ausgesetzte Vorlesung Theodor W. Adornos **Einführung in dialektisches Denken** auch nach ihrer Wiederaufnahme gestört. In einer später angefertigten Aktennotiz heißt es dazu: »Vor Beginn der Vorlesung wurden vor dem Hörsaal Flugblätter einer ›ad-hoc-Gruppe‹ der Vollversammlung der Philosophischen Fachschaft vom 11.6.1969 verteilt. Ein Student folgte Professor Adorno auf das Podium und bestand gegen den Einspruch Adornos in Happening-Manier darauf, er sei gleichermaßen wie Professor Adorno autorisiert, hier zu stehen. Die erneuten Versuche Professor Adornos, mit der Vorlesung zu beginnen, unterbrach er mit der stereotypen Forderung nach einem Diskussionsleiter. Auf den Hinweis Professor Adornos, er sei genötigt, die Hausverwaltung zu rufen, wenn der Student seine Störung fortsetze, kam ein weiterer Student aufs Podium und versuchte, mit dem Inhalt des Flugblattes die Störung zu rechtfertigen. Darauf erhob sich aus dem Plenum die Forderung, zu klären, wieviele überhaupt an der Diskussion interessiert wären. Über den sowohl von Professor Adorno als auch aus dem Plenum gemachten Vorschlag, einen Zeitpunkt für die Diskussion zu vereinbaren, kam es zu keiner Abstimmung. Weil die von Professor Adorno geforderte Klärung darüber, wie das Plenum zu der Störung stünde, in der allgemeinen Unruhe nicht zustande kam, verließ Professor Adorno, wie er sagte, für fünf Minuten den Raum, um dem Plenum Gelegenheit zu geben, sich zu entscheiden. Während der Abwesen-

12.6.: Adorno vor dem Eingang zum Hörsaal V.

heit Professor Adornos wurde nochmals der Vorschlag gemacht, einen Zeitpunkt mit Professor Adorno für die Diskussion des Flugblattes zu vereinbaren; offensichtlich fand er die Zustimmung der Mehrheit, doch kam es nicht zu einer formalen Abstimmung. Da es zu einer Entscheidung nicht kam, sagte Professor Adorno die heutige Vorlesung ab und kündigte einen letzten Versuch, die Vorlesung in dem Semester weiterzuführen, für den kommenden Donnerstag an.«[803] – Bei dem zuerst auftretenden Studenten handelt es sich um den früheren »Adorno-Schüler« Hans Imhoff[804], der mit ähnlichen Polit-Happening-artigen Auftritten in Veranstaltungen von Jürgen Habermas, z.B. in dessen im Wintersemester 1968/69 begonnener, jedoch wegen wiederholter Störungen nicht zu Ende geführter Vorlesung über **Sprachphilosophie**, und von Alfred Schmidt, in dessen Seminar über Auguste Comte zu Beginn des Wintersemesters 1968/69, Aufsehen er-

799 Frankfurter Rundschau vom 13. Juni 1969.
800 Siehe: Presseerklärung des Bundesvorstandes des SDS vom 12. Juni 1969, aus: Archivalische Sammlung Wolfgang Kraushaar, Akte Universität Frankfurt SS 1969.
801 Presseerklärung des Allgemeinen Studentenausschusses, des SDS, des ISRACA und der GUPS, Frankfurt, aus: Archivalische Sammlung Wolfgang Kraushaar, Akte Universität Frankfurt SS 1969.
802 Frankfurter Rundschau vom 9. Juni 1969.
803 (Ohne Autor), Aktennotiz über die Störung der Vorlesung Professor Adornos *Einführung in dialektisches Denken*, am 12. Juni 1969, Hörsaal V, aus: Theodor W. Adorno-Archiv Frankfurt/Main.
804 Vgl.: Der Spiegel vom 20. Mai 1968, 23. Jg., Nr. 21, S. 142.

regt hat⁸⁰⁵. – Im Lokalteil der **Frankfurter Rundschau** erscheinen am Tag darauf zwei Photos, die Hans Imhoff auf einer auf dem Podium des Hörsaals V aufgestellten Holzbank sitzend und Theodor W. Adorno vor der Tür zum Hörsaal mit Studenten ins Gespräch vertieft zeigen.[806]

12. Juni 1969: Bei einem Forumsgespräch des *Republikanischen Clubs* in **Höchst** wird die Heimordnung der den Farbwerken gehörenden Lehrlingswohnheime scharfer Kritik ausgesetzt. An der Podiumsdiskussion die von der Journalistin Ulrike Meinhof geleitet wird, sind beteiligt der Diplom-Soziologe Helmut Dahmer, der Stadtverordnete Hans Michel, der Rechtsanwalt Christian Raabe, Herbert Stubenrauch vom *Sozialistischen Lehrerbund* (SLB) und Peter Weith von der Betriebsjugendvertretung der Farbwerke.[807] Die ehemalige *Konkret*-Kolumnistin Meinhof zitiert nur einige Passagen aus der Hausordnung, um deutlich zu machen, welch repressives Klima in den Lehrlingswohnheimen der Farbwerke herrsche. Alle Teilnehmer sind sich darin einig, daß dort Abhängigkeitsverhältnisse herrschten, die mit politischer Unterdrückung sowie sexueller Repression einhergingen und an Leibeigenschaftsverhältnisse erinnerten. Als die Moderatorin daraufhin den Vorschlag macht, »am Ort der Repression weiterzudiskutieren«, spricht sich rasch eine große Mehrheit dafür aus, in eines der Wohnheime zu fahren und die Veranstaltung dort in modifizierter Form fortzuführen. Von Raabe formulierte Bedenken werden beiseite gewischt. Die rund 250 Teilnehmer verteilen sich auf verschiedene Personenwagen und fahren nach **Oberliederbach**. Als sie dort gegen 22 Uhr eintreffen, sind die meisten der jungen Bewohner von dem überraschenden Besuch überhaupt nicht angetan. Außerdem wird den unerwarteten Besuchern vom Heimleiter und vom Hausmeister der Zugang zum großen Saal verwehrt. Die nächtliche Diskussion kann deshalb nur auf der Straße fortgeführt werden. Einige der Lehrlinge beteiligen sich dann doch noch an der Auseinandersetzung und stimmen vielen der dabei geäußerten Kritikpunkten zu. Andere jedoch, es soll sich dabei um Hilfsausbilder, nicht um Lehrlinge handeln, fühlen sich durch das Stimmengewirr so sehr in ihrer Nachtruhe gestört, daß sie von den oberen Stockwerken des Wohnheims Wasser auf die Diskutierenden schütten. Zur allgemeinen Erheiterung treffen sie damit jedoch fast ausschließlich den Heimleiter und den Hausmeister.

13. Juni 1969: Die vier Kaufhausbrandstifter Andreas Baader, Gudrun Ensslin, Thorwald Proll und Horst Söhnlein werden vorläufig aus dem Gefängnis entlassen. Nachdem sie nach 14 Monaten Untersuchungshaft rund ein Drittel ihrer Strafe abgesessen haben, dürfen sie nun, bis über eine Revision ihrer Urteile entschieden ist, auf freiem Fuß bleiben. Eine Fluchtgefahr gilt für die vier als weitgehend ausgeschlossen.

15. Juni 1969: In der Aula der Universität hält Professor Max Horkheimer in Anwesenheit des hessischen Landtagspräsidenten Georg Buch auf Einladung des *Verbandes für Freiheit und Menschenwürde* in einer Gedenkfeier für Anne Frank und alle anderen Opfer nationalsozialistischer Verfolgung den Festvortrag. Darin beklagt er, die Aufgabe, zu verhindern, daß sich etwas wie der Nationalsozialismus wiederhole, werde von Jahr zu Jahr schwieriger werde. Die jüdischchristliche Zivilisation in Europa sei immer stärker gefährdet.[808]

16. Juni 1969: Als ein weiterer Vorabdruck aus Herbert Marcuses Band **Versuch über die Befreiung** erscheint in der Zeitschrift **Konkret** unter dem Titel **Die Sensiblen und die Solidarität** ein Auszug, der sich mit der Frage auseinandersetzt, worin eigentlich die Ziele der Rebellierenden bestehen.[809]

17. Juni 1969: Ein Vortrag von Herbert Marcuse im Teatro Eliseo in **Rom** wird kurz nach Beginn der Veranstaltung von Zwischenrufern gestört. Das wegen der mangelhaften Übersetzungskünste der Dolmetscherin nur schleppend in Gang gekommene Referat zum Thema »Andere Menschen in einer anderen Dimension« wird von der Empore aus durch Daniel Cohn-Bendit mit der Frage unterbrochen: »Marcuse, warum kommst Du in die Theater der Bourgeoisie?«[810] Der Angegriffene entgegnet: »Ich bin hier, weil man mich eingeladen hat. Die Kommunistische Partei hat mich nicht gebeten zu reden. Ich gehe dahin, wo ich kann.«[811] Während einer kleinen Atempause beim Absingen der »Internationale« nutzt der von der Presse als »deutschfranzösischer Studentenführer« Apostrophierte erneut eine Gelegenheit und fragt: »Herbert, sag uns, warum Dich der CIA bezahlt?«[812] Als ein weiterer Zwischenrufer Marcuse als »Unternehmer-Sklave« bezeichnet, kapituliert dieser und verläßt die Veranstaltung durch einen Seitenausgang. – Daniel Cohn-Bendit bestreitet die von italienischen Zeitungen, von **Le Monde** und dem Nachrichtenmagazin **Der Spiegel** verbreitete Meldung, daß er es gewesen sei, der Marcuse mit der CIA in Verbindung gebracht habe. Nach Erscheinen der ersten Pressemeldungen richtet er einen Brief an Marcuses Adresse in **La Jolla** und setzt ihn darüber in Kenntnis[813]. – Auch Herbert Marcuse bestreitet kurze Zeit später die von Journalisten gegebene Darstellung des Abends im Teatro Eliseo. Am 21. Juli schreibt er in einem Brief an Adorno dazu folgendes: »Der Zusammenstoß mit Cohn-Bendit hat mir eigentlich viel Spaß gemacht: nicht nur weil es mir gelungen ist, seinen Sprechchor zum Schweigen zu bringen und meinen Vortrag wie geplant zu Ende zu halten (die Zeitungsberichte waren falsch), sondern auch weil Diskussionen mit italienischen Studenten über diesen Zwischenfall gezeigt haben, daß Cohn-Bendit und seine Methoden von dem Kern der Studentenbewegung völlig isoliert sind. Dasselbe höre ich von meinen Freunden aus Berlin.«[814]

17.6.: Cohn-Bendit greift in Rom Marcuse an.

18. Juni 1969: An der Tür des Hörsaals V, im Dekanat der Philosophischen Fakultät und im Rektorat gibt Theodor W. Adorno in der Form eines Aushangs bekannt, daß er seine Vorlesung **Einführung in dialektisches Denken** für den Rest des Semesters endgültig absagt. Bereits am 12. Juni habe er nach der Störung durch zwei Studenten seine Vorlesung abbrechen müssen. Da für den morgigen Tag zur selben Zeit, in der seine Veranstaltung angesetzt ist, eine »sogenannte Vollversammlung der Philosophen« stattfinden soll, müsse er davon ausgehen, weiter in der Ausübung seiner Lehrverpflichtung behindert zu werden.[815]

19. Juni 1969: In einem weiteren ausführlichen Schreiben setzt Theodor W. Adorno die prinzipielle Fragen berührende Auseinandersetzung mit Herbert Marcuse fort. Eingangs spricht er von einer, wie er explizit vermerkt, keineswegs psychologisch bedingten »Phase äußerster Depression«[816]; bereits zum zweiten Mal sei seine Vorlesung, diesmal auch ohne den Versuch einer Begründung, gesprengt worden. Die Kontroverse über die Frage, ob das jetzige noch mit dem alten Institut in eins gesetzt werden könne, setzt er fort mit der Bemerkung: »Damals bestand die Möglichkeit, eine ganze Reihe mehr oder minder reifer Gelehrter, von denen die meisten längst zusammenarbeiten, zum Institut zusammenzufassen; hier mußten wir die gesamten Mitarbeiter selbst erst heranbilden. Die öffentlichen Zuschüsse haben die Arbeitsrichtung insofern beeinflußt, als wir empirische Untersuchungen machen mußten ... Du wirst in all diesen Bänden nicht die leiseste Rücksichtnahme auf Geldgeber finden. Daß wir über jene Studien die theoretischen Interessen vernachlässigt hätten, dürftest Du wohl weder gegen Jürgen (der nicht offiziell Institutsdirektor ist, aber de facto völlig dazugehört) noch gegen mich einwenden... Ich meine, wenn man sich die Schwierigkeiten vergegenwärtigt, mit denen das Institut wie unser ganzes Leben so auch heute zu kämpfen hat, ist das Resultat menschenwürdig.«[817] Nach die-

805 Vgl.: **Dok. Nr. 246.**
806 Frankfurter Rundschau vom 13. Juni 1969.
807 Vgl.: In Oberliederbach war es aus mit der Ruhe – Farbwerke und ihre Wohnheime im Kreuzfeuer der Kritik, in: Frankfurter Rundschau vom 14. Juni 1969.
808 Vgl.: Rassenhaß ist nicht angeboren – Prof. Horkheimer auf einer Anne-Frank-Feier in der Universität, in: Frankfurter Rundschau vom 16. Juni 1969; Der Unmut ist die Wurzel – Gegenwartsbezogener Vortrag bei der Gedenkfeier für Anne Frank, in: Frankfurter Allgemeine Zeitung vom 16. Juni 1969.
809 Herbert Marcuse, Die Sensiblen und die Solidarität – Wofür kämpft die Neue Linke?, in: Konkret 15. Jg., Nr. 13, vom 16. Juni 1969, S. 22–27.
810 Zit. nach: Der Spiegel vom 30. Juni 1967, 23. Jg., Nr. 27, S. 108.
811 A.a.O.
812 A.a.O.
813 Mündliche Mitteilung von Daniel Cohn-Bendit vom 7. Mai 1983 in Frankfurt.
814 **Dok. Nr. 340.**
815 Siehe: **Dok. Nr. 337.**
816 Siehe: **Dok. Nr. 338.**
817 A.a.O.

ser Verteidigung der wissenschaftlichen Arbeiten des Frankfurter Instituts in der Nachkriegszeit geht er noch einmal auf den Praxisanspruch bzw. -vorwurf und den Zusammenhang mit dem umstrittenen Terminus »Linksfaschismus« ein. »Du meinst«, so wendet er sich an Marcuse, »Praxis heute, im emphatischen Sinn, sei nicht versperrt; ich denke darüber anders. Ich müßte alles, was ich über die objektive Tendenz gedacht habe und weiß, verleugnen, wenn ich glauben wollte, daß die Protestbewegung der Studenten in Deutschland auch nur die geringste Aussicht hat, gesellschaftlich eingreifend zu wirken. Weil sie das aber nicht kann, ist ihre Wirkung fragwürdig in doppelter Hinsicht. Einmal in der, daß sie das in Deutschland ungemindert faschistische Potential anheizt, ohne sich auch nur darum zu scheren; dann aber insofern, als sie in sich selbst Tendenzen ausbrütet, die – und auch darin dürften wir differieren – mit dem Faschismus unmittelbar konvergieren.«[818] Danach reiht er eine Liste von Symptomen auf und führt an, daß das Wort Ordinarius von den rebellierenden Studenten gebraucht würde wie seinerzeit von den Nazis das Wort Jude. »Die Gefahr des Umschlags der Studentenbewegung in Faschismus«, so fährt er weiter unten fort, »nehme ich viel schwerer als Du. Nachdem man in Frankfurt den israelischen Botschafter niedergebrüllt hat, hilft die Versicherung, das sei nicht aus Antisemitismus geschehen, und das Aufgebot irgendeines israelischen ApO-Mannes nicht das mindeste ... Du müßtest nur einmal in die manisch erstarrten Augen derer sehen, die, womöglich unter Berufung auf uns selbst, ihre Wut gegen uns kehren.«[819]

25. Juni 1969: Mitglieder der *Kampfgruppe Jura* ziehen in eine rechtswissenschaftliche Vorlesung des Dozenten Dr. Günther Kohlmann und fordern eine Diskussion. Da sich keine Einigkeit über das weitere Vorgehen herstellen läßt, wird abgestimmt. Da die Gruppe in der Minderheit bleibt, verläßt sie den Hörsaal.

26. Juni 1969: Eine halbe Stunde nach Beginn der Strafrechtsvorlesung von Dr. Günther Kohlmann dringen mehrere Mitglieder der *Kampfgruppe Jura* »überfallartig« durch die hinter dem Podium gelegenen Notausgangstüren in den Hörsaal VI ein. Frontal richten sie einen Feuerwehrschlauch gegen den von dieser Aktionsform völlig überraschten Dozenten und die in den ersten Reihen sitzenden Studenten. Nachdem sie diese völlig naßgespritzt und außerdem mit Knallkörpern sowie roten und schwarzen Farbbeuteln beworfen haben, setzen sie den Raum unter Wasser.[820] Unmittelbar danach erscheint eine größere Gruppe der von der Aktion in Mitleidenschaft gezogenen Studenten in den Räumen des AStA und verlangt erbost eine öffentliche Distanzierung von den Methoden der *Kampfgruppe Jura*. Die Vertreter des AStA lehnen das ab. In einem am Tag darauf verbreiteten Flugblatt erklären sie dazu: »Die politische Legitimation solcher studentischer Aktionen sehen wir insoweit gegeben, da aus Erfahrung der Protestbewegung erst in der scharfen politischen Konfrontation unter den beteiligten Studenten eine Situation geschaffen werden kann, in der politische Diskussionen so verbindlich geführt werden, daß sie für den Einzelnen einen Entscheidungsdruck herstellen und auch praktische Konsequenzen erzwingen.«[821] Da die Aktion in der Juravorlesung bedauerlicherweise »auch Diskussionen über beschmutzte Kleider«[822] provoziert habe, wolle der AStA im Studentenparlament beantragen, daß den Betroffenen die Unkosten für die Reinigung erstattet würden.

26./27. Juni 1969: Nach einer Vollversammlung der Germanisten im Hörsaal VI zum Thema **Ordnungsrecht**, zu der auch die Professoren Brackert, Burger, Stöcklein und von See eingeladen waren, jedoch nicht erschienen sind, ziehen mehrere hundert, von dem ehemaligen SDS-Bundesvorsitzenden Karl Dietrich Wolff angeführte Studenten zu dem in der Jügelstraße 13 gelegenen Deutschen Seminar, schlagen eine Türscheibe ein und versuchen, dort mehrere anwesende Professoren ultimativ zur Unterzeichnung einer Resolution gegen das Ordnungsrecht zu bewegen. Nach kurzer Zeit treffen mehrere Einsatzfahrzeuge der frühzeitig alarmierten Polizei ein und nehmen 48 Studenten fest; die Universitätsleitung stellt gegen die Eindringlinge Strafantrag wegen schweren Hausfriedensbruchs.[823] – Am nächsten Tag findet im Hörsaal VI ein gesamtuniversitäres Teach-in zum Thema Ordnungsrecht statt, zu dem nur 400 Studenten erschienen sind und auf dem eine durchaus beachtliche Anzahl von Teilnehmern über das von einem Mitglied des rechtsliberalen *Aktionskomitees Demokratischer Studenten* (ADS) vorgeschlagene Thema »Terror von Studenten gegen Studenten« reden will. Bevor es jedoch dazu kommt und die Feuerwehrschlauch-Aktion der dem SDS nahestehenden *Kampfgruppe Jura* vom Vortag zur Diskussion gestellt wird, reißt Karl Dietrich Wolff die Diskussionsleitung an sich, formuliert Selbstkritik an der studentischen Bewegung und ruft anschließend zu weiteren exemplarischen Aktionen auf, um das Potential innerhalb wieder »stärker mit Kräften außerhalb der Hochschule«[824] zu verbünden. Anschließend zieht abermals unter Anführung Wolffs eine Gruppe von Studenten zum Deutschen Seminar. Sie dringen diesmal an mehreren Stellen gleichzeitig, unter anderem auch durch die Kellertür, ins Gebäude ein. Die ebenfalls wiederum herbeigerufene Polizei findet jedoch bei ihrem Eintreffen keinen der Eindringlinge mehr vor. Um zu verhindern, daß möglicherweise das Rektorat gestürmt und dabei in Mitleidenschaft gezogen werden könnte, riegelt sie vorsorglich den Eingang zum Hauptgebäude ab.

27. Juni 1969: Auf einem abendlichen Teach-in vor der Universität kündigt Hans-Jürgen Krahl (SDS) eine Aktion »Roter Main« an. Vom Montag, den 30. Juni, kündigt er vor 250 Teilnehmern an, sollen Aktionsgruppen nach Bad Vilbel, Offenbach und Usingen entsandt werden, um dort Jungarbeiter und Lehrlinge für den gemeinsamen Kampf mit der APO zu mobilisieren.

28. Juni 1969: Rund 200 APO-Aktivisten, darunter zahlreiche Frankfurter SDS-Mitglieder und die auf freiem Fuß befindlichen Kaufhausbrandstifter Andreas Baader, Gudrun Ensslin und Thorwald Proll, fahren in die Nähe von **Biedenkopf** und geben dort in einem Erziehungsheim den Startschuß für die Befreiung von Fürsorgezöglingen, die sogenannte **Staffelberg-Kam-**

FLUGBLATT DER KAMPFGRUPPE EHEMALIGER „FÜRSORGEZÖGLINGE"

Noch ist es uns unmöglich, Erziehungsheime abzuschaffen. Deshalb bleibt uns im Augenblick nichts anderes übrig, als Änderungen zu erkämpfen.
Wir fordern: Aufstellung eines geheim gewählten unabhängigen Heimrates, der alle Entscheidungen im Heim fällt; als Übergangslösung: an allen Entscheidungen beteiligt ist; dieser Rat macht Änderungsvorschläge, die öffentlich diskutiert werden müssen.
Wir fordern: Öffentlichkeit der Erzieherkonferenz (Termin nach Feierabend!)
Wir fordern: sofortigen Abbruch des Karzers; die übrige geschlossene Abteilung muß umorganisiert werden.
Wir fordern: tarifgerechte Löhne und freie Verfügung darüber (kein Geldentzug!).
Wir fordern: Offenlegung sämtlicher Verwaltungsvorgänge und Finanzkontrolle.
Wir fordern: daß der Staat uneingeschränkt die Kosten für die Heimunterbringung trägt.
Wir fordern: Rausschmiß aller Erzieher, die prügeln beziehungsweise geprügelt haben.
Wir fordern: Abschaffung der Postzensur.
Wir fordern: daß das ganze Heim Tag und Nacht geöffnet und unkontrolliert Mädchenbesuch möglich ist.
Wir fordern: freie Berufswahl.
Wir fordern: Abschaffung der Anstaltskleidung und Flatterklamotten; die Haarlänge geht die Erzieher einen Dreck an.

28. 6.: Pressenachdruck eines Flugblatts.

pagne.[825] Die zuvor in den **Frankfurt**er Stadtteilgruppen besprochene Aktion, die von einigen mit der Randgruppentheorie Herbert Marcuses in Verbindung ge-

818 A.a.O.
819 A.a.O.
820 Vgl.: Wasser gegen Lernwillige, in: Frankfurter Allgemeine Zeitung vom 27. Juni 1969; Mit Wasser gegen Dozenten – SDS-»Kampfgruppe« sprengt Vorlesungen, in: Frankfurter Rundschau vom 27. Juni 1969.
821 Stellungnahme des AStA zu Vorfällen bei Prof. G. Kohlmann (Flugblatt vom 27. Juni 1969), aus: Archivalische Sammlung Ronny Loewy, Akte SDS Frankfurt 1966–1970.
822 A.a.O.
823 Vgl.: Seminarbesetzung löst Polizeieinsatz aus – Universität stellt Strafantrag wegen schweren Hausfriedensbruchs, in: Frankfurter Allgemeine Zeitung vom 27. Juni 1969; vgl. auch die Darstellung des Deutschen Seminars im uni-report-aktuell Nr. 11 vom 27. Juni 1969 unter der Überschrift »Seminar aufgebrochen – um zu diskutieren?«: »Am Donnerstag, dem 26. Juni 1969, drang gegen 14.50 Uhr eine Gruppe von ca. 50 Studenten nach einer Versammlung der Germanisten gewaltsam in die Räume des Deutschen Seminars in der Jügelstraße 13 ein. Die Gewalttätigkeit des Eindringens und das sofortige Aushängen roter Fahnen beweisen eindeutig, daß eine Diskussion mit Prof. Brackert, der sich, wie in der vorangegangenen Versammlung bekanntgemacht wurde, zu dieser Zeit gar nicht in Frankfurt aufhielt, nicht, wie vorgesehen, das Ziel dieser Aktion sein konnte. Diese Gruppe verschaffte sich den Zutritt zu den Seminarräumen durch Einschlagen der Türglasscheibe. Die einzelnen Räume wurden besetzt, Wände mit den bekannten Parolen (›fuck Brack‹ u. ä.) beschmiert, Schlüssel entwendet. Der Zusammenhang solcher irrationaler Aktionen mit der Problematik des Ordnungsrechts wurde in keiner Weise sichtbar. Die Empörung über den anschließenden Polizeieinsatz, der auf die Meldung der Gewalttätigkeiten hin vom Rektorat veranlaßt wurde, kann nur als scheinheilig bezeichnet werden, da seit dem Wintersemester bekannt ist, daß eine Besetzung des Deutschen Seminars zwangsläufig mit polizeilicher Räumung beantwortet würde. Der irrationale und zu bloßer Gewalttätigkeit neigende Aktionismus wurde vollends deutlich, als drei Assistenten des Deutschen Seminars kurze Zeit später quer über das Universitätsgelände von einer Gruppe von Studenten verfolgt und dabei belästigt wurden.«
824 Zit. nach: Seminar zum zweitenmal besetzt – AStA: »Zieht die Polizei nicht ab, ist das Semester zu Ende«, in: Frankfurter Allgemeine Zeitung vom 28. Juni 1969.
825 Zum Ablauf siehe die Dokumentation: Peter Brosch, Fürsorgeerziehung – Heimterror und Gegenwehr, Frankfurt/Main 1971; außerdem: AStA/Stadtteilbasisgruppen/SDS (Hg.), Kampf dem Erziehungsterror in kapitalistischen Anpassungslagern – Dokumentation: Staffelberg, Frankfurt/Main 1969 (Typoskript).

28. 6.: APO-Aktion in Staffelberg u. a. mit Dirk Amfft, Andreas Baader, Michael Bärmann, Silvia Bovenschen, Gudrun Ensslin und Thorwald Proll.

bracht wird, war nicht unumstritten. Eine Minderheit hatte argumentiert, daß die dort untergebrachten Jugendlichen »objektiv« dem »Lumpenproletariat« angehörten, das sich historisch oft genug als »Handlanger der Konterrevolution« erwiesen habe. Die Mehrheitsfraktion um Andreas Baader und Peter Zollinger (SDS) war dagegen der Ansicht, daß die Revolte solcher Jugendlicher »etwas prinzipiell Klassenkämpferisches« sei. An der **Frankfurt**er Universität sind, nachdem im Basisgruppenrat die Entscheidung für die Kampagne gefallen ist, im Vorfeld Flugblätter verteilt worden, um möglichst viele Studenten zu einer Teilnahme zu bewegen. Eines stammt von der *Basisgruppe Sachsenhausen*. Darin wird aufgerufen, »massenhaft« zu erscheinen und den »Heimterror« zu zerschlagen. Als die 200 am Samstagmittag vor dem am Stadtrand von **Biedenkopf** im Billerbachtal gelegenen Erziehungsheim erscheinen, ist von dessen Direktor Carl Böcker bereits vorsorglich die Polizei verständigt worden. Rund 70 Polizisten aus Biedenkopf, Wetzlar, Dillenburg und Wiesbaden stehen in Bereitschaft, um die APO

davon abzuhalten, in die Gebäude – langgestreckte, kasernenartige Flachbauten – einzudringen. An einem Hang vor einem der Häuser lassen sich die Heimbewohner, die Mitglieder der Frankfurter Stadtteilgruppen und andere APO-Aktivisten nieder. Beteiligt ist auch Heimleiter Böcker sowie Karlheinz Deutsch vom Landeswohlfahrtsverband (LWV), dem Trägerverband der hessischen Erziehungsheime. Die von Michael Bärmann (SDS) geleitete »Vollversammlung« beginnt damit, daß einer der Heimbewohner ein von der *Kampfgruppe ehemaliger »Fürsorgezöglinge«* verfaßtes Flugblatt vorliest. »Wir haben diese Aktion vorbereitet, weil wir den Erziehungsterror in den Heimen Staffelberg, Wabern, Freistadt, Treysa, Börgermoor, Rengshausen am eigenen Leib erfahren haben und von ihm bedroht sind... Wirkliche Veränderungen unserer Lage werden uns nicht von oben zugestanden. Wir müssen sie uns erkämpfen! Darum ist die Aktion Staffelberg der Beginn einer Offensive, die sich gegen den gesamten Erziehungsterror richtet.«[826] Dann werden einzelne, an die Heimleitung gerichtete Forderungen hintereinander aufgelistet: Die Aufstellung eines geheim gewählten, unabhängigen Heimrates; die Öffentlichkeit der Erzieherkonferenzen; der sofortige Abbruch des Karzers; eine tarifgerechte Entlohnung der geleisteten Arbeit, samt der freien Verfügung über den gesamten als Lohn ausgezahlten Geldbetrag; die Offenlegung aller Verwaltungsvorgänge; die Übernahme sämtlicher Unterbringungskosten durch den Staat; die Entlassung aller Erzieher, die prügeln; die Abschaffung der Postzensur; freie Berufswahl; die Öffnung des Heimes rund um die Uhr, damit auch ein unkontrollierter Besuch von Mädchen möglich ist; die Abschaffung der Anstaltskleidung sowie die Selbstbestimmung der eigenen Haarlänge. In der anschließenden Diskussion verhält sich der Heimleiter Böcker defensiv und macht eine Reihe von Zugeständnissen. So solle der Karzer nicht mehr benutzt und auch kein Taschengeld mehr zur Strafe eingezogen werden. Dennoch kommt es, nicht zuletzt wegen der Anwesenheit von Polizeikräften auf dem Heimgelände, zu heftigen Wortgefechten und lautstarken Mißfallensäußerungen.[827] Erstes Resultat der »Staffelberg-Aktion« ist, daß 26 der Heimbewohner mit nach **Frankfurt** fahren. Am Abend werden sie auf der SDS-Mitgliederversammlung im Walter-Kolb-Studentenheim stürmisch empfangen. Schnell sind Quartiere für sie besorgt, in denen sie übergangsweise untergebracht werden sollen; außerdem wird Geld für sie gesammelt. Die entflohenen Jugendlichen, darin sind sich die SDS-Mitglieder einig, sollen auf keinen Fall vor verschlossenen Türen stehen. – Am Montag wird dann in **Staffelberg** eine eigene *Basisgruppe* gegründet, an der sich zunächst zehn, später bis zu 30 Jugendliche beteiligen. Sie lesen zunächst aus Schriften Mao Tse-tungs, die zwei Tage zuvor von den Studenten verteilt worden sind. Gleichzeitig reichen vier der Erzieher ihre Kündigung ein. – Nachdem am 8. Juli auf einer zweiten Vollversammlung eine erste negative Bilanz gezogen worden ist, was auf die gestellten Forderungen erfolgt ist, treten weitere Heimbewohner die Flucht an. Insgesamt verläßt mit 70 Jugendlichen etwa die Hälfte aller Insassen das Erziehungsheim. – Genau zwei Wochen nach der »Staffelberg-Aktion« beginnt die Polizei in **Frankfurt** damit, von den entwichenen Jugendlichen besonders frequentierte Punkte – am Hauptbahnhof oder an der Hauptwache etwa – zu kontrollieren. Ihre Versuche, entflohene Heimbewohner festzunehmen, stoßen jedoch zunächst ins Leere. – Am 30. Juli werden dann in **Wiesbaden** Verhandlungen mit Vertretern des LWV, des Landesjugendamtes, des Sozialministeriums, der *Liga der Freien Wohlfahrtsverbände* und des Frankfurter Stadtjugendamts über das weitere Schicksal der Staffelberger Jugendlichen geführt. – Ein Teil der Entflohenen, zu denen auch Peter-Jürgen Boock zählt[828], entwickelt eine besondere Affinität zu

28.6.: Von vorn: Rainer Lindner (»Obelix« genannt), Peter Zollinger, Andreas Baader (mit Sonnenbrille).

---

826 Flugblatt der *Kampfgruppe ehemaliger »Fürsorgezöglinge«*, zit. nach: Peter Brosch, Fürsorgeerziehung – Heimterror und Gegenwehr, S. 97.

827 Vgl.: Erscheint massenhaft und zerschlagt den Heimterror! – APO besichtigte Jugendheim Staffelberg und stellte fest: Zu mitfühlend gegenüber Geschädigten und zu hart gegen Zöglinge, in: Frankfurter Rundschau vom 30. Juni 1969; Auftakt einer APO-Offensive in Biedenkopf – »Kampfgruppe ehemaliger Fürsorgezöglinge« will den Erziehungsterror in den Heimen brechen, in: Frankfurter Rundschau vom 1. Juli 1969; »Ihr werdet hängen wie die Hunde« – 200 APO-Anhänger »besuchten« das Jugendheim Staffelberg, in: Hinterländer Anzeiger vom 1. Juli 1969; Hartmut Hess, Nach der »Aktion Staffelberg« – Flucht vor dem Karzer, in: Frankfurter Rundschau vom 5. Juli 1969; Hans-Joachim Noack, Gebote gegen den kleinen und großen Mist, in: Frankfurter Rundschau vom 11. Juli 1969; vgl.: »Die Tür muß auch raus« – Dokumentation über den Aufstand in einem Heim für schwererziehbare Jugendliche, in: Die Zeit vom 18. Juli 1969, 24. Jg., Nr. 29, S. 7; Marlies Stieglitz, Staffelberg und die doppelte Zeitrechnung – Als die APO kam, endete eine friedliche Vergangenheit, in: Frankfurter Rundschau vom 11. Oktober 1969.

828 Boock wird später RAF-Mitglied und beteiligt sich an der Entführung Hanns-Martin Schleyers. Vgl.: Klaus Pflieger, Die Aktion »Spindy« – Die Entführung des Arbeitgeberpräsidenten Dr. Hanns-Martin Schleyer, Baden-Baden 1997.

Andreas Baader, der sich, obwohl einige Jahre älter, von seiner Mentalität her als einer von ihnen begreift. Einer der »Staffelberger« schreibt später aus der Distanz heraus über diese Beziehung: »Die Jugendlichen fallen auf die Baader-Gruppe deshalb herein, weil jene sich ›nicht-studentisch‹ gibt ... Die Lehrlinge sehen die Baader-Gruppe deshalb als die ihrige an. Außerdem besticht die Baader-Gruppe die Lehrlinge mit Abenteuerspielchen (wildes, aufregendes Autofahren z.B., oder Aktiönchen gegen alles und jedes, was einem gerade über den Weg läuft, in einem Café gegen einen Kellner, gegen diesen oder jenen ›liberalen Arsch‹.) Bei den Baaders ist immer was ›los‹. Deshalb zieht es alle Jugendlichen dorthin ... Bei den Baaders macht die ›Politik‹ Spaß, bei den anderen Genossen wird sie zur ›Pflicht‹.«[829]

30. Juni 1969: In einem vom Nachrichtenmagazin **Der Spiegel** unter dem Titel **Obszöne Welt** veröffentlichten Artikel über Herbert Marcuse, in dem es um die Störung seines Vortrags in Rom am 17. Juni, den Vorwurf, er sei Mitarbeiter der CIA gewesen, und sein neuestes Buch *Versuch über die Befreiung* geht, wird unter die Reihe seiner neuesten Kritiker auch Max Horkheimer gezählt. Dieser, so heißt es dort, führe Marcuses Ruhm bloß zurück auf »... Gedanken, die gröber und simpler als Adornos oder meine Gedanken sind.«[830]

30. Juni 1969: Auf einem Teach-in zum Thema **Ordnungsrecht** im Hörsaal V können sich am Montagnachmittag Aktivisten der in der Woche zuvor bei den Juristen und den Germanisten mit Veranstaltungssprengungen und Gewaltakten hervorgetretenen *Kampfgruppen*, die dem SDS nahestehen sollen, nicht durchsetzen. Als einer ihrer Sprecher eine der von ihnen bevorzugten »Hit-and-run-Aktionen« mit der Begründung zu rechtfertigen versucht, daß dies die einzige Weise sei, in Vorlesungen eine Diskussion über das Ordnungsrecht zu erzwingen, verpufft der Beitrag. Dagegen erhält ein anderer, der darauf besteht, jede gewaltsame Unternehmung strengen Legitimationskriterien zu unterwerfen, großen Applaus. »Zu rechtfertigen sei Gewalt nur als Gegengewalt, meinte der Sprecher, die sich entweder gegen aktuelle Gewalt von Maßnahmen der Universitätsbürokratie oder von Polizeieinsätzen richte oder die Institution gewordene Gewalt bekämpfe. Als Institution gewordene Gewalt bezeichneten die Studenten die faktische Macht der Professoren, sich allen Diskussionsforderungen zu entziehen und diese Macht demnächst durch das Ordnungsrecht zu vervollkommnen. Gewalt, schlossen die Studenten, muß geeignet sein, die Ziele der Studenten transparent zu machen. Und da in der letzten Woche nicht habe vermittelt werden können, daß die Studenten sich dagegen wehrten, sich zu ›juristischen Knechten‹ und ›Rechtsautomaten‹ herandressieren zu lassen, seien diese Aktionen falsch gewesen.«[831] Danach beraten sich die Teilnehmer über ein Programm der »Kollektiven Hilfe«, mit dem sie »die schwachsinnigen Anforderungen des Studiums« besser bewältigen wollen. Erklärtes Ziel ist es, die Studienanforderungen zur Erreichung einer Berufslizenz »auf die billigste Weise« zu absolvieren. Dabei sollen alle legalen und illegalen Mittel eingesetzt werden. – Im Anschluß an die Veranstaltung versucht eine etwa 50köpfige Gruppe das hinter dem Eingangsbereich des Hauptportals gelegene Rektorat zu belagern. Es heißt, drei »Polizeispitzel«, die zuvor aus dem Hörsaal vertrieben worden sind, hielten sich dort auf. Um vor ungebetenen Einblicken oder Bildaufnahmen aus dem Innern des Rektorats bei ihrer Aktion geschützt zu sein, werden zunächst die Scheiben mit Packpapier verklebt. Nachdem eine Steinplastik vor die Glastüren gezogen worden ist, zünden einige den hölzernen Informationsstand an, in dem der *uni-report*, das Hausorgan der Universität, ausliegt. Nun hocken sich die Beteiligten im Kreis um die im Foyer auflodernden Flammen und geben im Beisein von etwa 200 Neugierigen, die das Spektakel inzwischen verfolgen, ihre »Forderungen« bekannt: Rektor Rüegg solle die Zusicherung abgeben, daß das neue Ordnungsrecht an der Frankfurter Universität nicht angewandt werde, daß alle im Laufe der letzten Tage erstatteten Strafanzeigen zurückgezogen würden und die Polizei die Universität verlasse. Vom Rektor geht inzwischen die Kunde, daß er seine Amtsräume durch den Hinterausgang verlassen habe.[832] Als ein Pressephotograph auftaucht, um eine Aufnahme von dem bereits fast erloschenen Feuer zu machen, wird ihm die Kamera abgenommen, der Film herausgezogen und in die Glut geworfen. Der anschließend gestartete Versuch, in das juristische Dekanat einzudringen, scheitert daran, daß keiner der Beteiligten weiß, wo sich dieses befindet. – Der Rektor zieht später aus diesem Mißgeschick der Aktionisten den Rückschluß, daß sich auch Nicht-Studenten, sogenannte »Rocker-Typen«, an der Rektoratsbelagerung beteiligt hätten.[833] Zu dem Verdacht, »Polizeispitzel« hätten sich im Rektorat aufgehalten, erklärt Rüegg, daß es sich bei den drei Herren um Gerichtsreferendare gehandelt habe, die bei der Polizei ein »Praktikum« absolvierten. Sie seien »aus rein privater Neugier« erschienen, um sich APO-Angehörige bei ihren Aktionen einmal aus der Nähe anzuschauen.[834]

Juli 1969: In der *edition suhrkamp* erscheint in einer Startauflage von 25.000 Exemplaren Herbert Marcuses Buch **Versuch über die Befreiung**.

14. Juli 1969: Nachdem in einem Flugblatt der *Kampfgruppe der Vordiplomanden* bereits in der Woche zuvor zum Widerstand gegen nicht kollektiv geschriebene Klausuren und einen in diesem Zusammenhang möglichen Polizeieinsatz aufgerufen worden ist[835], kommt es in Anwesenheit von Professor Theodor W. Adorno, Professor Ludwig von Friedeburg, dem Dekan der Philosophischen Fakultät, Professor Herbert Rauter, und dem Kurator, Achaz von Thümen, im Hörsaal I zur Konfrontation. Adorno schreibt darüber in einer drei Tage später verfaßten Aktennotiz: »Nachdem diejenigen, die ›individuell‹ zu schreiben gesonnen waren, sich in den dafür vorgesehenen Hörsaal begeben hatten, erhob sich, offensichtlich auf Grund genauer Verabredung, ein ohrenbetäubender Lärm, verursacht durch Knallkörper. Mehrere unserer Assistentinnen und Assistenten wurden mit ätzender Flüssigkeit besprüht ... Professor Rauter und ich stellten uns in den Eingang des Hörsaals, um das Eindringen der Störer zu verhindern. Ein junger Mann, mir weder dem Namen nach noch auch physiognomisch bekannt (ich weiß nicht einmal, ob er überhaupt Student ist, schwerlich dürfte er ein Soziologiestudent gewesen sein), suchte mich wegzudrängen. Ich fragte ihn, ob das physische Gewalt sei, er antwortete ausdrücklich ›Ja‹ und versetzte mir einen Stoß, der immerhin kräftig genug war, um mich zu(m) Taumeln zu bringen. Die Störergruppe konnte dadurch an mir vorbei in den Hörsaal. In diesen war ich selbst gestoßen worden, verließ ihn aber sogleich. Fast im selben Augenblick muß Tränengas, entweder schon vorher im Hörsaal verbreitet oder von der Störergruppe geworfen, wirksam geworden sein; jedenfalls verspürte ich, der sich gerade in ärztlicher Behandlung wegen einer Bindehautentzündung befindet, sehr heftige Schmerzen in den Augen. Wenige Minuten nach dem Vorfall traf die Polizei ein.«[836] Nach dem Umzug in einen geeigneten Hörsaal können die Vordiplomanden des Faches Soziologie, die ihre Klausur nicht kollektiv, sondern einzeln schreiben wollen, dies unter dem Schutz der Beamten tun. Adorno und von Friedeburg diskutieren anschließend noch eine Weile sowohl mit Befürwortern als auch mit Kritikern und Störern traditionell angefertigter Klausuren. Einem zwischen Studentenhaus und Hauptgebäude stehenden Polizeibus, in dem ein wegen der Beteiligung an den Störaktionen festgenommener Student sitzt, wird die Luft aus den Rädern gelassen. Als die Polizisten losfahren, ihr Malheur kurz darauf bemerken und deshalb wieder anhalten, wird ihnen wie aus einem Hinterhalt die Rückscheibe des Busses eingeworfen. – Bereits am Vormittag haben Studenten im Soziologischen Seminar in der Myliusstraße, dem ehemaligen *Spartakus-Seminar*, und im Institut für Sozialforschung, dem Stammsitz der Kritischen Theorie, Scheiben eingeworfen.

14. Juli 1969: Wegen des Konflikts um den People's Park kommt es in der kalifornischen Universitätsstadt **Berkeley** erneut zu schweren Zusammenstößen zwischen der Polizei und etwa 800 Studenten. Eine größere Menge der Demonstranten geht dabei gegen Streifenwagen vor und versucht sie umzuwerfen.

17. Juli 1969: Vom Rhein-Main-Flughafen aus startet eine Gruppe von SDS-Mitgliedern mit einer Linienmaschine der libanesischen Middle East Airlines (MEA) in Richtung Naher Osten. Sie folgen Einladungen zweier palästinensischer Befreiungsorganisationen, der von Yassir Arafat angeführten *El Fatah* und der *Demokra-*

---

829 Peter Brosch, Fürsorgeerziehung – Heimterror und Gegenwehr, Frankfurt/Main 1971, S. 124.
830 Zit. nach: Der Spiegel vom 30. Juni 1967, 23. Jg., Nr. 27, S. 109.
831 »Teach-In« diskutierte über Formen der Gewalt, in: Frankfurter Rundschau vom 1. Juli 1969.
832 Wie sich später herausstellt, harrt er zu diesem Zeitpunkt weiter im Rektorat aus, um die Entwicklung der Aktion genau verfolgen und gegebenenfalls neue Anweisungen geben zu können. Um präsent zu sein, erklärt er später, habe er sogar seine Teilnahme an einer deutschamerikanischen Rektorenkonferenz in Bonn kurzfristig abgesagt. Siehe: Frankfurter Rundschau vom 2. Juli 1969.
833 Rüegg: Auch Rocker-Typen – Der Rektor äußert sich zur Rektoratsbesetzung vom Vortag, in: Frankfurter Rundschau vom 2. Juli 1969.
834 A.a.O.
835 Siehe: Kampfgruppe der Vordiplomanden, Genossen solidarisiert euch mit dem Kampf der Soz-Vordiplomanden!! (Flugblatt vom 11. Juli 1969), aus: Archivalische Sammlung Ronny Loewy, Akte SDS Frankfurt 1966–1970, Archiv des Hamburger Instituts für Sozialforschung.
836 **Dok. Nr. 339.**

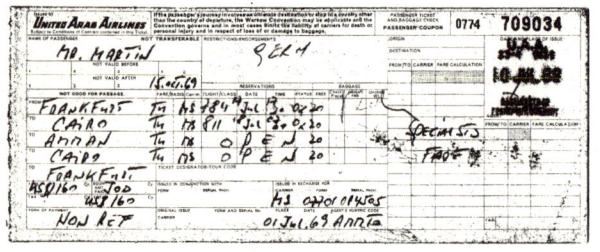

17.7.: Flugreise zu den Palästinensern (Ticket eines SDS-Mitglieds).

tischen Front für die Befreiung Palästinas (DFLP), die auch ihre Tickets stellen. Mit an Bord ist der in Hamburg lebende und mit einer Deutschen verheiratete *El Fatah*-Funktionär Daud Barakad. Nach einem Zwischenaufenthalt in **Kairo**, wo die Gruppe eine Nacht in einem Flughafenhotel verbringt, führt der Flug mit einer Maschine der Jordan Airlines (JAL) in die jordanische Hauptstadt **Amman**. Die rund zwanzig SDS-Mitglieder stammen u.a. aus Aachen, Frankfurt, Hamburg und Heidelberg. Zu den Frankfurtern zählen der ehemalige Vorsitzende der dortigen Hochschulgruppe, Burkhard Bluem, und der Adorno-Schüler Detlev Claussen, zu den Hamburgern Peter Martin, Detlef Schneider, Ursula Seppel sowie der Grieche Zissis Papadimitriou und zu den Heidelbergern der frühere kommissarische Bundesvorsitzende Jochen Noth. Nach ihrer Ankunft trennen sie sich und fahren mit Pkws in zwei verschiedene, im Norden Jordaniens gelegene Ausbildungslager palästinensischer Guerillakämpfer. Die Frankfurter und die Hamburger besuchen ein nahe der syrischen Grenze gelegenes, bei **Derra** in den Bergen verstecktes Camp der El Fatah, die Heidelberger eines der DFLP. Einem Journalisten und einer Photographin, der aus Frankfurt stammenden Inge Werth, die ebenfalls mit an Bord waren, wird eine Begleitung der Gruppierungen verwehrt. Es gehöre zu ihren Abmachungen, stellen die SDS-Mitglieder klar, die zwar nicht als offizielle Delegation, dennoch aber als gemeinsame Gruppierung auftreten, keine Interviews zu geben, sich nicht photographieren zu lassen und auf jeglichen Kontakt zur Presse zu verzichten. Nach ihrer Ankunft in dem *El Fatah*-Lager werden die Studenten neu eingekleidet. Zu ihrer Vorbereitung auf eine paramilitärische Ausbildung werden sie in olivgrüne Jacken und Mützen gesteckt. Da die Uniformen unvollständig sind, wirken manche von ihnen jedoch eher komisch. Zu den Gästen des Camps gehören auch US-Amerikaner, Schweizer, Franzosen – darunter der durch seine führende Rolle im Pariser Mai bekannt gewordene Alain Geismar – mehrere Mitglieder der *Irish Republican Army* (IRA) und eine Gruppe von Schwedinnen. Im Rahmen der Ausbildung, die nicht von allen absolviert wird, werden auch Schießübungen mit Kalaschnikows auf Flaschen durchgeführt. Zu einem Zwischenfall kommt es, als sich einige Teilnehmerinnen, die sich nackt sonnen, von israelischen Düsenjäger-Piloten entdeckt werden, die mit ihren Mirages im Tiefflug über die Sonnenanbeterinnen hinwegdonnern. Nachdem sich diese erschreckt ins Lager geflüchtet haben, wird beschlossen, um den Israelis kein Angriffsziel zu bieten, die Übung abzubrechen und an einen anderen Ort zu fahren. Die Gruppe reist nun an den Stadtrand von **Amman**, wo die Teilnehmer in einem Zeltlager untergebracht sind. Von dort aus werden verschiedene Ausflüge durchgeführt. Ein Teil reist in die im Süden gelegene Ruinenstadt **Petra**, ein anderer über **Derra** in die syrische Hauptstadt **Damaskus**. Dort sind sie in einer Villa untergebracht, in der ihnen ein opulentes Gastmahl bereitet wird. Mit Bussen geht die Fahrt dann weiter an die Mittelmeerküste in die libanesische Hauptstadt **Beirut**. Dort werden sie in einem luxuriösen Hotel untergebracht. Nach Besichtigungen und Führungen geht es wieder zurück nach **Amman**, wo sie mit den anderen Teilnehmern zusammentreffen und sich über ihre Beobachtungen austauschen. Bei den meisten ist die anfängliche Begeisterung für das palästinensische Revolutionsmodell einer skeptischen bis resignativen Einstellung über die Wirklichkeit in dem kargen, sonnenverbrannten arabischen Land und dem Elend in den Flüchtlingslagern gewichen. Auf dem selben Weg beginnen die Teilnehmer in ihre Heimatländer zurückzufliegen; die SDS-Gruppe wieder über **Kairo** nach **Frankfurt**. – Der UPI-Korrespondent Gerry Loughran meldet am 10. August, daß 145 linksradikale Studenten aus verschiedenen westlichen Staaten in **Amman** eingetroffen seien, um sich der Untergrundbewegung El Fatah anzuschließen. Sie wollten einen Monat lang in ihren Trainingscamps verbringen, um die Organisationsstruktur kennenzulernen und im Sanitätsdienst mitzuhelfen. – Die **Deutsche Presse-Agentur** (dpa) meldet daraufhin, eigene Nachforschungen bei »zuständigen Kreisen« hätten ergeben, daß es keine Anhaltspunkte für einen Aufenthalt deutscher Freiwilligengruppen bei arabischen Guerilleros gebe. – Dieser Darstellung widerspricht **Die Zeit** fünf Tage später in ihrem Artikel **Ferienlager bei El Fatah**.[837] Darin werden Ausschnitte aus Interviews mit führenden Frankfurter SDS-Mitgliedern wiedergegeben, die die Jordanien-Reise bestätigen. Udo Riechmann erklärt, daß man »die Sache« zwar nicht »an die große Glocke« habe hängen wollen, jedoch auch keinen Grund hätte, etwas zu verschweigen. Es seien mehrere Mitglieder hingereist, einige seien immer noch dort. Sie hätten das nicht als offizielle Delegation des SDS getan. Es habe nie die Absicht gegeben, sich dort militärisch ausbilden zu lassen, geschweige denn, an Kommandoaktionen teilzunehmen. Zweck der Reise sei allein das Studium des palästinensischen Revolutionsmodells gewesen, so viel an Informationen zusammenzutragen wie nur möglich. Als die ersten Meldungen über eine angebliche Unterstützung der El Fatah durch SDS-Studenten in der Bundesrepublik verbreitet worden seien, habe man sich sofort entschieden, zurückzufliegen. Nur weil man nicht für alle gemeinsam Tickets bekommen habe, seien einige noch dort. Bluem, der mit der ersten Maschine hat zurückfliegen können, erläutert, man habe sich »geschworen«, keine individuellen Erklärungen abzugeben. Auf die Möglichkeit angesprochen, auch nach Israel zu reisen, um sich der Objektivität halber auch ein Bild von den dortigen Verhältnissen zu verschaffen, erklärt Hans-Jürgen Krahl: »Was sollen wir in Israel? Dort gehen wir hin, wenn's sozialistisch geworden ist.«[838] – Der SDS-Bundesvorstand gibt in der nächsten Ausgabe des **SDS-Infos** die selbstkritische, allerdings nur auf taktische Fragen bezogene Erklärung ab: »Daß die Vorbereitung der Reise unter einigen Geheimhaltungserfordernissen stand, hat eine adäquate verbandsöffentliche Diskussion verhindert.«[839] – Am 30. Oktober begründet der Mitreisende Jochen Noth in der Zeitschrift **Rotes Forum** ausführlich, aus welchen Überlegungen heraus das Heidelberger Palästina-Komitee sich an der Reise nach Jordanien beteiligt hat.[840]

18. Juli 1969: In dem bis auf den letzten Platz besetzten Kleinen Saal des alten Frankfurter Justizgebäudes muß sich vor einem Schöffengericht der 26jährige Philosophiedoktorand Hans-Jürgen Krahl wegen eines seit dem 1. Juli 1968 bestehenden und seitdem wiederholt übertretenen Hausverbots an der Johann Wolfgang Goethe-Universität und wegen des Vorwurfs einer am 31. Januar 1969 durchgeführten Besetzung des Instituts für Sozialforschung verantworten. Als sich die Zuhörer bei Erscheinen des Gerichts nicht erheben, läßt der Vorsitzende Richter, Amtsgerichtsrat Wolf Schwalbe, den Raum von den rund 50 Zuhörern umgehend von der in Bereitschaft stehenden Polizei räumen. Von einem Journalisten nach der Rechtsgrundlage seiner Anweisung befragt, antwortet Schwalbe, dies sei »die Bibel«. Bereits kurze Zeit später läßt er das Publikum wieder eintreten und sie

18. 7.: Krahl erscheint Adorno im Traum

---

[837] Hans-Joachim Noack, Ferienlager bei El Fatah – Der Sozialistische Deutsche Studentenbund auf Erkundungsfahrt bei den arabischen Guerillas, in: Die Zeit vom 15. August 1969, 24. Jg., Nr. 33, S. 7; vgl. auch: Olaf Ihlau, Sommerlager studentischer Revolutionäre in Jordanien – »Da war Hanoi doch etwas anderes«, in: Süddeutsche Zeitung vom 14./15. August 1969.

[838] Zit. nach: Hans-Joachim Noack, a.a.O.

[839] SDS-Bundesvorstand, Informationsreise nach Jordanien, in: SDS-Info, August 1969, Nr. 19, S. 3.

[840] Jochen Noth, Studentenbewegung und Internationalismus – Erster Bericht aus Palästina, in: Rotes Forum vom 30. Oktober 1969, S. 42f.

den weiteren Verlauf des Prozesses verfolgen. Vom Gericht vorgeladen sind als Zeugen Krahls Doktorvater Theodor W. Adorno und Ludwig von Friedeburg, die als Institutsdirektoren an dem besagten letzten Januartag die Polizei alarmiert und das Gebäude haben räumen lassen. Zunächst schildert der Angeklagte selber noch einmal ausführlich den Hergang des Geschehens. Niemand von den an dem Tag im Institut anwesenden Studenten oder Assistenten habe damit gerechnet, daß sich dessen Leitung dazu entschließen könnte, die Polizei zu rufen. Die »sogenannte Besetzung« sei schließlich nichts anderes als eine auf einem Gewohnheitsrecht beruhende, nicht anmeldepflichtige Sitzung der Soziologiestudenten in den Räumen des Instituts gewesen. Es sei keinem in den Sinn gekommen, die Aufforderung von Friedeburgs, das Haus zu verlassen, in ihrer rechtlichen Bedeutung ernst zu nehmen. Das Auftreten des ehemaligen SDS-Bundesvorstandsmitglieds wird von einem Beobachter wie folgt beschrieben: »Krahl selbst ist fast schon personifizierte Höflichkeit und zu jeglicher Auskunft bereit. Der bleiche Student, dessen Kopf sich wegen des erblindeten rechten Auges pausenlos ruckartig in Bewegung befindet, brilliert mit seinem rhetorischen Talent und seiner Intelligenz, die streckenweise, verbunden mit einem gehörigen Schuß Arroganz, auf Gericht und Zeugen beleidigend wirken muß.«[841] Adorno beschränkt sich in seiner Zeugenaussage strikt auf die Schilderung der von ihm selbst beobachteten Geschehnisse; ihm ist die Absicht anzumerken, daß er jedes Werturteil möglichst vermeiden will. Er habe an jenem Tag, so beginnt er seine Ausführungen, eine Gruppe von Studenten »im schnellen Marsch, dicht, aber locker um die Ecke«[842] biegen sehen. Schon sein erster Eindruck sei der »des Herannahens von Okkupanten«[843] gewesen. Der Polizeieinsatz sei an den »damaligen kritischen Tagen« notwendig gewesen, um möglichen Schäden und Zerstörungsaktionen vorzubeugen, »... obwohl Maßnahmen der Gewalt und des Autoritären uns äußerst zuwider sind«.[844] Krahl nimmt, wie in Presseberichten der nächsten Tage fast einhellig geschildert wird, seinen Doktorvater anschließend »ins Kreuzverhör«. Zunächst versucht er, sich auf die Präzision von Adornos Beschreibung einlassend, den Objektivitätsanspruch einer »Phänomenologie der Okkupation« zu ergründen bzw. indirekt in Zweifel zu ziehen. Schließlich sei die Frage, wo die theoretische Debatte aufhöre und die direkte Aktion beginne, eine in den Auseinandersetzungen fortwährend umstrittene An-

18. 7.: Angeklagter Krahl, Belastungszeuge Adorno.

gelegenheit gewesen. Nun sei aber eine neue Situation entstanden, weil die Professoren diesen noch nicht entschiedenen an wissenschaftlichen Objektivitätskriterien meßbaren Disput vom Seminar »vor die Schranken eines bürgerlichen Gerichts« gehievt hätten, wo er nichts zu suchen habe. Gegenüber der ersten Auslassung Krahls räumt Adorno ein, daß es am Institut durchaus üblich gewesen sei, daß den Studenten leere Räume für Arbeitskreise zur Verfügung gestellt worden seien. Am 31. Januar jedoch, dem »politisch heißen Tag«[845], hätte die Institutsleitung von dieser Regelung abweichen müssen, weil die Studenten ihre Diskussion vor dem Betreten des Seminarraums nicht bei den Direktoren angemeldet haben. Aus diesem Grunde sei für von Friedeburg und ihn die Schlußfolgerung unvermeidbar gewesen, daß es sich bei diesem Vorgang ähnlich wie zuvor bereits im Soziologischen Seminar in der Myliusstraße um eine »modifizierte Besetzung«[846] des Instituts für Sozialforschung handeln müsse. Nach der Zeugenvernehmung von Ludwig von Friedeburg, in der es noch mal um den Wortwechsel zwischen Krahl und ihm unmittelbar vor Betreten des Seminarraums A geht, wird unter den sich bis dahin sehr zurückhaltenden Zuhörern Unmut laut, als Adorno auf Anfragen hin mehrfach erklärt, er könne wegen seines demnächst beginnenden Urlaubs keine weiteren Aussagen mehr vor Gericht machen. Wie aus verschiedenen halblauten Bemerkungen hervorgeht, empören sich die anwesenden Studenten darüber, daß »der kritische Professor« nur darauf aus sei, möglichst »schnell ins Tessin« zu kommen, während es bei Krahl immerhin um die Frage gehe, ob er ins Gefängnis müsse oder nicht. Unter wütenden Blicken und abfälligen Bemerkungen verläßt Adorno schließlich, bei einer jungen Frau eingehakt, den Gerichtssaal. Nach der Behandlung des zweiten Anklagepunktes Hausverbot erklärt Krahl unter dem tosenden Applaus der Zuhörer, daß er gegenüber dem von der Universität als Nebenkläger bestellten Rechtsanwalt Schmidt-Leichner jede Antwort verweigere, weil es mit den »Kriterien politischer Moralität«[847] nicht zu vereinbaren sei, daß die Universität einen »... expliziten Verteidiger von Kriegsverbrechern und Nazis jetzt Revolutionäre verklagen läßt, deren Eltern im KZ umkamen.«[848]

18. 7.: Rechtsanwalt Erich Schmidt-Leichner.

21. Juli 1969: Herbert Marcuse, der inzwischen in **Cabris**, seinem in den französischen Seealpen gelegenen Urlaubsort, angekommen ist, setzt die nunmehr seit Monaten sich abspielende Auseinandersetzung mit Theodor W. Adorno über die Studentenbewegung in einem weiteren Brief fort. Mit Verve bestreitet er, daß die Studentenbewegung keine Aussicht habe, gesellschaftlich wirksam eingreifen zu können. Er denke dabei besonders an die Vereinigten Staaten, Frankreich und Südamerika. »Selbstverständlich«, so schreibt er, »sind die den Prozeß auslösenden Anlässe sehr verschieden, aber, im Gegensatz zu Habermas, scheint mir durch alle Verschiedenheit hindurch dasselbe Ziel als bewegende Kraft. Und dieses Ziel ist nun mal der bis an die Wurzel der Existenz gehende Protest gegen den Kapitalismus, seine Handlanger in der dritten Welt, seine Kultur, seine Moral. Ich habe natürlich nie den Unsinn behauptet, daß die Studentenbewegung selbst eine revolutionäre ist. Aber sie ist heute der stärkste, vielleicht der einzige Catalysator für den inneren Verfall des Herrschaftssystems.«[849] Er glaube, daß es ihre Aufgabe sei, »... der Bewegung zu helfen, sowohl theoretisch als auch in der Verteidigung gegen Repression und Denunziation«.[850] Diese sei auf der verzweifelten Suche nach einer Theorie und einer Praxis, die der bestehenden Gesellschaft »entsprechen und widersprechen« könnte. Sie sei in sich zerrissen, praktiziere zum Teil verwerfliche Aktionen und leide an einer Reihe anderer ernsthafter Probleme. Aber: »Die Studenten wissen sehr gut von den objektiven Schranken ihres Protests – sie brauchen uns nicht, um sie ihnen klar zu machen, aber vielleicht brauchen sie uns, um ihnen über diese Schranken hinwegzuhelfen.«[851] Mit Bitterkeit und sichtlicher Verletzung reagiert Marcuse auf die in der Ausgabe des **Spiegel** vom 30. Juni wiedergegebene Äußerung Horkheimers, Marcuse habe in der Öffentlichkeit nur deshalb eine so große Resonanz, weil seine Gedanken »gröber und simpler« seien. Diese Meinung von »Max«, der sich dem »Chorus meiner Angreifer« zugesellt habe, akzeptiere er gerne. Was er jedoch nicht verstehen könne, und Marcuse exemplifiziert dies an einem Zitat aus Horkheimers Vorwort zur Neuausgabe seiner Aufsätze aus den dreißiger Jahren[852], das sei die Tatsache, daß der Mann, der früher so bedeutende Texte verfaßt hat, heute »so undialektisch«, »so untheoretisch« schreibe, daß man manche seiner Sätze wohl nur als »Binsenwahrheit« bezeichnen könne.

---

841 Olaf Ihlau, Streitgespräch zwischen links und links – Beim Prozeß gegen den SDS-Ideologen Krahl wurde Professor Adorno von seinen Schülern attackiert, in: Süddeutsche Zeitung vom 23. Juli 1969.
842 Zit. nach: Krahl nimmt Doktorvater »ins Kreuzverhör« – Prozeß gegen den Philosophiestudenten eröffnet / Anklage wegen Hausfriedensbruchs, in: Frankfurter Rundschau vom 19. Juli 1969.
843 Zit. nach: Olaf Ihlau, Streitgespräch zwischen links und links – Beim Prozeß gegen den SDS-Ideologen Krahl wurde Adorno von seinen Schülern attackiert, in: Süddeutsche Zeitung vom 23. Juli 1969.
844 A.a.O.
845 Zit. nach: Frankfurter Rundschau vom 19. Juli 1969.
846 A.a.O.
847 A.a.O.
848 Zit. nach: Olaf Ihlau, Streitgespräch zwischen links und links – Beim Prozeß gegen den SDS-Ideologen Krahl wurde Adorno von seinen Schülern attackiert, in: Süddeutsche Zeitung vom 23. Juli 1969.
849 **Dok. Nr. 340.**
850 A.a.O.
851 A.a.O.
852 Vgl.: **Dok. Nr. 189.**

23. Juli 1969: Im Prozeß des wegen einfachen Hausfriedensbruchs in zwei Fällen angeklagten Hans-Jürgen Krahl fordert der zuständige Staatsanwalt in seinem Plädoyer eine Höchststrafe von vier Monaten Gefängnis ohne Bewährung. Zwar solle, so führt er weiter aus, auf diese Zeit die bisher abgesessene Untersuchungshaft angerechnet werden, jedoch sei von einer Aussetzung auf Bewährung ebenso abzusehen wie dem vom hessischen Justizminister kürzlich erlassenen Vollstreckungsstopp, alle Gefängnisstrafen unter sechs Monaten wegfallen zu lassen. Krahl habe, heißt es zur Begründung, den nachhaltigen Eindruck hinterlassen, daß er nicht daran denken werde, strafbare Handlungen in Zukunft zu unterlassen. Schwere Vorwürfe erhebt Staatsanwalt Eckert zugleich gegen die beiden Zeugen Adorno und von Friedeburg. Für Krahls Doktorvater, der sich während seiner Aussagen ständig mit einem ängstlich fragenden Gesichtsausdruck dem Publikum zugewandt habe, treffe wohl das Bild des Goetheschen Zauberlehrlings zu, der die Geister, die er rief, nicht mehr loswerde. Nachdem die Soziologieprofessoren ihre Studenten jahrelang gelehrt hätten, »wie miserabel die Gesellschaft«[853] sei, stünden sie nun, da die Studenten aus solchen Analysen ihre aktionistischen Konsequenzen zögen, »ratlos« da. Auf den Angeklagten, geht Eckert in seiner Schelte zu Krahl weiter, passe der Ausdruck »Rädelsführer« in einem geradezu exemplarischen Sinne. In den letzten beiden Jahren habe er bei vielen studentischen Aktionen als »Drahtzieher im Hintergrund«[854] gewirkt und viele seiner Kommilitonen mit einem frappierenden Redetalent »… zu ungesetzlichen Handlungen aufgehetzt«.[855]

25. Juli 1969: In der Wochenzeitung **Die Zeit** trägt der Schriftsteller Jean Améry unter der Überschrift **Der ehrbare Antisemitismus** eine scharfe Kritik an der innerhalb der Neuen Linken immer stärker werden antiisraelischen Haltung vor, bei der es sich in Wirklichkeit um eine Ummäntelung des Antisemitismus handle. Während früher der Antisemitismus der »Sozialismus der dummen Kerle« gewesen sei, stehe er nun im Begriff, ein »integrierender Bestandteil des Sozialismus schlechthin« zu werden. Auf diese Weise mache sich jeder Sozialist aus freiem Willen »zum dummen Kerl«. Für Améry steht unzweifelhaft fest: »Der Antisemitismus, enthalten im Anti-Israelismus oder Anti-Zionismus wie das Gewitter in der Wolke, ist wiederum ehrbar.«[856]

25. Juli 1969: Nach den Plädoyers des Nebenklägers und des Verteidigers spricht das Schöffengericht das Urteil im Prozeß gegen Hans-Jürgen Krahl. Der die Nebenklage der Universität vertretende Rechtsanwalt Erich Schmidt-Leichner erklärt, daß es im Falle des Angeklagten nicht um ein sonst übliches Privatdelikt, sondern um eine Straftat mit revolutionärer Tendenz gehe. Eine Universität könne, wie auch immer ein zukünftiges Hochschulrecht aussehe, nicht auf ein Hausrecht verzichten. Im Sinne der Wissenschaften ebenso wie der Studierwilligen müsse »Ruhe an der Universität« herrschen. Rechtsanwalt Johannes Riemann plädiert für seinen Mandanten auf Freispruch. Als Doktoranden müsse dem Angeklagten ein generelles Zugangsrecht zu den Räumlichkeiten der Universität eingeräumt werden, da er sonst der Weiterarbeit an seiner wissenschaftlichen Qualifizierung nicht mehr nachgehen könne. Dieses Recht werde auch nicht durch das vom Rektor ausgesprochene Hausverbot aufgehoben. Als privates Recht, so zitiert Riemann eine Beweisführung des Strafrechtlers Eberhard Denninger, könne das Hausrecht nicht bruchlos auf ein Verhältnis des öffentlichen Rechts übertragen werden und wenn doch, dann nur unter der Wahrung seines Charakters. Demnach könne der Leiter der Universität, Professor Walter Rüegg, dem Angeklagten zwar den Zutritt zum Rektorat verbieten, nicht aber zu den übrigen Räumen. In seinem Schlußwort greift Krahl vor allem Staatsanwalt Eckert und den Nebenkläger an. Dem Hauptkläger wirft er vor, »auf Bildzeitungsniveau« argumentiert und mit einem klassischen Begriff der Klassenjustiz, dem des Rädelsführers, operiert zu haben. Und den von der Presse als »Staranwalt« apostrophierten Schmidt-Leichner konfrontiert er mit einem von ihm im Jahre 1941 in der nationalsozialistischen Zeitschrift *Deutsches Recht* publizierten Aufsatz. Krahl weist anhand einer Reihe von Zitaten eine frappierende Übereinstimmung zwischen der damaligen und der heutigen Argumentation des im Auftrag der Universität operierenden Nebenklägers nach. So hatte Schmidt-Leichner 1941 geschrieben, daß die Rechtspraxis Ruhe benötige, um mit dem neuen Gedanken des »Tätertyps« arbeiten zu können. Ferner sei, so Krahl, in dem juristischen Text die Ansicht vertreten worden, daß der Bestand des Staates wichtiger als »zweifelhaftes Familienglück« sei und es deshalb vertretbar wäre, wenn Ehefrauen ihre Männer denunzierten. Alles Recht, so kommt Krahl zum Ende, sei mit dem Widerspruch behaftet, daß es Frieden nur mit

Juli 1969

Gewalt wiederherstellen könne. Die wissenschaftliche Auseinandersetzung brauche keine Ruhe, sondern Freiheit. Ziel der Wissenschaft sei die allgemeine Emanzipation der Menschen und nicht die Kriegsforschung. Das Schöffengericht unter Vorsitz von Amtsgerichtsrat Wolf Schwalbe verurteilt Hans-Jürgen Krahl anschließend wegen einfachen, viermal wiederholten Hausfriedensbruchs in der Universität, dem Nebenanklagepunkt, zu drei Monaten Gefängnis mit Bewährung und wegen einfachen Hausfriedensbruchs im Institut für Sozialforschung, dem Hauptanklagepunkt, zu einer Geldstrafe von 300 DM, die an den Verband der Eltern körpergeschädigter Kinder zu zahlen sind. In seiner Urteilsbegründung macht der Vorsitzende geltend, daß dem Angeklagten keine böswillige Gesinnung unterstellt, sondern nur eine idealistische Überzeugung zugebilligt werden könne. Das Gericht ist ebenso wie Krahls Verteidiger der Ansicht, daß nicht nachgewiesen werden könne, ob die Studenten vom Institut für Sozialforschung aus politische Aktionen geplant hätten. Staatsanwalt Eckert und Rechtsanwalt Riemann kündigen beide an, in die Berufung zu gehen.[857]

25. Juli 1969: Auf einer Wahlveranstaltung der *Nationaldemokratischen Partei Deutschlands* (NPD) kommt es im Cantate-Saal unter den Augen der Polizei zu gewalttätigen Übergriffen von NPD-Ordnern auf Protestierende, Journalisten und Polizeibeamte in Zivil. Einem Aufruf der *Bürgeraktion für Demokratie*, im Großen Hirschgraben gegen die Rechtsradikalen zu protestieren, sind vor allem Mitglieder der *Gewerkschaftsjugend* und der der DKP nahestehenden SDAJ gefolgt. Als sich gegen 19 Uhr etwa 500 Demonstranten vor dem Eingang zu dem Innenhof versammelt haben, durch den man in den Cantate-Saal gelangt, kommt es zu ersten Rempeleien mit NPD-Anhängern. Um Zusammenstöße zu verhindern, ruft die Polizei per Lautsprecher dazu auf, eine Gasse freizulassen, um Interessierten einen ungestörten Zugang zu ermöglichen. Als dem nicht Folge geleistet wird, kommen zwei Hundertschaften zum Einsatz. Sie bahnen sich einen Weg durch die Menge, drängen sie auf beiden Seiten zurück und verschaffen den NPD-Anhängern, während es in Sprechchören lautstark in den Hof dröhnt »Deutsche Polizisten schützen die Faschisten!«, auf diese Weise einen Zugang. Im Innenhof haben sich inzwischen mehrere mit weißen Schutzhelmen ausgerüstete NPD-Ordner postiert. Schon durch ihr Aussehen vermitteln die bulligen Männer den Eindruck latenter Gewaltbereitschaft. Jüngere Demonstranten versuchen immer wieder, den Zugang erneut zu blockieren. Durch die Rangeleien rund um die Toreinfahrt werden auch eine Reihe von NPD-Anhängern abgeschreckt; sie kehren um und verzichten auf eine Teilnahme. Als dann die Veranstaltung vor halbleeren Sitzen beginnt, kommt es draußen zu einem Zwischenfall. Weil mehrere Demonstranten an den verschlossenen Eisengittern rütteln, greifen die Ordner ein. Sie ziehen den Jungsozialisten Klaus Henseler in die Durchfahrt und schlagen auf diesen hemmungslos ein. Als sie ihr

25.7.: Die NPD-Werbung variiert eine VW-Reklame.

853 Zit. nach: Anklagevertreter ist für die Höchststrafe – Staatsanwalt fordert vier Monate Gefängnis für Hans-Jürgen Krahl / Urteil am Freitag, in: Frankfurter Rundschau vom 24. Juli 1969.
854 A.a.O.
855 A.a.O.
856 Jean Améry, Der ehrbare Antisemitismus – Die Barrikade vereint mit dem Spießer-Stammtisch gegen den Staat der Juden, in: Die Zeit vom 25. Juli 1969, 24. Jg., Nr. 30, S. 16; wiederabgedruckt in: ders., Widersprüche, Stuttgart 1971, S. 242–249.
857 Vgl.: Drei Monate Gefängnis, aber mit Bewährung – Gericht billigt Hans-Jürgen Krahl »idealistische Gesinnung« zu, in: Frankfurter Allgemeine Zeitung vom 26. Juli 1969.

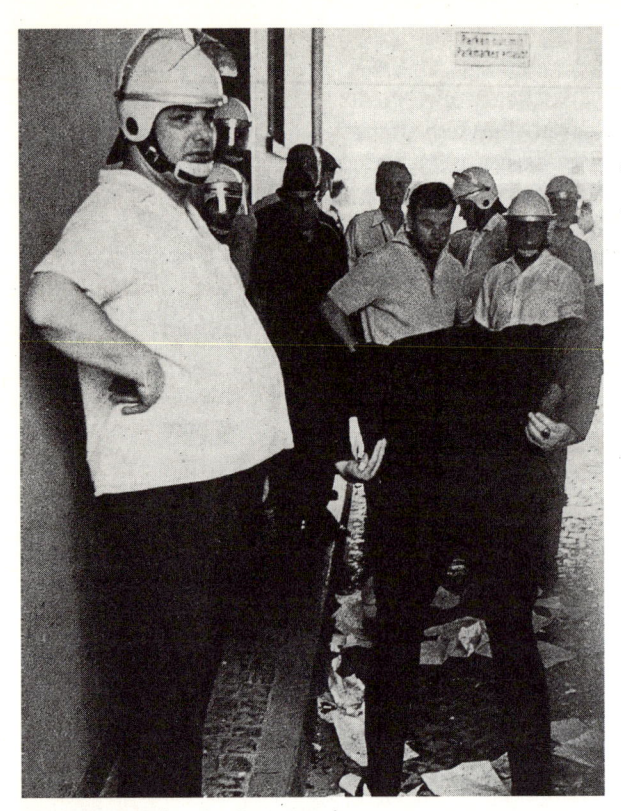

25.7.: NPD-Ordner im Cantatesaal.

Opfer wieder loslassen, blutet es aus Mund und Nase. Umstehende versuchen ihm notdürftig zu helfen. Doch es ist aussichtslos, dem NPD-Gegner sind beinahe alle Zähne eingeschlagen worden. In einem Zustand halber Bewußtlosigkeit wird er dann von einem Krankenwagen abtransportiert. Dem Einsatzleiter des NPD-Ordnerdienstes, Diplom-Chemiker Dr. Benno Körber, ist das Verhalten der Polizei zu passiv. Er wendet sich an sie und reklamiert die angeblich mangelnde Einsatzbereitschaft. Den eigenen Ordnungskräften gibt er zugleich die Anweisung, »unter allen Umständen den Zugang zum Hof freizukämpfen«. Diese greifen weiter einzelne Demonstranten aus der Menge heraus und verprügeln sie. Dabei wird auch ein Hund eingesetzt. Einer dieser Ordner ist mit einer schweren Rohrzange bewaffnet. Polizisten, die die Szenerie vom Garten des angrenzenden Goethe-Hauses aus über eine Mauer hinweg verfolgen, verharren in völliger Passivität und greifen nicht ein. Für das Ende der Veranstaltung werden zwei weitere Hundertschaften herbeibeordert, weil offenbar noch eine Steigerung des Konflikts erwartet wird. Doch kurz vor Schluß kommt

es auch im Inneren des Cantate-Saals zu massiven Übergriffen. Die NPD-Ordner gehen nun auf Pressevertreter los und verprügeln sie ebenso wie anwesende Polizeibeamte in Zivil, darunter den Leiter der Politischen Polizei, Kriminalrat Erich Panitz. – Das brutale Vorgehen der NPD-Ordner erregt in der Öffentlichkeit großes Aufsehen, bundesweit wird in Zeitungen und Zeitschriften mit großen Bildreportagen darüber berichtet. – Die erst kurz vor der NPD-Veranstaltung begründete *Bürgeraktion für Demokratie* vergleicht das Verhalten der von der rechtsradikalen Partei eingesetzten Greiftrupps mit dem der SA, ihre Praktiken, heißt es, stammten aus demselben Repertoire. – Auch die *Jungsozialisten* des SPD-Bezirks Hessen-Süd sehen in dem Auftreten Anzeichen »für eine neue SA«. Sie fordern deshalb die »sofortige Auflösung der neofaschistischen NPD«. – 40 Angestellte eines Frankfurter Verlags erstatten Strafanzeige wegen gefährlicher Körperverletzung, begangen durch Unterlassung; sie richtet sich gegen die untätig gebliebenen Polizeibeamten. Namentlich aufgeführt werden Polizeipräsident Littmann, Polizeidirektor Jordan, der Leitende Kriminaldirektor Kalk, Polizeioberrat Schäfer und Kriminalrat Panitz. – Oberstaatsanwalt Rahn gibt am 29. Juli bekannt, daß wegen der Vorfälle im und vor dem Cantate-Saal zwölf Ermittlungsverfahren gegen Angehörige des NPD-Ordnerdienstes eingeleitet worden sind – wegen einfacher, gemeinschaftlich begangener und gefährlicher Körperverletzung.

28. Juli 1969: Von **Zermatt** aus telegraphiert Theodor W. Adorno an den sich in Cabris, einem Ort in den französischen Seealpen, aufhaltenden Herbert Marcuse wegen des am 30. Juni vom Nachrichtenmagazin **Der Spiegel** verbreiteten Zitats seines Freundes und Kollegen Max Horkheimer. Der vollständige Wortlaut ist: »telefonierte mit max stop spiegelzitat aus zusammenhang gerissen völlig irreführend stop positive stellen geschnitten stop halte vor öffentlicher auseinandersetzung persönlich aussprache mit ihm zürich mitte august für notwendig herzlichst teddie«[858].

28. Juli 1969: In dem **Spiegel**-Gespräch **Revolution aus Ekel**, das an seinem französischen Urlaubsort geführt worden ist, äußert sich Herbert Marcuse zum Verhältnis von Theorie und Praxis, zu seinen Differenzen mit Adorno und Horkheimer, der Gewaltfrage und zum Verhältnis zwischen Arbeiter- und Studentenbewegung. Zu der Frage, ob er selber schon einmal

„REVOLUTION AUS EKEL"

SPIEGEL-Gespräch mit dem Philosophen Herbert Marcuse

SPIEGEL: Herr Professor Marcuse, Sie sind einer der Väter der Neuen Linken, die nun zum Teil gegen Sie revoltiert. Was sagen Sie dazu?

MARCUSE: Ich lehne den Vater- oder Großvater-Unsinn ab. Ich bin weder der Vater noch der Großvater der Neuen Linken. Tatsächlich hat sich eine weitgehende Koinzidenz herausgestellt zwischen meinen Ideen und den Erfahrungen, die die Studenten von sich aus in der Praxis und in ihrem Denken gemacht haben. Ich bin über diese Harmonie sehr froh. Wie weit sie geht, weiß ich nicht. Aber es besteht in keiner Weise irgendein paternalistisches oder patriarchalisches Verhältnis, was schon daraus hervorgeht, daß ich zum Beispiel nicht einen einzigen französischen Studenten persönlich gekannt habe, der in den Mai- und Juni-Aktionen eine Rolle gespielt hat.

SPIEGEL: Tatsache bleibt aber doch wohl, daß nach einer Periode der zeitweiligen Harmonie zwischen Ihnen und der Studentenbewegung Differenzen aufgetreten sind.

MARCUSE: Die Differenz betrifft im wesentlichen zwei Punkte, nämlich erstens das Verhältnis der Neuen Linken zur traditionellen, bürgerlichen Kultur und zweitens die mögliche Übertragung der Theorie in die Praxis.

SPIEGEL: Zum zweiten Punkt: Sie haben von der Philosophie gesagt, sie müsse in Taten ausmünden. Hat Ihre Philosophie die Verbindung zur Praxis bereits hergestellt?

die von den Kindern mehr oder weniger leicht angenommen würde. Genau diese autoritär-paternalistische Haltung ist mir zuwider.

SPIEGEL: Könnte das nicht in dieser Situation als Distanzierung von der Protestbewegung aufgefaßt werden?

MARCUSE: Sie dürfen auf keine Weise aus meiner Ablehnung der Vater- oder Großvaterrolle konstruieren, daß ich die Bewegung als solche ab-

heute in den entwickelten Industrieländern als die vielleicht wichtigste, wenn nicht einzige Chance einer zukünftigen radikalen Veränderung ...

SPIEGEL: ... einer Revolution?

MARCUSE: Wir sind in keiner revolutionären, wahrscheinlich noch nicht einmal in einer vor-revolutionären Situation. Unter diesen Bedingungen kann die Chance nur bestehen in einer Vorbereitungsarbeit, einer Vorberei-

Marcuse (M.) beim SPIEGEL-Gespräch in Cabris, Alpes-Maritimes (Frankreich)*

28.7.: Marcuse-Interview im »Spiegel«.

an einer Besetzung von einem Gebäude teilgenommen habe, antwortet er: »Ja ... Das war im Zusammenhang mit der Gründung eines Colleges für Probleme der unterdrückten rassischen und nationalen Minderheiten in San Diego, dem Lumumba-Zapata-College, das von Negern und Mexikanern geleitet werden sollte. Um ihre Forderung durchzusetzen, besetzten sie zusammen mit linken weißen Studenten die Büros der Quästur. Im Verlauf der Demonstration, an der ich teilnahm, wurde eine Tür eingeschlagen. Das war die einzige Gewalttat, die vorkam. Und ich habe mich sofort bereit erklärt, die Kosten für die Neueinsetzung der Tür zu übernehmen. Ich würde das nicht Teilnahme an irgendeiner radikalen Praxis nennen. Aber das meine ich mit einer Stellungnahme, die mehr als theoretische Stellungnahme ist.«[859]

28. Juli 1969: In einem gemeinsamen Leserbrief an das Nachrichtenmagazin **Der Spiegel** verurteilen 16 prominente Sprecher der Neuen Linken, darunter auch Rudi Dutschke, die in der Ausgabe vom 30. Juni kolportierten Vorwürfe, Herbert Marcuse sei ein CIA-Agent und erklären sich mit dem Angegriffenen solidarisch.[860]

29. Juli 1969: Unter dem Titel **Nachmittag eines Aufsässigen – Ein dokumentarischer Bericht** sendet der **Hessische Rundfunk** ein von Horst Karasek und Helga M. Novak verfaßtes Feature, in dem die polizeiliche Räumung des Instituts für Sozialforschung aus der Sicht eines von der Festnahme betroffenen Studenten geschildert wird.

---

858 Dok. Nr. 341.
859 »Revolution aus Ekel« – Spiegel-Gespräch mit Herbert Marcuse, in: Der Spiegel vom 28. Juli 1969, 23. Jg., Nr. 31, S. 104 **(Dok. Nr. 342)**.
860 Siehe: **Dok. Nr. 343**.

31. Juli 1969: In einem kurzen Schreiben an Theodor W. Adorno beklagt Herbert Marcuse, daß er ebensowenig wie seine Frau Inge den letzten am 26. Juli abgesandten, handschriftlich verfaßten Brief habe lesen können. Es täte ihm leid, aber er müsse ihn zurücksenden. Nachdrücklich bittet er darum, daß er abgetippt werde. Und auf das Telegramm vom 28. Juli reagiert er mit der Frage, warum Horkheimer das **Spiegel**-Zitat nicht berichtigt habe, wenn es so falsch gewesen sei.[861]

3. August 1969: In einer Landarzt-Praxis in der Nähe von **Biedenkopf** stößt Andreas Baader auf einen ehemaligen Theoretiker des Partisanenkampfes, er weiß nur nichts davon. An einem Sonntag passiert einem 18jährigen Gymnasiasten aus Bad Homburg, der zu der Gruppe um Baader gehört, die sich um die Freilassung von Fürsorgezöglingen des Jugendheims Staffelberg bemüht, ein Mißgeschick. Er wird beim Trinken aus einer Apfelweinflasche von einer Biene in den Rachen gestochen und droht zu ersticken. Baader packt den jungen Mann beherzt in seinen Wagen, einen alten Mercedes, und begibt sich mit ihm und Gudrun Ensslin zusammen auf die Suche nach einem Arzt. Erst auf Umwegen finden sie eine Praxis und läuten dort Sturm. Als sich der Arzt eher widerwillig blicken läßt und umständlich über Behandlungsalternativen informiert, fordert ihn Ensslin auf, schnell einzugreifen, der junge Mann werde noch gebraucht. Der Mediziner, der dem Gymnasiasten schließlich doch noch helfen kann, ist Paul Lüth.[862] – Der Landarzt war ehemals Bundesführer der rechtsradikal-antikommunistischen Organisation *Bund Deutscher Jugend* (BDJ), die 1952 mit ihrer Partisanenabteilung aufgeflogen und schließlich vom hessischen Innenministerium verboten worden war. Der in der Zwischenzeit als Reformarzt bekanntgewordene Lüth hatte 1950 die Schrift **Bürger und Partisan – Über den Widerstand gestern, heute und morgen** verfaßt, die als Handbuch für den Untergrundkampf von rechts galt.[863]

6. August 1969: Ein vermutlich mehrere Tage zuvor verfaßter, nach Adornos handschriftlichem Konzept von seiner Sekretärin Hertha Georg abgetippter Brief wird per Eilboten an den in seinem französischen Urlaubsdomizil weilenden Herbert Marcuse abgesandt. In dem von stark resignativen Zügen geprägten Schreiben heißt es zu dem seit Monaten in der Korrespondenz umfochtenen Hauptstreitpunkt: »Die Meriten

28.7.: Theodor W. Adorno im Urlaub.

der Studentenbewegung bin ich der letzte zu unterschätzen: sie hat den glatten Übergang zur total verwalteten Welt unterbrochen. Aber es ist ihr ein Quentchen Wahn beigemischt, dem das Totalitäre teleologisch innewohnt, gar nicht erst – obwohl dies auch – als Reperkussion. Und ich bin kein Masochist, bis in die Theorie hinein nicht. Zudem ist die deutsche Situation wirklich anders. – Daß ich neulich wieder, bei einer Klausur, Tränengas abbekam, nur nebenbei; bei meiner schweren Bindehautentzündung sehr lästig. Was das heutige Institut anlangt, so hat es ganz gewiß nicht mehr politische Abstinenz geübt als das in N.Y. der Fall war. Von dem Maß an Haß, das sich auf Friedeburg, Habermas und mich konzentriert, machst Du Dir offenbar keine Vorstellung.«[864] Und einen Abschnitt weiter heißt es: »Herbert, nach Zürich oder Pontresina kann ich wirklich nicht kommen. Du mußt ... wirklich mit einem schwer ramponierten Teddie rechnen, Max wird es Dir bestätigen.«[865] Und in einem Nachsatz bezieht sich Adorno auf Daniel Cohn-Bendit, von dessen Streit in Rom Marcuse in seinem letzten Brief berichtet hatte: »Von Danny-le-rouge hätte ich Dir

454   Juli – August 1969

einiges zu berichten: nur grotesk Komisches. Was muß das für eine Schönheit der Straßenschlachten gewesen sein, mit ihm. Und in Frankfurt zählt er noch zu den Humaneren! Quel monde!«⁸⁶⁶

6. August 1969: Nachdem er am Vorabend mit Herzbeschwerden in das Krankenhaus St. Maria in **Visp**, einem im schweizerischen Kanton Wallis gelegenen Städtchen, eingeliefert worden ist, erliegt **Theodor W. Adorno** am Vormittag um 11 Uhr 20 im Alter von 65 Jahren einem Herzinfarkt. – Adorno hatte am Tag zuvor einen Ausflug unternommen. Trotz Ermahnung seines Hausarztes, alle größeren körperlichen Anstrengungen zu vermeiden, war er mit einer Seilbahn auf einen über 3.000 Meter hohen Gipfel gefahren. Dort setzten starke Herzbeschwerden ein. Nachdem er mit seiner Frau wieder ins Tal gefahren war, begab er sich in Visp zum Einkaufen in einen Schuhladen. Dabei bekam er einen Herzanfall und wurde in die Klinik gebracht. – Es ist dieselbe Kleinstadt und dasselbe Krankenhaus, in dem am 2. September 1954 sein früherer Institutskollege Franz Neumann an den Folgen eines Verkehrsunfalls gestorben war.

7. August 1969: In Vertretung des Oberbürgermeisters richtet Bürgermeister Wilhelm Fay (CDU) ein Kondolenzschreiben an Adornos Witwe, Gretel Adorno. Darin heißt es: »Die Stadt Frankfurt ist stolz darauf, daß sie ihn, einen Mann seiner Ausstrahlungskraft, zu ihren Bürgern zählen konnte.«⁸⁶⁷

7. August 1969: In der **Frankfurter Allgemeinen Zeitung** erscheint ein erster Nachruf auf Theodor W. Adorno, in dem ausführlich über das angespannte Verhältnis zwischen seinen Studenten und ihm berichtet wird. Darüber ist ein großes Photo von Barbara Klemm abgebildet, das Adorno und Horkheimer mitten in einer Diskussion mit SDS-Studenten zeigt. Die Aufnahme zeigt eine Versammlung im Walter-Kolb-Studentenwohnheim vom 12. Juni 1967, in der es um die umstrittenen Äußerungen Horkheimers bei der Eröffnung der Deutsch-Amerikanischen Freundschaftswoche ging.⁸⁶⁸

8. August 1969: In der **Frankfurter Rundschau** erscheint unter der einem Enzensberger-Gedicht entnommenen Überschrift **ausfalten das schweißtuch der theorie** ein ausführlicher Nachruf auf Theodor W. Adorno von Wolfram Schütte. Dem Text einmontiert

6.8.: Theodor W. Adorno (1903–1969).

ist das von Hans Magnus Enzensberger dem Verstorbenen gewidmete Gedicht **schwierige arbeit**, dem die Titelzeile von Schüttes Nekrolog entstammt.

8. August 1969: Die **Frankfurter Allgemeine Zeitung** publiziert einen von Joachim Günther unter dem Titel **Totalpräsenz des Geistes** verfaßten Gedenkartikel. In der gleichen Ausgabe erscheinen von Max Horkheimer telephonisch aus Flims übermittelte Gedenkworte.⁸⁶⁹

11. August 1969: Das Nachrichtenmagazin **Der Spiegel** veröffentlicht unter dem Titel **Himmel, Ewigkeit und Schönheit** ein Interview mit Max Horkheimer zum Tode Theodor W. Adornos. Darin wird der Freund, Kollege und Ko-Autor auf den Verdacht angesprochen, daß Adorno von den »studentischen Provokationen« der letzten beiden Jahre verletzt worden sein könnte

---

861 Siehe: **Dok. Nr. 346.**
862 Lüth hat die Episode mit Andreas Baader in seinem Tagebuch festgehalten: Paul Lüth, Tagebuch eines Landarztes, Stuttgart 1983, S. 105 ff.
863 Paul Egon Lüth, Bürger und Partisan – Über den Widerstand gestern, heute und morgen, Frankfurt/Main 1951.
864 Siehe: **Dok. Nr. 349.**
865 A.a.O.
866 A.a.O.
867 Frankfurter Rundschau vom 8. August 1969.
868 Siehe: »Vater, das klingt mir zu sehr nach Autorität«, in: Frankfurter Allgemeine Zeitung vom 7. August 1969.
869 Siehe: Max Horkheimer über seinen Gefährten, in: Frankfurter Allgemeine Zeitung vom 8. August 1969. **(Dok. Nr. 350)**

August 1969

13.8.: Gretel Adorno am Grab ihres Mannes. Dahinter (v. l. n. r.): Max Horkheimer, Willi Brundert, Jürgen Habermas, (unbek.), (unbek.), Hellmut Becker, Hannelore Hoger, Alfred Sohn-Rethel, Alexander Kluge.

und diese Verletzungen vielleicht auch »Spuren in seinem Denken« hinterlassen haben könnten. »Ich glaube«, antwortet Horkheimer, »man muß da sehr vorsichtig sein. Die Studenten haben ihm an verschiedenen Stellen widerstanden und haben auch gegen ihn protestiert. Andererseits aber waren auch unter diesen Studenten nicht wenige, die gewußt haben, was er bedeutet hat, und die trotz aller Protestaktionen auch in sich eine Liebe für ihn bewahrt haben. Natürlich war er zutiefst betroffen von den Protestaktionen der Studenten. Andererseits aber, wenn er mit einzelnen dieser Studenten gesprochen hat, haben sie ihm sehr oft auch Dinge gesagt, über die er sehr glücklich gewesen ist.«[870] Auch durch Aktionen, die von ihm mißbilligt worden seien, habe er sich nicht dazu hinreißen lassen, »einfach auf die Gegenseite« überzuwechseln.

11. August 1969: In der Zeitschrift **Konkret** erscheint der von Oskar Negt verfaßte Aufsatz **Studenten und Arbeiterschaft – Zur Krise der Neuen Linken in der Bundesrepublik**.[871]

13. August 1969: Am Tage seiner Beisetzung erscheint in der **Frankfurter Rundschau** unter dem Titel **Der politische Widerspruch der Kritischen Theorie Adornos** ein Nachruf seines umstrittensten Schülers Hans-Jürgen Krahl. Die Aussage, daß Adornos intellektuelle Biographie bis in ihre innersten Konfigurationen hinein von der Erfahrung des Faschismus geprägt sei, bestimmt die Perspektive, mit der der führende Frankfurter SDS-Sprecher den Widersprüchen im Werk des Verstorbenen nachgeht. Auch seine Kritik an den Herausforderungen der Studentenbewegung sei dadurch bestimmt. »Er teilte die Ambivalenz des politischen Bewußtseins vieler kritischer Intellektueller in Deutschland«, heißt es an entscheidender Stelle, »die projizieren, die sozialistische Aktion von links setze das Potential des faschistischen Terrors von rechts, das sie bekämpft, überhaupt erst frei. Damit aber ist jede Praxis a priori als blind aktionistisch denunziert und die Möglichkeit politischer Kritik schlechthin boykottiert, nämlich die Unterscheidung zwischen einer im Prinzip richtigen vorrevolutionären Praxis und deren kinderkranken Erscheinungsformen in entstehenden revolutionären Bewegungen.«[872] Die sozialistischen Schüler hätten zu politischen Gegnern ihres philosophischen Lehrers werden müssen, weil Adorno nach einem berühmten Wort von Marx die »Waffe der Kritik« nicht durch die »Kritik der Waffen« ergänzt habe. Aus diesem objektiven Widerspruch seines Werkes heraus, der ihn in eine kaum durchschaute Komplizenschaft mit den herrschenden Gewalten gedrängt habe, sei der Konflikt mit ihm unvermeidlich gewesen. Seine theoretische Leistung bestünde darin, daß er die emanzipative Dimension in der Marxschen Kritik der politischen Ökonomie wieder freigelegt, an die Traditionsstränge des westlichen Marxismus der zwanziger Jahre angeknüpft und diese schließlich an die Nachkriegsgeneration weitervermittelt habe. So sehr er auf dem letzten Deutschen Soziologentag im April 1968 in Frankfurt die orthodoxe marxistische Position zu Recht reklamiert habe, daß die industriellen Produktivkräfte nach wie vor in kapitalistischen Produktionsverhältnissen organisiert seien, so sehr mangele es ihm aber an einer historisch materialen Vermittlung der von ihm verteidigten Grundkategorien. Aufgrund seiner bloß abstrakten Negation der spätkapitalistischen Gesellschaft seien wesentliche Elemente seiner materialistischen Geschichtsauffassung verkümmert. Die Kritische Theorie Adornos, so lautet der Kernvorwurf, habe sich in kaum noch legitimationsfähige »Kontemplationsformen der traditionellen Theorie« zurückverwandelt. In seiner »Ideologiekritik am Tod des bürgerlichen Individuums« schwinge ein berechtigtes Moment der Trauer mit, letztlich aber sei sie in dessen Ruine gebannt geblieben.

13. August 1969: Unter der Anteilnahme von 2.000 Trauergästen wird **Theodor W. Adorno** im Grab seiner Familie auf dem Hauptfriedhof beigesetzt. An der Beerdigung, die ohne irgendein religiöses Zeremoniell stattfindet, nehmen teil: die Witwe Gretel Adorno, der hessische Kultusminister Ernst Schütte, der Oberbürgermeister der Stadt, Willi Brundert, die Freunde und wissenschaftlichen Kollegen Max Horkheimer, Jürgen Habermas, Ludwig von Friedeburg, Alfred Sohn-Rethel, Ernst Bloch, Alexander Mitscherlich, Hellmut Becker, Wolfgang Abendroth, Ralf Dahrendorf, Werner Hofmann und viele andere mehr. Der Rektor der Universität, Walter Rüegg, ist nicht zugegen. Er ist vorzeitig zu einem am 15. August in Dubrovnik beginnenden Kongreß abgereist; er wird vertreten durch den Prorektor, Professor Franz. Bei seiner Ansprache in der restlos überfüllten Trauerhalle erinnert Horkheimer daran, daß der als »Nur-Theoretiker«[873] häufig attackierte Freund ihn 1933 dazu habe überreden wollen, daß sie beide in Deutschland blieben. »Nein Max«, seien seine Worte gewesen, »wir müssen hier bleiben, wir müssen kämpfen.«[874] Doch schließlich hätten sie beide die Überzeugung gewonnen, daß das, was man Kultur nenne, in der Emigration besser zu bewahren sei als im nationalsozialistischen Deutschland. Bei allen Forschungen, die sie dann in den Vereinigten Staaten durchgeführt hätten, sei ihnen immer bewußt gewesen, daß die Wissenschaft allein nicht das Wahre sein könne, ohne die Selbstreflexion und Selbstbestimmung derjenigen, die sie betreiben. Nach dem Krieg sei Adorno, den im Exil immer großes Heimweh geplagt habe, so schnell wie möglich nach Deutschland zurückgekehrt. »Er wollte in Deutschland sein und die Gedanken aussprechen, die er nur in seiner Muttersprache aussprechen konnte.«[875] Horkheimer bezeichnet seinen Freund als einen der größten Denker der Gegenwart. Kultusminister Schütte, mit dem Adorno befreundet war, dankt vor allem der Witwe, ohne die das Werk des Toten undenkbar sei. Adornos Nachfolger in der Funktion des Vorsitzenden der *Deutschen Gesellschaft für Soziologie*, Ralf Dah-

---

870 »Himmel, Ewigkeit und Schönheit« – *Spiegel*-Interview mit Max Horkheimer zum Tode Theodor W. Adornos, in: Der Spiegel vom 11. August 1969, 23. Jg., Nr. 33, S. 109. **(Dok. Nr. 351)**

871 In: Konkret Nr. 17 vom 11. August 1969, S. 14–17.

872 Hans-Jürgen Krahl, Der politische Widerspruch der Kritischen Theorie Adornos, in: Frankfurter Rundschau vom 13. August 1968. **(Dok. Nr. 352)**

873 Zit. nach: »Einer der größten Denker der Gegenwart« – Theodor W. Adorno beigesetzt / Ansprache seines Freundes Max Horkheimer / SDS legte Kranz nieder, in: Frankfurter Rundschau vom 14. August 1969.

874 Ein Philosoph als Helfer für viele – Theodor W. Adorno wurde auf dem Hauptfriedhof beerdigt, in: Frankfurter Neue Presse vom 14. August 1969.

875 A.a.O.

rendorf, beschreibt die theoretischen Arbeiten des Verstorbenen als eine überwältigende Mischung aus Zweifel und Sicherheit. Er sei zu wach, zu subtil, zu phantasiereich und zu ironisch gewesen um dieses Land ertragen zu können – und dennoch habe er nicht von ihm lassen können. Auch wenn es kein Trost für seine nächsten Angehörigen sei: »Wir brauchen nicht auf Adorno zu verzichten, sein Werk ist gegenwärtig.«[876] Am offenen Grab nehmen Jürgen Habermas und Ludwig von Friedeburg mit kurzen Ansprachen Abschied. Als der Sarg dann in die Erde gesenkt wird, setzt ein heftiger Regenschauer ein. »Am Rande der Feierlichkeiten«, beschreibt eine Tageszeitung die Gefühle anderer, die ebenfalls zurückgeblieben sind, »drückte sich in den Tränen einiger Studentinnen des SDS die Erschütterung aus, die der Tod Adornos unter den protestierenden Studenten ausgelöst hat. Für manche Studenten, die eben bei Adorno promovierten, bedeutet sein Tod auch eine persönliche Katastrophe, weil viele von ihnen für ihre begonnene Arbeit sicher keinen Doktorvater finden werden. Daß der SDS am Grabe Adornos einen Kranz mit Schleife niederlegte, war nur äußerer Ausdruck einer beginnenden Korrektur des Adornobildes im SDS. Besonders zwischen der Gruppe um Hans-Jürgen Krahl und der ›reaktionären‹ Fraktion der ›Lederjacken‹ sollen sich in den letzten Tagen harte Richtungskämpfe abgespielt haben. Die ›Lederjacken‹ planten, die Beerdigung Adornos zum Anlaß einer Demonstration gegen den hessischen Kultusminister zu nehmen und Eier zur Beerdigung mitzubringen. Noch ungewiß war die Gruppe um Krahl am Morgen des Begräbnistages, ob sie sich werde durchsetzen können: Krahl hatte eigenhändige Tätlichkeiten jedem Eierwerfer in Aussicht gestellt. Der friedliche Verlauf zeigte, daß die ›Lederjacken‹ abgedrängt waren.«[877]

13. August 1969: Der **Hessische Rundfunk** strahlt unter dem Titel **Erziehung zur Mündigkeit** ein am Tage vor Adornos Abreise in die Schweiz aufgenommenes Gespräch mit Hellmut Becker, dem Leiter des Westberliner Max-Planck-Instituts für Bildungsforschung, aus. Das Gespräch endet mit einer für Adorno charakteristischen Formulierung: »Wer ändern will, kann es wahrscheinlich überhaupt nur, indem er diese Ohnmacht selber und seine eigene Ohnmacht zu einem Moment dessen macht, was er denkt und vielleicht auch was er tut.«[878]

15. August 1969: In der Wochenzeitung **Die Zeit** erscheint ein von dem Politikwissenschaftler Iring Fetscher verfaßter Nachruf auf Theodor W. Adorno. Er trägt den Titel **Ein Kämpfer ohne Illusion**.[879] In derselben Ausgabe werden auch Auszüge aus Adornos **Marginalien zu Theorie und Praxis** abgedruckt.[880]

20. August 1969: Eine ursprünglich als Flugblatt an der Universität verteilte Erklärung von 33 Adorno-Schülern erscheint unter dem von der Redaktion hinzugefügten Titel **Kritische Theorie weiterführen** in der **Frankfurter Rundschau**. Der ebenso beißende wie scharfsinnige Text greift die in der bürgerlichen Presse erschienenen Nachrufe an und analysiert die Doppelbödigkeit der in ihrer Sprache zum Ausdruck kommenden Haltung. »Je monumentaler der Grabstein aus überschwenglicher Verehrung, der über den Neinsager gewälzt wird«, so wird die eigentümliche Mischung aus Betroffenheit und Erleichterung attackiert, »desto sicherer ist seine aufsprengende Kraft für immer begraben. Wer aber als Schüler Adornos sich versteht, muß gegen die Entrückung seines Werks in die Sphäre des Kulturguts sich wehren. Noch diejenigen unter Adornos Schülern, die politisch seine schärfsten Kontrahenten wurden, stehen ihm in der Sache unendlich viel näher als jene Presse, die über den Sachen zu stehen meint.«[881] Als Beispiel einer solchen an den Genienkult früherer Epochen erinnernden Würdigung wird der in der **Frankfurter Allgemeinen Zeitung** erschienene Nachruf **Totalpräsenz des Geistes** genannt. Über diesen und andere Nekrologe heißt es: »Adornos Einsicht, daß nur noch extreme Individuiertheit autonome Reflexionsprozesse in Gang setzen kann, wird affirmativ verkehrt zur Feier der großbürgerlichen Persönlichkeit, um so die Solidarität mit seinen Intentionen zu verhindern.«[882] Obwohl Hans-Jürgen Krahl zu den Mitunterzeichnern gehört, findet sich in der Erklärung eine explizite Kritik an seiner eine Woche zuvor an gleicher Stelle publizierten Adorno-Interpretation, in der dessen zögernde Solidarisierung mit der Studentenbewegung nur aus der Perspektive einer individuellen Traumatisierung durch die Erfahrungen unterm Faschismus erklärt wird. Bemerkenswert ist auch die in der Erklärung verfochtene These, daß Resignation auch Renitenz gegen den gescheiterten Weltlauf, die Zwangsgewalt gesellschaftlichen Fortschritts sein könne, in der sich noch ein letztes Mal die Autonomie des Subjekts äußere. »Adorno hat«, heißt es zum Abschluß, »in Philosophie, Soziologie und Ästhetik seine Kritik am Vorrang der Totalität mit der Intransigenz kritischer Theorie nur aus Solidarität mit den stets noch vereitelten Hoffnungen des Individuums auf Glück ausbilden können. Seine Sympathie mit den Opfern der Geschichte galt ihm zugleich als Versprechen, keinen Begriff von Revolution zuzulassen, der nicht Revolution ohne Rache meint. Hinter der Stilisierung Adornos zum einmaligen Geisteshelden wie zum politischen Verführer steht das eindeutige Interesse, kritische Theorie zu liquidieren. Dagegen werden wir deren Intentionen in Zukunft auch im Rahmen universitärer Institutionen weiterführen.«[883]

22. August 1969: In der konservativen Zeitung **Christ und Welt** erscheint unter dem Titel **Adorno und der Terror der Jugend** eine Würdigung des verstorbenen Frankfurter Gesellschaftstheoretikers durch einen seiner Kölner Gegenspieler, den Soziologen Erwin K. Scheuch.[884]

23. August 1969: Der *Sozialistische Bund* und die Frankfurter Gruppe der *Internationalen Kommunisten Deutschlands* führen anläßlich des ersten Jahrestages des Einmarsches der Warschauer-Pakt-Truppen in die ČSSR im Volksbildungsheim eine Podiumsdiskussion zum Thema **Die »brüderliche Hilfe« oder ist die UdSSR eine imperialistische Macht?** durch. Teilnehmer sind u. a. Daniel Cohn-Bendit, Hans-Jürgen Krahl, Oskar Negt und Volkhard Mosler.

24. August 1969: Das **Erste Deutsche Fernsehen** strahlt in seinem Kulturmagazin **Titel, Thesen, Temperamente** ein in seinem französischen Urlaubsort Cabris geführtes Gespräch mit Herbert Marcuse zum Tod von Theodor W. Adorno aus. Es ist die erste Gelegenheit des Mannes, der in den letzten Monaten vor Adornos Tod vermutlich wie kein zweiter eine Auseinandersetzung mit seinem Freund, Kollegen und auch früheren Rivalen über die sie bewegenden Fragen geführt hat, sich umfassend zu äußern. Gleich zu Beginn bekennt Marcuse in seltener Freimütigkeit, daß zwischen ihm und Adorno Differenzen bekannt geworden seien. Jedoch entgegen aller Entstellungen müsse er sagen, daß sie auf der Basis einer Gemeinsamkeit und Solidarität entstanden seien. »Ich glaube«, so erklärt er, »es gibt niemanden, der so wie Adorno der bestehenden Gesellschaft radikal gegenüberstand, der sie so radikal gekannt und erkannt hat. Sein Denken war so kompromißlos, daß er sich selbst den Erfolg in dieser Gesellschaft leisten konnte. Dieser Erfolg hat sein Denken in keiner Weise infiziert, in keiner Weise kompromittiert.«[885] Ausführlich referiert Marcuse Adornos Position zur Frage des Verhältnisses von Theorie und Praxis, zur gesellschaftsverändernden Relevanz der Studentenbewegung und anderen Fragen mehr, die er erst in der mit ihm geführten spannungsreichen Korrespondenz des letzten halben Jahres kennengelernt hat. Dabei macht er sich einen von Horkheimer erhobenen Vorwurf zu eigen und bekennt zu der Frage, ob nicht Adornos hermetischer Denk- und Sprachstil zugleich die praktische Folgenlosigkeit seiner Theorie bedinge: »... ich selbst habe behauptet, daß die Kritische Theorie heute in viel gröberen und viel simplifizierteren Formen dargestellt werden muß, um den radikalen Inhalt wirklich mitteilen zu können und ihn nicht über Gebühr zu sublimieren. Ich weiß, daß gerade in diesem Punkt Adorno nicht mit mir einig war. Er hat immer geglaubt – und es scheint, daß er weitgehend recht hat –, daß die Substanz seines Werkes von der Form, in der sie präsentiert wird, eben nicht zu trennen ist ... Ich gebe zu, daß mich die Sätze Adornos manchmal in Raserei gebracht, manchmal wütend gemacht haben, aber ich glaube, das sollten sie. Und ich glaube, ich brauche mich dessen nicht zu schämen.«[886]

---

876 A.a.O.
877 »Einer der größten Denker der Gegenwart«, in: Frankfurter Rundschau vom 14. August 1969.˙
878 Theodor W. Adorno, Erziehung zur Mündigkeit, Frankfurt/Main 1972, S. 147.
879 Iring Fetscher, Ein Kämpfer ohne Illusion, in: Die Zeit vom 15. August 1969, 24. Jg., Nr. 33, S. 9.
880 Theodor W. Adorno, Marginalien zu Theorie und Praxis (Auszüge), in: Die Zeit vom 15. August 1969, 24. Jg., Nr. 33, S. 10.
881 Kritische Theorie weiterführen – Eine Erklärung von Adorno-Schülern zu seinem Tode, in: Frankfurter Rundschau vom 20. August 1969. **(Dok. Nr. 353)**
882 A.a.O.
883 A.a.O.; vgl. dazu auch: Adorno und die Studentenrevolte – Nachrufe und Diskussionen in der deutschen Presse, in: Neue Zürcher Zeitung vom 7. September 1969.
884 Erwin K. Scheuch, Adorno und der Terror der Jugend – Friedrich Nietzsche im »Institut für Sozialforschung«: Abscheu vor der Masse, in: Christ und Welt Nr. 34 vom 22. August 1969, 22. Jg., S. 11 f.
885 Herbert Marcuse, Reflexion zu Theodor W. Adorno – Aus einem Gespräch mit Michaela Seiffe, in: Hermann Schweppenhäuser (Hg.), Theodor W. Adorno zum Gedächtnis, Frankfurt/Main 1971, S. 47. **(Dok. Nr. 355)**
886 A.a.O., S. 50 f.; vgl. insbesondere auch: Marcuses schriftliche Vorlage für das Gespräch. **(Dok. Nr. 354)**

4. September 1969: In der Innenstadt kommt es nicht zu den befürchteten Zusammenstößen zwischen Anhängern der NPD und Gegendemonstranten der APO. Die Polizei hat sowohl eine Wahlkundgebung der NPD auf dem Römerberg als auch eine Protestkundgebung des SDS auf dem Paulsplatz verboten. Am späten Nachmittag marschieren acht Hundertschaften mit 650 Beamten auf den beiden Plätzen auf; außerdem stehen Funk- und Mannschaftswagen sowie vier Wasserwerfer bereit. Doch sowohl NPD-Anhänger als auch Demonstranten, darunter die SDS-Sprecher Daniel Cohn-Bendit, Hans-Jürgen Krahl und Karl Dietrich Wolff, versammeln sich ab 18 Uhr auf dem Römerberg. Nachdem die Polizei nach einer halben Stunde zwei Mal vergeblich die Menge aufgerufen hat, den Platz zu verlassen, geben sie ihr Mikrophon an Wolff weiter. Dieser fordert die Demonstranten mit dem Argument, es sei wegen der Polizeipräsenz nicht »opportun« die Diskussion unter diesen Bedingungen zu eröffnen, auf, zur Wiese hinter dem Studentenwohnheim an der Bockenheimer Warte zu ziehen und dort an einem Teach-in über die Gefahren des Neofaschismus teilzunehmen. Etwa die Hälfte der 1.500 Zuhörer folgt dem Aufruf. Die andere, unter ihnen auch NPD-Anhänger, beginnen in kleineren Gruppen zu diskutieren, ohne daß die Polizei eingreift. Gegen 20 Uhr 30 beginnt dann unter Beteiligung von etwa 1.000 Interessierten das Teach-in auf dem Universitätsgelände. Dabei treten Flügelkämpfe innerhalb des SDS zutage. Während eine kleinere Gruppe die Einstellung hat, keiner Auseinandersetzung mit der Polizei auszuweichen, verteidigt Krahl den Vorschlag Wolffs, sich vom Römerberg zurückzuziehen und dort keinen politisch sinnlosen Widerstand gegen mögliche Polizeieinsätze zu leisten. – Der NPD-Vorsitzende Adolf von Thadden, der als Hauptredner auf der von seiner Partei angekündigten Kundgebung vorgesehen war, wird zur selben Zeit an mehreren Orten abgewiesen. Noch auf dem Weg von **Darmstadt** aus, wo ebenfalls eine NPD-Kundgebung verboten worden war, hat er in **Frankfurt** versucht, ersatzweise Lokale für die Wahlveranstaltung zu finden. Doch überall stößt er auf verschlossene Türen. Nicht anders geht es ihm, als er im Airport-Hotel auftaucht: »Er fuhr vor, ging hinein und wurde sofort hinauskomplimentiert.«[887] Und als obendrein noch zwei Dutzend Demonstranten erscheinen und »Nazis raus!«-Parolen skandieren, zieht von Thadden es mit samt seinem Troß vor, die Stadt zu verlassen.

8. September 1969: Auf eine Umfrage der Zeitschrift **Konkret** zu den bevorstehenden Bundestagswahlen antwortet Oskar Negt auf die Frage, wie sich die Gruppen und Individuen der APO dazu verhalten sollten: »Grundsätzlich ›ja‹ zum Boykott für die Außerparlamentarische Opposition. Für sie kommt es in erster Linie darauf an, den praktischen Widerstand gegen die autoritäre Leistungsgesellschaft zu organisieren und die Basis-Organisationen, die Betriebe, Schulen und Universitäten zu demokratisieren… Eine Stimmabgabe für die Kandidaten der ADF[888] halte ich für sinnlos, weil sie unter gegenwärtigen Bedingungen nur dazu beitragen kann, die Ohnmacht der Linken zu bestätigen und ihre Anhänger abzählbar zu machen.«[889]

12. September 1969: In einem in der Wochenzeitung **Die Zeit** unter dem Titel **Odyssee der Vernunft in die Natur** erscheinenden Artikel zu Theodor W. Adornos 66. Geburtstag übt Jürgen Habermas scharfe Kritik an Hans-Jürgen Krahl – freilich ohne seinen Namen zu nennen. Er spielt dabei auf Äußerungen des SDS-Sprechers an, die dieser in seinem Nachruf und in der Podiumsdiskussion im Haus Gallus am 23. September 1968 gemacht hat. »Einer von Adornos Schülern«, schreibt Habermas, »hat dem Lehrer ins offene Grab nachgerufen: er habe am bürgerlichen Individuum unwiderstehlich Kritik geübt und sei doch selbst in dessen Ruine gebannt geblieben. Das ist wohl wahr. Daraufhin aber mit dem wohlvertrauten Gestus ›Was fällt, soll man stoßen‹ zu fordern, Adorno hätte eben auch die Kraft haben sollen, die letzte Hülle ›radikalisierter Bürgerlichkeit‹ abzustreifen (und den Aktionisten die Fahne voranzutragen), beweist nicht nur … politische (und psychologische) Torheit, sondern zunächst einmal philosophisches Unverständnis. Denn die historisch gewordene Gestalt des bürgerlichen Individuums wäre mit Willen und gutem Gewissen, und nicht nur mit Trauer, erst dann zurückzulassen, wenn aus der Auflösung des alten Subjekts schon ein neues entsprungen wäre.«[890] Diesen Zusammenhang entfaltet Habermas nachfolgend am Beispiel des Freiheitsbegriffs in einer Kant-Interpretation Adornos.

12. September 1969: Der wegen Widerstands gegen die Polizeigewalt, versuchter Gefangenenbefreiung und Körperverletzung angeklagte iranische Student Achmed Taheri wird nach einem überraschend kurzen Verfahren vom Frankfurter Amtsgericht freigesprochen. Der Angeklagte war in der Nacht vom 29. zum

30. März von einer Zivilstreife vor dem Walter-Kolb-Studentenwohnheim festgenommen worden. Er hatte nach eigener Aussage versucht, dem von mehreren Unbekannten zusammengeschlagenen Hans-Jürgen Krahl zu Hilfe zu kommen. Dabei hatte er angenommen, daß es sich um NPD-Schläger handle, kurz darauf erfuhr er jedoch, daß es sich bei den gewalttätigen Männern, die ihn dann ebenfalls niederknüppelten, um Polizeibeamte in Zivil handelte. Als Zeuge der Anklage sorgt der Leiter des »zivilen Aufklärungskommandos«, der 38jährige Polizeikommissar Roland Noll, für eine Überraschung, als er erwähnt, daß beim Einsatz seiner Streife auch ein Ordensbruder zugegen war. Bruder Oswald vom Kloster Maria Laach sei zu Informationszwecken, führt er aus, an dem »Spähtruppunternehmen gegen die APO« (FR) beteiligt gewesen. Zum Ablauf der Festnahme merkt Noll an, Taheri habe sich »wie ein Berserker« gewehrt. Da sich der Kommissar bei seinen Zeugenaussagen ebenso wie seine Kollegen in zahlreiche Widersprüche verwickelt, reduziert der Richter das Verfahren, indem er auf den Großteil der 23 geladenen Zeugen verzichtet. Da auch der Staatsanwalt davon überzeugt ist, daß die Aussagen von Angehörigen der Zivilstreife nicht verwertbar sind, beantragt er ebenfalls Freispruch. In seiner Urteilsbegründung stellt Richter Rheinschmidt fest, daß die Mehrzahl der als Zeugen gehörten Polizeibeamten den Ablauf des Geschehens offenbar nicht richtig wiedergegeben hätten. Der Grund dafür liege darin, daß sich diese Zeugen »möglicherweise bei dem Vorfall selbst strafbar gemacht« hätten.

12. September 1969: Auf einer Solidaritätskundgebung am Freitagabend auf dem Opernplatz geht es sowohl um die Situation der entflohenen Staffelberger Fürsorgezöglinge als auch um die der in einem wilden Streik befindlichen Stahl- und Bergarbeiter. Dabei werden vor 800 Teilnehmern noch einmal die meisten der während der »Staffelberg-Aktion« genannten Forderungen wiederholt. Während sich Daniel Cohn-Bendit (SDS) für die vollständige Abschaffung von Erziehungsheimen ausspricht, argumentiert der Leiter des Frankfurter Jugendamts, Herbert Faller (SPD), für grundlegende Reformen. Das Wichtigste sehe er darin, besseres Personal für die Heime gewinnen zu können. An einem an der Ruine des Opernhauses errichteten Baugerüst wird ein Transparent mit der Aufschrift »Kampf dem Heimterror« aufgezogen. In einem von der *Kampfgruppe ehemaliger Erziehungsheiminsassen* verteilten Flugblatt wird die Einheit aller Lehrlinge und die »Einheit der Arbeiterklasse« gefordert. Zum Thema der wilden Streiks spricht neben Cohn-Bendit auch der ehemalige SDS-Bundesvorsitzende Helmut Schauer. Er qualifiziert die spontanen Streiks als die ersten, die es seit Jahrzehnten wieder gebe, in denen die Arbeiterschaft »direkt gegen die Gewerkschaften für ihre Lohninteressen« kämpfe. Die aktuelle Streikbewegung sei eine »praktische Kritik« am politischen Verhalten der Gewerkschaften und treffe auf das Zentrum von deren Selbstverständnis. Es gebe allen Grund, meint Schauer, die Frage aufzuwerfen, was das für Interessenorganisationen seien, gegen die ihre Mitglieder ihre demokratischen Interessen verteidigen müßten.

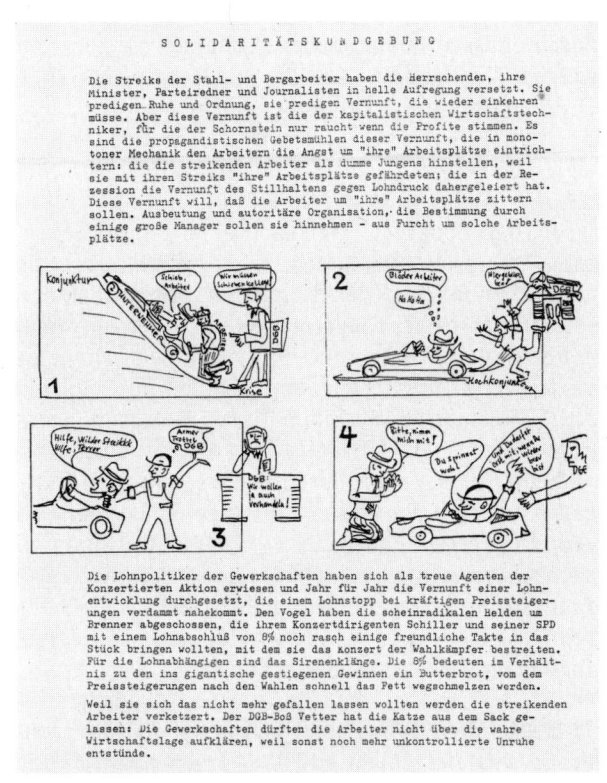

12.9.: Flugblatt zu den Septemberstreiks.

887 Frankfurter Rundschau vom 5. September 1969.
888 *Aktionsbündnis Demokratischer Fortschritt* (ADF).
889 Was wählt die APO? Konkret-Umfrage zur Bundestagswahl, in: Konkret Nr. 19 vom 8. September 1969, S. 47.
890 Jürgen Habermas, Odyssee der Vernunft in die Natur – Theodor W. Adorno wäre am 11. September 66 Jahre alt geworden, in: Die Zeit vom 12. September 1969, Nr. 37, S. 13. **(Dok. Nr. 356)**

September 1969 461

16. September 1969: Im Anschluß an eine Pressekonferenz der NPD kommt es in **Kassel** zu einem schweren Zwischenfall. Nachdem 3.000 Anhänger der APO vor der Stadthalle gegen eine Kundgebung der rechtsradikalen Partei demonstriert haben, die in letzter Minute von Polizeipräsident Herbert Ahlborn verboten worden ist, begibt sich deren Vorsitzender Adolf von Thadden vom Parkhotel Hessenland in das in der Weinbergstraße gelegene Haus des NPD-Landtagsabgeordneten Werner Fischer. Eine Gruppe von 40 bis 50 Demonstranten folgt ihm gegen 20 Uhr dorthin. Plötzlich tritt ein Mann hervor, ruft »Zurücktreten, Polizei!«, gibt zunächst einen Warnschuß ab und feuert dann auf die Gruppe der Protestierenden. Der 22jährige Bernd Lunkewitz und der 19jährige Michael Hoke werden beide getroffen und müssen mit Armdurchschüssen in eine nahegelegene Klinik gebracht werden. Der Schütze, es ist der Bundesleiter des NPD-Ordnungsdienstes, Klaus Kolley, flüchtet derweil durch einen Hinterausgang. Lunkewitz ist Mitglied im Kasseler *Aktionszentrum unabhängiger und sozialistischer Schüler* (AUSS). – Nachdem die Polizei trotz der Tatsache, daß konkrete Täterbeschreibungen vorliegen, zunächst »nach allen Seiten hin« ermittelt, stößt die Sonderkommission der Kripo auf Filmaufnahmen eines französischen Kamerateams, auf denen ein Mann mit Stirnglatze hinter einem Vorhang hervorlugt. Es ist der Verdächtige. Doch erst nachdem Journalisten dem Oberstaatsanwalt Bildmaterial übergeben, beantragt dieser einen Haftbefehl wegen »versuchten Totschlags«. Als einen Tag darauf drei Beamte nach **Stuttgart** reisen, um den Gesuchten in seiner Wohnung zu verhaften, erklärt ihnen dessen Ehefrau, ihr Mann sei nach Österreich in Urlaub gefahren. Als die Kripo damit droht, Interpol einzuschalten, stellt sich Kolley beim Grenzübertritt in **Mittenwald**, wo er schließlich doch noch verhaftet werden kann.

18. September 1969: Beim Überqueren der Maybachstraße wird der 26jährige Hans-Jürgen Krahl (SDS) in Höhe der Eschersheimer Turnhalle vom Außenspiegel eines Autos erfaßt, zu Boden geschleudert und verletzt. Da er über starke Schmerzen im Arm- und Schulterbereich klagt, wird er von dem Fahrer des Wagens in das Nordweststadt-Krankenhaus gebracht. Dort wird sein rechter Arm in Gips gelegt.

26. September 1969: Vor einem Schöffengericht beginnt der **Theater-Prozeß**, ein Verfahren gegen vier führende SDS-Mitglieder, einen Arzt und einen Schüler, die beschuldigt werden, am 30. Mai 1968 beim Go-in ins Schauspielhaus Hausfriedensbruch und Nötigung begangen zu haben. Sie sind an dem Abend, an dem Rolf Hochhuths Stück *Die Soldaten* aufgeführt wurde, zwar mit 600 anderen Notstandsgegnern zusammen in das Theater eingedrungen, werden jedoch dabei als Rädelsführer der Aktion angesehen. Auf der Anklagebank sitzen der 26jährige Hans-Jürgen Krahl, der 30jährige Günter Amendt, der 27jährige Udo Riechmann und der 24jährige Ernst-Henning Schwedt (allesamt Studenten der Soziologie und SDS-Mitglieder) sowie der 30jährige Arzt Dr. Hartmut Mörschel und der 17jährige Oberschüler Benjamin Ortmeyer. Da sich bald herausstellt, daß sich der Angeklagte Mörschel an dem besagten Abend auf die Bühne gelegt hatte und dort eingeschlafen war, wird das Verfahren gegen ihn eingestellt. Als Zeugen der Anklage tritt neben dem stellvertretenden Intendanten Willy Hetzer, der an dem Abend für den abwesenden Harry Buckwitz die Rolle des Hausherrn wahrgenommen hatte, auch ein von zahlreichen Verfahren bekannter Polizeioffizier auf. »Mit dem ›Kronzeugen vom Dienst‹ in Frankfurter politischen Prozessen, Kriminaloberrat Erich Panitz«, schildert eine Lokalzeitung dessen schweren Stand, »sprangen Krahl und Amendt anschließend hart um. Panitz hatte seine Aussage über die angebliche ›Rädelsführerschaft‹ dieser beiden Angeklagten beim ›Sturm auf das Theater‹ etwas zu salopp begonnen. Zum Beispiel mit der kühnen Behauptung: ›Man hat sich nach ihren Weisungen gerichtet.‹ Hohnlächelnd registrierten Amendt und Krahl die Erklärungen, mit denen Panitz ihnen bereitwillig ›ins offene Messer‹ lief. Auf die präzisen Fragen der beiden Angeklagten hin mußte der Zeuge seine Aussage innerhalb von fünf Minuten dreimal entscheidend abändern. Als der Oberrat in etwa den Anblick eines Boxers bot, den nur noch die Hoffnung auf den rettenden Gong auf den Beinen hält, griff Vorsitzender Gehrmann als gnädiger Schiedsrichter ein: Mit behutsamer Formulierungshilfe Gehrmanns kam Panitz knapp über die Runden.«[891] – Drei Tage später werden die Urteile gesprochen. Krahl und Amendt werden wegen Hausfriedensbruchs zu Geldstrafen von jeweils 150 DM verurteilt, Ortmeyer erhält wegen desselben Delikts eine Verwarnung. Riechmann und Schwedt werden freigesprochen, weil sie erst später in dem Theater eingetroffen waren. Indem sie dort auf offene Türen trafen, hätten sie sich, heißt es in der Urteilsbegründung, in der Illusion bewegen können, das Schauspielhaus habe ihnen Gastrecht gewährt. Die Diskussion im dortigen Kleinen Haus erfülle nicht den Tatbestand der Nötigung. Das Gericht ist davon überzeugt, daß, wenn die Theaterleitung nicht so in Eile gewesen wäre, das Stück, durch eine Diskussion bereichert, mit einiger Verspätung durchaus noch hätte aufgeführt werden können.

3. Oktober 1969: Der 45jährige Ordinarius für Soziologie an der Universität Frankfurt, **Ludwig von Friedeburg**, wird von dem neugewählten hessischen Ministerpräsidenten Albert Osswald (SPD) in dessen Kabinett als **Kultusminister** berufen. Nach bereits kurzer Zeit macht von Friedeburg durch ambitionierte Schritte in der Schul- und Hochschulreform, insbesondere einem bereits 1970 verabschiedeten neuen Hochschulgesetz und den gesellschaftskritischen Rahmenrichtlinien für verschiedene Schulfächer auf sich aufmerksam.

6. Oktober 1969: Die 25jährige Assistenzprofessorin Angela Davis hält an der University of California in **Berkeley** eine Vorlesung unter dem Titel **Wiederkehrende philosophische Themen in der Literatur der Schwarzen**. Annähernd 2.000 Zuhörer sind in den größten Hörsaal gekommen, um ihren Auftritt mitzuerleben. – Zuvor hatte es eine von Gouverneur Ronald Reagan gegen ihre Zulassung als Dozentin initiierte Kampagne gegeben. Erst am 3. Oktober war durch eine Abstimmung des Lehrkörpers mit 539 gegen 12 Stimmen eine Senatsverfügung zurückgewiesen worden, die die Entlassung von Angela Davis beschieden hatte. – Am 20. Oktober entscheidet der Oberste Gerichtshof der Vereinigten Staaten, daß die vom Senat verfügte Entlassung der Dozentin verfassungswidrig ist. – In einer vom US-Generalkonsulat in **Frankfurt** (West-Germany) übermittelten Aktennotiz, die in dem Fall eine Rolle spielt, heißt es: »Miss Davis hat auch hier an Aktionen gegen das weiße bürgerliche Amerika teilgenommen – ihr Haß gegen die Weißen erscheint uns als Triebkraft ihres Handelns – wir stellen bedauernd fest, daß mittelbar ihre philosophischen Lehrer (Herbert Marcuse, Jürgen Habermas) als Urheber gelten müssen.«[892]

9. Oktober 1969: Auch die dritte seit dem Ausbruch der Studentenrevolte stattfindende Frankfurter Buchmesse wird durch Protestaktivitäten der APO und ihrer Anhänger stark beeinflußt. An der ersten öffent-

9.10.: Flugblatt zur Buchmesse.

lichen Sitzung des Messerats des Börsenvereins des Deutschen Buchhandels nehmen auch drei Delegierte des Messerats der sozialistischen *Literaturproduzenten* teil.[893] Dabei geht es u.a. um die Ausräumung des Verdachts, daß entgegen zuvor getroffener Absprachen Polizeibeamte in Zivil auf dem Messegelände eingesetzt werden. Es stellt sich heraus, daß es sich bei den mit Funksprechgeräten ausgerüsteten Personen um den Assistenten des Messedirektors und Mitglieder des Aufsichtsrates der Messe- und Ausstellungs GmbH handelt, die Walkie-talkies benutzen. – Auf einem

---

891 Frankfurter Rundschau vom 27. September 1969.
892 Zit. nach: Werner Lehmann, Schwarze Rose aus Alabama, Ost-Berlin 1972, S. 37.
893 Vgl. dazu das Handbuch der Edition Voltaire: Frank Benseler / Hannelore May / Hannes Schwenger, Literaturproduzenten! West-Berlin 1970.

10.10.: Messestand des SDS-Verlags Neue Kritik mit Detlev Claussen.

Forum der *Literaturproduzenten* zum Thema **Politische Justiz** wird die Forderung erhoben, sämtliche Straf- und Zivilverfahren gegen sogenannte Demonstrationsstraftäter einzustellen und alle Inhaftierten, sowohl Untersuchungshäftlinge wie auch rechtskräftig Verurteilte, freizulassen.

10. Oktober 1969: Auf der Messevollversammlung beschwert sich Karl Dietrich Wolff darüber, daß die Presse nichts über inhaltliche Diskussionen der sozialistischen *Literaturproduzenten* berichte, sondern nur auf Aktionen reagiere. Wenn sie das brauche, dann könne sie es haben, fährt er fort und ruft im selben Augenblick zu einem Marsch auf, der zum Stand der Südafrikanischen Union führen soll. Obwohl der Lektor des Luchterhand Verlages, Frank Benseler, ihn mit der Bemerkung kritisiert, daß dieser Vorschlag »ein typisches Zeichen von Sektierertum« sei, bricht Wolff kurz darauf auf. Es ist schließlich eine Gruppe von 100 Demonstranten, die, von einer jungen Frau mit einer roten Fahne angeführt, am Stand Südafrikas erscheint. Unter dem Ruf »Gegen Apartheid und Rassismus« reißen sie die dort ausgestellten Bücher aus den Regalen und die Plakate von den Wänden. Ein Sprecher des SDS begründet die Aktion in marcusianischer Manier mit den Worten, man habe sich an dem »Stand des rassistischen Regimes vergriffen«, weil die Toleranz dort aufhöre, »wo Faschisten Propaganda machen«.

11. Oktober 1969: Weil der Wilhelm Goldmann Verlag Angestellte entlassen hat, die sich für die Gründung eines Betriebsrates eingesetzt haben, ziehen 100 Demonstranten zum Stand des Münchner Unternehmens. Ihre Parolen lauten: »Goldmann, Meurer[894] und Konsorten schlägt man nicht mit schönen Worten, willst du solidarisch sein, tritt in die Gewerkschaft ein« und »Gegen Unternehmerzwang, fangen wir bei Goldmann an«. Als der kleine Umzug am Goldmann-Stand eintrifft, ist keiner der Aussteller mehr zu sehen. Sie haben es offenbar vorgezogen, einer Auseinandersetzung über die Kündigung ihrer Kollegen aus dem Weg zu gehen. Die Demonstranten spannen auf dem Stand ein rotes Transparent mit der Aufschrift »G – Gütezeichen für Unternehmerwillkür« auf und erklären ihn für besetzt. Dann schildern sie die Vorgänge, die zu den Kündigungen geführt haben, und werfen anschließend die ausgestellten Bücher in die Menge.

11./12. Oktober 1969: Eine Gruppe von Demonstranten platzt in die in der Kongreßhalle tagende Hauptversammlung des *Börsenvereins des Deutschen Buchhandels* genau in dem Moment hinein, als sich die Anwesenden gerade im Rahmen einer Totenehrung eines verstorbenen Mitglieds zu einer Schweigeminute erhoben haben. Die jungen Verlags- und Buchhandelsangestellten sind von dem Gerücht aufgeschreckt worden, der Vorstand des Börsenvereins habe Strafantrag gegen Karl Dietrich Wolff und andere Mitglieder der sozialistischen *Literaturproduzenten* wegen Rädelsführerschaft bei einem Go-in gestellt. Der Vorsitzende des Aufsichtsrats weist diesen Verdacht jedoch als unbegründet zurück. Am Tag darauf beschließt der Börsenverein auf seiner im Cantate-Saal fortgesetzten Hauptversammlung mit großer Mehrheit, sich für eine Amnestie aller Demonstrationsstraftäter einsetzen zu wollen, insbesondere solchen, die im Jahr zuvor wegen ihrer Protestaktionen gegen die Verleihung des Friedenspreises zur Rechenschaft gezogen

894 Der Westberliner Buchhändler Kurt Meurer hatte zwei Lehrlinge, die innerhalb ihres Betriebes über die Ausbildung diskutieren wollten, wegen »kollektivistischer Maßnahmen« und »kommunistischer Zellenbildung« fristlos entlassen. Die Kündigungen sind jedoch von einem Gericht wieder aufgehoben worden.

9.10.: Informationsstand der »Republikanischen Hilfe« vor dem Eingang zum Messegelände.

worden sind. Der Beschluß kommt auf eine Initiative der *Literaturproduzenten* zustande.

12. Oktober 1969: Der Frankfurter Psychoanalytiker Professor **Alexander Mitscherlich** wird mit dem **Friedenspreis des Deutschen Buchhandels** ausgezeichnet. Im Unterschied zum Vorjahr verläuft die auch von Bundespräsident Gustav Heinemann besuchte Festveranstaltung in der Paulskirche ohne nennenswerte Störungen ab. Mitscherlich spricht in seiner Festrede **Über Feindseligkeit und hergestellte Dummheit – einige andauernde Erschwernisse beim Herstellen von Frieden.**[895] Er kündigt an, die mit der Vergabe des Preises verbundene Geldsumme in Höhe von 10.000 DM an die Hilfsorganisation *Amnesty International* spenden zu wollen. – Der 61jährige Psychologe war zuvor von Sprechern der APO dazu aufgefordert worden, den Geldbetrag einem Rechtsfonds zur Verfügung zu stellen, mit dem die Verteidigung von Demonstranten bei Strafprozessen finanziert werden soll.

15. Oktober 1969: Im Club Voltaire diskutieren Hans-Jürgen Krahl (SDS), Rudi Maurer (DKP) und Karsten Voigt (SPD) über die Frage, welche Folgen die künftige, sich aus einer Koalition von SPD und FDP zusammensetzende Bundesregierung für die Linke haben könnte. Einig sind sich alle drei in einer skeptischen bis negativen Einschätzung der kleinen Bonner Koalition. Nach Krahls Auffassung ist der Bonner Machtwechsel für das Selbstverständnis der Neuen Linken »unerheblich«. Ein autoritäres und vorpolitisches Sicherheitsbedürfnis habe sich »von der Staatspartei CDU auf die Staatspartei SPD« verlagert. Auch für die Kommunisten habe sich, wie Maurer meint, in der Bundesrepublik »nichts geändert«. Und Voigt ist davon überzeugt, daß es antikapitalistische Reformen, eine Änderung der gesellschaftlichen Verhältnisse »nicht geben« werde. Den Gewerkschaften drohe gar die Gefahr, »zum Transmissionsriemen des Regierungswillens nach unten« zu werden. Als Maurer die Forderung nach mehr Mitbestimmung als eine der wichtigsten Aufgaben der Linken nennt, erntet er Hohn und Spott. Und als er mit der Bemerkung in die Defensive geht, daß es wohl noch ein schwerer Weg für seine Partei sei, »zur Avantgarde der Arbeiterklasse zu werden«, breitet sich Gelächter in dem Kellerlokal aus. Am einfachsten sind die Verhältnisse aus Krahls Perspektive zu definieren, der selbstbewußt erklärt, er stünde »nicht auf dem Boden des Grundgesetzes«. Für ihn stellt der Regierungswechsel die Machtübernahme eines anderen Flügels der Bourgeoisie dar, desjenigen, der das »technologische Modernisierungserfordernis« repräsentiere.[896]

16. Oktober 1969: Vor der 4. Strafkammer des Landgerichts Frankfurt beginnt der Prozeß gegen die der »Rädelsführerschaft« beschuldigten SDS-Mitglieder Günter Amendt, Hans-Jürgen Krahl und Karl Dietrich Wolff, die am 22. September 1968 an der Demonstration gegen die Verleihung des Friedenspreises des Deutschen Buchhandels an den senegalesischen Staatspräsidenten Léopold Sédar Senghor beteiligt waren.[897] Unter den Zuhörern befindet sich auch Daniel Cohn-Bendit, der bereits wegen seines Sturmlaufs gegen die Friedenspreisverleihung vor Gericht gestanden hat. Neben Krahl hat Claudia Littmann, die Tochter des Frankfurter Polizeipräsidenten, der sich ebenfalls im Zuhörerraum aufhält, auf der An-

16.10.: AStA-Publikation zum Beginn des »Senghor-Prozesses«.

klagebank Platz genommen. Sie arbeitet als Schreibhilfe für den Verteidiger Johannes Riemann. Zunächst tritt Wolff auf und greift die »Sondergerichtsbarkeit« an, die in dem Prozeß praktiziert werde. Unter Berufung auf den »großen Lenin« bezeichnet er die Berufsrichter als »Erfüllungsgehilfen der Herrschenden« und fordert die beiden Schöffen auf, sie sollten das Gericht verlassen. Die von diesem ausgeübte »Repression« sollte allein den Berufsrichtern überlassen werden. Seinen förmlichen Antrag, die Schöffen von der Verhandlung auszuschließen, lehnt das Gericht jedoch mangels gesetzlicher Voraussetzungen umgehend ab. Dann schildern die drei Angeklagten im neuen Großen Schwurgerichtssaal in einer zuvor nicht erlebten Ausführlichkeit und Detailliertheit die wichtigsten Stationen ihrer jeweiligen politischen Biographie. Den Anfang macht Amendt. Er beschreibt, aus welchen Erfahrungen heraus er den Entschluß gefaßt hat, in den SDS einzutreten – als Lehrling bei der Standard Oil Company of New Jersey, als Kriegsdienstverweigerer und als Absolvent des Zweiten Bildungsweges. Seine Einsicht lautet, »daß die Mißbildungen eines bürgerlichen Lebenslaufs nur im kollektiven Kampf korrigiert werden« könnten. In einer mehr als einstündigen, frei vorgetragenen Rede macht dann der 26jährige Hans-Jürgen Krahl **Angaben zur Person**. Er schildert darin seine »Odyssee durch die Organisationsformen der herrschenden Klasse«, seine Entwicklung voller Umwege, die ihn in der niedersächsischen Provinz vom postfaschistischen *Ludendorff-Bund* über die *Junge Union* und eine schlagende Verbindung zum SDS nach Göttingen geführt hat. Durch seinen Wechsel nach Frankfurt kam er in unmittelbaren Kontakt zu den akademischen Lehrern der Kritischen Theorie, die ihn insbesondere durch die Analyse einer aufgrund ihrer immanenten Notwendigkeiten zum Scheitern verurteilten liberalen Gesellschaft und dem ihr analog gesetzten Begriff des autonomen Subjekts angezogen. »Dieser Verfall des bürgerlichen Individuums«, fährt Krahl an einer entscheidenden Stelle fort, »ist eine der wesentlichen Begründungen, aus der die Studentenbewegung den antiautoritären Protest entwickelte. In Wirklichkeit bedeutet ihr antiautoritärer Anfang ein Trauern um den Tod des bürgerlichen Individuums, um den endgültigen Verlust der Ideologie liberaler Öffentlichkeit und herrschaftsfreier Kommunikation, die entstanden sind aus einem Solidaritätsbedürfnis, das die bürgerliche Klasse in ihren heroischen Perioden, etwa der französischen Revolution, der Menschheit versprochen hatte, das sie aber nie einzulösen vermochte, und das jetzt endgültig zerfallen ist.«[898]

16.10.: Die Angeklagten mit ihren Verteidigern: Rupert von Plottnitz und Karl Dietrich Wolff, dahinter Hans-Jürgen Krahl, Günther Amendt und Johannes Riemann.

895 Erstmals abgedruckt unter dem Titel: Alexander Mitscherlich, Aggression ist eine Grundmacht des Lebens, in: Frankfurter Allgemeine Zeitung vom 13. Oktober 1969; wiederabgedruckt in: ders., Toleranz – Überprüfung eines Begriffs, Frankfurt/Main 1976, S. 35–48; wiederabgedruckt in: ders., Gesammelte Schriften Bd. V, Sozialpsychologie 3, hrsg. von Helga Haase, Frankfurt/Main 1983, S. 363–375.
896 Vgl.: Horst Schreitter-Schwarzenfeld, Regierungswechsel »da oben« und die neue Linke, in: Frankfurter Rundschau vom 17. Oktober 1969.
897 Vgl.: Von den Getreuen im Stich gelassen? In Frankfurt hat ein Prozeß gegen drei Spitzenfunktionäre des SDS begonnen – Der Sturm auf das Gericht fand nicht statt, in: Frankfurter Allgemeine Zeitung vom 17. Oktober 1969; »Ich stamme aus einem Kleinbürgermilieu« – SDS-Angeklagte analysieren sich selbst – Senghor-Prozeß begann ohne Zwischenfälle – Robenlose Verteidiger, in: Frankfurter Rundschau vom 17. Oktober 1969; SDS-Wolff mit Gericht – RädelsführerProzeß entwickelt sich zum Forum der Angeklagten, in: Darmstädter Echo vom 17. Oktober 1969; So log K. D. Wolff: »Synagogenbrand in Biedenkopf«, in: Hinterländer Anzeiger vom 21. November 1969 und die Gegendarstellung Wolffs in: Hinterländer Anzeiger vom 13. Dezember 1969.
898 Hans-Jürgen Krahl, Angaben zur Person, in: ders., Konstitution und Klassenkampf, Frankfurt/Main 1971, S. 25. **(Dok. Nr. 358)**

In kurzen Zügen schildert er die widersprüchliche Entwicklung der antiautoritären Bewegung und wirft am Ende die Frage auf, warum gerade diejenigen, die es ihrer Herkunft nach nicht nötig hätten, zu rebellieren und sich als Revolutionäre zu begreifen beginnen. »Es ist nicht das bloße Trauern um den Tod des bürgerlichen Individuums, sondern es ist die intellektuell vermittelte Erfahrung dessen, was Ausbeutung in dieser Gesellschaft heißt, nämlich die restlose und radikale Vernichtung der Bedürfnisentwicklung in der Dimension des menschlichen Bewußtseins.«[899] Ihre Funktion »als politische Intellektuelle« bestehe darin, erläutert Krahl, das Wissen »in den Dienst des Klassenkampfes« zu stellen. Auf lange Sicht strebten sie »selbstverständlich die Übernahme der Macht an«. Der Zeitpunkt, zu dem dies geschehen könne, sich das Proletariat erhebe »und die Herren Kiesinger und Strauß in die Nordsee wirft«, liege jedoch noch in weiter Ferne. Anschließend schildert auch der ehemalige SDS-Bundesvorsitzende Wolff, dessen verstorbener Vater selbst Richter war, seinen politischen Werdegang. Auch er stamme, erläutert er, aus dem Kleinbürgertum, einer Schicht, die sich »durch ihre Staatstreue selbst ruiniert« habe. Die historische Legitimation für die Justiz sei in diesem Land durch den Faschismus zerstört worden. Aus den Erfahrungen seines Vaters, der nach der Pogromnacht von 1938 gemeint habe, nun »Anzeige gegen Unbekannt« stellen zu sollen, seinen Kontakten mit der amerikanischen Bürgerrechtsbewegung und den Demonstrationen in der Bundesrepublik habe er lernen und begreifen müssen, »daß die Berufung auf Verfassungsrechte nichts« helfe, »wenn die Interessen der Herrschenden gefährdet« würden. Nach zwei Stunden hält er den Richtern vor, sie würden dafür bezahlt, eine kollektive Psychoanalyse zu verhindern. Das jedoch werde ihnen nicht gelingen. Erst am Nachmittag kommt der Staatsanwalt dazu, die Anklageschrift zu verlesen. Den mit einer Höchststrafe von zehn Jahren bedrohten Hauptvorwurf »Rädelsführerschaft« begründet er mit den Worten: »Die Angeklagten führten bei dem Tatgeschehen Regie. Sowohl Krahl als auch Amendt und Wolff erschienen jeweils an den Brennpunkten der Ereignisse und dirigierten die zusammengerottete Menschenmenge. Die Menge befolgte auch ihre Anweisungen.«[900]

21. Oktober 1969: Der zweite Verhandlungstag im »Senghor-Prozeß« geht vor der 4. Strafkammer des Frankfurter Landgerichts bereits nach einer halben Stunde zu Ende. Die drei wegen »Rädelsführerschaft« angeklagten SDS-Mitglieder Günter Amendt, Hans-Jürgen Krahl und Karl Dietrich Wolff geben in ihrer Aussage zur Sache unter Heiterkeitsreaktionen des Publikums zunächst nacheinander nur die beiden identischen Sätze wieder: »Es trifft zu, daß ich mich am 22. September in der Umgebung der Paulskirche aufgehalten habe. Außer mir waren noch über 2.000 Demonstranten und eine mir unbekannte Zahl von uniformierten und nichtuniformierten Polizeibeamten anwesend.«[901] Zu der für das Delikt der »Rädelsführerschaft« besonders relevanten Frage der Organisierung des SDS bekundet Amendt in ironischer Freimütigkeit: »Ich war damals einer der 2.000 Chefideologen des SDS.«[902] Krahl fährt fort, daß die Problematik der marxistischen Organisationstheorie äußerst kompliziert sei und er sich deshalb nicht näher darauf einlassen wolle. Und Wolff bemerkt, er könne dazu schon etwas sagen, er wolle aber nicht. Sein Verteidiger Rupert von Plottnitz rundet die Auskünfte der drei mit der Bemerkung ab: »Die Angeklagten haben allen Grund, der Beweisaufnahme mit heiterer Gelassenheit entgegenzusehen.«[903] – In einer Beratungspause des Gerichts stellen die Angeklagten den Journalisten und Reportern auf der Pressetribüne einen Vertreter der Generalunion senegalesischer Studenten vor. Dieser erklärt im Rückblick auf die Verleihung des Friedenspreises des Deutschen Buchhandels 1968: »Wir waren sehr froh, daß die Frankfurter Studenten damals mit der Demonstration ihre Solidarität mit den Studenten in Senegal bewiesen haben. Die Preisverleihung für den senegalesischen Staatspräsidenten Senghor war eine Schande für Afrika und für Deutschland.«[904]

22. Oktober 1969: Auf einem Teach-in stellt mit Günter Amendt am Abend in der Universität einer der drei Angeklagten im »Senghor-Prozeß« eine ideologiekritische Analyse des Gebrauchs politischer Schlüsselworte durch das Gericht und in der Presseberichterstattung vor. Er wolle damit, erklärt er, eine »wissenschaftliche Auseinandersetzung mit der Anklage« beginnen, die »vor dem bürgerlichen Gericht nicht möglich« sei. Als Beispiele knüpft er sich die Semantik der auf Sprecher der studentischen Protestbewegung bezogenen Rollenausdrücke »Führer«, »Funktionär« und »Ideologe« vor. Mit der Bezeichnung Rudi Dutschkes als »Führer« habe man in der Bevölkerung Assoziationen an den faschistischen Führer wecken wollen, dem sie noch wenige Jahre zuvor aufgesessen war, an

22.10.: Günter Amendt (Mi.) zusammen mit Alfred von Meysenbug (li.) und David Wittenberg.

Adolf Hitler. Ähnlich diffamierend sei die Verwendung des Wortes »Ideologe« gemeint gewesen, damit habe man antikommunistische Vorurteile mit der Studentenbewegung verknüpfen wollen. Und mit dem Ausdruck »Funktionär« solle suggeriert werden, daß in der antiautoritären Bewegung in Wahrheit ebenso straffe und hierarchische Abhängigkeits- und Weisungsverhältnisse existierten wie in bürgerlichen Organisationen. Ebenso wie bei den beiden anderen Begriffen handle es sich auch hier um eine Projektion, eine die im Rahmen der von der Staatsanwaltschaft vertretenen Rädelsführertheorie einen besonderen Rang einnehme. Die Funktion dieser Personalisierung durch ideologisierende Rollenzuweisung, faßt Amendt zusammen, bestehe darin, exemplarische Strafen zu vergeben, damit abzuschrecken und durch Kriminalisierung jede Form der Solidarität zu verhindern.

22. Oktober 1969: Der Erste Strafsenat des Oberlandesgerichts Frankfurt entscheidet unter Vorsitz seines Präsidenten Professor Curt Staff, das gegen Daniel Cohn-Bendit im Prozeß zu seinem Sprung über die Polizeibarriere vor der Paulskirche ergangene Urteil aufzuheben. Zu einer neuen Verhandlung wird es an eine andere Frankfurter Strafkammer zurückverwiesen. In seiner Urteilsbegründung stellt Staff fest, daß das von der Strafkammer wegen Landfriedensbruchs gesprochene Urteil einen »unlösbaren Widerspruch« enthalte. Aus einzelnen am 22. September 1968 vor der Paulskirche begangenen Straftaten sei von der Strafkammer rückblickend geschlossen worden, daß die Demonstration von vornherein einen »friedensstörenden Charakter« getragen habe. Die im Prozeß tatsächlich getroffenen Feststellungen rechtfertigten diese Schlußfolgerung jedoch nicht. Die Strafgesetze gegen »Aufruhr« und »Landfriedensbruch« dürften nicht nach dem Willen des Gesetzgebers von 1871, sondern müßten im Geist des Grundgesetzes ausgelegt werden. Falls man Gewalttätigkeiten bei einer Demonstration zum alleinigen Kriterium für deren »friedensstörenden Charakter« mache, gibt Staff zu bedenken, dann könne praktisch jede Demonstration durch einzelne Gewaltakte insgesamt kriminalisiert werden. Im Prozeß gegen Cohn-Bendit sei der Beweis, daß die Demonstration von Anfang an friedensstörende Zielsetzungen verfolgt habe, nicht erbracht worden.

24. Oktober 1969: Auf einer Protestversammlung für Angela Davis an der University of California in **Berkeley** spricht ihr ehemaliger philosophischer Lehrer und jetziger Fakultätskollege Herbert Marcuse. Er analysiert die Entscheidung des Obersten Gerichtshofes, die vom Senat verfügte Entlassung von Angela Davis als verfassungswidrig aufzuheben, als einen Schritt, der zwar zu begrüßen sei, der aber keinen Anlaß zu Illusionen geben dürfe. Das System habe sich lediglich für andere Formen der Repression als die der direkten politischen Unterdrückung entschieden. Davis sei bisher das ideale Opfer für die Repression gewesen: »She is black, she is militant, she is a communist, she is highly intelligent, and she is pretty – and this combination is more than the system can tolerate!« (Sie ist schwarz, sie ist militant, sie ist Kommunistin, sie ist hochintelligent und sie ist hübsch – und diese Kombination ist mehr, als das System ertragen kann!)[905] Marcuse fordert seine Zuhörer auf, auch weiter dafür zu kämpfen, daß Davis an ihrer Universität lehren könne.

31. Oktober 1969: Die 2. Kammer des Frankfurter Landgerichts entscheidet in einem Zivilverfahren, daß Hans-Jürgen Krahl und Günter Amendt in voller Höhe für die Schäden zu haften haben, die der Societäts-Druckerei durch die Blockierung von Springer-Zei-

---

899 A.a.O., S. 30.
900 Frankfurter Rundschau vom 17. Oktober 1969.
901 Frankfurter Rundschau vom 22. Oktober 1969.
902 A.a.O.
903 A.a.O.
904 A.a.O.
905 **Dok. Nr. 359.**

Oktober 1969 469

tungen nach dem Dutschke-Attentat am Karfreitag 1968 entstanden sind. In der Urteilsbegründung zu dem Teilurteil heißt es, daß durch die Protestaktionen, zu denen die beiden Angeklagten aufgerufen hätten, das Recht auf freie Meinungsäußerung verletzt worden sei. Die Druckerei beansprucht einen Ausgleich in Höhe von 72.000 DM für die ihr entstandenen Schäden. – Die beiden Verurteilten, die zur selben Zeit im Großen Schwurgerichtssaal im »Senghor-Prozeß« als angebliche Rädelsführer angeklagt sind, kommentieren den Urteilsspruch in einer Beratungspause lakonisch mit der Bemerkung, daß bei ihnen »nichts zu holen« sei.

31. Oktober 1969: Am fünften Verhandlungstag kommt es im »Senghor-Prozeß« vor dem Frankfurter Landgericht zu einer Serie von Zwischenfällen und Tumulten.[906] Als Polizeidirektor Jordan in den Zeugenstand gerufen wird, sind die Zuhörer kaum noch auf ihren Plätzen zu halten. Zunächst geht ein Sturm an Pfiffen und Buhrufen durch den Saal. Als dann der Angeklagte Hans-Jürgen Krahl ums Wort bittet, weil er eine Erklärung abgeben möchte, bricht ein »Begeisterungstaumel« (FR) aus. Krahl bezeichnet Jordan als den Hauptverantwortlichen dafür, daß die Frankfurter Polizei »mit Gewalt und Terror« gegen Demonstranten vorgegangen sei und diese »in Gefahr für Leib und Leben gebracht« habe. Mit dieser Aussage wolle er nicht, fährt er fort, den »kleinen Polizeibeamten« beschuldigen, sondern die »Schreibtischtäter«, die sich selbst nicht die Hände schmutzig machten: »Schreibtischtäter wie Jordan, Littmann und Panitz sorgen dafür, daß Auschwitz immer noch möglich ist.«[907] Beifall ertönt, der in rhythmisches Händeklatschen übergeht und in »Jordan raus!«-Rufe einmündet. Der Gerichtsvorsitzende Landgerichtsrat Becker ordnet daraufhin die Räumung des Saales an. Eine mit Schutzhelmen ausgerüstete Phalanx von Polizisten zieht nun ein. Einer der Zuhörer wirft zuvor noch ein mit Farbe gefülltes Ei in Richtung auf den Polizeidirektor. Zur Überraschung geht der Auszug der Demonstranten, die sich an der Kette der Uniformierten entlang zurückziehen, ohne weitere Zwischenfälle vonstatten. Staatsanwalt Eckert weist Krahls Vorwurf als »beleidigende und ehrabschneiderische Festellung« zurück. Nach einer Verhandlungspause korrigiert sich dieser dahin, daß er Jordan nicht persönlich habe beleidigen wollen. Sein Interesse sei es lediglich gewesen, auf dessen objektive Funktion innerhalb eines Gewaltzusammenhangs hinzuweisen. Die von ihm genannten Polizeioberen seien beliebig austauschbare Vertreter eines gesellschaftlichen Systems. Zu einem weiteren Zwischenfall kommt es nach der Mittagspause. Als sich der Mitangeklagte Karl Dietrich Wolff mit gereckter Faust erhebt, um so seine Solidarität mit dem in Chikago gefesselt und geknebelt vor Gericht stehenden Anführer der *Black Panther Party*, Bobby Seale, zum Ausdruck zu bringen, erhebt sich der Großteil des Publikums von seinen Plätzen und erwidert den Gruß mit demselben Symbol. Daraufhin wird der Saal erneut geräumt. Als Wolff nun zu einer Ordnungsstrafe von einem Tag Haft verurteilt wird, beantragt Krahl, gegen ihn die gleiche Strafe zu verhängen. Das Gericht lehnt jedoch ab. Am Ende der Verhandlung wird jedoch nur der dritte Angeklagte Günter Amendt von zwei Justizwachtmeistern in die nahegelegene Hammelsgasse geführt, um dort einen Tag Ordnungsstrafe abzusitzen. Wolff ist nicht mehr greifbar, weil er nach einer weiteren Verhandlungspause nicht mehr erscheinen will. Sein Verteidiger Rupert von Plottnitz verliest eine Erklärung, in der sein Mandant mitteilt, daß er an der Verhandlung nicht mehr teilnehmen werde, weil vor dem Gericht »keine politische Argumentation möglich« sei.

November 1969: Im Münchner Kindler Verlag erscheint der von Wilfried F. Schoeller herausgegebene Band **Die neue Linke nach Adorno**. Er enthält u.a. Beiträge von Johannes Agnoli, Frank Böckelmann, Hildegard Brenner, Peter Brückner und Hans Heinz Holz sowie die bereits am 20. August in der **Frankfurter Rundschau** publizierte Erklärung 33 jüngerer Schüler Adornos. Zur »Verteidigung der Kritik« schreibt der Herausgeber in einer Vorbemerkung: »Die Mitarbeiter dieses Bandes sehen in ihren Beiträgen davon ab, das Nekrologritual zu bestätigen. Wer ihnen ihre Kritik als einen Ausdruck von Indezenz vor dem Toten ankreidet, verharrt in der bürgerlichen Leichenhalle, hat noch immer nicht mit dem Patriarchat gebrochen, darf des Beifalls von der anderen Seite sicher sein.«[908]

November 1969: Der *Zentralrat der sozialistischen Kinderläden* in **West-Berlin** gibt einen Raubdruck mit einer Sammlung von Aufsätzen Walter Benjamins, darunter auch bislang unveröffentlichte Arbeiten, heraus. Texte wie das **Programm eines proletarischen Kindertheaters, Eine kommunistische Pädagogik, Spielzeug und Spielen** sowie zwei Arbeiten aus der **Ein-**

Nov.: Titelbild des Benjamin-Raubdrucks.

bahnstraße sollen zur Entwicklung einer antiautoritären Erziehung beitragen. In einer Vorbemerkung wird gegen die Frankfurter Herausgeber von Benjamins Schriften, die nur am kapitalistischen Literaturmarkt interessiert seien, polemisiert. Zum Zustandekommen des Raubdrucks selber heißt es: »Ein Genosse, der Adorno & Co., dem Projekt der sozialistischen Kinderläden und einer Parteistrategie verbunden ist, war dank guter Beziehungen im Besitz des Manuskripts. Seine Loyalität gegenüber seinen Gönnern ist über allen Zweifel erhaben. Einem anderen Genossen, dem Kinderladenprojekt nicht mehr verbunden, war es erlaubt, in das Manuskript einzusehen. Seine Illoyalität gegenüber seinem Gönner ist über allen Zweifel erhaben. Wir ergriffen die Gelegenheit, um das Manuskript jetzt für unsere praktische Arbeit, die Teil der Selbstorganisation der Basis ist, zu sozialisieren.«[909]

November 1969: Aufgrund einer zunehmenden Reaktualisierung bestimmter Schriften von Georg Lukács vom Anfang der zwanziger Jahre, im Umkreis des SDS, darunter insbesondere seine schlagartig berühmt gewordenen *Studien über marxistische Dialektik*[910], führen Furio Cerutti, Detlev Claussen, Hans-Jürgen Krahl, Oskar Negt und Alfred Schmidt eine Diskussion über die Bedeutung von **Geschichte und Klassenbewußtsein heute**. Auf einem Scheitelpunkt der antiautoritären Bewegung und unter dem zunehmenden Druck, neue Organisationsformen für das erweiterte Potential der antikapitalistischen Kräfte zu entwickeln, geraten erneut die vor allem durch eine hegelianisierende Marx-Interpretation geprägten Überlegungen von Lukács, die er nach dem Scheitern der rätekommunistischen Ansätze in Mitteleuropa angestellt hatte, ins Zentrum des Interesses. Der insbesondere durch die frühe Kritische Theorie beeinflußte Teil des SDS, der die Tendenz zu einer zunehmenden Dogmatisierung und bloß mechanischen Übernahme leninistischer und maoistischer Direktiven erkennt, versucht gegen eine solch unhistorische Transformation der Protest- und Widerstandsbewegungen einen dialektisch reflektierten Zusammenhang von Organisationserfordernissen und Emanzipationsinteressen zu stellen. »Es ist das Verdienst von Lukács«, geht Alfred Schmidt auf die einstmalige Bedeutung des wegen seiner späteren Parteiorthodoxie berüchtigten Philosophen und Literaturwissenschaftlers ein, »gegenüber den szientistischen Verengungen der Marxschen Theorie während der Zweiten Internationale hervorgehoben zu haben, daß die Marxsche Methode wesentlich historisch ist, was bedeutet, daß sie fortwährend auf sich selbst angewandt werden muß; daß die von ihr untersuchten Gegenstände der Vergangenheit zugleich die geschichtliche Selbstreflexion dessen, der die Vergangenheit befragt, mit einschließen muß. Das Hauptziel der Methode, wie sie von Lukács rekonstruiert wurde, ist, die Gegenwart zu begreifen, und zwar als zu gestaltende Geschichte. Dadurch wurde der Marxismus

---

906 Vgl.: Erhobene Fäuste in der Anklagebank – Ordnungsstrafen im Demonstrantenprozeß – Zweimal Saalräumung durch die Polizei, in: Frankfurter Allgemeine Zeitung vom 1. November 1969; Richter ließ den Saal räumen – Tumult und Ordnungsstrafe im Senghor-Prozeß – Krahl bat um Strafe, in: Frankfurter Rundschau vom 1. November 1969.
907 Frankfurter Rundschau vom 1. November 1969.
908 Wilfried F. Schoeller (Hg.), Die neue Linke nach Adorno, München 1969, S. 7.
909 Siehe: **Dok. Nr. 360.**
910 So der Untertitel des 1923 im Berliner Malik Verlages erschienenen Bandes *Geschichte und Klassenbewußtsein*.

abgelöst von rein archivarischen, akademisch bleibenden Interpretationen und bezogen auf wirkliche Tageskämpfe.«[911] Nach einer konzentrierten Debatte, die den Anspruch der historischen Selbstapplikation jedoch nur abstrakt einlösen kann und insofern in der Hermetik von Textexegesen steckenbleibt und die Dimension der gegenwärtigen Problemstellungen nur hin und wieder streift, arbeitet Krahl den insgeheimen Dogmatismus aus Lukács' *Geschichte und Klassenbewußtsein* heraus. »Zusammenfassend meine ich: 1. daß die Organisationstheorie noch auf dem Boden einer undurchschauten Transzendentalität steht, was das Konstitutionsverhältnis von Theorie und Praxis anbelangt, 2. auf dem Boden einer undurchschauten Transzendentalität, indem der kommunistische Proletarier in einen intelligiblen Citoyen und empirischen Bourgeois aufgespalten wird, 3. die Zentrale ist ein kommunistischer volonté général, der dem Weltgeist gleichsam innewohnt. Auf dem Hintergrund dieser Bestimmungen werden gewissermaßen die Momente der Antizipation des Reichs der Freiheit und gerade der Emanzipation wieder unterschlagen. Lukács liefert u.a. auch ... eine spekulative Begründung des Satzes ›Die Partei hat immer recht‹, denn die volonté général der kommunistischen Zentrale kann sich nicht irren.«[912]

3. November 1969: Im Hamburger Nachrichtenmagazin **Der Spiegel** erscheint eine Titelgeschichte über Prozesse gegen Demonstranten der außerparlamentarischen Opposition. Unter der Schlagzeile **Studenten vor Gericht** sind auf dem Titelbild des Heftes die drei Angeklagten des Frankfurter »Senghor-Prozesses« – die SDS-Sprecher Günter Amendt, Hans-Jürgen Krahl und Karl Dietrich Wolff – zusammen mit ihren Anwälten Rupert von Plottnitz und Johannes Riemann abgebildet.

4. November 1969: Henry Ormond, der angesehene Rechtsanwalt aus Frankfurt und Vertreter der Nebenklage im Auschwitz-Prozeß, rügt in einer der **Deutschen Presse-Agentur** (dpa) gegebenen Erklärung, die im »Senghor-Prozeß« gefallene Äußerung, daß die Polizeispitze aus »Schreibtischtätern« bestehe, die »ein neues Auschwitz möglich« mache. Er halte es für seine Pflicht gegenüber den Auschwitz-Opfern und ihren Angehörigen, »gegen die ebenso dreiste wie wirklichkeitsfremde und provozierende Behauptung Krahls Verwahrung einzulegen«. Eine solche Äußerung beweise nur die Verständnislosigkeit, mit der viele junge Leute dem Grauen von Auschwitz gegenüberstünden. Ormonds Stellungnahme endet mit den Worten: »Der Gedanke ist erschreckend und bestürzend, daß Krahl und seine Clique, die sich zur Elite rechnen, einmal führende Positionen in der Bundesrepublik einnehmen werden.«[913] – Krahl reagiert darauf zwei Tage später vor Gericht mit der Bemerkung: »Wer nach Auschwitz noch in positivem Sinne von Elite und Führung redet, wie Ormond es tut, spricht die Sprache der Henker und macht sich schuldig.«[914]

12. November 1969: Der Bundesgerichtshof in **Karlsruhe** verwirft den Revisionsantrag der vier Kaufhausbrandstifter und erklärt das Urteil des Frankfurter Landgerichts vom 31. Oktober 1968 für rechtsgültig. Damit sind Andreas Baader, Gudrun Ensslin, Thorwald Proll und Horst Söhnlein verpflichtet, die Verbüßung ihrer Reststrafe anzutreten.

12. November 1969: Auf einer Pressekonferenz des Jugendamtes wird unter Vorsitz von Stadtrat Ernst Gerhardt (CDU) bekanntgegeben, daß die Stadt die praktische Kritik an der Heimerziehung Jugendlicher

Nov.: Georg Lukács.

akzeptiere und die Einrichtung von vier Wohngruppen mit 32 entwichenen Heiminsassen fördere. In verschiedenen Stadtteilen leben seit zwei Wochen jeweils acht Jugendliche im Alter zwischen 16 und 18 Jahren zusammen mit jeweils einem als Gruppenberater eingesetzten Studenten in großräumigen Altbauwohnungen. Prognosen über die Entwicklung der Wohnkollektive will Gerhardt jedoch nicht geben, das Ganze, erklärt er mit skeptischem Unterton, sei zunächst nur ein Experiment. Mit den Worten »Nun können Sie ihre Drohung wahrmachen« stürmt plötzlich eine 20köpfige Gruppe in Gerhardts Amtszimmer. Sie wollten die Sitzung nicht sprengen, sondern, wie sie gleich zu Beginn klarstellen, nur dafür sorgen, daß es Informationen von beiden Seiten gebe. Zu der Gruppe gehören auch die auf freiem Fuß befindlichen Kaufhausbrandstifter Andreas Baader, Gudrun Ensslin und Thorwald Proll sowie die Studentin Christa Appel. Einer der entflohenen Jugendlichen, der inzwischen in einer der Wohngruppen untergebrachte Baldur Volz, erklärt, der Leiter des Jugendamtes, Magistratsdirektor Faller, hätte ihm am Abend zuvor mit den Worten gedroht, falls er an dem Go-in teilnehme, müsse man ihn wieder ins Heim zurückbringen. In einem von der Gruppe verteilten Flugblatt heißt es, die Wohnkollektive seien von der Stadt nur deshalb zugestanden worden, weil man befürchte, daß anderenfalls die Heimerziehung in Hessen durch die Rückkehr der entflohenen Jugendlichen endgültig zum Scheitern verurteilt sei. Trotzig wird darin festgestellt: »Die Kollektive sind das Ergebnis eines politischen Kampfes.«[915] – Nachdem Baader, Ensslin und Thorwald Proll erfahren haben, daß der Bundesgerichtshof ihren Revisionsantrag verworfen hat, tauchen sie ab, um sich einer weiteren Gefängnishaft zu entziehen. Sie besteigen in der Tiefgarage des an der Zeil gelegenen Kaufhauses Hertie den Wagen eines Unterstützers und fahren mit ihm zusammen zunächst nach **Hanau**. Von dort aus gelangen sie, mit verschiedenen Fluchtautos ihre Spur verwischend, über **Forbach** nach **Paris**. Dort kommen sie in der auf der Ile de la Cité ganz in der Nähe von Notre Dame gelegenen Wohnung Régis Debrays unter, dem seit dem Herbst 1967 in Bolivien im Gefängnis sitzenden ehemaligen Kampfgefährten Che Guevaras. Bald kommt Thorwalds Schwester Astrid Proll mit Baaders Mercedes nach. Aus Freude über die neugewonnene Freiheit genießen sie erst einmal das Pariser Leben, fahren kreuz und quer durch die französische Hauptstadt und besuchen Restaurants und Bars.

13.11.: Im »Interconti«: Ludwig von Friedeburg und Max Horkheimer.

13. November 1969: In der **Frankfurter Allgemeinen Zeitung** erscheint ein großformatiges Photo, das den neuen hessischen Kultusminister Ludwig von Friedeburg im Gespräch mit dem früheren Direktor des Instituts für Sozialforschung, Max Horkheimer, zeigt. Die Aufnahme ist während eines Besuchs im Restaurant des Hotel Intercontinental gemacht worden.

15. November 1969: Eine vom AStA, dem SDS und der *Föderation Neue Linke* (FNL) im Rahmen einer **Antiimperialistischen Woche** organisierte Demonstration gegen den Vietnamkrieg führt zu Ausschreitungen und Zusammenstößen mit den Ordnungskräften. Nachdem bereits Tage zuvor 28 Scheiben des amerikanischen Generalkonsulats eingeworfen worden waren, hatte die Ordnungsbehörde, die weitere Gewaltakte befürchtete, ein Demonstrationsverbot ausgesprochen. Gegen dieses Verbot wiederum hat der AStA vergeblich geklagt; es ist noch am Vormittag vom Verwaltungsgericht bestätigt worden. Dennoch starten bei regnerischem Wetter gegen 15 Uhr am Opernplatz etwa 500 Vietnamkriegsgegner, deren Sprecher zuvor der Polizei- und Ordnungsbehörde versichert haben, nicht zum Generalkonsulat ziehen zu wollen, mit ihrer Demonstration zum Römerberg. Auf einem der von ihnen mitgeführten Transparente steht in schwarzen

---

911 Furio Cerutti u.a., Geschichte und Klassenbewußtsein heute – Diskussion und Dokumente, Amsterdam 1971, S. 12f.
912 A.a.O., S. 21f.
913 Frankfurter Rundschau vom 5. November 1969.
914 Frankfurter Rundschau vom 7. November 1969.
915 Frankfurter Rundschau vom 13. November 1969.

15.11.: KD Wolff (Mitte) führt die Demonstration gegen den Vietnamkrieg an.

Buchstaben auf rotem Grund: »Für den Sieg, den großen Sieg der vietnamesischen Revolution«. Die Teilnehmer skandieren Parolen wie »USA – SA – SS« und »Amis raus aus Vietnam«. Als die Spitze des Zuges am Römer eintrifft, durchwatet einer der Demonstranten das Wasser in dem auf der Mitte des Platzes befindlichen Gerechtigkeitsbrunnens erklimmt die dort mit Schwert und Waage stehende Justitia, legt ihr eine rote Binde um die Augen und steckt ihr eine rote Fahne in die von ihr erhobene linke Hand. Prasselnder Beifall der nachströmenden Teilnehmer ist der Dank für den an Symbolik kaum zu überbietenden Akt. Auf der 2.500 Teilnehmer zählenden Kundgebung treten für den SDS Karl Dietrich Wolff und Daniel Cohn-Bendit auf sowie jeweils ein Sprecher der FNL, des *Vietcong* und der *El Fatah*. Wolff kritisiert in scharfen Worten das von der Stadt zunächst ausgesprochene Demonstrationsverbot sowie das Teilnahmeverbot für Soldaten der US-Armee und erklärt den 15. November zum **Kampftag gegen Imperialismus und politische Justiz**. Nach nur einer knappen Stunde ist die Kundgebung bereits vorüber. Im Laufschritt verteilen sich kurz darauf einzelne Gruppen in verschiedene Teile des Stadtgebiets. Als erstes kracht es an dem in der Porzellanhofstraße gelegenen Gerichtsgebäude; dort werden etwa 20 Fensterscheiben eingeworfen. Ein größerer, etwa 500 Personen zählender Block der Demonstranten eilt über die Eschersheimer Landstraße im Laufschritt zu dem an der Adickesallee gelegenen amerikanischen Einkaufszentrum. Dieses wird jedoch von starken Kräften der besonders gefürchteten Militärpolizei der US-Armee abgeriegelt. Nach einigen Handgreiflichkeiten ziehen sich die Demonstranten, nun auch von bundesdeutschen Polizeibeamten verfolgt, zurück. Auf ihrer Flucht werfen sie bei zahlreichen Gebäuden die Scheiben ein. Als sich gegen 17 Uhr das Gros wieder auf dem Opernplatz einfindet, warten dort bereits sechs Wasserwerfer auf ihren Einsatz. Nach Steinwürfen auf einen Glaskasten kommt es auch dort zu Auseinandersetzungen. Mit Wasserwerfern und Reiterstaffeln werden die Demonstranten in die Parkanlagen zurückgedrängt. In der Kalbächer Gasse geht später noch ein Ferrari in Flammen auf. Unbekannte haben einen Benzinkanister ins Innere geworfen und ihn anschließend angezündet. Erst gegen 21 Uhr geht der »Kampftag« mit einigen Scharmützeln in der Nähe des Amerika-Hauses zu Ende.[916] – Die vom Polizeipräsidium bekanntgegebene Bilanz lautet: Sechs verletzte Polizeibeamte, 31 festgenommene Demonstranten, unzählige zertrümmerte Fensterscheiben und ein ausgebrannter PKW mit einem Sachschaden von 24.000 DM. – Auf einer Pressekonferenz zwei Tage später kündigen Polizeipräsident Gerhard Littmann und der Direktor der Kriminalpolizei, Albert Kalk, an, daß sie bei künftigen Anmeldungen des AStA und des SDS ein präventives Demonstrationsverbot in Erwägung ziehen würden. Störungen des Gemeinfriedens oder Gewaltanwendung gegen Sachen oder Personen seien nicht durch das Recht auf Meinungsfreiheit gedeckt. Für die am Samstag angerichteten Schäden könnten der AStA-Sprecher Hannes Weinrich, der formell die Verantwortung für die Demonstration übernommen hatte, und Karl Dietrich Wolff wegen seiner indirekten Aufforderung, einen »Kampftag« zu veranstalten, zivilrechtlich zur Rechenschaft gezogen werden. – Man könne sich nur wundern, heißt es in einer Stellungnahme der *Gewerkschaft der Polizei* (GdP) zu den dezentralen Aktionen kleiner, überraschend an weit auseinanderliegenden Punkten auftretenden Gruppierungen, über das »partisanenhafte Verhalten der offenbar gelenkten Anarchisten«.

29./30. November 1969: Zu einem **Hochschulseminar** des SDS in Frankfurt erscheinen 250 Mitglieder aus dem gesamten Bundesgebiet; demonstrativ ferngeblieben sind jedoch die in den *Roten Zellen* an der Freien Universität in West-Berlin organisierten. Der Versuch, die Krise des Verbands, die sich vor allem in einer Reihe von Partikularisierungstendenzen einzelner Gruppen in West-Berlin, Heidelberg und Tübingen äußert, in einer theoretischen Debatte aufzufangen, mündet in grundsätzliche Überlegungen zur Aufgabe der Intelligenz im Klassenkampf. Im Mittelpunkt des Seminars stehen die von Hans-Jürgen Krahl zur Diskussion gestellten **Thesen zum allgemeinen Verhältnis von wissenschaftlicher Intelligenz und proletarischem Klassenbewußtsein.** Darin versucht Krahl einen materialistischen Begründungszusammenhang für eine politische Neudefinition der Intelligenz zu entwickeln, mit dem der in der antiautoritären Bewegung ständig latente, mitunter offene Dezisionismus überwunden werden könnte. Von der Prämisse ausgehend, daß durch die neue Vergesellschaftungsqualität im Monopolkapitalismus auch die geistige Arbeit unter Verwertungsformen subsumiert und die Wissenschaft sukzessive in einen Teil der produktiven Gesamtarbeit umgewandelt werde, glaubt er, die Problemstellungen der politisierten Studenten, Wissenschaftler und hochqualifizierten Angestellten auf einer neuen, nicht mehr nach dem Modell des »Klassenverrats« ausgerichteten Grundlage angehen zu können. Er fordert in seiner Hauptthese, daß die wissenschaftliche Intelligenz eine neue Rolle übernehmen müsse. Am Ende heißt es: »Ungelöst ist das Problem des Verhältnisses der Theoretiker zum Proletariat ... Die Aktionen des SDS seit den Antinotstandsaktionen 1968 sind nicht mehr bezogen auf die Bedürfnisse der Massen. Sie folgen der Logik des provokativen Protests (und seiner Reflexionsformen), wie er den antiautoritären Beginn der Bewegung kennzeichnet. Eine neue organisatorische Qualität kann nur erreicht werden, wenn sich die Bewegung massenhaft und kollektiv auf eine neue Reflexionsstufe hebt und Agitation und Propaganda inhaltlich verändert im Hinblick auf eine Theoriebildung, die abstrakte Totalitätskategorien mit Begriffen der Bedürfnisbefriedigung verbindet. Die Bewegung wissenschaftlicher Intelligenz muß zum kollektiven Theoretiker des Proletariats werden – das ist der Sinn ihrer Praxis.«[917] Bemerkenswert ist die scharfe Kritik, die Krahl an der in verschiedenen SDS-Gruppen grassierenden Adaption des Marxismus-Leninismus übt. Dem Sprecher des Heidelberger SDS, Joscha Schmierer, wirft er vor, er ontologisiere einen vermeintlichen »Standpunkt des Proletariats« zur Entität und reduziere den SDS auf eine bloße Scharnierfunktion zwischen Arbeiter- und Studentenbewegung. Doch Krahls Versuch, einer Aufsplitterung des Verbandes damit zu begegnen, seinen Gruppen einen theoretischen Rahmen anzubieten, von dem aus eine Neudefinition politischer Problemstellungen erfolgen könnte, scheitert. Sein Vorstoß verpufft fast ohne irgendein Echo. – In der nächsten Ausgabe des in Frankfurt herausgegebenen **Sozialistischen Correspondenz – Infos**

---

916 Vgl.: Wieder einmal Fensterscheiben – Die Demonstrationen am Samstag – Polizei schützt Amerikaner vor Belästigungen, in: Frankfurter Allgemeine Zeitung vom 17. November 1969; Friedlicher Demonstration folgten Ausschreitungen – Etwa 2.000 Teilnehmer an der Römerbergkundgebung – Später klirrten Fensterscheiben, in: Frankfurter Rundschau vom 17. November 1969.
917 Hans-Jürgen Krahl, Thesen zum Verhältnis von wissenschaftlicher Intelligenz und proletarischem Klassenbewußtsein, in: Sozialistische Correspondenz – Info vom 13. Dezember 1969, 1. Jg., Nr. 25, S. 12. **(Dok. Nr. 362)**

erscheinen neben den im Umkreis des SDS inzwischen intensiv diskutierten und zumeist heftig abgelehnten Krahl-Thesen auch nachträgliche Bemerkungen des SDS-Bundesvorstands zum enttäuschenden Verlauf des Hochschulseminars. »Es muß festgestellt werden«, heißt es darin, »daß die SDS-Gruppen sich zu jeder Form nationaler Politik, die überregional organisiert ist, oder die auch nur diesen Anspruch erhebt, konsumptiv verhält ... Selbst das Referat von H.-J. Krahl ... dessen Abstraktionsgrad so war, daß ohne weiteres Diskussionen darüber möglich gewesen wären, fand keine Resonanz. Die Erklärungen für den Theorieverfall im SDS, den Lokalpatriotismus, den Institutspartikularismus etc. sind an vielen Orten gegeben worden.«[918]

30. November 1969: Am Sonntagvormittag ziehen 250 Menschen, vorwiegend Spanier, von der Bockenheimer Warte zu einer im Sandweg gelegenen Turnhalle, um ihre Solidarität mit den spanischen *Commissiones Obreras* (Arbeiter-Kommissionen) zum Ausdruck zu bringen. Auf der dortigen Protestkundgebung ruft Marcos Ana, der 23 Jahre lang im Gefängnis von Burgos einsaß, zu einer Amnestie für alle politischen Häftlinge des Franco-Regimes auf. Der Erziehungswissenschaftler Professor Heinz-Joachim Heydorn und Willi Höhn, Sprecher der Spanienkämpfer in der Bundesrepublik, versichern den Spaniern, daß sie ihnen bei der Wiedererringung der Demokratie zur Seite stehen würden.

30. November 1969: Der **Süddeutsche Rundfunk** in Stuttgart sendet unter dem Titel **Politik für Nichtpolitiker – Radikalismus** ein in Max Horkheimers Tessiner Wohnsitz Montagnola aufgenommenes Gespräch von Hans-Jürgen Schultz mit dem eremitierten Sozialphilosophen. Darin äußert er eine von starken Zügen der Totalitarismustheorie geprägte Kritik am Linksradikalismus der Studentenbewegung.

Dezember 1969: Mehrere SDS-Mitglieder gründen die deutsche Sektion eines **Internationalen Anti-Olympischen Komitees** (AOK). Der antiolympische Gedanke geht auf eine Anregung der in London erscheinenden *International Times* (IT) zurück, den Geschlechtsakt in die olympischen Disziplinen miteinzubeziehen. 1967 war in diesem Sinne ein erster Aufruf in der Frankfurter Provo-Zeitung *Peng* erschienen. Gleichzeitig zur Olympiade 1972 in München sollten sich, hieß es darin, »500.000 freiheitsdurstige, arbeitsscheue und liebeswillige junge Menschen aus aller Welt« zu Sackhüpfen, Wettpennen und Beatmusik in der Lüneburger Heide versammeln. An dieser Idee orientiert, will das AOK zunächst einmal die Sportfanatiker neutralisieren, die politisierten Schüler und Studenten auf die Bedeutung des Sports und der Olympiade hinweisen und der Parole »München ruft die Jugend der Welt« einen anderen Sinn geben. Die theoretischen Ansätze sind in vier Bereiche unterteilt: 1. *Sport als Ideologie* mit Beiträgen von Theodor W. Adorno und Alexander Mitscherlich; 2. *Sport und Klassenkampf*, eine Analyse der Arbeitersport- und Touristikbewegung; 3. *Sport und Sexualität* mit Beiträgen von van der Velde, Josefine Mutzenbacher und Paul Lafargue sowie 4. *Sport und Faschismus* mit einer Analyse der Olympiade 1936 in Berlin. Das Präsidium des AOK setzt sich aus Dieter Bott, Günter Amendt und Gerold Dommermut zusammen.

```
an pfingsten 69 konstituiert sich in
amsterdam die internationale anti-
olympische bewegung.
wir werden ein programm verabschieden und
die folgenden vorschläge erweitern:
1.) ächtung der arbeit
    (kommt in die präambel)
    neben krieg und unfreiheit ist sie das
    größte unglück der völker
2.) 8 stundenwoche für jedermann innerhalb
    der nächsten 10 jahre
3.) 3 mal jährlich 4 wochen urlaub

ein architektenwettbewerb für die gründung
anti-olympischer dörfer wird ausgeschrieben.
selbstverwaltet werden sie die
jugendherbergen ablösen, deren existenz
jeden freiheitsliebenden menschen
beleidigt.

ein anti-nobelpreis wird gestiftet für
besondere verdienste um automation, frei-
heit und geburtenregelung.
gleichzeitig wird der grundstein für eine
ruhmeshalle gelegt (aber außer dem grund-
stein wird nichts geschafft) zu ehren
aller faulenzer, feiglinge, deserteure und
gammler (die nicht den leistungskriterien
der gesellschaft genügen wollen).

laßt das reck in der ecke und diskutiert
in den turnstunden über die gestaltung der
anti-olympiade.
aktionen finden statt, wann immer das
olympische komitee einen anlaß bietet.
```

Dez.: Auszug aus dem Gründungspapier des AOK.

ERZIEHUNG ZUM UNGEHORSAM
Antiautoritäre Kinderläden
Herausgegeben von Gerhard Bott
MÄRZ bei Zweitausendeins

1.12.: Gerhard Botts Fernsehbeitrag erscheint später als Buchpublikation.

Dezember 1969: Im vierten Heft der von einem Redaktionskollektiv am Westberliner Otto-Suhr-Institut herausgegebenen Zeitschrift **Sozialistische Politik** erscheinen zwei umfangreichere Aufsätze, die sich kritisch mit jüngeren Arbeiten von Jürgen Habermas auseinandersetzen. Es sind die Arbeiten von Renate Damus über **Habermas und den »heimlichen Positivismus« bei Marx** und von Claus Rolshausen über **Technik und Wissenschaft als Ideologie**.[919]

1. Dezember 1969: Unter dem Titel **Erziehung zum Ungehorsam** strahlt das **Erste Deutsche Fernsehen** (ARD) einen Film von Gerhard Bott über die antiautoritären Kinderläden aus.[920] Darin werden anhand von Beispielen in West-Berlin, Stuttgart und Frankfurt Ansprüche und Realitäten der als neuartig und revolutionär bewerteten pädagogischen Modelle miteinander konfrontiert. Als Interviewpartner kommen auch ehemals führende SDS-Sprecher zu Wort wie Monika Seifert für die Frankfurter Kinderschule in der Eschersheimer Landstraße und Reinhard Wolff für den Kinderladen in der Westberliner Fichtestraße. – Die Sendung löst eine heftige öffentliche Debatte über die antiautoritäre Erziehung aus. Mehr als 200 Anrufe und rund 650 Zuschriften gehen bei der Redaktion des NDR in **Hamburg** ein. Da die Kontroversen wochenlang anhalten, wird der Film am 5. April 1970 noch ein weiteres Mal, diesmal mit einer anschließenden Diskussion, gezeigt.

4. Dezember 1969: In einer Diskussionssendung des **Hessischen Rundfunks** äußert sich Hans-Jürgen Krahl zusammenfassend über die Entstehung der Kritischen Theorie Adornos aus der biographischen Erfahrung des deutschen Faschismus.[921]

11. Dezember 1969: Im »Senghor-Prozeß« vor dem Frankfurter Landgericht sagt der Zeuge André Bockelmann der Paulskirchen-Demonstration einen »Mangel an Organisation« nach. Die Absicht, in die Paulskirche einzudringen, um die Verleihung des Friedenspreises zu verhindern, sei »von vornherein sinnlos« gewesen. Ihm und seinen Freunden sei die ganze sich dort bietende Szene wie eine sinnfällige Paradoxie erschienen: »Es hat uns amüsiert, weil es eher wie ein Heerlager aussah als eine Stätte für eine Friedenspreisverleihung. Wir fanden das eigentlich sehr passend, daß Herrn Senghor der Friedenspreis unter dem Schutz einer bewaffneten Macht verliehen werden mußte.«[922]

11. Dezember 1969: Auf Einladung der *Deutschen Journalisten-Union* (dju) diskutieren im Rahmen des *Presseclubs Rhein-Main* im Gewerkschaftshaus Vertreter der Polizei zusammen mit Studenten über das Thema **Demonstranten**. Gefragt wird nicht nur nach

---

918 Sozialistische Correspondenz-Info vom 13. Dezember 1969, 1. Jg., Nr. 25, S. 7.
919 In: Sozialistische Politik, 1. Jg., Dezember 1969, Nr. 4, S. 22–46 und S. 47–64.
920 Siehe das Protokoll in: Gerhard Bott (Hg.), Erziehung zum Ungehorsam – Kinderläden berichten aus der Praxis der antiautoritären Erziehung, Frankfurt/Main 1971, S. 83–108.
921 Vgl.: Hans-Jürgen Krahl, Kritische Theorie und Praxis, in: ders., Konstitution und Klassenkampf, Frankfurt/Main 1971, S. 289–297. **(Dok. Nr. 361)**
922 Frankfurter Rundschau vom 12. Dezember 1969.

den Motiven der Protestierenden und den Einstellungen, der auf die Proteste reagierenden Ordnungshüter, sondern auch nach der Objektivität in der Berichterstattung der Presse. Als Modell für die Debatte wird die militante Demonstration gegen den Vietnamkrieg vom 15. November ausgewählt. In Anwesenheit von 30 Journalisten sitzen sich gegenüber auf der Seite der Polizei Bezirkskommissar Vogel, der Polizeisoziologe Grimminger sowie Helmut Voigt von der Polizei- und Ordnungsbehörde und auf Seiten der Studenten die beiden AStA-Referenten Wolf Lindner und Hannes Weinrich sowie der ehemalige SDS-Bundesvorsitzende Karl Dietrich Wolff. Die Vertreter der Polizei versuchen, das Vorgehen ihrer Einheiten im Prinzip zu rechtfertigen, räumen jedoch in Einzelfällen auch Übergriffe ein. Die Studenten beschweren sich bei den Pressevertretern darüber, daß über Demonstrationen unter Absehung von ihren politischen Hintergründen berichtet werde. So würden zwar eingeworfene Fensterscheiben genauestens registriert, jedoch nicht gemeldet, daß die Chase Manhattan Bank als Finanzier oder Dow Chemical als Napalmproduzent indirekt an den in Vietnam begangenen Verbrechen beteiligt seien. Die Journalisten setzen sich mit Vehemenz zur Wehr, daß etwa Verlegerinteressen bei ihrer Berichterstattung eine Rolle spielten. Sie konstatieren, daß es ein starkes Ungleichgewicht in der Informierung über Protestaktivitäten gebe. Während die Polizei mit Berichten rasch zur Stelle sei, würden Studenten, die als unmittelbar Beteiligte zumeist auch am besten informiert seien, kaum etwas von diesem Wissen weitergeben.

12. Dezember 1969: Gegen die Militärdiktatur in Griechenland protestieren am Freitagabend auf dem Opernplatz etwa 100 Menschen, überwiegend selbst Griechen. Sie fordern Freiheit für alle politischen Gefangenen in ihrem Land und den Ausschluß Griechenlands aus dem Europarat. Eine ihrer Parolen lautet »Die Militärdiktatur in Athen – Gefahr für Europa«.

12. Dezember 1969: Auf einem von 250 Studenten besuchten Teach-in unterbreitet Karl Dietrich Wolff (SDS) nach Referaten über den US-Imperialismus im Nahen Osten und in Vietnam sowie die Antikriegsbewegung in den Vereinigten Staaten einzelne taktische Vorschläge, wie man sich am besten auf eine am Tag darauf bevorstehende Demonstration vorbereiten könnte. Es gebe umfangreiche Vorbereitungen der Polizei, die offenbar mit allen ihr zur Verfügung stehenden Mitteln verhindern wolle, daß sich die militanten Aktionen vom »antiimperialistischen Kampftag« am 15. November wiederholten. Man könne nun nicht mehr in einzelnen Gruppen durch die Stadt ziehen und dann bestimmte Aktionen vorbereiten. Die Gefahr, dabei Greiftrupps in die Hände zu fallen, sei inzwischen viel zu groß. Man habe deshalb Aktionsformen diskutiert, die mehr Phantasie verlangten. So schlage er vor, Schaufenster und Werbetafeln, auch im Inneren von Kaufhäusern, mit Anti-Kriegs-Parolen zu versehen. Dies sei eine Form, um auf den menschenverachtenden Krieg der USA in Vietnam hinzuweisen.

13.12.: Werbung für Aktionen gegen den Vietnamkrieg.

13. Dezember 1969: Eine anläßlich eines Vietnam-Moratoriums durchgeführte Demonstration führt am Samstagnachmittag in der Innenstadt zu stundenlangen schweren Auseinandersetzungen mit der Polizei.[923] Vor und hinter der Katharinenkirche sind ebenso wie an der Schillerstraße bereits um die Mittagszeit Informationsstände aufgebaut, an denen Flugblätter verteilt und Unterschriften für eine Protestresolution gesammelt werden, in der der sofortige Abzug aller US-Truppen aus Vietnam gefordert wird. An den Eingängen zur U-Bahn sind verschiedene Transparente aufgespannt. Eines fordert »Keine Unterstützung für die US-Politik in Vietnam«. Mehrere Tannenbäume sind mit Kriegsphotos behängt. Kurz nach 15 Uhr versammeln sich mehrere hundert Demonstranten in der Fußgängerebene unterhalb der Hauptwache. Die Menge vergrößert sich innerhalb kurzer Zeit auf über 1.500 Teilnehmer. Vorübergehend scheint sie jedoch kopflos zu sein und deshalb in Passivität zu verfallen. Da die SDS-

13. 12.: Eine Oberurseler Schülergruppe setzt sich an die Spitze eines Demonstrationsblocks.

Kerngruppe um Karl Dietrich Wolff kurzfristig zum Flughafen aufbricht, um dort gegen die Behinderung eines Sprechers der *Black Panther Party* bei dessen Einreise zu protestieren und sie nötigenfalls durch geeignete Aktionen zu erzwingen, wartet die Menge, während ein Hubschrauber der Polizei über der Hauptwache kreist, längere Zeit vergeblich auf ein Zeichen des Aufbruchs. Nachdem bereits die Rede davon gewesen ist, die Ansammlung wieder aufzulösen, rafft sich ein Sprecher doch noch auf und kündigt an, man könne ja einmal um die Hauptwache ziehen. Gemächlich versammeln sich rund 1.000 Demonstranten mit schwarzen und roten Fahnen auf der Straße. Doch als erste Parolen wie »USA – SA – SS« ertönen, kommt mehr und mehr Bewegung in das Geschehen. Vom Roßmarkt aus ziehen die Vietnamkriegsgegner auf die Zeil, dann kehren sie auf der Höhe der Schäfergasse aus unerfindlichen Gründen um und laufen im Eiltempo die Zeil und die Große Bockenheimer Straße hinunter. Die Bockenheimer Landstraße, auf der der Weg offenbar zum amerikanischen Generalkonsulat führen soll, ist jedoch am Opernplatz von einer halben Hundertschaft der Polizei, die von einer Reiterstaffel und zwei Wasserwerfern unterstützt wird, abgesperrt. Dann kommt es zu einem Zwischenfall, als ein über den Verkehrsstau wütender Autofahrer in die Reihen hineinfährt und dabei zwei junge Frauen so schwer verletzt, daß sie ins Krankenhaus transportiert werden müssen. Nun teilt sich der Zug in zwei Stränge auf, der eine zieht ins Westend, der andere in die entgegengesetzte Richtung zum Gericht. An dem von der Polizei bewachten Amerika-Haus reißen Demonstranten Bauzäune herunter, brechen einzelne Latten davon ab und bewaffnen sich damit. Nach mehrmaliger Aufforderung, sich zu zerstreuen, gehen die Uniformierten mit gezogenen Schlagstöcken, von einem Wasserwerfer unterstützt, gegen sie vor. Zur selben Zeit werden in der Bockenheimer Landstraße bei der American-Express-Bank und im Trade-Center ebenso wie 100 Meter entfernt davon bei IBM die Scheiben eingeworfen. Ein anderes Zentrum der Auseinandersetzungen ist die Gegend hinter dem Hauptbahnhof an der dortigen Gutleutkaserne der US-Armee und in der

---

923 Vgl.: »Langer Samstag« der Studenten – Steinwürfe und Polizeiknüppel, in: Frankfurter Rundschau vom 15. Dezember 1969.

Kaiserstraße. Als dort die Hauptscheibe des Lufthansa-Büros im Wert von 10.000 DM zerschmettert wird, machen anschließend Polizisten Jagd auf Kleingruppen und auch einzelne Verdächtige. Nachdem sich die verschiedenen Demonstrationszüge bereits längst aufgelöst haben, wird gegen 19 Uhr ein einzelner Polizeibeamter, der sich auf dem Nachhauseweg befindet, von einer größeren Gruppe angegriffen und mit Steinen beworfen. Er kann sich nur mühsam schützen und erleidet dabei Prellungen am Kopf und am Körper. Erst gegen 20 Uhr kehrt in der Innenstadt wieder Ruhe ein. Die eine Bilanz des »langen Samstags« lautet 85 Festnahmen und eine unbekannte Anzahl von Verletzten auf beiden Seiten und die andere: Bei der Aufklärungsaktion des *Vietnam-Komitees* sind 479,16 DM und 1.077 Unterschriften für den Abzug der US-Truppen aus Vietnam gesammelt worden.[924]

24. Dezember 1969: Wegen Aufruhrs, Landfriedensbruchs und Rädelsführerschaft verurteilt das Frankfurter Landgericht die drei führenden SDS-Mitglieder Günter Amendt, Hans-Jürgen Krahl und Karl Dietrich Wolff zu Gefängnisstrafen von jeweils einem Jahr und neun Monaten. Sie werden für schuldig befunden, am 22. September 1968 zu der nichtgenehmigten Demonstration gegen die Verleihung des Friedenspreises des Deutschen Buchhandels an den senegalesischen Staatspräsidenten Léopold Sédar Senghor aufgerufen und beim Versuch, die Paulskirche zu erstürmen, die genannten Straftaten begangen zu haben. Der Gerichtsvorsitzende Landgerichtsrat Gerhard Zoebe erklärt, daß der Strafzumessung ein »generalpräventiver Charakter« zukomme, sie solle einem »Überhandnehmen der Anarchie« in der Bundesrepublik Deutschland entgegenwirken.

---

924 Frankfurter Rundschau vom 16. Dezember 1969.

1970

MORDVERSUCH
in Berlin
10.000 DM BELOHNUNG

Am Donnerstag, dem 14. Mai 1970, gegen 11.00 Uhr wurde anläßlich der Ausführung des Strafgefangenen ANDREAS BAADER in Berlin-Dahlem, Miquelstr. 83, und seiner dabei durch mehrere bewaffnete Täter erfolgten Befreiung der Institutsangestellte Georg Linke durch mehrere Pistolenschüsse lebensgefährlich verletzt. Auch zwei Justizvollzugsbeamte erlitten Verletzungen.

Der Beteiligung an der Tat dringend verdächtig ist die am 7. Oktober 1934 in Oldenburg geborene Journalistin

Ulrike Meinhof
geschiedene RÖHL

Personenbeschreibung: 35 Jahre alt, 165 cm groß, schlank, längliches Gesicht, langes mittelbraunes Haar, braune Augen.

Die Gesuchte hat am Tattage ihren Wohnsitz in Berlin-Schöneberg, Kufsteiner Str. 12, verlassen und ist seitdem flüchtig. Wer kann Hinweise auf ihren jetzigen Aufenthalt geben?
Für Hinweise, die zur Aufklärung des Verbrechens und zur Ergreifung der an der Tat beteiligten Personen führen, hat der Polizeipräsident in Berlin eine Belohnung von **10.000.- DM** ausgesetzt. Die Belohnung ist ausschließlich für Personen aus der Bevölkerung bestimmt und nicht für Beamte, zu deren Berufspflichten die Verfolgung strafbarer Handlungen gehört. Ihre Zuerkennung und Verteilung erfolgt unter Ausschluß des Rechtsweges.
Mitteilungen, die auf Wunsch vertraulich behandelt werden, nehmen die Staatsanwaltschaft in Berlin, 1 Berlin 21, Turmstr. 91 (Telefon 35 01 11) und der Polizeipräsident in Berlin, 1 Berlin 42, Tempelhofer Damm 1 - 7 (Telefon 69 10 91) sowie jede andere Polizeidienststelle entgegen.

Berlin im Mai 1970

Der Generalstaatsanwalt
bei dem Landgericht Berlin

14.5.: In West-Berlin nach der Baader-Befreiung verbreitetes Fahndungsplakat.

1. Januar 1970: In einem ausführlichen Brief an Herbert Marcuse zeigt sich Rudi Dutschke in **London** zunehmend beunruhigt über die »Sektiererei der sich einander bekämpfenden Gruppen«, die aus der bundesdeutschen Studentenbewegung hervorgegangen sind. In diesem Zusammenhang begreift er die in der Öffentlichkeit bekanntgewordenen Angriffe auf Herbert Marcuse und sein Werk als ein Symptom. »Die Zerschlagung der Substanz des subversiven Denkens, wie es leider gerade in der ›Anti-Marcuse-Welle‹ noch immer läuft, zeigt sich katastrophal im Verlust revolutionärer antiimperialistischer Sensibilität, wie wir sie durch die durchaus widersprüchliche Dialektik von Aufklärung und Aktion zwischen 1964 und 1968 entwickelt hatten.«[925]

2. Februar 1970: In der Heidelberger Studentenzeitung **Rotes Forum** erscheint der in der Form einer polemischen »Abrechnung« verfaßte Aufsatz Joscha Schmierers **Die theoretische Auseinandersetzung vorantreiben und die Reste bürgerlicher Ideologie entschieden bekämpfen – Die Kritische Theorie und die Studentenbewegung.**[926] In dem ebenso umfangreichen wie materialreichen Text wird die Kritische Theorie als »die geschwätzig gewordene Resignation über den Faschismus«[927] denunziert. Am Ende wird insbesondere Krahls Forderung, daß die Intelligenz zum kollektiven Theoretiker des Proletariats werden müsse, verurteilt. Schmierer verteidigt die Organisationsprinzipien Lenins und fordert eine »richtige Anwendung« der Ideen Mao Tse-tungs und des Leninismus, was nichts mit der Vorstellung einer mechanischen Übertragung zu tun haben solle, auf die aktuellen Bedingungen in den Metropolen.

6. Februar 1970: In einem Seminar, das der Adorno-Schüler Professor Hermann Schweppenhäuser zu Problemen der Marxschen Krisentheorie durchführt, setzt sich Hans-Jürgen Krahl grundlegend mit dem Produktionsbegriff auseinander. Er kritisiert dabei die Unterscheidung zwischen Arbeit und Interaktion bei Jürgen Habermas sowie dessen Konstitutionsbegriff, um die daraus resultierenden Folgerungen für das politische Handeln in Frage stellen zu können. An zentraler Stelle heißt es: »Habermasens Entmaterialisierung revolutionärer Praxis der Tendenz nach zum sprachlichen Handeln revoziert anachronistische Vorstellungen der bürgerlichen Aufklärung. Auch hier geschieht eine Verbürgerlichung des Revolutionsbegriffs, die umso folgenreicher ist, als unter den Bedingungen der technologischen Reduktion des Sprachverhaltens nach Maßgabe instrumentalisierter Subjekt-Objekt-Verhältnisse aufklärerischer Parlamentarismus und bürgerliche Aufklärung eine historische Unmöglichkeit geworden sind.«[928]

7./8. Februar 1970: In der Technischen Universität in **West-Berlin** kommen 230 Studenten und Sozialarbeiter, die rund 40 Einzelgruppen aus zwei Dutzend Städten repräsentieren, zu einer **Randgruppenkonferenz** zusammen. Anspruch der Gruppierungen ist es, deklassierte Jungproletarier für eine Form revolutionärer Praxis zu gewinnen. Schwerpunkt bei den bisherigen Aktivitäten im Randgruppenbereich ist die Arbeit mit Obdachlosen und Heimjugendlichen; daneben gibt es auch erste Ansätze zur Arbeit mit Rockern und Strafgefangenen. Nach einem Bericht des Westberliner Vorbereitungskomitees werden Überlegungen zur Randgruppenstrategie angestellt und Vergleiche zwischen dem Lumpenproletariat im 19. Jahrhundert und deklassierten Proletariern in der Gegenwart gezogen. Der Erfahrungsaustausch zwischen den Gruppen führt dazu, daß die weiteren Perspektiven einer solchen politischen Praxis eher skeptisch eingeschätzt werden. Als Indiz für die relative Erfolgosigkeit der bisherigen Ansätze wird die Tatsache gewertet, daß mit Ausnahme der Frankfurter Gruppe, zu der fünf ehemalige »Staffelberger« zählen, keine im Randgruppenbereich Sozialisierten selbst vertreten sind.

14. Februar 1970: Die Stadt **Stuttgart** stiftet eine »Bürgermedaille« und verleiht sie erstmals an den im Vorort Zuffenhausen geborenen Sozialphilosophen Max Horkheimer. Die Verleihung wird an dessen 75. Geburtstag vorgenommen.

14. Februar 1970: Im **Hessischen Rundfunk** gibt der junge Philosophiedozent Rüdiger Bubner anläßlich des 75. Geburtstages Max Horkheimers eine Einführung in dessen Werk.

14./15. Februar 1970: Auf einer nächtlichen Fahrt von Paderborn nach Frankfurt kommt in der Nähe der nordhessischen Ortes **Wrexen** (Kreis Waldeck) der 27jährige **Hans-Jürgen Krahl**, der exponierteste Theoretiker des SDS und der antiautoritären Bewegung, ums Leben. Bei Glatteis ist der Kleinwagen, in dem er sich auf dem Beifahrersitz befindet, auf der Bundes-

19.2.: Hans-Jürgen Krahl (1943–1970).

straße 252 ins Schleudern geraten und mit einem entgegenkommenden LKW in einer Kurve frontal zusammengeprallt. Krahl ist auf der Stelle tot; der 25jährige Franz-Josef Bevermeier, der das Auto lenkte, stirbt kurz nach seiner Einlieferung ins Krankenhaus; drei weitere Insassen, darunter Dalia Moneta und Carl Hegemann, werden zum Teil schwer verletzt.[929] – Unmittelbar nach Eintreffen der Unglücksnachricht im Büro des SDS-Bundesvorstands in **Frankfurt** begeben sich die beiden früheren SDS-Bundesvorsitzenden Karl Dietrich und Frank Wolff zum Unfallort und suchen danach die Verletzten im Krankenhaus auf. – In einer am Tag darauf vom AStA gemeinsam mit dem SHB veröffentlichten Würdigung heißt es, Krahl habe auf exemplarische Weise jene »kompromißlose Moral« verkörpert, »mit der die Protestbewegung an die vom Faschismus verschütteten revolutionären Traditionen« habe anknüpfen wollen. Der SDS hat es noch in der Nacht auf einer Mitgliederversammlung abgelehnt, »den bürgerlichen Gepflogenheiten und Wertmaßstäben« entsprechend einen Nachruf zu veröffentlichen. – Im Gegensatz dazu schreibt Wolfram Schütte in der **Frankfurter Rundschau**: »Hans-Jürgen Krahl war neben Rudi Dutschke eine der beherrschenden Figuren des SDS. Man hat ihn gelegentlich mit Robespierre verglichen. Damit sollte nicht allein die schneidende Konsequenz seiner theoretischen Einsichten, die er kompromißlos zu Ende dachte, charakterisiert werden, sondern auch sein überragendes agitatorisches Vermögen. Er wußte es zielbewußt zu nutzen – noch im Gerichtssaal ... hat seine Kurzbiographie, die er eine ›Odyssee durch die Organisationsformen der herrschenden Klassen‹ nannte, auch jenen Respekt abgewonnen, die Krahls politischen Weg nicht nachvollziehen konnten.«[930]

16. Februar 1970: In der von mehreren Dritten Programmen, dem **Norddeutschen Rundfunk**, **Radio Bremen** und dem **Sender Freies Berlin**, ausgestrahlten Fernsehreihe **Das Porträt** wird ein von Helmut Gumnior angefertigter Film über Werk und Leben von Max Horkheimer gezeigt.

16./17. Februar 1970: Unbekannte malen nachts in den Fluren und Treppenaufgängen der Theodor-Heuss-Schule in **Homberg** (Nordhessen) Sprüche an die Wände, die in antiautoritärer Manier die in der Kleinstadt immer noch verbreitete Ordnungsmentalität persiflieren und damit ad absurdum führen sollen: »ordnung ist das halbe leben«, »narrenhände beschmieren tisch & wände«, »uns geht's zu gut« und »wird's bald«. Die Parole »reim dich oder ich fress dich« ist auf den Leiter des Gymnasiums, Oberstudiendirektor Georg Friedrich Reim, gemünzt. In der großen Pause erscheinen mehrere ehemalige Schüler und verteilen auf dem Schulhof Flugblätter, in denen die *Rote Zelle Homberg* für eine Schulungsgruppe *Zur Analyse des Faschismus* einlädt. Darin heißt es an Adornos Gesellschaftstheorie orientiert: »die charakterstruktur, auf der faschismus basiert, lebt in der formalen demokratie fort. Wollte die schule an die wurzeln des faschismus herangehen, müßte sie sich selber zum gegenstand ma-

---

925 **Dok. Nr. 364.**
926 Siehe: **Dok. Nr. 366.**
927 A.a.O.
928 Hans-Jürgen Krahl, Produktion und Klassenkampf, in: ders, Konstitution und Klassenkampf, Frankfurt/Main 1971, S. 393.
929 Olaf Ihlau, Hans-Jürgen Krahl verunglückt – SDS-Ideologe stirbt bei Autounfall, in: Süddeutsche Zeitung vom 16. Februar 1970.
930 Wolfram Schütte, Krahl – Zu seinem Tode, in: Frankfurter Rundschau vom 16. Februar 1970. **(Dok. Nr. 368)**

Februar 1970

chen, & das kann kaum von ihr verlangt werden. Das werden wir jetzt für sie tun.«[931] In der Schulungsgruppe sollen sozialpsychologische Texte von Erich Fromm und anderen Autoren aus dem Umkreis der Kritischen Theorie studiert und die Darstellungen des NS-Systems in den Schullesebüchern »ideologiekritisch analysiert« werden. – Die Polizei vernimmt wegen der Wandschmierereien erste Tatverdächtige. Der Kreisausschuß erstattet Strafanzeige gegen Unbekannt wegen Sachbeschädigung. Für die Ergreifung der Täter wird eine Belohnung von 500 DM ausgesetzt.[932]

20. Februar 1970: Am Nachmittag finden in **Hannover** Beerdigung und Trauerfeier für den in der Nacht vom 14. auf den 15. Februar bei einem Verkehrsunfall tödlich verunglückten **Hans-Jürgen Krahl** statt. Mit einem vom AStA gecharterten Omnibus und weiteren Fahrzeugen sind am frühen Morgen zahlreiche Freunde vom Frankfurter Walter-Kolb-Studentenwohnheim zur Fahrt in Richtung Niedersachsen aufgebrochen. Auf dem Ricklinger Friedhof haben sich etwa 250 Trauernde versammelt, SDS-Mitglieder aus zahlreichen Städten, darunter auch Christian Semler und Jürgen Horlemann an der Spitze einer Gruppe aus West-Berlin. In der von Detlev Claussen, Bernd Leineweber und Oskar Negt verfaßten Beerdigungsrede wird der Tod ihres Freundes als »kontingentes Geschehen des Alltagslebens«[933] bezeichnet. Ausführlich geht Claussen in dem von ihm vorgetragenen Beitrag auf den von Krahl zuletzt unternommenen Versuch einer veränderten politischen Funktionsbestimmung der wissenschaftlichen Intelligenz ein. In diesem Zusammenhang wird auch in aller Schärfe das von dem Heidelberger Joscha Schmierer und anderen vertretene *Programm der Liquidation der antiautoritären Phase*[934] als eine folgenschwere »Verdrängung der Emanzipationsdebatte«[935] kritisiert. »Wenn es auch zutrifft«, heißt es weiter gegen die sich im Vormarsch befindlichen Kadergruppierungen der ML-Bewegung, »daß in den kommenden politischen Auseinandersetzungen ein erhöhtes Maß an Organisationsdisziplin notwendig sein wird, so kann diese doch nur ein Moment unserer Praxis sein; es wäre ein gefährlicher Irrtum, wollte man die Schwierigkeiten einer Vermittlung zwischen Studentenbewegung und Arbeiterklasse statt auf die konkreten Lebensbedingungen des Proletariats auf den verengten Horizont von Disziplin, straffer, zentralistischer Kaderorganisation und Leistung zurückführen… Auf der Suche nach der klassenmäßigen und politischen Iden-

20.2.: Die letzte Ausgabe des SDS-Organs.

tität neigt die deutsche Studentenbewegung, um ihre eigene Unsicherheit zu kompensieren, zum Prinzip der abstrakten Negation: die große Verweigerung als radikale, unvermittelte Negation der kapitalistischen Gesellschaft wird in ihrer eigenen Geschichte zur abstrakten Negation: dem realpolitischen Pragmatismus, der die arbeitsteilig verdinglichte Aufspaltung in eine theorielose Praxis und eine praxislose Theorie beinhaltet. Die Entfaltung der konkreten Utopie in der eigenen Organisation, ihrer Theorie, ihrer Agitation und selbst in ihrer gewaltsamen Aktion muß dagegen bestimmte Negation sein... Niemand hat das mit größerer Entschiedenheit und Klarheit formuliert als Hans-Jürgen Krahl.«[936] Unter den Augen von Polizeibeamten, die das Geschehen aufmerksam verfolgen, ziehen die Trauernden anschließend von der Kapelle zum Grab. Vom AStA der Frankfurter Universität, von SHB und DKP werden dort Kränze niedergelegt. – Im Anschluß an die Beerdigung beschließen in einem Café der Technischen Universität Hannover rund 100 aus dem gesamten Bundesgebiet und West-Berlin versammelte SDS-Mitglieder informell die Auflösung ihres Studentenbundes.

21./22. Februar 1970: Anläßlich von Lenins 100. Geburtstag veranstaltet das der DKP nahestehende Institut für Marxistische Studien und Forschungen (IMSF) im Haus Gallus eine Tagung zur Kritik der Kritischen Theorie. Unter dem altfränkisch anmutenden Titel **Die Frankfurter Schule im Lichte des Marxismus** setzen sich vor 500 Zuhörern parteioffizielle Philosophen und Soziologen aus der DDR, der ČSSR, Ungarn und der Sowjetunion mit dem Werk von Adorno, Horkheimer, Marcuse und Habermas auseinander. Als Kritiker treten u. a. Erich Hahn, Josef Schleifstein und Robert Steigerwald auf, als Verteidiger der Kritischen Theorie Oskar Negt, Alfred Schmidt, Alfred Sohn-Rethel und Ernst Theodor Mohl. Hahn und Steigerwald versuchen nachzuweisen, daß Habermas und Marcuse in ihren Schriften die Marxsche Theorie verfälschten. Auf der Basis falscher Prämissen verfolgten sie die Absicht, den Marxismus mit Marx zu revidieren. Die Kontroverse konzentriert sich vor allem auf eine Auseinandersetzung mit der von den Ostblock-Theoretikern unter Bezug auf Lenin favorisierten Widerspiegelungstheorie. Negt attestiert den Verfechtern einer orthodox kodifizierten Erkenntnistheorie ein zwanghaftes Abwehrverhältnis gegenüber ihrer eigenen Geschichte, das eine wirkliche Auseinandersetzung über die politischen Implikationen ihrer Ansichten nicht zulasse. Die stalinistische Umfunktionierung des Marxismus-Leninismus zum »Inbegriff einer Legitimationswissenschaft«[937], deren Kategorien wiederum zur Absicherung von Herrschaftsverhältnissen dienten, sei weder gesellschaftlich überwunden noch theoretisch aufgearbeitet. – Im Gegensatz dazu wird das »Ergebnis« der Veranstaltung in der **Deutschen Volkszeitung** mit den Worten zusammengefaßt: »Die Referate der Tagung haben in ihrer Gesamtheit dem kundigen Theoretiker deutlich gemacht, wie weit sich die Frankfurter Schule von jeglichem Anspruch auf revolutionäre Praxis entfernt hat und in Verfälschung der Marxschen Theorien zum Bundesgenossen bürgerlicher Ideologien wurde.«[938] Insofern habe die Konferenz »den sich selbst gestellten Auftrag« erfüllt.

23. Februar 1970: Unter der Überschrift **Wer kommt nach Adorno? – Die Zukunft der Frankfurter Schule** wird in dem vom Ersten Deutschen Fernsehen ausgestrahlten Kulturmagazin **Titel, Thesen, Temperamente** ein Beitrag mit Dokumentaraufnahmen und verschiedenen Interviews ausgestrahlt. Zu sehen sind Ausschnitte eines studentischen Hearings zur Neubesetzung des Adorno-Lehrstuhls und Statements von Max Horkheimer, Oskar Negt, Ludwig von Friedeburg und dem Münsteraner Soziologen Horst Baier, dem Chancen auf eine Nachfolge eingeräumt werden.

27. Februar 1970: Eine unter dem Titel **Versuch einer Bilanz über Hans-Jürgen Krahl** angekündigte Fernsehsendung im 3. Programm des **Hessischen Rundfunks** wird kurzfristig abgesetzt. Der als Moderator vorgesehene Andrej Bockelmann erklärt dazu, die Mehrheit der Gesprächsteilnehmer habe die Ansicht vertreten, eine Würdigung Krahls sei »nur im Rahmen einer Darstellung der praktischen Aktionen und der theoretischen Position im SDS« möglich. Im Anschluß an Dokumentaraufnahmen hätten Detlev Claussen, Bernd Leineweber, Oskar Negt, Ernst-Henning Schwedt und David H. Wittenberg über ihren im Alter von 27 Jahren tödlich verunglückten Freund sprechen sollen.

---

931 Horst Brühmann, wieder wandschmierereien an der ths (hektogr. Papier), aus: Archivalische Sammlung Dieter Bott, Düsseldorf.
932 Vgl.: Kreisblatt des Kreises Fritzlar-Homberg vom 18. Februar 1970.
933 Detlev Claussen / Bernd Leineweber / Oskar Negt, Rede zur Beerdigung des Genossen Hans-Jürgen Krahl, in: Neue Kritik Nr. 55/56, 10. Jg., 1970, S. 3–8. **(Dok. Nr. 369)**
934 A.a.O.
935 A.a.O.
936 A.a.O.
937 Oskar Negt, in: Johannes Henrich von Heiseler / Robert Steigerwald / Josef Schleifstein (Hg.), Die »Frankfurter Schule« im Lichte des Marxismus – Zur Kritik der Philosophie und Soziologie von Horkheimer, Adorno, Marcuse und Habermas, Frankfurt/Main 1970, S. 130.
938 G. W. Smirr, »Frankfurter Schule« – Gegner oder Partner der Marxisten? Eindrücke von einer wissenschaftlichen Tagung des Instituts für Marxistische Studien in Frankfurt/M., in: Deutsche Volkszeitung vom 13. März 1970, 18. Jg., Nr. 11, S. 14.

3. 3.: Der polnische Philosoph Leszek Kolakowski im Hörsaal VI.

3. März 1970: Mit einem in der **Frankfurter Rundschau** abgedruckten **Offenen Brief** wendet sich die Fachschaft des Philosophischen Seminars an den polnischen Exil-Philosophen und Marxismus-Kritiker Leszek Kolakowski, um ihm deutlich zu machen, daß er als Nachfolger auf dem Lehrstuhl Theodor W. Adornos nicht erwünscht sei, jedenfalls nicht seitens der Studentenschaft. In dem Schreiben, das noch einmal betont, daß es ohnehin keinen »Ersatz« für Adorno geben könne, wird das dezidierte Interesse geäußert, mit Dozenten aus dem unmittelbaren Schülerkreis des verstorbenen Ordinarius – genannt werden Oskar Negt, Alfred Schmidt, Hermann Schweppenhäuser und Karl-Heinz Haag – an einer Fortführung Kritischer Theorie arbeiten zu wollen. »Die Frankfurter Schule«, heißt es abschließend, »hat am konsequentesten die für uns unabdingbaren Gehalte einer materialistischen Theorie reflektiert, die mit der Kritik am Stalinismus n i c h t zugleich wesentliche Bestandteile des Marxismus preisgibt. Ihre Konzeption bietet keinen Ansatz für die Kritik an der Arbeitsteilung zwischen Philosophie und Wissenschaft und gibt damit die Einheit der emanzipatorischen Vernunft auf ... Die Möglichkeit oder Unmöglichkeit, Marxist zu sein, ist für uns keine Alternative.«[939] – Zur Vorgeschichte einer möglichen Kandidatur Kolakowskis äußert sich der Hamburger Publizist Claus Grossner, der die Behauptung aufstellt, diese sei auf einen Einfall von Ute Habermas, der Frau des Philosophen und Soziologen, zurückzuführen und habe das Ziel, aus einer zu engen theoretischen Schulbildung herauszutreten, wie folgt: »Daher bahnte Habermas die Berufung von Kolakowski an: Er erreichte einerseits Kolakowskis wohlwollende Zusage, einem Ruf nicht abgeneigt gegenüberzustehen; andererseits brachte Habermas seinen ehemaligen Kollegen und damaligen Kultusminister von Friedeburg dazu, sich für Kolakowski einzusetzen. Habermas traf die Vorbereitungen insgeheim – mit Grund wie sich Ende Februar 1970 zeigte.«[940]

3.3.: Alfred Schmidt (re.) wendet sich an Kolakowski.

14. März 1970: In einem Schreiben an Erich Lissner, einen Redakteur der **Frankfurter Rundschau**, reagiert Jürgen Habermas auf den am 3. März in dem Blatt erschienenen »Offenen Brief« der Fachschaft Philosophie an Leszek Kolakowski. Die Studenten, so moniert Habermas, würden in ihrem Schreiben Etikettierungen wie »Frankfurter Schule« oder »Kritische Theorie« benutzen, »... als handle es sich um eine Institution, die durch die Rekrutierung von Rechtgläubigen erhalten werden müßte. Wenn es sich so verhalten würde, dann wäre nicht Kolakowski zu fürchten, zu fürchten wäre die trostlose Apologetik der Torhüter einer neuen Spielart von institutionellem Marxismus. Weil es sich so nicht verhält, entbehrt der Brief jeder sachlichen Motivation. Er bezeugt die Geistesart derer, die, weil sie sich gegenüber Adornos Denken scholastisch verhalten, bloß dessen leere Geste zurückbehalten können.«[941] Das Schreiben endet mit der Bemerkung, daß »peinliche Schauspiele dieser Art« lediglich die »Kehrseite einer brüchig gewordenen Arkanpraxis« darstellten, die sich nur dann vermeiden ließen, wenn in Zukunft die legitimen Studentenvertreter angemessen an Verfahren zu Personalentscheidungen beteiligt seien.

16. März 1970: Auf eine in der **Frankfurter Allgemeinen Zeitung** erschienenen Glosse von Robert Held hin, in der die von der Fachschaft Philosophie als Kandidaten für die Besetzung des vakanten Adorno-Lehrstuhls genannten vier Dozenten Oskar Negt, Alfred Schmidt, Hermann Schweppenhäuser und Karl-Heinz Haag als »Riege« bezeichnet werden, wird unter dem Titel **Die Frankfurter Schule in der Defensive** in dem gleichen Blatt eine ausführliche Leserzuschrift des

---

939 Fachschaft Philosophie, Offener Brief an Leszek Kolakowski, in: Frankfurter Rundschau vom 3. März 1970. **(Dok. Nr. 371)**
940 Claus Grossner, Verfall der Philosophie – Politik deutscher Philosophen, Hamburg 1971, S. 176.
941 **Dok. Nr. 372.**

18. 3.: Paulskirche: Am Mikrophon Frank Wolff, dahinter Robert Jungk, re. unten Andreas Buro.

Braunschweiger Professors Wilhelm Alff abgedruckt. Dieser kritisiert darin nachdrücklich Sprache, Ton und Inhalt des Glossenschreibers, der in seiner Wortwahl an den Duktus von »Blockwaltern«, wie es sie im Faschismus gegeben habe, erinnere.

18. März 1970: Zu einer Manifestation der **Initiative Internationale Vietnam-Solidarität** in der Paulskirche versammeln sich über 1.500 Teilnehmer, die gegen den Krieg der USA in dem südostasiatischen Land protestieren. Als Redner treten der Marburger Politikwissenschaftler Professor Wolfgang Abendroth, der Tübinger Philosoph Professor Ernst Bloch, der Rechtsanwalt und Protestsänger Franz Josef Degenhardt, der Frankfurter Pädagogikprofessor Heinz-Joachim Heydorn, der Schriftsteller Rolf Hochhuth, der Zukunftsforscher Robert Jungk, der Vorsitzende der *Jungdemokraten*, Wolfgang Lüder, der Philosophiedozent Oskar Negt, der Pastor Martin Niemöller, der Bundesvorsitzende der *Jungsozialisten*, Karsten Voigt, der Schriftsteller Martin Walser und der SDS-Sprecher Frank Wolff auf. Bloch eröffnet seine Rede mit den Worten, daß der Vietnamkrieg ein »Aspekt der amerikanischen Globalstrategie gegen soziale Emanzipation« sei. Es gebe Dinge, über die »kein anständiger Mensch zweierlei Meinung« sein könne. Auch in der Bundesrepublik würden Industriebetriebe vom Krieg in Südostasien profitieren. Mit Friedenswillen allein sei nichts dagegen zu erreichen, als Konsequenz aus der Demokratie gelte es den Sozialismus zu schaffen. Unter zum Teil tumultuarischen Begleitumständen werden danach vom Pult aus Spannungen, Rivalitäten und Gegnerschaften zwischen den Vertretern linker Fraktionen und Organisationen ausgetragen. Als Voigt das Wort ergreift, wird er von einem Teil des Publikums ausgepfiffen, er kann der wiederholten Störungen wegen seine Rede nicht zu Ende halten und muß vorzeitig abbrechen. Der als Redner überhaupt nicht vorgesehene Udo Knapp, Mitglied des SDS-Bundesvorstands, der zuvor Voigt mit den Worten unterbrochen hat, »zu handeln statt zu schwätzen«, fordert, nachdem er es geschafft hat, das Podium einzunehmen, die Zuhörer pathetisch auf: »Wir müssen vom papiernen Protest wegkommen und klären, was, wo und wann aktiv zu tun ist, um die Gesellschaft in der Bundesrepublik zu revolutionieren.«[942] Später hält ihm Heydorn, der 1946 zu den Mitbegründern des SDS zählte, entgegen: »Mit der Pistole auf die Straße zu gehen, um Revolution zu machen, ist eine Katastrophen-Theorie.«[943] Oskar Negt, der in seinem Redebeitrag die von den US-Amerikanern praktizierte Strategie des »automatisierten Schlachtfeldes« analysiert, endet mit den Worten: »Wenn Bloch sagt: es gibt Dinge, über die ein vernünftiger Mensch nicht zweierlei Meinung sein kann, so bringt er die von Marx formulierte geschichtliche Wahrheit auf eine schlichte Maxime, die unser Verhalten gegenüber den aktuellen Revolutionen bestimmen sollte: das Recht auf Revolution ist das einzig historische Recht.«[944] Zum Abschluß kündigt Frank Wolff militante Aktionen in verschiedenen Betrieben an.

19. März 1970: In der **Frankfurter Rundschau** erscheint eine von Jürgen Habermas übermittelte Antwort Leszek Kolakowskis auf den »Offenen Brief« der Fachschaft Philosophie vom 3. März, in dem der polnische Exil-Philosoph allen Spekulationen über eine mögliche Kandidatur seinerseits für die Übernahme des ehemals von Theodor W. Adorno wahrgenommenen Lehrstuhls eine Absage erteilt. In dem Schreiben heißt es: »Ich beeile mich, Ihnen mitzuteilen, daß der Brief gegenstandslos ist, da ich aus verschiedenen Gründen den Ruf auf den Lehrstuhl in Frankfurt nicht annehmen konnte. So wird meine Gegenwart den Klassenkampf zwischen Assistenten und Ordinarien um ›solidarische Beziehungen‹ und um ›die Einheit der emanzipatorischen Vernunft‹ gewiß nicht stören.«[945]

21. März 1970: In der **Frankfurter Rundschau** erscheint abermals ein Offener Brief der Fachschaft Philosophie. Sie werfen darin Jürgen Habermas vor, in dessen Brief vom 14. März die von ihnen ins Spiel gebrachten Kandidaten für die Besetzung des nach Adornos Tod freigewordenen Lehrstuhls diffamiert und deren wissenschaftliche Qualifikation möglicherweise gar der Lächerlichkeit preisgegeben zu haben. Zum Stichwort »Arkanpraxis« heißt es wörtlich: »In den letzten beiden Fakultätssitzungen haben Sie maßgeblich dazu beigetragen, daß die Forderungen der Nichthabilitierten- und Studentenvertreter nach Öffentlichkeit und Mitbestimmung in Berufungsfragen gar nicht erst auf die Tagesordnung kamen.«[946]

21. März 1970: Auf einer nicht-formellen Versammlung von rund 350 SDS-Mitgliedern im Studentenhaus versucht das Bundesvorstandsmitglied Udo Knapp am Nachmittag per Akklamation das zentrale Gremium des **SDS** und damit den Studentenbund zugleich auch als Bundesverband aufzulösen. Bereits in seinem Einleitungsbeitrag erklärt er, daß der SDS für das entscheidende Verhältnis von Massenaktionen und Organisierung des politischen Kampfes nichts mehr beizutragen habe. Die Arbeit des Bundesvorstands sei fast ausschließlich auf technische Aufgaben reduziert gewesen. Dieser habe vergeblich versucht, den politischen Kampf in sozialdemokratischer Manier von oben zu vereinheitlichen. Die Klärung der Organisationsfrage könne nur von den Gruppen vorangetragen werden, die die Kämpfe auch wirklich führten. Er fordere die Versammlung deshalb auf, die **Auflösung des Bundesvorstands** zu beschließen. Die erste Reaktion der Anwesenden ist Schweigen. Kein Beifall, nichts, niemand will das Wort ergreifen. Dann wartet Monika Steffen mit der resignativ-bissigen Feststellung auf, man brauche sich gar nicht erst aufzulösen, faktisch sei dies längst schon geschehen. Der Bundesvorstand sei nicht mehr funktionsfähig, das SDS-Vermögen würde von verschiedenen Stellen verwaltet und die Bundesgeschäftsstelle funktioniere nicht mehr. Nach einer quälenden Auseinandersetzung über die Frage des Nachlasses – die Einstellung des *SDS-Infos*, die Fortführung des Theorieorgans *Neue Kritik* und die Aufbewahrung des SDS-Archivs – unternimmt Daniel Cohn-Bendit noch einen Versuch, das bereits zersplitterte politische Potential des Verbands in einem Diskussionsprozeß zu reintegrieren. Wenn man sich schon getroffen habe, appelliert er, dann solle man zumindest den Versuch unternehmen den Entwicklungsstand in den unzähligen Gruppen vor Ort zu erforschen.

---

942 Zit. nach: Gegen den »schmutzigen Krieg« – Anti-Vietnamkundgebung in der Paulskirche / Aufruf zu Aktionen, in: Frankfurter Rundschau vom 21. März 1970.
943 A.a.O.
944 Oskar Negt, Vietnam oder: Die Strategie des »automatisierten Schlachtfeldes«, in: ders., Politik als Protest, Frankfurt/Main 1971, S. 224.
945 **Dok. Nr. 374.**
946 **Dok. Nr. 375.**

Dabei könne man sich vor Augen führen lassen, wie perspektivlos die Gruppenpartikularismen tatsächlich seien. Wichtiger wäre es allerdings, die Chancen zu ihrer Vereinheitlichung in einer zukünftigen revolutionären Organisation zu erörtern. Die in West-Berlin kürzlich gegründete Aufbauorganisation für eine *Kommunistische Partei Deutschlands* (KPD/AO) könne dafür jedoch kein Modell sein. Doch Cohn-Bendits Versuch verpufft ebenso wie verschiedene Anläufe der Gebrüder Frank und Reinhard Wolff, die Diskussion überhaupt in Gang zu halten. Schließlich stellt Manfred Lauermann (Hannover) resigniert fest, daß offenbar die theoretischen wie auch praktischen Voraussetzungen für eine Diskussion fehlten. Eine Fortführung erzwingen zu wollen, wäre unsolidarisch. Am Ende bleibt ein Auflösungsbeschluß dennoch aus. Da es sich um keine ordentliche Delegiertenkonferenz handelt, erklären sich die Versammelten in ihrer Mehrheit für nicht kompetent, der Aufforderung Knapps zu folgen. – Über das Ende des Studentenverbandes schreibt Rainer Erd in der **Frankfurter Rundschau**: »Ein Stück politischer Geschichte der Bundesrepublik fand ihr tristes Ende.«[947] – Knapp, der den durch eine Reihe von Parteigründungsinitiativen partikularisierten SDS nur noch als »Ballast« angesehen hat, erklärt in einem Interview des Nachrichtenmagazins **Der Spiegel** anschließend ostentativ: »Die richtige Fortsetzung des Hochschulkampfes ist der proletarische Klassenkampf.«[948]

21. März 1970: In dem von der Projektgruppe *März* in Frankfurt herausgegebenen **Sozialistischen Correspondenz-Info** erscheint ein von Helmut Reinicke geführtes Interview mit Herbert Marcuse. Auf die Frage, wie er, der als einziger Theoretiker der Frankfurter Schule praktische Solidarität mit den oppositionellen Bewegungen übe, das Verhältnis zu seinen früheren Kollegen einschätze, antwortet er: »Ich werde nie leugnen und nie vergessen, daß die Zeit meiner Zusammenarbeit mit Horkheimer, Pollock, Adorno, Neumann und Löwenthal in den dreißiger Jahren für mich eine unentbehrliche theoretische Schulung darstellte. Ich muß aber ebenso ehrlich zugeben, daß ich mich mit der Haltung Horkheimers und Adornos nach ihrer Rückkehr nach Deutschland nicht identifiziere. Ich erinnere mich, daß ich noch in einem meiner letzten Briefe an Adorno geschrieben habe, daß ich genauso wie er weiß, daß eine unmittelbare Umsetzung der Theorie in Praxis unmöglich ist. Daß ich aber auch glaube, daß die allzu starke Insistenz auf ›Vermittlungen‹ auch zur Ausrede werden kann. Außerdem habe ich in der amerikanischen Politik seit dem Zweiten Weltkrieg niemals in irgendeiner Weise die Verteidigung der Freiheit und Kultur sehen können.«[949] Und in seiner letzten Antwort geht er, an ein berühmtes Gedicht von Bert Brecht erinnernd, was das für eine Zeit sei, wo schon das Gespräch über einen Baum als Verbrechen erscheine, noch weiter: »Wir leben in einer Zeit«, sagt Marcuse, »wo jedes bloße Diskutieren schon als Verbrechen erscheint. Das ist der wahre Kern des Aktionismus heute.« Ein solcher Aktionismus müsse aber früher oder später »ein Opfer des Bestehenden« werden; um dies zu vermeiden, bedürfe es der theoretischen Analyse. »Nur eine begriffliche Analyse dessen, was heute vor sich geht, eine Analyse, die die Ansatzpunkte zeigt, wo das System verwundbar ist, und die Möglichkeiten, die innerhalb des Systems sich ergeben, es zu verändern – ohne eine solche Analyse bleibt eben nun wirklich jeder Aktionismus blind.«[950]

24. März 1970: Mit einem weiteren in der **Frankfurter Rundschau** abgedruckten Brief von Jürgen Habermas wird die öffentliche Kontroverse um die Besetzung des seit dem Tode Adornos freien Lehrstuhls für Philosophie fortgesetzt. Habermas weist den in dem letzten Schreiben der Fachschaft Philosophie erhobenen Vorwurf der Diskriminierung seiner Kollegen Haag, Negt, Schmidt und Schweppenhäuser ebenso zurück wie die Behauptung, die Forderungen der Nicht-Habilitierten- und Studentenvertreter unterdrückt zu haben. Er würdigt noch einmal Leszek Kolakowski und bemerkt abschließend, an die Adresse der Fachschaft gerichtet, eine »Politik der Illusionen« richte sich selbst durch ihre Folgenlosigkeit.[951]

4. April 1970: In der Tageszeitung **Die Welt** erscheint unter dem Titel **Revolution ohne das Proletariat** eine von dem rechtskonservativen Münsteraner Philosophieprofessor Günter Rohrmoser verfaßte Kritik an der Fortentwicklung Kritischer Theorie durch Jürgen Habermas. Darin will er den Nachweis erbringen, daß der von Habermas vorangetriebene Erneuerungsversuch, Gesellschaftstheorie in ihrem Kern als Kommunikationstheorie zu reformulieren, dazu verurteilt sei, in politische Beliebigkeit einzumünden. »Die Destruktion der Philosophie als Metaphysik und Ontologie«, schreibt Rohrmoser, »hat die Konsequenz, daß die emanzipatorisch kritische Praxis begründen wollende

Theorie nicht mehr und nichts anderes zu ihrer Begründung auszumachen vermag als ein kontingentes faktisches Interesse ... Wenn aber von bloßen, am Ende naturalen Interessen die Rede ist, dann kann man auch sagen, daß die Gesellschaft ein Interesse daran habe, die zu bleiben, die sie ist.«[952]

4. April 1970: Rechtsanwalt Horst Mahler meldet sich morgens telephonisch beim Polizeipräsidium in **West-Berlin** und erkundigt sich, ob er den in den Morgenstunden bei einer Verkehrskontrolle wegen der Führung gefälschter Ausweispapiere festgenommenen Andreas Baader sprechen dürfe. Der Kriminalhauptkommissar, der das Gespräch empfängt, erfährt auf diesem Wege, daß der Polizei damit offenbar einer der seit November gesuchten Kaufhausbrandstifter ins Netz gegangen ist. Baader wird nun ins Gefängnis Tegel überstellt.

11. April 1970: Der **Westdeutsche Rundfunk** bringt in seiner Sendereihe **Spectrum** einen Beitrag über die Nachfolge Theodor W. Adornos an der Frankfurter Universität. Nach der Teilung von Adornos Lehrstuhl in einen philosophischen und einen soziologischen Teil, ist der Münsteraner Privatdozent Horst Baier auf den Lehrstuhl für Soziologie berufen worden. In der Sendung gibt Baier Auskunft über seine Pläne und Max Horkheimer nimmt zu Fragen Stellung, die die Fortführung der Kritischen Theorie insgesamt betreffen.

11. April 1970: Von seinem in Kalifornien gelegenen Wohnort **La Jolla** aus schreibt Herbert Marcuse an Rudi Dutschke in **London**. Ausführlich berichtet er über die politische Situation an der Westküste; er stellt eine Reihe von Parallelen zu der von Dutschke zuvor geschilderten bundesdeutschen Szene fest: »... dieselbe furchtbare Zersplitterung der Bewegung – nicht aus substantiellen Gründen wirklicher Alternativen (was unvermeidlich ist), sondern allzusehr aus sektiererischem Gruppeninteresse. Auch hier der extreme Flügel, der im individuellen Terror die einzige noch mögliche Form des Angriffs auf das System sieht, und die Majorität, die noch an mehr oder weniger demokratischen Formen festhält (die immer zerbrechlicher werden). Dann vor allem der Konflikt zwischen Anarchie und Organisation, und (besonders deutlich) zwischen privater und politischer Befreiung, partikulärem Gruppeninteresse und allgemeiner Sache. Diese Konflikte gehen durch das ganze commune movement und haben zu einem sich verschärfenden Gegensatz zwischen Hippies und Militanten geführt.«[953] Danach beschreibt er ausführlich das zwar ambivalente, jedoch seiner Meinung nach auch praktisch bedeutsame politische Potential, das in der Kommune-Bewegung zum Vorschein komme.

Mai 1970: Vier Mitglieder des *Black-Panther-Solidaritätskomitees* geben im Frankfurter März Verlag unter dem Titel **Das politische Grundwissen des jungen Kommunisten** einen Reprint der 1927 von der *Kommunistischen Jugend-Internationalen* zusammengestellten Schulungsmaterialien für revolutionäre Jugendliche heraus. In dem Text werden ökonomische Grundbegriffe wie Ware, Geld, Mehrwert und Kapital erläutert sowie kurze Abrisse der Systembegriffe Monopolkapitalismus und Imperialismus geliefert. Am Fall des AEG-Konzerns und der Bertelsmann Verlagsgruppe werden außerdem zwei aktuelle Beispiele für die Kapitalverflechtung dargestellt. Die Vorbemerkung zu dem Band, der sich vor allem an Schüler- und Lehrlingsgruppen wendet, ist von Wilfried Böse, Michael Schwarz, Hannes Weinrich und Karl Dietrich Wolff verfaßt.

1. Mai 1970: In der Sporthalle von **Hildesheim** diskutiert auf einer Mai-Veranstaltung der niedersächsische SPD-Landesvorsitzende Peter von Oertzen mit den Soziologen Oskar Negt und Fritz Vilmar über *Reform und Revolution als Methoden gesellschaftlichen Fortschritts*. Negt greift dabei vor 1.500 Zuhörern die Haltung der Sozialdemokratie mit den Worten an, daß Reformen die Arbeiterschaft mitunter auch schwächen könnten. So würde durch »ritualisierte Tarifverhandlungen« die proletarische Kampfkraft vermindert. Anstelle solcher Arrangements sollten basisdemokrati-

---

[947] Rainer Erd, Die Kinder der Revolution – sprachlos / Der SDS als Bundesverband hat sich aufgelöst, in: Frankfurter Rundschau vom 23. März 1970.
[948] »Natürlich können wir noch Eier schmeissen« – Interview mit dem früheren SDS-Bundesvorstandsmitglied Udo Knapp, in: Der Spiegel vom 10. März 1970, 24. Jg., Nr. 14, S. 106.
[949] **Dok. Nr. 376.**
[950] A.a.O.
[951] Siehe: **Dok. Nr. 377.**
[952] Günter Rohrmoser, Revolution ohne das Proletariat – Wie Jürgen Habermas den Marxismus revidierte, in: Die Welt vom 4. April 1970.
[953] Herbert Marcuse, Brief an Rudi Dutschke vom 11. April 1970. **(Dok. Nr. 379)**

sche Massenaktionen wie Fabrikbesetzungen durchgeführt werden. Wenn daraus eine Bewegung entstünde, die das ganze Land erfaßt, dann könnte ein solcher Prozeß auch von einer Armee nicht mehr gestoppt werden. Das verstehe er »heute unter Revolution«.[954] Reformen dürften nicht zum Ziel an sich deklariert werden, politisch Sinn machten sie nur im Rahmen einer langfristigen Strategie der Systemveränderung.

8. Mai 1970: In der Hamburger Wochenzeitung **Die Zeit** erscheint unter der Überschrift **Frankfurter Schule am Ende** ein Artikel des Publizisten Claus Grossner[955]. Er schildert darin auf der Grundlage von jeweils zwei Einzelgesprächen mit Adorno und Horkheimer in knappen Zügen deren Biographien, einige Elemente ihres Denkens und den Konflikt mit der Studentenbewegung. Die These, die er vertritt, besteht in der Behauptung, daß eine Philosophie, die empirische Fakten nicht einzelwissenschaftlich verarbeite, auch keine Praxis bzw. auch keine organisatorische Folgen zeitigen könne. Er stellt »das Ende« der Kritischen Theorie fest und schlägt eine, wie er meint, im Hinblick auf eine Gesellschaftsveränderung fruchtbarere Orientierung an der analytischen Wissenschaftstheorie vor. – Der Artikel löst ein stürmisches, überwiegend abwehrendes Echo aus. Am 12. Juni druckt **Die Zeit** drei ausführliche Leserbriefe von Wilhelm Alff, Alfred Schmidt und Hermann Schweppenhäuser ab, in denen nachgewiesen wird, daß der Text nicht nur eine Reihe von Halbwahrheiten, Verzerrungen und Desinformationen enthält, sondern vor allem am theoretischen Vorverständnis entscheidender Elemente der Kritischen Theorie, wie z. B. ihrer Positivismuskritik, scheitert.[956]

9. Mai 1970: Zwischen 3.000 und 6.000 Teilnehmer zählt eine Demonstration gegen die Ausweitung des Vietnamkrieges auf Kambodscha. Vor ihrem Beginn um 13 Uhr wenden sich an der Galluswache in kurzen Ansprachen Karl Dietrich Wolff, Mona Steffen und Bodo Voigt an die Demonstranten. Mit Sprechchören wie »USA – SA – SS«, »Amis raus aus Vietnam« und »Nixon – Mörder« ziehen sie als erstes zur Gutleutkaserne, deren Portal von Militärpolizisten gesichert ist. Dort halten sie ein und fordern mit erhobenen Fäusten – dem Gruß der *Black Panther* – Freiheit für Bobby Seale. Eine an der Spitze des Zuges mitgeführte US-Flagge wird am Hauptbahnhof bei einer zweiten Zwischenstation angezündet. Dann geht es durch

9.5.: Vor dem Eingang zum PX-Gebäude am Alleenring.

die Kaiserstraße, über Roßmarkt, Hauptwache und Eschersheimer Landstraße zum amerikanischen Einkaufszentrum PX. Auf dem Dach des PX-Gebäudes postieren sich etwa 60 Demonstranten, entrollen Transparente und schwenken eine Vietcong-Fahne. Nun hält Karl Dietrich Wolff von dort oben eine Ansprache. Das Ziel sei es, erklärt er, die Widerstandsbewegung innerhalb der US-Streitkräfte zu unterstützen und zu stärken. Es gehe nicht darum, nationalistisch in den GIs einen Feind zu sehen, sondern zu erkennen, daß sie den gleichen Kampf zu kämpfen hätten. An die US-Amerikaner gerichtet, fährt er fort, daß es sich nicht um eine Anti-US-Demonstration und auch nicht um eine prokommunistische Manifestation handle. Seine Parole lautet: »From Tokyo to Rome – Yankee go home«. Als die gefürchtete Militärpolizei auffordert, das Dach zu räumen, löst Wolff, der eine Konfrontation verhindern wiill, die Kundgebung um 16 Uhr auf. Zu einem Zwischenfall kommt es beim Rückweg im Westend. Als ein Begleitfahrzeug der *Roten Hilfe* ein anderes rammt, stellt sich heraus, daß es sich dabei um einen Zivilwagen der Polizei handelt, in dem der Bezirkskommissar Horst Vogel und der Polizeisoziologe Horst Grimminger sitzen. Die Fahrer beider Wagen versichern sich gegenseitig, daß sie nicht die Absicht hatten, den des jeweils anderen zu rammen. Am Abend kommt es im Anschluß an einen *Lenin-Kongreß* in der Universität gegen 21 Uhr 30 noch zu einer kleineren Demonstration. Eine Gruppe von 250 Studenten zieht zum Polizeipräsidium, eine andere mit 300 Studenten zum Opernplatz. In der Kaiserstraße treffen beide Züge zusammen und führen gemeinsam zur Universität zurück. Einige Fensterscheiben von US-Firmen gehen dabei zu Bruch.

13. Mai 1970: Ein Schwurgericht beim Landgericht in **Kassel** verurteilt den ehemaligen Bundesleiter des NPD-Ordnerdienstes Klaus Kolley wegen gefährlicher Körperverletzung in Tateinheit mit fahrlässiger Körperverletzung zu einer Gefängnisstrafe von anderthalb Jahren. Der 39jährige hatte kurz vor den Bundestagswahlen am 16. September 1969 zwei junge Anti-NPD-Demonstranten durch einen Pistolenschuß verletzt. – Der Zweite Strafsenat des Bundesgerichtshofes in **Karlsruhe** hebt das Urteil am 5. April 1971 auf und gibt das Verfahren an das Kasseler Landgericht zurück.

14. Mai 1970: Durch die mit Waffengewalt herbeigeführte Befreiung Andreas Baaders in **West-Berlin** wird zugleich unter dem Namen Rote Armee Fraktion (RAF) eine Organisation der Stadtguerilla gegründet. Dem wegen seiner Mittäterschaft bei der Kaufhausbrandstiftung in Frankfurt zu drei Jahren Haft verurteilten Baader, deren Rest er in Tegel verbüßen soll, ist es gestattet worden, sich in Begleitung von zwei

954 Zit. nach: Heiner Molsner, Bei den Revolutionären kam Oertzen nicht gut an – Streitgespräch des neuen niedersächsischen SPD-Vorsitzenden mit Oskar Negt, in: Frankfurter Rundschau vom 5. Mai 1970.
955 Claus Grossner, Frankfurter Schule am Ende, in: Die Zeit vom 8. Mai 1970, 25. Jg., Nr. 19, S. 78 f.; wiederabgedruckt unter dem veränderten Titel – Anfang und Ende der Frankfurter Schule (Theodor W. Adorno / Max Horkheimer), in: ders., Verfall der Philosophie – Politik deutscher Philosophen, Hamburg 1971, S. 106–122.
956 Siehe: **Dok. Nr. 380–382.**

9. 5.: Der Demonstrationszug in der Kaiserstraße. In der Mitte: Mona Steffen, Meino Büning und Udo Riechmann.

5.6.: RAF-Erklärung in der »Agit 883«.

Justizvollzugsbeamten in die Bibliothek des Deutschen Zentralinstituts für Soziale Fragen zu begeben, um dort Aufzeichnungen für eine Buchpublikation über Jugendkriminalität zu machen. Er trifft sich dort mit der Journalistin Ulrike Meinhof. Plötzlich kommen zwei mit Perücken verkleidete Personen herein und eröffnen das Feuer auf die beiden Beamten. Diese schießen sofort zurück. Dann setzen die Eindringlinge Tränengas ein. Als nach Hilferufen einer Frau der 62jährige Institutsangestellte Georg Linke herbeieilen will, wird er durch einen Bauchsteckschuß lebensgefährlich verletzt. Baader, Meinhof und den beiden Tätern gelingt es kurz darauf, durch ein Fenster in den Garten zu fliehen. Sie werden vor dem Haus von einem mit Maskierten besetzten PKW erwartet und brausen anschließend davon. – Drei Tage später geht beim Landesbüro der Deutschen Presse-Agentur (dpa) in **West-Berlin** ein Brief ein. Darin heißt es: »Glauben die Schweine wirklich, wir würden den Genossen Baader zwei oder drei Jahre sitzen lassen? ... Glaubte irgendein Schwein wirklich, wir würden uns von der Entfaltung der Klassenkämpfe, der Reorganisation des Proletariats reden, ohne uns gleichzeitig zu bewaffnen? Glaubten die Schweine, die zuerst geschossen haben, wir würden uns gewaltlos wie Schlachtvieh abknallen lassen? ... Wer sich nicht wehrt, stirbt ... Mit dem bewaffneten Widerstand beginnen! Die Rote Armee aufbauen!«[957]

22. Mai 1970: Mit dem Dritten Gesetz zur Strafrechtsreform tritt zugleich auch ein **Straffreiheitsgesetz** für Demonstrationsdelikte in Kraft. – Damit soll, wie es in Kommentaren heißt, der »innere Frieden« mit kompromißwilligen Teilen der APO wiederhergestellt werden.

22. Mai 1970: Die in West-Berlin erscheinende anarchistische Zeitung **Agit 883** veröffentlicht unter der Überschrift **Die Rote Armee aufbauen!** eine erste Erklärung zur Befreiung Andreas Baaders.

1. Juni 1970: Herbert Marcuse hält an der University of California in **San Diego** eine Vorlesung über *civil disobedience* (zivilen Ungehorsam).

494   Mai – Juni 1970

4. Juni 1970: Die französische Journalistin Michèle Ray trifft in **West-Berlin** durch Vermittlung von Rechtsanwalt Horst Mahler mit den untergetauchten Kaufhausbrandstiftern Andreas Baader und Gudrun Ensslin sowie der steckbrieflich gesuchten Ulrike Meinhof zusammen. Die ehemalige *Konkret*-Kolumnistin, die zur Tarnung eine blonde Perücke trägt, gibt der Französin, die als Reporterin monatelang für den *Nouvel Observateur* über den Vietnamkrieg berichtet hat, eine ausführliche Begründung für die Befreiung Andreas Baaders. – Auszüge aus der auf Band gesprochenen Erklärung Meinhofs erscheinen am 15. Juni unter dem Titel **Natürlich kann geschossen werden** im Nachrichtenmagazin **Der Spiegel**.[958]

5. Juni 1970: Unter einem im Sprung befindlichen schwarzen Panther, dem Symbol der *Black Panther Party*, erscheint in der **Agit 883** der vermutlich von Ulrike Meinhof verfaßte Appell **Die Rote Armee aufbauen!**. »Die Baader-Befreiungsaktion«, heißt es darin, »haben wir nicht den intellektuellen Schwätzern, den Hosenscheißern, den Alles-besser-Wissern zu erklären, sondern den potentiell revolutionären Teilen des Volkes. Das heißt denen, die die Tat sofort begreifen können, weil sie selbst Gefangene sind.«[959] Das seien z. B. die Jugendlichen im Märkischen Viertel, die Jungarbeiter und Lehrlinge bei Siemens und AEG-Telefunken. »Denen – und nicht den kleinbürgerlichen Intellektuellen – habt ihr zu sagen, daß jetzt Schluß ist, daß es jetzt los geht, daß die Befreiung Baaders nur der Anfang ist! Daß ein Ende der Bullenherrschaft abzusehen ist! Denen habt ihr zu sagen, daß wir die Rote Armee aufbauen, das ist ihre Armee. Denen habt ihr zu sagen, daß es jetzt losgeht.«[960] Im Unterschied zu den als »linken Schleimscheißern« beschimpften Intellektuellen würden proletarische Jugendliche wegen ihrer sozialen Depravierung den Schritt zur Selbstbewaffnung unmittelbar begreifen. In einem rüden Befehlston wird den als »Torfköppe« verhöhnten »Genossen von 883« diktiert, ein Vertriebsnetz aufzubauen, um die Zeitung mit dem Aufruf für die *Rote Armee* (RA) an die marginalisierten Jugendlichen, »die objektiv Linken«, heranzutragen. »Um die Konflikte auf die Spitze treiben zu können«, heißt es zur Begründung, »bauen wir die Rote Armee auf. Ohne gleichzeitig die Rote Armee aufzubauen, verkommt jeder Konflikt, jede politische Arbeit im Betrieb und im Wedding und im Märkischen Viertel und in der Plötze und im Gerichtssaal zu Reformismus... Ohne die Rote Armee

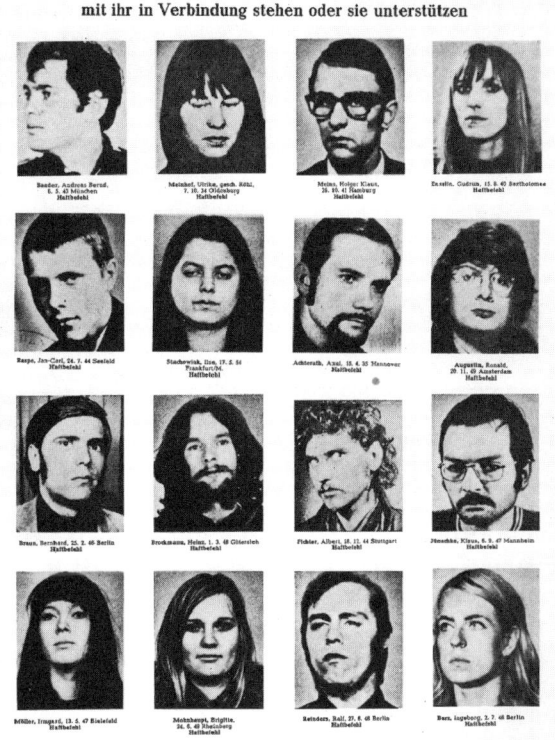

5.6.: RAF-Fahndungsplakat.

aufzubauen, können die Schweine alles machen, können die Schweine weitermachen: Einsperren, Entlassen, Pfänden, Kinder stehlen, Einschüchtern, Schießen, Herrschen. Die Konflikte auf die Spitze treiben heißt: Daß die nicht mehr können, was die wollen, sondern machen müssen, was wir wollen.«[961] Die »Baader-Befreiungs-Aktion« sei keine vereinzelte Aktion gewesen, sondern nur die erste dieser Art in der Bundesrepublik. Das Subproletariat und die proletarischen Frauen, die nur darauf warteten, »den Richtigen in die Fresse zu schlagen«, würden im bewaffneten Kampf die Führung übernehmen.

---

957 Zit. nach: Der Spiegel vom 5. Juni 1972, 26. Jg., Nr. 24, S. 29.
958 »Natürlich kann geschossen werden«, in: Der Spiegel vom 15. Juni 1970, 24. Jg., Nr. 25, S. 74.
959 Baader-Meinhof-Gruppe, Die Rote Armee aufbauen! In: Agit 883 vom 5. Juni 1970, 2. Jg., Nr. 62, S. 6.
960 A.a.O.
961 A.a.O.

30.6.: Aufruf zu einer Protestdemonstration gegen das Verbot des Heidelberger SDS am Juridicum.

8. Juni 1970: Der Kern der im Aufbau befindlichen Guerillaorganisation *Rote Armee* (RA) reist in den Nahen Osten, um sich von Palästinern militärisch ausbilden zu lassen. Am Morgen startet vom Flughafen Schönefeld in **Ost-Berlin** eine planmäßige Maschine der DDR-Luftfahrtgesellschaft Interflug in Richtung auf die libanesische Hauptstadt Beirut. An Bord befindet sich eine 14köpfige Gruppe angeblicher Studenten, darunter Horst Mahler, Brigitte Asdonk, Monika Berberich und Manfred Grashof. Als vier von ihnen nach ihrer Ankunft in **Beirut** in die jordanische Hauptstadt Amman weiterfliegen wollen, ist ihnen der Weg dorthin versperrt. Der Flughafen in Amman ist kurzfristig geschlossen worden, weil bewaffnete Auseinandersetzungen zwischen Palästinern und den Truppen von König Hussein ausgebrochen sind. – Nachdem am 21. Juni auch Andreas Baader, Gudrun Ensslin und Ulrike Meinhof in die Hauptstadt des Libanons gefolgt sind, reist die Gruppe auf dem Landweg über **Damaskus** weiter nach **Amman**. Dort begeben sie sich in ein in der Nähe gelegenes Ausbildungslager der *Volksfront für die Befreiung Palästinas* (PFLP), einer als besonders radikal geltenden Organisation der Palästinenser.

24. Juni 1970: Das baden-württembergische Innenministerium in **Stuttgart** erläßt ein Verbot des Heidelberger SDS, der letzten noch aktiven Gruppierung der einst wichtigsten bundesdeutschen Studentenorganisation. In der sieben Seiten umfassenden Verfügung heißt es, der Heidelberger SDS sei eine Vereinigung, »deren Zwecke und Tätigkeit den Strafgesetzen zuwiderlaufen und sich gegen die verfassungsmäßige Ordnung richten« würden. Anlaß ist eine antiimperialistische Demonstration, bei der es am 19. Juni zu gewalttätigen Auseinandersetzungen gekommen ist. Unter den 600 Demonstranten, heißt es, seien 15 SDS-Mitglieder »mit Sicherheit erkannt« worden.

30. Juni 1970: In **Heidelberg** demonstrieren trotz Regenwetters über 7.000 Menschen gegen ein vom baden-württembergischen Innenministerium ausgesprochenes Verbot der lokalen SDS-Gruppe. – Zu weiteren Demonstrationen kommt es in **Kiel, Köln, Braunschweig, Hannover, Göttingen, München, Tübingen, Freiburg** und **Stuttgart**. – In **Frankfurt** legen nach einem Teach-in gegen das SDS-Verbot über 2.000 Demonstranten den Feierabendverkehr lahm.

3. Juli 1970: Zu einer Informationsveranstaltung der *Frauenaktion 70* zum § 218 kommen im Volksbildungsheim etwa 80 Frauen und 40 Männer zusammen. In Kurzreferaten wird über die medizinische Problematik illegaler Abtreibungen informiert, ein Vergleich mit der Situation in anderen Ländern hergestellt und von Renate Scheunemann der »Klassencharakter des § 218« hervorgehoben.

9. Juli 1970: Auf einer Kundgebung der *Frauenaktion 70* gegen den § 218 spricht am Nachmittag im Steinweg an der Hauptwache u.a. die Leiterin der Frauenhaftanstalt Preungesheim Dr. Helga Einsele. In einem

Offenen Brief an die Bundesfamilienministerin Käte Strobel (SPD) wird die Abschaffung des § 218 gefordert. Die Parolen bei der Unterschriftenaktion lauten »Weg mit § 218«, »Nur noch Wunschkinder« und »Mein Bauch gehört mir«. – Der Offene Brief wird u.a. von der Psychoanalytikerin Margarete Mitscherlich, der SPD-Landtagskandidatin Dorothee Vorbeck, dem Frankfurter Oberbürgermeister Walter Möller, dem Präsidenten des Frankfurter Oberlandesgerichts Otto Rudolf Kissel, dem Bundesvorsitzenden der *Jungsozialisten* Karsten Voigt und dem Gießener Rechtswissenschaftler Professor Herbert Jäger unterzeichnet.

9. Juli 1970: In einer als »Kommune Sachsenlager« bezeichneten Wohnung, in der auch Daniel Cohn-Bendit lebt, bricht am Abend ein Feuer aus. Nachbarn geben Alarm, weil Flammen bereits aus den Fenstern schlagen. Durch den Einsatz von zwei Zügen der Berufsfeuerwehr kann der Brand unter Leitung von Ernst Achilles jedoch schon nach kurzer Zeit gelöscht werden. Von den fünf Bewohnern ist niemand anwesend.

1. August 1970: Über 1.000 Menschen folgen einem Aufruf des DGB-Kreises Frankfurt und demonstrieren gegen die Unterdrückung und Verfolgung der Arbeiterschaft in Spanien. Mit dem Schlachtruf »Franco Assassino« (Franco – Mörder) ziehen die Demonstranten, etwa zur Hälfte spanische Arbeitsemigranten, vom Opernplatz aus durch die Innenstadt. Auslöser für die Protestaktion ist die Erschießung dreier Bauarbeiter, die sich in Granada an einem Streik beteiligt hatten, durch die Polizei. Der Versuch einer 80köpfigen Gruppe um Daniel Cohn-Bendit, Matthias Beltz, Michaela Wunderle, Frank und Karl Dietrich Wolff, sich an die Spitze des Zuges zu setzen und ihn dann zum spanischen Generalkonsulat im Grüneburgweg zu lenken, mißlingt. Als sie allein vor dem Gebäude eintreffen und die von der Polizei aufgebauten Straßensperren sichten, kehren sie um und ziehen zum Gewerkschaftshaus in der Wilhelm-Leuschner-Straße. Dort sprechen der Vorsitzende der *IG Bau, Steine, Erden*, Konrad Carl, und der SPD-Bundestagsabgeordnete Hans Matthöfer zusammen mit drei spanischen Gewerkschaftern auf der Abschlußkundgebung. Matthöfer kündigt an, daß ein kurz zuvor gegründetes Komitee sich darum kümmern werde, die materielle Not der Hinterbliebenen der ermordeten drei Bauarbeiter zu lindern.

7. August 1970: Der 17jährige Jonathan Jackson dringt in der bei San Francisco gelegenen Stadt **San Rafael** mit mehreren Waffen in einen Gerichtssaal ein, in dem gerade ein Prozeß gegen drei Schwarze stattfindet, die beschuldigt werden, im Gefängnis von San Quentin eine Straftat begangen zu haben. Jackson, der durch eine Geiselnahme seinen Bruder George, einen der berühmten »Soledad-Brothers«, für die sich Angela Davis eingesetzt hat, freipressen will, verteilt Waffen an die drei Angeklagten und zwingt den Vorsitzenden Richter und drei Geschworene mit vorgehaltener Schußwaffe, gemeinsam mit ihnen den Gerichtssaal zu verlassen. Doch bevor sie in einen in der Nähe bereitstehenden Lieferwagen einsteigen und davonfahren können, kommt es vor dem Gebäude zu einem Schußwechsel. Der Staatsanwalt hat dem jungen Geiselnehmer die Waffe entrissen und das Feuer eröffnet. Bei dem Gefecht kommen Jonathan Jackson, der Richter und die drei Angeklagten ums Leben; auch der Staatsanwalt bleibt lebensgefährlich verletzt am Boden liegen. – Als sich bei den nachfolgenden Ermittlungen herausstellt, daß zwei der Waffen von Angela Davis gekauft worden sind und Jonathan Jackson bei einer Demonstration für die »Soledad-Brothers« als Leibwächter von Angela Davis fungiert hat, wird am 11. August Haftbefehl gegen die junge Assistenzprofessorin der Philosophie erlassen. Die ehemalige Schülerin von Herbert Marcuse ist jedoch aus Angst vor Verfolgung untergetaucht. – Am 19. August taucht ihr Konterfei – mit der Bemerkung »gefährlich und wahrscheinlich bewaffnet« – auf der vom FBI in den gesamten Vereinigten Staaten verbreiteten Liste der zehn am meisten gesuchten Verbrecher auf.

11.8.: Vom FBI steckbrieflich gesucht: Angela Davis.

Juli – August 1970

Sept.: Transparent der aus dem SDS hervorgegangenen Betriebsprojektgruppe.

15. August 1970: Rund 800 Einwohner folgen einem Aufruf der *Aktionsgemeinschaft Westend* (AGW) und ziehen, zum Teil mit schwarzen Fahnen, durch die Straßen des Frankfurter Stadtteils, um gegen die zunehmende Zerstörung von Wohnraum zu protestieren. Vor dem Haus Kettenhofweg 105, das durch Abriß bedroht ist, stoppt der Zug. Pfarrer Zeiß hält durch ein Megaphon eine Rede, in der er die Politiker zu einem besseren Schutz von Wohnhäusern vor Spekulationsgeschäften aufruft.

September 1970: Nach einjähriger Vorbereitungszeit läßt sich eine aus der antiautoritären Fraktion des Frankfurter SDS hervorgegangene Kadergruppe von einem Dutzend Militanten in der Automobilproduktion der Opel-Werke in **Rüsselsheim** einstellen. Die Gruppe, die nach ihrer Vorläuferin im SDS zunächst noch **Betriebsprojektgruppe** heißt, wird später unter dem Euphemismus **Revolutionärer Kampf** bekannt. Von zentraler Bedeutung ist für sie ein durch die Kritische Theorie geprägter Begriff der Erfahrung. Anstatt eine aus bloßen Kategorien abgeleitete Bewußtseins-form bei den Arbeitern dogmatisch vorauszusetzen, propagieren sie ein »Untersuchungskonzept«, in dem Einschätzungen über die Politisierbarkeit und die Entfaltung von Klassenbewußtsein erst in einer differenzierten Analyse im Kontext des politischen Kampfes selber gewonnen werden können. In Anlehnung an linksradikale Theoretiker der Weimarer Republik, die wie Johann Knief, Hermann Gorter, Anton Pannekoek und Otto Rühle eine Trennung zwischen politischer und ökonomischer Dimension im sozialen Kampf ablehnen, sowie an die italienischen Theoretiker des Operaismus, die wie Mario Tronti von einer durch die Automatisierung des Produktionsprozesses veränderten Kapitalstruktur und damit auch von einer veränderten politischen Ausgangsbedingung ausgehen, wollen sie die Betriebskämpfe zugleich auch gegen die Produktionsweise richten und die Frage nach der politischen Macht stellen.[962] Die praktische Arbeit ist aufgeteilt in »Innenkader«, zu denen Mathias Beltz, Burkhard Bluem, Reimut Reiche und Thomas Schmid zählen, in »Außenkader«, zu denen Daniel Cohn-Bendit, Joschka Fischer, Frank Wolff und Michaela Wunderle gehören; die theoretische Arbeit wiederum ist aufgeteilt in eine »A-Gruppe«, in der die objektive Seite der Fabrik (Ökonomie, Arbeitsorganisation, Kapitalverflechtung, Tarifrunden, Bilanzen etc.) analysiert und diskutiert werden, und eine »B-Gruppe«, in der die subjektive Seite (Wohnen, Familie, Kinder, Erziehung, Medizin, Lebenszusammenhang) thematisiert wird. Ursprünglich war an eine Intervention bei den Farbwerken Hoechst gedacht worden; aufgrund der dort nicht vorhandenen Fließbandarbeit jedoch ist dann die Entscheidung für die Opel-Werke in Rüsselsheim gefallen. Für die Entstehung der Gruppe sind nicht zuletzt die »wilden« gewerkschaftsunabhängigen Streiks im September 1969 und die FIAT-Streiks in Norditalien von Bedeutung.

19. September 1970: Eine Gruppe von Studenten, Notunterkünftlern, Arbeitsemigranten und Sozialarbeitern führt im Westend die erste Hausbesetzung durch. Sie dringen in das fünfstöckige gutbürgerliche Haus Eppsteiner Str. 47 ein und verbarrikadieren Türen und Fenster, um einem Räumungsversuch der Polizei nicht schutzlos ausgeliefert zu sein. Nach ersten Instandsetzungsarbeiten schreiben sie ein Flugblatt, das sich an die Bewohner des Stadtteils wendet und das sie am nächsten Vormittag verteilen. Außerdem bringen sie an der Außenfassade eine Wandzeitung an, auf der in

19.9.: Erste Hausbesetzung im Westend.

mehreren Sprachen zu lesen ist: »Schluß mit der Zerstörung von Wohnungen! Dieses Haus ist besetzt – Wohnungen für Arbeiter und Studenten – Wenn Magistrat und Polizei sich auf die Seite der Spekulanten stellen, dann sind sie Feinde aller Mieter – Dieses Haus ist zum Wohnen da! Jetzt zwingt man uns, daraus eine Festung zu machen – Gegen Mietwucher und Spekulation!«[963] Die erste Reaktion eines Passanten besteht, wie einer der Hausbesetzer später berichtet, in einer antisemitischen Empfehlung: »Wenn Ihr was gegen die Spekulanten tun wollt, dann müßt Ihr erst die Juden wegjagen!«[964]

12.–17. Oktober 1970: In **Wien** findet ein Kongreß zum Thema **Aggression und Gewalt im Spätkapitalismus** statt, an dem u. a. auch Ernst Fischer, Herbert Marcuse und Ernest Mandel teilnehmen.

13. Oktober 1970: Nach einer 66 Tage andauernden Intensivfahndung in den gesamten Vereinigten Staaten wird Angela Davis, die ihr Aussehen durch das Abschneiden ihrer Afro-Frisur und das Tragen einer Brille stark verändert hat, zusammen mit ihrem Begleiter David Poindexter in einem in der City von **New York** gelegenen Motel festgenommen. Sie wird umgehend in das dortige Frauengefängnis gebracht; die Stellung einer Kaution wird abgelehnt. – Aus Protest gegen eine ständige Einzelhaft, bei der ihre Zelle alle drei

---

962 Siehe: Mario Tronti, Arbeiter und Kapital, Frankfurt/Main 1974.
963 Zit. nach: Til Schulz, Zum Beispiel Eppsteinerstraße 47 – Wohnungskampf, Hausbesetzung, Wohnkollektiv, in: Kursbuch Nr. 27, Mai 1972, S. 89.
964 Zit. nach: Til Schulz, Hausbesetzungen im Westend – eine Bürgerinitiative? In: Heinz Grossmann (Hg.), Bürgerinitiativen – Schritte zur Veränderung? Frankfurt/Main 1971, S. 143.

Oktober 1970

13. 10.: Kurz vor ihrer Festnahme: Angela Davis auf einer Pressekonferenz.

Stunden einer strengen Untersuchung unterzogen wird, beginnt Angela Davis einen Hungerstreik. – Am 4. November entscheidet ein Bundesrichter auf Antrag ihres Anwalts, die Einzelhaft sofort aufzuheben und sie ebenso wie die übrigen Gefängnisinsassinnen zu behandeln. – Am 19. November erhebt die Grand Jury von Marin County gegen sie Anklage wegen »Verschwörung, Entführung und Mord«.

15. Oktober 1970: Erstmals führt in der Bundesrepublik eine Berufsgruppe eine Demonstration durch, die sonst bei solchen Protestformen nur als Ordnungskraft eingesetzt wird. Rund 6.000 Polizeibeamte ziehen vom Frankfurter Polizeipräsidium aus dichtgestaffelt durch die Innenstadt zur Paulskirche. An ihrer Spitze demonstriert auch der Frankfurter Polizeipräsident Knut Müller mit. Die Uniformierten, die mit ihrem Umzug ein Verkehrschaos auslösen und sich deshalb Hupkonzerte von wütenden Autofahrern anhören müssen, fordern personelle Verstärkung, bessere Ausbildungs- und Fortbildungsmöglichkeiten sowie ein neues Laufbahn-, Besoldungs- und Vergütungsrecht. In einem von ihnen mitgeführten schwarzen Sarg wird die »öffentliche Sicherheit« symbolisch zu Grabe getragen. Auf der Abschlußkundgebung spricht neben dem Bundesvorsitzenden der *Gewerkschaft der Polizei* (GdP), Werner Kuhlmann, dem Bundesvorstandsmitglied der Hauptabteilung Polizei in der Gewerkschaft *Öffentliche Dienste, Transport und Verkehr* (ÖTV), Oswald Hodes, und dem Vorsitzenden des Personalrats der Frankfurter Polizei, Hansgeorg Koppmann, auch der hessische Innenminister Johannes Strelitz (SPD). Er hat jedoch große Schwierigkeiten, sich Gehör zu verschaffen. Die Polizeibeamten heizen ihrem Dienstherrn kräftig ein. Seine auf Vertröstungen abzielende Rede wird immer wieder von Pfiffen und Buhrufen unterbrochen. Zuweilen schallt ihm im Chor auch der SPD-Slogan »Hessen vorn!« entgegen. Der ebenfalls zur Kundgebung als Redner eingeladene Bundesinnenminister Hans-Dietrich Genscher (FDP) hat mit der Begründung abgesagt, er sei für Besoldungsfragen der hessischen Polizei nicht zuständig.[965]

November 1970: In der undogmatisch linken, in Wien erscheinenden Monatszeitschrift **Neues Forum** wird unter der Überschrift **Helft Angela** ein Solidaritätsaufruf von Herbert Marcuse abgedruckt. »Angela Davis«, heißt es in dem Appell, »kämpft um ihr Leben. Nur ein mächtiger Protest, ein Protest, der sich überall, in allen Ländern erhebt, ein Protest, der überall gegenwärtig ist und nicht erstickt werden kann, kann ihr Leben retten.«[966]

November 1970: In einer im Südteil von **Los Angeles** gelegenen Kirche wird auf einer von rund 400 Personen besuchten Solidaritätsveranstaltung das **National United Committee to Free Angela Davis** gegründet. Bis zum Ende des Jahres hat es über 50 weitere Komitees in den meisten Großstädten der USA für die Freilassung der inhaftierten schwarzen Bürgerrechtlerin initiiert.

24. November 1970: Zu einem Teach-in des *Angela-Davis-Solidaritätskomitees* kommen im Hörsaal V rund 1.000 Studenten zusammen. Als Redner treten u. a. Karl Dietrich Wolff und Daniel Cohn-Bendit auf. Für Verwirrung und Aufregung sorgt die Mitteilung, daß die Einreise von Kathleen Cleaver, der Frau des inhaftierten *Black-Panther*-Führers Eldridge Cleaver, durch eine Entscheidung von Bundesinnenminister Hans-Dietrich Genscher verhindert werden soll. Ein Empfangskomitee von 50 SDS-Mitgliedern kommt deshalb am Nachmittag unverrichteter Dinge wieder vom Rhein-Main-Flughafen zurück. Als es nach einem Anruf aus Paris plötzlich während des Teach-ins heißt, daß Kathleen Cleaver kurz nach 20 Uhr dennoch eintreffen werde, bricht eine größere Gruppe, darunter viele Schwarze, noch einmal zum Flughafen auf. Sie treffen dort kurz vor 21 Uhr ein. Als Wolff in der Abflughalle für Auslandsflüge eine Ansprache hält, fliegt plötzlich eine Flasche mit Magnesium durch die Luft und setzt alles unter Nebel. Die Fluggäste geraten daraufhin in Panik und stürzen sich fluchtartig zum Ausgang. Die Polizei räumt kurz darauf die Halle und nimmt einige Personen fest. Kathleen Cleaver, die tatsächlich mit einer Maschine aus Paris gelandet ist, wird zur selben Zeit bereits mit einem anderen Flugzeug in die französische Hauptstadt zurückgebracht. Vergeblich hat sie mit einem Trick versucht, ihr Einreiseverbot zu umgehen. Mit einer anderen farbigen Passagierin hatte sie die Pässe ausgetauscht, um durch die Paßkontrolle zu kommen. Die Beamten hatten das Täuschungsmanöver jedoch erkannt und die Frau des *Black-Panther*-Führers festgehalten.

28. November 1970: An einer Demonstration des *Black-Panther-Solidaritätskomitees* nehmen 3.000 junge Leute teil, die mit Bussen aus dem gesamten Rhein-Main-Gebiet angereist sind. Mit roten Fahnen und

28.11.: Informationsbrief der Solidaritätsorganisation.

---

965 Vgl.: Sechstausend Polizisten auf der Straße, in: Frankfurter Allgemeine Zeitung vom 16. Oktober 1970; Frankfurt: Demonstrierende Polizisten beschwören ein Verkehrschaos herauf, in: Frankfurter Abendpost Nachtausgabe vom 16. Oktober 1970; Innenminister Strelitz von 4.500 Polizeibeamten ausgepfiffen, in: Fuldaer Volkszeitung vom 16. Oktober 1970.
966 Brief von Herbert Marcuse, in: Neues Forum, Heft 203, November 1970, S. 1020. **(Dok. Nr. 384)**

Spruchbändern beginnt die Demonstration am frühen Samstagnachmittag an der Galluswarte. Die Teilnehmer, die Lenin-, Stalin- und Bobby-Seale-Porträts mit sich führen, fordern immer wieder »Freiheit für Bobby Seale«. Unter Rufen wie »Nixon – Mörder«, »USA – SA–SS« und »Freude schenken – Nixon henken« ziehen sie über die Mainzer Landstraße zur Gutleutkaserne, nach einigen Zwischenspurts am Hauptbahnhof vorüber – bis sie gegen 16 Uhr 30 die Hauptwache erreichen. Vor der dort angekündigten Abschlußkundgebung kommt es dann zu einem Zwischenfall, als ein Demonstrant an einem Mast emporklettert und mit einer Stange versucht, die dort angebrachte, 10.000 DM teure Verkehrsüberwachungskamera zu zerstören. Mehrere Zivilbeamte klettern hinterher und zerren den jungen Mann nach Leibeskräften wieder herunter. Dabei wird einer der Verfolger durch einen Tritt am Kopf verletzt. Als alle am Boden angelangt sind, entsteht zwischen den Polizisten und Demonstranten eine minutenlange handgreifliche Auseinandersetzung. Dabei sollen, wie es später heißt, Schlagstöcke und Fahnenstangen eingesetzt worden sein. Nachdem es einem Uniformierten gelungen ist, die Streithähne auseinanderzubekommen, gelingt es dem auf den Mast gekletterten Demonstranten doch noch zu entkommen. In seiner Ansprache vertritt Karl Dietrich Wolff die Ansicht, daß Kathleen Cleaver vor einigen Tagen nur wegen einer Intervention der CIA beim Bundesinnenministerium nicht habe einreisen können. Während Daniel Cohn-Bendit mit einer Gruppe die Kundgebung bereits vorzeitig verläßt, spricht noch eine Farbige zu den Demonstranten. Sie erklärt, daß man den Freiheitskampf der Schwarzen in den USA nicht damit beenden könne, daß man Bobby Seale auf den elektrischen Stuhl bringe.

30. November 1970: Wie in verschiedenen Städten der USA bildet sich auch in **Frankfurt** ein **Initiativausschuß zur Rettung von Angela Davis**. Als ersten Schritt organisiert er eine Unterschriftenliste für einen Brief, der an die US-Botschaft in Bonn-Bad Godesberg gerichtet ist und in dem das Verfahren gegen die Professorin der Philosophie als »Versuch des politischen Mordes« angeprangert wird. In dem Text heißt es: »Während die Mörder des vietnamesischen Volkes von der amerikanischen Justiz freigesprochen werden, werden diejenigen, die in den USA konsequent für die Rechte der farbigen Bevölkerung eintreten, verurteilt, verfolgt, mit brutaler Gewalt vernichtet. Angela Davis ist das Opfer einer antikommunistischen und rassistischen Hetzjagd. Der Polizei- und Justizapparat will an Angela Davis ein Exempel statuieren, um die gesamte konsequent antikapitalistische Opposition zu treffen.«[967]

Dezember 1970: In der Kultur-Zeitschrift **Kursbuch** erscheint ein Interview Hans Magnus Enzensbergers mit Herbert Marcuse zum Thema **Organisationsfrage und revolutionäres Subjekt** in den USA. Darin lehnt Marcuse die Übernahme eines leninistischen Organisationsmodells mit Entschiedenheit ab: »Die Leninsche Kaderpartei baute ursprünglich darauf, daß es in Rußland potentiell revolutionäre Massen gab, die durch den verlorenen Krieg aktiviert werden konnten. Wo diese Massen fehlen, ist die leninistische Kaderpartei keine brauchbare Organisationsform. Jeder Versuch in dieser Richtung muß zur Diktatur einiger selbsternannter Revoluzzer über die anderen führen. Das heißt aber nicht, daß die radikale Linke die Frage der Organisation einfach beiseite schieben könnte.«[968] Marcuse schlägt anstelle einer Massenpartei mit einer zentralistischen Führungsstruktur die Entwicklung neuer Organisationsformen vor, die dezentral, lokal und regional aufgebaut werden müßten.

4. Dezember 1970: Unter der Überschrift **Das Ende der Frankfurter Schule?** stellt Karl Heinz Bohrer in der **Frankfurter Allgemeinen Zeitung** Spekulationen über die Nachricht an, ob der Philosoph und Soziologe Jürgen Habermas tatsächlich an das von Carl-Friedrich von Weizsäcker geleitete Max-Planck-Institut zur Erforschung der Lebensbedingungen der wissenschaftlich-technischen Welt gehen könnte. Die in der ersten Lesung der Max-Planck-Gesellschaft erreichte Mehrheit, merkt er an, sei sehr knapp gewesen, und es gebe offensichtlich immer noch genug Leute, die Habermas »lieber auf den Blocksberg denn nach Starnberg« wünschten. Die Frage, ob der Weggang von Habermas aus Frankfurt, falls es dazu komme, auch gleichbedeutend mit dem »Ende der Frankfurter Schule« sei, habe eine unverkennbar rhetorische Dimension. Zunächst sei festzuhalten, daß es eine solche Schule, wie jene sie wollten, die sie »gerne zu Tode feiern«, niemals gegeben habe. Wichtiger aber sei, daß es zwischen den Sozialphilosophien von Adorno und Horkheimer auf der einen und Habermas auf der anderen Seite drei prinzipielle Unterschiede gebe: 1. ein tiefsitzendes Mißtrauen von Habermas gegenüber dem

28.11.: Die Spitze der Demonstration am Güterbahnhof.

von den beiden Älteren ungebrochen verwendeten Begriff der Dialektik; 2. ein gebrochenes Verhältnis von Habermas zur Marxschen Kritik der politischen Ökonomie, insbesondere zum Wertbegriff und 3. dessen unübersehbare Neigung, die »Resultate bürgerlicher Emanzipationsprozesse anzuerkennen und sie als unverlierbare Rechte zu verteidigen«, anstatt die bürgerliche Demokratie, wie es Adorno und Horkheimer immer noch getan hätten, in einem orthodox-marxistischen Sinne als »Fassade der Klassenherrschaft« zu interpretieren. Nachdem er mögliche personelle Konstellationen an der Frankfurter Universität, die für die mit dem Namen Kritische Theorie verbundenen Auffassungen stehen, hat Revue passieren lassen, kommt Bohrer zu dem Schluß, daß es unsinnig sei, »vom Ende von irgend etwas« zu reden. »Vielmehr ist der Anfang einer neuen und anderen Phase zu erwarten, die neue Wirkungen zeitigt.«[969]

16. Dezember 1970: Im Alter von 76 Jahren stirbt in unmittelbarer Nachbarschaft von Max Horkheimer in **Montagnola** im Tessin dessen engster Freund, der Nationalökonom Friedrich Pollock. Über den Mann, der wegen seiner Analyse des Staatskapitalismus[970] und einer Arbeit über die Automatisierung[971] bekannt geworden ist und der ständig im Schatten der anderen Institutsmitglieder stand, obwohl er als Finanzmakler

[967] Zit. nach: Dokumentation der Zeit, hrsg. vom Deutschen Institut für Zeitgeschichte (Ost-Berlin), XXIII. Jg., Nr. 2/1971, S.63.
[968] USA: Organisationsfrage und revolutionäres Subjekt – Fragen an Herbert Marcuse, in: Kursbuch, 6. Jg., Nr. 22, Dezember 1970, S. 57.
[969] Karl Heinz Bohrer, Das Ende der Frankfurter Schule? Zu den Meldungen über den Weggang von Jürgen Habermas aus Frankfurt, in: Frankfurter Allgemeine Zeitung vom 4. Dezember 1970.
[970] Friedrich Pollock, Stadien des Kapitalismus, hrsg. von Helmut Dubiel, München 1975.
[971] Friedrich Pollock, Automation – Materialien zur Beurteilung der ökonomischen und sozialen Folgen, Frankfurt/Main 1964.

für die Forschungseinrichtung eine nicht zu unterschätzende Rolle gespielt hat, äußert sich Horkheimer in großer Dankbarkeit und Anerkennung: »Ohne ihn hätten mein Freund Adorno wie ich selbst, Herbert Marcuse wie alle, die zum Kreis des Instituts gehörten, ein anderes Schicksal gehabt.«[972] Zuletzt hatte ein kleines Interview Aufsehen erregt, das der Frankfurter Schriftsteller Ernst Herhaus mit Pollock über die Institutsgeschichte in der Textsammlung **Notizen während der Abschaffung des Denkens** publizierte.[973]

19. Dezember 1970: Das **Erste Deutsche Fernsehen** zeigt eine einstündige Sendung über **Die neue Linke**, in der Ansichten von Karl Popper und Herbert Marcuse über Kapitalismus, Sozialismus sowie Reform und Revolution gegenübergestellt werden. Dem Autor von *Die offene Gesellschaft und ihre Feinde* hält Marcuse sein Bild der Gegenwartsgesellschaft entgegen: »Die spätkapitalistische Gesellschaft ist die reichste und technisch fortgeschrittenste Gesellschaft in der Geschichte. Sie bietet – oder sollte bieten – die größten und realistischsten Möglichkeiten einer befriedeten und befreiten menschlichen Existenz. Und sie ist gleichzeitig die Gesellschaft, die diese Möglichkeiten der Befriedigung und Befreiung auf sehr wirksame Weise unterdrückt. Diese Unterdrückung durchherrscht heute die Gesellschaft als Ganzes und kann daher nur aufgehoben werden durch eine radikale Veränderung der Struktur dieser Gesellschaft.«[974] Und dem Autor von *Vernunft und Revolution* hält Popper entgegen: »Unsere westlichen demokratischen Gesellschaftsordnungen sind ... sehr unvollkommen und verbesserungsbedürftig, aber sie sind die besten, die es bisher gegeben hat. Weitere Verbesserungen sind dringend. Aber von allen politischen Ideen ist der Wunsch, die Menschen vollkommen und glücklich zu machen, vielleicht am gefährlichsten. Der Versuch, den Himmel auf Erden zu verwirklichen, produzierte stets die Hölle.«[975]

---

972 Zit. nach: Der Spiegel vom 28. Dezember 1970, 24. Jg., Nr. 53, S. 94.
973 Institut für Sozialforschung (Interview mit Friedrich Pollock), in: Ernst Herhaus, Notizen während der Abschaffung des Denkens, Frankfurt/Main 1970, S. 38-48.

974 Reform oder Revolution? – Herbert Marcuse und Karl Popper. Eine Konfrontation, München 1972, S. 3.
975 A.a.O.

1971

29.9.: Titelblatt mit einer Szene aus der Straßenschlacht um das besetzte Westendhaus.

13. 3.: Frauen-Demonstration für die Freilassung von Angela Davis.

28. Januar 1971: In dem in Hamburg erscheinenden politischen Magazin **Konkret** veröffentlicht Oskar Negt einen Aufruf für Angela Davis.[976]

2. Februar 1971: Vor rund 1.000 Zuhörern spricht Agostinho Neto von der *Movimento Popular de Libertação de Angola* (MPLA) über die Erfahrungen im Kampf mit dem portugiesischen Kolonialismus. – Das Studentenparlament überreicht Neto zur Unterstützung des Befreiungskampfes einen größeren Geldbetrag.

3. Februar 1971: An der University of California in **Berkeley** hält Herbert Marcuse eine Ansprache mit dem Titel **The Movement in a New Era of Repression: An Assessment** (Die Protestbewegung in einer neuen Ära der Unterdrückung: Eine Einschätzung).[977]

8. Februar 1971: In der Frankfurter Studentenzeitung **Diskus** erscheint unter dem an ein bekanntes Theaterstück von Peter Weiss erinnernden Titel **Die Verfolgung und Ermordung der Theorie durch die Praxis, dargestellt von Jürgen Habermas** eine von Winfried Heidemann verfaßte Aufforderung, der in der Studentenschaft politisch nach wie vor umstrittene Sozialwissenschaftler möge sein Schweigen durchbrechen und sich zu den Motiven seines Weggangs an das Starnberger Max-Planck-Institut äußern. Da er sich mit diesem Schritt aus der Lehre zurückziehe und sich allein der Forschungsarbeit widme, erwecke er sonst den Eindruck, als wolle er sich »den Auswirkungen seiner eigenen hochschulpolitischen Intentionen«[978] entziehen.

18. Februar 1971: Max Horkheimer wird in **Hamburg** mit dem von der Hansestadt verliehenen Lessing-Preis ausgezeichnet.

3. März 1971: Unter dem Titel **Neues Denken über Revolution – warum ich mich geändert habe** führt Gerhard Rein im **Süddeutschen Rundfunk** ein Gespräch mit Max Horkheimer über dessen Bedenken gegenüber einer mit Gewalt erfolgenden radikalen Gesellschaftsveränderung.[979]

13. März 1971: Rund 200 junge Frauen ziehen am Samstagnachmittag zusammen mit Kindern und Jugendlichen von der Bockenheimer Warte aus zu dem in der Siesmayerstraße gelegenen US-Generalkonsulat, um dort für die Freilassung von Angela Davis einzutreten. Das Gebäude ist weiträumig von Polizeibeamten abgeriegelt. Eine Delegation der Demonstrantinnen überreicht einem Vertreter des Konsulats eine Petition für die Philosophieprofessorin, deren Prozeß in Kalifornien unmittelbar bevorsteht.

April 1971: »Wenn die Arbeiter ihre Köpfe zusammenrotten, eine Transferstraße blockieren, zwanzig Kadetts zerklopfen und hundert Commodores mit nach Hause nehmen«, so beginnt ein in der seit einem halben Jahr in den Rüsselsheimer Opel-Werken arbeitenden Gruppe **Revolutionärer Kampf** zirkulierendes Papier, »dann nennen wir das, was in diesem Kampf freigesetzt wird: Klassenbewußtsein; die entsprechenden Erscheinungsformen: Solidarität, Spontaneität, Kampfbewußtsein. Wenn eine neue Transferstraße gebaut wird und dabei im Resultat die Arbeit ›leichter und schwerer‹ wird – und die Arbeiter dies auch sagen, aber sich nicht zusammenrotten, dann reden wir von Spaltung, von Apathie, von der Wirksamkeit der Substitute aus der Zirkulation, von Identifikation mit dem Arbeitsprozeß, vom Bewußtsein der Frau als Mitverdiener, von Krisenangst und vom Faschismustrauma.«[980] Aus den von Anfang an existierenden Schwierigkeiten heraus, die Panzerungen und Blockierungen im Verhalten der Arbeiter im Betrieb zu durchbrechen, beginnt die B-Gruppe im *Revolutionären Kampf* mehr und mehr die subjektive Seite der Agitierten zu problematisieren. Zu einer ersten Selbstverständigung über die stärker ins Blickfeld geratende Dimension hat Reimut Reiche das Papier **Was heißt: Proletarischer Lebenszusammenhang** verfaßt. Damit zeichnet sich für die Betriebsgruppe eine wichtige Weichenstellung ab, die Ergänzung der politischen Arbeit im Betrieb durch die im alltäglichen Lebenszusammenhang, in der sog. Reproduktionssphäre.

22. April 1971: In einem Schreiben an Max Horkheimer teilt Jürgen Habermas dem früheren Direktor des Instituts für Sozialforschung seinen Entschluß mit, an das am Starnberger See gelegene Max-Planck-Institut zur Erforschung der Lebensbedingungen der technisch-wissenschaftlichen Gesellschaft zu gehen. »Ich brauche Ihnen«, schreibt er, »nicht darzustellen, wie sehr sich die Szene hier nach Adornos Tod verändert hat. Ich habe zwei Motive, nach Starnberg zu gehen. Auf der einen Seite habe ich dort großzügige Möglichkeiten, zu forschen. Ich kann 15 wissenschaftliche Stellen besetzen, und kann in einem verhältnismäßig weiten finanziellen Spielraum frei über die

April: In den Opel-Werken verteilte Betriebszeitung.

976 Oskar Negt, Der Fall Angela Davis, in: Konkret Nr. 3 vom 28. Januar 1971, 17. Jg., Nr. 3, S. 52–54. **(Dok. Nr. 387)**
977 In: Berkeley Journal of Sociology, Vol. 16, 1971–72, S. 1–14.
978 Winfried Heidemann, Die Verfolgung und Ermordung der Theorie durch die Praxis, dargestellt von Jürgen Habermas, in: Diskus – Frankfurter Studentenzeitung vom 8. Februar 1971, 21. Jg., Nr. 1, S. 23. **(Dok. Nr. 388)**
979 Siehe: **Dok. Nr. 389.**
980 **Dok. Nr. 390.**

Wahl der Projekte entscheiden. Hier in Frankfurt hingegen hat niemals die realistische Möglichkeit bestanden, mit den Mitarbeitern in das Institut für Sozialforschung einzutreten, mit denen ich zusammenarbeiten möchte. Der andere Grund ergibt sich aus dem Umstand, daß der künftige sozialwissenschaftliche Fachbereich mit der Aufgabe belastet sein wird, die Grundausbildung der Lehrer, der Juristen und der Ökonomen zu übernehmen. Würde ich hierbleiben, müßte ich meine volle Arbeitskraft diesen ja durchaus dringlichen Aufgaben widmen.«[981]

13. Mai 1971: In der **New York Times** erscheint der von Herbert Marcuse verfaßte Artikel **Reflections on Calley**, eine Analyse des für das Massaker an der Zivilbevölkerung in My Lai zuständigen US-Sergeanten William L. Calley. Der »obszöne Stolz«, schreibt Marcuse, mit dem ein großer Teil der amerikanischen Bevölkerung einen Massenmörder nicht nur verteidigte, sondern sich sogar mit ihm identifizierte, sei ein historischer Augenblick, in dem eine lange Zeit verborgene Wahrheit zum Vorschein käme. Entschieden wendet er sich gegen eine, auch von Teilen der Linken favorisierte Argumentation, nicht der Täter, sondern die Gesellschaft als Ganzes sei an den Morden schuldig: »Wenn das Argument impliziert, daß alle einzelnen Mitglieder der Gesellschaft schuldig sind, dann ist es offensichtlich falsch und dient nur dazu, die wahren Schuldigen zu schützen... Das wahnsinnige Abrücken von individueller Verantwortung, die eilige Anonymisierung der Schuld sind verzweifelte Reaktionen gegen eine Schuld, die droht, unerträglich zu werden.«[982] – Eine deutsche Übersetzung von Marcuses Gedanken erscheint am 3. Juni 1972 mit dem Titel **Über Calley** in der **Süddeutschen Zeitung**.

Juni 1971: In einer aktuellen Einleitung zur Neuausgabe seiner Aufsatzsammlung **Theorie und Praxis** faßt Jürgen Habermas in einer retrospektiven Auseinandersetzung mit der am Ende der Studentenbewegung aufgeworfenen »Organisationsfrage« noch einmal seine grundsätzliche Position zum Verhältnis von Theorie und Praxis zusammen: »Entscheidungen für den politischen Kampf können nicht vorweg theoretisch gerechtfertigt und dann organisatorisch durchgesetzt werden. Einzige mögliche Rechtfertigung auf dieser Ebene ist der in praktischen Diskursen zu erzielende Konsensus unter den Beteiligten.«[983]

4. Juni 1971: In einem von der Frankfurter Studentenzeitung **Diskus** unter der Überschrift **Ermordung der Theorie?** veröffentlichten Brief gibt Jürgen Habermas der am 18. Februar an gleicher Stelle an ihn ergangenen Aufforderung nach und nimmt ausführlich zur Übernahme einer Direktoratsstelle am Starnberger Max-Planck-Institut Stellung. Über die Zielsetzungen seiner Forschergruppe schreibt er: »Wir haben die Absicht, Komplexe zu bearbeiten, die politisch bequeme Informationen kaum erwarten lassen: dabei handelt es sich unter anderem um Fragen, die sich auf Grenzen der administrativen Konfliktregelung, auf Determinanten der staatlichen Wissenschaftspolitik in der Bundesrepublik und auf Entstehungsbedingungen neuer Apathie- und Konfliktpotentiale beziehen. Selbstverständlich werden wir über die Wahl, die Entwicklung und die Durchführung unserer Projekte im Rahmen des Starnberger Instituts unbeeinflußt beraten und frei entscheiden können.«[984] An dem finanziell beengten Institut für Sozialforschung in Frankfurt habe es für ihn ohnehin zu keinem Zeitpunkt die Möglichkeit gegeben, mit Wissenschaftlern seiner Wahl zusammenzuarbeiten. Und abschließend äußert Habermas: »Ich trenne mich von Frankfurt, auch nach Adornos Tod, nicht leichten Herzens. Im übrigen dürfte es für eine Reihe von Studenten und Mitarbeitern hilfreich (und für mich eine Erleichterung) sein, wenn eine ambivalent besetzte Projektionsfigur dem Frankfurter Gesichtskreis entschwindet.«[985]

9. Juli 1971: Im Anschluß an das im April verbreitete Papier »Was heißt: Proletarischer Lebenszusammenhang?« zirkuliert in der Betriebsgruppe *Revolutionärer Kampf* der ebenfalls von Reimut Reiche verfaßte Text **Was heißt: Proletarische Familie?**

17. August 1971: Auf einer Podiumsdiskussion in **Zürich** problematisiert Herbert Marcuse die begriffliche Trennung zwischen einer »reinen« und einer »angewandten« Wissenschaft.[986]

September 1971: Der bisherige Ordinarius für Philosophie und Soziologie an der Universität Frankfurt, Jürgen Habermas, beginnt als Direktor am Max-Planck-Institut zur Erforschung der Lebensbedingungen der wissenschaftlich-technischen Welt in **Starnberg** mit seiner Arbeit.

29.9.: Ein verletzter Hausbesetzer liegt im Grüneburgweg am Boden.

29. September 1971: Eine leerstehende, zum Abbruch bestimmte Westend-Villa im Grüneburgweg 113 wird von einer Gruppe von Studenten besetzt. Da der Besitzer, der iranische Bankier Ali Selmi, auf der sofortigen Räumung besteht, tritt erstmals eine im Jahr zuvor von Oberbürgermeister Walter Möller (SPD) erlassene Verfügung in Kraft, Okkupationen »mit angemessenen Mitteln« zu verhindern. Polizeipräsident Knut Müller ordnet die sofortige Räumung des Gebäudes an. Als die ersten Polizisten eintreffen, stoßen sie auf rund 100 Sympathisanten der Besetzer, darunter Daniel Cohn-Bendit, die vor dem Eingang eine Kette gebildet haben. Nach mehreren vergeblichen Aufforderungen, sich zurückzuziehen, gehen 25 Uniformierte vor, um die Demonstrierenden beiseite zu drängen. Dabei kommt es zu Rempeleien und Handgreiflichkeiten, die rasch zu einer mit Erbitterung ausgetragenen Straßenschlacht eskalieren. Unter dem Einsatz von Rauchbomben versuchen sich die Polizisten den Weg frei zu machen. Einer von ihnen verliert dabei seinen Helm. Trotzdem prügelt er, ihn in einer Hand am Riemen haltend, mit der anderen weiter auf Demonstranten und neugierige Passanten ein. Als er sich durch einen jungen Mann besonders provoziert

981 Zit. nach: Rolf Wiggershaus, Die Frankfurter Schule – Geschichte – Theoretische Entwicklung – Politische Bedeutung, München 1986, S. 724 f.
982 Herbert Marcuse, Reflections on Calley, in: The New York Times vom 13. Mai 1971; dt. Übersetzung von Hauke Brunkhorst und Gertrud Koch, in: dies., Herbert Marcuse zur Einführung, Hamburg 1987, S. 105 f.
983 Jürgen Habermas, Theorie und Praxis, Frankfurt/Main 1971, S. 38. **(Dok. Nr. 392)**
984 Jürgen Habermas, Ermordung der Theorie? In: Diskus – Frankfurter Studentenzeitung vom 4. Juni 1971, 21. Jg., Nr. 3, S. 5. **(Dok. Nr. 393)**
985 A.a.O.
986 Vgl.: Ein Podiumsgespräch mit Herbert Marcuse – Eröffnung der Orientierungswoche des Zürcher Forums, Neue Züricher Zeitung vom 18. August 1971; Francois Bondy, »Mögliche und unmögliche Utopien« – Eine Diskussion mit Herbert Marcuse in Zürich, in: Süddeutsche Zeitung vom 18. August 1971.

September 1971

fühlt, rennt er ohne seinen Kopfschutz 200 Meter hinter ihm her und kommt kurz darauf ohne den Verfolgten, aber mit dessen Jacke und der gezogenen Dienstwaffe in der Hand zurück. Der Anblick führt zu einer weiteren Entgrenzung der Situation. Als vom Balkon des besetzten Hauses aus Wasserflaschen und andere Gegenstände auf die mit ihrem Schlagstock einprügelnden Beamten heruntergeworfen werden, stoßen diese in den Hof vor, brechen die Haustür auf und stürmen das Gebäude. Danach kommt es im Inneren, wie von draußen an den Schreien zu hören ist, zu heftigen Prügelszenen. Nach einiger Zeit werden die Besetzer nach und nach abgeführt. Auch dabei gehen die Tätlichkeiten weiter. Nachdem die Schlacht entschieden ist, ziehen rund 100 Demonstranten, über die Härte des Polizeieinsatzes empört und von den Ereignissen aufgewühlt, zum Römerberg, dringen dort in das Rathaus ein, lassen sich im Flur vor dem Kaisersaal nieder und erklären, sie wollten auf das Erscheinen des Oberbürgermeisters warten. Als dieser nach längerer Wartezeit nicht aufgetaucht ist, ziehen sie gegen 19 Uhr wieder von dannen. Dabei passieren sie eine Einsatzgruppe der Polizei, deren Helme noch vom nachmittäglichen Straßenkampf verschmutzt sind. Wie eine derangierte Wache stehen sie am Eingang zum Römer. Aus dem Polizeipräsidium wird noch am späten Abend eine vorläufige Bilanz bekanntgegeben. 20 Beamte, heißt es, seien bei dem Räumungseinsatz verletzt worden, 24 Personen, darunter elf Frauen, wären festgenommen worden, über die Anzahl der verletzten Demonstranten lägen keine Informationen vor. – Der Oberbürgermeister zeigt sich über die Vorfälle so schockiert, daß er seine Räumungsverfügung vom 17. November 1970 mit den Worten revidiert, daß ihm die Gesundheit von Polizisten und Protestierenden zu schade sei, um sie für die Interessen von Hausbesitzern aufs Spiel zu setzen, die ihre aus dem Eigentum resultierenden sozialen Verpflichtungen entscheidend vernachlässigten.

Oktober 1971: In einem vom **Westdeutschen Rundfunk** gesendeten Kommentar **Zum Fall Baader-Meinhof** distanziert sich der an der Technischen Universität Hannover lehrende Professor der Soziologie, Oskar Negt, von den Überfällen und Anschlägen der aus der Studentenbewegung entstandenen bewaffneten Gruppierung. »Sollte sich auch nur ein Teil der der Gruppe um Baader und Meinhof zur Last gelegten Aktionen und Vorstellungen als zutreffend erweisen«, erklärt Negt, »so gibt es nicht die geringste Gemeinsamkeit und nicht den geringsten Anspruch auf Solidarität mit der sozialistischen Linken der Bundesrepublik.«[987] In seinem Beitrag kritisiert er auch die in der Bundesrepublik aufgekommene »Pogromstimmung« gegen »Linke aller Schattierungen«. Daß sich Liberale und Sozialdemokraten an der »Hetzjagd« beteiligten, in dem Glauben, daß sie damit nicht selber ins Schußfeld gerieten, gehöre zu den offenbar immer wiederkehrenden Irrtümern.

2. Oktober 1971: Als Reaktion auf die polizeiliche Räumung des besetzten Hauses im Grüneburgweg drei Tage zuvor ruft ein Aktionskomitee *Hausbesetzer Frankfurt* zu einer Demonstration gegen Mietwucher und Bodenspekulation im Westend auf. Als 3.000 Protestierende am frühen Samstagnachmittag vom Opernplatz aus losziehen, werden sie von 600 Polizisten und mehreren Wasserwerfern begleitet. Der völlig ohne Zwischenfälle verlaufende Umzug führt zunächst durch die Innenstadt und danach ins Westend. Als die Demonstranten an dem ganz in der Nähe der Universität gelegenen Haus Bockenheimer Landstraße 111 vorbeikommen, werden dort auf einmal lärmend Rolläden hochgezogen, Fahnen gehißt und Lautsprecherboxen in die Fenster gestellt, aus denen Musik ertönt. Die Menge bleibt stehen, klatscht begeistert Beifall und läßt sich vor dem Haus nieder. Sie haben offenbar einer neuen Hausbesetzung beigewohnt und empfinden diesen im Schutz der Massenmobilisierung inszenierten Akt als angemessene Antwort auf die brutale Räumung im Grüneburgweg. Die Straßenbahnen und der Autoverkehr müssen umgeleitet werden. Die Polizei zieht sich mit ihren Wasserwerfern und Mannschaftswagen in das an der Bockenheimer Warte gelegene Straßenbahndepot zurück. Da der beste Schutz vor einer neuerlichen Polizeiaktion in einer möglichst großen Präsenz von Sympathisierenden der Hausbesetzer besteht, wird die gestoppte Demonstration in ein Straßenfest verwandelt, das bis in die frühen Morgenstunden des Sonntags dauert.[988] – Vorbereitet und durchgeführt hat die Aktion die Betriebsgruppe *Revolutionärer Kampf* (RK). Zum ersten Mal hat sie in die Geschichte der Hausbesetzungen im Westend unmittelbar eingegriffen. Das dem Immobilienmakler Ignatz Bubis gehörende Haus in der Bockenheimer Landstraße wird rasch zum Zentrum einer Bewegung von Hausbesetzern und Mietstreikenden. Von hier aus entfaltet der *Rat der besetzten und bestreikten Häuser*, kurz *Häuserrat* genannt, seine Aktivitäten. In kurzen Abständen folgen weitere erfolgreiche Besetzungsaktionen.

8. Oktober 1971: Das Amtsgericht verurteilt Daniel Cohn-Bendit in Abwesenheit wegen Beleidigung und versuchter Nötigung von Ordnungskräften zu einer Geldstrafe von 150 DM. Der Angeklagte soll einen Polizeibeamten am 1. August 1970 während einer Demonstration als »dumme Sau« beschimpft und einem anderen mit den Worten gedroht haben, man werde ihn »in die Luft schießen«. Cohn-Bendit, der zeitweilig der Verhandlung beiwohnt, dann aber auf eigenen Wunsch von der weiteren Teilnahme durch den Richter entbunden wird, erklärt, daß er sich nicht mehr an die Äußerungen erinnern könne. Einer der beiden Beamten meint, er habe sich zwar auch nicht recht vorstellen können, was es bedeute, von Cohn-Bendit »in die Luft geschossen« zu werden, die Drohung dennoch aber durchaus ernst genommen. Er sei schließlich mit seiner Einsatzgruppe zusammen den um den Angeklagten gruppierten Demonstranten nur noch in einem respektvollen Abstand gefolgt.

2.10.: Verbarrikadiertes Haus.

30. Oktober 1971: Unter der Überschrift **Die Neue Linke ist keineswegs tot** skizziert Horst Heimann in der **Frankfurter Rundschau** die partikularisierte Landschaft der aus dem Zerfallsproze der APO entstandenen Grüppchen und Gruppierungen und stellt Überlegungen zu deren Überwindung zur Diskussion, die am Konzept der von den *Jungsozialisten* propagierten Doppelstrategie »systemüberwindender Reformen« orientiert sind.[989]

8. November 1971: Das Hamburger Nachrichtenmagazin **Der Spiegel** bringt eine Titelgeschichte über den bevorstehenden Beginn des Prozesses gegen die wegen Verschwörung, Entführung und Mord angeklagte Angela Davis. Auf dem Titelbild ist ein Porträt von ihr im Afro-Look und die Schlagzeile **Angeklagte Angela Davis – Faschismus in Amerika?** zu sehen. Das Heft enthält auch ein Interview mit Herbert Marcuse über dessen ehemalige Schülerin. Sein Titel: »Sie hat sich nicht verändert«.[990]

9. November 1971: Nur drei Wochen nach Beginn des Wintersemesters bricht der Professor Horst Baier, Nachfolger auf dem Lehrstuhl Theodor W. Adornos, seine Anfängerveranstaltung für Soziologiestudenten endgültig ab. Verantwortlich für diesen Schritt sei, wie er erklärt, die *Rote Zelle Soziologie*. Diese habe in den drei vergangenen Sitzungen des Proseminars *Klassen und Schichten in Deutschland* nichts unversucht gelassen, um, wie in einem Flugblatt angekündigt, die Lehrveranstaltung in einen Teil des von ihr propagierten *Sozialistischen Studiums* umzufunktionieren. – In einer Konferenz des Fachbereichs Gesellschaftswissenschaften wird der Abbruch des Soziologen mißbilligt. Gleichzeitig wird er aufgerufen, mit den Teilnehmern des Proseminars über Möglichkeiten für eine Fortsetzung zu diskutieren. – Professor Baier gibt daraufhin die Erklärung ab: »Ich erkläre öffentlich, daß ich mich dem Gesinnungszwang solcher politisch eindeutig bestimmter Universitätsgruppen nicht beuge.«[991] – Universitätspräsident Professor Erhard Kant-

---

987 **Dok. Nr. 292.**
988 Siehe: Norbert Leppert, Bockenheim – Wallfahrtsort der Linken, in: Frankfurter Rundschau vom 4. Oktober 1971.
989 Horst Heimann, Die Neue Linke ist keineswegs tot – Über die Zukunft der antiautoritären Protestbewegung, in: Frankfurter Rundschau vom 30. Oktober 1971.
990 **Dok. Nr. 395.**
991 Frankfurter Rundschau vom 10. November 1971.

zenbach stellt sich einen Tag später mit einer Presseerklärung hinter Baier. Zwar müsse ein Hochschullehrer, wie es darin heißt, sich auch mit kritischen Hörern auseinandersetzen, ihm könne jedoch nicht zugemutet werden, »sich gegen besseres Wissen und gegen die Überzeugung Veranstaltungsprogramme, Lehrinhalte oder wissenschaftliche Methoden von Hörern aufzwingen zu lassen«.

18. November 1971: Der Lehr- und Studienausschuß des Fachbereichs Gesellschaftswissenschaften beschließt nach dreistündiger Debatte mit großer Mehrheit, daß das von Professor Horst Baier nach einem Konflikt mit der *Roten Zelle Soziologie* abgesagte Proseminar *Klassen und Schichten in Deutschland* durch ein Team von Hochschullehrern fortführen zu lassen. – Der bei der Abstimmung fehlende Adorno-Nachfolger Baier hat auf einer Pressekonferenz bereits Bedingungen für eine inzwischen doch wieder mögliche Fortführung des Proseminars genannt: Die *Rote Zelle Soziologie*, die er einseitig für den Abbruch verantwortlich macht, müsse sich schriftlich für die »Störmaßnahmen« entschuldigen, zwei Tutoren müßten sich durch andere ersetzen lassen, die sich der »Lehr- und Lernfreiheit verpflichtet« fühlten und außerdem müßten auch die Behinderungen seines Hauptseminars über *Geschichte und Klassenbewußtsein* sofort eingestellt werden. – Die *Rote Zelle Soziologie* soll, wie es daraufhin heißt, keine Basis mehr für eine weitere Diskussion mit Professor Baier sehen.

18. November 1971: Im Dritten Fernsehen des **Norddeutschen Rundfunks** diskutieren Hans Albert, Günter Rohrmoser und Alfred Schmidt unter der Leitung von Günter Groth über **Das Elend der Kritischen Theorie**.

24. November 1971: Eine am Abend im Hörsaal V angesetzte Podiumsdiskussion mit Bildungspolitikern, in der es um den Entwurf eines bundeseinheitlichen Hochschulrahmengesetzes gehen soll, kann nur unter starken Protesten und mit Verzögerungen beginnen. Noch bevor die Teilnehmer ihre Plätze haben einnehmen können, ist das Podium von einer größeren Menge von Studenten bevölkert, die mit roten Fahnen und einem Transparent erschienen sind, auf dem die Parole »Marx an die Uni« zu lesen ist. Gäste sind: Der Staatssekretär im Bundesministerium für Bildung und Wissenschaft, Klaus von Dohnanyi (SPD), der hessische Kultusminister Ludwig von Friedeburg (SPD), die Staatssekretärin im rheinland-pfälzischen Kultusministerium Hanna-Renate Laurien (CDU), der bildungspolitische Sprecher der FDP-Bundestagsfraktion Martin Grüner und der Berichterstatter des Bundestagsausschusses für Bildung und Wissenschaft zum Hochschulrahmengesetz, Georg Gölter (CDU). Bei ihrem Eintreffen ertönen laute Pfiffe und Buhrufe. Lediglich von Dohnanyi und von Friedeburg deuten durch Gelächter an, daß sie den feindselig anmutenden Empfang mit Erheiterung hinzunehmen gedenken. Als der CDU-Politiker Gölter nach einer halben Stunde den Versuch unternimmt, sich Gehör zu verschaffen, wird er rasch mit dem Sprechchor »Faschisten raus!« übertönt. Danach schweigt er bis zum Ende. Seine Parteifreundin Laurien und der FDP-Politiker Grüner wagen es in der einschüchternden Atmosphäre erst nach anderthalb Stunden, kurze Statements abzugeben. Als von Dohnanyi das Bekenntnis abgibt, er halte den der DKP nahestehenden MSB *Spartakus* für eine »undemokratische« Hochschulgruppe, löst er nicht nur bei deren Anhängern ein wütendes Protestgeheul aus. Aufgrund dieses Zwischenfalls werden im letzten Teil der Veranstaltung nur noch Fragen an von Friedeburg gerichtet. Der Kultusminister, nach dem politischen Mandat der Studentenschaft, den Berufungschancen von Marxisten und Vorschlägen zur Studienreform befragt, bleibt jedoch Antworten zumeist schuldig.[992] Lediglich auf drohende politische Disziplinierungen angesprochen, reagiert er mit der Bemerkung, daß daran in Hessen nicht gedacht sei, obwohl die »studentische Selbstdisziplin«, wie man am Verlauf des Abends habe sehen können, sehr zu wünschen übrig lasse.

---

992 Jutta Roitsch, Auch von Friedeburg wußte nichts Genaues – Kampfansage der Studenten gegen den Entwurf zum Hochschulrahmengesetz, in: Frankfurter Rundschau vom 29. November 1971.

1972

3./4.6.: Demonstration zum Angela-Davis-Kongreß (v.l.n.r.): Michael Krahwinkel, Horst Schellhaas, Klaus Vack, Effi Schacht, Karsten Voigt, unbekannt, Gerhard Ebert, Hansjörg Prelle.

1. Februar 1972: Die Fachbereichskonferenz Gesellschaftswissenschaften spricht in einer Sitzung den beiden Soziologieprofessoren Horst Baier und Walter Rüegg eine scharfe Rüge aus. Diese hatten in einer Fernsehsendung des *ZDF-Magazins* vom 26. Januar der Fachbereichskonferenz vorgeworfen, die im Grundgesetz verankerte Freiheit von Forschung und Lehre zu beeinträchtigen. Gerade als Soziologen hätten sich die beiden Professoren, heißt es in der Resolution, über die Funktion des Fernsehmagazins und den Stellenwert ihrer dort gemachten Aussagen im klaren sein müssen.

22. Februar 1972: Der hessische CDU-Vorsitzende Alfred Dregger gerät bei einem Besuch der Frankfurter Universität mitten in die heftigen Auseinandersetzungen hinein, die am Tag zuvor wegen eines Klausurenstreiks am Fachbereich Wirtschaftswissenschaften ausgebrochen sind. Als der Politiker, der zusammen mit einer Gruppe von Parteifreunden Gespräche mit der Universitätsleitung geführt hat, das Gelände wieder verlassen will, ertönen »Dregger raus, Nazis raus!«-Rufe. Eine Gruppe von Studenten hat am hinteren, zur Gräfstraße führenden Ausgang der Universität eine Sperrkette gebildet. Dennoch lassen sie den von ihnen beschimpften Politiker samt Begleitung zunächst durch. Dann aber fliegen unter dem Motto »Dreck auf Dregger« Erdklumpen hinter ihm her. Eine größere Anzahl von Polizisten eilt herbei und versucht, den Politiker vor weiteren Angriffen zu schützen. Zu einer weiteren Eskalation kommt es in der Nähe der Bockenheimer Warte. Von mehreren Seiten gleichzeitig versuchen Studenten, die um Dregger gebildeten Polizeiketten zu durchbrechen. An verschiedenen Stellen brechen Schlägereien aus. Während mehrere Polizeibeamte mit ihren Angreifern ringen, werden Dregger und ein Journalist ins Gesicht geschlagen. Mit beschmutzter Kleidung und zerzaustem Haar gelangt der Politiker dann nur noch mit Mühe über die Senckenberganlage zu seinem Dienstfahrzeug und fährt sofort ab. Die Polizei jagt in der Zwischenzeit mit gezücktem Schlagstock Demonstranten im Umkreis der Bockenheimer Warte. Sieben von ihnen werden zunächst festgenommen, zwei jedoch schon bald darauf wieder von anderen befreit. Bei den Einsätzen erleiden sechs Polizisten Prellungen.

21.2.: Die Polizei erstürmt den Campus.

24. Februar 1972: Nach tagelangen heftigen Auseinandersetzungen zwischen Polizei und militanten Studenten auf dem Campus der Frankfurter Universität, die in einem seit langem schwelenden Streit um die Durchführung von Klausuren im Fachbereich Wirtschaftswissenschaften begründet sind, kommt es im restlos überfüllten Festsaal des Studentenhauses zum offenen Konflikt zwischen undogmatisch-spontaneistischen und neoleninistisch-maoistischen Studentengruppen. Als ein Sprecher des *Kommunistischen Studentenverbandes* (KSV) auf einen Einwurf mit den Worten reagiert, was es eigentlich solle, von der »Entwicklung sozialistischer Verkehrsformen« zu sprechen, das erinnere an »die schlechteste Tradition der verfallenen Studentenbewegung«, erstürmt die Frauengruppe im *Revolutionären Kampf* das Podium und zeichnet den Redner mit dem »Drei-Sterne-Orden für das Wichsen im Dienste des Volkes«[993] aus. »Reichlich verschüttetes Waldmeisterparfüm gab«, wie es in einem andertags verteilten Flugblatt heißt, »dem Ganzen die besondere Frische.«[994] Gleichzeitig verteilen die Demonstrantinnen ein Flugblatt, in dem sie die

REVOLUTIONÄRER KAMPF

"VORWÄRTS AUF DEM WEGE ZUR UNTERDRÜCKUNG DER FRAU DURCH DIE SUPERKADER DES KSV" (Transparentinschrift)

Das Überfallkommando erklärt:

Als einer der verdienten Superkader des KSV auf dem Teach-In am Donnerstag, dem 24.2., sinngemäß sagte: "Was heißt hier Entwicklung sozialistischer Verkehrsformen? Das erinnert an die schlechteste Tradition der verfallenen Studentenbewegung....", haben wir, d i e Frauengruppe des RK, ihm stellvertretend für alle anderen den Drei-Sterne-Orden für das Wichsen im Dienste des Volkes verliehen. Reichlich verschüttetes Waldmeisterparfüm gab dem Ganzen die besondere Frische.

Durch die Reaktion des KSV wurde der politische Sinn der Aktion mehr, als wir geahnt hatten, bestätigt:
Die KSV-Supers konnten die politische Aussage unserer Aktion – wahrlich kein"ordentlicher" Diskussionsbeitrag – nicht verkraften. Sie konnten ihre autoritäre Funktionärsidentität nur durch hilfloses, wenn auch kräftiges, Um-Sich-Schlagen verteidigen.
Denn: nicht "RK-Mitglieder" zerrten den KSV-Genossen vom Mikrofon, sondern wir, die RK-Frauen, wollten unser Flugblatt zur Begründung der Aktion am Mikrofon verlesen und wurden durch prominente KSV-ler und KSV-lerinnen daran gehindert: sie stürmten auf das Podium, fingen an zu schlagen, schnappten Mikrofon und Verstärker und flüchtartig den Saal.

"WENN IHR SCHON EINE EIGENE MEINUNG HABT BRAUCHT IHR AUCH EUER EIGENES MIKROFON!"

Sie weigerten sich damit, sich einer Kritik zu stellen, die versuchte, den Zusammenhang aufzuzeigen zwischen ihrer massenfeindlichen Politik und ihren autoritären Organisationsstrukturen, die die Mitglieder ebenso repressiven individuellen Leistungs- und Qualifikationszwängen unterwirft, wie beispielsweise im traditionellen Studienbetrieb. Wir meinen allerdings, daß die Entwicklung von Arbeits- und Verkehrsformen, die die Genossen zu autonomem, nicht verordnetem politischen Handeln befähigen, Bestandteil von revolutionärer Politik sein muß.

Es ist kein Zufall, daß so viele Genossinnen aus dem KSV ausgetreten sind. Gerade weil wir Genossinnen uns rigiden Arbeitsformen nicht anpassen können und wollen, können wir am radikalsten diese Kritik an solchen abstrakten Leistungsansprüchen in ihren fatalen Konsequenzen für die politische Praxis verstehen und den Kampf dagegen aufnehmen.
Die Rezeption unserer Aktion durch den KSV ("formale Neuauflage der SDS-Weiberratsaktion") beweist sein weites Zurückfallen hinter

24.2.: Flugblatt der RK-Frauengruppe.

»Ordensverleihung« begründen.[995] Auf der Vorderseite ist eine Karikatur von Kurt Halbritter zu sehen, die bereits im November 1968 in Hannover vom *Weiberrat* für eine Flugblattaktion im SDS benutzt worden ist: Eine auf einer Couch liegende nackte, mit einem Hackbeilchen ausgerüstete Frau präsentiert im Stile einer jägerlichen Trophäensammlung ein halbes Dutzend abgetrennter Männlichkeitssymbole. Während eine feixende Mehrheit im Saal diesen Überraschungsakt mit frenetischem Beifall begrüßt, reagieren die betroffenen Kader konsterniert bis zornig. Eine lauthals wetternde Gruppe besteigt das Podium, umringt die Frauen und zerrt sie schließlich vom Mikrophon weg. Danach verlassen sie mit ihrer Verstärkeranlage unterm Arm, nicht ohne zuvor dem vermeintlichen Drahtzieher der demaskierenden Aktion, Daniel Cohn-Bendit, aus einer Spraydose Tränengas ins Gesicht gesprüht zu haben, fluchtartig den Zeter und Mordio brüllenden Saal. Wenige Minuten später treten mit Joschka Fischer und Johnny Klinke zwei Redner der Betriebsgruppe *Revolutionärer Kampf* (RK) auf, die bis dahin die Universität sorgsam gemieden hat, und analysieren das Unvermögen der neoleninistischen Gruppierungen einen Klausurenboykott wirksam zu organisieren. (Wie nach Ablauf der Woche Universitätspräsident Erhard Kantzenbach im Beisein von Polizeipräsident Knut Müller erklärt, konnten von 470 zu den Prüfungen angemeldeten Studenten 332 ihre Arbeiten schreiben.[996]) Sie kündigen an, daß ihre Gruppe eine Initiative starten werde, um die zersplitterten undogmatischen Kräfte der universitären Linken zusammenzuführen. – Der Aktion der RK-Frauengruppe kommt die Bedeutung einer Zäsur in der Entwicklung der Frankfurter Studentenbewegung zu. Durch die öffentliche Decouvrierung der führenden Sprecher des KSV[997] ist die seit dem Wintersemester 1970/71 andauernde Vormachtstellung der aus der ML-Bewegung entstandenen dogmatischen Gruppierungen gebrochen. Zwar spielen sie bis über die Mitte der siebziger Jahre hinweg immer noch eine nicht unbedeutende Rolle, doch es gelingt ihnen nicht mehr, eine wichtige politische Entscheidung zu majorisieren. – Im Oktober 1972 gründet sich auf Anstoß der Betriebsgruppe *Revolutionärer Kampf* die sich aus Kollektiven nahezu aller Fachbereiche zusammensetzende **Sozialistische Hochschulinitiative** (SHI), die dann über ein

---

993 Zit. nach: Revolutionärer Kampf – »Vorwärts auf dem Wege zur Unterdrückung der Frau durch die Superkader des KSV« (Flugblatt der RK-Frauengruppe vom 25. Februar 1972), aus: Archivalische Sammlung Wolfgang Kraushaar, Akte SHI 1972–1975.

994 A.a.O.

995 RK-Frauengruppe, Zur Begründung der Ordensverleihung! (Flugblatt vom 24. Februar 1972), aus: Archivalische Sammlung Wolfgang Kraushaar, Akte SHI 1972–1975; in dem Text heißt es u.a.: »Eine Organisation, die nicht auf Interessen eingehen kann, die sich spontan in Konflikten artikulieren, abstrahiert notwendigerweise auch von den Bedürfnissen und Interessen der eigenen Mitglieder. In solchen Strukturen perpetuieren sich reaktionäre Verhaltensweisen. Da die gesamte Funktion einer solchen Organisation davon abhängt, daß die hierarchische Ordnung eingehalten wird, muß jeglicher Versuch eigene emanzipative Ansprüche in die politische Arbeit miteinzubringen abgewehrt und diffamiert werden. ... Diese autoritären ›Politikaster‹ können auf Frauen nur reaktionär reagieren. Genossinnen haben sich gefälligst in die von ihnen bestimmte rigide Organisationsstruktur einzuordnen. Nur dann haben sie die Chance akzeptiert zu werden. Allerdings mit dem Resultat, langfristig auch so ein arroganter Funktionärstyp zu werden wie die ›männlichen Kader‹. Oder aber die Genossinnen werden gar nicht erst ernst genommen. ... Wir warnen alle chauvinistischen Männer in Zukunft Genossinnen so zu behandeln und werden uns nicht mehr allein und isoliert in Arbeitszusammenhänge mit diesen Typen begeben. Frauen gemeinsam sind stark.«

996 Vgl.: »Die Bezeichnung Streik ist eine Beleidigung«, in: Frankfurter Rundschau vom 28. Februar 1972.

Jahrzehnt hinweg die führende Rolle in der Hochschulpolitik spielt und auch durchgängig die Mehrheitsfraktion in der Zusammensetzung des Allgemeinen Studentenausschusses bildet.

4. März 1972: In der **Frankfurter Rundschau** erscheint eine von Claus Leggewie verfaßte umfangreiche Besprechung von unter dem Titel **Konstitution und Klassenkampf** posthum erschienenen Texten des zwei Jahre zuvor durch einen Autounfall tödlich verunglückten früheren SDS-Sprechers Hans-Jürgen Krahl. Die Rezension würdigt vor allem die antisektiererische Einstellung, die in den Aufsätzen des ehemaligen Adorno-Schülers und theoretischen Kopfes der Frankfurter SDS-Gruppe zum Vorschein gekommen sei. »Krahl war einer der ersten«, heißt es darin, »der davor gewarnt hat, den subkulturellen Hedonismus und die individuelle Verweigerungspraxis der ›Antiautoritären Phase‹ mit straffer Organisationsmoral und Disziplinierung zu vertauschen; er war auf der Suche nach einer Organisationsform, in der Proletariat und Intelligenz unter den veränderten Bedingungen einer hochindustrialisierten Gesellschaft eine Interessenidentität erzielen können, ohne dabei auf die überholte, weil an eine bestimmte historische Phase gebundene, Leninsche Kaderpartei zurückzufallen.«[998]

6.–9. März 1972: Das Experiment, einen Block von acht auf dem Universitätsgelände befindlichen Gebäuden der studentischen Selbstverwaltung zu überlassen, führt zu Streitigkeiten zwischen den Bewohnern und endet schließlich mit einer Räumung durch ein Großaufgebot der Polizei. In einem der in der Jügelstraße liegenden Häuser, die beim Bau einer neuen Mensa abgerissen werden sollen, ist eine therapeutische Wohngemeinschaft untergebracht, in einem anderen wohnen 40 Mitglieder des KSV und verschiedener *Roter Zellen* sowie Angehörige einer von Bernhard Höke angeführten Gruppe von Trebegängern, Lehrlingen und Hippies, der sogenannten *Paradies-Bewegung*. Die Spannungen zwischen den letzten beiden Gruppierungen eskalieren eines nachts wegen der Vergabe eines frei werdenden Zimmers in eine offene Schlägerei. Mit einem Säbel in der Hand führt Höke seine als »Jünger« bezeichneten Anhänger gegen die als »Polit-Studenten« diffamierten KSV-Mitglieder ins Feld. Sie dringen in eine der Wohngemeinschaften ein, zertrümmern das Mobiliar samt einiger Fensterscheiben und versprühen Tränengas. Die Bewohner versuchen zu fliehen und werden dabei mit Besenstielen über den Campus gejagt. Finsterer Höhepunkt der Vertreibungsaktion ist die Schlachtung eines Tieres in einem der gestürmten Zimmer. »Unter Indianergeheul« schlägt Höke, der »heimliche Papst der Slumstraße« *(Frankfurter Rundschau)*, einer Katze mit seinem Säbel den Kopf ab. Die schockierten Studenten alarmieren daraufhin die Polizei. Diese erscheint mit einem Überfallkommando und beendet die Auseinandersetzungen vorerst, indem sie Höke zusammen mit einem Jugendlichen festnimmt. Am Nachmittag darauf kommt es jedoch zu einer Racheaktion. Der inzwischen wieder auf freiem Fuß befindliche Höke bricht mit seinen Anhängern die verschlossene Tür eines der Häuser in der Jügelstraße auf und verwüstet dort mehrere Seminarräume. Die KSV-Mitglieder treten nun end-

6.–9.3.: Die »Paradies-Bewegung« in der Jügelstraße.

gültig den Rückzug an. Sie schaffen ihre Betten, Möbel und Bücherkisten auf Mietwagen und ziehen in Behelfsquartiere ab. Kurz darauf bricht in einem der Kellerräume ein Brand aus. Nun kommt die Feuerwehr zum Einsatz. Ihr gelingt es, die Flammen zu löschen, bevor sie größeren Schaden angerichtet haben.[999] Nachdem der Polizei Hinweise gegeben worden sind, daß unter dem Dach eines der Gebäude auch Waffen versteckt seien, kommt es zwei Tage später in der Jügelstraße zu einer Großrazzia. Dabei wird ein ganzes Waffenarsenal sichergestellt: zwei Winchesterbüchsen, zwei Karabiner, eine Maschinenpistole, 36 Stichwaffen, 15 Säbel und Degen, mehrere Dum-Dum-Geschosse, Munitionstaschen und anderes mehr. Die Beamten nehmen 212 Personen fest, darunter vier Jugendliche, die aus Heimen entwichen sind, und mehrere Minderjährige, die zur Prostitution angehalten worden sein sollen. Die gesamte Räumungsaktion wird vom Präsidenten der Universität, Professor Erhard Kantzenbach, ebenso wie vom Kanzler Achaz von Thymen verfolgt. Anschließend treten Angehörige eines Abbruchunternehmens in Aktion und zerstören die Räume so weit, daß sie unbewohnbar geworden sind.[1000] – Am Tag darauf beschwert sich der Ortsverband der *Humanistischen Union* (HU) über den Polizeieinsatz, weil durch die Räumung auch die Patienten und Ärzte der therapeutischen Wohngemeinschaft auf die Straße geworfen worden sind. Die HU fordert die einstweilige Beurlaubung des Einsatzleiters der Polizei und die Einrichtung eines Untersuchungsausschusses der Stadtverordnetenversammlung zur Aufklärung sämtlicher Vorfälle in der Jügelstraße.

11./12. März 1972: In der Jugendherberge am Deutschherrenufer kommen 450 Frauen aus der gesamten Bundesrepublik zum ersten **Bundesfrauenkongreß** zusammen. In vier Arbeitsgruppen debattieren die Angehörigen von 35 Gruppen aus 20 verschiedenen Städten über die Themen: *Gründe für die Selbstorganisation von Frauen, Situation der erwerbstätigen Frau, Funktion der Familie in der Gesellschaft* und *Aktion 218*. Am Ende der Beratungen werden von den Teilnehmerinnen zwei Hauptergebnisse festgehalten: Die »Frauenfrage« könne nicht länger mehr der »Klassenfrage« untergeordnet werden und die Frauen müßten, wenn sie eine wirkliche Veränderung ihrer Situation erreichen wollten, ihre Probleme selbst in die Hand nehmen und autonom handeln.

15.4.: Plakat der Hausbesetzerbewegung.

14. April 1972: Auf einem vor der Mensa vom *Häuserrat* durchgeführten **Öffentlichen Tribunal gegen Spekulanten und Profitgeier** erklärt Daniel Cohn-Bendit, es komme darauf an, nicht nur die besetzten Häuser zu verteidigen, sondern auch weitere neu zu besetzen. Dabei wehrt er sich zugleich gegen Angriffe, die Hausbesetzer seien Antisemiten. Es sei unzulässig, stellt er fest, den Demonstranten Antisemitismus zu unter-

997 Der *Kommunistische Studentenverband* ist nicht mit dem derzeit namensgleichen KSV in West-Berlin, der Hochschulorganisation der KPD/AO, identisch. Um naheliegende Verwechslungen auszuschließen, benennt sich der Frankfurter KSV kurze Zeit später in KSB, *Kommunistischer Studentenbund*, die spätere Hochschulorganisation des KBW, um.
998 Claus Leggewie, Warnung vor straffer Organisationsmoral – Aus den nachgelassenen Schriften Hans-Jürgen Krahls, in: Frankfurter Rundschau vom 4. März 1972.
999 Vgl.: Carl-Friedrich Theill, Säbelschwingend und mit großem Indianergeheul, in: Frankfurter Rundschau vom 8. März 1972.
1000 Vgl.: Carl-Friedrich Theill, Das Präsidium glich nach der Razzia einem Tollhaus, in: Frankfurter Rundschau vom 10. März 1972.

26.5.: Professor Alfred Schmidt in seiner Vorlesung.

stellen. Man habe als Linke ein gutes Gewissen. Nur sie könnten den Kapitalismus und mit ihm zugleich auch die Voraussetzungen für einen neuen Faschismus abschaffen. Juden gäbe es in allen Berufen und sozialen Schichten. Deshalb dürfe man sich nicht wundern, auch auf welche bei den Spekulanten zu treffen. Andere Redner kritisieren vor allem die »sogenannte SPD-Reformpolitik«, die dazu führe, daß Großkonzerne im Westend immer mehr Wohnraum vernichteten, um Platz für ihre Bürohäuser zu schaffen. – In der Nacht zuvor haben Unbekannte an der Fassade eines Kaufhauses im Stadtteil Bockenheim die gegen Spekulanten gerichtete Parole angemalt: »Die Schweine von heute werden die Schinken von morgen sein.«[1001]

15. April 1972: Bei einer Demonstration gegen Bodenspekulation und Wohnraumzerstörung kommt es im Westend zu gewalttätigen Zusammenstößen zwischen der Polizei und Protestierenden. Dabei werden mehrere der Beteiligten, davon acht Polizisten, verletzt.

Ziel des *Häuserrats* und der 1.200 Demonstranten ist es, deutlich zu machen, daß keines der von Räumung bedrohten Häuser ohne Widerstand geräumt werde.

28. April 1972: Im Dritten Fernsehprogramm des **Bayerischen Rundfunks** wird ein **Philosophisches Streitgespräch** zwischen Max Horkheimer und dem Psychiater Friedrich Hacker gezeigt. Bei der in einer Klinik in Höchst aufgenommenen Sendung geht es vor allem um Fragen der Autorität, der Aggression und des Massenmediums Fernsehen.

11. Mai 1972: Nach dem Beschluß von US-Präsident Richard Nixon, eine Seeblockade gegen Nordvietnam zu verhängen, eröffnet die RAF mit einem Sprengstoffanschlag auf das im früheren I.G.-Farben-Gebäude untergebrachte Hauptquartier des 5. US-Corps die sogenannte »Mai-Offensive«. Dabei wird der Oberst Paul A. Bloomquist getötet, 13 andere Personen werden verletzt. In einem Brief begründet ein »Kommando Petra Schelm« die RAF-Aktion mit den US-amerikanischen Verbrechen am vietnamesischen Volk. – An vier weiteren Tagen im Mai folgen Anschläge in **München, Karlsruhe, Hamburg** und **Heidelberg**. Dabei werden drei weitere Soldaten der US-Army getötet und 25 Personen zum Teil schwer verletzt.

18. Mai 1972: Auf einem »Akademieabend« im Bonifatiushaus in der katholischen Bischofsstadt **Fulda** hält der Münsteraner Professor Günter Rohrmoser einen Vortrag, in dem er sich mit den »ideologischen Hintergründen des Linksradikalismus« auseinandersetzt. Er greift dabei mehrere Repräsentanten der Kritischen Theorie, darunter insbesondere Theodor W. Adorno, wegen ihrer als »neomarxistisch« charakterisierten Gesellschaftsanalysen scharf an. Der frappierende innenpolitische Wandel, den die Bundesrepublik in den letzten Jahren habe erfahren müssen, könne nicht verstanden werden ohne die theoretischen Arbeiten, die diesen Prozeß entweder verursacht oder begleitet hätten. Nach Auffassung der Frankfurter Theoretiker sei der Mensch ein manipuliertes und ausgebeutetes Objekt, das zudem unter der totalitären Herrschaft eines allmächtigen Staates litte. Mit der häufig wiederholten Aussage, daß das System als Ganzes verkehrt, falsch und unwahr sei, habe Adorno z. B. ein tiefes Mißtrauen gegenüber der bestehenden Gesellschaft und ihrer Rechtsordnung geschaffen. Zwar habe er die Antwort auf das Drängen nach einer revolutionären Praxis verweigert, doch sei damit die Voraussetzung für das Agieren der linksradikalen Gruppierungen und Strömungen gegeben worden. Den systemerhaltenden Kräften in der Bundesrepublik wirft Rohrmoser vor, die »geistige Herausforderung« ignoriert zu haben.[1002]

26. Mai 1972: Die **Frankfurter Rundschau** meldet, daß der hessische Kultusminister Ludwig von Friedeburg den Horkheimer-Schüler Alfred Schmidt auf den Lehrstuhl »Philosophie und Soziologie II« an der Frankfurter Universität berufen hat, der durch den Weggang von Jürgen Habermas nach Starnberg frei geworden war. Schmidt hatte nach Durchführung der Kandidaten-Hearings auf dem ersten Platz der Berufungsliste rangiert.[1003]

29. Mai 1972: Auf einem von über 1.200 Studenten besuchten Teach-in der *Roten Hilfe* im Hörsaal VI wird ein Tonband der RAF-Mitbegründerin Ulrike Meinhof vorgespielt.[1004] Darin fordert sie alle »linken Genossen« auf, anstatt »Angst und Ratlosigkeit« zu zeigen, »alle amerikanischen Einrichtungen zum Ziel ihrer Angriffe« zu machen. Die meisten der Teilnehmer reagieren mit Buhrufen und Pfiffen auf die Aufforderung. Daniel Cohn-Bendit ruft dazwischen: »Nur die Massen können die Revolution machen.«[1005] – Der Präsident der Universität, Professor Erhard Kantzenbach, kündigt an, wegen Hausfriedensbruchs Strafanzeige

29.5.: Broschürentitel.

11.5.: Titelbild mit später sichergestellten RAF-Bomben.

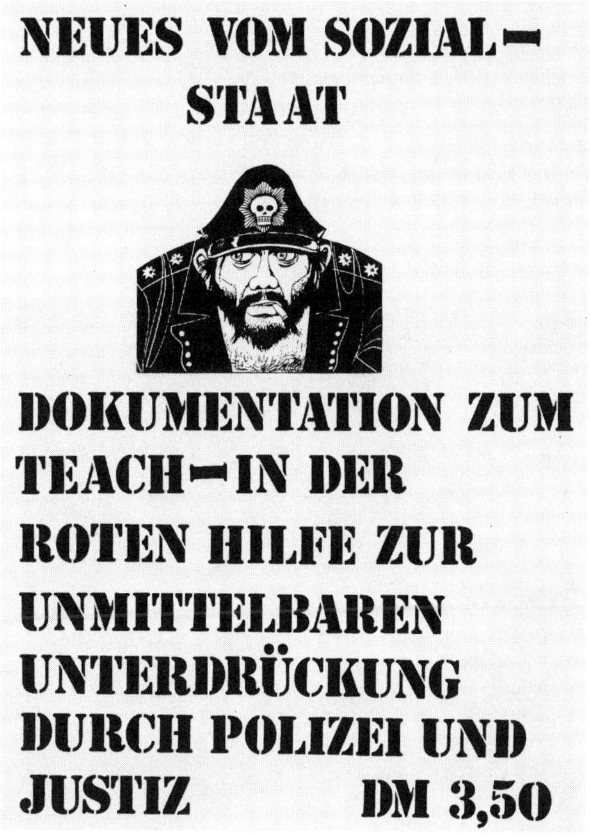

1001 Frankfurter Rundschau vom 15. April 1972.

1002 Vgl.: »Gesellschaft der Bedürfnisbefriedigung steht bald vor einer Wand« – Professor Rohrmoser aus Münster sprach über die Hintergründe des Linksradikalismus in der BRD, in: Fuldaer Volkszeitung vom 20. Mai 1972.

1003 Siehe: Schmidt tritt Nachfolge von Professor Habermas an, in: Frankfurter Rundschau vom 26. Mai 1972; vgl. auch: Schmidt folgt Jürgen Habermas, in: Frankfurter Neue Presse vom 27. Mai 1972; Kulturelle Nachrichten, in: Frankfurter Allgemeine Zeitung vom 31. Mai 1972; Alfred Schmidt auf Habermas' Lehrstuhl, in: Stuttgarter Zeitung vom 31. Mai 1972; Ein Hauch von Melancholie, in: Der Spiegel vom 5. Juni 1972, 26. Jg., Nr. 24, S. 118f.

1004 Vgl.: New York Herald Tribune vom 2. Juni 1972 und Süddeutsche Zeitung vom 3. Juni 1972.

1005 Frankfurter Allgemeine Zeitung vom 2. Juni 1972.

gegen die Organisatoren der Veranstaltung stellen zu wollen. Er hatte sich zuvor geweigert, der *Roten Hilfe* Räume zur Verfügung zu stellen. Diese war daraufhin mit Gewalt in den größten Hörsaal eingedrungen. Kantzenbach, dessen Weigerung vom Konvent mehrheitlich gebilligt worden war, hatte wiederum darauf verzichtet, die Polizei zur Räumung zu holen, um, wie er erklärt, blutige Auseinandersetzungen auf dem Universitätsgelände zu verhindern.

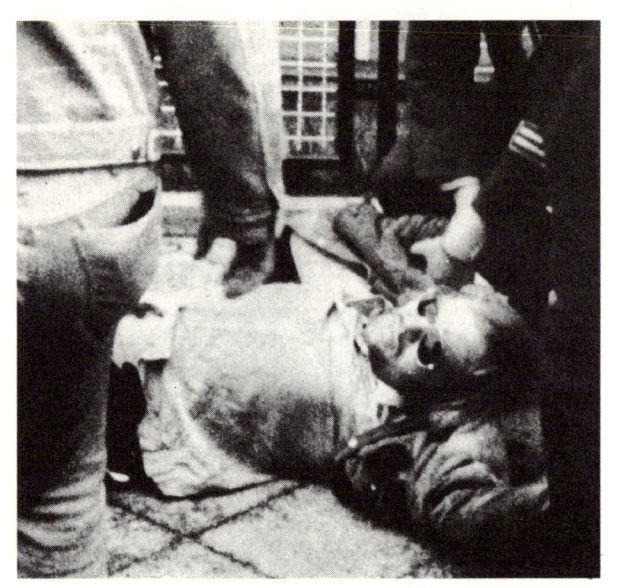

1.6.: Festnahme Andreas Baaders im Hofeckweg.

1. Juni 1972: Aufgrund eines anonymen Telephonanrufs werden mit Andreas Baader, Holger Meins und Jan-Carl Raspe drei der am meisten gesuchten RAF-Mitglieder in dem in der Nähe des Hessischen Rundfunks gelegenen Hofeckweg von der Polizei verhaftet. Der anonymen Person, die ausdrücklich die »Sonderkommission Baader-Meinhof« zu sprechen wünschte und von der Polizei im nachhinein als »Rentner« bezeichnet wird, war aufgefallen, daß junge Leute Gasflaschen, wie sie bei der Herstellung von Bomben Verwendung fänden, in Personenwagen transportiert und in einer Garage abgestellt hatten. Bei der sofort eingeleiteten polizeilichen Durchsuchung stellte sich heraus, daß dort tatsächlich Bomben, Waffen und Zubehör gelagert waren. Daraufhin wurden Abhör- und Observierungsmaßnahmen sowie Vorbereitungen für eine Festnahmeaktion getroffen. Als am frühen Morgen gegen 5 Uhr 50 ein Porsche vorfährt, aus dem drei junge Männer aussteigen, wird das Wohnhaus, in dem sich die Garage befindet, von Beamten der Sonderkommission beobachtet. Rund zwei Hundertschaften der Polizei sind ringsum hinter Torfballen, Hecken und Mauervorsprüngen versteckt. Als einer der drei, es ist der 27jährige Raspe, die Umzingelung erkennt, beginnt er fortzurennen, um sich zu schießen. Er wird jedoch schon nach wenigen Augenblicken überwältigt. Die beiden anderen, der 29jährige Baader und der ein Jahr ältere Meins, sind derweil in die Garage geflüchtet und haben das Tor abgeschlossen. Nachdem mehrere Versuche fehlgeschlagen sind, sie durch den Einsatz von Tränengas herauszutreiben, fährt ein Panzerwagen der Polizei in den Garagenhof vor. Ein Versuch der beiden Eingeschlossenen, in der Deckung des Fahrzeugs einen Fluchtversuch zu starten, wird bereits im Ansatz vereitelt. Inzwischen ist der *Tagesschau*-Redakteur Günter Zimmermann, der ursprünglich zu einem ganz anderen Aufnahmeort

3./4.: Das Programmheft zum Kongreß.

3./4.6.: Herbert Marcuse bei seiner Ansprache auf dem Opernplatz.

fahren wollte, mit einem Kamerateam zur Stelle und nimmt das weitere Geschehen auf, das dann im Laufe des Tages in allen Nachrichtensendungen gebracht werden, auf. Per Lautsprecher fordert die Polizei Baader und Meins auf, sie sollten einzeln herauskommen, sie seien umstellt, es würde ihnen nichts passieren, sie seien noch jung und sollten an ihr Leben denken. Dennoch versuchen die beiden, sich durch Waffengewalt noch einen Fluchtweg zu verschaffen. Dabei wird Baader von einer Kugel, die von einem Präzisionsschützen der Polizei abgefeuert worden ist und zunächst daneben geht, dann aber von einer Wand abprallt, in den rechten Oberschenkel getroffen. Laut aufschreiend zieht er sich wieder in die Garage zurück. Als erster ergibt sich der durch einen Streifschuß leicht verletzte Meins. Wie von der Polizei zuvor verlangt, kommt er bis auf einen Slip ausgezogen und mit erhobenen Händen aus der Einfahrt hervor. Einige Minuten später kriechen einige mit kugelsicheren Westen geschützte Polizisten in die Garage hinein, sehen den neben einem italienischen Sportwagen blutend am Boden liegenden Baader und überwältigen ihn. Zu viert zerren sie den mit schmerzverzerrtem Gesicht laut schimpfenden und wild um sich strampelnden RAF-Mann, dessen Haare rot gefärbt sind, heraus und transportieren ihn auf einer Trage ab.

3./4. Juni 1972: Unter dem unmittelbaren Eindruck der RAF-Bombenanschläge und der Verhaftung ihrer Kerngruppe findet an der Frankfurter Universität unter dem Titel **Am Beispiel Angela Davis** ein Solidaritätskongreß für die in Kalifornien vor Gericht stehende schwarze Bürgerrechtlerin statt. Zur Eröffnungskundgebung vor der Ruine des alten Opernhauses sind über 10.000 Teilnehmer aus der gesamten Bundesrepublik zusammengekommen. Nach der Übermittlung einer persönlichen Botschaft von Angela Davis und einem Redebeitrag von Herbert Marcuse, in dem dieser den Befreiungskampf der Schwarzen in einen Zusammenhang mit den antikapitalistischen Kämpfen der Studenten-, Jungarbeiter- und Frauenbewegung stellt, greift Oskar Negt als nächster Redner unter zum Teil heftigen Unmutsäusserungen der Zuhörer die Politik der Gruppe, die sich *Rote Armee Fraktion* nennt, scharf an. »Es gab und gibt mit den unpolitischen Aktionen, für die die Gruppe um Andreas Baader und Ulrike Meinhof die Verantwortung übernommen hat«, so trägt er seine Position mit Entschiedenheit vor, »nicht die geringste Gemeinsamkeit, die die politische Linke der Bundesrepublik zur Solidarität veranlassen könnte ... Wer Politik zu einer individuellen Mutprobe macht, ohne noch die sozialen Ziele und die einzelnen Veränderungsschritte angeben zu können, wird allmählich Opfer der eigenen Illusionen. Er verkennt die Angst, die er verbreitet, als politischen Erfolg. Wer glaubt, mit exemplarisch gemeinten Aktionen, mit spektakulären Gefangenenbefreiungen, Bankeinbrüchen, Bombenlegen unter hiesigen Verhältnissen eine revolutionäre Situation herstellen oder auch nur die Aktionsbasis erweitern zu können, errichtet eine undurchdringliche Mauer zwischen sich und der gesellschaftlichen Erfahrung. Verletzte oder getötete Springer-Journalisten tasten nicht den Springer-Konzern an; ein verletzter oder getöteter Polizist mag den Polizeiapparat einen Augenblick verunsichern, aber mit Sicherheit wird er ihn langfristig verstärken. Und eines kommt hinzu: sowenig der Polizeiknüppel das Zentrum der reaktionären Gewalt ist, sowenig hat das geschickte Bombenlegen irgend etwas mit revolutionärer Gewalt zu tun. Die Fanale, die sie mit ihren Bomben setzen wollen, sind in Wirklichkeit Irrlichter. Wenn überhaupt von zusammenhängenden Vorstellungen einzelner dieser Gruppe gesprochen werden kann, so handelt es sich um ein Gemisch von Illegalitätsromantik, falscher Einschätzung der gesellschaftlichen Situation als offener Faschismus und illegitimer Übertragung von Stadt-Guerilla-Praktiken auf Verhältnisse, die nur aus einer Verzweiflungssituation heraus mit Lateinamerika verwechselt werden können ... Die Pathologie dieser Gruppen reicht nicht hin, auch nur die pathologischen Erscheinungsformen des Kapitalismus zu treffen, sondern sie ist deren ganz getreues Spiegelbild. Und weil diese Gruppen den Bedürfnissen des Systems entgegen kommen, alle sozialistische Politik zu kriminalisieren, sollten sie ihren aussichtslosen Kampf einstellen und ihre Niederlage offen eingestehen, um nicht noch andere, vor allem Jüngere, in selbstmörderische Abenteuer hineinzuziehen.«[1006] Danach warnt Negt noch vor dem »Solidarisierungszwang«, der mit zum schlechtesten Erbteil aus der Geschichte der Protestbewegungen gehöre.[1007] Die Kundgebung wird anschliessend mit zwei weiteren Redebeiträgen von Wolfgang Abendroth und Willi Scherer sowie der Verlesung von Grussbotschaften der beiden Redner, denen die Einreise in die Bundesrepublik verwehrt worden ist, dem Sprecher der Provisorischen Verhandlungsdelegation bei den Pariser Friedensverhandlungen, Ly van Sau, und dem aus Brüssel stammenden trotzkistischen Nationalökonom Ernest Mandel, fortgesetzt. Bei einem der vier am zweiten Tag des Kongresses in den Hörsälen der Universität stattfindenden Arbeitskreise wird Oskar Negt wegen seiner kompromisslosen RAF-Kritik im Hörsaal V von mehreren Sprechern aus dem Publikum heftig attackiert. Insbesondere das RK-Mitglied Joschka Fischer greift den Hannoveraner Sozialwissenschaftler mit dem Vorwurf an, er habe mit seiner Distanzierung einen Prozess der Entsolidarisierung eingeleitet, der sich für die gesamte radikale Linke rächen müsse.

4. Juni 1972: Nach 13 Verhandlungswochen wird Angela Davis von einem Schwurgericht in der kalifornischen Stadt **San José** von allen drei Punkten der Anklage – Verschwörung, Entführung und Mord – freigesprochen. Von ihren Eltern umarmt und ihren Mitkämpfern gefeiert, verlässt die schwarze Bürgerrechtlerin, die auch mit der Todesstrafe hätte rechnen können, anschliessend überglücklich das Gericht. – Am Abend ist in San José ein Grossaufgebot der Polizei unterwegs, um eine vor Freude überschäumende Menge zumeist schwarzer Anhänger von Angela Davis unter Kontrolle zu halten. – Der Gouverneur von Kalifornien, der Republikaner Ronald Reagan, erklärt am nächsten Tag gegenüber Zeitungsreportern, seine persönliche Reaktion auf den Freispruch sei »alles andere als Zustimmung«[1008].

8. Juni 1972: Ein Schöffengericht verurteilt Daniel Cohn-Bendit wegen Landfriedensbruchs und Aufforderung zu Gewalttätigkeiten gegenüber der Polizei zu einer neunmonatigen Haftstrafe mit einer Bewährungsfrist von drei Jahren. Er muss ausserdem in sechs monatlichen Raten 300 DM als Spende ans Rote Kreuz zahlen. Das Gericht sieht es als erwiesen an, dass der Angeklagte am 28. November 1970 bei einer Solidaritätskundgebung für die *Black Panther Party* an der Hauptwache ausgerufen hat: »Bildet Ketten – Schlagt die Bullen zusammen!«[1009] Als Belastungszeuge war

4.6.: Angela Davis spricht hinter kugelsicherem Glas auf einer Großveranstaltung im New Yorker Madison Square Garden.

Oberkommissar Noll aufgetreten. Den von der Verteidigung aufgebotenen Entlastungszeugen, die aussagten, Cohn-Bendit habe ganz im Gegensatz zu den Beschuldigungen schlichtend in das Kampfgetümmel eingegriffen, ist kein Glauben geschenkt worden.

12. Juni 1972: In einem Gespräch des Nachrichtenmagazins **Der Spiegel** ruft der Hannoveraner Soziologe Professor Oskar Negt die Anhänger der Neuen Linken auf: *Spielt nicht mit der Legalität!*[1010] Die Abdrängung in die Illegalität sorge mit Sicherheit dafür, warnt Negt, daß alle sozialistischen Ansätze zerstört würden. Sein Gesprächspartner Georg Wolff war, ohne daß Negt davon Kenntnis hat, ehemals SS-Offizier.

15. Juni 1972: In einem Interview der Zeitschrift **Konkret** verurteilt Herbert Marcuse die Bombenanschläge der RAF mit den Worten: »So etwas ist objektiv konterrevolutionär. Individueller Terror kann gegen eine Polizei und eine Armee, die mit den modernsten Waffen, auch mit Atomwaffen, ausgerüstet sind, überhaupt nichts ausrichten. Aktionen, die sich gegen allgemeine, unbestimmte Ziele richten, vergrößern die Zahl der Gegner. Außerdem ist das völlig antimarxistisch. Der Terror von kleinen Gruppen hat noch nie die Sache der Revolution gefördert.«[1011]

20. Juni 1972: Herbert Marcuse hält in **Freiburg** eine Rede über **Möglichkeiten radikaler Veränderung in hochentwickelten Industriegesellschaften**.

30. Juni 1972: In der Frankfurter Studentenzeitung **Diskus** erscheint unter dem lakonischen Titel **Gewalt** eine Auseinandersetzung der Gruppe *Revolutionärer Kampf* mit der RAF. Der Text versteht sich als Initiative zu einer seit langem überfälligen politischen Auseinandersetzung mit der Stadtguerilla in der Bundesrepublik. Mit dem Anspruch der Selbstkritik wird festgestellt, daß zu lange übersehen worden sei, inwiefern die Verfolgung und Kriminalisierung der RAF nur der Anfang für eine verschärfte Repression gegen die gesamte Linke war. Zunächst wird die Verlaufsgeschichte der RAF aus einem Strang der militanten Studentenbewegung heraus entwickelt und dargestellt. In diesem Sinne werden eine Reihe von Gemeinsamkeiten markiert; auch wird ein gewisses Verständnis für diejenigen geäußert, die glaubten, mit dem Schritt in den Untergrund am radikalsten mit der eigenen bürgerlichen Existenz brechen zu können. Nicht eine Kritik der Gewalt ist es, die den RK von der RAF unterscheidet, sondern eine Kritik an der unpolitischen bzw. an der unterentwickelten politischen Gewalt. »Es kommt nicht darauf an«, heißt es, »mit der gleichen Feuerkraft oder schlaueren Tricks das System auf der militärischen Ebene zu schwächen. Weder naht der Endkampf, noch kann sich dieser jemals entwickeln losgelöst von den Massenkämpfen. Wir haben die bürgerliche Gewalt nicht erfunden, sondern vorgefunden; die Gewalt, die wir dagegen anwenden, muß aber verbunden sein mit positiven Momenten: der Erfahrung der Solidarität, der Entwicklung neuer Verkehrsformen.«[1012] Der qualitative Unterschied wird in der

---

1006 Zit. nach: Angela Davis Solidaritätskomitee (Hg.), Am Beispiel Angela Davis – Der Kongreß in Frankfurt. Reden, Referate, Diskussionsprotokolle, Frankfurt/Main 1972, S. 21 f.; vgl. auch die schriftlich erweiterte und veränderte Fassung des Redebeitrags von Oskar Negt: **Dok. Nr. 397.**
1007 A.a.O.; vgl.: Jutta Roitsch, Führende Linke grenzen sich von BaaderMeinhof ab, in: Frankfurter Rundschau vom 5. Juni 1972.
1008 Zit. nach: Werner Lehmann, Schwarze Rose aus Alabama, Ost-Berlin 1972, S. 37.
1009 Frankfurter Rundschau vom 17. Mai 1972.
1010 »Spielt nicht mit der Legalität!« – Gespräch mit Oskar Negt, in: Der Spiegel vom 19. Juni 1972, 26. Jg., Nr. 25, S. 128–133.
1011 »Dieser Terror ist konterrevolutionär« – Interview mit Herbert Marcuse, in: Konkret vom 15. Juni 1972, 18. Jg., Nr. 13, S. 15. **(Dok. Nr. 398)**
1012 Revolutionärer Kampf, Gewalt, in: Diskus – Frankfurter Studentenzeitung vom 30. Juni 1972, 22. Jg., Nr. 3/4, S. 17. **(Dok. Nr. 400)**

politischen Korrespondierbarkeit gesehen, die die Gewalt zum Erfahrungsvermögen beider Seiten besitzt, derjenigen, die sie einsetzen und derjenigen, die sich nicht getrauen sie einzusetzen. Während die RAF Gewalt im Sinne eines sich revolutionär gerierenden Militarismus propagiert, spricht sich der RK für eine Militanz im Kontext sozialer Widerstandsbewegungen aus. Die Kritik der letzteren an der ersteren Gruppe, die sich von ihrer historischen Entstehung so ähnlich sind, lautet deshalb: »Die Politik der Bomben der RAF klärt nicht die Frage nach einer langfristigen revolutionären Strategie, weil sie nicht fragt, wie die Massen lernen, sich selbst zu wehren. Nicht die Bomben bringen das kapitalistische System in Gefahr, es ist erst dann in Gefahr, wenn die Massen es nicht mehr wollen und eine praktische Alternative sehen, wie sie ihr Leben verändern können.«[1013]

15. Juli 1972: Aus Anlaß seines 80. Geburtstages erscheinen die ersten beiden Bände der von Rolf Tiedemann und Hermann Schweppenhäuser gemeinsam herausgegebenen **Gesammelten Schriften** des Philosophen, Essayisten und Kritikers **Walter Benjamin**. Als erstes werden der von Hella Tiedemann-Bartels herausgegebene Band 3 mit den Kritiken und Rezensionen sowie der Band 4 mit den von Tilman Rexroth herausgegebenen kleinen Prosa-Texten und Übersetzungen vorgelegt. – Im Hörsaal V der Universität, im Philosophischen Seminar und im Palmengarten sind dazu zwei Wochen zuvor zu Ehren des jüdischen Schriftstellers, der sich 1940 auf der Flucht vor der Gestapo an der französisch-spanischen Grenze das Leben genommen hat, Vorträge und ein Symposion gehalten worden. Rolf Tiedemann hat über Konzept und Prinzipien der von der Volkswagen-Stiftung finanzierten Edition berichtet, Jürgen Habermas über *Kultur und Gewalt – Die Aktualität Walter Benjamins*[1014] referiert und Gershom Scholem über *Walter Benjamin und seinen Engel*[1015]. Und zum Abschluß fand ein Symposion statt, an dem Ernst Bloch, Gershom Scholem, George Steiner u.a. teilnahmen.[1016] – Mit den vom Suhrkamp Verlag organisierten Veranstaltungen soll nicht nur ein jahrelanger Streit um die Editionspraxis der vor allem von Theodor W. Adorno zu verantwortenden Herausgabe der *Schriften*[1017] und *Briefe*[1018] Walter Benjamins beendet werden, sondern auch einer umstrittenen Rezeption durch die Studentenbewegung der Riegel vorgeschoben werden. Am deutlichsten hat das Habermas in seinem im Hörsaal V gehaltenen Festvortrag ausgesprochen. Im Hinblick auf den mit Benjamin-Thesen unterfütterten Gewalt-Diskurs im Umfeld des SDS und den aus ihm hervorgegangenen intellektuellen Strömungen hat er, nicht ohne ein grundsätzliches Scheitern von Benjamins Intention einer Symbiose von Aufklärung und Mystik zu konstatieren, zu Bedenken gegeben: »Unter historischen Umständen, die den Gedanken an Revolution verbieten, die die Perspektive lange anhaltender umwälzender Prozesse nahelegen, muß sich auch die Vorstellung von der Revolution als dem Bildungsprozeß einer neuen Subjektivität wandeln.«[1019]

7. August 1972: In der **New York Times** erscheint unter dem Titel **Blue-Collar Revolution** ein Artikel von Herbert Marcuse.

September 1972: In der **edition suhrkamp** erscheint die von Oskar Negt und Alexander Kluge gemeinsam verfaßte Studie **Öffentlichkeit und Erfahrung – Zur Organisationsanalyse von bürgerlicher und proletarischer Öffentlichkeit**. Darin wird der Anspruch erhoben, sich auf die bislang vernachlässigte Dimension plebejischer Öffentlichkeitsformen zu konzentrieren und durch die Herausarbeitung eines Begriffs proletarischer Erfahrung die theoretischen Voraussetzungen für Modelle zur Entfaltung proletarischer Gegenöffentlichkeit zu schaffen. Negt und Kluge wollen damit in kritischer Weise an die ein Jahrzehnt zuvor von Jürgen Habermas vorgelegte Analyse *Strukturwandel der Öffentlichkeit*, in der es um die Funktionsdefizite bürgerlicher Öffentlichkeit ging, anknüpfen. Ihre Überlegungen stoßen vor allem in Gruppierungen der undogmatischen Linken auf starkes Interesse.

11. September 1972: Die schwarze Bürgerrechtlerin Angela Davis, die am Tag zuvor zu einem mehrtägigen DDR-Besuch eingetroffen ist, wird in **Ost-Berlin** vom Ersten Sekretär des SED-Zentralkomitees, Erich Honecker, empfangen. Noch am selben Tag verleiht ihr der Staatsratsvorsitzende Walter Ulbricht den Orden »Großer Stern der Völkerfreundschaft« in Gold. – Angela Davis ist seit 1968 Mitglied der *Kommunistischen Partei der USA* (KPdUSA).

Oktober 1972: In der tschechoslowakischen Kurstadt **Marienbad** findet ein internationaler Kongreß zur Kritik der Frankfurter Schule statt. Für die Teilnehmer aus der ČSSR, der DDR, Ungarn und der Sowjetunion ist unbestritten, daß es sich bei den Theorien von Horkheimer, Adorno, Marcuse, Habermas und anderen um ein typisches »Geistesprodukt der deutschen Bourgeoisie« handelt. Der gefährlichste Vertreter der von ihnen bekämpften Denkrichtung ist Herbert Marcuse, der fast immer antiimperialistisch argumentiere, seltener antikapitalistisch, jedoch nie prosozialistisch – im Sinne der von den Teilnehmern offiziell repräsentierten Staaten.[1020]

14. Oktober 1972: Zu einer vom *Sozialistischen Büro* einberufenen Tagung kommen etwa zwei 200 Teilnehmer aus allen Teilen der Bundesrepublik und West-Berlin zusammen. Die drängendste Frage ist die nach einer angemessenen Organisierung der nur lose miteinander verbundenen lokalen Initiativ- und Basisgruppen. Genau dazu stellt Oskar Negt Überlegungen vor, mit der er der wechselseitigen Fetischisierung von Organisationsprinzipien einerseits und Spontaneitätsformen andererseits zu entgehen versucht. Unter der später oft zitierten Parole **Nicht nach Köpfen, sondern nach Interessen organisieren!**[1021] propagiert er eine Organisierung mittlerer Reichweite. Aus den verschiedenen Arbeitsfeldern heraus sollen organisierende Grundelemente entwickelt werden, deren Vermittlung zu anderen Bereichen durch die Koordinierung eines zentralen Ausschusses geleistet werden soll. »Das *Sozialistische Büro*«, argumentiert Negt, »kann sich in der gegenwärtigen Phase nur als Organisator eines Produktionszusammenhangs verstehen, in den die jetzt noch verstreut und zum Teil okal begrenzt arbeitenden Basisgruppen einbezogen werden. Es hat nicht die Aufgabe, durch Direktiven und verbindliche Richtlinien auf arbeitende Gruppen, innerhalb und außerhalb bestehender Organisationen, einzuwirken. ... Ohne eine solch selbsttätige Organisation der Erfahrung, die die traditionelle, auch von den Arbeiterorganisationen geteilte Aufspaltung von Interessen und Politik zu überwinden sucht, kann eine sozialistische Politik keine wirkliche Basis in den Massen gewinnen.«[1022] Erfahrung, Bedürfnis, Interesse – entlang solcher Subjektkategorien versucht Negt ein Organisationskonzept zu entwickeln, das gesellschaftlich nicht ins Leere stößt.

11.9.: Angela Davis an der Seite Erich Honeckers im Ostberliner Friedrichstadt-Palast.

1013 A.a.O.
1014 Veröffentlicht unter dem Titel: Bewußtmachende oder rettende Kritik – die Aktualität Walter Benjamins, in: Siegfried Unseld (Hg.), Zur Aktualität Walter Benjamins – Aus Anlaß des 80. Geburtstags von Walter Benjamin, Frankfurt/Main 1972, S. 173–223.
1015 In: a.a.O., S. 87–138.
1016 Vgl.: Jörg Drews, An den Bruchstellen blitzt die Zukunft auf – Vorträge und Diskussionen in Frankfurt, Walter Benjamin zu ehren, in: Süddeutsche Zeitung vom 4. Juli 1972; Rudolf Krämer-Badoni, Walter Benjamin als vielzitierter Klassiker – Feier in Frankfurt anläßlich seines 80. Geburtstags, in: Die Welt vom 5. Juli 1972; Hartmut Scheible, Zwischen Theologie und Säkularisation – Zur Neuedition der Benjamin-Schriften, in: Frankfurter Rundschau vom 5. Juli 1972.
1017 Walter Benjamin, Schriften Bd. I u. II, hrsg. von Theodor W. und Gretel Adorno, Frankfurt/Main 1955.
1018 Walter Benjamin, Briefe Bd. 1 u. 2, hrsg. von Gershom Scholem und Theodor W. Adorno, Frankfurt/Main 1966.
1019 Zit. nach: Karl-Heinz Janßen, Walter Benjamin 80 – Eine würdige Geburtstagsfeier in Frankfurt, in: Die Zeit vom 7. Juli 1972, 27. Jg., Nr. 27, S. 17.
1020 Vgl.: Das Trauma des Dritten Weges – Die »Frankfurter Schule« ist für den Ostblock-Kommunismus nach wie vor Feind Nummer eins, in: Frankfurter Allgemeine Zeitung vom 28. November 1972.
1021 Oskar Negt, Nicht nach Köpfen, sondern nach Interessen organisieren!, in: Sozialistisches Büro (Hg.), Für eine neue sozialistische Linke, Frankfurt/Main 1973, S. 216–226. **(Dok. Nr. 401)**
1022 A.a.O., S. 225.

13.12.: Demonstration der »Roten Hilfe«.

15. Oktober 1972: Bei einer Demonstration verschiedener linker Gruppierungen wie dem *Revolutionären Kampf* (RK) und der KPD/ML gegen das Ausländergesetz kommt es in **Rüsselsheim** zu Übergriffen bewaffneter Gegendemonstranten. Als sich die Teilnehmer vor dem Wohnheim ausländischer Arbeiter der Adam-Opel-AG versammeln, taucht eine Gruppe rechtsradikaler Türken, der *Grauen Wölfe*, auf, zerreißt Plakate und geht dann mit Messern, Knüppeln und Steinen auf die Demonstranten los. Diese reagieren zunächst defensiv, erst als sie begreifen, daß die Anstürmenden vor nichts zurückschrecken, beginnt ein Teil von ihnen, sich zu verteidigen, während andere die Flucht ergreifen. Die Polizei schaut der Schlägerei eine Zeit lang zu; erst nach einer Viertelstunde beginnt sie, dazwischenzugehen. Einige Personen haben schwere Verletzungen erlitten, Daniel Cohn-Bendit trägt eine Platzwunde am Kopf davon. Anschließend wird die Demonstration dennoch durchgeführt. Sie verläuft ebenso wie die Abschlußkundgebung ohne weitere Zwischenfälle.

7. November 1972: Auf einem von sozialistischen Jura-Studenten an der Universität **Köln** organisierten Teach-in zur Frage **Klassenjustiz?** behandelt Oskar Negt Probleme einer marxistischen Rechtstheorie im allgemeinen. Mit der Schlußsequenz seines Beitrages, in der er die Aufhebbarkeit des Rechts und damit implizit auch das Verschwinden formalisierter Rechtsformen als Ziel proklamiert, löst er heftige Diskussionen aus: »Marxistische Rechtstheorie lebt von dem Gedanken, daß das Recht als Inbegriff von Gleichheit und Ungleichheit, von Emanzipation und Gewalt ein Stadium der Vorgeschichte ausdrückt, also aufhebbar sein muß. Es bezeichnet die Herrschaft der toten über die lebendige Arbeit.«[1023]

Dezember 1972: In der 16. Ausgabe der Zeitung **Rote Hilfe**, dem Informationsblatt der gleichnamigen sozialistischen Hilfsorganisation für politisch Verfolgte, erscheint unter der Überschrift **Prof. Max Horkheimer: »Terror muß dabei sein!«** ein fingiertes Interview mit dem Sozialphilosophen und ehemaligen Direktor des Frankfurter Instituts für Sozialforschung. In dem als »Exklusiv-Interview« ausgegebenen Text sind die jeweiligen Antworten aus bekannten Aufsätzen Horkheimes zusammenmontiert.

13. Dezember 1972: An einer Veranstaltung der *Roten Hilfe* (RH), bei der es vor allem um die Klärung des Verhältnisses zur RAF geht, nehmen im Hörsaal VI der Universität 1.200 Studenten teil. Hauptredner sind der Hannoveraner Psychologe Professor Peter Brückner, dessen zuvor in Heidelberg angekündigter Vortrag durch die Schließung der Universität und einen Großeinsatz der Polizei verhindert worden ist, und Daniel Cohn-Bendit. Brückner kündigt seine halbstundige Rede mit den Worten an, er wolle das nachholen, was ihm an der Universität Heidelberg durch den baden-württembergischen Kultusminister Wilhelm Hahn (CDU) verwehrt worden sei. Hahn ernenne offenbar immer noch lieber einen NPD-Mann zum Beamten als einen Sozialwissenschaftler wie ihn sprechen zu lassen. Brückner appelliert an seine Zuhörer, einer »Kriminalisierungstaktik« die Ausschöpfung aller demokratischen Rechte entgegenzusetzen. Interne Auseinandersetzungen müßten dort zurücktreten, wo politisches Handeln angesagt sei. Von der Liquidierung einer in Ansätzen vorhandenen linken Bewegung, mahnt er abschließend, seien alle Gruppierungen betroffen.[1024] Nachdem ein Sprecher der *Roten Hilfe* (RH) zu größerer Solidarität mit der RAF und dem *Sozialistischen Patientenkollektiv* (SPK) in Heidelberg aufgerufen hat, stellt Cohn-Bendit demgegenüber Überlegungen vor, in welcher Form sich Solidarität und Kritik ausdifferenzieren müßten. Gegenüber dem Klassenfeind müsse man sich mit der RAF solidarisch zeigen, dies dürfe aber nicht so mißverstanden werden, argumentiert er, als würde man sich mit ihrer Strategie der Gewalt identifizieren. In dieser Hinsicht gebe es eine grundsätzliche Differenz. Wer sich in einem radikalen Sinne verstehe, der dürfe sich nicht auf der Erinnerung an die Welle der Proteste von 1968/69 ausruhen, sondern müsse konkret politisch arbeiten. Das heiße, neue Hausbesetzungen vorbereiten, Mietstreiks organisieren und anderes mehr. Wenn Gerhard Löwenthal, der Moderator des *ZDF-Magazins*, erkläre, an der Universität würde der Klassenkampf vorbereitet, dann habe er recht. Wer behaupte, Löwenthal sei ein Heuchler, der heuchle selbst. – Zu Beginn der Diskussionsveranstaltung ist einem Kamera-Team des *ZDF-Magazins* der Zutritt zum Hörsaal verwehrt worden, weil befürchtet wird, daß in der Sendung des rechtskonservativ-antikommunistisch eingestellten Journalisten nur einseitig berichtet werden könnte.

1023 Oskar Negt, Thesen zur marxistischen Rechtstheorie, in: Basisgruppe Jura der Universität Köln (Hg.), Klassenjustiz? Methoden der bürgerlichen Rechtswissenschaft und marxistische Rechtstheorie, Köln 1973, S. 19.

1973

28. 3.: Polizisten versuchen im Kettenhofweg vor Steinwürfen in Deckung zu gehen.

6. Januar 1973: Auf einem Teach-in an der University of California in San Diego hält Herbert Marcuse einen Beitrag gegen den US-Krieg in Vietnam.

14. Februar 1973: Mit einer Protestaktion sprengen rund 50 Angehörige der RK-Frauengruppe und der SHI die in der Diskothek »Number One« angesetzte Wahl der **Miß-Teenager-Beine**. Unter der Parole »Frauen gemeinsam sind stark« stürmen sie in dem Moment, in dem die Männerjury ihre Beinschau beginnen will, auf die Tanzfläche und werfen Schweinshaxen statt Miß-Beine durch die Luft. Dabei kommt es zu Tumulten, die in einer Saalschlacht mit umgestürzten Tischen, zerbrochenen Flaschen und verschütteten Gläsern endet.

28. März 1973: Zu einer seit langem befürchteten Konfrontation kommt es, nachdem ein Gerichtsvollzieher am Morgen vergeblich versucht hat, einen Räumungsbescheid für das besetzte Haus Kettenhofweg 51 zu übergeben, wegen der Verbarrikadierung des Gebäudes jedoch unverrichteter Dinge wieder abziehen mußte. Mehrere hundert Demonstranten, darunter zahlreiche Vermummte, stellen anschließend Container, Möbelstücke und andere massive Gegenstände auf die Straße, um das Vordringen der erwarteten Polizei zu verhindern oder zumindest zu erschweren. Doch erst gegen 13 Uhr rückt die Polizei mit mehreren Hundertschaften von zwei Seiten gegen die vor dem besetzten Haus zwischen den eher symbolischen Barrikaden wartenden Demonstranten vor. In einer Reportage des **Hessischen Rundfunks** wird geschildert, was dann geschieht: »Von mehreren Seiten her bewegten sich Hunderte von Beamten, hinter Schilden und Visieren geschützt und von Wasserwerfern und Tränengas auf die Menschengruppe zu, die sie mit Steinen und anderen Wurfgeschossen bombardierte. Die Beamten feuerten die Wurfgeschosse umgehend zurück, rückten im Laufschritt weiter vor, und wer kein Fluchtloch mehr fand, wurde erbarmungslos zusammengeschlagen und auch getreten. Die sogenannte Front war zersplittert. Die Auseinandersetzungen wogten in den Seitenstraßen weiter. Wer immer sich dort noch aufhielt, egal ob Demonstrant, Bewohner oder Passant, mußte rennen, wollte er nicht von der Polizei überrannt werden. Nach einer halben Stunde war eigentlich alles vorbei, hätte alles vorbei sein sollen, denn die Demonstranten waren in alle Winde zerstreut. Doch die Polizei machte grüppchenweise weiter, demonstrierte ständig Stärke und provozierte ihrerseits Provokationen der Demonstranten, die dann natürlich sofort massiv geahndet wurden. Ein Kleinkrieg setzte ein, Greiftrupps nahmen ständig neue Demonstranten fest. Pressephotographen wurden massiv daran gehindert, diese, inklusive zahlreicher Entgleisungen, im Bild festzuhalten. Zweieinhalb Stunden dauerte das Ganze, bis sich die Beamten endlich zufriedengaben ... das Wohnhaus Kettenhofweg 51 ist trotz des massiven Polizeieinsatzes überhaupt nicht angetastet worden.«[1025] Ein Pressesprecher der Polizei gibt am Abend bekannt, daß bei den Auseinandersetzungen 48 Beamte verletzt worden seien, 24 Personen habe man im Laufe des Tages festgenommen, über verletzte Demonstranten lägen keine Informationen vor. – Das Echo auf die gewalttätigen Zusammenstöße ist außerordentlich groß. Die Hausbesetzer-Bewegung erhält Zulauf wie nie zuvor. Auf der nächsten Demonstration, drei Tage darauf, nehmen zwischen 5.000 und 8.000 Menschen teil. Durch den Umzug und die starke Polizeipräsenz wird die Innenstadt stundenlang lahmgelegt.

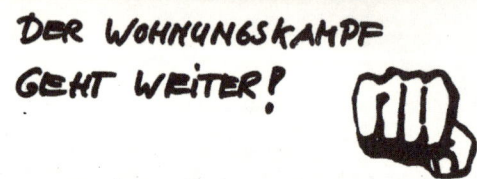

28.3.: Nach der Verteidigung im Haus verteiltes Flugblatt.

31. März 1973: Der Schriftsteller Gerhard Zwerenz publiziert in der **Frankfurter Rundschau** die **Ballade vom einäugigen Revoluzzer zu Frankfurt a. M.** Bei dem Text handelt es sich, kaum verschlüsselt, um ein Porträt Hans-Jürgen Krahls. Es setzt sich vor allem aus den in Kneipen seit dessen Tod von Freunden und Anhängern ständig weitergesponnenen Episoden, Berichten, Geschichten und Gerüchten zusammen. »Als es vorbei war mit dem einäugigen Revoluzzer, als sie ihn begraben haben«, schreibt Zwerenz, »erinnern sich die Genossen ... an den Volkstribun, der von der Kanzel herab die Internationale gesungen hat, Karfreitag 68, der sich über kurz oder lang doch umgebracht hätte mit Bier und Korn, der Rittergutsbesitzersnachkomme, der Grafensohn, der Kaiser-Verwandte, der unheimlich großartige, der, ach, der stockbesoffen hatte sein können und immer klarer bei Kopf wurde und immer noch tausendmal gescheiter redete als eine Runde völlig Nüchterner, der! Dem sie auch immer nur vorwerfen konnten, daß er soff und ein schwuler Hund sei. Der ... Jetzt ist alles zerfallen, die Theorie und was gedacht wurde ... auch Glasauge Revoluzzer wäre die akademische Ochsentor hart angekommen, nicht wegen der Qualifikation, mit seinem Wissen steckte er jeden in die Tasche, aber das Sonstige: der Alkohol, sein unstetes Wesen, die Freunde mit ihren Forderungen, die Feinde – die Zeit.«[1026] – Der Text ist ein Vorabdruck aus einem Roman, der ursprünglich »In der B-Ebene« heißen sollte, nun aber den Titel **Die Erde ist unbewohnbar wie der Mond** trägt.[1027] – Das Buch, in dessen Zentrum der Konflikt um den Wohnraum im Frankfurter Westend und der jüdische Immobilienspekulant Abraham stehen, wird später die Vorlage zu Rainer Werner Fassbinders Theaterstück **Die Stadt, der Müll und der Tod**.

April 1973: Eine Gruppe von 21 Rechtsanwälten, die bei Prozessen RAF-Mitglieder verteidigen, gründet in Frankfurt das **Komitee gegen die Folter politischer Gefangener**. In einem *Aufruf der Anwälte der politischen Gefangenen* wird der Vorwurf erhoben, in den Strafvollzugsanstalten der Bundesrepublik würde durch »totale Isolation« und psychiatrische Zwangsbehandlung gefoltert. Diese Praxis widerspreche, heißt es weiter, »den elementarsten Menschenrechten« und entlarve »den terroristischen Charakter des Strafrechtssystems«. – Ziel der sogenannten *Folter-Komitees*, die sich in der Folge in mehreren Großstädten bilden, ist es, durch Aufrufe, Resolutionen und Presseerklärungen möglichst prominente Vertreter der liberalen Öffentlichkeit zu mobilisieren, um mit ihrer Hilfe nicht nur eine Verbesserung der Haftbedingungen von RAF-Gefangenen zu erreichen, sondern indirekt auch eine Unterstützung ihrer politischen Zielsetzungen zu bewirken.

4. April 1973: Um 4 Uhr 30 morgens erfolgt die Räumung des besetzten Hauses Kettenhofweg 51 ohne eine Spur von Gegenwehr. Die Polizei hat zur Sicherung vorsorglich acht Hundertschaften aufgeboten, die Besetzer lassen sich jedoch zur großen Überraschung widerstandslos abführen. Als der politisch Verantwortliche, Oberbürgermeister Rudi Arndt (SPD), am Nachmittag in der Nähe der Hauptwache unversehens in einen Pulk von Demonstranten gerät, die gegen die Räumungsaktion protestieren, herrscht für einen Moment eine brisante Situation. »Den bedingungslosen Haß in manchen Gesichtern«, erklärt er später der Presse gegenüber, »sah ich schon einmal bei SA-Leuten, die am 2. Mai 1933 meinen Vater niederstachen.«[1028]

14. Mai 1973: Felix Weil, der Mitbegründer des Instituts für Sozialforschung, hält in einem Hörsaal der Frankfurter Universität einen Vortrag über dessen Geschichte. Er schildert darin ausführlich, wie sich sein Vater Hermann während des Ersten Weltkrieges aus schlechtem Gewissen über seine Rolle im U-Bootkrieg dazu »breitschlagen« ließ, das Institut zu finanzieren. Skurrilerweise habe das erste von Weil gemeinsam mit Fritz Sternberg abgehaltene Seminar über *Imperialismus und Marxismus* im Senckenbergmuseum unter dem Knochengerüst eines riesigen Wales stattfinden müssen. Beschrieben wird vor allem die Gründungszeit vor Beginn des Direktoriats von Max Horkheimer. Felix Weil, der sich selbstironisch als »Salonbolschewist« bezeichnet, schließt seine Reminiszenzen mit der Bemerkung, daß das gegenwärtige Institut im Verhältnis zu dem der zwanziger Jahre »einem Schwanz« (empirische Forschung) gleiche, der »mit dem Hund« (theoretische Grundlagen) wedle.

1024 Vgl.: Jutta Roitsch, Reden, aber auch gehört werden – Was Professor Brückner will, in: Frankfurter Rundschau vom 14. Dezember 1972.
1025 Aus einer Reportage des Hessischen Rundfunks vom 28. März 1973, Typoskript.
1026 Gerhard Zwerenz, Ballade vom einäugigen Revoluzzer in Frankfurt a.M., in: Frankfurter Rundschau vom 31. März 1973.
1027 Gerhard Zwerenz, Die Erde ist unbewohnbar wie der Mond, Frankfurt/Main 1973.
1028 Bild-Zeitung vom 5. April 1973.

9. Juni 1973: In einer in der **Frankfurter Allgemeinen Zeitung** erscheinenden Rezension von Herbert Marcuses Buch **Konterrevolution und Revolte** spricht Jürgen Habermas der Jugendorganisation der SPD ein Lob aus. Die *Jungsozialisten* stellten eine »taktisch erfolgreiche Opposition« dar, die es erstmals in der deutschen Nachkriegsgeschichte geschafft habe, eine wirksame »Auseinandersetzung mit sozialistischen Gesellschaftsanalysen« herbeizuführen. Im Gegensatz zu Marcuse, für den die parlamentarische Demokratie kein Feld sei, das eine qualitative Veränderung der Gesellschaft ermögliche, sähen die Jusos darin durchaus die Chance zu strukturverändernden Eingriffen. »Was hingegen die Jusos mit Marcuse verbindet«, so argumentiert Habermas, »kommt in ihrer erklärten ›Doppelstrategie‹ zum Ausdruck: Erfolge innerhalb der bestehenden Institutionen werden nur dann nicht bürokratisch versickern, wenn eine gleichzeitige Politisierung des Bewußtseins größerer Bevölkerungsteile jene neuen Bedürfnisse schafft, die veränderte gesellschaftliche Prioritäten allein rechtfertigen, durchsetzen und tragen können.«[1029]

13. Juni 1973: Im Saal der *Israelitischen Kultusgemeinde* in **Zürich** hält Max Horkheimer einen Vortrag über **Das Judentum und die Krise der Religion**.

18. Juni 1973: Zu der von einem Rezensenten aufgestellten Behauptung, Jürgen Habermas distanziere sich vom Marxismus, bemerkt dieser in einem Leserbrief an das Magazin **Der Spiegel**: »Sollte eine Analyse, die ihre Ausgangsfrage, wesentliche theoretische Anstöße, die begrifflichen Instrumente und das Ziel: nämlich eine historisch-materialistische Auffassung der Gesellschaft, Marx verdankt, ›marxistisch‹ genannt werden dürfen, besteht kein Grund, meine Arbeit nicht so zu nennen.«[1030]

7. Juli 1973: Im Alter von 78 Jahren stirbt in einer **Nürnberg**er Klinik der Sozialphilosoph und ehemalige Direktor des Frankfurter Instituts für Sozialforschung **Max Horkheimer**. – Über die Umstände seines Todes äußert sich seine Sekretärin Hertha Dembitzer später in einem Brief an Hannah Tillich, die Witwe des Religionsphilosophen Paul Tillich. »Wie Sie wissen«, schreibt sie von **Montagnola** (Tessin) aus, »starb Max Horkheimer nicht in Montagnola sondern in einer Nürnberger Klinik, überraschend, an einer Herzschwäche. Seit der Prostataoperation, die durchaus

7.7.: Max Horkheimer (1895–1973).

gelungen war, fuhr er ab und zu dorthin, um eine Routinenachuntersuchung vornehmen zu lassen. Er wollte im Juli wieder hier sein ... Knapp vor seiner geplanten Rückkehr jedoch traten Kreislaufstörungen ein, denen das Herz nicht gewachsen war. Wie uns der behandelnde Arzt versicherte, ist er, ohne zu leiden, am 7. Juli am späten Nachmittag friedlich entschlafen.«[1031] – Am 11. Juli erscheint unter der Überschrift **Die Solidität endlicher Wesen** in der **Frankfurter Allgemeinen Zeitung** ein Nachruf seines Schülers Alfred

Schmidt und einen Tag darauf unter dem Titel **Im Krankenwagen nach Frankfurt** am selben Ort eine Erinnerung des Schriftstellers Hans Habe.

11. Juli 1973: In der in Zürich erscheinenden **Weltwoche** wird ein Streitgespräch zwischen Herbert Marcuse und Raymond Aron abgedruckt, in dem es um die Frage geht, ob ein wahrhaft demokratischer Kommunismus nicht bereits aus grundsätzlichen Erwägungen heraus eine Illusion bleiben müsse.

12. Juli 1973: Auf dem Israelitischen Gemeindefriedhof im **Bern**er Stadtteil Wankdorf wird **Max Horkheimer** neben dem Grab seiner Frau Maidon beigesetzt. An dem Begräbnis nehmen neben der einzigen noch lebenden näheren Verwandten Margit Winter eine Reihe von Freunden aus dem Tessin und aus Frankfurt teil, darunter der Oberbürgermeister Rudi Arndt, die stellvertretende Stadtverordnetenvorsteherin Christa-Mette Mumm von Schwarzenstein, der Kurator der Goethe-Universität, Achaz von Thümen, der Dekan des Fachbereichs Philosophie, Professor Werner Becker, der Horkheimer-Schüler Professor Alfred Schmidt, der Direktor des Instituts für Sozialforschung Dr. Gerhard Brandt sowie der frühere Rektor der Frankfurter Universität und jetzige Leiter des Soziologischen Instituts der Universität Bern, Professor Walter Rüegg. Rabbiner Roland Gradwol erklärt, daß Horkheimer dem jüdischen Glauben stets verbunden geblieben sei. Noch vor nicht allzu langer Zeit habe er gemeint, daß es »etwas Jenseitiges, Transzendentes« geben müsse, auch wenn man es nicht beweisen könne. Im Anschluß an ihn ergreifen Arndt, Schmidt und Brandt sowie ein Vertreter des *American Jewish Committee* und der *Jüdischen Gemeinde* von Lugano das Wort.[1032] Auf dem Friedhof ruhen neben Horkheimers Frau auch seine Eltern und sein Freund Friedrich Pollock.

19. Juli 1973: Anläßlich des 75. Geburtstags von Herbert Marcuse führt Peter Langer im **Westdeutschen Rundfunk** ein Gespräch mit dem Jubilar über den Einfluß seines Werkes auf die radikale Linke. Dabei unterscheidet Marcuse gleich eingangs zwischen einer legitimen revolutionären Gewalt und einem nicht zu rechtfertigenden individuellen Terror. Er betont gleichzeitig, daß es nicht seine Aufgabe sei, Distanzierungen auszusprechen bzw. militante Gruppen zu denunzieren. Die größte Gewalt gehe schließlich vom Establishment aus. Er glaube nicht, versichert er, daß die linken Gruppierungen seine Autorität für ihr Denken und Handeln benötigten. – Am selben Tag erscheint in **der Süddeutschen Zeitung** unter dem Titel **Revolution und Moral** ein von Ivo Frenzel verfaßter Glückwunschartikel.

31. Oktober 1973: Der Kampf um die besetzten Häuser tritt in seine entscheidende Phase ein. Die städtische Wohnheim-GmbH hat einen Räumungsbescheid für den Häuserblock Schumannstraße/Bockenheimer

31.10.: Titel des Münchner Trikont Verlags.

1029 Jürgen Habermas, Herbert Marcuse über Kunst und Revolution, in: Frankfurter Allgemeine Zeitung vom 9. Juni 1973. **(Dok. Nr. 402)**
1030 Leserbrief von Jürgen Habermas, in: Der Spiegel vom 18. Juni 1973, 27. Jg., Nr. 25, S. 16. **(Dok. Nr. 403)**
1031 Max Horkheimer, Gesammelte Schriften Bd. 18: Briefwechsel 1949–1973, hrsg. von Gunzelin Schmid Noerr, Frankfurt/Main 1996, S. 816.
1032 Vgl.: Ursula Zenger, Max Horkheimer in Bern beerdigt, in: Frankfurter Allgemeine Zeitung vom 13. Juli 1973.

Landstraße zum 1. November gerichtlich durchsetzen können. Nachdem Daniel Cohn-Bendit drei Tage zuvor auf einer Demonstration angekündigt hat, daß die Häuser, die seit zwei Jahren das Zentrum der Hausbesetzerbewegung sind, nicht kampflos preisgegeben würden, findet unter dem Motto **Räumungsnacht – alles kracht** im Hörsaal VI eine Veranstaltung statt, auf der über Möglichkeiten des Widerstands informiert und debattiert wird. Der Andrang ist so groß, daß der Platz bei weitem nicht ausreicht. Mehr als 3.000 Sympathisanten des *Häuserrats* wollen wissen, wie die Auseinandersetzung um die Wohnraumpolitik im Westend fortgesetzt werden soll. Anschließend zieht der Großteil in den Festsaal des Studentenhauses. Dort wird ab 3 Uhr morgens in einer Mischung aus Spott, Zynismus, Selbstironie und Übernächtigung der von Sergio Leone gedrehte Italo-Western **Spiel mir das Lied vom Tod** gezeigt. Bereits die melodramatische Titelmelodie von Ennio Morricone soll den Aktivisten signalisieren, daß die Zeit der Entscheidung gekommen zu sein scheint. – Von dieser Stunde an, in der eine Räumung jeder Zeit möglich ist, lösen sich Wachen rund um die Uhr ab. Umfangreiche Telephonketten sind abgesprochen, um in der Stunde X die Alarmmeldung über Stadtteilgruppen bis in den letzten Winkel des Rhein-Main-Gebiets zu tragen. Doch der erwartete Polizeieinsatz zögert sich Woche um Woche hinaus. Die Fehlalarme nehmen zu, die vergeblichen Mobilisierungen häufen sich und die Stimmung in den zur Verteidigung bereitstehenden Gruppen, darunter einer *Projektgruppe Barrikadenbau*, wird von Mal zu Mal gereizter.

23. November 1973: Der Rat der Philosophischen Fakultät an der Ludwig-Maximilians-Universität in **München** lehnt es ab, dem Soziologen Professor Jürgen Habermas eine Honorarprofessur anzubieten. – Der Rektor Professor Nikolaus Lobkowicz erklärt dazu, daß er die Entscheidung »außerordentlich« bedaure, schon allein deshalb, weil er einer der Antragsteller gewesen sei. Einer der Gegner meint, Habermas solle erst einmal »so lange in Starnberg schmoren bis Gras über das hessische Universitätsgesetz gewachsen« sei. – Der frühere Mitarbeiter des Frankfurter Instituts für Sozialforschung, seit zwei Jahren Direktor des Max-Planck-Instituts zur Erforschung der Lebensbedingungen der technisch-wissenschaftlichen Welt in Starnberg, war einer der Mitverfasser des Hessischen Hochschulgesetzes.

23. November 1973: Die Frankfurter Societäts-Druckerei stimmt einem Vergleich zu, demzufolge das ehemalige SDS-Mitglied Günter Amendt wegen der durch die Anti-Springer-Demonstrationen nach dem Dutschke-Attentat Ostern 1968 entstandenen Schäden 30.000 DM zu zahlen hat. Die Gerichtskosten werden zwischen beiden Parteien geteilt. – Der Bundesgerichtshof in **Karlsruhe** hatte im Jahr zuvor Amendt in letzter Instanz dazu verurteilt, 72.000 DM zu zahlen. Es sah ihn zusammen mit dem tödlich verunglückten Hans-Jürgen Krahl als Rädelsführer an, der die Verantwortung für die durch die Blockadeaktionen verursachten Schäden zu tragen habe. Ein Komitee *Solidarität mit Günter Amendt* hatte seitdem versucht, den Betrag durch Spenden aufzubringen. Durch die Sammelaktion solle verhindert werden, heißt es in einem Aufruf, daß »ein abschreckendes Beispiel gegen einen einzelnen Genossen« statuiert werden könne.

15. Dezember 1973: Unter dem Einfluß einer Reihe früherer SDS-Mitglieder, die mit Oskar Negt von Frankfurt in die niedersächsische Landeshauptstadt überwechselten, gründen Studenten der Technischen Universität in **Hannover** einen **Sozialistischen Deutschen Studentenbund Hannover**. Ziel der Gruppe ist es, eine undogmatisch linke Hochschulpolitik zu reformulieren. Am Ende der Gründungsresolution heißt es: »Unserer Organisation wird die Aufgabe zufallen, Gegentendenzen zur Zerklüftung und Spaltung der Studentenschaft aufzunehmen und voranzutreiben, ohne die spezifischen Ansatzpunkte in der ›Nacht‹ einer politischen Linie verschwinden zu lassen und ohne spezifische Bedürfnisse und Interessen – psychoanalytisch gesprochen – zu übertragen.«[1033]

1033 SDS Hannover, Gründungsresolution (hektographiertes Papier), aus: Archivalische Sammlung Ronny Loewy, Akte SDS Hannover 1973/74, Archiv des Hamburger Instituts für Sozialforschung.

1974

23.2.: Straßenschlacht vor dem nach der polizeilichen Räumung abgerissenen Haus in der Bockenheimer Landstraße.

21. Januar – 5. Februar 1974: Auf einer von 3.500 Studenten besuchten gesamtuniversitären Vollversammlung beschließen die Teilnehmer mit überwältigender Mehrheit, in einen aktiven Streik zu treten. Der Grund ist ein seit Beginn des Wintersemesters schwelender Konflikt um die Vorlesungen des Wirtschaftswissenschaftlers Professor Wolfram Engels. Da er sich weigert, Diskussionen über seinen Vorlesungsstoff zuzulassen, kommt es seit dem Oktober 1973 Woche für Woche zu Zwischenfällen, die zu immer rigideren Maßnahmen seitens des Universitätspräsidenten Professor Erhard Kantzenbach führen, den Konflikt von oben zu lösen. Nachdem dessen Versuch, alle Engels-Vorlesungen unter Polizeischutz durchführen zu lassen, gescheitert ist, hat er nun alle wirtschaftswissenschaftlichen Studenten vom Grundstudium ausgeschlossen. Gegen diese Entscheidung richtet sich der Streikbeschluß in erster Linie. Um das Abstimmungsergebnis zu legitimieren, wird in den drei darauffolgenden Tagen eine Urabstimmung durchgeführt. Bei einer Beteiligung von 48,0 % (10.131 abgegebene Stimmen) votieren 54,1 % für einen Streik, 43,7 % dagegen und 2,2 % enthalten sich ihrer Stimme. Damit kann der **Engels-Streik** beginnen. – Eine Gruppe von Streikenden besetzt im Laufe der Woche einen Raum des Studentenhauses und richtet dort ein **Kommunikationszentrum** ein. Damit soll Studenten die Möglichkeit geboten werden, sich hier in den Pausen zwischen den Vorlesungen und Seminaren aufzuhalten, sich mit Kommilitonen auszutauschen, Zeitungen zu lesen, Musik zu machen und anderes mehr. – Der hessische Kultusminister Ludwig von Friedeburg (SPD) gibt am 28. Januar in **Wiesbaden** den Entwurf eines Hausordnungsrechts für alle hessischen Universitäten bekannt, in dem Relegationen von bis zu einem Jahr Dauer vorgesehen sind. – Die Verabschiedung des Ordnungsrechts scheitert im Konvent an der fehlenden Zwei-Drittel-Mehrheit. Am Abend werden die Räume des im Studentenhaus gelegenen AStA von Beamten der Politischen Polizei wegen eines Flugblattes durchsucht, in dem zum Widerstand aufgerufen wird und das in der AStA-Druckerei hergestellt worden sein soll. Im Anschluß daran kommt es zu einem Polizeieinsatz mit Wasserwerfern. – Dagegen wiederum demonstrieren am darauffolgenden Tag 6.000 Studenten. Während sie zum Römerberg ziehen, um gegen das Vorgehen der Polizei zu protestieren, dringt diese ein weiteres Mal in die Räume des AStA ein. Diesmal sucht sie die Schreibmaschine, auf der das inkriminierte Flugblatt getippt worden sein soll. Auch diese Hausdurchsuchung verläuft ergebnislos. – Auch am nächsten Tag kommt es zu einem weiteren Polizeieinsatz. Anlaß ist ein Streit zwischen drei angetrunkenen Personen. Unter Führung von Polizeipräsident Knut Müller (SPD) rücken mehrere Hundertschaften mit Wasserwerfern an. Bei einem Knüppeleinsatz werden drei Personen erheblich verletzt. – Am 5. Februar beschließen die Teilnehmer einer weiteren gesamtuniversitären Vollversammlung den sofortigen Abbruch des Streiks. Der AStA bezeichnet ihn in einer Presseerklärung wegen der hohen Mobilisierung der Studenten als Erfolg. – Das Verwaltungsgericht Frankfurt stellt drei Tage später fest, daß die Aussetzung der Lehrveranstaltungen im Grundstudienprogramm des Fachbereichs Wirtschaftswissenschaften rechtmäßig gewesen sei. Das Gericht lehnt damit den Antrag eines Studenten ab, der gegen die Aussetzung seiner Veranstaltungen geklagt hat.

21. Februar 1974: Wie bereits seit zwei Wochen üblich, werden die Besetzer des Häuserblocks Schumannstraße/Bockenheimer Landstraße auch diese Nacht wieder durch eine von der Polizei inszenierte Scheinräumung aus dem Schlaf geholt. Diesmal jedoch soll es, was keiner der sich in den verbarrikadierten Räumen wieder schlafenlegenden Besetzer ahnt, noch anders kommen. Ein Journalist beschreibt, was sich danach abspielt: »Um 2.20 Uhr ist der ›Spuk‹ vorbei. Die Beamten besteigen die Einsatzfahrzeuge. Kurz darauf kehrt zwischen Bockenheimer Landstraße und Schumannstraße wieder Totenstille ein. Zwei Stunden später rückt die Polizei mit einem Großaufgebot an. Ohne Blaulicht und Martinshorn. Fast geräuschlos biegen die ersten Mannschaftswagen von der Senckenberganlage in die Bockenheimer ein. Ein Vorkommando springt aus den Wagen. Ausgerüstet mit Leitern und langstieligen Äxten. Es ist genau 4.20 Uhr. Die Beamten, auf den Einsatz minutiös vorbereitet, laufen zu den Erdgeschoßfenstern der Häuser Bockenheimer 111 und 113. Leitern werden angelegt. Polizisten versuchen, die Rolläden aufzubrechen. Kaum eine Minute später treffen weitere Fahrzeuge ein. Mannschaftswagen, Wasserwerfer, Materialfahrzeuge mit Schweißgeräten, Motorsägen und Kompressoren. Spezialwagen mit Flutlichtmasten erhellen die Szenerie. Mit Helmen und Schutzschilden ausgerüstete Polizisten bilden im Umkreis um die besetzten Häuser Sperrketten, andere versuchen, Türen und Fenster zu überwinden.

Profit aus Trümmern. SPD. Häuserräumung im Westend.

Polizeiüberfall. 3.30 Uhr.

21.2.: »Diskus« dokumentiert im Stil einer Werbeanzeige.

Motorsägen zerfräsen die Eingangstüren und sollen die massiven Barrikaden aus schweren Holzbalken zerkleinern. Scheiben klirren, Kompressoren schrillen, die Barrikaden fallen. Nach vier Minuten und 20 Sekunden, wie Schutzpolizeidirektor Vogel später in einer Pressekonferenz erklärt, ist der Eingang zu den Häusern frei. Im Haus Schumannstraße 71 halten die Barrikaden fast 20 Minuten stand.«[1034] Obwohl die Alarmkette erst richtig in Gang kommt, als sich die Besetzer bereits auf dem Polizeipräsidium befinden, beginnen in den frühen Morgenstunden an verschiedenen Punkten wie dem Alleenring Demonstranten als Zeichen des Protests den Verkehr zu blockieren. Wie hilflos diese Aktionen jedoch sind, wird den Beteiligten spätestens im Laufe des Vormittags klar. Ein Abbruchunternehmen hat zu diesem Zeitpunkt mit großem Gerät bereits einen erheblichen Teil der gutbürgerlichen Wohnhäuser in Trümmer gelegt.

23. Februar 1974: Stundenlang windet sich ein Zug durch die Innenstadt. Mehr als 6.000 Demonstranten protestieren gegen die zwei Tage zuvor erfolgte Räumung des in der Nähe der Universität gelegenen Häuserblocks und aus Solidarität mit den hinausgeworfenen Besetzern. Die Stimmung der meisten ist offenbar so gedrückt, daß sich der Protestmarsch fast schweigend durch die Straßen bewegt. Als er auf der Bockenheimer Landstraße an dem von einer Hundertschaft bewachten Trümmergrundstück vorüberkommt, greifen zunächst einzelne nach den erstbesten am Rand herumliegenden Mauerbrocken und werfen sie auf die zunächst hinter ihren Schilden, dann hinter einem Wasserwerfer in Deckung gehenden Polizisten. Als diese Verstärkung erhalten, entwickelt sich rund um die Kreuzung Alleenring/Bockenheimer Landstraße eine Straßenschlacht, die an Heftigkeit alle anderen Zusammenstöße in den Schatten stellt. Dabei geht eine als Demonstranten getarnte Gruppe von Zivilpolizisten, von denen mehrere im Einsatz sind, mit außerordentlicher Brutalität vor. In der Ecke eines Parkplatzes wird dem 25jährigen Günther Sare mit einem gezielten Tritt das Schienbein zerschmettert. Vor Schmerzen aufschreiend wird dieser von einigen seiner Freunde im Laufschritt in das im Studentenhaus gelegene Kommunikationszentrum getragen, wo er erst einmal notdürftig versorgt wird. Am Nachmittag werden über 200 verletzte Demonstranten, 77 verletzte Polizisten und 192 Festgenommene gezählt. Doch dies ist, was kaum einer der Journalisten zu diesem Zeitpunkt für möglich gehalten hätte, keineswegs die endgültige Bilanz dieses Tages. Mehrere Stunden später kreist die Polizei unter Aufbietung aller ihr zur Verfügung stehenden Kräfte das Universitätsgelände ein und erstürmt von zwei Seiten aus gleichzeitig das Studentenhaus. Systematisch wird Stockwerk für Stockwerk ein Raum nach dem anderen durchsucht. Türen, die sich nicht öffnen lassen – und das sind an einem Samstagabend nahezu alle – werden zertrümmert, das Inventar durchwühlt und demoliert. Einige der dabei eingesetzten Zivilpolizisten kämmen sich mit ihren Schußwaffen einen Weg durch die unübersichtlichen Trakte des Gebäudes. Alle sich dort zufällig noch aufhaltenden Personen, zusammen mit den Bewohnern des darin befindlichen Studentenwohnheims sind es über 350, werden samt

---

1034 Frankfurter Rundschau vom 23. Februar 1974.

Hausmeister festgenommen und ins Polizeipräsidium verfrachtet. Dort kommt es die ganze Nacht über zu gespenstischen Szenen: Die Zellen sind restlos überfüllt, die Festgenommenen werden drangsaliert, schikaniert, durch dunkle Gänge gehetzt und zum Teil verprügelt – einer, ein 16jähriger Schüler, muß sein eigenes Blut auflecken. – Als die ersten Meldungen über diese Vorfälle an die Öffentlichkeit dringen, findet sich rasch eine Gruppe von Prominenten, die bereit ist, sich an der Vorbereitung und Durchführung eines *Folter-Tribunals* zu beteiligen, bei dem die Mißhandlungen von Festgenommenen durch die Polizei dokumentiert werden sollen. – Der Schriftsteller, Jurist und Regisseur Alexander Kluge, der von seiner Wohnung in der Schumannstraße aus das Geschehen um den geräumten Häuserblock genau verfolgen kann, macht zahlreiche Dokumentaraufnahmen, die er später in seinem Film **In Gefahr und größter Not bringt der Mittelweg den Tod** verwendet. – An der Stelle, an der bis zum Morgen des 21. Februars vier prächtige Wohnhäuser standen, gähnt über ein Jahrzehnt lang ein von einem Bretterzaun nur notdürftig abgeschirmtes Trümmergrundstück. – Später wird dort ein postmoderner Gebäudekomplex errichtet, in dem die Kreditanstalt für Wiederaufbau ihren Sitz findet.

7. März 1974: Am Center for Research on Women an der Universität von **Stanford** in Kalifornien hält Herbert Marcuse einen Vortrag zum Thema **Marxismus und Feminismus**. Schon zu Beginn gibt er zu erkennen, daß er das *Women's Liberation Movement* für die vielleicht wichtigste und radikalste politische Bewegung hält. »In der patriarchalischen Zivilisation«, so analysiert Marcuse das historische Joch, das sich in Sozialisations- und Kulturationsformen niedergeschlagen hat, »wurden und werden die Frauen einer spezifischen Repression unterworfen, ihre geistige und physische Entwicklung wurde und wird in eine spezifische Richtung gelenkt. Aus diesem Grund ist eine eigenständige Frauenbewegung nicht nur gerechtfertigt, sondern notwendig. Aber gerade die Zielsetzungen dieser Bewegung implizieren so radikale Veränderungen sowohl der materiellen als auch der intellektuellen Kultur, daß sie nur durch Veränderung des gesamten Gesellschaftssystems erreicht werden können. Über und durch ihre eigene Dynamik ist die Frauenbewegung mit dem politischen Kampf um die Revolutionierung der bestehenden Lebensverhältnisse und menschlichen Verkehrsformen, für die Freiheit von Frauen u n d Männern verbunden.«[1035] Marcuse macht deutlich, daß es nicht einfach nur um Gleichberechtigung gehen könne; denn diese würde in letzter Konsequenz auf eine Anpassung an und eine Integration in die männlich geprägte Gesellschaft hinauslaufen. Was er jedoch ebenfalls nicht propagiert, das ist eine Ersetzung des Patriarchats durch ein Matriarchat: »Eine Gesellschaft ... in der die Frau dominiert, eine Art Matriarchat als geschichtliche Nachfolge des Patriarchats wäre noch nicht per se eine bessere und gerechtere Gesellschaft. Erst und nur dann, wenn die weiblichen Qualitäten, die wirklich antithetisch zu Unterdrückung und Aggression stehen, durch die Emanzipation der Frau zu gesellschaftlichen Qualitäten werden (bestimmend in der Gesellschaft als ganzer), wäre das Patriarchat tatsächlich überwunden.«[1036] Was Marcuse vor allem propagiert, das ist die Überwindung der Antithese »maskulin–feminin« durch eine Synthese im, wie er freilich selbst eingesteht, auch von mythologischen Zügen geprägten Konzept des Androgynismus. Dabei betont er allerdings, daß es falsch wäre, zu glauben, die natürlichen Geschlechtsunterschiede würden darin völlig verschmelzen und sich als solche auflösen. Die in der erotischen Spannung zutagetretende Differenz bliebe freilich unangetastet. »Ich bin der Meinung«, sagt er abschließend im Hinblick darauf, daß diese Gedanken von keinem Neutrum, sondern selbst von einer männlichen Spezies formuliert werden, »daß wir Männer für die Sünden der patriarchalischen Zivilisation und deren Tyrannei bezahlen müssen: die Frauen müssen frei werden, um ihr eigenes Leben zu bestimmen, nicht als Ehefrau, nicht als Mutter, nicht als Hausfrau, nicht als Freundin, sondern als individuelle, menschliche Wesen. Das wird ein Kampf sein voll von bitteren Konflikten, Qual und Leiden ... Die Befreiung der Frau wird ein schmerzhafter Prozeß sein; aber sie wird ein notwendiger, ein entscheidender Schritt sein auf dem Weg zu einer besseren Gesellschaft für Männer u n d Frauen.«[1037]

12. März 1974: Im Volksbildungsheim findet das seit über zwei Wochen geplante **Folter-Tribunal** statt. Nach der Aufführung einer ersten Fassung des Films *In Gefahr und größter Not bringt der Mittelweg den Tod*, in dem Alexander Kluge Dokumentaraufnahmen von der Straßenschlacht am 23. Februar zeigt, eröffnet der Schriftsteller Gerhard Zwerenz das Tribunal. Im Mittelpunkt steht der Bericht des 18jährigen Schü-

12.3.: Joschka Fischer spricht im Volksbildungsheim zu Foltervorwürfen gegenüber der Polizei.

lers Dieter Hössel, der von fünf Beamten zusammengeschlagen und getreten worden ist. Detailliert schildert er, mit welchen Methoden die Polizisten versuchten, Informationen aus ihm herauszupressen. Am Ende seiner Vernehmungstortur wurde er gezwungen unter einen Tisch zu kriechen und sein eigenes Blut aufzulecken. Danach schildert seine Mutter, in welch blutverschmiertem, zerschundenem und abgerissenem Zustand sie ihn zwei Tage später aus dem Untersuchungsgefängnis abholen konnte. Die Diskussion, an der neben Zwerenz noch der Gewerkschafter Heinz Brandt, der *Jungsozialist* Karsten Voigt und als Sprecher der Hausbesetzer Daniel Cohn-Bendit und Joschka Fischer teilnehmen, kreist vor allem um die Frage, wie diese in der Stadt bislang ungekannte Form der Repression zu bewerten sei. »Santiago in Frankfurt, das ist absurd«, führt Fischer aus, der beansprucht, auch für die zu reden, die als »Politrocker« bezeichnet werden, »aber die Bullen, und das ist ein Faktum, ... die Bullen haben für sich subjektiv und in ihrer Verhörpraxis Santiago auf die Tagesordnung gesetzt.«[1038] Hier wird eine Differenz markiert zwischen subjektiver Einstellung der mißhandelnden bzw. folternden Polizisten und einer objektiven Funktion, die ihre Repressionsakte politisch erfüllen könnten. – Polizeipräsident Knut Müller führt am Tag darauf eine Pressekonferenz durch, auf der er alle Vorwürfe kategorisch bestreitet und die Presse zugleich einseitiger Berichterstattung bezichtigt. – Der Moderator des ZDF-Kulturmagazins *Aspekte*, Reinhart Hoffmeister, der Zwerenz den Foltervorwurf gegenüber der Frankfurter Polizei auch vor Fernsehpublikum wiederholen läßt, wird wegen »Verletzung journalistischer Sorgfaltspflichten« beurlaubt. – Der hessische Innenminister Hanns-Heinz Bielefeld (SPD) bezeichnet in einer offiziellen Verlautbarung die Teilnehmer des Tribunals als »Ansammlung anti-polizeilich programmierter verbaler Amokläufer«.[1039] – Und was sagt Rudi Arndt, der verantwortliche Oberbürgermeister der Stadt? Bereits am 25. Februar hat er sich der **Bild-Zeitung** mit dem nicht minder fest umrissenen Täterbild anvertraut: »Das sind Anarchisten, das sind die Schlägertrupps der Horlemann-Semler-KPD, faschistoide Chaoten, die schlimmer sind als die SA und die SS in der Nazizeit.«[1040]

28. Juni 1974: Zum 50jährigen **Jubiläum des Instituts für Sozialforschung** findet an der Universität eine Vortragsreihe statt, mit der verschiedene Aspekte der Kritischen Theorie ins Licht der öffentlichen Aufmerksamkeit gerückt werden sollen.[1041] Nach Vorträgen von Alfred Schmidt über *Die Kritische Theorie als Geschichtsphilosophie* und von Leo Löwenthal über *Soziologie der Literatur und Massenkunst im Rückblick* stellt Herbert Marcuse in dem mit 2.000 Zuhörern restlos überfüllten Hörsaal VI **Bemerkungen zum Verhältnis von Theorie und Praxis** vor. Darin versucht er noch einmal seine Position in der über Jahre hinweg umstrittenen Frage, insbesondere zwischen ihm und Adorno, zusammenzufassen und auch zu verteidigen. Von der Prämisse ausgehend, daß es keine unmittelbare Einheit von Theorie und Praxis

---

1035 Herbert Marcuse, Marxismus und Feminismus, in: ders., Zeit-Messungen, Frankfurt/Main 1975, S. 10.
1036 A.a.O., S. 16f.
1037 A.a.O., S. 20.
1038 Axel Wenzel/Jürgen Roth/Häuserrat Frankfurt (Hg.), Frankfurt: Zerstörung – Terror – Folter: Im Namen des Gesetzes, Frankfurt/Main o.J., S. 92.
1039 Faksimile-Abdruck auf der inneren Umschlagseite vorne, in: Axel Wenzel u.a., a.a.O.
1040 »Chaoten schlimmer als SA und SS« – Interview mit dem Frankfurter Oberbürgermeister Rudi Arndt, in: Bild-Zeitung vom 25. Februar 1974.
1041 Vgl.: Gertrud Koch, »Keine Spontaneität ohne Organisation« – Herbert Marcuse und andere beim Jubiläum des Instituts für Sozialforschung, in: Frankfurter Rundschau vom 1. Juli 1974.

geben könne, unterscheidet er zwischen dem antizipierenden und dem empirischen Charakter der Theorie. Diese sei desto abstrakter, je weniger revolutionäre Kräfte in der Gesellschaft vorhanden seien. Denn die in den sozialen Widersprüchen aufgeworfenen und den politisch bewußten Kräften aufgegriffenen Spannungen ließen den Charakter der Theorie nicht unberührt. Nach einigen aktuellen Kommentaren zur Analyse der in der inneren Dynamik des fortgeschrittenen Kapitalismus zum Ausdruck kommenden antagonistischen Kräfte und zur Bedeutung dessen, was er »Revolte gegen den Spätkapitalismus« nennt, schließt er die Ausführungen zu seinem Hauptthema mit den Worten ab: »Nicht aus der theorielosen Praxis, sondern aus der Theorie der Praxis kommt ihr die Hoffnung, die Verzweiflung erst zur verändernden Kraft werden läßt, nämlich das Wissen, daß die Menschen doch unter gegebenen Bedingungen ihre eigene Geschichte machen, selbst die verwalteten Menschen, das Wissen, daß die Menschen und die Welt verändert werden können. Diese, in der kritischen Analyse des Kapitalismus begründete Einheit von Verzweiflung und Hoffnung ist Ausdruck des antagonistischen Verhältnisses von Theorie und Praxis.«[1042]

28.6.: Der »Diskus« dokumentiert den Marcuse-Vortrag.

29. Juni 1974: Auf einem von der Frankfurter *Uni-Frauengruppe* in einem Seminarraum des Instituts für Sozialforschung ausschließlich für Frauen angesetzten Diskussionstermin mit Herbert Marcuse kommt es zu heftigen Streitigkeiten mit einer Gruppe des Frauenzentrums, die ohne Wissen der Veranstalterinnen ebenfalls zugegen sein möchte. Nachdem sich Marcuse weigert, mit den rund 150 Teilnehmerinnen gleichzeitig zu reden, einigen sich die beiden Lager darauf, daß die unangemeldeten Gäste ausziehen und am Tag darauf auf einem separaten Treffen mit Marcuse reden. Anschließend stellt Marcuse seine kaum veränderten, bereits im März an der Universität von Stanford vorgetragenen Überlegungen zum Thema **Marxismus und Feminismus** vor.[1043]

5. Juli 1974: In der Vortragsreihe zum 50jährigen Jubiläum des Instituts für Sozialforschung referiert Oskar Negt über den **Beitrag der Kritischen Theorie zur Erneuerung der marxistischen Denkweise**. Er vertritt darin die Ansicht, daß die Kritische Theorie sich nicht immanent erneuern lasse, sondern es darauf ankomme, über eine historische Rekonstruktion des Erfahrungszusammenhanges, in dem sich die Kritische Theorie entfaltet habe, die marxistische Denkweise insgesamt zu verändern. Der Betriebsgruppe *Revolutionärer Kampf* attestiert er, daß sie das einzige Beispiel dafür sei, wie die theoretische »Sozialisation durch die Frankfurter Schule«[1044] in einem unmittelbaren, wenn auch wiederum modifizierten Sinne Einfluß auf das politische Denken einer Organisation gewonnen habe.

25. August 1974: Im Rahmen der von der Gruppe jugoslawischer Marxisten um die Zeitschrift *Praxis* alljährlich auf der Adria-Insel **Korčula** veranstalteten Sommerschule, die diesmal dem Thema **Die Kunst und die moderne Welt** gewidmet ist, hält Herbert Marcuse das Eröffnungsreferat.

9. November 1974: Nach einem 50tägigen Hungerstreik stirbt in der Haftanstalt **Wittlich** der 33jährige RAF-Gefangene Holger Meins. – Wegen seines Todes kommt es in den Tagen darauf in vielen Städten der Bundesrepublik und des westeuropäischen Auslands zu Demonstrationen und Protestaktionen.

10. November 1974: Der Kammergerichtspräsident Günter von Drenkmann wird in **West-Berlin** am Eingang seiner Privatwohnung von Angehörigen der *Bewegung 2. Juni* erschossen. Die RAF begrüßt das Attentat in einer Erklärung ausdrücklich. Dem Richter wird zum Vorwurf gemacht, Forderungen nach Verbesserung der Haftbedingungen von im Hungerstreik befindlichen Häftlingen abgelehnt zu haben.

26./27. November 1974: Unter der Überschrift **Tendenzwende?** findet in der Bayerischen Akademie der Schönen Künste in **München** eine Veranstaltung *Zur geistigen Situation der Bundesrepublik*, wie es im Untertitel heißt, statt, in der nicht zuletzt der intellektuelle Einfluß der Kritischen Theorie beklagt und angeprangert wird. Als Sprecher treten auf: Gerd Albers, Ralf Dahrendorf, Hermann Lübbe, Hans Maier, Golo Mann und Robert Spaemann. Letzterer kritisiert vor allem das, was er in vermutlich ideologiekritischer Absicht als »Emanzipationsideologie« bezeichnet. »Der ideologisch überforderte Emanzipationsbegriff ist zweideutig geworden. Einst als Befreiung aus vormundschaftlicher Gewalt gemeint, dient er zur Legitimation neuer Arten von Herrschaft, nämlich derjenigen, der es gelingt, sich als emanzipatorisch zu deklarieren.«[1045] – In der Folgezeit bürgert sich der Ausdruck »Tendenzwende« als Ausdruck für einen spürbaren, aber begrifflich nur schwer zu fassenden Stimmungsumschwung in der bundesdeutschen Innenpolitik ein. Die sozialliberalen und linksliberalen Ansprüche einer Gesellschaftsveränderung, die zum Teil mit Vokabeln aus dem Instrumentarium der Kritischen Theorie bestückt bzw. überhöht sind, werden zunehmend durch eine Renaissance konservativer Leitmotive und Wertvorstellungen zurückgedrängt.

4. Dezember 1974: Nach fünfjähriger Amtszeit gibt der hessische Kultusminister Ludwig von Friedeburg (SPD) den Verzicht auf eine Fortführung seines Amtes bekannt. – Der Streit um die Rahmenrichtlinien war eines der beherrschenden Themen im Landtagswahlkampf. Die SPD mußte bei den am 27. Oktober stattfindenden Wahlen erhebliche Verluste hinnehmen. Obwohl erstmals in Hessen die CDU die stärkste Fraktion stellt, bildet die SPD wiederum eine Regierungskoalition mit der FDP. – Ludwig von Friedeburg wird im Jahr darauf wieder Direktor des Instituts für Sozialforschung. Seine Erfahrung als Bildungspolitiker faßt er in der Kurzformel zusammen, daß die Gesellschaft weder von der Universität noch von der Schule aus verändert werden könne.

9. 11.: Holger-Meins-Porträt auf dem Titel der Sponti-Zeitung.

4. Dezember 1974: Der 69jährige französische Philosoph Jean-Paul Sartre stattet dem in **Stuttgart-Stammheim** einsitzenden RAF-Häftling Andreas Baader einen Besuch ab. Sartre, der anderthalb Jahre zuvor in einem *Spiegel*-Interview erklärt hatte, er glaube, daß es sich bei der RAF um eine revolutionäre Gruppe handle, die mit ihren Aktionen vielleicht nur zu früh begon-

---

1042 Herbert Marcuse, Bemerkungen zum Verhältnis von Theorie und Praxis, in: Diskus – Frankfurter Studentenzeitung 25. Jg., Nr. 1, Juni 1975, S. 18.

1043 Herbert Marcuse, Marxismus und Feminismus, in: Links, 6. Jg., Nr. 59, Oktober 1974, S. 18–20. **(Dok. Nr. 405)**

1044 Oskar Negt, 50 Jahre Institut für Sozialforschung – Eine Rede, in: Alexander Kluge / Oskar Negt, Kritische Theorie und Marxismus – Radikalität ist keine Sache des Willens, sondern der Erfahrung, s'Gravenhage 1974, S. 118. **(Dok. Nr. 407)**

1045 Robert Spaemann, Emanzipation – ein Bildungsideal? In: Clemens Graf Podewils (Hg.), Tendenzwende? – Zur geistigen Situation der Bundesrepublik, Stuttgart 1975, S. 76.

nen habe¹⁰⁴⁶, trifft in Begleitung von Pierre Victor und Jean-Marcel Bouguereau von der linken Tageszeitung *Libération* auf dem Flughafen ein. Sie werden dort von dem Stuttgarter Rechtsanwalt Klaus Croissant abgeholt, von dem die Initiative zu dem international Aufmerksamkeit erregenden Besuch stammt. Er begleitet Sartre auch auf seinem Weg in den Hochsicherheitstrakt in Stammheim. Der als Dolmetscher vorgeschlagene Daniel Cohn-Bendit, der einen maßgeblichen Einfluß am Zustandekommen der Visite hat, wird jedoch abgelehnt. An seiner Stelle nimmt ein Übersetzer der Vereinten Nationen diese Aufgabe wahr. Sartres Besuch bei Baader dauert nicht lange. Cohn-Bendit übersetzt anschließend seine Auskünfte auf der von Croissant mit der Feststellung eingeleiteten Pressekonferenz, man befände sich im 84. Tag des Hungerstreiks und der Zustand der RAF-Häftlinge sei äußerst bedenklich. Zu den Motiven des Hungerstreiks befragt, erklärt Sartre vor über 150 Journalisten, habe Baader geantwortet, man wolle damit gegen die unerträglichen Haftbedingungen protestieren. Detailliert geht der Philosoph auf Baaders Situation in dessen Zelle ein und charakterisiert sie als eine »Form der psychologischen Folter«, die von der Europäischen Kommission für Menschenrechte ebenso wie alle anderen Formen von Folter abgelehnt würde. Sartre distanziert sich allerdings auch von bewaffneten Gruppierungen, die individuellen Mord als Mittel des politischen Kampfes einsetzen, und macht klar, daß er die Ermordung des Berliner Richters von Drenkmann für nicht gerechtfertigt halte. Zur RAF stellt er fest, daß sie die Linke »gefährde«. – Die Pressereaktionen auf Sartres Baader-Besuch reichen von Enttäuschung über kritisch-distanzierte Ablehnung bis zu wutschnaubender Empörung.

15. Dezember 1974: Im Alter von 58 Jahren erliegt der Professor für Erziehungs- und Bildungswesen an der Frankfurter Universität **Heinz-Joachim Heydorn**

15.12.: Professor Heinz-Joachim Heydorn (1916–1974).

einem Herzversagen. Der in Hamburg-Altona geborene sozialistische Erziehungswissenschaftler war Gegner des NS-Regimes, hatte illegal in Deutschland gearbeitet und war 1944 wegen Desertion von einem Kriegsgericht in Abwesenheit zum Tode verurteilt worden. Er hatte 1946 als Delegierter am Gründungsparteitag der SPD teilgenommen und war im selben Jahr auf der Gründungsversammlung des SDS zum ersten Vorsitzenden gewählt worden. Nach Berufungen an die Pädagogische Hochschule Kiel (1950) und das Pädagogische Institut Jugenheim (1952) lehrte er von 1961 bis zu seinem Tod an der Johann Wolfgang Goethe-Universität. Wegen des Nichtvereinbarkeitsbeschlusses der SPD mit dem SDS war er 1961 aus seiner Partei ausgetreten und hatte mit Wolfgang Abendroth, Ossip K. Flechtheim, Fritz Lamm u. a. die *Sozialistische Förderergesellschaft* des SDS gegründet, aus der dann der *Sozialistische Bund* hervorgegangen war.¹⁰⁴⁷ – Die bildungstheoretischen Schriften Heydorns, der stark an der Philosophie Leonard Nelsons orientiert war, erscheinen 1980 in drei Bänden in der Frankfurter Autoren- und Verlagsgesellschaft Syndikat.¹⁰⁴⁸

1046 *Spiegel*-Interview mit Jean-Paul Sartre, in: Der Spiegel vom 12. Februar 1973, 27. Jg., Nr. 7, S. 91.
1047 Zur Biographie siehe: Gernot Koneffke, Einleitung, in: Heinz-Joachim Heydorn, Zur bürgerlichen Bildung – Anspruch und Wirklichkeit – Bildungstheoretische Schriften 1, Frankfurt/Main 1980, S. 7–39.

1048 Heinz-Joachim Heydorn, Zur bürgerlichen Bildung – Anspruch und Wirklichkeit – Bildungstheoretische Schriften 1, Frankfurt/Main 1980; ders., Über den Widerspruch von Bildung und Herrschaft – Bildungstheoretische Schriften 2, Frankfurt/Main 1979; ders., Ungleichheit für alle – Zur Neufassung des Bildungsbegriffs – Bildungstheoretische Schriften 3, Frankfurt/Main 1980.

1975

15.2.: Frankfurter Frauen demonstrieren gegen den § 218.

15.2.: Der Demonstrationszug führt über die Zeil, die Frankfurter Haupteinkaufsstraße.

15. Februar 1975: An einer vom Frauenzentrum organisierten Demonstration zur Abschaffung des § 218 beteiligen sich 2.000 Abtreibungsbefürworterinnen. In dem von schwarzgekleideten Frauen mit weißgefärbten Gesichtern angeführten Zug ist es Männern nur gestattet, am Ende in einem eigenen Block mitzumarschieren. Eine der am häufigsten skandierten Parolen lautet: »Ob Kinder oder keine, bestimmen wir alleine!« Auf der Abschlußkundgebung an der Hauptwache werden als Symbol für alle »Frauenfeinde« zunächst drei Puppen verbrannt – ein Arzt, ein Richter und ein Kleriker – und anschließend Termine zur Beratung von Schwangeren im Frauenzentrum bekanntgegeben.

27. Februar – 5. März 1975: In **West-Berlin** wird der CDU-Landesvorsitzende Peter Lorenz von Mitgliedern der *Bewegung 2. Juni* entführt. Sie fordern im Austausch die Freilassung mehrerer politischer Gefangener und ihre nachfolgende Ausreise in ein Land ihrer Wahl. Am 3. März besteigen die Gefangenen Verena Becker, Rolf Heissler, Gabriele Kröcher-Tiedemann, Rolf Pohle und Ina Siepmann zusammen mit Pastor Heinrich Albertz, der von ihnen geforderten Begleitperson, auf dem **Frankfurt**er Flughafen eine Maschine der Lufthansa und fliegen in den Südjemen. Nach ihrer Ankunft in **Aden** gibt Albertz das von den Erpressern ausgemachte Losungswort bekannt. Einen Tag später wird Peter Lorenz freigelassen.

April 1975: In einem Vortrag an der University of California in **Irvine** setzt sich Herbert Marcuse mit der Frage auseinander, ob die Neue Linke als gescheitert angesehen werden müsse. Zunächst entwickelt er seinen Zuhörern, worin die Charakteristika der Neuen Linken bestünden und worin ihre historische Bedeutung liege. Ganz außer Zweifel steht für ihn, daß die Gruppierungen und Strömungen, die unter diesen Begriff subsumiert werden können, das tradierte Verständnis von Revolution erweitert und umformuliert haben. Indem sie neue gesellschaftliche Freiheitspotentiale entfalteten, haben sie zu einer »Totalisierung der Opposition« beigetragen. »Die Neue Linke war den ›objektiven Bedingungen‹ voraus, indem sie Ziele und Inhalte artikulierte, die der entfaltete Kapitalismus möglich gemacht, aber bis dahin kanalisiert oder unterdrückt hatte.«[1049] Obwohl sie mit diesen Versuchen, die historisch neuen Emanzipationsmöglichkeiten beim Wort zu nehmen, in Konflikt mit den staatlichen Organen und traditionell links orientierten Organisationen geriet, so hat sie dennoch eine Ausstrahlung auf ein ganzes Spektrum sozialer Schichten gehabt und dort Änderungen bewirkt. »Die Neue Linke hat in ihren Forderungen und in ihrem Kampf die Rebellion gegen das Bestehende totalisiert; sie hat das Bewußtsein breiter Schichten der Bevölkerung verändert; sie hat gezeigt, daß ein Leben möglich ist ohne stupide und unproduktive Leistung, ein Leben ohne Angst, ohne jene puritanische ›Arbeitsmoral‹ ... In anderen Worten: Die Neue Linke hat das seit langem abstrakte Wissen konkretisiert, daß ›Veränderung der Welt‹ nicht bedeutet, ein Herrschaftssystem durch ein **anderes** zu ersetzen, sondern den ›Sprung‹ zu tun auf eine qualitativ neue Stufe der Zivilisation, auf der die Menschen ihre eigenen Bedürfnisse und Möglichkeiten solidarisch entfalten können.«[1050] Wenn dies die Leistungen sind, die Marcuse ihr zurechnet, so zögert er auch nicht, ihr anzukreiden, daß sie starke selbstzerstörerische Tendenzen zeige wie einen verbreiteten Antiintellektualismus, einen ohnmächtigen Anarchismus und einen Hang zur narzißtischen Selbstüberschätzung. Außerdem habe sie sich unfähig gezeigt, angemessene Organisationsformen zu entwickeln. Dennoch glaube er nicht, daß es richtig sei, von ihrem Scheitern zu sprechen. »Die Neue Linke«, so postuliert er, »ist nicht gescheitert; gescheitert sind ihre aus der Politik geflohenen Anhänger.«[1051]

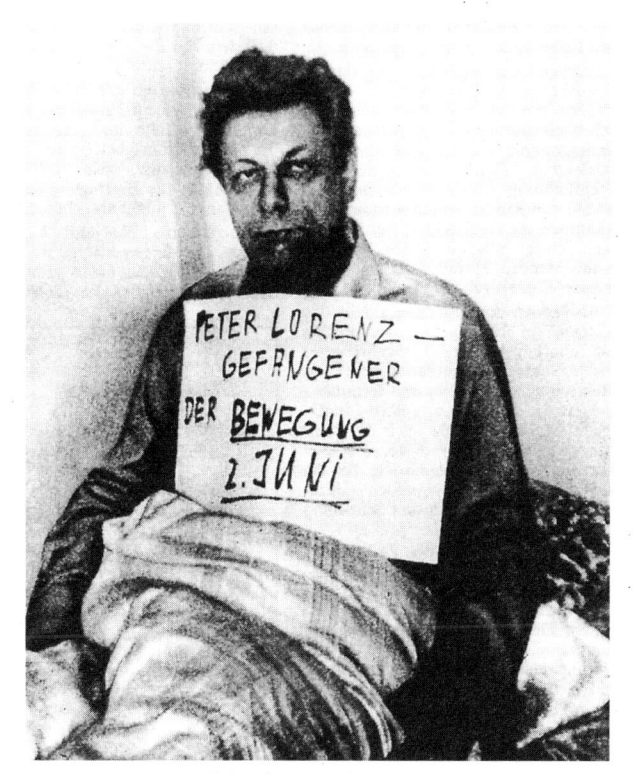

27. 2. – 5. 3.: Der entführte Westberliner CDU-Vorsitzende.

9. April 1975: Auf einem Teach-in des AStA treffen im Hörsaal VI zum ersten Mal seit 1967 Rudi Dutschke und Jürgen Habermas wieder aufeinander. Zusammen mit Iring Fetscher und Wolf-Dieter Narr nehmen sie an einer Solidaritätsveranstaltung mit den in Jugoslawien unterdrückten Gesellschaftstheoretikern der *Praxis*-Gruppe teil.[1052] Unter der Moderation des AStA-Vorsitzenden Wolfgang Kraushaar entwickelt sich die Debatte jedoch zunehmend zu einer Auseinandersetzung mit der Berufsverbotspraxis in der Bundesrepublik. In diesen Zusammenhang gehöre auch, heißt es, daß einem der Teilnehmer an der Podiumsdiskussion auf der Grundlage von Verfassungsschutzinformationen die Besetzung eines Lehrstuhls verwehrt worden ist: Die Berufung des Westberliner

---

1049 Herbert Marcuse, Scheitern der Neuen Linken? In: ders., Zeit-Messungen, Frankfurt/Main 1975, S. 39.
1050 A.a.O., S. 44f.
1051 A.a.O., S. 48.
1052 Vgl.: Klaus Viedebantt, Die Stars revolutionärer Studentenherrlichkeit – Dutschke und Habermas vor vollem Haus, in: Frankfurter Allgemeine Zeitung vom 10. April 1975.

9.4.: Jürgen Habermas und Iring Fetscher im Hörsaal VI.

Politologen Narr an die Technische Universität Hannover ist kurz zuvor am Widerstand des niedersächsischen SPD-Kabinetts gescheitert. Lebhafter Beweis für die politische Unterdrückung unliebsamer Positionen sei weiter die Tatsache, daß die Lehrbeauftragte Brigitte Heinrich seit der im November letzten Jahres unter dem Namen *Aktion Winterreise* bundesweit durchgeführten Fahndungsaktion nach RAF-Mitgliedern in einem Mainzer Gefängnis inhaftiert ist. Andreas Buro, einer der Sprecher des *Sozialistischen Büros*, verliest unter dem Beifall der mehr als 2.000 Zuhörer einen Brief, in dem sich der greise Tübinger Philosoph Ernst Bloch mit Brigitte Heinrich, frühere Pressereferentin des SDS und Autorin des Buches *DM-Imperialismus*, solidarisiert und ihre Freilassung fordert. Jürgen Habermas, der die Initiative zur Unterstützung der jugoslawischen Philosophen und Soziologen begrüßt, spricht in seinem Beitrag von einer »Verfassungsschutzpraxis« in der Bundesrepublik, die an die Verfolgung kritischer Intellektueller in der McCarthy-Ära zu Beginn der fünfziger Jahre in den USA erinnere und mit den im Grundgesetz garantierten Rechten nicht zu vereinbaren sei.[1053]

24./25. April 1975: In **Stockholm** überfällt ein *Kommando Holger Meins* die bundesdeutsche Botschaft. Die sechs Terroristen überrumpeln das Personal, dringen mit Waffengewalt bis zum Botschafter Dietrich Stoecker vor und überbringen ihm die an die Bundesregierung gerichtete Forderung, 26 politische Gefangene, darunter die in Stammheim einsitzenden Andreas Baader, Gudrun Ensslin, Ulrike Meinhof und Jan-Carl Raspe, freizulassen. Als sich die schwedische Polizei, der es gelungen ist, zahlreiche Personen aus dem Gebäude zu evakuieren, trotz mehrfacher Aufforderung weigert, die Botschaft zu verlassen, erschießen die Erpresser zunächst den deutschen Militärattaché Andreas von Mirbach. Doch die Bundesregierung unter Kanzler Helmut Schmidt (SPD) schließt auch danach Verhandlungen weiterhin kategorisch aus. Sie will nach der Lorenz-Entführung auf keinen Fall ein weiteres Mal, RAF-Gefangene freipressen lassen. Ein Vermittlungsangebot des schwedischen Justizministers, den sechs Geiselnehmern freies Geleit anzubieten, wird umgehend abgelehnt. Statt dessen erinnern sie unter dem Motto »Sieg oder Tod!« an ihr Ultimatum und die damit verbundene Drohung, jede Stunde einen Botschaftsangehörigen zu erschießen. Gegen 22 Uhr 30 lösen sie dem Wirtschaftsattaché Heinz Hillegaart die Fesseln, führen ihn in die Bibliothek und richten ihn mit drei Schüssen dort regelrecht hin. Kurz vor Mitternacht wird das Gebäude dann von zwei schweren Explosionen erschüttert, die mit einer gewaltigen Druckwelle die Fenster zerstören und einen Brand auslösen. Durch Unaufmerksamkeit und Dilettantismus ist ein mit Sprengstoff gefüllter Kühlschrank in die Luft geflogen. Durch die Detonation wiederum hat einer der Besetzer einen solchen Schreck bekommen, daß er seine Handgranate fallenläßt, die dann ebenfalls explodiert. Der 27jährige Ullrich Wessel wird dabei so schwer verletzt, daß er zwei Stunden später stirbt. Der Botschafter, dem beide Trommelfelle geplatzt sind, lehnt sich aus einem der zerstörten Fenster und schreit um Hilfe. Im Chaos des lichterloh brennenden Gebäudes können sich die Geiseln bald darauf durch die Rauchschwaden hindurch den Weg ins Freie bahnen. Bei ihrem Versuch, durch ein Fenster im Erdgeschoß zu klettern und zu fliehen, werden anschließend fünf der Terroristen von der schwedischen Polizei gefaßt. Es sind Karl-Heinz Dellwo, Siegfried Hausner, Hanna Krabbe, Bernd Rössner und Lutz Taufer. Der 23jährige Hausner, ehemals Mitglied des *Sozialistischen Patientenkollektivs* (SPK) in Heidelberg, wird trotz schwerster Verletzungen in die Bundesrepublik abgeschoben. Dabei stirbt er.

10. 5.: Großdemonstration dreißig Jahre danach.

29. April 1975: In einem Interview des vom **Ersten Deutschen Fernsehen** ausgestrahlten politischen Magazins **Monitor** verurteilt Herbert Marcuse den Überfall auf die bundesdeutsche Botschaft in Stockholm und Akte individuellen Terrors.[1054]

10. Mai 1975: Unter dem Motto **30 Jahre Befreiung vom Hitler-Faschismus – 30 Jahre Kampf um ein Europa des Friedens** ziehen 35.000 Demonstranten vom Opernplatz zum Römerberg. Auf der Abschlußkundgebung sprechen der chilenische Gewerkschaftspräsident Luis Figueroa, der Zivilgouverneur der Provinz Lissabon Mario Bruxelas, der ehemalige sowjetische KZ-Häftling Illavion Potapow, das Präsidiumsmitglied der *Vereinigung der Verfolgten des Naziregimes* (VVN), Kurt Bachmann, der Schriftsteller Bernt Engelmann und der Gewerkschaftssekretär Dieter Hooge.

21. Mai 1975: Unter strengsten Sicherheitsvorkehrungen eröffnet der Senatsvorsitzende Theodor Prinzing in einem eigens gebauten, von Beobachtern als »Justizfestung« bezeichneten Gerichtsgebäude in **Stuttgart-Stammheim** den Prozeß gegen die vier RAF-Mitglieder Andreas Baader, Gudrun Ensslin, Ulrike Meinhof und Jan-Carl Raspe. Ihnen werden Morde, Mordversuche, Banküberfälle und Sprengstoffanschläge zur Last gelegt. Wegen eines Streits über den Ausschluß der drei Vertrauensanwälte Klaus Croissant, Kurt Groenewold und Hans-Christian Ströbele wird das Verfahren bereits kurz nach seiner Eröffnung für zwei Wochen unterbrochen. Die drei Anwälte sind wegen des Verdachts der Unterstützung einer kriminellen

1053 Siehe: **Dok. Nr. 408**.
1054 Siehe: **Dok. Nr. 409**.

April – Mai 1975

19.10.: Rudi Dutschke spricht in der Offenbacher Stadthalle, links liegend Daniel Cohn-Bendit.

Vereinigung ausgeschlossen worden. An ihre Stelle sind Otto Schily (West-Berlin) und Marie-Luise Becker (Heidelberg) für Gudrun Ensslin, Helmut Riedel (Frankfurt) für Ulrike Meinhof und Rupert von Plottnitz (Frankfurt) für Jan-Carl Raspe getreten. Nachdem Rechtsanwalt Siegfried Haag (Stuttgart) am 9. Mai festgenommen worden ist, wird Andreas Baader von Hans-Heinz Heldmann (Darmstadt) verteidigt.

18. Oktober 1975: An der University of California in **Berkeley** hält Herbert Marcuse auf einem Diskussionsforum einen Beitrag **On Students, the University and Education**.

19. Oktober 1975: Eine Protestveranstaltung gegen das Franco-Regime in der **Offenbach**er Stadthalle muß am Sonntagnachmittag ohne den angekündigten Ost-berliner Liedermacher Wolf Biermann ablaufen. Dem Kritiker des SED-Regimes ist von den Behörden der DDR die Ausreise verweigert worden. Die Veranstalter behelfen sich jedoch damit, den 3.000 Besuchern ein Tonband vorzuspielen, auf dem Biermann drei neue Lieder singt und eine Erklärung zu der Ausreiseverweigerung abgibt. Rudi Dutschke kommentiert das Verbot mit den Worten, die deutsche Misere habe sich offenbar verdoppelt. Beide deutsche Staaten seien in der Frage in Konkurrenz getreten, wer in seinem Block, dem westlichen und dem östlichen, das jeweils reaktionärste Land sei. Daniel Cohn-Bendit schlägt vor, eine Fußballarena als Terrain für eine Protestaktion zu nutzen. Beim demnächst anstehenden Europacupspiel von Eintracht Frankfurt gegen Atletico Madrid, so seine Idee, müsse die Fernsehdirektübertragung aus dem Waldstadion für ein Zeichen der Solidarität gegenüber den spanischen Antifaschisten genutzt werden. Solidaritätsadressen verlesen von der Bühne die beiden Gewerkschafter Jakob Moneta und Heinz Brandt sowie der Schriftsteller Erich Fried.

21. – 23. Dezember 1975: Ein fünfköpfiges Terrorkommando mit der Bezeichnung *Arm der arabischen Revolution* überfällt in **Wien** die dort stattfindende Konferenz der OPEC-Länder. Die 13 Mitgliedsländer der *Organization of the Petroleum Exporting Countries* (Organisation erdölexportierender Länder, OPEC) verhandeln gerade in dem am Karl-Lueger-Ring gelegenen Verwaltungsgebäude über die künftige Preisgestaltung ihrer Erdölexportlieferungen. Die schwerbewaffneten Terroristen, darunter der Frankfurter Hans-Joachim Klein und die durch die Lorenz-Entführung freigepreßte Gabriele Kröcher-Tiedemann, dringen in den Konferenzsaal ein und nehmen elf arabische Minister als Geiseln. Sie kritisieren die angeblich zu nachgiebige Politik der OPEC-Staaten und werfen ihnen vor, in der Auseinandersetzung mit Israel und dem Zionismus zu große Milde walten zu lassen. Bei dem Überfall werden drei Personen getötet – ein österreichischer Kriminalbeamter, ein libyscher OPEC-Delegierter und ein irakischer OPEC-Beamter. Der bei einem der Schußwechsel durch einen Bauchschuß schwerverletzte Klein wird zwischenzeitlich in einer Wiener Klinik behandelt. Nachdem der Österreichische Rundfunk (ORF) am Abend einen Aufruf der von dem Venezuelaner Iljitsch Ramirez Sanchez, genannt »Carlos«, angeführten Gruppe gesendet hat und diese wiederum alle österreichischen Geiseln freigelassen haben, wird ihnen für den Abzug mit 33 Geiseln von der österreichischen Regierung unter Bundeskanzler Bruno Kreisky freies Geleit zugesichert. Am nächsten Morgen starten sie vom Flughafen Schwechat aus mit einer DC-9 der Austrian Airlines in Richtung Nordafrika. Auch Klein ist mit an Bord, die Geiselnehmer haben darauf bestanden, das Land nicht ohne ihren schwerverletzten Kampfgenossen verlassen zu wollen.

21.–23.12.: Der schwerverletzte OPEC-Terrorist Hans-Joachim Klein.

21.–23.12.: Klein begründet seinen Austritt aus der »Roten Hilfe«.

Die Maschine landet mittags in der algerischen Hauptstadt **Algier**. Dort werden die Minister der nichtarabischen Mitgliedsländer zusammen mit ihren Delegationsmitgliedern freigelassen. Klein, der sich in einem kritischen Zustand befindet, wird eilends in ein

Dezember 1975

21.–23.12.: Klein chauffiert Sartre zum Besuch Andreas Baaders.

Krankenhaus gebracht. Anschließend geht es weiter nach **Tripolis**. In der libyschen Hauptstadt werden acht weitere Geiseln freigelassen. Dann startet die Maschine erneut. Als sie in **Tunis** keine Landeerlaubnis erhält, kehrt sie um und landet schließlich wieder in **Algier**. Dort geht das Geiseldrama, bei dem es offenbar alleiniges Ziel war, ein israelfeindliches Kommuniqué mit einer Kritik an verhandlungsbereiten arabischen Staaten zu verbreiten, dann zu Ende. Die letzten 15 Geiseln kommen frei, die Terroristen stellen sich den algerischen Behörden und erhalten politisches Asyl. – Der 27jährige Hans-Joachim Klein war seit dem Ende der sechziger Jahre einer der Aktivisten in der Frankfurter Demonstrationsszene.[1055] Nachdem er jahrelang Mitglied in der der RAF besonders nahestehenden *Roten Hilfe* (RH) war, wechselte er in die linksradikale Organisation *Revolutionärer Kampf* (RK) über. Nachdem Photos von dem OPEC-Überfall mit seinem Porträt verbreitet worden sind, fällt Beobachtern auf, daß Klein bereits auf anderen Aufnahmen zu sehen war. Als Sartre ein Jahr zuvor vom Stuttgarter Flughafen zur Haftanstalt in Stammheim gefahren wurde, saß Klein am Lenkrad, er war der Chauffeur beim Baader-Besuch des Philosophen.

[1055] Seine Biographie schildert er ausführlich in seinem vier Jahre später formulierten Aussteiger-Bekenntnis: Hans-Joachim Klein, Rückkehr in die Menschlichkeit – Appell eines ausgestiegenen Terroristen, Reinbek 1979.

1976

5.–7.6.: Zeltveranstaltung während des vom »Sozialistischen Büro« organisierten Pfingstkongresses gegen politische Unterdrückung

10.5.: Zusammenstöße nach dem Tod Ulrike Meinhofs in der Innenstadt.

29. Januar 1976: An der University of California in **San Diego** hält Herbert Marcuse eine Rede zur Unterstützung einer politischen Kandidatur von Tom Hayden, einem früheren Sprecher des amerikanischen SDS.

7. März 1976: In der in Chikago erscheinenden Zeitung **Sun-Times** erscheint unter der Überschrift **Terror from the Right: An FBI Informant Talks** ein Artikel, der über die Aktivitäten eines FBI-Spitzels, der gleichzeitig Mitglied einer rechtsgerichteten Untergrundorganisation war, unterrichtet. Er hatte sich früher im Raum von San Diego bewegt und stellte, dem Bericht zufolge, Herbert Marcuse und Angela Davis nach.

24. April 1976: An der University of California in **San Diego** hält Herbert Marcuse eine Vorlesung mit dem Titel **Anti-CIA-Coalition**.

9. Mai 1976: Am frühen Morgen wird in **Stuttgart-Stammheim** die Leiche der 41jährigen früheren *Konkret*-Kolumnistin und RAF-Kombattantin Ulrike Meinhof an den Gittern ihres Zellenfensters erhängt aufgefunden. – Obwohl während des Prozesses gegen die RAF-Kerngruppe Spannungen zu ihren Mitgefangenen Andreas Baader, Gudrun Ensslin und Jan-Carl Raspe bekannt geworden sind, tauchen sofort Gerüchte auf, Ulrike Meinhof könne möglicherweise das Opfer eines Mordanschlags sein. Noch im Laufe des Sonntags kommt es in verschiedenen bundesdeutschen Städten zu spontanen Demonstrationen.

10. Mai 1976: Bei einer Demonstration zum Tod von Ulrike Meinhof und gegen die Haftbedingungen der anderen RAF-Gefangenen in Stuttgart-Stammheim kommt es in der Frankfurter Innenstadt zu schweren Auseinandersetzungen mit der Polizei; dabei wird ein Polizist durch einen Molotow-Cocktail, durch den sein Dienstfahrzeug in Brand gesetzt worden ist, lebensgefährlich verletzt. Gegen 16 Uhr treffen sich rund 1.000 Demonstranten auf dem Campus, um trotz eines Demonstrationsverbotes durch die Innenstadt zu der als Treffpunkt ausgemachten Konstabler Wache zu ziehen. Die Polizei riegelt die Bockenheimer Landstraße und andere durchs Westend führende Straßen ab und versucht systematisch zu verhindern, daß Protestierende bis zum Citybereich vordringen können. Bei ersten Auseinandersetzungen geht ein Polizeifahrzeug in Flammen auf. Versuche der Uniformierten, militante Demonstranten zu verfolgen, scheitern daran, daß ihren Mannschaftswagen durch quergestellte

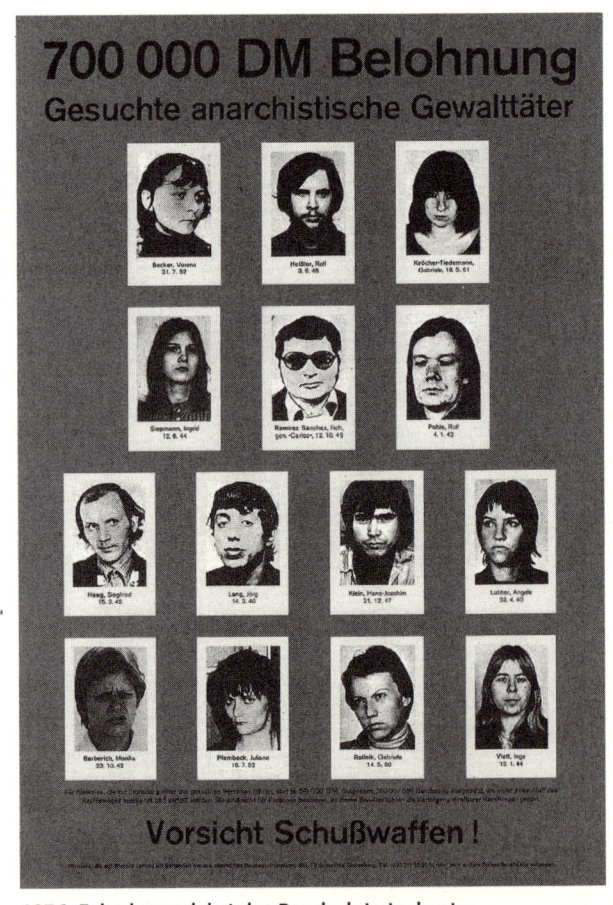

1976: Fahndungsplakat des Bundeskriminalamtes.

Fahrzeuge der Weg versperrt wird. So gelingt es den meisten Protestierenden, die sich in kleinere Gruppen aufgeteilt haben, bis zum Opern- oder dem Goetheplatz zu gelangen. Als dort ein kleinerer Demonstrationszug von hinten angegriffen wird, fliegen erneut Steine und Molotow-Cocktails. Dabei wird ein einzelnes Polizeifahrzeug, das von der Seite in die Menge hineingefahren ist, von einem Brandsatz erwischt. Während sich der Beifahrer aus dem in Flammen stehenden PKW retten kann, bleibt der Fahrer, der 23jährige Polizeiobermeister Jürgen Weber, hängen, seine Uniform beginnt lichterloh zu brennen. Erst nachdem mehrere Beamte ihrem Kollegen zu Hilfe gekommen sind, gelingt es ihnen, Weber in letzter Sekunde herauszuzerren. Ein Wasserwerfer fährt kurz darauf herbei und löscht mit seinem Strahl den Brand in wenigen Augenblicken. Der Schwerverletzte wird mit einem Notarztwagen in eine Klinik gebracht. Da ein erheblicher Teil seiner Haut verbrannt ist, steht zunächst nicht fest, ob der Polizeibeamte den Brandanschlag überleben wird. An mehreren Stellen der Zeil, vor allem an der Hauptwache und der Konstabler Wache, kommt es in den beiden Stunden darauf noch zu zahlreichen Zusammenstößen. Eine für den Abend im Volksbildungsheim angekündigte Solidaritätsveranstaltung mit dem seit mehreren Jahren inhaftierten Schriftsteller Peter Paul Zahl wird kurzfristig auf das Universitätsgelände verlegt. Die *Jungsozialisten* waren wegen der zu erwartenden Ausschreitungen bereits vor der Demonstration als Saalanmieter zurückgetreten. Die Polizei hat nun das gesamte Gebäude umstellt und verjagt eine Reihe von Besuchern mit gezücktem Schlagstock. – Am Tag darauf gibt die SPD-Fraktion im Hessischen Landtag in **Wiesbaden** auf eine Anfrage der CDU-Fraktion hin bekannt, daß eine Sonderkommission unter der Leitung von Staatssekretär Horst Werner gebildet worden sei, die wegen »Mordversuchs« an Polizeiobermeister Weber ermitteln soll. Für Hinweise, die zur Aufklärung des Falles führen, wird eine Belohnung von 50.000 DM ausgesetzt. – In der am selben Tag vom Hessischen Rundfunk ausgestrahlten **Hessenschau** erklärt deren Moderator Ulrich Manz, daß es keine philologische Frage mehr sei, ob es sich bei den Demonstranten »wirklich um Baader-Meinhof-Sympathisanten gehandelt« habe. Von bloßen Sympathisanten könne man in einem solchen Falle wohl nicht mehr sprechen. – Das ausgebrannte Polizeifahrzeug wird in den darauffolgenden Tagen auf dem Hof des Polizeipräsidiums aufgestellt und Schulklassen gezeigt. Ein Beamter gibt den Schülerinnen und Schülern Auskunft über den Brandanschlag. – Aufgrund eines Hinweises durch einen anonymen Telephonanrufer werden am Morgen des 14. Mai gegen 5 Uhr 30 gleichzeitig 14 Wohngemeinschaften von

10.5.: Goetheplatz: Das in Brand geratene Polizeifahrzeug.

1976: Persiflage der »Bockenheimer Realsurrealisten«.

Genossinnen und Genossen,

was ich hier im folgenden vortragen werde, handelt von dem, was in Frankfurt in den vergangenen drei Wochen sich abgespielt hat. Es ist das Ergebnis mehrerer Diskussionen von uns Frankfurter Spontis.

Am 8. Mai wurde Ulrike im Knast von der Reaktion in den Tod getrieben, ja, im wahrsten Sinne des Wortes vernichtet. Daraufhin hat sich - zumindest in Frankfurt - Protest und Widerstand dagegen auf der Straße erhoben. Dreitausend Linke hatten das Gefühl gehabt, daß es jetzt reicht mit dem staatlichen Terror gegen die politischen Gefangenen, daß man jetzt, um den Preis des Verlustes der eigenen Menschlichkeit, seiner Sensibilität für Gewalt und Unterdrückung, seiner linken Identität, auf die Straße gehen muß, handeln muß. Und sie haben gehandelt. Die Kämpfe auf der Straße dauerten über drei Stunden hinweg, die Bereitschaft, sich für die politischen Gefangenen auf allen möglichen Ebenen einzusetzen, war plötzlich massenhaft vorhanden.

Andererseits soll hier aber auch nicht verschwiegen werden, daß wir mit dieser Demonstration am Montag anläßlich des Todes von Ulrike an die Grenze unserer militanten Aktionsformen gestoßen sind und drauf und dran waren, denselben Fehler wie die Stadtguerilla zu begehen, nämlich unsere militärische Stärke nicht mehr im Zusammenhang mit unserer politischen Isolierung zu sehen. So hart die Auseinandersetzungen an diesem Montag auch gewesen waren, sie können eines nicht überdecken: je isolierter wir politisch wurden, desto militaristischer wurde unser Widerstand, desto leichter wurden wir isolierbar, desto einfacher war es für die Bullen, uns von „Politrockern" zu „Terroristen" umzustempeln, und auf den Landfriedensbruch die kriminelle Vereinigung und Mordanklage folgen zu lassen. In diesen Tagen waren wir Spontis sehr nahe an ein wirkliches Zerschlagenwerden herangekommen und es war allein die politische Antwort, zu der sich die Bewegung nach den Verhaftungen massenhaft mobilisierte, die innerhalb einer Woche das Blatt wenden konnte. Mittels des solidarischen rückhaltlosen Einsatzes zahloser Genossinnen und Genossen gelang es, den Angriff von Polizei und Landesregierung auf uns in einen Angriff, in die Befreiung von Gerhard Strecker umzusetzen. Polizeipräsident Müller und Justizstaatssekretär Werner waren politisch ins Wanken geraten, ein gleichgeschalteter Hessischer Rundfunk mußte seine stärkste innere Zerreißprobe seit Jahren bestehen - und dies alles in Zeiten finsterster politischer Repression und Radikalenverfolgung.

Ein weiteres Mal hatten gewaltsame Eruptionen einerseits und die Angst andererseits sich als stärkende, überlebensnotwendige und daher untrennbare Korrektive einer Massenbewegung in dieser Stadt gezeigt. Wir haben am Montag ganz in der Tradition der Häuser- und Straßenbahnkämpfe gehandelt, ohne zu merken, wie politisch in der Luft hingen. Das hätte uns beinahe das Genick gebrochen. Andererseits ist aber die Spontibewegung offensichtlich noch stark genug, daraus zu lernen.

Und dann kam es - von allen erwartet, von manchen erhofft und von vielen gefürchtet: der Beitrag der Stadtguerilla zu dieser Massenbewegung, die Antwort auf die Ermordung von Ulrike - zwei Bomben explodierten im Frankfurter US-Hauptquartier. Die Genossen der Revolutionären Zelle können nicht einen Augenblick ernsthaft über das, was sich in Frankfurt in den vergangenen drei Wochen an Massenbewegung abgespielt hat, nachgedacht haben - in ihrem Kommunique wird sie ja auch mit keinem Wort erwähnt -, denn anders läßt sich diese Aktion nicht erklären. Sie wollten mit den Bomben ein Signal für den bewaffneten Widerstand setzen und haben den Genossen, die sie zu verstehen suchen, ihre politischen und sonstigen Waffen aus der Hand geschlagen. Sie wollten uns damit Mut zum Kampf und Widerstand machen, und haben die meisten von uns doch nur verschreckt und in einen ohnmächtigen Zorn getrieben. Und schließlich wollten sie uns zeigen, daß bewaffneter Widerstand möglich und notwendig ist und zeigen uns dabei doch nur den Weg zur Selbstvernichtung.

5.–7.6.: Auszug aus der Römerbergrede Joschka Fischers.

der Polizei und dem Mobilen Einsatzkommando (MEK) durchsucht. Dabei werden zwölf Männer und zwei Frauen aus dem Umkreis der Gruppe *Revolutionärer Kampf* (RK) festgenommen. Die Aufnahmen, die von ihrer erkennungsdienstlichen Behandlung gemacht werden, sind abends im Hessischen Fernsehen zu sehen. Auf einem der Bilder ist der 28jährige Joseph Fischer, genannt »Joschka«, zu erkennen.

5.–7. Juni 1976: Unter dem Motto **Gegen politische Unterdrückung, gegen ökonomische Ausbeutung** veranstaltet das *Sozialistische Büro* einen Kongreß, zu dem auf dem Römerberg mehr als 20.000 Teilnehmer aus der gesamten Bundesrepublik zusammenkommen.[1056] Auf der Eröffnungskundgebung spricht neben Elmar Altvater, Oskar Negt u.a. auch ein als »Frankfurter Sponti« vorgestellter Redner. Es ist der bereits einen Tag nach seiner Festnahme am 14. Mai wieder freigelassene Joschka Fischer. In einer emotionsgeladenen, mit tosendem Beifall aufgenommenen Rede setzt er sich mit den Ereignissen vom 10. Mai, der »Ulrike-Meinhof-Demonstration«, auseinander: »Dreitausend Linke hatten das Gefühl gehabt, daß es jetzt reicht mit dem staatlichen Terror gegen die politischen Gefangenen ... Die Kämpfe auf der Straße dauerten über drei Stunden hinweg, die Bereitschaft, sich für die politischen Gefangenen auf allen möglichen Ebenen einzusetzen, war plötzlich massenhaft vorhanden.«[1057] Doch sei die Demonstration bis an eine »Grenze« militanter Politik vorgestoßen. Die Demonstranten seien auf dem besten Weg gewesen, »denselben Fehler wie die Stadtguerilla« zu machen: »Je isolierter wir politisch wurden, desto militärischer wurde unser Widerstand, desto leichter wurden wir isolierbar, desto einfacher war es für die Bullen, uns von ›Politrockern‹ zu ›Terroristen‹ umzustempeln, und auf den Landfriedensbruch die kriminelle Vereinigung und Mordanklage folgen zu lassen. In diesen Tagen waren wir Spontis sehr nahe an ein wirkliches Zerschlagenwerden herangekommen ...«[1058] Am Ende seines Beitrags appelliert Fischer, den bewaffneten Kampf aufzugeben: »Gerade weil unsere Solidarität den Genossen im Untergrund gehört, weil wir uns mit ihnen so eng verbunden fühlen, fordern wir sie von hier aus auf, Schluß zu machen mit diesem Todestrip, runter zu kommen von ihrer ›bewaffneten Selbstisolation‹, die Bomben wegzulegen und die Steine und einen Widerstand, der ein anderes Leben meint, wieder aufzunehmen.«[1059]

5.–7.6.: Der Schriftsteller Erich Fried spricht auf dem Römerberg.

27. Juni – 4. Juli 1976: Auf dem Flug von **Tel Aviv** nach **Paris** wird ein Airbus der Fluggesellschaft Air France mit 248 Passagieren und zwölf Besatzungsmitgliedern an Bord kurz nach 12 Uhr mittags von propalästinensischen Guerilleros auf der Höhe der griechischen Insel **Korfu** in ihre Gewalt gebracht und nach Zwischenlandungen in **Athen** und **Bengasi** nach **Entebbe** in Uganda entführt. Das *Kommando Che Guevara* der *Volksfront für die Befreiung Palästinas* (PFLP), wie sich die vier Hijacker unter der Führung des ehemaligen Frankfurter Soziologiestudenten Wilfried Böse bezeichnen, fordert die Freilassung von 53 »Freiheitskämpfern«, die sich »für die palästinensische Sache« eingesetzt hätten – 40 in israelischen Gefängnissen, sechs in bundesdeutschen, fünf in kenianischen und jeweils einen bzw. eine in Frankreich und in der Schweiz. Bei den Deutschen handelt es sich um Gefangene der RAF und der *Bewegung 2. Juni*, um Ingrid Schubert, Werner Hoppe, Inge Viett, Ralf Reinders, Jan-Carl Raspe und Fritz Teufel. Auf dem Flugplatz von Entebbe stoßen – offenbar Indiz für eine Komplizenschaft des ugandischen Präsidenten, des Militärdespoten Idi Amin – fünf weitere Männer zu den Entführern hinzu. Nach zwei Tagen des Abwartens, in denen ugandisches Militär in verräterischer Großzügigkeit Lebensmittel,

1056 Vgl.: Reinhard Voss, Linken-Treffen auf einer Woge von Wir-Gefühl – Zuversicht bei einer friedlichen und fröhlichen Stimmung auf dem Römer, in: Frankfurter Rundschau vom 8. Juni 1976.
1057 Frankfurter Spontis, »Uns treibt der Hunger nach Liebe, Zärtlichkeit und Freiheit …«, in: Links Nr. 79, Juli/August 1976, S. 11.
1058 A.a.O.
1059 A.a.O.

Medikamente, sanitäre Einrichtungen und anderes mehr zur Verfügung stellt und danach das Gelände weiträumig abriegelt, wird eine Selektion zwischen jüdischen und nichtjüdischen Geiseln vorgenommen. Während 47 Kinder, Frauen und Kranke freigelassen werden, zwingt man die 70 israelischen und die 34 anderen jüdischen Passagiere dazu, ausnahmslos an Bord zu bleiben. Als daraufhin das israelische Kabinett unter Premierminister Yitzhak Rabin in **Jerusalem** beschließt, Verhandlungen aufzunehmen, werden weitere 100 nichtjüdische Geiseln freigelassen und zusammen mit den bereits in Freiheit befindlichen nach **Paris** ausgeflogen. Die Geiselnehmer drohen, das Flughafengebäude zu sprengen und alle Geiseln umzubringen, wenn ihrer Forderung nach Freilassung der inhaftierten »Kampfgenossen« nicht nachgegeben würde. Das Ultimatum laufe am 4. Juli um 12 Uhr ab. Nachdem der israelische Generalstabschef Mordechai Gur seiner Regierung am 2. Juli ein detailliertes Programm für eine Befreiungsaktion vorgelegt hat, willigt das Kabinett ein. Am Tag darauf starten gegen 18 Uhr vom Flughafen **Lod** aus vier Maschinen vom Typ Hercules C-130, eine Boeing mit Offizieren des Generalstabs folgt ihnen. Sie schweben im Tiefflug über das Rote Meer, überqueren Äthiopien und steuern Uganda an. Gegen 3 Uhr nachts landen zwei Hercules auf dem alten Flugplatz von **Entebbe**. In einer Kommandoaktion unter Führung von Brigadegeneral Daniel Shomron, an der 48 Fallschirmjäger und 100 Soldaten beteiligt sind, werden zur Sicherung des Rückflugs vorsorglich elf Düsenjäger der ugandischen Luftwaffe zerstört. In einem kurzen Gefecht erschießen die Befreier 20 ugandische Soldaten und sieben Geiselnehmer, darunter den 26jährigen Böse und die 28jährige Brigitte Kuhlmann, eine Pädagogikstudentin aus Hannover. Bei dem Schußwechsel kommen auch drei Geiseln und der israelische Oberstleutnant Jonathan Netanjahu ums Leben. Die 102 befreiten Geiseln werden zunächst zum kenianischen Flughafen in **Nairobi** ausgeflogen, wo die Verwundeten medizinisch versorgt werden, um dann von einer als fliegendes Lazarett ausgestatteten vierten Hercules nach Israel zurückgebracht zu werden. – Eine der Geiseln, die 75jährige Britin Dora Bloch, die vor der Befreiung wegen einer Verstopfung der Luftröhre in ein ugandisches Hospital gebracht werden mußte, wird ermordet in einem Wald bei **Kampala** aufgefunden. – UN-Generalsekretär Kurt Waldheim kritisiert bei der Beisetzung der getöteten Geiseln die Befreiungsaktion des israelischen Kommandos als Verletzung der ugandischen Souveränität. Der israelische Transportminister Gad Yaacobi weist den Vorwurf mit der Bemerkung zurück, der UN-Generalsekretär sei nicht derjenige, der im Zweifelsfall die Souveränität Israels schützt. – In Anwesenheit von Präsident Amin werden am 5. Juli in **Kampala** die getöteten sieben Entführer und 20 Soldaten mit allen militärischen Ehren beigesetzt. Für die beiden darauffolgenden Tage wird für das ganze Land Staatstrauer und Arbeitsruhe verkündet. – Die schwedische Stewardeß Ann-Carina Franking beschreibt den deutschen Flugzeugentführer, der Mitarbeiter in dem von dem früheren SDS-Bundesvorsitzenden Karl Dietrich Wolff geführten Frankfurter Verlag Roter Stern war, in einem Interview mit der Illustrierten **Der Stern**: »Der Deutsche mit Namen Böse war sehr, sehr nett. Als die Schießerei begann, stammelte er: ›Das habe ich nicht gewollt.‹ Er hätte die Sache niemals mitgemacht, wenn er gewußt hätte, daß geschossen würde. Als er dies sagte, hatte er eine Handgranate in der Hand. Unsere Gruppe rief ihm zu, er solle sie zum Fenster hinauswerfen. Das tat er. Wir hörten, wie die Handgranate draußen explodierte, und sahen, wie Böse zur gleichen Zeit von Schüssen getroffen wurde. Wir sind sicher, daß er sofort tot war.«[1060] Wilfried Böse war, wie sich später herausstellt, Chef der Guerilla-Organisation *Revolutionäre Zellen* (RZ), zu der auch die beiden Frankfurter Hans-Joachim Klein und Johannes Weinrich gehörten.[1061] – Der drei Jahre jüngere Bruder des bei der Befreiungsaktion ums Leben gekommenen israelischen Oberstleutnants gründet noch im selben Jahr in **Jerusalem** das Jonathan-Institut zur Erforschung des internationalen Terrorismus und organisiert mit diesem 1979 und 1984 zwei Konferenzen, an denen zahlreiche westliche Experten teilnehmen.[1062] Nach einem längeren Aufenthalt in den USA entschließt er sich 1988, in die Politik zu gehen. Benjamin Netanjahu wird 1993 Vorsitzender des *Likud*-Blocks, profiliert sich mit einer »Politik der Stärke« gegenüber den Palästinensern und wird drei Jahre später, nachdem er mit knapper Mehrheit die israelischen Parlamentswahlen gewonnen hat, Ministerpräsident seines Landes.

7. Juli 1976: In seiner früheren Universitätsstadt **Freiburg** referiert Herbert Marcuse über die Frage, wie eine **Revolution im Spätkapitalismus** aussehen kann.

22.10.: Der Frauen-AStA, li. dessen 1. Vorsitzende Felicitas Schneck.

31. August 1976: Im Ehrenhof am **Düsseldorf**er Rheinufer findet eine Podiumsdiskussion statt zum Thema **Der Widerstreit zwischen philosophischer Revolution und politischer Veränderung**. In der von 600 Zuhörern verfolgten Debatte, an der auch der Münchner Politikwissenschaftler Kurt Sontheimer und der CDU-Generalsekretär Kurt H. Biedenkopf teilnehmen, geraten Herbert Marcuse und Alexander Mitscherlich heftig aneinander. »Ich muß sagen«, führt Marcuse sichtlich betroffen aus, »ich habe einen körperlichen Schmerz bekommen, als ich Mitscherlichs Satz gehört habe, daß eine Gesellschaft, in der man ohne Angst lebt, daß diese Gesellschaft etwas verloren hätte, was man doch nicht verlieren sollte ...«[1063] Mitscherlich besteht in einer nachfolgenden Wortmeldung noch einmal ausdrücklich auf seiner Ansicht, daß die Menschen sich in Angstsituationen näherrückten – dies sei seine »Lebenserfahrung«.

22. Oktober 1976: Das Studentenparlament wählt erstmals in der Bundesrepublik einen ausschließlich aus Referentinnen bestehenden *Allgemeinen Studentenausschuß* (AStA). Der **Frauen-AStA** setzt sich aus Mitgliedern der *Sozialistischen Hochschul-Initiative* (SHI) und der *Hochschulgruppe der Jungsozialisten* (Juso) zusammen. Vorsitzende ist Felicitas Schneck (SHI), ihre beiden Stellvertreterinnen sind Rita Häfner (Juso) und Heidemarie Renk (SHI). In einer Erklärung des neuen AStA heißt es: »Wir 15 Frauen verstehen uns als

1060 Der Stern vom 8. Juli 1976, 29. Jg., Nr. 29, S. 17.
1061 Über Wilfried genannt »Bonnie« Böse schreibt Hans-Joachim Klein: »Er hatte eine lange politische Geschichte in der Linken, und nicht wenige Projekte ... wurden zusammen mit ihm oder durch ihn ins Leben gerufen. Nachdem ich ... in die RZ aufgenommen worden war, war auch hier klar, wer die erste Geige spielt. Er war der Motor des Ganzen. Pausenlos im Einsatz, fuhr durch die Gegend, organisierte das und jenes und brachte seine Überlegungen, wie das oder dieses Projekt angegangen und verwirklicht werden könnte.« Hans-Joachim Klein, Rückkehr in die Menschlichkeit – Appell eines ausgestiegenen Terroristen, Reinbek 1979, S. 172.
1062 Vgl.: Benjamin Netanyahu (Ed.), Terrorism: How the West Can Win International Terrorism: Challenge and Response, New York 1968; Benjamin Netanyahu, Fighting Terrorism – How Democracies Can Defeat Domestic and International Terrorists, New York 1995.
1063 Ist eine Welt ohne Angst möglich – Aus einem Streitgespräch zwischen Biedenkopf, Marcuse und Mitscherlich, in: Der Spiegel vom 6. September 1976, 30. Jg., Nr. 37, S. 199.

Gruppe in dieser Bewegung (spontaneistische Linke), die in der Tradition antiautoritärer Revolte gegen Herrschaftsstrukturen, hier vor allem die das studentische Leben bestimmenden, ankämpft, sich auflehnt, sich ihnen verweigert ... Als Frauen Politik zu machen, heißt für uns konkret, daß wir auf unserer Subjektivität bestehen und sie als positives Moment unseres Verständnisses von Politik und Leben sichtbar machen wollen – eine Sinnlichkeit, die den meisten Männern irgendwann auf dem dornenreichen Weg ihrer Sozialisation verlorengegangen ist.«[1064] – Insbesondere innerhalb der *Juso-Hochschulgruppe* führt die Wahl des Frauen-AStA zu heftigen Auseinandersetzungen. Eine Zustimmung ist nur möglich geworden, weil sich die Juso-Abgeordneten im Studentenparlament nicht an einen ablehnenden Beschluß der Frankfurter Unterbezirksdelegiertenkonferenz gehalten haben. Die Vorsitzende der Sozialdemokratischen Frauen im SPD-Bezirk Hessen-Süd, Christa Galm-Gräfe, kommentiert die Konstituierung des Frauen-AStA mit den Worten, daß dies eine »inhaltliche und politische Bankrotterklärung sozialistischer Gruppen an der Hochschule« sei.[1065] – Die Idee zu der vor den Studentenparlamentswahlen noch nicht erkennbaren Besetzung stammt von Daniel Cohn-Bendit, der zusammen mit Felicitas Schneck in einem der besetzten Westend-Häuser wohnt.

11. November 1976: Ivo Frenzel und Willy Hochkeppel führen im **Bayerischen Rundfunk** ein Gespräch mit Herbert Marcuse über die Bedeutung der Neuen Linken und die Aufgaben einer kritischen Philosophie heute.

30. November 1976: In der vom **Westdeutschen Rundfunk** ausgestrahlten Sendereihe **Zur Ansicht** führt Ivo Frenzel ein Studiogespräch mit Herbert Marcuse. Darin geht es vor allem um eine Einschätzung des Verlaufs der Protestbewegungen seit dem Ende der sechziger Jahre.

1064 uni-report vom 3. November 1976, 9. Jg., Nr. 11, S. 1.

1065 Vgl.: Gabi Schwall, »Arbeit im Kollektiv erfahren« – Weitere Frauen für Referate, in: Frankfurter Rundschau vom 23. Oktober 1976.

1977

Sympathy For The Devil

Hexenjagd auf die Linke

15.10.: Aufkleber für eine Podiumsdiskussion während des Deutschen Herbstes.

Jan.: Studentendemonstration in der Robert-Mayer-Straße.

4. Januar 1977: In einer Hörfunk-Sendung des **Norddeutschen Rundfunks** fragt die Autorin Gitta Schaaf unter der Überschrift **Langer Marsch wohin?**, was aus den Protagonisten der Studentenrevolte geworden ist. Statements geben dazu ab: der Philosoph Herbert Marcuse, Bundeskanzler Helmut Schmidt, Bundesinnenminister Werner Maihofer, die Bundestagsabgeordnete der FDP, Ingrid Matthäus-Maier, der Bundestagsabgeordnete der SPD, Karsten Voigt, der Literaturhistoriker Klaus Briegleb und die ehemaligen Aktivistinnen und Aktivisten Detlev Albers, Angelika Ebbinghaus, Wolfgang Lefèvre, Knut Nevermann, Friedrich Rothe, Peter Schütt und Marion Wittstock.

22. Januar 1977: Zehn Jahre nach dem Beginn der Rebellion an den Universitäten und Hochschulen wird die Frage aufgeworfen: **Was ist von der Studentenbewegung noch übrig geblieben?** Unter diesem Titel publiziert die **Frankfurter Rundschau** das Vorwort zu einer von Frank Wolff und Eberhard Windaus herausgegebenen Dokumentation zur Frankfurter Studentenrevolte.[1066] »Daß die Revolte vorbei sei«, heißt es darin, »ist eine Zwecklüge und zugleich real; verleugnet lebt sie in lächerlichen Latzhosen totalitären Zuschnitts, obskuren Heilslehren, Trödel, in schäbigen Kneipen mit betäubender Musik. Zwecklüge: sie macht uns zu Rückwärtsgewandten, die am Vergangenen festhalten wollten, vernichtet fortwährende Gültigkeit und akute Not eines modernen Freiheitskampfes, der ohne ein würdiges Gedächtnis nicht leben kann, schließlich macht sie blind gegen die Schwächen und die Größe der weltweiten Rebellion vor zehn Jahren.«[1067]

7. April 1977: Bei einem Attentat des *RAF-Kommandos Ulrike Meinhof* in **Karlsruhe** wird Generalbundesanwalt Siegfried Buback zusammen mit seinem Fahrer und einem Justizhauptmeister ermordet.

22.1.: Einer der ersten Erinnerungsbände.

Juni 1977: Herbert Marcuse hält an der University of California in **San Diego** eine Rede gegen die Apartheidpolitik in Südafrika.

12. Juni 1977: An der Universität von **Berkeley** hält Herbert Marcuse einen Vortrag zum Thema **Transition of Advanced Capitalism to Democratic Totalitarianism**.

30. Juni 1977: Der Vorstandsvorsitzende der Dresdner Bank, Jürgen Ponto, wird bei einem Entführungsversuch in seinem Privathaus in **Oberursel** bei Frankfurt von einem RAF-Kommando erschossen.

7. Juli 1977: Im Frankfurter Verlag Neue Kritik findet anhand einiger von Wolfgang Kraushaar vorgestellter **Thesen zum Verhältnis von Alternativ- und Fluchtbewegung**[1068] eine Diskussion über den politischen Charakter alternativer Projekte und Strömungen statt. An der von Armin Golzem moderierten Auseinandersetzung beteiligen sich Herbert Marcuse, Peter Brückner, Moishe Postone, Margit Mayer, Thomas Schmid, Wolfram Wolfer-Melior u.a.

5. September – 19. Oktober 1977: Drei Tage nach Beendigung eines Hungerstreiks politischer Gefangener

7.7.: Aus einer Marcuse-Diskussion geht ein Buchtitel hervor.

25. April 1977: In der Zeitung des Göttinger AStA erscheint ein **Buback-Nachruf**, in dem ein »Mescalero« sich zu seiner »klammheimlichen Freude« über den Anschlag bekennt, ihn jedoch dennoch als schädlich bezeichnet. – Von 47 Professoren und Juristen, die den Artikel trotz einer Welle von Pressionen nachdrucken, werden 13 gerichtlich verfolgt. Der Hannoveraner Psychologe Professor Peter Brückner, der bereits wiederholt Einschränkungen seiner Lehrtätigkeit ausgesetzt war, wird vom Dienst suspendiert.

28. April 1977: Am 192. Verhandlungstag werden in **Stuttgart-Stammheim** die drei RAF-Angeklagten Andreas Baader, Gudrun Ensslin und Jan-Carl Raspe wegen vierfachen Mordes zu jeweils lebenslangen Freiheitsstrafen verurteilt.

5.9.–19.10.: Schauplatz der Schleyer-Entführung in Köln.

1066 Frank Wolff / Eberhard Windaus (Hg.), Studentenbewegung 1967/69, Frankfurt/Main 1977.
1067 Frank Wolff / Eberhard Windaus, Was ist von der Studentenbewegung noch übriggeblieben? Zehn Jahre danach: Unzeitgemäße Betrachtungen zweier Beteiligter, in: Frankfurter Rundschau vom 22. Januar 1977.
1068 Vgl.: Die erweiterte und veränderte Fassung in: Wolfgang Kraushaar (Hg.), Autonomie oder Getto? Frankfurt/Main 1978, S. 8–67.

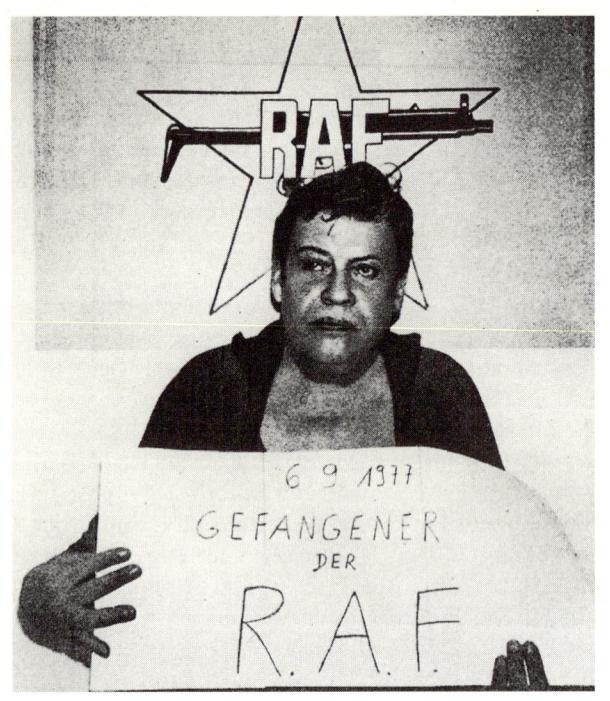

5.9.–19.10.: Der entführte Hanns-Martin Schleyer.

entführt ein RAF-Kommando in **Köln** den Präsidenten des Bundesverbandes der deutschen Arbeitgeber, Hanns Martin Schleyer; sein Fahrer und drei begleitende Polizisten werden getötet. Auf die Forderung der Entführer, elf RAF-Gefangene freizulassen, reagiert die Bundesregierung mit einer Hinhaltetaktik. Sie führt einen Kleinen und einen Großen Krisenstab als Exekutivorgane ein, verhängt eine Nachrichtensperre und peitscht ein Kontaktsperregesetz zur Unterbindung von Kontakten zwischen Häftlingen und Anwälten innerhalb kürzester Zeit durch den Bundestag. – Am 13. Oktober wird eine Lufthansamaschine auf dem Rückweg von **Palma de Mallorca** mit 86 Passagieren von einem palästinensischen Kommando entführt, um zusätzlichen Druck auf die Bundesregierung auszuüben. – Vom 17. auf den 18. August stürmt ein Kommando der GSG 9, einer Spezialeinheit des Bundesgrenzschutzes, die auf dem Flughafen von **Mogadischu**, der Hauptstadt von Somalia, stehende Maschine, erschießt drei der Hijacker und befreit alle Passagiere. – Am Morgen des 18. Oktober werden Andreas Baader und Gudrun Ensslin tot, Jan-Carl Raspe sterbend und Irmgard Möller schwerverletzt in ihren Zellen in **Stuttgart-Stammheim** aufgefunden. – Einen Tag darauf teilt ein RAF-Kommando *Siegfried Hausner* mit, daß es die »klägliche und korrupte Existenz« von Schleyer »beendet« habe. Der Leichnam des Arbeitgeberpräsidenten wird kurze Zeit später an der angegebenen Stelle im elsässischen **Mülhausen** im Kofferraum eines PKW gefunden.

16. September 1977: In der Hamburger Wochenzeitung **Die Zeit** erscheinen Distanzierungsaufrufe von Rudi Dutschke und Herbert Marcuse, die den von der RAF praktizierten Terror verurteilen. Der kalifornische Sozialphilosoph schreibt unter dem Titel **Mord darf keine Waffe der Politik sein**: »Die physische Liquidierung einzelner Personen, selbst der prominentesten, unterbricht nicht das normale Funktionieren des kapitalistischen Systems selbst, wohl aber stärkt sie sein repressives Potential – ohne (und das ist das Entscheidende) die Opposition gegen die Repression zu aktivieren oder auch nur zum politischen Bewußtsein zu bringen.«[1069] Marcuse lehnt den Terror nicht prinzipiell ab. Er hält ihn dort, wo es wie im Falle Carrero Blancos um die Beseitigung von Protagonisten eines diktatorischen Regimes geht, unter bestimmten Bedingungen für gerechtfertigt. Eine solche Situation treffe auf die Bundesrepublik ganz offenkundig nicht zu. Der Terror der RAF sei keine Fortsetzung der Studentenbewegung mit anderen Mitteln, sondern ein Bruch mit ihren Zielen.

17. September 1977: In der **Stuttgarter Zeitung** erscheint unter der Überschrift **Wie links ist der terroristische Aktionismus?** ein weitgehend aus Zitaten bestehender Artikel[1070], in dem der Nachweis zu erbringen versucht wird, daß Jürgen Habermas in seiner Kritik am Aktionismus der Studentenbewegung zehn Jahre zuvor bereits die entscheidenden Argumente vorweggenommen habe, die nach den Anschlägen auf Buback, Ponto und Schleyer gegen die »Kaderguerillas von links« zu nennen seien. Der nicht namentlich, sondern nur mit seinen Initialien aufgeführte Autor verwendet für seine Montage ausschließlich Texte, die 1969 in der Einleitung zu dem Sammelband *Protestbewegung und Hochschulreform* erschienen waren.[1071] – Einen ganz ähnlichen Tenor hat eine Kritik, die einen Monat später in der **Frankfurter Rundschau** erscheint. Darin wendet sich Wolfram Schütte gegen eine Artikelserie im *Spiegel* über »Sympathisanten und sogenannte Sympathisanten« und streicht heraus, daß Adorno und Habermas »... sich schon gegen den Terrorismus unmißverständlich geäußert hatten, bevor er wirklich von sich reden machte, das hätte man aus Adornos letzten mündlichen und schriftlichen Äußerungen ebenso erfahren können wie aus Jürgen Habermas' Buch ›Protestbewegung und Hochschulreform‹.«[1072]

2. Oktober 1977: Der 80jährige Soziologe Professor **Norbert Elias** wird in der Paulskirche mit dem **Theodor W. Adorno-Preis** ausgezeichnet. Der ehemalige Assistent Karl Mannheims ist der erste Wissenschaftler, der den mit 50.000 DM dotierten Preis der Stadt Frankfurt entgegennehmen kann. Oberbürgermeister Walter Wallmann (CDU) begründet die Verleihung in dem nur zur Hälfte gefüllten Plenarsaal mit den Worten, Elias habe mit seinem Hauptwerk *Über den Prozeß der Zivilisation*[1073] und einer Reihe anderer Arbeiten Grundlagen für eine höchst differenzierte, kulturhistorisch unterbaute Theorie des sozialen Wandels geliefert. In seiner Laudatio weist der Westberliner Soziologe Wolf Lepenies auf die große Verspätung hin, mit der die Zivilisationstheorie des Preisträgers überhaupt wahrgenommen worden sei. Das Schicksal der Emigration habe ihm die Rolle eines Außenseiters aufgezwungen. Sein 1939 in der Schweiz erschienenes Hauptwerk habe erst seit der zweiten Auflage 30 Jahre später eine Rolle zu spielen begonnen und werde erst seit kurzem wissenschaftlich rezipiert. In seiner Dankesrede verschweigt Elias nicht, daß Adorno seinerzeit nur wenig Interesse für seine Arbeit aufgebracht habe. Während er immer ganz eigene Wege gegangen sei, betont er, habe Adorno auch weiterhin an einem marxistischen Orientierungsrahmen festgehalten. Er fasse seine Ehrung nicht so sehr als eine öffentliche Anerkennung seiner Person auf, sondern als Aufforderung an alle, im Denken über Gesellschaft eigene Wege zu gehen.[1074] Elias geht auch auf die Studentenbewegung ein. »Die Ereignisse von 1968 in Deutschland«, gibt er zu bedenken, »lassen sich gewiß nicht auf den Nenner einer einzelnen Erklärung

---

1069 **Dok. Nr. 413.**
1070 W. B., Wie links ist der terroristische Aktionismus – Jürgen Habermas zu den Anfängen der Protestbewegung, in: Stuttgarter Zeitung vom 17. September 1977.
1071 Jürgen Habermas, Protestbewegung und Hochschulreform, Frankfurt/Main 1969, S. 9-51.
1072 WoS (Wolfram Schütte), Schweigen und Verschweigen, in: Frankfurter Rundschau vom 22. Oktober 1977.
1073 Norbert Elias, Über den Prozeß der Zivilisation – Soziogenetische und psychogenetische Untersuchungen, Bd. I: Wandlungen des Verhaltens in den westlichen Oberschichten des Abendlandes, Bd. II: Wandlungen der Gesellschaft – Entwurf zu einer Theorie der Zivilisation, 2. Auflage, Bern/München 1969.
1074 Vgl.: Wolfram Schütte, Respekt und Kritik – Elias über Adorno, in: Frankfurter Rundschau vom 3. Oktober 1977.

5.9.–19.10.: Andreas Baader und Gudrun Ensslin im Stammheimer Hochsicherheitstrakt.

bringen. Ein ganzer Komplex von Faktoren spielte hier eine Rolle. Aber die Hingabe an den Marxismus hatte für manche Studenten unter anderem auch die Funktion eines Schutzmittels; sie half jungen Menschen, sich vor sich selbst und vor der ganzen Welt von dem Stigma der Gaskammern zu reinigen, mit dem der Name der Deutschen belastet war. Es wäre nicht undenkbar, daß dieses Bemühen um Reinigung von dem Fluch, an dem viele junge Menschen nicht ganz zu Unrecht ihren Vätern, dem deutschen Bürgertum, schuld geben, auch bei der gegenwärtigen Welle der Gewalt eine Rolle spielt. Dieser Hang zum Extrem, die Verachtung der Kompromisse, die ja tief in der deutschen Tradition verankert ist, hat – wie wir alle sehen – auch heute ihre Wirksamkeit noch nicht verloren.«[1075]

5. Oktober 1977: In einer von Robert Mühlfenzel moderierten Sendung des **Ersten Deutschen Fernsehens** erklärt der Landesvorsitzende der hessischen CDU, Alfred Dregger, die Frankfurter Schule zur geistigen Ursache des Terrorismus.

6. Oktober 1977: Zum Auftakt eines vom *Wirtschaftsrat der CDU e.V.* in Frankfurt veranstalteten *Wirtschaftstag 77* kritisiert der hessische CDU-Vorsitzende Alfred Dregger, daß auch nach der Entführung Hanns Martin Schleyers die »geistigen Strömungen«, aus denen der Terrorismus entstanden sei, nicht mit genügender Eindeutigkeit verurteilt würden. Mit Professoren, die den *Buback-Nachruf* abdruckten, dürfe nicht korrespondiert werden. Sie müßten statt dessen »nachhaltig und auf der Stelle« die Reaktion des Staates erfahren. Der Vorsitzende der CDU/CSU-Bundestagsfraktion, Helmut Kohl, meint, daß viele Intellektuelle den Terrorismus zwar verurteilten, die Terroristen selbst jedoch nach wie vor als »irregeleitete Idealisten« ansähen. Dies könne man an den Appellen von Böll, Gollwitzer und Pastor Albertz erkennen, die sich an die Terroristen mit der verräterischen Aufforderung wendeten, »nicht alles zu vernichten, was sie erreichen wollten«.

9. Oktober 1977: In einer Rede zur 500-Jahr-Feier der Universität **Tübingen** prangert der baden-württembergische Ministerpräsident Hans Karl Filbinger (CDU) im Zusammenhang mit der Terrorismus-Debatte einen politischen Mißbrauch der Wissenschaft an. Insbesondere in der »Frankfurter Schule« seien die Schleusen für die ideologische Umdeutung der freiheitlichen Rechtsordnung geöffnet worden. Dies habe bei manchen Gruppen zu einer Verwirrung der Begriffe geführt. Sie hätten schließlich gemeint, der angeblichen Gewalt des Systems eigene Gewalt entgegenzusetzen. »Dies führte dann zu den terroristischen Konsequenzen, mit denen wir es derzeit zu tun haben.«[1076] Filbinger fordert die Universitäten auf, kritische Fragen auch gegen sich selbst aufzuwerfen. Nicht alles, was gedacht werden könne, müsse auch ohne weiteres gelehrt werden. Bundespräsident Walter Scheel hat zuvor in seiner Festansprache vor Selbstgerechtigkeit bei der Diskussion über die Ursachen des Terrorismus gewarnt. Nichts könne die politische Atmosphäre so sehr vergiften wie eine Diskussion, in der die Namen geachteter Persönlichkeiten mit Mordtaten in Beziehung gesetzt würden. Alle müßten sich vielmehr selbst fragen, was sie versäumt hätten, daß »junge Mitbürger auf so furchtbare Abwege« hätten geraten können.

10. Oktober 1977: Im Nachrichtenmagazin **Der Spiegel** erscheint ein Aufsatz, in dem Jürgen Habermas den wenige Tage zuvor von Alfred Dregger gegen die Kritische Theorie erhobenen Vorwurf mit Entschiedenheit zurückweist, sie habe dem Terrorismus geistig den Weg gebahnt. Er könne seitenweise, so schreibt Habermas, Kritiken von Adorno am »studentischen Aktionismus« zitieren oder eigene Stellungnahmen aus den sechziger Jahren »gegen jede Art von Gewaltanwendung«, wolle aber stattdessen auf zwei Eigenarten der bundesdeutschen Auseinandersetzung eingehen. Erstens erinnert er am Beispiel der von Martin Heidegger und Carl Schmitt während des Nationalsozialismus gemachten und nie unzweideutig revidierten Äußerungen an die besondere Verantwortung, der sich ein Wissenschaftler beim Schreiben und Lehren bewußt sein sollte. Er wolle seine im Juni 1967 in Hannover gebrauchte Formulierung vom »linken Faschismus« revidieren. »Heute meine ich«, sagt Habermas wörtlich, »meine damalige Äußerung war eine ›Überreaktion‹.«[1077] Dies sei eine für Linke seines Alters typische Haltung gewesen. Und zweitens erklärt er, daß Franz Josef Strauß und Alfred Dregger den Terror zum Anlaß nähmen, um mit zweihundert Jahren kritischen Denkens in Deutschland aufräumen zu wollen. »Keine Sorge«, wendet sich Habermas am Ende seines Textes an die Leser, »wir werden Herrn Strauß nicht einen Faschisten nennen. Wir werden seine Reden studieren, sein Verhalten beobachten und der Vermutung

15.10.: Podiumsdiskussion während der Buchmesse (v. l. n. r.): Peter Brückner, Hermann Pfütze, Frank Wolff, Alice Schwarzer, Daniel Cohn-Bendit (li. dahinter), Walter Boehlich.

nachgehen, daß Strauß, nachdem Spanien endlich eines Franco ledig ist, die Bundesrepublik francoisieren will.«[1078]

15. Oktober 1977: Auf der Buchmesse veranstaltet der *Verband des linken Buchhandels* (VLB) unter dem Titel **Sympathy for the Devil – Hexenjagd auf die Linke** eine Podiumsdiskussion über die seit der Schleyer-Entführung verstärkte »Sympathisanten«-Hatz durch.[1079] Teilnehmer sind u. a. Peter Brückner, Daniel Cohn-Bendit, Alice Schwarzer und Frank Wolff. Cohn-Bendit gibt die Parole aus, die Linke müsse zwischen RAF und Staat »durchstarten«.[1080]

22. Oktober 1977: Vor dem *Politischen Klub* der am Starnberger See gelegenen Evangelischen Akademie in **Tutzing** behauptet der hessische CDU-Vorsitzende Alfred Dregger, die Hauptschuld für die Entstehung des Terrorismus sei in der »einseitig linksgerichteten Indoktrination« junger Menschen zu sehen. »Größer als die Schuld der Schießenden«, betont er, »ist die Schuld derer, die den Haß säen, aus dem Gewalt erwächst.«[1081] Deshalb käme es darauf an, sich »gegen

---

[1075] Norbert Elias, Adorno-Rede – Respekt und Kritik, Rede anläßlich der Verleihung des Theodor W. Adorno-Preises am 2. Oktober 1977, in: Norbert Elias / Wolf Lepenies, Zwei Reden anläßlich der Verleihung des Theodor W. Adorno-Preises 1977, Frankfurt/Main 1977, S. 61 f.

[1076] Süddeutsche Zeitung vom 10. Oktober 1977.

[1077] **Dok. Nr. 415.**

[1078] A.a.O.

[1079] Siehe die vom VLB zur Ankündigung der Veranstaltung verteilten *Thesen über Sympathisanten des Terrors*: Frank Wolff, Sympathy For The Devil – Hexenjagd auf die Linke, in: Tatjana Botzat / Elisabeth Kiderlen / Frank Wolff (Hg.), Ein deutscher Herbst, Frankfurt/Main 1978, S. 98–104; wiederabgedruckt in: Tatjana Botzat u.a., Ein deutscher Herbst – Zustände 1977, Frankfurt/Main 1997, S. 50–55.

[1080] Auf weitere Diskussionen zur rechtskonservativen Offensive gegenüber Linksintellektuellen weist hin: Helmut Schmitz, »Jeder kann der nächste sein« – Notizen von »Sympathisanten«-Debatten unter Schriftstellern und Intellektuellen während der Buchmesse, in: Frankfurter Rundschau vom 17. Oktober 1977.

[1081] Frankfurter Rundschau vom 24. Oktober 1977.

die Verfälschung unserer Geschichte, gegen die Zerstörung der Grundwerte und gegen die Falschinformationen über die Gegenwart«, wie sie im Bildungswesen ebenso wie in den Massenmedien verbreitet würden, zu wehren. »Der Terrorismus der Baader-Meinhof und ihrer Nachfolger« habe seine Wurzeln nicht in der Arbeitswelt oder in sozialer Not, sondern in der »geistigen Heimatlosigkeit« und der sich darauf gründenden »Fehlleistung der idealistischen Energie eines Teils der deutschen Jugend«. Wer die »geistigen Ursachen des Terrorismus« bekämpfen wolle, der müsse auch mit einer falschen Vergangenheitsbewältigung Schluß machen.

28. Oktober 1977: Während der ersten Lesung eines Anti-Terror-Gesetzpaketes im Bundestag in **Bonn** greift Alfred Dregger im Namen der CDU/CSU-Fraktion die Kritische Theorie an und macht sie mit anderen neomarxistischen Strömungen, im Sinne einer intellektuellen Urheberschaft, für den Terrorismus verantwortlich. »Zehn Jahre lang«, so urteilt der hessische CDU-Vorsitzende, »wurde in manchen Fachbereichen mancher Universität ein Klima geistigen und psychischen Terrors geduldet. Zehn Jahre wurde durch die Einübung von Rechtsbrüchen als alltäglichem Verhalten das für den Terrorismus geeignete Umfeld geschaffen ... Konfliktbewußtsein und Konfliktpädagogik beherrschen das Feld. Rahmenrichtlinien ... wurden Ansatzpunkte der Agitation und Indoktrination. Gezüchtet wurde Systemverachtung. Die Grundwerte der Verfassung wurden nicht in den Herzen unserer Jugend verankert, sie wurden ›hinterfragt‹ ... Bildungspolitik und Unterrichtspraxis dürfen sich nicht an Karl Marx, Herbert Marcuse oder anderen Propheten orientieren, die die einen von uns als die richtigen Propheten und die anderen von uns als die falschen Propheten betrachten ... Jede Ideologisierung – in welcher Richtung auch immer – von Bildung und Ausbildung an staatlichen Monopolanstalten verletzt die Grundrechte der Eltern und Schüler und ist Verfassungsbruch, der ein Ende haben muß. Front zu machen ist ferner gegen die Verfälschung der Geschichte ... Statt Tatsachen zu vermitteln, wird ideologisiert und indoktriniert mit Bildern, Begriffen und Ideologien des 19. Jahrhunderts, die ohne Rücksicht auf die Wirklichkeit einfach auf die Gegenwart übertragen werden. Manche Fachbereiche deutscher Universitäten – ich spreche das aus, obwohl mir das Kritik einbringen wird – sind auf diese Weise zu Ordensburgen für Systemveränderer und zu Klippschulen für Halbgebildete geworden.«[1082]

6. November 1977: An der University of California in **San Diego** hält Herbert Marcuse eine Rede gegen die Ausbeutung und Beherrschung der Natur.

29./30. November 1977: Im Konrad-Adenauer-Haus in **Bonn** veranstaltet die CDU eine Tagung zum Thema **Der Weg in die Gewalt – Geistige und gesellschaftliche Ursachen des Terrorismus und seine Folgen**. Neben dem CDU-Vorsitzenden Helmut Kohl, dem CDU-Generalsekretär Heiner Geißler und dem Leiter der Terrorismusabteilung des Bundeskriminalamtes, Gerhard Boeden, referieren u. a. auch die Universitätsprofessoren Karl Dietrich Bracher, Peter Hofstätter, Hermann Lübbe und Ernst Topitsch. »Seit hundert Jahren fast«, so Geißler in seinem Referat, »versuchen nun Marxisten, den menschlichen, den humanen Marxismus aus Marx' Frühschriften herauszulesen. Sie ranken sich moralisch an seinem ›emanzipatorischen‹ Anspruch empor – und verschließen die Augen vor seinen Folgen ... Ich meine: damit muß es nun ein Ende haben, daß man am Marxismus und Sozialismus gläubig festhält – und sich dann von seinen Folgen nach Bedarf erschrocken distanziert! Die Denunzierung unseres freiheitlichen und sozialen Rechtsstaats als spätkapitalistischen Ausbeuterstaat zeigt, wie notwendig es ist, die vorherrschende Kapitalismuskritik endlich an unseren Schulen und Universitäten durch eine systematische Marxismuskritik zu ergänzen. Der Kampf um die Interpretation unserer gesellschaftlichen Verhältnisse muß offensiv geführt werden. Nicht länger darf das Feld der Gesellschaftswissenschaften ausschließlich der Kapitalismuskritik überlassen werden. Der Marxismus selbst gehört auf den wissenschaftlichen Prüfstand.«[1083]

1082 Zit. nach: Deutscher Bundestag, Stenographische Berichte 8. Wahlperiode, Nr. 6, S. 4090 ff.; siehe auch: Hermann Vinke / Gabriele Witt (Hg.), Die Anti-Terror-Debatten im Parlament – Protokolle 1974–1978, Reinbek 1978.

1083 Heiner Geißler, Terrorismus als geistige und politische Herausforderung, in: ders. (Hg.), Der Weg in die Gewalt – Geistige und gesellschaftliche Ursachen des Terrorismus und seine Folgen, München/Wien 1978, S. 18.

1978

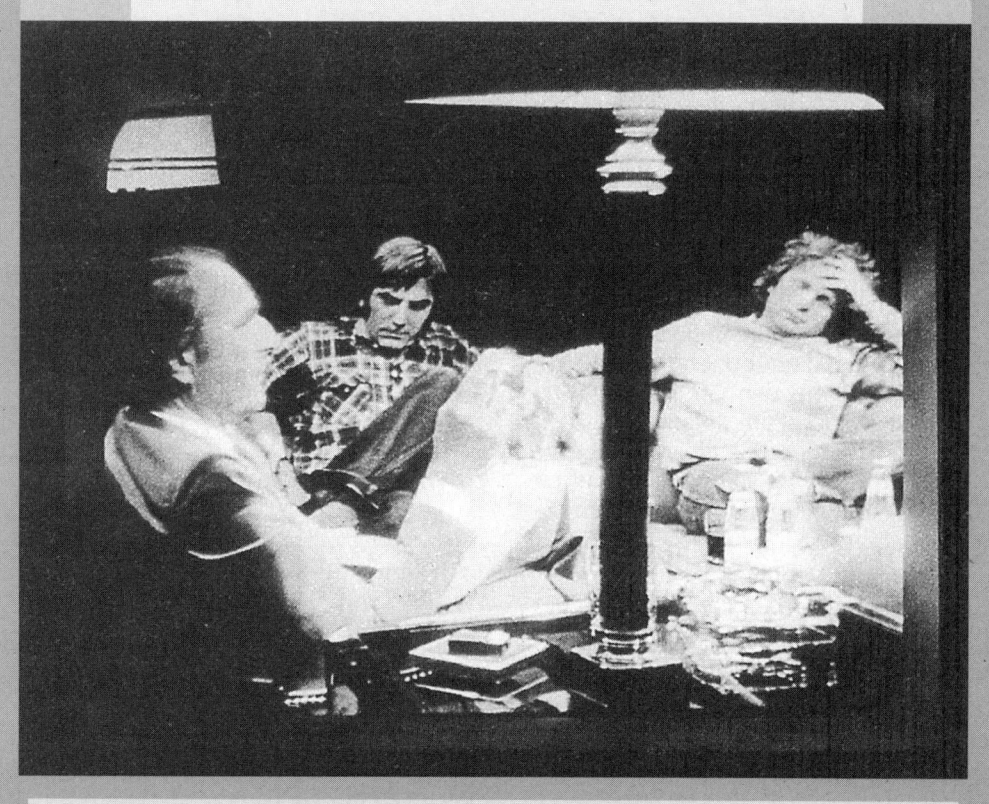

13. 6.: Spektakuläre Diskussion über zehn Jahre Studentenbewegung im Österreichischen Fernsehen: (v. l. n. r.) Matthias Walden, Rudi Dutschke und Daniel Cohn-Bendit.

7. Mai 1978: Unter dem Titel **Fast eine Revolution** zeigt das **Westdeutsche Fernsehen** zehn Jahre nach den 68er Ereignissen eine von Erhard Kloess produzierte zweiteilige Sendung über Entstehung, Verlauf und Folgen der Studentenbewegung. In der Folge **Der lange Marsch nach links** werden Statements von Frank Böckelmann, Andreas Buro, Oskar Negt, Knut Nevermann, Bernd Rabehl, Helmut Schauer, Jürgen Seifert und Michael Vester gezeigt; in der zweiten Folge **Die Theorie ergreift die Massen** Interviewbeiträge von Daniel Cohn-Bendit und wiederum Oskar Negt sowie Bernd Rabehl.

13. Juni 1978: Was in keiner der beiden großen bundesdeutschen Fernsehanstalten möglich ist, das bringt das **Österreichische Fernsehen** (ORF) fertig. In der Talkshow *Club 2* zeigt es eine mehrstündige Live-Diskussion mit den beiden bekanntesten Protagonisten der Studentenbewegung, mit Daniel Cohn-Bendit und Rudi Dutschke. An der von Günther Nenning moderierten, an Turbulenzen kaum zu überbietenden Sendung nehmen auch der Münchner Politikwissenschaftler Professor Kurt Sontheimer und der Publizist Matthias Walden teil.[1084] – Während der Sendung treffen 435 Anrufe von Zuschauern ein, deren Kommentare von Mitarbeitern protokolliert werden. Charakteristisch für die Reaktionen sind Beschwerden, Beschimpfungen und Verbalinjurien wie: »Cohn-Bendit redet ununterbrochen drein. Cohn-Bendit soll richtiges Deutsch lernen. Cohn-Bendit ist ein widerlicher Kerl, deutscher Jude. Cohn-Bendit soll Füße von Bank nehmen. Wirrköpfe reden ununterbrochen. Dutschke reißt alles an sich. Lümmel, Strolche, bleibt zu Hause! … So etwas sollte man nicht nach Österreich lassen. Walden ist bewundernswert. Nur Piefkes, und das unter Nenning. Dutschke läuft an der Leine von Cohn-Bendit. Zwei Halbstarke, die ewig studieren. Hoffentlich kommt Hitler bald wieder!«[1085]

16. Juni 1978: Im Hörsaal VI findet eine **Podiumsdiskussion über die Rolle und Bedeutung der »Neuen Philosophen« in Frankreich** statt. An ihr nehmen Daniel Cohn-Bendit, Dan Diner, André Glucksmann, Joschka Fischer, Dietrich Wetzel, Norbert Weidl und zeitweise auch Moishe Postone teil. Die Debatte kreist immer wieder um die Frage einer angemessenen Einschätzung totalitärer Regime wie dem Stalinismus.

17. Juni 1978: Das **Deutschland-Treffen**, mit dem die NPD Frankfurt zur »ersten nationaldemokratischen Stadt Deutschlands« machen will, scheitert an der Präsenz linker Gegendemonstranten. Die 5.000 aus dem gesamten Bundesgebiet angereisten Rechtsradikalen können nicht zu ihrer geplanten und vom Verwaltungsgericht erlaubten Kundgebung auf den Römerberg vordringen, weil dort etwa 6.000 Protestierende versammelt sind. 800 hochgerüsteten Polizisten gelingt es zwar, unter dem Einsatz von Schlagstöcken, Tränengas und Wasserwerfern den Römerberg zu räumen, dadurch löst sie jedoch in Teilen der Innenstadt so heftige Auseinandersetzungen aus, daß es der NPD nun aus Sicherheitsgründen verwehrt wird, ihre Kundgebung auf dem Römer abzuhalten. – In der Folge werden in der Öffentlichkeit sowohl der Polizeieinsatz, der zu über 70 Verletzten geführt hat, scharf kritisiert, als auch die Entscheidung des Verwaltungsgerichts, die NPD-Kundgebung zu gestatten, obwohl es deswegen bereits im Jahr zuvor zu gewaltsamen Zusammenstößen gekommen war.

19. Juli 1978: In einem Interview der Illustrierten **Stern** anläßlich seines 80. Geburtstages wird Herbert Marcuse gefragt, ob er, der er einst als »Vater der Neuen Linken« apostrophiert worden sei, sich nicht gekränkt fühle, wenn er heute von vielen als »Steigbügelhalter des Terrorismus« bezeichnet werde. Marcuse reagiert auf den Vorwurf mit den Worten: »Er kränkt mich nicht. Er ist einfach dumm, weil er auf einer totalen Unkenntnis der Tatsachen beruht. Denn ich habe niemals Terror, weder individuellen noch Gruppenterror gepredigt.«[1086]

20. Juli 1978: Anläßlich seines 80. Geburtstages zeigt der **Westdeutsche Rundfunk** unter dem Titel **Herbert Marcuse – Philosoph und Revolutionär** ein einstündiges, von Ulrich Wickert gedrehtes Porträt, in dem sich der deutsch-amerikanische Sozialphilosoph über seine Vorstellungen von Revolution, einer anderen Gesellschaft und sein Privatleben äußert.[1087]

September 1978: In der in Wien erscheinenden Zeitschrift **Neues Forum** publiziert Rudi Dutschke unter dem Titel **Pfad-Finder – Herbert Marcuse und die Neue Linke** nachträglich einen Glückwunschartikel für den 80jährigen. Darin entwickelt er einzelne Werke des Gesellschaftstheoretikers aus dem historischen Problemgehalt einer Epoche zwischen Faschismus und

Stalinismus und würdigt seine einzigartige Rolle für den Konstitutionsprozeß der Neuen Linken.[1088]

11. September 1978: In der **Frankfurter Rundschau** erscheint unter dem Titel **Adorno als Lehrer** eine von Oskar Negt verfaßte Erinnerung an den Beginn seines Philosophiestudiums. »Als ich vom Jurastudium enttäuscht, nach einem Semester von Göttingen wieder abzog, um in Frankfurt Philosophie zu studieren, suchte ich neugierig die Vorlesungen Adornos auf. Er sprach über Ästhetik in dem alten, fast baufälligen Biologiehörsaal. Alles klang fremdartig, hermetisch, abgeriegelt und erregte Widerstand in mir, weil es nicht gerade mein Wunsch gewesen war, eine Eiswüste der Abstraktion mit einer anderen auszutauschen.«[1089] Daß er nicht gleich wieder seine Koffer gepackt habe und nach München weitergereist sei, habe er der Vertrauen weckenden Diktion Horkheimers zu verdanken. Erst nach einigen bitteren Erfahrungen habe er begriffen, warum Adorno darauf verzichtet habe »didaktische Brücken« zu bauen: »Indem Adorno seine Gedanken, das Leben seiner Gedanken vermittlungslos vortrug, als Prozeß ernsthafter und komplexer Produktion, setzte er mit dem Verbot der Trivialität, der Gelegenheitsbenutzung verbrauchter Begriffe gleichzeitig den Hörer als autonomiefähiges Lernsubjekt voraus.«[1090] Nur indem ein großer Lehrer erkennen ließe, »wie und warum« er denke, entstünden bei seinen Zuhörern »neue Lernmotive«.

25. Oktober 1978: An der University of California in **San Diego** hält Herbert Marcuse eine Ansprache zum Thema **On Freedom of Speech**.

25. November 1978: Bei einer Demonstration gegen das Schah-Regime im Iran kommt es zu blutigen Zusammenstößen. Kurz vor dem Ende des von der *Conföderation Iranischer Studenten* (CISNU) organisierten Umzugs, an dem sich über 10.000 Schah-Gegner beteiligen, versucht ein Pulk von mehreren hundert Demonstranten das amerikanische Generalkonsulat in der Siesmayerstraße zu stürmen. Dabei gehen sie mit Pflastersteinen, Holzlatten und Eisenrohren gegen die deutlich in der Unterzahl befindlichen Polizeibeamten vor. Der Leiter der Frankfurter Kriminalpolizei, Kriminaldirektor Erich Panitz, kann sich nur mit einem Hechtsprung durch die Glastür eines Bürohauses vor den Angreifern in Sicherheit bringen. Alle zehn eingesetzten Wasserwerfer werden beschädigt,

25.11.: Universitätsgelände, Polizei jagt Demonstranten.

einige vollständig demoliert. Die Zahl der Verletzten, darunter 189 Polizisten, wird auf über 400 geschätzt. – Anschließend setzt eine heftige Diskussion über Planungsfehler und mögliche Ausrüstungsdefizite der Polizei ein.

Dezember 1978: In der in West-Berlin erscheinenden, stark trotzkistisch beeinflußten Zeitschrift **Kritik** publiziert Herbert Marcuse seinen Aufsatz **Protosozialismus und Spätkapitalismus – Versuch einer revolutionstheoretischen Synthese von Bahros Ansatz**. Darin feiert er das Buch des in einem DDR-Gefängnis inhaftierten Rudolf Bahro, das unter dem Titel **Die Alternative**[1091] seit einiger Zeit in vielen Gruppen der Neuen Linken rezipiert und intensiv diskutiert wird, als den wichtigsten Beitrag zur marxistischen Theorie und Praxis, der »in den letzten Jahrzehnten« erschie-

---

1084 Siehe das Protokoll: Daniel Cohn-Bendit/Rudi Dutschke/Günther Nenning/Kurt Sontheimer/Matthias Walden, 10 Jahre Neue Linke: Dutschke vor, noch ein Tor! In: Neues Forum, 25. Jg., Heft 295/296, Juli/August 1978, S. 10–16 und S. 81–94.
1085 Was für ein Saujud – Anrufe beim Fernsehen, in: Neues Forum, 25. Jg., Heft 295/296, Juli/August 1978, S. 15.
1086 Der Stern vom 19. Juli 1978, 31. Jg., Nr. 30, S. 82. **(Dok. Nr. 421)**
1087 Vgl. auch: Hauke Brunkhorst/Gertrud Koch, Nüchterne Trunkenheit – Zur Aktualität Herbert Marcuses, der am 19. Juli achtzig Jahre alt wird, in: Frankfurter Rundschau vom 15. Juli 1978; Fritz J. Raddatz, Herbert Marcuse, der Philosoph der Revolte, wird 80, in: Die Zeit vom 21. Juli 1978.
1088 Siehe: Rudi Dutschke, Pfad-Finder – Herbert Marcuse und die Neue Linke, in: Neues Forum Nr. 297/298, September/Oktober 1978, S. 58–65.
1089 Oskar Negt, Heute wäre er 75 geworden: Adorno als Lehrer, in: Frankfurter Rundschau vom 11. September 1978.
1090 A.a.O.
1091 Rudolf Bahro, Die Alternative, Köln 1977.

nen sei. »Bahros Analyse«, heißt es in Marcuses Zusammenfassung seines Textes, »durchbricht den Fetischismus der marxistischen Scheinorthodoxie und der Gegenkultur der Unmittelbarkeit. Seine dialektische Analyse führt zu einer authentischen, an der begriffenen Empirie orientierten ›internen‹ Weiterentwicklung der Marxschen Theorie. Sie erweist die Radikalität ihrer Erkenntnisse hauptsächlich an den folgenden ›Knotenpunkten‹ der Theorie und Praxis: (1) Ablehnung des in der entfalteten Industriegesellschaft längst überholten marxistischen-leninistischen Modells der proletarischen Revolution (Machtergreifung durch revolutionäre Massen, Diktatur des Proletariats), Erarbeitung eines den wirklichen gesellschaftlichen Tendenzen entsprechenden neuen Modells. (2) Neubestimmung des Klassenverhältnisses (im ›real existierenden‹ Sozialismus sowohl wie im Spätkapitalismus) ... (3) Die entscheidende Rolle der Intelligentsia in der Übergangsperiode entsprechend ihrer Stellung im Produktionsprozeß. Der Fetischismus der Massen. (4) Schwerpunktverlagerung der gesellschaftlichen Dynamik auf die Subjektivität: die ›Reise nach innen‹ und ihre Ambivalenz. Bewußtsein als umwälzende Kraft. (5) Neustellung (und Beantwortung?) der Frage nach dem Subjekt der Revolution, als Resultat von Punkt (2). (6) Demonstration, daß der integrale Sozialismus reale Möglichkeit ist, wenn die entscheidenden Maßnahmen ... durchgeführt werden. Die neue Ökonomie als Ökonomie der Zeit: progressive Reduzierung der gesellschaftlich notwendigen Arbeitszeit. Das Reich der Freiheit im Reich der Notwendigkeit.«[1092]

7. Dezember 1978: In der **Süddeutschen Zeitung** erscheint unter dem Titel **Das stille Leben eines Erschütterers** ein Bericht von Herbert Riehl-Heyse über einen Besuch bei Herbert Marcuse in dessen kalifornischem Wohnort La Jolla. »Ein Professor, der in fortgeschrittenem Alter ganz unvermutet das Gefühl haben durfte«, schreibt der Journalist, »er sei dabei, mit Schreiben, Reden und Demonstrieren die Welt zu verändern, sitzt in einer öden amerikanischen Vorstadt, schreibt, redet und demonstriert auch schon mal mit 150 Leuten, wenn ein rassistischer englischer Professor hier auftreten will, und weiß sehr genau, daß die Welt ziemlich die alte geblieben ist. Oder was hat 1968 gebracht? Die Frauenbewegung fällt Marcuse ein, die Antiatomkraftbewegung – und die deutlich gesunkene Arbeitsmoral in Amerika.«[1093]

[1092] Herbert Marcuse, Protosozialismus und Spätkapitalismus – Versuch einer revolutionstheoretischen Synthese von Bahros Ansatz, in: Kritik – Zeitschrift für sozialistische Diskussion Nr. 19, Dezember 1978, S. 26.

[1093] Herbert Riehl-Heyse, Das stille Leben eines Erschütterers – Ein Besuch bei Herbert Marcuse, der in Kalifornien darüber philosophiert, daß es zehn Jahre nach der Studentenrevolte so ruhig geworden ist, in: Süddetsche Zeitung vom 7. Dezember 1978.

1979

29.7.: Herbert Marcuse (1898–1979).

18.5.: Herbert Marcuse, Aufnahme von 1972.

19. April 1979: Herbert Marcuse hält an der University of California in **San Diego** eine Vorlesung über **Radical Change**, in der er sich vor allem mit der unbewußten und unterbewußten Dimension in der Charakterstruktur auseinandersetzt.

18. Mai 1979: Auf den 6. Frankfurter Römerberggesprächen, die in diesem Jahr unter dem Thema **Die Angst des Prometheus** die Frage thematisieren, ob der wissenschaftlich-technische Fortschritt überhaupt noch zu steuern ist, hält Herbert Marcuse in der Städtischen Oper ein Referat, das unter dem Titel *Fortschritt und Innerlichkeit* angekündigt ist und später unter der Überschrift **Die Revolte der Lebenstriebe** bekannt wird. Er geht darin von der unauflösbaren Einheit von Destruktivität und Produktivität in der Entwicklung der kapitalistischen Produktivkräfte aus. Dieser gefährliche Prozeß sei im Rahmen des bestehenden Systems irreversibel. Eine Negation dieses bloß quantitativen Fortschrittsprinzips kündige sich nicht mehr primär in der polit-ökonomischen Basis an, sondern in einer allmählichen »Desintegration der Normen«, einer weitreichenden kulturellen Revolution. »Das ist ein Protest«, so definiert er diese neue Form der Opposition, »aus allen Klassen der Gesellschaft, motiviert von einer tiefen körperlichen und geistigen Unfähigkeit mitzumachen und dem Willen, das zu retten, was noch an Menschlichkeit, Freude, Selbstbestimmung zu retten ist. Revolte der Lebenstriebe gegen den gesellschaftlich organisierten Todestrieb.«[1094] Wenngleich er den politischen Charakter der soziokulturell charakterisierten Gegenbewegungen wegen ihrer ungebrochen starken Tendenzen zur Innerlichkeit als ambivalent bezeichnet, so gibt er ihnen dennoch den Vorzug gegenüber den traditionellen linken Organisationen und Gewerkschaften, die immer noch ungebrochen an der Reproduktion eines destruktiven Fortschritts festhalten. Repräsentiert seien die noch frühreifen Kräfte eines qualitativen Fortschritts in der Frauen-, Studenten- und Ökologiebewegung. Zum Schluß thematisiert Marcuse, der in diesen Tagen oft von seinem bewegenden Eindruck des *Holocaust*-Films berichtet, den er gegen alle Angriffe verteidigt, das Trauma, das ihn bei seinen Deutschlandbesuchen am stärksten beschäftigt: »Ich glaube, ... es gibt ein Kriterium, an dem sich zeigt, wie sich heute authentische von nicht-authentischer Innerlichkeit unterscheidet. Nämlich: jede Verinnerlichung, jede veröffentlichte Erinnerung, die nicht die Erinnerung an Auschwitz festhält, die von Auschwitz als belanglos desavouiert wird, ist Flucht und Ausflucht; und ein Begriff des Fortschritts, der nicht eine Welt begreift, in der Auschwitz immer noch möglich ist, ist in schlechtem Sinne abstrakt.«[1095]

20. Mai 1979: Bei einer Diskussion mit etwa 30 Mitgliedern der *Sozialistischen Hochschulinitiative* (SHI) in den Räumen des **Frankfurt**er Verlags Neue Kritik konfrontiert der 81jährige Herbert Marcuse die Generation der Zwanzigjährigen mit der Frage, warum sie nicht die Nachfolge der 68er Generation antreten könnten. Als seine Mitdiskutanten jedoch wehleidig reagieren und das Ganze zu einem »Identitätsproblem« erklären, fragt Marcuse zurück, ob sie etwa an einem »masochistischen Inferioritätskomplex«[1096] litten.

25. Mai 1979: Herbert Marcuse muß wegen starker Herz- und Kreislaufbeschwerden in das im Frankfurter Stadtteil Ginnheim gelegene St.-Markus-Krankenhaus eingeliefert werden. Erst nach zwei Wochen hat sich sein Zustand soweit stabilisiert, daß er entlassen werden kann.

16./17. Juni 1979: Nach den blutigen Zusammenstößen im Jahr zuvor hat Oberbürgermeister Walter Wallmann (CDU) für das Wochenende sämtliche politischen Versammlungen im Gebiet der Innenstadt verbieten lassen. Von der Maßnahme, die sich auf einen polizeilichen Notstand beruft, betroffen ist sowohl die NPD, die erneut auf dem Römerberg ein »Deutschlandtreffen« durchführen will, als auch der DGB, der eine Kundgebung gegen die Rechtsradikalen beantragt hat. Trotz des Verbots versammeln sich im Laufe des Tages zwischen 30.000 und 40.000 NPD-Gegner auf dem Römerberg und anderen Teilen der Innenstadt. Durch ihre Präsenz wollen sie sicherstellen, daß es der rechtsradikalen Partei nicht doch noch in letzter Minute per Gerichtsentscheid gelingt, ihre Veranstaltung zum Tag der deutschen Einheit durchzuführen. Doch sowohl das Frankfurter Verwaltungsgericht als auch der Verwaltungsgerichtshof in Kassel weisen um 16 und um 19 Uhr die Anträge der NPD-Veranstalter mit der Begründung zurück, daß die Verbotsverfügung der Stadt Frankfurt nicht rechtswidrig sei. Das Gleiche gilt für den Antrag des DGB – jedoch mit der Ausnahme, daß er seine Gegenkundgebung auf dem außerhalb der Innenstadt, nahe der Autobahn gelegenen Rebstockgelände durchführen könne. Während die meisten NPD-Anhänger, die mit ihren Bussen an Autobahnraststätten die Gerichtsentscheidung abgewartet haben, unverrichteter Dinge zurückfahren müssen, ziehen vom Gewerkschaftshaus Tausende von Gegendemonstranten in Jubelstimmung zu der westlich gelegenen Grünanlage. Dort beginnt am Abend vor 30.000 Zuhörern das seit langem vorbereitete Konzert **Rock gegen Rechts**. Höhepunkt ist am Sonntag der Auftritt des populärsten deutschsprachigen Rocksängers Udo Lindenberg und dessen Band. Beide Tage verlaufen ohne ernsthafte Zwischenfälle. Die mehr als 5.000 Polizei- und Bundesgrenzschutzbeamten mußten nicht in Erscheinung treten.[1097]

29. Juli 1979: Nach einer fortdauernden Herzschwäche, die ihn bereits in Frankfurt und München zu mehreren Krankenhausaufenthalten zwangen, stirbt **Herbert Marcuse** im Alter von 81 Jahren in **Starnberg** an den Folgen eines Schlaganfalls.[1098] Der 1898 in Berlin geborene und 1933 in die USA emigrierte marxistische Philosoph war seit Mitte der sechziger Jahre der bekannteste Theoretiker und Fürsprecher der internationalen Protestbewegungen. Nach seinem Auftritt auf den Frankfurter Römerberggesprächen hielt er sich in Starnberg zu einem Besuch bei seinem Freund und Kollegen Jürgen Habermas auf. – Der deutsch-amerikanische Schriftsteller Reinhard Lettau schreibt in einem Nachruf: »Nie, solange ich ihn kannte, war er so wenig in der Lage, seine Rührung zu verbergen, wie bei unserer letzten Mahlzeit in La Jolla. Plötzlich hörte er auf zu essen und erzählte mir, daß Beckett von einem Kritiker gefragt worden sei, was die Struktur seiner Dichtung sei. ›Die Struktur meines Schreibens kann ich Ihnen erklären‹, antwortete er. ›Ich lag einmal im Krankenhaus und im Zimmer nebenan schrie eine Sterbende die ganze Nacht. Dieses Schreien ist die Struktur meines Schreibens.‹«[1099]

16./17. 6.: Udo Lindenberg bei »Rock gegen Rechts«.

1094 Herbert Marcuse, Die Revolte der Lebenstriebe, in: Psychologie heute, 6. Jg., Heft 9, September 1979, S. 41. **(Dok. Nr. 422)**
1095 A.a.O.; zur Berichterstattung über das Referat Marcuses vgl. auch: Anton-Andreas Guha, Scheiterte der Versuch, ein denkendes Wesen hervorzubringen? – Wissenschaftler und Publizisten diskutierten bei den 6. Römerberggesprächen »Die Angst des Prometheus« zwischen Verzweiflung und Hoffnung, in: Frankfurter Rundschau vom 22. Mai 1979; Günter Maschke, Jeder nennt, niemand kennt Prometheus - Zu den Frankfurter Römerberg-Gesprächen »Fortschritt ohne Sinn?« In: Frankfurter Allgemeine Zeitung vom 22. Mai 1979.
1096 Auf der Suche nach dem Prinzip Hoffnung – Ein Gespräch mit Herbert Marcuse, in: Die Tageszeitung vom 1. Juni 1979, S.13.
1097 Vgl.: Bernd Leukert (Hg.), Rock gegen Rechts, Frankfurt/Main 1980.
1098 Vgl.: Wolfram Schütte, Herbert Marcuse ist tot – Philosoph der Studentenbewegung erlag Herzschlag, in: Frankfurter Rundschau vom 31. Juli 1979; Herbert Marcuse, Radical Hero, dies, in: New York Herald Tribune vom 31. Juli 1979.
1099 Reinhard Lettau, Denken und Schreiben gegen das tägliche Entsetzen, in: Der Stern vom 9. August 1979, 31. Jg., Nr. 33, S. 101. **(Dok. Nr. 425)**

4. August 1979: Unter der Überschrift **Widersprüche und Wahrheiten** schreibt Joachim Fest, der Hitler-Biograph und Mitherausgeber der **Frankfurter Allgemeinen Zeitung** einen Kommentar zum Ableben des Mentors der Studentenbewegung. »Der Tod Herbert Marcuses«, heißt es in dem Artikel nicht ohne Rancune, »besiegelt das Ende einer Epoche. Er war, mit allen Ungereimtheiten, die repräsentative Figur jener weltweiten Protestbewegung, die unterdessen in Enttäuschung oder sentimentale Irritation umgeschlagen ist. Die Echolosigkeit, in die seine letzten Äußerungen fielen, verstärkte den Eindruck nur, wie lange das alles zurückliegt: Barrikadenkämpfe, Fahnen, rhythmische Rufe, der ganze hektische Diskussionsfuror der späten sechziger Jahre. ... Das war die Stunde des Konventikel-Denkers, der Marcuse bis dahin gewesen war. Auch die neuerliche Lektüre seiner Schriften macht nicht glaubhaft, was all das grüblerische Exegetengetue uns aufreden will: daß er einer der großen Philosophen der Epoche gewesen und irgend etwas an diesen tollkühnen Kombinationen zwischen Marx, Freud und Heidegger schlüssig sei. Er war vielmehr ein geistvoller Eklektiker, der sich aus allen intellektuellen Moden am Wege ein Bildungserlebnis zurechtgemacht hatte und ihre Stichworte unbekümmert kreuzte.«[1100] – Auf diese disqualifizierenden Äußerungen post mortem reagiert Wolfgang Abendroth, der dem Angegriffenen immer kritisch bis skeptisch gegenüber gestanden hatte, mit einem eigenen Nachruf in der Zeitschrift **Konkret**. »Der Haß gegen Herbert Marcuse hat«, so Abendroth, »seinen Tod überdauert. Joachim Fest hat ... einen Nekrolog auf ihn geschrieben, der jedem, der noch einen Rest von Fähigkeit zu unvoreingenommenem Denken und von einst auch in der bürgerlichen Gesellschaft üblichem menschlichen Anstand bewahrt hat, klarmacht, wie auch im posthitlerschen Zeitalter derjenige behandelt zu werden pflegt, dessen Name mit einer Massenbewegung gegen die Restauration verknüpft ist. Diese Explosion der Abneigung eines derjenigen, die sich für die Inkarnation ›abgewogener‹ und ›objektiven‹ historischen Urteils halten, sollten jeden Demokraten und Sozialisten davon überzeugen, welche große Bedeutung Marcuse für alle, die für den sozialen Fortschritt kämpfen, gehabt hat und auch künftig behalten wird, gleichgültig wie groß die Differenzen sein mögen, die man in der Vergangenheit gegenüber seinem wissenschaftlichen und politischen Standort gehabt haben mag. Herbert Marcuse ist einer der bedeutendsten Denker unserer

20.10.: Der China-Experte Karl August Wittfogel.

Zeit gewesen und vor allem auch das, was leider damit nicht immer verbunden ist: ein gerader Charakter und ein mutiger Kämpfer.«[1101]

7. August 1979: Im Frankfurter Verlag Neue Kritik bildet sich eine etwa 15köpfige Gruppe von Linksintellektuellen, die Überlegungen darüber anstellt, in welcher Form Herbert Marcuses angemessen gedacht, sein philosophischer Impuls aufgenommen und weitergegeben sowie seiner Parole »Carry on!« gefolgt werden könne. Zu ihr zählen u. a. Barbara Brick, Hauke Brunkhorst, Detlev Claussen, Daniel Cohn-Bendit, Gertrud Koch, Thomas Jahn, Thomas Kluge, Wolfgang Kraushaar, Moishe Postone, Dorothea Rein, Udo Riechmann, Gunzelin Schmid Noerr und Eckart Teschner. Nach einer »Re-lecture« von *Triebstruktur und Gesellschaft* sowie *Der eindimensionale Mensch* entsteht im Herbst der Plan, einen *Herbert-Marcuse-Gedenkkongreß* zu veranstalten. Weitere Einzelheiten werden bei einem Treffen mit Rudi Dutschke am 9. Dezember ausgemacht. Der überraschende Tod Dutschkes am 24. Dezember in Aarhus führt dann am 7. Januar 1980 zu einem Abbruch des Unternehmens.[1102]

September 1979: Zum Abschluß der alten, von Günther Busch lektorierten **edition suhrkamp** und gleichzeitig als deren 1.000. Band erscheinen von Jürgen Habermas herausgegebene **Stichworte zur »Geistigen Situation der Zeit«**. In Parallele und Anknüpfung an den 1931 von Karl Jaspers herausgegebenen 1.000. Band der *Sammlung Göschen*[1103] werden darin 32 Beiträge linksliberaler Autoren zu den Themen *Nation und Republik* sowie *Politik und Kultur* versammelt, die einen zeitdiagnostischen Zweck verfolgen sollen. »In diesem Band, so ist mein Eindruck«, schreibt Habermas in seiner Einleitung, »präsentiert sich eine nachdenkliche Linke, ohne Militanz, aber auch ohne Wehleidigkeit oder Resignation, gleich weit entfernt von Gewißheit wie von Unsicherheit. In diesen Jahrgängen ist das Bewußtsein, daß unsere Republik auch im dreißigsten Jahre ihres Bestehens noch auf tönernen Füßen steht, und daß sie gegen die, die sich heute nicht mehr genieren, ein Zuviel an Demokratie offen zu beklagen, verteidigt werden muß, in beinahe konventioneller Klarheit ausgebildet.«[1104] – Unter den 32 Autoren befinden sich – mit Dorothee Sölle und Erika Runge – lediglich zwei weibliche. Von denen, die das Selbstverständnis der Protestbewegung der Jahre 1967/68 artikuliert haben, ist – wie der Herausgeber selbst vermerkt – keiner vertreten.

20. Oktober 1979: An einer Podiumsdiskussion zum Thema **Marxistische Pluralität und kommunistische Systemerhaltung** in **Düsseldorf** nehmen der inzwischen aus der Haft entlassene DDR-Dissident Rudolf Bahro, Rudi Dutschke, der SPD-Bundestagsabgeordnete Conrad Ahlers und der New Yorker Sozialwissenschaftler, ehemaliger Mitarbeiter des Instituts für Sozialforschung, Karl August Wittfogel teil. Während Wittfogel in kurzen Zügen die wichtigsten Thesen aus seinem Werk »Die orientalische Despotie« skizziert und den gesamten Ostblock als einen »pervertierten Sozialismus« bezeichnet, hält Bahro an der Ansicht fest, daß die Oktoberrevolution einen historischen Fortschritt erbracht habe. Ahlers sieht im Niedergang der Produktivität und in der Unterentwicklung des Lebensstandards ein Indiz für das Scheitern des kommunistischen Systems.

26. Oktober 1979: An der University of California in **San Diego** findet unter großer Anteilnahme die akademische Gedenkveranstaltung für den am 29. Juli während eines Deutschlandaufenthaltes verstorbenen Gesellschaftstheoretiker Herbert Marcuse statt.

22. Dezember 1979: Der Adorno-Schüler **Tillman Rexroth** begeht in der niederländischen Stadt **Nijmegen** Selbstmord. Nachdem er bereits im Jahr zuvor den vergeblichen Versuch unternommen hat, sich das Leben zu nehmen, wobei ihm von einem Zug ein Bein abgefahren worden ist, stürzt er sich nun aus dem dritten Stock eines Wohnhauses. Der 37jährige Philosoph war Herausgeber des IV. Bandes von Walter Benjamins *Gesammelten Schriften*.[1105] – Der 1942 in Nordhausen am Harz geborene Rexroth hatte zunächst in Würzburg und West-Berlin Germanistik, Kunstgeschichte, Philosophie und Soziologie studiert. Dabei fühlte er

22.12.: Tillman Rexroth (1942–1979).

1100 Joachim Fest, Widersprüche und Wahrheiten, in: Frankfurter Allgemeine Zeitung vom 4. August 1979.
1101 Wolfgang Abendroth, Kritisch vorgedacht, in: Konkret Nr. 9, September 1979, S. 40.
1102 Als Neben- und Ersatzprodukte der Vorbereitungen für einen *Herbert-Marcuse-Gedenkkongreß* sind drei Buchpublikationen erschienen: Herbert Marcuse, Das Ende der Utopie – Vorträge und Diskussionen in Berlin 1967, Frankfurt/Main 1980; Detlev Claussen (Hg.), Spuren der Befreiung – Herbert Marcuse – Ein Materialienbuch zur Einführung in sein politisches Denken, Darmstadt / Neuwied 1981; Hauke Brunkhorst / Gertrud Koch, Herbert Marcuse zur Einführung, Hamburg 1987.
1103 Karl Jaspers, Die geistige Situation der Zeit, Berlin 1931.
1104 Jürgen Habermas, Einleitung, zu: ders. (Hg.), Stichworte zur »Geistigen Situation der Zeit«, 1. Band: Nation und Republik, Frankfurt/Main 1979, S. 12.
1105 Walter Benjamin, Gesammelte Schriften Bd. IV.1 u. 2, hrsg. von Tillman Rexroth, Frankfurt/Main 1972; von Rexroth sind außerdem die beiden Bände erschienen: Zur Kritik der Warenästhetik, Kronberg 1974 und Marxismus als Erkenntniskritik (zusammen mit Jost Halfmann), München 1976.

24.12.: Rudi Dutschke (1940–1979), von der Stasi mit versteckter Kamera aufgenommen.

sich immer stärker von Autoren der Kritischen Theorie angezogen. Bereits 1964 hatte er damit begonnen, so oft wie möglich Seminare und Vorlesungen von Adorno, Horkheimer und Habermas zu besuchen. Von 1967 an setzte er dann auch sein Studium in Frankfurt fort. Er öffnete sich rasch gegenüber der nach dem Tod Benno Ohnesorgs einsetzenden Protestbewegung und wurde Mitglied im SDS. Besonders engagiert beteiligte er sich an den autonomen Arbeitsgruppen, die im Zuge des *Aktiven Streiks* entstanden. Im Herbst 1969 gründete er das Institut für experimentelle Kunst und Ästhetik (IKAe) mit, aus dem dann im Jahr darauf die Zeitschrift *Ästhetik und Kommunikation* hervorging und zu deren Redaktion er bis 1975 gehörte. Neben der editorischen Arbeit an den Schriften Benjamins setzte er sich zunehmend mit Wolfgang Fritz Haugs Kritik der Warenästhetik und Alfred Sohn-Rethels Versuch auseinander, aus der Beziehung zwischen Warenform und Denkform eine Kritik der Erkenntnistheorie zu formulieren. Aus beiden Beschäftigungen sind Buchpublikationen hervorgegangen. Nach einer einjährigen Arbeitslosigkeit zog er in die Niederlande und arbeitete am Fachbereich Massenkommunikation der Universität Nijmegen an einem Projekt über die US-amerikanische Arbeiterbewegung mit. – An seiner Beerdigung auf dem **Frankfurt**er Hauptfriedhof beteiligen sich zahlreiche ehemalige SDS-Mitglieder wie Helmut Reinicke und Frank Wolff. In Nachrufen heben seine Freunde hervor, daß er den Zerfall der Studentenrevolte nie habe verwinden können. Sein Tod sei »ein Skandal«, mit dem auch ein Stück der gemeinsamen Geschichte zu Ende gehe.[1106] – Sieben Jahre später wird Rexroths ehemalige Lebensgefährtin, die 35jährige niederländische Sozialwissenschaftlerin Hilde Marijnissen, über seinem Grab auf dem **Frankfurt**er Hauptfriedhof erhängt aufgefunden.

24. Dezember 1979: In seinem dänischen Wohnort **Aarhus** erleidet **Rudi Dutschke** am späten Nachmittag des Heiligabend in der Badewanne einen epileptischen Anfall und ertrinkt. Der aus der DDR stammende frühere SDS-Sprecher war bis zum Attentat auf ihn am Gründonnerstag 1968 die Personifikation der antiautoritären Studentenrevolte. Sein Tod im Alter von nur 39 Jahren muß als Spätfolge des früheren Mordanschlags betrachtet werden. Rudi Dutschke war zuletzt aktiv am Gründungsprozeß der Partei *Die Grünen* beteiligt. Er hinterläßt neben seiner schwangeren Frau Gretchen Klotz-Dutschke die Kinder Hosea Che und Polly. – Unter der Anteilnahme von 7.000 Trauergästen wird Rudi Dutschke am 3. Januar 1980 in **Berlin-Dahlem** beerdigt.

1106 Siehe den Nachruf Helmut Reinickes, der zusammen mit einer Buchbesprechung Rexroths am 14. Februar 1980 in der *Tageszeitung* erschienen ist.

1980-89

12.12.1985: Joschka Fischer wird von Holger Börner als hessischer Umweltminister vereidigt.

1980

4. Januar 1980: Unter dem Titel **Ein wahrhaftiger Sozialist** würdigt Jürgen Habermas in einem Nachruf der Wochenzeitung **Die Zeit** den an den Spätfolgen des Attentats tödlich verunglückten Rudi Dutschke. »›Weitermachen‹, hatte Marcuse ihm am Krankenbett zugerufen; und weitergemacht hatte er dann, mit großer Energie die Sprache, Wort für Wort, wiedererlernt – seine Vitalität wiedergewonnen. Und nun dies. Beim letzten Zusammensein, nach Marcuses Tod in Starnberg, erzählte Dutschke noch in ungebrochenem Optimismus von seinen Wahlkampfeinsätzen für die *Grünen* in Tübingen, in Bremen. Wie immer die Zukunft dieser Bewegung aussehen mag, Dutschkes Name gehört nun allein jener Phase an, der er, wie kaum ein anderer, ein Gesicht, sein Gesicht gegeben hat – einer jener Phasen des Aufbruchs, die in wenigen Augenblicken, noch bevor sie Gestalt annehmen, zerfallen, um auf Jahre hinaus die Phantasie zu beschäftigen.«[1107] Noch einmal geht Habermas auf jene denkwürdige Situation im Juni 1967 in Hannover ein, in der Dutschke Aufklärung und Aktion als einen sich wechselseitig bedingenden Prozeß propagierte und der Frankfurter Soziologe ihn des Voluntarismus zieh. »Hannah Arendt hat einmal bewundernd von den rebellierenden Studenten gesagt«, fährt Habermas fort, »sie seien entzündet von einer Leidenschaft der Praxis – für ein Handeln, das einem kommunikativ gebildeten, gemeinsamen Willen entspringt. Tatsächlich hat diese Idee die leidenschaftliche Existenz des wahren, des wahrhaftigen Sozialisten Rudi Dutschke inspiriert seit jenen Tagen, da er mit Mitgliedern der *Subversiven Aktion* – einem sehr späten Ausläufer der Dadaisten – in Berührung kam, bis zuletzt, als er sich den grünen Basisdemokraten zugesellte. Inspiriert hat ihn der Gedanke einer radikal-demokratischen, nicht-instrumentellen, einer auf kommunikativ verflüssigte Formen der Organisation angewiesenen Politik.«[1108]

12./13. Januar 1980: Unter Beteiligung von rund 1.000 Delegierten konstituieren sich in **Karlsruhe** unter dem Motto »ökologisch, basisdemokratisch, sozial, gewaltfrei« **Die Grünen** als Bundespartei.

28. Juli 1980: In einer von der **Süddeutschen Zeitung** veröffentlichten Stellungnahme erklärt der Präsident der Ludwig-Maximilians-Universität, Professor Nikolaus Lobkowicz, daß es nicht zu den Aufgaben der Münchner Universität gehöre, »... Berufungen von Max-Planck-Direktoren ins Ausland durch die Erteilung von Honorarprofessuren abzuwenden.«[1109] Weiter bemerkt er, die Frage, ob Professor Jürgen Habermas einen Ruf an die University of California in Berkeley oder an die New School for Social Research in New York annehmen werde, habe er »allein zu entscheiden«. – Die von der Münchner Tageszeitung aufgeworfene Frage »Habermas in die USA?« führt in den Tagen darauf sowohl wegen ihres Inhalts, als auch ihres despektierlichen Tones wegen zu empörten Reaktionen. In der **Frankfurter Rundschau** rückt Wolfram Schütte zunächst die in dem Leserbrief enthaltenen Desinformationen zurecht, so z. B. daß Habermas zwar eine Ehrendoktorwürde von der New School erhalten hat, nicht aber den Ruf für eine Professur, und schreibt von einer »Windmaschine der Tendenzwende, deren Motor ein gewisser Lobkowicz« sei.[1110] – Am selben Tag gesteht Hans Schwab-Felisch in der **Frankfurter Allgemeinen Zeitung** ein, daß es in München große und tiefsitzende »Ressentiments« gegen Habermas gebe, die persönlich, politisch und wissenschaftlich bedingt seien, und ruft am Ende beide Seiten – Habermas und die Universität München – zur Besinnung auf. – Und am 1. August 1980 bezeichnet in der Hamburger Wochenzeitung **Die Zeit** deren Feuilleton-Chef Fritz J. Raddatz die Weigerung der Universität München, dem Direktor des Starnberger Max-Planck-Instituts, eine Gast- oder Honorarprofessur einzuräumen, schlichtweg als »Skandal«. Da Habermas in Erwägung ziehe, einen Ruf nach Berkeley anzunehmen, fragt Raddatz besorgt: »Emigriert Jürgen Habermas?«[1111] Der Betroffene selbst lehnt, wie es im selben Artikel heißt, einen solchen Sprachduktus jedoch als unpassend und politisch inopportun ab.

11. September 1980: Aus den Händen von Oberbürgermeister Walter Wallmann (CDU) empfängt **Jürgen Habermas** den **Theodor W. Adorno-Preis** der Stadt Frankfurt.[1112] Wallmann würdigt das philosophische Werk des Preisträgers als »einen Beitrag zum Verständnis der Zeit«, gerade weil »Gegenstände und Methode die Kontroverse« herausforderten. Die Laudatio hält der Westberliner Philosoph Michael Theunissen. In seiner Rede skizziert Habermas, nicht ohne sich zuvor bei dem Oberbürgermeister für dessen Liberalität und die der Stadt Frankfurt zu bedanken, **Die Moderne – ein unvollendetes Projekt**. In seinem für die darauffolgenden Auseinandersetzungen in der Debatte über

11.9.: Jürgen Habermas nimmt aus der Hand von Oberbürgermeister Walter Wallmann den Adorno-Preis entgegen.

Postmoderne und Moderne grundlegenden Beitrag unterscheidet Habermas zwischen einem Antimodernismus von »Jungkonservativen«, einem Prämodernismus von »Altkonservativen« und einem Postmodernismus von »Neukonservativen«, in dem auf alle Elemente einer kulturellen Moderne, die für das »Projekt der Moderne« bedeutsam seien, verzichtet werde.[1113] – In einem von Peter Iden geführten und am Tag der Verleihung in der **Frankfurter Rundschau** publizierten Gespräch bekennt er, »alles Linke auf seine Kappe« nehmen zu wollen. So könne er als Gutachter in Berufsverbots-Prozessen beispielsweise zeigen, daß die gegen Kandidaten für das Lehramt vorgebrachten gemachten Einwände für ihn gelten und so auch

1107 Jürgen Habermas, Ein wahrhaftiger Sozialist – Zum Tode von Rudi Dutschke, in: Die Zeit vom 4. Januar 1980, 35. Jg., Nr. 2, S. 7. **(Dok. Nr. 427)**
1108 A.a.O.
1109 Süddeutsche Zeitung vom 28. Juli 1980.
1110 Wolfram Schütte, Ranküne – Keine Honorarprofessur für Habermas, in: Frankfurter Rundschau vom 31. Juli 1980.
1111 F. J. R. (Fritz J. Raddatz), Emigriert Jürgen Habermas? In: Die Zeit vom 1. August 1980, 35. Jg., Nr. 32, S. 35.
1112 Vgl.: P. I. (Peter Iden), Doppelstunde maßvoller Reflexion – Die Verleihung des Adorno-Preises an Jürgen Habermas in der Paulskirche, in: Frankfurter Rundschau vom 12. September 1980.
1113 Jürgen Habermas, Die Moderne – ein unvollendetes Projekt, in: Die Zeit vom 19. September 1980, 35. Jg., Nr. 39, S. 47; wiederabgedruckt in: ders., Kleine Politische Schriften (I–IV), Frankfurt/Main 1981, S. 444–464.

September 1980

einen soziologischen Forschungsdirektor vom Unterricht fernhalten müßten.[1114] – Die Wochenzeitung **Die Zeit** beschreibt eine Woche darauf, in welchem Maße Habermas zusammen mit Adorno und Ernst Bloch auf einem von der Hanns-Martin-Schleyer-Stiftung geförderten Kongreß zum Thema *Aufklärung heute* als »Totalitärer« verleumdet worden ist und faßt dessen Situation mit den Worten zusammen: »Von der Linken ignoriert, von der Rechten diffamiert, steht der radikale Reformist wieder einmal allein.«[1115]

3. Oktober 1980: Unter dem ironisch auf die Rede zur Adorno-Preisverleihung anspielenden Titel **Vier Jungkonservative beim Projektleiter der Moderne** erscheint in der links-alternativen **Tageszeitung** ein Interview, das Frank Berberich, Wolfgang Kraushaar, Roland Schäffer und Arno Widmann mit dem Direktor des Max-Planck-Instituts für Sozialwissenschaften, Jürgen Habermas, in Starnberg geführt haben. In dem Gespräch, in dem es um die Alternativbewegung, Sozialdemokratie und Fortschrittskritik geht, definiert Habermas sein Selbstverständnis als Linker. »Ich verstehe unter dem Sozialismus die Idee, unter der wir alle die notwendigen Bedingungen zusammendenken für eine Mannigfaltigkeit von Gesellschaften / Gesellschaftsformen, die alle eins gemeinsam haben: daß die Formen von Ausbeutung und Entrechtung, die wir heute kennen und beschreiben können, dort nicht auftreten, wenigstens minimiert werden. Der Sozialismus ist keine Lebensform, sondern eine bestimmte Infrastruktur von Lebensformen, die sowieso nur als irgend etwas nicht Voraussagbares sich ergeben können und auch dann immer nur im Plural. Ich glaube, es ist ein Widerspruch in sich, von d e r sozialistischen Gesellschaft zu sprechen.«[1116]

1981

März 1981: Beim Platten- und Buchversand Zweitausendeins erscheint mit **Geschichte und Eigensinn** das zweite von Oskar Negt und Alexander Kluge gemeinsam verfaßte Werk. Der mit vielen Abbildungen, Photos und Zitatmontagen versehene Band versteht sich als Fortentwicklung ihrer neun Jahre zuvor erschienenen theoretischen Studie *Öffentlichkeit und Erfahrung* und will die in der Marxschen Kritik der politischen Ökonomie unterbelichtete Subjekt-Dimension, das »Arbeitsvermögen«, besonders herausstreichen.

30. März 1981: In einem Artikel der chinesischen **Volkszeitung** werden die Theorien der Frankfurter Schule als »Gegenkultur« verurteilt, die für Gewalttätigkeit und Terrorismus im kapitalistischen Westen verantwortlich seien. Sie stellten eine »Verbindung verschiedenster Ideologien« dar, die »Individualismus und Anarchismus miteinander« vermischten. Niemals, heißt es abschließend, könnten diese Lehren das Proletariat zum Sieg führen.

13. April 1981: Der Direktor des Max-Planck-Instituts zur Erforschung der wissenschaftlich-technischen Welt, Professor Jürgen Habermas, erklärt in **Starnberg** seinen Rücktritt. – Ausschlaggebend für diesen Schritt seien, wie er kurz darauf der Presse gegenüber erläutert, in erster Linie Schwierigkeiten, die sich nach dem Ausscheiden Carl Friedrich von Weizsäckers, dem an-

März: Der zweite Titel des ungewöhnlichen Autorengespanns.

deren Direktor, mit dessen ehemaligen Mitarbeitern ergeben hätten. Mit ihnen sei ein Arbeitskampf zu erwarten, der das Institut lähmen und auseinanderreißen müsse. Außerdem habe er nach der abwertenden Äußerung des bayerischen Ministerpräsidenten Franz Josef Strauß, Habermas sei der »Sturmvogel der Kulturrevolution«, seine letzte Hoffnung verloren, eine Honorarprofessur an der Universität München und damit die Möglichkeit einer Lehrtätigkeit neben seiner Forschungsarbeit im Institut zu erhalten. Nachdem er einen Ruf nach Berkeley an die University of California abgelehnt habe, müsse er ins kalte Wasser springen und sehen, daß er »hier in Deutschland« etwas finde.[1117]

17. April 1981: Die hessische Landesregierung unterstreicht in **Wiesbaden** noch einmal ihre Bereitschaft, Professor Jürgen Habermas die Gelegenheit zu geben, an einer hessischen Hochschule zu forschen und zu lehren. – Der hessische Ministerpräsident Holger Börner (SPD) hatte bereits im November 1980 erklärt: »Professor Habermas ist in Hessen willkommen, wenn er nach Alternativen zu München und Berkeley sucht, und ich würde es begrüßen, wenn sich eine hessische Hochschule um ihn bemühte.«[1118] Er hielte es für einen Verlust für die deutsche Wissenschaft und für ein »Armutszeugnis für dieses Land«, wenn Habermas in die Vereinigten Staaten ginge.

11. Mai 1981: Der hessische Wirtschaftsminister **Heinz Herbert Karry** fällt im Stadtteil Seckbach einem Attentat zum Opfer. Die Täter schleichen sich im Morgengrauen auf sein Grundstück, stellen im Garten eine Leiter an sein Schlafzimmerfenster und schießen durch das Gitter des geöffneten Fensters hindurch den im Schlaf überraschten FDP-Politiker in den Unterleib. Der 61jährige verblutet, ohne daß seine Frau ihm noch helfen könnte, in ganz kurzer Zeit. Eines der vier abgefeuerten Projektile hat im Beckenbereich eine Schlagader zerfetzt. Er ist der erste Politiker, der in der Bundesrepublik einem Mordanschlag zum Opfer fällt. – Da schon bald die Tatwaffe gefunden wird, mit deren Hilfe die »Sonderkommission Karry« glaubt, die Spur zu den Tätern aufnehmen zu können, scheint eine zügige Klärung des Falles zunächst wahrscheinlich. Die seltene Sportpistole ist 1970 zusammen mit 17 anderen Waffen aus der Waffenkammer einer amerikanischen Kaserne in **Butzbach** gestohlen worden. Die aus ihr abgegebene »Hochgeschwindigkeitsmunition« hat eine außergewöhnlich hohe Durchschlagskraft und wird gewöhnlich nur im Krieg oder bei der Großwildjagd eingesetzt. – Im Juni taucht dann ein Bekennerschreiben der *Revolutionären Zellen* (RZ) auf, in dem von der Guerilla-Organisation die Verantwortung für den Tod des Politikers übernommen wird. Der Tod Karrys, heißt es darin, sei »nicht beabsichtigt, sondern ein Unfall« gewesen. Es sei lediglich geplant gewesen, den als entschiedenen Befürworter des Baus der Startbahn West am Frankfurter Flughafen und anderer Großprojekte verhaßten »Türaufmacher des Kapitals« in die Beine zu schießen und ihn damit für längere Zeit »daran zu hindern, seine widerlichen und zerstörerischen Projekte weiterzuverfolgen«. Daß er dabei tödlich verletzt worden sei, wäre »der große – nicht einkalkulierte – Zufall der Geschichte« gewesen. Polizeiexperten halten das Schreiben für echt, weil es die für die RZ typischen Merkmale aufweise. – Am 11. Mai 1986, exakt fünf Jahre nach dem Mord, stellt Generalbundesanwalt Kurt Rebmann in **Karlsruhe** die erfolglos verlaufenen Ermittlungen ein.

September 1981: Im Suhrkamp Verlag erscheint unter dem Titel **Theorie des kommunikativen Handelns** das zweibändige Hauptwerk von Jürgen Habermas. Mit ihm wird beansprucht, die kritische Gesellschaftstheorie auf normativ abgesicherte Grundlagen zu stellen.

17. Oktober 1981: Die Buchmesse wird von einem Skandal erschüttert. Schuld daran ist eine in vielen tausend Exemplaren verteilte Einladung des Suhrkamp Verlags zur Präsentation einer neuartigen, als Koproduktion mit der Billig-Lebensmittelkette Aldi unter dem Titel **edition sual** konzipierte Taschenbuchreihe, die sich als Täuschung und absichtliche Irreführung

---

1114 Siehe: Peter Iden, Alles Linke auf seine Kappe – Ein Gespräch mit Jürgen Habermas, aus Anlaß seiner Auszeichnung mit dem Adorno-Preis, in: Frankfurter Rundschau vom 11. September 1980.
1115 Was ist ein Liberaler wert? Jürgen Habermas: Von den Rechten diffamiert, von den Linken vergessen, in: Die Zeit vom 19. September 1980, 35. Jg., Nr. 39, S. 69.
1116 Vier Jungkonservative beim Projektleiter der Moderne (Interview mit Jürgen Habermas), in: *Die Tageszeitung* vom 3. und 21. Oktober 1980; wiederabgedruckt in: Mathias Bröckers / Detlef Berentzen / Bernhard Brugger (Hg.), die taz – Das Buch, Aktuelle Ewigkeitswerte aus zehn Jahren »tageszeitung«, Frankfurt/Main 1989, S. 364–371.
1117 Vgl.: Roman Arens, Direktor des Max-Planck-Instituts trat überraschend zurück – Habermas rechnet nach abwertenden Äußerungen von Strauß nicht mehr mit Honorar-Professur, in: Frankfurter Rundschau vom 14. April 1981; Wolfram Schütte, Kapituliert allein Habermas? In: Frankfurter Rundschau vom 15. April 1981.
1118 Frankfurter Rundschau vom 18. April 1981.

der Öffentlichkeit herausstellt. In der angeblichen Einladung zu dem am Samstagabend im Suhrkamp-Haus in der Lindenstraße angekündigten Empfang heißt es, an den zum Waschzettel-Jargon verbrämten Sprachstil Adornos erinnernd: »Wenn der Leser nicht zum Buch kommt, muß das Buch zum Leser kommen – dies, und nichts anderes, ist die Basisidee unseres neuen Projektes. Kritischer Geist, allemal, dem nicht entstellten Lebendigen verpflichtet, kennt den Dünkel so wenig wie die immer schon dem Verfremdungszusammenhang verfallene Verliebtheit in den elaborierten Code – kritischem Geist eignet vielmehr pädagogischer und durchaus auch jener Impetus, der – mit Brecht zu sprechen – auf ›all die vielen‹ bezogen ist: schulmeisterlich sicher nicht, wohl aber ›demokratisch im weitesten Sinne‹ (Genscher).«[1119] Vorgestellt werden in dem zwölf Seiten umfassenden, von seiner Satzgestaltung her im typischen Suhrkamp-Layout gehaltenen Prospekt Titelfälschungen wie »Ballerfrau – Prosa-Poem« von Gertrud Leutenegger, »Mariacron – Als die Prozente laufen lernten« von Franz Xaver Kroetz, und »Warum ist Kafka kein Suhrkamp-Autor? Rede vor der interamerikanischen Gesellschaft für Triebabwehr« von Siegfried Unseld. – Trotz sofort eingeleiteter Ermittlungen ist es dem betroffenen Verlag nicht möglich, den Verfasser des realsatirischen Pamphlets, ein ehemaliges Frankfurter SDS-Mitglied, ausfindig zu machen.

12. Dezember 1981: In **aus politik und zeitgeschichte**, der Beilage zur Wochenzeitung *Das Parlament*, erscheinen vier Beiträge zur Rolle der Kritischen Theorie in der Gegenwart. Während der Paderborner Wissenschaftstheoretiker Hugo Staudinger **Die positive Bedeutung der Frankfurter Schule für die Überwindung der Krise unserer Zeit** vermerkt und der sozialdemokratische Politikwissenschaftler Horst Heimann zu einer vorsichtig abwägenden Einschätzung gelangt, formulieren der Karlsruher Philosoph Hans Lenk und dessen Kollege Roland Simon-Schaefer eine Kritik, die vor allem auf normative Prämissen der Kritischen Theorie abzielt.

1982

10. April 1982: Der Psychologe **Peter Brückner** erliegt in **Nizza** einem Herzversagen. Der Professor an der Technischen Universität Hannover, der seit einem Jahrzehnt ein Lehrverbot hatte, wurde nur 59 Jahre alt. Er hinterläßt seine Frau, die Publizistin Barbara Sichtermann, und ihren gemeinsamen Sohn Simon. Wie an keinem anderen bundesdeutschen Lehrstuhlinhaber schieden sich an Brückner die Geister: In den Augen der Studentenbewegung war er »Symbolfigur für den linken Professor«, für die Konservativen und Rechten das »Idol der Feinde dieses Staates« *(Bayernkurier)*. Der Schüler von Alexander Mitscherlich hatte 1967 einen Lehrstuhl an der Technischen Universität Hannover übernommen. Er leitete das Psychologische Seminar und lehrte Sozialpsychologie, Psychoanalyse, Marktpsychologie sowie Politische Psychologie. Seit dem Ausbruch der Studentenrevolte 1967 machte er sich einen Namen als kritischer Weggenosse der antiautoritären Linken. Mit einer Vielzahl von Essays und Kommentaren insistierte er gerade dort, wo sie unter vermeintlichen Handlungs- und Organisationszwängen vollends zu ersticken drohte, auf der Autonomie des politischen Subjekts. Das Aufkommen der RAF und seine Haltung, an einer ursprünglichen Solidarität zu einzelnen ihrer Begründer festhalten zu wollen, wurde zur Zäsur nicht nur in seinem akademischen, sondern seinem weiteren Lebensweg insgesamt. Als ein ehemaliges RAF-Mitglied vor Gericht behauptete, Brückner habe Ulrike Meinhof Unterschlupf gewährt, wurde er im Januar 1972 vorläufig vom Dienst suspendiert. Zu diesem Zeitpunkt setzte für ihn ein Kleinkrieg an Verdächtigungen, Vorverurteilungen, Disziplinarverfahren und gerichtlichen Verurteilungen ein, die ihn bis zu seinem Lebensende begleiteten.[1120] Diese ganze Zeit über war er jedoch alles andere als untätig, im Gegenteil. Er lehrte in Aarhus und Kopenhagen, in Amsterdam und Salzburg, hielt Vorträge in Belgrad und Paris, kaum eine bundesdeutsche Universitätsstadt gab es, in der er nicht einen, zumeist von Schikanen und Konflikten begleiteten, Auftritt hatte. Er war eine Art »Reisekader«, der sich einmischte, wo es ihm unverzichtbar erschien. Wie sehr er sich dabei selbst veränderte und in Frage zu stellen bereit war, wurde 1975 in einem Interview deutlich, in dem er seinen politischen Positionswandel mit den Worten umrissen hatte: »Ich hätte 1961/62 wahrscheinlich mit ebenso gutem Gewissen wie 1967 ge-

10. 4.: Peter Brückner (1923–1982).

sagt: ›Ich bin Kommunist.‹ 1969 neigte ich schon eher dazu, mich einen Sozialisten zu nennen. 1971 habe ich mich das erste Mal als einen bürgerlichen Intellektuellen auf der Seite der Arbeiterbewegung bezeichnet. Heute würde ich sagen: ein bürgerlicher Intellektueller, der sich auf die Seite der historisch emanzipativen Kräfte stellt.«[1121] – In einem Nachruf in der **Tageszeitung** schreibt Thomas Schmid: »Peter Brückners politisches Denken gehört einer Tradition an, die in Deutschland nie heimisch wurde, die als zersetzend und fremd galt. Es ist die Tradition einer Aufklärung, die nichts mit bigottem Vernünfteln gemein hat ... Ätzend war sein Spott über die dumme, unaufgeklärte deutsche Tradition der Tiefgründigkeit, der tiefsinnig verkleideten Ressentiments, des Hasses auf alles, was ›anders‹ ist. Wohl begriff er sich im Kontext sozialistischen Denkens und sozialistischer Bewegungen, aber mit Vereinsmeierei und Gruppenkodex hatte er nie etwas im Sinn. Er konnte böse und beißend werden, wenn die Dumpfheit im linken Gewande daherkam ... Vor allem die Erfahrung des Dritten Reiches hatte ihn gelehrt, daß gerade jene Kritik unverzichtbar ist, die zersetzend genannt wird. Eine Kritik, die nicht Kunstfigur, sondern sozusagen Lebenselement gegen Erstarrung ist. Er war von ganzer Seele das, was hierzulande noch immer nicht viel gilt: urban.«[1122] – Die beiden Hannoverschen Lokalzeitungen, die *Neue Presse* und die *Hannoversche Allgemeine Zeitung* weigern sich, eine vom AStA der Universität in Auftrag gegebene Todesanzeige abzudrucken. Sie hätte lauten sollen: »Wir trauern um unseren Lehrer und Freund. Wir wissen, daß die Verfolgung sein Herzleiden verschlimmert hat. Unsere Trauer wird sich in Wut umwandeln.«[1123] – Am 20. April beteiligen sich in **Hannover** 1.500 Studenten an einem Trauermarsch für Peter Brückner. Der Zug führt von der Universität zum Wissenschaftsministerium, das für das Lehrverbot des Psychologen verantwortlich war. Auf den Transparenten, die die Studenten mit sich führen, steht der von den Zeitungen als Todesanzeige abgelehnte Text. Auf der abschließenden Gedenkkundgebung erklärt der AStA-Vorsitzende Wolf: »Peter Brückner ist gestorben an den deutschen Verhältnissen, für die hier das Wissenschaftsministerium steht. Unsere Trauer bedeutet keine Resignation, sondern steht dafür, daß wir weiter gegen die deutschen Verhältnisse kämpfen werden.«[1124]

1.–3. Juli 1982: Unter dem Titel **Passagen** findet in der Goethe-Universität ein Kolloquium anläßlich des 90. Geburtstages von Walter Benjamin und des Erscheinens des *Passagen-Werks* statt. Eröffnet wird die Veranstaltung im Hörsaal VI mit Vorträgen von Leo Löwenthal über *Die Integrität des Intellektuellen*, Rolf

---

1119 »Suhrkamp« (Pseudo-Prospekt), S. 2, in: Archivalische Sammlung Wolfgang Kraushaar, Broschüren und Flugschriften 1968–1988.
1120 Vgl.: Alfred Krovoza / Axel R. Oestmann / Klaus Ottomeyer (Hg.), Zum Beispiel Peter Brückner – Treue zum Staat und kritische Wissenschaft, Frankfurt/Main 1981; Red. Psychologie und Gesellschaftskritik (Hg.), »... wurde denn überhaupt Theorie gemacht?« – Sonderheft zu Peter Brückner, Psychologie und Gesellschaftskritik, 1. Sonderheft, Gießen 1980.
1121 Zit. nach: Klaus Wagenbach, Zum Tode von Peter Brückner, in: Freibeuter, 4. Jg., Nr. 12, S. 4.
1122 Thomas Schmid, Peter Brückner ist tot, in: Tageszeitung vom 13. April 1982.
1123 Tageszeitung vom 14. April 1982.
1124 Tageszeitung vom 21. April 1982.

22.10.: Gedenkveranstaltung für Alexander Mitscherlich im Hörsaal VI.

Tiedemann über *Dialektik im Stillstand* – Teil aus der Einleitung des Herausgebers in das unvollendet gebliebene Benjaminsche Hauptwerk – und Burkhardt Lindner über *Die Kindheit, der Flaneur und die Phantasmagorien der Großen Stadt*. Am Tag darauf referieren Irving Wohlfarth, Wolfgang Fritz Haug, Jörg Drews, Martin W. Lüdke, Peter Bürger, Hermann Schweppenhäuser und Karl Heinz Bohrer über einzelne Aspekte des *Passagen-Werks*.

22. Oktober 1982: Im Hörsaal VI findet die **Akademische Gedächtnisveranstaltung für Alexander Mitscherlich** statt. Eingeladen haben neben der Universität das Sigmund-Freud-Institut, die Frankfurter Psychoanalytische Vereinigung und der Suhrkamp Verlag. An den am 26. Juni verstorbenen Doyen der bundesdeutschen Psychoanalyse erinnern Helmut Thomä (Ulm), Hermann Argelander (Frankfurt), Iring Fetscher (Frankfurt), Siegfried Unseld (Frankfurt), Wolfgang Loch (Tübingen), Lutz Rosenkötter (Frankfurt), Jürgen Habermas (Starnberg) und Paul Parin (Zürich).

Habermas porträtiert dabei in seinem Beitrag den Gesellschaftsdiagnostiker Mitscherlich und umreißt die Schwierigkeiten und Aufgaben einer analytischen Sozialpsychologie. Parin versucht, die Methodik von Mitscherlichs Sozialpsychologie mit dem Begriff der »dichten Beschreibung« zu fassen. Überleben könne sie nur, meint er, als kultur- und gesellschaftsdiagnostisches Instrument. – Hans-Martin Lohmann bezeichnet die Gedenkveranstaltung in der **Frankfurter Rundschau** als »ein im ganzen zweideutiges Spektakel«; nur in Umrissen habe man erkennen können, wo die Psychoanalyse heute stehe. »Alle diese Beiträge, so unterschiedlich sie in Niveau und Konsistenz sein mochten«, resümiert er, »erhärten unterm Strich die Erkenntnis, daß Mitscherlich mehr war als die Summe der ihm zugeschriebenen Eigenschaften, Fähigkeiten und Leistungen. Der Mann war ... der Person gewordene Skandal, der Stachel im Fleisch einer Zunft, die auf dem besten Wege ist, sich als staatlich approbierte Reparaturwerkstatt für seelische Pathologien zu etablieren.«[1125]

1983

6. März 1983: Bei den Wahlen zum 10. Deutschen Bundestag, die von CDU und CSU, die gemeinsam 48,8 % erreichen, klar gewonnen werden, gelingt der links-alternativen Partei *Die Grünen* mit 5,6 % erstmals der Einzug ins Bundesparlament.

5. April 1983: Vor Beginn seiner ersten Vorlesung nach seiner Rückkehr an die Goethe-Universität gibt Jürgen Habermas im Hörsaal VI vor 1.000 versammelten Zuhörern eine Erklärung ab. Er betont als erstes, daß es nicht seine Absicht sei, »die Tradition einer Schule« fortzusetzen. In Erwähnung von Adornos Diktum, daß die Wahrheit einen »Zeitkern« habe, stellt er fest, daß »Exploration und rücksichtsloser Revisionismus« allemal besser seien als die Alternative zwischen »abstrakter Verabschiedung« und »bloßer Konservierung«. Nach einigen Anmerkungen über die spezifische Geschichte der von Frankfurter Bürgern gegründeten Universität macht er noch eine Bemerkung zum Verhältnis von Politik und Wissenschaft, in der ein fernes Echo aus den Erschütterungen der Jahre 67–69 nachklingt. »Ich glaube nicht«, schließt Habermas seine Erklärung vor Beginn der Vorlesung **Zum Diskurs der Moderne** ab, »daß sich Max Webers Postulat der Wertfreiheit im strikten wissenschaftstheoretischen Sinne aufrechterhalten läßt. Aber selbstverständlich, ja trivial ist diese Forderung im institutionellen Sinne. Die Rollen des Forschers und des akademischen Lehrers sind mit guten Gründen aus dem Alltag ausdifferenziert; sie müssen verschieden bleiben von der Rolle des politisch unmittelbar engagierten Staatsbürgers oder Publizisten. Das Katheder und der Hörsaal sind nicht der Ort des politischen Meinungsstreites; sie sind der Ort der wissenschaftlichen Diskussion, in der jedes Argument, von welcher Seite auch immer, mit der gleichen Sorgfalt erwogen wird. Diese Position habe ich schon zu Zeiten vertreten, als es größerer Anstrengungen bedurfte, um ihr Respekt zu verschaffen.«[1126]

2. September 1983: Der Adorno-Schüler **Ernst-Henning Schwedt**, einst SDS-Mitglied und einer der führenden Köpfe der Studentenbewegung, nimmt sich in seiner Wohnung im Frankfurter Stadtteil Bockenheim das Leben. Schwedt, kurz nach Kriegsende in Wuppertal geboren, kam 1966 nach einer wahrhaften Odyssee durch eine Reihe ost- und westdeutscher Städte 1966 nach Frankfurt, um dort Philosophie und Soziologie zu studieren. In der Hochzeit der außerparlamentarischen Opposition zwischen 1967 und 1969 gehörte er zu den bekanntesten Gesichtern. Als die Vorlesung Ludwig von Friedeburgs *Jugend in der modernen Gesellschaft* im Wintersemester 1968/69 unter Beschuß geriet, zählte er zu den maßgeblichen Kritikern. Die These, es handle sich bei der Studentenrebellion im Kern um einen Generationskonflikt, rief bei ihm den schärfsten Protest hervor. Nach dem Tod Adornos und Krahls setzte der zur politischen Resignation neigende Schwedt sein Studium zunächst fort und arbeitete dann mehrere Jahre als Dramaturg in Düsseldorf, Heidelberg, Wiesbaden und Hamburg. Nach einem zweijährigen Wettrennen gelang es ihm 1982 nur unter Aufbietung seiner letzten Reserven, seine Dissertation über die Entstehung der modernen Allegorie noch vor Ablauf der alten Promotionsordnung abzugeben. Schwedt wurde 37 Jahre alt. – Seine Lebensgefährtin Claudia Kalász gibt 1990 eine Sammlung seiner Texte unter dem Titel *Wie sieht die Hölle aus?* heraus.[1127] Sein Nachlaß ist im Literaturarchiv in Marbach am Neckar aufbewahrt.

8. September 1983: In einer seiner ersten Reden vor dem Deutschen Bundestag in **Bonn** stellt der 35jährige Abgeordnete der Grünen, Joschka Fischer, einen Zusammenhang zwischen zwei Flüchtlingen, einem Deutschen in Frankreich und einem Türken in Deutschland, genauer in West-Berlin, her. »Vor 43 Jahren, am 27. September 1940, starb der Philosoph und deutsche Jude Walter Benjamin an der spanisch-französischen Grenze durch die eigene Hand. Benjamin, einer der herausragendsten Denker der Frankfurter Schule, nahm Gift, da er die Auslieferung an Hitlers Gestapo und Folter, Verstümmelung und qualvollen Tod in Konzentrationslagern mehr fürchtete als den Selbstmord. Nach seinem Tod durften seine Gefährten – alles politische Flüchtlinge vor der Nazi-Diktatur – in Spanien bleiben. Sie wurden nicht ausgeliefert. Man muß hin-

---

1125 Hans-Martin Lohmann, Erst Himmel-, dann Höllenfahrt? Eine akademische Gedächtnisfeier für Alexander Mitscherlich, in: Frankfurter Rundschau vom 25. Oktober 1982.
1126 Jürgen Habermas, Bemerkungen zu Beginn einer Vorlesung, in: ders., Die neue Unübersichtlichkeit – Kleine Politische Schriften V, Frankfurt/Main 1985, S. 212. **(Dok. Nr. 428)**
1127 Ernst-Henning Schwedt, Wie sieht die Hölle aus? Schriften und Briefe 1969–1983, hrsg. von Claudia Kalász, Basel / Frankfurt 1990.

8.9.: Walter Benjamin (1892–1940).

zufügen, daß es sich dabei um das faschistische Spanien ein Jahr nach dem Ende des Bürgerkriegs gehandelt hat. Am 30. August dieses Jahres hat sich der politische Emigrant und Asylsuchende Kemal Altun aus dem sechsten Stockwerk des Berliner Verwaltungsgerichts gestürzt. Sein Tod bezeichnet den traurigen Höhepunkt einer seit Jahren – und das heißt: auch schon unter der sozialliberalen Regierung begonnenen – vollzogenen Aushöhlung des Asylrechts in ein Asylverweigerungsrecht. (Zuruf von der CDU/CSU: Unerhört!)«[1128]

9./10. September 1983: An der Goethe-Universität findet aus Anlaß des 80. Geburtstags von **Theodor W. Adorno** eine wissenschaftliche **Konferenz** über dessen Werk statt. In vier verschiedenen Kolloquien wird über *Negative Dialektik*, *Ästhetische Theorie* sowie über Fragen der Methodologie und Gesellschaftstheorie verhandelt. Die Hauptvorträge halten Alfred Schmidt, Martin Jay und Leo Löwenthal.[1129] – Obwohl die Schlußvorträge im Hörsaal VI, sozusagen »am historischen Ort«, gehalten werden, findet sich keinerlei Spur mehr von Adornos Auseinandersetzung mit der Studentenbewegung. Auch der Herausgeber seiner *Schriften* und Leiter des Theodor W. Adorno-Archivs, Rolf Tiedemann, findet ebenso wenig Berücksichtigung als Referent wie Hermann Schweppenhäuser, der Mitherausgeber von Benjamins *Gesammelten Schriften* und einer von Adornos engsten Schülern.[1130]

11. September 1983: Mit dem **Theodor W. Adorno-Preis** wird der 81jährige Schriftsteller, Philosoph und Kulturkritiker **Günther Anders** ausgezeichnet. Als Oberbürgermeister Walter Wallmann (CDU) anhebt, den Preisträger zu nennen, unterläuft ihm, ohne daß er es sogleich bemerkt, ein Fauxpas, und er nennt den »Schriftsteller Günter Grass«. Nach deutlich hörbarer Unruhe im Auditorium setzt er noch einmal an, wiederholt den ersten Satz und korrigiert sich. Im Text der Verleihungsurkunde heißt es, im Werk des Preisträgers seien Erfahrung und Philosophie so aufeinander bezogen, daß dieses »einer ganzen Epoche zur Kenntlichkeit« verhelfe. Sein Hauptwerk *Die Antiquiertheit des Menschen*[1131] zwinge dazu, »uns unserer Selbstbedrohung« gewahr zu werden. »Die Bücher von Günther Anders«, heißt es weiter, »verbreiten und verstärken das Bewußtsein, daß die Menschen – vielleicht – die Grenzen ihrer Existenz erreicht haben. Aus solcher Erkenntnis heraus vermag der einzelne Kraft zum Widerstand gegen das aufdämmernde Ende zu finden.«[1132] Dem neunköpfigen Kuratorium, das sich unter Vorsitz des Oberbürgermeisters für Anders entschieden hat, gehören auch Ludwig von Friedeburg und Jürgen Habermas an. Nach der Laudatio des Schriftstellers Günther Kunert wird die Dankesrede des Ausgezeichneten von einem Videoband abgespielt. Von einem in der Paulskirche aufgestellten Fernsehmonitor entschuldigt sich Anders selbstironisch dafür, daß er, der seit Jahrzehnten für seine Kritik der Massenmedien notorisch bekannt sei, nur als Phantom und nicht leibhaftig anwesend sei. Doch Alter und Krankheit hinderten ihn daran, selbst zu kommen. Er sei in Wien damit beschäftigt, Argumente »gegen die fälschlich Nachrüstung genannte Souveränitätsberaubung der Bundesrepublik« zu entwickeln. Über das, was ihn und Adorno grundlegend miteinander verbinde, äußert er: »... wir zwei gehörten, auch wenn wir physisch nicht sehr häufig nebeneinander zu stehen die Gelegenheit hatten, zur selben Generation. Zur Generation derer, die nicht hatten fertig werden können mit der Tatsache der in Auschwitz Fertiggemachten und die die unverdiente Gunst, nicht selbst zu den Fertiggemachten zu gehören, niemals hatten bewältigen können.«[1133] Dann dankt er der Stadt Frankfurt, indem er an die gemeinsame Zeit erinnert, die er zusammen mit seiner damaligen Frau Hannah Arendt 1929/30 in Sachsenhausen verbracht hat und in der er den für ihn ebenso wie für Jean-Paul Sartre wegweisenden Vortrag *Über die Weltfremdheit*

586   September 1983

11. 9.: Der Adorno-Preisträger Günther Anders.

des Menschen in der *Kant-Gesellschaft* gehalten hat.[1134] Obgleich er die Differenzen, Spannungen und Animositäten, die Adornos Verhältnis zu ihm prägten, nicht verschweigt, bezeichnet er dessen Werk im Zusammenhang mit dem seinigen als eine »Enzyklopädie der apokalyptischen Welt«. »Ein trauriges Team«, heißt es am Ende seiner Video-Rede, »stellen wir dar. Voll tiefem Respekt und in nachholender Freundschaft grüße ich hinüber zu dem Grabe, in das der nach mir Geborene und vor mir Gestorbene viel zu früh gebettet worden ist.«[1135]

22. November 1983: Auf dem Höhepunkt der Protestbewegung gegen die Verabschiedung des NATO-Nachrüstungsbeschlusses im Bundestag findet an der Johann Wolfgang Goethe-Universität eine **Podiumsdiskussion über zivilen Ungehorsam** statt. Unter der Moderation von Thomas Kreuder *(Juso-Hochschulgruppe)* diskutieren die Professoren Theodor Ebert, Friedens- und Konfliktforscher an der Freien Universität, Klaus Lüderssen, Strafrechtler und Rechtssoziologe an der Universität Frankfurt, und Jürgen Habermas, nach Frankfurt zurückgekehrter Sozialphilosoph, sowie Dieter Schöffmann von der Koordinationsstelle *Ziviler Ungehorsam*. Nur jenem billigt Habermas dabei ein Recht auf zivilen Ungehorsam und begrenzte Regelverletzung zu, der auch die demokratischen Prinzipien anerkennt.[1136] Es sei Torheit, stellt er fest, die demokratische Legalität als einen Wert geringzuschätzen. – Kurt Reumann kommentiert in der **Frankfurter Allgemeinen Zeitung** die erneute Einmischung von Jürgen Habermas in politische Auseinandersetzungen mit den Worten: »Jetzt hat Frankfurt Habermas wieder; jetzt lehrt er wieder an der Goethe-Universität. Im größten Hörsaal, der noch vor wenigen Jahren von blödem Geschrei widerhallte, herrscht am Dienstagabend freundliche Aufmerksamkeit, wenn er mit professoraler Umständlichkeit redet. Wie hier, so dominiert überall an der Frankfurter Universität ein sachlicher Ton. Es ist ruhig an den deutschen Universitäten.«[1137]

1128 Joschka Fischer, Der Minister und ein Toter – Rede vor dem Deutschen Bundestag vom 8. September 1983, in: ders., Von grüner Kraft und Herrlichkeit, Reinbek 1984, S. 150.

1129 Ludwig von Friedeburg/Jürgen Habermas (Hg.), Adorno-Konferenz 1983, Frankfurt/Main 1983.

1130 Vgl.: Jürgen Busche, Die Faszination Adornos – Zu einem Kolloquium an der Frankfurter Universität, in: Frankfurter Allgemeine Zeitung vom 13. September 1983; Hans-Klaus Jungheinrich, Vom Altern der Postmoderne und der Jugend Adornos – Skizzen zu einer Geburtstags-Konferenz in der Frankfurter Universität, in: Frankfurter Rundschau vom 15. September 1983.

1131 Günther Anders, Die Antiquiertheit des Menschen – Über die Seele im Zeitalter der zweiten industriellen Revolution, München 1956; ders., Die Antiquiertheit des Menschen – Bd. II: Über die Zerstörung des Lebens im Zeitalter der dritten industriellen Revolution, München 1980.

1132 Zit. nach: Presseinformation des Presse- und Informationsamtes der Stadt Frankfurt am Main zur Verleihung des Theodor W. Adorno-Preises an Günther Anders, 11. September 1983, S. 1.

1133 Günther Anders, (Dank per Video), in: Frankfurter Rundschau vom 12. September 1983.

1134 Nur in französischer Sprache erschienen: Günther Stern (d.i. Anders), Une Interprétation de l'A Posteriori, in: Recherches Philosophiques, 1935, S. 65–80.

1135 A.a.O.

1136 Vgl.: Jürgen Habermas, Ziviler Ungehorsam – Testfall für den demokratischen Rechtsstaat, in: Peter Glotz (Hg.), Ziviler Ungehorsam im Rechtsstaat, Frankfurt/Main 1983, S. 29 ff.; wiederabgedruckt in: Jürgen Habermas, Die Neue Unübersichtlichkeit – Kleine Politische Schriften V, Frankfurt/Main 1985, S. 79–99.

1137 Kurt Reumann, Schon vor 15 Jahren hielt Habermas Regelverletzungen für geeignet – Eine Diskussion über zivilen Ungehorsam, in: Frankfurter Allgemeine Zeitung vom 24. November 1983.

1984

14. Februar 1984: Zu einem Eklat kommt es im Hessischen Landtag in **Wiesbaden**, weil sich zwei der SPD nahestehende Professoren weigern, ihre Zusage einzuhalten und an einer von der CDU-Fraktion veranstalteten Anhörung über zivilen Ungehorsam und gewaltfreien Widerstand als Referenten teilzunehmen. Zunächst sagt der Rechtswissenschaftler an der Carl von Ossietzky-Universität in Oldenburg, Professor Thomas Blanke, mit der Begründung ab, die Anhörung solle offenbar in einem »einseitig politisch-strategischen Kontext« durchgeführt werden; dann schließt sich ihm der Soziologe Professor Jürgen Habermas mit der Bemerkung an, er wolle sich »für ein Unternehmen, welches dieser Politik diene, nicht hergeben«, und bleibt ihr ebenfalls fern. Auslöser für die Absagen ist eine Große Anfrage der CDU-Fraktion an die hessische Landesregierung. Die oppositionellen Parlamentarier wollen wissen, wie die von der SPD geführte Landesregierung den Begriff »Gewalt« definiert, welche politischen Gruppen sich zur Gewalt bekennen und Gewalttätigkeiten bei Demonstrationen »geplant, befürwortet oder nachträglich gebilligt« haben. In seiner schriftlichen Absage teilt Blanke dem innenpolitischen Sprecher der CDU-Fraktion, Hartmut Nassauer, mit, er könne sich nicht vorstellen, daß die divergierenden Auffassungen der Referenten einer »unvoreingenommenen Meinungsbildung« in seiner Fraktion dienen könnten. Das legitime Gewaltmonopol des Staates stelle »keinen Freibrief für die staatlichen Organe« aus, den vom Volk und seinen politischen Gruppierungen, Parteien und sozialen Bewegungen ausgehenden Willensbildungsprozeß »umfassend zu überwachen und nach außerverfassungsrechtlichen Gesichtspunkten zu disziplinieren und zu zensieren«.[1138] Und Habermas glaubt in der Anfrage eine »Aufforderung zu einer Law-and-order-Politik« erkennen zu können, die der »ohnehin wackeligen politischen Kultur« Schaden zufügen müsse. Der Rechtsfrieden in der Bundesrepublik werde nicht nur von jenen bedroht, die die Grenzen des zivilen Ungehorsams überschritten, sondern auch »vom autoritären Legalismus« derer, die die Grenze zwischen Recht und Gewalt so zögen, daß der zivile Regelverletzer nicht nur bestraft, sondern auch »moralisch disqualifiziert« werden könne.

4.–6. Mai 1984: An der Universität **Hamburg** findet ein **Adorno-Symposion** statt, das sich, wenn auch nicht als Gegenveranstaltung zur Frankfurter Adorno-Konferenz, so doch als Kritik daran versteht. Neben den Herausgebern von Adornos und Benjamins Gesammelten Schriften, Rolf Tiedemann und Hermann Schweppenhäuser, referieren u. a. Günther Mensching, Wolfgang Pohrt, Heinz-Klaus Metzger, Christoph Türcke und Peter Bulthaup. Pohrt stellt in seinem polemischen Beitrag *Kulturvergötzung* fest, die Frankfurter Konferenz wiese ebenso wie das Hamburger Symposion ein »parasitäres Verhältnis« zum »Gegenstand« auf, um den es gehe. Viel zu häufig werde von Adorno Gesagtes lediglich reproduziert. Das meiste, was über Adorno ausgeführt werde, könne man vergessen oder bei Adorno selbst, besser formuliert, nachlesen. Anstatt sich in Ritualen einer Adorno-Verehrung zu ergehen, solle man lieber von Adorno lernen, wie die ideologiekritische Auseinandersetzung mit bedenklichen Tendenzen der Gegenwart zu führen sei.[1139] In der Einleitung zu einem Band, der Beiträge des Symposions versammelt, heißt es: »Das Ergebnis dokumentiert – in all seinen Nuancen und Differenzen – die Kontinuität Kritischer Theorie gegenüber ihrer kommunikationstheoretisch ›gewendeten‹ Gestalt.«[1140]

26. November 1984: Auf Einladung des spanischen Parlamentspräsidenten hält Jürgen Habermas in **Madrid** eine Rede über **Die Krise des Wohlfahrtsstaates und die Erschöpfung utopischer Energien**[1141]. Darin gebraucht er den Begriff einer »Neuen Unübersichtlichkeit«, um eine Situation der intellektuellen Desorientierung und Ratlosigkeit zu charakterisieren, die durch die Aufzehrung der arbeitsgesellschaftlichen Utopie herbeigeführt worden ist. Diese Charakteristik wird schon bald zum zeitdiagnostischen Stichwort, dessen sich mitunter auch jene bedienen, die im Unterschied zu Habermas den Anbruch eines postmodernen Zeitalters für gekommen sehen.

10.–15. Dezember 1984: In **Ludwigsburg** führt die Alexander von Humboldt-Stiftung ein Symposium über **Die Frankfurter Schule und die Folgen** durch. An ihm nehmen neben 26 Referenten, darunter Iring Fetscher, Jürgen Habermas, Alfred Schmidt und Thomas McCarthy, sowie 64 ehemalige Stipendiaten der Stiftung teil. Im Anschluß an Fetscher, der in Anmerkungen *Zur aktuellen politischen Bedeutung der Frankfurter Schule*[1142] vor allem die von Walter Ben-

4.5.: Der »Pflasterstrand«-Begründer Daniel Cohn-Bendit.

jamin vollzogene Abkehr von der Marxschen Revolutionstheorie hervorhebt und deren produktivitäts- und wachstumskritische Bedeutung für die Ökologiedebatte skizziert, stellt Habermas *Drei Thesen zur Wirkungsgeschichte der Frankfurter Schule*[1143] auf:
1. Bezeichnungen wie »Kritische Theorie« und »Frankfurter Schule« evozierten die Vorstellung eines einheitlichen Schulzusammenhangs, der, von den New Yorker Emigrationsjahren abgesehen, nie existiert habe. Aus dieser Fiktion jedoch resultiere ein Teil ihrer relativ großen Wirkungen, ein anderer aus den unterschiedlichen Verbindungen, die die Kritische Theorie mit anderen Forschungstraditionen eingegangen sei. 2. Ihre relativ große Durchsetzungskraft verdanke die Kritische Theorie der Tatsache, daß sich »ihre Wirkungsgeschichte auf verschiedenen Ebenen« – einem von Horkheimer begründeten »Webermarxismus«, dem Adornismus als einer zeitweilig wirksamen philosophischen Modeströmung, einer von der Studentenbewegung wiederbelebten frühen Version und einer innerakademischen Vermittlung – vollziehe und »Anschlüsse für ganz heterogene Fortsetzungen« böte.

3. Inzwischen könne von der »Identität einer Schule ... keine Rede mehr« sein. »Die suggestive Fiktion eines einheitlichen Schulzusammenhangs sollte nicht zu viele Energien für das Unternehmen der ideengeschichtlichen Selbstthematisierung binden.«[1144] Es sei produktiver, sich den Problem- und Aufgabenstellungen selbst zuzuwenden, »... um auszuprobieren, wie weit man mit der rücksichtslos revisionistischen Ausschöpfung des Anregungspotentials einer derart weitverzweigten Forschungstradition komm«.[1145]

1985

4. Mai 1985: Das Stadtmagazin **Pflasterstrand** veröffentlicht unter dem Titel **Frankfurter Schule und Studentenbewegung – Eine Fact-Finding-Discussion** das Protokoll einer Kontroverse über den politischen Einfluß der Kritischen Theorie, an der sich auch der ehemalige 2. SDS-Bundesvorsitzende Frank Wolff beteiligt.[1146]

25.–27. Juni 1985: An der Freien Universität in **West-Berlin** veranstaltet das Zentralinstitut für sozialwissenschaftliche Forschung das Symposium **Der Sozialistische Deutsche Studentenbund in der Nachkriegsgeschichte 1946–1969**, der Untertitel lautet *Linksintellektueller Aufbruch zwischen »Kulturrevolution‹ und ›kultureller Zerstörung«*. Der erste Abend im Hörsaal B des Henry-Ford-Baus soll dem Thema gewidmet werden: *Die Theorien der direkten Aktion in ihrem*

1138 Zit. nach: Frankfurter Rundschau vom 15. Februar 1984.
1139 Vgl.: Dirk Liebenow, Der Wahrheitsgehalt eines verdrängten Denkens – Ein Rückblick auf das Hamburger Adorno-Symposion, in: Frankfurter Rundschau vom 30. Mai 1984.
1140 Michael Löbig/Gerhard Schweppenhäuser (Hg.), Hamburger Adorno-Symposion, Lüneburg 1984, S. 7.
1141 Jürgen Habermas, Die Krise des Wohlfahrtsstaates und die Erschöpfung utopischer Energien, in: ders., Die Neue Unübersichtlichkeit – Kleine Politische Schriften V, Frankfurt/Main 1985, S. 141–163.
1142 Iring Fetscher, Zur aktuellen politischen Bedeutung der Frankfurter Schule, in: Axel Honneth / Albrecht Wellmer (Hg.), Die Frankfurter Schule und die Folgen – Referate eines Symposiums der Alexander von Humboldt-Stiftung vom 10.–15. Dezember 1984 in Ludwigsburg, West-Berlin / New York 1986, S. 3–7.
1143 Jürgen Habermas, Drei Thesen zur Wirkungsgeschichte der Frankfurter Schule, in: Axel Honneth / Albrecht Wellmer (Hg.), a.a.O., S. 8–12.
1144 A.a.O., S. 11.
1145 A.a.O.
1146 Vgl. dazu den Leserbrief von Jürgen Habermas, in: Pflasterstrand vom 28. Juni 1985, 11. Jg., Nr. 212, S. 7.

Gegensatz zum rationalen Aufklärungsanspruch – Rudi Dutschke und Hans-Jürgen Krahl als Theoretiker. Er beginnt jedoch mit einem Fehlstart. Eine anonyme Bombendrohung zwingt zum Umzug in einen anderen Hörsaal. Nach der Begrüßung durch den Soziologen und Gewerkschaftshistoriker Professor Theo Pirker mit den Worten »Liebe Kollegen, liebe Feinde«, in der der ehemalige APO-Gegner auf den »wissenschaftspolitischen Zweck« der Veranstaltung verweist, werden die 250 Zuhörer darum gebeten, sich zu zwei Gedenkminuten für Dutschke und Krahl zu erheben. Dann folgen zwei Referate von Bernd Rabehl und Detlev Claussen über die beiden Protagonisten des Westberliner und des Frankfurter SDS, die vieles offenlassen und auf die ein Teil des Publikums mit Unmut reagiert. An den beiden Tagen darauf wird in einzelnen Schritten die gesamte Geschichte des SDS mit ihren wichtigsten Einkerbungen, Aspekten und Umbrüchen bis zu dessen Auflösung behandelt. Als Referent nimmt auch der rechtskonservative Stuttgarter Philosoph Günter Rohrmoser teil und als Zuhörer zeitweilig auch der Westberliner Historiker Ernst Nolte. Der heftigste Streit wird durch die Referate zum Thema *Parlamentarismuskritik und die Konzeption der Basisdemokratie* ausgelöst. Im Zentrum der Auseinandersetzung steht die Frage nach der Einschätzung von Johannes Agnolis Schrift *Transformation der Demokratie*, in der das Parlament grundsätzlich abgelehnt wird, weil es immer nur Instrument der bürgerlichen Klasse, nicht aber der Arbeiterklasse sein könne.[1147] Während Ulrich K. Preuß, der generell den Mangel eines Politikbegriffs im Marxismus beklagt, Agnoli vorhält, er verkenne bei aller notwendigen Kritik Möglichkeiten die der Rechtsstaat biete, wirft ihm Wolfgang Kraushaar vor, seine Parlamentarismuskritik vor allem aus Argumenten präfaschistischer Theoretiker wie Carl Schmitt und Vilfredo Pareto zu beziehen. Auf diese Inbezugnahme zwischen linker und rechter Theoriebildung reagiert Jacob Taubes mit der Bemerkung, daß Schmitts Überlegungen ohne eine Verarbeitung des Leninismus nicht denkbar seien und es insofern durchaus legitim sei, die linke Parlamentarismuskritik aus dem rechten Entwurf rückzuübersetzen. Dem wiederum widerspricht Rabehl, indem er konstatiert, daß es zwischen den Emanzipationsansprüchen der einen und den Herrschaftsambitionen der anderen Seite keinerlei Vermittlung gebe. Eine mit Vertretern der *Grünen* geplante Podiumsdiskussion *Zur Politikfähigkeit des SDS als Vorform sozialer Oppositionsbewegungen* entfällt. Statt dessen wird eine Fortsetzung des Treffens in Frankfurt beschlossen.[1148] – In einem Kommentar der **Frankfurter Allgemeinen Zeitung** wirft Jürgen Busche die Frage auf, ob letzten Endes nicht doch der SDS »gesiegt« habe und beklagt, daß die konservativen Eliten in der Bundesrepublik keine angemessenen Antworten auf die Herausforderungen der SDS-Generation zu geben vermocht hätten. »Das Bürgertum…«, schreibt Busche, »hat sich von dem Ansturm der linkssozialistischen Programmatik und der antiautoritären Ideen nie so recht erholt.«[1149] Indem es sich damit zufriedengegeben habe, den Griff der »SDS-Politruks« nach der Macht abzuwehren, habe es damit jedoch zugleich versäumt, den von der sozialistischen und antiautoritären Bewegung vertretenen Anspruch, »im Politischen eine höherwertige moralische Qualität darzustellen«, in der Öffentlichkeit wirksam bloßzustellen. Dies sei gerade im Vergleich zu den konservativen Schichten in anderen westlichen Ländern, die »resistenzfähiger« auf die »moralisch-politischen Zumutungen« ihrer akademischen Jugend reagiert hätten, eine Niederlage.

29. Juli 1985: Der Sozialforscher und Psychoanalytiker **Klaus Horn** erliegt während seines Urlaubs an der Costa Brava in **Cadaqués** im Alter von 51 Jahren einem Herzinfarkt. Der in Dresden geborene und 1952 in die Bundesrepublik geflohene Sozialwissenschaftler war nach seinem Studienbeginn an der Universität Frankfurt 1958 in das Hauptfach Soziologie übergewechselt und hatte vor allem Vorlesungen und Seminare Horkheimers und Adornos besucht. Nach seinem Examen 1964 begann er, nachdem sich sein Interesse immer stärker auf sozialpsychologische Themen konzentriert hatte, als wissenschaftlicher Assistent am Sigmund-Freud-Institut zu arbeiten. 1974 wurde er zum Professor ernannt, gleichzeitig zum Leiter der Sozialpsychologischen Abteilung, und 1981 zum Honorarprofessor im Fachbereich Gesellschaftswissenschaften der Goethe-Universität. Bekannt wurde er in den siebziger Jahren vor allem durch seine Arbeiten, die in enger Kooperation mit seinem Kollegen Alfred Lorenzer den Grundlagen einer »Kritischen Theorie des Subjekts« galten.[1150]

8. August 1985: In einem Waldstück bei **Wiesbaden** wird der 20jährige US-Soldat **Edward Pimental** erschossen aufgefunden. Er ist mit einem aufgesetzten Schuß in den Hinterkopf umgebracht worden. – Am selben Morgen explodiert auf der Rhein-Main-Air-Base eine Autobombe. Dabei werden zwei Menschen getötet und 16 verletzt. Der Täter hat sich mit dem Militärausweis Pimenthals Zutritt zu dem streng bewachten Gelände verschafft. – Zunächst bekennen sich die RAF und die *Action directe* zu dem Anschlag, dann auch zur Ermordung des jungen Soldaten. Er hatte am Abend vor seinem Tod eine Wiesbadener Diskothek besucht und war dabei gesehen worden, wie er sie in Begleitung einer jungen Frau verließ. Ganz offensichtlich war er von dieser in einen Hinterhalt gelockt und ermordet worden, um sich dessen Papiere zu verschaffen. – Am 13. September wendet sich der Verleger Karl Dietrich Wolff in einem von der **Tageszeitung** abgedruckten Offenen Brief mit der Überschrift **Alles wäre besser, als so weiterzumorden** an die Täter in der RAF. »Seit Tagen denke ich über den Mord an Edward Pimental nach«, beginnt Wolff seinen Appell, »verfolgt mich Eure Erklärung vom 25. August 1985 dazu. Jetzt habe ich Walter Benjamins Aufsatz ›Zur Kritik der Gewalt‹ in der ›Angelus Novus‹-Ausgabe noch einmal gelesen. 1969 habe ich mit Gudrun Ensslin nach der Kaufhausbrandstiftung im Preungesheimer Frauenknast über diesen Aufsatz diskutiert. Es machte sie wütend, daß sie auch wegen ›menschengefährdender‹ Brandstiftung verurteilt worden war.«[1151] Wolff versucht daran zu erinnern, daß es zu Beginn der RAF das erklärte Ziel von Ensslin und Meinhof gewesen sei, bei ihren Aktionen keine Menschen zu gefährden. »Mit Eurem Mord an Edward Pimental und der zynisch-faulen Erklärung«, prangert Wolff am Ende an, »habt ihr alles, was je auch für den westdeutschen Terrorismus motivierend war, verraten. Euer ›Krieg‹ enthält kein Bild einer Befreiung. Eure Gewalt ist zum ›Teil des Problems‹, nicht seiner Lösung geworden. Euch – nach diesem Mord und dieser Erklärung – trotzdem zur Umkehr auffordern? Ja, trotzdem. Alles wäre besser – Sozialarbeiter in einem PLO-Flüchtlingslager, Übersetzerin in einem syrischen oder irakischen Pressebüro, Mitarbeiter beim Bewässerungsprogramm im Süd-Jemen – als so weiterzumorden – auch etwas in Euch selbst.«[1152]

20./21. September 1985: Anläßlich des 90. Geburtstags von **Max Horkheimer** findet unter dem Titel eines seiner bekanntesten Werke – **Kritik der instrumentellen Vernunft** – an der Frankfurter Universität eine wissenschaftliche Konferenz über sein theoretisches Werk statt. Die Beiträge von Gerhard Brandt, Iring Fetscher, Jürgen Habermas, Alfred Schmidt u. a. befassen sich mit philosophischen, soziologischen und kulturtheoretischen Aspekten seines Werkes.[1153]

28. September 1985: Bei einer Demonstration gegen die rechtsradikale NPD flüchtet am Samstagabend der 36jährige **Günther Sare** im Gallus-Viertel an der Kreuzung Frankenallee/Hufnagelstraße vor einem auf ihn gerichteten Wasserwerferstrahl. Dabei stürzt er mehrmals zu Boden. Nun startet ein zweiter, vor dem Gallus-Haus stationierter Wasserwerfer und biegt mit hoher Geschwindigkeit in die Kreuzung ein. Dabei wird Sare von dem schweren Fahrzeug erfaßt, zu

30. 9.: Trauer um den von einem Wasserwerfer überrollten Günther Sare.

1147 Johannes Agnoli / Peter Brückner, Transformation der Demokratie, Frankfurt/Main 1968.

1148 Vgl.: Klaus Hartung, Die Rückkehr des SDS – Erstes SDS-Symposium an der Freien Universität Berlin – Zwischen Erinnerung und Selbstkritik, in: Die Tageszeitung vom 29. Juni 1985; Johannes Wendt, Zwischen Selbstprüfung und witzigen Anekdoten – Die SDS-Veteranen besinnen sich auf ihre Geschichte, in: Frankfurter Rundschau vom 16. Juli 1985; Jürgen Busche, Unsere Anführer haben uns nicht erklärt, warum wir diese Form der Bewegung wollten – Ehemalige SDS-Mitglieder diskutieren in Berlin über die APO von 1968, in: Frankfurter Allgemeine Zeitung vom 29. Juni 1985; Uwe Schlicht, Der Weg in die Gewalt – 17 Jahre danach / Das Jahr 1968 und die Außerparlamentarische Opposition – Treffen ehemaliger SDS-Mitglieder, in: Der Tagesspiegel vom 29. Juni 1985; Dieter Stäcker, Unter den Talaren Muff von 17 Jahren? In: Deutsches Allgemeines Sonntagsblatt vom 7. Juli 1985.

1149 Jürgen Busche, Später Sieg des SDS? In: Frankfurter Allgemeine Zeitung vom 28. Juni 1985.

1150 Siehe vor allem die Aufsatzsammlung: Klaus Horn, Psychoanalyse – Kritische Theorie des Subjekts, Frankfurt/Main 1972; außerdem: ders. (Hg.), Gruppendynamik und der »subjektive Faktor« – repressive Entsublimierung oder politisierende Praxis, Frankfurt/Main 1972.

1151 Karl Dietrich Wolff, Alles wäre besser, als so weiterzumorden, in: Die Tageszeitung vom 13. September 1985.

1152 A.a.O.

1153 Siehe: Alfred Schmidt/Norbert Altwicker (Hg.), Max Horkheimer heute: Werk und Wirkung, Frankfurt/Main 1986.

Boden geschleudert und überrollt. Kurze Zeit später erliegt er seinen Kopf- und Brustverletzungen.[1154] – Der Tod des Demonstranten, der in den siebziger Jahren das multinationale Gallus-Zentrum mitbegründet hatte, führt in Frankfurt ebenso wie in zahlreichen anderen Städten zu tagelangen Protesten und Auseinandersetzungen mit der Polizei.[1155]

25. Oktober 1985: Das Sigmund-Freud-Institut führt an der Universität eine **Gedenkfeier** für seinen am 23. Juli verstorbenen Mitarbeiter **Klaus Horn** durch. Auf ihr sprechen Hans-Joachim Busch, Helmut Dahmer, Klaus Hermann, Rolf Klüwer, Thomas Leithäuser, Ellen Reinke, Horst Rumpf, Eva Senghaas-Knobloch und Irmgard Vogt.[1156] Sie erinnern an zahlreiche Aspekte aus der Arbeit des Sozialpsychologen – an die Aktionsforschung, die Kooperation im Arbeitskreis *Politische Psychologie*, seine Beiträge zur Gesundheitsforschung u.a.m. – und würdigen ihn als Lehrer, Kollegen, Freund und politisch engagierten Wissenschaftler. Unter den 200 Zuhörern ist auch Jürgen Habermas.

31. Oktober 1985: Die Uraufführung des Fassbinder-Stücks **Der Müll, die Stadt und der Tod** im Kammerspiel wird von einer Gruppe jüdischer Demonstranten, die dem Autor Antisemitismus vorwerfen, durch die Besetzung der Bühne verhindert. Die Proteste beginnen zwei Stunden zuvor mit einer Kundgebung vor dem Theater, zu der verschiedene jüdische Verbände zusammen mit den Politikerinnen Frolinde Balser (SPD), Erika Steinbach (CDU) und Edith Stumpf (FDP) aufgerufen haben. Die mehreren hundert Demonstranten halten Transparente mit Aufschriften wie »Bitburg's Consequence – Official Antisemitism«, »Freiheit der Kunst ja – Narrenfreiheit nein!« sowie »Rühle + Fassbinder ignorieren Opfer und ihre Kinder« in ihren Händen. Als die ersten Besucher eintreffen, kommt es zu Beschimpfungen und Belästigungen. Unter »Schämt euch, schämt euch!«-Sprechchören müssen sie sich durch die Gasse der Demonstranten wie bei einem Spießrutenlauf den Weg bahnen. Zwei Frauen, die nicht erkannt werden wollen, ziehen sich ihre Halstücher vors Gesicht. Der Vorsitzende der Jüdischen Gemeinde, Ignatz Bubis, der zusammen mit Michel Friedmann (CDU) erscheint, kündigt einem dänischen Reporter gegenüber an, sie wollten die Aufführung verhindern. Im Foyer versammeln sich Intendant Günther Rühle, Schauspieler wie Volker Spengler, Stückeschreiber Heiner Müller, Literaturkritiker wie Marcel Reich-Ranicki und Rudolf Krämer-Badoni sowie zahlreiche andere Repräsentanten der kulturellen Szene. »Erst Punkt acht Uhr«, beschreibt eine Zeitung das nachfolgende Geschehen, »wurden die Türen zum Zuschauerraum geöffnet und gaben einen Blick frei auf die bereits mit Schauspielern besetzte Szene: Frauen in einem Bordell, starr, wie festgefroren, wartend auf ihr Stichwort. Aber es waren noch keine zwei Minuten vergangen, da bemerkten die Zuschauer mit Überraschung oder Genugtuung, daß eben diese Bühne nun mit etwa dreißig Personen besetzt war, die ein Spruchband ›Subventionierter Antisemitismus‹ gemeinsam in Händen hielten. Erst Fragen und Zurufe: Ob das der Anfang einer neuen Bücherverbrennung sei, wurden mit Gegenrufen beantwortet, man sei hierhergekommen, das Stück zu verhindern: ›Wir stehen und bleiben hier, und wenn es bis morgen früh um sechs ist!‹«[1157] Schauspielintendant Rühle ergreift daraufhin das Wort, erklärt, daß er den Protest akzeptiere, dennoch aber, für die Arbeit und Aufgabe der Schauspieler, um die Freigabe der Bühne bitten müsse. Nun entwickelt sich eine lebhaftige, zum Teil tumultartige Diskussion, in der sich vor allem Daniel Cohn-Bendit als Aufführungsbefürworter hervortut. Dem Kulturreferenten der *Jüdischen Gemeinde*, Michel Friedmann, hält er vor, als dieser die Gefahren eines wiederauflebenden Antisemitismus in Deutschland heraufbeschwört, was er eigentlich zur Verleihung des Goethe-Preises drei Jahre zuvor an den Schriftsteller Ernst Jünger gesagt habe. Als sich der Politikwissenschaftler Iring Fetscher vorsichtig und differenziert argumentierend für das Stück und dessen Aufführung ausspricht, wird dessen Intervention mit Gelächter abgetan. Und als Aaron Eppstein ein Plädoyer vorträgt, daß das Publikum reif genug sei, sich das Stück anzusehen, wird er von mehreren Demonstranten niedergeschrien. Auch die von einem Schauspieler verlesene Erklärung, daß keiner der 19 Schauspieler das Stück für antisemitisch hielte, trägt nichts zur Entspannung bei. Kurz nach 22 Uhr geben Kulturdezernent Hilmar Hoffmann und Intendant Günther Rühle ihre Entscheidung bekannt, daß die Uraufführung an dem Abend nicht stattfinden werde. Als Rühle einen Ersatztermin ankündigt, erwidert Bubis, daß sie auch dann die Proteste fortzusetzen gedächten.[1158] Eine Stunde zuvor wäre es unter den Demonstranten vor dem Theater beinahe zu einem Handgemenge gekommen. Eine kleine Gruppe von Gegendemonstranten um die fundamentalistische *Grünen*-Sprecherin Jutta Ditfurth ist mit ihrem Versuch, sich massiv für Meinungsfreiheit auszusprechen, in die Schußlinie der Protestierenden geraten. Dabei wird ihr ein Spruchband aus den Händen gerissen, auf dem die Parole »Spekulanten protegieren, Nazi-Jünger ehren, Meinungsfreiheit verwehren« zu lesen ist. Doch kurz darauf haben sich die Kontrahenten wieder beruhigt.[1159] – Anderthalb Wochen später stehen sich in einem Streitgespräch des Nachrichtenmagazins **Der Spiegel** einer der Aufführungsbefürworter und einer der Gegner gegenüber, der ehemalige Hausbesetzer Daniel Cohn-Bendit und der Hausbesitzer Ignatz Bubis. Trotz aller Differenzen in der Sache stellt sich dabei eine Gemeinsamkeit in der Form heraus. »Ob Sie es wollen oder nicht, Herr Bubis«, hält ihm Cohn-Bendit vor, »Sie haben hier etwas gemacht, was der CDU und der ›FAZ‹ nicht nur gegen den Strich geht, sondern einfach so widerlich ist, weil sie sehen, wie schwach ihre eigene Argumentation immer gegen die Linken war; sie müssen anerkennen, daß Sie berechtigte Emotionen haben, und plötzlich sehen sie, daß das berechtigte Verteidigen von Emotionen zu Handlungen führt, die in der Rechtsordnung nicht vorgesehen sind.«[1160] Die Politik der begrenzten Regelverletzungen sei mit der Verhinderung des Fassbinder-Stücks nun auch von der *Jüdischen Gemeinde* in ihr Handlungsrepertoire aufgenommen worden.

18. November 1985: Für seine Aufsatzsammlung **Die neue Unübersichtlichkeit** wird Jürgen Habermas in **München** mit dem **Geschwister-Scholl-Preis** ausgezeichnet. Er nimmt den vom Verband Bayerischer Verlage und Buchhändler zusammen mit der Stadt München gestifteten Preis aus den Händen von Oberbürgermeister Georg Kronawitter (SPD) entgegen. Habermas sei der ideale Empfänger, meint dieser, weil er in seinen politischen Schriften geistige Unabhängigkeit demonstriere, Impulse für die Gegenwart gebe und Einsichten in die Bedrohungspotentiale des politischen Systems schaffe. In seiner Laudatio bemerkt der Filmemacher Alexander Kluge, daß der Ausge-

Betr.: „Der Müll, die Stadt und der Tod"

Eindringliche Appelle, stichhaltige Argumente, lange Diskussionen haben bei den „Kulturbossen" nichts bewirkt.
Wir sind daher genötigt, unseren PROTEST auszudrücken.

GEGEN die Aufführung eines antisemitischen Stückes auf den Städtischen Bühnen!
GEGEN das Stillhalten der Verantwortlichen!
GEGEN jegliche Manipulation und Skrupellosigkeit!
GEGEN Verunglimpfung von Minderheiten!
GEGEN Beleidigung, Diffamierung und Verhöhnung!

Wir haben unseren Auftrag aus der Geschichte begriffen:

Deshalb müssen wir als jüdische Jugendliche rechtzeitig auf die gefährlichen Tendenzen hinweisen und vor deren Folgen warnen. Unseren Eltern und Großeltern ist solches nicht gelungen – die schrecklichen Folgen sind bekannt.

Daß die Städtischen Bühnen ein solches Stück aufführen wollen, macht sie zu Handlangern der Ewiggestrigen und „Ich-bereue-nichts"-Rufer. Wenn wieder einmal „mit den Juden abgerechnet" werden soll, erinnert dies an die Konstellation, unter der vor über fünfzig Jahren das Unheil seinen Anfang nahm.

Wehret den Anfängen!

Bei einer verantwortungsbewußten Kulturpolitik hätte bereits die bloße Absicht zur Aufführung scheitern müssen! Die Städtischen Bühnen aber nutzen alte Vorurteile (und bringen neue in den Umlauf), um auf dem Rücken der Juden billige Popularität zu erlangen.

Lassen Sie sich nicht vor diesen Karren spannen!
Lassen auch Sie Ihr Gewissen sprechen!
Schließen auch Sie sich unserem Protest an!
Sagen Sie diesmal nicht, Sie hätten nichts gewußt!

Im Namen aller betroffenen Juden in Frankfurt:

JÜDISCHER JUGEND- und STUDENTENVERBAND HESSEN

Sitz Frankfurt a. M.

31.10.: Flugblatt.

1154 Vgl.: Michael Miersch, Polizei tötet Demonstranten – Wasserwerfer raste in Kundgebung, in: Die Tageszeitung vom 30. September 1985; Friedlicher Protest schlug um – 36jähriger bei Demonstration gegen NPD von Wasserwerfer überfahren und getötet, in: Frankfurter Rundschau vom 30. September 1985.

1155 Siehe die beiden Dokumentationen: Bundesvorstand Die Grünen (Hg.), Günther Sare ermordet – Frankfurt: Der Polizeistaat in Aktion, Frankfurt/Main 1985; Die Grünen im Hessischen Landtag (Hg.), Dokumentation zum Tod von Günther Sare, Wiesbaden 1985.

1156 Die Beiträge wurden, ergänzt um Texte von Bodo von Greiff, Alfred Lorenzer und Johann August Schülein, abgedruckt im zweiten Heft der *Materialien aus dem Sigmund-Freud-Institut Frankfurt*: Hans-Joachim Busch / Heinrich Deserno (Hg.), Sozialforschung und Psychoanalyse als repolitisierende Praxis – Klaus Horn zum Gedenken, Frankfurt/Main 1986.

1157 Werner Petermann/Friederike Tinnappel, Über 1.000 Menschen demonstrierten gegen Fassbinder-Stück – Die Bühne wurde besetzt, in: Frankfurter Rundschau vom 1. November 1985.

1158 Vgl.: Horst Köpke, An diesem Abend gab es fast nur Verlierer – Wie in Frankfurt die Uraufführung des Fassbinder-Stücks von jüdischen Demonstranten verhindert wurde, in: Frankfurter Rundschau vom 2. November 1985; Werner Holzer, Das Schlüsselwort heißt Angst, in: Frankfurter Rundschau vom 2. November 1985.

1159 Vgl.: Zu Entstehung, Hintergründen und Kontexten des Konflikts insgesamt: Janusz Bodek, Die Fassbinder-Kontroversen: Entstehung und Wirkung eines literarischen Textes – Zu Kontinuität und Wandel einiger Erscheinungsformen des Antisemitismus in Deutschland nach 1945, seinen künstlerischen Weihen und seiner öffentlichen Inszenierung, Frankfurt/Main 1991.

1160 »Wir haben eine Leiche im Keller« – Ignatz Bubis und Daniel Cohn-Bendit über Juden in Frankfurt und den Fassbinder-Streit, in: Der Spiegel vom 11. November 1985, 39. Jg., Nr. 46, S. 30.

zeichnete in seinem Band *Die neue Unübersichtlichkeit* den Zusammenbruch der großen Orientierungen konstatiere und damit das zentrale intellektuelle Thema der Epoche behandle: den Verlust der Selbstgewißheit. Habermas selbst kritisiert in seiner Dankesrede die Entsorgungsmentalität gegenüber der deutschen Vergangenheit und distanziert sich zugleich vom moralischen Fundamentalismus, aus dem der Widerstand der Geschwister Scholl und ihrer Gruppe *Die Weiße Rose* gegen das NS-Regime hervorgegangen ist. Die damalige Situation sei von der gegenwärtigen weit entfernt. Die moralische Überzeugung des Intellektuellen könne weder fundamental noch unvermittelt politisch wirksam sein. »Der Intellektuelle ist mit seinem Gewissen nicht allein.«[1161] Er handle in dem Vertrauen auf eine funktionierende Öffentlichkeit, daß ihre Haltung durch Argumente verändert werden könnte.[1162]

29. November 1985: Das Land Hessen zeichnet den Philosophen und Soziologen Professor Jürgen Habermas in **Wiesbaden** zusammen mit vier anderen Persönlichkeiten mit der **Wilhelm-Leuschner-Medaille** aus. Mit der von Ministerpräsident Holger Börner (SPD) überreichten Auszeichnung werden außerdem die einstige Leiterin der Zentrale für Frauenfragen in der hessischen Staatskanzlei, Inge Sollwedel, die Marburger Volkskundlerin Ingeborg Weber-Kellermann, der frühere Landtagsabgeordnete Richard Hackenberg und der ehemalige Vorsitzende der *IG Bergbau und Energie*, Adolf Schmidt, geehrt. Habermas spricht in seiner Dankesrede **Über den doppelten Boden des demokratischen Rechtsstaates**.[1163] – Die Medaille wird seit 1964 alljährlich zum hessischen Verfassungstag am 1. Dezember verliehen. Sie ist nach dem Innenminister des Volksstaates Hessen benannt, dem 1944 von den Nationalsozialisten ermordeten Widerstandskämpfer Wilhelm Leuschner.

12. Dezember 1985: Der 37jährige **Joschka Fischer** wird im Hessischen Landtag in **Wiesbaden** von Ministerpräsident Holger Börner (SPD) zum Minister für Umwelt und Energie vereidigt. Der *Grünen*-Politiker erscheint ohne Krawatte, mit Sportsakko, Bluejeans und in Turnschuhen. Der Vizepräsident des Landtages, Bernd Messinger, ebenfalls ein ehemaliger Frankfurter Sponti, kommentiert den denkwürdigen Akt mit den Worten, 1968 sei man zum langen Marsch durch die Institutionen angetreten, nun sei mit Fischer der

12.12.: Der »Turnschuh-Minister«.

erste »durchgekommen«, weitere würden noch folgen. – Der **Spiegel** hatte bereits einen Monat zuvor zu dem anstehenden Kulturbruch in einer Titelgeschichte geschrieben: »Es ist für manche kaum zu fassen: Ein Sponti der Frankfurter Hausbesetzerszene, ein Realo-Grüner mit kernigem Proletengehabe, ein ehemaliger Vorbestrafter und Drogenkonsument, ein Mann im Schlabberlook nimmt Platz am Kabinettstisch…«[1164] Und um mögliche Verwechslungen des neuen Ministers bei der Anfahrt mit seinem Dienstwagen auszuräumen, heißt es: »Der distinguierte Herr im grauen Anzug und mit Krawatte – das ist der Chauffeur. Der Kerl im Fond, der aussieht wie die Typen, die dem Ruhrpott-Schläger Schimanski Spitzeldienste leisten – das ist der Minister.«[1165]

1986

6. Juni 1986: Bei den Frankfurter Römerberggesprächen nimmt eine der tiefgehendsten intellektuellen Irritationserfahrungen der Bundesrepublik ihren Ausgang, der sogenannte **Historikerstreit**. Das Eröffnungsreferat zu den Gesprächen, die dem Thema **Politische Kultur – heute?** gewidmet sind, hält der spanische Schriftsteller und Buchenwald-Überlebende Jorge Semprún. Zur Überraschung seiner Zuhörer postuliert er die Notwendigkeit einer Wiedervereinigung Deutschlands. Diese sei nur denkbar, wenn es in Europa einen entscheidenden Fortschritt der demokratischen gegenüber den totalitären Staaten gebe. Es dürfe keinem blinden Friedenswillen gefolgt werden, mahnt er. Die Demokratie sei die Wurzel des Friedens und nicht umgekehrt. Am Ende seines Vortrags wandelt der Mann, der der Résistance angehört hat, KZ-Häftling in Buchenwald und bis 1964 ZK-Mitglied der *Kommunistischen Partei Spaniens* war, ein Diktum Max Horkheimers um, das in seiner ursprünglichen Form das Credo der Studentenbewegung am Ende der sechziger Jahre war: »Wer aber vom Stalinismus nicht reden will, der sollte auch vom Faschismus schweigen.«[1166] Semprún prangert vor allem eine »mehr oder weniger gewollte Blindheit« gegenüber den sozialen Realitäten des Sowjetkommunismus an. Sie sei eines der Haupthindernisse für ein angemessenes historisches Bewußtsein der Deutschen. Doch dieser Versuch, den mangelnden Antitotalitarismus der bundesdeutschen Linken herauszukitzeln, bleibt ohne größere Resonanz – im Gegensatz zu einem Beitrag, der für die Römerberggespräche vorgesehen war, dort aber nicht gehalten werden kann.[1167] Der Artikel erscheint nun, exakt terminiert, unter dem Titel **Vergangenheit, die nicht vergehen will** am selben Tag in der **Frankfurter Allgemeinen Zeitung**. Seinem Autor, dem Historiker Ernst Nolte, geht es um dieselbe Problemstellung wie Semprún, jedoch unter umgekehrten politischen Vorzeichen. Er wirft an der Schlüsselstelle seines Textes die für ihn rhetorischen Fragen auf: »Vollbrachten die Nationalsozialisten, vollbrachte Hitler eine ›asiatische‹ Tat vielleicht nur deshalb, weil sie sich und ihresgleichen als potentielle oder wirkliche Opfer einer ›asiatischen‹ Tat betrachteten? War nicht der ›Archipel GULag‹ ursprünglicher als Auschwitz? War nicht der ›Klassenmord‹ der Bolschewiki das logische und faktische Prius des ›Rassenmords‹ der Nationalsozialisten? Sind Hitlers geheimste Handlungen nicht gerade auch dadurch zu erklären, daß er den ›Rattenkäfig‹ nicht vergessen hatte? Rührte Auschwitz in seinen Ursprüngen aus einer Vergangenheit her, die nicht vergehen wollte?«[1168] Gegen diese Relativierung der von den Nazis begangenen Verbrechen wendet sich Jürgen Habermas am zweiten Tag der Römerberggespräche in einem mündlichen Diskussionsbeitrag. Unter direkter Bezugnahme auf Noltes Text erklärt er: »Es geht hier um den Versuch einer Exzeptionalisierung von Auschwitz, unter anderem mit dem Hinweis, daß das, was die Nationalsozialisten taten, mit alleiniger Ausnahme des technischen Vorgangs der Vergasung, in einer umfangreichen Literatur der frühen zwanziger Jahre bereits beschrieben war. Nolte stellt den deutschen Faschismus auch in seinen ›Auswüchsen‹ als reine Antwort und Reaktion auf die bolschewistische Vernichtungsdrohung dar mit den schönen, fast heideggernden Worten: ›War nicht der Archipel GULag ursprünglicher als Auschwitz?‹ Die Reaktualisierung des Antikommunismus kann man dann als die Kehrseite desselben Arguments verstehen.«[1169] Habermas räumt ein, selbst kein Historiker zu sein, dennoch aber glaube er, daß in dem Artikel ein »qualitativer Sprung« in der Bearbeitung des bundesdeutschen Geschichtsbewußtseins zum Ausdruck

---

1161 Jürgen Habermas, Der Intellektuelle ist nicht mit seinem Gewissen allein – Dankrede nach der Verleihung des Geschwister-Scholl-Preises, in: Süddeutsche Zeitung vom 19. November 1985.

1162 Vgl.: Ivo Frenzel, Kein Abschied von gestern – Zur Verleihung des Scholl-Preises an Jürgen Habermas, in: Süddeutsche Zeitung vom 21. November 1985; Florian Rötzer, Nachträgliche Wiedergutmachung? Geschwister-Scholl-Preis für Habermas' »Die neue Unübersichtlichkeit«, in: Die Tageszeitung vom 21. November 1985.

1163 Jürgen Habermas, Über den doppelten Boden des demokratischen Rechtsstaates, in: ders., Eine Art Schadensabwicklung – Kleine Politische Schriften VI, Frankfurt/Main 1987, S. 18–23.

1164 Industrie-Schreck Joschka Fischer: Erster Grüner Umweltminister, in: Der Spiegel vom 4. November 1985, 39. Jg., Nr. 45, S. 24.

1165 A.a.O.

1166 Jorge Semprún, Stalinismus und Faschismus, in: Hilmar Hoffmann (Hg.), Gegen den Versuch, Vergangenheit zu verbiegen – Eine Diskussion um politische Kultur in der Bundesrepublik aus Anlaß der Frankfurter Römerberggespräche 1986, Frankfurt/Main 1987, S. 49.

1167 Über die Gründe und Hintergründe der angeblichen Ausladung des Referenten informiert ausführlich der Kulturdezernent der Stadt Frankfurt/Main, Hilmar Hoffmann, in: Vorwort zu: ders., (Hg.), a.a.O., S. 13–15 (Fußnote 8).

1168 Ernst Nolte, Vergangenheit, die nicht vergehen will – Eine Rede, die geschrieben, aber nicht gehalten werden konnte, in: Frankfurter Allgemeine Zeitung vom 6. Juni 1986.

1169 Jürgen Habermas, Diskussionsbeitrag, in: Hilmar Hoffmann (Hg.), Gegen den Versuch, Vergangenheit zu verbiegen – Eine Diskussion um politische Kultur in der Bundesrepublik aus Anlaß der Frankfurter Römerberggespräche 1986, Frankfurt/Main 1987, S. 142; in einem eigenen, einen Monat darauf publizierten Artikel hat Jürgen Habermas dann allerdings seine Position erst richtig entfalten können: ders., Eine Art Schadensabwicklung – Die apologetischen Tendenzen in der deutschen Zeitgeschichtsschreibung, in: Die Zeit vom 11. Juli 1986, 41. Jg., Nr. 29, S. 40; in der vollständigen ursprünglichen Fassung wiederabgedruckt in: ders., Eine Art Schadensabwicklung – Kleine Politische Schriften VI, Frankfurt/Main, S. 120–136.

komme. Er sieht in Noltes Text das Musterbeispiel für eine »funktionalistische Geschichtsbetrachtung«, der es um die Schaffung einer positiven Vergangenheit, letztlich um die Rekonstruktion nationaler Kontinuität geht. – Bereits mit dieser Entgegnung sind die Fronten für einen die Grenzen der Disziplin Geschichtswissenschaft überschreitenden Streit abgesteckt, der in den Monaten und Jahren darauf alle Formen zwischen einem wissenschaftlichen Disput und einem politisch-ideologischen Grabenkrieg annimmt und an die Wurzeln des antitotalitären bzw. antifaschistischen Selbstverständnisses der Republik heranreicht.[1170]

6. November 1986: Auf Initiative des hessischen Umweltministers Joschka Fischer und des Sozialphilosophen Jürgen Habermas konstituiert sich in Frankfurt ein monatlich tagender Gesprächskreis zu aktuellen gesellschaftspolitischen Fragen. Eingeladen sind bundesweit rund 70 Personen aus den Bereichen Politik, Wissenschaft und Medien. Einladende sind neben den beiden Initiatoren Helmut Dubiel, Axel Honneth und Wolfgang Kraushaar. Die erste Diskussionsrunde findet in geschlossener Gesellschaft in einem in der Frankfurter Innenstadt gelegenen Lokal statt. Es referiert Jürgen Habermas über das Thema **Der neue Revisionismus in der Geschichtsschreibung des Nationalsozialismus**.

21.–23. November 1986: In der Messehalle treffen sich 2.500 Teilnehmer zu einem von ehemaligen SDS-Mitgliedern organisierten Kongreß mit dem Titel **Prima Klima – Wider den Zeitgeist: Erste gnadenlose Generaldebatte zur endgültigen Klärung aller unzeitgemäßen Fragen**. In fünf Veranstaltungsblöcken wird über das *Ende der Utopie, Die Zukunft des Kapitalismus, Die neuen sozialen Bewegungen*, Demokratie und Sozialismus debattiert. In seiner Eröffnungsrede hält der frühere SDS-Bundesvorsitzende Helmut Schauer und jetzige *IG Metall*-Mitarbeiter fest: »Der SDS war in seinem tragenden Kern durch die Traditionslinie undogmatisch-revolutionärer Theorie geprägt, die von Georg Lukács und Karl Korsch zur Kritischen Theorie der Frankfurter führt. Ohne dieses Fundament hätte er sich seinerzeit wohl kaum halten, geschweige denn die Offenheit und Sensibilität sichern können, durch die er zum geistig-politischen Zentrum der Revolte hat werden können. Ich bleibe dabei, ohne den Rückbezug auf die kritische Theorie der kapitalistischen Gesellschaft kann auch die Rekonstruktion eingreifenden Denkens nicht gelingen.«[1171] Als Schauer nach zweitägiger Generaldebatte am Sonntagmittag sein Schlußwort hält, stößt er bei seinem Versuch, den Verlauf als »fundamentale Leistung« zu würdigen und als vorläufiges Urteil festzuhalten, daß die undogmatische Linke in der Bundesrepublik damit ihre Sprache wiedergefunden habe, auf lauten Widerspruch und erntet – wie das Protokoll verzeichnet – »Gelächter und Pfiffe«. Seine Ankündigung, eine solche Generaldebatte, mit der die Organisationsfrage schon gestellt worden sei, alljährlich fortzusetzen, bleibt folgenlos. Der Versuch, aus dem politisch-intellektuellen Potential des 1970 aufgelösten SDS mehr als anderthalb Jahrzehnte danach einen Ansatz für eine neue politische Form der Opposition, diesmal gegen die neokonservative Hegemonie, zu gewinnen, ist damit gescheitert.

1987

Juni 1987: Eine Postkarte, die die *Arbeitsstelle '87* der *Evangelischen Kirche in Hessen und Nassau* in hoher Auflage für den Kirchentag der EKD in **Frankfurt** hat drucken lassen, wird nicht verbreitet und eingestampft. Auf der Vorderseite ist unter der Überschrift *Seht, welch ein Mensch!* die Skyline einer amerikanischen Großstadt zu sehen, in die ein Bild vom Elend der Bevölkerung in der Dritten Welt einmontiert ist. Auf der Rückseite ist eines der bekanntesten Zitate Adornos festgehalten: »Die fast unlösbare Aufgabe besteht darin, weder von der Macht der anderen, noch von der eigenen Ohnmacht sich dumm machen zu lassen. Es gibt kein richtiges Leben im falschen.« – Nach Auskunft eines Mitarbeiters der EKD hat man die Karte zurückgezogen, weil das Adorno-Zitat nicht mehr für zeitgemäß befunden worden ist.

22. Juni 1987: In einem Gespräch mit dem Hamburger Nachrichtenmagazin **Der Spiegel** schildert Oskar Negt, Soziologieprofessor an der Universität Hannover, seine Eindrücke von einer neuen studentischen Protestbewegung, die sich gegen die Verschärfung der Studienbedingungen und eklatante Mittelkürzungen wendet. Negt, der den neuen Strömungen mit großer Sympathie gegenübersteht, hält die Studenten des Jahres 1987 »für radikaler als die von '68«. Dazu führt er im einzelnen aus: »Man rebelliert nicht mehr so, als ob es um das Heil der Welt ginge. Das Pathos von frü-

2.11.: Demonstranten werden nach Protestaktionen an der Startbahn West abgeführt.

her, das in Aktionen gegen den Vietnamkrieg, gegen Imperialismus und Kapitalismus drinsteckte, ist ja zunächst einmal auch mitreißend gewesen. Aber dieses Pathos war aus einer geborgten Realität entstanden, es war auch hohl. Darauf lassen die Studenten sich heute nicht mehr ein, da sind sie skeptischer. Es kommt dazu, daß Drohgebärden, auch verbale, heute keine große Wirksamkeit mehr haben. Das System ist auf Drohgebärden genauso eingerichtet wie auf politische Apathie.«[1172]

2. November 1987: Nachdem neue Rodungspläne durch den Betreiber des Rhein-Main-Flughafens bekannt geworden sind, kommt es an der Startbahn West erneut zu Auseinandersetzungen. Wie seit langem, so suchen auch diesmal wieder vermummte Autonome den Konflikt. Nachdem am Tag zuvor der 300. »Sonntagsspaziergang« begangen worden ist, soll nun der Jahrestag der Räumung des Hüttendorfes, das 1981 als Symbol des kollektiven Widerstands errichtet worden war, begangen werden. Während es am Tag zuvor ruhig geblieben ist, fliegen nun am Abend Steine und Molotow-Cocktails gegen die in Bereitschaft stehenden Polizeifahrzeuge. Trotz eines vom Regierungspräsidenten ausgesprochenen Demonstrationsverbots formieren sich zwei Züge mit mehreren hundert Teilneh-

---

[1170] Siehe z. B. die beiden Dokumentationen: Rudolf Augstein u.a., »Historikerstreit« – Die Dokumentation der Kontroverse um die Einzigartigkeit der nationalsozialistischen Judenvernichtung, München 1987; Reinhard Kühnl (Hg.), Vergangenheit, die nicht vergeht – Die »Historiker-Debatte« – Darstellung, Dokumentation, Kritik, Köln 1987.
[1171] Helmut Schauer, Eröffnungsrede, in: ders. (Hg.), Prima Klima – Wider den Zeitgeist: Erste gnadenlose Debatte zur endgültigen Klärung aller unzeitgemäßen Fragen, Hamburg 1987, S. 9.
[1172] »Radikaler als die Studenten von 1968« – Gespräch mit Oskar Negt, in: Der Spiegel vom 22. Juni 1987, 41. Jg., Nr. 26, S. 88. **(Dok. Nr. 430)**

mern. Als die ersten Demonstranten am südlichen Ende der Startbahnmauer eintreffen, öffnet sich dort ein Tor. Heraus kommen zwei, von Wasserwerfern begleitete Hundertschaften und schwärmen aus, um sie zurückzudrängen. An zwei Stellen werden Barrikaden gegen die vorrückenden Polizeikräfte errichtet. Strohballen und Autoreifen brennen lichterloh. An einer kleinen Furt halten die Wasserwerfer, sie kommen nicht mehr weiter. Die Polizisten lassen vorerst von einer weiteren Verfolgung ab und legen eine Pause ein. In dieser Situation fallen kurz hintereinander mehrere Polizisten plötzlich um. Zunächst weiß niemand warum. Es dauert eine Weile, bis die Getroffenen in dem Halbdunkel untersucht und die Schußverletzungen entdeckt worden sind. Der 44jährige Hundertschaftsführer Polizeihauptkommissar **Klaus Eichhöfer** stirbt auf dem Weg in die Flughafenklinik, der 23jährige Bereitschaftspolizist **Torsten Schwalm** nach seiner Einlieferung in die Frankfurter Universitätsklinik. Ein dritter Beamter, der einen Schuß in die Brust erlitten hat, ist lebensgefährlich verletzt, ein vierter trägt eine Oberschenkelverletzung davon und ein fünfter hat einen Streifschuß am Knie abbekommen. Erst auf dem Nachhauseweg oder noch später hören die Demonstranten von den tödlichen Schüssen. Die meisten sind fassungslos und haben keine Erklärung dafür, wie dies passieren konnte. Mitglieder der ortsansässigen Bürgerinitiativen sind entsetzt; sie sehen ihre jahrelangen Bemühungen mit einem Schlag diskreditiert. Im Laufe der Nacht finden im gesamten Rhein-Main-Gebiet über zwanzig Hausdurchsuchungen statt. Mindestens 48 Personen werden dabei festgenommen, unter ihnen auch der 33jährige Andreas Eichler. In seiner Wohnung wird wenige Stunden darauf die Tatwaffe, eine Sig-Saur-Pistole vom Kaliber 9 mm gefunden. Sie war ein Jahr zuvor einem Zivilpolizisten während einer Demonstration in Hanau entwendet worden. Eichler, der wegen des Verdachts, Anschläge auf Strommasten durchgeführt zu haben, telephonisch überwacht wird, bestreitet die Tat. – Das Oberlandesgericht Frankfurt sieht den der autonomen Szene Zugehörigen jedoch als Schuldigen an und verurteilt ihn schließlich wegen zweifachen vollendeten und mehrfach versuchten Totschlags zu einer Haftstrafe von 15 Jahren.

25. November 1987: Im Alter von 58 Jahren nimmt sich **Gerhard Brandt**, ehemaliger Direktor des Instituts für Sozialforschung, in **Frankfurt** das Leben. – Die Nachricht vom Selbstmord des Soziologen löst im intellektuellen Umfeld einen großen Schock aus. Da der Tod Brandts von vielen im Zusammenhang mit einer tiefen Krise im wissenschaftlichen Selbstverständnis des Instituts gesehen wird, sind langwierige, schmerzhafte und bittere Auseinandersetzungen die Folge. – Joachim Bergmann schreibt in einem in der **Zeitschrift für Soziologie** veröffentlichten Nachruf auf Brandt, der zur ersten Generation von Studierenden am Institut für Sozialforschung gehörte: »Seine wissenschaftlichen Leistungen – das wird jetzt nach seinem Tod deutlich – wurden einem stets gefährdeten Leben abgezwungen, mit einem Aufwand an psychischer Energie, der nur schwer zu ermessen ist. Schließlich seine nahezu grenzenlose Hilfsbereitschaft und nie versagende Loyalität gegenüber Kollegen und Studierenden, die er wie kein Zweiter praktizierte.«[1173]

1988

22.–24. Februar 1988: Die Akademie für Bildung und Zeitgeschehen der Hanns-Seidel-Stiftung (CSU) führt unter der Leitung ihres Referenten für Grundsatzfragen, Ludwig Mailinger, in dem Bildungszentrum **Wildbad Kreuth** eine sogenannte Expertentagung zum Thema *APO, Frankfurter Schule, Kritische Theorie und ihre Fernwirkung auf Politik, Staat und Gesellschaft heute* durch. Unter den 80 Teilnehmern befinden sich neben Hochschullehrern auch Ministerialbeamte, Journalisten und Führungskräfte aus der Wirtschaft. Zu Beginn stellt Professor Günther Maluschke (Universität Tübingen) dar, welche Rolle Herbert Marcuse und andere Vertreter der Kritischen Theorie »als politischer Impulsgeber für die APO« gespielt haben. Verschiedene historische Linien verfolgen Hans-Georg Roth vom Bayerischen Staatsministerium für Unterricht und Kultur, Manfred Funke, Akademischer Direktor an der Universität Bonn, und der Kölner Publizist Giselher Schmidt, die den Entstehungs- und Auflösungsprozeß der APO, die Entwicklung einiger ihrer Gruppierungen zum Terrorismus und die Rolle ehemaliger APO-Wortführer in der Partei der *Grünen* herauszuarbeiten versuchen. In einem Beitrag über die »Fernwirkung der APO auf unsere Gesellschaft« stellt Professor Klaus Motschmann (Hochschule der Künste, West-Berlin) die These auf, als Folge der 68er-Bewegung habe es einen »Paradigmenwechsel unserer politischen, religiösen, rechtlichen und kulturellen Wert- und Ordnungsvorstellungen« gegeben. Dies könne man insbesondere »an den neuerlichen Theorien und Praktiken des Widerstandsrechtes und des zivilen Ungehorsams« erkennen, die im Umkreis der Ökologie- und Friedensbewegung kursierten. Zu einem eher zwiespältigen Resultat gelangt Professor Gerhard Wuthe (Universität Dortmund) in seinem Referat über »Die SPD als Integrationsfaktor für die APO oder deren Infiltrationsziel«. Einerseits habe es die SPD, die von sich beansprucht, als große linke Sammlungsbewegung zu fungieren, nicht vermocht, das gesamte in der APO vertretene Spektrum aufzunehmen und zur politisch dominanten Kraft der jungen Generation zu werden, andererseits sei es Teilen der APO gelungen, ihr Politikverständnis in die SPD einzubringen und dort als festen Bestandteil der innerparteilichen Diskussion zu verankern. Allerdings hätten es die aus der APO stammenden Kräfte nicht geschafft, das seit 1959 gültige Godesberger Programm und damit die SPD in ihrem Selbstverständnis als einer reformorientierten Volkspartei ins Wanken zu bringen. In einem abschließenden Referat beleuchtet Helmut Fogt (Konrad-Adenauer-Stiftung) unter der Überschrift »zwischen Aktivismus und Resignation« die verschiedenen Berufskarrieren ehemaliger APO-Aktivisten. Während es, führt er aus, prominente Beispiele wie Fritz Teufel gebe, die von der Sozialhilfe lebten, hätten viele andere eine erfolgreiche Karriere im Kultur- und Medienbereich, bei Gewerkschaften und Parteien starten können. Nicht weniger als 25 derjenigen, die zwanzig Jahre zuvor zum Umsturz der Gesellschaftsordnung aufgerufen hätten, sei es gelungen, sich als Professoren an Universitäten und Hochschulen zu etablieren.

11. März 1988: In einem von der **Frankfurter Rundschau** publizierten Gespräch von Rainer Erd mit Jürgen Habermas antwortet dieser auf die Frage, was von der Studentenbewegung geblieben sei: »Frau Süssmuth. Eine liberale Familienministerin dieses Zuschnitts wäre vor 1968 in einer CDU-Regierung schwer vorstellbar gewesen. Ich meine das nicht einmal ganz ironisch, an diesem Faktum kann man sich einiges klarmachen. Der Marsch durch die Institutionen hat ... sogar die CDU erreicht – nicht nur die Sozialarbeit, die Schule, den Kindergarten oder die Medien. Und weiter: daß diese Ministerin ihr Ressort um Frauenfragen erweitert und die traditionelle Familien- und Jugendpolitik wenigstens in der Außendarstellung mit bemerkenswerten Akzenten versehen hat, ist Symptom einer Grenzverschiebung.«[1174] Insbesondere in den subinstitutionellen Bereichen gebe es Anzeichen für einen »Liberalisierungsschub«. Zwar reiche es noch nicht, um von einer »Fundamentaldemokratisierung« sprechen zu können, jedoch könne man durchaus Anzeichen eines von der »Kulturrevolte« am Ende der sechziger Jahre angestoßenen Prozesses der »Fundamentalliberalisierung« erkennen.

Dezember 1988: Unter dem Titel **Wie aktuell ist die Kritische Theorie** findet an der Erasmus-Universität in **Rotterdam** eine internationale Konferenz über die sogenannte Frankfurter Schule statt. Zu den Referenten zählen neben dem Systemtheoretiker Niklas Luhmann (Bielefeld) u. a. Dariusz Aleksandrowicz (Warschau), Norbert Bolz (West-Berlin), Axel Honneth (Frankfurt), Peter Sloterdijk (München), Hans-Jürgen Syberberg (München) und Albrecht Wellmer (Konstanz). Der Habermas-Schüler Honneth sieht das theoretische Dilemma darin, daß die Kritische Theorie einerseits Problemstellungen formuliere, die von anderen Wissenschaftstraditionen ignoriert würden, andererseits aber dabei ihre diagnostische Qualität eingebüßt habe. Ihre Aufgabe bestünde nun darin, die »Pathologien der Gegenwart« kommunikationstheoretisch zu durchdringen. Der Groninger Theoretiker Lolle Nauta prangert insbesondere die geringe Aussagekraft der Kritischen Theorie für politisches Handeln an. Da sie am utopischen Ideal einer ganz anderen Gesellschaft orientiert sei, lasse sie einen bei der Analyse gesellschaftlicher Ungleichheit und Ungerechtigkeit im Stich. Konkrete soziale Phänomene wie »Neue Armut«, Marginalisierung und die Herausbildung einer Zwei-Drittel-Gesellschaft könne sie nicht als spezifische Problemstellungen begreifen. Wegen ihres mangelnden Realitätsgehalts sei sie politisch bedenklich. Durch ihre Grundhaltung, alles real Existierende zu negieren und keine konkreten Zielsetzungen für gesellschaftspolitisches Handeln zu formulieren, verführe sie zum Aktionismus, einer Spielart des »De-

---

1173 Joachim Bergmann, Zum Tode von Gerhard Brandt (3. 2. 1929 – 25. 11. 1987), in: Zeitschrift für Soziologie, 17. Jg., Heft 2, April 1988, S. 154; vgl. auch den posthum erschienenen Band: Gerhard Brandt, Arbeit, Technik und gesellschaftliche Entwicklung – Transformationsprozesse des modernen Kapitalismus, Aufsätze 1971–1987, Frankfurt/Main 1990.

1174 Der Marsch durch die Institutionen hat auch die CDU erreicht – Der Frankfurter Philosoph und Soziologe Jürgen Habermas im Gespräch mit Rainer Erd über die politische Kultur in der Bundesrepublik Deutschland nach 1968, in: Frankfurter Rundschau vom 11. März 1988.

zisionismus«. Gerade die völlige Ablehnung des Bestehenden provoziere eine Situation, aus der plötzlich eine »Entscheidung« für eine positive Option herausspringen könne. Auch wenn es sich dabei nicht um einen Dezisionismus Carl Schmittscher Prägung handle, so sei die Kritische Theorie doch nicht völlig immun gegenüber solchen Gefahren. Trotz dieser Einschränkung löst Nauta mit seinem Beitrag eine heftige Kontroverse aus, bei der eine Reihe von Teilnehmern die ältere Kritische Theorie einem solchen Vorwurf gegenüber in Schutz nehmen.[1175]

1. Dezember 1988: Angesichts einer bundesweiten Streikwelle an Hochschulen und Universitäten fordert der Mitarbeiter des Instituts für Sozialforschung, Rainer Erd, 20 Jahre nach dem Höhepunkt der alten, die neue Studentenbewegung in einem Artikel der **Frankfurter Rundschau** auf, sich wiederum an der Kritischen Theorie zu orientieren.[1176] – Obwohl während des Wintersemesters 1988/89 viel von Interdisziplinarität geredet wird, so ist doch – der Appell von Erd scheint nicht gehört worden zu sein – kaum irgendwo ein expliziter Einfluß der Kritischen Theorie auf das politische Denken der neuen Studentengeneration festzustellen.

1989

22. April 1989: In einer von der **Frankfurter Rundschau** abgedruckten Erklärung protestieren zahlreiche Philosophen, Soziologen und Historiker, darunter alle Träger des »Theodor W. Adorno-Preises«, gegen die Diffamierung Adornos und Horkheimers durch den FAZ-Herausgeber Joachim Fest und den Historiker Golo Mann.[1177] – Fest hatte am 25. März in einem Artikel in der **Frankfurter Allgemeinen Zeitung** zum 80. Geburtstag Golo Manns dessen in einem Fernsehinterview gefallene Beschimpfung, Adorno und Horkheimer seien »Lumpen«, aufgegriffen und geschrieben, ihr Rollendenken sei »von Eitelkeit viel mehr als von Verantwortung für das Ganze« geprägt.[1178] – Nachdem sich auch der Literaturwissenschaftler und Adorno-Preisträger Leo Löwenthal öffentlich zu dem Konflikt geäußert hat, meldet sich am 5. Oktober noch einmal Golo Mann zu Wort. In der **Frankfurter Allgemeinen Zeitung** schreibt er unter der Überschrift **Späte Antwort**, Horkheimer und Adorno hätten ihn, als er 1960 vom Rektor der Frankfurter Universität, Professor Fritz Neumark, auf einen Lehrstuhl hätte berufen werden sollen, beim damaligen hessischen Kultusminister Ernst Schütte als »heimlichen Antisemiten« angeschwärzt.[1179] – Daraufhin erinnert der Soziologe und Pädagoge Hauke Brunkhorst in der **Frankfurter Rundschau** unter der Überschrift **Empathie und Antisemitismus** an eine Rede, die Golo Mann am 14. Juni 1960 im Düsseldorfer Rhein-Ruhr-Klub gehalten hat.[1180] Darin hatte dieser zwischen zwei Kategorien von Opfern des Antisemitismus unterschieden, zwischen guten und schlechten Juden, von denen die einen produktiv und unschuldig, die andere jedoch unproduktiv und mitschuldig gewesen sei. Aus der Tatsache, daß Golo Mann konstatiert, die bloß reproduktiven jüdischen Künstler hätten in der Vergangenheit ein erhebliches Maß an »wirklicher, unleugbarer jüdischer Schuld« auf sich geladen, zieht Brunkhorst den Schluß, daß der Historiker »selbst ein Opfer der objektiven Kraft antisemitischer Motive« geworden sei.

16. Juni 1989: In einem in der **Frankfurter Rundschau** veröffentlichten Glückwunschartikel von Oskar Negt zum 60. Geburtstag von Jürgen Habermas entschuldigt sich der Hannoveraner Soziologe und frühere Habermas-Assistent für die Herausgabe des Bandes *Die Linke antwortet Jürgen Habermas*. Das Buch war in Reaktion auf die von Habermas am 1. Juni 1968 an die Adresse des SDS gerichteten Thesen *Die Scheinrevolution und ihre Kinder* publiziert worden, in denen Negt selber als Mentor angegriffen wurde. Die Entschuldigung dient als Distanzierung gegenüber der damals aus vermeintlich revolutionären Gründen praktizierten Gewalt und einer aufgrund des von Habermas verwendeten Topos »linker Faschismus« erfolgten Ausgrenzung.

30. Juni 1989: Dem Frankfurter Kulturdezernenten Hilmar Hofmann wird ohne Wissen des Direktors des Instituts für Sozialforschung, Ludwig von Friedeburg, ein von fünf seiner Mitarbeiter verfaßtes Papier übergeben, in dem die Forschungsarbeit der letzten 20 Jahre, also genau der Zeit seit Adornos Tod, scharf kritisiert, eine »öffentlich einflußreiche kritische Sozialwissenschaft« und ein »Diskurs über die Moderne« gefordert wird. Das vier Seiten umfassende Papier trägt den Titel **Das Institut für Sozialforschung in den neunziger Jahren – Überlegungen für eine Neuorientierung einer traditionsreichen Institution**. –

Einem der Verfasser, dem wissenschaftlichen Mitarbeiter Rainer Erd, wird kurze Zeit später mit Zustimmung der Vollversammlung gekündigt. Der Vorwurf lautet, die vorhandenen institutsinternen Gremien mit dem Papier vorsätzlich umgangen zu haben. Von Friedeburg spielt den Konflikt als »eine reine Personalquerele« herunter und erklärt, »Papiere dieser Art« gebe es seit zwanzig Jahren, sie enthielten »nichts Neues«.[1181]

24. August 1989: Der Hessische Rundfunk (HR) beginnt im Dritten Fernsehprogramm eine mehrteilige Serie von Interviews, Dokumentarfilmen, Filmporträts und -features über die **Frankfurter Schule – Theodor W. Adorno und die Kritische Theorie**. Im ersten Teil geht es um den Komponisten und Musiker Adorno. – Am 27. August folgt ein biographisches Gespräch von Tilman Jens mit Leo Löwenthal. – Zwei Tage darauf das von Ulrich Wickert 1978 gedrehte Porträt *Herbert Marcuse – Philosoph und Revolutionär*. – Wiederum zwei Tage später unter dem Titel *Es gibt kein wahres Leben im falschen* ein von Henning Burk und Martin Lüdke produziertes Feature, das Adorno als Philosoph, Soziologe und Kritiker vorstellt. – Am 5. September ein von Hellmuth Karasek und Kurt Zimmermann gedrehtes *Porträt eines Aufklärers*, in dem Max Horkheimer präsentiert wird. – Zwei Tage später unter dem Hölderlin-Diktum *Wo aber Rettendes ist, wächst die Gefahr auch* ein Filmfeature über die *Dialektik der Aufklärung*, das einflußreichste Werk der Kritischen Theorie. – Und zum Abschluß wird am 9. September eine von Martin Lüdke und

24.8.: Programmheft des Hessischen Rundfunks.

1175 Vgl.: Andreas Kuhlmann, Auf dem Abstellgleis – Ein Kongreß über die »Frankfurter Schule« in Rotterdam, in: Frankfurter Allgemeine Zeitung vom 6. Dezember 1988.

1176 Rainer Erd, Neuorientierung an Kritischer Theorie dringend erforderlich – 20 Jahre danach: Studentenbewegung 1988, in: Frankfurter Rundschau vom 1. Dezember 1988. **(Dok. Nr. 431)**

1177 Frankfurter Rundschau vom 22. April 1989.

1178 Joachim Fest, in: Frankfurter Allgemeine Zeitung vom 25. März 1989.

1179 Golo Mann, Späte Antwort, in: Frankfurter Allgemeine Zeitung vom 5. Oktober 1989.

1180 Hauke Brunkhorst, Empathie und Antisemitismus – Golo Manns »Späte Antwort« und eine Erinnerung, in: Frankfurter Rundschau vom 25. Oktober 1989.

1181 Vgl.: Ein Papier sorgt für Unruhe – Mitarbeiter am Institut für Sozialforschung gekündigt, in: Frankfurter Rundschau vom 20. Juli 1989; Michael Mönninger, Vertanes Erbe? Streit am Frankfurter »Institut für Sozialforschung«, in: Frankfurter Allgemeine Zeitung vom 22. Juli 1989.

1.10.: Adorno-Preisträger Leo Löwenthal.

Wilfried F. Schoeller moderierte Talkshow mit Gästen gezeigt. – Der Soziologe Detlev Claussen rechnet am 28. Oktober in einer von der **Frankfurter Rundschau** publizierten Nachbetrachtung mit der gesamten Fernsehserie ab. Die sogenannte Frankfurter Schule beginne, moniert er, allmählich »als Werbeträger der Stadt einen Rang zwischen Bethmännchen und Würstchen« einzunehmen. Die Filme verrieten ungewollt die »Dialektik kulturindustriellen Fortschritts«. Was früher nicht zu zeigen gewesen sei, das sei heute begehrt. Nichts sei mehr davor sicher, als Kultur vereinnahmt und ausgeschlachtet zu werden. »Der Kulturboom mischt Moderne mit geschichtlicher Erbschaft; er beutet auf moderne Weise Sehnsucht nach Heimat aus. Auf diesem Umweg läßt sich vielleicht verstehen, warum die Geschichte des Instituts für Sozialforschung im Hessischen Rundfunk zu einem Stück Heimatgeschichte gemacht wird.«[1182] Doch genau dagegen sperre sich kritische Gesellschaftstheorie – als »kulturindustrieller Rohstoff« benutzt zu werden.

1. Oktober 1989: Der 89jährige kalifornische Literatursoziologe und ehemalige Mitarbeiter des Instituts für Sozialforschung, **Leo Löwenthal**, erhält in der Paulskirche den zum fünften Mal verliehenen **Theodor W. Adorno-Preis** der Stadt Frankfurt. In seiner mit **Das kleine und das große Ich** überschriebenen Dankesrede erhebt er in der Paulskirche »Einspruch gegen die Postmoderne«.[1183]

13./14. Oktober 1989: Unter der von Hans-Jürgen Krahl gewählten Bezeichnung **Kritischer Theoretiker der Emanzipation** findet an der Goethe-Universität eine politische **Arbeitstagung über das Werk Herbert Marcuses** aus Anlaß seines zehnten Todestages statt.[1184] Nach Filmen über den Theoretiker der internationalen Studentenbewegung hält Detlev Claussen in dem in der Nähe der Universität gelegenen Camera-Saal vor rund 800 Teilnehmern den Eröffnungsvortrag. Am zweiten Tag finden sechs Arbeitsgruppen zu verschiedenen Aspekten des Marcuseschen Werkes statt. Beendet wird die von der Studentengruppe *Linke Liste* zusammen mit den Zeitschriften *Links* und *Tüte* organisierte Konferenz mit einer Podiumsdiskussion über **Das Ende der Utopie?**, einem zum berühmten West-Berliner Vortrag vom Juli 1967 allerdings genau entgegengesetzten Titel. Nach einigen Reminiszenzen von Herbert Marcuses Sohn Peter beteiligen sich an der Debatte: Micha Brumlik, Joschka Fischer und Joachim Hirsch. – Da die Referenten entweder eine Aktualität Marcuses pauschal bestreiten oder sie nur abstrakt, ohne genaueren Bezug und erkennbare Kenntnisse seines Wertes, postulieren, endet die Debatte nach wütenden Zwischenrufen aus dem Publikum mit einem Fiasko.

2.–5. November 1989: Unter dem Titel **Die Neugier des Neuen** finden in **West-Berlin** Konzerte und Konferenzen statt, in denen »Das unerhört Moderne in der Musik, Prosa und Theorie Theodor W. Adornos« herausgestellt und gewürdigt werden soll.

1182 Detlev Claussen, Nachworte zu einer Fernsehfeier – Kritische Theorie als Objekt kulturindustriellen Zugriffs, in: Frankfurter Rundschau vom 28. Oktober 1989.
1183 Leo Löwenthal, Das kleine und das große Ich – Einspruch gegen die Post-Moderne (Rede zur Verleihung des Theodor W. Adorno-Preises), in: Frankfurter Rundschau vom 2. Oktober 1989; vgl. auch:
Martin Greffrath, Stoisch – freundlich – unversöhnt, Aufklärer und Organisator: Flaschenpost vom Ursprung der Kritischen Theorie, in: Die Zeit vom 29. September 1989, 44. Jg., Nr. 40, S. 75.
1184 Tüte-Redaktion (Hg.), (Sonderheft) Zur Aktualität von Herbert Marcuse: Politik und Ästhetik am Ende der Industriegesellschaft, September 1989.

1990-95

14.2.90: Der Bildhauer Edwin Müller (li.) und Kulturdezernent Hilmar Hoffmann vor der am ehemaligen Horkheimer-Wohnhaus angebrachten Gedenkplakette.

1990

14. Februar 1990: Aus Anlaß seines 95. Geburtstages wird am ehemaligen Wohnhaus Max Horkheimers in der Westendstraße 79 von Stadtrat Hilmar Hoffmann eine Gedenktafel für den früheren Direktor des Instituts für Sozialforschung errichtet. Horkheimer hatte in dem Haus von 1950 bis 1963 gewohnt. In seiner Gedenkrede äußert Hoffmann sein Erstaunen darüber, daß der Gelehrte nach seiner Vertreibung durch die Nazis 1949 wieder nach Frankfurt zurückgekehrt sei. Dies sei ein »erstaunlicher, erschütternder Entschluß« gewesen. Die Bronzetafel für den Frankfurter Ehrenbürger ist von dem Bildhauer Edwin Müller angefertigt worden.

15.–17. Oktober 1990: Das Institut für Sozialforschung führt eine **Internationale Fachkonferenz zum Verhältnis von Kritik und Utopie im Werk von Herbert Marcuse** durch.[1185] Nach der Eröffnung durch den Direktor des Instituts, Professor Ludwig von Friedeburg, und Vorträgen von Professor Alfred Schmidt und Professor Cornelius Castoriadis (Paris) in der Aula der Universität werden in fünf Sitzungen Thesen zu unterschiedlichen Werkaspekten des kritischen Gesellschaftstheoretikers diskutiert. Leitfrage der Konferenz ist die nach dem Verhältnis von Herrschaft und Emanzipation. Da es eine »diskussionsintensive« Fachtagung werden solle, heißt es zu Beginn, werde man auf Öffentlichkeit verzichten. Anderslautende Ankündigungen, wie sie auf Plakaten zu lesen gewesen seien, wären, wie von Friedeburg bemerkt, eine Fälschung.[1186]

1992

Februar 1992: In der niedersächsischen Kleinstadt **Elze** (Landkreis Hildesheim) wird erstmals in der Bundesrepublik eine Schule nach Theodor W. Adorno benannt. Die Idee dazu stammt von dem Rektor Norbert Hilbig, der vor allem an Adornos kategorischen Imperativ erinnert sehen möchte, daß die allererste Forderung an Erziehung die sei, »... daß Auschwitz nicht noch einmal sei«[1187]. Der Vorschlag durchläuft alle Stufen demokratischer Willensbildung, die auch im Falle einer Namensgebung eingehalten werden müssen, fast ohne Komplikationen. Zuerst stimmt die Gesamtkonferenz der Schule zu, dann der Elternbeirat und schließlich der Kreistag des Landkreises Hildesheim. Doch auf dieser Ebene tauchen erste Schwierigkeiten auf. In der Kreistagssitzung versucht der Kaufmann Karsten Bartels im Namen der CDU-Fraktion den Namensgeber mit den Worten anzugreifen, Adorno sei »ein typischer Vertreter einer an Karl Marx sich orientierenden Denkrichtung«, die die »Studentenunruhen« von 1968 maßgeblich beeinflußt habe. Es sei nicht nachzuvollziehen, worin die Vorbildfunktion dieses Mannes liegen solle. Die Kritiker können sich jedoch nicht durchsetzen. Bei der Abstimmung behält die SPD, die für den Antrag ist, die Oberhand. – Die CDU läßt jedoch nicht locker. Am 14. März veröffentlicht sie eine, von dem Vorsitzenden ihrer Stadtratsfraktion Willi Steinberg unterzeichnete Stellungnahme. Darin beklagen sich die konservativen Stadträte darüber, daß in einer Zeit, »in der überall in der Welt marxistische Denkmale gestürzt« würden, mit der Namensgebung der Elzer Schule »ein neues Denkmal« errichtet werde. Zur Bestätigung ihrer Befürchtung hatten sie zuvor im *Brockhaus* nachgeschlagen und dabei herausgefunden, daß nach Darstellung des Lexikons Adorno tatsächlich die neomarxistische Studentenbewegung beeinflußt haben soll.[1188]

1993

21. Januar 1993: In **Berkeley** (US-Bundesstaat Kalifornien) stirbt im Alter von 92 Jahren der Sozial- und Literaturwissenschaftler Leo Löwenthal.[1189]

21. März 1993: Im Römer veranstaltet die Stadt eine Diskussionsveranstaltung zum Thema **Frankfurt 1968 – 25 Jahre danach: Utopien ohne Zukunft?**. Am Nachmittag dreht sich im Plenarsaal nach einer Einleitung von Wolfgang Kraushaar die Debatte zunächst um die Fragen, ob die 68er Bewegung zu einer Demokratisierung geführt habe, wie sie im Verhältnis zur Bürgerrechtsbewegung in der DDR und nach der deutschen Einigung zu bewerten ist und ob ein Verzicht auf Utopien inzwischen zur Notwendigkeit geworden sei. Der Berliner Schriftsteller Peter Schneider stellt ultimativ fest, er mißtraue allen Intellektuellen, die durch 1989 nicht in eine Krise geraten seien. Wer sich nach dem Zusammenbruch des Sozialismus nicht mit der Frage konfrontiert sehe, ob nicht auch die Theorie falsch gewesen sein könne, verrate ein quasireligiöses Verhältnis zur Theorie. Als der Hannoveraner Soziologe Oskar Negt beklagt, daß das Konvertitentum »das eigentliche Übel« sei und es Situationen gebe, in denen nur noch Utopien realistisch sein könnten, kontert der hessische Umweltminister Joschka Fischer: »Der Utopismus hat uns in eine Krise schlimmsten Ausmaßes geführt.«[1190] Er meine damit allerdings nicht nur die politische, sondern auch die technische Utopie, wie sie in Sachen Atomkraft und Gentechnologie bei Konzernen zu erkennen sei. Utopien suggerierten den Glauben an die »Realisierung des Himmelreichs«. Nach den Erfahrungen der jüngeren Vergangenheit müsse man sich von jeder Art von Utopie verabschieden. Im »nachutopischen Zeitalter« könne es nur noch darum gehen, befriedigende soziale und ökologische Verhältnisse herzustellen. Die Schriftstellerin Eva Demski eröffnet dann am frühen Abend im Foyer eine Ausstellung mit Photographien von Barbara Klemm und Abisag Tüllmann, die den Titel *Radikale Träumer* trägt. An der anschließenden Podiumsdiskussion in den Römerhallen nehmen der städtische Dezernent für multikulturelle Fragen, Daniel Cohn-Bendit, der hessische Umweltminister Joschka Fischer, der Soziologe Professor Oskar Negt (Hannover), der Politikwissenschaftler Kurt Sontheimer (München) und der Verleger Karl Dietrich Wolff teil. Als Sontheimer meint, die Generation der 68er sei an Politikversagen und Parteienverdrossenheit schuld, entgegnet ihm Fischer, für ihn verkörpere er den »Wilhelminismus der Adenauer-Ära« und er wisse nun wieder, warum die damalige Rebellion nötig gewesen sei. Eine ausschließlich rückwärts bezogene Debatte wird dann jedoch durch einen emotionsgeladenen Auftritt Cohn-Bendits durchbrochen. Sichtlich empört wirft er der bundesdeutschen Linken vor, daß sie nicht zu Tausenden auf die Straße gehe, um gegen den Völkermord der Serben zu protestieren. Während man damals sofort bereit gewesen sei, den Krieg der Amerikaner in Vietnam zu verurteilen, zeige man sich nun skrupelhaft und abwartend. Der *Grünen*-Minister, an dessen Adresse die Volte vor allem gerichtet ist, reagiert darauf vorsichtig abwägend. Ein bloß moralischer Protest, entgegnet Fischer, sei zur Wirkungslosigkeit verurteilt, solange man sich nicht zuvor Rechenschaft darüber abgelegt habe, welchen Beitrag man zur Beendigung der Verbrechen und zur Einstellung der Kämpfe tatsächlich leisten könne. Eher nachdenklich klingt die aktuell zugespitzte Debatte aus. – »Bei Cohn-Bendit und Fischer«, schreibt ein Kommentator anschließend, »hat sich an diesem bunten Abend glücklicherweise das politische Temperament Bahn gebrochen ... Es zeigt, daß diese Achtundsechziger, auch nach einem Vierteljahrhundert, noch keineswegs alt aussehen.«[1191]

16. Juli 1993: Im Alter von 91 Jahren stirbt in ihrer, im Kettenhofweg im Westend nahe der Universität gelegenen Wohnung **Margarete Adorno**. – In einem Nachruf in der **Frankfurter Rundschau** schreibt Rolf Tiedemann: »Tag für Tag, von 1937 bis 1969, hat Gretel über Adornos Leben und Werk gewacht, die beide undenkbar gewesen wären ohne ihre helfende und schützende Hand. Darüber verging der bewußte Teil ihres Lebens ... Aber ihren ›Teddie‹ überleben, das wollte sie nicht, und sie hat es in einer bestimmten Weise auch nicht getan. Die beiden letzten Dezennien, so schwer sie gewesen sind, wiegen eher leicht auf der Waagschale dieses Lebens, sie zählten im Grunde schon nicht mehr mit.«[1192]

16. November 1993: Im Kulturzentrum Kampnagel in **Hamburg** findet eine **Adorno-Nacht** statt. Im ersten Teil, der den Titel trägt *Jeder Klang trägt das Ganze in sich*, werden mehrere Kompositionen von Theodor W. Adorno und Arnold Schönberg aufgeführt, dazu ein Vortrag Christine Eichels *Über Adornos Sprache zwischen Begriffsterror und Metaphernklang* sowie Passagen aus Adornos *Einleitung in die Musiksoziologie* und Erinnerungen an Alban Berg. Im zweiten, mit dem Adorno-Diktum *Das Ganze ist das Unwahre* über-

---

1185 Institut für Sozialforschung (Hg.), Kritik und Utopie im Werk von Herbert Marcuse, Frankfurt/Main 1992.
1186 Vgl.: Michael Grus, Entstaubter Marcuse – Eine Tagung über den Philosophen wurde eröffnet, in: Frankfurter Rundschau vom 17. Oktober 1990.
1187 Theodor W. Adorno, Erziehung nach Auschwitz, in: ders., Erziehung zur Mündigkeit – Vorträge und Gespräche mit Hellmut Becker 1959–1969, hrsg. von Gerd Kadelbach, Frankfurt/Main 1972, S. 88.
1188 Siehe: Eckart Spoo, Adornos Name soll nicht Schule machen, in: Frankfurter Rundschau vom 18. März 1992.
1189 Zu seiner Biographie siehe: Leo Löwenthal, Mitmachen wollte ich nie – Ein autobiographisches Gespräch mit Helmut Dubiel, Frankfurt/Main 1980.
1190 Zit. nach: Wolf Gunter Brügmann, »Utopismus hat uns in eine Krise schlimmsten Ausmaßes geführt« – Im Römer diskutierten Veteranen der Studentenbewegung von 1968 über Theorie und Praxis – Nur Negt warb noch für Sozialismus, in: Frankfurter Rundschau vom 22. März 1993.
1191 Andreas Kuhlmann, Standpauken, Stoßseufzer – und ein bißchen Show / Vom Teach-in zum Talk-in: In Frankfurt erinnerte man sich der Rebellion von '68, in: Frankfurter Rundschau vom 23. März 1993.
1192 Rolf Tiedemann, Gretel Adorno zum Abschied, in: Frankfurter Rundschau vom Juli 1993.

titelten Teil stellt nach der Uraufführung eines von Jens-Peter Ostendorfs komponierten *Chant d'Orphée* der Adorno-Schüler Herbert Schnädelbach, Philosophieprofessor an der Humboldt-Universität in Berlin, ein Porträt vor mit dem Titel *Zwischen allen Stühlen ... auch eine Annäherung an Adorno*. Nach Lesungen aus *Minima Moralia – Reflexionen aus dem beschädigten Leben*, einer Klanginstallation und Chansons endet die Nacht mit Adornos, im Februar 1969 unter dem Eindruck des Konflikts mit der Studentenbewegung im Sender Freies Berlin (SFB) gehaltenen, Vortrag *Resignation*. – Auf der Rückseite des Programmhefts wird unter dem Stichwort »Elend der verwalteten Welt« ganzseitig für einen »PC-Notruf für Firmen und private Anwender« geworben.

1994

4. Mai 1994: Vor der Enquete-Kommission des Bundestages zur Aufarbeitung der SED-Diktatur im **Berlin**er Reichstag fordert Jürgen Habermas ebenso wie der an der Universität Bonn lehrende Zeitgeschichtler Karl-Dietrich Bracher eine Ablehnung totalitärer Staatsformen als Grundlage für die politische Kultur im geeinten Deutschland. Habermas vertritt in seinem Vortrag dezidiert die Ansicht, daß sich erstmals ein »antitotalitärer Konsens« bilden könne, der diesen Namen auch verdiene: »Sie wissen«, gibt er zu bedenken, »daß er in der früheren Bundesrepublik zur Gründungsidee unseres Staates gehört hat, aber aus vielen Gründen niemals eingelöst worden ist. Ich sage, heute kann sich zum erstenmal ein antitotalitärer Konsens bilden, der diesen Namen verdient, weil er nicht selektiv ist. Dieser sollte eine gemeinsame Basis sein, auf der sich dann erst linke und rechte Positionen voneinander differenzieren ... Erst wenn sich die politische Sozialisation nicht mehr unter dem polarisierenden Generalverdacht gegen innere Feinde vollzieht, können liberale Haltung und demokratische Gesinnung der Geburtshilfe durch Antikommunismus oder Antifaschismus eintreten.«[1193]

6. August 1994: Im Namen von Stadtverordnetenversammlung und Magistrat wird zum Gedenken an den 25 Jahre zuvor in der Schweiz verstorbenen Theodor W. Adorno auf dem Hauptfriedhof ein Kranz niedergelegt. – Am selben Tag schreibt Wolfram Schütte in der **Frankfurter Rundschau**: »Der sich vor 25 Jahren, gewissermaßen rigide ›kantianisch‹, gegen die täuschende Versuchung zur ›spontanen Aktion‹ verteidigte, deren systemimmanente stabilisierende Folgen er skandalöserweise schon damals prognostizierte, besaß die Hellsichtigkeit, das sacrificium intellectus der Pseudorevolution nicht zu bringen. Ein vorausschauender Widerstehens-Akt, der danach aufs Deprimierendste vom Weltlauf bestätigt wurde. Ein Vierteljahrhundert später, heute also, scheint der Widerstand des ›emphatischen Denkens‹, das solidarisch zugleich Eingedenken des menschlichen Leidens wie Appellationsgericht des Unabgegoltenen, also ethisch motivierte Überschreitung des Gegebenen ist, wie gelöscht; und getilgt vom bleichen, grinsenden Angesicht einer Praxis, die sich katastrophisch durchwurstelt und sich vielleicht sogar noch etwas auf ihre phantasie- & gedächtnisferne ›Theorielosigkeit‹ zugute hält.«[1194] – An die Umstände, die Adornos Tod begleiten, wenn nicht gar zu ihm führten, erinnert am selben Tag Ludger Lütkehaus in der **Frankfurter Allgemeinen Zeitung**.[1195]

1. Oktober 1994: Jürgen Habermas, Professor für Philosophie an der Johann Wolfgang Goethe-Universität, wird emeritiert.

17.11.: Gedenktafel für Theodor W. Adorno.

17. November 1994: Die Kulturdezernentin Linda Reisch (SPD) enthüllt zur Erinnerung an Theodor W. Adorno an dessen ehemaligem Wohnhaus im Kettenhofweg 123 eine bronzene Gedenktafel. Der Leiter des Suhrkamp Verlags, Siegfried Unseld, erklärt anschließend: »Wir ehren ein Genie dieses Jahrhunderts, sein Werk ist für uns alle Herausforderung.«[1196]

1995

13. Februar 1995: Der Soziologe Professor Detlev Claussen erinnert in der **Frankfurter Rundschau** an den in Vergessenheit geratenen einstigen Adorno-Schüler und ehemaligen theoretischen Kopf des antiautoritären Flügels im SDS, Hans-Jürgen Krahl. Anläßlich seines 25. Todestages schreibt sein früherer Freund und Weggefährte: »Man muß sich nicht lange über die Tatsache wundern, daß mit Krahl einer der scharfsinnigsten Kritiker linker Geschichtslosigkeit in Vergessenheit geraten ist. Er verkörperte die Intellektualität einer Studentenbewegung, die auch begreifen wollte, wo sie lebte, und begründen wollte, was sie zu tun vorhatte. Krahl wollte ergründen, welche tiefgreifenden Veränderungen in der nationalsozialistischen Gesellschaft vorgingen, und er wollte herausfinden, wie Rückfälle in die Barbarei zu verhindern seien.«[1197]

15. Februar 1995: Unter dem Titel **Kritik der instrumentellen Vernunft** findet aus Anlaß des 100. Geburtstages von Max Horkheimer im Literaturhaus eine Gedenkveranstaltung statt. Es sprechen Alfred Schmidt und Gunzelin Schmid Noerr, die beiden Herausgeber von Horkheimers *Gesammelten Schriften* sowie der in Leipzig lehrende Lüneburger Philosoph Christoph Türcke.[1198]

Juli 1995: Im Lüneburger zu Klampen Verlag erscheint das erste Heft der von Gerhard Schweppenhäuser herausgegebenen **Zeitschrift für kritische Theorie**. In dem Editorial heißt es, die halbjährlich erscheinende Zeitschrift wolle »Diskussionsforum« für zwei Aufgabenstellungen sein: »die materiale Anwendung kritischer Theorie auf aktuelle Gegenstände« sowie »die methodisch-wissenschaftsgeschichtliche Selbstverständigung über die kritische Theorie« in der Gegenwart. Autoren der ersten Ausgabe sind Detlev Claussen, Robert Kurz, Christoph Türcke, Gunzelin Schmid Noerr und Jan Philipp Reemtsma.

5. Juli 1995: Eine winzige, ehemals Königsplätzchen genannte, zwischen der Varrentrapp- und der Emil-Sulzbach-Straße im Universitätsviertel gelegene Grünanlage wird in **Theodor-W.-Adorno-Platz** benannt. Der ehemalige hessische Kultusminister und Direktor des Instituts für Sozialforschung, Ludwig von Friedeburg, erklärt zur Einweihung, Adorno, der trotz seiner Vertreibung im Jahre 1933 seine glückliche Frankfurter Kindheit nie hätte verleugnen können, habe bewußt auf eine neue Generation Einfluß zu nehmen versucht, damit »ein neuer Weg« habe möglich werden können. – Auf Vorschlag von Reinhard Baigger, einem Mitglied von *Bündnis 90/Die Grünen*, war im Januar im Ortsbeirat 2 einstimmig beschlossen worden, »26 Jahre nach dem Tod des weltbekannten Philosophen endlich eine Straße oder einen Platz zu benennen«.

19. Dezember 1995: In der **Frankfurter Rundschau** erscheint ein von Helmut Dubiel und Ludwig von Friedeburg verfaßtes Memorandum, mit dem eine neue, jedoch an den ursprünglichen Intentionen Horkheimers orientierte konzeptionelle Grundlage für die Fortsetzung der Forschungsarbeit im Institut für Sozialforschung gefunden werden soll.[1199]

1193 Deutscher Bundestag (Hg.), Materialien der Enquete-Kommission »Aufarbeitung von Geschichte und Folgen der SED-Diktatur in Deutschland« (12. Wahlperiode des Deutschen Bundestages), Bd. IX – Formen und Ziele der Auseinandersetzung mit den beiden Diktaturen in Deutschland, Redaktion Marlies Jansen, Baden-Baden / Frankfurt/Main 1995, S. 690.
1194 Wolfram Schütte, Ein Gedenken, in: Frankfurter Rundschau vom 6. August 1994.
1195 Ludger Lütkehaus, Der Tod im Wallis – Vor 25 Jahren starb Theodor W. Adorno, in: Frankfurter Allgemeine Zeitung vom 6. August 1994.
1196 Frankfurter Rundschau vom 18. November 1994.
1197 Detlev Claussen, »Konstitution und Klassenkampf« – Eine Erinnerung an Hans-Jürgen Krahl, den früh verstorbenen scharfsinnigen Kritiker linker Geschichtslosigkeit, in: Frankfurter Rundschau vom 13. Februar 1995.
1198 Vgl.: Sebastian Knell, Der distanzierte Zeitgenosse – Eine Gedenkveranstaltung für Max Horkheimer, in: Frankfurter Rundschau vom 17. Februar 1995.
1199 Gemeinsam tun, was alle echten Forscher immer getan haben – Das traditionsreiche Institut für Sozialforschung geht mit Max Horkheimer in eine neue Zukunft / Ein Memorandum von Helmut Dubiel und Ludwig von Friedeburg, in: Frankfurter Rundschau vom 19. Dezember 1995; wiederabgedruckt in: Mitteilungen des Instituts für Sozialforschung, Heft 7, Juni 1996, S. 5–12.